MARTÍ EN SU UNIVERSO
UNA ANTOLOGÍA

JOSÉ MARTÍ

MARTÍ EN SU UNIVERSO
UNA ANTOLOGÍA

REAL ACADEMIA ESPAÑOLA

ASOCIACIÓN DE ACADEMIAS
DE LA LENGUA ESPAÑOLA

LIMPIA, FIXA, Y DA ESPLENDOR.

Durante la vida de José Martí (La Habana, 1853 - Dos Ríos, 1895), su obra literaria fue sumamente estimada por autores tan relevantes como el argentino Domingo Faustino Sarmiento y el nicaragüense Rubén Darío; sin embargo, sería sobre todo después de su muerte cuando Martí como escritor iba a recibir los más altos enjuiciamientos, al empezar a darse a conocer su legado. El dominicano Pedro Henríquez Ureña afirmó que «no lo hay con mayor don natural en toda la historia de nuestro idioma». El mexicano Alfonso Reyes lo consideró «supremo varón literario», «la más pasmosa organización literaria». Para el español Guillermo Díaz-Plaja es, «desde luego, el primer "creador" de prosa que ha tenido el mundo hispánico».

Y es que, a pesar de que Martí vivió solo cuarenta y dos años, fue un autor prolífico, que publicó en periódicos y revistas de Cuba, México, Venezuela, Guatemala, Uruguay o los Estados Unidos y en géneros diferentes: narrativa, poesía, oratoria, ensayo, crítica, todas las formas del periodismo y cultivó una epistolografía sin precedentes.

Las calidades formales y la riqueza conceptual de sus páginas, sustentadas en una incuestionable y sólida eticidad, hacen que su escritura alcance una estatura literaria aunque el motivo que provocara o el género en que se concretara algunos de estos textos fueran menores.

En los últimos decenios, numerosos críticos e historiadores de la literatura, al detenerse en la valoración de su prosa y de su poesía, han considerado a Martí uno de los grandes clásicos en el ámbito de nuestra lengua. Elaborar una antología nueva resulta, por tanto, una tarea difícil, dado que se han publicado sus obras completas y numerosas selecciones desde fecha tan temprana como 1911. Es igualmente inmensa la bibliografía pasiva sobre nuestro autor.

Un reto añadido es la imbricación de política y literatura en Martí, apreciable en obras imprescindibles para la comprensión de su pensamiento y la calidad de su prosa tales como el ensayo «Nuestra América», el discurso oratorio «Con todos y para el bien de todos» o la carta a su ahijada María Mantilla, donde hace consideraciones sobre la traducción y sobre la formación de la mujer. Por esta condición, algunos escritos de sobresaliente maestría literaria tienen anclajes de lugar y época que el lector deberá desentrañar. Tanto el glosario elaborado como el índice onomástico pueden contribuir a ello.

En cuanto a los artículos críticos que acompañan la edición, ha sido preciso escoger unos pocos de entre los numerosos estudios de la obra literaria martiana. De ahí que se ubiquen en una primera sección cuatro clásicos, que atienden a aspectos lingüísticos y literarios esenciales, debidos a Rubén Darío, Gabriela Mistral, Juan Ramón Jiménez y Guillermo Díaz-Plaja, y que permiten notar la valoración de la obra de Martí desde muy tempranamente en el siglo XX, desde diferentes puntos de vista. Los restantes textos, inéditos de académicos vivos, son de numerarios de la Academia Cubana de la Lengua: una pequeña muestra que dialoga con lo mucho y bueno publicado en el resto del mundo. Roberto Fernández Retamar y Roberto Méndez abordan temas relacionados con la faena literaria de Martí, mientras Sergio Valdés Bernal y Marlen A. Domínguez tratan su manejo singular de la lengua.

Cierran el volumen una «Bibliografía», el «Glosario» y un «Índice onomástico».

La bibliografía, que es mínima, se compone esencialmente de las fuentes de donde se han extraído los textos antologados, las citadas en los estudios críticos y algunos otros títulos más actuales, quizás menos conocidos que otros y que pueden completar la visión de Martí.

En el glosario se recogen voces ausentes en el *Diccionario del español* o que aparecen allí con un significado diferente al empleado por Martí. También se ha considerado conveniente incluir las variantes fónico-gráficas con que se presentan algunas voces, por describir usos regionales o sociolectales. Se han tomado en cuenta los extranjerismos necesarios y, en particular, los neologismos martianos, aun cuando sean transparentes, para que se revele la índole de los procedimientos creativos martianos y su función intensificadora.

El índice onomástico da fe del amplio abanico de referentes culturales y relaciones que matizaron la vida del autor, aunque por la enorme cantidad de personas y personajes mencionados no haya sido posible encontrar datos de todos ellos.

Numerosas han sido las antologías que se han realizado
de la obra del más universal de los cubanos; la
nuestra tiene el propósito de acercar al lector
a la sensibilidad e inteligencia, angustias
y alegrías, que fecundaron su vida
y acaso de abrir apetencias de
nuevas búsquedas
y lecturas.

José Martí

Rubén Darío

JOSÉ MARTÍ

El fúnebre cortejo de Wagner exigiría los truenos solemnes de *Tannhäuser;* para acompañar a su sepulcro a un dulce poeta bucólico, irían, como en los bajorrelieves, flautistas que hiciesen lamentarse a sus melodiosas dobles flautas, para los instantes en que se quemase el cuerpo de Melesígenes, vibrantes coros de liras; para acompañar —¡oh, permitid que diga su nombre delante de la gran Sombra épica; de todos modos, malignas sonrisas que podáis aparecer, ya está muerto!...— para acompañar, americanos todos que habláis idioma español, el entierro de José Martí, necesitaríase su propia lengua, su órgano prodigioso lleno de innumerables registros, sus potentes coros verbales, sus trompas de oro, sus cuerdas quejosas, sus oboes sollozantes, sus flautas, sus tímpanos, sus liras, sus sistros. Sí, americanos; ¡hay que decir quién fue aquel grande que ha caído! Quien escribe estas líneas que salen atropelladas de corazón y cerebro no es de los que creen en las riquezas existentes de América... Somos muy pobres... Tan pobres, que nuestros espíritus, si no viniese el alimento extranjero, se morirían de hambre. ¡Debemos llorar mucho por esto al que ha caído! Quien murió allá en Cuba, era de lo mejor, de lo poco que tenemos nosotros los pobres; era millonario y dadivoso: vaciaba su riqueza a cada instante, y como por la magia del cuento, siempre quedaba rico: hay entre los enormes volúmenes de la colección de *La Nación* tanto de su metal fino y piedras preciosas que podría sacarse de allí la mejor y más rica estatua. Antes que nadie, Martí hizo admirar el secreto de las fuentes luminosas. Nunca la lengua nuestra tuvo mejores tintas, caprichos y bizarrías. Sobre el Niágara castelariano, milagrosos iris de América. ¡Y qué gracia tan ágil y qué fuerza natural tan sostenida y magnífica!

Otra verdad aún, aunque pese más al asombro sonriente: eso que se llama el genio, fruto tan solamente de árboles centenarios —ese majestuoso fenómeno del intelecto elevado a su mayor potencia, alta maravilla creadora, el Genio, en fin, que no ha tenido aún nacimiento en nuestras repúblicas, ha intentado aparecer dos veces en América; la primera, en un hombre ilustre de esta tierra, la segunda, en José Martí. Y no era Martí, como pudiera creerse, de los semigenios de que habla Mendès, incapaces de comunicarse con los hombres porque sus alas les levantan sobre la cabeza de estos, e, incapaces de subir hasta los dioses, porque el vigor no les alcanza y aún tiene fuerza la tierra para atraerles. El cubano era «un hombre». Más aún: era como debería ser el verdadero superhombre, grande y viril; poseído del secreto de su excelencia, en comunión con Dios y con la naturaleza.

En comunión con Dios vivía el hombre de corazón suave e inmenso; aquel hombre que aborreció el mal y el dolor, aquel amable león de pecho columbino, que pudiendo desjarretar, aplastar, herir, morder, desgarrar, fue siempre seda y miel hasta con sus enemigos. Y estaba en comunión con Dios, habiendo ascendido hasta él por la más firme y segura de las escalas, la escala del Dolor. La piedad tenía en su ser un templo; por ella diríase que siguió su alma los cuatro ríos de que habla Rusbrock el Admirable: el río que asciende, que conduce a la divina altura; el que lleva a la compasión por las almas cautivas, los otros dos que envuelven todas las miserias y pesadumbres del herido y perdido rebaño humano. Subió a Dios por la compasión y por el dolor. ¡Padeció mucho Martí!

—desde las túnicas consumidoras, del temperamento y de la enfermedad, hasta la inmensa pena del señalado que se siente desconocido entre la general estolidez ambiente; y por último, desbordante de amor y de patriótica locura, consagrose a seguir una triste estrella, la estrella solitaria de la Isla, estrella engañosa que llevó a ese desventurado rey mago a caer de pronto en la más negra muerte.

¡Los tambores de la mediocridad, los clarines del patrioterismo tocarán diana celebrando la gloria política del Apolo armado de espada y pistolas que ha caído, dando su vida, preciosa para la humanidad y para el Arte y para el verdadero triunfo futuro de América, combatiendo entre el negro Guillermón y el general Martínez Campos!

¡Oh, Cuba, eres muy bella, ciertamente, y hacen gloriosa obra los hijos tuyos que luchan porque te quieren libre; y bien hace el español de no dar paz a la mano por temor de perderte. Cuba admirable y rica y cien veces bendecida por mi lengua; mas la sangre de Martí no te pertenecía; pertenecía a toda una raza, a todo un continente; pertenecía a una briosa juventud que pierde en él quizás al primero de sus maestros; pertenecía al porvenir!

Cuando Cuba se desangró en la primera guerra, la guerra de Céspedes, cuando el esfuerzo de los deseosos de libertad no tuvo más fruto que muertes e incendios y carnicerías, gran parte de la intelectualidad cubana partió al destierro. Muchos de los mejores se expatriaron, discípulos de don José de la Luz, poetas, pensadores, educacionistas. Aquel destierro todavía dura para algunos que no han dejado sus huesos en patria ajena, o no han vuelto ahora a la manigua. José Joaquín Palma, que salió a la edad de Lohengrin con una barba rubia como la de él, y gallardo como sobre el cisne de su poesía, después de arrullar sus décimas «a la estrella solitaria» de república en república, vio nevar en su barba de oro, siempre con ansias de volver a su Bayamo, de donde salió al campo a pelear después de quemar su casa.

Tomás Estrada Palma, pariente del poeta, varón probo, discreto y lleno de luces, y hoy elegido presidente por los revolucionarios, vivió de maestro de escuela en la lejana Honduras; Antonio Zambrana, orador de fama justa en las repúblicas del norte que a punto estuvo de ir a las Cortes, en donde habría honrado a los americanos, se refugió en Costa Rica, y allí abrió su estudio de abogado; Izaguirre fue a Guatemala; el poeta Sellén, el celebrado traductor de Heine, y su hermano, otro poeta, fueron a Nueva York, a hacer almanaques para las píldoras de Lamman y Kemp, si no mienten los decires; Martí, el gran Martí, andaba de tierra en tierra, aquí en tristezas, allá en los abominables cuidados de las pequeñas miserias de la falta de oro en suelo extranjero; ya triunfando, porque a la postre la garra es garra y se impone, ya padeciendo las consecuencias de su antagonismo con la imbecilidad humana; periodista, profesor, orador; gastando el cuerpo y sangrando el alma; derrochando las esplendideces de su interior en lugares en donde jamás se podría saber el valor del altísimo ingenio y se le infligiría además el baldón del elogio de los ignorantes; —tuvo en cambio grandes gozos; la comprensión de su vuelo por los raros que le conocían hondamente; el satisfactorio aborrecimiento de los tontos, y la acogida que *l'elite* de la prensa americana —en Buenos Aires y en México— tuvo para sus correspondencias y artículos de colaboración.

Anduvo, pues, de país en país, y por fin, después de una permanencia en Centro América, partió a radicarse a Nueva York.

Allá, en aquella ciclópea ciudad, fue aquel caballero del pensamiento a trabajar y a bregar más que nunca. Desalentado, él tan grande y tan fuerte, ¡Dios mío!, desalentado en sus ensueños de Arte, remachó con triples clavos dentro de su cráneo la imagen de su estrella solitaria y dando tiempo al tiempo, se puso a forjar armas para la guerra, a golpe de palabra y a fuego de idea. Paciencia, la tenía; esperaba y veía como una vaga fatamorgana su soñada Cuba libre. Trabajaba de casa en casa, en los muchos hogares de gentes de Cuba que en Nueva York existen; no desdeñaba al humilde; al humilde le hablaba como un buen hermano mayor aquel sereno e indomable carácter, aquel luchador que hubiera hablado como Elciís, los cuatro días seguidos, delante del poderoso Otón rodeado de reyes.

Su labor aumentaba de instante en instante, como si activase más la savia de su energía aquel inmenso hervor metropolitano. Y visitando al doctor de la Quinta Avenida, al corredor de la Bolsa, y al periodista y al alto empleado de *La Equitativa,* y al cigarrero y al negro marinero, a todos los cubanos neoyorquinos, para no dejar apagar el fuego, para mantener el deseo de guerra, luchando aún con más o menos claras rivalidades, pero, es lo cierto, querido y admirado de todos los suyos, tenía que vivir, tenía que trabajar; entonces eran aquellas cascadas literarias que a estas columnas venían y otras que iban a diarios de México y Venezuela. No hay duda de que ese tiempo fue el más hermoso tiempo de José Martí. Entonces fue cuando se mostró su personalidad intelectual más bellamente. En aquellas kilométricas epístolas, si apartáis una que otra rara ramazón sin flor o fruto, hallaréis en el fondo, en lo macizo del terreno, regentes y ko-hinoores.

Allí aparecía Martí pensador, Martí filósofo, Martí pintor, Martí músico, Martí poeta siempre. Con una magia incomparable hacía ver unos Estados Unidos vivos y palpitantes, con su sol y sus almas. Aquella *Nación* colosal, la «sábana» de antaño, presentaba en sus columnas, a cada correo de Nueva York, espesas inundaciones de tinta. Los Estados Unidos de Bourget deleitan y divierten; los Estados Unidos de Groussac hacen pensar; los Estados Unidos de Martí son estupendo y encantador diorama que casi se diría aumenta el color de la visión real. Mi memoria se pierde en aquella montaña de imágenes, pero bien recuerdo un Grant marcial y un Sherman heroico que no he visto más bello en otra parte; una llegada de héroes del Polo; un puente de Brooklyn literario igual al de hierro; una hercúlea descripción de una exposición agrícola, vasta como los establos de Augías; unas primaveras floridas y unos veranos, ¡oh, sí!, mejores que los naturales; unos indios sioux que hablaban en lengua de Martí como si Manitu mismo les inspirase; unas nevadas que daban frío verdadero y un Walt Whitman patriarcal, prestigioso, líricamente augusto, antes, mucho antes de que Francia conociera por Sarrazin al bíblico autor de las «Hojas de hierba».

Y cuando el famoso congreso panamericano, sus cartas fueron sencillamente un libro. En aquellas correspondencias hablaba de los peligros del yankee, de los ojos cuidadosos que debía tener la América latina respecto a la hermana mayor; y del fondo de aquella frase que una boca argentina opuso a la frase de Monroe.

Era Martí de temperamento nervioso, delgado, de ojos vivaces y bondadosos. Su palabra suave y delicada en el trato familiar, cambiaba su raso y blandura en la tribuna, por los violentos cobres oratorios. Era orador, y orador de grande influencia. Arrastraba muchedumbre. Su vida fue un combate. Era blandílocuo y cortesísimo con las damas; las cubanas de Nueva York teníanle en justo aprecio y cariño, y una sociedad femenina había, que llevaba su nombre.

Su cultura era proverbial, su honra intacta y cristalina; quien se acercó a él se retiró queriéndole.

Y era poeta; y hacía versos.

Sí, aquel prosista que siempre fiel a la Castalia clásica se abrevó en ella todos los días, al propio tiempo que por su constante comunión con todo lo moderno y su saber universal y políglota formaba su manera especial y peculiarísima, mezclando en su estilo a Saavedra Fajardo con Gautier, con Goncourt, con el que gustéis, pues de todo tiene; usando a la continua del hipérbaton inglés, lanzando a escape sus cuadrigas de metáforas, retorciendo sus espirales de figuras; pintando ya con minucia de prerrafaelita las más pequeñas hojas del paisaje, ya a manchas, a pinceladas súbitas, a golpes de espátula, dando vida a las figuras; aquel fuerte cazador hacía versos y casi siempre versos pequeñitos, versos sencillos —¿no se llamaba así un librito de ellos?— de tristezas patrióticas, de duelos de amor, ricos de rima o armonizados siempre con tacto; una primera y rara colección está dedicada a un hijo a quien adoró y a quien perdió por siempre: *Ismaelillo.*

Los *Versos sencillos,* publicados en Nueva York, en linda edición, en forma de eucologio, tienen verdaderas joyas. Otros versos hay, y entre los más bellos *Los zapaticos de rosa.* Creo que, como Banville la palabra «lira» y Leconte de Lisle la palabra «negro», Martí la que más ha empleado es «rosa».

[...]

Un libro, la obra escogida del ilustre escritor, debe ser idea de sus amigos y discípulos.

Nadie podría iniciar la práctica de tal pensamiento, como el que fue no solamente discípulo querido, sino amigo del alma, el paje, o más bien «el hijo» de Martí: Gonzalo de Quesada, el que le acompañó siempre leal y cariñoso, en trabajos y propagandas, allá en Nueva York y Cayo Hueso y Tampa. ¡Pero quién sabe si el pobre Gonzalo de Quesada, alma viril y ardorosa, no ha acompañado al jefe también en la muerte!

Los niños de América tuvieron en el corazón de Martí predilección y amor.

Queda un periódico único en su género, los pocos números de un periódico que redactó especialmente para los niños. Hay en uno de ellos un retrato de San Martín, que es obra maestra. Quedan también la colección de *Patria* y varias obras vertidas del inglés, pero eso todo es lo menor de la obra literaria que servirá en lo futuro.

Y ahora, maestro y autor y amigo, perdona que te guardemos rencor los que te amábamos y admirábamos, por haber ido a exponer y a perder el tesoro de tu talento. Ya sabrá el mundo lo que tú eras, pues la justicia de Dios es infinita y señala a cada cual su legítima gloria. Martínez Campos, que ha ordenado exponer tu cadáver, sigue leyendo sus dos autores preferidos: Cervantes y Ohnet. Cuba quizá tarde en cumplir contigo como debe. La juventud americana te saluda y te llora, pero ¡oh Maestro, qué has hecho!

Y paréceme que con aquella voz suya, amable y bondadosa, me reprende, adorador como fue hasta la muerte del ídolo luminoso y terrible de la Patria; y me habla del sueño en que viera a los héroes: las manos de piedra, los ojos de piedra, los labios de piedra, las barbas de piedra, la espada de piedra.

Y que repite luego el voto del verso:

> ¡Yo quiero cuando me muera,
> Sin patria, pero sin amo,
> Tener en mi losa un ramo
> De flores y una bandera!

GABRIELA MISTRAL

LA LENGUA DE MARTÍ

La imitación cubre la época anterior y la posterior a Martí en la América; cien años de calco romántico poco más o menos; cincuenta años de furor modernista, son los dos cortes en que aparece dividido nuestro suelo literario. Tenemos que confesar que la imitación se muestra en nosotros, más que como un gesto, como una naturaleza y que nuestro exceso de sensibilidad, nuestra piel toda poros, es lo mejor y lo peor que nos ha tocado en suerte, porque a causa de ella vivimos a merced de la atmósfera.

En estas condiciones, la originalidad adquiere en nuestra América no sé qué carácter extraordinario de dignidad, no sé qué asa de salvación de nuestro decoro. El escritor sin préstamos o con un mínimum de préstamo suena para nosotros al golpe seco de una afirmación.

Aseguran algunos que la cultura es el enemigo por excelencia de la originalidad y el juicio mismo trasciende a Juan Jacobo en su ingenuidad. El Adán literario, brotado de la tierra en un copo de barro fermentado sobre el que nadie ha puesto la mano, es paradoja pura. Sin embargo, el concepto sirve para marcar bien este otro punto: cierta originalidad mantenida, sostenida debajo del peso enorme de una cultura literaria, resulta admirablemente heroica.

La primera, la segunda y la última impresión de la lectura de Martí, golpean con la originalidad antes que con cualquier otra cosa. Martí es de veras una voz autónoma, levantándose en un coro de voces cual más cual menos aprendidas. Veremos a Martí marcar varonía en cada paso de su vida de hombre; pero desde que comienza su carrera literaria le veremos varón también en esta naturaleza antiimitativa, es decir, antifemenina.

Este fenómeno del Adán culto, del escritor que procede de sí mismo pero que ha vivido y vive en medio del cortejo de los maestros, oyéndoles hablar y recitándoles sin estropeo del acento propio, repito que significa para nuestra literatura un hecho muy importante y muy digno de ser hurgado para exprimirle enseñanza.

¿En qué consiste la originalidad de Martí?

La pregunta es formidable, y las mujeres no sabemos explicar nada en bloque porque cuanto más tenemos la capacidad de una crítica de detalles. Yo voy a ver manera de dar algunos atisbos de respuestas, de allegar algunas chispas de juicio.

Parece que la originalidad esencial de Martí sea un caso de vitalidad en general y luego de vitalidad tropical. Si la imitación se explica como dependencia del ambiente, una cargazón de muchas atmósferas sobre un cuerpo que no las resiste y se deja manejar de ellas, la originalidad sería una vitalidad tan brava de un organismo intelectual que puede con ellas hasta el punto de desentenderse de su peso y de obrar como si su cuerpo fuese la única realidad. Martí es muy vital y su robustez es la causa de su independencia. Mascó y comió del tuétano de buey de los clásicos: nadie puede decirle lo que a otros modernos que se quedase sin este alimento formador de la entraña: conoció griegos y romanos. Cumplió también su obligación con los clásicos próximos, es decir, con los españoles, y fue el buen lector que pasa por los setenta rodillos de la colección Rivadeneira sin saltarse ninguno, solo que pasa entero, sin ser molido y vuelto papilla por ellos. Guardó a España la verdadera lealtad que le debemos, la de la lengua, y ahora que los ojos españoles peninsulares pueden mirar a un antillano sin tener atravesada la pajuela de la independencia, desde Madrid le dirán leal a este insurrecto, porque conservó una fidelidad más difícil de cumplir que la de la política, y que es esta de la expresión. Tanto estimó a los padres de la lengua que a veces toma en cuenta hasta a los segundones o tercerones de ella, me valga el vocablo.

Pero más detenido que en clásicos enteros y en semiclásicos se le ve en los escritores modernos de Francia y de Inglaterra, cosa muy natural en un hombre que tenía a su presente y que vivió registrándolo día a día. Esta dominación de los modernos sobre él, parece venirle de la simpatía de las ideas más que del apego de la forma como en el caso de Rubén. Gran sensato, Martí no tuvo la deplorable ocurrencia de tanto escritor nuestro de admirarle a Cicerón la letra y la ideología y de creer que Homero o Virgilio obligan al descontento de nuestra época y a una nostalgia llorona de Agamenón y de tal o cual César. Él tiene encargos que cumplir, trabajo que hacer en la carne de su tiempo, buena como cualquiera otra, y se siente emparentado con las almas francesas e inglesas de su año por el parentesco que es tan fuerte de la contemporaneidad. Así, pues, nuestro Martí será un hombre literario de los de alimento completo, clásico y moderno, y de una formación literaria perfectamente regular: nada hay en él del escritor a dietas de una sola lengua y de un solo período literario. Contémosle la cultura entre sus varios decoros.

Ahora que sabemos que la originalidad de Martí ha sufrido la prueba de los magisterios posibles, veamos de averiguar en qué consiste esta originalidad en sí misma.

Parece ser que ella tiene estos trazos: originalidad de tono, originalidad de vocabulario, originalidad de sintaxis.

Comencemos con el tono. Los escritores de estilo original no siempre son muy diferenciados de tono; pero los escritores más finos y los verdaderamente personales, son siempre escritores de un acento particular. En la literatura española, por ejemplo, Calderón tiene un estilo, pero Santa Teresa tiene un tono; en la francesa, Montaigne tiene mucho más dejo que Racine. Nuestro Martí aparece a primera vista con un cuerpo entero de estilo, pero lo más gustoso de sentirle y saborearle es el tono.

Acordémonos de que este hombre es un orador nato para estimarle suficientemente esta maravilla del tono natural.

Género odioso si los hay, la oratoria carga con una cadena de fatalidades. El orador comienza por ser el recitador que recita en un vasto espacio y para una masa. Lo primero lo fuerza a alzar la voz cuanto la voz da, vale decir, a gritar; la mucha carne escuchadora lo obliga a hacerle concesiones halagándole si no todos los gustos, los más de los gustos.

La voz tonante, de una parte, y de otra el apetito de dominar, le sacan los gestos violentos; los dos imperativos de voz y gesto le obligan a la expresión excesiva mejor que intensa, y a los conceptos extremos. Así se viene a formar la cadena que digo de fatalidades y una adulteración en grande. Yo no tengo amigos oradores y no he podido recibir confesión de ellos en este sentido; pero se me ocurre que el escritor honrado debe detestar sus discursos viendo claro en ellos esta fabricación del convencimiento, esta máquina montada con piezas de mentira de la que debe usar para convencer… de su verdad. Me parece la oratoria en los mejores, de un costado, una forma didáctica, de otro una especie de desfogamiento de cierto lirismo incapaz de la estrofa, en buenas cuentas, una profesión de propaganda enseñadora y una volcadura cómoda del fuego. Los dos aspectos tuvo en Martí: él incitaba con ella y él se aliviaba la superabundancia del alma.

Anotemos en Martí el que siendo un orador tan entrañablemente original, y tan honesto dentro de su gremio de fraudulentos, no se aparta de las líneas obligadas del género.

Si repasamos en un texto de retórica las condiciones de la arenga, vemos que él cumple con todas, en lo cual volvemos a sentirle su condición de clásico acatador si no de reglas, de una tradición. El secreto de Martí orador consiste tal vez en que, manejando un género de virtudes falsas, él lo sirve con virtudes verdaderas. Mientras el orador corriente simula la fogosidad y gesticula con llamitas pintadas, él está ardiendo de veras; mientras el arengador de todas partes sube la cuesta del período largo por una especie de hazaña de gimnasta, para hincar al final la pica de una buena conclusión, él trepa el período temblando; a cada proposición sube en temblor de pulsos y al terminar echa la exhalación genuina del que remató un repecho; mientras el orador embusterillo junta en frío las metáforas para echarlas después en chorro y encandilar el millón de ojos que le mira, a él le sale el borbotón de metáforas en cuanto el asunto lo calienta y lo funde, y así viene a ser el volcán de verdad que vomita brasas de veras y lava de cocer. Con todo lo cual él vuelve espectáculo natural un espectáculo que los demás aderezan, y realiza la rara hazaña de darse él en pasto a una operación destructora que nadie verifica así, por no hacerse pedazos.

Este es, en bloque, el caso de su oratoria. Examinemos ahora los detalles.

Yo llegué tarde a su fiesta y una de mis pérdidas de este mundo será siempre la de no haber escuchado el habla de Martí. Amigos suyos me han hablado de su voz, pero una descripción aquí no reemplaza nada. Debe haber tenido don de voz, porque si les creemos a los yoghis, y en esto yo les creo, el que posee dulce la víscera, tiene inseparablemente dulce la voz. Una voz que siendo viril se queda dulce es una pura maravilla. Me acuerdo siempre de Emerson en su elogio a la voz grata, y como él, desconfío de los acentos pedregosos o roncos: sus piedras llevan.

El ademán debe haberlo tenido como el de los efusivos que son a la vez finos y que gesticulan con un ímpetu suave, valga la expresión, sin manotear mucho, pero al mismo tiempo sin privarse de la buena subrayadura del gesto.

No le conocimos acento ni mímica, pero lo demás nos ha quedado, a Dios gracias, en el cuerpo de los discursos para que le gocemos la anatomía. ¡Qué noble anatomía la del discurso tendido que nos va a mostrar sus miembros nobles entregándosenos como el atleta en una mesa al que lo quiere medir y gozar!

El período copioso se nos había hecho bastante antipático en los seudocervantistas, a causa de su composición artificial, de su manufactura trabajosa. La sintaxis viva es cosa funcional y que se ordena adentro. Puede salir abundosa y ágil como la sangre que es abundante y ligera en los buenos sanguíneos pero ha de salirle al escritor así, en empellón espontáneo. Lo común es que la sintaxis compleja se la acomode afuera, con relativos forzados; que se la construya voluntariamente por hacer alarde cervantino, y así salen esas masas de cemento armado, esos dinosaurios de yeso que agobian.

Confieso que solamente en Martí no me fatiga el período, a fuerza de estar vivo desde la cabeza hasta los pies. Confieso que a los prosistas mediocres, incapaces de fundir los materiales de la proposición, como el buen volcán se funde los suyos, yo les pido la sintaxis primaria y breve al alcance de sus fuerzas y que no nos canse la atención. La frase corta, portátil, práctica, es un hallazgo muy útil de la lengua francesa, porque tiene lástima del aliento del lector y cortesía para el auditor.

El continente verbal que es el gran acápite, pide titán para su construcción y las manos comunes son artesanas y no prometeicas.

Hemos visto cómo Martí sale de la dificultad de la tirada verbal sin dar cansancio.

Ahora veamos una cosa más delicada si cabe, el trascendentalismo sin la declamación.

El orador de aquella época era por virtud de su Cicerón, de su Bossuet y sobre todo de su Victor Hugo y su Lamartine del momento, un trascendentalista. El trascendentalismo es materia escabrosa como todos lo sabemos, lo mismo que su aliado el patetismo: suelen ser ciertos, pero lo general es que se simulen. Aun cuando sea verídico poco convence. Las almas del patético no son muchas; las almas comunes que carecen del pulso patético, cuando se encuentran con este, prefieren declarar farsantes al dramático antes que confesarse ellas mutiladas de dramatismo. Por eso la moda de la dramaticidad que se llamó romanticismo a mí me desconcierta. ¿Cómo se las arreglaron tantos hombres de pluma y garganta para embarcar a la multitud antitrágica en su nave? Desde luego, hubo muchos falsos románticos y que hallaron clientela precisamente por no ser genuinos y arrastraron a discípulos igualmente falsarios.

A nuestro Martí no lo pondremos bajo bandera romántica absoluta aunque en esos suelos anduvo; pero tal vez lo podremos afiliar entre los trascendentalistas, en todo caso dentro de un grupo de un trascendentalismo muy especial: el trascendente familiar, que se mueve en un turno de grandeza y de cotidianidad, mejor que eso un grandilocuente de las ideas bajado a cada rato por la llaneza de los hábitos. El tipo es complejo, cuesta aceptarlo. Pensemos, aunque la comparación nos parezca a primera vista absurda, en un Victor Hugo corregido de su exageración y de su garganta trompetera por un trato diario y enseñador de la Santa Teresa doméstica, y voluntariamente vulgar.

Martí veía y vivía lo trascendente mezclado con lo familiar. Suelta una alegoría que relampaguea, y sigue con una frase de buena mujer cuando no de niño; hace una cláusula ciceroniana de alto vuelo y le neutraliza la elocuencia con un decir de todos los días; corrige a veces, y esto es muy común, unos cuantos vocablos suntuosos con un adjetivo ingenuo, del más lindo sabor popular.

Cuando ustedes le llaman arcángel se acuerdan de Miguel con la espada picadora del dragón; pero él contiene también a Rafael, el arcángel transeúnte que caminando muy naturalmente con Tobías, logró que este no supiese sino al final que iba con persona alada. Esta conjunción de lo arcangélico combativo con lo arcangélico misericordioso forma la definición de nuestro Martí.

Como el patetismo, del que ya hablamos, tiene sus grandes riesgos el arcangelismo miguelesco, que se resuelve en unos atributos y en una función de fuego y de hierro, más exterminadora que creadora. En el arcángel hostigador de Satanás, eso está muy bien, ya que su finalidad es acorralar y matar al demonio: en los discípulos humanos de Miguel, la actitud combativa permanente siempre me ha parecido peligrosísima. El combatiente eterno acaba entero en espada, va reduciendo su cuerpo de rostro dulce, de entrañas humanas, a vaina seca y por último a filo. Debemos, pues, celebrar, entre otras cosas, el modo de arcangelismo de nuestro Martí, que es un dúo tendido entre el Miguel ígneo y el Rafael terrestre.

Examinada ligeramente la originalidad del tono en Martí, pasemos a la del vocabulario. Como se sabe, este cuenta entre los más ricos de nuestra literatura. Martí posee la lengua, tanto en el aspecto de intensidad como en el de extensión. Generalmente se acostumbra anteponerle al ecuatoriano Montalvo, en el millonarismo de las palabras. Montalvo ha manejado, es cierto, mayor cantidad de voces; pero hay una diferencia grande de vitalidad, vale decir, de calor, de color y de sabor, entre ambos. La lengua rica de Montalvo le viene de la frecuentación visible —demasiado visible— del diccionario. Yo suelo recomendar a mis alumnas que se lo lean en un ejercicio agradable de diccionario que les ahorra la pesadez de la lectura del librote. Agradeciendo a Montalvo el mérito de su acumulación extraordinaria de voces, tenemos que marcar la diferencia de estas dos riquezas de vocabularios, y a esto vamos.

Me señalaba alguna vez el crítico chileno Hernán Díaz Arrieta, que el español escrito en la América confiesa delante del escrito en España pobreza de voces y cierto desabrimiento. Mi amigo tiene relativa razón y yo he tratado de entender el caso.

En nuestros pueblos mestizos donde el negocio de la lengua corrió durante tres siglos a cargo de la población blanca que forma la clase burguesa, la lengua popular que en algunos aspectos se insinúa también en lo familiar, ha estado ausente, porque la masa mestiza o india hablaba o bien dialectos indígenas o bien el español primario que dieron las conquistas. Sobra decir que donde falta populismo en la expresión, falta la gracia, el sabor y el expresivismo. La lengua culta se resiente de entequismo, de formulismo, de sequedad y aun de tiesura.

Esta isla de Cuba ha poseído entre otras fortunas la de una población española casi unánime distribuida en las tres clases. Cuba presenta el caso de una especie de desgajamiento lingüístico de la Península misma; ella es una España insular, una pariente de las Canarias. Cuba estaba y está preparada por lo tanto para entregar en la literatura una dosis doble de españoleidad sobre la América continental.

Montalvo trabajó primero en su Ecuador, después en Francia, en una penosa dieta del idioma, ya que en su país lo indígena triplica lo español y en Francia vivió la penuria de no ser ayudado por el idioma circundante. Así se entiende el que viviese doblado sobre el diccionario, pidiéndole a sus hojas, pesadas y muertas, lo que el ambiente no podía proporcionarle.

Martí, por el contrario, vivirá las edades formadoras, infancia y adolescencia, sumergido en su lengua hablada por las tres castas, abonándose con el español culto de los cultos y con el gustoso y pimentado del pueblo. Cuando salió al destierro, llevaba, sólida y segura como las entrañas que no nos dejan, una lengua completa y viva, chupada veinte años en la cubana.

Naturalmente, un verdadero vital no se contenta con el idioma que recibe, porque cualquier naturaleza creadora tiende a crear con todos sus órganos lo mismo que cualquier naturaleza rica rebasa los medios usados que le dan y echa de sí mismo los que le faltan.

Antes de Rubén Darío, él se había puesto a la invención de vocablos y Darío le reconocía este mayorazgo. Me gustan más los vocablos nuevos que nos vienen de la mano de Martí que la inundación que nos llega con Rubén Darío. Todos sabemos, y se puede decir esto sin ninguna mengua para el nicaragüense, que este llevó bastante lejos su voluntad de exotismo y que en su faena de hacer palabras había tanto de necesidad de palabra fina, como cierto gusto burlón de jugar a la osadía, y de espantar al burgués su enemigo. Martí crea sus derivados como los hiciese un lingüista profesional, guardando todo respeto a la tradición en las terminaciones, e inventa siempre por necesidad verdadera, por ese ímpetu de expresivismo del que hemos hablado.

El vocabulario martiano no será nunca extravagante, pirotécnico ni esnob, aunque será ciento por ciento novedoso hasta volverse inconfundible.

El verbo más que el mismo adjetivo él lo hace a la medida de sus necesidades. Verbos más activos que la familia entera de los verbos españoles, él dice desjarretar, sajar, chupar, despeñar, pechar, etc. Sus adjetivos parecen táctiles y yo pienso que nadie entre nosotros ha llevado más lejos la ceñidura del apelativo a la cosa. Él dice tajadas, carneadas, fundida, atribulada, volcada, regada, y como dentro del adjetivo pictórico se queda el verbo activo, su epíteto no cansa, aunque lo administre mucho, por esta razón de que no está nunca inerte.

Vamos a la vitalidad tropical. Miran algunos el trópico en general como un agobio de bochorno que pesa sobre la criatura, la descoyunta y la debilita. Como yo siento algo de esto en mí, cuando vivo en él no puedo negar el concepto enteramente. Admirando y amando como pocos el trópico, yo le siento en mi cuerpo la suave perfidia de la succión blanda.

Tan perfecto me parece él, sin embargo, como la medida cabal de la riqueza terrestre, tan natural como obra de un Creador al que imaginamos potente, tan noble en su generosidad, que en lugar de tacharle la luz plena, y el calor genésico, prefiero creer que el hombre no puede con él por penuria, que en nuestro cuerpo se halla a causa de su degeneración por debajo de su pulsación vital, que es la debida; que nuestros ojos fallan en la energía que le debemos para mirarlo sin pestañeo.

Cuando me encuentro un hombre semejante a Martí o a Bolívar, que en su trópico de treinta años no se descoyunta y se mueve dentro de él lo mismo que el esquimal en la nieve, con toda naturalidad, trabajando sin jadear bajo el bochorno, y rindiendo la misma cantidad de energía que el hombre de clima templado en su país, yo vuelvo a pensar que lo monstruoso, lo excesivo, lo elefantiásico del Ecuador, no existe, y que solamente existe la pusilanimidad o la miseria de la criatura que no merece esta hermosura fuerte y no es capaz de gozarla.

José Martí cayó en su molde propio al caer en el trópico; él no rezongó nunca contra la latitud, porque no se habla mal del guante que viene a la mano.

Hay una inquina especial de las tierras frías contra el trópico, que pudiese ser la del sietemesino contra el niño de nueve meses. Una de las manifestaciones de esta inquina la anotaremos en el sentido de desprecio y mofa con que se han teñido los vocablos «tropicalismo» y «tropical» en la crítica literaria. Los dos vocablos se han vuelto motes de injuria y suelo escuchárselos con un choque de catapulta que derrumba a un escritor. Necia me ha parecido siempre su aplicación a la masa de los escritores que viven entre Cáncer y Capricornio, y que difieren entre ellos como planta y animal, con diferencias de género y orden. Más tonta es todavía su significación forzada de inferioridad. No hay razón para que un escritor tropical haya de ser necesariamente malo. Pero la comicidad verdadera del asunto reside en que nuestro trópico no ha tenido verdaderos escritores tropicales, excepto uno, este Martí sobre el cual conversamos, este Martí admirable que es el único al que le conviene la mal usada etiqueta no conviniéndole ni por un momento en la ofensa.

Pedro Henríquez Ureña, al que debemos varias definiciones del hecho americano, se encargó en buena hora de explicar este mal enredo del vocablo que hemos torcido. Él comprueba en no sé cuál de sus libros que nosotros llamamos tropicales ciertos estilos abundantes y empalagosos, exportados de tierra fría, por los románticos franceses y recibidos y hospedados aquí por escritores más malos aún que ellos y desprovistos de todo buen gusto. El clima nada tiene que hacer con el pecado, y para no citar sino un caso, cerca de aquí nació y vivió su infancia esencial un poeta sin excrecencias viciosas, no dañado por la calentura del Caribe en sus pulsos regulares de buen francés: en la Martinica vivió años Francis Jammes.

La soberana naturaleza tropical de América se ha quedado al margen de nuestra literatura, sin influencia verdadera sobre el escritor, como aventajada por él. Ojos, orejas, y piel, hemos enderezado hacia Europa; paisaje europeo, cadencia europea, española o francesa; clima europeo, desabrido o neutro, es lo que se puede ver en nuestra literatura. Antes y después de José Martí, ninguno se ha revolcado en la jugosidad y en las esencias capitosas de este suelo. Hay que llamar a este hombre, entre otras cosas, el gran leal. Lo será por muchos capítulos, pero principalmente por este de haber llevado a la expresión hablada y escrita el resuello entero, caliente y oloroso, de su atmósfera circundante y haber vaciado en ella la cornucopia de su riqueza geográfica.

¿Qué hace el trópico en la obra de nuestro Martí, que es el único que lo contiene; qué excelencia o qué fatalidad le acarreaba?

En primer lugar, el Trópico aparece en su prosa como un clima de efusión. A lo largo de arengas, discursos académicos, de artículos de periódico, de simples cartas, una efusión constante marca todas esas piezas, tan contrarias entre ellas, de la marca de su naturaleza que es la efusión y que no lo abandona nunca. Yo digo efusión y no digo fiebre. Tengo por ahí explicada una vaga teoría de los elementos de nuestros hombres: los que se quedan en el fuego absoluto se secan y se quebrajean; los que viven del fuego mixto con el agua, de calor más ternura, esos no se resecan ni se destruyen. Martí pudo ser afiebrado, una criatura de delirio malo o maligno como otros fogosos que se llamaron Ezequiel o León Bloy, profetas que crepitan o panfletarios que carnean y se carnean. La cifra media que da la obra de Martí es la efusión. Él no nos aparece frío, ni de esa frialdad que suele traer la fatiga y que es el desgano, en ningún documento; siempre lo asiste la llama o la brasa confortante, o un rescoldo bueno y cordial. Si como pensaba Santa Teresa nuestro encargo humano es el de arder, y la tibieza repugna al Creador y la frialdad agrada al diablo que tirita en un alveolo de su infierno al que no llega el caldo de los otros círculos, bien cumplió este cumplidor su encargo de vivir encendido y sin atizadura artificial. Él ardía prescindiendo de excitantes, abastecido del combustible que le daba una naturaleza rica y del Espíritu Santo que circulaba por su naturaleza.

La segunda manifestación del trópico en él sería la abundancia. El trópico es abundante por riqueza y no por recargo, como se cree; es abundante por vitalidad y no por perifollo, y yo quisiera saber pintar para hacer entender esto a los que no han visto el trópico. El estilo barroco fue inventado por arquitectos no tropicales y que queriendo ser magníficos cayeron en la magnificencia falsa que es el recargamiento, en la bordadura gruesa y obesa. Más claro se verá el hecho en el árbol coposo: él no aparece como un abullonamiento de ramas continentales y pesadas; él resulta espléndido sin cargazón. Hay que meter la mano en la masa de sus masas para conocer la complejidad de su tesoro, que en conjunto se ve hasta esbelto, hasta ligero.

En el tropicalismo de Martí y esto lo repasaremos al hablar de su período, la abundancia es natural por venir de adentro, de los ríos de savia que se derraman; en cuanto a natural no es pesada, no carga ornamentos pegadizos, se lleva a sí mismo con la holgura con que los individuos de gran talla llevan su cuerpo, que no les pesa más que los pocos huesos al que es pequeño.

La abundancia del estilo de Martí viene de varias causas y es una especie de conjunción de vitalidades. Hervía de ideas, al revés del escritor que ha de seguir una sola como hilito de agua en tierra pobre; el corazonazo caliente le echaba sobre la garganta el borbotón de la pasión constante; el vocabulario pasmoso le entregaba a manos llenas las expresiones ahorrándole esa búsqueda de la frase tan acusada en otros. ¡Cómo no había de ser abundante! Lo hicieron en grande y no veo yo por qué una criatura hecha en rango ciclópeo rechace lo suyo, reniegue de los bloques de que dispone, y se fuerce a penitencia, a dieta de palabras, y a sobriedades chinas de arroz.

Corrijámosle la abundancia, y el Martí se nos va, como se nos acaba la montaña si decidimos partirla en colinitas.

Todavía debemos anotarle en la conjunción de abundancia el espectáculo de abundancia que le regaló el trópico. Que los demás escritores ecuatoriales vivan sin conmoverse delante de este derramamiento de fuerzas naturales, negocio de ellos es, mal negocio de distracción o de deslealtad; pero dejemos que este respondedor, que este pagador, hable y escriba de acuerdo con su aposento geográfico, dentro del orden de su hogar físico, dejémoslo.

Otra manifestación todavía del tropicalismo de Martí es la lengua espejeadora de imágenes, su desatado lujo metafórico.

Dicen que en la naturaleza tropical la fecundidad de fauna y flora está supeditada al ornamento y que así planta y bestia son más hermosas que productivas; dicen que son blandas y fofas las criaturas tropicales y que su belleza engaña respecto de su energía. Otra vez mentira. La verdad que miramos es que la naturaleza, que en otras partes cumple su obligación enteca de producir, aquí se da el gusto de producir y de maravillar por iguales partes, de cumplir un plus ultra de regalo, sirviendo y deslumbrando. El árbol de la goma, el cocotero, el mismo plátano, poseen la vitalidad suficiente para dar mucho y para donosear con el follaje. No sé qué le veo yo de proletaria urgida, de gris asalariada, a la naturaleza europea donde el sembradío sustentador de gente se ciñe a la utilidad y no le queda ni espacio ni ímpetu para hacer jugosidades de color y espesura. El trópico nuestro, por el contrario, se parece al héroe griego en el Hércules magnífico y servicial.

Pasemos esta misma generosidad de la naturaleza a Martí: él es un proveedor de conceptos, pero como le sobra savia, él puede ocuparse de regar sobre la ideología un chorro de galanura, un camino de metáforas que no se le acaba nunca. No olvidaremos tampoco que este hombre es sobre todo un poeta; que puesto en el mundo a una hora de necesidades angustiosas, él aceptará ser conductor de hombres, periodista y conferenciante, pero que si hubiese nacido en una Cuba adulta, sin urgencia de problemas, tal vez se hubiese quedado en hombre exclusivo de canto mayor y menor, de canto absoluto.

Como el árbol tropical, que gasta mucho en periferia florecida y que engaña con que descuida los menesteres de solidez del tronco, así engaña la prosa de Martí con el ornamento y ha hecho decir a algún atarantado que eso no es sino vestimenta.

Suntuoso, es cierto, a la manera de los reyes completos que daban legislación, religión, política, costumbre y poesía, en la misma plana y que siendo sacerdotes, cuidaban, sin embargo, de la esplendidez de su manto que solían diseñar ellos mismos a los costureros de palacio.

También aquí está el hombre construido en grande que no quiere mutilarse de nada y que hace el manojo completo de las cosas buenas de este mundo, el hombre antiasceta, aunque sea cabalmente moral y antipenitencial, por hallarse muy cerca de la naturaleza que ignora el cenobitismo.

Al lado de la extraordinaria sintaxis de Martí está, pues, como el otro pilar de su magistralidad, su metáfora. La tiene impensada y no extravagante; la tiene original y no estrambótica; la tiene virgínea y en tal abundancia que no se entiende de qué prado de ellas se provee en cada momento sin que la reincidencia lo haga nunca aceptar una sola manoseada y ordinaria.

La sabida frase del hombre que piensa en imágenes, conviene a Martí como a ninguno de nosotros. Hay que caer sobre algunas páginas del Asia, de esas en que la poesía se traduce en una pura reverberación de símiles, para encontrar algo semejante a la escritura de Martí. Pero la diferencia suya con el lirismo asiático está en que, mientras aquel significa a veces un atollamiento de flores, un empalago de gemas, Martí conserva siempre bajo la floración el hueso del pensamiento.

La metáfora cerebral, la inteligente, rezumada del seso, yo no se la encuentro. Válgame la afirmación, aunque sea peregrina: el corazón es el proveedor de la metáfora en Martí, así la tiene de espontánea, de fresca y de cándida, aun cuando le sirve a veces para la santa cólera.

Alguno dice por allí que el estudio de un poeta puede hacerse a base de sus solas metáforas. El sistema contiene habilidad; pero se nos quedarían afuera algunos poetas ralos y hasta ayunos de metáforas, que los hay. Con Martí el procedimiento resultaría en cambio admirable. A ver si yo tengo algún día calma para hacer el ensayo, que me tienta. En la montaña de su millón de metáforas yo creo que se puede descomponer el alma entera de Martí en su extraña contradicción de lenguas de fuego y de vellones recién cortados de ternura, en su remesón de entraña y en su soplo o silbos rápidos, de cariño y, a veces, de gozo.

La última manifestación de tropicalismo que le anotaremos es la liberalidad. Ella forma parte de la abundancia que ya anotamos.

Nuestro temperamento, al revés del europeo, acusa una liberalidad visible, que se derrama en hospitalidad, en caridad y en vida en grande. Nosotros no somos pueblos de puño cerrado, de arca vigilada ni de programa de vida regido por una economía de vieja. Bienes y males nos parten de allí. Nuestro sol, que en vez de asistir solamente a la creación como en los países templados, la inunda y la agobia, nos ha enseñado una superliberalidad. Estamos llenos de injusticias sociales, pero ellas vienen más de una organización torpe que de una sordidez de temperamento; nosotros queremos un abastecimiento generoso de nuestro pueblo; nosotros andamos buscándolo, y cuando lo hayamos hecho, nuestro sistema económico será más justiciero que los europeos.

Todo lo quiere para su gente Martí: libertad primero, holgura y cultura luego, felicidad finalmente. Y como el estilo, digan lo que digan, forma el aspa visible del molino escondido, y confiesa a cada paso la moral nuestra, aun cuando no hable nunca de moral, las liberalidades de Martí se traducen en su lengua no sé en qué flexibilidades felices, en qué desenvoltura de hombre sin remilgos, en qué felicidad de señor acostumbrado a darse y a dar, a tener y a ofrecer. Mírese un poco el estilo de los egoistones y de los recelosos y se podrá sentirles la reticencia que se vuelve entequez, y el temblorcito avaro que se vuelve indigencia, y que empobrece, perdónenme la hipérbole, hasta la sintaxis.

En esta última parte de mi tema, la averiguación de la lengua se me ha resbalado hacia el hombre, que yo no iba a comentar. La crítica literaria moderna está empeñada en deslindar la obra del individuo y en reducirse al estudio de su escritura. Yo no soy de esos dualistas y el dualismo en muchas cosas me parece herejía pura; pero naturalmente respeto, cuando entro a un reino que no es el mío como este de la crítica, los usos y la norma de la casa ajena.

Unos pocos escritores hay con los cuales sobra la divulgación de su persona y de su vida; unos muchos hay que no pueden ser manejados por el comentarista sino en bloque de escritura y de carácter. Martí anda con estos, y hasta tal punto que no sabemos bien si su escritura es su vida puesta en renglones, o si su vida es el rebosamiento de su escritura. Aparte de que Martí pertenece a aquellos escritores que se hacen amar aún más que estimar, y de los cuales queremos saberlo todo, desde cómo rezaban hasta cómo ellos comían.

Se hablará siempre de él como de un caso moral, y su caso literario lo pondremos como una consecuencia.

¿Es cierto que se puede hablar aquí de «un caso»? ¿De dónde sale este hombre tan viril y tan tierno, por ejemplo, cuando en nuestra raza el viril se endurece y también se brutaliza? ¿De dónde viene este hombre teológico tan completo trayendo en su cuerpo el trío de las potencias de «memoria, inteligencia y voluntad» entero? Y ¿de dónde nos llega esta criatura difícil de producir en que los hombres hallan la varonía meridiana, la mujer su condición de misericordia y el niño su frescura y su puerilidad juguetona? Todavía diremos, ¿dónde se ha hecho en nuestra raza, de probidades dudosas y ensuciadas por tanto fraude, este hombre de cuarenta y ocho kilates, del que no logramos sacar una sola borra de logro, ni siquiera de condescendencia con la impureza?

Vamos a ver modo de contestar y si erramos la intención valga.

El viril nos viene de la sangre catalana, resistente y operadora, o, si ustedes lo prefieren, del explorador y el conquistador español, correa de cuero de la historia, europeo magistral cuya resistencia todavía asombra al cronista contador de lo que hicieron. El tierno le viene del limo y del ambiente antillano, donde el cuero español que dije se suavizó para dejar una raza dulce y más grata que la arribada. Verdad es que el antillano indio bondadoso, el más benévolo indio americano al lado del quechua aymará, fue arrasado; pero no sabemos todavía si los muertos en cuanto se entierran se acaban o si se retardan formando al suelo una especie de halo de sus virtudes que opera sobre los vivos y los forma a su condición. El hecho es que dentro del trópico la vida antillana muestra mucho menos combate y malquerencia armada que la de los países calientes del sur. Esta tierra insular, aliviada por el mar de su calentura, esta Antilla productora de la caña cordial y del tabaco piadoso, del que dice un inglés que templa con su suavidad la dureza del hombre; esta bandeja comedida y plana de limo reblandecido en la que la vida se acomoda tan bien, produce fácilmente al hombre tierno y a la mujer tierna, y ha podido dar la cifra más alta de dulzura de nuestra raza en este Martí el bueno.

El hombre que según varios comentaristas contiene a la mujer y al niño, conservando entero al varón, ese no se explica, creo yo, con raza ni con geografía, porque aparece en varios lugares, donde siempre dibujará al hombre perfecto. Curioso es que el hombre pierda tan pronto el regusto de la leche materna y se barbarice tan pronto el paladar del alma con rones y especias malas.

Posiblemente sea de su educación que insiste tanto en hacerle pronto la varonía, y una grosera varonía, de donde le viene este olvido de su leche primera y este desdén de la blandura buena que lo nutrió meciéndolo y lo afirmó acariciándolo. Hay grandes razas afortunadamente donde la amabilidad se cultiva lado a lado con la resistencia, la italiana y la francesa, por ejemplo.

La explicación que yo me doy de José Martí es otra, sin embargo, la siguiente. El hombre completo sería aquel que a los veinticinco años conserva listaduras infantiles en la emotividad y por ella en la costumbre, y que no ha desprendido al niño que fue, porque sabe que hay alguna monstruosidad en ser redondamente adulto. Este mismo hombre se anticipa en él, ya sea por una atención humana muy intensa, ya sea por adivinación de lo que viene, las piedades, mejor dicho, del viejo que por haber probado en todos los platos de virtud y de culpa ha madurado su pulpa entera para el perdón, y no tiene en agraz ninguna lástima ni ninguna comprensión y de nada se asombra, aunque rechace muchas cosas. A mí me gusta la maravilla del joven, pero a mí me place profundamente la del viejo.

Martí me parece esto, el maduro en el que se retarda para su bien un aroma bien acusado de infancia, y que ya se sabe el viejo que él no va a alcanzar a vivir habiendo laceado desde lejos la presa de la experiencia y traídola hacia él para que le ayude. Por otra parte, un hombre de cenit, que desde ese punto cenital de los treinta años domina y posee ya los dos lados del cielo, el que remontó y el que va a descender. Por eso es tan hombre que se funde de jugo humano por donde se le toca, y responde al niño en los cuadernos de la *Edad de Oro* y el *Ismaelillo,* por eso sabe ya tanto del negocio de vivir, de padecer, de caer y levantar, que se le puede contar todo, estando seguro de conmoverlo o no contarle nada porque con mirar una cara, entiende y hace lo que hay que hacer. Las funciones humanas mejores, él las sirvió todas, la de camarada, la de confortador, la de consolador, la de corregidor, la de organizador y la de realizador. Muchas veces se ha aplicado en la historia la frase de «amigo de los hombres». A Marco Aurelio se la aplicó, a Carlo Magno, a algunos papas, a Eliseo

Reclus o a Michelet. Cuba también tuvo un amigo de los hombres en este José Martí.

Tengo para terminar la mejor cosa que no he dicho, habiendo dicho tantas. Tengo sin alabar al luchador sin odio. El mundo moderno anda muy alborotado con esa novedad de Mahatma Gandhi, combatiente sin odiosidad. El fenómeno tan difícil de combatir sin aborrecer apareció entre nosotros, en esta Cuba americana, en este santo de pelea que comentamos. Pónganle si quieren un microscopio acusador encima, aplíquenselo a arengas, a proclamas o a cartas, y no les ha de saltar una mancha ni una peca de odio. Metido en esa profesión de aborrecer que es el combate, empujado a esa cueva de fieras hediondas que ha solido ser en la historia la guerra, constreñido a endrezarse, a rechazar, a buscar fusil y a echarse al campo, este extraño combatiente con cara que echa de sus planos resplandores, va a pelear sin malas artes, sin lanzar interjecciones feas, sin que se le ponga sanguinoso el lagrimal, sin que tiemble del temblor malo de los Luzbeles o los Gengis Kan. Posiblemente hasta los luchadores de la *Ilíada* han dejado escapar algún terno que Homero se guarda, en lo apretado de la angustia. Martí pelea sobrenaturalmente, sintiendo detrás de sí la causa de la independencia cubana, que le quema la espalda, y mirando delante al montón de los enemigos de ella, impersonal, sin cara que detestar, casi sin nombre, con el solo apelativo abstracto de tiranía o de ineptitud.

Esta vez sí, mis amigos, me resulta mi sujeto sin amarras con mi raza. Mucho ha odiado la casta nuestra, mucha fuerza ha puesto en esta operación de aborrecer de la cabeza a los pies y de tomar cada país o cada partido, o cada familia, como el toro que es preciso descuartizar para salvarse, haciendo lo mismo con el becerro que le sigue y con el tropel de los que vienen.

Aunque la frase se tiña un poco de cursilería, digamos que Martí vivió embriagado de amor humano, y hasta tal punto que sus entrañas saturadas de esta mirra no le pudieron entregar ni en el vórtice negro de la pelea un grito verdadero de destrucción, ni un gesto genuino de repugnancia.

Es agradecimiento todo en mi amor de Martí, agradecimiento del escritor que es el Maestro americano más ostensible en mi obra, y también agradecimiento del guía de hombres terriblemente puro que la América produjo en él, como un descargo enorme de los guías sucios que hemos padecido, que padecemos y que padeceremos todavía. Muy angustiada me pongo a veces cuando me empino desde la tierra extraña a mirar hacia nuestros pueblos que en mí, mujer de valle cordillerano, soldados están por la geografía más importante que la política, y les miro, y les toco con el tacto largo de los insistentes, lo mismo que se tocan cerros y mesetas en los mapas en relieve, la injusticia social que hace en el Continente tanto bulto como la cordillera misma, las viscosidades acuáticas de la componenda falsa, el odio que lo tijeretea en todo su cuerpo, y la jugarreta trágica de las querellas de barrio a barrio nacionales.

En estas asomadas dolorosas al hecho americano, cuando advierto torpezas para las realizaciones, cojeadura de la capacidad, yo me traigo de lejos a nuestro Bolívar, para que me apuntale la confianza en nuestra inteligencia, y de menor distancia en el tiempo, yo me traigo a nuestro José Martí para que me lave con su lejía blanca, de leche fuerte, las borroneaduras de nuestra gente, su impureza larga y persistente. Refugio me ha sido y me será, uno de esos refugios limpios y enjutos que suelen hallarse en una gruta cuando se anda por el bajío pantanoso de alimañas escurridizas, y en el que se entra para poder comer y dormirse después sin cuidado. Esa frente que a ustedes les es familiar me tranquiliza con su plano suave y me echa luces, y luz; esos ojos de dulzura pronta, con la miel a flor de la niña, donde se chupa sin tener que buscar; esa boca cuyo gesto yo me creo, por el bigote grueso que la tapa; ese mentón delgado que desensualiza la cabeza por el segundo extremo, haciendo lo que la frente hace en lo alto; ese conjunto de nobleza benévola, me ha consolado muchas veces de tanto rostro desleal, brutal y feo como da nuestra iconografía, la pasada y la actual.

Hemisferios de agradecimiento son, pues, para mí, la literatura y la vida de José Martí, y con esta conversación empiezo a pagar deuda vieja empeñada con ellos. Seguiré pagando lo mucho y variado que me queda. Él ya no está aquí, en este mostrador de la vida para recibirme el primer cumplimiento; pero está el grupo de los suyos que han tomado a su cargo el negocio moral, la institución cubana y americana que se llama José Martí, la cual está vigente, de vigencia racional, y está viva de una capitosa vitalidad.

JUAN RAMÓN JIMÉNEZ

JOSÉ MARTÍ

Hasta Cuba, no me había dado cuenta exacta de José Martí. El campo, el fondo. Hombre sin fondo suyo o nuestro, pero con él en él, no es hombre real. Yo quiero siempre los fondos de hombre o cosa. El fondo me trae la cosa o el hombre en su ser y estar verdaderos. Si no tengo el fondo, hago el hombre transparente, la cosa transparente.

Y por esta Cuba verde, azul y gris, de sol, agua o ciclón, palmera en soledad abierta o en apretado oasis, arena clara, pobres pinillos, llano, viento, manigua, valle, colina, brisa, bahía o monte, tan llenos todos del Martí sucesivo, he encontrado al Martí de los libros suyos y de los libros sobre él. Miguel de Unamuno y Rubén Darío habían hecho mucho por Martí, por que España conociera mejor a Martí (su Martí, ya que el Martí contrario a una mala España inconsciente era hermano de los españoles contrarios a esa España contraria a Martí). Darío le debía mucho. Unamuno bastante; y España y la América española le debieron, en gran parte, la entrada poética de los Estados Unidos. Martí, con sus viajes de destierro (Nueva York era a los desterrados cubanos lo que París a los españoles), incorporó los Estados Unidos a Hispanoamérica y a España mejor que ningún otro escritor de lengua española, en lo más vivo y más cierto. Whitman, más americano que Poe, creo yo que vino a nosotros, los españoles todos, por Martí. El ensayo de Martí sobre Whitman, que inspiró, estoy seguro, el soneto de Darío al «Buen viejo», en *Azul*, fue la noticia primera que yo tuve del dinámico y delicado poeta de *Arroyuelo de otoño*. Si Darío había pasado ya por Nueva York, Martí había estado. Además de su vivir en sí propio, en sí solo y mirando a su Cuba, Martí vive (prosa y verso) en Darío, que reconoció con nobleza, desde el primer instante, el legado. Lo que le dio, me asombra hoy que he leído a los dos enteramente. ¡Y qué bien dado y recibido!

Desde que, casi niño, leí unos versos de Martí, no sé ya dónde,

> Sueño con claustro de mármol
> Donde en silencio divino
> Los héroes, de pie, reposan:
> *¡De noche, a la luz del alma,*
> Hablo con ellos: de noche!

«pensé» en él. No me dejaba. Lo veía entonces como alguien raro y distinto, no ya de nosotros los españoles sino de los cubanos, los hispanoamericanos en general. Lo veía más derecho, más acerado, más directo, más fino, más secreto, más nacional y más universal. Ente muy otro que su contemporáneo Julián del Casal (tan cubano, por otra parte, de aquel momento desorientado, lo mal entendido del modernismo, la pega) cuya obra artificiosa nos trajo también a España Darío, luego Salvador Rueda y Francisco Villaespesa después. Casal nunca fue de mi gusto. Si Darío era muy francés, de lo decadente, como Casal, el profundo acento indio, español, elemental de su mejor poesía, tan rica y gallarda, me fascinaba. Yo he sentido y expresado, quizás, un preciosismo interior, visión acaso exquisita y tal vez difícil de un proceso psicológico, «paisaje del corazón», o metafísico, «paisaje del cerebro»; pero nunca me conquistaron las princesas exóticas, los griegos y romanos de medallón, las japonerías «caprichosas» ni los hidalgos «edad de oro». El modernismo, para mí, era novedad diferente, era libertad interior. No, Martí fue otra cosa, y Martí estaba, por esa «otra cosa», muy cerca de mí. Y, cómo dudarlo, Martí era tan moderno como los otros «modernistas» hispanoamericanos.

Poco había leído yo entonces de Martí; lo suficiente, sin embargo, para entenderlo en espíritu y letra. Sus libros, como la mayoría de los libros hispanoamericanos no impresos en París, era raro encontrarlos por España. Su prosa, tan española, demasiado española, acaso, con exceso de giro clasicista, casi no la conocía. Es decir, la conocía y me gustaba sin saberlo, porque estaba en la «crónica» de Darío. El «Castelar» de Darío, por ejemplo, podía haberlo escrito Martí. Solo que Martí no sintió nunca la atracción que Darío por lo español vistoso, que lo sobrecogía, fuera lo que fuera, sin considerarlo él mucho, como a un niño provinciano absorto. Darío se quedaba en muchos casos fuera del «personaje», rey, obispo, general o académico deslumbrado por el rito. Martí no se entusiasmó nunca con el aparato externo ni siquiera de la mujer, tanto para Martí (y para Darío, aunque de modo bien distinto). El único arcaísmo de Martí estaba en la palabra, pero con tal de que significara una idea o un sentimiento justos. Este paralelo entre Martí y Darío no lo hubiese yo sentido sin venir a Cuba. Y no pretendo, cuidado, disminuir en lo más mínimo, con esta justicia a Martí, el Darío grande que por otros lados y aun a veces por los mismos, tanto admiro y quiero, y que admiró, quiso y confesó tanto (soy testigo de su palabra hablada) a su Martí. La diferencia, además de residir en lo esencial de las dos existencias, estaba en lo más hondo de las dos experiencias, ya que Martí llevaba dentro una herida española que Darío no había recibido de tan cerca.

Este José Martí, este «Capitán Araña», que tendió su hilo de amor y odio noble entre rosas, palabras y besos blancos, para esperar al destino, cayó en su paisaje, que ya he visto, por la pasión, la envidia, la indiferencia quizás, la fatalidad sin duda, como un caballero andante enamorado, de todos los tiempos y países, pasados, presentes y futuros. Quijote cubano, comprendía lo espiritual eterno, y lo ideal español. Hay que escribir, cubanos, el «Cantar» o el «Romancero de José Martí», héroe más que ninguno de la vida y la muerte, ya que defendía «exquisitamente» con su vida superior de poeta que se inmolaba, su tierra, su mujer y su pueblo. La bala que lo mató era para él, quién lo duda, y «por eso» venía, como todas las balas injustas, de muchas partes feas y de muchos siglos bajos, y poco español y poco cubano no tuvieron en ella, aun sin quererlo, un átomo inconsciente de plomo. Yo, por fortuna mía, no siento que estuviera nunca en mí ese átomo que, no correspondiéndome, entró en él. Sentí siempre por él y por lo que él sentía lo que se siente en la luz, bajo el árbol, junto al agua y con la flor considerados, comprendidos. Yo soy de lo estático que cree en la gracia perpetua del bien. Porque el bien (y esto lo dijo de otro modo Bruno Walter, el músico poeta puro y sereno, desterrado libre, hermano de Martí, y perdón por mi egoísmo, mío) lo destrozan «en apariencia» los otros, pero no se destroza «seguramente», como el mal, a sí mismo.

GUILLERMO DÍAZ-PLAJA

MARTÍ

Martí, ese gigantesco fenómeno de la lengua hispánica raíz segura de la prosa de Rubén [...] y, desde luego, el primer «creador» de prosa que ha tenido el mundo hispánico.

Martí es imposible de reflejar en un esquema crítico. Tan personal, múltiple y sorprendente es. «Su prosa —he escrito en otra ocasión [...]— se nota circulada por el fuego y la sangre. Por la prisa. Transida de horizontes y de angustias. Y, sin embargo no hay obra, no hay página, no hay párrafo, no hay línea, no hay balbuceo de José Martí en que no resplandezca su actitud de vigilante escritor. No hay, en suma, "frases blancas" en él. Todo parece cargado de personalidad y, en ocasiones, más fuertemente cuando la obra es más breve y apretada. Hay fragmentos de cartas, escritos sobre el arzón del caballo, en plena manigua, que son verdaderos prodigios de novedad. Frases relámpago que asombran por su originalidad y por su eficacia.

Martí es el prosista más enérgico que ha tenido América. ¡Qué libertad en la ordenación de la frase! ¡Qué imperativos más briosos al frente de los apóstrofes! ¡Qué síncopas en la ilación de los vocablos! Hay que leer mucho a este singularísimo artista para acostumbrarse a su fuego. Unas veces hace copular las palabras en violentos contrastes; otras, las precipita como una catarata volcánica. Y todo ello, nótese bien, obedeciendo a una formidable inteligencia que domina en todo momento los resortes de la expresión, sin que jamás se note desbordado por la misma. Digamos también que sus recursos retóricos parecen extraídos siempre de la vena más castiza y autóctona».

Martí podría ser un ejemplo de cómo la retórica, en casos de excepción, puede alcanzar la tensión poética. Basta, naturalmente (¡y no es poco!), que la expresión trascienda autenticidad. Y Martí es el hombre que lleva siempre el corazón en la mano. De ahí la tremenda eficacia de su verbo.

El secreto de la prosa de Martí es el ardor. Un fuego le quema y ordena su frase en crepitantes períodos que se precipitan uno tras otro como en catarata. Los asertos se llenan de vocablos en oposición asindética. Los signos de admiración puntúan el énfasis. Leamos este párrafo oratorio de Martí:

> ¡El trabajo: ese es el pie del libro! La juventud, humillada la cabeza, oía piafante, como una orden de combate, los entrañables aplausos. ¡Uno eran la bandera y las palmas y el gentío! Niñas allí, con rosas en las manos; mozos, ansiosos; las madres levantando a sus hijos; los viejos llorando a hilos, con sus caras curtidas. Iba el alma y venía como pujante marejada. ¡Patria, la mar se hincha! La tribuna avanzada de la libertad se alzaba de entre las cabezas, orlada por los retratos de los héroes.

Los fenómenos de elipsis acompañan los sintagmas. «Niñas allí» y «Mozos ansiosos»; los gerundios dan el tono de presencia en el tiempo a la evocación. Los verbos pasan a un impetuoso primer término cuando conviene («Iba el alma y venía»).

Las cadenas de interrogaciones yuxtapuestas son también muy características.

¿Temer al español liberal y bueno; a mi padre, valenciano; al gaditano, que me velaba el sueño febril; al catalán, que juraba y votaba porque no quería el criollo huir con sus vestidos; al malagueño, que saca en sus espaldas del hospital al cubano enfermo; al gallego, que muere en la nieve extranjera al volver de dejar el pan del mes en la casa del General en Jefe de la guerra cubana? Por la libertad del hombre se pelea en Cuba, y hay muchos españoles que aman la libertad. ¡A estos españoles les atacarán otros: yo los ampararé toda mi vida! ¡A los que no saben que esos españoles son otros tantos cubanos, les decimos: ¡Mienten!

Nótese la espléndida libertad sintáctica que ordena las dos frases exclamativas. La pródasis prepara negativamente la cuestión («A estos españoles les atacarán otros...», «A los que no saben que...», frente a «yo los ampararé toda mi vida» y «¡Mienten!»).

«Sin Martí no hay Rubén», ha llegado a decir un crítico [...]. La frase si exagerada en cuanto al verso, es verdad absoluta en cuanto a la prosa.

Dejando para luego el estudio de la prosa artística de Rubén Darío, señalemos únicamente algunas de las derivaciones americanas paralelas y posteriores, acreditadoras de la vitalidad de la expresión normal en el mundo hispánico y generadora de una nueva fórmula preceptiva que acabamos denominando poema en prosa.

Por de pronto, la oscilación estética prosa-verso
la hemos de encontrar en muchas
figuras.

NOTA AL TEXTO

Martí en su universo, la antología de prosa y verso martianos
que se ofrece en este volumen, ha tomado como referente, en
su selección de materiales y en su ordenamiento temático, los
propios juicios críticos de Martí sobre su obra y está basada
en la carta que el primero de abril de 1895, a punto de incor-
porarse a la guerra independentista cubana —que preparó y
en la que moriría peleando el 19 de mayo de aquel año—,
Martí enviara a su secretario y albacea, Gonzalo de Quesada
y Aróstegui, considerada con justicia su testamento literario,
que está recogida en *Obras completas* (1975: 476-479).

Allí indica las fuentes para los libros que podían publicarse,
propone artículos específicos o explica las causas de la selec-
ción. Se advierte la importancia que da a los materiales perio-
dísticos: «De lo impreso, caso de necesidad, con la colección
de *La Opinión Nacional,* la de *La Nación,* la del *Partido Liberal,*
la de *La América* [...] y aun luego la del *Economista* podría irse
escogiendo el material de los seis volúmenes principales», y el
valor que concede los discursos oratorios y a parte de lo escrito
en la revista que pensó para los niños de América: «Y uno o
dos [volúmenes] de discursos y artículos cubanos. [...] *La Edad
de Oro,* o algo de ella sufriría reimpresión».

Con alto juicio crítico sobre su propia obra resume lo
mejor de su poesía a los dos libros publicados *(Ismaelillo* y

Versos Sencillos) a lo cual podría añadirse «lo más cuidado o significativo de unos *Versos Libres* [...] No me los mezcle a otras formas borrosas, y menos características. [...] Versos míos, no publique ninguno antes del *Ismaelillo*: ninguno vale un ápice. Los de después, al fin, ya son unos y sinceros». De ahí que en una primera selección incluyéramos solo lo más acabado de estas tres fuentes de versos, pero luego se decidió ampliar el elenco con formas que exhiben ideas o imágenes brillantes, muestran el taller martiano o han tenido más difusión.

Pensando en otros volúmenes posibles Martí sugiere artículos para incluir tales como «Vereschagin y una reseña de los pintores impresionistas, y el Cristo de Munkacsy. Y el prólogo de Sellén, —y el de Bonalde, aunque es tan violento—, y aquella prosa aún no había cuajado, y estaba como vino al romper [...]». La polisíndeton nos deja ver el afán apasionado con que revisita lo escrito, de donde resultan enumeraciones a las que hemos debido atender en la medida de lo posible:

> De nuestros hispanoamericanos recuerdo a San Martín, Bolívar, Páez, Peña, Heredia, Cecilio Acosta, Juan Carlos Gómez, Antonio Bachiller. De norteamericanos: Emerson, Beecher, Cooper, W. Philips, Grant, Sheridan, Whitman. Y como estudios menores, y más útiles tal vez, hallará, en mis correspondencias a Arthur, Hendricks, Hancock, Conkling, Alcott, y muchos más.
>
> De Cuba ¿qué no habré escrito?: y ni una página me parece digna de ella: sólo lo que vamos a hacer me parece digno. Pero tampoco hallará palabra sin idea pura y la misma ansiedad y deseo de bien. En un grupo puede poner hombres: y en otro, aquellos discursos tanteadores y relativos de los primeros años de edificación, que sólo valen si se les pega sobre la realidad y se ve con qué sacrificio de la literatura se ajustaban a ella.

Seguir lo indicado en esa carta al pie de la letra habría implicado, sin embargo, una apreciable cantidad de tomos. Por otro lado, la selección debía necesariamente completarse con materiales que Martí excluyó, por modestia o que no habían sido escritos aún. Ha sido menester, por tanto, en esta antología tanto abreviar como modificar algo lo planteado en dicho testamento. De ahí que hayamos incluido seis secciones organizadas temáticamente: 1. Cuba, 2. Nuestra América, 3. Estados Unidos, 4. Versos, 5. La Edad de Oro, 6. Letras, educación, pintura, a las que se añaden una de cartas y otra con sus diarios de campaña.

Los *Diarios de campaña* se han considerado imprescindibles, no solo para conocer el grado de síntesis escritural a que ha llegado Martí en su madurez, sino al hombre íntimo en su momento de plenitud y, en particular, los innumerables elementos lingüísticos caracterizadores de América, el Caribe y Cuba que allí se recogen.

Aunque el Centro de Estudios Martianos, dedicado por completo a la investigación sobre este autor, está dando a conocer la edición crítica de sus *Obras completas* —en un esfuerzo de muchos años que comenzó a dirigir el ensayista Cintio Vitier y ha continuado el historiador Pedro Pablo Rodríguez, con el mismo acierto, y que será el referente ineludible de la obra de Martí cuando esté terminada— esa edición no ha concluido, y alcanza solo aún a la década del ochenta del siglo XIX.

Por esa razón, los materiales en prosa de esta antología proceden de la cuidada segunda edición de las llamadas *Obras completas* de José Martí publicada por la Editorial de Ciencias Sociales en La Habana, en 1975, a cuya fidelidad, en la medida de lo posible, se ha atendido, con la adición de algún trabajo que se ha considerado fundamental y que no se incluía en ella, a veces por haberse descubierto posteriormente, como «El castellano en América» publicado en *La Nación,* Montevideo, el 23 de julio de 1889.

En cambio, los materiales en verso, que forman un cuerpo aparte y ya han sido estudiados completos, proceden de la mencionada edición crítica. Igualmente los *Diarios de campaña* se han tomado de la edición crítica y anotada publicada en 1996 por el Centro de Estudios Martianos bajo la dirección de Mayra Beatriz Martínez, por la pulcritud de su revisión y completamiento.

El trabajo de cotejo ha sido ciertamente engorroso. En ello han influido las peculiaridades escriturales y de edición del siglo XIX, diferentes y a veces contrapuestas con las necesidades de actualización de la ortografía para el lector contemporáneo.

Martí, a veces, emplea coma entre el sujeto y el verbo, consigna uno solo de la pareja de signos dobles (interrogación o exclamación) o incluye unas exclamaciones dentro de otras. Aunque algunos de estos usos son erratas evidentes que, desde luego, han sido corregidas, en otros casos los desvíos de las normas vigentes revelan la voluntad de intensificar o jerarquizar las unidades del enunciado delimitadas por los signos. Tal es el caso, particularmente, de la presencia del guion largo para destacar un segmento conclusivo o integrador de lo precedente («… la pasión, en fin, por el decoro del hombre, —o la república no vale una lágrima de nuestras mujeres ni una sola gota de sangre de nuestros bravos») y el uso de dos puntos dentro de secuencias que incluyen dos puntos («¡Ya no habla el que habló allí tan bien: ya están solos los robles de su casa señorial: ya le nace la gloria sobre la sepultura!») para producir, al mismo tiempo, un incremento del dato informativo, de la argumentación y de la intensificación.

La frecuencia de la mayúscula de relevancia y las necesidades expresadas en materia de signos de puntuación («Por lo menos, hacen falta dos signos: Coma menor [...] Y el otro signo, el acento de lectura o de sentido, para distinguirlo del acento común de palabra. Y otro más, el guion menor» [Cuaderno n.° 18, *O. C.*, T. XXI, p. 388]) dan fe de la atención reflexiva que dedicó a estos problemas, de ahí que, para no perder matices o desvirtuar intenciones, hayamos dejado estar ciertos signos de puntuación no convencionales, aun cuando interpretarlos signifique un poco más de esfuerzo para el lector.

JOSÉ MARTÍ.

ISMAELILLO

Nueba York

IMPRENTA DE THOMPSON Y MOREAU

51 Y 53 MAIDEN LANE

MDCCCLXXXII

Ismaelillo se publicó por vez primera en la imprenta de Thompson y Moreau, en Nueva York, en 1882. Se trataba de una edición, financiada por el propio Martí, que nunca llegó a comercializarse, solo se ofreció a muchos de sus amigos a los que se presentaba el libro como un ejemplar de gran trascendencia personal.

¡Mi caballero.-

Por la mañana
Aquel travieso
Me despertaba
Con un gran beso.-
Puesto á' horcajadas
Sobre mi pecho,-
Bridas forjaba
Con mis cabellos
Ebrio él de gozo
De gozo yo ebrio,
Me espoleaba
Mi caballero:
¡Qué suave espuela
Sus dos piés frescos!
¡Cómo reía
Mi jinetuelo!
Y yo besaba
Sus piés pequeños,
Dos piés que caben
En solo un beso.-

—

Autógrafo del poema «Mi caballero» publicado en La Habana por Ángel Augier, en 1976, procedente del archivo de Martí custodiado por Gonzalo de Quesada y Miranda. El original está constituido por un cuadernillo de cuarenta páginas. La cubierta es una hoja de 229 x 305 (formato Arch A), doblada en dos, con un pequeño pliegue en el lomo para asegurar la costura, hecha con cinco puntadas de hilo.

MARTÍ EN SU UNIVERSO

CUBA

EL PRESIDIO POLÍTICO EN CUBA

I

Dolor infinito debía ser el único nombre de estas páginas.

Dolor infinito, porque el dolor del presidio es el más rudo, el más devastador de los dolores, el que mata la inteligencia, y seca el alma, y deja en ella huellas que no se borrarán jamás.

Nace con un pedazo de hierro; arrastra consigo este mundo misterioso que agita cada corazón; crece nutrido de todas las penas sombrías, y rueda, al fin, aumentado con todas las lágrimas abrasadoras.

Dante no estuvo en presidio.

Si hubiera sentido desplomarse sobre su cerebro las bóvedas oscuras de aquel tormento de la vida, hubiera desistido de pintar su Infierno. Las hubiera copiado, y lo hubiera pintado mejor.

Si existiera el Dios providente, y lo hubiera visto, con la una mano se habría cubierto el rostro, y con la otra habría hecho rodar al abismo aquella negación de Dios.

Dios existe, sin embargo, en la idea del bien, que vela el nacimiento de cada ser, y deja en el alma que se encarna en él una lágrima pura. El bien es Dios. La lágrima es la fuente de sentimiento eterno.

Dios existe, y yo vengo en su nombre a romper en las almas españolas el vaso frío que encierra en ellas la lágrima.

Dios existe, y si me hacéis alejar de aquí sin arrancar de vosotros la cobarde, la malaventurada indiferencia, dejadme que os

5

desprecie, ya que yo no puedo odiar a nadie; dejadme que os compadezca en nombre de mi Dios.

Ni os odiaré, ni os maldeciré.

Si yo odiara a alguien, me odiaría por ello a mí mismo.

Si mi Dios maldijera, yo negaría por ello a mi Dios.

IV

Vosotros, los que no habéis tenido un pensamiento de justicia en vuestro cerebro, ni una palabra de verdad en vuestra boca para la raza más dolorosamente sacrificada, más cruelmente triturada de la tierra;

Vosotros, los que habéis inmolado en el altar de las palabras seductoras los unos, y las habéis escuchado con placer los otros, los principios del bien más sencillos, las nociones del sentimiento más comunes, gemid por vuestra honra, llorad ante el sacrificio, cubríos de polvo la frente, y partid con la rodilla desnuda a recoger los pedazos de vuestra fama, que ruedan esparcidos por el suelo.

¿Qué venís haciendo tantos años hace?

¿Qué habéis hecho?

Un tiempo hubo en que la luz del sol no se ocultaba para vuestras tierras. Y hoy apenas si un rayo las alumbra lejos de aquí, como si el mismo sol se avergonzara de alumbrar posesiones que son vuestras.

México, Perú, Chile, Venezuela, Bolivia, Nueva Granada, las Antillas, todas vinieron vestidas de gala, y besaron vuestros pies, y alfombraron de oro el ancho surco que en el Atlántico dejaban vuestras naves. De todas quebrasteis la libertad; todas se unieron para colocar una esfera más, un mundo más en vuestra monárquica corona.

España recordaba a Roma.

César había vuelto al mundo y se había repartido a pedazos en vuestros hombres, con su sed de gloria y sus delirios de ambición.

Los siglos pasaron.

Las naciones subyugadas habían trazado a través del Atlántico del Norte camino de oro para vuestros bajeles. Y vuestros capitanes trazaron a través del Atlántico del Sur camino de sangre coagulada, en cuyos charcos pantanosos flotaban cabezas negras como el ébano, y se elevaban brazos amenazadores como el trueno que preludia la tormenta.

Y la tormenta estalló al fin; y así como lentamente fue preparada, así furiosa e inexorablemente se desencadenó sobre vosotros.

Venezuela, Bolivia, Nueva Granada, México, Perú, Chile, mordieron vuestra mano, que sujetaba crispada las riendas de su libertad, y abrieron en ella hondas heridas; y débiles, y cansados y maltratados vuestros bríos, un ¡ay! se exhaló de vuestros labios, un golpe tras otro resonaron lúgubremente en el tajo, y la cabeza de la dominación española rodó por el continente americano, y atravesó sus llanuras, y holló sus montes, y cruzó sus ríos, y cayó al fin en el fondo de un abismo para no volverse a alzar en él jamás.

Las Antillas, las Antillas solas, Cuba sobre todo, se arrastraron a vuestros pies, y posaron sus labios en vuestras llagas, y lamieron vuestras manos, y cariñosas y solícitas fabricaron una cabeza nueva para vuestros maltratados hombros.

Y mientras ella reponía cuidadosa vuestras fuerzas, vosotros cruzabais vuestro brazo debajo de su brazo, y la llegabais al corazón, y se lo desgarrabais, y rompíais en él las arterias de la moral y de la ciencia.

Y cuando ella os pidió en premio a sus fatigas una mísera limosna, alargasteis la mano, y le enseñasteis la masa informe de su triturado corazón, y os reísteis, y se lo arrojasteis a la cara.

Ella se tocó en el pecho, y encontró otro corazón nuevo que latía vigorosamente, y, roja de vergüenza, acalló sus latidos, y bajó la cabeza, y esperó.

Pero esta vez esperó en guardia, y la garra traidora solo pudo hacer sangre en la férrea muñeca de la mano que cubría el corazón.

Y cuando volvió a extender las manos en demanda de limosna nueva, alargasteis otra vez la masa de carne y sangre, otra vez reísteis, otra vez se la lanzasteis a la cara. Y ella sintió que la sangre subía a su garganta, y la ahogaba, y subía a su cerebro, y necesitaba brotar, y se concentraba en su pecho que hallaba robusto, y bullía en todo su cuerpo al calor de la burla y del ultraje. Y brotó al fin. Brotó, porque vosotros mismos la impelisteis a que brotara, porque vuestra crueldad hizo necesario el rompimiento de sus venas, porque muchas veces la habíais despedazado el corazón, y no quería que se lo despedazarais una vez más.

Y si esto habéis querido, ¿qué os extraña?

Y si os parece cuestión de honra seguir escribiendo con páginas semejantes vuestra historia colonial, ¿por qué no dulcificáis siquiera con la justicia vuestro esfuerzo supremo para fijar eternamente en Cuba el jirón de vuestro manto conquistador?

Y si esto sabéis y conocéis, porque no podéis menos de conocerlo y de saberlo, y si esto comprendéis, ¿por qué en la comprensión no empezáis siquiera a practicar esos preceptos ineludibles de honra cuya elusión os hace sufrir tanto?

Cuando todo se olvida, cuando todo se pierde, cuando en el mar confuso de las miserias humanas el Dios del Tiempo revuelve algunas veces las olas y halla las vergüenzas de una nación, no encuentra nunca en ellas la compasión ni el sentimiento.

La honra puede ser mancillada.

La justicia puede ser vendida.

Todo puede ser desgarrado.

Pero la noción del bien flota sobre todo, y no naufraga jamás.

Salvadla en vuestra tierra, si no queréis que en la historia de este mundo la primera que naufrague sea la vuestra.

Salvadla, ya que aún podría ser nación aquella, en que perdidos todos los sentimientos, quedase al fin el sentimiento del dolor y el de la propia dignidad.

VI

Era el 5 de abril de 1870. Meses hacía que había yo cumplido diez y siete años.

Mi patria me había arrancado de los brazos de mi madre, y señalado un lugar en su banquete. Yo besé sus manos y las mojé con el llanto de mi orgullo, y ella partió, y me dejó abandonado a mí mismo.

Volvió el día 5 severa, rodeó con una cadena mi pie, me vistió con ropa extraña, cortó mis cabellos y me alargó en la mano un corazón. Yo toqué mi pecho y lo hallé lleno; toqué mi cerebro y lo hallé firme; abrí mis ojos, y los sentí soberbios, y rechacé altivo aquella vida que me daban y que rebosaba en mí.

Mi patria me estrechó en sus brazos, y me besó en la frente, y partió de nuevo, señalándome con la una mano el espacio y con la otra las canteras.

Presidio, Dios: ideas para mí tan cercanas como el inmenso sufrimiento y el eterno bien. Sufrir es quizás gozar. Sufrir es morir para la torpe vida por nosotros creada, y nacer para la vida de lo bueno, única vida verdadera.

¡Cuánto, cuánto pensamiento extraño agitó mi cabeza! Nunca como entonces supe cuánto el alma es libre en las más amargas horas de la esclavitud. Nunca como entonces, que gozaba en sufrir. Sufrir es más que gozar: es verdaderamente vivir.

Pero otros sufrían como yo, otros sufrían más que yo. Y yo no he venido aquí a cantar el poema íntimo de mis luchas y mis horas de Dios. Yo no soy aquí más que un grillo que no se rompe entre otros mil que no se han roto tampoco. Yo no soy aquí más que una gota de sangre caliente en un montón de sangre coagulada. Si meses antes era mi vida un beso de mi madre, y mi gloria mis sueños de colegio; si era mi vida entonces el temor de no besarla nunca, y la angustia de haberlos perdido, ¿qué me importa? El desprecio con que acallo estas angustias vale más que todas mis glorias pasadas. El orgullo con que agito estas cadenas valdrá más que todas mis glorias futuras; que el que sufre por su patria y vive para Dios, en este u otros mundos tiene verdadera gloria. ¿A qué hablar de mí mismo, ahora que hablo de sufrimientos, si otros han sufrido más que yo? Cuando otros lloran sangre, ¿qué derecho tengo yo para llorar lágrimas?

Era aún el día 5 de abril.

Mis manos habían movido ya las bombas; mi padre había gemido ya junto a mi reja; mi madre y mis hermanas elevaban al cielo su oración empapada en lágrimas por mi vida; mi espíritu se sentía enérgico y potente; yo esperaba con afán la hora en que volverían aquellos que habían de ser mis compañeros en el más rudo de los trabajos.

Habían partido, me dijeron, mucho antes de salir el sol, y no habían llegado aún, mucho tiempo después de que el sol se había puesto. Si el sol tuviera conciencia, trocaría en cenizas sus rayos que alumbran al nacer la mancha de la sangre que se cuaja en los vestidos, y la espuma que brota de los labios, y la mano que alza con la rapidez de la furia el palo, y la espalda que gime al golpe como el junco al soplo del vendaval.

Los tristes de la cantera vinieron al fin. Vinieron, dobladas las cabezas, harapientos los vestidos, húmedos los ojos, pálido y demacrado el semblante. No caminaban, se arrastraban; no hablaban, gemían. Parecía que no querían ver; lanzaban solo sombrías cuanto tristes, débiles cuanto desconsoladoras miradas al azar. Dudé de ellos, dudé de mí. O yo soñaba, o ellos no vivían. Verdad eran, sin embargo, mi sueño y su vida; verdad que vinieron, y caminaron apoyándose en las paredes, y miraron con desencajados ojos, y cayeron en sus puestos, como caían los cuerpos muertos del Dante. Verdad que vinieron; y entre ellos, más inclinado, más macilento, más agostado que todos, un hombre que no tenía un solo cabello negro en la cabeza, cadavérica la faz, escondido el pecho, cubiertos de cal los pies, coronada de nieve la frente.

—¿Qué tal, don Nicolás? —dijo uno más joven, que al verle le prestó su hombro.

—Pasando, hijo, pasando —y un movimiento imperceptible se dibujó en sus labios, y un rayo de paciencia iluminó su cara. Pasando, y se apoyó en el joven y se desprendió de sus hombros para caer en su porción de suelo.

¿Quién era aquel hombre?

Lenta agonía revelaba su rostro, y hablaba con bondad. Sangre coagulada manchaba sus ropas, y sonreía.

¿Quién era aquel hombre?

Aquel anciano de cabellos canos y ropas manchadas de sangre tenía 76 años, había sido condenado a diez años de presidio, y trabajaba, y se llamaba Nicolás del Castillo. ¡Oh, torpe memoria mía, que quiere aquí recordar sus bárbaros dolores! ¡Oh, verdad tan terrible que no me deja mentir ni exagerar! Los colores del infierno en la paleta de Caín no formarían un cuadro en que brillase tanto lujo de horror.

Más de un año ha pasado: sucesos nuevos han llenado mi imaginación; mi vida azarosa de hoy ha debido hacerme olvidar mi vida penosa de ayer; recuerdos de otros días, hambre de familia, sed de verdadera vida, ansia de patria, todo bulle en mi cerebro, y roba mi memoria y enferma mi razón. Pero entre mis dolores, el dolor de don Nicolás del Castillo será siempre mi perenne dolor.

Los hombres de corazón escriben en la primera página de la historia del sufrimiento humano: *Jesús*. Los hijos de Cuba deben escribir en las primeras páginas de su historia de dolores: *Castillo*.

Todas las grandes ideas tienen su gran Nazareno, y don Nicolás del Castillo ha sido nuestro Nazareno infortunado. Para él, como para Jesús, hubo un Caifás. Para él, como para Jesús, hubo un Longinos. Desgraciadamente para España, ninguno ha tenido para él el triste valor de ser siquiera Pilatos.

¡Oh! Si España no rompe el hierro que lastima sus rugosos pies, España estará para mí ignominiosamente borrada del libro de la vida. La muerte es el único remedio a la vergüenza eterna. Despierte al fin y viva la dignidad, la hidalguía antigua castellana. Despierte y viva, que el sol de Pelayo está ya viejo y cansado, y no llegarán sus rayos a las generaciones venideras, si los de un sol nuevo de grandeza no le unen su esplendor. Despierte y viva una vez más. El león español se ha dormido con una garra sobre Cuba, y Cuba se ha convertido en tábano y pica sus fauces, y pica su nariz, y se posa en su cabeza, y el león en vano la sacude, y ruge en vano. El insecto amarga las más dulces horas del rey de las fieras. Él sorprenderá a Baltasar en el festín, y él será para el Gobierno descuidado el *Mane, Thecel, Phares* de las modernas profecías.

¿España se regenera? No puede regenerarse. Castillo está ahí.

¿España quiere ser libre? No puede ser libre. Castillo está ahí.

¿España quiere regocijarse? No puede regocijarse. Castillo está ahí.

Y si España se regocija, y se regenera, y ansía libertad, entre ella y sus deseos se levantará un gigante ensangrentado, magullado, que se llama don Nicolás del Castillo, que llena setenta y seis páginas del libro de los Tiempos, que es la negación viva de todo noble principio y toda gran idea que quiera desarrollarse aquí. Quien es bastante cobarde o bastante malvado para ver con temor o con indiferencia aquella cabeza blanca, tiene roído el corazón y enferma de peste la vida.

Yo lo vi, yo lo vi venir aquella tarde; yo lo vi sonreír en medio de su pena; yo corrí hacia él. Nada en mí había perdido mi natural altivez. Nada aún había magullado mi sombrero negro. Y al verme erguido todavía, y al ver el sombrero que los criminales llaman allí *estampa de la muerte,* y bien lo llaman, me alargó su mano, volvió hacia mí los ojos en que las lágrimas eran perennes, y me dijo: *¡Pobre! ¡Pobre!*

Yo le miré con ese angustioso afán, con esa dolorosa simpatía que inspira una pena que no se puede remediar. Y él levantó su blusa, y me dijo entonces:

—Mira.

La pluma escribe con sangre al escribir lo que yo vi; pero la verdad sangrienta es también verdad.

Vi una llaga que con escasos vacíos cubría casi todas las espaldas del anciano, que destilaban sangre en unas partes, y materia pútrida y verdinegra en otras. Y en los lugares menos llagados, pude contar las señales recientísimas de treinta y tres ventosas.

¿Y España se regocija, y se regenera, y ansía libertad? No puede regocijarse, ni regenerarse, ni ser libre. Castillo está ahí.

Vi la llaga, y no pensé en mí, ni pensé que quizás el día siguiente me haría otra igual. Pensé en tantas cosas a la vez; sentí un cariño tan acendrado hacia aquel campesino de mi patria; sentí una compasión tan profunda hacia sus flageladores; sentí tan honda lástima de verlos platicar con su conciencia, si esos hombres sin ventura la tienen, que aquel torrente de ideas angustiosas que por mí cruzaban se anudó en mi garganta, se condensó en mi frente, se agolpó a mis ojos. Ellos, fijos, inmóviles, espantados, eran mis únicas palabras. Me espantaba que hubiese manos sacrílegas que manchasen con sangre aquellas canas. Me espantaba de ver allí refundidos el odio, el servilismo, el rencor, la venganza; yo, para quien la venganza y el odio son dos fábulas que en horas malditas se esparcieron por la tierra. Odiar y vengarse cabe en un mercenario azotador de presidio; cabe en el jefe desventurado que le reprende con acritud si no azota con crueldad; pero no cabe en el alma joven de un presidiario cubano, más alto cuando se eleva sobre sus grillos, más erguido cuando se sostiene sobre la pureza de su conciencia y la rectitud indomable de sus principios, que todos aquellos míseros que a par que las espaldas del cautivo, despedazan el honor y la dignidad de su nación.

Y hago mal en decir esto, porque los hombres son átomos demasiado pequeños para que quien en algo tiene las excelencias puramente espirituales de las vidas futuras, humille su criterio a las acciones particulares de un individuo solo. Mi cabeza, sin embargo, no quiere hoy dominar a mi corazón. Él siente, él habla, él tiene todavía resabios de su humana naturaleza.

Tampoco odia Castillo. Tampoco una palabra de rencor interrumpió la mirada inmóvil de mis ojos.

Al fin le dije:

—Pero, ¿esto se lo han hecho aquí? ¿Por qué se lo han hecho a usted?

—Hijo mío, quizás no me creerías. Di a cualquiera otro que te diga por qué.

La fraternidad de la desgracia es la fraternidad más rápida. Mi sombrero negro estaba demasiado bien teñido, mis grillos eran demasiado fuertes para que no fuesen lazos muy estrechos que uniesen pronto a aquellas almas acongojadas a mi alma. Ellos me contaron la historia de los días anteriores de don Nicolás. Un vigilante de presidio me la contó así más tarde. Los presos peninsulares la cuentan también como ellos.

Días hacía que don Nicolás había llegado a presidio.

Días hacía que andaba a las cuatro y media de la mañana el trecho de más de una legua que separa las canteras del establecimiento penal, y volvía a andarlo a las seis de la tarde cuando el sol se había ocultado por completo, cuando había cumplido doce horas de trabajo diario.

Una tarde don Nicolás picaba piedra con sus manos despedazadas, porque los palos del brigada no habían logrado que el infeliz caminase sobre dos extensas llagas que cubrían sus pies.

Detalle repugnante, detalle que yo también sufrí, sobre el que yo, sin embargo, caminé, sobre el que mi padre desconsolado lloró. Y ¡qué día tan amargo aquel en que logró verme, y yo procuraba ocultarle las grietas de mi cuerpo, y él colocarme unas almohadillas de mi madre para evitar el roce de los grillos, y vio al fin, un día después de haberme visto paseando en los salones de la cárcel, aquellas aberturas purulentas, aquellos miembros estrujados, aquella mezcla de sangre y polvo, de materia y fango, sobre que me hacían apoyar el cuerpo, y correr, y correr! ¡Día amarguísimo aquel! Prendido a aquella masa informe, me miraba con espanto, envolvía a hurtadillas el vendaje, me volvía a mirar, y al fin, estrechando febrilmente la pierna triturada, rompió a llorar! Sus lágrimas caían sobre mis llagas; yo luchaba por secar su llanto; sollozos desgarradores anudaban su voz, y en esto sonó la hora del trabajo, y un brazo rudo me arrancó de allí, y él quedó de rodillas en la tierra mojada con mi sangre, y a mí me empujaba el palo hacia el montón de cajones que nos esperaba ya para seis horas. ¡Día amarguísimo aquel! Y yo todavía no sé odiar.

Así también estaba don Nicolás.

Así, cuando llegó del establecimiento un vigilante y habló al brigada y el brigada le envió a cargar cajones, a caminar sobre las llagas abiertas, a *morir,* como a alguien que le preguntaba dónde iba respondió el anciano.

Es la cantera extenso espacio de ciento y más varas de profundidad. Fórmanla elevados y numerosos montones, ya de piedra de distintas clases, ya de cocó, ya de cal, que hacíamos en los hornos, y al cual subíamos, con más cantidad de la que podía contener el ancho cajón, por cuestas y escaleras muy pendientes, que unidas hacían una altura de ciento noventa varas. Estrechos son los caminos que entre los montones quedan, y apenas si por sus recodos y encuentros puede a veces pasar un hombre cargado. Y allí, en aquellos recodos estrechísimos, donde las moles de piedra descienden frecuentemente con estrépito, donde el paso de un hombre suele ser difícil, allí arrojan a los que han caído en tierra desmayados, y allí sufren, ora la pisada del que huye del golpe inusitado de los cabos, ora la piedra que rueda del montón al menor choque, ora la tierra que cae del cajón en la fuga continua en que se hace allí el trabajo. Al pie de aquellas moles reciben el sol, que solo deja dos horas al día las canteras; allí, las lluvias, que tan frecuentes son en todas las épocas, y que esperábamos con ansia porque el agua refrescaba nuestros cuerpos, y porque si duraba más de media hora nos auguraba algún descanso bajo las excavaciones de las piedras; allí el palo suelto, que por costumbre deja caer el cabo de vara que persigue a los penados con el mismo afán con que esquiva la presencia del brigada, y allí, en fin, los golpes de este, que de vez en cuando pasa para cerciorarse de la certeza del desmayo, y se convence a puntapiés. Esto, y la carrera vertiginosa de cincuenta hombres, pálidos, demacrados, rápidos a pesar de su demacración, hostigados, agitados por los palos, aturdidos por los gritos; y el ruido de cincuenta cadenas, cruzando algunas de ellas tres veces el cuerpo del penado; y el continuo chasquido del palo en las carnes, y las blasfemias de los apaleadores, y el silencio terrible de los apaleados, y todo repetido incansablemente un día y otro día, y una hora y otra hora, y doce horas cada día: he ahí pálida y débil la pintura de las canteras. Ninguna pluma que se inspire en el bien puede pintar en todo su horror el frenesí del mal. Todo tiene su término en la monotonía. Hasta el crimen es monótono, que monótono se ha hecho ya el crimen del horrendo cementerio de San Lázaro.

—¡Andar! ¡Andar!

—¡Cargar! ¡Cargar!

Y a cada paso un quejido, y a cada quejido un palo, y a cada muestra de desaliento el brigada que persigue al triste, y lo acosa, y él huye, y tropieza, y el brigada lo pisa y lo arrastra, y los cabos se reúnen, y como el martillo de los herreros suena uniforme en la fragua, las varas de los cabos dividen a compás las espaldas del desventurado. Y cuando la espuma mezclada con la sangre brota de los labios, y el pulso se extingue y parece que la vida se va, dos presidiarios, el padre, el hermano, el hijo del flagelado quizás, lo cargan por los pies y la cabeza, y lo arrojan al suelo, allá al pie de un alto montón.

Y cuando el fardo cae, el brigada le empuja con el pie y se alza sobre una piedra, y enarbola la vara, y dice tranquilo:

—Ya tienes por ahora: veremos esta tarde.

Este tormento, todo este tormento sufrió aquella tarde don Nicolás. Durante una hora, el palo se levantaba y caía metódicamente sobre aquel cuerpo magullado que yacía sin conocimiento en el suelo. Y le magulló el brigada, y azotó sus espaldas con la vaina de su sable, e introdujo su extremo en las costillas del anciano exánime. Y cuando su pie le hizo rodar por el polvo y rodaba como cuerpo muerto, y la espuma sanguinolenta cubría su cara y se cuajaba en ella, el palo cesó, y don Nicolás fue arrojado a la falda de un montón de piedra.

Parece esto el refinamiento más bárbaro del odio, el esfuerzo más violento del crimen. Parece que hasta allí, y nada más que hasta allí, llegan la ira y el rencor humanos; pero esto podrá parecer cuando el presidio no es el presidio político de Cuba, el presidio que han sancionado los diputados de la nación.

Hay más, y mucho más, y más espantoso que esto.

Dos de sus compañeros cargaron por orden del brigada el cuerpo inmóvil de don Nicolás hasta el presidio, y allí se le llevó a la visita del médico.

Su espalda era una llaga. Sus canas a trechos eran rojas, a trechos masa fangosa y negruzca. Se levantó ante el médico la ruda camisa; se le hizo notar que su pulso no latía; se le enseñaron las heridas. Y aquel hombre extendió la mano, y profirió una blasfemia, y dijo que aquello se curaba con *baños de cantera*. Hombre desventurado y miserable; hombre que tenía en el alma todo el fango que don Nicolás tenía en el rostro y en el cuerpo.

Don Nicolás no había aún abierto los ojos, cuando la campana llamó al trabajo en la madrugada del día siguiente, aquella hora congojosa en que la atmósfera se puebla de ayes, y el ruido de los grillos es más lúgubre, y el grito del enfermo es más agudo, y el dolor de las carnes magulladas es más profundo, y el palo azota más fácil los hinchados miembros; aquella hora que no olvida jamás quien una vez y ciento sintió en ella el más rudo de los dolores del cuerpo, nunca tan rudo como altivo el orgullo que reflejaba su frente y rebosaba en su corazón. Sobre un pedazo mísero de lona embreada, igual a aquel en que tantas noches pasó sentada a mi cabecera la sombra de mi madre; sobre aquella dura lona yacía Castillo, sin vida en los ojos, sin palabras la garganta, sin movimiento los brazos y las piernas.

Cuando se llega aquí, quizás se alegra el alma porque presume que en aquel estado un hombre no trabaja, y que el octogenario descansaría al fin algunas horas; pero solo puede alegrarse el alma que olvida que aquel presidio era el presidio de Cuba, la institución del Gobierno, el acto mil veces repetido del Gobierno que sancionaron aquí los representantes del país. Una orden impía se apoderó del cuerpo de don Nicolás; le echó primero en el suelo, le echó después en el carretón. Y allí, rodando de un lado para otro a cada salto, oyéndose el golpe seco de su cabeza sobre las tablas, asomando a cada bote del carro algún pedazo de su cuerpo por sobre los maderos de los lados, fue llevado por aquel camino que el polvo hace tan sofocante, que la lluvia hace tan terroso, que las piedras hicieron tan horrible para el desventurado presidiario.

Golpeaba la cabeza en el carro. Asomaba el cuerpo a cada bote. Trituraban a un hombre. ¡Miserables! ¡Olvidaban que en aquel hombre iba Dios!

Ese, ese es Dios; ese es el Dios que os tritura la conciencia, si la tenéis; que os abraza el corazón, si no se ha fundido ya al fuego de vuestra infamia. El martirio por la patria es Dios mismo, como el bien, como las ideas de espontánea generosidad universales. Apaleadle, heridle, magulladle. Sois demasiado viles para que os devuelva golpe por golpe y herida por herida. Yo siento en mí a este Dios, yo tengo en mí a este Dios; este Dios en mí os tiene lástima, más lástima que horror y que desprecio.

El comandante del presidio había visto llegar la tarde antes a Castillo.

El comandante del presidio había mandado que saliese por la mañana. Mi Dios tiene lástima de ese comandante. Ese comandante se llama Mariano Gil de Palacio.

Aquel viaje criminal cesó al fin. Don Nicolás fue arrojado al suelo. Y porque sus pies se negaban a sostenerle, porque sus ojos no se abrían, el brigada golpeó su exánime cuerpo. A los pocos golpes, aquella excelsa figura se incorporó sobre sus rodillas como para alzarse, pero abrió los brazos hacia atrás, exhaló un gemido ahogado, y volvió a caer rodando por el suelo.

Eran las cinco y media.

Se le echó al pie de un montón. Llegó el sol: calcinó con su fuego las piedras. Llegó la lluvia: penetró con el agua las capas de la tierra. Llegaron las seis de la tarde. Entonces dos hombres fueron al montón a buscar el cuerpo que, calcinado por el sol y penetrado por la lluvia, yacía allí desde las horas primeras de la mañana.

¿Verdad que esto es demasiado horrible? ¿Verdad que esto no ha de ser más así?

El ministro de Ultramar es español. Esto es allá el presidio español. El ministro de Ultramar dirá cómo ha de ser de hoy más, porque yo no supongo al Gobierno tan infame que sepa esto y lo deje como lo sabe.

Y esto fue un día y otro día, y muchos días. Apenas si el esfuerzo de sus compatriotas había podido lograrle a hurtadillas, que lograrla estaba prohibido, un poco de agua con azúcar por único alimento. Apenas si se veía su espalda, cubierta casi toda por la llaga. Y, sin embargo, días había en que aquella hostigación vertiginosa le hacía trabajar algunas horas. Vivía y trabajaba. Dios vivía y trabajaba entonces en él.

Pero alguien habló al fin de esto; a alguien horrorizó a quien se debía complacer, quizás a su misma bárbara conciencia. Se mandó a don Nicolás que no saliese al trabajo en algunos días; que se le pusiesen ventosas. Y le pusieron treinta y tres. Y pasó algún tiempo tendido en su lona. Y se baldeó una vez sobre él. Y se barrió sobre su cuerpo.

Don Nicolás vive todavía. Vive en presidio. Vivía al menos siete meses hace, cuando fui a ver, sabe el azar hasta cuándo, aquella que fue morada mía. Vivía trabajando. Y antes de estrechar su mano la última madrugada que lo vi, nuevo castigo inusitado, nuevo refinamiento de crueldad hizo su víctima a don Nicolás. ¿Por qué esto ahora? ¿Por qué aquello antes?

Cuando yo lo preguntaba, peninsulares y cubanos me decían:

—Los voluntarios decían que don Nicolás era brigadier en la insurrección, y el comandante quería complacer a los voluntarios.

Los voluntarios son la integridad nacional.

El presidio es una institución del Gobierno.

El comandante es Mariano Gil de Palacio.

Cantad, cantad, diputados de la nación.

Ahí tenéis la integridad: ahí tenéis el Gobierno que habéis aprobado, que habéis sancionado, que habéis unánimemente aplaudido.

Aplaudid; cantad.

¿No es verdad que vuestra honra os manda cantar y aplaudir?

VII

¡Martí! ¡Martí! me dijo una mañana un pobre amigo mío, amigo allí porque era presidiario político, y era bueno, y como yo, por extraña circunstancia, había recibido orden de no salir al trabajo y quedar en el taller de cigarrería; mira aquel niño que pasa por allí.

Miré. ¡Tristes ojos míos que tanta tristeza vieron!

Era verdad. Era un niño. Su estatura apenas pasaba del codo de un hombre regular. Sus ojos miraban entre espantados y curiosos aquella ropa rudísima con que le habían vestido, aquellos hierros extraños que habían ceñido a sus pies.

Mi alma volaba hacia su alma. Mis ojos estaban fijos en sus ojos. Mi vida hubiera dado por la suya. Y mi brazo estaba sujeto al tablero del taller; y su brazo movía, atemorizado por el palo, la bomba de los tanques.

Hasta allí, yo lo había comprendido todo, yo me lo había explicado todo, yo había llegado a explicarme el absurdo de mí mismo; pero ante aquel rostro inocente, y aquella figura delicada, y aquellos ojos serenísimos y puros, la razón se me extraviaba, yo no encontraba mi razón, y era que se me había ido despavorida a llorar a los pies de Dios. ¡Pobre razón mía! Y ¡cuántas veces la han hecho llorar así por los demás!

Las horas pasaban; la fatiga se pintaba en aquel rostro; los pequeños brazos se movían pesadamente; la rosa suave de las mejillas desaparecía; la vida de los ojos se escapaba; la fuerza de los miembros debilísimos huía. Y mi pobre corazón lloraba.

La hora de cesar en la tarea llegó al fin. El niño subió jadeante las escaleras. Así llegó a su galera. Así se arrojó en el suelo, único asiento que nos era dado, único descanso para nuestras fatigas, nuestra silla, nuestra mesa, nuestra cama, el paño mojado con nuestras lágrimas, el lienzo empapado en nuestra sangre, refugio ansiado, asilo único de nuestras carnes magulladas y rotas, y de nuestros miembros hinchados y doloridos.

Pronto llegué hasta él. Si yo fuera capaz de maldecir y odiar, yo hubiera odiado y maldecido entonces. Yo también me senté en el suelo, apoyé su cabeza en su miserable *chaquetón* y esperé a que mi agitación me dejase hablar.

—¿Cuántos años tienes? —le dije.

—Doce, *señor.*

—Doce, ¿y te han traído aquí? Y ¿cómo te llamas?

—Lino Figueredo.

—Y ¿qué hiciste?

—Yo no sé, *señor.* Yo estaba con *taitica* y *mamita,* y vino la tropa, y se llevó a *taitica,* y volvió, y me trajo a mí.

—¿Y tu madre?

—Se la llevaron.

—¿Y tu padre?

—También, y no sé de él, *señor.* ¿Qué habré hecho yo para que me traigan aquí, y no me dejen estar con *taitica* y *mamita*?

Si la indignación, si el dolor, si la pena angustiosa pudiesen hablar, yo hubiera hablado al niño sin ventura. Pero algo extraño, y todo hombre honrado sabe lo que era, sublevaba en mí la resignación y la tristeza, y atizaba el fuego de la venganza y de la ira; algo extraño ponía sobre mi corazón su mano de hierro, y secaba en mis párpados las lágrimas, y helaba las palabras en mis labios.

Doce años, doce años, zumbaba constantemente en mis oídos, y su madre y mi madre, y su debilidad y mi impotencia se amontonaban en mi pecho, y rugían, y andaban desbordados por mi cabeza, y ahogaban mi corazón.

Doce años tenía Lino Figueredo, y el Gobierno español lo condenaba a diez años de presidio.

Doce años tenía Lino Figueredo, y el Gobierno español lo cargaba de grillos, y lo lanzaba entre los criminales, y lo exponía, quizás como trofeo, en las calles.

¡Oh! ¡Doce años!

No hay término medio, que avergüenza. No hay contemplación posible, que mancha. El Gobierno olvidó su honra cuando sentenció a un niño de doce años a presidio; la olvidó más cuando fue cruel, inexorable, inicuo con él. Y el Gobierno ha de volver, y volver pronto, por esa honra suya, esta como tantas otras veces mancillada y humillada.

Y habrá de volver pronto, espantado de su obra, cuando oiga toda la serie de sucesos que yo no nombro, porque me avergüenza la miseria ajena.

Lino Figueredo había sido condenado a presidio. Esto no bastaba.

Lino Figueredo había llegado ya allí; era presidiario ya; gemía uncido a sus pies el hierro; lucía el sombrero negro y el hábito fatal. Esto no bastaba todavía.

Era preciso que el niño de doce años fuera precipitado en las canteras, fuese azotado, fuese apaleado en ellas. Y lo fue. Las piedras rasgaron sus manos; el palo rasgó sus espaldas; la cal viva rasgó y llagó sus pies.

Y esto fue un día. Y lo apalearon.

Y otro día. Y lo apalearon también.

Y muchos días.

Y el palo rompía las carnes de un niño de doce años en el presidio de La Habana, y la integridad nacional hacía vibrar aquí una cuerda mágica que siempre suena enérgica y poderosa.

La integridad nacional deshonra, azota, asesina allá.

Y conmueve, y engrandece, y entusiasma aquí.

¡Conmueva, engrandezca, entusiasme aquí la integridad nacional que azota, que deshonra, que asesina allá!

Los representantes del país no sabían la historia de don Nicolás del Castillo y Lino Figueredo cuando sancionaron los actos del Gobierno, embriagados por el aroma del acomodaticio patriotismo. No la sabían, porque el país habla en ellos; y si el país la sabía, y hablaba así, este país no tiene dignidad ni corazón.

Y hay aquello, y mucho más.

Las canteras son para Lino Figueredo la parte más llevadera de su vida mártir. Hay más.

Una mañana, el cuello de Lino no pudo sustentar su cabeza; sus rodillas flaqueaban; sus brazos caían sin fuerzas de sus hombros; un mal extraño vencía en él al espíritu desconocido que le había impedido morir, que había impedido morir a don Nicolás y a tantos otros, y a mí. Verdinegra sombra rodeaba sus ojos; rojas manchas apuntaban en su cuerpo; su voz se exhalaba como un gemido; sus ojos miraban como una queja. Y en aquella agonía, y en aquella lucha del enfermo en presidio, que es la más terrible de todas las luchas, el niño se acercó al brigada de su cuadrilla, y le dijo:

—Señor, yo estoy malo; no me puedo menear; tengo el cuerpo lleno de manchas.

—¡Anda, anda! —dijo con brusca voz el brigada—. ¡Anda! —Y un golpe del palo respondió a la queja—. ¡Anda!

Y Lino, apoyándose sin que lo vieran, —que si lo hubieran visto, su historia tendría una hoja sangrienta más—, en el hombro de alguno no tan débil aquel día como él, anduvo. Muchas cosas andan. Todo anda. La eterna justicia, insondable cuanto eterna, anda también, y ¡algún día parará!

Lino anduvo. Lino trabajó. Pero las manchas cubrieron al fin su cuerpo, la sombra empañó sus ojos, las rodillas se doblaron. Lino cayó, y la viruela se asomó a sus pies y extendió sobre él su garra y le envolvió rápida y avarienta en su horroroso manto. ¡Pobre Lino!

Solo así, solo por el miedo egoísta del contagio, fue Lino al hospital. El presidio es un infierno real en la vida. El hospital del presidio es otro infierno más real aún en el vestíbulo de los mundos extraños. Y para cambiar de infierno, el presidio político de Cuba exige que nos cubra la sombra de la muerte.

Lo recuerdo, y lo recuerdo con horror. Cuando el cólera recogía su haz de víctimas allí, no se envió el cadáver de un desventurado chino al hospital, hasta que un paisano suyo no le picó una vena, y brotó una gota, una gota de sangre negra, coagulada. Entonces, solo entonces, se declaró que el triste estaba enfermo. Entonces; y minutos después el triste moría.

Mis manos han frotado sus rígidos miembros; con mi aliento los he querido revivir; de mis brazos han salido sin conocimiento, sin vista, sin voz, pobres coléricos; que solo así se juzgaba que lo eran.

Bello, bello es el sueño de la Integridad Nacional. ¿No es verdad que es muy bello, señores diputados?

¡Martí! ¡Martí!, volvió a decirme pocos días después mi amigo. Aquel que viene allí ¿no es Lino? Mira, mira bien.

Miré, miré. ¡Era Lino! Lino que venía apoyado en otro enfermo, caída la cabeza, convertida en negra llaga la cara, en negras llagas las manos y los pies; Lino, que venía, extraviados los ojos, hundido el pecho, inclinando el cuerpo, ora hacia adelante, ora hacia atrás, rodando al suelo si lo dejaban solo, caminando arrastrado si se apoyaba en otro; Lino, que venía con la erupción desarrollada en toda su plenitud, con la viruela mostrada en toda su deformidad, viva, supurante, purulenta. Lino, en fin, que venía sacudido a cada movimiento por un ataque de vómito que parecía el esfuerzo postrimero de su vida.

Así venía Lino, y el médico del hospital acababa de certificar que Lino estaba sano. Sus pies no lo sostenían; su cabeza se doblaba; la erupción se mostraba en toda su deformidad; todos lo palpaban; todos lo veían. Y el médico certificaba que venía sano Lino. Este médico tenía la viruela en el alma.

Así pasó el triste la más horrible de las tardes. Así lo vio el médico del establecimiento, y así volvió al hospital.

Días después, un cuerpo pequeño, pálido, macilento, subía ahogándose las escaleras del presidio. Sus miradas vagaban sin objeto; sus manecitas demacradas apenas podían apoyarse en la baranda; la faja que sujetaba los grillos resbalaba sin cesar de su cintura; penosísima y trabajosamente subía cada escalón.

—¡Ay! —decía, cuando fijaba al fin los dos pies—. ¡Ay, *taitica* de mi vida! —y rompía a llorar.

Concluyó al fin de subir. Subí yo tras él, y me senté a su lado, y estreché sus manos, y le arreglé su mísero *petate* y volví más de una vez mi cabeza para que no viera que mis lágrimas corrían como las suyas.

¡Pobre Lino!

No era el niño robusto, la figura inocente y gentil que un mes antes sacudía con extrañeza los hierros que habían unido a sus pies. No era aquella rosa de los campos que algunos conocieron risueña como mayo, fresca como abril. Era la agonía perenne de la vida. Era la amenaza latente de la condenación de muchas almas. Era el esqueleto enjuto que arroja la boa constrictora después que ha hinchado y satisfecho sus venas con su sangre.

Y Lino trabajó así. Lino fue castigado al día siguiente así. Lino salió en las cuadrillas de la calle así. El espíritu desconocido que inmortaliza el recuerdo de las grandes innatas ideas, y vigoriza ciertas almas quizá predestinadas, vigorizó las fuerzas de Lino, y dio robustez y vida nueva a su sangre.

Cuando salí de aquel cementerio de sombras vivas, Lino estaba aún allí. Cuando me enviaron a estas tierras, Lino estaba allí aún. Después la losa del inmenso cadáver se ha cerrado para mí. Pero Lino vive en mi recuerdo, y me estrecha la mano, y me abraza cariñosamente, y vuela a mi alrededor, y su imagen no se aparta un instante de mi memoria.

Cuando los pueblos van errados; cuando, o cobardes o indiferentes, cometen o disculpan extravíos, si el último vestigio de energía desaparece, si la última, o quizás la primera, expresión de la voluntad guarda torpe silencio, los pueblos lloran mucho, los pueblos expían su falta, los pueblos perecen escarnecidos y humillados y despedazados, como ellos escarnecieron y despedazaron y humillaron a su vez.

La idea no cobija nunca la embriaguez de la sangre.

La idea no disculpa nunca el crimen y el refinamiento bárbaro en el crimen.

España habla de su honra.

Lino Figueredo está allí. Allí; y entre los sueños de mi fantasía, veo aquí a los diputados danzar ebrios de entusiasmo, vendados los ojos, con vertiginoso movimiento, con incansable carrera, alumbrados como Nerón por los cuerpos humanos que atados a los pilares ardían como antorchas. Entre aquel resplandor siniestro, un fantasma rojo lanza una estridente carcajada. Y lleva escrito en la frente *Integridad Nacional:* los diputados danzan. Danzan, y sobre ellos una mano extiende la ropa manchada de sangre de don Nicolás del Castillo, y otra mano enseña la cara llagada de Lino Figueredo.

Dancen ahora, dancen.

Madrid, 1871

CÉSPEDES Y AGRAMONTE

El extraño puede escribir estos nombres sin temblar, o el pedante, o el ambicioso: el buen cubano, no. De Céspedes el ímpetu, y de Agramonte la virtud. El uno es como el volcán, que viene, tremendo e imperfecto, de las entrañas de la tierra; y el otro es como el espacio azul que lo corona. De Céspedes el arrebato, y de Agramonte la purificación. El uno desafía con autoridad como de rey; y con fuerza como de la luz, el otro vence. Vendrá la historia, con sus pasiones y justicias; y cuando los haya mordido y recortado a su sabor, aún quedará en el arranque del uno y en la dignidad del otro, asunto para la epopeya. Las palabras pomposas son innecesarias para hablar de los hombres sublimes. Otros hagan, y en otra ocasión, la cuenta de los yerros, que nunca será tanta como la de las grandezas. Hoy es fiesta, y lo que queremos es volverlos a ver al uno en pie, audaz y magnífico, dictando de un ademán, al disiparse la noche, la creación de un pueblo libre, y al otro tendido en sus últimas ropas, cruzado del látigo el rostro angélico, vencedor aun en la muerte. ¡Aún se puede vivir, puesto que vivieron a nuestros ojos hombres tales!

Es preciso haberse echado alguna vez un pueblo a los hombros, para saber cuál fue la fortaleza del que, sin más armas que un bastón de *carey* con puño de oro, decidió, cara a cara de una nación implacable, quitarle para la libertad su posesión más infeliz, como quien quita a una tigre su último cachorro. ¡Tal majestad debe inundar el alma entonces, que bien puede ser que el hombre ciegue con ella! ¿Quién no conoce nuestros días de cuna? Nuestra espalda era llagas, y nuestro rostro recreo favorito de la mano del tirano. Ya no había paciencia para más tributos, ni mejillas para más bofetones. Hervía la Isla. Vacilaba La Habana. Las Villas volvían los ojos a Occidente. Piafaba Santiago indeciso. «¡Lacayos, lacayos!» escribe al Camagüey Ignacio Agramonte desconsolado. Pero en Bayamo rebosaba la ira. La logia bayamesa juntaba en su círculo secreto, reconocido como autoridad por Manzanillo y Holguín, y Jiguaní y las Tunas, a los abogados y propietarios de la comarca, a Maceos y Figueredos, a Milaneses y Céspedes, a Palmas y Estradas, a Aguilera, presidente por su caudal y su bondad, y a un moreno albañil, al noble García. En la piedra en bruto trabajan a la vez las dos manos, la blanca y la negra: ¡seque Dios la primera mano que se levante contra la otra! No cabía duda, no; era preciso alzarse en guerra. Y no se sabía cómo, ni con qué ayuda, ni cuándo se decidiría La Habana, de donde volvió descorazonado Pedro Figueredo cuando por Manzanillo, en cuyos consejos dominaba Céspedes, lo buscan por guía los que le ven centellear los ojos. ¡La tierra se alza en las montañas, y en estos hombres los pueblos! Tal vez Bayamo desea más tiempo; aún no se decide la junta de la logia; ¡acaso esperen a decidirse cuando tengan al cuello al enemigo vigilante! ¿Que un alzamiento es como un encaje, que se borda a la luz hasta que no queda una hebra suelta? ¡Si no los arrastramos, jamás se determinarán! Y tras unos instantes de silencio, en que los héroes bajaron la cabeza para ocultar sus lágrimas solemnes, aquel pleitista, aquel amo de hombres, aquel negociante revoltoso, se levantó como por increíble claridad transfigurado. Y no fue más grande cuando proclamó a su patria libre, sino cuando reunió a sus siervos, y los llamó a sus brazos como hermanos.

La voz cunde: acuden con sus siervos libres y con sus amigos los conspiradores, que, admirados por su atrevimiento, aclaman jefe a Céspedes en el potrero de Mabay; caen bajo Mármol Jiguaní y Holguín; con Céspedes a la cabeza adelanta Marcano sobre Bayamo; las armas son machetes de buen filo, rifles de cazoleta, y pistolones comidos de herrumbre, atados al cabo por tiras de *majagua*. Ya ciñen a Bayamo, donde vacila el Gobernador, que los cree levantados en apoyo de su amigo Prim. Y era el diecinueve por la mañana, en todo el brillo del sol, cuando la cabalgata libertadora pasa en orden el río, que pareció más ancho. ¡No es batalla, sino fiesta! Los más pacíficos salen a unírseles, y sus esclavos con ellos; viene a su encuentro la caballería española, y de un machetazo desbarban al jefe; llévanselo en brazos al refugio del cuartel sus soldados despavoridos. Con piedras cubiertas de algodón encendido prenden los cubanos el techo del cuartel empapado en petróleo, a falta de bombas. La guarnición se rinde, y con la espada a la cintura pasa por las calles entre las filas del vencedor respetuoso. Céspedes ha organizado el Ayuntamiento, se ha titulado Capitán General, ha decidido con su empeño que el préstamo inevitable sea voluntario y no forzoso, ha arreglado en cuatro negociados la administración, escribe a los pueblos que acaba de nacer la República de Cuba, escoge para miembros del Municipio a varios españoles. Pone en paz a los celosos; con los indiferentes es magnánimo; confirma su mando por la serenidad con que lo ejerce. Es humano y conciliador. Es firme y suave.

Cree que su pueblo va con él, y como ha sido el primero en obrar, se ve como con derechos propios y personales, como con derechos de padre, sobre su obra. Asistió en lo interior de su mente al misterio divino del nacimiento de un pueblo en la voluntad de un hombre, y no se ve como mortal, capaz de yerros y obediencia, sino como monarca de la libertad, que ha entrado vivo en el cielo de los redentores. No le parece que tengan derecho a aconsejarle los que no tuvieron decisión para precederle. Se mira como sagrado, y no duda de que deba imperar su juicio. Tal vez no atiende a que él es como el árbol más alto del monte, pero que sin el monte no puede erguirse el árbol. Jamás se le vuelve a ver como en aquellos días de autoridad plena; porque los hombres de fuerza original solo la enseñan íntegra cuando la pueden ejercer sin trabas. Cuando el monte se le echa encima; cuando comienza a ver que la revolución es algo más que el alzamiento de las ideas patriarcales; cuando la juventud apostólica le sale con las tablas de la ley al paso; cuando inclina la cabeza, con penas de martirio, ante los inesperados colaboradores, es acaso tan grande, dado el concepto que tenía de sí, como cuando decide, en la soledad épica, guiar a su pueblo informe a la libertad por métodos rudimentarios, como cuando en el júbilo del triunfo no venga la sangre cubana vertida por España en la cabeza de los españoles, sino que los sienta a su lado en el gobierno, con el genio del hombre de Estado. Luego se obscurece: se considera como desposeído de lo que le pareció suyo por fuerza de conquista; se reserva arrogante la energía que no le dejan ejercer sin más ley que la de su fe ciega en la unión impuesta por obra sobrenatural entre su persona y la República; pero jamás, en su choza de guano, deja de ser el hombre majestuoso que siente e impone la dignidad de la patria. Baja de la presidencia cuando se lo manda el país, y muere disparando sus últimas balas contra el enemigo, con la mano que acaba de escribir sobre una mesa rústica versos de tema sublime.

¡Mañana, mañana sabremos si por sus vías bruscas y originales hubiéramos llegado a la libertad antes que por las de sus émulos; si los medios que sugirió el patriotismo por el miedo de un César, no han sido los que pusieron a la patria, creada por el héroe, a merced de los generales de Alejandro; si no fue Céspedes, de sueños heroicos y trágicas lecturas, el hombre a la vez refinado y primario, imitador y creador, personal y nacional, augusto por la benignidad y el acontecimiento, en quien chocaron, como en una peña, despedazándola en su primer combate, las fuerzas rudas de un país nuevo, y las aspiraciones que encienden en la sagrada juventud el conocimiento del mundo libre y la pasión de la República! En tanto, ¡sé bendito, hombre de mármol!

¿Y aquel del Camagüey, aquel diamante con alma de beso? Ama a su Amalia locamente; pero no la invita a levantar casa sino cuando vuelve de sus triunfos de estudiante en La Habana, convencido de que tienen todavía mejilla aquellos señores para años: «no valen para nada ¡para nada!». Y a los pocos días de llegar al Camagüey, la Audiencia lo visita, pasmada de tanta autoridad y moderación en abogado tan joven; y por las calles dicen: «¡ese!»; y se siente la presencia de una majestad, pero ¡no él, no él!, que hasta que su mujer no le cosió con sus manos la guajira azul para irse a la guerra, no creyó que habían comenzado sus bodas.

Por su modestia parecía orgulloso: la frente, en que el cabello negro encajaba como en un casco, era de seda, blanca y tersa, como para que la besase la gloria; oía más que hablaba, aunque tenía la única elocuencia estimable, que es la que arranca de la limpieza del corazón; se sonrojaba cuando le ponderaban su mérito; se le humedecían los ojos cuando pensaba en el heroísmo, o cuando sabía de una desventura, o cuando el amor le besaba la mano: «¡le tengo miedo a tanta felicidad!». Leía despacio obras serias. Era un ángel para defender, y un niño para acariciar. De cuerpo era delgado, y más fino que recio, aunque de mucha esbeltez. Pero vino la guerra, domó de la primera embestida la soberbia natural, y se le vio, por la fuerza del cuerpo, la exaltación de la virtud. Era como si por donde los hombres tienen corazón tuviera él estrella. Su luz era así, como la que dan los astros; y al recordarlo, suelen sus amigos hablar de él con unción, como se habla en las noches claras, y como si llevasen descubierta la cabeza.

¡Acaso no hay otro hombre que en grado semejante haya sometido en horas de tumulto su autoridad natural a la de la patria! ¡Acaso no haya romance más bello que el de aquel guerrero, que volvía de sus glorias a descansar, en la casa de palmas, junto a su novia y su hijo! «¡Jamás, Amalia, jamás seré militar cuando acabe la guerra! Hoy es grandeza, y mañana será crimen. ¡Yo te lo juro por él, que ha nacido libre! Mira, Amalia: aquí colgaré mi rifle, y allí, en aquel rincón donde le di el primer beso a mi hijo, colgaré mi sable». Y se inclinaba el héroe, sin más tocador que los ojos de su esposa, a que con las tijeras de coserle las dos mudas de dril en que lucía tan pulcro y hermoso, le cortase, para estar de gala en el santo de su hijo, los cabellos largos.

¿Y aquel era el que a paso de gloria mandaba el ejercicio de su gente, virgen y gigantesco como el monte donde escondía la casa de palmas de su compañera, donde escondía «El Idilio»? ¿Aquel el que arengaba a sus tropas con voz desconocida, e inflamaba su patriotismo con arranques y gestos soberanos? ¿Aquel el que tenía por entretenimiento saltar tan alto con su alazán *Mambí* la cerca, que se le veía perder el cuerpo en la copa de los árboles? ¿Aquel el que jamás permite que en la pelea se le adelante nadie, y cuando le viene en un encuentro el *Tigre* al frente, el *Tigre* jamás vencido brazo a brazo, pica hondo al *Mambí* para que no se lo sujeten, y con la espada de Mayor, y la que le relampaguea en los ojos, tiene el machete del *Tigre* a raya? ¿Aquel que cuando le profana el español su casa nupcial, se va solo, sin más ejército que Elpidio Mola, a rondar, mano al cinto, el campamento en que le tienen cautivos sus amores? ¿Aquel que cuando mil españoles le llevan preso al amigo, da sobre ellos con treinta caballos, se les mete por entre las ancas, y saca al amigo libre? ¿Aquel que, sin más ciencia militar que el genio, organiza la caballería, rehace el Camagüey deshecho, mantiene en los bosques talleres de guerra, combina y dirige ataques victoriosos, y se vale de su renombre para servir con él al prestigio de la ley, cuando era el único que, acaso con beneplácito popular, pudo siempre desafiarla?

¡Aquel era; el amigo de su mulato Ramón Agüero; el que enseñó a leer a su mulato con la punta del cuchillo en las hojas de los árboles; el que despedía en sigilo decoroso sus palabras austeras, y parecía que curaba como médico cuando censuraba como general; el que cuando no podía repartir, por ser pocos, los *buniatos* o la miel, hacía *cubalibre* con la miel para que alcanzase a sus oficiales, o le daba los *buniatos* a su caballo, antes que comérselos él solo; el que ni en sí ni en los demás humilló nunca al hombre! Pero jamás fue tan grande, ni aun cuando profanaron su cadáver sus enemigos, como cuando al oír la censura que hacían del gobierno lento sus oficiales, deseosos de verlo rey por el poder como lo era por la virtud, se puso en pie, alarmado y soberbio, con estatura que no se le había visto hasta entonces, y dijo estas palabras: «¡Nunca permitiré que se murmure en mi presencia del Presidente de la República!».

¡Esos son, Cuba, tus verdaderos hijos!

El Avisador Cubano. Nueva York, 10 de octubre de 1888

VINDICACIÓN DE CUBA*

Sr. Director de *The Evening Post*

Señor:

Ruego a usted que me permita referirme en sus columnas a la ofensiva crítica de los cubanos publicada en *The Manufacturer* de Filadelfia, y reproducida con aprobación en su número de ayer.

No es este el momento de discutir el asunto de la anexión de Cuba. Es probable que ningún cubano que tenga en algo su decoro desee ver su país unido a otro donde los que guían la opinión comparten respecto a él las preocupaciones solo excusables a la política fanfarrona o la desordenada ignorancia. Ningún cubano honrado se humillará hasta verse recibido como un apestado moral, por el mero valor de su tierra, en un pueblo que niega su capacidad, insulta su virtud y desprecia su carácter. Hay cubanos que por móviles respetables, por una admiración ardiente al progreso y la libertad, por el presentimiento de sus propias fuerzas en mejores condiciones políticas, por el desdichado desconocimiento de la historia y tendencias de la anexión, desearía ver la Isla ligada a los Estados Unidos. Pero los que han peleado en la guerra, y han aprendido en los destierros; los que han levan-

---

* Traducido de la carta que publicó bajo este título *The Evening Post,* de Nueva York, del 25 de marzo.

tado, con el trabajo de las manos y la mente, un hogar virtuoso en el corazón de un pueblo hostil; los que por su mérito reconocido como científicos y comerciantes, como empresarios e ingenieros, como maestros, abogados, artistas, periodistas, oradores y poetas, como hombres de inteligencia viva y actividad poco común, se ven honrados dondequiera que ha habido ocasión para desplegar sus cualidades, y justicia para entenderlos; los que, con sus elementos menos preparados, fundaron una ciudad de trabajadores donde los Estados Unidos no tenían antes más que unas cuantas casuchas en un islote desierto; esos, más numerosos que los otros, no desean la anexión de Cuba a los Estados Unidos. No la necesitan. Admiran esta nación, la más grande de cuantas erigió jamás la libertad, pero desconfían de sus elementos funestos que, como gusanos en la sangre, han comenzado en esta República portentosa su obra de destrucción. Han hecho de los héroes de este país sus propios héroes, y anhelan el éxito definitivo de la Unión Norte-Americana, como la gloria mayor de la humanidad; pero no pueden creer honradamente que el individualismo excesivo, la adoración de la riqueza, y el júbilo prolongado de una victoria terrible, estén preparando a los Estados Unidos para ser la nación típica de la libertad, donde no ha de haber opinión basada en el apetito inmoderado de poder, ni adquisición o triunfos contrarios a la bondad y a la justicia. Amamos a la patria de Lincoln, tanto como tememos a la patria de Cutting.

No somos los cubanos ese pueblo de vagabundos míseros o pigmeos inmorales que a *The Manufacturer* le place describir; ni el país de inútiles verbosos, incapaces de acción, enemigos del trabajo recio, que, junto con los demás pueblos de la América española, suelen pintar viajeros soberbios y escritores. Hemos sufrido impacientes bajo la tiranía; hemos peleado como hombres, y algunas veces como gigantes, para ser libres; estamos atravesando aquel período de reposo turbulento, lleno de gérmenes de revuelta, que sigue naturalmente a un período de acción excesiva y desgraciada; tenemos que batallar como vencidos contra un opresor que nos priva de medios de vivir, y favorece, en la capital hermosa que visita el extranjero, en el interior del país, donde la presa se escapa de su garra, el imperio de una corrupción tal que llegue a envenenarnos en la sangre las fuerzas necesarias para conquistar la libertad. Merecemos, en la hora de nuestro infortunio, el respeto de los que no nos ayudaron cuando quisimos sacudirlo.

Pero, porque nuestro gobierno haya permitido sistemáticamente después de la guerra el triunfo de los criminales, la ocupación de la ciudad por la escoria del pueblo, la ostentación de riquezas mal habidas por una miríada de empleados españoles y sus cómplices cubanos, la conversión de la capital en una casa de inmoralidad, donde el filósofo y el héroe viven sin pan junto al magnífico ladrón de la metrópoli; porque el honrado campesino, arruinado por una guerra en apariencia inútil, retorna en silencio al arado que supo a su hora cambiar por el machete; porque millares de desterrados, aprovechando una época de calma que ningún poder humano puede precipitar hasta que no se extinga por sí propia, practican, en la batalla de la vida en los pueblos libres, el arte de gobernarse a sí mismos y de edificar una nación; porque nuestros mestizos y nuestros jóvenes de ciudad son generalmente de cuerpo delicado, locuaces y corteses, ocultando, bajo el guante que pule el verso, la mano que derriba al enemigo, ¿se nos ha de llamar, como *The Manufacturer* nos llama, un pueblo «afeminado»? Esos jóvenes de ciudad y mestizos de poco cuerpo supieron levantarse en un día contra un gobierno cruel, pagar su pasaje al sitio de la guerra con el producto de su reloj y de sus dijes, vivir de su trabajo mientras retenía sus buques el país de los libres en el interés de los enemigos de la libertad, obedecer como soldados, dormir en el fango, comer raíces, pelear diez años sin paga, vencer al enemigo con una rama de árbol, morir —estos hombres de diez y ocho años, estos herederos de casas poderosas, estos jovenzuelos de color de aceituna— de una muerte de la que nadie debe hablar sino con la cabeza descubierta; murieron como esos otros hombres nuestros que saben, de un golpe de machete, echar a volar una cabeza, o de una vuelta de la mano, arrodillar a un toro. Estos cubanos «afeminados» tuvieron una vez valor bastante para llevar al brazo una semana, cara a cara de un gobierno despótico, el luto de Lincoln.

Los cubanos, dice *The Manufacturer,* tienen «aversión a todo esfuerzo», «no se saben valer», «son perezosos». Estos «perezosos» que «no se saben valer» llegaron aquí hace veinte años con las manos vacías, salvo pocas excepciones; lucharon contra el clima;

dominaron la lengua extranjera; vivieron de su trabajo honrado, algunos en holgura, unos cuantos ricos, rara vez en la miseria: gustaban del lujo, y trabajaban para él: no se les veía con frecuencia en las sendas oscuras de la vida: independientes, y bastándose a sí propios, no temían la competencia en aptitudes ni en actividad: miles se han vuelto a morir en sus hogares: miles permanecen donde en las durezas de la vida han acabado por triunfar, sin la ayuda del idioma amigo, la comunidad religiosa ni la simpatía de raza. Un puñado de trabajadores cubanos levantó a Cayo Hueso. Los cubanos se han señalado en Panamá por su mérito como artesanos en los oficios más nobles, como empleados, médicos y contratistas. Un cubano, Cisneros, ha contribuido poderosamente al adelanto de los ferrocarriles y la navegación de ríos de Colombia. Márquez, otro cubano, obtuvo, como muchos de sus compatriotas, el respeto del Perú como comerciante eminente. Por todas partes viven los cubanos, trabajando como campesinos, como ingenieros, como agrimensores, como artesanos, como maestros, como periodistas. En Filadelfia, *The Manufacturer* tiene ocasión diaria de ver a cien cubanos, algunos de ellos de historia heroica y cuerpo vigoroso, que viven de su trabajo en cómoda abundancia. En New York los cubanos son directores en bancos prominentes, comerciantes prósperos, corredores conocidos, empleados de notorios talentos, médicos con clientela del país, ingenieros de reputación universal, electricistas, periodistas, dueños de establecimientos, artesanos. El poeta del Niágara es un cubano, nuestro Heredia. Un cubano, Menocal, es jefe de los ingenieros del canal de Nicaragua. En Filadelfia mismo, como en New York, el primer premio de las Universidades ha sido, más de una vez, de los cubanos. Y las mujeres de estos «perezosos», «que no se saben valer», de estos enemigos de «todo esfuerzo», llegaron aquí recién venidas de una existencia suntuosa, en lo más crudo del invierno: sus maridos estaban en la guerra, arruinados, presos, muertos: la «señora» se puso a trabajar; la dueña de esclavos se convirtió en esclava; se sentó detrás de un mostrador; cantó en las iglesias; ribeteó ojales por cientos; cosió a jornal; rizó plumas de sombrerería; dio su corazón al deber; marchitó su cuerpo en el trabajo: ¡este es el pueblo «deficiente en moral»!

Estamos «incapacitados por la naturaleza y la experiencia para cumplir con las obligaciones de la ciudadanía de un país grande

y libre». Esto no puede decirse en justicia de un pueblo que posee
—junto con la energía que construyó el primer ferrocarril en los
dominios españoles y estableció contra un gobierno tiránico todos
los recursos de la civilización— un conocimiento realmente no-
table del cuerpo político, una aptitud demostrada para adaptarse
a sus formas superiores, y el poder, raro en las tierras del trópico,
de robustecer su pensamiento y podar su lenguaje. La pasión por
la libertad, el estudio serio de sus mejores enseñanzas; el desen-
volvimiento del carácter individual en el destierro y en su propio
país, las lecciones de diez años de guerra y de sus consecuencias
múltiples, y el ejercicio práctico de los deberes de la ciudadanía
en los pueblos libres del mundo han contribuido, a pesar de todos
los antecedentes hostiles, a desarrollar en el cubano una aptitud
para el gobierno libre tan natural en él, que lo estableció, aun con
exceso de prácticas, en medio de la guerra, luchó con sus mayores
en el afán de ver respetadas las leyes de la libertad, y arrebató el
sable, sin consideración ni miedo, de las manos de todos los pre-
tendientes militares, por gloriosos que fuesen. Parece que hay en
la mente cubana una dichosa facultad de unir el sentido a la pasión,
y la moderación a la exuberancia. Desde principios del siglo se
han venido consagrando nobles maestros a explicar con su palabra,
y practicar en su vida, la abnegación y tolerancia inseparables de
la libertad. Los que hace diez años ganaban por mérito singular
los primeros puestos en las Universidades europeas han sido salu-
dados, al aparecer en el Parlamento español, como hombres de
sobrio pensamiento y de oratoria poderosa. Los conocimientos
políticos del cubano común se comparan sin desventaja con los
del ciudadano común de los Estados Unidos. La ausencia absolu-
ta de intolerancia religiosa, el amor del hombre a la propiedad
adquirida con el trabajo de sus manos, y la familiaridad en prác-
tica y teoría con las leyes y procedimientos de la libertad habi-
tuarán al cubano para reedificar su patria sobre las ruinas en que
la recibirá de sus opresores. No es de esperar, para honra de la
especie humana, que la nación que tuvo la libertad por cuna, y
recibió durante tres siglos la mejor sangre de hombres libres,
emplee el poder amasado de este modo para privar de su libertad
a un vecino menos afortunado.

Acaba *The Manufacturer* diciendo «que nuestra falta de fuerza
viril y de respeto propio está demostrada por la apatía con que nos

hemos sometido durante tanto tiempo a la opresión española», y «nuestras mismas tentativas de rebelión han sido tan infelizmente ineficaces, que apenas se levantan un poco de la dignidad de una farsa». Nunca se ha desplegado ignorancia mayor de la historia y el carácter que en esta ligerísima aseveración. Es preciso recordar, para no contestarla con amargura, que más de un americano derramó su sangre a nuestro lado en una guerra que otro americano había de llamar «una farsa». ¡Una farsa, la guerra que ha sido comparada por los observadores extranjeros a una epopeya, el alzamiento de todo un pueblo, el abandono voluntario de la riqueza, la abolición de la esclavitud en nuestro primer momento de la libertad, el incendio de nuestras ciudades con nuestras propias manos, la creación de pueblos y fábricas en los bosques vírgenes, el vestir a nuestras mujeres con los tejidos de los árboles, el tener a raya, en diez años de esa vida, a un adversario poderoso, que perdió doscientos mil hombres a manos de un pequeño ejército de patriotas, sin más ayuda que la naturaleza! Nosotros no teníamos hessianos ni franceses, ni Lafayette o Steuben, ni rivalidades de rey que nos ayudaran: nosotros no teníamos más que un vecino que «extendió los límites de su poder y obró contra la voluntad del pueblo» para favorecer a los enemigos de aquellos que peleaban por la misma carta de libertad en que él fundó su independencia: nosotros caímos víctimas de las mismas pasiones que hubieran causado la caída de los Trece Estados, a no haberlos unido el éxito, mientras que a nosotros nos debilitó la demora, no demora causada por la cobardía, sino por nuestro horror a la sangre, que en los primeros meses de la lucha permitió al enemigo tomar ventaja irreparable, y por una confianza infantil en la ayuda cierta de los Estados Unidos: «¡No han de vernos morir por la libertad a sus propias puertas sin alzar una mano o decir una palabra para dar un nuevo pueblo libre al mundo!». Extendieron «los límites de su poder en deferencia a España». No alzaron la mano. No dijeron la palabra.

La lucha no ha cesado. Los desterrados no quieren volver. La nueva generación es digna de sus padres. Centenares de hombres han muerto después de la guerra en el misterio de las prisiones. Solo con la vida cesará entre nosotros la batalla por la libertad. Y es la verdad triste que nuestros esfuerzos se habrían, en toda probabilidad, renovado con éxito, a no haber sido, en algunos de nosotros, por la esperanza poco viril de los anexionistas, de obtener libertad sin pagarla a su precio, y por el temor justo de otros, de que nuestros muertos, nuestras memorias sagradas, nuestras ruinas empapadas en sangre, no vinieran a ser más que el abono del suelo para el crecimiento de una planta extranjera, o la ocasión de una burla para *The Manufacturer* de Filadelfia.

Soy de usted, señor Director, servidor atento.

Nueva York, 21 de marzo de 1889

DISCURSO EN EL *LICEO CUBANO,* TAMPA

26 de noviembre de 1891

Cubanos:

Para Cuba que sufre, la primera palabra. De altar se ha de tomar a Cuba, para ofrendarle nuestra vida, y no de pedestal, para levantarnos sobre ella. Y ahora, después de evocado su amadísimo nombre, derramaré la ternura de mi alma sobre estas manos generosas que ¡no a deshora por cierto! acuden a dármele fuerzas para la agonía de la edificación; ahora, puestos los ojos más arriba de nuestras cabezas y el corazón entero sacado de mí mismo, no daré gracias egoístas a los que creen ver en mí las virtudes que de mí y de cada cubano desean; ni al cordial Carbonell, ni al bravo Rivero, daré gracias por la hospitalidad magnífica de sus palabras, y el fuego de su cariño generoso; sino que todas las gracias de mi alma les daré, y en ellos a cuantos tienen aquí las manos puestas a la faena de fundar, por este pueblo de amor que han levantado cara a cara del dueño codicioso que nos acecha y nos divide; por este pueblo de virtud, en donde se prueba la fuerza libre de nuestra patria trabajadora; por este pueblo culto, con la mesa de pensar al lado de la de ganar el pan, y truenos de Mirabeau junto a artes de Roland, que es respuesta de sobra a los desdeñosos de este mundo; por este templo orlado de héroes, y alzado sobre corazones. Yo abrazo a todos los que saben amar. Yo traigo la estrella, y traigo la paloma, en mi corazón.

No nos reúne aquí, de puro esfuerzo y como a regañadientes, el respeto periódico a una idea de que no se puede abjurar sin deshonor; ni la respuesta siempre pronta, y a veces demasiado pronta, de los corazones patrios a un solicitante de fama, o a un alocado de poder, o a un héroe que no corona el ansia inoportuna de morir con el heroísmo superior de reprimirla, o a un menesteroso que bajo la capa de la patria anda sacando la mano limosnera. Ni el que viene se afeará jamás con la lisonja, ni es este noble pueblo que lo reciba pueblo de gente servil y llevadiza. Se me hincha el pecho de orgullo, y amo aún más a mi patria desde ahora, y creo aún más desde ahora en su porvenir ordenado y sereno, en el porvenir, redimido del peligro grave de seguir a ciegas, en nombre de la libertad, a los que se valen del anhelo de ella para desviarla en beneficio propio; creo aún más en la república de ojos abiertos, ni insensata ni tímida, ni togada ni descuellada, ni sobre culta ni inculta, desde que veo, por los avisos sagrados del corazón, juntos en esta noche de fuerza y pensamiento, juntos para ahora y para después, juntos para mientras impere el patriotismo, a los cubanos que ponen su opinión franca y libre por sobre todas las cosas, —y a un cubano que se las respeta.

Porque si en las cosas de mi patria me fuera dado preferir un bien a todos los demás, un bien fundamental que de todos los del país fuera base y principio, y sin el que los demás bienes serían falaces e inseguros, ese sería el bien que yo prefiriera: yo quiero que la ley primera de nuestra república sea el culto de los cubanos a la dignidad plena del hombre. En la mejilla ha de sentir todo hombre verdadero el golpe que reciba cualquier mejilla de hombre: envilece a los pueblos desde la cuna el hábito de recurrir a camarillas personales, fomentadas por un interés notorio o encubierto, para la defensa de las libertades: sáquese a lucir, y a incendiar las almas, y a vibrar como el rayo, a la verdad, y síganla, libres, los hombres honrados. Levántese por sobre todas las cosas esta tierna consideración, este viril tributo de cada cubano a otro. Ni misterios, ni calumnias, ni tesón de desacreditar, ni largas y astutas preparaciones para el día funesto de la ambición. O la república tiene por base el carácter entero de cada uno de sus hijos, el hábito de trabajar con sus manos y pensar por sí propio, el ejercicio íntegro de sí y el respeto, como de honor de familia, al ejercicio íntegro de los demás; la pasión, en fin, por el decoro del hombre,—o la república no vale una lágrima de nuestras mujeres ni una sola gota de sangre de nuestros bravos. Para verdades trabajamos, y no para sueños. Para libertar a los cubanos trabajamos, y no para acorralarlos. ¡Para ajustar en la paz y en la equidad los intereses y derechos de los habitantes leales de Cuba trabajamos, y no para erigir, a la boca del continente, de la república, la mayordomía espantada de Veintimilla, o la hacienda sangrienta de Rosas, o el Paraguay lúgubre de Francia! ¡Mejor caer bajo los excesos del carácter imperfecto de nuestros compatriotas, que valerse del crédito adquirido con las armas de la guerra o las de la palabra que rebajarles el carácter! Este es mi único título a estos cariños, que han venido a tiempo a robustecer mis manos incansables en el servicio de la verdadera libertad. ¡Muérdanmelas los mismos a quienes anhelase yo levantar más, y ¡no miento! amaré la mordida, porque me viene de la furia de mi propia tierra, y porque por ella veré bravo y rebelde a un corazón cubano! ¡Unámonos, ante todo en esta fe; juntemos las manos, en prenda de esta decisión, donde todos las vean, y donde no se olvida sin castigo; cerrémosle el paso a la república que no venga preparada por medios dignos del decoro del hombre, para el bien y la prosperidad de todos los cubanos!

¡De todos los cubanos! ¡Yo no sé qué misterio de ternura tiene esta dulcísima palabra, ni qué sabor tan puro sobre el de la palabra misma de *hombre*, que es ya tan bella, que si se la pronuncia como se debe, parece que es el aire como nimbo de oro, y es trono o cumbre de monte la naturaleza! ¡Se dice *cubano*, y una dulzura como de suave hermandad se esparce por nuestras entrañas, y se abre sola la caja de nuestros ahorros, y nos apretamos para hacer un puesto más en la mesa, y echa las alas el corazón enamorado para amparar al que nació en la misma tierra que nosotros, aunque el pecado lo trastorne, o la ignorancia lo extravíe, o la ira lo enfurezca, o lo ensangriente el crimen! ¡Como que unos brazos divinos que no vemos nos aprietan a todos sobre un pecho en que todavía corre la sangre y se oye todavía sollozar el corazón! ¡Créese allá en nuestra patria, para darnos luego trabajo de piedad, créese, donde el dueño corrompido pudre cuanto mira, un alma cubana nueva, erizada y hostil, un alma hosca, distinta de aquella alma casera y magnánima de nuestros padres e hija natural de la miseria que ve triunfar al vicio impune, y de la cultura inútil, que solo halla empleo en la contemplación sorda de sí misma! ¡Acá, donde vigilamos por los ausentes, donde reponemos la casa que allá se nos cae encima, donde creamos lo que ha de reemplazar a lo que allí se nos destruye, acá no hay palabra que se asemeje más a la luz del amanecer, ni consuelo que se entre con más dicha por nuestro corazón, que esta palabra inefable y ardiente de *cubano*!

¡Porque eso es esta ciudad; eso es la emigración cubana entera; eso es lo que venimos haciendo en estos años de trabajo sin ahorro, de familia sin gusto, de vida sin sabor, de muerte disimulada! ¡A la patria que allí se cae a pedazos y se ha quedado ciega de la podre, hay que llevar la patria piadosa y previsora que aquí se levanta! ¡A lo que queda de patria allí, mordido de todas partes por la gangrena que empieza a roer el corazón, hay que juntar la patria amiga donde hemos ido, acá en la soledad, acomodando el alma, con las manos firmes que pide el buen cariño, a las realidades todas, de afuera y de adentro, tan bien veladas allí en unos por la desesperación y en otros por el goce babilónico, que con ser grandes certezas y grandes esperanzas y grandes peligros, son, aun para los expertos, poco menos que desconocidas! ¿Pues qué saben allá de esta noche gloriosa de resurrección, de la fe determinada y metódica de nuestros espíritus, del acercamiento continuo y creciente de los cubanos de afuera, que los errores de los diez años y las veleidades naturales de Cuba, y otras causas maléficas no han logrado por fin dividir, sino allegar tan íntima y cariñosamente, que no se ve sino un águila que sube, y un sol que va naciendo, y un ejército que avanza? ¿Qué saben allá de estos tratos sutiles, que nadie prepara ni puede detener, entre el país desesperado y los emigrados que esperan? ¿Qué saben de este carácter nuestro fortalecido, de tierra en tierra, por la prueba cruenta y el ejercicio diario? ¿Qué saben del pueblo liberal, y fiero, y trabajador, que vamos a llevarles? ¿Qué sabe el que agoniza en la noche del que le espera con los brazos abiertos en la aurora? Cargar barcos puede cualquier cargador; y poner mecha al cañón cualquier artillero puede; pero no ha sido esa tarea menor, y de mero resultado y oportunidad, la tarea única de nuestro deber, sino la de evitar las consecuencias dañinas, y acelerar las felices, de la guerra próxima, e inevitable, —e irla limpiando, como cabe en lo humano, del desamor y del descuido y de los celos que la pudiesen poner donde sin necesidad ni excusa nos pusieron la anterior, y disciplinar nuestras almas libres en el conocimiento y orden de los elementos reales de nuestro país, y en el trabajo que es el aire y el sol de la libertad, para que quepan en ella sin peligro, junto a las fuerzas creadoras de una situación nueva, aquellos residuos inevitables de las crisis revueltas que son necesarias para constituirlas. ¡Y las manos nos dolerán más de una vez en la faena sublime, pero los muertos están mandando, y aconsejando, y vigilando, y los vivos los oyen, y los obedecen, y se oye en el viento ruido de ayudantes que pasan llevando órdenes, y de pabellones que se despliegan! ¡Unámonos, cubanos, en esta otra fe: con todos, y para todos: la guerra inevitable, de modo que la respete y la desee y la ayude la patria, y no nos la mate, en flor, por local o por personal o por incompleta, el enemigo: la revolución de justicia y de realidad, para el reconocimiento y la práctica franca de las libertades verdaderas!

¡Ni los bravos de la guerra que me oyen tienen paces con estos análisis menudos de las cosas públicas, porque al entusiasta le parece crimen la tardanza misma de la sensatez en poner por obra el entusiasmo; ni nuestra mujer, que aquí oye atenta, sueña más que en volver a pisar la tierra propia, donde no ha de vivir su compañero, agrio como aquí vive y taciturno; ni el niño, hermano o hijo de mártires y de héroes, nutrido en sus leyendas, piensa en más que en lo hermoso de morir a caballo, peleando por el país, al pie de una palma!

¡Es el sueño mío, es el sueño de todos; las palmas son novias que esperan: y hemos de poner la justicia tan alta como las palmas! Eso es lo que queríamos decir. A la guerra del arranque, que cayó en el desorden, ha de suceder, por insistencia de los males públicos, la guerra de la necesidad, que vendría floja y sin probabilidad de vencer, si no le diese su pujanza aquel amor inteligente y fuerte del derecho por donde las almas más ansiosas de él recogen de la sepultura el pabellón que dejaron caer, cansados del primer esfuerzo, los menos necesitados de justicia. Su derecho de hombres es lo que buscan los cubanos en su independencia; y la independencia se ha de buscar con alma entera de hombre. ¡Que Cuba, desolada, vuelve a nosotros los ojos! ¡Que los niños ensayan en los troncos de los caminos la fuerza de sus brazos nuevos! ¡Que las guerras estallan, cuando hay causas para ellas, de la impaciencia de un valiente o de un grano de maíz! ¡Que el alma cubana se está poniendo en fila, y se ven ya, como al alba, las masas confusas! ¡Que el enemigo, menos sorprendido hoy, menos interesado, no tiene en la tierra los caudales que hubo de defender la vez pasada, ni hemos de entretenernos tanto como entonces en dimes y diretes de localidad, ni en competencias de mando, ni en envidias de pueblo, ni en esperanzas locas! ¡Que afuera tenemos el amor en el corazón, los ojos en la costa, la mano en la América, y el arma al cinto! ¿Pues quién no lee en el aire todo eso con letras de luz? Y con letras de luz se ha de leer que no buscamos, en este nuevo sacrificio, meras formas, ni la perpetuación del alma colonial en nuestra vida, con novedades de uniforme yanqui, sino la esencia y realidad de un país republicano nuestro, sin miedo canijo de unos a la expresión saludable de todas las ideas y el empleo honrado de todas las energías, —ni de parte de otros aquel robo al hombre que consiste en pretender imperar en nombre de la libertad por violencias en que se prescinde del derecho de los demás a las garantías y los métodos de ella. Por supuesto que se nos echarán atrás los petimetres de la política, que olvidan cómo es necesario contar con lo que no se puede suprimir, —y que se pondrá a refunfuñar el patriotismo de polvos de arroz, so pretexto de que los pueblos, en el sudor de la creación, no dan siempre olor de clavellina. ¿Y qué le hemos de hacer? ¡Sin los gusanos que fabrican la tierra no podrían hacerse palacios suntuosos! En la verdad hay que entrar con la camisa al codo, como entra en la res el carnicero. Todo lo verdadero es santo, aunque no huela a clavellina. ¡Todo tiene la entraña fea y sangrienta; es fango en las artesas el oro en que el artista talla luego sus joyas maravillosas; de lo fétido de la vida saca almíbar la fruta y colores la flor; nace el hombre del dolor y la tiniebla del seno maternal, y del alarido y el desgarramiento sublime; y las fuerzas magníficas y corrientes de fuego que en el horno del sol se precipitan y confunden, no parecen de lejos a los ojos humanos sino manchas! ¡Paso a los que no tienen miedo a la luz: caridad para los que tiemblan de sus rayos!

Ni vería yo esa bandera con cariño, hecho como estoy a saber que lo más santo se toma como instrumento del interés por los triunfadores audaces de este mundo, si no creyera que en sus pliegues ha de venir la libertad entera, cuando el reconocimiento cordial del decoro de cada cubano, y de los modos equitativos de ajustar los conflictos de sus intereses, quite razón a aquellos consejeros de métodos confusos que no solo tienen de terribles lo que tiene de terca la pasión que se niega a reconocer cuanto hay en sus demandas de equitativo y justiciero. ¡Clávese la lengua del adulador popular, y cuélguese al viento como banderola de ignominia, donde sea castigo de los que adelantan sus ambiciones azuzando en vano la pena de los que padecen, u ocultándoles verdades esenciales de su problema, o levantándoles la ira: —y al lado de la lengua de los aduladores, clávese la de los que se niegan a la justicia!

¡La lengua del adulador se clave donde todos la vean, —y la de los que toman por pretexto las exageraciones a que tiene derecho la ignorancia, y que no puede acusar quien no ponga todos los medios de hacer cesar la ignorancia, para negarse a acatar lo que hay de dolor de hombre y de agonía sagrada en las exageraciones que es más cómodo excomulgar, de toga y birrete, que estudiar, lloroso el corazón, con el dolor humano hasta los codos! En el presidio de la vida es necesario poner, para que aprendan justicia, a los jueces de la vida. El que juzgue de todo, que lo conozca todo. No juzgue de prisa el de arriba, ni por un lado: no juzgue el de abajo por un lado ni de prisa. No censure el celoso el bienestar que envidia en secreto. ¡No desconozca el pudiente el poema conmovedor, y el sacrificio cruento, del que se tiene que cavar el pan que come; de su sufrida compañera, coronada de corona que el injusto no ve; de los hijos que no tienen lo que tienen los hijos de los otros por el mundo! ¡Valiera más que no se desplegara esa bandera de su mástil, si no hubiera de amparar por igual a todas las cabezas!

Muy mal conoce nuestra patria, la conoce muy mal, quien no sepa que hay en ella, como alma de lo presente y garantía de lo futuro, una enérgica suma de aquella libertad original que cría el hombre en sí, del jugo de la tierra y de las penas que ve, y de su idea propia y de su naturaleza altiva. Con esta libertad real y pujante, que solo puede pecar por la falta de la cultura que es fácil poner en ella, han de contar más los políticos de carne y hueso que con esa libertad de aficionados que aprenden en los catecismos de Francia o de Inglaterra, los políticos de papel. Hombres somos, y no vamos a querer gobiernos de tijeras y de figurines, sino trabajo de nuestras cabezas, sacado del molde de nuestro país. Muy mal conoce a nuestro pueblo quien no observe en él como a la par de este ímpetu nativo que lo levanta para la guerra y no lo dejará dormir en la paz, se ha criado con la experiencia y el estudio, y cierta ciencia clara que da nuestra tierra hermosa, un cúmulo de fuerzas de orden, humanas y cultas, —una falange de inteligencias plenas, fecundadas por el amor al hombre, sin el cual la inteligencia no es más que azote y crimen, —una concordia tan íntima, venida del dolor común, entre los cubanos de derecho natural, sin historia y sin libros, y los cubanos que han puesto en el estudio la pasión que no podían poner en la elaboración de la patria nueva, —una hermandad tan ferviente entre los esclavos ínfimos de la vida y los esclavos de una tiranía aniquiladora, —que por este amor unánime y abrasante de justicia de los de un oficio y los de otro; por este ardor de humanidad igualmente sincero en los que llevan el cuello alto, porque tienen alta la nuca natural, y los que lo llevan bajo, porque la moda manda lucir el cuello hermoso; por esta patria vehemente en que se reúnen con iguales sueños, y con igual honradez, aquellos a quienes pudiese divorciar el diverso estado de cultura, —sujetará nuestra Cuba, libre en la armonía de la equidad, la mano de la colonia que no dejará a su hora de venírsenos encima, disfrazada con el guante de la república. ¡Y cuidado, cubanos, que hay guantes tan bien imitados que no se diferencian de la mano natural! A todo el que venga a pedir poder, cubanos, hay que decirle a la luz, donde se vea la mano bien: ¿mano o guante? —Pero no hay que temer en verdad, ni hay que regañar. Eso mismo que hemos de combatir, eso mismo nos es necesario. Tan necesario es a los pueblos lo que sujeta como lo que empuja: tan necesario es en la casa de familia el padre, siempre activo, como la madre, siempre temerosa. Hay política hombre y política mujer. ¿Locomotora con caldera que la haga andar, y sin freno que la detenga a tiempo? Es preciso, en cosas de pueblos, llevar el freno en una mano, y la caldera en la otra. Y por ahí padecen los pueblos: por el exceso de freno, y por el exceso de caldera.

¿A qué es, pues, a lo que habremos de temer? ¿Al decaimiento de nuestro entusiasmo, a lo ilusorio de nuestra fe, al poco número de los infatigables, al desorden de nuestras esperanzas? Pues miro yo a esta sala, y siento firme y estable la tierra bajo mis pies, y digo: «Mienten». Y miro a mi corazón, que no es más que un corazón cubano, y digo: —«Mienten».

¿Tendremos miedo a los hábitos de autoridad contraídos en la guerra, y en cierto modo ungidos por el desdén diario de la muerte? Pues no conozco yo lo que tiene de brava el alma cubana, y de sagaz y experimentado el juicio de Cuba, y lo que habrían de contar las autoridades viejas con las autoridades vírgenes, y aquel admirable concierto de pensamiento republicano y la acción heroica que honra, sin excepciones apenas, a los cubanos que cargaron armas; o, como que conozco todo eso, al que diga que de nuestros veteranos hay que esperar ese amor criminal de sí, ese postergamiento de la patria a su interés, esa traición inicua a su país, le digo: —«¡Mienten!».

¿O nos ha de echar atrás el miedo a las tribulaciones de la guerra, azuzado por gente impura que está a paga del gobierno español, el miedo a andar descalzo, que es un modo de andar ya muy común en Cuba, porque entre los ladrones y los que los ayudan, ya no tienen en Cuba zapatos sino los cómplices y los ladrones? ¡Pues como yo sé que el mismo que escribe un libro para atizar el miedo a la guerra, dijo en versos, muy buenos por cierto, que la jutía basta a todas las necesidades del campo en Cuba, y sé que Cuba está otra vez llena de jutías, me vuelvo a los que nos quieren asustar con el sacrificio mismo que apetecemos, y les digo: —«Mienten».

¿Al que más ha sufrido en Cuba por la privación de la libertad le tendremos miedo, en el país donde la sangre que derramó por ella se la ha hecho amar demasiado para amenazarla? ¿Le tendremos miedo al negro, al negro generoso, al hermano negro, que en los cubanos que murieron por él ha perdonado para siempre a los cubanos que todavía lo maltratan? Pues yo sé de manos de negro que están más dentro de la virtud que las de blanco alguno que conozco: yo sé del amor negro a la libertad sensata, que solo en la intensidad mayor y natural y útil se diferencia del amor a la libertad del cubano blanco: yo sé que el negro ha erguido el cuerpo noble, y está poniéndose de columna firme de las libertades patrias. Otros le temen: yo lo amo: a quien diga mal de él, me lo desconozca, le digo a boca llena: —«Mienten».

¿Al español en Cuba habremos de temer? ¿Al español armado, que no nos pudo vencer por su valor, sino por nuestras envidias, nada más que por nuestras envidias? ¿Al español que tiene en el Sardinero o en la Rambla su caudal y se irá con su caudal, que es su única patria; o al que lo tiene en Cuba, por apego a la tierra o por la raíz de los hijos, y por miedo al castigo opondrá poca resis-

tencia, y por sus hijos? ¿Al español llano, que ama la libertad como
la amamos nosotros, y busca con nosotros una patria en la justicia,
superior al apego a una patria incapaz e injusta, al español que
padece, junto a su mujer cubana, del desamparo irremediable y
el mísero porvenir de los hijos que le nacieron con el estigma de
hambre y persecución, con el decreto de destierro en su propio
país, con la sentencia de muerte en vida con que vienen al mundo
los cubanos? ¿Temer al español liberal y bueno, a mi padre valen-
ciano, a mi fiador montañés, al gaditano que me velaba el sueño
febril, al catalán que juraba y votaba porque no quería el criollo
huir con sus vestidos, al malagueño que saca en sus espaldas del
hospital al cubano impotente, al gallego que muere en la nieve
extranjera, al volver de dejar el pan del mes en la casa del general
en jefe de la guerra cubana? ¡Por la libertad del hombre se pelea en
Cuba, y hay muchos españoles que aman la libertad! ¡A estos es-
pañoles los atacarán otros: yo los ampararé toda mi vida! A los que
no saben que esos españoles son otros tantos cubanos, les decimos:
—«¡Mienten!».

 ¿Y temeremos a la nieve extranjera? Los que no saben bregar
con sus manos en la vida, o miden el corazón de los demás por su
corazón espantadizo, o creen que los pueblos son meros tableros
de ajedrez, o están tan criados en la esclavitud que necesitan quien
les sujete el estribo para salir de ella, esos buscarán en un pueblo
de componentes extraños y hostiles la república que solo asegura
el bienestar cuando se le administra en acuerdo con el carácter
propio, y de modo que se acendre y realce. A quien crea que falta
a los cubanos coraje y capacidad para vivir por sí en la tierra crea-
da por su valor, le decimos: «Mienten».

 Y a los lindoros que desdeñan hoy esta revolución santa cuyos
guías y mártires primeros fueron hombres nacidos en el mármol
y seda de la fortuna, esta santa revolución que en el espacio más
breve hermanó, por la virtud redentora de las guerras justas, al
primogénito heroico y al campesino sin heredad, al dueño de
hombres y a sus esclavos; a los olimpos de pisapapel, que bajan
de la trípode calumniosa para preguntar aterrados, y ya con ánimos
de sumisión, si ha puesto el pie en tierra este peleador o el otro,
a fin de poner en paz el alma con quien puede mañana distribuir
el poder; a los alzacolas que fomentan, a sabiendas, el engaño de
los que creen que este magnífico movimiento de almas, esta idea

encendida de la redención decorosa, este deseo triste y firme de la guerra inevitable, no es más que el tesón de un rezagado indómito, o la correría de un general sin empleo, o la algazara de los que no gozan de una riqueza que solo se puede mantener por la complicidad, con el deshonor o la amenaza de una turba obrera, con odio por corazón y papeluchos por sesos, que irá, como del cabestro, por donde la quiera llevar el primer ambicioso que la adule, o el primer déspota encubierto que le pase por los ojos la bandera, —a lindoros, o a olimpos, y a alzacolas, —les diremos: —«Mienten». ¡Esta es la turba obrera, el arca de nuestra alianza, el tahalí, bordado de mano de mujer, donde se ha guardado la espada de Cuba, el arenal redentor donde se edifica, y se perdona, y se prevé y se ama!

¡Basta, basta de meras palabras! Para lisonjearnos no estamos aquí, sino para palparnos los corazones, y ver que viven sanos, y que pueden; para irnos enseñando a los desesperanzados, a los desbandados, a los melancólicos, en nuestra fuerza de idea y de acción, en la virtud probada que asegura la dicha por venir, en nuestro tamaño real, que no es de presuntuoso, ni de teorizante, ni de salmodista, ni de melómano, ni de cazanubes, ni de pordiosero. Ya somos uno, y podemos ir al fin: conocemos el mal, y veremos de no recaer; a puro amor y paciencia hemos congregado lo que quedó disperso, y convertido en orden entusiasta lo que era, después de la catástrofe, desconcierto receloso; hemos procurado la buena fe, y creemos haber logrado suprimir o reprimir los vicios que causaron nuestra derrota, y allegar con modos sinceros y para fin durable, los elementos conocidos o esbozados, con cuya unión se puede llevar la guerra inminente al triunfo. ¡Ahora, a formar filas! ¡Con esperar, allá en lo hondo del alma, no se fundan pueblos! Delante de mí vuelvo a ver los pabellones, dando órdenes; y me parece que el mar que de allá viene, cargado de esperanza y de dolor, rompe la valla de la tierra ajena en que vivimos, y revienta contra esas puertas sus olas alborotadas... ¡Allá está, sofocada en los brazos que nos la estrujan y corrompen! ¡Allá está, herida en la frente, herida en el corazón, presidiendo, atada a la silla de tortura, el banquete donde las bocamangas de galón de oro ponen el vino del veneno en los labios de los hijos que se han olvidado de sus padres! ¡Y el padre murió cara a cara al alférez, y el hijo va, de brazo con el alférez, a pudrirse a la orgía! ¡Basta de meras palabras!

De las entrañas desgarradas levantemos un amor inextinguible por la patria sin la que ningún hombre vive feliz, ni el bueno ni el malo. Allí está, de allí nos llama, se la oye gemir, nos la violan y nos la befan y nos la gangrenan a nuestros ojos, nos corrompen y nos despedazan a la madre de nuestro corazón! ¡Pues alcémonos de una vez, de una arremetida última de los corazones, alcémonos de manera que no corra peligro la libertad en el triunfo, por el desorden o por la torpeza o por la impaciencia en prepararla; alcémonos, para la república verdadera, los que por nuestra pasión por el derecho y por nuestro hábito del trabajo sabremos mantenerla; alcémonos para darles tumba a los héroes cuyo espíritu vaga por el mundo avergonzado y solitario; alcémonos para que algún día tengan tumba nuestros hijos! Y pongamos alrededor de la estrella, en la bandera nueva, esta fórmula del amor triunfante: «Con todos, y para el bien de todos».

DISCURSO EN *HARDMAN HALL,* NUEVA YORK

17 de febrero de 1892

Cubanos:

El júbilo, mezclado de zozobra, del explorador que adivina bajo la tierra áspera y revuelta el oro puro, del explorador que anunció el hallazgo a los compañeros que se iban a medio camino, no puede compararse con el júbilo del que vuelve ante los que le ayudaron a confiar, con las manos llenas de oro. De oro sin mancha, porque fuera de aquí no he hallado una sola mancha, traigo llenas las manos. Y aún tiemblo de la dicha de haber visto la mayor suma de virtud que me haya sido dado ver entre los hombres, —en los hombres de mi patria. Lo que tengo que decir, antes de que se me apague la voz y mi corazón cese de latir en este mundo, es que mi patria posee todas las virtudes necesarias para la conquista y el mantenimiento de la libertad. Y si hay alcalde mayor o escribiente que lo dude, le enseñaré aquellas ciudades levantadas en libre discusión por las fuerzas más varias y desiguales que sobre la peña y las arenas han ido echando la guerra y la miseria y la dignidad; le enseñaré la casa del pueblo, que todo el pueblo paga y administra, y donde el pueblo entero se educa y se reúne; le enseñaré aquellos talleres donde los hombres, poniendo la vida real de margen a los libros, practican la política, que es el estudio de los intereses públicos, en el trabajo que la sanea y la modera, y en la verdad que le pone pie firme; le enseñaré aquellas casitas sencillas y felices, con tanta luz y tanta sonrisa y tanta rosa, donde la recién casada recibe a su trabajador con el niño en los brazos, y de testigo los libros del estante y los retratos de los héroes, —aquellas casas que tienen dos pisos, uno para la familia que trabaja, y otro para los cubanos desamparados; aquellas familias le enseñaré, que cuando la tibieza pública deja caer un club patriótico, a la casa se llevan el estandarte, y con la casa sigue vivo el club; le enseñaré aquellos niños, sin cuello y sin chaleco, que se abrazan llorando al viajero desconocido: «¡acuérdese de mí, que quiero aprender!»; le enseñaré aquellos ancianos que dieron su fortuna primera, y una fortuna más, y sus hijos luego, a la idea de ver libre su país, y ya de rodillas en la tierra que se abre para recibirlos, alzan el cuerpo sobre el brazo moribundo y dicen: «¡Te adoro, oh patria!».

Mi alegría es mayor porque el levantamiento admirable de espíritus que me ha sido dable ver, el júbilo de corazones que se declaró de sí mismo y que no parece que esté en temple de acabar, el acuerdo grandioso y conmovedor de los cubanos escarmentados y libres, no fue la obra de ese entusiasmo pasajero, y a la larga más dañoso que útil, por la persona única de quien en ocasiones parece depender el triunfo, —ni fue atraído, con lenta habilidad, por aquella ambición que va buscándose, en la cautela de la sombra, amigos personales, y cultiva el poder asiduamente con la lisonja fina y las mieles del trato, —sino que se mostró, con ocasión de un hombre recogido en sí, en el instante en que el desinterés y sagacidad honrada que se le supone, y la obra ancha y unida que predica, parecen ser las que ordena el país a los que tratan de salvarlo. ¡Ni una palabra habló o escribió el viajero en solicitud, directa o indirecta, de esta demostración y convenio de las almas, —ni una palabra escribirá o dirá jamás para sostener, por medio de la discusión o de la intriga, el crédito que en él se ha querido poner, no como premio de lo poco que ha hecho, sino como modo de decirle hasta dónde ha de ir, para que la ignominia sea igual al honor, si se tuerce o flaquea antes de acabar la jornada!

¿Y aquel convite de Tampa primero, que fue de veras como el grito del águila, y aquel sencillo comité del Cayo que ya a la hora de llegar había prendido en el pueblo todo generoso, y a los pocos instantes, sin el empleo de una sola de las artes usuales del hombre, era abrazo y ternura de manera que los que no se hablaban ayer seguían de brazo por la calle en que se hallaban, y una extraña oratoria poseía, rebosante y soberbia, la lengua de los hombres, y se decían los hombres, uno a otro, hermanos e hijos. ¿Era virtud del hombre silencioso que deja sola a la verdad, sin calzarla ni empujarla con servicios o convenios, o carteos o lisonjas, porque si es verdad, sola se ha de amparar y ha de vencer, y si no es verdad, no se le debe buscar amparo? ¿Era magia de un viajero sin fuerzas y sin voz, cuidado ya, como en anuncio y promesa, con el cariño con que los compañeros de batalla se atienden en los campamentos? ¡El adversario mismo venía de amistad, porque volvía a ver que la guerra de Cuba no tendrá que ser, ni quiere ser, la obra del odio contra el padre honrado de hijos cubanos, ni el esposo bueno de la mujer cubana, sino la manera de poner a Cuba en condición de que pueda en ella vivir feliz el hombre! Y aquellos rumores de talleres que se engalanaban, de palmeras que se quedaban sin penacho, de trabajadores que deliberaban sobre un tierno presente, de voces nuevas que aprendían del abuelo lleno de cicatrices el saludo de la fe o la música de la guerra, ¿eran tributo, indigno de quienes lo ofrecieran y de quien lo recibiese, a un hombre que solo la poca vida que le resta puede dar, —y no es de aquellos que se ponen de pie sobre la patria, o a espaldas de la patria, a buscar prosélitos con quienes repartir el poder, como quien paga intereses de suma recibida, o cumple con su parte de contrato, —sino de aquellos que con su justicia han podido ganar respeto suficiente para ayudar a su patria al triunfo, y quedarse lejos de él, si le alcanza la vida, cuando para mantenerse llegue la hora, que en las sociedades de hombres llega siempre, de las complicidades y de las componendas? No era el acatamiento bochornoso a un hombre en quien solo se aplaudía el levísimo anuncio de aquella fuerza tenaz de amor, y aquella vigilancia e indulgencia por donde se podrá salvar definitivamente un país que aspira a la libertad con una población educada sin ella; ni la escena amarga de un pueblo que se fía a un voceador espasmódico, o a un dueño disimulado: ¡porque cosas tristes puedo yo concebir, pero no he podido concebir todavía a un cubano abyecto!: ¿los hay? ¡no los puede haber! ¡y no sé si vale la pena vivir, después de que el país donde se nació decida darse un amo!

Era aquel un impulso tan espontáneo de virtud en un pueblo a quien se supone escaso de ella, que solo un político mezquino, temeroso de que la tacha de vano pudiera dañar los propósitos de su ambición, hubiera sobrepuesto el interés previsor al deber de contemplar con respeto y cariño la demostración que el pueblo hacía de las virtudes que le niegan: ¡solo el cobarde se prefiere a su pueblo; y el que lo ama, se le somete! ¡Mayor hubiera sido el arranque, que en lo humano no pudo ser más; y mayor hubiera sido la obligación de someterse a él; porque así era más la prueba que daba el pueblo, en la hora de la necesidad, de las condiciones de desinterés y concordia y agradecimiento y previsión y republicanismo que requiere la hora necesaria! ¡Para canijos, la enfermería! ¡Y si se ha de sacrificar el desamor honroso de la ostentación pública, se le sacrifica, que la vida vale más y se la sacrifica también! ¡Póngase el hombre de alfombra de su pueblo!

Yo bien sé lo que fue. Yo amo con pasión la dignidad humana. Yo muero del afán de ver a mi tierra en pie. Yo sufro, como de un crimen, de cada día que tardamos en enseñarnos todos juntos a ella. Yo conozco la pujanza que necesitamos para echar al mar nuestra esclavitud, y sé donde está la pujanza. Yo aborrezco la elocuencia inútil. Fue que los hombres, necesitados del consuelo y justicia que buscan en la libertad, saludaban el consuelo y la justicia en quien no les ha dado hasta hoy prueba alguna de buscar su adelanto y provecho en la fatiga de la patria, sino el adelanto y provecho de todos. Fue que un pueblo en que el exceso de odio ha hecho más viva que en pueblo alguno la necesidad del amor, entiende y proclama que por el amor, sincero y continuo, han de resolverse, y si no, no se han de resolver, —los problemas que ha anudado el odio. Fue que el alma cubana, preparada por su propia naturaleza y por la guerra y por el destierro para su libre ejercicio en la república, creía reconocerse, y asía la ocasión de publicarse, en quien no quiere para su tierra remedos de tierra ajena, ni república de antifaz, sino el orden seguro y la paz equitativa, por el pleno respeto al ejercicio legítimo de toda el alma cubana. Fue que las semillas de la sombra daban flor: —y de sí misma y sin convenios artificiales,— en los momentos en que la isla española se desmigaja y derrumba; en los momentos en que los mismos héroes desconsolados se suelen doler de la tentativa, a la vez política y sentimental, que fracasó porque no estuvo a nivel de los arranques del sentimiento la organización de la política; en los momentos en que los patriotas fantásticos, y de mera arrancada, pudiesen creer que el alma de Cuba fue como flor de aroma, que se entreabre un instante, y se desvanece luego al viento, —surge, una desde Cayo Hueso a New York, el alma cubana, libre de los vicios que parecían incurables en ella, fuerte con las virtudes de energía y cautela y concordia que no le pueden conocer los que en vano la buscan donde el pensamiento se sienta a la mesa de los boquerones y de la manzanilla, y el genio mismo tiene que partir con la desvergüenza el pedazo de pan. Fue que hemos cumplido la promesa que en los doce años de labor veníamos empeñando al país, que hemos vigilado desde la oscuridad, que hemos deshecho y rehecho, que hemos purgado y renovado, y cuando la patria, a despecho de sus agoreros, se palpa el corazón, cualesquiera que sean las llagas del cuerpo y el corte del vestido, ¡el corazón está sano!

En la niñez, cuando le nace al corazón ingenuo la flor primera de la maravilla, y la educación necia nos aparta, en Cuba como en todas partes, de la joyería viva del jardín, y del templo grave y solemne de la naturaleza póstrase el alma de admiración y poesía al oír en la iglesia, que rehuirá después, resonar, por entre las arañas que remedan los luminares del cielo, y las cortinas que imitan los caprichos que borda en las nubes el sol, las notas que parecen cernerse por las naves pomposas como bandadas de almas. Y el viajero sorprendido por la puesta de la luz en la cumbre del monte, olvida atónito un momento el afán y el pecado de la vida, y rodeado de llamas se sumerge en el himno glorioso de la naturaleza: —¡pues digo que jamás tuve un goce tan puro, y de tan íntima majestad, como entre los míos, entre mis cubanos, entre mis guerreros y mis ancianos y mis trabajadores: —jamás, ni en la iglesia de niño, ni en la cumbre del monte!

La madrugada iba ya a ser —¡bien lo recuerdo!— cuando el tren que llevaba a un hombre invencible, porque no lo ha abandonado jamás la fe en la virtud de su país, arribó, bajo lluvia tenaz, a la estación donde le dio la mano, como si le diera el alma, un amigo —nuevo y ya inolvidable— que descansó junto al arroyo al lado de Gutiérrez, que oyó a Joaquín Palma en las veladas de la selva, que montó a caballo al lado de Castillo. No se hablaban los hombres, de tanto como se decían. La casa de la patria estaba henchida de leales. Ceñían las columnas embanderadas orlas de pinos nuevos. Lució el sol, y con él el amor inusitado, los conocimientos súbitos, el deleite de verse juntos en el amanecer de la época nueva, el orgullo de mostrar y de ver la familia dichosa —el liceo con sus lujos— el consejero que va y viene, poniendo bálsamo donde quiera que ve herida, y libros y periódicos y lecciones en la mesa atenta del trabajador; —el orador que arranca a su grandeza natural la elocuencia más fiera y entrañable que puede oír la tribuna; —el médico que olvida, en la casa que con su labor le compró a su compañera la pompa de París; —el petimetre redimido que enseña con orgullo, en el respeto de todos y en su hogar holgado, su obra fuerte de hombre; —el artesano elegante y caballeresco, fuente de amor y ejemplo de la juventud, que estuviera bien en la más pulcra sala; —el guerrillero de poco hablar, fuerte por la bondad y por el brazo, que con la mano que guio al potro por los bosques lleva a sus hijos, camino del trabajo, a la mejor escuela; —el criollo enamorado, verboso y melifluo, que se da entero a los que acatan la justicia, y se revuelve temible contra los que la niegan; —el niño que va, vestido como de fiesta, a la mesa del oficio, donde asoma entre el cuchillo y los recortes, la poesía que acaba de hacer, o su libro de cuentos, o su libro de física; —y la anciana del taller, que del trabajo de sus manos sustenta en los castillos a los presos de la patria, y en el hospital a sus enfermos, y con la pluma elocuentísima flagela o aconseja, como modo de descansar, a los que le parece que no le aman la patria según se debe, desde aquel cuarto blanco suyo con la mesita de pino, y las cortinas como de novia cuidadosa, y el vaso lleno siempre de madreselvas. ¿Hubo en Tampa disensiones algún día, o modos diversos de pensar sobre la urgencia de levantarse al fin, con un espíritu y un brazo, todos los que quieren ordenar con tiempo la salvación del país? ¡Lo que sé es que en tres días de belleza moral inmaculada no se vio mano encogida, ni reserva enconosa, ni celos de capitaneo, ni aquellos comercios abominables que suele ofrecer al patriotismo puro el anhelo de la autoridad, —sino fiesta increíble, en que se fundían los hombres! ¡Y cuando el viajero, con aquella grandeza ennoblecido, volvió los ojos al decir adiós, los ojos inseguros, ni campos diversos ni rivales ni perezosos ni descarriados vio, sino un pueblo, sembrado de antorchas, detrás de la bandera única de la patria!

La tarde era —bien lo recuerdo— cuando un vapor, engalanado por el respeto extranjero, que sabe a veces más del porvenir que el respeto propio, iba serenando sobre el mar azul la marcha que lo acercaba a un muelle rebosante. De oro era el aire, y chispeaban, como combatiéndose, los rayos de sol. ¿Y es de otros aquella isla, labrada y hermoseada por el esfuerzo cubano? ¿Y no cargaremos con ella, como nuestra alma invencible que ha sido, y nos la clavaremos al costado, para monumento de sus fundadores, y objeto de nuestra justa admiración? Ni mucetas ni diplomas me admiran tanto como el poder de crear, con los retazos de un pueblo de amos y de siervos que fue echando la casualidad sobre la roca, un pueblo que pecho a pecho lanzó al mar el crimen con que lo envenenaban, y levantó sin ayuda ni modelo, donde los que le hubieran podido servir de ejemplo nada habían levantado, la casa de trabajo en que viven en paz, con la franqueza y energía del pecho libre, los hombres de razas y procedencias diferentes que un sistema de odio crio cuidadosamente para esclavos. Pero ¿era allí, a aquella fiesta, donde iba el viajero, —o allá, a las playas vecinas, donde los muertos despiertan, donde espera el caballo...? Por el portón del muelle oscuro, henchido de cabezas, salía, como una virgen, el estandarte patrio.

Y al día siguiente, entraron por la puerta del viajero enfermo un patriarca ya al caer, a quien no podía verse sin deseos de llorar, y un guerrero que se distingue en la paz por su civismo como en la guerra brilló por el valor, y un periodista que no sabe lo que es quebrar, ni desviar, la pluma que juró a la patria: y en nombre de los patriotas veteranos del lugar, ni a discordias ni a recelos ni a reparos dijeron que venían, sino a declarar, por la boca sentenciosa del anciano, que no hay más que un alma entre los cubanos que anhelan la felicidad de su país. ¡Ya no habla el que habló allí tan bien: ya están solos los robles de su casa señorial: ya le nace la gloria sobre la sepultura!...

Abrieron los brazos al recién venido, aquellos que por el puntillo humano, o por los desconocimientos de la distancia, o por los desvíos que dejó tras sí, injusta e imprevisora, la época anterior, pudieron verlo como a mero convidado de un grupo de jóvenes fervientes, o al transeúnte pedantesco que solo que aprender tuviera de los padres gloriosos de nuestro Cayo. ¡Y lo que de Tampa arrancó, y allí se consagró, tropezará en una hoja de yerba o en un grano de maíz, pero en Cuba irá a terminar!

«Yo siento en mi corazón», decía en junta solemne un comerciante que de los frutos de su comercio le pone escuelas a la patria, y en las batallas de la vida conserva el fuego de la adolescencia heroica, «yo siento que en este programa que firmamos está la independencia de mi país». Y el pobre y el rico, y el cubano de padres africanos y el cubano de padres europeos, y el militar y diputado de la guerra y el periodista incansable de la emigración, y el que no cree bien las sociedades como están y cree que de otro modo estarían mejor, como a honra pedían poner la firma al programa de unión de los cubanos, de los cubanos de afuera y de adentro, de los cubanos de ayer y de mañana, de los cubanos que yerran o maltratan de buena fe y los que sufren injustamente de sus errores; y proclamo que no asistí jamás, en una vida ya larga de labores difíciles, a reunión de hombres reales y de propio pensar, de hombres probados y de voluntad poco llevadiza, que moviera mi alma a la reverencia y ternura a que la movió aquella junta de cubanos. Aún la tengo delante, y respondo con ella a los que creen que en el alma cubana hay como un duende artístico, y de muy peregrina y criolla composición, empeñado en avivar todas las malas prendas y sofocar toda virtud, —a los que por ignorancia supina de la naturaleza perenne del hombre, o carencia de aquella humildad que pone el juicio en la perspectiva natural, tienen por tacha ingénita del carácter en Cuba aquella dificultad que los hombres en todas partes experimentan para avenir sus ideales y pasiones, —a los que no vieron, en sus tres días de labor, aquella junta de patricios donde, —al discutir libremente los mejores medios de coronar en el país la obra revolucionaria, de organizar a los cubanos en un cuerpo que asegure la acción enérgica, secreta y responsable, por donde los partidos ejecutivos de guerra se diferencian de los partidos deliberantes de paz, y congregar las fuerzas revolucionarias de manera que sus movimientos se ajusten a su composición real, y la autoridad se distribuya en relación estricta a los servicios, —al reunir en un código revolucionario, sin choque y sin hipocresía, cuantas realidades pudieran inhabilitarse por desconfianza o por recelo, no asomó un solo interés, no se levantó un solo egoísmo o vanidad, no se oyó la palabra reticente y fría que afea las más nobles deliberaciones humanas: ¡éramos cubanos! ¡Y si aquellos hombres obraban con reserva o mala fe, lo supondrá quien no los conozca, no quien como yo los vio crecer con su propia nobleza, los ojos relampaguearles, las manos buscarse unas a otras, la palabra, —como innecesaria,— huir, la bolsa abrirse impaciente a quien no iba a poner la mano en ella, y los congregados en pie, como cuando lo sublime pasa!

¿Y cómo recordará la gratitud, cómo podrá recordar la reverencia, sin que parezca exageración o vanagloria, aquel día patrio que duró cuatro días, aquel triunfo de la idea nueva entre pabellones y entre palmas, aquel paseo del convidado de la juventud por la academia de los talleres, y los nidos felices de nuestro trabajo, y la casa de los huérfanos y de las viudas de la patria? ¿Cómo podrá el convidado, sin parecer lisonjero, decir, donde no se oiga, que le acompañó, en aquella cohorte de jóvenes, todo el mérito humano; que el ojo triste y sagaz de quien conoce los bastidores de la vida, y los títeres de la virtud, no pudo descubrir, en días en que iban las almas desarmadas y desnudas, un ápice siquiera de la pasión de mando o de notoriedad, rayana a veces en el mismo crimen, que suele cabecear disimulada bajo los ímpetus simpáticos del patriotismo? Vaciarse unos en otros, como los metales afines que van ligando la joya en el crisol, fue, en competencia donde todos fueron vencedores, el afán de aquella juventud apostólica, de aquellos médicos frustrados que de la universidad tiránica de la colonia subieron de estudios a la universidad más cierta de la vida; de aquellos letrados en cierne que, por la picadura de la dignidad, prefirieron al bufete exangüe de los dominadores la mesa viril donde no mancha el pan la mentira ni el soborno; de aquellos graduados del taller, lectores asiduos de historia y de filosofía, que en el correr de la velada, sin el tocado de la preparación ni los abalorios y moños de la conferencia, discurren, como en ateneo de verdades, sobre el derecho y la belleza por donde el mundo es bueno, y los planes y modos por donde el hombre aspira a mejorarlo. Una hoguera y un juramento es toda aquella juventud, no criada como otra a alpiste ajeno, sino al valiente esfuerzo de su brazo. ¡El trastorno y poder de la batalla embellecían a la cohorte impaciente, cuando detrás de la bandera misteriosa que asomó sin cesar en las manos de un niño, detrás del caballo de aviso, negro como la cerrazón del cielo y con la plata del arnés echando luz, acudía como el viajero enamorado a los talleres aquel concurso religioso, que en las galas todas de la más fina cultura, daba elegancia y aire de liceo! ¡El trabajo: ese es el pie del libro! ¡La juventud, humillada la cabeza, oía piafante, como una orden de combatir, los entrañables aplausos! ¡Uno eran las banderas y las palmas y el gentío! Niñas allí, con rosas en las manos; mozos, ansiosos; las madres, levantando a sus hijos; los viejos, llorando a hilos, con sus caras curtidas. Iba el alma y venía, como pujante marejada. ¡Patria, la mar se hincha!... La tribuna, avanzada de la libertad, se alzaba de entre las cabezas, orlada por los retratos de los héroes. Rifles que vieron pelea daban guardia al camagüeyano que no muere: allí era otra vez su palabra gigantesca, aquella que tenía él cuando arengaba a sus soldados, con el bosque de escenario y de tribuna los estribos: allí era otra vez, en los labios de todos, su consejo de ordenar, y su vehemente censura del delito de impedir —con los pretextos familiares a aquel patriotismo tan semejante a la traición— la guía sana y enérgica de la libertad, y el arranque seguro de sus fuerzas todas, que solo combaten los que en el sagrado de la patria buscan, antes que el bien público y el decoro del hombre, su autoridad o su provecho. ¡Bandera fue el pueblo entero, y por entre una calle y otra vio la comitiva a los niños blancos y negros apiñados a la puerta de la escuela, cuando, rendida el alma de dicha patriótica, iba camino del último taller, tras la bandera, en las manos del niño misterioso, tras el caballo, que parecía preferir el rumbo de la mar!

No en sí pensaba, en Tampa ni en Cayo Hueso, el viajero feliz, aunque lo rindiese la dicha del agradecimiento, ni tomaba aquellas festividades como mérito propio y cúspide de su fortuna; sino como anuncio de lo que puede ser el alma cubana cuando el amor la inspira y guía. Ni le escondía aquel pórtico embanderado el camino de tinieblas que han de poblar los ayes que acompañan, en el misterio materno, el nacimiento de la libertad. Ni en escarceos indignos oratorios iba pensando aquel que a cada paso era sorprendido por tales pruebas de la grandeza del corazón de su país, que a la oratoria más osada hicieran enmudecer, y a la más peripuesta le hubieran aventado los perejiles, y solo dejaban paso a un silencio que caía sobre los hombros como una investidura. ¡La armadura se veía bajar del cielo, y el ritual lo leía la patria en la sombra, y las mujeres volvían a dar al hombre la caballería, y juraba el hombre llevar mientras viviese el acero cosido a la muñeca, el acero de que se fabrican a la vez las plumas y las espadas! Ni de nada hubiesen valido las oratorias aprendidas, ni aquellas frases bataneadas y traspuestas, y redondas a fuerza de fuelle, con que los narcisos de la elocuencia se encaran con los rivales de emociones comunes: porque a aquellos tablados del taller, alzados a porfía con las dádivas sobrantes de los obreros entusiastas, y clavados por sus manos trabajadoras —como símbolo de que la tribuna de la verdad se mantendrá siempre, cuando todas las demás tribunas caigan, por la fuerza y la fe de los hijos del trabajo; a aquellos tablados prendidos con los colores de nuestro corazón por las compañeras que no nos echan en cara las virtudes que prefieren a la comodidad sin la honra; a aquellos tablados subían, con la luz del instante, y un discurso como ungido y angélico, los hombres que han adornado, con cultura que pocos les conocen, la sana verdad que descubren por sí en los ajustes y durezas de la vida, y sale fluyendo de sus labios en estrofas de límpida hermosura, en imágenes nuevas y felices, en ideas sagaces y esenciales, y en torrentes de aquella hermandad que no he de sufrir que nadie me le niegue a la ejemplar alma cubana. ¡Otros hablen de castas y de odios, que yo no oí en aquellos talleres sino la elocuencia que funda los pueblos, y enciende y mejora las almas, y escala las alturas y rellena los fosos, y adorna las academias y los parlamentos! Esos han sido los comicios verdaderos, y no otros falsos a donde iban nuestros compatriotas, de medio corazón, a la batalla inútil. Esa es la liza diaria y libre donde ha continuado cumpliéndose —aunque no quieran verlo los que miran demasiado en sí, o han vivido donde no está la verdad, o tachan de vano cuanto no les place, o por inveterada hinchazón propia no hallan espacio en el mundo para lo ajeno— aquella concordia creciente de nuestros factores burdos y hostiles que en la guerra útil e indispensable se comenzaron a fundir, y han continuado conociéndose y apretándose en la miseria bajo la tiranía, y en la fatiga creadora del desierto. Los pueblos, como los volcanes, se labran en la sombra, donde solo ciertos ojos los ven; y en un día brotan hechos, coronados de fuego y con los flancos jadeantes, y arrastran a la cumbre a los disertos y apacibles de este mundo, que niegan todo lo que no desean, y no saben del volcán hasta que no lo tienen encima. ¡Lo mejor es estar en las entrañas, y subir con él!

En las entrañas es donde he oído palpitar ese corazón de amor que manaba grandezas y ternuras por los labios de aquellos que en el dolor de la vida hubieran podido aprender, si no llevaran en sí la majestad e independencia de cubano que llevan, aquellos odios de rincón con que el hombre en los países menos generosos y altivos depone, por los problemas menores de su oficio, su autoridad y obligación en la tarea de edificar y mantener el pueblo que a todos los contiene, y a todos los aflige con su ruina o con su abundancia los sustenta. ¡Caballeros de la verdad y la palabra humana, y casacas de la virtud, y magníficos cuelliparados del patriotismo eran aquellos hombres, de cuello alto o bajo, que de la tribuna se asían como de su dominio natural, y proclamaban en ella que la política, o modo de hacer felices a los pueblos, es el deber y el interés primero de quien aspira a ser feliz, y entiende que no lo puede ni merece ser quien no contribuya a la felicidad de los demás; que la política, o arte de ordenar los elementos de un pueblo para la victoria, es la primer necesidad de las guerras que quieren vencer: y las que no quieren vencer, sino corretear y rendirse, esas no llevan plan ni espíritu, que es no llevar política. Proclaman que en la casa de la patria, ni el derecho se ha de mermar, ni se ha de exagerar, y que, por la nobleza peculiar criolla, y aquella alma común que crían los hombres en lo verdadero de la vida, estarán juntos en la hora del sosiego los que juntos se han defendido de la tempestad. Eran brazos abiertos las palabras aquellas; y la elocuencia, aun en los labios vírgenes, era profecía y unción. Se derramaban las almas, y en los corazones de los cubanos presidía, como preside su efigie la escuela y el hogar, aquel que supo echar semilla antes que ponerse a cortar hojas, aquel que habló para encender y predicó la panacea de la piedad, aquel maestro de ojos hondos que redujo a las formas de su tiempo, con sacrificio insigne y no bien entendido aún, la soberbia alma criolla que le ponía la mano a temblar a cada injuria patria, y le inundaba de fuego mal sujeto la pupila húmeda de ternura. ¡Yo no vi casa ni tribuna, en el Cayo ni en Tampa, sin el retrato de José de la Luz y Caballero!... ¡Otros amen la ira y la tiranía! El cubano es capaz del amor, que hace perdurable la libertad.

A mí, demagogo me podrán decir, porque —sin miedo a los demagogos verdaderos, que son los que se niegan a reconocer la virtud de unos por halagar la soberbia de otros— creo a mi pueblo capaz de construir sobre los restos de una mala colonia una buena república. Demagogo me podrá decir un felino cualquiera, o cualquier alma alquilona, de esas que no van y vienen sino donde hay gala y reparto; porque es moda, del enemigo sin duda, tachar de demagogo a quien procure, por la unión y el roce libre de todas sus fuerzas, salvar a la patria de la demagogia verdadera, de los autoritarios que pululan entre los pobres como entre los ricos, de los segundones, brillantes o rastreros, que se pasan la vida de salario, y gustan más de la compañía de quien lo paga que de la de quien lo gana. Quien crea, ama al que crea; y solo desdeña a los demás quien en el conocimiento de sí halla razón para desdeñarse a sí propio. Demagogo me digan, que Madrid y nuestros madrileños algo han de decir; pero publico que allí he visto al que vende de mañana sus lencerías, guiando el carro de su comercio por las calles alegres, citar de puerta en puerta, con enojos de creador, para la junta donde se ha de defender una libertad, o para la fiesta donde van a esparcir unidos el ánimo los obreros y los que los emplean; —al que recibe en sus brazos el cadáver del amigo, y se lleva a su hogar al padre solo, y lo mima o venera como a padre; —al que en la mesa del taller enrolla la hoja del tabaco, y escribe versos próceres, o párrafos de fuego y pedrería, en la mesa augusta de su casa; —al que lee a los obreros, de patria y de moderación, a la hora del oficio, con voz que ni lisonjea ni se vende, y cierra el libro ajeno para leer del propio suyo, de la majestad silenciosa de su vida oscura, con oratoria que es llama y sentencia, y patriotismo caldeado a hierro blanco; —al artesano endeble, niño aún de cabeza apolínea, que sube a la tribuna, y baja con la gloria; —al mozo de la universidad y la riqueza, a quien el padre, al caer por su país, legó la casa desamparada, la casa criolla de toda la familia, y con los libros de almohada, y la casa del brazo, se vino al decoro del destierro a levantar su tienda de trabajador; —a la enfermera de la guerra, aún no cansada de curar, que va a ver al enfermo forastero con el chal que le ganó el hijo en el último ataque, blanco el vestido como la niñez de su alma, y el chal azul; —al bravo de diez años que en la fiesta, toda de luz, con que honra a la visita, muestra orgulloso la casa de sus esfuerzos, que por dentro y por fuera no es más que un jardín, habla de la abundancia de su pecho, como fino orador, y llama al coro del piano a los ocho hijos, que cantan la música de guerra que compuso el padre: ¡y si se olvida una estrofa, la apunta la madre impaciente, que estuvo en la guerra los diez años! —¡El niño levanta al cielo el clarín en que lo ensaya el padre, y la mujer de Cuba no ha olvidado todavía el modo de ceñir el machete a su esposo, en la casa de palmas! Unos chocan las copas, en el último espasmo del festín; ¡y otros las rompen! ¡Demagogo me digan; pero yo vengo de ver, en la ciudad que nuestros amos cubrieron con todos los vicios de la servidumbre, la práctica arraigada y continua de todas las virtudes indispensables para la fundación y el goce de la libertad!

Para proclamarlo estamos aquí, porque desde la angustia del país es necesario que se vea por dónde vienen, y de qué luz se guían, los que están de marcha ¡de marcha final! para rescatarlo. Para eso estamos aquí, y para decir que le cumplimos a la patria lo que teníamos ofrecido, y que en la hora en que las fuerzas disueltas que luchan fuera de la realidad echan las manos al cielo, y se entran despavoridas por los bosques, los bosques no estarán solos, porque nosotros los tendremos poblados.

Vano sería el júbilo evangélico que parece poseer, como por consejo superior a la mera previsión del hombre, a los que anhelan con el espíritu puro la dicha de la patria; vana sería la capacidad criolla para levantar en arenales y peñones asilo digno del ideal recobrado ya de sus primeras heridas, y pronto a bregar sin rencor con los obstáculos de afuera y con los que la historia inevitable le pone en sí; vano sería este encendido amor del corazón cubano que, por la armonía y la abundancia con que se reflejan en él las de nuestra naturaleza, une en concordia las corrientes que suelen ir apartadas o encontradas en los hombres: porque ni el júbilo del deseo, ni la viveza de la inteligencia, ni la bondad del alma son fuerzas bastantes para aspirar con éxito a la formación de un pueblo —sino la capacidad de ordenar a tiempo los elementos indispensables para la victoria.

¡Y el vapor embanderado, y los talleres henchidos, y los enemigos que se abrazan, y el caballo caracoleador, serían mera espuma de mar muerto, últimos restos de un naufragio ilustre, si hoy que viene el aviso de nuestras entrañas, y baja la voz de lo que está por encima de nuestras cabezas; hoy que algo nos empuja a unos en brazos de otros, como cuando avisa la centinela, y los valientes descuidados corren a las armas; hoy que como en un horno magnífico se arrojan todas las pequeñeces de la preparación, todas las debilidades del aislamiento, todas las reservas de la antipatía, todas las diferencias de la distancia, y en un fuego iluminador se funden y consumen, para que no se vea de lejos más que la llamarada, —¿usaremos nuestra libertad para disponer con tiempo y grandeza el modo de servir a la patria infeliz, o mereceremos el estigma de la Historia por no haber unido nuestras fuerzas con el empuje necesario para salvarlas? ¡Estas citas que nos estamos dando a un tiempo, este abrazo de los hombres que ayer no se conocían, esta miel de ternura y arrebato místico en que se están como derritiendo los corazones, y este arranque brioso de las virtudes más difíciles, que hacen apetecible y envidiable el nombre de *cubano*, dicen que hemos juntado a tiempo nuestras fuerzas, que en Tampa aletea el águila, y en Cayo Hueso brilla el sol, y en New York da luz la nieve, —y que la historia no nos ha de declarar culpables!

Patria, suplemento, 14 de marzo de 1892

SOBRE LOS OFICIOS DE LA ALABANZA

La generosidad congrega a los hombres, y la aspereza los aparta. El elogio oportuno fomenta el mérito; y la falta del elogio oportuno lo desanima. Solo el corazón heroico puede prescindir de la aprobación humana; y la falta de aprobación mina el mismo corazón heroico. El velero de mejor maderamen cubre más millas cuando lleva el viento con las velas que cuando lo lleva contra las velas. Fue suave el yugo de Jesús, que juntó a los hombres. La adulación es vil, y es necesaria la alabanza.

La alabanza justa regocija al hombre bueno, y molesta al envidioso. La alabanza injusta daña a quien la recibe; daña más a quien la hace. La alabanza excesiva repugna con razón al ánimo viril. Los que desean toda la alabanza para sí, se enojan de ver repartida la alabanza entre los demás. El vicio tiene tantos cómplices en el mundo, que es necesario que tenga algunos cómplices la virtud. Se puede ser, y se debe ser cómplice de la virtud. Al corazón se le han de poner alas, no anclas. Una manera de arrogancia es la falsa modestia, a la que pasa como a los sátiros cansados, que siempre están hablando de las ninfas. Desconfíese de quien tiene la modestia en los labios, porque ese tiene la soberbia en el corazón.

La alabanza al poderoso puede ser mesurada, aun cuando el mérito del poderoso justifique el elogio extremo, porque la justicia no venga a parecer solicitud. A quien todo el mundo alaba, se puede dejar de alabar; que de turiferarios está lleno el mundo, y no hay como tener autoridad o riqueza para que la tierra en torno se cubra de rodillas. Pero es cobarde quien ve el mérito humilde, y no lo alaba. Y se ha de ser abundante, por la ley de equilibrio, en aquello en que los demás son escasos. A puerta sorda hay que dar martillazo mayor, y en el mundo hay aún puertas sordas. Cesen los soberbios, y cesará la necesidad de levantar a los humildes.

Tiene el poder del mundo, aun cuando no es más que sombra del poder pasado o del que viene, el estímulo constante del reconocimiento de cuantos temen la soledad, o gustan de la alta compañía, o se sienten el ánimo segundón, o van buscando arrimo. El que en el silencio del mundo ve encendida a solas la luz de su corazón, o la apaga colérico, y se queda el mundo a oscuras, o abre sus puertas a quien le conoce la claridad, y siguen con él camino.

El corazón se agria cuando no se le reconoce a tiempo la virtud. El corazón virtuoso se enciende con el reconocimiento, y se apaga sin él. O muda o muere. Y a los corazones virtuosos, ni hay que hacerlos mudar, ni que dejarlos morir. El mundo es torre, y hay que irle poniendo piedras: otros, los hombres negativos, prefieren echarlas abajo. Es loable la censura de la alabanza interesada. Cuando consuela a los tristes, cuando proclama el mérito desconocido, cuando levanta el ejemplo ante los flojos y los descorazonados, cuando sujeta a los hombres en la vida de la virtud, lo loable es la alabanza.

Y cuando a un pueblo se le niegan las condiciones de carácter que necesita para la conquista y el mantenimiento de la libertad, es obra de política y de justicia la alabanza por donde se revelan, donde más se las niega, o donde menos se las sospecha, sus condiciones de carácter.

Patria. Nueva York, 3 de abril de 1892

EL 10 DE ABRIL

Más bella es la naturaleza cuando la luz del mundo crece con la de la libertad; y va como empañada y turbia, sin el sol elocuente de la tierra redimida, ni el júbilo del campo, ni la salud del aire, allí donde los hombres, al despertar cada mañana, ponen la frente al yugo, lo mismo que los bueyes. Guáimaro libre nunca estuvo más hermosa que en los días en que iba a entrar en la gloria y en el sacrificio. Era mañana y feria de almas Guáimaro, con sus casas de lujo, de calicanto todas, y de grandes portales, que en calles rectas y anchas caían de la plaza espaciosa a la pobreza pintoresca de los suburbios, y luego el bosque en todo el rededor, y detrás, como un coro, las colinas vigilantes. Las tiendas rebosaban. La calle era cabalgata. Las familias de los héroes, anhelosas de verlos, venían adonde su heroísmo, por ponerse en la ley, iba a ser mayor. Los caballos venían trenzados, y las carretas venían enramadas. Como novias venían las esposas; y las criaturas, como cuando les hablan de lo sobrenatural. De los estribos se saltaba a los brazos. Los españoles, alegres, hacían buena venta. Era que el Oriente y las Villas y el Centro, de las almas locales perniciosas componían espontánea el alma nacional, y entraba la revolución en la república. El jefe del Gobierno provisional de Oriente acudía al abrazo de la asamblea de representantes del Centro. El pabellón nuevo de Yara cedía, por la antigüedad y la historia, al pabellón, saneado por la muerte, de López y Agüero. Venía Céspedes, a detenerlo a la puerta de la Cámara, en el caballo que le pidió al Camagüey permiso para ir por su territorio a beber las aguas del Almendares. El que había abido deponer, se deponía. El sable que Céspedes regaló a Agramonte, en la visita en que el Oriente quiso seguir hasta palacio con su ley, y el Centro quiso poner a la guerra las formas de la república, esperaba impaciente, antes que desenvainarse mal, a carta de libertades que ha de poner por sobre su cabeza, y ha de colgar del pecho de su caballo, todo militar de honor. En los molos y en el ejercicio de la carta se enredó, y cayó tal vez, el caballo libertador; y hubo yerro acaso en ponerles pesas a las alas, en cuanto a formas y regulaciones, pero nunca en escribir en ellas la palabra de luz. Ni Cuba ni la historia olvidarán jamás que el que llegó a ser el primero en la guerra, comenzó siendo el primero en exigir el respeto de la ley... Estaba Guáimaro más que nunca hermosa. Era el pueblo señorial como familia en fiesta. Venían el Oriente, y el Centro, y las Villas al abrazo de los fundadores.

¿A quién salen a ver, estos, saltando el mostrador, las casas saliéndose a los portales, las madres levantando en brazos a los hijos, un tendero español sombrero en mano, un negro canoso echándose de rodillas? Un hombre erguido y grave, trae a buen paso, alta la rienda, el caballo poderoso; manda por el imperio natural, más que por la estatura; lleva al sol la cabeza, de largos cabellos; los ojos, claros y firmes, ordenan, más que obedecen: es blanca la chamarreta, el sable de puño de oro, las polainas pulcras.

¡Y qué cortejo el que viene con Carlos Manuel de Céspedes! Francisco Vicente Aguilera, alto y tostado, y con la barba por el pecho, viene hablando, a paso de hacienda, con un anciano florido, muy blanco y canoso, con el abogado Ramón Céspedes. Van callados, del mucho amor el uno, y el otro de su seriedad natural, José María Izaguirre, que en los de Céspedes tiene sus ojos, y Eligio, el otro Izaguirre, rubio y barbado. Corte a caballo parece Francisco del Castillo, que trae a la guerra su fama y su fortuna, y en La Habana, cuando se enseñó, ganó silla de prohombre: y le conversa, con su habla de seda, José Joaquín Palma, muy mirado y celebrado, y muy arrogante en su retinto. El otro es Manuel Peña, todo brío y libertad, hecho al sol y al combate, brava alma en cuerpo nimio. Jesús Rodríguez es el otro, de más hechos que palabras, y hombre que se da, o se quita. Van y vienen, caracoleando, el ayudante Jorge Milanés, muy urbano y patricio; el gobernador

Miguel Luis Aguilera, criado al campo leal, y prendado del jefe y un mozo de ancha espalda, y mirada a la vez fogosa y tierna, que monta como quien nació para mandar, y es Fernando Figueredo —En silencio pasan unas veces; y otras veces se oye un viva.

¿Por quién manda Céspedes que echen a vuelo las campanas que Guáimaro se conmueva y alegre, que salga entero a recibir a una modesta comitiva? Entra Ignacio Agramonte, saliéndose de. caballo, echando la mano por el aire, queriendo poner sobre las campanas la mano. El rubor le llena el rostro, y una angustia que tiene de cólera: «¡Que se callen, que se callen las campanas!». El bigote apenas sombrea el labio belfoso: la nariz le afina el rostro puro: lleva en los ojos su augusto sacrificio. Antonio Zambrana monta airoso, como clarín que va de silla, seguro y enfrenado; el Marqués va caído, el ardiente Salvador Cisneros, que es fuego todo bajo su marquesado, y cabalga como si llevara los pedazos mal compuestos; Francisco Sánchez Betancourt le trae a la patria lo que le queda aún del cuerpo pobre, y todos le preguntan, rodean y respetan. Pasa Eduardo Agramonte, bello y bueno, llevándose las almas. —¡Allá van, entre el polvo, los yareyes, y las crines, y las chamarretas!

Los de las Villas llegaron más al paso, como quienes venían de marchas muy forzadas, y a bala viva ganaron el camino al enemigo. Les mandaba la escolta del polaco Roloff, noble jinete, que sabe acometer, y sabe salvar, alto de frente, inquieto y franco de ojos, reñido con las esperas, e hijo fanático y errante de la libertad. Doctores y maestros y poetas y hacendados vienen con él; ¡y esto fue lo singular y sublime de la guerra en Cuba: que los ricos, que en todas partes se le oponen, en Cuba la hicieron! Por el valer y por los años hacía como de cabeza Miguel Jerónimo Gutiérrez, que se trajo a pelear el juicio cauteloso, el simple corazón, la cabeza inclinada, la lánguida poesía, el lento hablar: y su hijo. Honorato Castillo venía a levantar la ley sin la que las guerras paran en abuso, o derrota, o deshonor, —y a volverse al combate, austero e impetuoso, bello por dentro, corto de figura, de alma clara y sobria. Manso, «como una dama», en la conversación, peinadas las barbas de oro, y todo él consejo y cortesía cabalgaba Eduardo Machado, ya comentando y midiendo; y con él Antonio Lorda, en quien el obstáculo de la obesidad hacía más admirable la bravura, y la constancia era igual a la llaneza; las patillas negras se las echaba por el hombro: clavaba sus ojos claros. Arcadio García venía con ellos, natural y amistoso; y patria todo, y buena voluntad; y Antonio Alcalá, popular y querido, y cabeza en su región; y Tranquilino Valdés, de voto que pesa, hombre de arraigo y calma. Iba la cabalgata, fatigada y gloriosa: se disputaban a los valientes villareños las casas amigas: ¿no venían bajo un toldo de balas?

Tienen los pueblos, como los hombres, horas de heroica virtud, que suelen ser cuando el alma pública, en la niñez de la esperanza, cree hallar en sus héroes, sublimados con el ejemplo unánime, la fuerza y el amor que han de sacarlos de agonía; o cuando la pureza continua de un alma esencial despierta, a la hora misteriosa del deber, las raíces del alma pública. Son entonces los corazones como la flor de la maravilla de nuestras sabanas, todos sensibles y de color rico; y hay guirnaldas de almas, lo mismo que de flores. Dejan caer la pasión los pechos más mezquinos, y la porfía es por vencer en la virtud. Manos heladas, del poco uso, se dan con vehemencia: los hombres no se murmuran los méritos, ni se los picotean: miran de frente los ojos resbaladizos. Guáimaro vivió así, de casa en casa, de junta en junta, de banquete en banquete. Hoy Céspedes convidó a su mesa larga, y entre rústica y rica, con ochenta cubiertos, y manteles y vinos: y en la mirada ceremoniosa, y siempre suya, se le veía la felicidad: ¡qué arranques conmovedores, de jóvenes y de viejos, y qué mezcla de pompa aprendida y de grandeza natural en los discursos! Luego el Centro invitó a Oriente y a las Villas. Y las Villas invitaron después. Y después Manuel Quesada, general del Centro entonces, la palabra entre melosa y altanera, el vestido ejemplar y de campaña, alta y calzada la estatura. No había casas con puertas, ni asambleas sin concordia, ni dudas del triunfo. La crónica no era de la que infama y empequeñece, sobre mundanidades y chismes; sino de las victorias más bellas de los héroes, que son las que alcanzan sobre sí propios. Las conversaciones de la noche eran gloriosos boletines.

Que Céspedes, convencido de la urgencia de arremeter, cedía a la traba de la Cámara. Que Agramonte y Zambrana, porque no se les tuviera la idea de la Cámara por aspiración personal, ponían, en el proyecto de constitución que la junta de representantes les encargó, lejos de su alcance por algunos años la edad de la presidencia. Que Céspedes cedía la bandera nueva que echó al mundo en Yara, para que imperase la bandera de Narciso López, con que se echó a morir con los Agüeros el Camagüey. Que el estandarte de Yara y de Bayamo se conservaría en el salón de sesiones de la Cámara, y sería considerado como parte del tesoro de la República. Que aunque suene, por parte de los unos a amenaza o reticencia, los otros consentirán en que la Cámara quede con el derecho de juzgar y de deponer a los funcionarios que puede nombrar. Que la Cámara pueda nombrar al Presidente de la República.

Y mientras concertaban los jóvenes ilustres, en el proyecto del código de la guerra, las entidades reales y activas del país y sus pasiones y razones criollas, con sus recuerdos más literarios que naturales, e históricos que útiles, de la Constitución extraña y diversa de los Estados Unidos; mientras en junta amigable componían, en el trato de su romántica juventud con lo que la prudencia ajena pudiera añadir a la suya, un código donde puede haber una forma que sobre, pero donde no hay una libertad que falte, crecía en Guáimaro, con el afecto íntimo, la cordialidad que dio a aquellos días inolvidable hermosura. Era ya la cabalgata tempranera, por fatigar el caballo o por lucirlo, a la fonda del chocolate del país, con las roscas de catibía servidas entre risas, y el buen queso fresco. Era el pasear de brazo, admirándose y señalándose; y contando unos, sin regatear, el mérito de los otros. Era el visitar la casa hospitalaria de Francisco Sánchez Betancourt, donde tenían estrado Amelia y Luisa; o la de Manuel Quesada, con Ana y Caridad; o la de Céspedes, siempre afable y ameno. Era el enseñarse en el paseo del portal a Rafael Morales, de viril etiqueta, empinado y vivaz, verboso de pensamiento, y todo acero y fulgor, como tallado en una espada; a Julio Sanguily, amigo universal, llano y feliz, oyendo más que hablando, saliéndose del grupo en cuanto le trataban de sus proezas; a Manuel Sanguily, siempre de cara al enemigo y al debate, y con la palabra, como la cabellera, de oro; a Francisco la Rua, fino y sencillo, con aquella rectitud de su alma militar que ya anunciaba en él el flagelo de los que quieren alzarse sobre la república por la fama ganada en su servicio; a Luis Ayestarán, velada por la cultura su tristeza, y bueno y silencioso, como un enamorado; a Luis Victoriano Betancourt, que veía las entrañas de las cosas, y las del hombre, con sus espejuelos de oro; a Tomás Mendoza, austero y cabeceador, con chistes que eran sentencias, y autoridad que le alzaba la estatura; a Cristóbal Mendoza, con el alma en los labios chispeantes y la cabeza llena de letras y de lenguas; Domingo Guiral, más notorio por el brío con que condenó a Napoleón Arango, que por la frase social y el esmero inmaculado del vestido; a Francisco Diago, jubiloso y menudo, valiente como cien, siempre al pie de una dama; a Ramón Pérez Trujillo, disputando, negando, flagelando, arguyendo; a Federico Betancourt, de burla amiga y suave, y con los brazos siempre abiertos. Al caer la noche, cuando el entusiasmo no cabe ya en las casas, en la plaza es la cita, y una mesa la tribuna: todo es amor y fuerza la palabra; se aspira a lo mayor, y se sienten bríos para asegurarlo; la elocuencia es arenga: y en el noble tumulto, una mujer de oratoria vibrante, Ana Betancourt, anuncia que el fuego de la libertad y el ansia del martirio no calientan con más viveza el alma del hombre que la de la mujer cubana. Del brazo andan las gentes, y el día entra en la noche. Así, hombro a hombro, se acercaba el día diez.

Era la casa de la Asamblea vasta y hermosa, a una esquina de la plaza del pueblo: casa de calicanto, de ancho portal de horcones, y las rejas de la madera del país. Adentro, en dos hileras a los lados, aguardaban, al centro del salón, los asientos de rejilla de los representantes, y de cabecera estaba la mesa presidencial, y a ambos cabos las dos sillas de la secretaría. Suele el hombre en los grandes momentos, cuando lo pone por las alturas la nobleza ajena o propia, perder, con la visión de lo porvenir, la memoria minuciosa de lo presente. Sombra es el hombre, y su palabra como espuma, y la idea es la única realidad. Aquel tesoro de pureza que busca en vano el hombre se viene a la mano, y solo a él se ve, y todo lo del rededor se olvida, como solo ve la luz de un rostro la mujer de repente enamorada. Sí: Céspedes presidió, ceremonioso y culto: Agramonte y Zambrana presentaron el proyecto: Zambrana, como águilas domesticadas, echaba a cernirse las imágenes grandiosas: Agramonte, con fuego y poder, ponía la majestad en el ajuste de la palabra sumisa y el pensamiento republicano; tomaba al vuelo, y recogía, cuanto le parecía brida suelta, o pasión de hombre; ni idólatras quiso, ni ídolos; y tuvo la viveza que descubre el plan tortuoso del contrario, y la cordura que corrige sin ofender; tajaba, al hablar, el aire con la mano ancha. Acaso habló Machado, que era más asesor que tribuno. Y Céspedes, si hablaba, era con el acero debajo de la palabra, y mesurado y prolijo. En conjunto aprobaron el proyecto los representantes, y luego por artículos, «con ligeras enmiendas». El golpe de la gente en las ventanas, y la muchedumbre, no muy numerosa, de los bancos del salón, más con el corazón encogido que con los vítores saludaron en la república nueva el poder de someter la ambición noble a la voluntad general, y acallar ante el veto de la patria la convicción misma, fanática o previsora, del modo de salvarla. Un tierno apego se notó a la salida, de la multitud confusa, a los jóvenes triunfantes, y había algo de regio de una parte, que se envuelve en el armiño y desaparece, y algo por la otra del placer de la batalla.

Momentos después iba de mano en mano la despedida del general en jefe del ejército de Cuba, y jefe de su gobierno provisional. «El curso de los acontecimientos le conduce dócil de la mano ante la república local»: «La Cámara de Representantes es la única y suprema autoridad para los cubanos todos»: «El Destino le deparó ser el primero» en levantar en Yara el estandarte de la independencia: «Al Destino le place dejar terminada la misión del caudillo» de Yara y de Bayamo: «Vanguardia de los soldados de nuestra libertad» llama a los cubanos de Oriente: jura «dar mil veces la vida en el sostenimiento de la república proclamada en Guáimaro».

El once, a la misma mesa, se sentaban, ya en Cámara, los diputados, y por la autoridad del artículo séptimo de la constitución eligieron presidente del poder ejecutivo a quien fue el primero en ejecutar, a Carlos Manuel de Céspedes; presidente de la Cámara, al que presidía la Asamblea de representantes del Centro, de que la Cámara era ensanche y hechura, a Salvador Cisneros Betancourt; y general en jefe de las fuerzas de la república al general de las del Centro, a Manuel Quesada.

Era luz plena el día 12 cuando, con aquel respeto que los sucesos y lugares extraordinarios ponen en la voz, con aquella emoción, no sujeta ni disimulada, que los actos heroicos inspiran en los que son capaces de ellos, fueron, rodeados del poder y juventud de la guerra, de almas en quienes la virtud patriótica sofocaba la emulación, tomando asiento en sus sillas poco menos que campestres los que, con sus manos novicias habían levantado a nivel del mundo un hato de almas presas. Juró Salvador Cisneros Betancourt, más alto de lo usual, y con el discurso en los ojos, la presidencia de la Cámara. De pie juró la ley de la República el presidente Carlos Manuel de Céspedes, con acentos de entrañable resignación, y el dejo sublime de quien ama a la patria de manera que ante ella depone los que estimó decretos del destino: aquellos juveniles corazones, tocados apenas del veneno del mundo, palpitaron aceleradamente. Y sobre la espada de honor que le tendieron, juró Manuel Quesada no rendirla sino en el capitolio de los libres, o en el campo de batalla, al lado de su cadáver. Afuera, en el gentío, le caían a uno las lágrimas: otro, apretaba la mano a su compañero: otro oró con fervor. Apiñadas las cabezas ansiosas, las cabezas de hacendados y de abogados y de coroneles, las cabezas quemadas del campo y las rubias de la universidad, vieron salir, a la alegría del pueblo, los que de una aventura de gloria entraban en el decoro y obligación de la república, los que llevaban ya en sí aquella majestad, y como súbita estatura, que pone en los hombres la confianza de sus conciudadanos.

Un mes después, se ordenó, con veinticuatro horas de plazo para la devastación, salvar del enemigo, por el fuego, al pueblo sagrado, y darle ruinas donde esperaba fortalezas. Ni las madres lloraron, ni los hombres vacilaron, ni el flojo corazón se puso a ver cómo caían aquellos cedros y caobas. Con sus manos prendieron la corona de hogueras a la santa ciudad, y cuando cerró la noche, se reflejaba en el cielo el sacrificio. Ardía, rugía, silbaba el fuego grande y puro; en la casa de la Constitución ardía más alto y bello. Sobre la ola de las llamas, en la torre de la iglesia, colgaba la campana encendida. Al bosque se fue el pueblo, al Derrocal. Y en la tierra escondió una mano buena el acta de la Constitución. ¡Es necesario ir a buscarla!

Patria. 10 de abril de 1892

MI RAZA

Esa de racista está siendo una palabra confusa, y hay que ponerla en claro. El hombre no tiene ningún derecho especial porque pertenezca a una raza u otra: dígase hombre y ya se dicen todos los derechos. El negro, por negro, no es inferior ni superior a ningún otro hombre: peca por redundante el blanco que dice: «mi raza»; peca por redundante el negro que dice: «mi raza». Todo lo que divide a los hombres, todo lo que los especifica, aparta o acorrala, es un pecado contra la humanidad. ¿A qué blanco sensato le ocurre envanecerse de ser blanco, y qué piensan los negros del blanco, que se envanece de serlo, y cree que tiene derechos especiales por serlo? ¿Qué han de pensar los blancos del negro que se envanece de su color? Insistir en las divisiones de raza, en las diferencias de raza, de un pueblo naturalmente dividido, es dificultar la ventura pública, y la individual, que están en el mayor acercamiento de los factores que han de vivir en común. Si se dice que en el negro no hay culpa aborigen, ni virus que lo inhabilite para desenvolver toda su alma de hombre, se dice la verdad, y ha de decirse y demostrarse, porque la injusticia de este mundo es mucha, y la ignorancia de los mismos que pasa por sabiduría, y aún hay quien crea de buena fe al negro incapaz de la inteligencia y corazón del blanco; y si a esa defensa de la naturaleza se la llama racismo, no importa que se le llame así, porque no es más que decoro natural, y voz que clama del pecho del hombre por la paz y la vida del país. Si se alega que la condición de esclavitud no acusa inferioridad en la raza esclava, puesto que los galos blancos, de ojos azules y cabellos de oro, se vendieron como siervos, con la argolla al cuello, en los mercados de Roma; eso es racismo bueno, porque es pura justicia y ayuda a quitar prejuicios al blanco ignorante. Pero ahí acaba el racismo justo, que es el derecho del negro a mantener y probar que su color no lo priva de ninguna de las capacidades y derechos de la especie humana.

El racista blanco, que le cree a su raza derechos superiores, ¿qué derecho tiene para quejarse del racista negro, que le vea también especialidad a su raza? El racista negro, que ve en la raza un carácter especial, ¿qué derecho tiene para quejarse del racista blanco? El hombre blanco que, por razón de su raza, se cree superior al hombre negro, admite la idea de la raza, y autoriza y provoca al racista negro. El hombre negro que proclama su raza, cuando lo que acaso proclama únicamente en esta forma errónea es la identidad espiritual de todas las razas, autoriza y provoca al racista blanco. La paz pide los derechos comunes de la naturaleza: los derechos diferenciales, contrarios a la naturaleza, son enemigos de la paz. El blanco que se aísla, aísla al negro. El negro que se aísla, provoca a aislarse al blanco.

En Cuba no hay temor alguno a la guerra de razas. Hombre es más que blanco, más que mulato, más que negro. Cubano es más que blanco, más que mulato, más que negro. En los campos de batalla, muriendo por Cuba, han subido juntas por los aires las almas de los blancos y de los negros. En la vida diaria de defensa, de lealtad, de hermandad, de astucia, al lado de cada blanco, hubo siempre un negro. Los negros, como los blancos, se dividen por sus caracteres, tímidos o valerosos, abnegados o egoístas, en los partidos diversos en que se agrupan los hombres. Los partidos políticos son agregados de preocupaciones, de aspiraciones, de intereses y de caracteres. Lo semejante esencial se busca y halla, por sobre las diferencias de detalle; y lo fundamental de los caracteres análogos se funde en los partidos, aunque en lo incidental, o en lo postergable al móvil común, difieran. Pero en suma, la semejanza de los caracteres, superior como factor de unión a las relaciones internas de un color de hombres graduado, y en sus grados a veces opuesto, decide e impera en la formación de los partidos. La afinidad de los caracteres es más poderosa entre los hombres que la afinidad del color. Los negros, distribuidos en las especialidades diversas u hostiles del espíritu humano, jamás se podrán ligar, ni desearán ligarse, contra el blanco, distribuido en las mismas especialidades. Los negros están demasiado cansados de la esclavitud para entrar voluntariamente en la esclavitud del color. Los hombres de pompa e interés se irán de un lado, blancos o negros; y los hombres generosos y desinteresados, se irán de otro. Los hombres verdaderos, negros o blancos, se tratarán con lealtad y ternura, por el gusto del mérito, y el orgullo de todo lo que honre la tierra en que nacimos, negro o blanco. La palabra racista caerá de los labios de los negros que la usan hoy de buena fe, cuando entiendan que ella es el único argumento de apariencia válida, y de validez en hombres sinceros y asustadizos, para negar al negro la plenitud de sus derechos de hombre. De racistas serían igualmente culpables: el racista blanco y el racista negro. Muchos blancos se han olvidado ya de su color; y muchos negros. Juntos trabajan, blancos y negros, por el cultivo de la mente, por la propagación de la virtud, por el triunfo del trabajo creador y de la caridad sublime.

En Cuba no habrá nunca guerras de razas. La República no se puede volver atrás; y la República, desde el día único de redención del negro en Cuba, desde la primera constitución de la independencia el 10 de abril en Guáimaro, no habló nunca de blancos ni de negros. Los derechos públicos, concedidos ya de pura astucia por el Gobierno español e iniciados en las costumbres antes de la independencia de la Isla, no podrán ya ser negados, ni por el español que los mantendrá mientras aliente en Cuba, para seguir dividiendo al cubano negro del cubano blanco, ni por la independencia, que no podría negar en la libertad los derechos que el español reconoció en la servidumbre.

Y en los demás, cada cual será libre en lo sagrado de la casa. El mérito, la prueba patente y continua de cultura, y el comercio inexorable acabarán de unir a los hombres. En Cuba hay mucha grandeza, en negros y blancos.

Patria. Nueva York, 16 de abril de 1893

EL GENERAL GÓMEZ

A caballo por el camino, con el maizal a un lado y las cañas a otro, apeándose en un recodo para componer con sus manos la cerca, entrándose por un casucho a dar de su pobreza a un infeliz, montando de un salto y arrancando veloz, como quien lleva clavado al alma un par de espuelas, como quien no ve en el mundo vacío más que el combate y la redención, como quien no le conoce a la vida pasajera gusto mayor que el de echar los hombres del envilecimiento a la dignidad, va por la tierra de Santo Domingo, del lado de Montecristi, un jinete pensativo, caído en su bruto como en su silla natural, obedientes los músculos bajo la ropa holgada, el pañuelo al cuello, de corbata campesina, y de sombra del rostro trigueño el fieltro veterano. A la puerta de su casa, que por más limpieza doméstica está donde ya toca al monte la ciudad, salen a recibirlo, a tomarle la carga del arzón, a abrazársele enamorados al estribo, a empinarle la última niña hasta el bigote blanco, los hijos que le nacieron cuando peleaba por hacer a un pueblo libre: la mujer que se los dio, y los crió al paso de los combates en la cuna de sus brazos, lo aguarda un poco atrás, en un silencio que es delicia, y bañado el rostro de aquella hermosura que da a las almas la grandeza verdadera: la hija en quien su patria centellea, reclinada en el hombro de la madre lo mira como a novio: ese es Máximo Gómez.

Descansó en el triste febrero la guerra de Cuba, y no fue para mal, porque en la tregua se ha sabido cómo vino a menos la pujanza de los padres, cómo atolondró al espantado señorío la revolución franca e impetuosa, cómo con el reposo forzado y los cariños se enclavó el peleador en su comarca y aborrecía la pelea lejos de ella, cómo se fueron criando en el largo abandono las cabezas tozudas de localidad, y sus celos y sus pretensiones, cómo vició la campaña desde su comienzo, y dio la gente ofendida al enemigo, aquella arrogante e inevitable alma de amo, por su mismo sacrificio más exaltada y satisfecha, con que salieron los criollos del barracón a la libertad. Las emigraciones se habían de purgar del carácter apoyadizo y medroso, que guio flojamente, y con miras al tutor extranjero, el entusiasmo crédulo y desordenado. La pelea de cuartón por donde la guerra se fue desmigajando, y comenzó a morir, había de desaparecer, en el sepulcro de unos y el arrepentimiento de otros, hasta que, en una nueva jornada, todos los caballos arremetiesen a la par. La política de libro, y de dril blanco, había de entender que no son de orden real los pueblos nacientes, sino de carne y hueso, y que no hay salud ni belleza mayores, como un niño al sol, que las de una república que vive de su agua y de su maíz, y asegura en formas moldeadas sobre su cuerpo, y nuevas y peculiares como él, los derechos que perecen, o estallan en sangre venidera, si se los merma con reparos injustos y meticulosos, o se le pone un calzado que no le viene al pie. Los hombres naturales que le salieron a la guerra, y en su valor tenían su ley, habían de ver por sí, en su caída y en la espera larga, que un pueblo de estos tiempos, puesto a la boca del mundo refino y menesteroso, no es ya, ni para la pelea ni para la república, como aquellos países de mesnaderos que en el albor torpe del siglo, y con la fuerza confusa del continente desatado, pudo a puro pecho sacar un héroe de la crianza sumisa a los tropiezos y novelería del gobierno remendón y postizo. Los amos y los esclavos que no fundieron en la hermandad de la guerra sus almas iguales, habrían entrado en la república con menos justicia y paz que las que quedan después de haber ensayado en la colonia los acomodos que, en el súbito alumbramiento social, hubiesen perturbado acaso el gobierno libre. Y mientras se purgaba la guerra en el descanso forzoso y conveniente, mientras se esclarecían sus yerros primerizos y se buscaba la forma viable al sentimiento renovado de la independencia, mientras se componía la guerra necesaria en acuerdo con la cultura vigilante y el derecho levantisco del país, Gómez, indómito tras una prueba inútil, engañaba el desasosegado corazón midiendo los campos, cerrándolos con la cerca cruzada de Alemania, empujándolos inquieto al cultivo, como si tuviese delante a un ejército calmudo, puliendo la finca recién nacida, semilleros y secadores, batey y portón, vegas y viviendas, como si les viniera a pasar revista el enemigo curioso. Quien ha servido a la libertad, del mismo crimen se salvaría por el santo recuerdo; de increíble degradación se levantaría, como aturdido de un golpe de locura, a servirla otra vez; ni en la riqueza ni en el amor ni en el respeto ni en la fama halla descanso, mientras anden por el suelo los ojos donde chispeó antes la suprema luz. ¡Y de día y de noche se oye a la puerta relinchar el caballo, de día y de noche, hasta que, de una cerrada de muslos, se salta sobre la mar, y orea otra vez la frente, en servicio del hombre, el aire más leve y puro que haya jamás el pecho respirado!

Iba la noche cayendo del cielo argentino, de aquel cielo de Santo Domingo que parece más alto que otro alguno, acaso porque los hombres han cumplido tres veces bajo él su juramento de ser gusanos o libres, cuando un cubano caminante, sin más compañía que su corazón y el mozo que le contaba amores y guerras, descalzaba el portillo del cercado de trenza de una finca hermosa, y con el caballo del cabestro, como quien no tiene derecho a andar montado en tierra mayor, se entró lentamente, con nueva dignidad en el épico gozo, por la vereda que seguía hasta la vivienda oscura: da el misterio del campo y de la noche toda su luz y fuerza natural a las grandezas que achica o desluce, en el dentelleo de la vida populosa, la complicidad o tentación del hombre. Se abrieron a la vez la puerta y los brazos del viejo general: en el alma sentía sus ojos, escudriñadores y tiernos, el recién llegado; y el viejo volvió a abrazar en largo silencio al caminante, que iba a verlo de muy lejos, y a decirle la demanda y cariño de su pueblo infeliz, y a mostrar a la gente canija cómo era imposible que hubiese fatal pelea entre el heroísmo y la libertad. Los bohíos se encendieron: entró a la casa la carga ligera: pronto cubrió la mesa el plátano y el lomo, y un café de hospedaje, y un fondo de ron bueno de Beltrán: dos niñas, que vinieron a la luz, llevaban y traían: fue un grato reposo de almas la conversación primera, con esa rara claridad que al hombre pone el gusto de obrar bien, y unos cuantos contornos en el aire, de patria y libertad, que en el caserón de puntal alto, a la sombra de la pálida vela, parecían como tajos de luz. No en la cama de repuesto, sino en la misma del General había de dormir el caminante: en la cama del General, que tiene colgada a la cabecera la lámina de la tumba de sus dos hijos. Y en tres días que duró aquella conversación, sobre los tanteos del pasado y la certidumbre de lo porvenir, sobre las causas perecederas de la derrota y la composición mejor y elementos actuales del triunfo, sobre el torrente y unidad que ha de tener la guerra que ya revive de sus yerros, sobre el sincero amor del hombre que ha de mover a toda revolución que triunfe, porque fuera crimen sacarlo a la muerte sino para su rescate y beneficio; en aquella conversación por las muchas leguas del camino, ganándoles a las jornadas las horas de luna, salvando a galope los claros de sol, parándose con tristeza ante el ceibo gigante, graneado de balas fratricidas, abominando las causas remediables, de castas y de comarcas, porque está aún sin su pleno poder aquella naturaleza tan hermosa, no hubo palabra alguna por la que un hijo tuviera que avergonzarse de su padre, ni frase hueca ni mirada de soslayo, ni rasgo que desluciese, con la odiosa ambición, el amor hondo, y como sangre de las venas y médula de los huesos, con que el General Gómez se ha jurado a Cuba. Se afirma de pronto en los estribos, como quien va a mandar la marcha. Se echa de un salto de la hamaca enojosa, como si tuviera delante a un pícaro. O mira largamente, con profunda tristeza.

Su casa es lo que hay que ver, cuando él no está, y baja a la puerta, cansado del viaje, el mensajero que va tal vez a hablar del modo de dejar pronto sin su sostén a la mujer y sin padre a los hijos. El júbilo ilumina todos aquellos rostros. Cada cual quiere servir primero, y servir más. «Manana» generosa, la compañera de la guerra, saluda, como a un hermano, al desconocido. Un fuego como de amor, como de la patria cautiva y rebelde, brilla en los ojos pudorosos de la hija Clemencia. Se aprietan al visitante los tres hijos mayores: uno le sirve de guía, otro de báculo, el otro se le cose a la mano libre. Cuanto hay en la casa se le ha de dar al que llega. «¡Ay, Cuba del alma!». «¿Y será verdad esta vez?: ¡porque en esta casa no vivimos hasta que no sea verdad!». «Y yo que me tendré que quedar haciendo las veces de mi padre!», dice con la mirada húmeda Francisco, el mayor. Máximo, pálido, escucha en silencio: él se ha leído toda la vida de Bolívar, todos los volúmenes de su padre; él, de catorce años, prefiere a todas las lecturas el *Quijote,* porque le parece que «es el libro donde se han defendido mejor los derechos del hombre pobre». Urbano, leal, anhela órdenes. Aquella misma tarde han recibido todos cartas del padre amante. «Él anduvo treinta y seis leguas para traer a Clemencia de Santiago, y salió ayer para *La Reforma,* que está a veinte; pero nos dijo que le pusiéramos un propio, que él vendría enseguida». Allí mismo, como para un amigo de toda la vida, se prepara el viaje del mensajero testarudo, que quiere ir a saludar junto a su arado al viejo augusto que cría a su casa en la pasión de un pueblo infeliz. Manana le da de beber, y le echa luz el rostro de piedad, bajo la corona de sus canas juveniles... ¡Santa casa de abnegación, a donde no llega ninguna de las envidias y cobardías que perturban el mundo!

Y la casa tiene un desván que mira al mar, donde, una vez al menos, no se ha hecho nada indigno de él. Por la escalera de la alcoba, alta y oscura como una capilla, se sube al rincón de escribir del General, con las alas del techo sobre la cabeza, la cama de campaña al pie del escritorio, y el postigón por donde entra, henchido de sal pura, el viento arremolinado. Allí, esquivándose a los halagos fraternales de los montecristeños, dio el General cita, con su pañuelo al cuello y una mirada que se ve en hombre pocas veces, a un cubano que por primera vez sintió entonces orgullo, para ver el mejor modo de servir a Cuba oprimida, sin intrusión ni ceguera ni soberbia. Un pueblo entero pasó por aquel desván desmantelado; y sus derechos, para no hollar ninguno, y sus equivocaciones, para no recaer en ellas, y sus recursos, para emplearlos con seguridad, y sus servidores, para abrazarse a todos, y los infieles mismos, para no conocerles más que la grandeza pasada y la posibilidad de arrepentirse. Con palabras sencillas, en voz baja, andando leguas en una pregunta, mirándose como si se quisieran cambiar el corazón, y no sin cierta sagrada tristeza, aquellos dos hombres, depositarios de la fe de sus compatriotas, acababan de abrir el camino de la libertad de un pueblo: y se le ponían de abono. Le caían años sobre el rostro al viejo General: hablaba como después de muerto, como dice él que quiere hablar: tenía las piernas apretadas en cruz, y el cuerpo encogido, como quien se replega antes de acometer: las manos, las tuvo quietas: una llama, clara e intensa, le brillaba en los ojos: y el aire de la mar jugaba con su pañuelo blanco.

Y allá en Santo Domingo, donde está Gómez está lo sano del país, y lo que recuerda, y lo que espera. En vano, al venir de su campo, busca él la entrada escondida; porque en el orgullo de sus dos hermanas, que por Cuba padecieron penuria y prisión, y en la viveza, y como mayor estatura, de los hijos, conoce la juventud enamorada que anda cerca el tenaz libertador. A paso vivo no le gana ningún joven, ni a cortés; y en lo sentencioso, se le igualan pocos. Si va por las calles, le dan paso todos: si hay baile en casa del gobernador, los honores son para él, y la silla de la derecha, y el coro ansioso de oírle el cuento breve y pintoresco: y si hay danza de gracia en la reunión, para los personajes de respeto que no trajeron los cedazos apuntados con amigas y novias, para él escoge el dueño la dama de más gala, y él es quien entre todos luce por la cortesía rendida añeja, y por el baile ágil y caballeresco. Palabra vana no hay en lo que él dice, ni esa lengua de miriñaque, toda inflada y de pega, que sale a libra de viento por adarme de armadura, sino un modo de hablar ceñido al caso, como el tahalí al cinto: u otras veces, cuando no es una terneza como de niño, la palabra centellea como el acero arrebatado de un golpe a la vaina. En colores, ama lo azul. De la vida, cree en lo maravilloso. Nada se muere, por lo que «hay que andar derecho en este mundo». En el trabajo «ha encontrado su único consuelo». «No subirá nadie: he puesto de guardia a mi hijo». Y como en la sala de baile, colgado el techo de rosas y la sala henchida de señoriles parejas, se acogiese con su amigo caminante a la ventana a que se apiñaba el gentío descalzo, volvió el General los ojos, a una voz de cariño de su amigo, y dijo, con voz que no olvidarán los pobres de este mundo: «Para estos trabajo yo».

Sí: para ellos: para los que llevan en su corazón desamparado el agua del desierto y la sal de la vida: para los que le sacan con sus manos a la tierra el sustento del país, y le estancan el paso con su sangre al invasor que se lo viola: para los desvalidos que cargan, en su espalda de americanos, el señorío y pernada de las sociedades europeas: para los creadores fuertes y sencillos que levantarán en el continente nuevo los pueblos de la abundancia común y de la libertad real: para desatar a América, y desuncir el hombre. Para que el pobre, en la plenitud de su derecho, no llame, con el machete enojado, a las puertas de los desdeñosos que se lo nieguen: para que la tierra, renovada desde la raíz, dé al mundo el cuadro de una patria sana, alegre en la equidad verdadera, regida conforme a su naturaleza y composición, y en la justicia y el trabajo fáciles desahogada y dichosa: para llamar a todos los cráneos, y hacer brotar de ellos la corona de luz. Se peca; se confunde; se toma un pueblo desconocido, y de más, por el pueblo de menos hilos que se conoce; se padece, con la autoridad de quien sabe morir, por la inercia y duda de los que pretenden guiar las guerras que no tienen el valor de hacer: corre por las bridas la tentación de saltar, como por sobre la cerca que cierra el camino, sobre la verba y pedantería, o el miedo forense, que disputan el paso a la batalla: a la ley no se le niega el corazón, sino a la forma inoportuna de la ley: se quiere el principio seguro, y la mano libre. Guerra es pujar, sorprender, arremeter, revolver un caballo que no duerme sobre el enemigo en fuga, y echar pie a tierra con la última victoria. Con causa justa, y guerra así, de un salto se va de Lamensura a palacio. Y luego, descansará el sable glorioso junto al libro de la libertad.

Patria. 26 de agosto de 1893

ANTONIO MACEO

La naturaleza americana, doncella en el istmo, es ya hermosura próvida, y como de amplios senos, en el dominio de Costa Rica, que se levanta por sobre las nubes, con sus troncos de sangre serpeando por el celaje azul, y derrama a las costas encendidas, por lecho siempre verde, el agua ancha y pedregosa de sus reventazones montañesas: como un himno es la república, y cada hijo lleva la azada al hombro. Allá del lado del Atlántico, por el río Matina, los plátanos son tan altos como la palma real, y es un cubano, que dio su sangre a Cuba, quien cría en la tierra amiga el platanal mejor. Del lado del Pacífico, lo que ha un año era maleza, es vereda ahora, y caserío la soledad, de los cubanos que le sacaron a la selva la semilla, y hay allí quien deja sola a la recién casada, por novia mayor. Con ternura de hijo quiere el cubano bueno a Costa Rica. De las gracias del mundo, Costa Rica es una, con su rocío de ciudades por el valle ameno, cada cual como mosaico en joya, y en la serena población la vida fuerte, con el hijo de médico o de juez, y su raíz en el campo, como todo hombre que quiere ser libre, y el padre al pie de las matas, buscándole al café la flor, o de peón con el cinto plateado, detrás de las carretas. Bancos y hoteles prosperan entre las creencias viejas del país, que viven más por lo ordenadas y agresivas que por lo poderosas; y por vías de luz eléctrica, con los tejados a los bordes, se va al llano común, donde cualquiera puede echar su vaca, y el aire es vida pura, o a la barranca y lomas pintorescas y el muro añoso envuelto en flores. De seda es por dentro, y de canapé de oro, la casa que aún muestra en las afueras la ventana ceñuda y el portón colonial. De tomos de París y de lo vivo americano, está llena, allá al patio, entre una fuente y un rosal, la librería del hijo joven. Y si hay justa de ideas en el salón glorioso, apriétanse a la entrada, para beber primero, magistrados y presidentes, sastres y escolares, soldado y labrador. La cáscara aún la oprime, pero ya aquello es república. Vive el hombre de su trabajo y piensa por sí. Y cae en brazos de todos, el cubano que va a Costa Rica. Pasa un hombre fornido por la calle: ni rechaza ni lisonjea, pero le saludan todos: habla cortés con una ventana suntuosa: —salvó en día y medio el camino de tres, y se lo admiran campesinos y ministros: ponen mesa de patria los cubanos leales, de Oriente y Poniente, y le dan la cabecera: otra marcha, luego de contratos y altas visitas, y ya está en su Nicoya, que era umbría hace un año, abriendo la tierra y moviendo hombres, o alzando ala nueva al rancho señor, de techo y colgadizo, donde le acompaña, venerada, la que lo aguardó en zozobra y le restañó la sangre en los diez años de la guerra. Así vive, en espera, Antonio Maceo.

De la madre, más que del padre, viene el hijo, y es gran desdicha deber el cuerpo a gente floja o nula, a quien no se puede deber el alma; pero Maceo fue feliz, porque vino de león y de leona. Ya está yéndosele la madre, cayéndosele está ya la viejecita gloriosa en el indiferente rincón extranjero, y todavía tiene manos de niña para acariciar a quien le habla de la patria. Ya se le van los ojos por el mundo, como buscando otro, y todavía le centellean, como cuando venía el español, al oír contar un lance bueno de sus hijos. Levanta la cabeza arrugada, con un pañuelo que parece corona. Y no se sabe por qué, pero se le besa la mano. A la cabecera de su nieto enfermo, de un huevecillo de hombre, habla la anciana ardiente de las peleas de sus hijos, de sus terrores, de sus alborozos, de cuando vuelva a ser. Acurrucada en un agujero de la tierra pasó horas mortales, mientras que a su alrededor se cruzaban por el pomo sables y machetes. Vio erguirse a su hijo, sangrando del cuerpo entero, y con diez hombres desbandar a doscientos. Y a los que en nombre de Cuba la van aún a ver, les sirve con sus manos y los acompaña hasta la puerta.

María, la mujer, nobilísima dama, ni en la muerte vería espantos, porque le vio ya la sombra muchas veces, sino en un corazón de hijo de Cuba, que esa sí es noche fiera, donde se apagase el anhelo de la independencia patria. Ingratitud monstruosa le parece a tanta sangre vertida, y falta extraña de coraje, porque ella, que es mujer, ha visto al cubano terco y maravilloso, y luego, con el machete de pelea, le ve ganarse el pan. En sala no hay más culta matrona, ni hubo en la guerra mejor curandera. De ella fue el grito aquel: «Y si ahora no va a haber mujeres, ¿quién cuidará de los heridos?». Con las manos abiertas se adelanta a quien le lleve esperanzas de su tierra: y con silencio altivo ofusca a quien se la desconfía u olvida. ¡Que su esposo vea otra sangre en la pelea, y no dé la suya! De negro va siempre vestida, pero es como si la bandera la vistiese. «¡Ah lo más bello del mundo era ver al Presidente, con su barba blanca y su sombrero grande de camino, apoyado en un palo, subiendo a pie la loma: porque él siempre, cuando iba por Oriente, paraba donde Antonio!». Y es música la sangre cuando cuenta ella «del ejército todo que se juntó por el Camagüey para caer sobre las Villas, e iban de marcha en la mañana con la caballería, y la infantería, y las banderas, y las esposas y madres en viaje, y aquellos clarines». ¡Fáciles son los héroes, con tales mujeres!

En Nicoya vive ahora, sitio real antes de que la conquista helase la vida ingenua de América, el cubano que no tuvo rival en defender, con el brazo y el respeto, la ley de su república. Calla el hombre útil, como el cañón sobre los muros, mientras la idea incendiada no lo carga de justicia y muerte. Va al paso por los caseríos de su colonia con el jinete astuto, el caballo que un día, de los dos cascos de atrás, se echó de un salto, revoleando el acero, en medio de las bayonetas enemigas.

Escudriñan hoy pecadillos de colonos y quejas de vecindad, los ojos límpidos que de una paseada se bebían un campamento. De vez en cuando sonríe, y es que ve venir la guerra. Le aviva al animal el trote, pero pronto le acude a la brida, para oír la hora verdadera, para castigarle a la sangre la mocedad. La lluvia le cae encima, y el sol fuerte, sin que le desvíen el pensamiento silencioso, ni la jovial sonrisa; y sobre la montura, como en el banquete que le dieron un día al aire libre, huirán todos, si se empieza a cerrar el cielo, mientras que él mirará de frente a la tempestad. Todo se puede hacer. Todo se hará a su hora.

En la ciudad, cuando viene a los arreglos de los colonos; a los papeles de cada uno de ellos con el gobierno, para que cada cual sea en su persona el obligado; a vender el arroz, a ver lo de la máquina que llega, a buscar licencia para la casa de tabaco, a llevarse, por carretera y golfo, cuanto trueque en pueblo lindo y animado el claro que con los suyos abrió en el monte espeso, —no hay huésped mejor recibido en el umbral de mármol o en la mesa llana, ni contratante a quien el gobierno vea con más favor, ni paisano a quien con más gusto dieran sus compatriotas de lo suyo, o le fíen la vida. Ni la cólera le aviva el andar, ni rebaja con celos y venganzas su persona, ni con la mano de la cicatriz aprieta mano manchada, ni —como que está pronto a morir por ella— habla de la patria mucho. Se puede, y será. Mientras tanto, se trabaja en la colonia un mes, y se está por San José una semana, de levita cruzada, pantalón claro y sombrero hongo. En el marco formidable cabe un gran corazón. Jamás parece que aquel hombre pueda, con su serena pujanza, afligir u ofender, por sobra de hecho o parcialidad de juicio, la patria a quien ama de modo que cuando habla, a solas con el juramento, de la realidad de ella, del fuego que arde en ella, la alegría le ilumina los ojos, y se le anuda en la garganta el regocijo: está delante el campamento, y los caballos galopando, y se ven claros los caminos. Es júbilo de novio. —Y hay que poner asunto a lo que dice, porque Maceo tiene en la mente tanta fuerza como en el brazo. No hallaría el entusiasmo pueril asidero en su sagaz experiencia. Firme es su pensamiento y armonioso, como las líneas de su cráneo. Su palabra es sedosa, como la de la energía constante, y de una elegancia artística que le viene de su esmerado ajuste con la idea cauta y sobria. No se vende por cierto su palabra, que es notable de veras, y rodea cuidadosa el asunto, mientras no esté en razón, o insinúa, como quien vuelve de largo viaje, todos los escollos o entradas de él. No deja frase rota, ni usa voz impura, ni vacila cuando lo parece, sino que tantea su tema o su hombre. Ni hincha la palabra nunca ni la deja de la rienda. Pero se pone un día el sol, y amanece al otro, y el primer fulgor da, por la ventana que mira al campo de Marte, sobre el guerrero que no durmió en toda la noche buscándole caminos a la patria. Su columna será él, jamás puñal suyo. Con el pensamiento la servirá, más aún que con el valor. Le son naturales el vigor y la grandeza. El sol, después de aquella noche, entraba a raudales por la ventana.

Patria. 6 de octubre de 1893

NUESTRA AMÉRICA

EL CASTELLANO EN AMÉRICA

No es por pedantería, sino por cariño: cuentan de Toussaint L'Ouverture que no sabía una vez cómo librarse de un bravucón de su ejército, empeñado en ser teniente; y luego que lo hubo recibido muy bien y dispuesto día para la toma solemne de grado, cuando llegó la hora: «¿Sabes latín, por supuesto?», le preguntó de repente: ¡Jamás había sabido el bravo aquel latín! «¿Pues cómo, grande y grandísimo bribón, te atreves a querer ser oficial de mi ejército sin saber latín?».

Y de cierto director de diario cuentan en España que cada vez que le llegaba un aspirante con deseos de escribir en su periódico, le mostraba una pizarra llena de esas que llaman frases de estampilla y de adverbios en mente: «por mejor decir», «digámoslo así», «todos, absolutamente todos», y correas del mismo arnés: «¡Si usted sabe escribir sin usar una sola de estas muletas, lo tomo para mi diario!».

Algo así pasa con muchos periódicos de nuestros países; llenos de noble juventud y excelente intención, pero donde se habla una jerga corriente, y desluce con modismos bárbaros y acepciones inauditas un párrafo bello o una idea feliz.

Bueno está que vayamos dando a la lengua acá en América la distinción, elegancia y profundidad que, —aunque lluevan piedras, podemos decir que aun en España faltan, quitando algún Maragall o Baralt, y Picón o Giner; porque si sale un ingenioso, resulta Varela, que va paseándose aprisa de discreto a chabacano; si crítico, un Clarín, con una azumbre del peleón por cada gota del añejo; y hay que venir a los cronistas de los *Lunes,* más afrancesados de lo que conviene, para encontrar de vez en cuando esa elegante soltura que en Francia es acaso, con la claridad, lo más original y saliente de la lengua literaria, que en España apenas se ve, aun en aquellos que saben más de idioma español, como Pereda y la Bazán.

Bueno es que, —para no ir como momia de cuello parado en mundo vivo, escribamos como los que escriben en nuestros tiempos, pero como los que escriben bien; porque decir, por ejemplo, como leemos en un diario: «ayer tuvo verificativo», «intimidaron los dos amigos», «Carrera jugó un gran rol», «la tropa está bien munida», es dahomeyano o iroqueño, pero castellano no es. Y la lengua que se habla debe hablarse como lo manda la razón, y como sea la lengua, por lo mismo que se pone uno la ropa a su medida, y no a la del vecino, con el pretexto de que todo es ropa. Ni cuando se escribe una carta se la llena de borrones, porque como quiera es carta. Ni el que ostenta un jarrón en su juguetero lo tiene de loza burda y mal cocida cuando lo puede tener de fino Sèvres. Pues, porque se llevan zapatos, ¿hay razón para poner la gala en llevarlos rotos?

La verdad es que con el uso del castellano pasa como con el traje verde que llevaba en Madrid el pobre Pedro Torres, que lo llevaba porque no tenía otro, y aun ese se lo habían regalado, pero se enojaba con quien le sostuviera que a él no le gustaban los trajes verdes. ¡Le gustaban, y «muy mucho»! Lo mismo que con el paraguas, que él no tuvo jamás, y salía a la calle de intento en cuanto empezaba a llover, para demostrar que «por eso no tenía paraguas, porque le gustaba que le lloviera encima».

Se ha de hablar el castellano sin pujos ni remilgos, ni «puesto que» por aunque, ni baturradas de antaño para decir nuestras ideas y cosas de hoy, ni novelerías innecesarias, que ponen el español pintarrajeado y tornadizo, como un maniquí de sastrería. El que se atreva con sus elegancias, háblelo con ellas, que no es pecado hacerse los pantalones al cuerpo en lo de Pool, en vez de comprar los hechos a molde rodilleros y bolsudos, en el Bon Marché: ni una mujer es menos bella y virtuosa porque le corte un traje Félix que porque se lo ponga hecho una infelicidad la madama de la esquina.

Pero no se ha de poner el español, so pretexto de elegancias, entretelado y lleno de capas lo mismo que las cebollas; ni, so pretexto de libertad, se le ha de dejar como payaso de feria, lleno de sobrepuestos y remiendos, en colorín que no sea suyo, usando las voces fuera de su sentido, o traduciendo malamente del francés o inglés lo que de sobra hay modo de decir con pureza en español, o inventando verbajos que corren a la larga entre la gente inculta, y luego acaban, como los realce un poco la imaginación y otro poco el éxito, por echar de la casa al dueño, y decir que los que hablan el español son los que no lo hablan, y ellos, los del «tuvo verificativo», ellos son los únicos que saben de veras del consorcio supremo entre la lengua castiza y el pensamiento corriente, los que hablan una lengua ejemplar y galana. Esto es como los polluelos del cucú, que echan del nido a picotazos a los hijos legítimos de la que les sirvió de madre.

Cada asunto quiere su estilo, y todos concisión y música, que son las dos hermosuras del lenguaje. En lo ligero, por ejemplo, está bien el donaire, que huelga en la historia, donde cada sentencia ha de ser breve y definitiva como un juicio. El orador que marcará a los bribones con su palabra candente como se marca a las bestias, en la tribuna política, moderará la voz en una reunión de damas, y les hablará como si les echase a los pies flores.

El periodista que en una hora desocupada deja correr la pluma, a vagar suelta por entre margaritas y ojos de poetas, la embrazará con lanza, y montará en el caballo de ojos de fuego cuando le ofende una verdad querida el periodista enemigo, o como maza la dejará caer sobre los tapaculpas del tirano.

Pero para todos los estados del lenguaje hay una ley común, que es la de no usar palabras espúreas o cambiar la acepción de las genuinas, porque el que unas veces deba ponerse en el lienzo más amarillo, y menos otras, no quiere decir que se pinte con cualquier amarillez cogida del camino. No es que no sea bueno ir saliendo de las andaderas arcaicas, lo mismo que de las románticas, y dejar que hablen en joroba los Guerras y Cutandas, que son modelos funestos, o tomen por el vapor de la nariz, y no por el cuerpo, a la quimera de Hugo los hugólatras. Se ha de aspirar por la verdad del lenguaje a la limpieza griega.

Pero el modo de limpiar el lenguaje, y armar guerra mortal contra el hipérbaton que lo tortura, no es poner una barbarie en vez de otra, ni reemplazar las muletillas, volteretas y contorsiones académicas con voces foráneas que sin mucho rebuscar pueden decirse en castellano puro o con verbalismos de jerigonza, usados y defendidos por los que creen que para ser obreros en piedras finas no hay como no aprender jamás a lapidario.

La ignorancia crea esa jerga, y la indulgencia la acepta y perpetúa, quedando con ella el español, lo mismo que con las amarras académicas, como quedaban los cuerpos de los revolucionarios del año 12 en Venezuela, atados hasta los huesos de un cuero húmedo, cuando amoscando la piel y sin cuidarse de la infamia del mundo, salía el sol de detrás de las montañas. Acicalarse con exceso es malo, pero vestir con elegancia no. El lenguaje ha de ir como el cuerpo, esbelto y libre; pero no se le ha de poner encima palabra que no le pertenezca, como no se pone sombrero de copa una flor, ni un cubano se deja la pierna desnuda como un escocés, ni al traje limpio y bien cortado se le echa de propósito una mancha.

Háblese sin manchas.

La Nación. Montevideo, 23 de julio de 1889

CONGRESO INTERNACIONAL
DE WASHINGTON

Su historia, sus elementos y sus tendencias

I

Nueva York, 2 de noviembre de 1889

«Los panamericanos», dice un diario, «El sueño de Clay», dice otro. Otro: «La justa influencia». Otro: «Todavía no». Otro: «Vapores a Sudamérica». Otro: «El destino manifiesto». Otro: «Ya es nuestro el golfo». Y otros: «¡Ese congreso!», «Los cazadores de subvenciones», «Hechos contra candidaturas», «El Congreso de Blaine», «El paseo de los panes», «El mito de Blaine». Termina ya el paseo de los delegados, y están al abrirse las sesiones del congreso internacional. Jamás hubo en América, de la independencia acá, asunto que requiera más sensatez, ni obligue a más vigilancia, ni pida examen más claro y minucioso, que el convite que los Estados Unidos potentes, repletos de productos invendibles, y determinados a extender sus dominios en América, hacen a las naciones americanas de menos poder, ligadas por el comercio libre y útil con los pueblos europeos, para ajustar una liga contra Europa, y cerrar tratos con el resto del mundo. De la tiranía de España supo salvarse la América española; y ahora, después de ver con ojos judiciales los antecedentes, causas y factores del convite, urge decir, porque es la verdad, que ha llegado para la América española la hora de declarar su segunda independencia.

En cosas de tanto interés, la alarma falsa fuera tan culpable como el disimulo. Ni se ha de exagerar lo que se ve, ni de torcerlo, ni de callarlo. Los peligros no se han de ver cuando se les tiene encima, sino cuando se los puede evitar. Lo primero en política, es aclarar y prever. Solo una respuesta unánime y viril, para la que todavía hay tiempo sin riesgo, puede libertar de una vez a los pueblos españoles de América de la inquietud y perturbación, fatales en su hora de desarrollo, en que les tendría sin cesar, con la complicidad posible de las repúblicas venales o débiles, la política secular y confesa de predominio de un vecino pujante y ambicioso, que no los ha querido fomentar jamás, ni se ha dirigido a ellos sino para impedir su extensión, como en Panamá, o apoderarse de su territorio, como en México, Nicaragua, Santo Domingo, Haití y Cuba, o para cortar por la intimidación sus tratos con el resto del universo, como en Colombia, o para obligarlos, como ahora, a comprar lo que no puede vender, y confederarse para su dominio.

De raíz hay que ver a los pueblos, que llevan sus raíces donde no se las ve, para no tener a maravilla estas mudanzas en apariencia súbitas, y esta cohabitación de las virtudes eminentes y las dotes rapaces. No fue nunca la de Norteamérica, ni aun en los descuidos generosos de la juventud, aquella libertad humana y comunicativa que echa a los pueblos, por sobre montes de nieve, a redimir un pueblo hermano, o los induce a morir en haces, sonriendo bajo la cuchilla, hasta que la especie se pueda guiar por los caminos de la redención con la luz de la hecatombe. Del holandés mercader, del alemán egoísta, y del inglés dominador se amasó con la levadura del ayuntamiento señorial, el pueblo que no vio crimen en dejar a una masa de hombres, so pretexto de la ignorancia en que la mantenían, bajo la esclavitud de los que se resistían a ser esclavos.

No se le había secado la espuma al caballo francés de Yorktown cuando con excusas de neutralidad continental se negaba a ayudar contra sus opresores a los que acudieron a libertarlo de ellos, el pueblo que después, en el siglo más equitativo de la historia, había de disputar a sus auxiliares de ayer, con la razón de su predominio geográfico, el derecho de amparar en el continente de la libertad, una obra neutral de beneficio humano. Sin tenderles los brazos, sino cuando ya no necesitaban de ellos, vio a sus puertas la guerra conmovedora de una raza épica que combatía, cuando estaba aún viva la mano que los escribió, por los principios de albedrío y decoro que el norte levantó de pabellón contra el inglés: y cuando el sud, libre por sí, lo convidó a la mesa de la amistad, no le puso los reparos que le hubiera podido poner, sino que con los labios que acaban de proclamar que en América no debía tener siervos ningún monarca de Europa, exigió que los ejércitos del Sur abandonasen su proyecto de ir a redimir las islas americanas del golfo, de la servidumbre de una monarquía europea. Acababan de unirse, con no menor dificultad que las colonias híbridas del Sur, los trece Estados del Norte y ya prohibían que se fortaleciese, como se hubiera fortalecido y puede fortalecerse aún, la unión necesaria de los pueblos meridionales, la unión posible de objeto y espíritu, con la independencia de las islas que la naturaleza les ha puesto de pórtico y guarda. Y cuando de la verdad de la vida surgió, con el candor de las selvas y la sagacidad y fuerza de las criaturas que por tener más territorio para esclavos, se entraron de guerra por un pueblo vecino, y le sajaron de la carne viva una comarca codiciada, aprovechándose del trastorno en que tenía al país amigo la lucha empeñada por una cohorte de evangelistas para hacer imperar sobre los restos envenenados de la colonia europea, los dogmas de libertad de los vecinos que los atacaban. Y cuando de la verdad de la pobreza, con el candor del bosque y la sagacidad y poder de las criaturas que lo habitan, surgió, en la hora del reajuste nacional, el guía bueno y triste, el leñador Lincoln, pudo oír sin ira que un demagogo le aconsejara comprar, para vertedero de los negros armados que le ayudaron a asegurar la unión, el pueblo de niños fervientes y de entusiastas vírgenes que, en su pasión por la libertad, había de ostentar poco después, sin miedo a los tenientes madrileños, el luto de Lincoln; pudo oír, y proveer de salvoconducto al mediador que iba a proponerle al Sur torcer sus armas sobre México, donde estaba el francés amenazante, y volver con crédito insigne a la República, con el botín de toda la tierra, desde el Bravo hasta el istmo. Desde la cuna soñó en estos dominios el pueblo del Norte, con el «nada sería más conveniente» de Jefferson; con «los trece gobiernos destinados» de Adams; con «la visión profética» de Clay; con «la gran luz del Norte» de Webster; con «el fin es cierto, y el comercio tributario» de Summer; con el verso de Sewall, que va de boca en boca, «vuestro es el continente entero y sin límites»; con «la unificación continental» de Everett; con la «unión comercial» de Douglas; con «el resultado inevitable» de Ingalls, «hasta el istmo y el polo»; con la «necesidad de extirpar en Cuba», de Blaine, «el foco de la fiebre amarilla»; y cuando un pueblo rapaz de raíz, criado en la esperanza y certidumbre de la posesión del continente, llega a serlo, con la espuela de los celos de Europa y de su ambición de pueblo universal, como la garantía indispensable de su poder futuro, y el mercado obligatorio y único de la producción falsa que cree necesario mantener, y aumentar para que no decaigan su influjo y su fausto, urge ponerle cuantos frenos se puedan fraguar, con el pudor de las ideas, el aumento rápido y hábil de los intereses opuestos, el ajuste franco y pronto de cuantos tengan la misma razón de temer, y la declaración de la verdad. La simpatía por los pueblos libres dura hasta que hacen traición a la libertad; o ponen en riesgo la de nuestra patria.

Pero si con esas conclusiones a que se llega, a pesar de hechos individuales y episodios felices, luego de estudiar la relación de las dos nacionalidades de América en su historia y elementos presentes, y en el carácter constante y renovado de los Estados Unidos, no se ha de afirmar por eso que no hay en ellos sobre estas cosas más opinión que la agresiva y temible, ni el caso concreto del Congreso, en que entran agentes contradictorios, se ha de ver como encarnación y prueba de ella, sino como resultado de la acción conjunta de factores domésticos afines, personales y públicos, en que han de influir resistiendo o sometiéndose los elementos hispanoamericanos de nacionalidad e interés; los privilegios locales y la opinión de la prensa, que según su bando o necesidad es atrevida en el deseo, o felina y cauta, o abyecta e incondicional, o censoria y burlona. No hubo cuando el discurso inaugural de Blaine quien dijese por el decoro con que conviene enseñarse al extranjero, que fue el discurso como un pisto imperial, hecho de retazos de arengas, del marqués de Landowne, y de Henry Clay; pero, vencida esta tregua de cortesía, mostró la prensa su variedad saludable, y en ella se descubre que la resistencia que el pudor y el interés imponen, frente a la tentativa extemporánea y violenta de fusión, tiene como aliados naturales los privilegios de la industria local que la fusión lastimará, y los diarios de más concepto, y pensamiento del país. Así que yerra quien habla en redondo, al tratar del congreso, de estas o aquellas ideas, de los Estados Unidos, donde impera, sin duda, la dea continental y particularmente entre los que disponen hoy del mando, pero no sin la flagelación continua de los que ven en el congreso, desde su asiento de los bastidores, el empuje marcado de las compañías que solicitan subvención para sus buques, o el insrumento de que se vale un político hábil y conocedor de sus huestes, para triunfar sobre sus rivales por el agasajo doble a las industrias ricas, ofreciéndoles, sin el trabajo lento de la preparación comercial, los mercados que apetecen, y a la preocupación nacional, que ve en Inglaterra su enemigo nato, y se regocija con lo mismo que complace a la masa irlandesa, potente en las urnas. Hay que ver, pues, cómo nació el congreso, en qué manos ha caído, cuáles son sus relaciones ocasionales de actualidad con las condiciones del país, y qué puede venir a ser en virtud de ellas, y de los que influyen en el congreso y lo administran.

Nació en días culpables, cuando la política del secretario Blaine en Chile y el Perú salía tachada del banco del reo donde la sentó Belmont, por la prueba patente de haber hecho de baratero para con Chile en las cosas del Perú, cuya gestión libre impedía con ofrecimiento que el juicio y el honor mandaban rechazar, como que en forma eran la dependencia del extraño, más temible siempre que la querella con los propios, y por base tuvo el interés privado de los negocios de Landreau a que servía de agente confeso el ministro de los Estados Unidos, que de raíz deslucieron, por manos del republicano Frelinghuysen, lo que «sin derecho ni prudencia» había mandado hacer, encontrándose de voceador en la casa ajena, el republicano Blaine, quien perturbaba y debilitaba a los vencidos, con promesas que no les había de cumplir, o traían el veneno del interés, y a los vencedores les daba derecho a desconocer una intervención que no tenía las defensas de la suya, y a la tacha de mercenaria unía la de invasora de los derechos americanos. Los políticos puros viven de la fama continua de su virtud y utilidad, que los excusa de escarceos deslumbrantes o atrevimientos innecesarios, pero los que no tienen ante el país esta autoridad y mérito recurren, para su preponderancia y brillo, a complicidades ocultas, con los pudientes, y a novedades osadas y halagadoras. A esos cortejos del vulgo hay que vigilar, porque por lo que les ve hacer se adivina lo que desea el vulgo. Las industrias estaban ya protegidas en los apuros de la plétora, y pedían política que les ayudase a vender y barcos donde llevar sus mercancías a costa de la nación. Las compañías de vapores, que a condición de reembolso anticipan a los partidos en las horas de aprieto, sumas recias, exigían, seguras de su presa, las subvenciones en lo privado otorgadas. El canal de Panamá, daba ocasión para que los que no habían sido capaces de abrirlo quisiesen impedir que «la caduca Europa» lo abriese, o remedar la política de «la caduca Europa» en Suez, y esperar a que otros lo rematasen para rodearlo. Los del guano de Landreau vieron que era posible convertir en su agencia particular la Secretaría de Estado de la nación. Se unieron el interés privado y político de un candidato sagaz, la necesidad exigente de los proveedores del partido, la tradición de dominio continental perpetuada en la república, y el caso de ponerla a prueba en un país revuelto y débil.

Surgió de la secretaría de Blaine el proyecto del congreso americano, con el crédito de la leyenda, el estímulo oculto de los intereses y la magia que a los ojos del vulgo tienen siempre la novedad y la osadía.

Y eran tan claras sus únicas razones que el país, que hubiera debido agradecerlo, lo tachó de atentatorio e innecesario. Por la herida de Guiteau salió Blaine de la secretaría. Su mismo partido luego de repudiarle la intervención en el Perú, nombró, no sin que pasasen tres años, una comisión de paz que fuera para la América sin muchos aires políticos, a estudiar las causas de que fuera tan desigual el comercio, y tan poco animada la amistad entre las dos nacionalidades del continente. Hablaron del congreso en el camino, y lo recomendaron a la casa y al senado a su vuelta.

Las causas de la poca amistad eran, según la comisión, la ignorancia y soberbia de los industriales del Norte, que no estudiaban ni complacían a los mercados del Sur; la poca confianza que les mostraban en los créditos en que es Europa pródiga; la falsificación europea de las marcas de los Estados Unidos; la falta de bancos y de tipos comunes de pesas y medidas; los «derechos enormes» de importación que «podrían removerse con concesiones recíprocas»; las muchas multas y trabas de aduana, y «sobre todo, la falta de comunicación por vapores».

Estas causas, y ninguna otra más. Estaba en el gobierno, a la vuelta de la comisión, el partido demócrata, que apenas podía mantener contra la mayoría de sus parciales, gracias a la bravura de su jefe, la tendencia a favorecer al comercio por el medio natural de la rebaja del costo de la producción; y es de creer, por cuanto los de esta fe dijeron entonces y hoy escriben, que no hubiera arrancado de los demócratas este plan del congreso, nunca muy grato a sus ojos, por tener ellos en la mente, con la reducción nacional del costo de la vida y de la manufactura, el modo franco y legítimo de estrechar la amistad con los pueblos libres de América. Pero no puede oponerse impunemente un partido político a los proyectos que tienden, en todo lo que se ve, a robustecer el influjo y el tráfico del país; ni hubiera valido a los demócratas poner en claro los intereses censurables que originaron el proyecto, porque en sus mismas filas, ya muy trabajadas por la división de opiniones económicas, encontraban apoyo decisivo los industriales necesitados de consumidores, y las compañías de buques, que pagan con largueza en uno u otro partido, a quienes las ayudan. La autoridad creciente de Cleveland, caudillo de las reformas, apretaba la unión de los proteccionistas de ambos partidos, y preparaba la liga formidable de intereses que derrotó en un esfuerzo postrero su candidatura. La angustia de los industriales había crecido tanto desde 1881, cuando se tachó la idea del congreso de osadía censurable, que en 1888, cuando aprobaron la convocatoria las dos casas, fue recibida por la mucha necesidad de vender, más natural y provechosa que antes. Y de este modo vino a parecer unánime, y como acordado por los dos bandos del país, el proyecto nacido de la conjunción de los intereses proteccionistas con la necesidad política de un candidato astuto. Cabe preguntar si, despejados estos dos elementos del interés político del candidato, y el pecuniario de las empresas que lo mantienen, hubiera surgido la idea de un nuevo interés, y por sucesos favorables a la ampliación del plan, a un extremo político en que culminan, con la vehemencia de una candidatura desesperada, las leyendas de expansión y predominio a que han comenzado a dar cuerpo y fuerza de plan político, la guerra civil de un pueblo rudimentario, y los celos de repúblicas que debieran saber rescatarlos de quien muestra la intención y la capacidad de aprovecharse de ellos.

Los caudales proteccionistas echaron a Cleveland de la Presidencia. Los magnates republicanos tienen parte confesa en las industrias amparadas por la protección. Los de la lana contribuyeron a las elecciones con sumas cuantiosas, porque los republicanos se obligaban a no rebajar los derechos de la lana. Los del plomo contribuyeron para que los republicanos cerrasen la frontera al plomo de México. Y los del azúcar. Y los del cobre. Y los de los cueros, que hicieron ofrecer la creación de un derecho de entrada. El congreso estaba lejos. Se prometía a los manufactureros el mercado de las Américas: se hablaba, como con antifaz, de derechos misteriosos y de «resultados inevitables»: a los criadores y extractores se les prometió tener cerrado a los productos de afuera el mercado doméstico: no se decía que la compra de las manufacturas por los pueblos españoles habría de recompensarse comprándoles sus productos primos, o se decía que habría otro modo de hacérselos comprar, «el resultado inevitable», «el sueño de Clay», «el destino manifiesto»; el verso de Sewall corría de diario en diario, como lema del canal de Nicaragua: «o por Panamá, o por Nicaragua, o por los dos, porque los dos serán nuestros»: «ya es nuestra la península de San Nicolás, en Haití, que es la llave del golfo», triunfó con la fuerza oculta de la leyenda, redoblada con la necesidad inmediata del poder, el partido que venía uniendo en sus promesas la una a la otra.

Y al realizarse el congreso, y chocar los intereses de los manufactureros con los de los criadores y extractores, se ve de realce la imposibilidad de asegurar la venta al fabricante proteccionista sin cerrar en cambio el mercado de la nación, por la entrada libre de los frutos primos a los extractores y criadores proteccionistas; y la necesidad de salir del dilema de perder el poder en las elecciones próximas por falta de su apoyo, o conservar su apoyo por el prestigio de convenios artificiales, obtenidos a fuerza de poder, viene a juntarse, reuniendo el interés general del partido, al constante y creciente del candidato que busca programa a la ocasión de influjo excepcional que ofrece al pueblo que lo espera y prepara desde sus albores, el período de mudanza en que, por desesperación de su esclavitud unos, y por el empuje de la vida los otros, entran los pueblos más débiles e infelices de América, que son, fuera de México, tierra de fuerza original, los pueblos más cercanos a los Estados Unidos. Así el que comenzó por ser ardid prematuro de un aspirante diestro, viene a ser, por la conjunción de los cambios, y aspiraciones a la vida de los pueblos del golfo, de la necesidad urgente de los proteccionistas, y del interés de un candidato ágil que pone a su servicio la leyenda, el planteamiento desembozado de la era del predominio de los Estados Unidos sobre los pueblos de la América.

Y es lícito afirmar esto, a pesar de la aparente mansedumbre de la convocatoria, porque a esta, que versa sobre las relaciones de los Estados Unidos con los demás pueblos americanos, no se la puede ver como desligada de las relaciones, y tentativas, y atentados confesos, de los Estados Unidos en la América, en los instantes mismos de la reunión de sus pueblos sino que por lo que son estas relaciones presentes se ha de entender cómo serán, y para qué, las venideras; y luego de inducir la naturaleza y objeto de las amistades proyectadas, habrá de estudiarse a cuál de las dos Américas convienen, y si son absolutamente necesarias para su paz y vida común, o si estarán mejor como amigas naturales sobre bases libres, que como coro sujeto a un pueblo de intereses distintos, composición híbrida y problemas pavorosos, resuelto a entrar, antes de tener arreglada su casa, en desafío arrogante, y acaso pueril, con el mundo. Y cuando se determine si los pueblos que han sabido fundarse por sí, y mejor mientras más lejos, deben abdicar su soberanía en favor del que con más obligación de ayudarles no les ayudó jamás, o si conviene poner clara, y donde el universo la vea, la determinación de vivir en la salud de la verdad, sin alianzas innecesarias con un pueblo agresivo de otra composición y fin, antes de que la demanda de alianza forzosa se encone y haga caso de vanidad y punto de honra nacional, —lo que habrá de estudiarse serán los elementos del congreso, en sí y en lo que de afuera influye él, para augurar si son más las probabilidades de que se reconozcan, siquiera sea para recomendación, los títulos de patrocinio y prominencia en el continente, de un pueblo que comienza a mirar como privilegio suyo la libertad, que es aspiración universal y perenne del hombre, y a invocarla para privar a los pueblos de ella—, o de que en esta primera tentativa de dominio, declarada en el exceso impropio de sus pretensiones, y en los trabajos coetáneos de expansión territorial e influencia desmedida, sean más, si no todos, como debieran ser los pueblos que, con la entereza de la razón y la seguridad en que están aún, den noticia decisiva de su renuncia a tomar señor, que los que por un miedo a que solo habrá causa cuando hayan empezado a ceder y reconocido la supremacía, se postren, en vez de esquivarlo con habilidad, al paso del Juggernaut desdeñoso, que adelanta en triunfo entre turiferarios alquilones de la tierra invasora aplastando cabezas de siervos.

El *Sun* de Nueva York lo dijo ayer: «El que no quiera que lo aplaste el Juggernaut, súbase en su carro». Mejor será cerrarle al carro el camino.

Para eso es el genio: para vencer la fuerza con la habilidad. Al carro se subieron los tejanos, y con el incendio a la espalda, como zorros rabiosos, o con los muertos de la casa a la grupa, tuvieron que salir, descalzos y hambrientos, de su tierra de Texas.

JOSÉ MARTÍ

La Nación. Buenos Aires, 19 de diciembre de 1889

II

Nueva York, 2 de noviembre de 1889

Señor Director de *La Nación*:

Y, a ver las cosas en la superficie, no habría causa para estas precauciones, porque de las ocho proposiciones de la convocatoria, la primera y la última mandan tratar de todo lo que en general sea para el bien de los pueblos de América, que es cosa que cada pueblo nuestro ha buscado por sí, en cuanto se quitó el polvo de las ruinas en que vino al mundo; y de las seis restantes, una es para criar vapores, que no han necesitado en nuestra América de empolladura de congresos, porque Venezuela dio sueldo a los cascos de los Estados Unidos en cuanto tuvo qué mandar, y cómo pagar; y Centroamérica, con estar en pañales, lo mismo; y México ha puesto sobre sus pies con sus pesos mestizos a dos compañías rubias de vapores, cuando no pensaba en su prole necesitada la superioridad rubia; y es patente que no hay por qué hacer con guía de otros aquello de que se le ha dado al guía lección adelantada. Otra proposición es recomendable; porque entre pueblos llanos y amigos no debe haber fórmulas nimias ni diversas, y conviene a todos que sean unas las de los documentos mercantiles, y las de despachos de aduana, así como lo de la propuesta que sigue, sobre uniformidad de pesas y medidas, y leyes sobre marcas y privilegios, y sobre extradición de criminales.

Ni la idea de la moneda común es de temer, porque cuanto ayude al trato de los pueblos es un favor para su paz, y una causa menos de encono y recelo, y si se puede acordar, con un sistema de descuentos fijos o con el reconocimiento de un valor convencional, el valor relativo y constante de la plata de diversos cuños, no hay por qué estorbar el comercio sano y apetecible con la fluctuación de la moneda, ni de negar en un tanto al peso de menos plata, el crédito que entre pueblos amigos se concede al peso nominal de papel. Ni sería menos que excelente la proposición del arbitraje, caso de que no fuera con la reserva mental del *Herald* de Nueva York, que no es diario que habla sin saber, y dice que todavía no es hora de pensar en el protectorado sobre la América: sino que eso se ha de dejar para cuando estén las cosas bien fortificadas; y sea tanta la marina que vuelva vencedora de una guerra europea, y entonces, con el crédito del triunfo, será la ocasión de intentar «lo que ha de ser, pero que por falta de fuerzas no se ha de intentar ahora». Excelente cosa sería el arbitraje, si en estos mismos meses hubiesen dado pruebas de quererlo realmente los Estados Unidos en su vecindad, proponiéndolo a los dos bandos de Haití, en vez de proveer de armas al bando que le ha ofrecido cederle la península de San Nicolás, para echar del país al gobierno legítimo, que no se la quiso ceder. El arbitraje sería cosa excelente, si no hubieran de estar sometidas las cuestiones principales de América, que han de ser dentro de poco, si a tiempo no se ordenan, las de las relaciones con el pueblo de Estados Unidos, de intereses distintos en el universo, y contrarios en el continente, a los de los pueblos americanos, a un tribunal en que, por aquellas maravillas que dieron en México el triunfo a Cortés, y en Guatemala a Alvarado, no fuera de temer, y aun de asegurar que, con el poder de la bolsa, o el del deslumbramiento, tuviera el león más votos que los que pudieran oponer al coro de ovejas, el potro valeroso o el gamo infeliz. Cosa excelente sería el arbitraje, si fuera de esperar que en la plenitud de su pujanza sometiera a él sus apetitos la república que, aún adolescente, mandaba a los hermanos generosos que dejasen al hermano sin libertar, y que le respetasen su presa.

De una parte hay en América un pueblo que proclama su derecho de propia coronación a regir, por moralidad geográfica, en el continente, y anuncia, por boca de sus estadistas, en la prensa y en el púlpito, en el banquete y en el congreso, mientras pone la mano sobre una isla y trata de comprar otra, que todo el norte de América ha de ser suyo, y se le ha de reconocer derecho imperial del istmo abajo, y de otra están los pueblos de origen y fines diversos, cada día más ocupados y menos recelosos, que no tienen más enemigo real que su propia ambición, y la del vecino que los convida a ahorrarle el trabajo de quitarles mañana por la fuerza lo que le pueden dar de grado ahora. ¿Y han de poner sus negocios los pueblos de América en manos de su único enemigo, o de ganarle tiempo, y poblarse, y unirse, y merecer definitivamente el crédito y respeto de naciones, antes de que ose demandarles la sumisión el vecino a quien, por las lecciones de adentro o las de afuera, se le puede moderar la voluntad, o educar la moral política, antes de que se determine a incurrir en el riesgo y oprobio de echarse, por la razón de estar en un mismo continente, sobre pueblos decorosos, capaces, justos, y como él, prósperos y libres?

Ni fuera para alarmar la propuesta de la unión aduanera, que permitiría la entrada libre de lo de cada país en todos los de la unión; porque con enunciarla se viene abajo, pues valdría tanto como ponerse a modelar de nuevo y aprisa quince pueblos para buscar acomodo a los sobrantes de un amigo a quien le ha entrado con apremio la necesidad, y quiere que en beneficio de él los vecinos se priven de todo, o de casi todo, lo que tienen compuesto en una fábrica de años para los gastos de la casa: porque tomar sin derechos lo de los Estados Unidos, que elaboran, en sus talleres cosmopolitas, cuanto conoce y da el mundo, fuera como echar al mar de un puñado la renta principal de las aduanas, mientras que los Estados Unidos seguirían cobrando poco menos que todas las suyas, como de lo que les viene de América no pasan de cinco los artículos valiosos y gravados al entrar: sobre que sería inmoral e ingrato, caso de ser posible por las obligaciones previas, despojar del derecho de vender en los países de América sus productos baratos a los pueblos que sin pedirles sumisión política les adelantan caudales y les conceden créditos, para poner en condición de vender sus productos caros e inferiores a un pueblo que no abre créditos ni adelanta caudales, sino donde hay minas abiertas y provechos visibles, y exige además la sumisión.

¿A qué ir de aliados, en lo mejor de la juventud, en la batalla que los Estados Unidos se preparan a librar con el resto del mundo? ¿Por qué han de pelear sobre las repúblicas de América sus batallas con Europa, y ensayar en pueblos libres su sistema de colonización? ¿Por qué tan deseosos de entrar en la casa ajena, mientras los que quieren echar de ella se les están entrando en la propia? ¿Por qué ajustar en la sala del congreso proyectos de reciprocidad con todos los pueblos americanos cuando un proyecto de reciprocidad, el de México, ajustado entre los dos gobiernos con ventajas mutuas, espera en vano de años atrás la sanción del congreso, porque se oponen a él, con detrimento de interés general de la Nación, los intereses especiales heridos en el tratado?

En 1883, mientras iba la comisión convidando al congreso internacional ¿no se cerraron las puertas, para contentar a los criadores nativos, a las lanas sudamericanas? ¿No quiere el senado aumentar hoy mismo, cara a cara del congreso internacional, el gravamen de la lana de alfombras de los pueblos a quienes se invita a recibir sin derechos, y a consumir de preferencia los productos de un país que le excluye los suyos? ¿No acaba la Secretaría de Hacienda, mientras andan de convivialidades los panamericanos en Kentucky, de confirmar el derecho prohibitivo del plomo de México, a quien llama a tratar sobre la entrada libre de los productos del norte en la república mexicana, que ya les tiene acordada la entrada libre, y solo espera a que la permita por su parte el congreso de los Estados Unidos? ¿No están levantando protestas los estancieros del oeste contra las compañías de vapores, que quieren valerse del partido que los estancieros ayudaron a vencer, para traer de venta de Sudamérica al este, con el dinero nacional, reses vivas y carnes frescas más baratas que las que pueden mandar del oeste por los ferrocarriles los estancieros de la nación? ¿Y a qué se convida a Chile, que exporta cobre, si el cobre del país, que ayudó tanto a los republicanos, les exige la condición, que fue cerrar la entrada al cobre? ¿Y los azucareros, para qué trajeron a los republicanos al poder, sino para que les cerraran las puertas al azúcar?

O se priva el gobierno republicano del apoyo de los proteccionistas que lo eligieron para que los mantuviese en su granjería, —lo que fuera sacrificio inútil, porque el congreso federal, que es de las empresas, reprobaría la deserción del gobierno. O se convida a los pueblos americanos a sabiendas, con la esperanza vaga de recobrar concesiones que los entraban para el porvenir, a formular tratados que de antemano desechan los poderes a quienes cumpliría ejecutarlos, y los intereses que los encumbraron al gobierno. O se espera reducir al congreso internacional, por artificios de política, y componendas con los pueblos deslumbrados y temerosos, a recomendaciones que funden el derecho eminente que se arrogan sobre América los Estados Unidos. O se les usa con suave discreción, en esperanzas de tiempos más propicios, de manera que sus acuerdos generales y admisiones corteses pasen ante los proteccionistas ansiosos y ante el país engolosinado con la idea de crecer, como premio de la obra mayor del protectorado decisivo sobre América, que no debe realizar el estadista mágico desde su cárcel de la secretaría, sino en el poder y autoridad de la presidencia. Eso dice el *Herald.*

«¡Como que nos parece que este congreso no viene a ser más que una jugada política, una exhibición pirotécnica del estadista magnético, un movimiento brillante de estrategia anticipada para las próximas elecciones a la presidencia!». «A las compañías de vapores que ayudaron a ponerlo donde está es a quienes quiere contentar Blaine, —dice el *Evening Post,*— si ese congreso acuerda algunas recomendaciones vagas sobre la conveniencia de subvencionar líneas de vapores, y junta su tanto correspondiente de luz de luna sobre la fraternidad de los pueblos y las bellezas del arbitraje, a la horca se puede ir el congreso, que ya ha hecho lo que las compañías querían que hiciese». «Por cuanto se ve, va a parar este congreso en una gran caza de subvenciones para vapores», dice el *Times.* Toda esta fábrica pomposa levantada por los Estados Unidos es una divertidísima paradoja nacional: ¿«no pone en riesgo», dice el *Herald* de Filadelfia, «nuestra fama de pueblo sensato e inteligente»? Y el *Herald* de Nueva York comenta así: «¡Magnífico anuncio para Blaine!».

Pero el congreso comprenderá la propiedad de desvanecerse en cuanto le sea posible. En tanto, el gobierno de Washington se prepara a declarar su posesión de la península de San Nicolás, y acaso, si el ministro Douglas negocia con éxito, su protectorado sobre Haití: Douglas lleva, según rumor no desmentido, el encargo de ver cómo inclina a Santo Domingo al protectorado: el ministro Palmer negocia a la callada en Madrid la adquisición de Cuba: el ministro Migner, con escándalo de México, azuza a Costa Rica contra México de un lado y Colombia de otro: las empresas norteamericanas se han adueñado de Honduras: y fuera de saber si los hondureños tienen en la riqueza del país más parte que la necesaria para amparar a sus consorcios y si está bien a la cabeza de un diario del gobierno un anexionista reconocido: por los provechos del canal, las visiones del progreso, están con las dos manos en Washington, Nicaragua y Costa Rica; un pretendiente a la presidencia hay en Costa Rica, que prefiere a la unión de Centroamérica la anexión a los Estados Unidos: no hay amistad más ostensible que la del presidente de Colombia para el congreso y sus planes: Venezuela aguarda entusiasta a que Washington saque de la Guayana a Inglaterra, que Washington no se puede sacar del Canadá: a que confirme gratuitamente en la posesión de un territorio a un pueblo de América, el país que en ese mismo instante fomenta una guerra para quitarle la joya de su comarca y la llave del golfo de México a otro pueblo americano; el país que rompe en aplausos en la casa de representantes cuando un Chipman declara que es ya tiempo de que ondee la bandera de las estrellas en Nicaragua como un Estado más del Norte.

Y el *Sun* dice así: «Compramos a Alaska ¡sépase de una vez! para notificar al mundo que es nuestra determinación formar una unión de todo el norte del continente con la bandera de las estrellas flotando desde los hielos hasta el istmo, y de océano a océano». Y el *Herald* dice: «La visión de un protectorado sobre las repúblicas del sur llegó a ser idea principal y constante de Henry Clay». El *Mail and Express,* amigo íntimo de Harrison, por una razón, y de Blaine por otra, llama a Blaine «el sucesor de Henry Clay, del gran campeón de las ideas americanas». «No queremos más que ayudar a la prosperidad de esos pueblos», dice el *Tribune.* Y en otra parte dice hablando de otro querer: «Esos pueden ser resultados definitivos y remotos de la política general que deliberadamente adoptaron ambos partidos en el congreso». «No estamos listos todavía para ese movimiento», dice el *Herald:* «Blaine se adelanta a los sucesos como unos cincuenta años». ¡A crecer, pues, pueblos de América, antes de los cincuenta años!

Nótase, pues, en la opinión escrita, mirando a lo hondo, una como idea táctica e imperante, visible en el mismo cuidado que ponen los más justos en no herirla de frente, como que nadie tacha de inmoral, ni de trabajo de salteador, aunque lo sería, la intentona de llevar por América en los tiempos modernos la civilización ferrocarrilera como Pizarro llevó la fe de la cruz; y la censura está a lo más en no hablar de las acciones por venir, ya porque, en lo real del caso de Haití, iniciaron los demócratas, a pesar de su moderación, la misma política de conquista de los republicanos, y fueron los demócratas en verdad los que con la compra de la Luisiana la inauguraron bajo Jefferson, ya porque la prensa vive de oír, y de obedecer la opinión más que de guiarla, por lo cual no osa condenar las alegaciones con que pudiera enriquecerse el país, aunque luego de hechas no haya de faltar quien las tache de crimen, como a la de Texas, que llaman crimen a secas Dana, y Janvier, y los biógrafos de Lincoln, por más que fuera mejor impedirlas antes de ser, que lamentarlas cuando han sido. Pero sí ha de notarse, porque es, que en lo más estimable de la prensa se pone de realce la imposibilidad de que el congreso venga a fines reales de comercio, por la oposición de soberanía de cada país con el rendimiento de ella que el congreso exige, y la de la política de las concesiones recíprocas que la convocatoria apunta, con la de resistencia a la reciprocidad, a que de raíz están obligados los que reúnen a los pueblos de América para fingir, por aparato eleccionario o fin oculto, que la violan. El *Times,* el *Post,* el *Luck,* el *Harper,* el *Advertiser,* el *Herald,* tienen a bomba de jabón y a escenografía ridícula, la junta de naciones congregadas para que entren en liga contra el universo, en favor de un partido que no puede entrar en la liga a que convida, ni hacer, sin morir, lo que insta a sus asociados que hagan.

Blaine mismo, conoce que para el triunfo del mito en las elecciones, basta con que una semejanza de éxito, excusada de no ir a más por estarse al principio de la obra, alimente la fe que viene de Adams a Cutting, y estima que con el hecho del congreso, por el poder de la luz sobre los ojos débiles, ha de quedar realmente favorecida; pero muestra el temor de que se espere del congreso, por la mucha necesidad de las industrias, más de lo que ha de dar, que nada puede ser en esto del comercio sobre las bases proteccionistas de ahora, por lo que a tiempo hace saber, por un hijo hoy, y por un diario mañana, que no espera de la junta, en lo que se vea, sino preliminares de la fusión que ha de venir, y más resistencia que allegamiento, o allegamientos preparatorios. La política de la dignidad tiene, pues, por aliados voluntarios y valiosos, en el mismo país hostil, a los que por llevar la dignidad en sí no conciben que pueda faltar en aquellos en quienes se ataca. Ni el que sacaría más provecho de la falta de ella osa esperar que falte.

Y es voz unánime que el congreso no ha de ser más que junta nula, o bandera de la campaña presidencial, o pretexto de una cacería de subvenciones. Esto aguardan de los pueblos independientes de América los que, conocedores del bien de la independencia, no conciben que se pueda, sin necesidad mortal, abdicar de él. ¿Se entrarán, de rodillas, ante el amo nuevo, las islas del golfo? ¿Consentirá Centroamérica en partirse en dos, con la cuchillada del canal en el corazón, o en unirse por el sur, como enemiga de México, apoyada por el extranjero que pesa sobre México en el norte, sobre un pueblo de los mismos intereses de Centroamérica, del mismo destino, de la misma raza? ¿Empeñará, venderá Colombia su soberanía? ¿Le limpiarán el istmo de obstáculos a Juggernaut, los pueblos libres, que moran en él, y se subirán en su carro, como se subieron los mexicanos de Texas? ¿Por la esperanza de apoyo contra el extranjero de Europa, que por un espejismo de progreso, excusable solo en mente aldeana, favorecerá Venezuela el predominio del extranjero más temible, por más interesado y cercano, que anuncia que se ha de clavar, y se clava a sus ojos, por toda la casa de América? ¿O debe llegar la admiración por los Estados Unidos hasta prestar la mano al novillo apurado, como la campesina de *La Terre*?

Eso de la admiración ciega, por pasión de novicio o por falta de estudio, es la fuerza mayor con que cuenta en América la política que invoca, para dominar en ella, un dogma que no necesita en los pueblos americanos de ajena invocación, porque de siglos atrás, aún antes de entrar en la niñez libre, supieron rechazar con sus pechos al pueblo más tenaz y poderoso de la tierra: y luego le han obligado al respeto por su poder natural, y la prueba de su capacidad, solos. ¿A qué invocar, para extender el dominio en América, la doctrina que nació tanto de Monroe como de Canning, para impedir en América el dominio extranjero, para asegurar a la libertad un continente? ¿O se ha de invocar el dogma contra un extranjero para traer a otro? ¿O se quita la extranjería, que está en el carácter distinto, en los distintos intereses, en los propósitos distintos, por vestirse de libertad, y privar de ella con los hechos, —o porque viene con el extranjero el veneno de los empréstitos, de los canales, de los ferrocarriles? ¿O se ha de pujar la doctrina en toda su fuerza sobre los pueblos débiles de América, el que tiene al Canadá por el Norte, y a las Guayanas y a Bélice por el Sur, y mandó mantener, y mantuvo a España y le permitió volver, a sus propias puertas, al pueblo americano de donde había salido?

¿A qué fingir miedos de España, que para todo lo que no sea exterminar a sus hijos en las Antillas está fuera de América, y no la puede recobrar por el espíritu, porque la hija se le adelanta a par del mundo nuevo, ni por el comercio, porque no vive la América de pasas y aceitunas, ni tiene España en los pueblos americanos más influjo que el que pudiera volver a darle, por causas de raza y de sentimientos, el temor o la antipatía o la agresión norteamericana? ¿O los pueblos mayores de América, que tienen la capacidad y la voluntad de resistirla, se verían abandonados y comprometidos por las repúblicas de su propia familia que se les debían allegar, para detener, con la fuerza del espíritu unificado, al adversario común, que pudo mostrar su pasión por la libertad ayudando a Cuba a conquistarla de España, en vez de ayudar contra la libertad a España, que le profanó sus barcos, y le tasó a doscientos pesos las cabezas que quitó a balazos a sus hijos? ¿O son los pueblos de América estatuas de ceguedad, y pasmos de inmundicia?

La admiración justa por la prosperidad de los hombres liberales y enérgicos de todos los pueblos, reunidos a gozar de la libertad, obra común del mundo, en una extensión segura, varia y virgen, no ha de ir hasta excusar los crímenes que atenten contra la libertad el pueblo que se sirve de su poder y de su crédito para crear en forma nueva el despotismo. Ni necesitan ir de pajes de un pueblo los que en condiciones inferiores a las suyas han sabido igualarlo y sobrepujarlo. Ni tienen los pueblos libres de América razón para esperar que les quite de encima al extranjero molesto el pueblo que acudió con su influjo a echar de México al francés, traído acaso por el deseo de levantarle valla al poder sajón en el equilibrio descompuesto del mundo, cuando el francés de México le amenazaba por el sur con la alianza de los estados rebeldes, de alma aún latina; el pueblo que por su interés echó al extranjero europeo de la república libre a que arrancó en una guerra criminal una comarca que no le ha restituido. Walker fue a Nicaragua por los Estados Unidos; por los Estados Unidos, fue López a Cuba. Y ahora cuando ya no hay esclavitud con que excusarse, está en pie la liga de Anexión; habla Allen de ayudar a la de Cuba; va Douglas a procurar la de Haití y Santo Domingo; tantea Palmer la venta de Cuba en Madrid; fomentan en las Antillas la anexión con raíces en Washington, los diarios vendidos de Centroamérica;

y en las Antillas menores, dan cuenta incesante los diarios del norte del progreso de la idea anexionista; insiste Washington en compeler a Colombia a reconocerle en el istmo derecho dominante, y privarle de la facultad de tratar con los pueblos sobre su territorio; y adquieren los Estados Unidos, en virtud de la guerra civil que fomentaron, la península de San Nicolás en Haití. Unos dan «el sueño de Clay» por cumplido. Otros creen que se debe esperar medio siglo más: otros, nacidos en la América española, creen que se debe ayudarlo.

El congreso internacional será el recuento del honor, en que se vea quiénes defienden con energía y mesura la independencia de la América española, donde está el equilibrio del mundo; o si hay naciones capaces, por el miedo o el deslumbramiento, o el hábito de servidumbre o el interés de consentir, sobre el continente ocupado por dos pueblos de naturaleza y objeto distintos, en mermar con su deserción las fuerzas indispensables, y ya pocas, con que podrá a la familia de una nacionalidad contener con el respeto que imponga y la cordura que demuestre, la tentativa del predominio, confirmada por los hechos coetáneos, de un pueblo criado en la esperanza de la dominación continental, a la hora en que se pintan, en apogeo común, el ansia de mercados de sus industrias pletóricas, la ocasión de imponer a naciones lejanas y a vecinos débiles el protectorado ofrecido en las profecías, la fuerza material necesaria para el acometimiento, y la ambición de un político rapaz y atrevido.

JOSÉ MARTÍ

La Nación. Buenos Aires, 20 de diciembre de 1889

MADRE AMÉRICA*

Señoras y señores:

Apenas acierta el pensamiento, a la vez trémulo y desbordado, a poner, en la brevedad que le manda la discreción, el júbilo que nos rebosa de las almas en esta noche memorable. ¿Qué puede decir el hijo preso, que vuelve a ver a su madre por entre las rejas de su prisión? Hablar es poco, y es casi imposible, más por el íntimo y desordenado contento, por la muchedumbre de recuerdos, de esperanzas y de temores, que por la certeza de no poder darles expresión digna. Indócil y mal enfrenada ha de brotar la palabra de quien, al ver en torno suyo, en la persona de sus delegados ilustres, los pueblos que amamos con pasión religiosa; al ver cómo, por mandato de secreta voz, los hombres se han puesto como más altos para recibirlos, y las mujeres como más bellas; al ver el aire tétrico y plomizo animado como de sombras, sombras de águilas que echan a volar, de cabezas que pasan moviendo el penacho consejero, de tierras que imploran, pálidas y acuchilladas, sin fuerzas para sacarse el puñal del corazón, del guerrero magnánimo del Norte, que da su mano de admirador, desde el pórtico de Mount Vernon, al héroe volcánico del Sur, intenta en vano recoger, como quien se envuelve en una bandera, el tumulto de sentimientos que

---

* Pronunciado en la velada artístico-literaria de la Sociedad Literaria Hispanoamericana el 19 de diciembre de 1889, a la que asistieron los delegados a la Conferencia Internacional Americana.

se le agolpa al pecho, y solo halla estrofas inacordes y odas indó-
mitas para celebrar, en la casa de nuestra América, la visita de la
madre ausente, —para decirle, en nombre de hombres y de mu-
jeres, que el corazón no puede tener mejor empleo que darse, todo,
a los mensajeros de los pueblos americanos. ¿Cómo podremos pa-
gar a nuestros huéspedes ilustres esta hora de consuelo? ¿A qué
hemos de esconder, con la falsía de la ceremonia, lo que se nos está
viendo en los rostros? Pongan otros florones y cascabeles y franjas
de oro a sus retóricas; nosotros tenemos esta noche la elocuencia
de la Biblia, que es la que mana, inquieta y regocijada como el
arroyo natural, de la abundancia del corazón. ¿Quién de nosotros
ha de negar, en esta noche en que no se miente, que por muchas
raíces que tengan en esta tierra de libre hospedaje nuestra fe, o
nuestros afectos, o nuestros hábitos, o nuestros negocios, por tibia
que nos haya puesto el alma la magia infiel del hielo, hemos sen-
tido, desde que supimos que estos huéspedes nobles nos venían a
ver, como que en nuestras casas había más claridad, como que
andábamos a paso más vivo, como que éramos más jóvenes y ge-
nerosos, como que nuestras ganancias eran mayores y seguras, como
que en el vaso seco volvía a nacer flor? Y si nuestras mujeres quie-
ren decirnos la verdad, ¿no nos dicen, no nos están diciendo con
sus ojos leales, que nunca pisaron más contentos la nieve ciertos
pies de hadas; que algo que dormía en el corazón, en la ceguera de
la tierra extraña, se ha despertado de repente; que un canario ale-
gre ha andado estos días entrando y saliendo por las ventanas, sin
temor al frío, con cintas y lazos en el pico, yendo y viniendo sin cesar,
porque para esta fiesta de nuestra América ninguna flor parecía
bastante fina y primorosa? Esta es la verdad. A unos nos ha echa-
do aquí la tormenta; a otros, la leyenda; a otros, el comercio, a
otros, la determinación de escribir, en una tierra que no es libre
todavía, la última estrofa del poema de 1810; a otros les mandan
vivir aquí, como su grato imperio, dos ojos azules. Pero por gran-
de que esta tierra sea, y por ungida que esté para los hombres libres
la América en que nació Lincoln, para nosotros, en el secreto de
nuestro pecho, sin que nadie ose tachárnoslo ni nos lo pueda tener
a mal, es más grande, porque es la nuestra y porque ha sido más
infeliz, la América en que nació Juárez.

De lo más vehemente de la libertad nació en días apostólicos
la América del Norte. No querían los hombres nuevos, coronados

de luz, inclinar ante ninguna otra su corona. De todas partes, al ímpetu de la frente, saltaba hecho pedazos, en las naciones nacidas de la agrupación de pueblos pequeños, el yugo de la razón humana, envilecida en los imperios creados a punta de lanza, o de diplomacia, por la gran república que se alocó con el poder; nacieron los derechos modernos de las comarcas pequeñas y autóctonas; que habían elaborado en el combate continuo su carácter libre, y preferían las cuevas independientes a la prosperidad servil. A fundar la república le dijo al rey que venía, uno que no se le quitaba el sombrero y le decía de tú. Con mujeres y con hijos se fían al mar, y sobre la mesa de roble del camarín fundan su comunidad, los cuarenta y uno de la «Flor de Mayo». Cargan mosquetes, para defender las siembras; el trigo que comen, lo aran; suelo sin tiranos es lo que buscan, para el alma sin tiranos. Viene, de fieltro y blusón, el puritano intolerante e integérrimo, que odia el lujo, porque por él prevarican los hombres; viene el cuáquero, de calzas y chupa, y con los árboles que derriba, levanta la escuela; viene el católico, perseguido por su fe, y funda un Estado donde no se puede perseguir por su fe a nadie; viene el caballero, de fusta y sombrero de plumas, y su mismo hábito de mandar esclavos le da altivez de rey para defender su libertad. Alguno trae en su barco una negrada que vender, o un fanático que quema a las brujas, o un gobernador que no quiere oír hablar de escuelas; lo que los barcos traen es gente de universidad y de letras, suecos místicos, alemanes fervientes, hugonotes francos, escoceses altivos, bátavos económicos; traen arados, semillas, telares, arpas, salmos, libros. En la casa hecha por sus manos vivían, señores y siervos de sí propios; y de la fatiga de bregar con la naturaleza se consolaba el colono valeroso al ver venir, de delantal y cofia, a la anciana del hogar, con la bendición en los ojos, y en la mano la bandeja de los dulces caseros, mientras una hija abría el libro de los himnos, y preludiaba otra en el salterio o en el clavicordio. La escuela era de memoria y azotes; pero el ir a ella por la nieve era la escuela mejor. Y cuando, de cara al viento, iban de dos en dos por los caminos, ellos de cuero y escopeta, ellas de bayeta y devocionario, a oír iban al reverendo nuevo, que le negaba al gobernador el poder en las cosas privadas de la religión; iban a elegir sus jueces, o a residenciarlos. De afuera no venía la casta inmunda. La autoridad era de todos, y la daban a quien se la querían dar. Sus ediles elegían, y sus gobernadores. Si le pesaba al gobernador convocar el consejo, por sobre él lo convocaban los «hombres libres». Allá, por los bosques, el aventurero taciturno caza hombres y lobos, y no duerme bien sino cuando tiene de almohada un tronco recién caído o un indio muerto. Y en las mansiones solariegas del Sur todo es minué y bujías, y coro de negros cuando viene el coche del señor, y copa de plata para el buen Madera. Pero no había acto de la vida que no fuera pábulo de la libertad en las colonias republicanas que, más que cartas reales, recibieron del rey certificados de independencia. Y cuando el inglés, por darla de amo, les impone un tributo que ellas no se quieren imponer, el guante que le echaron al rostro las colonias fue el que el inglés mismo había puesto en sus manos. A su héroe, le traen el caballo a la puerta. El pueblo que luego había de negarse a ayudar, acepta ayuda. La libertad que triunfa es como él, señorial y sectaria, de puño de encaje y de dosel de terciopelo, más de la localidad que de la humanidad, una libertad que bambolea, egoísta e injusta, sobre los hombros de una raza esclava, que antes de un siglo echa en tierra las andas de una sacudida; ¡y surge, con un hacha en la mano, el leñador de ojos piadosos, entre el estruendo y el polvo que levantan al caer las cadenas de un millón de hombres emancipados! Por entre los cimientos desencajados en la estupenda convulsión se pasea, codiciosa y soberbia, la victoria; reaparecen, acentuados por la guerra, los factores que constituyeron la nación; y junto al cadáver del caballero, muerto sobre sus esclavos, luchan por el predominio en la república, y en el universo, el peregrino que no consentía señor sobre él, ni criado bajo él, ni más conquistas que la que hace el grano en la tierra y el amor en los corazones, —y el aventurero sagaz y rapante, hecho a adquirir y adelantar en la selva, sin más ley que su deseo, ni más límite que el de su abrazo, compañero solitario y temible del leopardo y el águila.

Y ¿cómo no recordar, para gloria de los que han sabido vencer a pesar de ellos, los orígenes confusos, y manchados de sangre, de nuestra América, aunque al recuerdo leal, y hoy más que nunca necesario, le pueda poner la tacha de vejez inoportuna aquel a quien la luz de nuestra gloria, de la gloria de nuestra independencia, estorbase para el oficio de comprometerla o rebajarla? Del arado nació la América del Norte, y la Española, del perro de presa. Una guerra fanática sacó de la poesía de sus palacios aéreos al moro debilitado en la riqueza, y la soldadesca sobrante, criada con el vino crudo y el odio a los herejes, se echó, de coraza y arcabuz, sobre el indio de peto de algodón. Llenos venían los barcos de caballeros de media loriga, de segundones desheredados, de alféreces rebeldes, de licenciados y clérigos hambrones. Traen culebrinas, rodelas, picas, quijotes, capacetes, espaldares, yelmos, perros. Ponen la espada a los cuatro vientos, declaran la tierra del rey, y entran a saco en los templos de oro. Cortés atrae a Moctezuma al palacio que debe a su generosidad o a su prudencia, y en su propio palacio lo pone preso. La simple Anacaona convida a su fiesta a Ovando, a que viera el jardín de su país, y sus danzas alegres, y sus doncellas; y los soldados de Ovando se sacan de debajo del disfraz las espadas, y se quedan con la tierra de Anacaona. Por entre las divisiones y celos de la gente india adelanta en América el conquistador; por entre aztecas y tlaxcaltecas llega Cortés a la canoa de Cuauhtémoc; por entre quichés y zutujiles vence Alvarado en Guatemala; por entre tunjas y bogotáes adelanta Quesada en Colombia; por entre los de Atahualpa y los de Huáscar pasa Pizarro en el Perú: en el pecho del último indio valeroso clavan, a la luz de los templos incendiados, el estandarte rojo del Santo Oficio. Las mujeres, las roban. De cantos tenía sus caminos el indio libre, y después del español no había más caminos que el que abría la vaca husmeando el pasto, o el indio que iba llorando en su treno la angustia de que se hubiesen vuelto hombres los lobos. Lo que come el encomendero, el indio lo trabaja; como flores que se quedan sin aroma, caen muertos los indios; con los indios que mueren se ciegan las minas. De los recortes de las casullas se hace rico un sacristán. De paseo van los señores; o a quemar en el brasero el estandarte del rey; o a cercenarse las cabezas por peleas de virreyes y oidores, o celos de capitanes; y al pie del estribo lleva el amo dos indios de pajes, y dos mozos de espuela. De España nombran el virrey, el regente, el cabildo. Los cabildos que hacían, los firmaban con el hierro con que herraban las vacas. El alcalde manda que no entre el gobernador en la villa, por los males que le tiene hechos a la república, y que los regidores se persignen al entrar en el cabildo, y que al indio que eche el caballo a galopar se le den veinticinco azotes. Los hijos que nacen, aprenden a leer en carteles de toros y en décimas de salteadores. «Quimeras despreciables» les enseñan en los colegios de entes y categorías. Y cuando la muchedumbre se junta en las calles, es para ir de cola de las tarascas que llevan el pregón; o para hablar, muy quedo, de las picanterías de la tapada y el oidor; o para ir a la quema del portugués; cien picas y mosquetes van delante, y detrás los dominicos con la cruz blanca, y los grandes de vara y espadín, con la capilla bordada de hilo de oro; y en hombros los baúles de huesos, con llamas a los lados; y los culpables con la cuerda al cuello, y las culpas escritas en la coraza de la cabeza; y los contumaces con el sambenito pintado de imágenes del enemigo; y la prohombría, y el señor obispo, y el clero mayor; y en la iglesia, entre dos tronos, a la luz vívida de los cirios, el altar negro; afuera, la hoguera. Por la noche, baile. ¡El glorioso criollo cae bañado en sangre, cada vez que busca remedio a su vergüenza, sin más guía ni modelo que su honor, hoy en Caracas, mañana en Quito, luego con los comuneros del Socorro; o compra, cuerpo a cuerpo, en Cochabamba el derecho de tener regidores del país; o muere, como el admirable Antequera, profesando su fe en el cadalso del Paraguay, iluminado el rostro por la dicha; o al desfallecer al pie del Chimborazo, «exhorta a las razas a que afiancen su dignidad». El primer criollo que le nace al español, el hijo de la Malinche, fue un rebelde. La hija de Juan de Mena, que lleva el luto de su padre, se viste de fiesta con todas sus joyas, porque es día de honor para la humanidad, el día en que Arteaga muere! ¿Qué sucede de pronto, que el mundo se para a oír, a maravillarse, a venerar? ¡De debajo de la capucha de Torquemada sale, ensangrentado y acero en mano, el continente redimido! Libres se declaran los pueblos todos de América a la vez. Surge Bolívar, con su cohorte de astros. Los volcanes, sacudiendo los flancos con estruendo, lo aclaman y publican. ¡A caballo, la América entera! Y resuenan en la noche, con todas las estrellas encendidas, por llanos y por montes, los cascos redentores. Hablándoles a sus indios va el clérigo de México. Con la lanza en la boca pasan la corriente desnuda los indios venezolanos. Los rotos de Chile marchan juntos, brazo en brazo, con los cholos del Perú. Con el gorro frigio del liberto van los negros cantando, detrás del estandarte azul. De poncho y bota de potro, ondeando las bolas, van, a escape de triunfo, los escuadrones de gauchos. Cabalgan, suelto el cabello, los pehuenches resucitados, voleando sobre la cabeza la chuza emplumada. Pintados de guerrear vienen tendidos sobre el cuello los araucos, con la lanza de tacuarilla coronada de plumas de colores; y al alba, cuando la luz virgen se derrama por los despeñaderos, se ve a San Martín, allá sobre la nieve, cresta del monte y corona de la revolución, que va, envuelto en su capa de batalla, cruzando los Andes. ¿Adónde va la América y quién la junta y guía? Sola, y como un solo pueblo, se levanta. Sola pelea. Vencerá, sola.

¡Y todo ese veneno lo hemos trocado en savia! Nunca, de tanta oposición y desdicha, nació un pueblo más precoz, más generoso, más firme. Sentina fuimos, y crisol comenzamos a ser. Sobre las hidras, fundamos. La pica de Alvarado, las hemos echado abajo con nuestros ferrocarriles. En las plazas donde se quemaba a los herejes, hemos levantado bibliotecas. Tantas escuelas tenemos como familiares del Santo Oficio tuvimos antes. Lo que no hemos hecho es porque no hemos tenido tiempo para hacerlo, por andar ocupados en arrancarnos de la sangre las impurezas que nos legaron nuestros padres. De las misiones, religiosas e inmorales, no quedan ya más que paredes descascaradas, por donde asoma el búho el ojo, y pasea melancólico el lagarto. Por entre las razas heladas y las ruinas de los conventos y los caballos de los bárbaros se ha abierto paso el americano nuevo, y convida a la juventud del mundo a que levante en sus campos la tienda. Ha triunfado el puñado de apóstoles. ¿Qué importa que, por llevar el libro delante de los ojos, no viéramos, al nacer como pueblos libres, que el gobierno de una tierra híbrida y original, amasada con españoles retaceros y aborígenes torvos y aterrados, más sus salpicaduras de africanos y menceyes, debía comprender, para ser natural y fecundo, los elementos todos que, en maravilloso tropel y por la política superior escrita en la Naturaleza, se levantaron a fundarla? ¿Qué importan las luchas entre la ciudad universitaria y los campos feudales? ¿Qué importa el desdén, repleto de guerras, del marqués lacayo al menestral mestizo? ¿Qué importa el duelo, sombrío y tenaz, de Antonio de Nariño y San Ignacio de Loyola? Todo lo vence, y clava cada día su pabellón más alto, nuestra América capaz e infatigable. Todo lo conquista, de sol en sol, por el poder del alma de la tierra, armoniosa y artística, creada de la música y beldad de nuestra naturaleza, que da su abundancia a nuestro corazón y a nuestra mente la serenidad y altura de sus cumbres; por el influjo secular con que este orden y grandeza ambientes ha compensado el desorden y mezcla alevosa de nuestros orígenes; y por la libertad humanitaria y expansiva, no local, ni de raza, ni de secta, que fue a nuestras repúblicas en su hora de flor, y ha ido después, depurada y cernida, de las cabezas del orbe, —libertad que no tendrá, acaso, asiento más amplio en pueblo alguno— ¡pusiera en mis labios el porvenir el fuego que marca! —que el que se les prepara en nuestras tierras sin límites para el esfuerzo honrado, la solicitud leal y la amistad sincera de los hombres.

De aquella América enconada y turbia, que brotó con las espinas en la frente y las palabras como lava, saliendo, junto con la sangre del pecho, por la mordaza mal rota, hemos venido, a pujo de brazo, a nuestra América de hoy, heroica y trabajadora a la vez, y franca y vigilante, con Bolívar de un brazo y Herbert Spencer de otro; una América sin suspicacias pueriles, ni confianzas cándidas, que convida sin miedo a la fortuna de su hogar a las razas todas, porque sabe que es la América de la defensa de Buenos Aires y de la resistencia del Callao, la América del Cerro de las Campanas y de la Nueva Troya. ¿Y preferiría a su porvenir, que es el de nivelar en la paz libre, sin codicias de lobo ni prevenciones de sacristán, los apetitos y los odios del mundo; preferiría a este oficio grandioso el de desmigajarse en las manos de sus propios hijos, o desintegrarse en vez de unirse más, o por celos de vecindad mentir a lo que está escrito por la fauna y los astros y la Historia, o andar de zaga de quien se le ofreciese de zagal, o salir por el mundo de limosnera, a que le dejen caer en el plato la riqueza temible? ¡Solo perdura, y es para bien, la riqueza que se crea, y la libertad que se conquista, con las propias manos! No conoce a nuestra América quien eso ose temer. Rivadavia, el de la corbata siempre blanca, dijo que estos países se salvarían: y estos países se han salvado. Se ha arado en la mar. También nuestra América levanta palacios, y congrega el sobrante útil del universo oprimido; también doma la selva, y le lleva el libro y el periódico, el municipio y el ferrocarril; también nuestra América, con el Sol en la frente, surge sobre los desiertos coronada de ciudades. Y al reaparecer en esta crisis de elaboración de nuestros pueblos los elementos que lo constituyeron, el criollo independiente es el que domina y se asegura, no el indio de espuela, marcado de la fusta, que sujeta el estribo y le pone adentro el pie, para que se vea de más alto a su señor.

Por eso vivimos aquí, orgullosos de nuestra América, para servirla y honrarla. No vivimos, no, como siervos futuros ni como aldeanos deslumbrados, sino con la determinación y la capacidad de contribuir a que se la estime por sus méritos, y se la respete por sus sacrificios; porque las mismas guerras que de pura ignorancia le echan en cara los que no la conocen, son el timbre de honor de nuestros pueblos, que no han vacilado en acelerar con el abono de su sangre el camino del progreso, y pueden ostentar en la frente sus guerras como una corona. En vano, —faltos del roce y estímulo diario de nuestras luchas y de nuestras pasiones, que nos llegan ¡a mucha distancia! del suelo donde no crecen nuestros hijos— nos convida este país con su magnificencia, y la vida con sus tentaciones, y con sus cobardías el corazón, a la tibieza y al olvido. ¡Donde no se olvida, y donde no hay muerte, llevamos a nuestra América, como luz y como hostia; y ni el interés corruptor, ni ciertas modas nuevas de fanatismo, podrán arrancárnosla de allí! Enseñemos el alma como es a estos mensajeros ilustres que han venido de nuestros pueblos, para que vean que la tenemos honrada y leal, y que la admiración justa y el estudio útil y sincero de lo ajeno, el estudio sin cristales de présbita ni de miope, no nos debilita el amor ardiente, salvador y santo de lo propio; ni por el bien de nuestra persona, si en la conciencia sin paz hay bien, hemos de ser traidores a lo que nos mandan hacer la naturaleza y la humanidad. Y así, cuando cada uno de ellos vuelva a las playas que acaso nunca volvamos a ver, podrá decir, contento de nuestro decoro, a la que es nuestra dueña, nuestra esperanza y nuestra guía: «¡Madre América, allí encontramos hermanos! ¡Madre América, allí tienes hijos!».

NUESTRA AMÉRICA

Cree el aldeano vanidoso que el mundo entero es su aldea, y con tal que él quede de alcalde, o le mortifique al rival que le quitó la novia, o le crezcan en la alcancía los ahorros, ya da por bueno el orden universal, sin saber de los gigantes que llevan siete leguas en las botas y le pueden poner la bota encima, ni de la pelea de los cometas en el Cielo, que van por el aire dormidos engullendo mundos. Lo que quede de aldea en América ha de despertar. Estos tiempos no son para acostarse con el pañuelo a la cabeza, sino con las armas de almohada, como los varones de Juan de Castellanos: las armas del juicio, que vencen a las otras. Trincheras de ideas valen más que trincheras de piedra.

No hay proa que taje una nube de ideas. Una idea enérgica, flameada a tiempo ante el mundo, para, como la bandera mística del juicio final, a un escuadrón de acorazados. Los pueblos que no se conocen han de darse prisa para conocerse, como quienes van a pelear juntos. Los que se enseñan los puños, como hermanos celosos, que quieren los dos la misma tierra, o el de casa chica, que le tiene envidia al de casa mejor, han de encajar, de modo que sean una las dos manos. Los que, al amparo de una tradición criminal, cercenaron, con el sable tinto en la sangre de sus mismas venas, la tierra del hermano vencido, del hermano castigado más allá de sus culpas, si no quieren que les llame el pueblo ladrones, devuélvanle sus tierras al hermano. Las deudas del honor no las cobra el honrado en dinero, a tanto por la bofetada. Ya no podemos ser el pueblo de hojas, que vive en el aire, con la copa cargada de flor, restallando o zumbando, según la acaricie el capricho de la luz, o la tundan y talen las tempestades; ¡los árboles se han de poner en fila, para que no pase el gigante de las siete leguas! Es la hora del recuento, y de la marcha unida, y hemos de andar en cuadro apretado, como la plata en las raíces de los Andes.

A los sietemesinos solo les faltará el valor. Los que no tienen fe en su tierra son hombres de siete meses. Porque les falta el valor a ellos, se lo niegan a los demás. No les alcanza al árbol difícil el brazo canijo, el brazo de uñas pintadas y pulsera, el brazo de Madrid o de París, y dicen que no se puede alcanzar el árbol. Hay que cargar los barcos de esos insectos dañinos, que le roen el hueso a la patria que los nutre. Si son parisienses o madrileños, vayan al Prado, de faroles, o vayan a Tortoni, de sorbetes. ¡Estos hijos de carpintero, que se avergüenza de que su padre sea carpintero! ¡Estos nacidos en América, que se avergüenzan porque llevan delantal indio, de la madre que los crió, y reniegan, ¡bribones!, de la madre enferma, y la dejan sola en el lecho de las enfermedades! Pues, ¿quién es el hombre? ¿el que se queda con la madre, a curarle la enfermedad, o el que la pone a trabajar donde no la vean y vive de su sustento en las tierras podridas, con el gusano de corbata, maldiciendo del seno que lo cargó, paseando el letrero de traidor en la espalda de la casaca de papel? ¡Estos hijos de nuestra América, que ha de salvarse con sus indios, y va de menos a más; estos desertores que piden fusil en los ejércitos de la América del Norte, que ahoga en sangre a sus indios, y va de más a menos! ¡Estos delicados, que son hombres y no quieren hacer el trabajo de hombres! Pues el Washington que les hizo esta tierra ¿se fue a vivir con los ingleses, a vivir con los ingleses en los años en que los veía venir contra su tierra propia? ¡Estos «increíbles» del honor, que lo arrastran por el suelo extranjero, como los increíbles de la Revolución francesa, danzando y relamiéndose, arrastraban las erres!

Ni ¿en qué patria puede tener un hombre más orgullo que en nuestras repúblicas dolorosas de América, levantadas entre las masas mudas de indios, al ruido de pelea del libro con el cirial, sobre los brazos sangrientos de un centenar de apóstoles? De factores tan descompuestos, jamás, en menos tiempo histórico, se han creado naciones tan adelantadas y compactas. Cree el soberbio que la tierra fue hecha para servirle de pedestal, porque tiene la pluma fácil o la palabra de colores, y acusa de incapaz e irremediable a su república nativa, porque no le dan sus selvas nuevas modo continuo de ir por el mundo de gamonal famoso, guiando jacas de Persia y derramando champaña. La incapacidad no está en el país naciente, que pide formas que se le acomoden y grandeza útil, sino en los que quieren regir pueblos originales, de composición singular y violenta, con leyes heredadas de cuatro siglos de práctica libre en los Estados Unidos, de diecinueve siglos de monarquía en Francia. Con un decreto de Hamilton no se le para la pechada al potro del llanero. Con una frase de Sieyés no se desestanca la sangre cuajada de la raza india. A lo que es, allí donde se gobierna, hay que atender para gobernar bien; y el buen gobernante en América no es el que sabe cómo se gobierna el alemán o el francés, sino el que sabe con qué elementos está hecho su país, y cómo puede ir guiándolos en junto, para llegar, por métodos e instituciones nacidas del país mismo, a aquel estado apetecible donde cada hombre se conoce y ejerce, y disfrutan todos de la abundancia que la Naturaleza puso para todos en el pueblo que fecundan con su trabajo y defienden con sus vidas. El gobierno ha de nacer del país. El espíritu del gobierno ha de ser el del país. La forma del gobierno ha de avenirse a la constitución propia del país. El gobierno no es más que el equilibrio de los elementos naturales del país.

Por eso el libro importado ha sido vencido en América por el hombre natural. Los hombres naturales han vencido a los letrados artificiales. El mestizo autóctono ha vencido al criollo exótico. No hay batalla entre la civilización y la barbarie, sino entre la falsa erudición y la naturaleza. El hombre natural es bueno, y acata y premia la inteligencia superior, mientras esta no se vale de su sumisión para dañarle, o le ofende prescindiendo de él, que es cosa que no perdona el hombre natural, dispuesto a recobrar por la fuerza el respeto de quien le hiere la susceptibilidad o le perjudica el interés. Por esta conformidad con los elementos naturales desdeñados han subido los tiranos de América al poder; y han caído en cuanto les hicieron traición. Las repúblicas han purgado en las tiranías su incapacidad para conocer los elementos verdaderos del país, derivar de ellos la forma de gobierno y gobernar con ellos. Gobernante, en un pueblo nuevo, quiere decir creador.

En pueblos compuestos de elementos cultos e incultos, los incultos gobernarán, por su hábito de agredir y resolver las dudas con su mano, allí donde los cultos no aprendan el arte del gobierno. La masa inculta es perezosa, y tímida en las cosas de la inteligencia, y quiere que la gobiernen bien; pero si el gobierno le lastima, se lo sacude y gobierna ella. ¿Cómo han de salir de las universidades los gobernantes, si no hay universidad en América donde se enseñe lo rudimentario del arte del gobierno, que es el análisis de los elementos peculiares de los pueblos de América? A adivinar salen los jóvenes al mundo, con antiparras yanquis o francesas, y aspiran a dirigir un pueblo que no conocen. En la carrera de la política habría de negarse la entrada a los que desconocen los rudimentos de la política. El premio de los certámenes no ha de ser para la mejor oda, sino para el mejor estudio de los factores del país en que se vive. En el periódico, en la cátedra, en la academia, debe llevarse adelante el estudio de los factores reales del país. Conocerlos basta, sin vendas ni ambages; porque el que pone de lado, por voluntad u olvido, una parte de la verdad, cae a la larga por la verdad que le faltó, que crece en la negligencia, y derriba lo que se levanta sin ella. Resolver el problema después de conocer sus elementos es más fácil que resolver el problema sin conocerlos. Viene el hombre natural, indignado y fuerte, y derriba la justicia acumulada de los libros, porque no se la administra en acuerdo con las necesidades patentes del país. Conocer es resolver. Conocer el país, y gobernarlo conforme al conocimiento, es el único modo de librarlo de tiranías. La universidad europea ha de ceder a la universidad americana. La historia de América, de los incas acá, ha de enseñarse al dedillo, aunque no se enseñe la de los arcontes de Grecia. Nuestra Grecia es preferible a la Grecia que no es nuestra. Nos es más necesaria. Los políticos nacionales han de reemplazar a los políticos exóticos. Injértese en nuestras repúblicas el mundo; pero el tronco ha de ser el de nuestras repúblicas. Y calle el pedante vencido; que no hay patria en que pueda tener el hombre más orgullo que en nuestras dolorosas repúblicas americanas.

Con los pies en el rosario, la cabeza blanca y el cuerpo pinto de indio y criollo, vinimos, denodados, al mundo de las naciones. Con el estandarte de la Virgen salimos a la conquista de la libertad. Un cura, unos cuantos tenientes y una mujer alzan en México la república, en hombros de los indios. Un canónigo español, a la sombra de su capa, instruye en la libertad francesa a unos cuantos bachilleres magníficos, que ponen de jefe de Centro América contra España al general de España. Con los hábitos monárquicos, y el Sol por pecho, se echaron a levantar pueblos los venezolanos por el Norte y los argentinos por el Sur. Cuando los dos héroes chocaron, y el continente iba a temblar, uno, que no fue el menos grande, volvió riendas. Y como el heroísmo en la paz es más escaso, porque es menos glorioso que el de la guerra; como al hombre le es más fácil morir con honra que pensar con orden; como gobernar con los sentimientos exaltados y unánimes es más hacedero que dirigir, después de la pelea, los pensamientos diversos, arrogantes, exóticos o ambiciosos; como los poderes arrollados en la arremetida épica zapaban, con la cautela felina de la especie y el peso de lo real, el edificio que había izado, en las comarcas burdas y singulares de nuestra América mestiza, en los pueblos de pierna desnuda y casaca de París, la bandera de los pueblos nutridos de savia gobernante en la práctica continua de la razón y de la libertad; como la constitución jerárquica de las colonias resistía la organización democrática de la República, o las capitales de corbatín dejaban en el zaguán al campo de bota de potro, o los redentores bibliógenos no entendieron que la revolución que triunfó con el alma de la tierra, desatada a la voz del salvador, con el alma de la tierra había de gobernar, y no contra ella ni sin ella, entró a padecer América, y padece, de la fatiga de acomodación entre los elementos discordantes y hostiles que heredó de un colonizador despótico y avieso, y las ideas y formas importadas que han venido retardando, por su falta de realidad local, el gobierno lógico. El continente descoyuntado durante tres siglos por un mando que negaba el derecho del hombre al ejercicio de su razón, entró, desatendiendo o desoyendo a los ignorantes que lo habían ayudado a redimirse, en un gobierno que tenía por base la razón, la razón de todos en las cosas de todos, y no la razón universitaria de unos sobre la razón campestre de otros. El problema de la independencia no era el cambio de formas, sino el cambio de espíritu.

Con los oprimidos había que hacer causa común, para afianzar el sistema opuesto a los intereses y hábitos de mando de los opresores. El tigre, espantado del fogonazo, vuelve de noche al lugar de la presa. Muere echando llamas por los ojos y con las zarpas al aire. No se le oye venir, sino que viene con zarpas de terciopelo.

Cuando la presa despierta, tiene al tigre encima. La colonia continuó viviendo en la república; y nuestra América se está salvando de sus grandes yerros —de la soberbia de las ciudades capitales, del triunfo ciego de los campesinos desdeñados, de la importación excesiva de las ideas y fórmulas ajenas, del desdén inicuo e impolítico de la raza aborigen, —por la virtud superior, abonada con sangre necesaria, de la república que lucha contra la colonia. El tigre espera, detrás de cada árbol, acurrucado en cada esquina. Morirá con las zarpas al aire, echando llamas por los ojos.

Pero «estos países se salvarán», como anunció Rivadavia el argentino, el que pecó de finura en tiempos crudos; al machete no le va vaina de seda, ni en el país que se ganó con lanzón se puede echar el lanzón atrás porque se enoja y se pone en la puerta del Congreso de Iturbide «a que le hagan emperador al rubio». Estos países se salvarán porque, con el genio de la moderación que parece imperar, por la armonía serena de la Naturaleza, en el continente de la luz, y por el influjo de la lectura crítica que ha sucedido en Europa a la lectura de tanteo y falansterio en que se empapó la generación anterior, le está naciendo a América, en estos tiempos reales, el hombre real.

Éramos una visión, con el pecho de atleta, las manos de petimetre y la frente de niño. Éramos una máscara, con los calzones de Inglaterra, el chaleco parisiense, el chaquetón de Norteamérica y la montera de España. El indio, mudo, nos daba vueltas alrededor, y se iba al monte, a la cumbre del monte, a bautizar sus hijos. El negro, oteado, cantaba en la noche la música de su corazón, solo y desconocido, entre las olas y las fieras. El campesino, el creador, se revolvía, ciego de indignación, contra la ciudad desdeñosa, contra su criatura. Éramos charreteras y togas, en países que venían al mundo con la alpargata en los pies y la vincha en la cabeza. El genio hubiera estado en hermanar, con la caridad del corazón y con el atrevimiento de los fundadores, la vincha y la toga; en desestancar al indio; en ir haciendo lado al negro suficiente; en ajustar la libertad al cuerpo de los que se alzaron y vencieron por ella. Nos quedó el oidor, y el general, y el letrado, y el prebendado. La juventud angélica, como de los brazos de un pulpo, echaba al Cielo, para caer con gloria estéril, la cabeza, coronada de nubes. El pueblo natural, con el empuje del instinto, arrollaba, ciego del triunfo, los bastones de oro. Ni el libro europeo, ni el libro yanqui, daban la clave del enigma hispanoamericano. Se probó el odio, y los países venían cada año a menos. Cansados del odio inútil, de la resistencia del libro contra la lanza, de la razón contra el cirial, de la ciudad contra el campo, del imperio imposible de las castas urbanas divididas sobre la nación natural, tempestuosa o inerte, se empieza, como sin saberlo, a probar el amor. Se ponen en pie los pueblos, y se saludan. «¿Cómo somos?» se preguntan; y unos a otros se van diciendo cómo son. Cuando aparece en Cojímar un problema, no van a buscar la solución a Dantzig. Las levitas son todavía de Francia, pero el pensamiento empieza a ser de América. Los jóvenes de América se ponen la camisa al codo, hunden las manos en la masa, y la levantan con la levadura de su sudor. Entienden que se imita demasiado, y que la salvación está en crear. Crear es la palabra de pase de esta generación. El vino, de plátano; y si sale agrio, ¡es nuestro vino! Se entiende que las formas de gobierno de un país han de acomodarse a sus elementos naturales; que las ideas absolutas, para no caer por un yerro de forma, han de ponerse en formas relativas; que la libertad, para ser viable, tiene que ser sincera y plena; que si la república no abre los brazos a todos y adelanta con todos, muere la república. El tigre de adentro se entra por la hendija, y el tigre de afuera. El general sujeta en la marcha la caballería al paso de los infantes. O si deja a la zaga a los infantes, le envuelve el enemigo la caballería. Estrategia es política. Los pueblos han de vivir criticándose, porque la crítica es la salud; pero con un solo pecho y una sola mente. ¡Bajarse hasta los infelices y alzarlos en los brazos! ¡Con el fuego del corazón deshelar la América coagulada! ¡Echar, bullendo y rebotando, por las venas, la sangre natural del país! En pie, con los ojos alegres de los trabajadores, se saludan, de un pueblo a otro, los hombres nuevos americanos. Surgen los estadistas naturales del estudio directo de la Naturaleza. Leen para aplicar, pero no para copiar. Los economistas estudian la dificultad en sus orígenes. Los oradores empiezan a ser sobrios. Los dramaturgos traen los caracteres nativos a la escena. Las academias discuten temas viables. La poesía se corta la melena zorrillesca y cuelga del árbol glorioso el chaleco colorado. La prosa, centelleante y cernida, va cargada de idea. Los gobernadores, en las repúblicas de indios, aprenden indio.

De todos sus peligros se va salvando América. Sobre algunas repúblicas está durmiendo el pulpo. Otras, por la ley del equilibrio, se echan a pie a la mar, a recobrar, con prisa loca y sublime, los siglos perdidos. Otras, olvidando que Juárez paseaba en un coche de mulas, ponen coche de viento y de cochero a una pompa de jabón; el lujo venenoso, enemigo de la libertad, pudre al hombre liviano y abre la puerta al extranjero. Otras acendran, con el espíritu épico de la independencia amenazada, el carácter viril. Otras crían, en la guerra rapaz contra el vecino, la soldadesca que puede devorarlas. Pero otro peligro corre, acaso, nuestra América, que no le viene de sí, sino de la diferencia de orígenes, métodos e intereses entre los dos factores continentales, y es la hora próxima en que se le acerque, demandando relaciones íntimas, un pueblo emprendedor y pujante que la desconoce y la desdeña. Y como los pueblos viriles, que se han hecho de sí propios, con la escopeta y la ley, aman, y solo aman, a los pueblos viriles; como la hora del desenfreno y la ambición, de que acaso se libre, por el predominio de lo más puro de su sangre, la América del Norte, o en que pudieran lanzarla sus masas vengativas y sórdidas, la tradición de conquista y el interés de un caudillo hábil, no está tan cercana aún a los ojos del más espantadizo, que no dé tiempo a la prueba de altivez, continua y discreta, con que se la pudiera encarar y desviarla; como su decoro de república pone a la América del Norte, ante los pueblos atentos del Universo, un freno que no le ha de quitar la provocación pueril o la arrogancia ostentosa, o la discordia parricida de nuestra América, el deber urgente de nuestra América es enseñarse como es, una en alma e intento, vencedora veloz de un pasado sofocante, manchada solo con la sangre de abono que arranca a las manos la pelea con las ruinas, y la de las venas que nos dejaron picadas nuestros dueños. El desdén del vecino formidable, que no la conoce, es el peligro mayor de nuestra América; y urge, porque el día de la visita está próximo, que el vecino la conozca, la conozca pronto, para que no la desdeñe. Por ignorancia llegaría, tal vez, a poner en ella la codicia. Por el respeto, luego que la conociese, sacaría de ella las manos. Se ha de tener fe en lo mejor del hombre y desconfiar de lo peor de él. Hay que dar ocasión a lo mejor para que se revele y prevalezca sobre lo peor. Si no, lo peor prevalece. Los pueblos han de tener una picota para quien les azuza a odios inútiles; y otra para quien no les dice a tiempo la verdad.

No hay odio de razas, porque no hay razas. Los pensadores canijos, los pensadores de lámparas, enhebran y recalientan las razas de librería, que el viajero justo y el observador cordial buscan en vano en la justicia de la Naturaleza, donde resalta en el amor victorioso y el apetito turbulento, la identidad universal del hombre. El alma emana, igual y eterna, de los cuerpos diversos en forma y en color. Peca contra la Humanidad el que fomente y propague la oposición y el odio de las razas. Pero en el amasijo de los pueblos se condensan, en la cercanía de otros pueblos diversos, caracteres peculiares y activos, de ideas y de hábitos, de ensanche y adquisición, de vanidad y de avaricia, que del estado latente de preocupaciones nacionales pudieran, en un período de desorden interno o de precipitación del carácter acumulado del país, trocarse en amenaza grave para las tierras vecinas, aisladas y débiles, que el país fuerte declara perecederas e inferiores. Pensar es servir. Ni ha de suponerse, por antipatía de aldea, una maldad ingénita y fatal al pueblo rubio del continente, porque no habla nuestro idioma, ni ve la casa como nosotros la vemos, ni se nos parece en sus lacras políticas, que son diferentes de las nuestras; ni tiene en mucho a los hombres biliosos y trigueños, ni mira caritativo, desde su eminencia aún mal segura, a los que, con menos favor de la Historia, suben a tramos heroicos la vía de las repúblicas; ni se han de esconder los datos patentes del problema que puede resolverse, para la paz de los siglos, con el estudio oportuno y la unión tácita y urgente del alma continental. ¡Porque ya suena el himno unánime; la generación actual lleva a cuestas, por el camino abonado por los padres sublimes, la América trabajadora; del Bravo a Magallanes, sentado en el lomo del cóndor, regó el Gran Semí, por las naciones románticas del continente y por las islas dolorosas del mar, la semilla de la América nueva!

El Partido Liberal. México, 30 de enero de 1891

CONFERENCIA MONETARIA

El 24 de mayo de 1888 envió el presidente de los Estados Unidos a los pueblos de América, y al reino de Hawaii en el mar Pacífico, el convite donde el Senado y la Cámara de Representantes los llamaban a una Conferencia Internacional en Washington, para estudiar, entre otras cosas, «la adopción por cada uno de los gobiernos de una moneda común de plata, que sea de uso forzoso en las transacciones comerciales recíprocas de los ciudadanos de todos los Estados de América».

El 7 de abril de 1890, la Conferencia Internacional Americana, en que eran parte los Estados Unidos, recomendó que se estableciese una unión monetaria internacional; que como base de esta unión se acuñasen una o más monedas internacionales, uniformes en peso y ley, que pudiesen usarse en todos los países representados en esta Conferencia; que se reuniese en Washington una Comisión que estudiase la cantidad, curso, valor y relación de metales en que se habría de acuñar la moneda internacional.

El 23 de marzo de 1891, después de un mes de prórroga solicitado de la Comisión Monetaria Internacional reunida en Washington, por la delegación de los Estados Unidos, «para tener tiempo de conocer la opinión pendiente de la Cámara de Representantes sobre la acuñación libre de la plata», declaró la delegación de los Estados Unidos, ante la Conferencia, que la creación de una moneda común de plata de curso forzoso en todos los Estados de América era un sueño fascinador, que no podía intentarse sin el avenimiento con las demás potencias del globo. Recomendó la delegación el uso del oro y la plata para la moneda, con relación fija. Deseó que los pueblos de América, y el reino de Hawaii que se sentaba en la Conferencia, invitasen unidos a las potencias a un Congreso Monetario Universal.

¿Qué lección se desprende para América, de la Comisión Monetaria Internacional, que los Estados Unidos provocaron, con el acuerdo del Congreso, en 1888, para tratar de la adopción de una moneda común de plata, y a la que los Estados Unidos dicen, en 1891, que la moneda común de plata es un sueño fascinador?

A lo que se ha de estar no es a la forma de las cosas, sino a su espíritu. Lo real es lo que importa, no lo aparente. En la política, lo real es lo que no se ve. La política es el arte de combinar, para el bienestar creciente interior, los factores diversos u opuestos de un país, y de salvar al país de la enemistad abierta o la amistad codiciosa de los demás pueblos. A todo convite entre pueblos hay que buscarle las razones ocultas. Ningún pueblo hace nada contra su interés; de lo que se deduce que lo que un pueblo hace es lo que está en su interés. Si dos naciones no tienen intereses comunes, no pueden juntarse. Si se juntan, chocan. Los pueblos menores, que están aún en los vuelcos de la gestación, no pueden unirse sin peligro con los que buscan un remedio al exceso de productos de una población compacta y agresiva, y un desagüe a sus turbas inquietas, en la unión con los pueblos menores. Los actos políticos de las repúblicas reales son el resultado compuesto de los elementos del carácter nacional, de las necesidades económicas, de las necesidades de los partidos, de las necesidades de los políticos directores. Cuando un pueblo es invitado a unión por otro, podrá hacerlo con prisa el estadista ignorante y deslumbrado, podrá celebrarlo sin juicio la juventud prendada de las bellas ideas, podrá recibirlo como una merced el político venal o demente, y glorificarlo con palabras serviles; pero el que siente en su corazón la angustia de la patria, el que vigila y prevé, ha de inquirir y ha de decir qué elementos componen el carácter del pueblo que convida y el del convidado, y si están predispuestos a la obra común por antecedentes y hábitos comunes, y si es probable o no que los elementos temibles del pueblo invitante se desarrollen en la unión que pretende, con peligro del invitado; ha de inquirir cuáles son las fuerzas políticas del país que le convida, y los intereses de sus partidos, y los intereses de sus hombres, en el momento de la invitación. Y el que resuelva sin investigar, o desee la unión sin conocer, o la recomiende por mera frase y deslumbramiento, o la defienda por la poquedad del alma aldeana, hará mal a América. ¿En qué instantes se provocó, y se vino a reunir, la Comisión Monetaria Internacional? ¿Resulta de ella, o no, que la política internacional americana es, o no es, una bandera de política local y un instrumento de la ambición de los partidos? ¿Han dado, o no, esta lección a Hispanoamérica los mismos Estados Unidos? ¿Conviene a Hispanoamérica desoírla, o aprovecharla?

Un pueblo crece y obra sobre los demás pueblos en acuerdo con los elementos de que se compone. La acción de un país, en una unión de países, será conforme a los elementos que predominen en él, y no podrá ser distinta de ellos. Si a un caballo hambriento se le abre la llanura, la llanura pastosa y fragante, el caballo se echará sobre el pasto, y se hundirá en el pasto hasta la cruz, y morderá furioso a quien le estorbe.

Dos cóndores, o dos corderos, se unen sin tanto peligro como un cóndor y un cordero. Los mismos cóndores jóvenes, entretenidos en los juegos fogosos y peleas fanfarronas de la primera edad, no defenderían bien, o no acudirían a tiempo y juntos a defender, la presa que les arrebatase el cóndor maduro. Prever es la cualidad esencial, en la constitución y gobierno de los pueblos. Gobernar no es más que prever. Antes de unirse a un pueblo, se ha de ver qué daños, o qué beneficios, pueden venir naturalmente de los elementos que lo componen.

Ni es solo necesario averiguar si los pueblos son tan grandes como parecen y si la misma acumulación de poder que deslumbra a los impacientes y a los incapaces no se ha producido a costa de cualidades superiores, y en virtud de las que amenazan a quienes lo admiran; sino que, aun cuando la grandeza sea genuina y de raíz, sea durable, sea justa, sea útil, sea cordial, cabe que sea de otra índole y de otros métodos que la grandeza a que puede aspirar por sí, y llegar por sí, con métodos propios, —que son los únicos viables— un pueblo que concibe la vida y vive en diverso ambiente, de un modo diverso. En la vida común, las ideas y los hábitos han de ser comunes. No basta que el objeto de la vida sea igual en los que han de vivir juntos, sino que lo ha de ser la manera de vivir; o pelean, y se desdeñan, y se odian, por las diferencias de manera, como se odiarían por las de objeto. Los países que no tienen métodos comunes, aun cuando tuviesen idénticos fines, no pueden unirse para realizar su fin común con los mismos métodos.

Ni el que sabe y ve puede decir honradamente, —porque eso solo lo dice quien no sabe y no ve, o no quiere por su provecho ver ni saber,— que en los Estados Unidos prepondere hoy, siquiera, aquel elemento más humano y viril, aunque siempre egoísta y conquistador, de los colonos rebeldes, ya segundones de la nobleza, ya burguesía puritana; sino que este factor, que consumió la raza nativa, fomentó y vivió de la esclavitud de otra raza y redujo o robó los países vecinos, se ha acendrado, en vez de suavizarse, con el injerto continuo de la muchedumbre europea, cría tiránica del despotismo político y religioso, cuya única cualidad común es el apetito acumulado de ejercer sobre los demás la autoridad que se ejerció sobre ellos. Creen en la necesidad, en el derecho bárbaro, como único derecho: «esto será nuestro, porque lo necesitamos». Creen en la superioridad incontrastable de «la raza anglosajona contra la raza latina». Creen en la bajeza de la raza negra, que esclavizaron ayer y vejan hoy, y de la india, que exterminan. Creen que los pueblos de Hispanoamérica están formados, principalmente, de indios y de negros. Mientras no sepan más de Hispanoamérica los Estados Unidos y la respeten más, —como con la explicación incesante, urgente, múltiple, sagaz, de nuestros elementos y recursos, podrían llegar a respetarla,— ¿pueden los Estados Unidos convidar a Hispanoamérica a una unión sincera y útil para Hispanoamérica? ¿Conviene a Hispanoamérica la unión política y económica con los Estados Unidos?

Quien dice unión económica, dice unión política. El pueblo que compra, manda. El pueblo que vende, sirve. Hay que equilibrar el comercio, para asegurar la libertad. El pueblo que quiere morir, vende a un solo pueblo, y el que quiere salvarse, vende a más de uno. El influjo excesivo de un país en el comercio de otro se convierte en influjo político. La política es obra de los hombres, que rinden sus sentimientos al interés, o sacrifican al interés una parte de sus sentimientos. Cuando un pueblo fuerte da de comer a otro, se hace servir de él. Cuando un pueblo fuerte quiere dar batalla a otro, compele a la alianza y al servicio a los que necesitan de él. Lo primero que hace un pueblo para llegar a dominar a otro es separarlo de los demás pueblos. El pueblo que quiera ser libre, sea libre en negocios. Distribuya sus negocios entre países igualmente fuertes. Si ha de preferir a alguno, prefiera al que lo necesite menos, al que lo desdeñe menos. Ni uniones de América contra Europa, ni con Europa contra un pueblo de América. El caso geográfico de vivir juntos en América no obliga, sino en la mente de algún candidato o algún bachiller, a unión política. El comercio va por las vertientes de tierra y agua y detrás de quien tiene algo que cambiar por él, sea monarquía o república. La unión, con el mundo, y no con una parte de él; no con una parte de él, contra otra. Si algún oficio tiene la familia de repúblicas de América, no es ir de arria de una de ellas contra las repúblicas futuras.

Ni en los arreglos de la moneda, que es el instrumento del comercio, puede un pueblo sano prescindir —por acatamiento a un país que no le ayudó nunca, o lo ayuda por emulación y miedo de otro,— de las naciones que le anticipan el caudal necesario para sus empresas, que le obligan el cariño con su fe, que lo esperan en las crisis y le dan modo para salir de ellas, que lo tratan a la par, sin desdén arrogante, y le compran sus frutos. Por el universo todo debiera ser una la moneda. Será una. Todo lo primitivo, como la diferencia de monedas, desaparecerá, cuando ya no haya pueblos primitivos. Se ha de poblar la tierra, para que impere, en el comercio como en la política, la paz igual y culta. Ha de procurarse la moneda uniforme. Ha de hacerse cuanto prepare a ella. Ha de reconocerse el uso legal de los metales imprescindibles. Ha de establecerse una relación fija entre el oro y la plata. Ha de desearse, y de ayudar a realizar, cuanto acerque a los hombres y les haga la vida más moral y llevadera. Ha de realizarse cuanto acerque a los pueblos. Pero el modo de acercarlos no es levantarlos unos contra otros; ni se prepara la paz del mundo armando un continente contra las naciones que han dado vida y mantienen con sus compras a la mayor parte de los países de él; ni convidando a los pueblos de América, adeudados a Europa, a combinar, con la nación que nunca les fio, un sistema de monedas cuyo fin es compeler a sus acreedores de Europa, que les fía, a aceptar una moneda que sus acreedores rechazan.

La moneda del comercio ha de ser aceptable a los países que comercian. Todo cambio en la moneda ha de hacerse, por lo menos, en acuerdo con los países con que se comercia más. El que vende no puede ofender a quien le compra mucho, y le da crédito, por complacer a quien le compra poco, o se niega a comprarle, y no le da crédito. Ni lastimar, ni alarmar siquiera, debe un deudor necesitado a sus acreedores. No debe levantarse entre países que comercian poco, o no dejan de comerciar por razones de moneda, una moneda que perturba a los países con quienes se comercia mucho. Cuando el mayor obstáculo al reconocimiento y fijeza de la moneda de plata es el temor de su producción excesiva en los Estados Unidos, y del valor ficticio que los Estados Unidos le puedan dar por su legislación, todo lo que aumente este temor, daña a la plata. El porvenir de la moneda de plata está en la moderación de sus productores. Forzarla es despreciarla. La plata de Hispanoamérica se levantará o caerá con la plata universal. Si los países de Hispanoamérica venden, principalmente, cuando no exclusivamente, sus frutos en Europa, y reciben de Europa empréstitos y créditos, ¿qué conveniencia puede haber en entrar, por un sistema que quiere violentar al europeo, en un sistema de moneda que no se recibiría, o se recibiría depreciada, en Europa? Si el obstáculo mayor para la elevación de la plata y su relación fija con el oro es el temor de su producción excesiva y valor ficticio en los Estados Unidos, ¿qué conveniencia puede haber, ni para los países de Hispanoamérica que producen plata, ni para los Estados Unidos mismos, en una moneda que asegure mayor imperio y circulación a la plata de los Estados Unidos?

Pero el Congreso Panamericano, que pudo ver lo que no siempre vio; que debió librar a las repúblicas de América de compromisos futuros de que no las libró; que debió estudiar las propuestas de la convocatoria por sus antecedentes políticos y locales, —la plétora fabril traída por el proteccionismo desordenado, — la necesidad del Partido Republicano de halagar a sus mantenedores proteccionistas, —la ligereza con que un prestidigitador político, poniéndole colorines de república a una idea imperial, podía lisonjear a la vez, como bandera de candidato, el interés de los productores ansiosos de vender y la conquista latente y poco menos que madura en la sangre nacional; —el Congreso Panamericano, que demoró lo que no quiso resolver, por un espíritu imprudente de concesión innecesaria, o no pudo resolver, por empeños sinuosos o escasez de tiempo, —recomendó la creación de una Unión Monetaria Internacional, —la creación de una o más monedas internacionales, —la reunión de una Comisión que acordase el tipo y reglamentación de la moneda. Las repúblicas de

América atendieron, corteses, la recomendación. Los delegados de la mayoría de ellas se reunieron en Washington. México y Nicaragua, y el Brasil y el Perú, y Chile y la Argentina delegaron a sus ministros residentes. El ministro argentino renunció el puesto, que ocupó más tarde otro delegado. Las otras repúblicas enviaron delegados especiales. El Paraguay no envió. Ni envió Centroamérica, fuera de Nicaragua, y de Honduras, cuyo delegado, hijo de un almirante norteamericano, no hablaba español. Presidió la Comisión, por acuerdo unánime, el Ministro de México. Sesiones de uso, comisiones previas, reglamento; lo uniforme no era allí la moneda, sino la duda, cambiada a chispazos en los debates, —la seguridad— de que no podía llegarse a acuerdo. Uno hablaba del «comercio real». Otro se declaraba, antes de sazón, hostil «a esa idea imposible». Pidió un delegado de los Estados Unidos una larga demora, «para tener tiempo de conocer la opinión pendiente de la Cámara de Representantes sobre la acuñación libre de la plata»; y un delegado, al obtener que se redujese a términos de cortesía lícita la pretensión excesiva del delegado de los Estados Unidos, estableció que «se entendiese cómo la demora era para que la delegación del país invitante pudiera completar sus estudios preparatorios, puesto que de ningún modo se habría de suponer que la opinión de la Cámara de Representantes hubiese por necesidad de alterar las opiniones formadas de la Comisión».

Cumplida la demora y desbandada la Cámara de Representantes sin haber votado la ley de plata libre, las delegaciones ocuparon de nuevo sus puestos en la mesa de la Comisión. Acaso habían oído algunos lo que decían sin reserva gentes notables del país. Oyeron acaso que la Comisión no parecía bien a los que pasaban por amigos de la mayoría del gobierno. Que al gobierno no agradaba el interés de su minoría en mantener, por los que se tachan de artificios, la política continental. Que este alarde peligroso de la política continental, ni de una minoría era siquiera, sino de un solo hombre. Que esta Comisión hueca debía cesar, para que no sirviese de comodín político a un candidato que no se para en medios y sabe sacar montes de las hormigas. Que la simple discusión de una moneda de plata común alarmaba y ofendía a los mantenedores del oro, que imperan en los consejos actuales del Partido Republicano. Que los países Hispanoamericanos verían por sí, sin duda, si les quedan ojos, el peligro de abrirse, por concepto de cortesía o por impaciencia de falso progreso, a una política que los atrae, por el abalorio de la palabra y los hilos de la intriga, a una unión fraguada por los que la proponen con un concepto distinto del de los que la aceptan. Se puso en pie un delegado de los Estados Unidos, ante la Comisión por los Estados Unidos convocada para adoptar una moneda común de plata, y propuso, al pie de una robusta exposición de verdades monetarias, donde llamaba «sueño fascinador» a la moneda internacional, que declarase la Comisión inoportuna la creación de una o más monedas de plata comunes; que se opinase que el establecimiento del patrón doble de plata y oro, con relación universalmente acatada, facilitaría la creación de aquellas monedas; que recomendase que las repúblicas representadas en la Conferencia conviden juntas, por el conducto de sus respectivos gobiernos, a una Conferencia Monetaria Universal, para tratar del establecimiento de un sistema uniforme y proporcionado de monedas de oro y plata. «Hay otro mundo—decía el delegado—y un mundo muy vasto del otro lado del mar, y la insistencia de este mundo en no elevar la plata a la dignidad del oro es el obstáculo grande e insuperable que se presenta hoy para la adopción de la plata internacional». ¡Los Estados Unidos, pues, marcaban a la América complaciente el peligro que hubiera corrido en acceder con demasiada prisa a las sugestiones de los Estados Unidos!

A cinco repúblicas —a Chile, Argentina, Brasil, Colombia y Uruguay,— dio la Comisión el encargo de estudiar las proposiciones de los Estados Unidos, y la Comisión, unánime, acordó recomendar que se aceptase las proposiciones norteamericanas. «No podía extrañar la Comisión que los delegados de los Estados Unidos reconociesen las verdades que la Comisión Internacional se hubiera visto obligada a reconocer por sí misma». «La Comisión acataba, como que es de elemental justicia, el principio de someter a todos los pueblos del universo la proposición de fijar las sustancias y proporciones de la moneda en que han de comerciar los pueblos todos». «Sueño sería, impropio de la generosidad y grandeza a que están obligadas las repúblicas, negarse directa o indirectamente, con violación de los intereses naturales y los deberes humanos, al trato libérrimo con los demás pueblos del globo». Pero no propuso la Comisión, como los Estados Unidos, que se convidase «a las potencias del globo», «por no correr el peligro, con una invitación no bastante justificada, de alarmar con temores, no por infundados menos ciertos, a los poderes que pudiesen ver en la convocatoria el empeño, por más que hábil y disimulado, de precipitarlos a una solución a que de seguro llegarán antes por sí propios, caso que quieran llegar, que si se les excita la suspicacia, o se lastima su puntillo con una insistencia que no tendría la razón de allegar al problema monetario un solo factor nuevo de importancia, ni un solo dato desconocido». «La plata debe irse acercando al oro». «La producción inmoderada aleja la plata del oro». «A la moneda de plata no se la puede, ni se la debe, hacer desaparecer». «Se ha de tender a la moneda uniforme, pero por el acuerdo confiado y sincero de todos los pueblos trabajadores del globo, para que tenga base que dure, y no por los recursos violentos del artificio llevado a la economía, que fomentan rencores y provocan venganzas, y no pueden durar». «Pero el convite en conjunto no se recomienda». Y cuando a su paso por los detalles monetarios tocaba a la Comisión marcar el espíritu con que Hispanoamérica los entendía, y entiende cuanto atañe a la vida individual e independiente de sus pueblos, lo marcó así:

«Los países representados en esta Conferencia no vinieron aquí por el falso atractivo de novedades que no están aún en sazón, ni porque desconociesen los factores todos que precedieron y acompañaron el hecho de su convocatoria sino para dar una muestra, fácil a los que están seguros de su destino propio y su capacidad para realizarlo, de aquella cortesía cordial que es tan grata y útil entre los pueblos como entre los hombres, —de su disposición a tratar con buena fe lo que se cree propuesto con buena voluntad —y del afectuoso deseo de ayudar, con los Estados Unidos como con los demás pueblos del mundo, a cuanto contribuya al bienestar y la paz de los hombres». «No ha de haber prisa censurable en provocar, ni en contraer entre los pueblos compromisos innecesarios que estén fuera de la naturaleza y de la realidad». «El oficio del continente americano no es perturbar el mundo con factores nuevos de rivalidad y de discordia, ni restablecer con otros métodos y nombres el sistema imperial, por donde se corrompen y mueren las repúblicas; sino tratar en paz y honradez con los pueblos que en la hora dudosa de la emancipación nos enviaron sus soldados, y en la época revuelta de la constitución nos mantienen abiertas sus cajas». «Los pueblos todos deben reunirse en amistad, y con la mayor frecuencia dable, para ir reemplazando, con el sistema del acrecentamiento universal, por sobre la lengua de los istmos y la barrera de los mares, el sistema, muerto para siempre, de dinastías y de grupos». «Las puertas de cada nación deben estar abiertas a la libertad fecundante y legítima de todos los pueblos. Las manos de cada nación deben estar libres para desenvolver sin trabas el país, con arreglo a su naturaleza distintiva y a sus elementos propios».

Cuando se pone en pie el anfitrión, los huéspedes no insisten en quedarse sentados a la mesa. Cuando los huéspedes venidos de muy lejos, más por cortesía que por apetito, hallan al anfitrión a la puerta, diciendo que no hay qué comer, los huéspedes no lo echan de lado, ni entran en su casa a la fuerza, ni dan voces para que les abran el comedor. Los huéspedes deben decir alto la cortesía por que vinieron, y cómo no vinieron por servidumbre ni necesidad, para que el anfitrión no crea que están tallados en una rodilla, o son títeres que van y que vienen, por donde quiere que vayan o vengan el titiritero. Luego, irse. Hay un modo de andar, de espalda vuelta, que aumenta la estatura. Un delegado hispanoamericano —entendiendo que la Comisión Monetaria no venía más que «a cumplir lo que se había recomendado»— apadrinó, sin ver que una recomendación lleva aparejada la discusión y confirmación antes del cumplimiento, la opinión sin cabeza visible que andaba serpeando por entre los delegados: que la Comisión Monetaria no había venido como creían los Estados Unidos que la promovieron, a ver si podía y debía crearse una moneda internacional, sino a crearla ahora, aunque los Estados Unidos mismos reconociesen que ahora no se podía crear; y el delegado propuso un plan minucioso de moneda de América, que llamó *Columbus*, sobre los trazos de la moneda de la Unión Latina, más un Consejo de Vigilancia, «residente en Washington».

No habían dicho los Estados Unidos que el obstáculo para la creación de la moneda internacional fuese la resistencia de la Cámara de Representantes a votar la acuñación libre de la plata, sino la resistencia del mundo vasto del otro lado de la mar a aceptar la moneda de plata en relación fija e igual con la moneda de oro; pero un delegado hispanoamericano preguntó así: «¿No sería más prudente, dada la probabilidad de que la nueva Cámara de Representantes vote antes de fin de año la acuñación libre de la plata, suspender las sesiones de la Conferencia, por ejemplo, hasta el día primero de enero de 1892, cuando probablemente este asunto habrá sido decidido por el gobierno de los Estados Unidos?». Y cuando otro delegado urgía, por el decoro de los huéspedes, la aceptación, lisa y prudente, de las proposiciones de los Estados Unidos, salva la del Congreso Universal, habló un delegado hispanoamericano, que no habla español, para pedir y obtener la suspensión de la sesión: ¿Quién podía tener interés, puesto que los hispanoamericanos no lo tenían, en que la Comisión promovida por los Estados Unidos continuase en funciones, contra la opinión terminante de los mismos Estados Unidos? ¿Quién azuzaba, en una asamblea de mayoría hispanoamericana, la oposición a las proposiciones de los Estados Unidos? ¿A quién, sino a los que hacen bandera de la política continental, propuesta por los Estados Unidos, perjudicaba que la idea de una moneda continental se declarase imposible en la Comisión reunida para su estudio por los mismos Estados Unidos? ¿Por qué surgía, ni cómo podía surgir de un modo natural en la Comisión Monetaria, de mayoría hispanoamericana, el pensamiento de oponerse a la clausura de una Comisión reunida para tratar de un proyecto que expresamente declaraban irrealizable, casi unánimemente, los delegados hispanoamericanos? Si a sí no se servían, ¿qué interés, en el seno de ellos, se aprovechaba de su buena voluntad excesiva, y los ponía a su servicio? ¿O era, como decían los que saben del interior de la política, que el interés de un grupo político, o de un político tenaz y osado de los Estados Unidos, levantaba por resortes ocultos e influencias privadas una asamblea de pueblos contra la opinión solemne del gobierno de los Estados Unidos? ¿Era que la asamblea de pueblos hispanoamericanos iba a servir los intereses de quien los compele a ligas confusas, a ligas peligrosas, a ligas imposibles, desdeñando el consejo de los que, por su interés local de partidarios o por justicia internacional, les abren las puertas para que se salven de ellas?

Se meditó; se temió; se urgió; se corrió gran riesgo de hacer lo que no se debía: de dejar en pie —al capricho de una política ajena, desesperada y sin escrúpulos—, una asamblea que, por lo complejo y delicado de las relaciones de muchos pueblos de Hispanoamérica con los Estados Unidos, podía, en manos de un candidato inclemente, ceder a los Estados Unidos más de lo que conviniese al respeto y seguridad de los pueblos hispanoamericanos.

Mostrarse acomodaticio hasta la debilidad no sería el mejor modo de salvarse de los peligros a que expone en el comercio, con un pueblo pujador y desbordante, la fama de debilidad. La cordura no está en confirmar la fama de débil, sino en aprovechar la ocasión de mostrarse enérgico sin peligro. Y en esto de peligro, lo menos peligroso, cuando se elige la hora propicia y se la usa con mesura, es ser enérgico. Sobre serpientes, ¿quién levanta pueblos? Pero si hubo batalla; si el afán de progreso en las repúblicas aún no cuajadas lleva a sus hijos, por singular desvío de la razón, o levadura enconada de servidumbre, a confiar más en la virtud del progreso en los pueblos donde no nacieron, que en el pueblo en que han nacido; si el ansia de ver crecer el país nativo los lleva a la ceguedad de apetecer modos y cosas que son afuera producto de factores extraños u hostiles al país, que ha de crecer conforme a sus factores y por métodos que resulten de ellos; si la cautela natural de los pueblos clavados en las cercanías de Norteamérica no creía aconsejable lo que, más que a los demás, por esa misma cercanía, les interesa; si la prudencia local y respetable, o el temor, o la obligación privada, ponían más cera en los caracteres que la que se ha de tener en los asuntos de independencia y creación hispanoamericana, en la Comisión Monetaria no se vio, porque acordó levantar de lleno sus sesiones.

La Revista Ilustrada. Nueva York, mayo de 1891

DISCURSO*

Señoras y señores:

Este júbilo es justo, porque hoy nos reunimos a tributar honor a la nación ceñida de palmeros y azahares que alza, como un florón de gloria, al cielo azul, las cumbres libres donde el silbato del ferrocarril despierta, coronada de rosas como ayer, con la salud del trabajo en la mejilla, el alma indómita que chispeaba al rescoldo en las cenizas de Cuauhtémoc, nunca apagadas. ¡Saludamos a un pueblo que funde, en crisol de su propio metal, las civilizaciones que se echaron sobre él para destruirlo! ¡Saludamos, con las almas en pie, al pueblo ejemplar y prudente de América!

Fue México primero, antes de la llegada de los arcabuces, tierra como de oro y plumas, donde el emperador, pontífice y general, salía de su palacio suntuoso, camino de la torre mística, en hombros de los caballeros naturales, de adarga de junco y cota de algodón, por entre el pueblo de mantos largos y negro cabello, que henchía el mercado, comprando y vendiendo; o aplaudía la comedia al aire libre, con los niños vestidos de pájaros y mariposas; o abría campos a los magnates de vuelta del banquete, con sus bailarines y bufones; o saludaban al paso del teculi ilustre que mostró en sus pruebas de caballería el poder de domarse a sí propio; o bullía por las calles de las tiendas, probándose al dedo

* Pronunciado en la velada en honor de México de la Sociedad Literaria Hispanoamericana en 1891.

anillos tallados, y a los hombros mantones de pieles; o danzaba, con paso que era aire, el coro de la oda; o se agolpaba a ver venir a los guerreros de escudo de águila, que volvían en triunfo, con su ofrenda de víctimas, a las fiestas del monarca conquistador. Por entre el odio de las repúblicas vencidas al azteca, inseguro en el trono militar, se entró, del brazo de la crédula Malinche, el alcalde astuto de Santiago de Cuba. Los templos de las pirámides rodaron despedazados por las gradas; sobre el cascajo de las ruinas indias alzó sus conventos húmedos, sus audiencias rebeldes y vanidosas, sus casucones de reja y aldaba, el español; todo era sotana y manteo en la ciudad de México, y soldadesca y truhanería, y fulleros e hidalguetes, y balcón y guitarra. El indio moría desnudo, al pie de los altares.

Trescientos años después, un cura, ayudado de una mujer y de unos cuantos locos, citó su aldea a guerra contra los padres que negaban la vida de alma a sus propios hijos; era la hora del Sol, cuando clareaban por entre las moreras las chozas de adobe de la pobre indiada; ¡y nunca, aunque velado cien veces por la sangre, ha dejado desde entonces el sol de Hidalgo de lucir! Colgaron en jaulas de hierro las cabezas de los héroes; mordieron los héroes el polvo, de un balazo en el corazón; pero el 16 de septiembre de cada año, a la hora de la madrugada, el Presidente de la República de México vitorea, ante el pueblo, la patria libre, ondeando la bandera de Dolores.

Toda la jauría de la conquista salió al paso de la bandera nueva: el emperador criollo, el clero inmoderado, la muchedumbre fanática, el militar usurpador, la división que aprovechó el vecino rapaz y convidó al imperio austríaco. Pero los que en la fatiga de gobiernos inseguros y en la fuga triunfante habían salvado, con las manos ensangrentadas en el esfuerzo, el arca santa de la libertad, la escondieron, inmaculados, «mientras duraba la vergüenza», en un rincón donde el pan era tan escaso como abundante el honor; la muerte por el derecho del país funde, al fuego de la Reforma, al indio y al criollo; y se alza Juárez, cruzado de brazos, como fragua encendida en las entrañas de una roca, ante el imperio de polvo y locura, que huye a su vista y se deshace.

Hoy campea segura la libertad, por modos suyos y crecidos con el país, en la república serena y majestuosa, donde la hermosura de la Naturaleza prepara a las artes, donde la mirada de la mujer mueve a la vez a la piedad y al lujo; donde la prueba franca de la guerra ha afirmado la paz; donde templa el trato amigo las diferencias de la condición y la pena de vivir; donde el vivir no es pena. Hoy descansa, en reposo vigilante, aquel pueblo que, cuando pelea, pelea como si vaciara en sus hijos la lava de sus volcanes; y cuando ama, ama como ha de amar el clavel a la llamarada de la aurora. Ya no es Tenochtitlán, la ciudad de guerreros y de sacerdotes, la que pasea en las plazas de México, y entra a orar en sus teocalis, y boga cantando, al son del remo, en las chalupas; es París quien pasea, refinado y airoso, por aquellas alamedas de follaje opulento que, al rumor de las fuentes, cala sobre las sendas una luna más clara que ninguna otra luna. Los perseguidos y hambrientos de ayer son hoy estatuas en el Paseo de la Reforma. El palacio de la República va sumiso por la calle de la riqueza y el trabajo, como buscando el alma del país, al palacio indio de los emperadores. Rey parece cada lépero de la ciudad, por el alma independiente y levantisca. La noche alumbra el portón donde, a la sombra de un zarape, conversan de amor los novios pobres; o el teatro que corona al poeta nacional, con las flores que se arrancan del talle las mujeres; o el salón donde la esposa del Presidente trata con sus amigas del alivio de las madres desamparadas; o el baile donde compiten en vano con la mujer de México la palma y la magnolia. Al asomar el día bajan de sus canoas, como en cestas de flor, las indias de vestido azul; trae el canal, de las islas flotantes, la hortaliza y la jardinería; bulle, como avispero despierto, la industria popular; se abre a los jóvenes ávidos la muchedumbre de escuelas y de bibliotecas; pasan de brazo los poetas con los obreros y los estudiantes; vierten en las plazas su carga de trabajadores los tranvías; silban, proclamando a la nación, las chimeneas de los ferrocarriles. Resucita, al abono de la propia sangre, aquel alma imperial que huyó, en el horror de la conquista, a lo profundo de la tierra, y hoy sazona, con la virtud indispensable de lo nativo, el alma importada. Como de la raíz de la tierra le viene al mexicano aquel carácter suyo, sagaz y señoril, pegado al país que adora, donde por la obra doble de la magnífica Naturaleza, y el dejo brillante de la leyenda y la epopeya, se juntan en su rara medida el orden de lo real y el sentimiento romántico.

¿Y ante quién tributaremos el entusiasmo que nos inspira la obra firme y creciente de la República que viene a ser en América como la levadura de la libertad, sino ante el que, con el mérito y brío de su persona, más con su cargo oficial de Cónsul, representa a México en Nueva York, ante uno de los luchadores gloriosos que han puesto la libertad de la tierra mexicana, la libertad de pensar y de vivir por sí, donde no parece que haya poder que la derrumbe, ante aquel cuya barba blanca ennoblece el rostro donde se revela la juventud del corazón, como aquellos festones de delicado gris, canas del bosque, que realzan el verde perpetuo de las colinas que vieron vivir a Moctezuma, y morir, al pie su bandera, a los cadetes heroicos de Chapultepec? ¡Señor: como los guerreros de manto y penacho de diversos climas se juntaban al pie del ahuehuete, a jurar su ley al árbitro imperial, las Repúblicas agradecidas de América, con palmas invisibles y flores selladas con el corazón, se juntan alrededor de la bandera mexicana!

PÁEZ

Con homenaje digno de él despidieron los Estados Unidos, hace poco, los restos del que, sin más escuela que sus llanos, ni más disciplina que su voluntad, ni más ejército que su horda, ni más semejante que Bolívar, sacó a Venezuela del dominio español, con tanta furia en la pelea como magnanimidad en la victoria, en una carrera de caballo que duró dieciséis años. En parada solemne fue escoltado el cadáver por las calles más nobles de Nueva York, desde el cuartel del regimiento de milicias al muelle donde, al son de los cañonazos funerales, lo transportó una lancha de vapor al buque de guerra que, por decreto del Congreso de Washington, llevaba los restos del héroe a Venezuela. Abría la parada la policía a caballo; la mandaba desde un coche, envuelto en su capa militar y con la muleta caída a un lado, el general Daniel Sickles, el que ganó la batalla de Gettysburg de una pujante arremetida; seguía la artillería, con sus obuses relucientes; la marina, de bayeta y cuero; la caballería, de amarillo y azul; la tropa de línea, sobria: la milicia, con colores y galas; una guardia de honor, gris; una escolta de oficiales mayores, con sombreros plumados y espadines de oro; otra de veteranos, con las mangas vacías prendidas al pecho. Las músicas vibraban. Las damas venezolanas saludaban el séquito con sus pañuelos, desde un balcón. Las aceras estaban llenas de curiosos. A la cabeza de los húsares iba Sheridan, el que de un vuelo de caballo cambió la fuga de sus escuadrones en victoria. Presidiendo la comitiva iba Sherman, el que acorraló sobre sus últimos reductos al Sur exangüe. Cerraba el séquito doble hilera de coches, con los comisionados de Venezuela y los del Municipio, los ciudadanos prominentes que dispusieron estas honras, representantes de Boston y de Brooklyn, magistrados y generales, ministros y cónsules, neoyorquinos e hispanoamericanos. Aquella música heroica, aquel estruendo de cureñas, aquel piafar de la caballería, aquellos uniformes galoneados, aquellos carruajes de gente civil, eran cortejo propio del que con el agua al pecho y la lanza en los dientes salió de los esteros del salvaje para ganar, en la defensa de la libertad, los grados y riquezas que otros ganan oprimiéndola, y morir al fin recomendando a sus compatriotas que, «como no sea para defenderse del extranjero, jamás toquen las armas». En una caja amarilla, como su pabellón, iba el cadáver, con las coronas de la Sociedad Literaria Hispanoamericana, del Consulado de Santo Domingo, del 7.º Regimiento, del fiel amigo Bebus, y una espada de flores, y la corona de los cubanos. «¡Cerca, mi Dios, de ti!» tocaba la banda a un lado del muelle, cuando iba el ataúd del féretro a la lancha, en hombros de ocho marinos. En fila la caballería, la artillería, las milicias, la tropa de línea. El cañón, de minuto en minuto. Todos los sombreros en las manos.

Aquellos honores eran eco del asombro con que los Estados Unidos oyeron contar, y leyeron en libros y diarios ingleses, las proezas del llanero épico que con el decoro y hombría de su trato supo más tarde, en su destierro de veinte años en New York, mantener para el hombre resignado la admiración que despertó el guerrero. Sus amigos de entonces son hoy magnates de la banca, columnas de la religión, cabezas de la milicia, candidatos a la Presidencia de la República. «Aún lo recordamos», dicen, «cortés y verboso, puntual en sus citas, muy pulcro en el vestir, lleno de generosidad y de anécdotas, amigo de las damas y del baile, sin que lo de general y presidente se le viera más que en algún gesto de imperio de la mano o en alguna centella de los ojos». ¡Aún recuerdan al prócer arrogante que en las noches de invierno les contó las guerras increíbles de aquellos hombres que cargaban, como Sánchez, un cañón a cuestas; de aquellas mujeres, que decían a sus esposos, como la de Olmedilla: «prefiero verte revolcar en tu sangre antes que humillado y prisionero»; de aquellos jinetes que amansaban al amanecer al potro salvaje con que a la tarde iban dando caza, asta contra anca, al enemigo! Así quisieron sus amigos de antes despedir con majestad al que tantas veces les apareció con ella. Así honró a aquella lanza insaciable el pueblo que se opuso, por razones de conveniencia, a que coronara su obra.

¿Podrá un cubano, a quien estos recuerdos estremecen, olvidar que, cuando tras dieciséis años de pelea, descansaba por fin la lanza de Páez en el Palacio de la Presidencia de Venezuela, a una voz de Bolívar saltó sobre la cuja, dispuesta a cruzar el mar con el batallón de «Junín», «que va magnífico», para caer en un puerto cubano, dar libres a los negros y coronar así su gloria de redentores con una hazaña que impidieron la sublevación de Bustamante en el Perú, adonde Junín tuvo que volver a marchas prontas, y la protesta del Gobierno de Washington, que «no deseaba cambio alguno en la condición ni en la posición política de Cuba»? Bolívar sí lo deseaba, que, solicitado por los cubanos de México y ayudado por los mexicanos, quiso a la vez dar empleo feliz al ejército ocioso y sacar de la servidumbre, para seguridad y adelanto de la América, ¡a la isla que parece salir, en nombre de ella, a contar su hermosura y brindar sus asilos al viajero cansado de la mar! Páez sí lo deseaba, que al oír, ya cano y viejo, renovarse la mucha de América en la isla, ¡volvió a pedir su caballo y su lanza! ¡Oh, llanero famoso! tú erraste luego, como yerra el militar que se despoja, por el lauro venenoso del poder civil, de la corona inmarcesible que los pueblos tributan a sus héroes desinteresados; tú creías tener razón para olvidar el juramento que empeñaste al cura; tú te dejaste seducir por el poder, cuyo trabajo complicado exige las virtudes que más se quebrantan en la guerra; ¡pero jamás fuiste cruel, ni derramaste para tu provecho la sangre de los tuyos, ni deprimiste, para mantener un falso engrandecimiento, el carácter de tus conciudadanos! ¡Dondequiera que estés, duerme! ¡Mientras haya americanos, tendrás templos; mientras haya cubanos, tendrás hijos!

El Porvenir. Nueva York, 11 de junio de 1890

SAN MARTÍN

Un día, cuando saltaban las piedras en España al paso de los franceses, Napoleón clavó los ojos en un oficial seco y tostado, que cargaba uniforme blanco y azul; se fue sobre él y le leyó en el botón de la casaca el nombre del cuerpo: «¡Murcia!». Era el niño pobre de la aldea jesuita de Yapeyú, criado al aire entre indios y mestizos, que después de veintidós años de guerra española empuñó en Buenos Aires la insurrección desmigajada, trabó por juramento a los criollos arremetedores, aventó en San Lorenzo la escuadrilla real, montó en Cuyo el ejército libertador, pasó los Andes para amanecer en Chacabuco; de Chile, libre a su espada, fue por Maipú a redimir el Perú; se alzó protector en Lima, con uniforme de palmas de oro; salió, vencido por sí mismo, al paso de Bolívar avasallador; retrocedió; abdicó, pasó, solo, por Buenos Aires; murió en Francia, con su hija de la mano, en una casita llena de luz y flores. Propuso reyes a la América, preparó mañosamente con los recursos nacionales su propia gloria, retuvo la dictadura, visible o disimulada, hasta que por sus yerros se vio minado en ella, y no llegó sin duda al mérito sublime de deponer voluntariamente ante los hombres su imperio natural. Pero calentó en su cabeza criolla la idea épica que aceleró y equilibró la independencia americana.

Su sangre era de un militar leonés y de una nieta de conquistadores; nació siendo el padre gobernador de Yapeyú, a la orilla de uno de los ríos portentosos de América; aprendió a leer en la falda de los montes, criado en el pueblo como hijo del señor, a la sombra de las palmas y de los urundeyes. A España se lo llevaron, a aprender baile y latín en el seminario de los nobles; y a los doce años, el niño «que reía poco» era cadete. Cuando volvió, teniente coronel español de treinta y cuatro años, a pelear contra España, no era el hombre crecido al pampero y la lluvia, en las entrañas de su país americano, sino el militar que, al calor de los recuerdos nativos, crio en las sombras de las logias de Lautaro, entre condes de Madrid y patricios juveniles, la voluntad de trabajar con plan y sistema por la independencia de América; y a las órdenes de Daoiz y frente a Napoleón aprendió de España el modo de vencerla. Peleó contra el moro, astuto y original; contra el portugués aparatoso y el francés deslumbrante. Peleó al lado del español, cuando el español peleaba con los dientes, y del inglés, que muere saludando, con todos los botones en el casaquín, de modo que no rompa el cadáver la línea de batalla. Cuando desembarca en Buenos Aires, con el sable morisco que relampagueó en Arjonilla y en Bailén y en Albuera, ni trae consigo más que la fama de su arrojo, ni pide más que «unidad y dirección», «sistema que nos salve de la anarquía», «un hombre capaz de ponerse al frente del ejército». Iba la guerra como va cuando no la mueve un plan político seguro, que es correría más que guerra, y semillero de tiranos. «No hay ejército sin oficiales». «El soldado, soldado de pies a cabeza». Con Alvear, patriota ambicioso de familia influyente, llegó San Martín de España. A los ocho días le dieron a organizar el cuerpo de granaderos montados, con Alvear de sargento mayor. Deslumbra a los héroes desvalidos en las revoluciones, a los héroes incompletos que no saben poner la idea a caballo, la pericia del militar de profesión. Lo que es oficio parece genio; y el ignorante generoso confunde la práctica con la grandeza. Un capitán es general entre reclutas. San Martín estaba sobre la silla, y no había de apearse sino en el palacio de los virreyes del Perú; tomó los oficiales de entre sus amigos, y estos de entre la gente de casta; los prácticos, no los pasaba de tenientes; los cadetes, fueron de casas próceres; los soldados, de talla y robustos; y todos, a toda hora, «¡alta la cabeza!». «¡El soldado, con la cabeza alta!». No los llamaba por sus nombres, sino por el nombre de guerra que ponía a cada uno. Con Alvear y con el peruano Monteagudo fundó la logia secreta de Lautaro, «para trabajar con plan y sistema en la independencia de América, y su felicidad, obrando con honor y procediendo con justicia»; para que, «cuando un hermano desempeñe el supremo gobierno, no pueda nombrar por sí diplomáticos y generales, ni gobernadores, ni jueces, ni altos funcionarios eclesiásticos o militares»; «para trabajar por adquirir la opinión pública»; «para ayudarse entre sí y cumplir sus juramentos, so pena de muerte». Su escuadrón lo fue haciendo hombre a hombre. Él mismo les enseñaba a manejar el sable: «le partes la cabeza como una sandía al primer godo que se te ponga por delante». A los oficiales los reunió en cuerpo secreto; los habituó a acusarse entre sí y a acatar la sentencia de la mayoría; trazaba con ellos sobre el campo el pentágono y los bastiones; echaba del escuadrón al que mostrase miedo en alguna celada, o pusiese la mano en una mujer; criaba en cada uno la condición saliente; daba trama y misterio de iglesia a la vida militar; tallaba a filo a sus hombres; fundía como una joya a cada soldado. Apareció con ellos en la plaza, para rebelarse con su logia de Lautaro contra el gobierno de los triunviros. Arremetió con ellos, caballero en magnífico bayo, contra el español que desembarcaba en San Lorenzo la escuadrilla; cerró sobre él sus dos alas; «a lanza y sable» los fue apeando de las monturas; preso bajo su caballo mandaba y blandía; muere un granadero, con la bandera española en el puño; cae muerto a sus pies el granadero que le quita de encima el animal; huye España, dejando atrás su artillería y sus cadáveres.

Pero Alvear tenía celos, y su partido en la logia de Lautaro, «que gobernaba al gobierno», pudo más que el partido de San Martín. Se carteaba mucho San Martín con los hombres políticos: «existir es lo primero, y después ver cómo existimos», «se necesita un ejército, ejército de oficiales matemáticos»; «hay que echar de aquí al último maturrango»; «renunciaré mi grado militar cuando los americanos no tengan enemigos»; «háganse esfuerzos simultáneos, y somos libres»; «esta revolución no parece de hombres, sino de carneros»; «soy republicano por convicción, por principios, pero sacrifico esto mismo al bien de mi suelo». Alvear fue de general contra los españoles de Montevideo, y a San Martín lo mandaron de general al Alto Perú, donde no bastó el patriotismo salteño a levantar los ánimos; lo mandaron luego de intendente a Cuyo. ¡Y allá lo habían de mandar, porque aquel era su pueblo; de aquel destierro haría él su fortaleza; de aquella altura se derramaría él sobre los americanos! Allá, en aquel rincón, con los Andes de consejeros y testigos, creó, solo, el ejército con que los había de atravesar; ideó, solo, una familia de pueblos cubiertos por su espada; vio, solo, el peligro que corría la libertad de cada nación de América mientras no fuesen todas ellas libres: ¡mientras haya en América una nación esclava, la libertad de todas las demás corre peligro! Puso la mano sobre la región adicta con que ha de contar, como levadura de poder, quien tenga determinado influir por cuenta propia en los negocios públicos. En sí pensaba, y en América; porque es gloria suya, y como el oro puro de su carácter, que nunca en las cosas de América pensó en un pueblo y otro como entes diversos, sino que, en el fuego de su pasión, no veía en el continente más que una sola nación americana. Entreveía la verdad política local y el fin oculto de los actos, como todos estos hombres de instinto; pero fallaba, como todos ellos, por confundir su sagacidad primitiva, extraviada por el éxito, por la lisonja, y por la fe en sí, con aquel conocimiento y estrategia de los factores invisibles y determinantes de un país, que solo alcanza, por la mezcla del don y la cultura, el genio supremo. Ese mismo concepto salvador de América, que lo llevaría a la unificación posible de sus naciones hermanas en espíritu, ocultó a sus ojos las diferencias, útiles a la libertad, de los países americanos, que hacen imposible su unidad de formas. No veía, como el político profundo, los pueblos hechos, según venían de atrás; sino los pueblos futuros que bullían, con la angustia de la gestación, en su cabeza; y disponía de ellos en su mente, como el patriarca dispone de sus hijos. ¡Es formidable el choque de los hombres de voluntad con la obra acumulada de los siglos!

Pero el intendente de Cuyo solo ve por ahora que tiene que hacer la independencia de América. Cree e impera. Y puesto, por quien pone, en una comarca sobria como él, la enamoró por sus mismas dotes, en que la comarca contenta se reconocía; y vino a ser, sin corona en la cabeza, como su rey natural. Los gobiernos perfectos nacen de la identidad del país y el hombre que lo rige con cariño y fin noble, puesto que la misma identidad es insuficiente, por ser en todo pueblo innata la nobleza, si falta al gobernante el fin noble. Pudo algún día San Martín, confuso en las alturas, regir al Perú con fines turbados por el miedo de perder su gloria; pudo extremar, por el interés de su mando vacilante, su creencia honrada en la necesidad de gobernar a América por reyes; pudo, desvanecido, pensar en sí alguna vez más que en América, cuando lo primero que ha de hacer el hombre público, en las épocas de creación o reforma, es renunciar a sí, sin valerse de su persona sino en lo que valga ella a la patria; pudo tantear desvalido, en país de más letras, sin la virtud de su originalidad libre, un gobierno retórico. Pero en Cuyo, vecino aún de la justicia y novedad de la Naturaleza, triunfó sin obstáculo, por el imperio de lo real, aquel hombre que se hacía el desayuno con sus propias manos, se sentaba al lado del trabajador, veía por que herrasen la mula con piedad, daba audiencia en la cocina, —entre el puchero y el cigarro negro,— dormía al aire, en un cuero tendido. Allí la tierra trajinada parecía un jardín; blanqueaban las casas limpias entre el olivo y el viñedo; bataneaba el hombre el cuero que la mujer cosía; los picos mismos de la cordillera parecían bruñidos a fuerza de puño. Campeó entre aquellos trabajadores el que trabajaba más que ellos; entre aquellos tiradores, el que tiraba mejor que todos; entre aquellos madrugadores, el que llamaba por las mañanas a sus puertas; el que en los conflictos de justicia sentenciaba conforme al criterio natural; el que solo tenía burla y castigo para los perezosos y los hipócritas; el que callaba, como una nube negra, y hablaba como el rayo. Al cura: «aquí no hay más obispo que yo; predíqueme que es santa la independencia de América». Al español: «¿quiere que lo tenga por bueno? pues que me lo certifiquen seis criollos». A la placera murmurona: «diez zapatos para el ejército, por haber hablado mal de los patriotas». Al centinela que lo echa atrás porque entra a la fábrica de mixtos con espuelas: «¡esa onza de oro!». Al soldado que dice tener las manos atadas por un juramento que empeñó a los españoles: «¡se las desatará el último suplicio!». A una redención de cautivos la deja sin dinero «¡para redimir a otros cautivos!». A una testamentaría le manda pagar tributo: «¡más hubiera dado el difunto para la revolución!». Derrúmbase a su alrededor, en el empuje de la reconquista, la revolución americana. Venía Morillo: caía el Cuzco; Chile huía; las catedrales entonaban, de México a Santiago, el *Te Deum* del triunfo; por los barrancos asomaban los regimientos deshechos, como jirones. Y en la catástrofe continental, decide San Martín alzar su ejército con el puñado de cuyanos, convida a sus oficiales a un banquete y brinda, con voz vibrante como el clarín, «¡por la primera bala que se dispare contra los opresores de Chile del otro lado de los Andes!».

Cuyo es de él, y se alza contra el dictador Alvear, el rival que bambolea, cuando acepta incautamente la renuncia que, en plena actividad, le envía San Martín. Cuyo sostiene en el mando a su gobernador, que parece ceder ante el que viene a reemplazarlo; que menudea ante el Cabildo sus renuncias de palabra; que permite a las milicias ir a la plaza, sin uniforme, a pedir la caída de Alvear. Cuyo echa, colérico, a quien osa venir a suceder, con un nombramiento de papel, al que tiene nombramiento de la Naturaleza, y tiene a Cuyo; al que no puede renunciar a sí, porque en sí lleva la redención del continente; a aquel amigo de los talabarteros, que les devuelve ilesas las monturas pedidas para la patria; de los arrieros, que recobraban las arrias del servicio; de los chacareros, que le traían orgullosos el maíz de siembra para la chacra de la tropa, de los principales de la comarca, que fían en el intendente honrado, por quien esperan librar sus cabezas y sus haciendas del español. Por respirar les cobra San Martín a los cuyanos, y la raíz que sale al aire paga contribución; pero les montó de antes el alma en la pasión de la libertad del país y en el orgullo de Cuyo, con lo que todo tributo que los sirviese les parecía llevadero, y más cuando San Martín, que sabía de hombres, no les hería la costumbre local, sino les cobraba lo nuevo por los métodos viejos: por acuerdo de los decuriones del Cabildo. Cuyo salvará a la América. «¡Denme a Cuyo, y con él voy a Lima!». Y Cuyo tiene fe en quien la tiene en él; pone en el Cielo a quien le pone en el Cielo. En Cuyo, a la boca de Chile, crea entero, del tamango al falucho, el ejército con que ha de redimirlo. Hombres, los vencidos; dinero, el de los cuyanos; carne, el charqui en pasta, que dura ocho días; zapatos, los tamangos, con la jareta por sobre el empeine; ropa, de cuero bataneado; cantimploras, los cuernos; los sables, a filo de barbería; música, los clarines; cañones, las campanas. Le amanece en la armería, contando las pistolas; en el parque, que conoce bala a bala; las toma en peso; les quita el polvo; las vuelve cuidadosamente a la pila. A un fraile inventor lo pone a dirigir la maestranza, de donde salió el ejército con cureñas y herraduras, con caramañolas y cartuchos, con bayonetas y máquinas; y el fraile de teniente, con veinticinco pesos al mes, ronco para toda la vida. Crea el laboratorio de salitre y la fábrica de pólvora. Crea el código militar, el cuerpo médico, la comisaría. Crea academias de oficiales, porque «no hay ejército sin oficiales matemáticos». Por las mañanas, cuando el Sol da en los picos de la serranía, se ensayan en el campamento abierto en el bosque, a los chispazos del sable de San Martín, los pelotones de reclutas, los granaderos de a caballo, sus negros queridos; bebe de su cantimplora: «¡a ver, que le quiero componer ese fusil!» «la mano, hermano, por ese tiro bueno»; «¡vamos, gaucho, un paso de sable con el gobernador!». O al toque de los clarines, jinete veloz, corre de grupo en grupo, sin sombrero y radiante de felicidad: «¡recio, recio, mientras haya luz de día; los soldados que vencen solo se hacen en el campo de instrucción!». Echa los oficiales a torear: «¡estos locos son los que necesito yo para vencer a los españoles!». Con los rezagos de Chile, con los libertos, con los quintos, con los vagos, junta y transforma a seis mil hombres. Un día de sol entra con ellos en la ciudad de Mendoza, vestida de flores; pone el bastón de general en la mano de la Virgen del Carmen; ondea tres veces, en el silencio que sigue a los tambores, el pabellón azul: «Esta es, soldados, la primera bandera independiente que se bendice en América; jurad sostenerla muriendo en su defensa, como yo lo juro!».

En cuatro columnas se echan sobre los Andes los cuatro mil soldados de pelear, en piaras montadas, con un peón por cada veinte; los mil doscientos milicianos; los doscientos cincuenta de la artillería, con las dos mil balas de cañón, con los novecientos mil tiros de fusil. Dos columnas van por el medio y dos, de alas, a los flancos. Delante va Fray Beltrán, con sus ciento veinte barreteros, palanca al hombro; sus zorras y perchas, para que los veintiún cañones no se lastimen; sus puentes de cuerda, para pasar los ríos; sus anclas y cables, para rescatar a los que se derrisquen. Ladeados van unas veces por el borde del antro; otras van escalando, pecho a tierra. Cerca del rayo han de vivir los que van a caer, juntos todos, sobre el valle de Chacabuco, como el rayo. De la masa de nieve se levanta, resplandeciendo, el Aconcagua. A los pies, en las nubes, vuelan los cóndores. ¡Allá espera, aturdido, sin saber por dónde le viene la justicia, la tropa del español, que San Martín sagaz ha abierto, con su espionaje sutil y su política de zapa, para que no tenga qué oponer a su ejército reconcentrado! San Martín se apea de su mula, y duerme en el capote, con una piedra de cabecera, rodeado de los Andes.

El alba era, veinticuatro días después, cuando el ala de O'Higgins, celosa de la de Soler, ganó, a son de tambor, la cumbre por donde podía huir el español acorralado. Desde su mente, en Cuyo, lo había acorralado, colina a colina, San Martín. Las batallas se ganan entre ceja y ceja. El que pelea ha de tener el país en el bolsillo. Era el mediodía cuando, espantado el español, reculaba ante los piquetes del valle, para caer contra los caballos de la cumbre. Por entre los infantes del enemigo pasa como un remolino la caballería libertadora, y acaba a los artilleros sobre sus cañones. Cae todo San Martín sobre las tapias inútiles de la hacienda. Dispérsanse, por los mamelones y esteros, los últimos realistas. En la yerba, entre los quinientos muertos, brilla un fusil, rebanado de un tajo. Y ganada la pelea que redimió a Chile y aseguró a América la libertad, escribió San Martín una carta a «la admirable Cuyo» y mandó a dar vuelta al paño de su casaca.

Quiso Chile nombrarle gobernador omnímodo, y él no aceptó; a Buenos Aires devolvió el despacho de brigadier general, «porque tenía empeñada su palabra de no admitir grado ni empleo militar ni político»; coronó el Ayuntamiento su retrato, orlado de los trofeos de la batalla, y mandó su compatriota Belgrano alzar una pirámide en su honor. Pero lo que él quiere de Buenos Aires es tropa, hierro, dinero, barcos que ciñan por mar a Lima mientras la ciñe él por tierra. Con su edecán irlandés pasa de retorno por el campo de Chacabuco; llora por los «¡pobres negros!» que cayeron allí por la libertad americana; mueve en Buenos Aires el poder secreto de la logia de Lautaro; ampara a su amigo O'Higgins, a quien tiene en Chile de Director, contra los planes rivales de su enemigo Carrera; mina, desde su casa de triunfador en Santiago, —donde no quiere «vajillas de plata», ni sueldos pingües,— el poderío del virrey en el Perú; suspira, «en el disgusto que corroe su triste existencia», por «dos meses de tranquilidad en el virtuoso pueblo de Mendoza»; arenga a caballo, en la puerta del arzobispo, a los chilenos batidos en Cancharrayada, y surge triunfante, camino de Lima, en el campo sangriento de Maipú.

Del caballo de batalla salta a la mula de los Andes; con la amenaza de su renuncia fuerza a Buenos Aires, azuzado por la logia, a que le envíe el empréstito para la expedición peruana; se cartea con su fiel amigo Pueyrredón, el Director argentino, sobre el plan que paró en mandar a uno de la logia a buscar rey a las cortes europeas, —a tiempo que tomaba el mando de la escuadra de Chile, triunfante en el Pacífico, el inglés Cochrane, ausente de su pueblo «por no verlo oprimido sin misericordia» por la monarquía, —a tiempo que Bolívar avanzaba clavando, de patria en patria, el pabellón republicano. Y cuando en las manos sagaces de San Martín, Chile y Buenos Aires han cedido a sus demandas de recursos ante la amenaza de repasar los Andes con su ejército, dejando a O'Higgins sin apoyo y al español entrándose por el Perú entre chilenos y argentinos; cuando Cochrane le había, con sus correrías hazañosas, abierto el mar a la expedición del Perú; cuando iba por fin a caer con su ejército reforzado sobre los palacios limeños, y a asegurar la independencia de América y su gloria, lo llamó Buenos Aires a rechazar la invasión española que creía ya en la mar, a defender al gobierno contra los federalistas rebeldes, a apoyar la monarquía que el mismo San Martín había recomendado. Desobedece. Se alza con el ejército que sin la ayuda de su patria no hubiese allegado jamás, y que lo proclama en Rancagua su cabeza única, y se va, capitán suelto, bajo la bandera chilena, a sacar al español del Perú, con su patria deshecha a las espaldas. «¡Mientras no estemos en Lima, la guerra no acabará!»; de esta campaña «penden las esperanzas de este vasto continente; «voy a seguir el destino que me llama»...

¿Quién es aquel, de uniforme recamado de oro, que pasea por la blanda Lima en su carroza de seis caballos? Es el Protector del Perú, que se proclamó por decreto propio gobernante omnímodo, fijó en el estatuto el poder de su persona y la ley política, redimió los vientres, suprimió los azotes, abolió los tormentos, erró y acertó, por boca de su apasionado ministro Monteagudo; el que el mismo día de la jura del estatuto creó la orden de nobles, la Orden del Sol; el que mandó inscribir la banda de las damas limeñas «al patriotismo de las más sensibles»; el «emperador» de que hacían mofa los yaravíes del pueblo; el «rey José» de quien reían, en el cuarto de banderas, sus compañeros de la logia de Lautaro. Es San Martín, abandonado por Cochrane, negado por sus batallones, execrado en Buenos Aires y en Chile, corrido en la «Sociedad Patriótica» cuando aplaudió el discurso del fraile que quería rey, limosnero que mandaba a Europa a un dómine a ojear un príncipe austríaco, o italiano, o portugués, para el Perú. ¿Quién es aquel, que sale, solitario y torvo, después de la entrevista titánica de Guayaquil, del baile donde Bolívar, dueño incontrastable de los ejércitos que bajan de Boyacá, barriendo al español, valsa, resplandeciente de victorias, entre damas sumisas y bulliciosos soldados? Es San Martín que convoca el primer Congreso constituyente del Perú, y se despoja ante él de su banda blanca y roja: que baja de la carroza protectoral, en el Perú revuelto contra el Protector, porque «la presencia de un militar afortunado es temible a los países nuevos, y está aburrido de oír que quiere hacerse rey»; que deja el Perú a Bolívar, «que le ganó por la mano», porque «Bolívar y él no caben en el Perú, sin un conflicto que sería escándalo del mundo, y no será San Martín el que dé un día de zambra a los maturrangos». Se despide sereno, en la sombra de la noche, de un oficial fiel; llega a Chile, con ciento veinte onzas de oro, para oír que lo aborrecen; sale a la calle en Buenos Aires, y lo silban, sin ver cómo había vuelto, por su sincera conformidad en la desgracia, a una grandeza más segura que la que en vano pretendió con la ambición.

Se vio entonces en toda su hermosura, saneado ya de la tentación y ceguera del poder, aquel carácter que cumplió uno de los designios de la Naturaleza, y había repartido por el continente el triunfo de modo que su desequilibrio no pusiese en riesgo la obra americana. Como consagrado vivía en su destierro, sin poner mano jamás en cosa de hombre, aquel que había alzado, al rayo de sus ojos, tres naciones libres. Vio en sí cómo la grandeza de los caudillos no está, aunque lo parezca, en su propia persona, sino en la medida en que sirven a la de su pueblo; y se levantan mientras van con él, y caen cuando la quieren llevar detrás de sí. Lloraba cuando veía a un amigo; legó su corazón a Buenos Aires y murió frente al mar, sereno y canoso, clavado en su sillón de brazos, con no menos majestad que el nevado de Aconcagua en el silencio de los Andes.

Álbum de *El Porvenir*. Nueva York, 1891

DISCURSO*

Señoras, señores:

Con la frente contrita de los americanos que no han podido entrar aún en América; con el sereno conocimiento del puesto y valer reales del gran caraqueño en la obra espontánea y múltiple de la emancipación americana; con el asombro y reverencia de quien ve aún ante sí, demandándole la cuota, a aquel que fue como el samán de sus llanuras, en la pompa y generosidad, y como los ríos que caen atormentados de las cumbres, y como los peñascos que vienen ardiendo, con luz y fragor, de las entrañas de la tierra, traigo el homenaje infeliz de mis palabras, menos profundo y elocuente que el de mi silencio, al que desclavó del Cuzco el gonfalón de Pizarro. Por sobre tachas y cargos, por sobre la pasión del elogio y la del denuesto, por sobre las flaquezas mismas, ápice negro en el plumón del cóndor, de aquel príncipe de la libertad, surge radioso el hombre verdadero. Quema, y arroba. Pensar en él, asomarse a su vida, leerle una arenga, verlo deshecho y jadeante en una carta de amores, es como sentirse orlado de oro el pensamiento. Su ardor fue el de nuestra redención, su lenguaje fue el de nuestra naturaleza, su cúspide fue la de nuestro continente: su caída, para el corazón. Dícese Bolívar, y ya se ve delante el monte a que, más que la nieve, sirve el encapotado jinete de corona, ya

* Pronunciado en la velada de la Sociedad Literaria Hispanoamericana en honor de Simón Bolívar el 28 de octubre de 1893.

el pantano en que se revuelven, con tres repúblicas en el morral, los libertadores que van a rematar la redención de un mundo. ¡Oh, no! En calma no se puede hablar de aquel que no vivió jamás en ella: ¡de Bolívar se puede hablar con una montaña por tribuna, o entre relámpagos y rayos, o con un manojo de pueblos libres en el puño, y la tiranía descabezada a los pies...! Ni a la justa admiración ha de tenerse miedo, porque esté de moda continua en cierta especie de hombres el desamor de lo extraordinario; ni el deseo bajo del aplauso ha de ahogar con la palabra hinchada los decretos del juicio, ni hay palabra que diga el misterio y fulgor de aquella frente cuando en el desastre de Casacoima, en la fiebre de su cuerpo y la soledad de sus ejércitos huidos, vio claros, allá en la cresta de los Andes, los caminos por donde derramaría la libertad sobre las cuencas del Perú y Bolivia. Pero cuanto dijéramos, y aun lo excesivo, estaría bien en nuestros labios esta noche, porque cuantos nos reunimos hoy aquí, somos los hijos de su espada.

Ni la presencia de nuestras mujeres puede, por temor de parecerles enojoso, sofocar en los labios el tributo; porque ante las mujeres americanas se puede hablar sin miedo de la libertad. Mujer fue aquella hija de Juan de Mena, la brava paraguaya, que al saber que a su paisano Antequera lo ahorcaban por criollo, se quitó el luto del marido que vestía, y se puso de gala, porque «es día de celebrar aquel en que un hombre bueno muere gloriosamente por su patria»; —mujer fue la colombiana, de saya y cotón, que antes que los comuneros, arrancó en el Socorro el edicto de impuestos insolentes que sacó a pelear a veinte mil hombres; —mujer la de Arismendi, pura cual la mejor perla de la Margarita, que a quien la pasea presa por el terrado de donde la puede ver el esposo sitiador, dice, mientras el esposo riega de metralla la puerta del fuerte: «jamás lograréis de mí que le aconseje faltar a sus deberes»; —mujer aquella soberana Pola, que armó a su novio para que se fuese a pelear, y cayó en el patíbulo junto a él; —mujer Mercedes Abrego, de trenzas hermosas, a quien cortaron la cabeza porque bordó, de su oro más fino, el uniforme del Libertador; —mujeres, las que el piadoso Bolívar llevaba a la grupa, compañeras indómitas de sus soldados, cuando a pechos juntos vadeaban los hombres el agua enfurecida por donde iba la redención a Boyacá, y de los montes andinos, siglos de la naturaleza, bajaban torvos y despedazados los torrentes.

Hombre fue aquel en realidad extraordinario. Vivió como entre llamas, y lo era. Ama, y lo que dice es como florón de fuego. Amigo, se le muere el hombre honrado a quien quería, y manda que todo cese a su alrededor. Enclenque, en lo que anda el posta más ligero barre con un ejército naciente todo lo que hay de Tenerife a Cúcuta. Pelea, y en lo más afligido del combate, cuando se le vuelven suplicantes todos los ojos, manda que le desensillen el caballo. Escribe, y es como cuando en lo alto de una cordillera se coge y cierra de súbito la tormenta, y es bruma y lobreguez el valle todo; y a tajos abre la luz celeste la cerrazón, y cuelgan de un lado y otro las nubes por los picos, mientras en lo hondo luce el valle fresco con el primor de todos sus colores. Como los montes era él ancho en la base, con las raíces en las del mundo, y por la cumbre enhiesto y afilado, como para penetrar mejor en el cielo rebelde. Se le ve golpeando, con el sable de puño de oro, en las puertas de la gloria. Cree en el cielo, en los dioses, en los inmortales, en el dios de Colombia, en el genio de América, y en su destino. Su gloria lo circunda, inflama y arrebata. Vencer ¿no es el sello de la divinidad? ¿vencer a los hombres, a los ríos hinchados, a los volcanes, a los siglos, a la naturaleza? Siglos. ¿Cómo los desharía, si no pudiera hacerlos? ¿no desata razas, no desencanta el continente, no evoca pueblos, no ha recorrido con las banderas de la redención más mundos que ningún conquistador con las de la tiranía, no habla desde el Chimborazo con la eternidad y tiene a sus plantas en el Potosí, bajo el pabellón de Colombia picado de cóndores, una de las obras más bárbaras y tenaces de la historia humana? ¿no le acatan las ciudades, y los poderes de esta vida, y los émulos enamorados o sumisos, y los genios del orbe nuevo, y las hermosuras? Como el sol llega a creerse, por lo que deshiela y fecunda, y por lo que ilumina y abrasa. Hay senado en el cielo, y él será, sin duda, de él. Ya ve el mundo allá arriba, áureo de sol cuajado, y los asientos de la roca de la creación, y el piso de las nubes, y el techo de centellas que le recuerden, en el cruzarse y chispear, los reflejos del mediodía de Apure en los rejones de sus lanzas: y descienden de aquella altura, como dispensación paterna, la dicha y el orden sobre los humanos. —¡Y no es así el mundo, sino suma de la divinidad que asciende ensangrentada y dolorosa del sacrificio y prueba de los hombres todos! Y muere él en Santa Marta del trastorno y horror de ver hecho pedazos aquel astro suyo que creyó inmortal, en su error de confundir la gloria de ser útil, que sin cesar le crece, y es divina de veras, y corona que nadie arranca de las sienes, con el mero accidente del poder humano, merced y encargo casi siempre impuro de los que sin mérito u osadía lo anhelan para sí, o estéril triunfo de un bando sobre otro, o fiel inseguro de los intereses y pasiones, que solo recae en el genio o la virtud en los instantes de suma angustia o pasajero pudor en que los pueblos, enternecidos por el peligro, aclaman la idea o desinterés por donde vislumbran su rescate. ¡Pero así está Bolívar en el cielo de América, vigilante y ceñudo, sentado aún en la roca de crear, con el inca al lado y el haz de banderas a los pies; así está él, calzadas aún las botas de campaña, porque lo que él no dejó hecho, sin hacer está hasta hoy: porque Bolívar tiene que hacer en América todavía!

América hervía, a principios del siglo, y él fue como su horno. Aún cabecea y fermenta, como los gusanos bajo la costra de las viejas raíces, la América de entonces, larva enorme y confusa. Bajo las sotanas de los canónigos y en la mente de los viajeros próceres venía de Francia y de Norteamérica el libro revolucionario, a avivar el descontento del criollo de decoro y letras, mandado desde allende a horca y tributo; y esta revolución de lo alto, más la levadura rebelde y en cierto modo democrática del español segundón y desheredado, iba a la par creciendo, con la cólera baja, la del gaucho y el roto y el cholo y el llanero, todos tocados en su punto de hombre: en el sordo oleaje, surcado de lágrimas el rostro inerme, vagaban con el consuelo de la guerra por el bosque las majadas de indígenas, como fuegos errantes sobre una colosal sepultura. La independencia de América venía de un siglo atrás sangrando: —¡ni de Rousseau ni de Washington viene nuestra América, sino de sí misma!— Así, en las noches amorosas de su jardín solariego de San Jacinto, o por las riberas de aquel pintado Anauco por donde guio tal vez los pies menudos de la esposa que se le murió en flor, vería Bolívar, con el puño al corazón, la procesión terrible de los precursores de la independencia de América: ¡van y vienen los muertos por el aire, y no reposan hasta que no está su obra satisfecha! Él vio, sin duda, en el crepúsculo del Ávila, el séquito cruento...

Pasa Antequera, el del Paraguay, el primero de todos, alzando de sobre su cuello rebanado la cabeza: la familia entera del pobre inca pasa, muerta a los ojos de su padre atado, y recogiendo los cuartos de su cuerpo; pasa Tupac Amaru: el rey de los mestizos de

Venezuela viene luego, desvanecido por el aire, como un fantasma: dormido en su sangre va después Salinas, y Quiroga muerto sobre su plato de comer, y Morales como viva carnicería, porque en la cárcel de Quito amaban a su patria; sin casa adonde volver, porque se la regaron de sal, sigue León, moribundo en la cueva: en garfios van los miembros de José España, que murió sonriendo en la horca, y va humeando el tronco de Galán, quemado ante el patíbulo: y Berbeo pasa, más muerto que ninguno, —aunque de miedo a sus comuneros lo dejó el verdugo vivo,— porque para quien conoció la dicha de pelear por el honor de su país, no hay muerte mayor que estar en pie mientras dura la vergüenza patria: ¡y, de esta alma india y mestiza y blanca hecha una llama sola, se envolvió en ella el héroe, y en la constancia y la intrepidez con ella; en la hermandad de la aspiración común juntó, al calor de la gloria, los compuestos desemejantes; anuló o enfrenó émulos, pasó el páramo y revolvió montes, fue regando de repúblicas la artesa de los Andes, y cuando detuvo la carrera, porque la revolución argentina oponía su trama colectiva y democrática al ímpetu boliviano, ¡catorce generales españoles, acurrucados en el cerro de Ayacucho, se desceñían la espada de España!

De las palmas de las costas, puestas allí como para entonar canto perenne al héroe, sube la tierra, por tramos de plata y oro, a las copiosas planicies que acuchilló de sangre la revolución americana; y el cielo ha visto pocas veces escenas más hermosas, porque jamás movió a tantos pechos la determinación de ser libres, ni tuvieron teatro de más natural grandeza, ni el alma de un continente entró tan de lleno en la de un hombre. El cielo mismo parece haber sido actor, porque eran dignas de él, en aquellas batallas: ¡parece que los héroes todos de la libertad, y los mártires todos de toda la tierra, poblaban apiñados aquella bóveda hermosa, y cubrían, còmo gigante égida, el aprieto donde pujaban nuestras armas, o huían despavoridos por el cielo injusto, cuando la pelea nos negaba su favor! El cielo mismo debía, en verdad, detenerse a ver tanta hermosura: —de las eternas nieves, ruedan, desmontadas, las aguas portentosas: como menuda cabellera, o crespo vellón, visten las negras abras árboles seculares; las ruinas de los templos indios velan sobre el desierto de los lagos: por entre la bruma de los valles asoman las recias torres de la catedral española: los cráteres humean, y se ven las entrañas del universo por la boca del volcán descabezado: ¡y a la vez, por los rincones todos de la tierra, los americanos están peleando por la libertad! Unos cabalgan por el llano y caen al choque enemigo como luces que se apagan, en el montón de sus monturas; otros, rienda al diente, nadan, con la banderola a flor de agua, por el río crecido: otros, como selva que echa a andar, vienen costilla a costilla, con las lanzas por sobre las cabezas; otros trepan un volcán, y le clavan en el belfo encendido la bandera libertadora. ¡Pero ninguno es más bello que un hombre de frente montuosa, de mirada que le ha comido el rostro, de capa que le aletea sobre el potro volador, de busto inmóvil en la lluvia del fuego o la tormenta, de espada a cuya luz vencen cinco naciones! Enfrena su retinto, desmadejado el cabello en la tempestad del triunfo, y ve pasar, entre la muchedumbre que le ha ayudado a echar atrás la tiranía, el gorro frigio de Ribas, el caballo dócil de Sucre, la cabeza rizada de Piar, el dolmán rojo de Páez, el látigo desflecado de Córdoba, o el cadáver del coronel que sus soldados se llevan envuelto en la bandera. Yérguese en el estribo, suspenso como la naturaleza, a ver a Páez en las Queseras dar las caras con su puñado de lanceros, y a vuelo de caballo, plegándose y abriéndose, acorralar en el polvo y la tiniebla al hormiguero enemigo. ¡Mira, húmedos los ojos, el ejército de gala, antes de la batalla de Carabobo, al aire colores y divisas, los pabellones viejos cerrados por un muro vivo, las músicas todas sueltas a la vez, el sol en el acero alegre, y en todo el campamento el júbilo misterioso de la casa en que va a nacer un hijo! ¡Y más bello que nunca fue en Junín, envuelto entre las sombras de la noche, mientras que en pálido silencio se astillan contra el brazo triunfante de América las últimas lanzas españolas!

... Y luego, poco tiempo después, desencajado, el pelo hundido por las sienes enjutas, la mano seca como echando atrás el mundo, el héroe dice en su cama de morir: «¡José! ¡José! Vámonos, que de aquí nos echan: ¿a dónde iremos?». Su gobierno nada más se había venido abajo, pero él acaso creyó que lo que se derrumbaba era la república; acaso, como que de él se dejaron domar, mientras duró el encanto de la independencia, los recelos y personas locales, paró en desconocer, o dar por nulas o menores, estas fuerzas de realidad que reaparecían después del triunfo: acaso, temeroso de que las aspiraciones rivales le decorasen los pueblos recién nacidos, buscó en la sujeción, odiosa al hombre, el equilibrio político, solo constante cuando se fía a la expansión, infalible en un régimen de justicia, y más firme cuanto más desatada. Acaso, en su sueño de gloria, para la América y para sí, no vio que la unidad de espíritu, indispensable a la salvación y dicha de nuestros pueblos americanos, padecía, más que se ayudaba, con su unión en formas teóricas y artificiales que no se acomodaban sobre el seguro de la realidad: acaso el genio previsor que proclamó que la salvación de nuestra América está en la acción una y compacta de sus repúblicas, en cuanto a sus relaciones con el mundo y al sentido y conjunto de su porvenir, no pudo, por no tenerla en el redaño, ni venirle del hábito ni de la casta, conocer la fuerza moderadora del alma popular, de la pelea de todos en abierta lid, que salva, sin más ley que la libertad verdadera, a las repúblicas: erró acaso el padre angustiado en el instante supremo de los creadores políticos, cuando un deber les aconseja ceder a nuevo mando su creación, porque el título de usurpador no la desluzca o ponga en riesgo, y otro deber, tal vez en el misterio de su idea creadora superior, les mueve a arrostrar por ella hasta la deshonra de ser tenidos por usurpadores.

¡Y eran las hijas de su corazón, aquellas que sin él se desangraban en lucha infausta y lenta, aquellas que por su magnanimidad y tesón vinieron a la vida, las que le tomaban de las manos, como que de ellas era la sangre y el porvenir, el poder de regirse conforme a sus pueblos y necesidades! ¡Y desaparecía la conjunción, más larga que la de los astros del cielo, de América y Bolívar para la obra de la independencia, y se revelaba el desacuerdo patente entre Bolívar, empeñado en unir bajo un gobierno central y distante los países de la revolución, y la revolución americana, nacida, con múltiples cabezas, del ansia del gobierno local y con la gente de la casa propia! «¡José! ¡José! Vámonos, que de aquí nos echan: ¿adónde iremos?»...

¿Adónde irá Bolívar? ¡Al respeto del mundo y a la ternura de los americanos! ¡A esta casa amorosa, donde cada hombre le debe el goce ardiente de sentirse como en brazos de los suyos en los de todo hijo de América, y cada mujer recuerda enamorada a aquel que se apeó siempre del caballo de la gloria para agradecer una corona o una flor a la hermosura! ¡A la justicia de los pueblos, que por el error posible de las formas, impacientes, o personales, sabrán ver el empuje que con ellas mismas, como de mano potente en lava blanda, dio Bolívar a las ideas madres de América! ¿Adónde

irá Bolívar? ¡Al brazo de los hombres para que defiendan de la
nueva codicia, y del terco espíritu viejo, la tierra donde será más
dichosa y bella la humanidad! ¡A los pueblos callados, como un
beso de padre! ¡A los hombres del rincón y de lo transitorio, a las
panzas aldeanas y los cómodos harpagones, para que, a la hogue-
ra que fue aquella existencia, vean la hermandad indispensable al
continente y los peligros y la grandeza del porvenir americano!
¿Adónde irá Bolívar?... Ya el último virrey de España yacía con
cinco heridas, iban los tres siglos atados a la cola del caballo lla-
nero, y con la casaca de la victoria y el elástico de lujo venía al
paso el Libertador, entre el ejército, como de baile, y al balcón de
los cerros asomado el gentío, y como flores en jarrón, saliéndose
por las cuchillas de las lomas, los mazos de banderas. El Potosí
aparece al fin, roído y ensangrentado: los cinco pabellones de los
pueblos nuevos, con verdaderas llamas, flameaban en la cúspide
de la América resucitada: estallan los morteros a anunciar al héroe,
—y sobre las cabezas, descubiertas de respeto y espanto, rodó por
largo tiempo el estampido con que de cumbre en cumbre respon-
dían, saludándolo, los montes. ¡Así, de hijo en hijo, mientras la
América viva, el eco de su nombre resonará en lo más viril y
honrado de nuestras entrañas!

Patria. Nueva York, 4 de noviembre de 1893

ESTADOS UNIDOS

CONEY ISLAND

En los fastos humanos, nada iguala a la prosperidad maravillosa de los Estados Unidos del Norte. Si hay o no en ellos falta de raíces profundas; si son más duraderos en los pueblos los lazos que ata el sacrificio y el dolor común que los que ata el común interés; si esa nación colosal, lleva o no en sus entrañas elementos feroces y tremendos; si la ausencia del espíritu femenil, origen del sentido artístico y complemento del ser nacional, endurece y corrompe el corazón de ese pueblo pasmoso, eso lo dirán los tiempos.

Hoy por hoy, es lo cierto que nunca muchedumbre más feliz, más jocunda, más bien equipada, más compacta, más jovial y frenética ha vivido en tan útil labor en pueblo alguno de la tierra, ni ha originado y gozado más fortuna, ni ha cubierto los ríos y los mares de mayor número de empavesados y alegres vapores, ni se ha extendido con más bullicioso orden e ingenua alegría por blandas costas, gigantescos muelles y paseos brillantes y fantásticos.

Los periódicos norteamericanos vienen llenos de descripciones hiperbólicas de las bellezas originales y singulares atractivos de uno de esos lugares de verano, rebosante de gente, sembrado de suntuosos hoteles, cruzado de un ferrocarril aéreo, matizado de jardines, de kioscos, de pequeños teatros, de cervecerías, de circos, de tiendas de campaña, de masas de carruajes, de asambleas pintorescas, de casillas ambulantes, de vendutas, de fuentes.

Los periódicos franceses se hacen eco de esta fama.

De los lugares más lejanos de la Unión Americana van legiones de intrépidas damas y de galantes campesinos a admirar los paisajes espléndidos, la impar riqueza, la variedad cegadora, el empuje hercúleo, el aspecto sorprendente de Coney Island, esa isla ya famosa, montón de tierra abandonado hace cuatro años, y hoy lugar amplio de reposo, de amparo y de recreo para un centenar de miles de neoyorquinos que acuden a las dichosas playas diariamente.

Son cuatro pueblecitos unidos por vías de carruajes, tranvías y ferrocarriles de vapor. El uno, en el comedor de uno de cuyos hoteles caben holgadamente a un mismo tiempo 4 000 personas, se llama *Manhattan Beach* (Playa de Manhattan); otro, que ha surgido, como Minerva, de casco y lanza, armado de vapores, plazas, muelles y orquestas murmurantes, y hoteles que ya no pueblos parecen, sino naciones, se llama *Rockaway;* otro, el menos importante, que toma su nombre de un hotel de capacidad extraordinaria y construcción pesada, se llama *Brighton*; pero el atractivo de la isla no es Rockaway lejano, ni Brighton monótono, ni Manhattan Beach aristocrático y grave: es Gable, el riente Gable, con su elevador más alto que la torre de la Trinidad de Nueva York —dos veces más alto que la torre de nuestra Catedral— a cuya cima suben los viajeros suspendidos en una diminuta y frágil jaula a una altura que da vértigos; es Gable, con sus dos muelles de hierro, que avanzan sobre pilares elegantes un espacio de tres cuadras sobre el mar, con su palacio de *Sea Beach,* que no es más que un hotel ahora, y que fue en la Exposición de Filadelfia el afamado edificio de Agricultura, «Agricultural Building», transportado a Nueva York y reelevado en su primera forma, sin que le falte una tablilla, en la costa de Coney Island, como por arte de encantamiento; es Gable, con sus museos de a 50 céntimos, en que se exhiben monstruos humanos, peces extravagantes, mujeres barbudas, enanos melancólicos, y elefantes raquíticos, de los que dice pomposamente el anuncio que son los elefantes más grandes de la tierra; es Gable, con sus cien orquestas, con sus risueños bailes, con sus batallones de carruajes de niños, su vaca gigantesca que ordeñada perpetuamente produce siempre leche, su sidra fresca a 25 céntimos el vaso, sus incontables parejas de peregrinos amadores que hacen brotar a los labios aquellos tiernos versos de García Gutiérrez:

Aparejadas
Van por las lomas
Las cogujadas
Y las palomas;

es Gable, donde las familias acuden a buscar, en vez del aire me-
fítico y nauseabundo de Nueva York, el aire sano y vigorizador
de la orilla del mar, donde las madres pobres, —a la par que abren,
sobre una de las mesas que en salones espaciosísimos hallan gratis,
la caja descomunal en que vienen las provisiones familiares para
el *lunch*— aprietan contra su seno a sus desventurados pequeñue-
los, que parecen como devorados, como chupados, como roídos,
por esa terrible enfermedad de verano que siega niños como la
hoz siega la mies, —el *cholera infantum.* —Van y vienen vapores;
pitan, humean, salen y entran trenes; vacían sobre la playa su seno
de serpiente, henchido de familias; alquilan las mujeres sus trajes
de franela azul, y sus sombreros de paja burda que se atan bajo la
barba; los hombres en traje mucho más sencillo, llevándolas de
la mano, entran al mar; los niños, en tanto con los pies descalzos,
esperan en la margen a que la ola mugiente se los moje, y escapan
cuando llega, disimulando con carcajadas su terror, y vuelven en
bandadas, como para desafiar mejor al enemigo, a un juego de
que los inocentes, postrados una hora antes por el recio calor, no
se fatigan jamás; o salen y entran, como mariposas marinas, en
la fresca rompiente, y como cada uno va provisto de un cubito y
una pala, se entretienen en llenarse mutuamente sus cubitos con
la arena quemante de la playa; o luego que se han bañado, —imi-
tando en esto la conducta de más graves personas de ambos sexos,
que se cuidan poco de las censuras y los asombros de los que
piensan como por estas tierras pensamos, —se echan en la arena,
y se dejan cubrir, y golpear, y amasar, y envolver con la arena
encendida, porque esto es tenido por ejercicio saludable y porque
ofrece singulares facilidades para esa intimidad superficial, vul-
gar y vocinglera a que parecen aquellas prósperas gentes tan
aficionadas.

Pero lo que asombra allí no es este modo de bañarse, ni los
rostros cadavéricos de las criaturitas, ni los tocados caprichosos
y vestidos incomprensibles de aquellas damiselas, notadas por
su prodigalidad, su extravagancia, y su exagerada disposición a

la alegría; ni los coloquios de enamorados, ni las casillas de baños, ni las óperas cantadas sobre mesas de café, vestidos de Edgardo y de Romeo, y de Lucía y de Julieta; ni las muecas y gritos de los negros *minstrels,* que no deben ser ¡ay! como los *minstrels,* de Escocia; ni la playa majestuosa, ni el sol blando y sereno; lo que asombra allí es, el tamaño, la cantidad, el resultado súbito de la actividad humana, esa inmensa válvula de placer abierta a un pueblo inmenso, esos comedores que, vistos de lejos, parecen ejércitos en alto, esos caminos que a dos millas de distancia no son caminos, sino largas alfombras de cabezas; ese vertimiento diario de un pueblo portentoso en una playa portentosa; esa movilidad, ese don de avance, ese acometimiento, ese cambio de forma, esa febril rivalidad de la riqueza, ese monumental aspecto del conjunto que hacen digno de competir aquel pueblo de baños con la majestad de la tierra que lo soporta, del mar que lo acaricia y del cielo que lo corona, esa marea creciente, esa expansividad anonadora e incontrastable, firme y frenética, y esa naturalidad en lo maravilloso; eso es lo que asombra allí.

Otros pueblos —y nosotros entre ellos— vivimos devorados por un sublime demonio interior, que nos empuja a la persecución infatigable de un ideal de amor o gloria; y cuando asimos, con el placer con que se ase un águila, el grado del ideal que perseguíamos, nuevo afán nos inquieta, nueva ambición nos espolea, nueva aspiración nos lanza a nuevo vehemente anhelo, y sale del águila presa una rebelde mariposa libre, como desafiándonos a seguirla y encadenándonos a su revuelto vuelo.

No así aquellos espíritus tranquilos, turbados solo por el ansia de la posesión de una fortuna. Se tienden los ojos por aquellas playas reverberantes; se entra y sale por aquellos corredores, vastos como pampas; se asciende a los picos de aquellas colosales casas, altas como montes; sentados en silla cómoda, al borde de la mar, llenan los paseantes sus pulmones de aquel aire potente y benigno; mas es fama que una melancólica tristeza se apodera de los hombres de nuestros pueblos hispanoamericanos que allá viven, que se buscan en vano y no se hallan; que por mucho que las primeras impresiones hayan halagado sus sentidos, enamorado sus ojos, deslumbrado y ofuscado su razón, la angustia de la soledad les posee al fin, la nostalgia de un mundo espiritual superior los invade y aflige; se sienten como corderos sin madre y sin pastor, extraviados de su manada; y, salgan o no a los ojos, rompe el espíritu espantado en raudal amarguísimo de lágrimas, porque aquella gran tierra está vacía de espíritu.

Pero ¡qué ir y venir! ¡qué correr del dinero! ¡qué facilidades para todo goce! ¡qué absoluta ausencia de toda tristeza o pobreza visibles! Todo está al aire libre: los grupos bulliciosos; los vastos comedores; ese original amor de los norteamericanos, en que no entra casi ninguno de los elementos que constituyen el pudoroso, tierno y elevado amor de nuestras tierras; el teatro, la fotografía, la casilla de baños; todo está al aire libre. Unos se pesan, porque para los norteamericanos es materia de gozo positivo, o de dolor real, pesar libra más o libra menos; otros, a cambio de 50 céntimos, reciben de manos de una alemana fornida un sobre en que está escrita su buena fortuna; otros, con incomprensible deleite, beben sendos vasos largos y estrechos como obuses, de desagradables aguas minerales.

Montan estos en amplios carruajes que los llevan a la suave hora del crepúsculo, de Manhattan a Brighton; atraca aquel su bote, donde anduvo remando en compañía de la risueña amiga que, apoyándose con ademán resuelto sobre su hombro, salta, feliz como una niña, a la animada playa; un grupo admira absorto a un artista que recorta en papel negro que estampa luego en cartulina blanca, la silueta del que quiere retratarse de esta manera singular; otro grupo celebra la habilidad de una dama que en un tenduchín que no medirá más de tres cuartos de vara, elabora curiosas flores con pieles de pescado; con grandes risas aplauden otros la habilidad del que ha conseguido dar un pelotazo en la nariz a un desventurado hombre de color que, a cambio de un jornal miserable, se está día y noche con la cabeza asomada por un agujero hecho en un lienzo esquivando con movimientos ridículos y extravagantes muecas los golpes de los tiradores; otros barbudos y venerandos, se sientan gravemente en un tigre de madera, en un hipogrifo, en una efigie, en el lomo de un constrictor, colocados en círculos, a guisa de caballos, que giran unos cuantos minutos alrededor de un mástil central, en cuyo torno tocan descompuestas sonatas unos cuantos sedicientes músicos. Los menos ricos comen cangrejos y ostras sobre la playa, o pasteles y carnes en aquellas mesas gratis que ofrecen ciertos grandes hoteles para estas comidas; los adinerados dilapidan sumas cuantiosas en infusiones de fucsina, que les dan por vino; y en macizos y extraños manjares que rechazaría sin duda nuestro paladar pagado de lo artístico y ligero.

Aquellas gentes comen cantidad; nosotros clase.

Y este dispendio, este bullicio, esta muchedumbre, este hormiguero asombroso, duran desde junio a octubre, desde la mañana hasta la alta noche, sin intervalo, sin interrupción, sin cambio alguno.

De noche, ¡cuánta hermosura! Es verdad que a un pensador asombra tanta mujer casada sin marido; tanta madre que con el pequeñuelo al hombro pasea a la margen húmeda del mar, cuidadosa de su placer, y no de que aquel aire demasiado penetrante ha de herir la flaca naturaleza de la criatura; tanta dama que deja abandonado en los hoteles a su chicuelo, en brazos de una áspera irlandesa, y al volver de su largo paseo, ni coge en brazos, ni besa en los labios, ni satisface el hambre a su lloroso niño.

Mas no hay en ciudad alguna panorama más espléndido que el de aquella playa de Gable, en las horas de noche. ¿Veíanse cabezas de día? Pues más luces se ven en la noche. Vistas a alguna distancia desde el mar, las cuatro poblaciones, destacándose radiosas en la sombra, semejan como si en cuatro colosales grupos se hubieran reunido las estrellas que pueblan el cielo y caído de súbito en los mares.

Las luces eléctricas que inundan de una claridad acariciadora y mágica las plazuelas de los hoteles, los jardines ingleses, los lugares de conciertos, la playa misma en que pudieran contarse a aquella luz vivísima los granos de arena parecen desde lejos como espíritus superiores inquietos, como espíritus risueños y diabólicos que traveseasen por entre las enfermizas luces de gas, los hilos de faroles rojos, el globo chino, la lámpara veneciana. Como en día pleno, se leen por todas partes periódicos, programas, anuncios, cartas. Es un pueblo de astros; y así las orquestas, los bailes, el vocerío, el ruido de olas, el ruido de hombres, el coro de risas, los halagos del aire, los altos pregones, los trenes veloces, los carruajes ligeros, hasta que llegadas ya las horas de la vuelta, como monstruo que vaciase toda su entraña en las fauces hambrientas de otro monstruo, aquella muchedumbre colosal, estrujada y compacta se agolpa a las entradas de los trenes que repletos de ella, gimen, como cansados de su peso, en su carrera por la soledad que van salvando, y ceden luego su revuelta carga a los vapores gigantescos, animados por arpas y violines que llevan a los muelles y riegan a los cansados paseantes, en aquellos mil carros y mil vías que atraviesan, como venas de hierro, la dormida Nueva York.

La Pluma. Bogotá, Colombia, 3 de diciembre de 1881

EL PUENTE DE BROOKLYN

Palpita en estos días más generosamente la sangre en las venas de los asombrados y alegres neoyorquinos: parece que ha caído una corona sobre la ciudad, y que cada habitante la siente puesta sobre su cabeza: afluye a las avenidas, camino de la margen del río Este, muchedumbre premiosa, que lleva el paso de quien va a ver maravilla: y es que en piedra y acero se levanta la que fue un día línea ligera en la punta del lápiz de un constructor atrevido; y tras de quince años de labores, se alcanzan al fin, por un puente colgante de 3 455 pies, Brooklyn y New York.

El día 7 de junio de 1870 comenzaban a limpiar el espacio en que había de alzarse, a sustentar la magna fábrica, la torre de Brooklyn: el día 24 de mayo de 1883 se abrió al público tendido firmemente entre sus dos torres, que parecen pirámides egipcias adelgazadas, este puente de cinco anchas vías por donde hoy se precipitan, amontonados y jadeantes, cien mil hombres del alba a la medianoche. Viendo aglomerarse a hormiguear velozmente por sobre la sierpe aérea, tan apretada, vasta, limpia, siempre creciente muchedumbre, —imagínase ver sentada en mitad del cielo, con la cabeza radiante entrándose por su cumbre, y con las manos blancas, grandes como águilas, abiertas, en signo de paz sobre la tierra, —a la Libertad, que en esta ciudad ha dado tal hija. La Libertad es la madre del mundo nuevo, —que alborea. Y parece como que un sol se levanta por sobre estas dos torres.

De la mano tomamos a los lectores de *La América,* y los traemos a ver de cerca, en su superficie, que se destaca limpiamente de en medio del cielo; en sus cimientos, que muerden la roca en el fondo del río; en sus entrañas, que resguardan y amparan del tiempo y del desgaste moles inmensas, de una margen y otra, —este puente colgante de Brooklyn, entre cuyas paredes altísimas de cuerdas de alambre, suspensas, —como de diente de un mamut que hubiera podido de una hozada desquiciar un monte,— de cuatro cables luengos, paralelos y ciclópeos,— se apiñan hoy como entre tajos vecinos del tope a lo hondo en el corazón de una montaña, hebreos de perfil agudo y ojos ávidos, irlandeses joviales, alemanes carnosos y recios, escoceses sonrosados y fornidos, húngaros bellos, negros lujosos, rusos, —de ojos que queman, noruegos de pelo rojo, japoneses elegantes, enjutos e indiferentes chinos. —El chino es el hijo infeliz del mundo antiguo: así estruja a los hombres el despotismo: como gusanos en cuba, se revuelcan sus siervos entre los vicios. Estatuas talladas en fango parecen los hijos de sociedades despóticas. No son sus vidas pebeteros de incienso: sino infecto humo de opio.

Y los creadores de este puente, y los que lo mantienen, y los que lo cruzan, —parecen, salvo el excesivo amor a la riqueza que como un gusano les roe la magna entraña, hombres tallados en granito, —como el puente. —¡Allá va la estructura! Arranca del lado de New York, de debajo de mole solemne que cae sobre su raíz con pesadumbre de 120 000 000 de libras; sálese del formidable engaste a 930 pies de distancia de la torre, al aire suelto; éntrase, suspensa de los cables que por encima de las torres de 276 pies de alto cuelgan; por en medio de estas torres pelásgicas que por donde cruza el puente miden 118 pies sobre el nivel de la pleamar: encúmbrase a la mitad de su carrera, a juntarse, a los 135 pies de elevación sobre el río, con los cables que desde el tope de la torre en solemne y gallarda curva bajan; desciende, a par que el cable se remonta al tope de la torre de Brooklyn, hasta el pie de los arcos de la torre, donde esta, como la de New York, alcanza a 118 pies; y reentra, por sobre el aire con toda su formidable encajería deslizándose, en el engaste de Brooklyn, que con mole de piedra igual a la de New York, sajado el seno por nobles y hondos arcos, sujeta la otra raíz del cable. Y cuando sobre sus cuatro planchas de acero, sepultadas bajo cada una de las moles de arranque, mueren los cuatro cables de que el puente pende, han salvado, de una ribera del río Este a la otra, 3 578 pies. ¡Oh, broche digno de estas dos ciudades maravilladoras! ¡Oh, guion de hierro, —de estas dos palabras del Nuevo Evangelio!

Llamemos a las puertas de la estación de New York. Millares de hombres, agolpados a la puerta central nos impiden el paso. Levántanse por entre la muchedumbre, cubiertas de su cachucha azul humilde, las cabezas eminentes de los policías de la ciudad, que ordenan la turba. A nuestra derecha, por la vía de los carruajes, entran carretas que llevan trozos de paredes y columnas; carros rojos del correo, henchidos de cartas; carrillos menguados, de latas de leche; coches suntuosos, llenos de ricas damas; mozos burdos, que montan en pelo, entre rimeros de arneses, sobre caballos de carga que en poco ceden al troyano; y lindos mozos, que en nerviosos corceles revolotean en torno de los coches. Ya la turba cede: dejamos sobre el mostrador de la casilla de entrada un centavo, que es el precio del pasaje; se ven apenas desde la estación de New York las colosales torres; zumban sobre nuestra cabeza, golpeando en los rieles de la estación del ferrocarril aún no acabado, que ha de cruzar el puente, martillos ponderosos; empujados por la muchedumbre, ascendemos de prisa la fábrica de amarre de este lado del puente. Ante nosotros se abren cinco vías, sobre la mampostería robusta comenzadas: las dos de los bordes son para caballos y carruajes, las dos interiores inmediatas, entre las cuales se levanta la de los viandantes, son las de ida y venida del ferrocarril, cuyos amplios vagones reposan a la entrada: como a los 700 pies la mampostería cesa, y empieza el puente colgante, que los cuatro cables paralelos suspenden, trabados a los eslabones de hierro, que cual inmenso alfanje encorvado con la punta sobre la tierra, atraviesan la mampostería, como si tuviera el mango al río y el extremo a la ciudad, hasta anclar en el fondo de la fábrica. Ya no es el suelo de piedra, sino de madera, por bajo de cuyas junturas se ven pasar como veloces recaderos y monstruos menores, los trenes del ferrocarril elevado, que corren a lo largo de esta margen del río, —a diestra y siniestra. Y por debajo de nuestros pies, todo es tejido, red, blonda de acero: las barras de acero se entrelazan en el pavimento y las paredes que dividen sus cinco anchas vías, con gracia, ligereza y delgadez de hilos; ante nosotros se van levantando, como cortinaje de invisible tela surcada por luengas fajas blancas, las cuatro paredes tirantes que cuelgan de los cuatro cables corvos. Parecen los dos arcos poderosos, abiertos en la parte alta de la torre, como las puertas de un mundo grandioso, que alegra el espíritu; se sienten, en presencia de aquel gigantesco susten-táculo, sumisiones de agradecimiento, consejos de majestad, y como si en el interior de nuestra mente, religiosamente conmovida, se levantasen cumbres. El camino de los pedestres, ya bajo la torre, se abre, al pie del muro que divide los dos arcos; lo ciñe en cuadro; vuelve a juntarse, entre la colosal alambrería que en calles apare-jadas, colgada de los cuatro cables gruesos, desciende en largas trenzas, altas como agujas de iglesia gótica junto a la torre, más cortas a medida que la curva baja hacia el centro del puente, y al fin, en el centro, a nivel de este. Y el puente, —encumbrado en su mitad a 135 pies, para que por bajo él, sin despuntar sus más-tiles ni enredar sus gallardetes, pasen los buques más altos,— co-mienza a descender, en el grado mismo en que su mitad primera asciende: la imponente cordelería, que antes bajaba, ahora en cur-va revertida, se encumbra a la cima de la segunda torre; el camino, al pie de esta, se reabre en cuadro, como al pie de la torre de New York, y se recoge; bajo sus planchas de acero silban vapores, hu-mean chimeneas, se desbordan las muchedumbres que van y vie-nen en los añejos vaporcillos, se descargan lanchas, se amarran buques: la calzada de acero, cargada de gente, se entra al cabo por la de mampostería que lleva al dorso la fábrica de amarre de Bro-oklyn, que, sobre sus arcadas que parecen montañas vacías, se extiende, se encorva, sirve de techumbre a las calles del tránsito, bajo ellas semejantes a gigantescos túneles, y vierte al fin, en otra estación de hierro, a regarse hervorosa y bullente por las calles, la turba que nos venía empujando desde New York, entre algazara, asombros, chistes, genialidades, y canciones. Regocija lo inmenso.

Pero quedan siempre delante de los ojos, como zapadores del Universo por venir, que van abriendo el camino a los hombres que avanzan, aquellos cuatro colosales boas, aquellos cuatro cables paralelos, gruesos y blancos que, como serpiente en hora de ape-tito se desenroscan y alzan el silbante cuerpo de un lado del río, levántanse a heroica altura, tiéndense sobre pilares soberanos por encima del agua, y van a caer del lado opuesto. Y parece que los pies quedan pisando aquella armazón que semeja de lejos sutil superficie, y como lengua de hormiguero monstruoso; y es de cerca urdimbre cerradísima, que a los cables solo fía su sustenta-miento, y a las cuerdas de acero que en forma de abanico bajan en cuatro paredes, cruzándose con las de tirantes verticales de cada uno de los lados de las torres. ¡Y se mecen, a manera de boas satisfechos, —sobre la plancha cóncava en que en el agujero en que atraviesan lo alto de las torres descansan sobre ruedas,— los cuatro grandes cables, como alambres de una lira poderosa, digna al cabo de los hombres, que empieza a entonar ahora sus cantos!

Mas ¿cómo anclaron en la tierra esos mágicos cables? ¿Cómo surgieron de las aguas, con su manto de trenzas de acero, esas esbeltas torres? ¿Cómo se trabó la armazón recia sobre que pasean ahora a la vez, cual por sobre calzada abierta en roca, cinco millares de hombres, y locomotoras, y carruajes, y carros? ¿Cómo se levantan en el aire, susurrando apenas cual fibra de cañas ligeras esas fábricas que pesan 8 120 toneladas? Y los cables ¿cómo, si pesan tanto de suyo sustentan el resto de esa pesadumbre portentosa?

Pues esos cables, como un árbol por sus raíces, están sujetos en anclas planas, por masas que ni en Tebas ni en Acrópolis alguna hubo mayores: esas torres, se yerguen sobre cajones de madera que fondo arriba fueron conducidos, con los cimientos de la torre al dorso, hasta la roca dura, 78 pies más abajo de la superficie del agua: y esos cables no abaten con sus cuerdas ponderosas las torres corpulentas, sino que del repartimiento oportuno de sus hilos y la resistencia, apenas calculable, que le viene de sus amarras, soporta la colgante estructura, y cuanto el tráfico de siglos, con su soplo febril, eche sobre ella.

Y ¿qué raíz ha podido asegurar a tierra esa gigante trabazón, pasmo de los ojos, y burla del aire? ¿qué aguja ha podido coser ordenadamente esos hilos de acero, de 15¼ pulgada de diámetro, y en los extremos anudarlos? ¿quién tendió de torre a torre, sobre 1 596 pies de anchura, el primer hilo, 5 000 hilos, 14 000 millas de hilo? ¿quién sacó el agua de sus dominios y cabalgó sobre el aire, y dio al hombre alas?

Levanten con los ojos los lectores de *La América* las grandes fábricas de amarre que rematan el puente de un lado y de otro. Murallas son que cerrarían el paso al Nilo, de dura y blanca piedra, que a 90 pies de la marca alta se encumbran: son muros casi cúbicos, que de frente miden 119 pies y 132 de lado, y con su enorme peso agobian estas que ahora veremos, —cuatro cadenas que sujetan, con 36 garras cada una, los cuatro cables. Allá en el fondo, del lado de atrás más lejano del río, yacen, rematadas por delgados dientes, como cuerpo de pulpo por sus múltiples brazos, o como estrellas de radios de corva punta, cuatro planchas de 46 000 libras de peso cada una, que tienen de superficie 16½ pies por 17½, y reúnen sus radios delgados en masa compacta del centro, de 2½ pies de espesor, donde a través de 18 orificios oblongos, colocados en dos filas de a 9 paralelas, cruzan 18 eslabones, por cuyos anchos ojos de remate, que en doble hilera quedan debajo de la plancha, pasan fortísimas barras, de 7 pies de largo, enclavadas en dos ranuras semicilíndricas abiertas en la base de la plancha. —Tales son de cada lado los dientes del puente. —En torno de los 18 eslabones primeros, que quedaron en pie, como lanzas de 12½ pies, rematadas en ojo en vez de astas, esperando a soldados no nacidos, amontonaron los cuadros de granito, que parecían trozos de monte, y a la par que iban sujetando los eslabones por pasadores que atravesaban a la vez los 36 ojos de remate de cada 18 eslabones contiguos trenzados como cuando se trenzan los dedos de las manos, —y que a quedar sueltos hubieran girado unos sobre otros como sobre un eje común las dos alas de una bisagra,— inclinaban hacia el río, en la curva interior del alfanje, con la colocación de las piedras invencibles, cada doble hilera de eslabones nuevos, hasta que al avecinarse ya a la altura, por donde habían de entrar a enlazarse con la complicada cuádruple osamenta los cuatro cables, la doble hilera se duplica, las dos camas de eslabones se truecan en cuatro; las 18 barras son ya 36; los dos pasadores paralelos, que a tramos diversos e iguales, como anillos de serpiente chata que anda, han venido asegurando la doble cadena, se convierten en cuatro, y cada uno de estos pasadores, bastante a ser mástil de barco o columna de iglesia, sujeta a la vez atravesando 18 ojos, los 9 en que rematan los eslabones de cada una de las cuatro hileras, y 9 ojos de 9 de los hilos de cada cable, que tiene 19 hilos, cada uno de los cuales se abre en dos a cada extremo para ajustar, —como cuña entre las dos porciones del cuerpo que rompe, —entre los ojos de dos eslabones contiguos,— con lo que quedan por los cuatro mismos pasadores paralelos unidos en cuatro camas superpuestas e idénticas, los 36 extremos de cada cadena de anclaje y los 36 extremos de cada cable. Esas 4 dobles médulas de hierro, hasta 25 pies de lo alto del muro que da al río, en que ya el cable entra en el muro, atraviesan esos dos cuerpos monstruosos de granito, —médulas que remata luego armazón intrincada de nervios de acero, por ser ley, que anuncia lo uno en lo alto, y lo eterno en lo análogo, que todo organismo que invente el hombre, y avasalle o fecunde la tierra, esté dispuesto a semejanza del hombre. Parece como si en un hombre colosal hubiera de rematarse y concentrar toda la vida.

De madera es, de madera de pino de Georgia, que debajo del agua ni el oxígeno alcanza ni el tedero roe el sustento de ambas torres. *Caisson* lo llaman en francés y en inglés, y es invención francesa. Es caja inmensa, vuelta del revés: la boca, abajo; el fondo, arriba; y sobre el fondo que le sirve de tapa, veintidós pies de planchas de pino, cruzadas en ángulo recto sujetas al techo del cajón por tornillos gruesos como árboles, y retorcidos y agigantados, como debe ver, en su cerebro encendido, sus ideas un loco; —y de madero a madero, abrazaderas de hierro; —y en las junturas, alquitrán y materias adherentes y durables. ¡Oh! bien merecen estas cosas que asombran, que bajemos por el pozo forrado de hierro, contra entrada de aire, que desciende de lo alto del cajón, por entre los lienzos de pino, al cajón hueco, también de hierro contra aire, forrado de hierro de caldera, y cuyas paredes, de hierro calzadas, van en lo interior disminuyendo, para dejar mayor espacio a los excavadores, desde ocho pies con que junto al fondo que hace de techo comienzan, a ocho pulgadas. Ya flota la estructura corpulenta, con su margen de once pies, entre la triple empalizada, que, en el lugar mismo en que ha de alzarse la torre, le han fabricado los ingenieros; ya comienza a hundirse, al peso de los primeros trozos de granito que le echan al dorso; ¡ya baja! ¡ya baja! Por las canales de aire, introducen en el cajón el aire comprimido, ante el que huye, no sin grandes luchas, titánicos saltos a quinientos pies por sobre los pozos, tonantes rugidos y mortíferas rebeldías el agua vencida. Ni silbar pueden los hombres que trabajan en aquella hondura, donde está el aire comprimido a 32 libras por pulgada cuadrada: ni apagar una luz, que de sí misma se reenciende. Del pozo de hierro por donde bajan los excavadores al húmedo hueco del cajón, dividido para mejor sustento por seis tabiques, donde los excavadores trabajan, —los hombres pasan, graves y silenciosos a su entrada, fríos, ansiosos, blancos y lúgubres como fantasmas a su salida, por una como antesala, o cerrojo de aire, con dos puertas, una al pozo alto, otra a la cueva, que nunca se abren a la par, porque no se escape el aire comprimido, sino la de la cueva para dar entrada al bravo ejército cuando la del pozo se ha cerrado ya tras ellos, o la del pozo, para darles salida, cuando dejan ya cerrada la de la cueva: —¡ved cómo bajan por cuatro grandes aberturas al fondo de la excavación las dragas sonantes, de cóncavas mandíbulas, a buscar al fondo de los pozos, —abiertos a hondura mayor que el nivel del agua, por lo que el agua sube en ellos a nivel,— el lodo, la arena, los trozos de roca, que en incesantes paletadas echan en los pozos los excavadores, para que luego, al encajar, con ruido de cadenas, sus fauces abiertas en la abertura profunda la draga famélica las trague, cerrando de súbito los maxilares poderosos, y las saque, cajón y torre arriba, al aire libre, y las vuelque en las barcas de limpieza! Ved como a medida que limpian la base aquellos heroicos trabajadores febriles, en cuyo cerebro hinchado la sangre precipitada se aglomera, van quitando alternativamente las empalizadas que colocaban ha poco bajo los tabiques de la extraña fábrica, y, con este sistema de escalones, dejando caer sobre las empalizadas que quedan la torre, que, sin el apoyo de las que le quitan, pesa más sobre las restantes, y baja, —y reponiendo sobre el terreno nuevamente limpio las que quitaron, para apartar enseguida las que dejaron antes, al separar las cuales la torre baja otra vez sobre las nuevas. Ved como expulsa el agua, y calva ya la roca, echan los hombres entre ella y el tope del cajón 8 000 toneladas de cemento hidráulico, masa que, celoso de la naturaleza que creó breñas duras, ha inventado el hombre. Así a flor siempre de agua, construyeron, sobre el cajón que con su entraña de hombres se iba hundiendo, la torre que con su pesadumbre de granito, se iba levantando. Y luego, con pescantes potentes, alzaron hasta 300 pies las piedras, grandes como casas, que coronan la torre. Y los albañiles encajaron en aquella altura, como niños sus cantos de madera en torre de juguete de Crandall, piedras a cuyo choque ligerísimo, como alas de mariposa a choque humano, se despedazaban los cuerpos de los trabajadores, o se destapaba su cráneo. ¡Oh trabajadores desconocidos, oh mártires hermosos, entrañas de la grandeza, cimiento de la fábrica eterna, gusanos de la gloria!

¿Y los cables, los boas satisfechos? ¿Qué araña urdió esta tela de margen a margen por sobre el vacío? ¿Qué mensajero llevó 20 000 veces de los pasadores del amarre de Brooklyn las 19 madejas de que está hecho cada alambre, y los 278 hilos de que está

hecha cada madeja, a los pasadores del amarre de New York? Una
mañana, como galán que corteja a su dama, un vapor daba vueltas
al pie de la torre de Brooklyn: ¡arriba va, lentamente izada, la
primera cuerda! móntanla sobre la torre; sujétanla a la fábrica de
amarre; arrástrala el vapor hasta el pie de la torre de New York;
izan el otro extremo; pásanlo por la otra torre; fíjanlo al otro
amarre: —del mismo modo pasan una segunda cuerda: —juntan
en cada amarre, alrededor de poleas movidas por vapor, los extre-
mos de ambas cuerdas, y ya queda en perpetuo movimiento circu-
lar la gloriosa «cuerda viajera». Sentado en un columpio, que
cuelga de una carrucha fija a la cuerda que la máquina de vapor
pone en movimiento, cruza el primero, —entre estampidos de
cañones, silbos de locomotoras, flameos de banderas y hurras
de centenares de miles de hombres, —Farrington sin miedo, ca-
beza de mecánicos. —Luego montan sobre la viajera, alzadas en
brazos de hierro, una rueda de madera acanalada, en que engarzan
el alambre, bien mojado en aceite de linaza para evitar el moho,
y después bien seco que en ocho grandes ruedas, dos al pie de cada
cable, tienen enredado, en extensión de dos millas, igual a 52 ro-
llos, alrededor de cada rueda: ¡allá va la carrucha, hormiga traba-
jadora, de un cabo a otro del puente, con su doble hilo de alambre!
Llega, la acarician, desengarzan el hilo, y lo reengarzan en torno
a una gran herradura de hierro de borde estriado, molde provisio-
nal del que sacan luego el cable para engastarlo en el último pa-
sador de la cadena: vuelve vacía, chirriando y castañeteando, la
carrucha al otro extremo:—ajustan, con grandísimas labores, des-
de los amarres y lo alto de las torres la longitud diversa, que por
quedar cada hilo a altura diversa en la madeja, ha de tener cada
hilo: ¡allá va de nuevo la carrucha; la aguja redonda, que ha cosi-
do el cable! ¡allá va 139 veces, en que deja 278 hilos! Y ya está la
madeja, que de alambre forran, como las 18 más que hacen, a un
mismo tiempo para cada uno de los cuatro cables: y ya hechas,
apriétanlas con grandes abrazaderas; ajustan más aún las 19 ma-
dejas, en que los hilos yacen unos al lado de otros, y no trenzados;
ciñen con medios cilindros, bien apretados, el cable; y sobre una
especie de balsa ambulante que del mismo cable cuelga, van, te-
jedores del aire, los forradores, envolviendo la masa circular con
alambre, que una sencilla máquina, semejante a una rueda de
timón, que lleva el alambre enrollado en un carretel, va dejando

salir en espiral:—y, ya el boa bien vestido, lo posan en su plancha acanalada que, sobre ruedas corredizas, para que el cable pueda extenderse y encogerse, y no dañar la fábrica con su peso, lo espera en la cumbre de la torre.

De los cables cuelgan, sujetos de bandas de hierro, los tirantes trenzados, 208 en cada cable; de los tirantes, las planchas horizontales que sustentan el pavimento, y las seis paredes verticales de alturas diversas que las cruzan, y listones de acero de pared a pared, y listones diagonales, sobre cuya armazón se extienden, en gruesa lengua de 3 178 pies de largo y 85 de ancho, las cinco calzadas, de 19 pies de ancho las de carruajes; las del ferrocarril, de 15½; y dando vista a islas como cestos, a ciudades como hornos, a vapores que parecen, por lo avisados, ruidosos y diestros, mensajeros parlantes, y hormigas blancas que se tropiezan en el río, cruzan sus antenas, se comunican su mensaje y se separan, dando vista a ríos como mares, empínase en el centro, como cresta de 16 pies de ancho, el camino de las gentes de a pie que desde que abrió puertas el puente, cruzan, apretándose a veces en masas enormes, para dar salida a las cuales hay que alzar las barandas del camino, dos formidables y nunca enflaquecidas hileras de viandantes.

Ni hay miedo de que la estructura venga abajo, porque aun cuando se quebraran a un tiempo los 278 que de cada cable la sostienen, bastaría a tenerla en alto, con su peso y el del tráfico, la ramazón de tirantes supletorios que, a modo de tremenda mano abierta, de delgada muñeca, baja, casi hasta la mitad del cable por cada lado, del tope de cada torre. No hay miedo de que se mueva la estructura, ni que la sacudan juegos de aire ni iras de tormenta; porque por su base la muerden las torres con dientes de acero, y para que el viento mayor no la conmueva, los dos cables de afuera se encorvan hacia adentro al ir tocando la mitad del puente, y los dos de adentro se doblan hacia los de afuera, con lo que se hace mayor la resistencia. No vendrán, no, los aires traviesos a volcar carros sobre el río, porque los bordes del puente se levantan a ocho pies de alto y entre las vías de carruajes y las del ferrocarril está tendida, para sujetar los empujes del viento, red de fuertes alambres. Ni hay riesgos de que los cables se quebranten, —que nunca vendrá sobre cada uno de ellos peso mayor de 3 000 toneladas, y está hecho para sustentar, con sus 294 brazos, doce mil. Ni se torcerá, astillará o saltará el puente, cuando el calor de estío lo dilate, como al sol de amor el espíritu, o el rigor del invierno lo acorte; porque esta quíntuple calzada está como partida en dos mitades, para prevenir el ensanche y el encogimiento, por medio de una plancha de extensión, en el punto medio de la vía, cuya plancha, fija en el extremo de una de las porciones, empalma sobre junturas movibles con el extremo de la porción segunda. Y cuando al pie de una de las torres se amontonan en bloqueo sin salida, millares de mujeres que sollozan, niños que gritan, policías que vocean, forcejeando por abrirse camino, —se mueven señorialmente, como gigantes que saludan, un ápice apenas los cables en sus lechos corredizos en lo alto de las torres.

Así han fabricado, y así queda, menos bella que grande, y como brazo ponderoso de la mente humana, la magna estructura. —Ya no se abren fosos hondos en torno de almenadas fortalezas; sino se abrazan con brazos de acero las ciudades; ya no guardan casillas de soldados las poblaciones, sino casillas de empleados sin lanza ni fusil, que cobran el centavo de la paz, al trabajo que pasa; —los puentes son las fortalezas del mundo moderno. —Mejor que abrir pechos es juntar ciudades. ¡Esto son llamados ahora a ser todos los hombres: soldados del puente!

La América. Nueva York, junio de 1883

WENDELL PHILLIPS (1)

La Tierra tiene sus cráteres; la especie humana, sus oradores. Nacen de un gran dolor, de un gran peligro o de una gran infamia. Hay cierta pereza en las almas verdaderamente grandes, y cierto horror al empleo fútil, que las lleva a preferir la obscuridad solemne a la publicidad y caracoleo por causas menores. La fuerza oratoria, como la fuerza heroica, está esparcida acá y allá por los pechos de los hombres; tal como en espera de guerra reposan en las almenas formidables de los castillos, para cubrirse tal vez de orín si no hay caso de lidia, cañones gigantescos que de un aliento acostarán mañana un buque. Pero los oradores, como los leones, duermen hasta que los despierta un enemigo digno de ellos. Balbucean y vacilan cuando, errante la mente en palacios vacíos, obligan su palabra desmayada a empleos pequeños; pero si se desgajara de súbito un monte, y de su seno saliese, a azotar con sus alas el cielo lóbrego, colérico y alborotado, bandada incólume de águilas blancas, no sería más hermoso el espectáculo que el que encubre el pecho de un orador honrado cuando la indignación, la indignación fecunda y pura, desata el mar dormido, y lo echa en olas roncas, espumas crespas, rías anchurosas, gotas duras y frías, sobre los malvados y los ruines. Así, de ira de ver aplaudidos por un prohombre del Estado de Massachussetts a los asesinos del reverendo Lovejoy, que defendía en el primer tercio del siglo la justicia de la abolición de la esclavitud en los Estados Unidos; así, encendido todavía el rostro en la sagrada ira con que meses atrás había visto, desde su bufete de abogado joven y rico, a una caterva de bostonianos acaudalados que de una cuerda que habían atado alrededor del pecho del abolicionista Lloyd Garrison lo llevaban arrastrando por las calles, como a una bestia inmunda; así, bello, como si en la mano le centellease una espada de fuego; tremendo, como si la frente magnífica le coronasen las serpientes sagradas de la profecía; pujante, como quien de una sola arremetida de los hombros, cual bisonte a ovejas, dispersa y acorrala; así, para marcar con letras negras en la frente a los que, en una junta llamada a censurar a los matadores de un abolicionista, osaban defender la legalidad de la esclavitud y la justicia de la muerte, se reveló con tamaños extremos y amor sumo el orador Wendell Phillips a los bostonianos. Acaba de morir, todavía no le ha nacido un émulo.

¡Qué brío! ¡qué pompa! ¡qué anatema! ¡qué flagelo! Maceradas se hubieran visto aquella noche las espadas de los esclavistas, si las hubiesen desnudado de sus ropas. Era una ola encendida que les comía los pies, y les llegaba a la rodilla, y les saltaba al rostro; era una grieta enorme, de dentadas mandíbulas, que se abría bajo sus plantas; como elegante fusta de luz era, que remataba en alas; era como si un gigante celestial desgajase y echase a rodar sobre la gente vil tajos de monte.

Treinta años habían de pasar aún para que la redención se realizase. Por lo que otros vencieron luego como héroes, murió el viejo John Brown de Ossawatomie, como un malvado, en un patíbulo. Por lo que más tarde sacó millones de hombres a rabiosa pelea, Wendell Phillips peleó treinta años, solo. Fue magnífico verle, como dama numantina que echa al épico fuego todas sus joyas, romper, —por no jurar lealtad a una Constitución que parecía prohijar el vil derecho de los amos de esclavos,— su título laborioso de abogado. Vio aquella ofensa humana, y se hizo hierro ardiente para secarla. Él era rico; era de ilustres padres; era de universidad famosa; era de culta, diestra y armoniosísima palabra; era estudioso, impetuoso, ambicioso, ágil; ¡parecía que la tierra lo recibía en casa de fiesta, y todo iba a ser para él éxito, paga, puesto público, fama fácil, gloria brillante, carroza de oro! Pero era de esa raza de hombres radiantes, atormentados, erguidos e ígneos, comidos del ansia de remediar los dolores humanos. Y ¡qué arreos le dio Naturaleza para la batalla! Parece que, de no sentirse en pueblo sensible a lo grandioso, había hallado manera de acomodar su palabra, abundante y segura, a las artes menores que seducen a auditorios incultos y vulgares; chisteaba, anecdotaba, digredía, ridiculizaba, maceaba, hendía de un juicio acre a su enemigo. Pero por encima del gusto burdo, en aquella época sobre todo, de la nación que le cupo en suerte; por encima de su voluntad misma generosa, que a la propia gloria prefería el triunfo de la idea con que, más que con su mujer misma, se había desposado; por encima de los hábitos nacionales y los intentos previos, hinchábase de súbito su oratoria como las nubes en tormenta, y de acá alzaba el mar, de allá lo vertía en lluvia sonora; y parecía venirse sobre el público, como cerrada nube negra, y abrirse en rayos. Era en una parte su discurso como llovizna de flechas, todas cortas y agudas; plática, en otra, popular y amena, que le traía la atención, estima y juicio del vulgo; párrafos, en otras, que, como lienzo encogido a vientos magnos, se hinchaba, redondeaba, adelantaba y crecía, y se abría al cabo en alas.

Mas no salía el vibrante discurso de sus labios con ese aparato fragoroso, verba plena ondeante y cabellera de relámpagos con que deslumbra y asombra, como si una selva o una tempestad se humanaran y hablasen, la elocuencia hispanoamericana; sino de suave, firme y penetrante modo, como si de antemano trajese estudiados el lugar y el alcance de la herida, y con deliberado movimiento y mano fría hundiese el arma en la víctima elegida. Maestro saetero de los tiempos de casco mitrado parecía, que cuando escogía de blanco un roble, lo vestía, como de un manto a un desnudo, de saetas.

No tuvo aquella amplitud, catolicidad, ciencia de vida, desapasionamiento de juicio y tolerancia, que son menester para dar opinión viable, aun en detalles mínimos, sobre las cosas humanas; que solo el que concibe bien el conjunto puede legislar en el accidente, que es su abreviación y suma. No hirvió por largos años, como el orador que ha de influir en su pueblo debe, en esta artesa colosal de hombres, donde se sazona, al fuego de la vida, la inteligencia, y cuecen las pasiones. Ni clavó, como el Dante, el diente trémulo, sentado en los peldaños del palacio ajeno, en el pan salado de otros. No le enseñó la vida aquella melancólica indulgencia, artes de tránsito y ajuste, y moderación saludable que ella enseña; vino de súbito a vivir entre los hombres, menores de espíritu en su mayoría, con todas las dotes sublimes y funestas de los mayores de espíritu. La pobreza, el destierro, la oscuridad del nacimiento, las amarguras del noviciado, toda esa levadura de la vida, que la pone a punto y acendra, para él no contó. Su natural encumbramiento, su ansia de darse y de esparcirse, su afán de atraer a todos a su cumbre, por lo que andaba siempre, con mengua de su misma vida, colgado al borde de los abismos, con un brazo defendiéndose de los que lo empujaban a ellos, y con el otro levantando de ellos a los buitres, y azotando con los que se asían de su mano, como con un ramo de sarmientos, el rostro de los egoístas; su ternura abundante, y como oceánica; su violenta necesidad del propio sacrificio en bien ajeno; su supramundo, en suma, no mermado en su niñez por carencia, ni alarmado por anuncio humano alguno, no se corrigieron ni bajaron de quilate, como ha de bajárseles si se les quiere hacer encajar en la existencia diaria, sino que se precipitaron y encumbraron, por el comercio entusiasta con grandes hombres y robustos libros, en que el heroísmo y la imaginación campean; de modo que solo lo sobrenatural —que ha de dirigir finalmente, pero que no puede dirigir inmediatamente lo natural,— llegó a ser natural para Wendell Phillips.

Un día, y como quien recibe una bofetada en el rostro, vio aquel hombre, condensación —como toda criatura superior— del espíritu humano, pasar, arrastrado de una cuerda, por ante sus ventanas, a otro hombre, por el delito de compadecer a los esclavos y ser bueno. Así como, para arremeter en lucha armada a un enemigo fuerte, se concentran, con desusada energía, casi maravillosa, todas las fuerzas, de modo que el empuje no sea menos que el riesgo que las espera y el adversario que las alza, así ante el crimen de la esclavitud, legalizado y practicado en la mitad de los Estados de la Unión, auxiliado por gran parte del Norte e infiltrado, a manera de sangre venenosa, en toda la nación, se recogieron por instantáneo y culminante esfuerzo las potencias y bríos de Wendell Phillips, para oponer a aquella infamia inmensa enemigo capaz de sujetarla y abatirla; así, a ser animada, se levantaría la tierra en monte cuando viera venir sobre ella, en hombros de la tormenta arrasadora, el mar desatentado. Toda la luz de su espíritu la puso de modo que enseñase bien los antros de aquella institución tan infamante que enloquece y hace llorar, de ver cómo vuelve viles, pacientes e insensibles a los más claros hombres. Y como antros tan grandes requerían, para ser bien escrutados, luz tan poderosa, toda la de Phillips se fue a ellos, y quedó como sin luz, o con porción escasa para todas las cosas de la vida que no fuesen la liberación del espíritu del hombre, deseo febril de las almas soberanas. Otros añaden al mérito que viene del ansia de redimir, el de sofocarla y no dejarla ver entera, para levantar así tormenta menor entre la gente usual, y hacer más inmediata su eficacia. Phillips ni debió, ni pudo. A otros, terciar, vadear, tentar, retroceder, conceder, empalmar, juntar orillas, echar puentes; a él, con clarines de oro, despertar al horrible monstruo, y mantenerlo siempre en pie, para que todo el mundo lo viera. Su defecto, pues, fue defecto de exceso; y él fue como debió ser, dada su naturaleza y la de su nación en su tiempo.

De aquel supremo deleite que viene de la visión constante de la propia alma consagrada al bien ajeno; de aquel permanente ímpetu en que mantiene el amor vivo a la justicia a los espíritus preclaros; de aquel útil desdén y legítima arrogancia con que a las turbas interesadas, torpes, equivocadas o coléricas, afrontan los que se sienten poseídos de la palabra magna y pura, que quemándoles les viene, como de una cruz hecha del fuego de las estrellas, de vehemente e incondicional amor al hombre; de la certeza misma del tamaño y poder de la institución que combatía, y del oportuno sacrificio de la gloria que, para lograrla mayor y definitiva acaso, consuman los oradores honrados, se originaban en Wendell Phillips el perpetuo e intenso brío, la solemne y altilocuente plática, la serena e incontrastable arremetida, la posesión de sí extraña y perfecta; y su soberbia y poderosa calma ante los clamores y hostilidades de la muchedumbre. Poco menos que arrastrado fue por las calles; poco menos que lapidado fue en juntas públicas. «La canalla de levita», como él, con crudeza y desembarazo yanquis, la llamaba; la gente de Boston amiga de los esclavistas, y la de todas partes de la Unión Americana, que quería deshacer Phillips si había de seguir juntando a los Estados cemento tal de «sangre y fango», cual la Constitución, que, a juicio de él, como al de Calhoun del Sur y sus secuaces, prohijaba y mantenía el derecho de poseer esclavos; los amigos fervientes de la Unión; los aliados por miedo, preocupación o conveniencia de los propietarios del Sur, llenaban los teatros en que hablaba Phillips, y lo voceaban y silbaban a su aparición; lo denostaban como a un traidor nacional o un demagogo odioso, hasta que a poco, como que habían tenido alzados los brazos en amenaza y alboroto, sentían que por el pecho descubierto se les había entrado el arma fina, a raíz de la tetilla; y se les oía cejar y crujir, como una fiera herida y deshuesada. Águila parecía, luchando con gorriones. Si a una frase suya, como fiera que va a acometer, se revolvía y contestaba con un clamor de cólera la muchedumbre, no bien expiraba a sus pies el rugido, les repetía con lentitud e intensidad más grandes la frase condenada. Y con más recia furia, como a un golpe del látigo del domador, reclamaba el concurso y se agitaba. Y con fuerza mayor y mayor calma, como quien hunde una espada hasta el pomo, o fríamente echa el guante a la cara a su enemigo, decíales otra vez, como si fuera acero ya de muchas hojas, la frase temida; hasta que, respetuosa al fin la muchedumbre, les dejaba la frase bien clavada.

Esa fue su vida: ministerio sereno de justicia.

Ese fue su espíritu, a la liberación de los esclavos consagrado, por ser el más visible y urgente, en su época primera; y luego, aunque por ello se alejasen de él como de enemigo abominable los hipócritas, los poderosos y los ricos, a la liberación de todos los tristes y desamparados de la Tierra, a la defensa de todos los que, aun cuando de modo violento, excusado solo por los extremos de la acción despótica, se rebelaban, por miseria extrema o cólera santa, contra los detentadores del hombre.

Ese fue su carácter; que tan seguro de la suprema justicia del amor a los hombres vehemente y desinteresado estaba, que jamás entendió el uso de la libertad contra la libertad, ni derecho contra el derecho; ni tachó de menos que de participio en la iniquidad todo recurso medio e incompleto, toda espera y lentitud, prudentes acaso, aunque repugnantes; toda arte de compromiso con las maldades que azotaba.

Esa fue su representación, no la de esas profundas y monumentales personalidades en que, como en grandes moles de piedra, se vacían, en su época de hervor y superabundancia, las condiciones distintivas de una época o un pueblo; ni la de esas incontrastables, derrumbadoras, tremendas y lumíneas en que —como si todo el dolor que destilan en noches cruentas y días mudos los hombres oprimidos se condensase y castigara— toman brazo y espada, y abrasadora lengua, dolores y abusos que han durado siglos; ni fue de esos tonantes y parleros, gigantescos, resplandecientes y voltarios, en que en sus horas de revuelta y acción pública, como en pujante y servicial agente que los refleja y acomoda, se entregan, por períodos nunca largos, los pueblos en desquiciamiento o en reenquicio; sino que fue Phillips de aquellos seres sumos que, venidos a la Tierra con las condiciones todas que dan derecho natural a la grandeza humana, el mando y el goce, a la vida sedosa, muelle y llana, a la gloria pacífica, áurea y cómoda, hizo con todo un haz ardiente y lo puso bajo los pies de los malvados. Se privó de sí, por darse. Y soberano de naturaleza, como vio que las gentes de corte no eran buenas, cambió la púrpura por el sayal de paño pardo, y el látigo por el cayado, y caminó del lado de los humildes.

Y esa fue su oratoria: afilada, serena, flameante, profética, tundente, aristofánica.

La América. Nueva York, febrero de 1884

WENDELL PHILLIPS (2)

Muerte del gran orador norteamericano.— Su aparición.— Su influen-
cia.— Su carácter.— Elementos de su oratoria.— Su intolerancia y amor
a lo absoluto.— Su independencia.— Su estilo

Nueva York, 11 de febrero de 188

Señor Director de *La Nación*:

Solicitan en vano la pluma los hechos menudos, que en estos
días de fiestas de ciudad y emboscadas en el Congreso nutren
pesadamente diarios y pláticas. En vano pesan en la memoria,
como si no debieran estar en ella, un asesino que se exhibe; la
mujer de un bandido que anda en circos, disparando ante niños
que fuman y vocean, las armas con que más de una vez abatió
vidas su esposo; y el camarada que por unos dineros de recompen-
sa le dio muerte, y ahora con beneplácito y regocijo de las turbas
del Oeste, cada noche representa en una escena de teatro, con el
revólver y los vestidos mismos que tenía cuando mató a su amigo
por la espalda: la escena del asesinato: —en vano, suenan, como
hojillas de latón contra espadas de ángeles, disputas de políticos
menores y de gente privada: Wendell Phillips ha muerto. Aquel
vocero ilustre de los pobres: aquel magnánimo y bello caballero
de la justicia y la palabra; aquel orador famoso que afrontó turbas
egoístas, y las juntó a su séquito, o cuando aullaban bárbaras, las
sujetó por la garganta; aquel abolicionista infatigable de quien
John Bright dijo que no tenía par entre americanos e ingleses ni

por la limpieza de su corazón, ni por la majestad de su discurso, ni por la serenidad de su carácter —ya no habla. Dolerse no es preciso de su muerte, hecho usual y sencillo que debe merecerse con una clara vida; esperarse en calma y recibirse con ternura. Los grandes hombres, aun aquellos que lo son de veras porque cultivan la grandeza que hallan en sí y la emplean en beneficio ajeno, son meros vehículos de las grandes fuerzas. Una ola se va, y otra ola viene. Y son ante la eternidad los dolores tajantes, los martirios resplandecientes, los grupos de palabras sonoras y flamígeras, los méritos laboriosos de los hombres —como la espuma blanca que se rompe en gotas contra los filos de la roca o se desgrana, esparce y hunde por la callada arena de la playa.

Pero el que tuvo ya en los labios puesta la copa de los goces, y la dejó caer sonriendo, y echó a andar de brazo con los tristes; —el que, a poco de ver en la vida, entiende que esta tiene sus plebeyos, que son los que se aman a sí mismos, y traen la tierra toda a su almohada y su mandíbula, —y sus nobles, que son aquellos a quienes come el ansia de hacer bien, y de su sangre dan a beber, y de su corazón dan a pastar; y con su propio óleo alimentan la lámpara humana; —el que, cuando padece universal empleo, que embriaga y deseca como las orgías, la acumulación de la riqueza, —ve tras de la montaña de la muerte, y en las de sí mismo;— se enciende en amor vivo; en amor, siempre doloroso; y del contagio escapa; y a los desventurados alza de su desventura; y para sí recoge el gozo siempre amargo de defenderlos, como única moneda valedera; —el que en la general perversión de las fuerzas mentales y morales, halla en sí la inteligencia que esplende y ensancha, y la levanta en alto con respeto, como levanta un sacerdote una hostia; —el que se consume en beneficio ajeno y desdeña en cuanto solo le sirven para sí las fuerzas magnas que en él puso el capricho benévolo de la naturaleza, héroe es y apóstol de ahora, en cuya mano fría todo hombre honrado debe detenerse a dar un beso.

Cincuenta años hace. —Rugía, rugía la muchedumbre. Chaming, orador grande, había llamado a junta, a la gente de Boston, para condenar a los asesinos del buen Elijah Lovejoy, defensor bravo de la abolición de la esclavitud, que murió al pie de sus prensas: —¿quién dijo que no había poema en nuestra época? —Un Austin, perro de presa, y gobernador del Estado, llamó a los negros bestias, y dijo esas cosas que dicen los que saben ser amos de hombres: y la junta, toda de amos, voceaba frenética, en honor de Austin. —¿Quién se levanta, pálido y sereno? Aire no se respira, sino silbidos. Muro le ponen; y bracean y vejan; y la sala parece masa extraña, en que de tronco confuso surgiesen torsos y garras de diversas fieras: —¡Oh qué gran gozo, erguirse ante ellas!— Uno dice que el joven abogado de los esclavos es hijo del primer Mayer de Boston, y de mal grado callan. ¿Qué sucede, que Austin palidece? Ya no es silbos el aire, sino lluvia de piedras encendidas. De fantasmas tremendos se puebla la atmósfera. Salen de sus retratos, vengadores, y van, puño cerrado, al esclavista, los padres de la patria americana. Renacen, ya sin fuerzas, los rugidos. Y de letras de fuego se dijera, y de ruedas de fuego, que está llena la sala. —«¡Hurra! ¡hurra!» y las gentes se abrazan y estremecen: —«¡Hurra! ¡hurra!» —las garras ya son alas. «Hurras» sin fin ni cuento: Wendell Phillips ha hablado. —¡Oh palabra inspirada —taller de alas!

Ya al otro día, Boston estaba, y el Norte todo, como madre a quien le ha nacido un hijo. —Se cansan los pueblos de sus hombres puros, y de verlos constantemente altos llegan a perder el tierno respeto que en el primer momento tributaron a su alteza: a fatigarse llegan todos de la monotonía y descolor de la virtud; pero no hay gozo más hondo, ni que de luz más bella ilumine los rostros de la gente, que el sentir que entre ellas, y de ellas, vive una criatura extraordinaria.—Luego lo muerden, lo lapidan, lo desfiguran, lo abandonan. A Wendell Phillips, en sus treinta años de propaganda abolicionista lo escarnecían, lo injuriaban por las calles; de no menos que de traidor e infame le tildaban. No había peso fuerte en los bolsillos de los esclavistas que no se lo lanzasen a la cara.

Pero ahora, que muere ¡a tierra los mosquetes! ¡abajo las banderas! ¡de luto, todos los púlpitos! ¡en obra, el cincel del estatuario! ¡descubiertas, bajo la nieve y en el frío, a verlo pasar, todas las cabezas!

Era un ímpetu irresistible el que llevaba aquella propaganda, demagógica entonces y punto menos que infamante, al elocuentísimo discípulo de la Universidad de Harvard, dueño de buena fortuna, y de la que viene con nacer de casa honrada y vieja. ¿En qué sitial no se hubiese sentado aquel esbelto y culto caballero, en quien la austera elegancia de la raza buena de la Nueva Inglaterra, parecía, como en Motley, haberse aquilatado y acendrado? Con ir por donde iban los poderosos, o con no ir entre los que salían al paso de ellos, ¿qué públicos honores, qué pingües beneficios, qué vasta y sabrosa fama, qué amena y grata vida no hubiera disfrutado?

Ya la gloria cruenta del apóstol, que padece de ella tanto que no le es dado gozarla, hubiese reemplazado esa más pintoresca y provechosa que viene de servir intereses de hombres, serpear entre sus odios y flaquezas, flotar sobre los hombros de ellos, y acomodarse a las condiciones normales de los Estados. Wendell Phillips amaba su palabra, porque le salía con valor de las entrañas, como toda palabra verdadera; veíase y oíase a sí propio, moldeando con sus robustas manos una patria más justa y generosa, e iluminando luego, con la límpida luz de su discurso la estatua de sus manos; miraba a solas, en su bufete de abogado joven, relampaguear en apretada esgrima las agudas contiendas en el foro: —e iba y venía, de un lado a otro, como si en sí tuviese espíritus alados, que lo empujaran a constante marcha. Pero un día, pasa ante él, arrastrando al abolicionista Garrison por una cuerda que le habían atado en torno al cuerpo, muchedumbre de hombres bien vestidos, que escarnecían y golpeaban a su presa. Tiraban de él, como arrieros de sus mulos. Lo halaban de este lado y aquel, y reían de su angustia. Alzó Phillips los puños contra los malvados, y no los bajó nunca.

Se desposó con la justicia. Trocó la ambición de brillar por sus talentos, dones casuales, —por la más difícil gloria de sacrificarlos en provecho de los que la reconocerán, y morderán la mano que les hace bien, y no le darán pago alguno. A los regalos de la apacible vida bostoniana, prefirió ese magnífico deleite que mantiene como sobre alas y entre bálsamos, a las almas consagradas al servicio de la justicia pura, y reconquista del hombre. —Y como se vio solo, solo entre fanáticos y débiles, ante un crimen humano y una maldad inmensa, —se concentraron, a despecho suyo y por natural fuerza de nivel, en esta obra magna, todas sus claridades y energías, y adquirieron, al empuje de la potente indignación, la consistencia, impenetrabilidad y elevación de una montaña. —Así la tierra, al encumbrarse en un punto, deja llanos por vasto espacio los lugares vecinos. —Y fue eso Wendell Phillips, en aquella formidable faena de treinta años: un monte que anda. —Recogido su espíritu en la necesidad intensa de oponer, con su desnuda palabra de abolicionista terco y perseguido, un adversario capaz de victoria a los intereses seculares y múltiples, preocupaciones tenaces y prácticas legales de la mitad más poderosa de la Unión, había naturalmente de perder aquella elasticidad, variedad, catolicidad, a toda obra viable necesaria, que vienen solo de largo y difícil roce con las dificultades y problemas de la existencia, —y no son posibles —en cuanto tienen de conciliares y cedentes— a un alma levantada por el espectáculo ofensivo de una injusticia abominable a una pasión violenta e intransigente por la inmediata aplicación de la justicia.

El Universo entero adquirió para él la forma de un negro esclavo. Si el Universo hubiera dado muestra de favorecer la esclavitud, como la muchedumbre que aplaudía a Austin en Faneuil Hall hubiera hecho frente, cortante y deslumbradora la mirada, despeñada y flameante la palabra, al Universo. —Aquella condensación de fuerza requerida para oponerse con éxito al mal extenso y poderoso, juntóse en Wendell Phillips, para privarle de esos talentos menores de acomodación, pequeños talentos amargos que rara vez logran adquirir las grandes almas, con el desconocimiento de la vida real, indispensable para dar con acierto en las leyes que han de regirla: que tanto vale legislar sin este conocimiento como ejercer la medicina sin haber puesto los ojos en el cuerpo humano.

De sí propio tenía Wendell Phillips exaltado amor al sacrificio, la perfección humana y la pureza. De la vida escolar, en que fue egregio, sacó un amor arrebatado por lo extraordinario. Y a su campaña heroica, por no haber tenido nunca menester de amasar su pan para vivir, —salió de este comercio con lo sobrehumano y sumo, y antes de que el trato con la existencia lenta y difícil le hubiera dado esa melancólica y saludable tolerancia que templa el alma sin menguar sus méritos, y le añade acaso el mayor de poder ejercer con ellos más eficaz influencia.

El trato exclusivo de lo sobrehumano aleja naturalmente al espíritu de las soluciones meramente humanas. Quien tiene lo extraordinario en sí sin contar con lo que le añade lo extraordinario en la Historia, Letras y Artes, ya está mal preparado para legislar en lo ordinario. Un águila no anda a trote: —y esa es la vida —¡hacer trotar un águila!

Así, el que con voz profética, no menos alta que aquellos sones de clarines que echaban por tierra los muros de la ciudad bíblica, ni menos magníficas y maravillosas, sacudían el pueblo norteamericano, con vigor acrecido con las dificultades, cuanto de generoso y expansivo dejaba en él su vida mercante e individual, y el hálito del largo e infame abuso; el que no poseía condición que no fuese sorprendente y amorosa, desconocía a veces, con intolerancia indispensable sin duda para el buen éxito de su campaña, los merecimientos de los que movidos al mayor conocimiento de lo humano y posible, pretendían con menor alarde y menos violentos medios poner remate al tráfico de esclavos. Para Wendell Phillips no había paces sino en lo perfecto, inmediato y extremo. Cuantos demoraban, le parecían traidores: y encendía su hierro, y se lo clavaba en la frente. Como la Constitución de los Estados Unidos parecía —a lo que decían Calhoun y sus secuaces, contra Carlos Sumner y el Norte— prohijar la esclavitud, o permitirla —sin vacilación y sin miedos llamaba criminal a la Constitución. «Ni veo yo —decía— que a un pueblo que anda sea adaptable una Constitución que no anda.» —Y como para ejercer su profesión de abogado hubiera tenido que jurar fidelidad a la Constitución, que creía inicua, no juró fidelidad, y se cerró la que para él hubiera podido ser tan brillante carrera. —No era de los prudentes, que transforman, y son necesarios; sino de los impacientes que sacuden, y no son menos precisos que aquellos, para espuela de los juiciosos, y azote de los egoístas, que a los juiciosos mismos cierran el paso. ¡Y por encima de todas las cabezas restallaba aquel látigo de fuego!

Lo que no debía ser, no debía ser. Toda desviación de la justicia absoluta, cualesquiera que fueran las condiciones de la época y mente que la cohonestaran, le parecía un crimen: —y mientras más alto el desviado, mayor el crimen. ¿Washington tenía esclavos? Pues Washington era «el gran esclavista de la Luisiana». Henry Clay, «un gran pecador». Daniel Webster, «toda una casa de fieras, y un hereje que había acostado su cabeza en las rodillas de la Dalila de la esclavitud». Y si de un muerto salía una vileza esclavista, como los obispos romanos al papa Formoso, lo exhumaba, y lo sentaba en su silla; y lo sentenciaba. En aquel juicio unilateral, y en un lado grandioso, la maravilla que permitía en su seno un gusano, ya no era maravilla: y en vez de extirpar con cuidado el gusano, —de una puñada o de un cercén hubiera echado la maravilla abajo. Y aquella certidumbre de la pureza de sus amores, aquel artístico y sumo acabamiento de su sacrificio intelectual, aquella fiera confianza en la honradez de su propósito, y aquel concepto superior y real del hombre, a atentar al cual no daba derecho al hombre mismo —le hacían a veces áspero contra el ejercicio de la voluntad ajena, cuando esta, en natural uso de sí, se empleaba para atacar la libertad. —La arrogancia de su virtud suele de este modo hacer parecer despóticos a los hombres más enamorados de la justicia. —Sí daba a la justicia Wendell Phillips derechos ilimitados. Creía eficaz y natural la tiranía de la virtud. —Y de estos impulsos movido, solía hablar en hueco ante un pueblo deshabituado a lo absoluto, y que, si se empequeñece en lo futuro, sea cualquiera su grandor visible, será por su amor y práctica de lo concreto.

Se entregan solo los pueblos a quien los encabeza y condensa. Jamás un hombre de alta virtud condensará pueblo alguno. Se asirán de él en la hora del peligro, y cruzarán el mar en su barca. Mas llegados a la orilla, a vuelta de pocas contemplaciones, se darán de nuevo a quien comparta sus puerilidades y vicios.

La hora única de triunfo de Wendell Phillips fue aquella momentánea en que las razones políticas trajeron al fin la solución que en él venía predicando la razón virtuosa. Pero era fácil de ver su ira y gran tristeza ante la vida arrebañada y mecánica de la mayor suma de la gente de su pueblo. —Padecía agudamente de ver toda la vida nacional puesta en el logro de la fortuna. Y lo que tenía, lo daba. Y se volvía al Norte colérico: «Estáis atragantados de algodón». «¡Las máquinas no salvan! —Por todas partes se os oye sonando a dinero: no hay más en esta tierra que chirriar de ruecas, polvo de comercio y ruido de pesos». «¡Franklin os ha corrompido con su economía sórdida del 'pobre Ricardo'!» —«¡O levantáis el alma, o vendréis tarde o temprano a tierra!».

Jamás, jamás, aquel ardiente caballero de la dignidad humana; aquella admirable criatura consagrada a los más altos objetos, puros dolores y exquisitos goces; aquel orador magno, infatigable y fluente, —halagó, para hacer triunfar momentáneamente siquiera sus ideas, pasión alguna de la muchedumbre. —Que la represión de la justicia hubiese ocasionado la acción violenta de sus reivindicados, no deslucía a sus ojos la cantidad de justicia que a mirada más vulgar hubiera quedado oscurecida por la violencia empleada en reivindicarla. Si no excusa la justicia la violencia que se comete en su nombre, esta no desvanece la razón leal de que es exceso. —Pero si su amor caluroso a la extensión y perfeccionamiento del ser humano, —y aquel tan sutil y vivísimo sentido de la dignidad del hombre, que de toda ofensa a este le sacaba la sangre al rostro como si hubiera sido hecha a él; —si su franca y vehemente simpatía, con todas las agrupaciones establecidas para el recobro de la libertad y el decoro humano—pudieron hacerle parecer a tantos ruines, avaros y medrosos demagogos fanáticos— jamás, jamás, por apartar una tempestad de su cabeza, o asegurar aplausos a sus palabras, o a sus propósitos de victoria, cortejó —como tanto parlante caballero de palabra fácil y alma corderuna— las preocupaciones vulgares. ¡Él, un aristócrata de la inteligencia, sin lo que no se puede ser demócrata perfecto! Pues en crecer y subir consiste el progresar, —no en decrecer. —Tan viles son los cortesanos de la multitud o de las pasiones públicas como los que buscan damas y entretienen vicios a privados y a reyes. Hábiles podrán ser; pero son viles o traidores, —aunque hayan venido a la vida con magnas fuerzas, y precisamente porque vinieron con ellas, traidores al espíritu humano y a la patria.

¿Cortejar a la muchedumbre? No concibió verdad que no dijese. Su palabra, arsenal era, y torrente de flechas, limpias, gruesas y duras como aquellas que a clavar en trozos de roble enseñaban a sus hijos los reyes normandos. Cuantas gracias le ofrecía el lenguaje, con una especial suya de redondearlo y magnificarlo, tantas ponía en sus tremendas invectivas.

No discutía: establecía. No argüía: flagelaba. Decía lo que era vil, y no se detenía a probar que lo era. Su frase era serena y elevada como su rostro; como él, elegante e impasible. Sus anatemas los lanzaba de segura y tranquila manera. Ni se dejaba, ni se proponía, arrebatar: ni gusta el pueblo norteamericano de excesos de pasión que no comparte. Gran duelo a espadas parecía un párrafo de Wendell Phillips: y el otro, sin variar apenas de tono, gran juicio desde nubes negras y altas, despedido de libros encendidos de profetas. Lo montuoso y lo oceánico asomaban a cada punto en su elocuencia. Lo grandioso de la idea, lo acabado de la construcción, lo armonioso y cerrado de la frase, lo artístico, en suma, ningún otro orador norteamericano lo tuvo en mayor grado. «Es una máquina infernal puesta en música» —dijo un coronel del Sur. —«Todo lo dice como un caballero en una sala». —Y del más sutil modo, y con voz rica, de saetas de honda punta dejaba clavados todos los pechos esclavistas. —Y cuando sin mayor ira que aquella santa que tenía en sí en todo momento, concentrada, por arte en el discurso o riesgo en el auditorio se hacía menester actividad mayor de desdén o de cólera, —no era ya su elocuencia fino acero, sino tremenda y desatentada catapulta. Garra era de león, forrada en guante. Implacable era y fiero, como todos los hombres tiernos que aman la justicia.

La Nación. Buenos Aires, 28 de marzo de 1884

EL GENERAL GRANT:
SUCESOS DE LA QUINCENA

Proceso del banquero Fish.— Vindicación de Grant.— Escenas de su agonía.— Memoria del general Santa Anna.— El aniversario del rendimiento del general Lee.— La escena de Appomattox

Nueva York, abril 14 de 1885

Señor Director de *La Nación:*

Grant, vindicado, expira; y si como Presidente dejó pensar y gobernar por sí a sus amigos y valedores, que abusaron de su nombre y desconocimiento de la cosa pública en provecho de ellos y de sus camarillas; si como soldado deslució sus glorias adquiridas en la campaña contra los Estados del Sur, con su disposición a marchar a la cabeza de las tropas que debían en caso de protesta armada de los electores del demócrata Tilden, colocar en la Presidencia al republicano Rutherford Hayes, nombrado en virtud de fraude; como hombre de negocios al menos, aunque débil y ciego, cual suelen ser fuera de sus quehaceres militares, los hombres de armas, queda bien probado que le engañaron en vil acuerdo un atrevido bribón, Ward, a quien quería como a un hijo aventajado, y un presidente de banco, Fish, que arregló con el rufián la manera de ir disponiendo, en forma de préstamo a su cómplice sobre seguridades nulas o supuestas, de los depósitos acumulados en el Banco, que como provechos de la firma Grant, Ward y Cía. iban, en parte a Grant y a sus hijos y en parte mucho más considerable a Ward y a Fish. El nombre de Grant lo había deseado Ward, de rostro vago, lechoso y lampiño, y mirada llena de atrevimiento y desvergüenza, que en el mundo pasan por intrepidez y empuje, —ya por los naturales beneficios que, con semejante asociado y el caudal que él y sus hijos aportaban, habían de venir a la firma; ya por la esperanza de tener por medio del expresidente aquellos prolíficos y misteriosos negocios de Gobierno que en todas partes, según es fama, hacen crecer a ríos, allegados por de contado con aguas turbias, las fortunas que eran antes de ellos escuálidos arroyos. Y Grant, por su parte, airado de que los Estados Unidos no abundasen en aquellos sordos e imperiales deseos suyos de extensión y conquista que le hacían desear por tercera vez la Presidencia, y en que le apoyaban, como jefe del partido de resistencia a las masas inquietas, los que pudieran llamarse aquí conservadores, se echó de bruces, espoleado por la visión de crecimientos súbitos y el amor a sus hijos, en las tramas de uno de esos proyectistas ávidos lenguaraces que, por su falta de escrúpulos y sus capacidades de acometimientos, hallan siempre acogida en los negociantes crédulos o ambiciosos. Mas por Grant no vinieron, como Ward suponía, aquellas secretas influencias y contratos pingües que de él se aguardaban; ni Ward, que tenía en estos toda su esperanza, supo hacer más, si esto siquiera hizo, que mermar de tal manera en unas cuantas especulaciones secretas de Bolsa, el capital aportado por Grant y sus hijos, que a poco de asociarse a ellos, ya le fue preciso, en la esperanza acaso de una salvación remota, fingir, en compañía de Fish, y merced a la prominente situación de Grant, la existencia de productivos contratos de Gobierno, con cuyos amplios rendimientos explicaba el alto interés que pagó siempre, como incentivo para atraer a sus arcas las fuertes sumas requeridas ya por él para algunas especulaciones locas que aumentaban sus apuros, ya por su cómplice Fish, para ir cubriendo la falsa situación del Banco, que en tanto estuviese en pie les proporcionaría sumas que irse repartiendo como provechos de la firma. Grant entraba y salía en estos negocios, y firmaba en ellos mucho, mas sin entenderlos.

De fumar con exceso se le llegó a acentuar en la garganta una disposición cancerosa que hoy se extiende por toda ella, y ya le está comiendo, en presencia de un pueblo afectado, las últimas migajas de la vida. En mortaja lo envolverán cuando se muera;

pero cuando el desastre de su firma trajo aquel pánico de Wall Street, en que las mujeres llamaban sollozando a las puertas de los Bancos cerrados, que habían jugado sus ahorros, y los hombres fornidos se sentaban en los bordes de las aceras a llorar su ruina como mujeres; cuando su prolongada asociación con aquellos dos desfalcadores y truhanes, que solo una excesiva ignorancia explica, trajo sobre su cabeza las acusaciones y desvíos más rudos; cuando el que se vio tratado por encima de Washington en su propia tierra, y como a rey en las ajenas, se veía en política desdeñado como jefe inepto y ambicioso, y en privado como el amparador y compadre de un fullero; cuando a duras penas recobraba un tanto del respeto público por su determinación de pagar con sus mismas reliquias de guerras y viajes los ciento cincuenta mil pesos que por consejo de su asociado pidió a su amigo Vanderbilt, y este dio sin tardanza, y no quiso cobrar luego; cuando del más alto poder y fortuna vino a verse de modo que recibió con lágrimas de agradecimiento unos mil pesos que dejó en su mesa D. Matías Romero, el ministro mexicano en Washington, que le quería muy bien, y unos quinientos más que le mandó en préstamo un extraño compasivo;—mortajas fueron ya para aquel hombre, rotas todas sus vestiduras, y el día mismo que le veía vivir, y los rayos de sol que por el alma triste le penetraban como espadas: ¡solo para los felices es hermosa la Naturaleza! Y a todas esas humillaciones venían a unirse la áspera censura de algunos diarios inclementes, que aquí sacuden el látigo sobre la frente de los moribundos y las cenizas de los muertos, y la negativa de la Cámara de Representantes a cumplimentarle con su colocación en las listas de retiro en el carácter de General en Jefe que abandonó para ocupar la Presidencia. Hacía Grant pensar en aquel desdichado general Santa Anna de México, que llegó a ser venerado como Alteza por las gentes de su pueblo y murió al fin, ya después de mucho tiempo de haber muerto, apagadas sus atrevidas ilusiones, vacías las arcas pródigas en que tanto aventurero puso mano, solo, apretados los dientes, con un rasgón de su colcha entre las manos crispadas, en cuarto de paredes polvosas y de alfombra roída, como por el despecho su propia alma.

Mas ni fueron como las de Santa Anna las culpas de Grant, ni esa por cierto será su muerte, aunque en la amargura y desastres de los últimos meses de su vida se venían pareciendo.

Porque, no bien fue el peligro de Grant conocido, y se supo que el general que sacó a puerto la Unión, y recosió con su espada la carta rota de la República, tanto bajo el peso de sus desdichas como bajo el de sus enfermedades, se moría, los enemigos esgrimieron con menos fiereza sus armas; los veteranos comenzaron a recordar hechos gloriosos de su Jefe; el Congreso avergonzado de su demora lo puso a la cabeza de la lista de retiro; los sacerdotes de sectas diferentes que en esta época del año—buena para gente anciana—se congregan, le enviaron sus plegarias; la Casa Blanca, que está ahora en los recibos de primavera, suspendió sus banquetes y sus bailes; los niños de las escuelas, con rosas cogidas por sus manos, le mandaron su tristeza y sus buenos deseos; la calle de su casa, en los días en que más se ha temido por él, no se vio un instante sin grupos de gente silenciosa, que miraba amorosamente a las ventanas del cuarto donde expira, y en que la luz, a través de unas cortinas amarillas, entra para verle luchar, con un valor que le atrae las simpatías que le enajenaron sus errores, faz a faz y a sabiendas con la muerte, para oírle despedirse uno a uno, y con voz entera, de su mujer, y de sus hijos, y de los amigos que rodean su cama, para alumbrar la escena en que, sentado en su sillón de brazos, declara en el proceso del banquero Fish hechos que llevan a toda la nación la certidumbre de la inculpabilidad de Grant en las vilezas de la firma que llevó su nombre, y para ver cómo lo escribe, ya limpio de esta mancha, y generalmente venerado, en el libro de autógrafos de un niño.

Así queda muriendo. Y el banquero Fish, juzgado en jurado, muy discreto por cierto, en estos días, es reconocido culpable de los cargos más graves que puedan hacerse a un negociante honrado, cada uno de los cuales, que son nueve, lo sujeta a prisión, de cinco a diez años. En prisión está ya, cubierta la mala cabeza, cabeza turbia de anciano vicioso, con un casquillo de seda negra; sin que en el rostro gris de barba rala, acentuado por los labios gruesos y los ojos fríos, se le note la grande vergüenza de haber venido a parar de presidente de uno de los Bancos más sanos y antiguos de la Nación en despreciado huésped de una de sus cárceles. En la misma está Ward; y se esquivan, como dos cobardes que han tenido quehaceres con la misma moza. Así vio Fish el 9 de este mes, aniversario de la mejor batalla que ganó Grant en su vida de soldado, y de su clemente aceptación de la rendición de los confederados en Appomattox.

El 9 de abril era; Appomattox, río estrecho; en el pueblo, cinco casas; un juzgado, un taller de carrero, una pulpería, una casa de ladrillo, una taberna; del pueblo al río, un terrenillo, y en él un manzanar, que daba buena sombra; a un lado del camino, donde un negro tiene ahora una cabaña, descansaba Grant, recién llegado, bajo unos pinos: del otro lado, a lo lejos, ya seguro de que el maravilloso Sheridan le había cerrado con su caballería el paso por donde pensaba escapar con su ejército, venía el general Lee, despacio sobre un caballo rosillo, vestido de coronel confederado, a la cabeza de su Estado Mayor. Ya había venido carteándose con Grant sobre la manera de efectuar su entrega; ya llevaba la bandera de los Estados sin fortuna caída sobre su corazón; no quería ya más sangre americana; venía muy lentamente, bajo el ala del fieltro oculto el rostro, las riendas sobre el cuello del caballo; y, en silencio, llegaron al sombrío.

Sentado estaba allí entre sus oficiales apeados, sobre unas estacas de la cerca del manzanar con que le improvisaron un asiento, cuando se vio venir en son de ataque a una parte del ejército del Norte. Hizo Lee enarbolar en una astilla un lienzo, que no se sabe si fue pañuelo o toalla, y con él en alto salió un emisario al paso de los federales, a decirles que Lee, rendido, deseaba ver a Grant; de debajo de un árbol de manzana, salió con este mensaje el emisario. Viose a poco subir por la pendiente a un hombre corto y recio, de holgados vestidos, y fue hacia él seguido por sus oficiales hasta poco trecho, Lee, que se bajó de su caballo a medio camino, y siguió a pie a saludar al que venía. Dicen que de lejos no parecieron más que buenos amigos que se dan la mano y hablan de cosas indiferentes. Concertaron allí nueva entrevista, para firmar las estipulaciones de la rendición; y esto hicieron unas dos horas más tarde, en la casa de ladrillos, a donde Lee acudió con su mejor traje, y al cinto la espada, que cuando salió de allí llevaba: Grant iba en traje descompuesto por no haberle llegado con el triunfo su equipaje, y recibió de manos del desdichado capitán uno de los más grandes ejércitos que han movido guerras sobre el mundo, mas no quiso que los confederados rindiesen sus caballos «¡porque habían de hacerles falta para el arado de la primavera!».

Lee, casi lloraba. ¡A Grant, que montó a poco a caballo y siguió a Washington, no se le vio ni alegre, ni movido con afecto alguno, el rostro! A las pocas horas, el árbol de manzanas a cuya sombra se había sentado Lee estaba hecho trizas, y todas ellas en manos de los soldados federales, que aquella noche se las enseñaban con júbilo al resplandor de las grandes hogueras con que festejaron su victoria.

La Nación. Buenos Aires, 2 de junio de 1885

GRANT MEJORA:
CÓMO SE DESPIDIÓ LEE DE SUS SOLDADOS

Nueva York, abril 23 de 1885

Señor Director de *La Nación:*

Funerales de Grant; suspensión y estremecimiento público; reunión definitiva, junto al féretro, de los federales y los confederados; reavivamiento en los diarios de las trágicas y pintorescas memorias de la guerra; —de como en Pittsburg, que fue terrible, nadie vio temblar a Grant, sino andar a paso contenido en su caballo, de un lado para otro, con un tabaco en la boca, siempre encendido; de como Lee, cuando acabó la guerra, reunió a todos sus generales frente a su casa de Richmond; que echaron pie a tierra, con las bridas al brazo, de cuyo modo se fue Lee despidiendo de ellos uno a uno, tomándoles largamente por la mano, y mirándoles, en silencio, muy despacio, en el rostro, en el rostro de todos aquellos generales que lloraban, después de lo cual, sombrero en mano, cuando ya muchos de aquellos bravos sollozaban abrazados al cuello de sus caballos, subió Lee paso a paso la escalinata de su casa antigua, y con la mano libre, cubiertos los ojos, llenos de lágrimas, se entró precipitadamente, sofocando sus altos gemidos, por su morada solitaria: —esas y más, historias y sucesos tenía ya preparados la fantasía popular. Ya se le tenía elegido a Grant lugar de reposo a la sombra del monumento a Washington, y se decía con este motivo: «Para dos cosas servirá este costoso y feo obelisco, a más de conmemorar la gloria del padre, para medir, como merced a él se ha medido, con más exactitud la velocidad de la luz, y para albergar en su recinto a un gran soldado». Ya un periódico novedoso y brutal había impreso, con vivos detalles, el orden del séquito fúnebre y las ceremonias con que había de ser puesto el cuerpo en tierra; —cuando la prensa entera cae sobre los siete médicos que habían declarado a Grant moribundo de un cáncer en la garganta, porque una buena mañana el general, sin ayuda de brazo ni bastón, bajó en el elevador hasta el comedor donde almorzaba su familia y se sentó entre ella, a comer de sus panecillos calientes y su guisado de carnero. Y se ha levantado Grant, y va en carruaje al Parque Central, que está cerca de su casa, al doblar de la cual están por cierto las dos casas suntuosas que compraron, en la Quinta Avenida, Barrios, el muerto, y el que fue su amigo y Presidente de Honduras, amigo de las letras y de sus prohombres, Marco Aurelio Soto. Y no solo sale Grant en carruaje, sino a pie por los alrededores de su casa, por donde hay siempre un grupo de curiosos que se descubre al verle pasar, a lo cual él, dulcificado por el sufrimiento, responde con gratitud en la sonrisa: no hay como verse cerca de la muerte para aprender a ser humilde. Ahora dicen los siete médicos después de un mes de exámenes microscópicos de lo que creyeron un epitelioma, que puede ser que no lo haya más que en la superficie, o que la hemorragia que puso en riesgo al enfermo —fue de una úlcera común, y no cancerosa: —y como la conmoción pública, alimentada por los constantes boletines de los siete doctores, fue profunda, ahora hay alegría porque el héroe de la guerra puede bien salvarse, y cólera contra los doctores que tan plenamente erraron. Porque al tenor de los boletines, hora sobre hora, un cáncer estaba comiendo a Grant la garganta, y en «su bata de paño pardo y con el gorro de seda que usa para librarse de neuralgias» podía a cada momento quedar muerto en brazos de su fiel criado negro, de su Dr. Douglass de barba blanca, y de sus hijos. Ese es acaso, con no ser más que personal, el suceso más saliente y notorio de estos días.

La Nación. Buenos Aires, 13 de junio de 1885.

MUERTE DE GRANT

El lecho de muerte.—— Preparativos para sus funerales.—— Los diarios.——
Las calles.—— Disputa sobre el lugar de sepultura.—— Se le entierra en
Nueva York.—— El monumento.—— La tumba provisional.—— Grant, en la
guerra y después de ella

Nueva York, agosto 3 de 1885

Señor Director de *La Nación:*

Las calles están vestidas de negro. Las veletas de los techos
echan al aire sus cintas de luto. Edificios de once pisos están cu-
biertos de casimir fúnebre. Todo Wall Street, la calle de la banca,
parece un féretro. Poco menos que de pie sobre el aire cuelgan
de paño sombrío los decoradores, columnas y balcones más altos
que las torres de las iglesias.

Los carreteros han puesto sobre las sienes de sus caballos rose-
tas de duelo, los maquinistas han atado a la chimenea de sus
máquinas sus cintas de tristeza, que, a par del humo oscuro, van
oscilando al viento. La ciudad entera se viene preparando a ver
pasar el sábado, con doscientos mil soldados y lo mejor de la Na-
ción tras él, el cadáver de Grant.

Murió el 23 de julio. Le rodeaba toda su familia, su criado fiel,
sus médicos. Los nietecitos dormían en sus ropas blancas de sueño,
en el cuarto que daba sobre su cabeza. La esposa le tenía de las dos
manos, se las acariciaba, le apartaba los cabellos de la frente. Na-
die lloraba. De pronto, aspiró el aire, con ese movimiento de

fuego fatuo con que lo aspiran por última vez los moribundos. Y murió como a las ocho y ocho minutos de la mañana, en Mount Gregor, a más de diez horas de Nueva York. A las ocho y once minutos, con el telegrama que anunciaba la hora del fallecimiento, salía a las calles el *Evening Telegram,* que es el alcance al *Herald.* De entonces a hoy, y van ya diez días, ni diarios ni gentes hablan más que del funeral de Grant, a quien Nueva York ha acaparado para sí, con gran celo de Washington, que lo reclamaba como a héroe nacional; de Chicago, siempre celosa de Nueva York; de Galena, la humilde ciudad donde nació y padeció pobreza, y de donde salió a la guerra primero, después de cinco años de quehaceres penosos por asegurar el pan del día, y luego a la Presidencia de la República. En los lugares puros y apartados del campo se crían las grandes fuerzas.

Política, teatros, artes, todo parece en tregua desde hace diez días. Los detalles más menudos de la vida del general llenan, de la fecha al pie de imprenta, los periódicos: las casucas empinadas de los barrios más ruines, los puestos de frutas de los italianos, los sillones de limpiabotas en las esquinas, todo se ha ido adornando con guirnaldas y coronas negras y retratos del muerto. En el gran Parque Nuevo lo van a enterrar, más allá del Parque Central. Quinientos mil pesos quieren reunir para levantar sobre su tumba un mausoleo de granito y bronce. Fabrican provisionalmente, mientras se le levanta el palacio de granito, una bóveda recia, semejante en la forma a una ambulancia militar. Día y noche está en sus alrededores la policía arrollando gente, que va a millares a ver hacer la tumba, y a recoger como memento una esquirla de ladrillo, una pedrezuela, un puñado de tierra, una hoja de los árboles de la cercanía. El funeral adelanta, como una apoteosis. La ciudad de Nueva York ofreció a la familia de Grant el lugar que ella eligiese para sepultar al jefe muerto, que ya en vida había dicho que contaba a Nueva York entre las ciudades donde le sería agradable ser sepultado, «porque el pueblo de Nueva York le había sido amigo en su necesidad»; y como el municipio concedió a la viuda el derecho de ser enterrada al lado de su marido, según este quiso, la familia prefirió a Nueva York, que con las más ostentosas celebraciones se prepara a agradecer el privilegio de abrigar en su suelo el cuerpo del que llevó de gloria en gloria, contra los rebeldes esclavistas, el ejército colosal de la Federación. A veces, la sangre le llegaba, como en la batalla de dos días en Shiloh, hasta las cañoneras de las sillas, él, entre los labios el tabaco, el fieltro sobre los ojos imperturbables, avanzaba. Si por la derecha le cortaban el paso, se iba por la izquierda; si por esta se lo cortaban volvía por la derecha. Caía, sin cólera, como una avalancha. A donde puso el ojo, puso la bandera.

Una capa nueva podría hacerse a la tierra con los soldados que perdió en una sola batalla; pero expulsó de sus cuarteles del oeste a los confederados; pero forzó el paso del Mississippi; pero entró en Vicksburg inexpugnable; pero jamás tuvo que hacerse atrás; pero acorraló al ejército enemigo contra el manzanar donde se le rindió Lee. Y como tendió la mano a los vencidos, estos, los generales mismos a quienes echó de ciudades y atrincheramientos, han venido a sentarse a su cabecera y llevarán mañana las cintas de su féretro en su entierro: ¿quién dijo que se habían acabado los poemas? Nueva York no quiere ver hoy en Grant, ni la Nación agradecida quiere ver, ni en realidad quiso ver nunca, al hombre de armas en quien era vicio ya el mandar, abarcar y arremeter, al Presidente parcial y manejable, al político autocrático e inculto, cuyas faltas alcanzaron siempre a disimular el resplandor de su triunfo y el candor de su ignorancia. Las grandes personalidades son como cimientos en que se afirman los pueblos. Pueblo hay que cierra los ojos a los mayores pecados de sus grandes hombres, y necesitado de héroes para subsistir, los viste de sol, y los levanta sobre su cabeza.

Cuantos errores pudo cometer hombre, en cosas públicas; muchos de los atentados que puede imaginar Presidente de un país libre contra el derecho de su país y el del ajeno, Grant, que tenía apetito de marcha, permitió e imaginó. Él miraba con ansia al Norte inglés; al Sur mexicano; al Este español; y solo por el mar y la lejanía, no miraba con ansia al Oeste asiático.

Mascaba fronteras cuando mascaba en silencio su tabaco. La silla de la Presidencia le parecía caballo de montar; la Nación regimiento; el ciudadano recluta. Del adulador gustaba; del consejero honrado no. Tenía la modestia exterior, que encubre la falta de ella, y deslumbra a las masas, y engaña a los necios. Concebía la grandeza cesárea, y quería entrañablemente a su país, como un triunfador romano a su carro de oro. Tenía el rayo debajo del ojo; y no gozaba en ver erguido al hombre. Ni sabía mucho del hombre; sino de empujar y de absorber. Pero ahora no escribimos su vida. Ya nos asomaremos el sábado, los lectores de *La Nación* y nosotros, a verlo pasar, con la carta que su pobre mujer le hizo poner en el bolsillo del pantalón en que «se despide de él hasta un mundo mejor»; ya veremos el sábado este suceso histórico, y en las paradas de la procesión de doscientos mil soldados, hablaremos de aquel que sin pestañear ni cejar se fue derecho al triunfo, a la cabeza de un millón de hombres. Esta masa, no manejada antes nunca por el hombre, tuvo en las manos, que no le temblaron.

No era de los que se consumen en el amor de la humanidad, sino de los que se sientan sobre ella. Ha muerto noblemente, robándole a la muerte los días necesarios para escribir el libro que deja como único caudal a su mujer y a sus hijos. Antes de morir concibió y proclamó la hermosura de la paz. Fue leal. No fue cruel. Le esperan, en fila silenciosa, para acompañarlo a la tumba, los cañones envueltos en crespón, y las casas colosales de Nueva York, a la generala.

La ciudad no está triste; comienza a estar solemne. No se debe ahorrar a los pueblos los espectáculos grandiosos.

La Nación. Buenos Aires, 20 de septiembre de 1885

EL GENERAL GRANT

Estudio de la formación, desarrollo e influjo de su carácter, y de los Estados Unidos en su tiempo

I

Nació de pobres; de niño, gustó más de caballos que de libros y acarreó leña; en la Escuela Militar se distinguió por buen jinete; llegó a capitán en la guerra de México y, por no ser sobrio, o porque sus cuentas andaban oscuras, le pidieron su renuncia; le alcanzaron los cuarenta años poniendo billares, curtiendo cueros y cobrando recibos; cuatro años más tarde, era general en jefe de un ejército activo de doscientos cincuenta mil soldados que peleaba por la libertad del hombre; cuatro años después, presidió desordenadamente su República.

Luego viajó por el mundo, que lo hizo miembro de sus mejores ciudades y lo salió a recibir, guiado por sus presidentes y sus reyes; luego cayó en trampas de comercio, por el apetito vulgar de la fortuna; al fin ha muerto, ennoblecido por sus dolores. Seguidos de cincuenta mil soldados, los generales a quienes venció en batalla lo acompañaron a su tumba. Hombres de hechura nueva y de tiempos radiosos son estos que en veinte años aprenden a amar sin disimulo al que frustró sus esperanzas, diezmó sus feudos y los venció en guerra. ¡Estos son hombres, los que no empeñan la vida de generaciones y la paz de su pueblo en vengar derrotas y rumiar injurias!

Se pelea mientras hay por qué, ya que puso la Naturaleza la necesidad de justicia en unas almas, y en otras la de desconocerla y ofenderla. Mientras la justicia no esté conseguida, se pelea. Luego, sofocando con la superior fraternidad que da el contacto común con la muerte los recuerdos que expusieron a ella, se entregan en paz los hombres dignos de serlo a las faenas usuales de la vida, engrandecidos por aquel caudal nacional que dejan a los pueblos las campañas en que se han probado las virtudes de sus hijos. Los bravos, olvidan. Se nota, después de las guerras, que los que olvidan menos son los menos bravos, o los que pelearon sin justicia y viven en el miedo de su victoria. Pueblo hay y gentes, de oro por fuera, que son una cueva de duendes insomnes por dentro. Solo los pueblos pequeños perpetúan sus guerras civiles. Como bueno, caballo contra caballo, se dirimen las contiendas que arrebata al dictamen de la razón la ferocidad del hombre; después, como los federales de Washington luego que acabaron de vencer, como los confederados en Appomattox luego de ser vencidos, los soldados se despiden de sus generales, y sin suspender sobre la patria las armas ociosas ni cobrar, como mercenarios impuros, con una soldada perenne, el premio de haber cumplido con su deber, vuelven, enriquecidos con la grandeza propia y la de sus adversarios, a los quehaceres libres que mantienen en toda su fuerza y majestad al hombre.

Ulises Grant fue el que nació de pobres, en una casuca gacha de madera y tejas, allá en un rincón de Ohio; y de terciopelo y paño negro estaban colgadas las casas de mármol y los palacios de piedra cuando, al doblar de todas las campanas de la nación, seguían su féretro por las calles de Nueva York, Johnson, a quien su teniente Sherman desalojó de Atlanta; Buckner, a quien Grant mismo tomó diecisiete mil prisioneros en Fort Donelson; Fitzhugh Lee, sobrino y soldado de aquel hombre brillante y piadoso que, por Grant solo, fue rendido. Culminan las montañas en picos y los pueblos en hombres. Veamos cómo se hace un gran capitán en un pueblo moderno.

Como de un pobre colono fue la casita de su nacimiento: de un piso, paredes de madera, techo de caballete, la chimenea en la cruz, la puerta entre dos ventanillas, de madera el cercado, monte atrás, en el patio follaje, un árbol en la puerta. Allí, en el cariño de su buena mujer, descansaba el padre de Grant de curtir cueros, cuando no contaba las hazañas de sus antepasados, que eran gente de Escocia, brava y firme, o escribía con mano hecha al oficio un artículo de diario. De ocho generaciones americanas vino Grant; generaciones de campesinos y soldados. ¿Se acendran las cualidades de los padres al pasar por los hijos? ¿Serán los hombres meras representaciones de fuerzas espirituales que se condensan y acentúan? «¡Firme! ¡firme!» rezan los motes del linaje de Grant; uno sobre una montaña que humea, otro sobre cuatro eminencias encendidas: «¡Firme, Craig Ellachie!». De Grant era todo un regimiento inglés en la India, que fue de los más bravos. Montaña encendida, regimiento, firmeza; todo eso se encuentra en Grant, y va con él, maceando, aplastando, arremolinando, tundiendo. En Chickahominy, cuando en un cuarto de hora acaba de perder once mil hombres, sin moverse de la silla manda renovar el ataque. En Vicksburg, a una anciana que le da agua: «¡Aquí me estaré hasta tomar a Vicksburg, aunque tenga que esperar treinta años!». En Chattanooga: «¡Arriba, arriba!». por la montaña, entre las nubes, por encima de las nubes; se ven de abajo como cintas de fuego y se oyen estampidos graneados; al resplandor de la fusilería, la bandera sube; en lo más alto del pico ruedan las balas tras los confederados, monte abajo; ¡la montaña encendida!

De niño, aprende muy poco. Los libros le enojan, como le han de enojar siempre. Dicen que a los dos años oyó un tiro sin pestañear: «¡Otra vez! ¡otra vez!». A los ocho años, se sube en cuanto caballo halla a mano. Tiene el cuerpo endeble en apariencia; fuerte en realidad. Se educa como todos los niños pobres de campo de su tiempo: en invierno, a la escuela; en verano, al trabajo.

A los doce años, guía en una excursión el cochecillo de unas señoras, y a lo que iban por un arroyo, notan las señoras, aterradas, que los caballos han perdido pie: «No hablen, y yo las saco en salvo». Y las saca.

Quiere que su padre le compre un caballo, para emparejar con uno que ya tiene, y se obliga a pagarle el precio de él acarreándole los leños que corta en el bosque el peón de la casa; acarrea leños ocho meses; un día, no halla al peón; saca del carro al caballo, le hace arrastrar los leños sobre un árbol caído, de donde los rueda sobre el carro y vuelve a la casa. «¿Y el peón?». «No sé, ni me importa. Cargué solo el carro».

Así crece, de madre llana y leal, de padre inteligente y poco afortunado.

A los 17 años, por servicio de un representante del Estado, entra en la Escuela Militar de West Point. Montar, monta muy bien; estudiar, estudia mal. Es el mejor jinete de su curso; pero al fin de la carrera, en una clase de treinta y nueve, obtiene el número veinticinco. Ha sido silencioso, poco amigo de juegos, obediente y cortés; «un buen muchacho». Las matemáticas no las estudió a disgusto. De deberes militares, táctica, ordenanza y balística aprendió más que de mineralogía, geología, química, ingeniería y mecánica. Se enamora intensamente, que es signo de personalidad. Se casa joven, que es signo de nobleza. Y va, con grado de teniente segundo, a la frontera, como todos los militares jóvenes.

Ambiciosos y esclavistas se juntaron por aquellos años, en los Estados Unidos, para arrebatar a México una porción de territorio. Los colonos americanos inundaron a Texas y se alzaron con él, como Estado perteneciente a la Unión del Norte por la voluntad de sus habitantes. México clama. Los esclavistas del Sur, que venían lidiando desde principios del siglo por introducir la esclavitud en los Estados libres, o aumentar el número de Estados esclavistas, favorecen en este concepto la anexión de Texas. Van Buren, candidato a la Presidencia, censura la tentativa de anexión, como motivo probable de una guerra injusta con México; y su contendiente Polk, que personifica la idea anexionista, es electo. Las tropas americanas, so pretexto de defender a sus conciudadanos de Texas, entran más allá del límite extremo del Estado. Las tropas de Arista se les oponen, de lo que toma Polk excusa para dar por declarada la guerra. Taylor marcha sobre México y lleva a Grant entre los suyos. Adelantan, como suele la injusticia. Grant peleó contra los cadetes imberbes que a la sombra del último pabellón mexicano cayeron sonriendo, apretados uno contra otro, sobre los cerros de lava de Chapultepec. En un parte fue citado Grant, por bravo. Y en nada más se distinguió, aunque tenía veinticinco años. Sirvió bien como habilitado, y allí aprendió a cuidar del soldado en campaña, y de bagajes y almacenes. El conocimiento de los detalles es indispensable para la preservación de la grandeza; el impulso necesita ser sostenido por el conocimiento.

II

No parece que a su vuelta de México, donde llegó a capitán, fuera tan sobrio en el beber como el decoro aconseja. Es creencia pública que este triste hábito llegó a ser en él tan manifiesto, que, a no haber accedido a pedir la renuncia que de él solicitaron sus jefes, hubiera caído en un consejo de guerra; ni parece tampoco, en pura verdad, que semejante costumbre le siguiese en los años oscuros y amargos en que vivió Grant hasta que estalló la guerra civil, ocupado en penosas faenas, si bien tiene biógrafos que solo por la persistencia de aquel hábito, aun en sus días gloriosos, se explican ciertos errores y acometimientos en la guerra. Anduvo Grant de hacienda en aldea. En California establecía un billar, y quebraba. Vivió luego en una hacienda de su mujer; él cortaba la madera, él la acarreaba por el pueblo y él la malvendía. Para cobrar no servía mucho, porque era dadivoso y no sabía ver lástimas. Apetecía la fortuna; mas no era ruin y abusador de naturaleza; de modo que, cuando andaba luego de cobrador de rentas a par que de vendedor de madera, recio el cuerpo y despacioso, oculto el rostro bajo un fieltro ancho, por pieza de mangas una blusa y embutidos en las altas botas los calzones, más eran las cuentas que dejaba atrás que las que amonedaba, aunque él siempre recordó aquellas fatigas con orgullo. «Aquellos eran buenos tiempos, amigo», dijo una vez en la Casa Blanca a un marchante suyo de aquella época que, electo representante más tarde fue a visitarlo, todo tímido, cuando ya era Grant Presidente; «buenos tiempos eran aquellos; porque yo hacía lo mejor que podía para sostener a mi familia». Y siguió conversando con la esposa de su marchante, de las mañanitas frías en que él le llevaba la leña, la apilaba con sus manos y la medía, e iba luego a cobrarle a la oficina. Pero en tantas estrecheces se vio, que hubo al fin de aceptar en Galena, donde su padre y hermano tenían una curtimbre, un empleo de seiscientos pesos anuales; y ya para entonces Grant frisaba en los cuarenta años.

Más notado era por el callar que por el hablar. A todos parecía en el pueblo un hombre adocenado. Aspiró a una plaza de agrimensor y no la obtuvo. Se paseaba; callaba; fumaba. No mostraba impaciencia. De la guerra se había traído sus celos, celos profundos de los que, por capricho de la fortuna o influjo de amigos poderosos, alcanzaron puestos prominentes, sin los merecimientos, acaso, que él creía sentir en sí. Mas estos celos, apenas los entreví un ojo avisado en las primeras efusiones suyas, raras, por cierto, como deben ser siempre las efusiones, con un amigo militar a quien llevó hacia Grant una simpatía que a poco llegaba ya a veneración, con Sherman, que cuidaba de él como de una criatura de sus manos, y por su fama miraba más que por la propia.

Sherman, alto, elocuente, centelleante, inquieto, inspirador, desasosegado, desbocado, fiero; Grant, corto de cuerpo, ya espaldudo, lento, sobrio en el habla, de ojo impasible, que acaparaba lo que oía, que no daba de sí. Grant, que concebía laboriosamente, o volteaba en la memoria con esfuerzo lo que acababa de oír; Sherman, que, como lluvia de chispas, vertía ante su amigo silencioso sus planes e ideas. A veces, a todo un discurso de Sherman, Grant no contestaba. Se recogía en sí, y aunque siempre estuvo pronto, con generosidad singular y absoluta, a encomiar el mérito de sus subordinados y reconocer espontáneamente la parte que tenían en sus victorias, si recibía influjo de ellos, no gustaba de dejarlo ver, ni ponía en acto la idea ajena hasta que de magullarla y considerarla llegaba a tenerla como propia. Y le fue creciendo tan fuera de medida la persona, que llegó a ponerse en él en lugar de lo más alto y a oscurecerle el juicio.

Pero en aquellos duros tiempos de Galena no se notaba en él, oscurecido en la oficina de la curtimbre, cualidad marcada alguna, ya porque su mala salida del ejército y falta de éxito en sus humildes empresas lo tuvieran desconfiado y encogido, ya porque, comido de esa impaciencia que consume a los caracteres originales y pujantes, fuera presa constante de la sorda ira que produce la falta de acomodo entre la realidad trivial y el deseo osado. El silencio es el pudor de los grandes caracteres; la queja es una prostitución del carácter. Aquel que es capaz de algo y muere sin que le haya llegado su hora, muere en calma, que en alguna parte le llegará. Y si no llega, bien está; ya es bastante grande el que es capaz de serlo.

No era Grant de carácter amigable, y si no desdeñaba los escasos cariños de que pudiese ser objeto, jamás cortejó, ni en lo más recio de sus pruebas, amistad alguna. En sí exploraba y vivía. Venía del campo, del campo siempre nuevo y original, y de sí mismo, con poca mezcla de lo general humano, en cuyas artes se sintió siempre como extraño y perseguido; ya abrumado, como un hombre a quien todo vence, ya rebelde, como aquel a quien azuza una voz superior. Huía Grant por eso, y por sus penosos recuerdos de la vida militar, que se exacerbaron con su candidatura frustrada al puesto de agrimensor, de los manejos políticos, harto complicados siempre, aun en los villorrios, para no inspirar temor y un sentimiento previo de derrota a los espíritus sencillos; mas por esto era, y no porque en sí le desagradasen, sino que, marcial de naturaleza, arremeter y arrebatar le era más fácil que cautivar y esperar, y carecía de aquella ductilidad y pleguez que en la vida política aseguran el éxito. A su naturaleza de dueño repugnaba esa angustiosa y continuada servidumbre con que se compra casi siempre la prominencia política. Entrar en política sí le hubiera parecido bien, pero como se entra en una plaza enemiga: imponiendo condiciones. Por donde iba la política no lo distinguía él muy bien a veces; pero en su país, la política era la única forma del mando. A los demócratas estaba afiliado, porque era en aquel tiempo la democracia el partido que al Estado en la Unión, y al hombre en el Estado, reconocía más derechos, y Grant fue siempre muy celoso de los suyos; mas en sus cuarenta años solo en una elección había dado su voto; y en una República, un hombre que no vota es como en un ejército un soldado que deserta.

Acerca a los espíritus originales una incontestable simpatía. Mirando bien se observan dos especies de hombres en perpetua lucha: los que arrancan de la Naturaleza, pujantes y genuinos, activos y solitarios, reconocidos y aclamados solo en las grandes crisis, que necesitan de ellos; y los hombres amoldados a la convención, que ocultan su espíritu como un pecado, que defienden y contribuyen a lo establecido, que viven acomodados y dichosos, y en el movimiento social solo son útiles como fuerza saludable de resistencia, en los casos en que un carácter natural, embriagado con el triunfo, se desvanece y afirma en demasía.

Otro carácter natural vivía en Galena: el abogado Rawlins, un árbol de virtud, todo hecho de valor y de justicia. Hablaba en explosiones. Sus pensamientos nacían y salían de él derechamente, como rayo de luz. Tenía la concisión y grandeza de la palabra apostólica y la suprema elocuencia de la vida, ante la cual la de las academias, como coqueta embijada ante doncella de franca hermosura, se oscurece. Rawlins había vivido de hacer carbón hasta sus veintitrés años; Rawlins, que murió más tarde, de Secretario de la Guerra. Solo se educó; solo se hizo abogado; solo impuso respeto a sus cofrades; se habituó a pensar y a obrar solo. Y solo podía pensar y obrar sin miedo, porque no le dominó más pasión que la de la justicia. Pero tenía aquella superior prudencia que, como nueva gala, engendra el sufrimiento prolongado en los hombres de verdadera fortaleza; dichosa cualidad que en el grupo de caracteres naturales distingue al desinteresado del egoísta. En el egoísta hay más personalidad, visible al menos, que en el desinteresado; pero solo en el desinteresado hay verdadera grandeza. En Rawlins eran apreciables la palabra, la intuición, la firmeza, la honradez, el consejo. Aplastaba las intrigas como hubiera aplastado víboras. Una sinrazón o un agravio no podía soportar, aunque se hiciesen a una tórtola. La verdad quería él que triunfase, aunque nadie llegara a saber que triunfaba por él. A este hombre, desde que vendía cueros, se fue Grant acercando poco a poco; en sus defensas bebió luces; en su consejo superior encontró un dueño; de los labios de Rawlins salían, acabadas y perfectas, las ideas que, en su forma rudimentaria de instinto, fatigaban el cerebro a Grant. Y juntos hablaban el abogado y el curtidor de cómo se venía encima la querella con el Sur, cuyo creciente atrevimiento, como a toda la Unión, tenía asombrada a la gente de Galena.

III

Los tiempos eran aquellos de la más noble cruzada que jamás vieron los hombres. De un mar a otro hervían los Estados del Norte: «No ha de haber más esclavos».

Desde que Garrison fundó su *Liberator* no hubo paz en la Unión; ¡cómo crecen las ideas en la tierra! Una pobre hojilla era el *Liberator* en 1831, el primer vocero de la idea abolicionista; ya en 1840 había descompuesto los partidos enormes que contendían por el poder, y creado el de «la libertad», el de los abolicionistas que querían el mantenimiento de la Unión, contra su mismo apóstol Garrison, que llamaba a la Unión, porque amparaba la esclavitud, «contrato con el infierno y convenio con la muerte». Los 7 000 que en 1840 votaron por el partido de «la libertad» ya eran 62 500 cuatro años más tarde. En 1848 ya eran 300 000; ya pedían, congregando en una organización formidable a los antiesclavistas de todos los partidos, «la tierra libre para el pueblo libre». Ya en 1856 fueron 1 341 000, y en 1860 ya fueron la Presidencia de la República: fue Lincoln. ¿Dónde se vio mayor grandeza, más generoso impulso, más llameante palabra, más desinteresado caudillaje, ni virtud más fecunda y batalladora? Por el apetito del Cielo y el amor de la ventura batallaron en tiempos de guerra otros cruzados; pero estos de América conmovieron sus hogares, seguros, en una época próspera y pacífica, para libertar a la raza más desventurada de la tierra. Ellos la bolsa, que cuesta; la palabra, que consume; la familia, que sujeta la vida, que en una tierra libre y próspera enamora.

El Sur, hecho a mandar, veía con cólera la resistencia del Norte a sus voluntades, y desafiaba a la gente burda de los Estados libres, empinado sobre sus esclavos. El Norte, lento como todos los fuertes, cauto como todos los trabajadores, miraba al principio con temor, y siempre con pena, el peligro de la ruptura que el Sur provocaba. No había paz desde 1831, desde el *Liberator*. Por todas maneras persiguió el Sur al periódico de Garrison; por la voz del Presidente Jackson pidió al Congreso la persecución de toda la propaganda abolicionista.

El Sur pidió más tierras para criar la esclavitud; el Norte, obligado por la Constitución a reconocerla en los Estados que la tenían establecida, en la Constitución misma se apoyaba para resistir su institución en los nuevos Estados. Si un territorio entraba a ser Estado, el Sur lo clamaba para sí, para tener esclavos en él y más votos en el Senado sobre el Norte; y el Norte, fatigado de aquella inhumanidad y de la arrogancia del Sur, clamaba como libre el Estado nuevo, inundado de merodeadores sudistas que en batallas campales, o en asaltos nocturnos, disputaban la tierra a los colonos abolicionistas. Cuando Wilmott pide que los Estados que por la paz con México hayan de entrar en la Unión puedan, a su voluntad, no tener esclavos o tenerlos, el Sur, que los quiere esclavistas, se yergue como herido en la médula; y a la afirmación enérgica del Norte, al partido del suelo libre, a la palabra de Wendell Phillips, opone tan atrevida resolución, que cuando se trata de la incorporación de California como Estado libre pide, por la voz de Calhoun, que se iguale por ley el poder político del

Sur y del Norte. La palabra majestuosa de Henry Clay obtiene, a fin de alejar el conflicto que ya en 1850 se avecina, el compromiso famoso en que, a trueque de que el Sur reconozca Estado libre a California y el distrito federal y faculte a Nuevo México y Utah a declararse libres o esclavistas, el Norte se obliga a ceder en una cuestión del territorio de Texas, y a devolver por una ley de fugitivos los esclavos prófugos del Sur. Este, hasta entonces siempre vencedor, se cree seguro. El Norte, avergonzado, fulmina sus censuras contra la ley de esclavos prófugos. Reúnense en Europa los enviados diplomáticos del partido del Sur para publicar proyectos de extensión del territorio esclavista; y en 1856, contra el partido republicano, que nace con un millón y medio de votantes para impedir la extensión de la esclavitud en los Estados libres y territorios, eligen Presidente a Buchanan, uno de los tres ministros esclavistas de Europa. Recoge el Norte el guante. Ya el Norte es un partido y el Sur otro.

¿Quién en el Norte entregará a un esclavo? Las legislaturas de los Estados libres dictan leyes que impiden los efectos de la de los esclavos fugitivos. Renace el fuego de los mártires y los apóstoles. Cunde entre los apáticos el ardor de los generosos. John Brown se ofrece en sacrificio, y convierte la idea en acción. Del cadalso en que muere, porque faltó a la ley escrita, un ejército surge, que pulula buscando jefes y campo de batalla. Cuando las nuevas elecciones vienen y el partido republicano, en una gloriosa arremetida, elige a Lincoln, sin un solo voto del Sur vencido, ya la guerra ominosa está en todas las bocas. La Legislatura de Carolina del Sur llama a convención para discutir el derecho del Estado a separarse de la Unión; y ella y once Estados más se separan, y, reunidos en congreso, crean la Confederación de América y eligen Presidente a Jefferson Davis. Arsenales, aduanas, fuertes, todos los recursos y depósitos del Gobierno en el Sur caen, sin oposición, en manos de los confederados, que al fin disparan sobre el fuerte Sumter. ¡Un leñador está en la Casa Blanca; un curtidor de cueros está en Galena!

Oye Grant la noticia. «El Gobierno me educó para militar, dice, y todavía no le he pagado bien mi deuda». Rawlins, en un discurso ardoroso, disiente de su partido y mantiene la Unión, en cuya defensa entra a servir al punto. Lincoln ha llamado a las armas 75 000 voluntarios; y como en Galena no hay más militar que

Grant, a él le dan a instruir, y a que lleve al Gobernador la compañía de Galena. Apena recordar cómo en aquellos días andaba el triste soldado, de puerta en puerta, pidiendo, como de limosna, un puesto que le niegan. Ese, que cinco años después llevaba cuatro ejércitos con pasos seguros a la victoria, no pudo hallar al principio un puesto ruin en las armas de su patria. Lo pide al Ayudante General, que no le contesta. Lo pide dos veces a McClellan, que lo conoce; en vano las dos veces. Lo hacen, al fin, por carencia de instructores, coronel de un regimiento, al cual enseña y organiza de manera que cuando, merced a un representante del Estado que le fue siempre amigo, lo nombran Brigadier del Ejército, a nadie que lo ha visto en medio de sus soldados le sorprende. Rawlins, que erraba pocas veces, estaba ya a su lado, «preparándolo a vencer», de secretario y ayudante; Rawlins, la sugestión disimulada, el consejo hábil y modesto, la prudencia que sofrena, la palabra que pule. Y se vio entonces de nuevo el poder del hombre para crecer a nivel de sus dificultades.

Dieciséis mil hombres tenían por todo ejército los Estados Unidos cuando se declaró la guerra que cinco años después cerraba, al mando de Grant, con 1 000 561 soldados en servicio activo y 2 254 006 en reserva; dieciséis mil hombres componían el ejército, esparcidos en lugares apartados de la nación por el Ministro de la Guerra del Gobierno de Buchanan, para que no pudiesen impedir la organización armada de la Confederación, que con tanta presteza como el Norte cubría su territorio de soldados. De voluntarios tuvo el Norte un ejército a los pocos días. A porfía organizaban tropas los Estados, las ciudades. De $100 a $400 daba el gobierno a cada voluntario. Al instante reúnen 750 000; 420 000 enseguida, enseguida 300 000 más. En cuanto se refiere a los Estados Unidos, se ha de contar con esta pujanza súbita y oculta, que parece aún mayor en el momento en que se enseña, por la vacilación y recogimiento que la preceden, y suelen tomar los observadores ligeros por indiferencia, cuando no son más que el cuidado natural con que un pueblo maravillosamente próspero examina sus problemas antes de decidirse a una innovación que lo ponga en peligro. Tarda más en alzarse de la tierra el elefante que el ciervo.

IV

Casi nadie previó al principio la magnitud de la tremenda guerra. Un general se ríe de otro porque pide doscientos mil soldados para mantener un puesto en el Oeste; pero después, en una sola campaña, en un invierno solo, mueren cien mil federales entre el Rapidan y el James, que corren cercanos y casi parejos. No hay encuentro que no deje postrados millares de hombres. Shiloh, Gettysburg, Anttetam, Chattanooga, Wilderness, Chickahominy, ¿cuál de ellos no vio, cuando menos, dos mil muertos?

Y cuando Grant avanzaba sobre Lee, poderoso e impenetrable como una montaña que se mueve, los federales estuvieron muriendo de un mayo a un junio, en un solo campo de operaciones, mil por día. ¡Adelante las columnas! ¡El pueblo que han ayudado a fabricar todos los hombres, para todos los hombres ha de quedar libre! ¡Libres ha declarado a cuatro millones de esclavos el Presidente Lincoln, que «ofreció a Dios darles la libertad si permitía que los confederados fuesen expulsados de Marilandia»; y han de rendirse, quebrados para siempre, los que se oponen a que cuatro millones de hombres sean libres!

No hay añagazas políticas que les den semejanza de derecho. Las guerras deben verse desde las nubes. Bien está que medio millón de seres humanos muera para mantener seguro a la Humanidad su único hogar libre sobre el Universo. Allá, desde arriba, los hombres deben parecer —ondulando, fabricando, abrazándose cuerpo a cuerpo, hasta para guerrear,—como esos bulbos vivos, henchidos de gusanos invisibles, que en grandes masas pugnan, con movimientos incesantes y torpes, por romper las raíces de los árboles que acaso en ellos mismos se convierten en una forma más libre y animada de la vida. Son como un puño cerrado que viene pujando por salir de lo hondo de la tierra. ¿Quién no entrevé, en la magnitud de los pesares que acarrea el estado rudimentario de la especie humana, la claridad dichosa que la aguarda, después de su acendramiento y paso doloroso por los mundos? ¡Qué paz para equilibrar este comienzo! Arrebata el pensar en esa suprema dicha; ¡a cuán pocos es dado vislumbrarla, satisfechos de su pequeña máquina, desde su cáscara de huesos!

La guerra está encendida; el Sur se echa sobre el Norte; tiene lista la costa meridional; a treinta leguas de Washington, capital de la Unión, unge a Richmond capital de los confederados. Domina todo el Sudeste. Por el Potomac y el James; por el lado del oeste, sube y ocupa el Mississippi y los puestos donde se le une el Ohio, enriquecido a poca distancia con el Tennessee y el Cumberland. Tiene la victoria quien tiene los ríos. Los ríos son las venas de la guerra. Con ellos va todo el territorio que ellos bañan. Cerrando a los federales el Mississippi, ni los confederados podrán ser envueltos en sus Estados, por el mar de una parte y el río de otra, ni los Estados rebeldes del Este serán separados de los del Oeste que quieren para sí, para criaderos de esclavos. ¿Cómo dan agua los ríos a semejantes hombres?

Asegurando las bocas del Ohio, y del Tennessee y el Cumberland, que afluyen en él, se aseguran los Estados centrales, que en la guerra vinieron a ser como los límites norte y oeste de las batallas. En la boca del Ohio, sobre el Mississippi, confluyen, como los radios a un centro, Illinois, Missouri, Tennessee, Kentucky. Quien tiene al Tennessee, tiene abierto el camino por sus aguas hasta el corazón del Estado rebelde de Alabama. Quien tiene al Cumberland, tiene a Tennessee y a Kentucky; Galena está en Illinois, que remata por el sur en la boca del Ohio. ¡Manda la tropa de aquella comarca Grant, de Galena! Los confederados se han subido hasta allí, para cerrar el paso a los avances de los federales y ampliar hacia el norte, con espacio para la defensa, el territorio que cruza su red de ferrocarriles, indispensable para el transporte de sus hombres y provisiones. De Mississippi, de Alabama, de Georgia, de la Carolina del Sur, de Virginia, todos los ferrocarriles van a confluir a Chattanooga, sobre el Tennessee. Fortifican, pues, los confederados los ríos. Se encierran dentro de un baluarte de río y mar.

Por el Mississippi cubren su oeste; su norte con el Ohio, el Tennessee y el Cumberland; con el Atlántico, su este; su sur con el Golfo de México.

Vicksburg defiende de los federales al Mississippi; Fort Henry defiende al Tennessee; Fort Donelson defiende al Cumberland. Por el este, Charleston ampara la costa; y New Orleans por el sur. En la guerra no es necesario ocupar todos los puntos, sino los principales. En el interior, el Potomac y el James, cuajadas las orillas de tiendas de campaña, defienden a Richmond. La guerra, pues, consistirá desde el principio en la disputa y toma de los ríos; las ciudades del mar importan menos. Los ejércitos tomarán su nombre de los ríos. Los caminos están marcados. Si por el mar hay que tomar a New Orleans y a Charleston, por tierra hay que tomar a Fort Henry y a Fort Donelson, para dominar el Tennessee y bajar por él hasta Alabama; hay que tomar a Vicksburg, para ocupar el Mississippi y dividir en dos la Confederación; hay que cruzar el Potomac y el James para tomar a Richmond.

Allí los laboriosos planes, la estupefacción de los ejércitos del Norte, la sorpresa y celos entre sus generales. Al genio solo no sorprende lo imprevisto, porque lo imprevisto es su dominio natural. No ven que esta es una guerra de tamaño y número, que solo puede vencerse con el tamaño y con el número. Hay uno que lo ve, pero no lo dice todavía; hay uno a quien un hombre inspirado y enérgico aconseja. No se trata de vencer a un enemigo científico, sino denodado. Denuedo vence a denuedo. El Sur se viene encima; no hay tiempo para preparar un ejército perfecto. Los ejércitos perfectos no se improvisan. El Sur arremete con sus masas brillantes y desordenadas; hay que salirle al paso, si se puede, con masas mayores. Si el Norte se detiene a prepararse, el Sur se preparará también; y al cabo de la larga preparación quedarán siempre a la par el Sur y el Norte. «Vencerá quien ataque primero», en Fort Donelson, donde lo dijo Grant, como en toda la guerra; y, por su parte, apenas tiene número suficiente de soldados para caer sobre el enemigo; mientras los generales académicos vagan por las cercanías del Potomac arrogante, entrabando su valor con sus preocupaciones escolares, allá va Grant, con su sombrero de copa alta y su cigarro en los labios, «a atacar primero».

Paducah está en Kentucky, sobre el Ohio, cerca del lugar donde se le junta al Tennessee; Cairo está en la confluencia del Ohio y el Mississippi y es la llave del Oeste. Ya los rebeldes merodean por el Estado leal de Kentucky. Grant tiene que tomar la boca del Ohio, sobre el Mississippi, aun antes de caer sobre Fort Henry y asegurar el Tennessee, y sobre Fort Donelson, para asegurar el Cumberland. Ocupa a Paducah sin violencia. «No tengo nada que hacer», dice en su proclama, «con las opiniones, sino con los rebeldes armados y los que les ayuden y encubran». El buen juicio de Grant percibía siempre la utilidad y nobleza de los propósitos de Rawlins, y este envolvía en forma hermosa y memorable las inspiraciones confusas de su jefe. Cae Grant sobre Cairo, que

tiene 7 000 hombres, con 3 000 federales no más, aún indiscipli-
nados y novicios. El enemigo le sale al encuentro; rudo acaba el
día, y parece haber vencido; en aquella noche de espera «el corazón
se me había subido a la garganta». El alba le reveló el camino al
Cairo, abandonado por los confederados: «Nunca desde aquella
vez vacilé en atacar al enemigo».

V

Grant manda ahora el distrito del Cairo; pero ya el caballo que le
hirieron en Belmont está bueno, y le «molestan» Fort Henry y
Fort Donelson; no entiende su prisa el General del Departamen-
to. Al fin da sobre Fort Henry, que se rinde a la flotilla avanzada;
y dejando en él, dueño ya de la boca del Tennessee, a 2 500 de sus
hombres, marcha con los 15 000 que le restan contra Fort Donél-
son, que está entre dos arroyos que dan en el río, y desde su emi-
nencia echa las balas lejos. Los rebeldes fingen caer sobre el centro
de Grant, cuando en realidad se concentran sobre el ala más reti-
rada de sus tropas. Concentrados los deja Grant, y por una altura
vecina se les sube, bombardeando sobre el fuerte que queda a su
merced, y de jefe en jefe que lo abandona, viene al fin a manos de
Buckner, que se le rinde; «rendirse a discreción» es lo único que
Grant acepta. «¡Allá voy sobre las defensas!». 15 000 prisioneros
se entregan con Buckner, y el Cumberland es de Grant, de Grant la
primera gran victoria de la guerra. Una u otra idea podía Grant
tomar de los demás, y acaso el plan entero de una batalla, si lo
creía bueno, como el de Chattanooga, del general Thomas; como
el de la toma de Vicksburg, de su ayudante Rawlins; pero el aco-
metimiento, el movimiento inesperado, el quite de un desastre,
el juego original de sus tropas, la percepción instantánea de la
oportunidad feliz, de nadie más que de sí las necesitó Grant nun-
ca. ¿Vacilar? las rocas sobre que libraba la batalla vacilarían; él no.
No era valor el suyo, sino «insensibilidad ante el peligro». Jamás
le ocurrió que podía ser vencido. Detenido, sí; pero jamás vencido.
El empuje despedaza las primeras filas enemigas; pero la tenacidad
gana la batalla. Donde todo general se hubiese retirado, Grant
resistía y vencía. Ya le tenían la mano sobre el cuello; ya no tenía
donde poner el pie el caballo, de tanto muerto en torno; ya lo

acorralaban contra un río; él concentra sus fuerzas, fuma su cigarro, espera en calma el refuerzo que debe venir; recoge su gente al pie de sus cañones. «¡Todavía los tengo de vencer!» dice; y los vence.

Así fue en Shiloh, que dejó al Sur asombrado de aquel poder de resistencia, y al Norte aterrado de aquella hecatombe. A pesar de la victoria de Fort Donelson, el General del Departamento, hombre entero, le quitó el mando, «porque había vuelto —refiriéndose a su embriaguez— a sus antiguos hábitos». Pero Rawlins lo desmiente; y le vuelven sus tropas. Los confederados no quieren que los refuerzos que vienen a Grant bajen con este el Tennessee, poniendo en riesgo uno de sus ferrocarriles, y en hora en que él andaba lejos del campamento, y sus oficiales desprevenidos, caen sobre los del Norte, que acá resisten, allá mueren en montón, allá se desbandan, y Shiloh fue «terrible»; mas Grant había venido a tiempo, y con su serenidad y valor llegaron sin huir hasta la noche. Cañonea con los restos de su fuerza al enemigo, que adelanta, preparando así la carga que proyecta apenas se le reúna el refuerzo, que viene a hora oportuna, con cuyo auxilio dispersa a los confederados. Pero su victoria espanta. A descuido, o a causa peor, se atribuye la sorpresa. Su jefe desconfía de él; de Washington, donde no se buscó amigos, los generales de ciencia lo desdeñan; los que presienten su fuerza le atacan. Es Washington, durante toda la guerra, un semillero de intrigas.

Se disfrazan de patriotismo los celos. Los incapaces se coligan, para cerrar el paso a los afortunados. La patria ¿qué les duele? Lo que les duele es que les saque alguien ventaja. A los hombres les importa más, a los hombres que llegan con el deseo a donde no llegan con el mérito, o con la ambición a donde no les llega el patriotismo, les importa más quedar primero que salvar la patria. Así, con aquellos celos que se trajo de la guerra de México, se unieron en el ánimo de Grant estos reveses para abominar, conforme a justicia, los nombramientos de compadrazgo que paralizaban la guerra y la privaban de sus soldados mejores; así se fue acumulando en él aquel odio, hecho de desdén y miedo, a Washington, que atenuó Lincoln con su grandeza y su prudencia luego; más no pudo ni quiso Grant sacar de sí, lo cual explica acaso aquella manera de conquistador, en que sus deseos personales iban mezclados a ciertos instintos rudos de honradez, hasta que con los goces de una autoridad excesiva que apenas su propio pueblo le tenía a mal, llegó a encariñarse con Washington de modo que en nadie en tanto grado como en él se personificaron sus peligros y sus vicios. Pero el amigo que le hizo brigadier logró devolverle, después de Shiloh, sus tropas. Los ojos grises se le humedecían a veces en aquel tiempo, cuando se veía desatendido y fuera, acaso para siempre, del camino de la victoria. Sufren mucho esos hombres que lo concentran todo en sí.

Pero encabezó su ejército, y ya no lo abandonó sino a las puertas de Richmond vencido, donde, con su natural magnanimidad, no quiso entrar como triunfador. Encabezó su ejército. El Tennessee ya lo tenía. Los generales del Potomac y el James vencían o eran vencidos, pero no los cruzaban. ¡Él no; él cruzaría todos los ríos! ¡A Vicksburg ahora, que guarda el Mississippi!

Se ha hecho mal en esparcir en cuerpos pequeños, cuyos movimientos son expuestos y difíciles, un ejército que tiene que desalojar a un enemigo concentrado en posiciones formidables. El general que concentra, lleva ya la ventaja de forzar a su enemigo a darle batalla o a recibirla en el lugar que a él le plazca. No es lo mismo, por cierto, pelear donde el enemigo se ha preparado para resistir que donde tiene que acudir imprevista y precipitadamente. Esto quería Grant siempre: forzar al enemigo a dar batalla. En concentrar no hay peligro; también tiene que concentrar el enemigo, que no ha de irse a merodear cuando ve sus puntos vitales amenazados.

Sobre Vicksburg mueve Grant sus fuerzas: las que él lleva; las de Sherman; las que le vienen de Washington.

Va por tierra, y la caballería enemiga lo hace atrás. Baja por el río, ante la nación que espera en angustia el resultado de la marcha. Todo Vicksburg está rodeado de tierra anegadiza; ¿dónde poner el pie para atraer a batalla al enemigo? ¿dónde alojar a las tropas, que la marea alta no le suba a la rodilla? Un canal, para doblar a Vicksburg por el sur, no se pudo abrir.

El Norte se impacienta con lo dilatado de la empresa.

De Washington se habla de cambiar de jefe. «Dios lo bendiga», dice Lincoln a Charles Dana, el que hoy dirige el *Sun,* de Nueva York, cuando sale de Washington por en medio de los enemigos, pues no hay otro camino, a ver lo que sucede en Vicksburg. Llega. Ve que sucede lo que debía. Rawlins propone, pues nada más se puede hacer, correr las baterías de la plaza, río abajo. «¡Locura!» le dicen los demás jefes; al fin tiene que hacerse la locura. Baja el ejército el Mississippi, bajo los cañones de Vicksburg y de otro fuerte más al sur; la tropa desembarca. Corre a Jackson al este, donde hay un cuerpo fuerte de enemigos a quienes derrotan. Echan vencidas sobre Vicksburg a las fuerzas de la plaza que les salen al encuentro. La plaza sufre de hambre y se rinde.

VI

El Mississippi queda abierto a los federales: 27 000 enemigos se le entregan y 120 cañones. Rojo se puso el cielo de los Estados todos del Norte, de tanta fogata que encendieron para celebrar la victoria. Y en aquel punto y hora se acercó a Lincoln una comisión de «caballeros cristianos» a inquirir si era cierto —¡oh puerilidad de los fanáticos!— que Grant era dado a la bebida. «No lo sé yo en verdad», les respondió Lincoln, peinándose la barba; «pero si lo es, bien quisiera yo saber dónde compra su *brandy,* para mandar un barril de él a cada uno de sus generales». Y se fueron mohínos los caballeros cristianos, en tanto que Grant volaba, hecho ya general de toda aquella comarca, a salvar a la tropa federal sitiada en Chattanooga; Chattanooga, eminencia apetecida en las orillas del Tennessee, que, como en un puño, recoge todos los ferrocarriles que mueven las fuerzas del Sur y llevan a los ejércitos de Virginia los granos y la carne de los valles; Chattanooga, donde el Sur cercena sin piedad a la gente federal del país, brava gente montañesa. Entre dos crestas preñadas de confederados que aguardan tranquilamente su caída está Chattanooga. Solo el río queda a los federales para escapar; el río, vigilado por sus enemigos. El camino de donde les vienen tropas y recursos está lleno de avanzadas de los confederados. Lookout Mountain y Missionary Ridge miran desde sus topes a Chattanooga, como dos gigantes que miran a un niño. Grant llega de noche, bajo lluvia tremenda. A trechos va en brazos de sus soldados, porque está cojo de una caída de caballo. ¿Cómo contar aquellos gloriosos sucesos? Desde aquella roca mueve Grant sobre ella los diversos cuerpos de su ejército, sin descuidar un detalle, sin abandonar un lugar importante, sin dejar descubierto el camino que tiene Chattanooga a la espalda, sin alarmar al enemigo, que, con torpeza grande y seguro de rechazar a los asaltantes desde sus empinadas ciudadelas, sale a cerrar el paso a uno de los cuerpos que vienen sobre Chattanooga. El plan de Thomas va a ser realizado por los cuerpos que con acierto y previsión tales dirige Grant; de Thomas, que, a una orden de Grant, en que le dice: «Manténgase en Chattanooga de todos modos», responde: «Me mantendré hasta que muramos de hambre». El día viene; un día hermosísimo, que convida al triunfo. Pero la bruma envuelve la cumbre de la más elevada de las ciudadelas. Sin que lo sienta el enemigo, le han tomado los federales, cruzando el río en pontones más debajo de la montaña, unas colinas, de donde arrancan sobre ella. Thomas sale de la ciudad y arremete triunfante sobre una posición vecina. ¡Montaña arriba van los federales, a la bayoneta, que, al Sol que resplandece, brilla como una serpiente de anillos de plata que adelanta sobre el vientre a saltos! Suben con arrebato irresistible. Un cañonazo divide las filas, como un relámpago las nubes; ciérranse las filas tras el cañonazo, como las nubes tras el relámpago. Entran los asaltantes por la bruma de la cumbre, donde ya apenas se les ve desde abajo. Sobre sus cañones rematan a los despavoridos artilleros. Regimientos enteros se les rinden. Vuelven las piezas de la ciudadela sobre los confederados, que escapan monte abajo. Y ganan «la batalla sobre las nubes». La otra altura queda, y a punta de bayoneta se la ganan. Está la pendiente llena de reductos, de atrincheramientos, de fosos, de cortinas. Rompen las filas, pendiente arriba, las tropas de Sherman. Destácanse sobre el cielo azul, por cien partes a la vez, las banderas de colores. Saltan como Alvarado. Salvan foso tras foso, trinchera sobre trinchera. A un tiempo mismo las asaltan todas. Missionary Ridge, tomado en su cresta misma, se rinde a los federales. Contaron los federales sus hombres perdidos en esta batalla: ¡7 000 eran los muertos!

Ya los ríos del Oeste están ganados; ahora, a los ríos del Este. El Congreso, ante la nación, que aplaude, resucita en honor de Grant el puesto de teniente general, que solo Washington tuvo en los Estados Unidos. Grant recibe de manos de Lincoln, que «en presencia de Dios» le promete ayudarlo honradamente, el mando de todas las tropas de la Unión, esparcidas entonces, por el mal consejo de los generales en jefe anteriores, en cuerpos aislados que molestaban al enemigo y lo tenían a raya, pero no entraban en sus campos, ni lo reducían a una comarca ceñida, ni interrumpían su sistema de comunicaciones, ni se interponían entre los diversos cuerpos de sus tropas, ni impedían que con unos mismos soldados defendiesen puestos diferentes, ni le quebraban aquella voluntad de acometer que tenía siempre indecisa la suerte de la Unión.

El Mississippi y el Tennessee estaban abiertos; pero el Potomac y el James estaban todavía llenos de tiendas confederadas; todavía Richmond se erguía a noventa millas de Washington; todavía, entre Washington y Richmond, movía sus 80 000 soldados invictos el general Lee; todavía, al oeste, cubriendo a Atlanta, y en ella el centro de ferrocarriles que movían los hombres y los recursos del Sur, mandaba Johnson su temible ejército; todavía nueve millones de hombres obedecían las leyes de Richmond, que defendían, en un área de 800 000 millas, más de medio millón de soldados. A Virginia, como a un vértice, venían las avenidas de la guerra, y al oeste, alrededor de Georgia, que protegía a Atlanta. Llenos estaban los campos intermedios de merodeadores sudistas y de columnas sueltas que los perseguían.

VII

Grant no vuelve al Oeste, como Sherman le pide «por el amor de Dios»; no vaya a ser que los intrigantes de Washington le hagan perder su fama. No se detiene en Washington, donde no está el enemigo y teme que lo derroten «los de casa». No; sale «a dar de beber a su caballo en el Potomac y en el James». El ejército de Lee, en el Potomac, no ha sido nunca vencido; va a vencerlo. No más expediciones sueltas; no más temporadas de descanso, en que se repone el enemigo y ayuda a los negros de las haciendas a sembrar en verano las provisiones del próximo invierno; no más ataques inútiles a poblaciones, ni a Richmond siquiera. Es necesario «quebrar de una vez el poder militar del Sur»; perseguirlo; concentrarlo; acorralarlo; extenuarlo; aturdirlo. Es necesario caer en masa, de todas partes a la vez, sobre los cuerpos de su ejército, aún famoso por su valor y por su número; marchar incesantemente contra ellos, en todas las estaciones; tenerlo constantemente amenazado en todas partes, para que luego de defenderse en un lugar no vaya a proteger con las mismas fuerzas otro. Ni un día sin batalla; ni un día sin un paso adelante. Contra el núcleo confederado de Georgia avanza Sherman, pero de modo que, cuando venza, siga a reunirse con el núcleo del este sobre Lee. Contra Lee en el este, un cuerpo que se le eche encima por el norte, y otro que le cierra el paso por el sur. Ya lo tiene Grant todo en su mano, y bien lo hizo entender y respetar del Secretario de la Guerra antes de salir de Washington. ¡Contra Lee, pues, de todas partes, dejando siempre protegido a Washington en la marcha sobre Richmond! «Voy a reducirlo; a cerrarle todos los pasos; a anonadarlo a golpes repetidos; a caer incesantemente sobre él como un martillo». Y así va sobre Lee, de mayo de un año a junio de otro, con sus ciento treinta mil hombres; sentado en un leño da, al comenzar la primera batalla, la orden de que se pongan en marcha todos los cuerpos de ejército; y en lo más recio de la pelea del Wilderness, en que los generales, desconcertados en medio de un bosque desconocido, pierden 2 261 muertos y 8 758 heridos, noticias llegan de todos los generales de las divisiones; ¡ha comenzado la marcha que lleva de triunfo en triunfo a Sherman hasta el mar, y a Grant al pie de Richmond! Jamás un hombre movió, como Grant entonces, tamaño ejército. Ya Rawlins no estaba a su lado, y el brillo de los ataques de Grant era menor; mas no su orden, no su paciencia incontrastable, no su capacidad para dictar cada noche, desde su tienda, no siempre victoriosa, la orden del día siguiente para cuatro cuerpos de ejército diversos.

Grant no pelea contra Lee como general que proyecta, sino como mole que avanza. Lee podrá salirle al paso, como le sale, cada vez que intente forzarle el camino. No piensa Grant cosa que Lee no le adivine. Y cuando cree haberlo burlado, a Lee tiene delante; pero cada vez más abatido. ¡Oh aquella guerra no tiene precedente! ¿Qué manera es aquella de hacer la guerra? Lo que se propone Grant hacer, lo hace. Una vez, diez veces, las fuerzas entusiastas y valientes de Lee se lo impiden; pero él tuerce la brida a su caballo, y un poco más abajo del río tienta otra vez, sin volver los ojos sobre los cincuenta mil muertos que en poco más de un mes deja tras sí; y, al fin, «lo que quiso hacer, lo hace».

Toda la campaña de Grant contra Lee en el Potomac, que acabó la guerra, es eso. Adelante, adelante; no batallas que brillan, sino golpes que aturden. Hoy un río y mañana otro; una trinchera hoy y otra mañana. Lee se va retirando sobre Richmond, protegido por los atrincheramientos improvisados que, dondequiera que acampa, levanta; pero ¿cómo el Sur, descorazonado ya y despavorido, cercado por todas partes, caída Atlanta en manos de Sherman, tomados o amenazados de cerca los cuatro ferrocarriles que paran en Richmond, podrá dar a su jefe, que no quiere derramar sangre inútil, aquellos centenares de miles de hombres robustos y frescos que el Norte, determinado, como Grant, a acabar de una vez, le manda sin tasa? Ya está Grant sobre Pittsburg, que cubre a Richmond. Ha perdido, es verdad, cien mil hombres muertos en menos de un año; pero las líneas de Lee están tan mermadas, que «apenas le bastan para centinelas». Cae sobre las últimas fortalezas de los confederados, cerca de Pittsburg, para rendir a Lee antes de que pueda reunírsele Johnson, que vuelve derrotado con el ejército de Georgia. Una salida quiso Lee hacer sobre Washington para sacudirse el sitio que le sofoca, y Sheridan, que duerme siempre vestido con un plano en la mano, vuela a caballo donde sus tropas están ya vencidas. «¡No es nada! ¡No es nada!» le dice a un soldado que acaba de recibir una bala en el cerebro; y el muerto: «No, mi general; no es nada»; y anda. Vuelve atrás, derrotada, la caballería de Lee; Five Forks es la última batalla. Y estaba Jefferson Davis oyendo el servicio en una iglesia de Richmond cuando recibió de Lee la nueva de que aquella noche debían ser evacuados Richmond y Pittsburg. Y días después, el 9 de abril, iba Lee, tristemente, a la cabeza de sus generales, a dejar en manos de Grant, que lo trató como un amigo, la espada, victoriosa tantas veces, en que no quiso Grant poner las manos.

Artes de guerra no quiso Grant ni parece en verdad que en ataques que requerían concepción y brillo tuviese muchos; pero no iba él a «hacer la guerra de libro», sino a ahorrar gente; a acabar pronto; a exterminar el poder militar del Sur. Carnicero le decían, porque veía morir decenas de miles de soldados sin retirarse de sus posiciones; a lo que él alegaba que con prolongar la campaña por esos miramientos se perderían al fin más hombres. Vio que, dejando caer su fuerza enorme sobre el enemigo, debilitado, podía extinguirlo; y la dejó caer. ¿El objeto de la guerra es pelear brillantemente, o vencer al enemigo? Él era de instrucción pobre, escaso en la inventiva, en la concepción lento; pero vio el gran hecho, las grandes líneas de la masa, las causas de la fuerza del enemigo, las novedades que exigía una guerra nunca vista, y la exterminó conforme a ellas, sin más objeto que entregar a la Unión al rebelde para siempre abatido, sin que jamás manchase su triunfo un acto de inclemencia o injusticia. Parecía él, en Appomattox, y no Lee, el vencido, por lo modesto del traje y la apostura, y por lo humilde del habla y la expresión. Ajustó la paz como había conducido la guerra: sin entusiasmo y sin ira. Él entreveía lo que había hecho; pero en su arrogancia, no desenvuelta todavía, solo vio entonces que «hizo lo que se había propuesto hacer».

VIII

Verdad que en el principio de la guerra tuvo de consejero a Rawlins, que para él meditaba, abatía intrigas, disponía planes de conducta y refería batallas; verdad que, ya por buen consejo de Rawlins, o por el propio, se rodeó no bien tuvo el ejército en sus manos, de hombres de carácter natural como el suyo, que a la intriga debían poco, y la abominaban, y se reunían en él por el respeto a sus méritos y su odio a ella; verdad que tuvo en Washington a Lincoln, carácter, más que otro alguno, nacido de la Naturaleza, a quien «le gustaba el hombre», por lo que supo siempre distinguir entre él y los generales celosos y gente de política, que sin su influjo, sin mirar por la patria, le hubiesen sacado del mando; verdad que tuvo detrás de sí, supliendo sus filas con una abundancia y determinación análogas al tamaño de la lucha, un pueblo de su mismo origen y tendencias, que en aquel hombre que adelantaba y arrollaba reconocía con placer su propio espíritu; verdad que, como apuntan sus más benévolos biógrafos, mucho hizo la fortuna por aquel que no siempre previó cuanto debía, ni ahorró la sangre que debió ahorrar, ni dejó de reparar nunca sus omisiones y torpezas con el triunfo, a costa, a veces, de horrendos sacrificios. Pero mirando en aquella asombrosa guerra, con el superior sentido que el íntimo conocimiento de ella crea, nada sobrenatural se nota en ella, sino una de las expresiones humanas más espontáneas y completas; la más completa y artística, acaso con el gran arte de las cosas universales, de cuantas hasta hoy conoce el hombre; por cuanto estuvieron en ella en perfecta analogía, desenvueltos pujantemente al calor de una libertad ilimitada, los elementos del acto con sus agentes y sus métodos.

Los hechos legítimamente históricos son tales, que cada uno en sí, a más de reflejar en todo la naturaleza humana, refleja especialmente los caracteres de la época y la nación en que se produce; y dejan de ser fecundos, y aun grandiosos, en cuanto se apartan de su nación y de su época.

Ni hombres ni hechos derivan grandeza permanente sino de su asimilación con una época o con una nación.

En su determinación cauta y prudente; en la súbita y pasmosa creación de sus ejércitos; en el carácter de hecho que distingue a los que en ellos llegaron a señalarse, tanto por él como por su falta de carácter de ciencia; en la manera, desordenada primero, como científica apenas y ciega y brutal luego, de mover la guerra; en la magnanimidad misma de su caudillo durante lo más ardiente de la pelea y en la hora de la más cruenta victoria, ni un punto cesó de haber analogía absoluta, que oscureció todas las tentativas y elementos exóticos o innaturales, entre la manera de formación, el espíritu y los métodos del Norte, y la manera de formación, el espíritu y los métodos de la guerra. País súbito, de costumbres mercantiles y tolerantes y de colosal tamaño, produjo, naturalmente, una guerra súbita, en que el conflicto, creado más por un propósito humanitario que por el desagrado de la política interior que influyó en él, vino a verse y terminarse como una mera cuestión de interés público, y atacarse con los recursos enormes consiguientes a la magnitud de la empresa y de sus mantenedores, mas sin aquella crueldad, frecuente todavía en los pueblos más literarios y artísticos, que no se deben aún al beneficio de la práctica ordenada y constante del libre albedrío, que agranda y fortifica los caracteres.

Enorme, improvisada, inculta, original y generosa fue la guerra del Norte, como era por entonces el pueblo que la hizo; y el caudillo que le dio su espíritu natural, ingenuo, y expelió de ella el espíritu académico exótico, nació, como su pueblo, de la pobreza y de las privaciones; dio, como su pueblo, más tiempo y afición al trabajo fecundo y directo que al débil y secundario trabajo de los libros; sustituyó, a las ideas convencionales e importadas, las ideas nuevas que le iban sugiriendo, en campo virgen y condiciones locales, la Naturaleza; y siempre, como su pueblo, arremetió con todo su tamaño, firme e incontrastable como los montes, sobre el objeto de su deseo.

También, como su pueblo, y mucho más que él, corrompió, con malas prácticas políticas, su gloria. De sí mismo había llegado, desde los quehaceres de la curtimbre, a honores tales, que, para darles forma propia, creó el Congreso el título de general, que Washington, con ser quien fue, no tuvo en los Estados Unidos.

Amor no era aquello, sino como una especie de frenesí; y se vio un hombre a quien cada uno de sus conciudadanos veía como señor de su casa y salvador de ella, con lo que se acumuló en torno suyo tal afecto, que los errores más grandes le fueron luego, en virtud de él, perdonados, y parecía como que su pueblo mismo le invitaba al error, para tener el placer de perdonarlo. No tenía aquel viril desamor de los presentes que ha de ser cualidad del hombre público, a bien que hubiera sido difícil rechazarlos, cuando de todas partes de la nación se le entraban en brazos del cariño. Ciudadanos y ciudades competían en regalos y dádivas al salvador de la Unión: cien mil pesos le regaló Nueva York; Filadelfia le dio treinta mil; Galena le regaló una casa lindamente amueblada; Boston se la llenó de libros; salió la nación entera, por dondequiera que iba, a regarle el camino de rosas. Y, como en la guerra, cuando se querían valer de él para candidato político contra Lincoln, dijo que en política solo quería ser *mayor* de su ciudad, para componer la acera que iba de la estación a su casa; el pueblo todo de Galena fue a recibirlo a la estación y lo llevó a su casa nueva arrebatado de entusiasmo, por la acera compuesta.

IX

No conociera al silencioso paseante de hacía cinco años el que le imaginase con aquellos tranquilos honores satisfecho. El carácter en la paz es más difícil que la fortuna de la guerra. Aquel poder comprimido, aquella sofrenada actividad, aquella personalidad encontrada, aquel rencor confuso contra la fortuna que se desconocía o los que ayudaron, con voluntad o sin ella, a la mala obra de la fortuna, ahora habían hallado campo espacioso y natural empleo. No era propia para reposo alguno aquella naturaleza violenta y expansiva, no en el hablar por cierto —en que en guerra y en paz fue siempre excesivamente parco con los que no gozaban de su confianza íntima,— sino en la acción, a que necesitaba dar constantemente ocupación de acometimiento y conquista. Ya la política no le era desagradable, puesto que él no tenía que ir a ella, lo cual no estaba en su naturaleza, sino que ella venía a solicitarle a su puerta; ya con el Presidente Johnson, para que ordenase todo aquel aparato de guerra que había tenido en sus manos; ya con republicanos y demócratas, que, a una, se propusieron valerse de su prestigio para ganar la elección presidencial, entonces próxima. Sirvió a Johnson de ministro luego de asesinado aquel cuyo nombre se dice siempre con reverente alabanza, hasta que el Senado desaprobó la opinión de Johnson sobre su facultad de proveer empleos; y como con esta muestra de respeto al cuerpo gobernante, hermoseó su gloria, sometiéndose a la expresión de la voluntad pública por su órgano legítimo, fue incontrastable su candidatura, cuando, ganando la mano a los demócratas, de quienes no se duda la hubiese aceptado, se la propuso el agudo político Thurlow Weed, de primera noticia en un almuerzo, para capitanear a los republicanos, porque, muerto Lincoln, «el único modo de exterminar definitivamente el espíritu de secesión era poner en el gobierno de la Unión al que acababa de salvarla con su espada». Y Presidente fue, como candidato de los republicanos, el que en la elección anterior a que provocó la guerra había votado por el más conspicuo de los demócratas: por Buchanan.

¿Quién es ese hombre extraño, desigual, ignorante de las más elementales leyes de la República y cortesías y agradecimientos de gobierno; desconocedor absoluto de los límites que señalan en la presidencia de un país los derechos personales del gobernante y su autoridad pública; incapaz de entender la relación indispensable en que han de estar los empleos nacionales y los individuos nombrados para desempeñarlos; persona desafiadora y excesiva que pone en la administración de un país, celoso de su libertad y respeto, todo el garbo y desembarazo malhumorado que permiten y aun exigen, en su objeto y constitución especial, las prácticas de la guerra? Grant es ese, que se ha traído las botas de campaña a la Casa Blanca, y yerra. No hay faena más complicada y sutil que la del gobierno, ni cosa que requiera más práctica del mundo, sumisión y ciencia. No basta el mero instinto, sino el conocimiento, o el genio, del detalle; el genio es conocimiento acumulado. Por toda suerte de condiciones habrá sido útil pasar, para ser benigno y justo, según diferentes normas, con los hombres de todas condiciones.

Han de tenerse en grado igual sumo la conciencia del derecho propio y el respeto al derecho ajeno; y de este se ha de tener un sentimiento más delicado y vivo que de aquel, porque de su abuso solo puede venir debilidad, y del de aquel puede caerse al despotismo.

Fuera de pensamiento está que el gobernante no viene a la Presidencia para crear, con los dineros de la nación, beneficio a sus relacionados y clientes, ni para dar a su pueblo la forma que a él le place, o adormecer con el desuso o la aplicación equivocada el espíritu de sus leyes; sino para gobernar conforme a virtud, por medio de las leyes que le da su pueblo hechas, sin tomar para sí y los suyos lo que la nación le entrega en custodia y depósito. Obediencia es el gobierno.

Todo lo que vive, se expresa. Lo que se contiene, se desborda. Asomémonos a ese carácter. Que tenía persona, bien se ha visto en la guerra. Se completaban sus cualidades con las de juicio, prudencia y elocuencia de otros; pero de todos ellos se desentendía, y sobre todos ellos obraba, y libremente tomaba y rechazaba de ellos lo que le parecía acertado; tanto, que no bien se vio un poco libre de aquel excelente Rawlins —que ya después de Chattanooga le pesaba, porque, sin querer, le echaba en cara, con sus cualidades altas y finas, las que él no tenía,—su persona se afirma de un modo considerable; manda incesantemente, sin alardes ni esfuerzo, cual si le fuera cosa propia; ni pide ni oye consejo, como si se quisiese probar que no lo necesita; y como en una guerra en que ha concebido la idea eficaz y simple de vencer por el número, le proporcionan todo el número que necesita para vencer; se complace y admira a sí propio, y no extraña que le comparen a los capitanes más grandes de todos los siglos y lo pongan a veces por sobre todos ellos; ¿quién mandó más soldados? ¿quién venció con menos idea ajena a tal enemigo? ¿quién produjo, con sus guerras, de un lado tantos hombres libres y un pueblo tan próspero de otro? Y por toda la guerra, que en algunos incidentes se lo confirma, ha venido temiendo y murmurando, con razón sobrada, mas sin el espíritu de justicia que la completa, «de los de Washington», de los que son injustos para con el soldado de pelea, de los soldados de escuela que se confabulan con los políticos de oficio, de «los políticos». No ve que Lincoln es un «político»; para él son «políticos» los que quieren ponerle encima a Rosecrans, o a McClellan. Sherman también, que ama la justicia con pasión y viene, como Grant, de la Naturaleza, le estimula ese horror de los que dan puestos de preferencia a los que no lo merecen. Durante la guerra, cuando pasan por Washington, sale como de ascuas encendidas. «No; lo que es esta vez, el general en jefe mandará en la guerra: Washington no ha hecho más», y es la verdad, «que demorarla y entorpecerla».

X

En la guerra, manda sin soportar contradicción. Mucho ha de querer a quien le contradiga para soportárselo. Poco a poco, los que le rodean, necesitados de su gracia, se hacen una ley de no contradecirle; Rawlins sí le contradecía; por lo que, ya al fin, le irritaba. Impuesta la paz, no cesa de oír, con la conciencia de que las merece, alabanzas mayores que las que oyó jamás hombre alguno, tributadas sin descanso por el pueblo más grande en la paz y generoso en la guerra que habita en su tiempo el Universo.

Entra, pues, en la Presidencia de la República, el sumo puesto político con estos elementos: abominación de la política y rencor acumulado contra los que la representan; complacencia excesiva de su personalidad y hábito y deseo de expansión, conquista y marcha; costumbre lisonjeada de mando absoluto y carencia completa del hábito de obedecer; desdén de toda ley minuciosa y progresiva y carrera súbita hecha fuera de la práctica natural y ordenada de las leyes; hábito de verlo todo partir de sí y realizarse por su voluntad y conforme a ella.

Este es el hombre del instinto, que por exceso de persona o apego a la Naturaleza, que puede provenir de sinceridad o de crudez, se niega a beneficiarse con los resultados civilizadores del trabajo del hombre, y, llevado por su fuerza natural, oportunamente servida por la fortuna, a los quehaceres complejos del gobierno, que incluyen en ejercicio minucioso y activo los resultados y averiguaciones más perfectas de la cultura humana, se despedaza contra ella, ya que en un país habituado a ejercitarse y más fuerte que él no puede despedazarla.

Otros caracteres hay, entre esos primarios y originales nacidos derechamente o con pocas trabas de la Naturaleza, que no traen de ella solo la fuerza, como el de Grant, y cierta generosidad que viene siempre con la fuerza verdadera; sino que, como el de Lincoln, como el de Garfield, como el de Rawlins mismo, traen con la fuerza, constituyendo un grado superior en los caracteres primarios, la intelectualidad y la hermosura, y de ellas la capacidad y la necesidad activa de asimilarse el resultado entero del trabajo humano. Así la grandeza final, que es en estos superiores caracteres consecuencia forzosa de la unión de los méritos comunes a una voluntad desusada, es meramente casual en los caracteres de fuerza y es ciega como ella, necesitando de condiciones adventicias e independientes del carácter del individuo para producir toda su cualidad saliente.

Pensar en sí es propio del hombre; su existencia inevitable y encarnizadamente se lo impone; mas en unos se desenvuelve el pensamiento en sí, a poco que justifique su persona la fortuna, con tenacidad y plenitud odiosas, que en la esfera de la vida común engendra los egoístas, y en la esfera del gobierno produce los déspotas; y otros se miran en sí como una palabra que tienen que comunicar o una indicación que tienen que cumplir, o una caridad que tienen que hacer, y dirigen su vida con el segundo pensamiento en sí y el primero y dominante en el beneficio humano a que han venido, padeciendo ásperamente —como de un delito— mientras no han sacado su elocuencia, su ternura o su energía afuera.

Mas, aun cuando no sean los caracteres primarios desinteresados, una especie de parentesco de originalidad les atrae y relaciona más directamente con los que lo son que con los caracteres comunes; y aunque suelen odiar, y por todos los medios combatir, a los que, llevando en sí embellecida la fuerza con la intelectualidad y la hermosura, abominan y fustigan como irregularidad monstruosa los caracteres de fuerza mera, tienen, sin embargo, cierta venturosa capacidad de la grandeza propia y consciente que en lo más de la vida parece estarles negada; y, a poco que el roce con los caracteres desinteresados o con alguna condición favorable lo estimule, la grandeza intelectual y espiritual, rudimentaria y opaca en ellos, se abre paso, como si fuese la simple energía del huevo rudo, cuya existencia preside en grado a la inteligencia y la belleza; y las carreras de fuerza se iluminan con la luz suave, penetrante y fresca, que dejan tras de sí, esclareciendo y ensanchándose, los hombres de bondad y de propósito.

Y ¡qué país entraba Grant a gobernar con aquel desdén de los demás, costumbre de sí y pensamiento voluntarioso a que se había habituado en los hechos simples y rudos de la guerra! Un país en peligro, ciertamente, donde la conciencia de la fuerza y el apetito de la fortuna tienen en riesgo el decoro nacional, la independencia de los pueblos vecinos y la independencia del mismo espíritu humano acaso; pero grandioso país, a pesar de eso, donde el hombre se elabora y ejercita sin más trato ni límite que los naturales que le impone la vecindad de los demás hombres; donde acababa de darse el espectáculo sublime de una nación pacífica exaltada hasta la guerra tremenda por su conciencia del decoro humano; donde, a los mismos ojos de Grant, habían desfilado, camino de sus hogares, en las calles de Washington, con las banderas desgarradas, los vestidos maltrechos y los miembros rotos, doscientos cincuenta mil hombres en masa, resplandecientes aún de la victoria; un país de pregunta y de respuesta, donde a todo hombre se pone desnudo y se le mira del revés, y a cada acto se lo ve en la entraña, y si no sale puro, se le quiebra; un país de «junta de oraciones», de *prayer meeting,* donde en las salas de las iglesias aprenden hombres y mujeres a usar de su palabra revelando en voz alta sus pecados, denunciado los del vecino y pidiendo al pastor que les explique sus dudas sobre el dogma; un país de periódico vivo, donde cada interés, no bien asoma, ya tiene su diario, y en él acceso todos los interesados en común, de modo que no hay injuria ni sospecha sin voz, y prensa que la publique, y tribunal dispuesto a censurarla; un país prendado, sí, de aquel hombre marcial, terco y arremetedor como él, que había quebrantado a sus rivales y abierto vías a la prosperidad mayor que la historia escrita recuerda en los siglos; pero un país que, por encima de todo, al que le escatima o amenaza su derecho, lo denuncia y lo vuelca.

De modo que fue penosa, en su arranque y en las composiciones y atentados que le siguieron, la vida política con que deslució Grant sus magnánimos actos en la guerra.

XI

Desde el principio obra, creyendo que hace muy bien, conforme a su abominación de la política y su rencor contra los que la representan; y da, en el modo en que lo hace, prueba pueril de su desconocimiento de las leyes y del sentido de decoro que las inspira. Quiere rodearse de consejeros que no sean políticos de hábito, y nombra a un gran comerciante en ejercicio Secretario del Tesoro; al amigo fiel que le hizo nombrar brigadier y devolver el mando de sus tropas, Secretario de Estado; a un negociante oscuro, Secretario de Marina; a un Williams, que por medios tenebrosos subió de juez de aldea a senador, Secretario de Justicia; pero en aquella soledad terrible y desconocida del poder supremo, en que se sentía tan ignorante como vigilado, volvió los ojos al amigo fiel de consejo siempre entero, a Rawlins, a quien el estar cerca de la muerte, que le llegó poco después, no estorbó para asesorar bravamente a su jefe, mientras vivió cerca de él como Secretario de la Guerra. Y mientras Rawlins está en el Gabinete, ladrones y malos consejeros se tienen a la puerta; acechando, sí, más lejos. Luego que Rawlins desaparece, ¿cómo ha de gobernar en tan complicados asuntos quien los desdeña de propósito y nada sabe de ellos? Va, como barco perdido, donde los vientos lo llevan. Al que le da consejo, le frunce el ceño y lo rechaza; pero él busca, a pesar suyo, opinión en lo que ignora y necesita saber; por lo que viene a ser, sin sentirlo, esclavo de los que le aconsejan de soslayo, y no como quien da, sino como quien recibe ideas.

La vanidad tiene el hígado sensible; tiene artes increíbles la lisonja. El que le adula, le sujeta. No sufre al que no le adula. Todo lo da al que aparenta creer en él, y en su instintiva sabiduría todo lo da, con singular lealtad; hasta el peligro de su propio honor. ¿Qué ha de ser un hombre ignorante en el gobierno, sino la presa natural de los que conocen y halagan sus defectos?

Su complacencia en su personalidad lo expone a que le lleguen a hacer creer que el gobierno es cosa suya, como la nación, que sin él no existiría, y no será cuerda si no se deja guiar de él. Como prolongación de sí mira a todos los suyos, y a cuantos le defienden su persona y voluntades; y como si cumpliese un deber de la nación, no deja pariente, o amigo de pariente, a quien no ponga en buen puesto, de tal modo, que a poco viene a ser llamado su gobierno «el gobierno de los cuñados». Por facilidad de admiración los unos, otros por la necesidad de sus favores, acatan sin contradicción y sirven con exceso sus deseos originales, autocráticos, cuando no atentatorios, o los de aquellos de sus lisonjeadores poderosos que se valen de él para abatir a sus enemigos políticos en el Norte, o constituir en capital permanente de poder, y de las elecciones que lo aseguran, el temor del Norte al renacimiento de la guerra en el Sur; y hasta su natural magnanimidad con los rebeldes, que en nadie hubiera sido mayor, se la envenenan, pintándole, como desagradecimiento del Sur, la resistencia legítima de los Estados vencidos a ser tratados con abuso por los empleados del Norte. Hábilmente azuzados su hábito del mando y su falta de costumbre de oír y obedecer, va hasta a prohijar un plan inicuo, que a tiempo se descubre e inutiliza, para amordazar la prensa libre que lo censura, instituyendo en Washington un tribunal especial de jueces manejables que conozcan de los «delitos» de la prensa política en toda la nación.

Estimulado en su necesidad de expansión y marcha, y en acuerdo con su desconocimiento del espíritu y forma de las leyes, manda a su secretario privado, so pretexto de reconocer la bahía de Samaná, a celebrar, sin intervención de la autoridad diplomática legítima, un tratado de anexión con el gobierno de Santo Domingo, contra el que Sumner, en el Senado, protesta con indignación, tanto por la violenta manera con que en él aparece sometido a la voluntad de un deseador poderoso un pueblo débil, como por el peligro que corren las instituciones republicanas con un gobernante que usurpa a la nación sus facultades legítimas, y para obtener el reconocimiento de su usurpación en el Senado y en la Casa de Representantes, entra en tratos bochornosos con miembros de uno y otra, y promete en la sombra su apoyo a proyectos reprensibles a cambio del voto de sus cómplices en favor del proyecto de anexión y la manera de tratarla; y era lo mísero de este caso, no solo que el pueblo que mantiene sobre la tierra la eficacia de la libertad quisiese violar, como en realidad violaba, la ajena en un pueblo gallardo, aunque pequeño, sino que con gran razón se sospechaba que una camarilla de especuladores, valiéndose del espíritu de acometimiento y conquista que conocían en Grant sus familiares, le había inspirado la idea de la anexión, para repartirse luego entre sí, y fuera de él, sus provechos.

XII

Y así iba, sin brújula, el gobierno, ya en el primer término de la presidencia de Grant, ya en el segundo, que le fue asegurado por aquel candor íntimo suyo que le hacía aparecer al cabo, como en verdad era, inocente en los abusos que sus amigos hacían de su ciego apego a los que le mostraban lealtad; y por aquel arraigado amor en que su pueblo le tenía como a su más preciado héroe, con cuya presencia en la casa de gobierno, no bien acallado aún el Sur, a lo que parecía, se creía seguro; aunque, como a raíz de su segunda elección ya se hablase de asegurarle una tercera, se levantó un clamor de miedo y de ira que puso respeto a sus más atrevidos partidarios; y por más que la opinión pública se resistiese siempre, con igual tenacidad, a culpar a Grant de los robos escandalosos de sus Secretarios, en que aparecían complicados a veces su mismo hermano y sus más próximos parientes; de los hurtos de impuestos públicos autorizados a grandes corporaciones por los empleados de la hacienda, que aprovechaban en ellos; del atentado revelado por los defraudadores, que aseguraban haber dejado de pagar sus cuotas al tesoro público para aplicarlas a los gastos de la elección de Grant a un tercer término de gobierno; por más que se observase en el pueblo americano la voluntad, no desmentida hasta la muerte de Grant, en conflictos aún más dolorosos, de explicar, de manera honrosa para él, por su candor de soldado y por su lealtad de amigo, aquel sometimiento de la persona pública a su propia persona; aquel abuso de los puestos nacionales en favor de secuaces indignos y de culpables relacionados; aquella inaudita torpeza en la elección de hombres maculados, oscuros e incapaces para los destinos de más momento y representación en la república; aquellas desconcertadas tentativas, acentuadas más que desmentidas en la carta en que se vio obligado a dar cuenta de ellas, hacia el aseguramiento de un poder a cuya permanencia tendían a toda luz los consejeros íntimos del deslucido Presidente; por más que se excusasen su silencio descortés, su desagrado manifiesto de oír las opiniones propias de sus Secretarios oficiales, su determinación de hacer acatar en torno suyo, sin resistencia, su voluntad, inspirada u original, en los asuntos públicos, con aquella severa cortesanía que se notaba en sus modales y en sus expresiones; aquella humilde manera suya para con sus subordinados;

aquella modestia de su persona exterior que en él, como en tantos otros, parecía en realidad no ser más que hábil cobertor de las inmodestias temibles de adentro, ello fue que, ni todo el brillo de su viaje ostentoso alrededor del mundo, en que la grandeza de su pueblo fue reconocida y festejada en su persona, pudo mover a su pueblo a elegirlo por tercera vez a la Presidencia de la República. Perdió su majestad, por haber comprometido la de las leyes.

¡Ay de sus años últimos! en que ni se fatigó su ansia de poder, encaminada ahora innecesariamente hacia la riqueza, cuando sus amigos le habían asegurado la renta vitalicia de un caudal de doscientos cincuenta mil pesos; ni cejó en su afán de expandirse y marchar en que su misteriosa cualidad de héroe negociante le llevó a curiosear por Cuba y México y a aconsejar, con su nombre a la cabeza, la continuación sobre México de la red de ferrocarriles norteamericanos; ni su pueblo se cansó tampoco de poner a la parte de sus asociados en su catástrofe en los negocios la culpa que a primera vista resultaba también de él. Los que le conocían no le dejaban en la prensa de la mano, como si supiesen que alrededor suyo se movía, con él por centro, un partido de fuerza que, al menor descuido u ocasión, con el amparo de los monopolios enormes que necesitan defenderse de las clases llanas, cuyo porvenir y bienestar impiden, se levantase por sobre las leyes de la República.

Profundamente generoso, o decoroso, o discreto, es este pueblo norteamericano, que parece, al mirarlo por encima, egoísta y desatento; ¿cómo, si no, explicarse la tenaz bondad con que se negó a reconocer en Grant culpa alguna en el manejo escandaloso, en la colosal estafa, de la casa de comercio que abusó de su nombre, y logró su firma en documentos graves, y se condujo por derriscaderos tan semejantes a los que recorrieron sus años de gobierno; que siendo él la persona que en ambas existía, el repetirse entre personas extrañas como que indicaba que las faltas eran suyas? Y no; no eran de él; permitir vagamente un engaño que creía útil, podía acaso; mas nunca aprovechar a sabiendas de una ganancia inmunda. Fue aquel afán de principalidad visible; aquel perpetuo clamor interno de encabezamiento y mando; aquella falta de intelectualidad y hermosura que embelleciesen su carácter primario de fuerza; aquella infortunada incapacidad en que este le tenía de reconocer la dulce majestad de la modestia y el influjo mayor que, aun en las cosas prácticas, ejerce en las verdaderas repúblicas el que no se prevale de los servicios prestados para sobreponerse a ellas.

Pero vino a la postre su enfermedad a cerrar, de luminosa y singular manera, aquella vida, ora brillante, culpable ora, que fue de propia fuerza, y por la magnitud de sus servicios, innegable y definitivamente ilustre. A otros parecerá término apropiado de aquella existencia, que mantuvo sin crueldad la obra política más grande imaginada por los hombres, el funeral pomposo que desde su casa mortuoria le vino haciendo su nación hasta su tumba en Riverside, sobre la que extiende ahora sus ramas un retoño de la enredadera de la que fue tumba de Napoleón en Santa Elena. Les parecerá término bueno de aquella fecunda vida el tren de luto que bajaba, sacudiendo al aire lluvioso sus cortinas negras, de la altiva montaña; la procesión de la milicia neoyorquina que acompañó, poco después de una tempestad, su cadáver, de la estación del camino de hierro al vestíbulo de la casa de Ayuntamiento, convertido en cripta fúnebre; el cortejo interminable, el cortejo incansable de hombres y mujeres, de negros, de blancos, de artesanos que volvían de su labor, de soldados que habían peleado en sus filas, de curiosos, que en dos días y dos noches no se deplető un instante, a lo largo de una milla de la Casa Municipal, para venir a ver su cuerpo; el día, en suma, del solemne entierro, declarado día de plegaria para toda la nación, en que el enorme catafalco que llevó sus restos a la fosa, tirado por veinticuatro caballos negros, paseó las calles enlutadas de Nueva York, henchidas de gente, que desde la madrugada anterior esperaba acurrucada en los quicios, colgada en los aleros, montada en los postes de telégrafo, apiñada en balcones pagados a alto precio, para ver pasar al general Hancock, con su estado mayor de generales, y uno del Sur entre ellos; a tanto regimiento apuesto de milicias; al batallón de Virginia, acorralado por Grant en la guerra; a los que lo acorralaron a las órdenes de Grant; al muerto, ante quien todas las cabezas quedaban descubiertas; y al Presidente de la República, en un coche con sus caballos negros, y a los dos expresidentes, y a quinientos carruajes, llenos de prohombres, de Secretarios del Estado, de gobernadores, de obispos, de generales, para ver pasar, envueltas en sus largos velos, a la hija y las nueras del gran muerto.

Mas no fue eso lo que cerró luminosamente aquella vida, sino el superior espíritu que en la prolongada espera de la muerte, soportada con singular entereza por aquel anciano carcomido, fue sacando a actos y palabras de eficaz ternura lo mejor de su energía natural, oscurecida por los apetitos y trances vulgares de la existencia. Un soberano recogimiento puso a aquel hombre en la conciencia clara de la grandeza verdadera de su vida; y, al preparar su propia historia de la guerra, que será el caudal único que deje a sus hijos, y cuyas últimas páginas ha escrito jadeante y con los sudores de la agonía sobre los bordes mismos del sepulcro, como polvillo de escultura roída caían ante él las vanidades a que, con apariencia de humildad, dio en otro tiempo tanto aprecio; y por aquella gracia genuina de los caracteres primarios, que les permite elevarse, apenas les favorece alguna condición, al superior sentido de la grandeza del espíritu, ni vio, ni estimó, ni recordó de su obra más que aquellas hazañas necesarias en que solo fue magno en el pelear para serlo más en la manera de vencer.

Desde sus ojos profundos, enternecidos por el agradecimiento al pueblo bueno que le perdonaba sus yerros y lo miraba en su hora de morir, contemplaba con un digno y elevado cariño a los héroes equivocados a quienes le fue dado un día combatir sin reposo y someter sin ira; y su mano descarnada, extendida al Sur desde la orilla de su tumba con buena voluntad, ha sido recogida por amorosa admiración, como tesoro nacional, por sus gallardos enemigos. La nación de los hombres ha empezado, y este muerto, a pesar de sus grandes errores, ayudó a abrir camino para ella.

La Nación. Buenos Aires, 27 de septiembre de 1885

LUCY PARSONS

Sumario.— *La mujer norteamericana.*— *La «mulata» Lucy Parsons, mestiza de mexicano e indio.*— *Lucy Parsons recorre los Estados Unidos hablando en defensa de su marido, condenado a muerte entre los anarquistas de Chicago. La sentencia no ha amedrentado a las asociaciones de anarquistas. Lucy Parsons en Nueva York.*— *Su elocuencia.*— *Escena memorable en Clarendon Hall.*— *Carácter viril de la mujer norteamericana y su razón.*— *Una mujer decide el debate en una convención política.*— *La mujer como organizadora y empresaria.*— *La mujer en los teatros: Helen Dauvray: Lilian Olcott y la Teodora de Sardou.*— *Mrs. Langtry*

New York, 17 de octubre de 1886

Señor Director de *El Partido Liberal:*

«Santo es el mismo crimen, cuando nace de una semilla de justicia. El horror de los medios no basta en los delitos de carácter público a sofocar la simpatía que inspira la humanidad de la intención. El verdadero culpable de un delito no es el que lo comete, sino el que provoca a cometerlo»: eso parecía decir ayer a los que la observaban de cerca la reunión de los anarquistas en New York. ¿Y se creía que la sentencia a muerte de los siete anarquistas de Chicago, los convictos en el proceso de la bomba, los había hecho enmudecer? ¡Como una condecoración llevan al pecho desde entonces hombres y mujeres la rosa encarnada! Ahora parecen más que antes: se reúnen con más frecuencia: afirman con más atrevimiento sus ideas: se ven injustamente miserables; desesperan de la posibilidad de reducir al mundo por la ley a un sistema equitativo; se sienten como purificados y glorificados por el espíritu humanitario de sus dogmas; se convencen de que la civilización que usa la pólvora para hacer cumplir su concepto de la ley, no es más legal ante el alma del hombre que la reforma, que, para hacer cumplir la ley tal como la concibe, usa la dinamita, que no es más que pólvora concentrada. Y como cualquiera que sea el extravío de sus medios y la locura de su propaganda, es verdad que esta y aquellos arrancan de un espíritu de justicia ofendido en las clases humildes siglo sobre siglo, y de una compasión febril por los dolores del linaje humano, resulta, hoy como siempre, que el mundo se dispone a olvidar las manchas rojas que deshonran la mano, atraído por el rayo de luz que brota de la frente y que un grano de piedad basta a excusar una tonelada de crimen.

En la certeza de sus móviles humanitarios toman fuerza para arrostrar el martirio estas criaturas de juicio desequilibrado, ya por la viveza e intensidad de sus penas, ya porque no es la fetidez de los agujeros de los artesanos buen lugar de cría para la divina paciencia con que soportan el ultraje los redentores. Si a duras penas concibe cada civilización un Jesús, ¿cómo se pretende que sea un Jesús cada uno de estos pobres trabajadores? Así al ver próximos a morir a siete de sus compañeros en la horca, no se paran a pensar en que de sus manos salió un proyectil de muerte, porque no ven su proyectil más criminal que la bala de un soldado, que también sale a matar en la batalla sin saber adónde: solo ven que van a morir sus siete amigos por el delito de buscar sinceramente el que ellos miran como modo de hacer feliz al hombre; y los arrebata, esa es la verdad, la misma voluptuosidad de sacrificio que poseyó cuando la iglesia virgen a los mártires cristianos. ¡Ah, no: no es en la rama donde debe matarse el crimen, sino en la raíz! No es en los anarquistas donde debe ahorcarse el anarquismo, sino en la injusta desigualdad social que los produce.

Aquí el aire está cargado de estos problemas: no hay otra cosa en el aire: se oye el ruido cercano de la cólera: en New York los trabajadores, partidarios de la nacionalización de la tierra, están a punto de sacar a su apóstol Henry George mayor de la ciudad: en Richmond hay un Congreso de Caballeros del Trabajo, que hace alarde de simpatía a la raza negra: en todos los estados los gremios de obreros entran en masa en la política, y en algunos triunfan de lleno y eligen casi sin obstáculos a la legislatura y al gobernador: todavía funcionan por encima, como actores segundones que entretienen la escena, los partidos y personajes que han perdido con el uso eficacia y pureza; pero de todas partes se asiste a la elaboración de una fuerza tremenda: nadie se oculta la importancia de los nuevos sucesos: es preciso hablar de esto.

Sí: los anarquistas no temen al sacrificio, y aun lo provocan, como los héroes cristianos. Sus sufrimientos explican su violencia; pero esta misma parece menos repugnante por la generosa pasión que los inspira. Y se ve aquí, como en aquellos tiempos de almas, que esa exuberancia de amor al hombre crea lazos más fuertes entre los que la sienten en común, y da al cariño de los amantes y a los deberes de familia una poesía e intensidad que les visten de flores el martirio.

Ayer mismo se asistió en New York a una escena de interés penetrante y extraordinario. En ninguna iglesia de la ciudad hubo ayer domingo un sacerdote más ferviente; ni una congregación más atribulada, que en Clarendon Hall, el salón de los desterrados y los pobres. Pugnaba en vano la concurrencia de afuera por entrar en la sala atestada, donde hablaba a los anarquistas de New York, alemanes en su mayor parte, la Lucy Parsons, la «mulata» elocuente, Lucy Parsons, la esposa de uno de los anarquistas condenados en Chicago a la horca.

El sábado llegó. Anda hablando de ciudad en ciudad para levantar la opinión pública contra la ejecución de la sentencia a muerte. En la estación la esperaban un centenar de personas, y entre ellas muchas mujeres y niños. Todas las mujeres la besaron: lloraban casi todas: dos niñas le ofrecieron un ramo de rosas rojas: «La bandera roja», dice ella, «no significa sangre: significa que las grandes fábricas donde hoy se asesina el alma y cuerpo de los niños, se convertirán pronto en verdaderos kindergartens». Sabe de evolución y revolución, y de fuerzas medias, de todo lo cual habla con capacidad de economista lo mismo en inglés que en castellano. «La anarquía está», según ella, «en su estado de evolución: luego vendrá la revolución, si es imprescindible: y luego la justicia». «La anarquía no es desorden, sino un nuevo orden». He aquí cómo ella misma la describe, con sus propias palabras: «Pedimos la descentralización del poder en grupos o clases. Los agricultores proveerán a la comunidad con un tanto de los productos de la tierra, con otro tanto de zapatos los zapateros, los sombrereros con otro tanto de sombreros, y así cada uno de los grupos, de modo que quede cubierto el consumo nacional; del que se publicará una cuidadosa estadística. La tierra será poseída en común, y no habrá por consiguiente renta, ni intereses, ni ganancias, ni corporaciones, ni el poder del dinero acumulado. No pesará sobre los trabajadores la tarea brutal que hoy pesa. Los niños no se corromperán en las fábricas, que es lo mismo que corromper a la nación; sino irán a los museos y a las escuelas. No se trabajará desde el alba hasta el crepúsculo y los obreros tendrán tiempo de cultivar su mente y salir de la condición de bestia en que viven ahora. El que trabaje comerá, dentro de nuestro sistema, y el que no, perecerá, lo mismo que hoy: pero no se amontonarán capitales locos, que tientan a todos los abusos: no habrá dinero de sobra con que corromper a los legisladores y a los jueces: no habrá la miseria que viene del exceso de la producción, porque solo se producirá en cada ramo lo necesario para la vida nacional».

De todo esto, por supuesto, solo se puede considerar el buen deseo, y la verdad de los dolores punzantes que por serlo tanto llevan los planes de reforma a tal exceso. En esos planes falta el espacio preciso para el crecimiento irrepresible de la naturaleza humana, que es la base de todo sistema social posible; porque un conjunto de hombres, solo por transición y descanso puede ser distinto de como el hombre es: lo innatural, aun cuando sea lo perfecto, no vive largo tiempo. El hombre tratará de satisfacer siempre en lo tangible del mundo su ansia de lo desconocido e inmenso.

A Lucy Parsons le dicen mulata por su color cobrizo. Es mestiza de indio y mexicano. Tiene el pelo ondeado y sedoso: la frente clara, y alta por las cejas: los ojos grandes, apartados y relucientes; los labios llenos; las manos finas y de linda forma. Viste toda de brocado negro; usa largos pendientes; habla con una voz suave y sonora, que parece nacerle de las entrañas, y conmueve las de los que la escuchan. ¿Por qué no ha de decirse? Esa mujer habló ayer con todo el brío de los grandes oradores. Rebosaba la pena; es verdad, en los corazones de los que la oían: y auditorio conmovido quiere decir orador triunfante; pero a ella, más que del arte natural con que gradúa y acumula sus efectos, le viene su poder de elocuencia de donde viene siempre, de la intensidad de la convicción. A veces su palabra levanta ampollas, como un látigo; de pronto rompe en un arranque cómico, que parece roído con labios de hueso, por lo frío y lo duro; sin transición, porque lo vasto de su pena y creencia no la necesitan, se levanta con extraño poder a lo patético, y arranca a su voluntad sollozos y lágrimas. Momentos hubo en que no se percibía más ruido en la asamblea que su voz inspirada, que fluía lentamente de sus labios, como globos de fuego, y la respiración anhelosa de los que retenían por oírla los sollozos en la garganta. Cuando acabó de hablar esta mestiza de mexicano e indio, todas las cabezas estaban inclinadas, como cuando se ora, sobre los bancos de la iglesia, y parecía la sala henchida, un campo de espigas encorvadas por el viento.

No desenvuelve la palabra graciosamente, sino la emite con la violencia de la catapulta. Los ojos ora le relampaguean, ora se le llenan de llanto: adelanta el brazo con lentitud, como si lo retuviese al extenderlo: todo en ella parece invitar a creer y subir. Su discurso, de puro sincero, resulta literario. Ondea sus doctrinas, como una bandera: no pide merced para los condenados a muerte, para su propio marido, sino denuncia las causas y cómplices de la miseria que lleva a los hombres a la desesperación: dice que en la reunión en que estalló la bomba, la policía se echó encima de los hombres y mujeres con el revólver en la mano y el asesinato en los ojos: los anarquistas llevaron allí la bomba, para resistir, como la policía llevó el revólver, para atacar: «¡Miente», exclama, «el que diga que Spies y Fischer arrojaron la bomba!». No se abochorna de confesar sus hábitos llanos: «Fischer», dice, «estaba entonces tomando cerveza conmigo en un salón cercano. ¿Quién ha dicho en el proceso que vio tirar la bomba a ninguno de los condenados? ¿Acaso los que van a matar llevan a ver el crimen, como llevó mi marido, a su mujer y a sus hijos?». «¡Ah, la prensa, las clases ricas, el miedo a este levantamiento formidable de nuestra justicia ha falseado la verdad en ese proceso ridículo e inicuo! Alguno, indignado por el asalto de los policías, lanzó la bomba que causó las muertes: ¿qué culpa tiene el dolor humano de que la ciencia haya puesto a su alcance la dinamita?».

Cuando habla de la miseria de los obreros halla frases como esta: «Oigo vibrar y palpitar las fábricas inmensas; pero sé que hay mujeres que tienen que andar quince millas al día para ganar una miserable pitanza». «Decid que no es verdad, a los que os dicen que aquí se adelanta. Cuando a mis propios ojos andaban en Chicago descalzos diez mil hijos de obreros, en Washington se presentaba en un baile una señora con todo el vestido lleno de diamantes, que valían $850 000: y otra llevaba en el pelo $75 000, y el pelo después de todo no era suyo! ¡No! no es bueno que los ojos de vuestros hijos pierdan su luz puliendo esos diamantes!». «¡Oh, pobre niño de las fábricas! —seguía diciendo con el cuerpo inclinado hacia delante, con la voz convulsa, con las manos tendidas a su auditorio en gesto de plegaria,— ¡oh, pobre niño de las fábricas: las lágrimas que ahora hacen correr por tus mejillas la avaricia y la brutalidad, se transformarán pronto en caricias y en besos. Los hombres que las ven correr las secarán con sus robustos brazos. No los detendrá en su camino de justicia el hambre, la mentira ni la horca, sino se erguirán y padecerán como sus padres bravamente, y salvarán por sobre sus cabezas, si es preciso a sus hijos!».

En este instante, la concurrencia que se apretaba a las puertas, aprovechando el silencio de emoción que acogió estas palabras, braceó por entrar en la sala. No podían. «¡*Hurrah*», gritó una voz, «*hurrah* por los anarquistas de Chicago!». Por un impulso unánime saltó sobre sus pies la concurrencia. Dicen que temblaban las mejillas de ver aquella escena. Les corrían las lágrimas a los hombres barbados. Las mujeres, de pie sobre los asientos, movían sus pañuelos. Las niñas gritaban «*hurrah*» alzando sus manecitas, subidas sobre los hombros de sus padres. ¡Hay tanto triste en el mundo que de recordar estas cosas se aprieta involuntariamente la garganta! *La Marsellesa* unió a ese arrebato sus notas eternas.

Singular espectáculo, el de esa mujer que recorre los Estados Unidos pidiendo desde los escenarios, desde las aceras, desde las plazas públicas, justicia para su propio esposo condenado a muerte. Pero no parece tan raro si se observa la prominencia curiosísima de la mujer en la vida norteamericana. No se trata solo de aquel rudo desembarazo y libertad afeadora de que aquí la mujer goza; sino de la condensación de ellas, con el curso del tiempo, en una fuerza viril que en sus efectos y métodos se confunde con la fuerza del hombre. Esta condición, útil para el individuo y funesta para la especie, viene de la frecuencia con que la mujer se ve aquí abandonada a sí misma, de lo mudable de la fortuna en este país de atrevimiento, y de lo inseguro de las relaciones conyugales. Aquella encantadora dependencia de la mujer nuestra, que da tanto señorío a la que la sufre, y estimula tanto al hombre a hacerla grata, aquí se convierte en lo general por lo interesado de los espíritus en una relación hostil, en que evaporada el alba de la boda, el hombre no ve más que la obligación, y la mujer más que su comodidad y su derecho. Ni cede la mujer tan dulce y ampliamente a su misión de darse, como se da a la noche la luz de las estrellas; sino que, por lo áspero e independiente de la existencia, el amor va quedando en ellas, cuando no muerto, amenguado hasta su expresión fea de sentido: y como solo se aperciben de él en esta forma tediosa e intermitente, tiénenlo en mucho menos que la independencia que conviene a sus espíritus sin cariño. En otros casos desenvuelve la persona de la mujer su larga soledad, las pruebas de una vida sin simpatía ni apoyo, o el disgusto de un brutal marido. Y así se ve vencer a muchas mujeres en la lucha de la vida por su intrepidez y su talento, no solo en los gratos oficios de arte y letras que requieren delicadeza e imaginación; sino en la creación y manejo de empresas complicadas, en el desempeño trabajoso de empleos nacionales, y en la fatiga de los combates políticos. Pero esta victoria es genuina y absoluta, independiente de todo encanto de sexo y de la extravagancia y ridiculez con que aquí mismo se distinguían hasta hace poco las tentativas de la mujer por emplearse en los oficios del hombre.

No hay día en verdad, sin caso notable. Hace unas dos semanas luchaban con escándalo los partidarios de una convención política, y fueron vanos durante días enteros los empeños de calmarla, hasta que una señora que disfruta de buen nombre de abogado expuso con tal lucidez las quejas de una y otra parte, y los llamó a razón en un discurso tan lógico, que la convención votó con ella, y hoy la miran como árbitro de la política del estado, sin que la acuse nadie de «media azul», como llaman aquí a las marisabidillas, antes dicen que lleva su triunfo con sencillez y modestia.

En New York crece a ojos vistos la fortuna de una bella señora que se vio caer en un día de lo más alto de la riqueza a la miseria en su palacio vacío: le quedaban sus muebles inútiles, sus hijos sin pan, su puerta sin amigos y su marido en fuga. Sabía que en una tienda de objetos de arte apreciaban mucho el gusto fino de que había dado muestras cuando compraba en su hora de abundancia las lindas chucherías de que tiene aún llena su casa: y la aristocrática mujer que tenía fama en las mayores ciudades de Estados Unidos, de rica y hermosa, ofreció sus servicios como vendedora a la tienda de objetos artísticos. Llamaron pronto la atención a los parroquianos el tino de sus consejos, y la gracia con que disponía las compras en sus casas. Empezaron a comisionarla para que alhajase casas enteras. Se puso al oficio con una bravura de domadora. Con sus primeros ahorros imprimió circulares. Y en tres años apenas ha levantado con su industria tan amplio modo de vivir que ya puede habitar su casa propia, a donde ha vuelto por camino más seguro a manos de la mujer el lujo que se perdió en ella a manos del esposo.

Y hoy mismo se lee en los diarios otra curiosa noticia. Acá se ha zurcido una compañía de ópera americana, compuesta de alemanes, franceses, suecos, italianos, y una bailarina de Boston: y la verdad es que el año pasado no cantaron mal, y está en vías de formarse permanentemente con sus productos un conservatorio de música, donde de veras aprendan arte los aficionados americanos. En un año se puso en pie la empresa, contrató gran número de artistas, creó un cuerpo de baile; representó en los teatros mejores de los Estados Unidos, ganó lindamente ciento cincuenta mil pesos. Porque solo por ser americana, se llenaban los teatros de gente. ¿Y quién sacó sobre sus hombros toda esta obra? Una señora rica, que la concibió y puso en práctica; que reunió entre amigos la primera suma, que organizó a su modo la administración, y que ahora, dejando sin pena su casa de New York, está en San Luis agenciando la colecta de unos cincuenta mil pesos que necesita para llevar a término su empresa favorita.

En los teatros, no solo triunfan las damas como actrices, sino como organizadoras y dueñas. Helen Dauvray, que es americana a pesar de lo francés del nombre, ha establecido por primera vez, en un teatro en bancarrota, el drama nativo: un drama que dicen bello, aunque las escenas de más vida suceden en una estación de telégrafos, y descarrilamientos y telegramas figuran entre los recursos de la trama: dos trenes chocan en la escena: la heroína se decide en su deber de telegrafista a poner un despacho que ha de costarle su propia ventura. En otro teatro, Lilian Olcott, una actriz sin talento, compra a Sardou mismo en París e introduce aquí con pompa, esa rapsodia desconocida y brillante que morirá con Sarah Bernhardt y sus decoraciones, a quienes debe la majestad e interés aparente que la salvan, porque fuera de la habilidad de zurcidor que en algunas escenas maravilla, es Teodora una desmayadísima invención, en que no vibra la humanidad, ni el interés cubre los huecos de la armadura, ni se levanta un carácter. Y Mrs. Langtry, con su talle de flor, tiene lleno de aromas, y de música maga y sutil el teatro de la Quinta Avenida donde, realzando con un talento verdadero su exquisita hermosura, representa con la compañía de que es cabeza esa finísima comedia de Sardou *Nos Intîmes,* que en inglés se llama *El peligro de una esposa.* No parece mujer, sino lira, o jazmín que anda.

El Partido Liberal. México, 7 de noviembre de 1886

FIESTAS DE LA ESTATUA DE LA LIBERTAD

Breve invocación.— Admirable aspecto de Nueva York en la mañana del 28 de octubre.— Los preparativos de la parada.— El escultor Barthol-di.— Aparición de la estatua.— El fragor de los saludos.— Imponen-te escena.— La plegaria del sacerdote.— Cleveland y su discurso.— La bendición del obispo.— ¡Adiós, mi único amor!

Nueva York, octubre 29 de 1886

Señor Director de *La Nación:*

Terrible es, libertad, hablar de ti para el que no te tiene. Una fiera vencida por el domador no dobla la rodilla con más ira. Se conoce la hondura del infierno, y se mira desde ella, en su arro-gancia de sol, al hombre vivo. Se muerde el aire, como muerde una hiena el hierro de su jaula. Se retuerce el espíritu en el cuerpo como un envenenado.

Del fango de las calles quisiera hacerse el miserable que vive sin libertad la vestidura que le asienta. Los que te tienen, oh li-bertad, no te conocen. Los que no te tienen no deben hablar de ti, sino conquistarte.

Pero levántate ¡oh insecto! que toda la ciudad está llena de águilas. Anda aunque sea a rastras: mira, aunque se te salten los ojos de vergüenza. Escúrrete, como un lacayo abofeteado, entre ese ejército resplandeciente de señores. ¡Anda, aunque sientas que a pedazos se va cayendo la carne de tu cuerpo! ¡Ah! pero si supieran cuánto lloras, te levantarían del suelo, como a un herido de muerte: ¡y tú también sabrías alzar el brazo hacia la eternidad!

Levántate, oh insecto, que la ciudad es una oda. Las almas dan sonidos, como los más acordes instrumentos. Y está oscuro, y no hay sol en el cielo, porque toda la luz está en las almas. Florece en las entrañas de los hombres.

¡Libertad, es tu hora de llegada! El mundo entero te ha traído hasta estas playas, tirando de tu carro de victoria. Aquí estás como el sueño del poeta, grande como el espacio de la tierra al cielo.

Ese ruido es el del triunfo que descansa.

Esa oscuridad no es la del día lluvioso, ni del pardo octubre, sino la del polvo, sombreado por la muerte, que tu carro ha levantado en su camino.

Yo los veo, con la espada desenvainada, con la cabeza en las manos, con los miembros deshuesados como un montón informe, con las llamas enroscadas alrededor del cuerpo, con el vapor la vida escapándose de su frente rota en forma de alas. Túnicas, armaduras, rollos de pergamino, escudos, libros, todo a tus pies se amasa y resplandece; y tú imperas al fin por sobre las ciudades del interés y las columnas de la guerra ¡oh aroma del mundo! ¡oh diosa hija del hombre!

El hombre crece: ¡mira como ya no cabe en las iglesias, y escoge el cielo como único templo digno de cobijar a su deidad! Pero tú, oh maravilla, creces al mismo tiempo que el hombre; y los ejércitos, y la ciudad entera, y los barcos empavesados que van a celebrarte llegan hasta tus plantas veladas por la niebla, como las conchas de colores que sacude sobre la roca el mar sombrío, cuando el espíritu de la tempestad, envuelto en rayos, recorre el cielo en una nube negra.

¡Tienes razón, libertad, en revelarte al mundo en un día oscuro, porque aún no puedes estar satisfecha de ti misma! ¡Y tú, corazón sin fiesta, canta la fiesta!

Ayer fue, día 28 de octubre, cuando los Estados Unidos aceptaron solemnemente la Estatua de la Libertad que les ha regalado el pueblo de Francia, en memoria del 4 de julio de 1776, en que declararon su independencia de Inglaterra, ganada con ayuda de sangre francesa. Estaba áspero el día, el aire ceniciento, lodosas las calles, la llovizna terca; pero pocas veces ha sido tan vivo el júbilo del hombre.

Sentíase un gozo apacible, como si suavizase un bálsamo las almas: las frentes en que no es escasa la luz la enseñaban mejor, y aun de los espíritus opacos surgía, con un arranque de ola, ese delicioso instinto del decoro humano que da esplendor a los rostros más oscuros.

La emoción era gigante. El movimiento tenía algo de cordillera de montañas. En las calles no se veía punto vacío. Los dos ríos parecían tierra firme. Los vapores, vestidos de perla por la bruma, maniobraban rueda a rueda repletos de gente. Gemía bajo su carga de transeúntes el puente de Brooklyn; Nueva York y sus suburbios, como quien está invitado a una boda, se habían levantado temprano. Y en el gentío que a paso alegre llenaba las calles no había cosa más bella, ni los trabajadores olvidados de sus penas, ni las mujeres, ni los niños, que los viejos venidos del campo, con su corbatín y su gabán flotante, a saludar en la estatua que lo conmemora el heroico espíritu de aquel marqués de Lafayette, a quien de mozos salieron a recibir con palmas y con ramos, porque amó a Washington y lo ayudó a hacer su pueblo libre.

Un grano de poesía sazona un siglo. ¡Quién no recuerda aquella amistad hermosa? Grave era Washington y de más edad: a Lafayette no le asomaba el bozo; pero en los dos había, bajo diversa envoltura, aquella ciega determinación y facultad de ascenso en que se confunden los grandes caracteres. Mujer y monarca dejó aquel noble niño por ayudar a las tropas infelices que del lado de América echaban sobre el mar al rey inglés, y ponían en sublimes palabras los mandamientos de la Enciclopedia, por donde la especie humana anunció su virilidad, con no menor estruendo que el que acompañó la revelación de su infancia en el Sinaí.

Iba la aurora con aquel héroe de cabellos rubios; y el hombre en marcha gustaba más a su alma fuerte que la pompa inicua con que en los hombros de vasallos hambrientos, como santo en andas sobre cargadores descalzos, paseaba con luces de ópalo la majestad. Su rey le persigue, le persigue Inglaterra; pero su mujer le ayuda.

¡Dios tenga piedad del corazón heroico que no halla en el hogar acogida para sus nobles empresas! Deja su casa, y su riqueza regia: arma su barco: desde su barco escribe: «Íntimamente unida a la felicidad de la familia humana está la suerte de América, destinada a ser el asilo seguro de la virtud, la tolerancia y la libertad tranquila». ¡Qué tamaño el de esa alma, que depone todos los privilegios de la fortuna, para seguir en sus marchas por la nieve a un puñado de rebeldes mal vestidos! Salta a tierra: vuela al congreso continental: «Quiero servir a América como voluntario y sin paga». En la tierra suceden cosas que esparcen por ella una claridad de cielo.

La humanidad parecía haber madurado en aquel cuerpo joven. Se muestra general de generales. Con una mano se sujeta la herida para mandar a vencer con la otra a los soldados que se preparaban a la fuga. De un centelleo de la espada recoge la columna dividida por un jefe traidor.

Si sus soldados van a pie, él va a pie. Si la república no tiene dinero, él, que le da su vida, le adelanta su fortuna: ¡he aquí un hombre que brilla, como si fuera todo de oro! Cuando su fama le ha devuelto el cariño de su rey, ve que puede aprovechar el odio de Francia a Inglaterra para echar de América a los ingleses abatidos.

El congreso continental le ciñe una espada de honor, y escribe al rey de Francia: «Recomendamos este noble joven a vuestra majestad por su prudencia en el consejo, su valor en el campo de batalla, y su paciencia en las privaciones de la guerra».

Le pide alas al mar. Francia, el primero de los pueblos, se cuelga de rosas para recibir a su héroe. «¡Es maravilla que Lafayette no se quiera llevar para su América los muebles de Versalles!», dice el ministro francés, cuando ya Lafayette cruza el océano con los auxilios de Francia a la república naciente, con el ejército de Rochambeau y la armada de De Grasse.

Washington mismo desesperaba en aquellos instantes de la victoria. Nobles franceses y labriegos cierran contra el inglés Cornwallis y lo rinden en Yorktown.

Así aseguraron los Estados Unidos con el auxilio de Francia la independencia que aprendieron a desear en las ideas francesas. Y es tal el prestigio de un hecho heroico, que aquel marqués esbelto ha bastado para retener unidos durante un siglo a dos pueblos diversos en el calor del espíritu, la idea de la vida y el concepto mismo de la libertad, egoísta e interesada en los Estados Unidos, y en Francia generosa y expansiva. ¡Bendito sea el pueblo que irradia!

Sigamos, sigamos por las calles a la muchedumbre que de todas partes acude y las llena: hoy es el día en que se descubre el monumento que consagra la amistad de Washington y de Lafayette. Todas las lenguas asisten a la ceremonia.

La alegría viene de la gente llana. En los espíritus hay mucha bandera: en las casas poca. Las tribunas de pino embanderadas esperan, en el camino de la procesión, al Presidente de la República, a los delegados de Francia, al cuerpo diplomático, a los gobernadores de Estado, a los generales del ejército.

Aceras, portadas, balcones, aleros, todo se va cuajando de gozoso gentío. Muchos van por los muelles, a esperar la procesión naval, los buques de guerra, la flota de vapores, los remolcadores vocingleros que llevarán los invitados a la Isla de Bedloe, donde, cubierto aún el rostro con el pabellón francés, espera sobre su pedestal ciclópeo la escultura. Pero los más afluyen al camino de la gran parada.

Acá llega una banda. Allá viene un destacamento de bomberos, con su bomba antigua, montada sobre zancos; visten de calzón negro y blusa roja. Abre paso el gentío a un grupo de franceses, que van locos de gozo. Por allí llega otro grupo: uniforme muy lindo, todo realzado de cordones de oro, gran pantalón de franja, chacó con mucha pluma, mostacho fiero, cuerpo menudo, parla bullente, ojo negrísimo: es una compañía de voluntarios italianos. Por una esquina se divisa el ferrocarril elevado: arriba, el tren repleto: abajo, reparte sus patrullas la policía, bien cerrada en sus levitas azules de botón dorado. A nadie quita la lluvia la sonrisa.

Ya la multitud se repliega sobre las aceras, porque viene a caballo, empilándola con las ancas, la policía montada. Una mujer cruza la calle, llena la capa de hule de medallas de la estatua: de un lado está el monumento; de otro, el amable rostro del escultor Bartholdi. Allí va un hombre de mirada ansiosa, tomando apuntes a la par que anda. ¿Y Francia?

¡Ah! de Francia, poca gente habla. No hablan de Lafayette, ni saben de él. No se fijan en que se celebra un don magnífico del pueblo francés moderno al pueblo americano.

De Lafayette, hay una estatua en la plaza de la Unión; pero también la hizo Bartholdi, también la regaló Francia. Los literatos y los viejos de corbatín recuerdan solo al marqués admirable. En la caldera enorme hierve una vida nueva. Este pueblo en que cada uno vive con fatiga para sí, ama poco en realidad a aquel otro pueblo que ha abonado con su sangre toda semilla humana.

«Francia —dice un ingrato— nos ayudó porque su rey era enemigo de Inglaterra». «Francia —rumia otro en un rincón— nos regala la estatua de la libertad para que le dejemos acabar en paz el canal de Panamá».

«Laboulaye —dice otro— es el que nos regaló la estatua. Él quería poner freno inglés a la libertad francesa. Así como Jefferson aprendió en los enciclopedistas los principios de la declaración de independencia, así Laboulaye y Henry Martin quisieron llevar a Francia los métodos de gobierno que los Estados Unidos heredaron de la Magna Carta».

«Sí, sí: fue Laboulaye quien inspiró a Bartholdi: en su casa nació la idea: Ve, le dijo, y propón a los Estados Unidos construir con nosotros un monumento soberbio en conmemoración de su independencia: sí, la estatua quiso significar la admiración de los franceses prudentes a las prácticas pacíficas de la libertad americana».

Así nació la idea, como crece en lo alto del monte el hilo de agua que, hinchado en su carrera, entra al fin a ser parte del mar. En la tribuna están los delegados de Francia, el escultor, el orador, el periodista, el general, el almirante, el que une los mares y abre la tierra: aires franceses mariposean por la ciudad: el pabellón francés golpea en los balcones y flota en el tope de los edificios; pero lo que aviva todos los ojos y tiene alegres las almas, no es el don de una tierra generosa, que acaso no se recibe aquí con el entusiasmo que conviene, sino el desborde del placer humano, al ver erguido con estupenda firmeza en un símbolo de hermosura arrebatadora aquel instinto de la propia majestad que está en la médula de nuestros huesos, y es la raíz y gloria de la vida.

Vedlos: ¡todos revelan una alegría de resucitados! ¿No es este pueblo, a pesar de su rudeza, la casa hospitalaria de los oprimidos? De adentro vienen, fuera de la voluntad, las voces que impelen y aconsejan. Reflejos de bandera hay en los rostros: un dulce amor conmueve las entrañas: un superior sentido de soberanía saca la paz, y aun la belleza, a las facciones; y todos estos infelices, irlandeses, polacos, italianos, bohemios, alemanes, redimidos de la opresión o la miseria, celebran el monumento de la libertad porque en él les parece que se levantan y recobran a sí propios.

¡Vedlos correr, gozosos como náufragos que creen ver una vela salvadora, hacia los muelles desde donde la estatua se divisa! Son los más infelices, los que tienen miedo a las calles populosas y a la gente limpia: cigarreros pálidos, cargadores gibosos, italianas con sus pañuelos de colores: no corren como en las fiestas vulgares, con brutalidad y desorden, sino en masas amigas y sin ira: bajan del este, bajan del oeste, bajan de los callejones apiñados en lo pobre de la ciudad: los novios parecen casados: el marido da el brazo a su mujer: la madre arrastra a sus pequeñuelos: se preguntan, se animan, se agolpan por donde creen que la verán más cerca.

Ruedan en tanto entre los hurras de la multitud las cureñas empavesadas por las calles suntuosas: parecen con sus lenguas de banderas, hablar y saludar los edificios, enfrénanse, piafan y dejan en la playa a sus jinetes los ferrocarriles elevados, que giran sumisos, como aérea y humeante caballería: los vapores, cual cargados de un alma impaciente, ensayan el ala que los ata a la orilla; y allá, a lo lejos, envuelta en humo, como si la saludasen a la vez todos los incensarios de la tierra, se alza la estatua enorme, coronada de nubes como una montaña.

En la plaza de Madison es la fiesta mayor, porque allí, frente al impío monumento que recuerda la victoria ingloriosa de los norteamericanos sobre México, se levanta, cubierta de pabellones de los Estados Unidos y de Francia, la tribuna donde ha de ver la parada el Presidente. Todavía no ha llegado; pero la plaza es toda una cabeza. Surgen de entre la masa negra los cascos pardos de los policías. Cuelgan por las fachadas festones tricolores.

Parece un ramo de rosas en aquel campo oscuro la tribuna. De vez en cuando recorre un murmullo los grupos cercanos, como si de pronto se hubiera enriquecido el alma pública. ¡Es Lesseps que sube a la tribuna: es Spuller, el amigo de Gambetta, de ojos de acero y de cabeza fuerte: es Jaurés, valeroso, que sacó con gloria del combate de Mamers los doce mil soldados, mordidos de cerca por los alemanes. es Pelissier, que herido en Nogent-sur-Marne empuja con la mano pálida la rueda de sus cañones: es el teniente Ney, que cuando sus franceses aterrados huían de una trinchera toda en fuego, abrió los brazos y afirmó el pie en tierra, y a empellones, bello el rostro con un resplandor de bronce encendido, echó a los cobardes sobre la boca terrible, y entró por ella: es Laussédat, el coronel canoso que amasó murallas con manos de joven contra las armas prusianas: es Bureaux de Pussy, que no dejó caer entre los enemigos la espada de su bisabuelo Lafayette: es Deschamps, el alcalde de París, que fue tres veces hecho prisionero por los alemanes, y se escapó tres veces: es el joven marino Villegente, figura viva de un cuadro de Neuville: es Caubert, abogado de espada, que quiso hacer con los abogados y los jueces una legión para sujetar el paso a Prusia: es Bigot, es Meunier, es Desmons, es Hielard, es Giroud, que han servido a la patria bravamente con la bolsa o la pluma: es Bartholdi, el creador de la estatua, el que en los ijares de la fortaleza de Belfort clavó su león sublime, el que forjó para Gambetta en plata aquella Alsacia desgarradora que maldice, el que lleva en sus ojos, melancólicos como los de los hombres verdaderamente grandes, todo el dolor del abanderado que en el regazo de su Alsacia muere, y toda la fe del niño en que a su lado la patria resucita.

No se vive sin sacar luz en familiaridad con lo enorme. El hábito de domar da al rostro de los escultores un aire de triunfo y rebeldía. Engrandece la simple capacidad de admirar lo grande, cuanto más el moldearlo, el acariciarlo, el ponerle alas, el sacar del espíritu en idea lo que a brazos, a miradas profundas, a golpes de cariño ha de ir encorvando y encendiendo el mármol y el bronce.

Este creador de montes nació con alma libre en la ciudad alsaciana de Colmar que le robó luego el alemán enemigo; y la hermosura y grandeza de la libertad tomaron a sus ojos, hechos a contemplar los colosos de Egipto, esas gigantes proporciones y majestad eminente a que la patria sube en el espíritu de los que viven sin ella: de la esperanza de la patria entera hizo Bartholdi su estatua soberana.

Jamás sin dolor profundo produjo el hombre obras verdadera-
mente bellas. Por eso va la estatua adelantando, como para pisar
la tierra prometida; por eso tiene inclinada la cabeza, y un tinte
de viudez en el semblante; por eso, como quien manda y guía,
tiende su brazo fieramente al cielo.

¡A Alsacia, a Alsacia! dice toda ella; y a pedir la Alsacia para
Francia ha venido esa virgen dolorosa, más que a alumbrar la li-
bertad del mundo.

Disfraz abominable y losa fúnebre son las sonrisas y los pen-
samientos cuando se vive sin patria, o se ve en garras enemigas un
pedazo de ella: un vapor de embriaguez perturba el juicio, sujeta
la palabra, apaga el verso, y todo lo que produce entonces la men-
te nacional es deforme y vacío, a no ser lo que expresa el anhelo
de las almas. ¿Quién siente mejor la ausencia de un bien que el
que lo ha poseído y lo pierde? De la vehemencia de los dolores
viene la grandeza de su representación.

Ved a Bartholdi, que toma su puesto en la tribuna saludado
amorosamente por sus compañeros: una vaga tristeza le baña el
semblante: un dolor casto le luce en los ojos: anda como en un
sueño: mira hacia lo que no se ve: hacen pensar en los cipreses y en
las banderas rotas los cabellos inquietos que caen sobre su frente.

Ved a los diputados: todos ellos han sido escogidos entre los
que pelearon con mayor bravura en la guerra en que perdió Fran-
cia a la Alsacia.

Ved a Spuller, el amigo de Gambetta, en la fiesta que dio en
honra de sus compatriotas el Círculo francés de la Armonía. Habían
hablado de vagos cumplimientos, de histórica fraternidad, de abs-
tracciones generosas.

Vino sobre las luces Spuller, como viniera un león: comen-
zó como una plegaria su discurso: hablaba lenta y dolorosamente,
como quien lleva una vergüenza encima: en un augusto y lloroso
silencio se iba tendiendo su inflamada palabra: cuando la recogió,
todo el teatro estaba en pie, envolvía a Spuller una bandera invi-
sible: el aire retemblaba, como un acero sacudido: ¡A Alsacia!
¡A Alsacia!

Spuller trae ahora baja la cabeza, como todos aquellos que se
recogen para acometer.

Desde aquella tribuna, juntos vieron los delegados franceses, con los prohombres de la república en torno al Presidente Cleveland, la parada de fiesta con que celebró Nueva York la inauguración de la estatua: ríos de bayonetas: millas de camisas rojas: milicianos grises, azules y verdes: una mancha de gorros blancos en la escuadra; en un carro llevan al Monitor en miniatura, y va a la rueda un niño vestido de marino.

Pasa la artillería, con sus soldados de uniforme azul; la policía, con su marcha pesada; la caballería, con sus solapas amarillas: a un lado y otro las dos aceras negras. El hurra que empezaba al pie del Parque Central, coreado de boca en boca, iba a morir en el estruendo de la batería. Pasan los estudiantes de Columbia, con sus gorros cuadrados; pasan en coches los veteranos, los inválidos y los jueces; pasan los negros; y redoblan las músicas, y por toda la vía los va siguiendo un himno.

Aplaude la tribuna el paso firme de la milicia elegante del 7.º regimiento: va muy bella en sus capas de campaña la milicia del regimiento 22: dos niñas alemanas, que vienen con una compañía, le dan al Presidente dos cestos de flores; apenas puede hablar una criatura vestida de azul que alcanza a Lesseps un estandarte de seda para Bartholdi: vuela *La Marsellesa,* con su clarín de oro, por toda la procesión; el Presidente, con la cabeza descubierta, saluda a los pabellones desgarrados: humillan sus colores las compañías cuando cruzan delante de la tribuna, y los oficiales de la milicia francesa besan al llegar a ella el puño de su espada. Pasan las mangas sin brazo, entre frenéticos saludos de las aceras, tribunas y balcones: pasan los banderines, atravesados por las balas: pasan las piernas de madera.

A rastras viene un viejo en su capote de color de tórtola, y la ciudad entera le quiere dar la mano: hala su cuerpo roto bravamente, como haló en su mocedad en el tiempo de los voluntarios las bombas de incendio: se rompió los brazos por recibir en ellos a un niño encendido: por salvar a un anciano se dejó caer una pared sobre las piernas: los bomberos le siguen, en sus trajes de antes, tirando de las cuerdas que arrastran las bombas: y cuando, cuidada como una niña, toda llena de plata y de flores, viene a la zaga de los mozos de camisa roja la bomba más antigua tambaleando en sus ligeras ruedas, desbócase sobre el gentío, a apagar un incendio cercano, una de las bombas modernas formidables.

Deja el aire caliente y herido. Negro es el humo y los caballos negros. Derriba carros y atropella gentes. Bocanadas de chispas dan un color rojizo a la humareda.

Sigue desalado el carro de las escalas, como en una nube: rueda tras él la enorme torre de agua, con fragor de artillería.

Se oye una campana que parece una orden: el gentío se aparta con respeto, y pasa en una ambulancia un hombre herido. A lo lejos se oían los regimientos. Con su clarín de oro volaba sobre la ciudad *La Marsellesa*.

Entonces los espíritus, llegada la hora de descorrer el pabellón que velaba el rostro de la estatua, bulleron de manera que pareció que se cubría el cielo en un toldo de águilas. Era prisa de novio la que empujaba a la ciudad a los vapores.

Los vapores mismos, orlados de banderas, parecían guirnaldas, y sonreían, cuchicheaban, se movían alegres y precipitados, como las niñas que hacen de testigos en las bodas.

Un respeto profundo engrandecía los pensamientos como si la fiesta de la libertad evocase ante los ojos todos los que han perecido por conquistarla. ¡Qué batalla de sombras surgía sobre las cabezas! ¡Qué picas, qué rodelas, qué muertes esculturales, qué agonías soberanas! La sombra de un solo combatiente llenaba una plaza. Se erguían, abrían los brazos, miraban a los hombres como si los creasen, y emprendían el vuelo.

La claridad que hendía de súbito la atmósfera oscura no eran rayos de sol, sino los cortes de los escudos en la niebla, por donde descendía la luz de la batalla. Lidiaban, sucumbían, morían cantando: tal, por sobre el de los campanarios y los cañones —es el himno de triunfo que conviene a esta estatua hecha, más que de bronce, de todo lo que en el alma humana es oda y sol.

Un cañonazo, un vuelo de campanas, una columna de humo fueron la bahía y ciudad de Nueva York desde que cerró la parada hasta que, al caer el crepúsculo, acabaron las fiestas en la isla donde se eleva el monumento.

¡A encías desdentadas se asemejaban las hileras de muelles, huérfanas de sus vapores! El cañoneo incesante aumentaba la lluvia.

Por la parda neblina pasaron camino de la isla doscientos buques, como una procesión de elefantes. Como palomas encintadas iban apiñándose los vapores curiosos en torno a la figura, que se destacaba entre ellos vagamente. Había un rumor de nido. Como alas desprendidas salían de los vapores llamaradas de música. ¿Quién que no haya sufrido por la libertad podrá entender la frenética alegría que enloqueció las almas, cuando por fin se reveló a los ojos aquella a quien todos hablan como a una amante adorada?

¡Allí está por fin, sobre su pedestal más alto que las torres, grandiosa como la tempestad y amable como el cielo! Vuelven en su presencia los ojos secos a saber lo que son lágrimas. Parecía que las almas se abrían, y volaban a cobijarse en los pliegues de su túnica, a murmurar en sus oídos, a posarse en sus hombros, a morir, como las mariposas en su luz. Parecía viva: el humo de los vapores la envolvía: una vaga claridad la coronaba: ¡era en verdad como un altar, con los vapores arrodillados a sus pies! ¡Ni el Apolo de Rodas, con la urna de fuego sobre su cabeza y la saeta de la luz en la mano fue más alto! Ni el Júpiter de Fidias, todo de oro y marfil, hijo del tiempo en que aún eran mujeres los hombres. Ni la estatua de Sumnat de los hindúes, incrustada, como su fantasía, de piedras preciosas. Ni las dos estatuas sedentes de Tebas, cautivas como el alma del desierto en sus pedestales tallados. Ni los cuatro colosos que defienden, en la boca de la tierra, el templo de Ipsambul. Más grande que el San Carlos Borromeo, de torpe bronce, en el cerro de Arona, junto al lago; más grande que la Virgen de Puy, concebida sin alas, sobre el monte que ampara al caserío; más grande que el Arminio de los Cheruskos, que se alza por sobre la puerta de Tautenberg citando con su espada las tribus germánicas para anonadar las legiones de Varus; más grande que la Germania de Niederwald, infecunda hermosura acorazada que no abre los brazos; más grande que la Baviera de Shwautaler que se corona soberbiamente en el llano de Munich, con un león a las plantas, —por sobre las iglesias de todos los credos y por sobre las obras todas de los hombres se levanta de las entrañas de una estrella la «Libertad iluminando al mundo», sin león y sin espada. Está hecha de todo el arte del universo, como está hecha la libertad de todos los padecimientos de los hombres.

De Moisés tiene las tablas de la ley: de la Minerva el brazo levantado: del Apolo la llama de la antorcha: de la Esfinge el misterio de la faz: del Cristianismo la diadema aérea.

Como los montes, de las profundidades de la tierra ha surgido esta estatua, «inmensidad de idea en una inmensidad de forma», de la valiente aspiración del alma humana.

El alma humana es paz, luz y pureza; sencilla en los vestidos, buscando el cielo por su natural morada. Los cintos le queman; desdeña las coronas que esconden la frente; ama la desnudez, símbolo de la naturaleza; para en la luz de donde fue nacida.

La túnica y el *peplum* le convienen, para abrigarse del desamor y el deseo impuro: le sienta la tristeza, que desaparecerá solo de sus ojos cuando todos los hombres se amen; va bien en pies desnudos, como quien solo en el corazón siente la vida: hecha del fuego de sus pensamientos, brota la diadema naturalmente de sus sienes, y tal como remata en cumbre el monte, toda la estatua, en lo alto de la antorcha, se condensa en luz.

Pequeña como una amapola lucía a los pies de la estatua la ancha tribuna, construida para celebrar la fiesta con pinos frescos y pabellones vírgenes. Los invitados más favorecidos ocupaban la explanada frente a la tribuna. La isla entera parecía un solo ser humano.

¡No se concibe cómo voceó este pueblo, cuando su Presidente, nacido como él de la mesa del trabajo, puso el pie en la lancha de honor para ir a recibir la imagen en que cada hombre se ve como redimido y encumbrado!

Solo los estremecimientos de la tierra dan idea de explosión semejante.

El clamor de los hombres moría ahogado por el estampido de los cañones: de las calderas de las fábricas y los buques se exhalaba a la vez el vapor preso con un júbilo loco, conmovedor y salvaje: ya parecía el alma india, que pasaba a caballo por el cielo, con su clamor de guerra: ya que, sacudiendo al encorvarse las campanas todas, se arrodillaban las iglesias: ya eran débiles o estridentes, imitados por las chimeneas de los vapores, los cantos del gallo con que se simboliza el triunfo.

Se hizo pueril lo enorme: traveseaba el vapor en las calderas: jugueteaban por la neblina los remolcadores: azuzaba la concurrencia de los vapores a sus músicas: los fogoneros vestidos de oro por el resplandor del fuego, henchían de carbón las máquinas: por entre la nube de humo se veía a los marineros de la armada, de pie sobre las vergas.

En vano pedía silencio desde la tribuna, moviendo su sombrero negro de tres picos, el mayor general de los ejércitos americanos: ni la plegaria misma del sacerdote Storrs, perdida en la confusión, acalló el vocerío: pero Lesseps, con su cabeza de ochenta años desnuda, bajo la lluvia, supo domarlo. Jamás se olvidará aquel espectáculo magnífico. Más que de un paso, de un salto se puso en pie el gran viejo.

Es pequeño: cabe en el hueco de la mano de la estatua de la libertad; pero rompió a hablar con voz tan segura y fresca que la concurrencia ilustre, arrebatada y seducida, saludó con un vítor que no parecía acabar a aquel monumento humano. ¡Qué era el estruendo, el vocear de las máquinas, el cañonear de los barcos, el monumento arriba, a aquel hombre hecho a tajar la tierra y a enlazar los mares?

¿No hizo reír, reír delante de la estatua, con su primera frase? «El vapor, señores, nos ha hecho progresar de una manera pasmosa; pero en este momento nos hace mucho daño».

¡Viejo maravilloso! Los americanos no lo quieren, porque hace a pesar de ellos lo que ellos no tuvieron el valor de hacer; pero con su primera frase sedujo a los americanos. Luego leyó su discurso, escrito por su misma mano en páginas sueltas, blancas y grandes. Decía cosas de familia, o daba forma familiar a las cosas más graves: se ve en su modo de frasear cómo le ha sido fácil alterar la tierra: cada idea, breve como una nuez, lleva adentro un monte.

No se está quieto cuando habla: se vuelve hacia todos los lados, como para dar a todo el mundo el rostro: algunas frases las dice, y las apoya con toda la cabeza, como si las quisiera clavar: habla un francés marcial, que suena a bronce: su gesto favorito es levantar rápidamente el brazo: sabe que por la tierra se ha de pasar venciendo: la voz, lejos de extinguírsele, le crece con el discurso: sus frases cortas ondean y acaban en punta como los gallardetes: el gobierno americano lo convidó a la fiesta, como el primero de los franceses.

«Me he dado prisa a venir, dice poniendo la mano sobre el pabellón de Francia que viste el antepecho de la tribuna: la erección de la estatua de la Libertad honra a los que la concibieron, y a los que la han comprendido aceptándola». Francia es para él la madre de los pueblos, y con egregia habilidad, deja caer en su discurso este juicio de Hepworth Dixon sin contradecirlo: «Un historiador inglés, Hepworth Dixon, después de decir en su obra sobre la Nueva América que vuestra Constitución no es producto del suelo, ni procede del espíritu inglés, ha añadido: se puede, por lo contrario, considerarla como una planta exótica nacida en la atmósfera de Francia».

No se detiene en símbolos, sino en objetos. Las cosas a sus ojos son por aquello para que sirven. Por la Estatua de la Libertad va él a su canal de Panamá. «Gustáis de los hombres que osan y que perseveran: yo digo como vosotros: *go ahead:* ¡nosotros nos entendemos cuando yo uso este lenguaje!».

¡Ah, piadoso viejo!: antes de que se siente, premiado por los aplausos de sus enemigos mismos, rendidos y maravillados, démosle gracias, allá, en la América que no ha tenido todavía su fiesta, porque recordó nuestros pueblos y pronunció nuestro nombre olvidado en el día histórico en que América consagró a la libertad: ¿pues quién sabe morir por ella mejor que nosotros? ¿y amarla más?

«¡Hasta luego, en Panamá! donde el pabellón de las treinta y ocho estrellas de la América del Norte irá a flotar al lado de las banderas de los Estados independientes de la América del Sur, y formará en el nuevo mundo, para el bien de la humanidad, la alianza pacífica y fecunda de la raza francolatina y de la raza anglosajona».

¡Buen viejo, que encanta a las serpientes! ¡Alma clara, que nos ve lo grande del corazón bajo los vestidos manchados de sangre! ¡A ti, que hablaste de la libertad como si fuera tu hija, la otra América te ama!

Y antes de que se levantara el senador Evarts a ofrecer la estatua al Presidente de los Estados Unidos en nombre de la Comisión americana, la concurrencia, conmovida por Lesseps, quiso saludar a Bartholdi, que con feliz modestia se levantó a dar las gracias al público desde su asiento en la tribuna. Nunca habla el senador Evarts sin noble lenguaje y superior sentido, y es su elocuencia diestra y genuina, que va a las almas porque nace de ellas.

Pero la voz se le apagaba, cuando leía en páginas estrechas el discurso en que pinta, con frase llena de cintas y pompones, la generosidad de Francia.

Y después de Lesseps, parecía una caña abatida: ya en la cabeza no tiene más que frente: apenas puede abrirse paso la inspiración por su rostro enjuto y apergaminado: viste gabán, y lleva el cuello vuelto; le cubría la cabeza un gorro negro.

Y cuando inopinadamente, en medio de su discurso, creyeron llegada la hora de descorrer, como estaba previsto, el pabellón que cubría el rostro de la estatua, la escuadra, la flotilla, la ciudad, rompió en un grito unánime que parecía ir subiendo por el cielo como un escudo de bronce resonante: ¡pompa asombrosa y majestad sublime!; ¡nunca ante altar alguno, se postró un pueblo con tanta reverencia!; los hombres pasmados de su pequeñez, se miraban al pie del pedestal, como si hubieran caído de su propia altura: el cañón a lo lejos retemblaba: en el humo los mástiles se perdían: el grito, fortalecido, cubría el aire: la estatua, allá en las nubes, aparecía como una madre inmensa.

Digno de hablar ante ella pareció a todos el Presidente Cleveland. Él también tiene estilo de médula, acento sincero, y voz simpática, clara y robusta. Sugiere más que explica. Dijo esas cosas amplias y elevadas que están bien frente a los monumentos. Con una mano tenía asido el borde de la tribuna, y la derecha la hundió en el pecho bajo la solapa de la levita. Mira con ese amable desafío que sienta a los vencedores honrados.

¿No se ha de perdonar un poco de altivez a quien sabe que, por ser puro, está lleno de enemigos? Su carne es gruesa y mucha; pero la inteligencia la echa atrás. Aparece como es, bueno y enérgico. Lesseps lo miraba cariñosamente, como si se estuviera haciendo de él un amigo.

También él, como Lesseps, habló con la cabeza descubierta. Sus palabras solicitan el aplauso, más que por la pompa de la frase y autoridad del ademán, por lo vibrante del acento y firme del sentido. Si vaciasen la estatua en palabras, eso mismo diría: «Esta muestra del afecto y consideración del pueblo de Francia demuestra el parentesco de las repúblicas, y nos asegura de que en nuestros esfuerzos para recomendar a los hombres la excelencia de un gobierno fundado en la voluntad popular, tenemos del otro lado del continente americano una firme aliada». «No estamos aquí hoy para doblar la cabeza ante la imagen de un dios belicoso y temible, lleno de rabia y venganza, sino para contemplar con júbilo a nuestra deidad propia, guardando y vigilando las puertas de América, más grande que todas las que celebraron los cantos antiguos: y en vez de asir en su mano los rayos del terror y de la muerte, levanta al cielo la luz que ilumina el camino de la emancipación del hombre». Nació de los corazones cariñosos el largo aplauso que premió a este hombre honrado.

Chauncey Depew, «el orador de plata», comenzó enseguida la oración de la fiesta. Bella hubo de ser, para sujetar sin fatiga, ya al caer la tarde, la atención del concurso.

¿Quién es Chauncey Depew? Todo lo que puede ser el talento, sin la generosidad.

Ferrocarriles son sus ocupaciones; millones sus cifras; emperadores su público; los Vanderbilt, sus Mecenas y amigos. El hombre le importa poco; le importa más el ferrocarril. Tiene el ojo rapaz, la frente ancha y altiva, la nariz corva, el labio superior fino y estrecho, la barba lampiña larga y en punta; y aquí se miran en él por lo armonioso y brillante de su lenguaje, lo agresivo y agudo de su voluntad, y lo listo y seguro de su juicio. Su estilo, fresco y versátil, no chispea ahora como suele en sus oraciones celebradísimas de sobremesa; ni expone con cerrada lógica, como en sus casos de abogado y director de caminos de hierro; ni tunde a sus adversarios sin misericordia como es fama que hace en los malignos y temibles ejercicios de las asambleas políticas: sino cuenta en encendidas frases la vida generosa de aquel que, no satisfecho de haber ayudado a Washington a fundar su pueblo, volvió ¡bendito sea el marqués de Lafayette! a pedir al Congreso norteamericano que diese libertad a «sus hermanos los negros».

Pintó Depew con encendidos párrafos las pláticas amigas de Lafayette y Washington en el hogar modesto de Mount Vernon, y aquel adiós del marqués «purificado por las batallas y las privaciones» al congreso de América, en que veía él «un templo inmenso de la libertad, una lección para los opresores, y una esperanza para los oprimidos de la tierra».

Ni el «noventa y tres» lo aterró, ni el calabozo de Olmütz lo domó, ni la victoria de Napoleón lo convenció: ¿qué son, para quien siente de veras la libertad en el alma, más que acicates las persecuciones y bombas de jabón [de] los imperios injustos de la tierra? Estos hombres de instinto guían el mundo. Raciocinan después que obran.

El pensamiento corrige sus errores; pero no posee la virtud de sus arrebatos. Sienten y empujan. ¡Así, por la voluntad de la naturaleza, en la historia de los hombres está escrito!

Magistrado parecía Chauncey Depew cuando, sacudiendo sobre su cabeza cubierta de un gorro de seda el brazo en que temblaba el dedo índice, reunía en cuadro admirable los beneficios de que goza el hombre en esta tierra fundada por la libertad, y con el fuego del corcel que lleva la espuela hundida en los ijares, trocaba en valor el disimulado miedo, se erguía en nombre de las instituciones libres contra los fanáticos que se acogen de ellas para trabajar por volcarlas, y enseñado por el ímpetu creciente con que se viene encima en los Estados Unidos el problema social, humilló la soberbia por que este caballero de la palabra de plata es afamado, y haló inspirados acentos para decir cual suyas las frases mismas que ostenta como su evangelio la revolución obrera.

¡Tu sombra, pues, oh libertad, convence: y los que te odian o se sirven de ti se postran al mando de tu brazo!

Un obispo en aquel instante surgió en la tribuna, alzó la mano comida por los años, y en el magnífico silencio, puestos en pie a su lado el genio y el poder, bendijo en nombre de Dios la redentora estatua. Entonó la concurrencia, guiada por el obispo, un himno lento y suave, la Doxología mística. De lo alto de la antorcha anunció una señal que había terminado la ceremonia.

Ríos de gente, temerosa de la torva noche, se echaron precipitados, sin respeto a la edad ni a la eminencia, sobre el angosto embarcadero. Pálidamente resonaron las músicas, como si desmayasen la luz de la tarde.

El peso del contento, más que el de los seres humanos, hundía los buques. El humo de los cañonazos envolvía la lancha de honor que llevaba a la ciudad al Presidente. Las aves sorprendidas, en lo alto de la estatua, giraban como medrosas en torno al monte nuevo. Más firmes dentro del pecho sentían los hombres las almas.

Y cuando de la isla convertida ya en altar, arrancaban en la sombra nocturna los últimos vapores, una voz cristalina exhaló una melodía popular, que fue de buque a buque, y mientras en la distancia se destacaban en las coronas de los edificios guirnaldas de luces que enrojecían la bóveda del cielo, un canto a la vez tierno y formidable se tendió al pie de la estatua por el río, y con unción fortificada por la noche, el pueblo entero, apiñado en las popas de los barcos, cantaba con el rostro vuelto a la isla: «¡Adiós mi único amor!».

La Nación. Buenos Aires, 1 de enero de 1887

EL CISMA DE LOS CATÓLICOS
EN NUEVA YORK[*]

Los católicos protestan en reuniones públicas contra la intervención del Arzo-
bispo en sus opiniones políticas.— Compatibilidad del catolicismo y el gobier-
no republicano.— Obediencia absoluta en el dogma, y libertad absoluta en la
política.— Historia del cisma.— La Iglesia Católica en Nueva York, sus
orígenes, y las causas de su crecimiento.— Los irlandeses.— El catolicismo
irlandés: el «Sogarth Aroon».— Elementos puros e impuros del catolicismo.—
Causas de la tolerancia con que se ve hoy en los Estados Unidos el poder cató-
lico.— La Iglesia, la política y la prensa.— Tratos entre la Iglesia y la polí-
tica.— El padre McGlynn.— El padre McGlynn ayuda al movimiento de
reforma de las clases pobres.— Revista del movimiento.— Carácter religioso
del movimiento obrero.— McGlynn favorece las doctrinas de George, que son
las de los católicos de Irlanda.— El Arzobispo suspende al padre McGlynn,
y el Papa le ordena ir a Roma.— El Papa lo degrada.— Santidad del padre
McGlynn.— Rebelión de su parroquia.— Gran «meeting» de los católicos
en Cooper Unión contra el abuso de autoridad del Arzobispo.— Los católi-
cos apoyan a McGlynn y reclaman el respeto a su absoluta libertad política

Nueva York, 16 de enero de 1887

Señor Director de *El Partido Liberal:*
   Nada de lo que sucede hoy en los Estados Unidos es compa-
rable en trascendencia e interés, a la lucha empeñada entre las

---

[*] Publicada también en *La Nación.* Buenos Aires, 14 de abril de 1887.

autoridades de la Iglesia Católica y el pueblo católico de Nueva York, a tal punto que por primera vez se pregunta asombrado el observador leal, si cabrá de veras la doctrina católica en un pueblo libre sin dañarlo, y si es tanta la virtud de la libertad, que restablece en su estado primitivo de dogma poético en las almas una Iglesia que ha venido a ser desdichadamente el instrumento más eficaz de los detentadores del linaje humano. ¡Sí, es la verdad! los choques súbitos revelan las entrañas de las cosas. De la controversia encendida en Nueva York, la Iglesia mala queda castigada sin merced, y la Iglesia de misericordia y de justicia triunfa. Se ve cómo pueden caber, sin alarma de la libertad, la poesía y virtud de la Iglesia en el mundo moderno. Se siente que el catolicismo no tiene en sí propio poder degradante, como pudiera creerse en vista de tanto como degrada y esclaviza; sino que lo degradante en el catolicismo es el abuso que hacen de su autoridad los jerarcas de la Iglesia, y la confusión en que mezclan a sabiendas los consejos maliciosos de sus intereses y los mandatos sencillos de la fe. Se entiende que se pueda ser católico sincero, y ciudadano celoso y leal de una república. ¡Y son como siempre los humildes, los descalzos, los desamparados, los pescadores, los que se juntan frente a la iniquidad hombro a hombro, y echan a volar, con sus alas de plata encendida, el Evangelio! ¡La verdad se revela mejor a los pobres y a los que padecen! ¡Un pedazo de pan y un vaso de agua no engañan nunca!

Acabo de verlos, de sentarme en sus bancos, de confundirme con ellos, de ver brillar el hombre en todo su esplendor en espíritus donde yo creía que una religión atentatoria y despótica lo había apagado. ¡Ah! la religión, falsa siempre como dogma a la luz de un alto juicio, es eternamente verdadera como poesía: ¿qué son en suma los dogmas religiosos, sino la infancia de las verdades naturales? Su rudeza y candor mismos enamoran, como en los poemas. Por eso, porque son gérmenes inefables de certidumbre, cautivan tan dulcemente a las almas poéticas, que no se bajan de buen grado al estudio concreto de lo cierto.

¡Oh, si supieran cómo se aquilatan y funden allí las religiones, y surge de ellas más hermosa que todas, coronada de armonías y vestida de himnos, la Naturaleza! Lo más recio de la fe del hombre en las religiones es su fe en sí propio, y su soberbia resistencia a creer que es capaz de errar: lo más potente de la fe es el cariño a los tiempos tiernos en que se la recibe, y a las manos adoradas que nos la dieron. ¿A qué riñen los hombres por estas cosas que pueden analizarse sin trabajo, conocerse sin dolor, y dejarlos a todos confundidos en una portentosa y común poesía?

Acabo de verlos, de sentarme a su lado, de desarrugar para ellos esta alma ceñuda que piedra a piedra y púa a púa elabora el destierro. Otro se hubiera regocijado de su protesta: yo me regocijaba de su unión. ¿Para qué estaban allí aquellos católicos, aquellos trabajadores, aquellos irlandeses? ¿Para qué estaban allí aquellas mujeres de su casa, gastadas y canosas? ¿Para qué estaban allí los hombres nobles de todos los credos, sino para honrar al santo cura, perseguido por el Arzobispo de su Iglesia por haberse puesto del lado de los pobres?

Era en «Cooper Union», la Unión de Cooper, la sala de reuniones de la escuela gratuita, que aquel gran viejo levantó con sus propias ganancias para que otros aprendiesen a vencer las dificultades que él había hallado en la vida: ¡jamás ha sido tan bello un hombre que no lo era! Era en la sala baja de «Cooper Union». Llovía afuera y adentro rebosaba. Apenas se encontraba rostro innoble, no porque no los hubiese, sino porque no lo parecían. Seis mil hombres, seis mil católicos, ocupaban los asientos, los pasillos, las puertas, las espaciosas galerías. ¡Al fin, les habían echado de su Iglesia a su «Sogarth Aroon», al «cura de los pobres», al que los aconseja sin empequeñecerlos desde hace veintidós años, al que ha repartido entre los infelices su herencia y su sueldo, al que no le han seducido sus mujeres ni iniciado en torpezas a sus hijas, al que le han alzado en su barrio de pobres una iglesia que tiene siempre los brazos abiertos, al que jamás aprovechó el influjo de la fe para intimidar las almas, ni oscurecer los pensamientos, ni reducir su libre espíritu al servicio ciego de los intereses mundanos e impuros de la Iglesia, al padre McGlynn! Lo han echado de su casa y de su templo, su mismo sucesor lo expulsa de su cuarto de dormir: han arrancado su nombre del confesionario: ¿quién se confesará ahora con el espíritu del odio? Porque ha dicho lo que dijo Jesús, lo que dice la Iglesia de Irlanda con autorización del Papa, lo que predica a su diócesis el Obispo de

Meade, lo que puso a los pies del Pontífice como verdad eclesiástica el profundo Balmes; porque ha dicho que la tierra debe ser de la nación, y que la nación no debe repartir entre unos cuantos la tierra; porque con su fama y dignidad, porque con su sabiduría y virtud, porque con su consejo y su palabra, ayudó en las elecciones magníficas de otoño a los artesanos enérgicos y los pensadores buenos que buscan en la ley el remedio de la pobreza innecesaria —¡su Arzobispo le quita su curato y el Papa le ordena ir disciplinado a Roma!

Cuando por creer a Cleveland honrado, lo defendió en sus elecciones el padre McGlynn hace dos años en la tribuna política, no se lo tuvo a mal el Arzobispo, porque Cleveland era el candidato del partido con que está en tratos en Nueva York la Iglesia, ¡en tratos y en complicidades! ¡Pero lo mismo que pareció bien al Arzobispo en el padre McGlynn cuando defendía al candidato arzobispal, esa misma expresión de preferencia política de parte de un sacerdote católico, le parece mal ahora que la defensa del padre McGlynn puede alarmar a los ricos protestantes, que se atrincheran en la Iglesia y se valen de ella, para oponerse a la justicia de los pobres que la levantaron!

La Iglesia Católica vino a los Estados Unidos en hombros de los emigrados irlandeses, en quienes, como en los polacos, se ha fortalecido la fe religiosa porque sus santos fueron en tiempos pasados los caudillos de su independencia, y porque los conquistadores normandos e ingleses les han atacado siempre a la vez su religión y su patria. La religión católica ha venido a ser la patria para los irlandeses; pero no la religión católica que el servil y desagradecido secretario del Papa Pío VII ponía de asiento del rey protestante de Inglaterra Jorge III, cuando al pedir favores a este enemigo implacable de los católicos de Irlanda, le hacía observar que «las colonias protestantes de América se habían alzado contra su Graciosa Majestad, mientras que la colonia católica del Canadá le había quedado fiel»; sino aquella otra religión de los obispos caballeros y poetas que con el arpa de oro bordada en su estandarte verde como su campiña, hacían atrás a los clérigos hambrientos que venían de Roma, manchados con un fausto inicuo, con todos los vicios de una oligarquía soberbia y con el compromiso inmoral de ayudar contra sus vasallos y enemigos, mediante el influjo de la fe, a los príncipes de quienes habían recibido donaciones. Los mercaderes de la divinidad mordieron el suelo ante los sencillos teólogos de Irlanda, que tenían pan seguro en la mesa de los pobres, y no apetecían más púrpura que aquella de que les investía el hierro del conquistador, al herirlos, con el himno en los labios, entre las turbas de fieles campesinos que peleaban rabiosamente por su libertad. El cura irlandés fue la almohada, la medicina, el verso, la leyenda, la cólera de Irlanda: de generación en generación, precipitado por la desdicha, se fue acumulando en el irlandés este amor al cura, ¡y antes le quemarán al irlandés el corazón en su pipa, que arrancarle [el] cariño a su «Sogarth Aroon», su poesía y su consuelo, su patria en el destierro y el olor de su campo nativo, su medicina y su almohada!

Así creció rápidamente, sin razón para pasmo ni maravilla, el catolicismo en los Estados Unidos, no por brote espontáneo ni aumento verdadero, sino por simple trasplante. Tantos católicos más había en los Estados Unidos al fin de cada año, cuantos inmigrantes de Irlanda llegaban durante él. Con ello venía el cura, que era su consejero y lo que les quedaba de la patria. Con el cura la Iglesia. Con los hijos educados en ese respeto, la nueva generación de feligreses. Con la noble tolerancia del país, la facilidad de levantar por sobre las torres protestantes las torres de los centavos irlandeses. Esos fueron los cimientos del catolicismo en estos Estados: los hombres de camisa sin cuello y de chaqueta de estameña, las pobres mujeres de labios belfudos y de escaldadas manos.

¿Cómo no habían de entrarse por campo tan productivo los espíritus audaces y despóticos, cuyo predominio lamentable y perenne es la plaga y ruina de la Iglesia? La vanidad y la pompa continuaron la obra iniciada por la fe; desdeñando a la gente humilde, a quien debía su establecimiento y abundancia, levantó reales la Iglesia en la calle de los ricos, deslumbró fácilmente con su aparato suntuoso el vulgar apetito de ostentación, común a las gentes de súbito engrandecimiento y escasa cultura, y aprovechó las naturales agitaciones de la vida pública en una época de estudio y reajuste de las condiciones sociales, para presentarse ante los ricos alarmados como el único poder que con su sutil influjo en los espíritus podía refrenar la marcha temible de los pobres, manteniéndoles viva la fe en un mundo cercano en que ha de saciarse su sed de justicia, para que así no sientan tan ardientemente el deseo de saciarla en esta vida. ¡De ese modo se ve que en esta fortaleza del protestantismo, los protestantes, que aún representan aquí la clase rica y culta, son los amigos tácitos y tenaces, los cómplices agradecidos de la religión que los tostó en la hoguera, y a quien hoy acarician porque les ayuda a salvar su exceso injusto de bienes de fortuna! ¡Fariseos todos, y augures!

Puesta ya en el deseo del poder, en que el misterio religioso y lo amenazante de los tiempos la favorecen tanto, echó la Iglesia Católica los ojos sobre el origen de él, que es aquí el voto público, como en las monarquías los echa sobre los soberanos. Y traficó en votos. La democracia era el partido vencido cuando arreció la inmigración irlandesa; y como siempre fue de partidos vencidos el parecer liberales, a él se iban los inmigrantes tan luego como entraban en sus derechos de ciudadanía, por lo que vino a ser formidable el elemento católico en el partido democrático, y triunfar este en la ciudad de Nueva York y aquellas otras donde se aglomeraban los irlandeses. Pronto midieron y cambiaron fuerzas la Iglesia, que podía influir en los votos, y los que necesitaban de ellos para subir al goce de los puestos públicos. La Iglesia Católica comenzó a tener representantes interesados y sumisos en los ayuntamientos, asambleas y consejos de los gobernadores, y a vender su influjo sobre el sufragio a cambio de donaciones de terreno y de leyes amigas; y sintiéndose capaz de elegir los legisladores, o impedir que fuesen electos, quiso que hiciesen las leyes para el beneficio exclusivo de la Iglesia, y en nombre de la libertad fue proponiendo poco a poco todos los medios de sustituirse a ella.

Todo lo osó la Iglesia desde que se sintió fuerte entre las masas por una fe que no pregunta, entre los poderosos por la alianza que les ofrecía para la protección de los bienes mundanos, y entre los políticos por la necesidad que estos tienen del voto católico. En el barrio de los Palacios alzó una catedral de mármol, rodeada de edificios de beneficencia, donde los viera y alabara todo el mundo, —¡no como los que ha mantenido el padre McGlynn, que están en los barrios sombríos donde las almas saben de angustia! Comenzaron a verse los milagros de la influencia eclesiástica: abogados mediocres con clientela súbita, médicos untuosos que dejan preparada para el bálsamo a la atribulada enferma, banqueros favorecidos sin razón visible por la confianza de sus depositantes, cardenales de seda y de miel que venían de Inglaterra, frescos y lisos como una manzana nueva, a convertir a la fe en el Arzobispo las familias ricas. Hubo hospitales y asilos deslumbrantes. Los candidatos de más empuje solicitaban el apoyo a la neutralidad de la Iglesia. ¡Los periódicos mismos, que debían ser los verdaderos sacerdotes, atenúan o disimulan sus creencias, coquetean con el palacio arzobispal, y parecen aplaudir sus ataques a las libertades públicas, por miedo los unos de verse abandonados por sus lectores católicos, y los otros por el deseo de fortificar a un aliado valioso en la lucha para la conservación de sus privilegios! Se usó la amable influencia del «Sogarth Aroon» para llevar el voto irlandés por donde convenía a la autoridad arzobispal, confabulada para sacar ventaja de las leyes con los que, como ella, comercian con el voto. Y así creció en proporciones enormes la fuerza de la Iglesia en los Estados Unidos, por la complicidad y servicio de las camarillas políticas, por lo temido de las aspiraciones de las masas de obreros, por lo desordenado y tibio de las sectas protestantes, por lo descuidado de la época en cosas religiosas, por lo poco conocido de la ambición y métodos del clero de Roma, por lo vano y necio de los advenedizos enamorados de la pompa nueva, y sobre todo, por aquella vil causa, propiamente nacida en este altar del dinero, de considerar el poder de la Iglesia sobre las clases llanas como el valladar más firme a sus demandas de mejora, y el más seguro mampuesto de la fortuna de los ricos.

Tal parece que en los Estados Unidos han de plantearse y resolverse todos los problemas que interesan y confunden al linaje humano, que el ejercicio libre de la razón va a ahorrar a los hombres mucho tiempo de miseria y de duda, y que el fin del siglo diecinueve dejará en el cenit el sol que alboreó a fines del dieciocho entre caños de sangre, nubes de palabras y ruido de cabezas. Los hombres parecen determinados a conocerse y afirmarse, sin más trabas que las que acuerden entre sí para su seguridad y honra comunes. Tambalean, conmueven y destruyen, como todos los cuerpos gigantescos al levantarse de la tierra. Los extravía y suele cegarles el exceso de luz. Hay una gran trilla de ideas, y toda la paja se la está llevando el viento. Enormemente ha crecido la majestad humana. Se conocen repúblicas falsas, que cernidas en un tamiz solo producirían el alma de un lacayo; pero donde la libertad verdaderamente impera, sin más obstáculos que los que le pone nuestra naturaleza, ¡no hay trono que se parezca a la mente de un hombre libre, ni autoridad más augusta que la de sus pensamientos! Todo lo que atormenta o empequeñece al hombre está siendo llamado a proceso, y ha de sometérsele. Cuanto no sea compatible con la dignidad humana, caerá. A las poesías del alma nadie podrá cortar las alas, y siempre habrá ese magnífico desasosiego, y esa mirada ansiosa hacia las nubes. Pero lo que quiera permanecer ha de conciliarse con el espíritu de libertad, o de darse por muerto. Cuanto abata o reduzca al hombre, será abatido.

Con las libertades, como con los privilegios, sucede que juntas triunfan o peligran, y que no puede pretenderse o lastimarse una sin que sientan todas el daño o el beneficio. Así la Iglesia Católica de los Estados Unidos, con sus elementos virtuosos e impuros, sale a juicio por esclavizadora y tiránica cuando los espíritus generosos del país deciden ponerse a la cabeza de los desdichados, para ayudar a mejorar la servidumbre de cuerpo y espíritu en que viven. Todas las autoridades se coligan, como todos los sufrimientos. Hay la fraternidad del dolor, y la del despotismo.

Viva está aún en la memoria, como si se hubiese visto pasar una legión de apóstoles, la admirable campaña para las elecciones de corregidor de Nueva York en el otoño de 1886. En ella apareció por primera vez con todo su poder el espíritu de reforma que anima a las masas obreras, y a los hombres piadosos que sufren de sus males. Hay hombres ardientes en quienes, con todos los tormentos del horno, se purifica la especie humana. ¡Hay hombres dispuestos para guiar sin interés, para padecer por los demás, para consumirse iluminando!— En esa campaña se vio la maravilla de que un partido político nuevo, que apenas cuenta tres años de disensiones y errores preparatorios, combatiese sin amigos, sin tesoro, sin autoridades complacientes o serviles, sin castas cómplices, y estuviese a punto de vencer, porque no le animaba el mero entusiasmo de las campañas políticas, sino un ímpetu de redención, pedida en vano a los partidos ofrecedores y parleros.

Ya se saben los orígenes de este movimiento histórico. Henry George vino de California, y reimprimió su libro «El Progreso y la Pobreza», que ha cundido por la cristiandad como una Biblia.

Es aquel mismo amor del Nazareno, puesto en la lengua práctica de nuestros días. En la obra, destinada a incurrir las causas de la pobreza creciente a pesar de los adelantos humanos, predomina como idea esencial la de que la tierra debe pertenecer a la Nación. De allí deriva el libro todas las reformas necesarias. —Posea tierra el que la trabaje y la mejore. Pague por ella al Estado mientras la use. Nadie posea tierra sin pagar al Estado por usarla. No se pague al Estado más contribución que la renta de la tierra. Así el peso de los tributos a la Nación caerá sobre los que reciban de ella manera de pagarlos, la vida sin tributos será barata y fácil, y el pobre tendrá casa y espacio para cultivar su mente, entender sus deberes públicos, y amar a sus hijos.

No solo para los obreros, sino para los pensadores, fue una revelación el libro de George. Solo Darwin en las ciencias naturales ha dejado en nuestros tiempos una huella comparable a la de George en la ciencia de la sociedad. Se ve la garra de Darwin en la política, en la historia y en la poesía; y dondequiera que se habla inglés, con ímpetu soberano se imprime en los pensamientos la idea amante de George. Él es de los que nacen padres de hombres: ¡allí donde ve un infeliz, siente la bofetada en la mejilla! En torno suyo se agruparon los gremios de obreros: —¡Educarse, les dijo, es indispensable para vencer! En un pueblo donde el sufragio es el origen de la ley, la revolución está en el sufragio. El derecho se ha de defender con entereza; pero amar es más útil que odiar. —Cuando los obreros de Nueva York se sintieron fuertes, todos, católicos, protestantes y judíos, —todos, irlandeses, alemanes y húngaros, —todos, republicanos y demócratas, designaron a George como su candidato para dar, con motivo de las elecciones de corregidor de Nueva York, la primera muestra de su voluntad y poder.

No era un partido que se formaba, sino una iglesia que crecía. Semejante fervor solo se ha visto en los movimientos religiosos. Hasta en los meros detalles físicos parecían aquellos hombres dotados de fuerza sobrenatural. El hablar no les enronquecía. El sueño no les hacía falta. Andaban como si hubieran descubierto en sí un ser nuevo. Tenían la alegría profunda de los recién casados. Improvisaron tesoro, máquina de elecciones, juntas, diario. Grande fue la alarma de las camarillas políticas, de las asociaciones de rufianes y logreros que viven regaladamente de la compra y venta del sufragio. Aquellas hordas de votantes se les escapaban, y entraban en la luz. «¡Buscad el remedio de vuestros males en la ley!» dicen los partidos políticos a los obreros, cuando censuran sus tentativas violentas o anárquicas, pero apenas forman los obreros un partido para buscar en la ley su remedio, los llamaron revolucionarios y anarquistas: los dejó solos la prensa: las castas superiores les negaron su ayuda: los republicanos, partidarios de los privilegios, los denunciaron como enemigos de la patria; y los demócratas, amenazados de cerca en sus empleos e influjo, pidieron auxilio a los poderes aliados a ellos para administrar la ley en el común beneficio. La Iglesia entera cayó sobre los trabajadores que la han edificado. El Arzobispo que depone a un sacerdote por haber apoyado la política de las clases llanas, ordena en carta circular a sus párrocos que apoyen la política de los logreros y rufianes determinados a venderlas. ¡Solo un párroco, el más ilustre de todos, el único ilustre, no abandonó a las clases llanas, el padre McGlynn!

Pues qué: si el Arzobispo, que ha de ser el ejemplo de los curas, puede favorecer una política, ¿cómo ha de ser delito en un cura hacer lo mismo que hace el Arzobispo? ¿Y de qué parte estará la santidad, de los que se ligan con los poderosos para sofocar el derecho de los infelices, o de los que, desafiando la ira de los poderosos, y estando sobre todos ellos en inteligencia y virtud, dan con el pie a la púrpura y van silenciosamente a sentarse entre los que padecen?

Dicen que hay santidad igual a la del padre McGlynn, pero no mayor: que en su espíritu excelso es tal mansedumbre que no halla obstáculo en toda su sabiduría al dogma del descendimiento de la gracia: que ve al hombre más alto tan esclavo del cuerpo, que no acierta a comprender por qué aquel que triunfó de su cuerpo fuese solamente un hombre. Dicen que la virtud le parece tan deseable y bella que no quiere otra esposa. Dicen que vive para consolar al desdichado, robustecer y dilatar las almas, elevarlas por la esperanza y la hermosura del culto a un estado amoroso de poesía, y hacer triunfar en el seno de la Iglesia el espíritu de caridad universal que la engendró, sobre la ambición, el despotismo y el interés que la han desfigurado. Pero también dicen que tiene la energía indomable de los que no sirven a los hombres, ¡sino al hombre!

Cuanto sofoca o debilita al hombre, le parece un crimen. No puede ser que Dios ponga en el hombre el pensamiento, y un arzobispo, que no es tanto como Dios, le prohíba expresarlo. Y si unos curas pueden por orden del Arzobispo intimar desde el púlpito a sus feligreses que voten por el enemigo de los pobres, ¿por qué no ha de poder otro cura, por su derecho de hombre libre, ayudar a los pobres fuera del altar, sin valerse, ni aun para hacerles bien en cosas no religiosas, de su autoridad puramente religiosa sobre las conciencias? ¿Quién peca, el que abusa de su autoridad en las cosas del dogma para favorecer inmoralmente desde la cátedra sagrada a los que venden la ley en pago del voto que les pone en condición de dictarla, o el que sabiendo que al lado del pobre no hay más que amargura, lo consuela en el templo como sacerdote, y le ayuda fuera del templo como ciudadano?

El párroco, es verdad, debe obediencia a su Arzobispo en materias eclesiásticas; pero en opiniones políticas, en asuntos de simple economía y reforma social, en materias que no son eclesiásticas ¿cómo ha de deber el párroco obediencia absoluta a su Arzobispo, si las materias no pertenecen a la administración del templo ni al ejercicio del culto a que se limita su autoridad sobre el párroco? ¿Cómo ha de ser en Nueva York mala doctrina católica la nacionalización de la tierra que hoy mismo promulga todo el clero católico de Irlanda? ¿O no ha de tener el párroco más política que la que le manda tener su Arzobispo, que no es autoridad suya en política, y cura viene a ser tanto como esclavo, que tiemble ante la ira del señor, porque se atreve a abogar con ternura por los desventurados? ¿O el cura ha de renunciar a tener patria?

Pues porque el Arzobispo, que ha expresado en una pastoral opinión sobre la propiedad de la tierra, ordenó sin derecho al padre McGlynn que no asistiese a una reunión pública en que se iba a tratar la cuestión de la tierra, y el padre lo desatendió en aquello en que tenía el derecho de cura y el deber de hombre de desatenderlo, lo suspendió el Arzobispo en sus funciones parroquiales, ¡a él, que ha hecho un cesto de amor de su parroquia! Porque desatendió a su superior eclesiástico en una materia política, el Papa le ordena ir, ¡a él, a la virtud humanada, en castigo a Roma! Y porque en vez de ir, explica al Papa en una carta sumisa el error porque se le condena, el Papa, ¡a él, el único sacerdote santo de su diócesis, le arranca las vestiduras sacerdotales!

Aquí fue donde se vio el espectáculo hermoso. Al poder, claro está, ¿cómo han de faltarle amigos? Los que viven del voto de la Iglesia, los políticos que la temen, los que tienen de ella recomendación o apoyo, los que la miran como salvaguardia de sus riquezas excesivas, la prensa interesada en conservar su alianza, aletean satisfechos en la sombra en torno del palacio arzobispal; pero la parroquia en masa ha desertado los bancos de la iglesia, ha vestido de siempreviva el confesionario vacío de su párroco, ha echado indignada de la sala de reuniones del templo al nuevo cura, que osó presentarse a disolver una junta de los feligreses para expresar cariño a su «Sogarth Aroon» ardientemente amado.— «¡Por él, por él, estaremos contra el Arzobispo y contra el Papa!». —«¡Nadie nos le hará daño, ni ha de faltarle en esta tierra nada!». —«Hemos levantado este templo con nuestro dinero: ¿quién ha de atreverse a echarnos de nuestro templo?».

«¿A quién ha podido ofender ese santo que vive para los pobres?». —«¿Por qué nos le maltratan, porque se opuso a que tuviéramos escuelas religiosas que no necesitamos, cuando tenemos la escuela pública para aprender, y para la religión tenemos nuestra casa y nuestra iglesia?». —«¡Él nos quiere católicos, pero también nos quiere hombres!». Mujeres eran las más entusiastas de la junta. Una mujer redactó la protesta que llevó la comisión de la junta al Arzobispo. Artesanos fornidos sollozaban, con los rostros ocultos en las manos. El padre, humilde y enfermo, a nadie ha visto, ni con nadie ha hablado, y padece en la casa pobre de una hermana.

Pero los católicos de Nueva York se alzan coléricos contra el Arzobispo, preparan juntas colosales; oponen la piedad inefable del cura perseguido al indigno carácter de obispos y vicarios que el arzobispado tiene en gloria: y con toda la intensidad del alma irlandesa recaban su derecho a pensar libremente sobre las cosas públicas, denuncian los tratos inmorales del arzobispado con los mercenarios políticos a cuyos dictados obedece, proclaman que fuera de las verdades de Dios y el gobierno de su casa «el Arzobispo de Nueva York no tiene sobre las opiniones políticas de su grey más autoridad que la del hombre intermediario que andan buscando los naturalistas en los senos de África», y recuerdan que hubo en Irlanda un arzobispo que murió de vergüenza y abandono por haber condenado la resistencia justa de los católicos irlandeses a la corona protestante de Inglaterra. «¡Sobre nuestras conciencias, Dios; pero nadie venga a segarnos el pensamiento, ni a quitarnos el derecho de gobernar a nuestro entender nuestra República!». —«En las cosas del dogma, la Iglesia es nuestra madre; pero fuera del dogma, la Constitución de nuestro país es nuestra Iglesia». —«¡Arzobispo, manos fuera!».

Nunca, ni en la campaña de George en el Otoño, hubo entusiasmo mayor. Retumbaba la sala con los vítores cuando aquellos católicos prominentes vindicaban en frases fervorosas la libertad absoluta de su opinión política.

«¿Conque a nuestro consuelo, al que fue honor por su sabiduría en la propaganda y es estrella por su caridad en Nueva York: conque a ese santo padre McGlynn que es nuestro decoro y alegría, y nos ha enseñado con su ejemplo y palabra amorosa toda la razón y hermosura de la fe; conque al que en nuestras manos vertió toda su fortuna, y nos devolvía en limosnas el sueldo que le dábamos y jamás quiso abandonar el barrio de sus pobres, nos lo echan de la iglesia que él mismo levantó, nos le niegan por un día más el cuarto donde reza y sufre,—y ese otro obispo Ducey que se llevó bajo su capa al Canadá a un banquero ladrón, goza de toda la confianza de la Iglesia? ¿Conque el Arzobispo compele a nuestro Papa a ser injusto con esta gloria de la fe cristiana, y asiste compungido a los funerales de ese católico liberticida, de ese Jaime McMaster, que lucía como los ojos de las hienas, que pasó la vida vilipendiando a los pueblos libres y ayudando con su palabra venenosa a los dueños de esclavos y a los monarcas?». —«¡Líbrenos Dios de hablar contra nuestra fe, de obedecer a los sacerdotes que atentan a nuestra libertad de ciudadanos y de abandonar a nuestro "Sogarth Aroon", por cuya inmensa caridad se ha hecho el catolicismo raíz de nuestras almas!».

En este fervor queda el cisma de los católicos. ¡Cuántas intrigas y complicidades, cuántos peligros para la República ha revelado! ¿Conque la Iglesia compra influjo y vende voto? ¿Conque la santidad la encoleriza? ¿Conque es la aliada de los ricos de las sectas enemigas? ¿Conque prohíbe a sus párrocos el ejercicio de sus derechos políticos; a no ser que los ejerzan en pro de los que trafican en votos con la Iglesia? ¿Conque intenta arruinar y degrada a los que ofenden su política autoritaria, y siguen mansamente lo que enseñó el dulcísimo Jesús? ¿Conque no se puede ser hombre y católico? ¡Véase como se puede, según nos lo enseñan estos nuevos pescadores! ¡Oh, Jesús! ¿Dónde hubieras estado en esta lucha? ¿acompañando al Canadá al ladrón rico, o en la casita pobre en que el padre McGlynn espera y sufre?

El Partido Liberal. México, 9 de febrero de 1887

HENRY WARD BEECHER:
SU VIDA Y SU ORATORIA

Parece que la libertad, dicha del mundo, puede rehacer la muerte. El hombre, turbado antes en la presencia de lo invisible, lo mira ahora sereno, como si la tumba no tuviese espantos para quien ha pasado con decoro por la vida. Ya alborea la alegría en la gigantesca crisis; de cada nuevo hervor sale más bello el mundo; el ejercicio de la libertad conduce a la religión nueva. En vano frunce la razón meticulosa el ceño, y recatando con estudiado livor la fe invencible, escribe la duda sus versos raquíticos y atormentados. ¿A qué sino a desconfiar de la eficacia de la existencia han de llevar las religiones que castigan y los gobiernos tétricos? Así, donde la razón campea florece la fe en la armonía del Universo.

El hombre crece tanto, que ya se sale de su mundo e influye en el otro. Por la fuerza de su conocimiento abarca la composición de lo invisible, y por la gloria de una vida de derecho llega a sus puertas seguro y dichoso. Cuando las condiciones de los hombres cambian, cambian la literatura, la filosofía y la religión, que es una parte de ella; siempre fue el Cielo copia de los hombres, y se pobló de imágenes serenas, regocijadas o vengativas, conforme viviesen en paz, en gozos de sentidos, o en esclavitud y tormento, las naciones que las crearon. Cada sacudida en la historia de un pueblo altera su Olimpo; la entrada del hombre en la ventura y ordenamiento de la libertad produce, como una colosal florescencia de lirios, la fe casta y profunda en la utilidad y justicia de la Naturaleza. Las religiones se funden en la religión; surge la apoteosis tranquila y radiante del polvo de las iglesias; ya no cabe en los templos, ni en estos ni en aquellos, el hombre crecido; la salud de la libertad prepara a la dicha de la muerte. Cuando se ha vivido para el hombre, ¿quién nos podrá hacer mal, ni querer mal? La vida se ha de llevar con bravura y a la muerte se la ha de esperar con un beso.

Henry Ward Beecher, el gran predicador protestante, acaba de morir. En él, como criatura de su época, la fe en Cristo, heredada de su pueblo, ya se dilataba con la grandiosa herejía, y su palabra, como las nubes que se deshacen a la aurora, tenía los bordes orlados con los colores fogosos de la nueva luz; en él, como en su tiempo y pueblo, los dogmas enemigos, hijos enfermos de una sombría madre, se unían atropelladamente, con canto de pájaros que festejan la muda de sus plumas a la Primavera; en él, hijo culminante de un país libre, la vida ha sido un poema y la muerte una casa de rosas. En la puerta de su casa no pusieron, como es costumbre, un lazo de luto, sino una corona. Sus feligreses le bordaron, para cubrir su féretro, un manto de claveles blancos, rosas de Francia y siemprevivas. En sus funerales oficiaron todas las sectas, excepto la católica. A su iglesia, la iglesia que llamó a su púlpito a los perseguidos y rescató a los esclavos, la vistieron de rosas, del pavimento al techo, y parecía, al penetrar en el enflorado recinto, ¡que la iglesia cantaba!

Nada es un hombre en sí, y lo que es, lo pone en él su pueblo. En vano concede la Naturaleza a algunos de sus hijos cualidades privilegiadas; porque serán polvo y azote si no se hacen carne de su pueblo, mientras que si van con él, y le sirven de brazo y de voz, por él se verán encumbrados, como las flores que lleva en su cima una montaña.

Los hombres son productos, expresiones, reflejos. Viven, en lo que coinciden con su época o en lo que se diferencian marcadamente de ella; lo que flota, les empuja y pervade; no es aire solo lo que les pesa sobre los hombros, sino pensamiento; esas son las grandes bodas del hombre: sus bodas con la patria. ¿Cómo, sin el fragor de los combates de su pueblo, sin sus antecedentes e instituciones, hubiera llegado a su singular eminencia Henry Ward

Beecher, pensador inseguro, orador llano, teólogo flojo y voluble, pastor hombruno y olvidadizo, palabra helada en la iglesia? Nada importa que su secta fuese más liberal que las rivales, porque los hombres, subidos ya a la libertad entera, no han de bajar hasta una de sus gradas. Pero Beecher, criado en la hermosura y albedrío del campo, por padres en quienes se acumularon por herencia los caracteres de su nación, creció, palpitó, culminó como ella, y en su naturaleza robusta, nodriza de aquella palabra pujante y desordenada, se condensaron las cualidades de su pueblo; clamó su crimen, suplicó su miedo, retemblaron sus batallas y tendieron las alas sus victorias.

Él era, es verdad, como arpa en que los vientos, juguetones o arrebatados, ya revolotean sacudiendo las cuerdas blandamente, ya se desatan con cólera y empuje, arrancándoles sonidos siniestros; mas, sin los vientos, ¿qué fuera de las arpas? Él era sano, caminador, laborioso, astuto, fuerte; él había levantado en el Oeste su casa con sus manos; él traía de la contemplación de la Naturaleza una elocuencia familiar, grata y armónica, y de los trabajos y choques de la vida la pertinacia y la cautela; él, semejante en todo esto a su nación, aún se le asemejaba más en el espíritu rebelde que conviene a los pueblos recién salidos de la servidumbre, y en lo rudimentario y llano de su cultura. Él usaba, como su pueblo, sombrero de castor y zapatos de becerro; él, que perteneció en su Estado nativo al bando de colonos hostiles a la esclavitud, trajo al público de Brooklyn aquella ira local que fue nacional luego; él puso al servicio de la campaña de la abolición su salud desbordante, su espíritu indisciplinado, su oratoria pintoresca, su dialecto eclesiástico, embellecido con una natural poesía; él vio crecer los tiempos, a través de las señales engañosas, y se puso junto a ellos en la época feliz en que la virtud era oportuna.

Cautivó a su congregación con la novedad, llaneza y gracejo de sus sermones; arremetió contra la esclavitud con todo su ímpetu y descomedimiento campesinos. Cedió su púlpito a los abolicionistas apedreados por las turbas. Su oratoria batallante y esmaltada tuvo pronto por admiradora a la nación. Y cuando Inglaterra ayudaba a los Estados rebeldes, a los dueños de esclavos, él se fue al corazón de Inglaterra; la hizo reír, llorar, avergonzarse, celebrar en él la justicia de su pueblo. Luego bajó la cuesta de la vida, acusado de una culpa odiosa: el adulterio con la mujer de un amigo. Veinte años ha llevado la carga, jadeando como un Hércules. Jamás recobró la altura que tenía antes de su pecado, porque todo se puede fingir, menos la estimación de sí propio; aunque en su pasmosa energía, o en su sincero arrepentimiento, encontró fuerzas para seguir siendo elocuente cuando ya no era honrado.

Mas desde que quedó resuelto el gran problema en que se confundió con su República, solo fue lo que con su naturaleza bullente, encogullada en un dogma religioso, hubiera sido siempre en un país donde la fe no es asustadiza y la originalidad es rara: fue una fuerza de palabra, como otros son una fuerza de acto. Hay palabras de instinto, que vienen sobre el mundo en las horas de renuevo, como los huracanes y las avalanchas; retumban y purifican, como el viento; elaboran sin conciencia, como los insectos y las arenas de la mar. Era un orador superior a sí mismo. Divisaba el amor futuro; defendía, con pujanza de león, la dignidad humana; se le abrasaba el corazón de libertad. Demolía involuntariamente; solo dejó en pie los dogmas indispensables para que su congregación no lo depusiera por hereje. Traía a su púlpito a los adversarios, a un cardenal, a un ateo. Apenaba verle luchar entre sus hipócritas reticencias de pastor y el concepto filosófico del mundo, que se enseñoreaba de su juicio. No se atrevió, acobardado por la ancianidad, a defender a los pobres como había defendido a los negros. Pero introdujo en el culto cristiano la soltura, gracia y amor de la Naturaleza; congregó en el cariño al hombre las sectas hostiles que con sus comadrazgos y ceños lo han atormentado; y con una oratoria que solía ser dorada como el plumaje de las oropéndolas, clara como las aguas de las fuentes, melodiosa como la fronda poblada de nidos, triunfante como las llamaradas de la aurora, anunció desde el último templo grandioso de la cristiandad que la religión venidera y perdurable está escrita en las armonías del Universo.

Henry Ward venía de antepasados vigorosos; de una partera puritana, que sacó al mundo mucho hijo de peregrino cuando aún no se había podrido la madera de La Flor de Mayo; de jayanes que bebían la sidra a barril alzado, como los catalanes beben el vino en sus porrones; de un herrero que, a la sombra de un roble, hacía las mejores azadas de la comarca; de un posadero parlanchín que pasaba los días debatiendo, con los seminaristas que se hospedaban en su casa, sobre la religión y la política; del pastor Lyman Beecher, el padre de Henry, en quien culminó la fuerza exaltada, nomádica y agresiva de aquella familia de puritanos menestrales.

En los tiempos de Lyman, los estudiantes se apellidaban con los nombres gloriosos de la Enciclopedia. Todos sabían de memoria *La Edad de la Razón*, de Tomás Paine; todos, como Paine, jugaban, se embriagaban, adoraban sus puños y sus remos, se descuadernaban sobre las cabezas las Biblias. Lyman, que empezó en el seminario de despensero, salió de él pastor elocuente. Componía sus sermones vagando por el campo; y luego, en el desorden de la improvisación en las mentes que no se han nutrido por igual ni fueron criadas en el ejercicio y sensatez del arte, los exhalaba con la fuerza histórica que le venía de sus abuelos, y de lo agitado y directo de su propia vida. La palabra le molestaba y oprimía, hasta que, como apretado granizo, la vaciaba sobre sus oyentes en apotegmas y epigramas; y tan estremecido quedaba del choque, que le conocían por «el pastor del violín», porque calmaba la agitación de sus sermones tocando al volver de la iglesia un aire viejo, o bailando con gran ligereza el trenzadillo en la sala de su casa, la casa de un pastor de pueblo que ganaba trescientos pesos al año. La alfombra en que bailaba era de algodón cardado e hilado por su esposa, y pintada por ella misma de orlas y ramos, con unas pinturas que le dio un hermano.

Ese padre vehemente tuvo Beecher, y una madre que a la sombra de los árboles gustaba de escribir a sus amigas cartas bellas, que aún huelen a flores. Los rizos rubios de Henry le revoloteaban al correr detrás de las mariposas; Harriet, la que había de escribir *La cabaña del tío Tom*, quería que le hiciesen una muñeca; allá adentro, en la sala, discutían los pastores, envueltos en el humo de sus pipas; ornaba las ventanas la penetrante madreselva; mecían sus copas compasadamente los álamos y meples, guardianes de la casa; como gotas de sangre lucían en la huerta las manzanas, sobre su follaje espeso. Cansado a veces de ellas, miraba Henry el pinar majestuoso que bordeaba los lagos vecinos; y la cabeza redonda y azul de la montaña del lugar coronaba a lo lejos el paisaje; en monstruos soberanos, en extraños ejércitos, en rosas de oro, en carros gigantescos, se desvanecían las nubes apaciblemente en la hora de las puestas. Durante el invierno, leía el pastor, rodeado de sus hijos, los patriarcas de la lengua: Milton, austero como su San Juan; Shakespeare, que pensaba en guirnaldas de flores; la Biblia, fragante como una selva nueva. O bien, mientras los hijos ponían la leña en pilas, les contaba el pastor cuentos de Cromwell. En el comedor oscuro ardía perennemente el fresno, en una colosal estufa rusa.

Sin madre ya, aunque con buena madrastra, iba creciendo el niño, rebelde a reclusión y freno, como quien se cría en el decoro e independencia del campo. El pinar le atraía más que los libros. Cuando lo llevaban a la iglesia «le parecía que iba a una cueva donde no entraba nunca el Sol»; pero se estaba absorto horas enteras oyendo rezar a un negro de la casa, que decía sus oraciones cantando y riendo, como si unas veces sintiera en sí el cuerpo mismo del Señor y otras le inundara de alegría la belleza del mundo. Para las palabras no tenía el niño memoria; su ingenio se mostraba solo en sus réplicas, cómicas y sesudas. Se iba por los caminos recogiendo flores; volvía de sus excursiones por el bosque cargado de la bellota misteriosa, de piñones, de semillas; gustaba de pasearse por las rocas, viendo cómo el agua se esconde y labra en ellas, con tal finura que parece pensamiento. ¿Qué catecismos y libros de deletrear habían de seducir a aquel hijo de un puritano activo y de una descendiente de escoceses románticos, que se embebecía en las músicas de la Naturaleza; que comparaba sus semejanzas y colores; que observaba la sabiduría de sus cambios, la perpetuidad de la vida, la eficacia de la misma destrucción; que se sentía mudar, como las hojas y las plumas, con el invierno, que fortifica la voluntad; con la primavera, que desata las alas; con el estío, que atormenta y enciende; con el otoño, el himno de la tierra?

«¿Conque me pedís mi plegaria de ayer?» —decía una vez Beecher. —«Si me enviáis las notas de la oropéndola que trinaba en el ramaje de mis árboles el último junio, o las burbujas tornasoladas de la espuma que en menudos millones se deshicieron ayer contra la playa, o un segmento de aquel hermoso arco iris de la semana pasada, o el aroma de la primera violeta que floreció en mayo, entonces yo también, amigos míos, podré enviaros mi plegaria». Esa era su oratoria. Él la improvisaba, porque conocía la Naturaleza. Por la fuerza del lenguaje amó luego a los clásicos; de su abolengo de puritano le vino su ímpetu de reformador; pero el amor fogoso a la libertad, la salud y la alegría, y la abundancia y color de su elocuencia le vinieron de aquellos profundos paseos por el campo, y de su madre, que vivió en el jardín cuando lo tuvo encinta y fue amiga siempre de las flores.

Es necesario que la juventud sea dura. Beecher fue al seminario; jamás aprendió el griego; supo mal sus latines; era el primero en los ejercicios corporales, en correr, en nadar, en luchar, en tirar a la pelota; también era el primero contra las brutalidades del colegio, el manteo, la bebida, el juego, el abuso de los menores. Pastor fue el padre, pastores eran sus amigos, pastor lo hicieron a él; estas carreras heredadas malogran los hombres; la cogulla para aquel mozo indómito hubiera sido un insoportable freno, si no hubiese en la casta puritana el espíritu vehemente del sacerdocio y la astucia que enseña cuán prudente es entrar por un camino hecho. El bosque se come a los exploradores. Los hombres abandonan a los que se deciden a vivir sin adularlos.

Beecher se casó joven, en lo que dio prueba de nobleza. «Me casaré con ella, aunque no tengamos para vivir más que la punta noroeste de una mazorca»; y juntos se fueron a la aldea, donde derribó él los árboles de que hizo su casa, ayudado por sus feligreses y vecinos. Él era el pastor, el sacristán, el apagaluces; su parroquia era de ganapanes; recibía, como su padre, trescientos pesos al año. Pero luego en una ciudad de más viso, la angustia fue mayor; allí a su mujer la envejecía la ira; el Oeste rudo la sacaba de quicio; ocho años vivió enferma. Y aquel pastor elocuente, a quien ya venían a oír de los lugares a la redonda; aquel defensor enérgico de los colonos que se resistían a permitir la esclavitud en el Estado; aquel ministro del Señor que no tenía embarazo en convidar a las armas, como los obispos antiguos, ni en hacer reír a sus oyentes con chistes brutales, ni en hacerles llorar con sus tiernas memorias domésticas; aquel desenvuelto predicador que hablaba más de los derechos del hombre que de los dogmas de la Iglesia, cultivaba una huerta para ayudar a los gastos de la casa; cuidaba de su caballo, su vaca y su cerdo; pintaba las paredes como su madre había pintado la alfombra; ¡y cocinaba, y corría con la limpieza de la vajilla!

Al fin, lo oyó predicar un día un viajero, por cuya recomendación lo llamaron de Brooklyn. ¡Brooklyn, del Este! Allá los pastores son gente de mucho libro; no dicen chistes en el púlpito; no cantan a voz en cuello con sus feligreses; usan zapatos finos y sombreros de copa; ¿qué va a hacer allá el pastor de rostro bermejo y cabellera suelta? Pero su mujer quiere ir, y van. Lo primero fue cambiarles el guardarropa, porque el que llevaban era para reír: ella, unas mangas abullonadas, y saya de vuelos; él, una levita flotante y locuaz, el sombrero risueño y caído sobre la oreja, el cuello a la Byron.

Para reír también era la oratoria del pastor. ¡Qué ademanes, qué chascarrillos, qué transiciones súbitas, qué hablar de las costumbres de las ardillas y de los amores de los pájaros! ¡Pues no discurría sobre política en el púlpito!: el mejor modo de servir a Dios es ser hombre libre y cuidar de que no se menoscabe la libertad. Unos períodos parecían arrullos; otros, columnas de humo perfumado; de pronto un manotazo en los faldones, un círculo dibujado en el aire con el brazo. ¡Y qué herejías! Él no creía en la caída de Adán; el hombre estaba cayendo siempre; la divinidad se estaba revelando sin cesar; cada nido es una nueva revelación de la divinidad; los domingos deben ser alegres; el mundo no pudo haber sido hecho contra lo que revela con su propio testimonio. Zumbaba el encono alrededor del púlpito. «¡Por Dios, sáquenme al hijo del Este!» decía Lyman Beecher. «Allí se sabe demasiado».

¡Ah, sí! pero allí no se tiene la altivez pujante de los que se crían alejados de las ciudades populosas. Él traía su religión oreada por la vida. Él venía del Oeste domador, que abate la selva, el búfalo y el indio. La nostalgia misma de su iglesia pobre le inspiró una elocuencia sincera y amable. Hacía tiempo que no se oían en los púlpitos acentos humanos. Le decían payaso, profanador, hereje. Él hacía reír; él se dejaba aplaudir; ¡culpable pastor que se atrevía a arrancar aplausos! Él no tomaba jamás su texto del Viejo Testamento, henchido de iras, sino que predicaba sobre el amor de Dios y la dignidad del hombre, con abundancia de símiles de la Naturaleza. En lógica, cojeaba. Su latín era un entuerto. Su sintaxis, toda talones. Por los dogmas pasaba como escaldado. ¡Pero en aquella iglesia cantaban las aves, como en la primavera; los ojos solían llorar sin dolor y los hombres experimentaban emociones viriles!

¿Qué importaba que sus mismos feligreses creyeran exagerada la propaganda de su pastor contra la esclavitud? Ellos le habían admirado cuando, afrontando la cólera pública, cedió su púlpito al evangelista de la abolición, a Wendell Phillips. ¡Quién ha de atreverse con el pensamiento del hombre! Y ellos fueron, como él les aconsejó, armados de garrotes. El púlpito crecía; de la nación entera venían a oír aquella palabra famosa. «¡Siga al gentío!» decían los policías a quienes les preguntaban por la iglesia. Allí solía encresparse la elocuencia del pastor, y subir, como las olas del mar, en torres de encaje. Tundir solía, como el garrote de sus feligreses. Pero era, en lo común, su discurso, coloreado y melodioso, como un fresco boscaje por cuyos árboles de escasa altura trepan, cuajadas de flores, las enredaderas, ya la roja campánula, ya la blanca nochebuena, ya la ipomea morada. A veces un chiste brusco hacía parecer como si, por desdicha, hubiese asomado entre los florales un titiritero; pero de súbito, con arte de mago, un recuerdo de niño cruzaba volando como una paloma, e iba a esconderse, despertando a las lágrimas, en un árbol de lila.

Corría el estilo de Beecher como las cañadas del valle, argentando la arena, meciendo las frutas caídas y las florecillas, sombreándose en las nubes que pasan, serpeando por entre las guijas relucientes, derramándose en mil canales, entrándose por los bosques de la orilla y volviendo de ellos más retozonas y traviesas. Cuando se ahondaba el camino, cuando enardecía aquel estilo la pasión, despeñábanse sus múltiples aguas, y allá iban, reunidas y potentes, con sus hojas de flores y sus guijas; mas luego que el camino se serenaba, volvía aquella agua, que no tenía fuerza de río, a esparcirse en cañadas juguetonas.

No poseyó la palabra nueva, el giro abrupto, el salto inesperado, la concreción montuosa de los creadores. Él era criatura de reflejo, en quien su pueblo se manifestaba por una voz sensible y rica. Tenía de actor, de mímico, de títere. Lo gigantesco en él era la fuerza; fuerza en la cantidad y los matices de la palabra, fuerza para adorar la libertad, con una pasión frenética de mancebo. ¡Y todo se tocase menos ella! Aquel orador, acusado con justicia de mal gusto, hallaba entonces ejemplos apropiados en el tesoro de sus impresiones de la Naturaleza; aquellos ojos azules centelleaban, y se veía en el fondo el mar; aquel predicador de gestos burdos producía sin esfuerzo arengas sublimes. Ya era una nota inesperada y vibrante, que subía hendiendo el aire y quedaba azotándolo en lo alto, como un gallardete de bronce. Ya era un magnífico puñetazo, dado con acierto mortal entre las cejas.

No recargaba el raciocinio con ornamentos inútiles, pero solía debilitar la frase por su misma abundancia. Escribió libros sin cuento, por el cebo de la paga, que llegó al millón de pesos; mas nunca fue maestro de la palabra escrita; y se buscarían en él en vano, a pesar de su amor a la Naturaleza, la expresión triste y jugosa de Thoreau y aquella lengua raizal de Emerson. No hay que buscar en él la prosa caldeada, transparente y fina de Nathaniel Hawthorne; pero eso bien se puede perdonar al que, descubriendo en todos los credos dignos del hombre el amor a este en que todos se reúnen, desmintió la frase fanática de aquel otro Nathaniel Ward, «la polipiedad es la impiedad del mundo». La lengua inglesa, es verdad, no debe a Beecher ningún cuño nuevo, ningún ingrediente desconocido y olvidado, ningún injerto brioso. No ilustraba su asunto con anécdotas, como Lincoln, sino con símiles. La imagen era la forma natural de su pensamiento. El hombre era su libro. Casi puede decirse de él, aunque no en tan alto grado, lo mismo que él decía de Burns: «Fue un verdadero poeta, no creado por las escuelas, sino educado sin ayuda ni cultivo exterior». Él, como Burns, pedía «una chispa del fuego de la Naturaleza»: esa era toda la ciencia que él deseaba.

Célebre era la iglesia de Plymouth en aquellos días en que, marcado en la frente por Wendell Phillips, se decidía el Norte, herido en sus derechos, a protestar al fin contra la esclavitud; un flagelo de llamas era la elocuencia de Beecher; no se salía sin llorar un solo domingo de su iglesia; exhibía en su púlpito a una niña esclava de diez años, y despertaba el horror de la nación; con las joyas que llevaban puestas libertaban otro día sus feligreses a una madre y su hija. Cuando el rufián Brooks golpeó brutalmente, en el Senado, con el puño de su bastón, al elocuente abolicionista Sumner, los magnates de Nueva York no invitaron a Beecher a protestar con ellos en su reunión solemne; pero Beecher fue a ella; lo vio el público; lo echó sobre la tribuna, abandonada por los magnates medrosos, ¡y halló en aquel instante de soberbia emoción palabras históricas que todavía flamean, tal como lloran las que dijo cuando voló la luz de Lincoln!

Mas ¿qué era el entusiasmo de sus compatriotas, el saludarlo por las calles, el llenarle el púlpito de lirios, el recibirlo en triunfo las ciudades, comparado a su gloriosa defensa de la Unión Americana en Inglaterra? Los ingleses, menos enemigos de la esclavitud que de la prosperidad de los Estados Unidos, ayudaban a los confederados. La Unión corría peligro; aquella Unión, mirada entonces como la primera prueba feliz de la capacidad del hombre para gobernarse sin tiranos. ¡No en balde, con tal causa, halló Beecher en sus debates de Inglaterra aquellos arranques portentosos! ¡Para eso se han hecho los montes, para subir a ellos! Quien ha visto abatir toros, ha visto aquella lucha. Hablaba bajo tormentas de silbidos. Las deshacía con un chiste inesperado. Su auditorio, compuesto en su mayor parte de muchedumbre sobornada e ignorante, tenía a los pocos momentos húmedos los ojos. ¡Cómo le movía, con alusiones a sus propias desdichas, las entrañas! ¡Con qué fortuna, de un revés del discurso, echaba a tierra una interrupción insolente! Era duelo mortal: él, con sus hechos, sus chistes, sus argumentos, sus cóleras, sus lágrimas; ellos, cercando su tribuna, frenéticos, enseñándole los puños, vociferando; ¡mas siempre, al fin, domados! Esgrimía, aporreaba, fulminaba. Era invencible, porque llevaba la patria por coraza. ¡Cuán fácil es lo enorme! ¡cuán poco pesan las tareas grandiosas!

Vinieron luego los días del triunfo, cuando él, que defendió a la Unión en Inglaterra fue llamado a proclamarla en nombre de Dios sobre aquellas mismas murallas de Sumter que por primera vez la vieron abatida. Vinieron los días amargos de la política mezquina, cuando él, que había ayudado a levantar a la nación contra el Sur esclavista, pidió luego en vano, con palabras que cayeron al suelo con las alas rotas, que los vencidos entraran a la Unión con su derecho pleno de hijos. Vinieron luego los días del escándalo, cuando a él, el pastor adorado, lo acusó el orador celoso a quien alzó a la fama y casó con una de sus feligresas, de haber deslucido la majestad de su vejez con el hurto de la mujer ajena. ¡Bien pudo ser, porque el amor de una mujer joven trastorna a los ancianos, como si volviera a llenarles la copa vacía de la vida! Sentaron al pastor en el banquillo; fue su proceso la befa nacional. Que se había insinuado en el alma de su oveja; que no había dejado el hombre a la puerta, como debe el pastor cuando va de visita a las casas; que le había bebido la mente con místicos hechizos; que había caído sobre Dánae, merced a las vestiduras divinas. El jurado era un teatro; se oyeron cosas que daban vergüenza de vivir; cien mil pesos pedía Tilton, el orador celoso, por su honra; la esposa del pastor se sentó siempre a su lado, con adorable fortaleza. Protestó Beecher ante Dios, en escena dramática, de su inocencia; complacíase su acusador en darle vueltas por el lodo, como a su presa un perro envenenado. El tribunal ni absolvió ni condenó a Beecher, que, declarado por su iglesia exento de culpa, ni entonces, ni luego, abatió la cabeza. Un diario implacable ha estado en vano exigiéndole confesión con amenazas dantescas. Beecher, regocijado y rubicundo, era el primero en las juntas políticas, en las reformas, en las campañas de elecciones, en las reuniones de teatro, en los festines. La opinión, agradecida o indiferente, continuó honrando en público a aquel a quien en privado creía culpable.

Culpable pudo ser; mas su pecado será siempre menor que su grandeza. Grande ha sido, porque fustigó sin miedo a su pueblo cuando lo creyó malvado o cobarde; y, para extirpar de su país la esclavitud del hombre, hizo a su lengua himno, a su iglesia cuartel, y a su hijo soldado. Grande ha sido, porque la Naturaleza le ungió con la palabra, y aunque la usó en un oficio que apoca y estrecha, nunca la puso de disfraz de su interés, ni engañó con ella a los hombres, ni le recortó jamás las alas. Grande ha sido, porque, como el cielo se refleja en el mar con sus luminares y tinieblas, su pueblo, que es aún la mejor casa del derecho, se reflejó en él como era: amigo del hombre y ciclópeo. Grande ha sido, porque, creado a los pechos de una secta, no predicó el apartamiento de la especie humana en religiones enemigas, sino el concierto de todo lo creado en el amor y la alegría, el orden de la libertad y la ventura de la muerte. Y cuando salió de su iglesia para no volver a ella jamás, a la hora en que el sol de la tarde coloreaba el pórtico con su última luz, iba de la mano de dos niños.

El Partido Liberal. Nueva York, 2 de abril de 1887

UN DRAMA TERRIBLE

*La guerra social en Chicago.— Anarquía y represión.— El conflicto y
sus hombres.— Escenas extraordinarias.— El choque.— El proceso.— El
cadalso.—Los funerales*

Nueva York, noviembre 13 de 1887

Señor Director de *La Nación:*

Ni el miedo a las justicias sociales, ni la simpatía ciega por los
que las intentan, debe guiar a los pueblos en sus crisis, ni al que
las narra. Solo sirve dignamente a la libertad el que, a riesgo de
ser tomado por su enemigo, la preserva sin temblar de los que la
comprometen con sus errores. No merece el dictado de defensor
de la libertad quien excusa sus vicios y crímenes por el temor
mujeril de parecer tibio en su defensa. Ni merecen perdón los que,
incapaces de domar el odio y la antipatía que el crimen inspira,
juzgan los delitos sociales sin conocer y pesar las causas históricas
de que nacieron, ni los impulsos de generosidad que los producen.

En procesión solemne, cubiertos los féretros de flores y los
rostros de sus sectarios de luto, acaban de ser llevados a la tumba
los cuatro anarquistas que sentenció Chicago a la horca, y el que
por no morir en ella hizo estallar en su propio cuerpo una bomba
de dinamita que llevaba oculta en los rizos espesos de su cabello de
joven, su selvoso cabello castaño.

Acusados de autores o cómplices de la muerte espantable de
uno de los policías que intimó la dispersión del concurso reunido

para protestar contra la muerte de seis obreros, a manos de la policía, en el ataque a la única fábrica que trabajaba a pesar de la huelga: acusados de haber compuesto y ayudado a lanzar, cuando no lanzado, la bomba del tamaño de una naranja que tendió por tierra las filas delanteras de los policías, dejó a uno muerto, causó después la muerte de seis más y abrió en otros cincuenta heridas graves, el juez, conforme al veredicto del jurado, condenó a uno de los reos a quince años de penitenciaría y a pena de horca a siete.

Jamás desde la guerra del Sur, desde los días trágicos en que John Brown murió como criminal por intentar solo en Harper's Ferry lo que como corona de gloria intentó luego la nación precipitada por su bravura, hubo en los Estados Unidos tal clamor e interés alrededor de un cadalso.

La república entera ha peleado, con rabia semejante a la del lobo, para que los esfuerzos de un abogado benévolo, una niña enamorada de uno de los presos, y una mestiza de india y español, mujer de otro, solas contra el país iracundo, no arrebatasen al cadalso los siete cuerpos humanos que creía esenciales a su mantenimiento.

Amedrentada la república por el poder creciente de la casta llana, por el acuerdo súbito de las masas obreras, contenido solo ante las rivalidades de sus jefes, por el deslinde próximo de la población nacional en las dos clases de privilegiados y descontentos que agitan las sociedades europeas, determinó valerse por un convenio tácito semejante a la complicidad, de un crimen nacido de sus propios delitos tanto como del fanatismo de los criminales, para aterrar con el ejemplo de ellos, no a la chusma adolorida que jamás podrá triunfar en un país de razón, sino a las tremendas capas nacientes. El horror natural del hombre libre al crimen, junto con el acerbo encono del irlandés despótico que mira a este país como suyo y al alemán y eslavo como su invasor, pusieron de parte de los privilegios, en este proceso que ha sido una batalla, una batalla mal ganada e hipócrita, las simpatías y casi inhumana ayuda de los que padecen de los mismos males, el mismo desamparo, el mismo bestial trabajo, la misma desgarradora miseria cuyo espectáculo constante encendió en los anarquistas de Chicago tal ansia de remediarlos que les embotó el juicio.

Avergonzados los unos y temerosos de la venganza bárbara los otros, acudieron, ya cuando el carpintero ensamblaba las vigas del cadalso, a pedir merced al gobernador del Estado, anciano flojo rendido a la súplica y a la lisonja de la casta rica que le pedía que, aun a riesgo de su vida, salvara a la sociedad amenazada.

Tres voces nada más habían osado hasta entonces interceder, fuera de sus defensores de oficio y sus amigos naturales, por los que, so pretexto de una acusación concreta que no llegó a probarse, so pretexto de haber procurado establecer el reino del terror, morían víctimas del terror social: Howells, el novelista bostoniano que al mostrarse generoso sacrificó fama y amigos; Adler, el pensador cauto y robusto que vislumbra en la pena de nuestro siglo el mundo nuevo; y Train, un monomaníaco que vive en la plaza pública dando pan a los pájaros y hablando con los niños.

Ya, en danza horrible, murieron dando vueltas en el aire, embutidos en sayones blancos.

Ya, sin que haya más fuego en las estufas, ni más pan en las despensas, ni más justicia en el reparto social, ni más salvaguardia contra el hambre de los útiles, ni más luz y esperanza para los tugurios, ni más bálsamo para todo lo que hierve y padece, pusieron en un ataúd de nogal los pedazos mal juntos del que, creyendo dar sublime ejemplo de amor a los hombres aventó su vida, con el arma que creyó revelada para redimirlos. Esta república, por el culto desmedido a la riqueza, ha caído, sin ninguna de las trabas de la tradición, en la desigualdad, injusticia y violencia de los países monárquicos.

Como gotas de sangre que se lleva la mar eran en los Estados Unidos las teorías revolucionarias del obrero europeo, mientras con ancha tierra y vida republicana, ganaba aquí el recién llegado el pan, y en su casa propia ponía de lado una parte para la vejez.

Pero vinieron luego la guerra corruptora, el hábito de autoridad y dominio que es su dejo amargo, el crédito que estimuló la creación de fortunas colosales y la inmigración desordenada, y la holganza de los desocupados de la guerra, dispuestos siempre, por sostener su bienestar y por la afición fatal del que ha olido sangre, a servir los intereses impuros que nacen de ella.

De una apacible aldea pasmosa se convirtió la república en una monarquía disimulada.

Los inmigrantes europeos denunciaron con renovada ira los males que creían haber dejado tras sí en su tiránica patria.

El rencor de los trabajadores del país, al verse víctimas de la avaricia y desigualdad de los pueblos feudales, estalló con más fe en la libertad que esperan ver triunfar en lo social como triunfa en lo político.

Habituados los del país a vencer sin sangre por la fuerza del voto, ni entienden ni excusan a los que, nacidos en pueblos donde el sufragio es un instrumento de la tiranía, solo ven en su obra despaciosa una faz nueva del abuso que flagelan sus pensadores, desafían sus héroes, y maldicen sus poetas. Pero, aunque las diferencias esenciales en las prácticas políticas y el desacuerdo y rivalidad de las razas que ya se disputan la supremacía en esta parte del continente estorbasen la composición inmediata de un formidable partido obrero con unánimes métodos y fines, la identidad del dolor aceleró la acción concertada de todos los que lo padecen, y ha sido necesario un acto horrendo, por más que fuese consecuencia natural de las pasiones encendidas, para que los que arrancan con invencible ímpetu de la misma desventura interrumpan su labor, su labor de desarraigar y recomponer, mientras quedan por su ineficacia condenados los recursos sangrientos de que por un amor insensato a la justicia echan mano los que han perdido la fe en la libertad.

En el Oeste recién nacido, donde no pone tanta traba a los elementos nuevos la influencia imperante de una sociedad antigua, como la del Este, reflejada en su literatura y en sus hábitos; donde la vida como más rudimentaria facilita el trato íntimo entre los hombres, más fatigados y dispersos en las ciudades de mayor extensión y cultura; donde la misma rapidez asombrosa del crecimiento, acumulando los palacios de una parte y las factorías, y de otra la miserable muchedumbre, revela a las claras la iniquidad del sistema que castiga al más laborioso con el hambre, al más generoso con la persecución, al padre útil con la miseria de sus hijos, —en el Oeste, donde se juntan con su mujer y su prole los obreros necesitados a leer los libros que enseñan las causas y proponen los remedios de su desdicha; donde justificados a sus propios ojos por el éxito de sus fábricas majestuosas, extreman los dueños, en el precipicio de la prosperidad, los métodos injustos y el trato áspero con que la sustentan; donde tiene en fermento a la masa obrera la levadura alemana, que sale del país imperial, acosada e inteligente, vomitando sobre la patria inicua las tres maldiciones terribles de Heine; en el Oeste y en su metrópoli Chicago sobre todo, hallaron expresión viva los descontentos de la masa obrera, los consejos ardientes de sus amigos, y la rabia amontonada por el descaro e inclemencia de sus señores.

Y como todo tiende a la vez a lo grande y a lo pequeño, tal como el agua que va de mar a vapor y de vapor a mar, el problema humano, condensado en Chicago por la merced de las instituciones libres, a la vez que infundía miedo o esperanza por la república y el mundo, se convertía, en virtud de los sucesos de la ciudad y las pasiones de sus hombres, en un problema local, agrio y colérico.

El odio a la injusticia se trocaba en odio a sus representantes.

La furia secular, caída por herencia, mordiendo y consumiendo como la lava, en hombres que, por lo férvido de su compasión, veíanse como entidades sacras, se concentró, estimulada por los resentimientos individuales, sobre los que insistían en los abusos que la provocan. La mente, puesta a obrar, no cesa; el dolor, puesto a bullir, estalla; la palabra, puesta a agitar, se desordena; la vanidad, puesta a lucir, arrastra; la esperanza, puesta en acción, acaba en el triunfo o la catástrofe: «¡Para el revolucionario, dijo Saint-Just, no hay más descanso que la tumba!».

¿Quién que anda con ideas no sabe que la armonía de todas ellas, en que el amor preside a la pasión, se revela apenas a las mentes sumas que ven hervir el mundo sentados, con la mano sobre el sol, en la cumbre del tiempo? ¿Quién que trata con hombres no sabe que, siendo en ellos más la carne que la luz, apenas conocen lo que palpan, apenas vislumbran la superficie, apenas ven más que lo que les lastima o lo que desean; apenas conciben más que el viento que les da en el rostro, o el recurso aparente, y no siempre real, que puede levantar obstáculo al que cierra el paso a su odio, soberbia o apetito? ¿Quién que sufre de los males humanos, por muy enfrenada que tenga su razón, no siente que se le inflama y extravía cuando ve de cerca, como si le abofeteasen, como si lo cubriesen de lodo, como si le manchasen de sangre las manos, una de esas miserias sociales que bien pueden mantener en estado de constante locura a los que ven podrirse en ellas a sus hijos y a sus mujeres?

Una vez reconocido el mal, el ánimo generoso sale a buscarle remedio: una vez agotado el recurso pacífico, el ánimo generoso, donde labra el dolor ajeno como el gusano en la llaga viva, acude al remedio violento.

¿No lo decía Desmoulins? «Con tal de abrazar la libertad, ¿qué importa que sea sobre montones de cadáveres?».

Cegados por la generosidad, ofuscados por la vanidad, ebrios por la popularidad, adementados por la constante ofensa, por su impotencia aparente en las luchas del sufragio, por la esperanza de poder constituir en una comarca naciente su pueblo ideal, las cabezas vivas de esta masa colérica, educadas en tierras donde el voto apenas nace, no se salen de lo presente, no osan parecer débiles ante los que les siguen, no ven que el único obstáculo en este pueblo libre para un cambio social sinceramente deseado está en la falta de acuerdo de los que lo solicitan, no creen, cansados ya de sufrir, y con la visión del falansterio universal en la mente, que por la paz pueda llegarse jamás en el mundo a hacer triunfar la justicia.

Júzganse como bestias acorraladas. Todo lo que va creciendo les parece que crece contra ellos. «Mi hija trabaja quince horas para ganar quince centavos». «No he tenido trabajo este invierno porque pertenezco a una junta de obreros».

El juez los sentencia.

La policía, con el orgullo de la levita de paño y la autoridad, temible en el hombre inculto, los aporrea y asesina.

Tienen frío y hambre, viven en casas hediondas.

¡América es, pues, lo mismo que Europa!

No comprenden que ellos son mera rueda del engranaje social, y hay que cambiar, para que ellas cambien, todo el engranaje. El jabalí perseguido no oye la música del aire alegre, ni el canto del universo, ni el andar grandioso de la fábrica cósmica: el jabalí clava las ancas contra un tronco oscuro, hunde el colmillo en el vientre de su perseguidor, y le vuelca el redaño.

¿Dónde hallará esa masa fatigada, que sufre cada día dolores crecientes, aquel divino estado de grandeza a que necesita ascender el pensador para domar la ira que la miseria innecesaria levanta? Todos los recursos que conciben, ya los han intentado. Es aquel reinado del terror que Carlyle pinta, «la negra y desesperada batalla de los hombres contra su condición y todo lo que los rodea».

Y así como la vida del hombre se concentra en la médula espinal, y la de la tierra en las masas volcánicas, surgen de entre esas muchedumbres, erguidos y vomitando fuego, seres en quienes parece haberse amasado todo su horror, sus desesperaciones y sus lágrimas.

Del infierno vienen: ¿qué lengua han de hablar sino la del infierno?

Sus discursos, aun leídos, despiden centellas, bocanadas de humo, alimentos a medio digerir, vahos rojizos.

Este mundo es horrible: ¡créese otro mundo!; como en el Sinaí, entre truenos: como en el Noventa y Tres, de un mar de sangre: «¡mejor es hacer volar a diez hombres con dinamita, que matar a diez hombres, como en las fábricas, lentamente de hambre!».

Se vuelve a oír el decreto de Moctezuma: «¡Los dioses tienen sed!».

Un joven bello, que se hace retratar con las nubes detrás de la cabeza y el sol sobre el rostro, se sienta a una mesa de escribir, rodeado de bombas, cruza las piernas, enciende un cigarro, y como quien junta las piezas de madera de una casa de juguete, explica el mundo justo que florecerá sobre la tierra cuando el estampido de la revolución social de Chicago, símbolo de la opresión del universo, reviente en átomos.

Pero todo era verba, juntas por los rincones, ejercicios de armas en uno que otro sótano, circulación de tres periódicos rivales entre dos mil lectores desesperados, y propaganda de los modos novísimos de matar —¡de que son más culpables los que por vanagloria de libertad la permitían que los que por violenta generosidad la ejercitaban!

Donde los obreros enseñaron más la voluntad de mejorar su fortuna, más se enseñó por los que la emplean la decisión de resistirlos.

Cree el obrero tener derecho a cierta seguridad para lo porvenir, a cierta holgura y limpieza para su casa, a alimentar sin ansiedad los hijos que engendra, a una parte más equitativa en los productos del trabajo de que es factor indispensable, alguna hora de sol en que ayudar a su mujer a sembrar un rosal en el patio de la casa, a algún rincón para vivir que no sea un tugurio fétido donde, como en las ciudades de Nueva York, no se puede entrar sin bascas. Y cada vez que en alguna forma esto pedían en Chicago los obreros, combinábanse los capitalistas, castigábanlos negándoles el trabajo que para ellos es la carne, el fuego y la luz; echábanles encima la policía, ganosa siempre de cebar sus porras en cabezas de gente mal vestida; mataba la policía a veces a algún osado que le resistía con piedras, o a algún niño; reducíanlos al fin por hambre a volver a su trabajo, con el alma torva, con la miseria enconada, con el decoro ofendido, rumiando venganza.

Escuchados solo por sus escasos sectarios, año sobre año venían reuniéndose los anarquistas, organizados en grupos, en cada uno de los cuales había una sección armada. En sus tres periódicos, de diverso matiz, abogaban públicamente por la revolución social; declaraban, en nombre de la humanidad, la guerra a la sociedad existente; decidían la ineficacia de procurar una conversión radical por medios pacíficos, y recomendaban el uso de la dinamita, como el arma santa del desheredado, y los modos de prepararla.

No en sombra traidora, sino a la faz de los que consideraban sus enemigos se proclamaban libres y rebeldes, para emancipar al hombre, se reconocían en estado de guerra, bendecían el descubrimiento de una sustancia que por su poder singular había de igualar fuerzas y ahorrar sangre, y excitaban al estudio y la fabricación del arma nueva, con el mismo frío horror y diabólica calma de un tratado común de balística: se ven círculos de color de hueso, —cuando se leen estas enseñanzas, —en un mar de humareda: por la habitación, llena de sombra, se entra un duende, roe una costilla humana, y se afila las uñas: para medir todo lo profundo de la desesperación del hombre, es necesario ver si el espanto que suele en calma preparar supera a aquel contra el que, con furor de siglos, se levanta indignado, —es necesario vivir desterrado de la patria o de la humanidad.

Los domingos, el americano Parsons, propuesto una vez por sus amigos socialistas para la Presidencia de la República, creyendo en la humanidad como en su único Dios, reunía a sus sectarios para levantarles el alma hasta el valor necesario a su defensa. Hablaba a saltos, a latigazos, a cuchilladas: lo llevaba lejos de sí la palabra encendida.

Su mujer, la apasionada mestiza en cuyo corazón caen como puñales los dolores de la gente obrera, solía, después de él, romper en arrebatado discurso, tal que dicen que con tanta elocuencia, burda y llameante, no se pintó jamás el tormento de las clases abatidas; rayos los ojos, metralla las palabras, cerrados los dos puños, y luego, hablando de las penas de una madre pobre, tonos dulcísimos e hilos de lágrimas.

Spies, el director del *Arbeiter Zeitung,* escribía como desde la cámara de la muerte, con cierto frío de huesa: razonaba la anarquía: la pintaba como la entrada deseable a la vida verdaderamente libre: durante siete años explicó sus fundamentos en su periódico diario, y luego la necesidad de la revolución, y por fin como Parsons en el *Alarm,* el modo de organizarse para hacerla triunfar.

Leerlo es como poner el pie en el vacío. ¿Qué le pasa al mundo que da vueltas?

Spies seguía sereno, donde la razón más firme siente que le falta el pie. Recorta su estilo como si descascarase un diamante. Narciso fúnebre, se asombra y complace de su grandeza. Mañana le dará su vida una pobre niña, una niña que se prende a la reja de su calabozo como la mártir cristiana se prendía de la cruz, y él apenas dejará caer de sus labios las palabras frías, recordando que Jesús, ocupado en redimir a los hombres, no amó a Magdalena.

Cuando Spies arengaba a los obreros, desembarazándose de la levita que llevaba bien, no era hombre lo que hablaba, sino silbo de tempestad, lejano y lúgubre. Era palabra sin carne. Tendía el cuerpo hacia sus oyentes, como un árbol doblado por el huracán: y parecía de veras que un viento helado salía de entre las ramas, y pasaba por sobre las cabezas de los hombres.

Metía la mano en aquellos pechos revueltos y velludos, y les paseaba por ante los ojos, les exprimía, les daba a oler las propias entrañas. Cuando la policía acababa de dar muerte a un huelguista en una refriega, lívido subía al carro, la tribuna vacilante de las revoluciones, y con el horrendo incentivo su palabra seca relucía pronto y caldeaba, como un carcaj de fuego. Se iba luego solo por las calles sombrías.

Engel, celoso de Spies, pujaba por tener al anarquismo en pie de guerra, él a la cabeza de una compañía; él donde se enseñaba a cargar el rifle o a apuntar de modo que diera en el corazón: él, en el sótano, las noches de ejercicio, «para cuando llegue la gran hora»: él, con su *Anarchist* y sus conversaciones, acusando a Spies de tibio, por envidia de su pensamiento: él solo era el puro, el inmaculado, el digno de ser oído: la anarquía, la que sin más espera deje a los hombres dueños de todo por igual, es la única buena: perinola el mundo y él, —y él, el mango: ¡bien iría el mundo hacia arriba, «cuando los trabajadores tuvieran vergüenza», como la pelota de la perinola!

Él iba de un grupo a otro: él asistía al comité general anarquista, compuesto de delegados de los grupos: él tachaba al comité de pusilánime y traidor, porque no decretaba «con los que somos, nada más, con estos ochenta que somos» la revolución de veras, la que quería Parsons, la que llama a la dinamita «sustancia sublime», la que dice a los obreros que «vayan a tomar lo que les haga falta a las tiendas de State Street, que son suyas las tiendas, que todo es suyo»: él es miembro del «Lehr und Wehr Verein», de que Spies es también miembro, desde que un ataque brutal de la policía, que dejó en tierra a muchos trabajadores, los provocó a armarse, a armarse para defenderse, a cambiar, como hacen cambiar siempre los ataques brutales, la idea del periódico por el rifle Springfield. Engel era el sol, como su propio rechoncho cuerpo: el «gran rebelde», el «autónomo».

¿Y Lingg? No consumía su viril hermosura en los amorzuelos enervantes que suelen dejar sin jugo al hombre en los años gloriosos de la juventud, sino que criado en una ciudad alemana entre el padre inválido y la madre hambrienta, conoció la vida por donde es justo que un alma generosa la odie. Cargador era su padre, y su madre lavandera, y él bello como Tannhauser o Lohengrin, cuerpo de plata, ojos de amor, cabello opulento, ensortijado y castaño. ¿A qué su belleza, siendo horrible el mundo? Halló su propia historia en la de la clase obrera, y el bozo le nació aprendiendo a hacer bombas. ¡Puesto que la infamia llega al riñón del globo, el estallido ha de llegar al cielo!

Acababa de llegar de Alemania: veintidós años cumplía: lo que en los demás es palabra, en él será acción: él, él solo, fabricaba bombas, porque, salvo en los hombres de ciega energía, el hombre, ser fundador, solo para libertarse de ella halla natural dar la muerte.

Y mientras Schwab, nutrido en la lectura de los poetas, ayuda a escribir a Spies, mientras Fielden, de bella oratoria, va de pueblo en pueblo levantando las almas al conocimiento de la reforma venidera, mientras Fischer alienta y Neebe organiza, él, en un cuarto escondido, con cuatro compañeros, de los que uno lo ha de traicionar, fabrica bombas, como en su «Ciencia de la guerra revolucionaria» manda Most, y vendada la boca, como aconseja Spies en el *Alarm*, rellena la esfera mortal de dinamita, cubre el orificio con un casquillo, por cuyo centro corre la mecha que en lo interior acaba en fulminante, y, cruzado de brazos, aguarda la hora.

Y así iban en Chicago adelantando las fuerzas anárquicas, con tal lentitud, envidias y desorden intestinos, con tal diversidad de pensamientos sobre la hora oportuna para la rebelión armada, con tal escasez de sus espantables recursos de guerra, y de los fieros artífices prontos a elaborarlos, que el único poder cierto de la anarquía, desmelenada dueña de unos cuantos corazones encendidos, era el furor que en un instante extremo produjese el desdén social en las masas que la rechazan. El obrero, que es hombre y aspira, resiste, con la sabiduría de la naturaleza, la idea de un mundo donde queda aniquilado el hombre; pero cuando, fusilado en granel por pedir una hora libre para ver a la luz del sol a sus hijos, se levanta del charco mortal apartándose de la frente, como dos cortinas rojas, las crenchas de sangre, puede el sueño de muerte de un trágico grupo de locos de piedad, desplegando las alas humeantes, revolando sobre la turba siniestra, con el cadáver clamoroso en las manos, difundiendo sobre los torvos corazones la claridad de la aurora infernal, envolver como turbia humareda las almas desesperadas.

La ley, ¿no los amparaba? La prensa exasperándolos con su odio en vez de aquietarlos con justicia, ¿no los popularizaba? Sus periódicos, creciendo en indignación con el desdén y en atrevimiento con la impunidad, ¿no circulaban sin obstáculos? Pues ¿qué querían ellos, puesto que es claro a sus ojos que se vive bajo abyecto despotismo, que cumplir el deber que aconseja la declaración de independencia derribándolo, y sustituirlo con una asociación libre de comunidades que cambien entre sí sus productos equivalentes, se rijan sin guerra por acuerdos mutuos y se eduquen conforme a ciencia sin distinción de raza, iglesia o sexo? ¿No se estaba levantando la nación, como manada de elefantes, que dormía en la yerba, con sus mismos dolores y sus mismos gritos? ¿No es la amenaza verosímil del recurso de fuerza, medio probable aunque peligroso, de obtener por intimidación lo que no logra el derecho?

Y aquellas ideas suyas, que se iban atenuando con la cordialidad de los privilegiados tal como con su desafío se iban trocando en rifle y dinamita, ¿no nacían de lo más puro de su piedad, exaltada hasta la insensatez por el espectáculo de la miseria irremediable, y ungida, por la esperanza de tiempos justos y sublimes? ¿No había sido Parsons, el evangelista del jubileo universal, propuesto para la Presidencia de la República? ¿No había luchado Spies con ese programa en las elecciones como candidato a un asiento en el Congreso? ¿No les solicitaban los partidos políticos sus votos, con la oferta de respetar la propaganda de sus doctrinas? ¿Cómo habían de creer criminales los actos y palabras que les permitía la ley? Y ¿no fueron las fiestas de sangre de la policía, ebria del vino del verdugo como toda plebe revestida de autoridad, las que decidieron a armarse a los más bravos?

Lingg, el recién llegado, odiaba con la terquedad del novicio a Spies, el hombre de idea, irresoluto y moroso: Spies, el filósofo del sistema, lo dominaba por aquel mismo entendimiento superior; pero aquel arte y grandeza que aun en las obras de destrucción requiere la cultura, excitaban la ojeriza del grupo exiguo de irreconciliables, que en Engel, enamorado de Lingg, veían su jefe propio. Engel, contento de verse en guerra con el universo, medía su valor por su adversario.

Parsons, celoso de Engel que le emula en pasión, se une a Spies, como el héroe de la palabra y amigo de las letras. Fielden, viendo subir en su ciudad de Londres la cólera popular creía, prendado de la patria cuyo egoísta amor prohíbe su sistema, ayudar con el fomento de la anarquía en América el triunfo difícil de los ingleses desheredados. Engel —«ha llegado la hora»: Spies:— «¿habrá llegado esta terrible hora?»: Lingg, revolviendo con una púa de madera arcilla y nitroglicerina:— «¡ya verán, cuando yo acabe mis bombas, si ha llegado la hora!»: Fielden, que ve levantarse, contusa y temible de un mar a otro de los Estados Unidos, la casta obrera, determinada a pedir como prueba de su poder que el trabajo se reduzca a ocho horas diarias, recorre los grupos, unidos solo hasta entonces en el odio a la opresión industrial y a la policía que les da caza y muerte, y repite: —«sí, amigos, si no nos dejan ver a nuestros hijos al sol, ha llegado la hora».

Entonces vino la primavera amiga de los pobres; y sin el miedo del frío, con la fuerza que da la luz, con la esperanza de cubrir con los ahorros del invierno las primeras hambres, decidió un millón de obreros, repartidos por toda la república, demandar a las fábricas que, en cumplimiento de la ley desobedecida, no excediese el trabajo de las ocho horas legales. ¡Quien quiera saber si lo que pedían era justo, venga aquí; véalos volver, como bueyes tundidos, a sus moradas inmundas, ya negra la noche; véalos venir de sus tugurios distantes, tiritando los hombres, despeinadas y lívidas las mujeres, cuando aún no ha cesado de reposar el mismo sol!

En Chicago, adolorido y colérico, segura de la resistencia que provocaba con sus alardes, alistado el fusil de motín, la policía, y, no con la calma de la ley, sino con la prisa del aborrecimiento, convidaba a los obreros a duelo.

Los obreros, decididos a ayudar por el recurso legal de la huelga su derecho, volvían la espalda a los oradores lúgubres del anarquismo y a los que magullados por la porra o atravesados por la bala policial, resolvieron, con la mano sobre sus heridas, oponer en el próximo ataque hierro a hierro.

Llegó marzo. Las fábricas, como quien echa perros sarnosos a la calle, echaron a los obreros que fueron a presentarles su demanda. En masa, como la orden de los Caballeros del Trabajo lo dispuso, abandonaron los obreros las fábricas. El cerdo se pudría sin envasadores que lo amortajaran, mugían desatendidos en los corrales los ganados revueltos; mudos se levantaban, en el silencio terrible, los elevadores de granos que como hilera de gigantes vigilan el río. Pero en aquella sorda calma, como el oriflama triunfante del poder industrial que vence al fin en todas las contiendas, salía de las segadoras de McCormick, ocupadas por obreros a quienes la miseria fuerza a servir de instrumentos contra sus hermanos, un hilo de humo que como negra serpiente se tendía, se enroscaba, se acurrucaba sobre el cielo azul.

A los tres días de cólera, se fue llenando una tarde nublada el Camino Negro, que así se llama el de McCormick, de obreros airados que subían calle arriba, con la levita al hombro, enseñando el puño cerrado al hilo de humo: ¿no va siempre el hombre, por misterioso decreto, adonde lo espera el peligro, y parece gozarse en escarbar su propia miseria?: «¡allí estaba la fábrica insolente, empleando, para reducir a los obreros que luchan contra el hambre y el frío, a las mismas víctimas desesperadas del hambre!: ¿no se va a acabar, pues, este combate por el pan y el carbón en que por la fuerza del mal mismo se levantan contra el obrero sus propios hermanos?: pues ¿no es esta la batalla del mundo, en que los que lo edifican deben triunfar sobre los que lo explotan?: ¡de veras, queremos ver de qué lado llevan la cara esos traidores!». Y hasta ocho mil fueron llegando, ya al caer de la tarde; sentándose en grupos sobre las rocas peladas; andando en hileras por el camino tortuoso; apuntando con ira a las casuchas míseras que se destacan, como manchas de lepra, en el áspero paisaje.

Los oradores, que hablan sobre las rocas, sacuden con sus invectivas aquel concurso en que los ojos centellean y se ven temblar las barbas. El orador es un carrero, un fundidor, un albañil: el humo de McCormick caracolea sobre el molino: ya se acerca la hora de salida: «¡a ver qué cara nos ponen esos traidores!»: «¡fuera, fuera ese que habla, que es un socialista!...».

Y el que habla, levantando como con las propias manos los dolores más recónditos de aquellos corazones iracundos, excitando a aquellos ansiosos padres a resistir hasta vencer, aunque los hijos les pidan pan en vano, por el bien duradero de los hijos, el que habla es Spies: primero lo abandonan, después lo rodean, después se miran, se reconocen en aquella implacable pintura, lo aprueban y aclaman: «¡ese, que sabe hablar, para que hable en nuestro nombre con las fábricas!». Pero ya los obreros han oído la campana de la suelta en el molino: ¿qué importa lo que está diciendo Spies?: arrancan todas las piedras del camino, corren sobre la fábrica, ¡y caen en trizas todos los cristales! ¡Por tierra, al ímpetu de la muchedumbre, el policía que le sale al paso!: «¡aquellos, aquellos son, blancos como muertos, los que por el salario de un día ayudan a oprimir a sus hermanos!» ¡piedras! Los obreros del molino, en la torre, donde se juntan medrosos, parecen fantasmas: vomitando fuego viene camino arriba, bajo pedrea rabiosa, un carro de patrulla de la policía, uno al estribo vaciando el revólver, otro al pescante, los de adentro agachados se abren paso a balazos en la turba, que los caballos arrollan y atropellan: saltan del carro, fórmanse en batalla, y cargan a tiros sobre la muchedumbre que a pedradas y disparos locos se defiende. Cuando la turba acorralada por las patrullas que de toda la ciudad acuden, se asila, para no dormir, en sus barrios donde las mujeres compiten en ira con los hombres, a escondidas, a fin de que no triunfe nuevamente su enemigo, entierran los obreros seis cadáveres.

¿No se ve hervir todos aquellos pechos? ¿juntarse a los anarquistas? ¿escribir Spies un relato ardiente en su *Arbeiter Zeitung*? ¿reclamar Engel la declaración de que aquella es por fin la hora? ¿poner Lingg, que meses atrás fue aporreado en la cabeza por la patrulla, las bombas cargadas en un baúl de cuero? ¿acumularse, con el ataque ciego de la policía, el odio que su brutalidad ha venido levantando? «¡A las armas, trabajadores!» dice Spies en una circular fogosa que todos leen estremeciéndose: «¡a las armas, contra los que os matan porque ejercitáis vuestros derechos de hombre!». «¡Mañana nos reuniremos»—acuerdan los anarquistas— «y de manera y en lugar que les cueste caro vencernos si nos atacan!». «Spies, pon *ruhe* en tu *Arbeiter*: *Ruhe* quiere decir que todos debemos ir armados». Y de la imprenta del *Arbeiter* salió la circular que invitaba a los obreros, con permiso del corregidor, para reunirse en la plaza de Haymarket a protestar contra los asesinatos de la policía.

Se reunieron en número de cincuenta mil, con sus mujeres y sus hijos, a oír a los que les ofrecían dar voz a su dolor; pero no estaba la tribuna, como otras veces, en lo abierto de la plaza, sino en uno de sus recodos, por donde daba a dos oscuras callejas. Spies, que había borrado del convite impreso las palabras: «Trabajadores a las armas», habló de la injuria con cáustica elocuencia, mas no de modo que sus oyentes perdieran el sentido, sino tratando con singular moderación de fortalecer sus ánimos para las reformas necesarias: «¿Es esto Alemania, o Rusia, o España?» decía Spies. Parsons, en los instantes mismos en que el corregidor presenciaba la junta sin interrumpirla, declamó, sujeto por la ocasión grave y lo vasto del concurso, uno de sus editoriales cien veces impunemente publicados. Y en el instante en que Fielden preguntaba en bravo arranque si, puestos a morir, no era lo mismo acabar en un trabajo bestial o caer defendiéndose contra el enemigo, —nótase que la multitud se arremolina; que la policía, con fuerza de ciento ochenta, viene revólver en mano, calle arriba. Llega a la tribuna: intima la dispersión; no cejan pronto los trabajadores; «¿qué hemos hecho contra la paz?» dice Fielden saltando del carro; rompe la policía el fuego.

Y entonces se vio descender sobre sus cabezas, caracoleando por el aire, un hilo rojo. Tiembla la tierra; húndese el proyectil cuatro pies en su seno; caen rugiendo, unos sobre otros, los soldados de las dos primeras líneas; los gritos de un moribundo desgarran el aire. Repuesta la policía, con valor sobrehumano, salta por sobre sus compañeros a bala graneada contra los trabajadores que le resisten: «¡huimos sin disparar un tiro!» dicen unos; «apenas intentamos resistir», dicen otros; «nos recibieron a fuego raso», dice la policía. Y pocos instantes después no había en el recodo funesto más que camillas, pólvora y humo. Por zaguanes y sótanos escondían otra vez los obreros a sus muertos. De los policías, uno muere en la plaza: otro, que lleva la mano entera metida en la herida, la saca para mandar a su mujer su último aliento; otro, que sigue a pie, va agujereado de pies a cabeza; y los pedazos de la bomba de dinamita, al rasar la carne, la había rebanado como un cincel.

¿Pintar el terror de Chicago y de la República? Spies les parece Robespierre; Engel, Marat; Parsons, Dantón. ¿Qué?: ¡menos!; esos son bestias feroces, Tinvilles, Henriots, Chaumettes, ¡los que quieren vaciar el mundo viejo por un caño de sangre, los que quieren abonar con carne viva el mundo! ¡A lazo cáceseles por las calles, como ellos quisieron cazar ayer a un policía! ¡salúdeseles a balazos por dondequiera que asomen, como sus mujeres saludaban ayer a los «traidores» con huevos podridos! ¿No dicen, aunque es falso también, que sus mujeres, furias verdaderas, derriten el plomo, como aquellas de París que arañaban la pared para dar cal con que hacer pólvora a sus maridos? ¡Quememos este gusano que nos come! ¡Allí están, como en los motines del Terror, asaltando la tienda de un boticario que denunció a la policía el lugar de sus juntas, machacando sus frascos, muriendo en la calle como perros, envenenados con el vino de *colchydium*! ¡Abajo la cabeza de cuantos la hayan asomado! ¡A la horca las lenguas y los pensamientos! Spies, Schwab y Fischer caen presos en la imprenta, donde la policía halla una carta de Johann Most, carta de sapo, rastrera y babosa, en que trata a Spies como íntimo amigo, y le habla de las bombas, de «la medicina», y de un rival suyo, de Paulus el Grande «que anda que se lame por los pantanos de ese perro periódico de Shevitch». A Fielden, herido, lo sacan de su casa. A Engel y a Neebe, de su casa también. Y a Lingg, de su cueva: ve entrar al policía; le pone al pecho un revólver, el policía lo abraza: y él y Lingg, que jura y maldice, ruedan luchando, levantándose, cayendo en el zaquizamí lleno de tuercas, escoplos y bombas: las mesas quedan sin pie, las sillas sin espaldar; Lingg casi tiene ahogado a su adversario, cuando cae sobre él otro policía que lo ahoga: ¡ni inglés habla siquiera este mancebo que quiere desventrar la ley inglesa! Trescientos presos en un día. Está espantado el país, repletas las cárceles.

¿El proceso? Todo lo que va dicho, se pudo probar; pero no que los ocho anarquistas, acusados del asesinato del policía Degan, hubiesen preparado, ni encubierto siquiera, una conspiración que rematase en su muerte. Los testigos fueron los policías mismos, y cuatro anarquistas comprados, uno de ellos confeso de perjurio. Lingg mismo, cuyas bombas eran semejantes, como se vio por el casquete, a la de Haymarket, estaba, según el proceso, lejos de la catástrofe. Parsons, contento de su discurso, contemplaba la multitud desde una casa vecina. El perjuro fue quien dijo, y desdijo luego, que vio a Spies encender el fósforo con que se prendió la mecha de la bomba. Que Lingg cargó con otro hasta un rincón cercano a la plaza el baúl de cuero. Que la noche de los seis muertos del molino acordaron los anarquistas, a petición de Engel, armarse para resistir nuevos ataques, y publicar en el *Arbeiter* la palabra *ruhe*. Que Spies estuvo un instante en el lugar donde se tomó el acuerdo. Que en su despacho había bombas, y en una u otra casa rimeros de «manuales de guerra revolucionaria». Lo que sí se probó con prueba plena fue que, según todos los testigos adversos, el que arrojó la bomba era un desconocido. Lo que sí sucedió fue que Parsons, hermano amado de un noble general del Sur, se presentase un día espontáneamente en el tribunal a compartir la suerte de sus compañeros. Lo que sí estremece es la desdicha de la leal Nina Van Zandt, que prendada de la arrogante hermosura y dogma humanitario de Spies, se le ofreció de esposa en el dintel de la muerte, y de mano de su madre, de distinguida familia, casó en la persona de su hermano con el preso; llevó a su reja día sobre día el consuelo de su amor, libros y flores; publicó con sus ahorros, para allegar recursos a la defensa, la autobiografía soberbia y breve de su desposado; y se fue a echar de rodillas a los pies del gobernador. Lo que sí pasma es la tempestuosa elocuencia de la mestiza Lucy Parsons, que paseó los Estados Unidos, aquí rechazada, allí silbada, allá presa, hoy seguida de obreros llorosos, mañana de campesinos que la echan como a bruja, después de catervas crueles de chicuelos, para «pintar al mundo el horror de la condición de castas infelices, mayor mil veces que el de los medios propuestos para terminarlo». ¿El proceso? Los siete fueron condenados a muerte en la horca, y Neebe a la penitenciaría, en virtud de un cargo especial de conspiración de homicidio de ningún modo probado, por explicar en la prensa y en la tribuna las doctrinas cuya propaganda les permitía la ley; ¡y han sido castigadas en Nueva York, en un caso de excitación directa a la rebeldía, con doce meses de cárcel y doscientos cincuenta pesos de multa!

¿Quién que castiga crímenes, aun probados, no tiene en cuenta las circunstancias que los precipitan, las pasiones que los atenúan, y el móvil con que se cometen? Los pueblos, como los médicos, han de preferir prever la enfermedad, o curarla en sus raíces, a dejar que florezca en toda su pujanza, para combatir el mal desenvuelto por su propia culpa, con medios sangrientos y desesperados.

Pero no han de morir los siete. El año pasa. La Suprema Corte, en dictamen indigno del asunto, confirma la sentencia de muerte. ¿Qué sucede entonces, sea remordimiento o miedo, que Chicago pide clemencia con el mismo ardor con que pidió antes castigo: que los gremios obreros de la república envían al fin a Chicago sus representantes para que intercedan por los culpables de haber amado la causa obrera con exceso; que iguala el clamor de odio de la nación al impulso de piedad de los que asistieron, desde la crueldad que lo provocó al crimen?

La prensa entera, de San Francisco a Nueva York, falseando el proceso, pinta a los siete condenados como bestias dañinas, pone todas las mañanas sobre la mesa de almorzar la imagen de los policías despedazados por la bomba; describe sus hogares desiertos, sus niños rubios como el oro, sus desoladas viudas. ¿Qué hace ese viejo gobernador, que no confirma la sentencia? ¡Quién nos defenderá mañana, cuando se alce el monstruo obrero, si la policía ve que el perdón de sus enemigos los anima a reincidir en el crimen! ¡Qué ingratitud para con la policía no matar a esos hombres!

«¡No!», grita un jefe de la policía, a Nina Van Zandt, que va con su madre a pedirle una firma de clemencia sin poder hablar del llanto. ¡Y ni una mano recoge de la pobre criatura el memorial que uno por uno, mortalmente pálida, les va presentando!

¿Será vana la súplica de Félix Adler, la recomendación de los jueces del Estado, el alegato magistral en que demuestra la torpeza y crueldad de la causa Trumbull? La cárcel es jubileo: de la ciudad salen y entran repletos los trenes: Spies, Fielden y Schwab han firmado, a instancias de su abogado, una carta al gobernador donde aseguran no haber intentado nunca recursos de fuerza: los otros no, los otros escriben al gobernador cartas osadas: «¡o la libertad, o la muerte, a que no tenemos miedo!». ¿Se salvará ese cínico de Spies, ese implacable Engel, ese diabólico Parsons? Fielden y Schwab acaso se salven, porque el proceso dice de ellos poco, y, ancianos como son, el gobernador los compadece, que es también anciano.

En romería van los abogados de la defensa, los diputados de los gremios obreros, las madres, esposas y hermanas de los reos, a implorar por su vida, en recepción interrumpida por los sollozos, ante el gobernador. ¡Allí, en la hora real, se vio el vacío de la elocuencia retórica! ¡Frases ante la muerte! «Señor, dice un obrero, ¿condenarás a siete anarquistas a morir porque un anarquista lanzó una bomba contra la policía, cuando los tribunales no han querido condenar a la policía de Pinkerton, porque uno de sus soldados mató sin provocación de un tiro a un niño obrero?». Sí: el gobernador los condenará; la república entera le pide que los condene para ejemplo: ¿quién puso ayer en la celda de Lingg las cuatro bombas que descubrieron en ella los llaveros?: ¿de modo que esa alma feroz quiere morir sobre las ruinas de la cárcel, símbolo a sus ojos de la maldad del mundo? ¿a quién salvará por fin el gobernador Oglesby la vida?

¡No será a Lingg, de cuya celda, sacudida por súbita explosión sale, como el vapor de un cigarro, un hilo de humo azul! ¡Allí está Lingg tendido vivo, despedazado, la cara un charco de sangre, los dos ojos abiertos entre la masa roja: se puso entre los dientes una cápsula de dinamita que tenía oculta en el lujoso cabello, con la bujía encendió la mecha, y se llevó la cápsula a la barba: lo cargan brutalmente: lo dejan caer sobre el suelo del baño: cuando el agua ha barrido los coágulos, por entre los jirones de carne caída se le ve la laringe rota, y, como las fuentes de un manantial, corren por entre los rizos de su cabellera vetas de sangre. ¡Y escribió! ¡Y pidió que lo sentaran! ¡Y murió a la seis horas, —cuando ya Fielden y Schwab estaban perdonados, cuando convencidas de la desventura de sus hombres, las mujeres, las mujeres sublimes, están llamando por última vez, no con flores y frutas como en los días de la esperanza, sino pálidas como la ceniza, a aquellas bárbaras puertas!

La primera es la mujer de Fischer: ¡la muerte se le conoce en los labios blancos!

Lo esperó sin llorar: pero ¿saldrá viva de aquel abrazo espantoso?: ¡así, así se desprende el alma del cuerpo! Él la arrulla, le vierte miel en los oídos, la levanta contra su pecho, la besa en la boca, en el cuello, en la espalda. «¡Adiós!»: la aleja de sí, y se va a paso firme, con la cabeza baja y los brazos cruzados. Y Engel ¿cómo recibe la visita postrera de su hija? ¿no se querrán, que ni ella ni él quedan muertos? ¡oh, sí la quiere, porque tiemblan los que se llevaron del brazo a Engel al recordar, como de un hombre que crece de súbito entre sus ligaduras, la luz llorosa de su última mirada! «¡Adiós, mi hijo!» dice tendiendo los brazos hacia él la madre de Spies, a quien sacan lejos del hijo ahogado, a rastras. «¡Oh, Nina, Nina!» exclama Spies apretando a su pecho por primera y última vez a la viuda que no fue nunca esposa; y al borde de la muerte se la ve florecer, temblar como la flor, deshojarse como la flor, en la dicha terrible de aquel beso adorado.

No se la llama desmayada, no; sino que, conocedora por aquel instante de la fuerza de la vida y la beldad de la muerte, tal como Ofelia vuelta a la razón, cruza, jacinto vivo, por entre los alcaides, que le tienden respetuosos la mano. Y a Lucy Parsons no la dejaron decir adiós a su marido, porque lo pedía, abrazada a sus hijos, con el calor y la furia de las llamas.

Y ya entrada la noche y todo oscuro en el corredor de la cárcel pintado de cal verdosa, por sobre el paso de los guardias con la escopeta al hombro, por sobre el voceo y risas de los carceleros y escritores, mezclado de vez en cuando a un repique de llaves, por sobre el golpeo incesante del telégrafo que el *Sun* de Nueva York tenía en el mismo corredor establecido, y culebreaba, reñía, se desbocaba, imitando, como una dentadura de calavera, las inflexiones de la voz del hombre, por sobre el silencio que encima de todos estos ruidos se cernía, oíanse los últimos martillazos del carpintero en el cadalso. Al fin del corredor se levantaba el cadalso. «¡Oh, las cuerdas son buenas: ya las probó el alcaide!». «El verdugo halará, escondido en la garita del fondo, de la cuerda que sujeta el pestillo de la trampa». «La trampa está firme, a unos diez pies del suelo». «No: los maderos de la horca no son nuevos: los han repintado de ocre, para que parezcan bien en esta ocasión; porque todo ha de hacerse decente, muy decente». «Sí, la milicia está a mano: y a la cárcel no se dejará acercar a nadie». «¡De veras que Lingg era hermoso!». Risas, tabacos, brandy, humo que ahoga en sus celdas a los reos despiertos. En el aire espeso y húmedo chisporrotean, cocean, bloquean, las luces eléctricas. Inmóvil sobre la baranda de las celdas, mira al cadalso un gato... ¡cuando de pronto una melodiosa voz, llena de fuerza y sentido, la voz de uno de estos hombres a quienes se supone fieras humanas, trémula primero, vibrante enseguida, pura luego y serena, como quien ya se siente libre de polvo y ataduras, resonó en la celda de Engel, que, arrebatado por el éxtasis, recitaba *El Tejedor* de Heinrich Heine, como ofreciendo al cielo el espíritu, con los dos brazos en alto:

> Con ojos secos, lúgubres y ardientes,
> Rechinando los dientes,
> Se sienta en su telar el tejedor:
> ¡Germania vieja, tu capuz zurcimos!
> Tres maldiciones en la tela urdimos;
> ¡Adelante, adelante el tejedor!
>
> ¡Maldito el falso Dios que implora en vano,
> En invierno tirano,
> Muerto de hambre el jayán en su obrador!
> ¡En vano fue la queja y la esperanza!
> Al Dios que nos burló, guerra y venganza:
> ¡Adelante, adelante el tejedor!
>
> ¡Maldito el falso rey del poderoso
> Cuyo pecho orgulloso
> Nuestra angustia mortal no conmovió!

¡El último doblón nos arrebata,
Y como a perros luego el rey nos mata!
¡Adelante, adelante el tejedor!

¡Maldito el falso Estado en que florece,
Y como yedra crece
Vasto y sin tasa el público baldón;
Donde la tempestad la flor avienta

Y el gusano con podre se sustenta!
¡Adelante, adelante el tejedor!

¡Corre, corre sin miedo, tela mía!
¡Corre bien noche y día
Tierra maldita, tierra sin honor!
Con mano firme tu capuz zurcimos:
Tres veces, tres, la maldición urdimos:
¡Adelante, adelante el tejedor!

Y rompiendo en sollozos, se dejó Engel caer sentado en su litera, hundiendo en las palmas el rostro envejecido. Muda lo había escuchado la cárcel entera, los unos como orando, los presos asomados a los barrotes, estremecidos los escritores y los alcaides, suspenso el telégrafo, Spies a medio sentar. Parsons de pie en su celda, con los brazos abiertos, como quien va a emprender el vuelo.

El día sorprendió a Engel hablando entre sus guardas, con la palabra voluble del condenado a muerte, sobre lances curiosos de su vida de conspirador; a Spies, fortalecido por el largo sueño; a Fischer, vistiéndose sin prisa las ropas que se quitó al empezar la noche, para descansar mejor; a Parsons, cuyos labios se mueven sin cesar, saltando sobre sus vestidos, después de un corto sueño histérico.

«¡Oh, Fischer, cómo puedes estar tan sereno, cuando el alcaide que ha de dar la señal de tu muerte, rojo por no llorar, pasea como una fiera la alcaidía!». —«Porque» —responde Fischer, clavando una mano sobre el brazo trémulo del guarda y mirándole de lleno en los ojos— «creo que mi muerte ayudará a la causa con que me desposé desde que comencé mi vida, y amo yo más que a mi vida misma, la causa del trabajador, —¡y porque mi sentencia es parcial,

ilegal e injusta!». «¡Pero, Engel, ahora que son las ocho de la mañana, cuando ya solo te faltan dos horas para morir, cuando en la bondad de las caras, en el afecto de los saludos, en los maullidos lúgubres del gato, en el rastreo de las voces, y los pies, estás leyendo que la sangre se te hiela, cómo no tiemblas, Engel!».
—«¿Temblar porque me han vencido aquellos a quienes hubiera querido yo vencer? Este mundo no me parece justo; y yo he batallado, y batallo ahora con morir, para crear un mundo justo. ¿Qué me importa que mi muerte sea un asesinato judicial? ¿Cabe en un hombre que ha abrazado una causa tan gloriosa como la nuestra desear vivir cuando puede morir por ella? ¡No: alcaide, no quiero drogas; quiero vino de Oporto!». Y uno sobre otro se bebe tres vasos... Spies, con las piernas cruzadas, como cuando pintaba para el *Arbeiter Zeitung* el universo dichoso, color de llama y hueso, que sucedería a esta civilización de esbirros y mastines, escribe largas cartas, las lee con calma, las pone lentamente en sus sobres, y una u otra vez deja descansar la pluma, para echar al aire, reclinado en su silla, como los estudiantes alemanes, bocanadas y aros de humo: ¡oh, patria, raíz de la vida, que aun a los que te niegan por el amor más vasto a la humanidad, acudes y confortas, como aire y como luz, por mil medios sutiles! «Sí, alcaide, dice Spies, beberé un vaso de vino del Rhin!»... Fischer, Fischer alemán, cuando el silencio comenzó a ser angustioso, en aquel instante en que en las ejecuciones como en los banquetes callan a la vez, como ante solemne aparición, los concurrentes todos, prorrumpió, iluminada la faz por venturosa sonrisa, en las estrofas de *La Marsellesa* que cantó con la cara vuelta al cielo... Parsons a grandes pasos mide el cuarto: tiene delante un auditorio enorme, un auditorio de ángeles que surgen resplandecientes de la bruma, y le ofrecen, para que como astro purificante cruce el mundo, la capa de fuego del profeta Elías: tiende las manos, como para recibir el don, vuélvese hacia la reja, como para enseñar a los matadores su triunfo: gesticula, argumenta, sacude el puño alzado, y la palabra alborotada al dar contra los labios se le extingue, como en la arena movediza se confunden y perecen las olas.

Llenaba de fuego el sol las celdas de tres de los reos, que rodeados de lóbregos muros parecían, como el bíblico, vivos en medio de las llamas, cuando el ruido improviso, los pasos rápidos, el cuchicheo ominoso, el alcaide y los carceleros que aparecen a sus rejas, el color de sangre que sin causa visible enciende la atmósfera, les anuncian, lo que oyen sin inmutarse, ¡que es aquella la hora!

Salen de sus celdas al pasadizo angosto: ¿Bien? —«¡Bien!»: Se dan la mano, sonríen, crecen. «¡Vamos!». El médico les había dado estimulantes: a Spies y a Fischer les trajeron vestidos nuevos; Engel no quiere quitarse sus pantuflas de estambre. Les leen la sentencia, a cada uno en su celda; les sujetan las manos por la espalda con esposas plateadas: les ciñen los brazos al cuerpo con una faja de cuero: les echan por sobre la cabeza, como la túnica de los catecúmenos cristianos, una mortaja blanca: ¡abajo la concurrencia sentada en hileras de sillas delante del cadalso como en un teatro! Ya vienen por el pasadizo de las celdas, a cuyo remate se levanta la horca; delante va el alcaide, lívido; al lado de cada reo, marcha un corchete. Spies va a paso grave, desgarradores los ojos azules, hacia atrás el cabello bien peinado, blanco como su misma mortaja, magnífica la frente: Fischer le sigue, robusto y poderoso, enseñándose por el cuello la sangre pujante, realzados por el sudario los fornidos miembros. Engel anda detrás a la manera de quien va a una casa amiga, sacudiéndose el sayón incómodo con los talones. Parsons, como si tuviese miedo a no morir, fiero, determinado, cierra la procesión a paso vivo. Acaba el corredor, y ponen el pie en la trampa: las cuerdas colgantes, las cabezas erizadas, las cuatro mortajas.

Plegaria es el rostro de Spies; el de Fischer, firmeza, el de Parsons, orgullo radioso; a Engel, que hace reír con un chiste a su corchete, se le ha hundido la cabeza en la espalda. Les atan las piernas, al uno tras el otro, con una correa. A Spies el primero, a Fischer, a Engel, a Parsons, les echan sobre la cabeza, como el apagavelas sobre las bujías, las cuatro caperuzas. Y resuena la voz de Spies, mientras están cubriendo las cabezas de sus compañeros, con un acento que a los que lo oyen les entra en las carnes: «La voz que vais a sofocar será más poderosa en lo futuro, que cuantas palabras pudiera yo decir ahora». Fischer dice, mientras atiende el corchete a Engel: «¡Este es el momento más feliz de mi vida!». «¡Hurra por la anarquía!» dice Engel, que había estado moviendo bajo el sudario hacia el alcaide las manos amarradas. «¡Hombres y mujeres de mi querida América...!» empieza a decir Parsons. Una seña, un ruido, la trampa cede, los cuatro cuerpos caen a la vez en el aire, dando vueltas y chocando. Parsons ha muerto al caer, gira de prisa, y cesa: Fischer se balancea, retiembla, quiere zafar del nudo el cuello entero, estira y encoge las piernas, muere: Engel se mece en su sayón flotante, le sube y baja el pecho como la marejada, y se ahoga: Spies, en danza espantable, cuelga girando como un saco de muecas, se encorva, se alza de lado, se da en la frente con las rodillas, sube una pierna, extiende las dos, sacude los brazos, tamborinea: y al fin expira, rota la nuca hacia adelante, saludando con la cabeza a los espectadores.

Y dos días después, dos días de escenas terribles en las casas, de desfile constante de amigos llorosos, ante los cadáveres amoratados, de señales de duelo colgadas en puertas miles bajo una flor de seda roja, de muchedumbres reunidas con respeto para poner a los pies de los ataúdes rosas y guirnaldas, Chicago asombrado vio pasar tras las músicas fúnebres, a que precedía un soldado loco agitando como desafío un pabellón americano, el ataúd de Spies, oculto bajo las coronas; el de Parsons, negro, con catorce artesanos atrás que cargaban presentes simbólicos de flores; el de Fischer, ornado con guirnalda colosal de lirio y clavellinas; los de Engel y Lingg, envueltos en banderas rojas, — y los carruajes de las viudas, recatadas hasta los pies por velos de luto, —y sociedades, gremios, *vereins,* orfeones, diputaciones, trescientas mujeres en masa, con crespón al brazo, seis mil obreros tristes y descubiertos que llevaban al pecho la rosa encarnada.

Y cuando desde el montículo del cementerio, rodeado de veinticinco mil almas amigas, bajo el cielo sin sol que allí corona estériles llanuras, habló el capitán Black, el pálido defensor vestido de negro, con la mano tendida sobre los cadáveres: —«¿Qué es la verdad, —decía, en tal silencio que se oyó gemir a las mujeres dolientes y al concurso,— ¿qué es la verdad que desde que el de Nazareth la trajo al mundo no la conoce el hombre hasta que con sus brazos la levanta y la paga con la muerte? ¡Estos no son felones abominables, sedientos de desorden, sangre y violencia, sino hombres que quisieron la paz, y corazones llenos de ternura, amados por cuantos los conocieron y vieron de cerca el poder y la gloria de sus vidas: su anarquía era el reinado del orden sin la fuerza: su sueño, un mundo nuevo sin miseria y sin esclavitud: su dolor, el de creer que el egoísmo no cederá nunca por la paz a la justicia: ¡oh cruz de Nazareth, que en estos cadáveres se ha llamado cadalso!».

De la tiniebla que a todos envolvía, cuando del estrado de pino iban bajando los cinco ajusticiados a la fosa, salió una voz que se adivinaba ser de barba espesa, y de corazón grave y agriado: «¡Yo no vengo a acusar ni a ese verdugo a quien llaman alcaide, ni a la nación que ha estado hoy dando gracias a Dios en sus templos porque han muerto en la horca estos hombres, sino a los trabajadores de Chicago, que han permitido que les asesinen a cinco de sus más nobles amigos!»... La noche, y la mano del defensor sobre aquel hombro inquieto, dispersaron los concurrentes y los hurras: flores, banderas, muertos y afligidos, perdíanse en la misma negra sombra: como de olas de mar venía de lejos el ruido de la muchedumbre en vuelta a sus hogares. Y decía el *Arbeiter Zeitung* de la noche, que al entrar en la ciudad recibió el gentío ávido: «¡Hemos perdido una batalla, amigos infelices, pero veremos al fin al mundo ordenado conforme a la justicia: seamos sagaces como las serpientes, e inofensivos como las palomas!».

La Nación. Buenos Aires, 1 de enero de 1888

CÓMO SE CREA UN PUEBLO NUEVO
EN LOS ESTADOS UNIDOS

Una ciudad de diez mil almas en seis horas.— Un incendio en Nueva York, y un domingo de pascuas.— El paseo de los ricos.— El paseo de los negros.—Colonización súbita de las tierras libres.— La invasión de los colonos en Oklahoma.— Cuarenta mil colonos invaden a Oklahoma a la vez.— La tierra de la leche y la miel.— El seminole Osseola.— Rivalidad de los ganaderos y los agricultores.— Vencen los agricultores.— La peregrinación y la entrada.— Miles de carros.— Cuadrillas de jinetes.— Los pueblos vecinos.— La noche en el camino.— Muertos.— Tempestad.— El domingo de las vísperas.— Cuadrillas de mujeres.— Mujeres solas.— Los veteranos.— El sacerdote improvisado.— El combate con los intrusos.— Ella Blackburne, la bonita.— La periodista, Nanitta Daisy.— La hora de la invasión.— Desborde por las cuatro fronteras.— Carros a escape y caballos en masa.— Pie a tierra y posesión.— El espectáculo magnífico.— Cómo se creó la ciudad.— La oficina de Registro.— El primer tren que llega.— Traición y desconsuelo.— ¿Quién trazó la ciudad?— Tiendas, hoteles, anuncios.— El banco.— El primer periódico.— La primera elección.— La noche en el desierto

Nueva York, 25 de abril de 1889

Señor Director de *La Opinión Pública:*
Montevideo

Todo lo olvidó Nueva York en un instante. ¿Muere el Administrador de Correos tanto de enfermedad como de pena, porque su propio partido republicano le quita el empleo que ganó palmo a palmo, desde la cachucha hasta la poltrona, para dárselo a un buscavotos de barba larga, que se pasa la vida convidando a cerveza y allegándose los padres de barrio? ¿Se niega el Ayuntamiento a extender las vías del ferrocarril aéreo, que afean la ciudad, y la tienen llena de humo y susto? ¿Se ha puesto de moda una corbata nacional, con los tres colores del pabellón, y con las puntas tiesas a los hombros? ¿Están las calles que no se puede andar por ellas, de tanta viga por tierra y estrado a medio hacer, y el aire azul, blanco y rojo, y de calicó y muselina, porque las banderas del centenario no dejan ver el cielo? ¿Se pagan a diez pesos los asientos para ver pasar la procesión, a ciento cincuenta una ventana, a mil un palco en el teatro del gran baile? ¿Se ha trabajado el Viernes Santo como todos los demás días, sin que la santidad se viera más que en la hermosura primaveral, que se bebe en el aire, y les centellea a las mujeres en los ojos?

Todo lo olvida Nueva York en un instante. Un fuego digno del centenario consume los graneros del Ferrocarril Central. El río, inútil, corre a sus pies. Las bombas, vencidas, bufan, echan chispas. Seis manzanas arden, y las llamas negruzcas, carmesíes, amarillas, rojas, se muerden, se abrazan, se alzan en trombas y remolinos dentro de la cáscara de las paredes, como una tempestad en el sol. Por millas cunde la luz, y platea las torres de las iglesias, calca las sombras sobre el pavimento con limpieza de encaje, cae en la fachada de una escuela sobre el letrero que dice: «Niñas». Muda la multitud, la multitud de cincuenta mil espectadores, ve hervir el mar de fuego con emociones romanas. —De la refinería de manteca, con sus millares de barriles en el sótano, y sus tanques de vil aceite de algodón, sale el humo negro. Del granero mayor, que tocaba a las nubes, chorrean las llamas, derrúmbase mugiendo el techo roído, cae el asbesto en ascuas, y el hierro en virutas, flamea, entre los cuatro muros, la manzana de fuego. De los muelles salta al río el petróleo encendido, que circunda al vapor que huye, seguido por las llamas. El atrevido que se acerca, del brazo de un bombero, no tiene oídos para los comentarios, —la imprudencia de permitir semejante foco de peligro en el corazón de la ciudad, la pérdida que llega a tres millones, la magnificencia del espectáculo, más bello que el del incendio de Chicago, la majestad del anfiteatro humano, con caras como de marfil, que lo contempla;—

el susurro del fuego es lo que se oye, un susurro como de vendaval; y el corazón se aprieta con el dolor solemne del hombre ante lo que se destruye. Un monte está en ruinas, ya negras, con grietas centelleantes, de las que sale el humo en rizos. Otro monte está en llamas, y se tiende por sobre la ciudad un humo dorado. A la mañana siguiente contemplaba en silencio el cascajo encendido la muchedumbre tenebrosa que acude siempre a ver lo que perece, —mozos fétidos, con los labios manchados de tabaco; obreras jóvenes, vestidas de seda mugrienta y terciopelo; muchachos descalzos, con el gabán del padre; vagabundos de nariz negra, con el sombrero sin ala, y los zapatos sujetos con cordeles. Se abre paso el gerente de una compañía de seguros, con las manos quemadas.

De trajes vistosos era el río un día después y masa humana la Quinta Avenida, en el paseo de Domingo de Pascuas. El millonario se deja en calma pisar los talones por el tendero judío: leguas cubre la gente, que va toda de estreno, los hombres de corbata lila y clavel rojo, de gabán claro y sombrero que chispea, las mujeres con toda la gloria y pasamanería, vestidas con la chaqueta graciosa del Directorio, de botones como ruedas y adornos de Cachemira, cuando no de oro y plata. Perla y verde son los colores en boga, con gorros como de húsar, o sombreros a que solo las conchas hacen falta, para ir bien con la capa peregrina. A la una se junta con el de las aceras, el gentío de seda y flores que cantaba los himnos en las iglesias protestantes, y oía en la catedral la misa de Cherubini. Ya es ahogo el paseo, y los coches se llevan a las jóvenes desmayadas. Los vestidos cargados van levantando envidias, saludando a medias a los trajes lisos, ostentando su precio. Sobre los guantes llevan brazaletes, y a la cintura cadenas de plata, con muchos pomos y dijes. Se ve que va desapareciendo el ojo azul, y que el ojo hebreo invade. Abunda la mujer gruesa. Hay pocas altas.

Pero en la avenida de al lado es donde se alegra el corazón, en la Sexta Avenida: ¿qué importa que los galanes lleven un poco exagerada la elegancia, los botines de charol con polaina amarilla, los cuadros del pantalón como para jugar al ajedrez, el chaqué muy ceñido por la cintura y con las solapas como hojas de flor, y el guante sacando los dedos colorados por entre la solapa y el chaleco? ¿Qué importa que a sus mujeres les parezca poco toda la riqueza de la tienda, y carguen túnica morada sobre saya roja, o traje violeta y mantón negro y amarillo? Los padres de estos petimetres y maravillosas, de estos mozos que se dan con el sombrero en la cintura para saludar y de estas beldades de labios gruesos, de cara negra, de pelo lanudo, eran los que hace veinticinco años, con la cotonada tinta en sangre y la piel cebreada por los latigazos, sembraban a la vez en la tierra el arroz y las lágrimas, y llenaban temblando los cestos de algodón. Miles de negros prósperos viven en los alrededores de la Sexta Avenida. Aman sin miedo; levantan familias y fortunas; debaten y publican; cambian su tipo físico con el cambio del alma: da gusto ver cómo saludan a sus viejos, cómo llevan los viejos la barba y la levita, con qué extremos de cortesía se despiden en las esquinas las enamoradas y los galanes: comentan el sermón de su pastor, los sucesos de la logia, las ganancias de sus abogados, el triunfo del estudiante negro, a quien acaba de dar primer premio la Escuela de Medicina: todos los sombreros se levantan a la vez, al aparecer un coche rico, para saludar a uno de sus médicos que pasa.

Y a esa misma hora, en las llanuras desiertas, los colonos ávidos de la tierra india, esperando el mediodía del lunes para invadir la nueva Canaán, la morada antigua del pobre seminole, el país de la leche y de la miel, limpian sus rifles, oran o alborotan, y no se oye en aquella frontera viva, sujeta solo por la tropa vigilante, más que el grito de saludo del miserable que empieza a ser dueño, del especulador que ve espumas de oro, del pícaro que saca su ganancia del vicio y de la muerte. ¿Quién llegará primero? ¿Quién pondrá la primera estaca en los solares de la calle principal? ¿Quién tomará posesión con los tacones de su bota de los rincones fértiles? Leguas de carros; turbas de jinetes; descargas a cielo abierto; cantos y rogativas; tabernas y casas de poliandria; un ataúd, y detrás una mujer y un niño; por los cuatro confines rodean la tierra libre los colonos; se oye como un alarido: «¡Oklahoma! ¡Oklahoma!».

Ya campea por fin el blanco invasor en la tierra que se quedó como sin alma cuando murió en su traje de pelear y con el cuchillo sobre el pecho el que «no tuvo corazón para matar como a oso o como a lobo al blanco que como oso y lobo se le vino encima, con amistad en una mano, y una culebra en la otra», el Osseola del cinturón de cuentas y el gorro de tres plumas, que se los puso por su mano en la hora de morir, después de pintarse media cara de rojo y de desenvainar el cuchillo. Los seminoles vendieron la tierra al «Padre Grande» de Washington, para que la vinieran otros indios a vivir o negros libres. Ni indios ni negros la vivieron nunca, sino los ganaderos que tendían cercas por ella, como si la tierra fuese suya, y los colonos que la querían para sembrados y habitación, y no «para que engorden con oro puro esos reyes del mundo que tienen amigos en Washington». La sangre de las disputas corrió muchas veces donde había corrido antes la de las cacerías; desalojó la tropa federal a los intrusos ganaderos o colonos: al fin proclamó pública la tierra el Presidente y señaló el 22 de abril para su ocupación: ¡entren todos a la vez! ¡el que clave primero la estaca, ese posea el campo! ¡ciento sesenta acres por la ley al que primero llegue! Y después de diez años de fatiga, los ferrocarriles, los especuladores, los que quieren «crecer con el país», los que han hallado ingrata la tierra de Kansas o Kentucky, los que anhelan echar al fin el ancla en la vida, para no tener que vivir en el carro ambulante, de miseria un día y de limosna otro, se han venido juntando en los alrededores de esta comarca en que muchos habían vivido ya, y levantado a escondidas crías y siembras, donde ya tenía escogida la ambición el mejor sitio para las ciudades, donde no había más huella de hombre que las cenizas de las cabañas de los pobladores intrusos, los rieles del ferrocarril, y la estación roja.

Se llenaron los pueblos solitarios de las cercanías; caballos y carretas comenzaron a subir de precio; caras bronceadas, de ojo turbio y dañino, aparecieron donde jamás se las vio antes; había juntas en la sombra, para jurarse ayuda, para jurar muerte al rival; por los cuatro confines fue bajando la gente, apretada, callada, con los caballos, con las carretas, con las tiendas, con el rifle al hombro y la mujer detrás, sobre el millón de acres libres que guardaba de los invasores la caballería. Solo podían entrar en la comarca los delegados del Juez de Paz nombrado por el Presidente, o aquellos a quienes la tropa diera permiso: gente del ferrocarril para trabajos de la línea, un periodista para ir echando la planta de su imprenta, un posadero para tener preparado el lugar, o los empleados del Registro, adonde la muchedumbre ansiosa ha de inscribir por turno riguroso su intención de ocupar una sección de los terrenos libres. Pero dicen por las cercanías que entran muchos delegados, que el ferrocarril está escondiendo gente en los matorrales, que la tropa ha dado permisos a posaderos que no tienen posada, que los ferrocarrileros se han entendido con la gente oficial, y no va a quedar en Guthrie, en la estación roja, una manzana sin amo cuando se abra la tierra a la hora de la ley.

Bajan de los caminos más remotos, pueblos de inmigrantes, en montones, en hileras, en cabalgatas, en nubes. De entre cuatro masas vivas, sin más valla que las ancas de la tropa montada, se levanta la tierra silenciosa, nueva, verde, con sus yerbales y sus cerros. Por entre las ancas miran ojos que arden. Así se ha poblado acá la soledad, y se ha levantado la maravilla de los Estados Unidos.

Y en los días cercanos al de la entrada libre, como cuando se muda una nación, eran campamento en marcha las leguas del contorno, sin miedo al sol ni a la noche, ni a la muerte, ni a la lluvia. De los bordes de la tierra famosa han ido echando sobre ella ferrocarriles, y se han erguido en sus fronteras poblaciones rivales, última estación de las caravanas que vienen de lejos; de las cuadrillas de jinetes que traen en los dientes la baraja, la pistola al disparar, y la bribona a la grupa; de las romerías de soldados licenciados, de campesinos, de viejos, de viudas.

Arkansas City ha arrancado los toldos de sus casas para hacer literas a los inmigrantes, tiene mellados los serruchos de tanto cortar bancos y mesas de primera hora, no encuentra leche que vender a las peregrinas que salen a buscarla del carro donde el marido cuida los enseres de la felicidad, —la tienda, la estufa, el arado, las estacas que han de decir que ellos llegaron primero, y nadie les toque su terruño; setenta y cinco vagones tiene Arkansas City entre cercas para llevar a Guthrie el gentío que bulle en las calles, pide limosna, echa el licor por los ojos, hace compras para revender, calcula la ganancia en los cambios de mano de la tierra. En otra población, en Oklahoma City, se vende ya a dos pesos el acre que aún no se tiene, contando con que va por delante el jinete que lo ha de ocupar, el jinete ágil y asesino. En Purcell la noche es día, no hay hombre sin mujer, andan sueltos mil vaqueros tejanos, se oyen pistoletazos y carcajadas roncas: ¡ah, si esos cazadotes de las carretas se les ponen en el camino! ¡para el que tenga el mejor rifle ha de ser la mejor tierra! «¡Si me ponen un niño delante, Enriqueta, te lo traigo de *beefsteak*!» y duermen sobre sus náuseas.

Y van pasando, pasando para las fronteras, los pueblos en muda, los pueblos de carros. Se les cansa el caballo, y empujan la rueda. No puede el hombre solo, y la mujer se pone a la otra. Se le dobla la rodilla al animal, y el hijo hombrón, con el cinto lleno de cuchillos, lo acaricia y lo besa. Los días acaban, y no la romería. Ahora son mil veteranos sin mujeres, que van con carros buenos, «a buscar tierra». Cien hombres ahora, con un negro a la cabeza, que va a pie, solo. Ahora un grupo de jinetes alquilones, de bota y camisa azul, con cuatro revólveres a la cintura y en el arzón el rifle de Winchester, escupiendo en la divinidad y pasándose el frasco. Por allí vienen cien más, y una mujer a caballo que los guía. Ahí pasa el carro de la pobre Dickinson, que trae dentro sus tres hijas y dos rifles. Muchos carros llevan en el toldo este letrero: «Tierra o muerte». Uno, del que por todas partes salen botas, como de hombres tendidos en el interior, lleva este: «Hay muchos imbéciles como nosotros».

Va cubierta de polvo, con azadas al hombro, una cuadrilla que obedece a un hombre alto y chupado, que está en todas partes a la vez, y anda a saltos y a voces, con el sombrero a la nuca, tres pelos en la barba y dos llamas en los ojos, sin color seguro la blusa, y los calzones hechos de una bandera americana, metidos en las botas. Otros vienen a escape, con dos muertos en el arzón, dos hermanos que se han matado a cuchilladas, en disputa sobre quién tenía mejor derecho al «título» que han escogido ya, «donde nadie lo sabe». Allá baja la gran romería, la de los «colonos viejos» que se han estado metiendo por el país estos diez años, y traen por jefe al que les sacó en Washington la ley, con su voz de capitán, sus espaldas de mundo, y sus seis pies de alto: la tropa marcha delante, porque son mil, decididos a sacar de la garganta a quien se les oponga, la tierra que miran como suya, adonde han vuelto cuando los echó la caballería, adonde tienen ya clavadas las estacas. Se cierra de pronto el cielo, la lluvia cae a torrentes, el vendaval vuelca los carros y les arranca los toldos, los caballos espantados echan a los jinetes por tierra. Cuando el temporal se serena, pasa un hotel entero, de tiendas y sillas plegadizas; pasa la prensa para el periódico; pasa un carro, cargado de ataúdes.

¡Un día nada más, ya solo un día falta! De Purcell y de Arkansas llegan noticias de la mala gente; de que un vaquero amaneció clavado con un cuchillo a la mesa de la taberna; de que se venden a precios locos los *ponies* de correr, para la hora de la entrada; de que son muchas las ligas de los especuladores con los pícaros, o de los pícaros entre sí, para defender juntos la tierra que les quiten a los que lleguen primero, que no tendrán más defensa que la que quepa en una canana; de que unos treinta intrusos vadearon el río, se entraron por el bosque, se rindieron, uno sin brazo, otro sin quijada, otros arrastrándose con el vientre roto, al escuadrón que fue a echarlos de su parapeto, donde salió con el pañuelo de paz un mozo al que no se le veía de la sangre, la cara. Pero los caballos pastan tranquilos por esta parte de la frontera, donde está lo mejor de la invasión y la gente anda en grupos de domingo, grupos de millas, grupos de leguas, por donde un anciano de barba como leche, llama con un cencerro a los oficios, desde la caja de jabón de que ha hecho púlpito; o donde los veteranos cuentan cómo ayer, al ver la tierra, se echaron a llorar y se abrazaron, y cantaron, y dispararon sus rifles; o en el corro que oye en cuclillas, con la barba en las palmas, lo que les dice la negra vieja, la tía Cloc, que ya tuvo gallinas y perro en Oklahoma, antes de que los soldados la echaran, y ahora vuelve a aquel «país del Señor, a ver si encuentra sus gallinas» o en el corro de mujeres, que han venido solas, como los hombres, a «tomar tierra» para sí, o a especular con las que compren a otros, como Polly Young, la viuda bonita, que lo hizo ya en Kansas, o a repartirse en compañía las que, ayudándose del caballo y del rifle, logren alcanzar, como las nueve juramentadas de Kentucky; o a vivir en su monte, como Nellie Bruce, que se quedó sola con sus pollos entre los árboles, cuando le echaron al padre los soldados, y le quemaron la casa que el padre le hizo para que enseñara escuela; o a ver quién le ha quitado «la bandera que dejó allí con un letrero que dice: Esto es de Nanitta Daisy, que sabe latín, y tiene dos medallas como tiradora de rifle: ¡cuidado!». Y cuando Nanitta saca las medallas, monta en pelo sin freno ni jáquima, se baja por la cabeza lo mismo que por la grupa, enseña su revólver de cabo de marfil, recuerda cuando le dio las bofetadas al juez que le quiso dar un beso, cuenta de cuando fue maestra, candidato al puesto de bibliotecario de Kansas, y periodista en Washington, óyense a la vez, por un recodo del camino, un chasquido de látigo y una voz fina y virgen: «¡Ehoe! ¡Hurra!» «¡Aquí venimos nosotras, con túnica de calicó y gorro de teja!» «¡Ehoe! ¡Hurra!» «¡Tommy Barny se llevó a la mujer de Judas Silo!» «¡Aquí está Ella Blackburne, la bonita, sin más hombre que estos dos de gatillo y cañón, y sus tres hermanas!».

Y a las doce, al otro día, todo el mundo en pie, todo el mundo en silencio, cuarenta mil seres humanos en silencio. Los de a caballo, tendidos sobre el cuello. Los de carro, de pie en el pescante, cogidas las riendas. Los de animales infelices, atrás, para que no los atropellen. Se oye el latigazo con que el caballo espanta la mariposa que le molesta. Suena el clarín, se pliega la caballería, y por los cuatro confines a la vez se derrama, estribo a estribo, rueda a rueda, sin injuriarse, sin hablarse, con los ojos fijos en el cielo seco, aquel torrente de hombres. Por Tejas, los jinetes desbocados, disparando los rifles, de pie sobre los estribos, vitoreando con frenesí, azotando el caballo con los sombreros. De enfrente los *ponies,* los *ponies* de Purcell, pegados anca a anca, sin ceder uno el puesto, sin sacarse una cabeza. De Kansas, a escape, los carros poderosos, rebotados y tronando, mordiéndole la cola a los jinetes. Páranse, desuncen los caballos, dejan el carro con la mujer, ensillan, y de un salto le sacan a los jinetes la delantera. Riéganse por el valle.

Se pierden detrás de los cerros, reaparecen, se vuelven a perder, echan pie a tierra tres a un tiempo sobre el mismo acre, y se encaran, con muerte en los ojos. Otro enfrena de súbito su animal, se apea, y clava en el suelo su cuchillo. Los carros van parándose, y vaciando en la pradera, donde el padre pone las estacas, la carga escondida, la mujer y los hijos. No bajan, se descuelgan. Se revuelcan los hijos en el yerbal, los caballos relinchan y enroscan la cola, la madre da voces de un lado para otro, con los brazos en alto. No se quiere ir de un acre el que vino después; y el rival le descarga en la cara el fusil, sigue estacando, da con el pie al muerto que cae en la línea. No se ven los de a caballo, dispersos por el horizonte. Sigue entrando el torrente.

En Guthrie está la estación del ferrocarril, las tiendas de la tropa, la Oficina de Registro, con la bandera en el tope. Guthrie va a ser la ciudad principal. A Guthrie va todo Arkansas y todo Purcell. Los hombres, como adementados, se echaron sobre los vagones, se disputaron puestos a puñetazos y mordidas, tiraban las mochilas y maletas para llegar primero, hicieron en el techo el viaje. Sale entre vítores el primer tren: y el carro primero es el de los periódicos. Pocos hablan. Los ojos crecen. Pasa un venado, y los del tren lo acribillan a tiros. «¡En Oklahoma!» dice una voz, y salen a la plataforma a disparar, disparan por las ventanillas, descargan las pistolas a sus pies, vociferan, de pie en los asientos.

Llegan: se echan por las ventanas: ruedan unos sobre los otros: caen juntos hombres y mujeres: ¡a la oficina, a tomar turno! ¡al campo, a tomar posesión! Pero los primeros en llegar hallan con asombro la ciudad medida, trazada, ocupada, cien inscripciones en la oficina, hombres que desbrozan la tierra, con el rifle a la espalda y el puñal al cinto. Corre el grito de traición. ¡La tropa ha engañado! ¡La tropa ha permitido que se escondiesen sus amigos en los matorrales! ¡Estos son los delegados del juez, que no pueden tomar tierra, y la han tomado! «De debajo de la tierra empezó a salir la gente a las doce en punto», dicen en la oficina. ¡A lo que queda! Unos traen un letrero que dice: «Banco de Guthrie», y lo clavan a dos millas de la estación, cuando venían a clavarlo enfrente. Otro se echa de bruces sobre un lote, para ocuparlo con mejor derecho que el que solo está de pie sobre él. Uno vende en cinco pesos un lote de esquina. ¿Pero cómo, en veinticinco minutos, hay esquinas, hay avenidas, hay calles, hay plazas? Se susurra, se sabe: hubo traición. Los favorecidos, los del matorral, lo que «salieron de debajo de la tierra», los que entraron so capa de delegados del juez y empleados del ferrocarril, celebraron su junta a las diez, cuando no había por la ley tierra donde juntarse, y demarcaron la ciudad, trazaron las calles y solares, se repartieron las primicias de los lotes, cubrieron a las dos en punto el libro de Registros con sus inscripciones privilegiadas. Los abogados de levita y revólver, andan solicitando pleitos. «¿Para qué, para que se queden los abogados con la tierra?».

Los banqueros van ofreciendo anticipos a los ocupantes con hipoteca de su posesión. Vienen los de la pradera, en el caballo que se cae de rodillas, a declarar su título. En hilera, de dos en dos, se apiñan a la puerta los que se inscriben, antes de salir, para que conste su demanda y sea suya una de las secciones libres. Ese es un modo de obtener la tierra, y otro, el más seguro y expuesto, es ocuparla, dar prenda de ocupación, estacar, desbrozar, cercar, plantar el carro y la tienda. «¡Al banco de Oklahoma!» dice en una tienda grande. «¡Al primer hotel de Guthrie!». «¡Aquí se venden rifles!». «¡Agua, a real el vaso!». «¡Pan, a peso la libra!». Tiendas por todas partes, con banderolas, con letreros, con mesas de jugar, con banjos y violines a la puerta. «¡El *Herald de Oklahoma* con la cita para las elecciones del Ayuntamiento!». A las cuatro es la junta, y asisten diez mil hombres. A las cinco, el *Herald de Oklahoma* da un alcance, con la lista de los electos.

Pasean por la multitud los hombres-anuncios, con nombres de carpinteros, de ferreteros, de agrimensores a la espalda. En el piso no se ve la tierra, de las tarjetas de anuncios. Cuando cierra la noche, la estación roja del ferrocarril es una ciudad viva. Cuarenta mil criaturas duermen en el desierto. Un rumor, como de oleaje, viene de la pradera.

Las sombras negras de los que pasan se dibujan, al resplandor de los fuegos, en las tiendas. En la oficina de registrar, no se apaga la luz. Resuena toda la noche el golpe del martillo.

La Opinión Pública. Montevideo, 1889.

EL ASESINATO DE LOS ITALIANOS

El asesinato de los italianos.— Las escenas de Nueva Orleans.— Los antecedentes y el proceso.— La Mafia y la política local.— El asalto a la cárcel.— La reunión, la marcha, los muertos

Nueva York, 26 de marzo de 1891

Señor Director de *La Nación*:

Y, desde hoy, nadie que sepa de piedad pondrá el pie en Nueva Orleans, sin horror. Por acá y por allá, como últimas bocanadas, asoma y desaparece un grupo de homicidas, con el fusil al hombro. Por allí va otro grupo, de abogados y de comerciantes, de hombros fornidos y de ojos azules, con el revólver a la cadera, y una hoja en la solapa, —una hoja del árbol donde han ahorcado a un muerto, —a un italiano muerto, —a uno de los diecinueve italianos que tenían en la cárcel como reos presuntos del asesinato del jefe de policía Hennessy. De los diecinueve, el jurado de norteamericanos absolvió a cuatro; el proceso de otros falló por errores; otros no habían sido aún procesados.

Y pocas horas después de que el jurado de norteamericanos los absolvió, la junta de notables nombrada por el alcalde para ayudar al castigo del asesinato, la junta capitaneada por el cabecilla de uno de los bandos políticos de la ciudad, convoca a motín a los ciudadanos, por llamamiento impreso y público, con un día de aviso, —los reúne y preside al pie de la estatua de Henry Clay, —ataca la cárcel de la parroquia, sin que le salga al paso la policía, salvo por nimia apariencia, ni la milicia, ni el alcalde, ni el gobernador, —derriba las puertas dóciles de la prisión, —se derrama, vitoreando, en los corredores, por donde huyen los italianos perseguidos, —machaca a culatazos la cabeza del caudillo político de los italianos, del banquero cónsul, cónsul de Bolivia, acusado de cómplice en una banda de asesinos, en una banda secreta de la Mafia, —y a los tres, absueltos como el banquero, y a siete más, los asesina contra la pared, por los rincones, sobre el suelo, a quemarropa. Al volver de la faena, los ciudadanos vitorean al abogado que presidió la matanza, y lo pasean en hombros.

¿Y esas son las calles de casas floridas, con las enredaderas de ipomeas trepando por entre las persianas blancas, y las mulatas de turbante y delantal sacando la cesta india de colorines al balcón calado, y la novia criolla, que va al lago de almuerzo, a almorzar peces de nácar y de oro, con un capullo al pecho, y en la crencha negra una flor de azahar? ¿Es la ciudad del roble donde crece, como filigrana de planta, el musgo español, y del dátil que chorrea la miel, y de los sauces lamentosos, que se retratan en el río? ¿Es la Orleans del carnaval alegre, antorcha toda y toda castañuelas, que saca en un paso de la procesión de Momo el romance de México, festoneada la carroza de lirio y clavellín, y en otro, con sus trajes de pedrería, a los héroes amables del poema de *Lalla Rookh,* y en otro al príncipe, de raso naranja, despertando, en su túnica de tisú, a la Beldad Dormida?

¿Es la Orleans de la pesca en piraguas, de los alrededores hechiceros, del mercado radiante y alborotoso, de los petimetres de fieltro a las cejas y perilla gris que se juntan, a hablar de duelos y de novias, en el café de la Poesía?... Resuenan las descargas; izan sobre una rama a Bagnetto, al italiano muerto; le picotean a balazos la cara; un policía echa al aire su sombrero: de los balcones y las azoteas miran la escena con anteojos de teatro.

Al gobernador «no se le puede ver». La milicia, «nadie ha ido a buscarla». El alcalde «no va a prender a toda la ciudad». Sierran una rama; cortan otra a hachazos; sacuden las hojas, que caen sobre la multitud apretada, —para llevarse un recuerdo, una astilla de la madera, una hoja fresca de hoy, — al pie del roble de donde cuelga, dando vueltas, el italiano ensangrentado.

La ciudad de Nueva Orleans satisfecha o cobarde, marchó con sus primeros letrados y negociantes al frente, sobre la cárcel de donde iban a salir los presos que el jurado acababa de absolver; asaltó, con asentimiento y ayuda de las autoridades del municipio, la prisión municipal: majó en los rincones, —la ciudad capitaneada por abogados y periodistas, por banqueros y jueces, —majó en los rincones, y «baleó hasta hacerlos trizas» a los italianos absueltos, —a un neorleanés oriundo de Italia, hombre de mundo, y rico, dueño del voto de la colonia italiana, —a un padre de seis hijos, socio acaudalado de una buena firma, —a un siciliano brioso a quien meses atrás dio un tiro un irlandés, —a un zapatero de influjo en la opinión del barrio, —a un remendón tachado de haber muerto en riña a un paisano suyo, —a unos vendedores de fruta.

Los italianos riñen entre sí, como los bandos de Kansas, que en medio siglo no ha podido poner en paz ningún gobernador, como los criollos del Sur que se legan de padres a hijos el odio entre familias. Hace veinte años, por husmear en las riñas de los italianos, o por quererles quitar so pretexto de ellas el poder municipal que ganaban con la fuerza de sus votos, cayó a manos de un Guerin, el padre de este Hennessy, que ha muerto ahora. El mismo traficante en política que iba de teniente en el asalto de hoy, acabó de un balazo al matador del otro Hennessy. Los políticos de ojos grises odiaban a los políticos de ojos negros. Los irlandeses que viven principalmente de la política, querían echar de la política a los italianos.

Los acusaban de «dagos», que es mote que enciende la sangre de Sicilia. El que caía de resultas de estas rivalidades decían que caía «por la sentencia de la Mafia». Contaban como de ahora, y como de puro crimen, las terribles ejecuciones políticas de la Mafia, que se conjuró contra los Borbones hace un siglo.

El Hennessy de hoy declaró a los italianos guerra sin cuartel, por más que hubo un tiempo en que no tenía mejor amigo «para una vuelta por la mesa verde de los clubs o para un buen guiso de quimbombó», que Macheca, el de la cabeza majada a culatazos, el italiano elegante y rico. Hubo muertes en el barrio de Italia. Y el policía apuró la persecución hasta conseguir un denunciante italiano, que amaneció cadáver, y proclamar que sabía ya cuanto había que saber de una sociedad de asesinos, llamada del *Stiletto*, y otra de los *Stopaliagieri*, y que tenía a mano «la prueba plena de la Mafia espantosa, de sus sentencias de muerte, de sus millares de sicarios». Una noche, a la puerta de su casa, una casa que tiene en el vestíbulo dos rosales, cayó Hennessy, luchando contra una banda de asesinos, con la mano en el revólver.

Once balas le hallaron en el cuerpo. Se declaró que era su muerte «la venganza de la Mafia». Se prometieron las pruebas más patentes. Se nombró por el alcalde mismo, una junta suelta de cincuenta ciudadanos, —políticos y comerciantes, y abogados y periodistas, — para ayudar a la justicia ordinaria en sus indagaciones. Se escogió un jurado sin tacha, de entre ciudadanos de apellido inglés. Se encarceló a unos cuantos reñidores de oficio de entre la gente de Sicilia, y a los dos hombres de más riqueza e influjo sobre el voto de los italianos.

Del Golfo al Pacífico se alzó en su favor la población italiana: negó su prensa, y negaron sus hombres prominentes, que hubiese Mafia, ni sociedad del *Stiletto,* ni *Stopaliagieri,* ni prueba posible de tal iniquidad, ni sentido en poner presos por asesinato a hombres de la posición del banquero Macheca y el comerciante Caruso: mantuvo que el veneno de la persecución, y la causa de ella, estaba en la pelea política, en el designio de aterrar y sacar de Nueva Orleans y de las urnas, a los italianos rebeldes a la voluntad de los perseguidores: declaró que se fraguaba una conspiración tenebrosa para un fin político. El jurado, después de meses de proceso abierto al público, las acusaciones que iban y venían, de testigos que enloquecían y perjuraban, de murmuraciones de soborno y de escándalo, —absolvió a los presos. —Cierto que había bandos hostiles entre los sicilianos de Nueva Orleans; que los matrangas y los provenzanos se aborrecían aquí como en Italia; que los italianos ensangrentaban a menudo las calles con sangre italiana. Pero de que se querellasen entre sí, de que provenzanos y matrangas, para satisfacer su rencor, declaren en falso contra sus enemigos, de que los sicilianos no tengan empacho en seguir sus contiendas en la ciudad donde no hay transeúnte que no lleve al cinto un revólver, ni familia que no haya cruzado por las calles a otra familia; de que el bando vencido decidiese poner fin a la vida del jefe de policía, que tomaba pabellón con el bando rival, no puede deducirse que la Mafia, que fue la rebeldía contra el Borbón, reine en Nueva Orleans, donde no hay Borbones, —que los anónimos supuestos por los políticos de intriga, para avivar el odio contra los italianos, fuesen de mano italiana,— que los «dagos» todos, que viven como les manda el fiero sol, amándose y odiándose, dando la vida por un beso y quitándola por una mala palabra, «sean una escuela organizada de asesinos».

Moore, teniente un tiempo de la policía de Nueva Orleans, el irlandés Moore, dijo «que el asesinato de Hennessy vino, como el de su padre, de las peleas sobre los votos, —que esta muerte de Hennessy no fue más que uno de los actos de la disputa del botín político más pingüe ahora que nunca».

Nueva Orleans recibía con amenazas e ira el veredicto: alegaba Nueva Orleans «que hubo fraude en el proceso», «que el polizonte Malley pagó a un testigo», «que consta de una tentativa de soborno de un jurado». Pero en Chicago encendió luces el barrio de las camisetas coloradas; en los suburbios de Providencia cesó el trabajo, para bailar y festejar; la Italia de Nueva York, acampada por junto al Bowery, puso papeles nuevos en los puestos de frutas, clavó la bandera en la bota bruñida con que se anuncia el lustrador, sacó a la puerta el moño repeinado y los pendientes de corales, —¡hasta que anunció el telégrafo la novedad aterradora, —que Nueva Orleans se amotinaba, —que rodeaba la cárcel, —que ahorcaba al Bagnetto, —que mataba al Macheca! De sus covachas y callejuelas salían, dando gritos, las mujeres. Dejaban a las crías en las aceras, y se sentaban a llorar. Se destrenzaban los cabellos y se los mesaban. Llamaban a los hombres, a que despertaran. Los injuriaban, porque no despertaban pronto. Corrían, con las manos en la cabeza. Se llenó de mujeres y hombres la plaza de los periódicos. Sus periodistas, siempre desunidos, les hablan, juntos por primera vez, desde un mismo pórtico. «¡Seamos uno, italianos, en este dolor!». «¡Venganza, italianos, venganza!». Y leían sollozando, los horribles telegramas. Las mujeres se echaban en la calle de rodillas. Los hombres, con la mano dura, se lavaban las lágrimas.

Era verdad que Nueva Orleans, con la ley en sus manos, se volvía contra su ley. El gobernador del Estado, dueño de la milicia, abandonaba la capital del Estado al motín. Los cabecillas del motín contra el tribunal eran hombres de tribunales, eran magistrados, fiscales, defensores. Los capitanes de la matanza eran los delegados del alcalde, que no mandó salir sus fuerzas contra los matadores.

Ni una voz de piedad, ni una súplica de mujer, ni un ruego de sacerdote, ni una protesta de la prensa: «¡A matar a los dagos!» «¡A las armas, ciudadanos buenos!» «¡A la una de la tarde, al pie de la estatua de Clay, a remediar la incapacidad de la justicia en el caso Hennessy! ¡Id preparados a la acción!» Cundió el convite impreso, firmado por los guías de ideas y gente de pro de la ciudad. «¿Qué se nos ha de oponer el alcalde, si los que nos convocan son los mismos que él designó para la junta auxiliar de la pesquisa?» «Parkerson es nuestro jefe, el hombre de alma velluda que ganó a la cabeza de los demócratas sueltos, las elecciones de la ciudad». «Firma Liche, el comisionado de obras públicas, que es puesto de tanto poder». A la una estaba henchida la vertiente de las calles viejas donde se levanta la estatua de Clay. Dicen que la milicia está con ellos; que los milicianos están allí sin uniforme; que hay una casa llena de picos y hachas; que ayer vació un carro al respaldo de la cárcel, una carga de vigas para atacar las puertas; que en la junta de ayer, en la junta de los cincuenta, se dispuso el plan, se nombraron los jefes, se repartieron las armas. Vitorean unos a Wyckliffe, y a Parkerson todos: «¡Discurso! ¡Salten la reja, y dennos un discurso!». El orador surge, al pie de la estatua. Parkerson es el orador, hombre de leyes, jefe de partido, joven: la levita le ajusta: tiene redonda la cabeza: no se le cae la lengua, ni se le cae la mano: acciona, acciona bien, echa el pie adelante y levanta por sobre la cabeza el brazo izquierdo: —«¡A las armas, ciudadanos! ¡Los crímenes deben ser castigados con prontitud; pero donde y cuando quiera que los tribunales fallen, que los jurados violen su juramento, que asomen los sobornadores, es ocasión para que el pueblo haga lo que el tribunal y el jurado dejaron de hacer!». «¡Estamos contigo, Parkerson!». «¿Qué resolución tomaremos, ciudadanos? ¿Será la acción?». «¡La acción! ¡Guía! ¡Estamos contigo!». «¿Listos?». «¡Listos!».

Salta al puesto un Denegre, abogado y propietario. «Soy de la junta de los cincuenta: me nombró el alcalde, y doy cuenta al pueblo. Estamos con el muerto: vamos a buscar a los asesinos. La junta es impotente: el tribunal es impotente: ¡puedan los ciudadanos!».

Y habla Wyckliffe, abogado y dueño de un periódico. Se ve en la masa el vaivén. Con los brazos va empujando Wyckliffe las palabras: «¡Al pie de esta estatua se viene a hechos! ¡Abajo la Mafia! ¿Nos quedaremos con las manos en los bolsillos, o echaremos de la ciudad a esa peste de herejes?». «¡Vamos!...». «¡Llévennos!...». «¡A buscar los fusiles!» responde Parkerson: «¡y a la plaza enseguida, a la plaza del Congo!».

¡A la plaza! ¡a la prisión! La columna va en marcha, a paso ligero. Va Parkerson al mando, el capataz, demócrata. Va Honston, otro capataz, que dio muerte hace veinte años al matador del primer Hennessy. El subteniente es Wyckliffe, que fue fiscal de la ciudad. Delante van tres carros, con cuerdas y escaleras, y en el astil de uno el nudo de la horca.

Detrás van los rifleros, a paso militar, con los doscientos rifles al hombro. El gentío los sigue y los rodea; unos llevan escopeta, revólver los demás. Se oye el rastreo de los pies. «Van sonriendo, como a un picnic». Y cuando llegan a la prisión, que es de canto y balcones, un piquete, como por orden conocida, se echa sobre cada puerta: el alcaide, entre los gritos y silbidos, les niega las llaves. Con las vigas de punta embisten al portón. Las hojas bambolean, y un negro las derriba de un hachazo. Entran cincuenta: ¡quisieran entrar todos! «Aquí está la llave de la reja», dice el segundo alcaide. Y los llaveros abren paso.

Se juntan los cincuenta hombres. Se oye temblar a los presos de una celda abierta. Por la reja de otra se ve una cara moribunda. No son esos; los llaveros, obsequiosos dicen que no son esos, —que están arriba en el departamento de las mujeres, —que allí está la otra llave. «¡Despacio, caballeros, despacio», dice Parkerson: «¿Quién los conoce? ¡Nada más que a los dagos!». Se precipitan por el corredor vacío: una mano escamosa y blancuzca, una mano de africana, ochentona, les señala el rincón, por donde sube la escalerilla, por donde se oyen pisadas que vuelan. «¡Hurra, tres hurras!» —dice uno de los cazadores; y los demás, ondeando el sombrero, dan tres hurras con él y se echan escalera arriba. «¡La medicina!» dice uno: suena el disparo graneado: da en el aire una vuelta, muerto de un tiro en el cerebro, el último de los que huían. Sofoca el ruido de los disparos el viva y vocerío que llegan de afuera: «¡Viva Parkerson!». «¡Viva Wyckliffe!». Los presos no tienen tiempo para pedir misericordia. ¡A tierra, agujereados como un jibe, Gerachi y Caruso! A Romero lo matan de rodillas, con la frente postrada en las baldosas: como una red de cintas era luego el sombrero de Romero: ¡la levita, por la espalda, piltrafas de paño! Vuelan las balas. Macheca, acorralado, cae de un golpe en la cabeza: acabó allí entre los pies de los hombres, de los abogados, de los comerciantes, acabó allí, sin un solo tiro, a culatazos. De afuera ya venía la ira temible: «¡Que nos los traigan!». ¡Que no los maten aquí afuera! Y estaba llena la plaza, las calles todas de los alrededores llenas. Había mujeres y niños. «¡Que nos los traigan!». «¡Aquí afuera!».

Por una puerta apareció una escuadra echando por delante, como a un ebrio, a Polozzi, el testigo loco. Se les caía de entre los brazos al suelo. Dos se pegan e injurian, porque los dos quieren apretar mejor el nudo. Un racimo de hombres se cuelga de la cuerda. Y cuantos están alrededor vacían sobre ella sus revólveres. Les caen sobre el pecho los chorros de sangre.

A Bagnetto lo sacan en brazos: no se le ve la cara, de la herida: le echan al cuello, tibio de la muerte, el nudo de cuerda nueva: lo dejan colgando de una rama de árbol: ¡podarán luego las ramas vecinas; y las mujeres en el sombrero, y los hombres en el ojal, llevarán como emblema las hojas! Uno saca el reloj: «Hemos andado de prisa: cuarenta y ocho minutos». De las azoteas y balcones miraba la gente, con anteojos de teatro.

La Nación. Buenos Aires, 20 de mayo de 1891

VERSOS

ISMAELILLO

Hijo:

Espantado de todo, me refugio en ti.

Tengo fe en el mejoramiento humano, en la vida futura, en la utilidad de la virtud, y en ti.

Si alguien te dice que estas páginas se parecen a otras páginas, diles que te amo demasiado para profanarte así. Tal como aquí te pinto, tal te han visto mis ojos. Con esos arreos de gala te me has aparecido. Cuando he cesado de verte en una forma, he cesado de pintarte. Esos riachuelos han pasado por mi corazón.

¡Lleguen al tuyo!

[Nueva York, 1882]

PRÍNCIPE ENANO

Para un príncipe enano
Se hace esta fiesta.
Tiene guedejas rubias,
Blandas guedejas;
Por sobre el hombro blanco
Luengas le cuelgan.
Sus dos ojos parecen
Estrellas negras:
Vuelan, brillan, palpitan,
Relampaguean!
Él para mí es corona,

Almohada, espuela.
Mi mano, que así embrida
Potros y hienas,
Va, mansa y obediente,
Donde él la lleva.
Si el ceño frunce, temo;
Si se me queja,—
Cual de mujer, mi rostro
Nieve se trueca:
Su sangre, pues, anima
Mis flacas venas:
¡Con su gozo mi sangre
Se hincha, o se seca!
Para un príncipe enano
Se hace esta fiesta.

¡Venga mi caballero
Por esta senda!
¡Éntrese mi tirano
Por esta cueva!
Tal es, cuando a mis ojos
Su imagen llega,
Cual si en lóbrego antro
Pálida estrella,
Con fulgores de ópalo
Todo vistiera.
A su paso la sombra
Matices muestra,
Como al sol que las hiere
Las nubes negras.
¡Heme ya, puesto en armas,
En la pelea!
Quiere el príncipe enano
Que a luchar vuelva:
¡Él para mí es corona,
Almohada, espuela!
Y como el sol, quebrando
Las nubes negras,
En banda de colores

La sombra trueca,—
Él, al tocarla, borda
En la onda espesa,
Mi banda de batalla
Roja y violeta.
¿Conque mi dueño quiere
Que a vivir vuelva?
¡Venga mi caballero
Por esta senda!
¡Éntrese mi tirano
Por esta cueva!
¡Déjeme que la vida
A él, a él ofrezca!
Para un príncipe enano
Se hace esta fiesta.

BRAZOS FRAGANTES

Sé de brazos robustos,
Blandos, fragantes;
Y sé que cuando envuelven
El cuello frágil,
Mi cuerpo, como rosa
Besada, se abre,
Y en su propio perfume
Lánguido exhálase.
Ricas en sangre nueva
Las sienes laten;
Mueven las rojas plumas
Internas aves;
Sobre la piel, curtida
De humanos aires,
Mariposas inquietas
Sus alas baten;
Savia de rosa enciende
Las muertas carnes!—
Y yo doy los redondos

Brazos fragantes,
Por dos brazos menudos
Que halarme saben,
Y a mi pálido cuello
Recios colgarse,
Y de místicos lirios
Collar labrarme!
¡Lejos de mí por siempre,
Brazos fragantes!

MI CABALLERO

Por las mañanas
Mi pequeñuelo
Me despertaba
Con un gran beso.
Puesto a horcajadas
Sobre mi pecho,
Bridas forjaba
Con mis cabellos.
Ebrio él de gozo,
De gozo yo ebrio,
Me espoleaba
Mi caballero:
¡Qué suave espuela
Sus dos pies frescos!
¡Cómo reía
Mi jinetuelo!
Y yo besaba
Sus pies pequeños,
Dos pies que caben
En solo un beso!

MUSA TRAVIESA

¿Mi musa? Es un diablillo
Con alas de ángel.

¡Ah, musilla traviesa,
Qué vuelo trae!

Yo suelo, caballero
En sueños graves,
Cabalgar horas luengas
Sobre los aires.
Me entro en nubes rosadas,
Bajo a hondos mares,
Y en los senos eternos
Hago viajes.
Allí asisto a la inmensa
Boda inefable,
Y en los talleres huelgo
De la luz madre:
Y con ella es la oscura
Vida, radiante,
Y a mis ojos los antros
Son nidos de ángeles!
Al viajero del cielo
¿Qué el mundo frágil?
Pues ¿no saben los hombres
Qué encargo traen?
¡Rasgarse el bravo pecho,
Vaciar su sangre,
Y andar, andar heridos
Muy largo valle,
Roto el cuerpo en harapos,
Los pies en carne,
Hasta dar sonriendo
—¡No en tierra!—exánimes!
Y entonces sus talleres
La luz les abre,
Y ven lo que yo veo:
¿Qué el mundo frágil?
Seres hay de montaña,
Seres de valle,
Y seres de pantanos
Y lodazales.

De mis sueños desciendo,—
Volando vanse,
Y en papel amarillo
Cuento el viaje.
Contándolo, me inunda
Un gozo grave:—
Y cual si el monte alegre,
Queriendo holgarse
Al alba enamorando
Con voces ágiles,
Sus hilillos sonoros
Desanúdase,
Y salpicando riscos,
Labrando esmaltes,
Refrescando sedientas
Cálidas cauces,
Echáralos risueños
Por falda y valle,—
Así, al alba del alma
Regocijándose,
Mi espíritu encendido
Me echa a raudales
Por las mejillas secas
Lágrimas suaves.
Me siento, cual si en magno
Templo oficiase;
Cual si mi alma por mirra
Vertiese al aire;
Cual si en mi hombro surgieran
Fuerzas de Atlante;
Cual si el sol en mi seno
La luz fraguase:—
Y estallo, hiervo, vibro,
Alas me nacen!
Suavemente la puerta
Del cuarto se abre,
Y éntranse a él gozosos
Luz, risas, aire.

Al par da el sol en mi alma
Y en los cristales:
¡Por la puerta se ha entrado
Mi diablo ángel!
¿Qué fue de aquellos sueños,
De mi viaje,
Del papel amarillo,
Del llanto suave?
Cual si mariposas
Tras gran combate
Volaran alas de oro
Por tierra y aire,
Así vuelan las hojas
Do cuento el trance.
Hala acá el travesuelo
Mi paño árabe;
Allá monta en el lomo
De un incunable;
Un carcaj con mis plumas
Fabrica y átase;
Un sílex persiguiendo
Vuelca un estante,
Y ¡allá ruedan por tierra
Versillos frágiles,
Brumosos pensadores,
Lópeos galanes!
De águilas diminutas
Puéblase el aire:
¡Son las ideas, que ascienden,
Rotas sus cárceles!

Del muro arranca, y cíñese,
Indio plumaje:
Aquella que me dieron
De oro brillante,
Pluma, a marcar nacida
Frentes infames,
De su caja de seda
Saca, y la blande:

Del sol a los requiebros
Brilla el plumaje,
Que baña en áureas tintas
Su audaz semblante.
De ambos lados el rubio
Cabello al aire,
A mí súbito viénese
A que lo abrace.
De beso en beso escala
Mi mesa frágil;
¡Oh, Jacob, mariposa,
Ismaelillo, árabe!
¿Qué ha de haber que me guste
Como mirarle
De entre polvo de libros
Surgir radiante,
Y, en vez de acero, verle
De pluma armarse,
Y buscar en mis brazos
Tregua al combate?

Venga, venga, Ismaelillo:
La mesa asalte,
Y por los anchos pliegues
Del paño árabe
En rota vergonzosa
Mis libros lance,
Y siéntese magnífico
Sobre el desastre,
Y muéstreme riendo,
Roto el encaje—
—¡Qué encaje no se rompe
En el combate!—
Su cuello, en que la risa
Gruesa onda hace!
Venga, y por cauce nuevo
Mi vida lance,
Y a mis manos la vieja
Péñola arranque,

Y del vaso manchado
La tinta vacie!
¡Vaso puro de nácar:
Dame a que harte
Esta sed de pureza:
Los labios cánsame!
¿Son estas que lo envuelven
Carnes, o nácares?
La risa, como en taza
De ónice árabe,
En su incólume seno
Bulle triunfante:
¡Hete aquí, hueso pálido,
Vivo y durable!
Hijo soy de mi hijo!
Él me rehace!

Pudiera yo, hijo mío,
Quebrando el arte
Universal, muriendo
Mis años dándote,
Envejecerte súbito,
La vida ahorrarte!—
Mas no: que no verías
En horas graves
Entrar el sol al alma
Y a los cristales!
Hierva en tu seno puro
Risa sonante:
Rueden pliegues abajo
Libros exangües:
Sube, Jacob alegre,
La escala suave:
Ven, y de beso en beso
Mi mesa asaltes:—
¡Pues esa es mi musilla,
Mi diablo ángel!
¡Ah, musilla traviesa,
Qué vuelo trae!

MI REYECILLO

Los persas tienen
Un rey sombrío;
Los hunos foscos
Un rey altivo;
Un rey ameno
Tienen los íberos;
Rey tiene el hombre,
Rey amarillo:
¡Mal van los hombres
Con su dominio!
Mas yo vasallo
De otro rey vivo, —
Un rey desnudo,
Blanco y rollizo:
Su cetro —un beso!
Mi premio —un mimo!
Oh! cual los áureos
Reyes divinos
De tierras muertas,
De pueblos idos
—¡Cuando te vayas,
Llévame, hijo!—
Toca en mi frente
Tu cetro omnímodo;
Úngeme siervo,
Siervo sumiso:
¡No he de cansarme
De verme ungido!
¡Lealtad te juro,
Mi reyecillo!
Sea mi espalda
Pavés de mi hijo:
Pasa en mis hombros
El mar sombrío:
Muera al ponerte
En tierra vivo: —
Mas si amar piensas

El amarillo
Rey de los hombres,
¡Muere conmigo!
¿Vivir impuro?
¡No vivas, hijo!

PENACHOS VÍVIDOS

Como taza en que hierve
De transparente vino
En doradas burbujas
El generoso espíritu;

Como inquieto mar joven
Del cauce nuevo henchido
Rebosa, y por las playas
Bulle y muere tranquilo;

Como manada alegre
De bellos potros vivos
Que en la mañana clara
Muestran su regocijo,
Ora en carreras locas,
O en sonoros relinchos,
O sacudiendo al aire
El crinaje magnífico;—

Así mis pensamientos
Rebosan en mí vívidos,
Y en crespa espuma de oro
Besan tus pies sumisos,
O en fúlgidos penachos
De varios tintes ricos,
Se mecen y se inclinan
Cuando tú pasas—hijo!

HIJO DEL ALMA

Tú flotas sobre todo,
Hijo del alma!
De la revuelta noche
Las oleadas,
En mi seno desnudo
Déjante al alba;
Y del día la espuma
Turbia y amarga,
De la noche revuelta
Te echa en las aguas.
Guardiancillo magnánimo,
La no cerrada
Puerta de mi hondo espíritu
Amante guardas;
Y si en la sombra ocultas
Búscanme avaras,
De mi calma celosas,
Mis penas varias, —
En el umbral oscuro
Fiero te alzas,
Y les cierran el paso
Tus alas blancas!
Ondas de luz y flores
Trae la mañana,
Y tú en las luminosas
Ondas cabalgas.
No es, no, la luz del día
La que me llama,
Sino tus manecitas
En mi almohada.
Me hablan de que estás lejos:
¡Locuras me hablan!
Ellos tienen tu sombra;
¡Yo tengo tu alma!
Esas son cosas nuevas,
Mías y extrañas.
Yo sé que tus dos ojos

Allá en lejanas
Tierras relampaguean, —
Y en las doradas
Olas de aire que baten
Mi frente pálida,
Pudiera con mi mano,
Cual si haz segara
De estrellas, segar haces
De tus miradas!
¡Tú flotas sobre todo,
Hijo del alma!

AMOR ERRANTE

Hijo, en tu busca
Cruzo los mares:
Las olas buenas
A ti me traen:
Los aires frescos
Limpian mis carnes
De los gusanos
De las ciudades;
Pero voy triste
Porque en los mares
Por nadie puedo
Verter mi sangre
¿Qué a mí las ondas
Mansas e iguales?
¿Qué a mí las nubes,
Joyas volantes?
¿Qué a mí los blandos
Juegos del aire?
¿Qué la iracunda
Voz de huracanes?
A estos—¡la frente
Hecha a domarles!
A los lascivos

Besos fugaces
De las menudas
Brisas amables,—
Mis dos mejillas
Secas y exangües,
De un beso inmenso
Siempre voraces!
Y ¿a quién, el blanco
Pálido ángel
Que aquí en mi pecho
Las alas abre
Y a los cansados
Que de él se amparen
Y en él se nutran
Busca anhelante?
¿A quién envuelve
Con sus suaves
Alas nubosas
Mi amor errante?
Libres de esclavos
Cielos y mares,
Por nadie puedo
Verter mi sangre!
Y llora el blanco
Pálido ángel:
¡Celos del cielo
Llorar le hacen,
Que a todos cubre
Con sus celajes!
Las alas níveas
Cierra, y ampárase
De ellas el rostro
Inconsolable:—
Y en el confuso
Mundo fragante
Que en la profunda
Sombra se abre,
Donde en solemne
Silencio nacen

Flores eternas
Y colosales,
Y sobre el dorso
De aves gigantes
Despiertan besos
Inacabables,—
Risueño y vivo
Surge otro ángel!

SOBRE MI HOMBRO

Ved: sentado lo llevo
Sobre mi hombro:
Oculto va, y visible
Para mí solo!
Él me ciñe las sienes
Con su redondo
Brazo, cuando a las fieras
Penas me postro: —
Cuando el cabello hirsuto
Yérguese y hosco,
Cual de interna tormenta
Símbolo torvo,
Como un beso que vuela
Siento en el tosco
Cráneo: su mano amansa
El bridón loco! —
Cuando en medio del recio
Camino lóbrego,
Sonrío, y desmayado
Del raro gozo,
La mano tiendo en busca
De amigo apoyo,—
Es que un beso invisible
Me da el hermoso
Niño que va sentado
Sobre mi hombro.

TÁBANOS FIEROS

Venid, tábanos fieros,
Venid, chacales,
Y muevan trompa y diente
Y en horda ataquen,
Y cual tigre a bisonte
Sítienme y salten!
Por aquí, verde envidia!
Tú, bella carne,
En los dos labios muérdeme:
Sécame: mánchame!
Por acá, los vendados
Celos voraces!
Y tú, moneda de oro,
Por todas partes!
De virtud mercaderes,
Mercadeadme!
Mató el Gozo a la Honra:
Venga a mí, —y mate!

Cada cual con sus armas
Surja y batalle:
El placer, con su copa;
Con sus amables
Manos, en mirra untadas,
La virgen ágil;
Con su espada de plata
El diablo bátame: —
La espada cegadora
No ha de cegarme!

Asorde la caterva
De batallantes:
Brillen cascos plumados
Como brillasen
Sobre montes de oro
Nieves radiantes:
Como gotas de lluvia

Las nubes lancen
Muchedumbre de aceros
Y de estandartes:
Parezca que la tierra,
Rota en el trance,
Cubrió su dorso verde
De áureos gigantes:
Lidiemos, no a la lumbre
Del sol suave,
Sino al funesto brillo
De los cortantes
Hierros: rojos relámpagos
La niebla tajen:
Sacudan sus raíces
Libres los árboles:
Sus faldas trueque el monte
En alas ágiles:
Clamor óigase, como
Si en un instante
Mismo, las almas todas
Volando ex-cárceres,
Rodar a sus pies vieran
Su hopa de carnes:
Cíñame recia veste
De amenazantes
Astas agudas: hilos
Tenues de sangre
Por mi piel rueden leves
Cual rojos áspides:
Su diente en lodo afilen
Pardos chacales:
Lime el tábano terco
Su aspa volante:
Muérdame en los dos labios
La bella carne: —
Que ya vienen, ya vienen
Mis talismanes!
Como nubes vinieron
Esos gigantes:

¡Ligeros como nubes
Volando iranse!

La desdentada envidia
Irá, seca las fauces,
Hambrienta, por desiertos
Y calcinados valles,
Royéndose las mondas
Escuálidas falanges;
Vestido irá de oro
El diablo formidable,
En el cansado puño
Quebrada la tajante;
Vistiendo con sus lágrimas
Irá, y con voces grandes
De duelo, la Hermosura
Su inútil arreaje: —
Y yo en el agua fresca
De algún arroyo amable
Bañaré sonriendo
Mis hilillos de sangre.

Ya miro en polvareda
Radiosa evaporarse
Aquellas escamadas
Corazas centelleantes:
Las alas de los cascos
Agítanse, debátense,
Y el casco de oro en fuga
Se pierde por los aires.
Tras misterioso viento
Sobre la hierba arrástranse,
Cual sierpes de colores,
Las flámulas ondeantes.
Junta la tierra súbito
Sus grietas colosales
Y echa su dorso verde
Por sobre los gigantes:
Corren como que vuelan

Tábanos y chacales,
Y queda el campo lleno
De un humillo fragante,
De la derrota ciega
Los gritos espantables
Escúchanse, que evocan
Callados capitanes;
Y mésase soberbia
El áspero crinaje,
Y como muere un buitre
Expira sobre el valle!
En tanto, yo a la orilla
De un fresco arroyo amable,
Restaño sonriendo
Mis hilillos de sangre.

No temo yo ni curo
De ejércitos pujantes,
Ni tentaciones sordas,
Ni vírgenes voraces!
Él vuela en torno mío,
Él gira, él para, él bate;
Aquí su escudo opone;
Allí su clava blande;
A diestra y a siniestra
Mandobla, quiebra, esparce:
Recibe en su escudillo
Lluvia de dardos hábiles;
Sacúdelos al suelo,
Brídalo a nuevo ataque.
¡Ya vuelan, ya se vuelan
Tábanos y gigantes!—

Escúchase el chasquido
De hierros que se parten;
Al aire chispas fúlgidas
Suben en rubios haces;
Alfómbrase la tierra
De dagas y montantes:

¡Ya vuelan, ya se esconden
Tábanos y chacales!—
Él como abeja zumba,
Él rompe y mueve el aire,
Detiénese, ondea, deja
Rumor de alas de ave:
Ya mis cabellos roza;
Ya sobre mi hombro párase;
Ya a mi costado cruza;
Ya en mi regazo lánzase;
¡Ya la enemiga tropa
Huye, rota y cobarde!
¡Hijos, escudos fuertes,
De los cansados padres!
¡Venga mi caballero,
Caballero del aire!
¡Véngase mi desnudo
Guerrero de alas de ave,
Y echemos por la vía
Que va a ese arroyo amable,
Y con sus aguas frescas
Bañe mi hilo de sangre!
Caballeruelo mío!
Batallador volante!

TÓRTOLA BLANCA

El aire está espeso,
La alfombra manchada,
Las luces ardientes,
Revuelta la sala;
Y acá entre divanes
Y allá entre otomanas,
Tropiézase en restos
De tules,—o de alas!
Un baile parece
De copas exhaustas!

Despierto está el cuerpo,
Dormida está el alma;
¡Qué férvido el valse!
¡Qué alegre la danza!
¡Qué fiera hay dormida
Cuando el baile acaba!

Detona, chispea,
Espuma, se vacia,
Y expira dichosa
La rubia champaña:
Los ojos fulguran,
Las manos se abrasan,
De tiernas palomas
Se nutren las águilas;
Don Juanes lucientes
Devoran Rosauras;
Fermenta y rebosa
La inquieta palabra;
Estrecha en su cárcel
La vida incendiada,
En risas se rompe
Y en lava y en llamas;
Y lirios se quiebran,
Y violas se manchan,
Y giran las gentes,
Y ondulan y valsan;
Mariposas rojas
Inundan la sala,
Y en la alfombra muere
La tórtola blanca.

Yo fiero rehúso
La copa labrada;
Traspaso a un sediento
La alegre champaña;
Pálido recojo
La tórtola hollada;
Y en su fiesta dejo

Las fieras humanas;—
Que el balcón azotan
Dos alitas blancas
Que llenas de miedo
Temblando me llaman.

VALLE LOZANO

Dígame mi labriego
Cómo es que ha andado
En esta noche lóbrega
Este hondo campo?
Dígame de qué flores
Untó el arado,
Que la tierra olorosa
Trasciende a nardos?
Dígame de qué ríos
Regó este prado,
Que era un valle muy negro
Y ora es lozano?
Otros, con dagas grandes
Mi pecho araron:
Pues ¿qué hierro es el tuyo
Que no hace daño?
Y esto dije— y el niño
Riendo me trajo
En sus dos manos blancas
Un beso casto.

MI DESPENSERO

¿Qué me das? Chipre?
Yo no lo quiero:
Ni rey de bolsa

Ni posadero
Tienen del vino
Que yo deseo;
Ni es de cristales
De cristaleros
La dulce copa
En que lo bebo:—
Mas está ausente
Mi despensero,—
Y de otro vino
Yo nunca bebo.

ROSILLA NUEVA

Traidor! Con qué arma de oro
Me has cautivado?
Pues yo tengo coraza
De hierro áspero.
Hiela el dolor: el pecho
Trueca en peñasco,
Y así como la nieve
Del sol al blando
Rayo, suelta el magnífico
Manto plateado
Y salta en hilo alegre
Al valle pálido
Y las rosillas nuevas
Riega magnánimo,—
Así, guerrero fúlgido,
Roto a tu paso
Humildoso y alegre
Rueda el peñasco;
Y cual lebrel sumiso,
Busca saltando
A la rosilla nueva
Del valle pálido.

VERSOS LIBRES

MIS VERSOS

Estos son mis versos. Son como son. A nadie los pedí prestados. Mientras no pude encerrar íntegras mis visiones en una forma adecuada a ellas, dejé volar mis visiones: oh, cuánto áureo amigo que ya nunca ha vuelto. Pero la poesía tiene su honradez, y yo he querido siempre ser honrado. Recortar versos, también sé, pero no quiero. Así como cada hombre trae su fisonomía, cada inspiración trae su lenguaje. Amo las sonoridades difíciles, el verso escultórico, vibrante como la porcelana, volador como un ave, ardiente y arrollador como una lengua de lava. El verso ha de ser como una espada reluciente, que deja a los espectadores la memoria de un guerrero que va camino al cielo, y al envainarla en el sol, se rompe en alas.

Tajos son estos de mis propias entrañas, mis guerreros: —Ninguno me ha salido, recalentado, artificioso, recompuesto, de la mente; sino como las lágrimas salen de los ojos y la sangre sale a borbotones de la herida.

No zurcí de este y aquel, sino sajé en mí mismo. Van escritos, no en tinta de Academia, sino en mi propia sangre. Lo que aquí doy a ver lo he visto antes (yo lo he visto, yo). —Y he visto mucho más, que huyó sin darme tiempo a que copiara sus rasgos. —De la extrañeza, singularidad, prisa, amontonamiento, de mis visiones, yo mismo tuve la culpa, que las he hecho surgir ante mí como las copio. De la copia, yo soy el responsable. Hallé quebrantadas las vestiduras, y que otras no y usé de estos colores. Ya sé que no son usados. Amo las sonoridades difíciles y la sinceridad, aunque pueda parecer brutal.

Todo lo que han de decir, ya lo sé, lo he meditado completo, y me lo tengo contestado.—

He querido ser leal, y si pequé, no me arrepiento de haber pecado.

[s. f.]

ACADÉMICA

Ven, mi caballo, a que te encinche: quieren
Que no con garbo natural el coso
Al sabio impulso corras de la vida,
Sino que el paso de la pista aprendas,
Y la lengua del látigo, y sumiso
Des a la silla el arrogante lomo:—
Ven, mi caballo: dicen que en el pecho
Lo que es cierto, no es cierto:
que la estrofa
Ígneas que en lo hondo de las almas nacen,
Como penacho de fontana pura
Que el blando manto de la tierra rompe
Y en gotas mil arreboladas cuelga,
No han de cantarse, no, sino las pautas
Que en moldecillo azucarado y hueco
Encasacados dómines dibujan:
Y gritan: «Al bribón!» —cuando a las puertas
Del templo augusto un hombre libre asoma!—
Ven, mi caballo; con tu casco limpio
A yerba nueva y flor de llano oliente,
Cinchas estruja, lanza sobre un tronco
Seco y piadoso, que de [...]
Del rebujado dómine la chupa,
De hojas de antaño y de romanas rosas
Orlada, y deslucidas joyas griegas, —
Y al sol del alba en que la tierra rompe
Echa arrogante por el orbe nuevo.

POLLICE VERSO

/Memoria de presidio/

Sí! yo también, desnuda la cabeza
De tocado y cabellos, y al tobillo
Una cadena lurda, heme arrastrado
Entre un montón de sierpes, que revueltas

Sobre sus vicios negros, parecían
Esos gusanos de pesado vientre
Y ojos viscosos, que en hedionda cuba
De pardo lodo lentos se revuelcan!
Y yo pasé, sereno entre los viles,
Cual si en mis manos, como en ruego juntas,
Sus anchas alas púdicas abriese
Una paloma blanca. Y aún me aterro
De ver con el recuerdo lo que he visto
Una vez con mis ojos. Y espantado,
Póngome en pie, cual a emprender la fuga! —
¡Recuerdos hay que queman la memoria!
¡Zarzal es la memoria: mas la mía
Es un cesto de llamas! A su lumbre
El porvenir de mi nación preveo:
Y lloro: Hay leyes en la mente, leyes
Cual las del río, el mar, la piedra, el astro,
Ásperas y fatales: ese almendro
Que con su rama oscura en flor sombrea
Mi alta ventana, viene de semilla
De almendro; y ese rico globo de oro
De dulce y perfumoso jugo lleno
Que en blanca fuente una niñuela cara,
Flor del destierro, cándida me brinda,
Naranja es, y vino de naranjo: —
Y el suelo triste en que se siembran lágrimas
Dará árbol de lágrimas. La culpa
Es madre del castigo.
No es la vida
Copa de mago que el capricho torna
En hiel para los míseros, y en férvido
Tokay para el feliz. La vida es grave, —
Porción del Universo, frase unida
A frase colosal, sierva ligada
A un carro de oro, que a los ojos mismos
De los que arrastra en rápida carrera
Ocúltase en el áureo polvo, —sierva
Con escondidas riendas ponderosas
A la incansable Eternidad atada!

Circo la tierra es, como el Romano;
Y junto a cada cuna una invisible
Panoplia al hombre aguarda, donde lucen
Cual daga cruel que hiere al que la blande,
Los vicios, y cual límpidos escudos
Las virtudes: la vida es la ancha arena,
Y los hombres esclavos gladiadores,—
Mas el pueblo y el rey, callados miran
De grada excelsa, en la desierta sombra.
Pero miran! Y a aquel que en la contienda
Bajó el escudo, o lo dejó de lado,
O suplicó cobarde, o abrió el pecho
Laxo y servil a la enconosa daga
Del enemigo, las vestales rudas
Desde el sitial de la implacable piedra
Condenan a morir, *pollice verso,*
Y hasta el pomo ruin la daga hundida,
Al flojo gladiador clava en la arena.

Alza!, oh pueblo, el escudo, porque es grave
Cosa esta vida, y cada acción es culpa
Que como aro servil se lleva luego
Cerrado al cuello, o premio generoso
Que del futuro mal próvido libra!

¿Veis los esclavos? Como cuerpos muertos
Atados en racimo, a vuestra espalda
Irán vida tras vida, y con las frentes
Pálidas y angustiadas, la sombría
Carga en vano halaréis, hasta que el viento
De vuestra pena bárbara apiadado,
Los átomos postreros evapore!
¡Oh, qué visión tremenda! ¡oh qué terrible
Procesión de culpables! Como en llano
Negro los miro, torvos, anhelosos,
Sin fruta el arbolar, secos los píos
Bejucos, por comarca funeraria
Donde ni el sol da luz, ni el árbol sombra!

Y bogan en silencio, como en magno
Occeano sin agua, y a la frente
Llevan, cual yugo el buey, la cuerda uncida,
Y a la zaga, listado el cuerpo flaco
De hondos azotes, el montón de siervos!

¿Veis las carrozas, las ropillas blancas
Risueñas y ligeras, el luciente
Corcel de crin trenzada y riendas ricas,
Y la albarda de plata suntuosa
Prendida, y el menudo zapatillo
Cárcel a un tiempo de los pies y el alma?
¡Pues ved que los extraños os desdeñan
Como a raza ruin, menguada y floja!

A MI ALMA

Llegada la hora del trabajo.

¡Ea, jamelgo! De los montes de oro
Baja, y de andar en prados bien olientes
Y de aventar con los ligeros cascos
Mures y viboreznos, y al sol rubio
Mecer gentil las brilladoras crines!
¡Ea, jamelgo! Del camino oscuro
Que va do no se sabe, esta es posada,
Y de pagar se tiene al hostelero!
Luego será la gorja, luego el llano,
Luego el prado oloroso, el alto monte:
Hoy, bájese el jamelgo, que le aguarda
Cabe el duro ronzal la gruesa albarda.

AL BUEN PEDRO

Dicen, buen Pedro, que de mí murmuras
Porque tras mis orejas el cabello
En crespas ondas su caudal levanta:
¡Diles, bribón, que mientras tú en festines
En rubios caldos y en fragantes pomas,
Entre mancebas del astuto Norte,
De tus esclavos el sudor sangriento
Torcido en oro bebes descuidado, —
Pensativo, febril, pálido, grave,
Mi pan rebano en solitaria mesa
Pidiendo ¡oh triste! al aire sordo modo
De libertar de su infortunio al siervo
Y de tu infamia a ti!—
y en estos lances,
Suéleme, Pedro, en la apretada bolsa
Faltar la monedilla que reclama
Con sus húmedas manos el barbero.

HIERRO

Ganado tengo el pan: hágase el verso, —
Y en su comercio dulce se ejercite
La mano, que cual prófugo perdido
Entre oscuras malezas, o quien lleva
A rastra enorme peso, andaba ha poco
Sumas hilando y revolviendo cifras.
Bardo, ¿consejo quieres? pues descuelga
De la pálida espalda ensangrentada
El arpa dívea, acalla los sollozos
Que a tu garganta como mar en furia
Se agolparán, y en la madera rica
Taja plumillas de escritorio, y echa
Las cuerdas rotas al alegre viento.

Oh, alma! oh alma buena! mal oficio
Tienes!: póstrate, calla, cede, lame
Manos de potentado, ensalza, excusa
Defectos, tenlos —que es mejor manera
De excusarlos, y mansa y temerosa
Vicios celebra, encumbra vanidades:
Verás entonces, alma, cuál se trueca
En plato de oro rico tu desnudo
Plato de pobre!
Pero guarda ¡oh alma!
Que usan los hombres hoy oro empañado!
Ni de esos cures, que fabrican de oro
Sus joyas el bribón y el barbilindo:
Las armas no, — las armas son de hierro!

Mi mal es rudo: la ciudad lo encona:
Lo alivia el campo inmenso: ¡otro más vasto
Lo aliviará mejor! — Y las oscuras
Tardes me atraen, cual si mi patria fuera
La dilatada sombra.
¡Oh verso amigo:
Muero de soledad, de amor me muero!

No de vulgar amores: besos moros
Envenenan y ofuscan: no es hermosa
La fruta en la mujer, sino la estrella.
La tierra ha de ser luz, y todo vivo
Debe en torno de sí dar lumbre de astro.
¡Oh, estas damas de muestra! oh, estas copas
De carne! ¡oh, estas siervas, ante el dueño
Que las enjoya y que las nutre echadas!
¡Te digo, oh verso, que los dientes duelen
De comer de esta carne!
Es de inefable
Amor del que yo muero, —del muy dulce
Menester de llevar, como se lleva
Un niño tierno en las cuidosas manos,
Cuanto de bello y triste ven mis ojos.

Del sueño, que las fuerzas no repara
Sino de los dichosos, y a los tristes
El duro humor y la fatiga aumenta,
Salto, al Sol, como un ebrio. Con las manos
Mi frente oprimo, y de los turbios ojos
Brota raudal de lágrimas. ¡Y miro
El Sol tan bello, y mi desierta alcoba,
Y mi virtud inútil, y las fuerzas
Que cual tropel famélico de avaras
Fieras saltan de mí buscando empleo; —
Y el aire hueco palpo, y en el muro
Frío y desnudo el cuerpo vacilante
Apoyo, y en el cráneo estremecido
En agonía flota el pensamiento,
Cual leño de bajel despedazado
Que el mar en furia a playa ardiente arroja!

¡Solo las flores del paterno prado
Tienen olor! ¡Solo las seibas patrias
Del sol amparan! Como en vaga nube
Por suelo extraño se anda; las miradas
Injurias nos parecen, y el Sol mismo,
Más que en grato calor, enciende en ira!
¡No de voces queridas puebla el eco
Los aires de otras tierras: y no vuelan
Del arbolar espeso entre las ramas
Los pálidos espíritus amados!
De carne viva y profanadas frutas
Viven los hombres, —¡ay! mas el proscripto
De sus entrañas propias se alimenta!
¡Tiranos: desterrad a los que alcanzan
El honor de vuestro odio: —ya son muertos!
Valiera más ¡oh bárbaros! que al punto
De arrebatarlos al hogar, hundiera
En lo más hondo de su pecho honrado
Vuestro esbirro más cruel su hoja más dura!
Grato es morir: horrible, vivir muerto.
Mas no! mas no! La dicha es una prenda
De compasión de la fortuna al triste

Que no sabe domarla: a sus mejores
Hijos desgracias da Naturaleza:
Fecunda el hierro al llano, el golpe al hierro!

Nueva York, 4 de agosto

CANTO DE OTOÑO

Bien: ya lo sé!:— la Muerte está sentada
A mis umbrales: cautelosa viene,
Porque sus llantos y su amor no apronten
En mi defensa, cuando lejos viven
Padres e hijo. —Al retornar ceñudo
Triste, callado, del trabajo recio
Con que a mi casa del invierno abrigo,—
De pie sobre las hojas amarillas,
En la mano fatal la flor del sueño,
La negra toca en alas rematada,
Ávido el rostro, —trémulo la miro
Cada tarde aguardándome a mi puerta.
En mi hijo pienso, —y de la dama oscura
Huyo sin fuerzas, devorado el pecho
De un frenético amor! Mujer más bella
No hay que la muerte!: por un beso suyo
Bosques espesos de laureles varios,
Y las adelfas del amor, y el gozo
De remembrarme mis niñeces diera!
... Pienso en aquel a quien mi amor culpable
Trajo a vivir, —y, sollozando, esquivo
De mi amada los brazos: —mas yo gozo
De la aurora perenne el bien seguro.
Oh, vida, adiós!:— Quien va a morir, va muerto.

Oh, duelos con la sombra: oh, pobladores
Ocultos del espacio: oh, colosales
Gigantes que a los vivos espantados
Mueven, dirigen, postran, precipitan!

Oh, cónclave de jueces, blandos solo
A la virtud, que en nube tenebrosa,
En grueso manto de oro recogidos,
Y duros como peña, aguardan torvos
A que al volver de la batalla rindan
—Cual próvido frutal sus dulces pomas—
De sus obras de paz los hombres cuenta,
De sus divinas alas!... de los nuevos
Árboles que sembraron, de las tristes
Lágrimas que enjugaron, de las fosas
Que a los tigres y víboras abrieron,
Y de las fortalezas eminentes
Que al amor de los hombres levantaron!
¡Esta es la dama, el Rey, la patria, el premio
Apetecido, la arrogante mora
Que a su brusco señor cautiva espera
Llorando en la desierta barbacana!:
Este el santo Salem, este el Sepulcro
De los hombres modernos: —no se vierta
Más sangre que la propia! no se bata
Sino al que odie al amor! Únjanse presto
Soldados del amor los hombres todos!:
La tierra entera marcha a la conquista
De este rey y señor, que guarda el cielo!
... Viles: El que es traidor a sus deberes,
Muere como un traidor del golpe propio
De su arma ociosa el pecho atravesado!
Ved que no acaba el drama de la vida
En esta parte oscura! ved que luego
Tras la losa de mármol o la blanda
Cortina de humo y césped se reanuda
El drama portentoso! Y ved oh viles,
Que los buenos, los tristes, los burlados,
Serán en la otra parte burladores!

Otros de lirio y sangre se alimenten:
Yo no! yo no!: los lóbregos espacios
Rasgué desde mi infancia con los tristes
Penetradores ojos: el misterio

En una hora feliz de sueño acaso
De los jueces así, y amé la vida
Porque del doloroso mal me salva
De volverla a vivir. Alegremente
El peso eché del infortunio al hombro:
Porque el que en huelga y regocijo vive
Y huye del dolor, y esquiva las sabrosas
Penas de la virtud, —irá confuso
Del frío y torvo juez a la sentencia,
Cual soldado cobarde que en herrumbre
Dejó las nobles armas: y los jueces
No en su dosel lo ampararán, no en brazos
Lo encumbrarán, más lo echarán altivos
A odiar, a amar y batallar de nuevo
En la fogosa sofocante arena!
Oh! qué mortal que se asomó a la vida
Vivir de nuevo quiere?...
Puede ansiosa
La Muerte, pues, de pie en las hojas secas,
Esperarme a mi umbral con cada turbia
Tarde de otoño, y silenciosa
Irme tejiendo con helados copos
Mi manto funeral,
No di al olvido
Las armas del amor: no de otra púrpura
Vestí que de mi sangre, abre los brazos,
Listo estoy, madre Muerte: al juez me lleva!

Hijo!... Qué imagen miro? qué llorosa
Visión rompe la sombra, y blandamente
Como con luz de estrella la ilumina?
Hijo!... qué me demandan tus abiertos
Brazos? a qué descubres tu afligido
Pecho? por qué me muestras tus desnudos
Pies, aún no heridos, y las tenues manos
Vuelves a mí, tristísimo gimiendo? ...
Cesa! calla! reposa! vive!: el padre
No ha de morir hasta que a la ardua lucha
Rico de todas armas lance al hijo!—

Ven, oh mi hijuelo, y que tus alas blancas
De los abrazos de la muerte oscura
Y de su manto funeral me libren!

New York, 1882.

EL PADRE SUIZO

Little Rock, Arkansas, Septiembre 1.—«El miércoles por la noche, cerca de París, condado de Logan, un suizo, llamado Edward Schwerzmann, llevó a sus tres hijos, de dieciocho meses el uno, y cuatro y cinco años los otros, al borde de un pozo, y los echó en el pozo, y él se echó tras ellos. Dicen que Schwerzmann obró en un momento de locura.—» Telegrama publicado en N. York.

Dicen que un suizo, de cabello rubio
Y ojos secos y cóncavos, mirando
Con ardiente amor a sus tres hijos,
Besó sus pies, sus manos, sus delgadas,
Secas, enfermas, amarillas manos:—
Y súbito, tremendo, cual airado
Tigre que al cazador sus hijos roba,
Dio con los tres, y con sí mismo luego,
En hondo pozo,— y los robó a la vida!
Dicen que el bosque iluminó radiante
Una rojiza luz, y que a la boca
Del pozo oscuro,— sueltos los cabellos,
Cual corona de llamas que al monarca
Doloroso, al humano, solo al borde
Del antro funeral la sien desciñe,—
La mano ruda a un tronco seco asida,—
Contra el pecho huesoso, que sus uñas
Mismas sajaron, los hijuelos mudos
Por su brazo sujetos, como en noche
De tempestad las aves en su nido,—
El alma a Dios, los ojos a la selva,
Retaba el suizo al cielo, y en su torno

Pareció que la tierra iluminaba
Luz de héroe, y que el reino de la sombra
La muerte de un gigante estremecía!

¡Padre sublime, espíritu supremo
Que por salvar los delicados hombros
De sus hijuelos, de la carga dura
De la vida sin fe, sin patria, torva
Vida sin fin seguro y cauce abierto,
Sobre sus hombros colosales puso
De su crimen feroz la carga horrenda!
Los árboles temblaban, y en su pecho
Huesoso, los seis ojos espantados
De los pálidos niños, seis estrellas
Para guiar al padre iluminadas,
Por el reino del crimen, parecían!
¡Ve, bravo! ¡ve, gigante! ¡ve, amoroso
Loco! y las venenosas zarzas pisa
Que roen como tósigos las plantas
Del criminal, en el dominio lóbrego
Donde andan sin cesar los asesinos!
¡Ve! —que las seis estrellas luminosas
Te seguirán, y te guiarán, y ayuda
A tus hombros darán cuantos hubieran
Bebido el vino amargo de la vida!

BOSQUE DE ROSAS

Allí despacio te diré mis cuitas;
Allí en tu boca escribiré mis versos!—
Ven, que la soledad será tu escudo!
Ven, blanca oveja
Pero, si acaso lloras, en tus manos
Esconderé mi rostro, y con mis lágrimas
Borraré los extraños versos míos.
Sufrir; tú a quien yo amo, y ser yo el caso
Brutal,

No, mi tímida oveja, yo odio al lobo.
Ven, que la soledad será tu escudo.

Sufrir, tú a quien yo amo?
[...] y tú, mi amada, el lirio roto?
Oh! La sangre del alma, tú la has visto?
Tiene manos y voz, y al que la vierte
Eternamente entre la sombra acusa.
¡Hay crímenes ocultos, y hay cadáveres
De almas, y hay villanos matadores!
Al bosque ven: del roble más erguido
Un pilón labraremos, y en el pilón
Cuantos engañen a mujer pongamos!

Esa es la lidia humana: la tremenda
Batalla de los cascos y de los lirios!
Pues los hombres soberbios ¿no son fieras?
Bestias y fieras! Mira, aquí te traigo
Mi bestia muerta, y mi furor domado.—
Ven, a callar; a murmurar; al ruido
De las hojas de abril y los nidales.
Deja, oh mi amada, las paredes mudas
De esta casa ahoyada y ven conmigo
No al mar que bate y ruge sino al bosque
De rosas que hay al fondo de la selva.
Allí es buena la vida; porque es libre—
Y tu virtud, por libre, será cierta,
Por libre, mi respeto meritorio.
Ni el amor, si no es libre, da ventura.
¡Oh, gentes ruines, las que en calma gozan
De robados amores! Si es ajeno
El cariño, el placer de respetarlo
Mayor mil veces es que el de su goce;
Del buen obrar ¡qué orgullo al pecho queda
Y cómo en dulces lágrimas rebosa,
Y en extrañas palabras, que parecen
Aleteos, no voces! Y ¡qué culpa
La de fingir amor! Pues hay tormento
Como aquel, sin amar, de hablar de amores!

Ven, que allí triste iré, pues yo me veo!
Ven, que la soledad será tu escudo!

FLORES DEL CIELO

Leí estos dos versos de Ronsard:
«Je vous envoye un bouquet que ma main
Vient de trier de ces fleurs épanouies,»
y escribí esto:

Flores? No quiero flores! Las del cielo
Quisiera yo segar!
Roto el valle derrumbado rueda,
Esta sierpe de nudos que me enlaza
Cruja, cual monte
De monte roto, esta cansada veste
Que me encinta y engrilla, con sus lenguas—
Como con sierpes,—y en mi alma sacian
Y asoman a la cueva
Donde mora mi espíritu, su negra
Cabeza, y boca roja y—
Caiga, como un encanto, este tejido
Enmarañado, de raíces! —Surjan
Donde mis brazos alas,— y parezca
Que, al ascender por la solemne atmósfera,
De mis ojos, del mundo a que van llenos,
Ríos de luz sobre los hombres rueden!
Y huelguen por los húmedos jardines
Bardos tibios segando florecillas:—
Yo, pálido de amor, de pie en las sombras,
Envuelto en gigantesca vestidura
De lumbre astral, en mi jardín, el cielo,
Un ramo haré magnífico de estrellas:
¡No temblará de asir la luz mi mano!:

Y buscaré, donde las nubes vagan
Amada, y en su seno la más viva
Le prenderé, y esparciré las otras
Por su áurea y vaporosa cabellera.

COPA CICLÓPEA

El día empieza: ya en los aires miro
La copa amarga: ya mis labios tiemblan,
—No de temor, que prostituye,—de ira!...
El Universo, en las mañanas alza
Medio dormido aún de un dulce sueño
En las manos la tierra perezosa,
Copa inmortal, donde
Hierven al sol las fuerzas de la vida!—
Al niño triscador, al venturoso
De alma tibia y mediocre, a la fragante
Mujer que con los ojos desmayados
Abrirse ve en el aire extrañas rosas,
Iris la tierra es, roto en colores,—
Raudal que juvenece y rueda limpio
Por perfumado llano, y al retozo
Y al desmayo después plácido brinda!—
Y para mí, porque a los hombres amo
Y mi gusto y mi bien terco descuido,
La tierra melancólica aparece
Sobre mi frente que la vida bate.
De lúgubre color inmenso yugo!
La frente encorvo, el cuello manso inclino,
Y, con los labios apretados,—muero—.

POMONA

Oh, ritmo de la carne, oh, melodía,
Oh licor vigorante, oh filtro dulce
De la hechicera forma! —No hay milagro
En el cuento de Lázaro, si Cristo
Llevó a su tumba una mujer hermosa!

Qué soy —quién es, sino Memnón en donde
Toda la luz del Universo canta,—
Y cauce humilde por do van revueltas,
Las eternas corrientes de la vida?
—Iba, —como arroyuelo que cansado
De regar plantas ásperas fenece,
Y, de amor por el noble Sol transido,
A su fuego con gozo se evapora:
Iba, —cual jarra que el licor ligero
Hinche, sacude, en el fermento rompe,
Y en silenciosos hilos abandona:
Iba, —cual gladiador que sin combate
Del incólume escudo ampara el rostro
Y el cuerpo rinde en la ignorada arena.
... Y súbito, —las fuerzas juveniles
De un nuevo mar, el pecho rebosante
Hinchan y embargan, —el cansado brío
Arde otra vez,— y puebla el aire sano
Música suave y blando olor de mieles!
Porque a mis ojos los fragantes brazos
En armónico gesto alzó Pomona.

MEDIA NOCHE

Oh, qué vergüenza!:—El sol ha iluminado
La tierra: el hosco mar en sus entrañas
Nuevas columnas a sus naves rojas
Ha levantado: el monte, granos nuevos
Juntó en el curso del solemne día

A sus jaspes y breñas: en el vientre
De las aves y bestias nuevos hijos
Vida, que es forma, cobran: en las ramas
Las frutas de los árboles maduran:—
Y yo, mozo de gleba, he puesto solo,
Mientras que el mundo gigantesco crece,
Mi jornal en las ollas de la casa!

Por Dios, que soy un vil!:—No en vano el sueño
A mis pálidos ojos es negado!
No en vano por las calles titubeo
Ebrio de un vino amargo, cual quien busca
Fosa ignorada donde hundirse, y nadie
Su crimen grande y su ignominia sepa!
No en vano el corazón me tiembla ansioso
Como el pecho sin calma de un malvado!

El cielo, el cielo, con sus ojos de oro
Me mira, y ve mi cobardía, y lanza
Mi cuerpo fugitivo por la sombra
Como quien loco y desolado huye
De un vigilante que en sí mismo lleva!
La tierra es soledad! La luz se enfría!
Adónde iré que este volcán se apague?
Adónde iré que el vigilante duerma?

Oh, sed de amor!—oh, corazón, prendado
De cuanto vivo el Universo habita;
Del gusanillo verde en que se trueca
La hoja del árbol:—del rizado jaspe
En que las ondas de la mar se cuajan:—
De los árboles presos, que a los ojos
Me sacan siempre lágrimas:—del lindo
Bribón que con los pies desnudos
Pisa la nieve, y diario o flor pregona.
Oh, corazón,—que en el carnal vestido
No hierros de hacer oro, ni belfudos
Labios glotones y sensuosos mira,—

Sino corazas de batalla, y hornos
Donde la vida universal fermenta!—

Y yo, pobre de mí!, preso en mi jaula,
La gran batalla de los hombres miro!—

[HOMAGNO]

Homagno sin ventura
La hirsuta y retostada cabellera
Con sus pálidas manos se mesaba.—

«Máscara soy, mentira soy, decía:
Estas carnes y formas, estas barbas
Y rostro, estas memorias de la bestia,
Que como silla a lomo de caballo
Sobre el alma oprimida echan y ajustan,—
Por el rayo de luz que el alma mía
En la sombra entrevé, —no son Homagno!

Mis ojos solo, los mis caros ojos,
Que me revelan mi disfraz, son míos!:
Queman, me queman, nunca duermen, oran,
Y en mi rostro los siento y en el cielo,
Y le cuentan de mí, y a mí dél cuentan.
Por qué, por qué, para cargar en ellos
Un grano ruin de alpiste maltrojado
Talló el Creador mis colosales hombros?
Ando, pregunto, ruinas y cimientos
Vuelco y sacudo, delirantes sorbos
En la Creación, la madre de mil pechos,
Las fuentes todas de la vida aspiro:
Muerdo, atormento, beso las callosas
Manos de piedra que golpeo:
Con demencia amorosa su invisible
Cabeza con las secas manos mías
Acaricio y destrenzo: por la tierra

Me tiendo compungido y los confusos
Pies, con mi llanto baño y con mis besos,
Y en medio de la noche, palpitante,
Con mis voraces ojos en el cráneo
Y en sus profundos bordes encendidos,
Trémulo, en mí plegado, hambriento espero,
Por si al próximo sol respuestas —
Y a cada nueva luz —de igual enjuto
Modo, y ruin, la vida me aparece,
Como gota de leche que en cansado
Pezón, al terco ordeño, titubea, —
Como carga de hormiga, —como taza
De agua añeja en la jaula de un jilguero».—
De mordidas y rotas, ramos de uvas
Estrujadas y negras, las ardientes
Manos del triste Homagno parecían!

Y la tierra en silencio, y una hermosa
Voz de mi corazón, me contestaron.

[YUGO Y ESTRELLA]

Cuando nací, sin sol, mi madre dijo:
—Flor de mi seno, brava criatura,
De mí y de la Creación suma y reflejo,
Pez que en ave y corcel y hombre se torna,
Mira estas dos, que con dolor te brindo.
Insignias de la vida: ve y escoge.
Este, es un yugo: quien lo acepta, goza:
Hace de manso buey, y como presta
Servicio a los señores, duerme en paja
Caliente, y tiene rica y ancha avena.
Esta, oh misterio que de mí naciste
Cual la cumbre nació de la montaña,
Esta, que alumbra y mata, es una estrella:
Como que riega luz, los pecadores
Cual un monstruo de crímenes cargado,

Huyen de quien la lleva, y en la vida,
Todo el que lleva luz, se queda solo.
Pero el hombre que al buey sin pena imita,
Buey vuelve a ser, y en apagado bruto
La escala universal de nuevo empieza.
El que la estrella sin temor se ciñe,
Como que crea, crece!
Cuando al mundo
De su copa el licor vació ya el vivo:
Cuando, para manjar de la sangrienta
Fiesta humana, sacó contento y grave
Su propio corazón: cuando a los vientos
De Norte y Sur virtió su voz sagrada,—
La estrella como un manto, en luz lo envuelve,
Se enciende, como a fiesta, el aire claro,
Y el vivo que a vivir no tuvo miedo,
Se oye que un paso más sube en la sombra!

—Dame el yugo, oh mi madre, de manera
Que puesto en él de pie, luzca en mi frente
Mejor la estrella que ilumina y mata.

ISLA FAMOSA

Aquí estoy, solo estoy, despedazado.
Ruge el cielo: las nubes se aglomeran,
Y aprietan, y ennegrecen, y desgajan:
Los vapores del mar la roca ciñen:
Sacra angustia y horror mis ojos llenan:
A qué, Naturaleza embravecida,
A qué la estéril soledad en torno
De quien de ansia de amor rebosa y muere?
Dónde, Cristo sin cruz, los ojos pones?
Dónde, oh sombra enemiga, dónde el ara
Digna por fin de recibir mi frente?
En pro de quién derramaré mi vida?

—Rasgose el velo: por un tajo ameno
De claro azul, como en sus lienzos abre
Entre mazos de sombra Díaz famoso,
El hombre triste de la roca mira
En lindo campo tropical, galanes
Blancos, y Venus negras, de unas flores
Fétidas y fangosas coronados:
Danzando van: a cada giro nuevo
Bajo los muelles pies la tierra cede!
Y cuando en ancho beso los gastados,
Labios sin lustre ya, trémulos,
Sáltanles de los labios agoreras
Aves verdes [...] aves de muerte.

SED DE BELLEZA

Solo, estoy solo: viene el verso amigo,
Como el esposo diligente acude
De la erizada tórtola al reclamo.
Cual de los altos montes en deshielo
Por breñas y por valles en copiosos
Hilos las nieves desatadas bajan—
Así por mis entrañas oprimidas
Un balsámico amor y una celeste avaricia
Celeste de hermosura se derraman.
Tal desde el vasto azul, sobre la tierra,
Cual si de alma de virgen la sombría
Humanidad sangrienta perfumasen,
Su luz benigna las estrellas vierten
Esposas del silencio!—y de las flores
Tal el aroma vago se levanta.

Dadme lo sumo y lo perfecto: dadme
Un dibujo de Angelo: una espada
Con puño de Cellini, más hermosa
Que las techumbres de marfil calado
Que se place en labrar Naturaleza.

El cráneo augusto dadme donde ardieron
El universo Hamlet y la furia
Tempestuosa del moro:—la manceba
India que a orillas del ameno río
Que del viejo Chitchén los muros baña
A la sombra de un plátano pomposo
Y sus propios cabellos, el esbelto
Cuerpo bruñido y nítido enjugaba.
Dadme mi cielo azul..., dadme la pura
Alma de mármol que al soberbio Louvre
Dio, cual su espuma y flor, Milo famosa.

¡OH, MARGARITA!

Una cita a la sombra de tu oscuro
Portal donde el friecillo nos convida
A apretarnos los dos, de tan estrecho
Modo, que un solo cuerpo los dos sean:
Deja que el aire zumbador resbale,
Cargado de salud, como travieso
Mozo que las corteja, entre las hojas,
Y en el pino
Rumor y majestad mi verso aprenda.
Solo la noche del amor es digna.
La soledad, la oscuridad convienen.
Ya no se puede amar, ¡oh Margarita!

ÁGUILA BLANCA

De pie, cada mañana,
Junto al áspero lecho está el verdugo.—

Brilla el sol, nace el mundo, el aire ahuyenta
Del cráneo la malicia,—
Y mi águila infeliz, mi águila blanca

Que cada noche en mi alma se renueva,
Al alba universal las alas tiende
Y camino del sol emprende el vuelo.
Se alza, a saltos,
Y en vez del claro vuelo al sol altivo
Por entre pies, ensangrentada, rota,
De un grano en busca el águila se arrastra
Oh noche, sol del triste,
Donde su fuerza el corazón revive
Perdura, apaga el sol, toma la forma
De mujer, libre y pura, a que yo pueda
Ungir tus pies, y con mis besos locos
Ceñir tu frente y calentar tus manos.
Líbrame, eterna noche, del verdugo,
O dale, a que me dé, con la primera
Alba, una limpia espada y redentora.—
Que con qué la has de hacer? Con luz de estrellas!

[OH QUIÉN ME DIERA]

Oh quién me diera
Palabrilla ruin, espejo oscuro
De la inmortal [...] Belleza
Ánfora burda de esencial perfume,
Vaina arrugada de luciente acero
Desprenderme de ti, cual de sí arroja
Su ominoso disfraz bufón cansado—
Los labios, como tajos,
como dique,
Cercar el pensamiento: —que
sube en una alborada
y sale en riachuelo atormentado.

De pie cada mañana
Junto a mi duro lecho está el verdugo.
Brilla el sol; nace el mundo; el aire avienta
[...], del cráneo la malicia

Y mi águila infeliz; mi águila blanca
Que cada noche en mi alma se renueva
Al alba universal, las plumas tiende
Y camino del sol emprende el vuelo.—
Y silencioso el bárbaro verdugo
De un nuevo golpe de puñal le quiebra
El fuerte corazón cada mañana:
Sin piedad y sin duda, en sus feroces
Manos baja [...] cada mañana.—
Y en vez del claro vuelo al sol altivo
Y envuelve
Por entre pies, ensangrentada, rota
De un grano en busca el águila se arrastra.
¡Oh noche, sol del triste! Seno amable
Donde su fuerza el corazón renueva
Perdura; aquí el sol, toma la forma
De mujer libre y pura, a que yo pueda
Besar tus pies, y con mis besos locos
Ceñir tu frente y calentar tus manos!—
¡Líbrame, eterna noche, del verdugo!—
¡Oh dale; a que me dé, con la primera
Alba, una limpia y redentora espada!—
¿Que con qué la has de hacer? Con luz de estrellas!

AMOR DE CIUDAD GRANDE

De gorja son y rapidez los tiempos:
Corre cual luz la voz; en alta aguja
Cual nave despeñada en sirte horrenda
Húndese el rayo, y en ligera barca
El hombre, como alado, el aire hiende.
¡Así el amor, sin pompa ni misterio
Muere, apenas nacido, de saciado!
Jaula es la villa de palomas muertas
Y ávidos cazadores! Si los pechos
Se rompen de los hombres, y las carnes

Rotas por tierra ruedan, no han de verse
Dentro más que frutillas estrujadas!

Se ama de pie, en las calles, entre el polvo
De los salones y las plazas: muere
La flor el día en que nace. Aquella virgen
Trémula que antes a la muerte daba
La mano pura que a ignorado mozo;
El goce de temer; aquel salirse
Del pecho el corazón; el inefable
Placer de merecer; el grato susto
De caminar de prisa en derechura
Del hogar de la amada, y a sus puertas
Como un niño feliz romper en llanto;—
Y aquel mirar, de nuestro amor al fuego,
Irse tiñendo de color las rosas,—
¡Ea, que son patrañas! Pues ¿quién tiene
Tiempo de ser hidalgo? Bien que sienta,
Cual áureo vaso o lienzo suntuoso
Dama gentil en casa de magnate!
O si se tiene sed, se alarga el brazo
Y a la copa que pasa, se la apura!
Luego, la copa turbia al polvo rueda,
Y el hábil catador, —manchado el pecho
De una sangre invisible,— sigue alegre
Coronado de mirtos, su camino!
No son los cuerpos ya sino desechos,
Y fosas, y jirones! Y las almas
No son ya como en el árbol fruta rica
En cuya blanda piel la almíbar dulce
En su sazón de madurez rebosa, —
Sino gruta de plaza que a brutales
Golpes el rudo labrador madura!
¡La edad es esta de los labios secos!
De las noches sin sueño! De la vida
Estrujada en agraz! ¿Qué es lo que falta
Que la ventura falta? Como liebre
Azorada, el espíritu se esconde
Trémula huyendo al cazador que ríe,

Cual en soto selvoso, en nuestro pecho;
Y el Deseo, de brazo de la Fiebre,
Cual rico cazador recorre el soto.

¡Me espanta la ciudad! Toda está llena
De copas por vaciar, o huecas copas!
¡Tengo miedo ¡ay de mí! De que este vino
Tósigo sea, y en mis venas luego
Cual duende vengador los dientes clave!
Tengo sed, —mas de un vino que en la tierra
No se sabe beber! ¡No he padecido
Bastante aún, para romper el muro
Que me aparta ¡oh dolor! De mi viñedo!
De vinillos humanos, esos vasos
Donde el jugo de lirio a grandes sorbos
Sin compasión y sin temor se bebe!
Tomad! Yo soy honrado, y tengo miedo!

Nueva York, abril de 1882

[SE AMA DE PIE, EN LAS CALLES]

Se ama de pie, en las calles, por lo oscuro
De los salones y las plazas. Muere
La flor apenas nace. Aquel divino
Gusto de merecer; aquel salirse
Del pecho el corazón; aquel sabroso
Miedo de visitar, y en el risueño
Rostro romper, cual lluvia alegre, el llanto
Aquel; al sol de amor, crecer sin prisa
En el patio natal la ardiente rosa:
Patrañas son, patrañas. Nadie tiene
Tiempo de amar ¡De envilecerse, todos
Tienen tiempo sobrado! Bien que sienta
Como ilustre tazón o lienzo noble,
Bella consorte al ávido magnate,
O al fullero de amores novia rica
O en las noches de sed, a la indefensa

Copa el resuelto bebedor apura,
La copa turbia luego al polvo rueda
Y el hábil catador, manchado el pecho
De una sangre invisible, sigue ufano
Coronado de mirtos, su camino.
No son los cuerpos ya sino jirones,
Fosas, desechos. Y las almas, negra
Fruta venal de plaza que a brutales
Golpes el rudo labrador madura.

¡La edad es esta de los labios secos,
De las noches sin sueño, de la vida
Estrujada en agraz! ¿Qué es lo q. falta
Que la ventura falta? Como liebre
Con la bala mortal, muere escondida,
El corazón del mundo. En su bandera
Se amortaja el amor. Se come al mundo
La pasión inmortal. ¿Hombres honrados,
De mujeres impuras? ¿Y felices
De la madre? El cerdo, cría
Cerdos. El padre, flaco y codicioso,
Los gusanos engendra, los gusanos
De casaca y plastrón. Desesperada
Pide al vicio un esposo la hermosura.

¡Pase la copa, pase! Tengo miedo
De que el vino fatal, tósigo sea,
Que como duende vengador el diente
En mis entrañas y en mi patria, clave!

[HE VIVIDO: ME HE MUERTO]

He vivido: me he muerto: y en mi andante
Fosa sigo viviendo: una armadura
Del hierro montaraz del siglo octavo,
Menos, sí, menos que mi rostro pesa.
Al cráneo inquieto lo mantengo fijo
Porque al rodar por tierra, el mar de llanto

[...], no asombre.
Quejarme, no me quejo: es de lacayos
Quejarse, y de mujeres,
Y de aprendices de la trova, manos
Nuevas en liras viejas:—Pero vivo
Cual si mi ser entero en un agudo
Desgarrador sollozo se exhalara.—
De tierra, a cada sol mis restos propios
Recojo, los apilo, a rastras,
A la implacable luz y a los voraces
Hombres, cual si vivieran los paseo:
Mas si frente a la luz me fuese dado
Como en la sombra do duermo, al polvo
Mis disfraces echar, viérase súbito
Un cuerpo sin calor venir a tierra
Tal como un monte muerto que en sus propias
Inanimadas faldas se derrumba.
He vivido: al deber juré mis armas
Y ni una vez el sol dobló las cuestas
Sin que mi lidia y mi victoria viere:—
Ni hablar, ni ver, ni pensar yo quisiera!
Cruzando los brazos como en nube
Parda, en mortal sosiego me hundiría.
De noche, cuando al sueño a sus soldados
En el negro cuartel llama la vida,
La espalda vuelvo a cuanto vive: al muro
La frente doy, y como jugo y copia
De mis batallas en la tierra miro—
La rubia cabellera de una niña
Y la cabeza blanca de un anciano!

[ESTROFA NUEVA]

Cuando, oh Poesía,
Cuando en tu seno reposar me es dado!—
Ancha es y hermosa y fúlgida la vida:
Que este o aquel o yo vivamos tristes,
Culpa de este o aquel será, o mi culpa!

Nace el corcel, del ala más lejano
Que el hombre, en quien el ala encumbradora
Ya en los ingentes brazos se dibuja:
Sin más brida el corcel nace que el viento
Espoleador y flameador,— al hombre
La vida echa sus riendas en la cuna!
Si las tuerce o revuelve, y si tropieza
Y da en atolladero, a sí se culpe
Y del incendio o del zarzal redima
La destrozada brida: sin que al noble
Sol y [...] vida desafíe.
De nuestro bien o mal autores somos,
Y cada cual autor de sí: la queja
A la torpeza y la deshora añade
De nuestro error: cantemos, sí, cantemos,
Aunque las hidras nuestro pecho roan,
La hermosura y grandeza de la vida!
El Universo colosal y hermoso!

Un obrero tiznado, una enfermiza
Mujer, de faz enjuta y dedos gruesos:
Otra que al dar al sol los entumidos
Miembros en el taller, como una egipcia
Voluptuosa y feliz, la saya burda
En las manos recoge, y canta, y danza:
Un niño que, sin miedo a la ventisca,
Como el soldado con el arma al hombro,
Va con sus libros a la escuela: el denso
Rebaño de hombres que en silencio triste
Va de mañana y a la tarde vuelve
Del pan del día en la difícil busca,—
Cual la luz a Memnón, mueven mi lira.
Los niños, versos vivos, los heroicos
Y pálidos ancianos, los oscuros
Hornos donde en bridón o tritón truecan
Los hombres victoriosos las montañas
Astiánax son y Andrómaca mejores,
Mejores, sí, que las del viejo Homero.
Naturaleza, siempre viva: el mundo

De minotauro yendo a mariposa
Que de rondar el sol enferma y muere:
La sed de luz, que como el mar salado
La de los labios, con el agua amarga
De la vida se irrita: la columna
Compacta de asaltantes, que sin miedo,
Al Dios de ayer en los desnudos hombros
La mano firme y desferrada ponen,—
Y los ligeros pies en el vacío,—
Poesía son, y estrofa alada, y grito
Que ni en tercetos ni en octava estrecha
Ni en metrillo ruin holgados caben:
Vaciad un monte,—en tajo de Sol vivo
Tallad un plectro: o de la mar brillante
El seno rojo y nacarado, el molde
De la triunfante estrofa nueva sea!

Como nobles de Nápoles, fantasmas
Sin carnes ya y sin sangre, que en polvosos
Palacios muertos y oscuros con añejas chupas
De comido blasón, a paso sordo
Andan, y al mundo que camina enseñan
Como un grito sin voz la seca encía.
Así, sobre los árboles cansados,
Y los ciriales rotos, y los huecos
De oxidadas diademas, duendecillos
Con chupa vieja y metro viejo asoman!
No en tronco seco y muerto hacen sus nidos,
Alegres recaderos de mañana,
Las previsoras y gentiles aves
Ramaje quieren suelto y denso, y tronco
Alto y robusto, en fibra rico y savia.
Mas con el sol se alza el deber: se pone
Mucho después que el Sol: de la hornería
Y su batalla y su fragor cansada
La mente plena en el rendido cuerpo,
Atormentada duerme,—como el verso
Vivo en los aires, por la lira rota
Sin dar sonidos desolado pasa!

Perdona, pues, oh estrofa nueva, el tosco
Alarde de mi amor. Cuando, oh Poesía,
Cuando en tu seno reposar me es dado.

ASTRO PURO

De un muerto, que al calor de un astro puro,
De paso por la tierra, como un manto
De oro sintió sobre sus huesos tibios
El polvo de la tumba, al sol radiante
Resucitó gozoso, vivió un día,
Y se volvió a morir,—son estos versos:

Alma piadosa que a mi tumba llamas
Y cual la blanca luz de astros de enero,
Por el palacio de mi pecho en ruinas
Entras, e irradias, y los restos fríos
De los que en él voraces habitaron
Truecas, oh maga! en cándidas palomas:—
Espíritu, pureza, luz, ternura
Ave sin pies que el ruido humano espanta,
Señora de la negra cabellera,
El verso muerto a tu presencia surge
Como a las dulces horas del rocío
En el oscuro mar el sol dorado.
Y álzase por el aire, cuanto existe
Cual su manto en el vuelo recogiendo,
Y a ti llega, y se postra, y por la tierra
En colosales pliegues
Con majestad de púrpura romana.

Besé tus pies, —te vi pasar: Señora,
Perfume y luz tiene por fin la tierra!
El verso aquel que a dentelladas duras
La vida diaria y ruin me remordía
Y en ásperos retazos, de mis secos

Labios tristes, triunfante bulle
Ora triunfante y melodioso bulle,
Y como ola de mar al sol sereno
Bajo el espacio azul rueda en espuma:
Oh mago, oh mago amor!

Ya compañía
Tengo para afrontar la vida eterna:
Para la hora de la luz, la hora
De reposo y de flor, ya tengo cita.
Esto diciendo, los abiertos brazos
Tendió el cantor como a abrazar. El vivo
Amor que su viril estrofa mueve
Solo duró lo que su estrofa dura:
Alma infeliz el alma ardiente, aquella
En que el ascua más leve alza un incendio
[...] y el sueño
Que vio esplender, y quiso asir, hundiose
Como un águila muerta: el ígneo, el [...]
Calló, brilló, volvió solo a su tumba.

[HOMAGNO AUDAZ]

Homagno audaz. De tanto haber vivido
Con el alma, que quema, se moría.—
Por las cóncavas sienes las canosas
Lasas guedejas le colgaban: hinca
Las silenciosas manos en los secos
Muslos: los labios, como ofensa augusta
Al negro pueblo universal, horrible
Pueblo infeliz y hediondo de los Midas,—
Junta como quien niega: y en las selvas claras
Ojos de ansia y amor, que la vislumbre
De la muerte, brilla
Como en selva nocturna hoguera blanca
La mirada caudal de un Dios que muere
Remordido de hormigas:

Suplicante
A sus llagados pies Jóveno hermoso
Tiéndese y llora; y en los negros ojos
Desolación patética le brilla:
No, como Homagno, negras ropas viste,
Las ropas de estos tiempos,— en que
Como hojas verdes en invierno, lucen:
O las mujeres, o los necios, trajes
De rosas sin olor:—jubón rosado,
Con trajes anchos de perlada seda
En las mujeres propias el galano
Talle le ciñen: —oh dime, dime Homagno
De este palacio de que sales; dime
Qué secreto conjuro la uva rompe
De las sabrosas mieles: di qué llave
Abre las puertas del placer profundo
Que fortalece y embalsama: dilo,
Oh noble Homagno, a Jóveno extranjero:—

La sublime piedad abrió los labios

Del moribundo.

[DE TANTO HABER VIVIDO]

De tanto haber vivido
Homagno, y de alma grande, se moría.
Jóveno.
Dime, dime...
Cuál es el secreto cuál es la llave?
Amor, en quien la paz y luz residen
Amor, sol de la vida.

Coro de café:

Deteneos, dadme, amigos amor, café del alma.

De tanto haber vivido
Homagno, de tal sobrevivir,
Con el alma, que quema, se moría:—
Por las cóncavas sienes las canosas
Lasas guedejas le colgaban: hinca
Las silenciosas manos en los secos
Muslos: y cual bordes que el vacío aprieta
Los labios fieros e implacables junta;
[...]: los labios como augusta ofensa
Al negro pueblo universal, horrible
Pueblo infeliz y hediondo de los Midas,—
Junta, como quien niega: y en los claros
Ojos de ansia y amor, que la vislumbre
De la muerte feliz arroba, brilla
Como en selva nocturna blanca hoguera
La mirada cruel de un Dios que muere
Remordido de hormigas.——

[LA SUBLIME PIEDAD ABRIÓ LOS LABIOS]

La sublime piedad abrió los labios
Del moribundo: cual quien noble envuelve
En manto al esposo herido?
A aquella flor de la mañana, a aquella
Gala; que a aquella rica
Fruta en sazón, que a
De dientes rudos, rojos, rojos dientes
La cavernosa barba; a aquel rubio miembro
Blanco como la luz, que
a
Dulce morada [...] cubre
Los dos labios abrió: los dos labios
Labios de piedra, y con el triste acento
Del que un deseo brota enamorado. —

[AMOR, JÓVENO, AMOR]

Amor, Jóveno, amor: —ama la
La hoja seca y ruin que el pie deshonra
Que la pobre mujer que los audaces
Brazos reposa en ti; cuán loca!—
Date, y tendrás: —a un, a un date:
A que lo muerda, y lo rompa, y hundan
En hiel, en tibia hiel;
El Universo, Jóveno, sonrisa
De
Hoy no; Jóveno; hoy Jóveno tiene
Recuerda, bien, Jóveno
La llave quieres, Jóveno, del mundo,—
La llave de la fuerza, la del goce
Sereno y penetrante, la del hondo
Valor que a mundos y a villas,
Como una gigante amazona desafía;
La del escudo impenetrable, escudo
Contra la tentadora humana Infamia!—
La llave quieres de los mundos todos:—
Piedras y [...]: amor!—
Ama la espesa hiel
Los frutos vivos del amor
De la existencia turbia y dura; de astros

[CRIN HIRSUTA]

Que como crin hirsuta de espantado
Caballo que en los troncos secos mira
Garras y dientes de tremendo lobo,
Mi destrozado verso se levanta...?
Sí,: pero se levanta!.—a la manera
Como cuando el puñal se hunde en el cuello
De la res, sube al cielo hilo de sangre:—
Solo el amor, engendra melodías.

My tortures verse rises up?
Yes, but it rises up: such as,
When the knife is thrust into the
Neck of the bull a thread of
Blood surges. It takes
Love to inspire melodies.

[A LOS ESPACIOS]

A los espacios arrojarme quiero
Donde se vive en paz, y con un manto
De luz, en gozo embriagador henchidos,
Sobre las nubes blancas se pasea,—
Y donde Dante y las estrellas viven.
Yo sé, yo sé, porque lo tengo visto
En ciertas horas puras, cómo rompe
Su cáliz una flor,—y no es diverso
Del modo, no, con que lo quiebra el alma.
Escuchad, y os diré:—viene de pronto
Como una aurora inesperada, y como
A la primera luz de primavera
De flor se cubren las amables lilas...
Triste de mí: contároslo quería,
Y en espera del verso, las grandiosas
Imágenes en fila ante mis ojos
Como águilas alegres vi sentadas.
Pero las voces de los hombres echan
De junto a mí las nobles aves de oro.
Ya se van, ya se van: ved cómo rueda
La sangre de mi herida.
Si me pedís un símbolo del mundo
En estos tiempos, vedlo: un ala rota.
Se labra mucho el oro, el alma apenas!—
Ved cómo sufro: vive el alma mía
Cual cierva en una cueva acorralada:—

Oh, no está bien:
                me vengaré, llorando!

[PÓRTICO]

Frente a las casas ruines, en los mismos
Sacros lugares donde Franklin bueno
Citó al rayo y lo ató,—por entre truncos
Muros, cerros de piedras, boqueantes
Fosos, y los cimientos asomados
Como dientes que nacen a una encía
Un pórtico gigante se elevaba.
Rondaba cerca de él la muchedumbre
[...] que siempre en torno
De las fábricas nuevas se congrega:
Cuál, que esta es siempre distinción de necios,
Absorto ante el tamaño; piedra el otro
Que no penetra el sol, y el otro en ira,
De que fuera mayor que su estatura.
Entre el tosco andamiaje, y las nacientes
Paredes, el pórtico [...]
En un cráneo sin tope parecía
Un labio enorme, lívido e hinchado.
Ruedas y hombres el aire sometieron:
Trepaban en la sombra: más arriba
Fueron que las iglesias: de las nubes
La fábrica magnífica colgaron:
Y en medio entonces de los altos muros
Se vio el pórtico en toda su hermosura.

[MANTILLA ANDALUZA]

Por qué no acaba todo, ora que puedes,
Amortajar mi cuerpo venturoso:
Con tu mantilla, pálida andaluza!—
No me avergüenzo, no, de que me encuentren
Clavado en mí tu pasador de plata!
Te vas! Como invisible escolta, se alzan
Sobre sus tallos frescos, a seguirte
Mis jazmines sin mancha y mis claveles:

Te vas! Todos se van! y tú me miras,
              como quien echa
En honda copa joya resonante,—
      como
En un sepulcro
Y a tus manos tendidas me abalanzo
Como a un cesto de frutas un sediento.
De la tierra mi espíritu levantas
Como el ave amorosa a su polluelo.

[COMO NACEN LAS PALMAS EN LA ARENA]

Como nacen las palmas en la arena,
Y la rosa en la orilla al mar salobre,
Así de mi dolor mis versos surgen
Convulsos, encendidos, perfumados.
Tal en los mares sobre el agua verde,
La vela hendida, el mástil trunco, abierto
A las voraces aguas el costado,
Después de la batalla fragorosa
Con los vientos, el buque sigue andando.

Horror, horror! En tierra y mar no había
Más que crujidos, furia, niebla y lágrimas!
Los montes, desgajados, sobre el llano
Rodaban: las llanuras, mares turbios
En desbordados ríos convertidas,
Vaciaban en los mares; un gran pueblo
Del mar cabido hubiera en cada arruga:
Estaban en el cielo las estrellas
Apagadas: los vientos en jirones
Revueltos en la sombra, huían, se abrían
Al chocar entre sí, y se despeñaban:
En los montes del aire resonaban
Rodando con estrépito: en las nubes
Los astros locos se arrojaban llamas!

Rio luego el sol: en tierra y mar lucía
Un alegre placer de desposada
Fecunda y purifica la tormenta!
Del aire azul colgaban ya, prendidos
Cual gigantescos tules, los rasgados
Mantos de los crespudos vientos, rotos
En el fragor sublime, siempre quedan
Por un buen tiempo luego de la cura
Los bordes de la herida, sonrosados!
Y el barco, como un niño, con las olas,
Jugaba, se mecía, traveseaba.

ODIO EL MAR

Odio el mar, solo hermoso cuando gime
Del barco domador bajo la hendente
Quilla, y como fantástico demonio,
De un manto negro colosal tapado,
Encórvase a los vientos de la noche
Ante el sublime vencedor que pasa:—
Y a la luz de los astros, encerrada
En globos de cristales, sobre el puente
Vuelve un hombre impasible la hoja a un libro.—

Odio el mar: vasto y llano, igual y frío
No cual la selva hojosa echa sus ramas
Como sus brazos, a apretar al triste
Que herido viene de los hombres duros
Y del bien de la vida desconfía,
No cual honrado luchador, en suelo
Firme y seguro pecho, al hombre aguarda
Sino en traidora arena y movediza,
Cual serpiente letal.—También los mares,
El sol también, también Naturaleza
Para mover el hombre a las virtudes,
Franca ha de ser, y ha de vivir honrada.

Sin palmeras, sin flores, me parece
Siempre una tenebrosa alma desierta.

Que yo voy muerto, es claro: a nadie importa
Y ni siquiera a mí: pero por bella,
Ígnea, varia, inmortal—amo la vida.
Lo que me duele no es vivir: me duele
Vivir sin hacer bien. Mis penas amo,
Mis penas, mis escudos de nobleza.
No a la próvida vida haré culpable
De mi propio infortunio, ni el ajeno
Goce envenenaré con mis dolores.
La tierra es buena, la existencia es santa.
Y en el mismo dolor, razones nuevas
Se hallan para vivir, y goce sumo,
Claro como una aurora y penetrante.
Mueran de un tiempo y de una vez los necios
Que porque el llanto de sus ojos surge
Imaginan más grande y más hermoso que los mares.

Odio el mar, muerto enorme, triste muerto
De torpes y glotonas criaturas
Odiosas habitado: se parecen
A los ojos del pez que de harto expira
Los del gañán de amor que en brazos tiembla
De la horrible mujer libidinosa:—
Vilo, y lo dije: —algunos son cobardes,
Y lo que ven y lo que sienten callan:
Yo no: si hallo un infame al paso mío,
Dígole en lengua clara: ahí va un infame,
Y no, como hace el mar, escondo el pecho.
Ni mi sagrado verso nimio guardo
Para tejer rosarios a las damas
Y máscaras de honor a los ladrones:

Odio el mar, que sin cólera soporta
Sobre su lomo complaciente, el buque
Que entre música y flor trae a un tirano.

[EN UNA CAJA DE ÓNIX BLANCO]

En una caja de ónix blanco quiero
Guardar tu hermoso amor, y en encelada
Cerradura correr mi llave de oro.
La pondré luego al sol, amada mía
Y su perfume aromará la tierra:
Para contar lo que mi caja esconde,
Una pluma de cisne me han mandado,
Con polvo de color de mariposa.

[...] como se encierra,
Un pez azul en una red dorada.

[CON UN ASTRO LA TIERRA SE ILUMINA]

Con un astro la tierra se ilumina:
Con el perfume de una flor se llenan
Los ámbitos inmensos: como vaga,
Misteriosa envoltura, una luz tenue
Naturaleza encubre,—y una imagen
Del mismo linde en que se acaba, brota
Entre el humano batallar, silencio!
En el color, oscuridad! Enciende
El sol al pueblo bullicioso, y brilla
La blanca luz de luna!—Con los ojos
La imagen va,—porque si fuera buscan
Del vaso herido la admirable esencia,
En haz de aromas a los ojos surge:—
Y si al peso del párpado obedecen,
Como flor que al plegar las alas pliega
Consigo su perfume, en el solemne
Templo interior como lamento triste
La pálida figura se levanta!
Divino oficio!: El Universo entero,
Su forma sin perder, cobra la forma

De la mujer amada, y el esposo
Ausente, el cielo póstumo adivina
Por el casto dolor purificado.

BANQUETE DE TIRANOS

Hay una raza vil de hombres tenaces
De sí propios inflados, y hechos todos,
Todos, del pelo al pie, de garra y diente:
Y hay otros, como flor, que al viento exhalan
En el amor del hombre su perfume.
Como en el bosque hay tórtolas y fieras
Y plantas insectívoras y pura
Sensitiva y clavel en los jardines.
De alma de hombres los unos se alimentan:
Los otros su alma dan a que se nutran
Y perfumen su diente los glotones,
Tal como el hierro frío en las entrañas
De la virgen que mata se calienta.

A un banquete se sientan los tiranos
Donde se sirven hombres: y esos viles
Que a los tiranos aman, diligentes
Cerebro y corazón de hombres devoran:
Pero cuando la mano ensangrentada
Hunden en el manjar, del mártir muerto
Surge una luz que les aterra, flores
Grandes como una cruz súbito surgen
Y huyen, rojo el hocico, y pavoridos
A sus negras entrañas los tiranos.

Los que se aman a sí: los que la augusta
Razón a su avaricia y gula ponen:
Los que no ostentan en la frente honrada
Ese cinto de luz que el yugo funde
Como el inmenso sol en ascuas quiebra
Los astros que a su seno se abalanzan:

Los que no llevan del decoro humano
Ornado el sano pecho: los menores
Y segundones de la vida, solo
A su goce ruin y medro atentos
Y no al concierto universal.

Danzas, comidas, músicas, harenes,
Jamás la aprobación de un hombre honrado.
Y si acaso sin sangre hacerse puede
Hágase... clávalos, clávalos
En el horcón más alto del camino
Por la mitad de la villana frente.
A la grandiosa humanidad traidores.
Como implacable obrero
Que un féretro de bronce clavetea,
Los que contigo
Se parten la nación a dentelladas.

COPA CON ALAS

Una copa con alas: quién la ha visto
Antes que yo? Yo ayer la vi! Subía
Con lenta majestad, como quien vierte
Óleo sagrado: y a sus dulces bordes
Mis regalados labios apretaba:—
Ni una gota siquiera, ni una gota
Del bálsamo perdí que hubo en tu beso!

Tu cabeza de negra cabellera
—Te acuerdas?— con mi mano requería,
Porque de mis labios generosos
No se apartaran. —Blanda como el beso
Que a ti me transfundía, era la suave
Atmósfera en redor: la vida entera
Sentí que a mí abrazándote, abrazaba!
Perdí el mundo de vista, y sus ruidos,
Perdí, y su dolorosa audaz batalla:

Una copa en los aires ascendía
Y yo, en brazos no vistos reclinado
Tras ella, asido de sus dulces bordes:
Por el espacio azul me remontaba!—

Oh amor, oh inmenso, oh acabado artista:
En rueda o riel funde el herrero el hierro:
Una flor o mujer o águila o ángel
En oro o plata el joyador cincela:
Tú solo, solo tú, sabes el modo
De reducir el Universo a un beso!

ÁRBOL DE MI ALMA

Como un ave que cruza el aire claro
Siento hacia mí venir tu pensamiento
Y acá en mi corazón hacer su nido.
Ábrese el alma en flor: tiemblan sus ramas
Como los labios frescos de un mancebo
En su primer abrazo a una hermosura:
Cuchichean las hojas: tal parecen
Lenguaraces obreras y envidiosas,
A la doncella de la casa rica
En preparar el tálamo ocupadas:
Ancho es mi corazón, y es todo tuyo:
Todo lo triste cabe en él, y todo
Lo lloroso y lo muerto de la tierra
De hojas secas, y polvo, y derruidas
Ramas lo limpio: bruño con cuidado
Cada hoja, y los tallos: de las flores
Los gusanos y el pétalo comido
Separo: oreo el césped en contorno
Y a recibirte, oh pájaro sin mancha!
Apresto el corazón enajenado.

LUZ DE LUNA

Esplendía su rostro: por los hombros
Rubias guedejas le colgaban: era
Una caricia su sonrisa: era
Ciego de nacimiento: parecía
Que veía: tras los párpados callados
Como un lago tranquilo, el alma exenta
Del horror que en el mundo ven los ojos,
Sus apacibles aguas deslizaba:—
Tras los párpados blancos se veían
Aves de plata, estrellas voladoras,
En unas grutas pálidas los besos
Risueños disputándose la entrada
Y en el dorso de cisnes navegando
Del ciego fiel los pensamientos puros.

Como una rama en flor al sosegado
Río silvestre que hacia el mar camina,
Una afable mujer se asomó al ciego:
Tembló, encendiose, se cubrió de rosas,
Y las pálidas manos del amante
Besó cien veces, y llenó con ellas:—
En la misma guirnalda entrelazados
Pasan los dos la generosa vida:
Tan grandes son las flores, que a su sombra
suelen dormir la prolongada siesta.

Cual quien enfrena un potro que husmeando
Campo y batalla, en el portal sujeto
Mira, como quien muerde, al amo duro,—
Así, rebelde a veces, tras sus ojos
El pobre ciego el alma sujetaba:—
—«Oh, si vieras!— los necios le decían
Que no han visto en sus almas— oh, si vieras
Cuando sobre los trigos requemados,
Su ejército de rayos el sol lanza:
Cómo chispean, cómo relucen, como
Asta al aire, el hinchado campamento

Los cascos mueve y el plumón lustrosos.
Si vieras cómo el mar, roto y negruzco
La quilla al barco que lo hiende, lame
Y al bote humilde encumbra, vuelca y traga;
Si vieses, infeliz, cómo la tierra
Cuando la luna llena la ilumina,
Desposada parece que en los aires
Buscando va, con planta perezosa,
La casa florecida de su amado.
—Ha de ser, ha de ser como quien toca
La cabeza de un niño!—
                              —Calla, ciego:
Es como asir en una flor la vida.

De súbito vio el ciego; esta que esplende,
Dijéronle, es la luna: mira, mira
Qué mar de luz: abismos, ruinas, cuevas,
Todo por ella casto y blando luce
Como de noche el pecho de las tórtolas!
—Nada más? —dijo el ciego, y retornando
A su amada celosa los ya abiertos
Ojos, besole la temblante mano con ternura
Humildemente, y díjole:
                              —No es nueva
Para el que sabe amar la luz de luna.

FLOR DE HIELO

Al saber que era muerto Manuel Ocaranza

Mírala: Es negra! Es torva! Su tremenda
Hambre la azuza. Son sus dientes hoces;
Antro su fauce; secadores vientos
Sus hálitos; su paso, ola que traga
Huertos y selvas; sus manjares, hombres.
Viene! escondeos, oh caros amigos,
Hijo del corazón, padres muy caros!

Do asoma, quema; es sorda, es ciega:—El hambre
Ciega el alma y los ojos. Es terrible
El hambre de la Muerte!
                                No es ahora
La generosa, la clemente amiga
Que el muro rompe al alma prisionera
Y le abre el claro cielo fortunado;
No es la dulce, la plácida, la pía
Redentora de tristes, que del cuerpo,
Como de huerto abandonado, toma
El alma adolorida, y en más alto
Jardín la deja, donde blanda luna
Perpetuamente brilla, y crecen solo
En vástagos en flor blancos rosales:
No la esposa evocada; no la eterna
Madre invisible, que los anchos brazos,
Sentada en todo el ámbito solemne,
Abre a sus hijos, que la vida agosta;
Y a reposar y a reparar sus bríos
Para el fragor y la batalla nueva
Sus cabezas igníferas reclina
En su puro y jovial seno de aurora.
No: aun a la diestra del Señor sublime
Que envuelto en nubes, con sonora planta
Sobre cielos y cúspides pasea;
Aun en los bordes de la copa dívea
En colosal montaña trabajada
Por tallador cuyas tundentes manos
Hechas al rayo y trueno fragorosos
Como barro sutil la roca herían;
Aun a los lindes del gigante vaso
Donde se bebe al fin la paz eterna,
El mal, como un insecto, sus oscuros
Anillos mueve y sus antenas clava,
Artero, en los sedientos bebedores!

Sierva es la Muerte: sierva del callado
Señor de toda vida: salvadora
Oculta de los hombres! Mas el ígneo

Dueño a sus siervos implacable ordena
Que hasta rendir el postrimer aliento
A la sombra feliz del mirto de oro,
El bien y el mal el seno les combatan;
Y solo las eternas rosas ciñe
Al que a sus mismos ojos el mal torvo
En batalla final convulso postra.
Y pío entonces en la seca frente
Da aquel, en cuyo seno poderoso
No hay muerte ni dolor, un largo beso.
Y en la Muerte gentil, la Muerte misma,
Lidian el bien y el mal...! Oh dueño rudo,
A rebelión y a admiración me mueve
Este misterio de dolor, que pena
La culpa de vivir, que es culpa tuya,
Con el dolor tenaz, martirio nuestro!
¿Es tu seno quizá tal hermosura
Y el placer de domar la interna fiera
Gozo tan vivo, que el martirio acaso
Es precio pobre a la final delicia?
¡Hora tremenda y criminal, oh Muerte,
Aquella en que en tu seno generoso
El hambre ardió, y en el ilustre amigo
Seca posaste la tajante mano!
No es, no, de tales víctimas tu empresa
Poblar la sombra! De cansados ruines,
De ancianos laxos, de guerreros flojos
Es tu oficio poblarla, y en tu seno
Rehacer al viejo la gastada vida
Y al soldado sin fuerzas la armadura.
Mas el taller de los creadores sea,
Oh Muerte! de tus hambres reservado!
Hurto ha sido; tal hurto, que en la sola
Casa, su pueblo entero los cabellos
Mesa, y su triste amigo solitario
Con gestos grandes de dolor sacude,
Por él clamando, la callada sombra!
Dime, torpe hurtadora, di el oscuro
Monte donde tu recia culpa amparas;

Y donde con la seca selva en torno
Cual cabellera de tu cráneo hueco,
En lo profundo de la tierra escondes
Tu generosa víctima! Di al punto
El antro, y a sus puertas con el pomo
Llamaré de mi espada vengadora!
Mas, ay! ¿Qué a do me vuelvo? Qué soldado
A seguirme vendrá? Capua es la tierra,
Y de orto a ocaso, y a los cuatro vientos,
No hay más, no hay más que infames desertores.
De pie sobre sus armas enmohecidas
En rellenar sus arcas afanados.

No de mármol son ya, ni son de oro,
Ni de piedra tenaz o hierro duro
Los divinos magníficos humanos.
De algo más torpe son: jaulas de carne
Son hoy los hombres, de los vientos crueles
Por mantos de oro y púrpura amparados,
Y de la jaula en lo interior, un negro
Insecto de ojos ávidos y boca
Ancha y febril, retoza, come, ríe!
Muerte! el crimen fue bueno: guarda, guarda
En la tierra inmortal tu presa noble!

[MIS VERSOS VAN REVUELTOS Y ENCENDIDOS]

Mis versos van revueltos y encendidos
Como mi corazón: bien es que corra
Manso el arroyo que en el fácil llano
Entre céspedes frescos se desliza:
Ay!: pero el agua que del monte viene
Arrebatada; que por hondas breñas
Baja, que la desgarran; que en sedientos
Pedregales tropieza, y entre rudos
Troncos salta en quebrados borbotones,
¿Cómo, despedazada, podrá luego

Cual lebrel de salón, jugar sumisa
En el jardín podado con las flores,
O en la pecera de oro ondear alegre
Para querer de damas olorosas?
Inundará el palacio perfumado,
Como profanación: se entrará fiera
Por los joyantes gabinetes, donde
Los bardos, lindos como abates, hilan
Tiernas quintillas y rimas dulces
Con aguja de plata en blanca seda.
Y sobre sus divanes espantadas
Las señoras, los pies de media suave
Recogerán,— en tanto el agua rota,—
Convulsa, como todo lo que expira,
Besa humilde el chapín abandonado,
Y en bruscos saltos destemplada muere!

POÉTICA

La verdad quiere cetro. El verso mío
Puede, cual paje amable, ir por lujosas
Salas, de aroma vario y luces ricas,
Temblando enamorado en el cortejo
De una ilustre princesa, o gratas nieves
Repartiendo a las damas. De espadines
Sabe mi verso, y de jubón violeta
Y toca rubia, y calza acuchillada.
Sabe de vinos tibios y de amores
Mi verso montaraz; pero el silencio
Del verdadero amor, y la espesura
De la selva prolífica prefiere:
¡Cuál gusta del canario, cuál del águila!

[LA POESÍA ES SAGRADA]

La poesía es sagrada. Nadie
De otro la tome, sino en sí. Ni nadie
Como a esclava infeliz que el llanto enjuga
Para acudir a su inclemente dueña,
La llame a voluntad: que vendrá entonces
Pálida y sin amor, como una esclava.
Con desmayadas manos el cabello
Peinará a su señora: en alta torre,
Como pieza de gran repostería,
Le apretará las trenzas; o con viles
Rizados cubrirá la noble frente
Por donde el alma su honradez revela
O lo atará mejor, mostrando el cuello,
Sin otro adorno, en un discreto nudo.
¡Mas mientras la infeliz peina a la dama,
Su triste corazón, cual ave roja
De alas heridas, estará temblando
Lejos ¡ay! en el pecho de su amante,
Como en invierno un pájaro en su nido!
¡Maldiga Dios a dueños y a tiranos—
Que hacen andar los cuerpos sin ventura
Por do no pueden ir los corazones!—

[CUENTAN QUE ANTAÑO]

Cuentan que antaño,—y por si no lo cuentan,
Invéntolo,—un labriego que quería
Mucho a un zorzal, a quien dejaba libre
Surcar el aire y desafiar el viento—
De cierto bravo halcón librarlo quiso
Que en cazar por el ala adestró astuto
Un señorín de aquellas cercanías,—
Y púsole al zorzal el buen labriego
Sobre sus alas, otras dos, de modo
Que el vuelo alegre al ave no impidiesen.

Salió el sol y el halcón, rompiendo nubes,
Tras el zorzal, que a la querencia amable
Del labrador inquieto se venía:
Ya le alcanza: ya le hinca: ya estremece
En la mano del mozo el hilo duro:
Mas ¡guay del señorín!: el halcón solo
Prendió al zorzal, que diestro se le escurre,
Por las alas postizas del labriego.
¡Así, quien caza por la rima, aprende
Que bajo ella se escapa la poesía!

CANTO RELIGIOSO

La fatiga y las sábanas sacudo:
Cuando no se es feliz, abruma el sueño.
A ver la luz que alumbra su desdicha
Resístense los ojos— y parece
No que en plumones mansos se ha dormido
Sino en los brazos negros de una fiera.
Al aire luminoso, como al río
El sediento peatón, dos labios se abren:
El pecho en lo interior se encumbra y goza
Como el hogar feliz cuando recibe
En Año Nuevo a la familia amada;—
Y brota, frente al Sol, el pensamiento!
Mas súbito, los ojos se oscurecen,
Y el cielo, y a la frente va la mano
Cual militar que el pabellón saluda:
Los muertos son, los muertos son, devueltos
A la luz maternal: los muertos pasan.
Y sigo a mi labor, como creyente
A quien ungió en la frente el sacerdote
De rostro liso y vestiduras blancas.—
Práctico: en el divino altar comulgo
De la Naturaleza: el mundo todo
Fluye mi vino: es mi hostia el alma humana.

[NO, MÚSICA TENAZ, ME HABLES DEL CIELO!]

No, música tenaz, me hables del cielo!

¡Es morir, es temblar, es desgarrarme
Sin compasión el pecho! Si no vivo
Donde como una flor al aire puro
Abre su cáliz verde la palmera,
Si del día penoso a casa vuelvo...
¿Casa dije? No hay casa en tierra ajena!...
Roto vengo en pedazos encendidos!
Me recojo de tierra: alzo y amaso
Los restos de mí mismo; ávido y triste
Como un estatuador un Cristo roto:
Trabajo, siempre en pie, por fuera un hombre,
¡Venid a ver, venid a ver por dentro!
Pero tomad a que Virgilio os guíe...
Si no, estaos afuera: el fuego rueda
Por la cueva humeante: como flores
De un jardín infernal se abren las llagas:
Y boqueantes por la tierra seca
Queman los pies los escaldados leños!
¡Toda fue flor la aterradora tumba!
No, música tenaz, me hables del cielo!

[EN TORNO AL MÁRMOL ROJO]

En torno al mármol rojo en donde duerme
El corso vil, el Bonaparte infame,
Como manos que acusan, como lívidas
Desgreñadas cabezas, las banderas
De tanto pueblo mutilado y roto
En pedazos he visto, ensangrentadas!
Bandera fue también el alma mía
Abierta al claro sol y al aire alegre
En una asta, derecha como un pino.—
La vieron, y la odiaron: gerifaltes

Diestros pusieron, y ávidos halcones,
Y a traer el fleco de oro entre sus picos:
Oh! Mucho halcón del cielo azul ha vuelto
Con un jirón de mi alma entre sus garras.
Y sus! yo a izarla!—y sus! con piedra y palo
Las gentes a arriarla!—y sus! el pino
Como en fuga alargábase hasta el cielo
Y por él mi bandera blanca entraba!
Mas tras ella la gente, pino arriba,
Este el hacha, ese daga, aquel ponzoña,
Negro el aire en redor, negras las nubes,
Allí donde los astros son robustos
Pinos de luz, allí donde en fragantes
Lagos de leche van cisnes azules,
Donde el alma entra a flor, donde palpitan,
Susurran, y echan a volar, las rosas,
Allí, donde hay amor, allí en las aspas
Mismas de las estrellas me embistieron!—
Por Dios, que aún se ve el asta: mas tan rota
Ya la bandera está, que no hay ninguna
Tan rota y sin ventura como ella
En las que adornan la apagada cripta
Donde reposa el Bonaparte infame.

[YO SACARÉ LO QUE EN EL PECHO TENGO]

Yo sacaré lo que en el pecho tengo
De cólera y de horror. De cada vivo
Huyo, azorado, como de un leproso.
Ando en el buque de la vida: sufro
De náusea y mal de mar: un ansia odiosa
Me angustia las entrañas: quién pudiera
En un solo vaivén dejar la vida!
No esta canción desoladora escribo
En hora de dolor:

     ¡jamás se escriba
En hora de dolor!: el mundo entonces

Como un gigante a hormiga pretenciosa
Unce el poeta destemplado: escribo
Luego de hablar con un amigo viejo,
Limpio goce que el alma fortifica:—
Mas, cual las cubas de madera noble,
La madre del dolor guardo en mis huesos!
Ay! mi dolor, como un cadáver, surge
A la orilla, no bien el mar serena!
Ni un poro sin herida: entre la uña
Y la yema, estiletes me han clavado
Que me llegan al pie: se me han comido
Fríamente el corazón: y en este juego
Enorme de la vida, cupo en suerte
Nutrirse de mi sangre a una lechuza.—
Así, hueco y roído, al viento floto
Alzando el puño y maldiciendo a voces,
En mis propias entrañas encerrado!

No es que mujer me engañe, o que fortuna
Me esquive su favor, o que el magnate
Que no gusta de pulcros, me querelle:
Es ¿quién quiere mi vida? es que a los hombres
Palpo, y conozco, y los encuentro malos.—
Pero si pasa un niño cuando lloro
Le acaricio el cabello, y lo despido
Como el naviero que a la mar arroja
Con bandera de gala un barco blanco.

Y si decís de mi blasfemia, os digo
Que blasfemo sois vos: ¿a qué me dieron
Para vivir en un tigral, sedosa
Ala, y no garra aguda? o por acaso
Es ley que el tigre de alas se alimente?
Bien puede ser: de alas de luz repleto,
Darase al fin de un tigre luminoso,
Radiante como el sol, la maravilla!—
Apresure el tigral el diente duro!
Nútrase en mí: coma de mí: en mis hombros
Clave los grifos bien: móndeme el cráneo,

Y, con dolor, a su mordida en tierra
Caigan deshechas mis ardientes alas!
Feliz aquel que en bien del hombre muere!
Bésale el perro al matador la mano!
¡Como un padre a sus hijas, cuando pasa
Un galán pudridor, yo mis ideas
De donde pasa el hombre, por quien muero,
Guardo, como un delito, al pecho helado!—

Conozco el hombre, y lo he encontrado malo.
¡Así, para nutrir el fuego eterno
Perecen en la hoguera los mejores!
Los menos por los más! los crucifixos
Por los crucificantes! En maderos
Clavaron a Jesús: sobre sí mismos
Los hombres de estos tiempos van clavados:
Los sabios de Chichén, la tierra amable
Donde el aroma y el maguey se crían,
Con altos ritos y canciones bellas
Al hondo de cisternas olorosas
A sus vírgenes lindas despeñaban
Del temido brocal se alzaba luego
A perfumar el Yucatán florido
Como en tallo negruzco rosa suave
Un humo de magníficos colores:—
Tal a la vida echa el Creador los buenos:
A perfumar: a equilibrar: ea! clave
El tigre bien sus garras en mis hombros:
Los viles a nutrirse: los honrados
A que se nutran los demás en ellos.—
Para el misterio de la Cruz, no a un viejo
Pergamino teológico se baje:
Bájese al corazón de un virtuoso.
Padece mucho un cirio que ilumina:
Sonríe, como niña que se muere,
La flor cuando la siegan de su tallo!
Duele mucho en la tierra un alma buena!
De día, luce brava: por la noche
Se echa a llorar sobre sus propios brazos:

439

Luego que ve en el cielo de la aurora
Su horrenda lividez, por no dar miedo
A la gente, con sangre de sus mismas
Heridas, tiñe el miserable rostro,
Y emprende a andar, como una calavera
Cubierta, por piedad, de hojas de rosa!

Dbre 14.

MI POESÍA

Muy fiera y caprichosa es la Poesía.
A decírselo vengo al pueblo honrado...
La denuncio por fiera. Yo la sirvo
Con toda honestidad: no la maltrato;
No la llamo a deshora cuando duerme,
Quieta, soñando, de mi amor cansada,
Pidiendo para mí fuerzas al cielo;
No la pinto de gualda y amaranto
Como aquesos poetas; no le estrujo
En un talle de hierro al franco seno;
Ni el cabello a la brisa desparcido,
Con retóricas bárbaras le cojo:
No: no la pongo en lívidas vasijas
Que morirán; sino la vierto al mundo,
A que cree y fecunde; y ruede y crezca
Libre cual las semillas por el viento:
Eso sí: cuido mucho de que sea
Claro el aire en su entorno; musicales
Puro su lecho y limpio surtidor,
Las ramas que la amparan en el sueño,
Y limpios y aromados sus vestidos.—
Cuando va a la ciudad, mi Poesía
Me vuelve herida toda; el ojo seco
Como de enajenado, las mejillas
Como hundidas, de asombro: los dos labios
Gruesos, blandos, manchados; una que otra

Gota de cieno en ambas manos puras
Y el corazón, por bajo el pecho roto
Como un cesto de ortigas encendido:
Así de la ciudad me vuelve siempre:
Mas con el aire de los campos cura
Baja del cielo en la severa noche
Un bálsamo que cierra las heridas.—
¡Arriba oh corazón: quién dijo muerte?

Yo protesto que mimo a mi Poesía:
Jamás en sus vagares la interrumpo,
Ni de su ausencia larga me impaciento
¡Viene a veces terrible! Ase mi mano,
Encendido carbón me pone en ella
Y cual por sobre montes me la empuja!:—
Otras ¡muy pocas! viene amable y
Y me amansa el cabello; y me conversa
Del dulce amor, y me convida a un baño!
Tenemos ella y yo cierto recodo
Púdico en lo más hondo de mi pecho:
Envuelto en olorosa enredadera!—
Digo que no la fuerzo; y pues la adoro,
Y sé adorar; jamás la solicito,
Aunque en tremendas sombras suelo a veces
Esperarla, llorando, de rodillas.
Ella ¡oh coqueta grande! en mi noche
Airada entra, la faz sobre ambas manos,
Mirando cómo crecen las estrellas.
Luego, con paso de ala, envuelta en polvo
De oro, baja hasta mí, resplandeciente.
Viome un día infausto, rebuscando necio—
Perlas, zafiros, ónices,
Para ornarle la túnica a su vuelta:—
Ya de mi lado príncipes tenía
Y acicaladas en hilera,
Octavas de claveles; cuartetines
De flores campesinas; tríos, dúos
De ardiente lirio y pálida azucena
¡Qué guirnaldas de décimas! qué flecos

De sonoras quintillas! qué ribetes
De pálido romance, qué lujosos,
Broches de rima rara: qué repuesto
De mil consonantillos serviciales
Para ocultar con juicio las junturas:
Obra, en fin, de suprema joyería!—
Mas de pronto una lumbre silenciosa
Brilla; las piedras todas palidecen,
Como muertas, las flores en tierra
Lívidas, sin color: es que bajaba
De ver nacer los astros mi Poesía!—
Como una cesta de caretas rotas
Eché a un lado mis versos? Digo al pueblo
Que me tiene oprimido mi Poesía:
Yo en todo la obedezco: apenas siento
Por cierta voz del aire que conozco
Su próxima llegada, pongo en fiesta
Cráneo y pecho; levántanse en la mente,
Alados, los corceles; por las venas
La sangre ardiente al paso se dispone;
El aire ansío, alejo las visitas,
Muevo el olvido generoso, y barro
De mí las impurezas de la tierra!
No es más pura
Que mi alma la paloma
Virgen que llama.

¡No es más pura que mi alma la paloma
Virgen que llama a su primer amigo!
Baja; vierte en mi mano unas extrañas
Flores que el cielo da: flores que queman,—
Como de un mar que sube, sufre el pecho,
Y a la divina voz, la idea dormida,
Royendo con dolor la carne tersa
Busca, como la lava, su camino:
De hondas grietas el agujero luego queda,
Como la falda de un volcán cruzado:
Precio fatal de los amores con el cielo:
Yo en todo la obedezco: yo no esquivo

Estos padecimientos, yo le cubro
De unos besos que lloran sus dos blancas
Manos que así me acabarán la vida.
Yo ¡qué mas! cual de un crimen ignorado
Sufro, cuando no viene: yo no tengo
Otro amor en el mundo ¡oh mi poesía!
¡Como sobre la pampa el viento negro
Cae sobre mí tu enojo!
A mí, que te respeto
De su altivez me quejo al poeta honrado:
De su soberbia femenil. No sufre
Espera. No perdona. Brilla, y quiere
Que con el limpio lustre del acero
Ya el verso al mundo cabalgando salga;—
Tal, como una loca de pudor, apenas
Un minuto al artista el cuerpo ofrece
Para que esculpa en mármol su hermosura!—
¡Vuelan las flores que del cielo bajan,
Vuelan, como irritadas mariposas,
Para jamás volver las crueles vuelan.

[CONTRA EL VERSO RETÓRICO Y ORNADO]

Contra el verso retórico y ornado
El verso natural. Acá un torrente:
Aquí una piedra seca. Allá un dorado
Pájaro, que en las ramas verdes brilla,
Como un canistel en un cesto de esmeraldas.
Acá la huella fétida y viscosa
De un gusano: los ojos, dos burbujas
De fango, pardo el vientre, craso, inmundo.
Por sobre el árbol, más arriba, sola
En el cielo de acero una segura
Estrella; y a los pies el horno,
El horno a cuyo ardor la tierra cuece.
Llamas, llamas que luchan, con abiertos
Huecos como ojos, lenguas como brazos,

Saña como de hombre, punta aguda
Cual de espada: la espada de la vida
Que incendio a incendio gana al fin la tierra!
Trepa: viene de adentro: ruge: aborta:
Empieza el hombre en fuego y para en ala.
Y a su paso triunfal, los maculados,
Los viles, los cobardes, los vencidos,
Como serpientes, como gozques, como
Cocodrilos de doble dentadura
De acá, de allá, del árbol que le ampara,
Del suelo que le tiene, del arroyo
Donde apaga la sed, del yunque mismo
Donde se forja el pan, le ladran y echan
El diente al pie, al rostro el polvo y lodo,
Cuanto cegarle puede en su camino.
Él, de un golpe de ala, barre el mundo
Y sube por la atmósfera encendida
muerto como hombre y como sol sereno.
Así ha de ser la noble poesía:
Así como la vida: estrella y gozque;
La cueva dentellada por el fuego,
El pino en cuyas ramas olorosas
A la luz de la luna canta un nido.
Canta un nido a la lumbre de la luna.

VINO DE CHIANTI. —

Hay un derecho
Natural al amor: reside acaso
¿Chianti, en tu áspera gota, en tu mordente
Vino, que habla y engendra, o en la justa
Unión de la hermosura y el deseo?
Cuanto es bello, ya es mío: no cortejo,
Ni engaño vil, ni mentiroso adulo:
De los menores es el amarillo
Oro que entre las rocas,
De los menores: para mí es el oro

Del vello rubio y de la piel trigueña.
Mi título al nacer puso en mi cuna,
El sol que al cielo consagró mi frente,
Yo solo sé de amor. Tiemblo espantado
Cuando, como culebras, las pasiones
Del hombre envuelven tercas mi rodilla;
Ciñen mis muslos, y echan a mis alas,—
Lucha pueril, las lívidas cabezas:—
Por ellas tiemblo, no por mí, a mis alas
No llegarán jamás: antes las cubro
Para que ni las vean: el bochorno
Del hombre es mi bochorno: mis mejillas
Sufren de la maldad del Universo:
Loco es mi amor, y, como el sol; revienta
En luz, pinta la nube, alegra la onda,
Y con suave calor, como la amiga
Mano que al tigre tempestuoso aquieta,
Doma la sombra, y pálido difunde
Su beldad estelar en las negruzcas
Sirtes, tremendas abras, alevosos
Despeñaderos, donde el lobo atisba,
Arropado en la noche, al que la espanta
Con el fulgor de su alba vestidura.

ÁRABE

Sin pompa falsa ¡oh árabe! saludo
Tu libertad, tu tienda y tu caballo.
Como se ven desde la mar las cumbres
De la tierra, tal miro en mi memoria
Mis instantes felices: solo han sido
Aquellos en que, a solas, a caballo
Vi el alba, salvé el riesgo, anduve el monte,
Y al volver, como tú, fiero y dichoso
Solté las bridas, y apuré sediento
Una escudilla de fragante leche.

Los hombres, moro mío,
Valen menos que el árbol que cobija
Igual a rico y a pobre, menos valen
Que el lomo imperial de tu caballo.

Oh, ya no viene el verso cual solía
Como un collar de rosas, o a manera
Del caballero de la buena espada
Toda de luz vestida la figura:
Viene ya como un buey, cansado y viejo
De halar la pértiga en tierra seca.

[LA NOCHE ES LA PROPICIA]

La noche es la propicia
Amiga de los versos. Quebranta,
Como la mies bajo la trilla, nace
En las horas ruidosas la Poesía.
A la creación la oscuridad conviene—
Las serpientes, de día entrelazadas
Al pensamiento, duermen: las vilezas
Nos causan más horror, vistas a solas.
Deja el silencio una impresión de altura:—
Y con imperio pudoroso tiende
Por sobre el mundo el corazón sus alas.
¡Noche amiga—, noche creadora!:
Más que el mar, más que el cielo, más que el ruido
De los volcanes, más que la tremenda
Convulsión de la tierra, tu hermosura
Sobre la tierra la rodilla encorva.
A la tarde con paso majestuoso
Por su puerta de acero entra la altiva
Naturaleza, calla, y cubre al mundo.
Sublime de la noche.
Surge el vapor de la fresca tierra,
Plegan sus bordes las cansadas hojas;
Y en el ramaje azul tiemblan los nidos.

Como en un cesto de coral, sangrientas,
En el día, las bárbaras imágenes
Frente al hombre, se estrujan: tienen miedo:
Y en la taza del cráneo adolorido
Crujen las alas rotas de los cisnes
Que mueren del dolor de su blancura.
¡Oh, cómo pesan en el alma triste
Estas aves crecidas que le nacen
Y mueren sin volar!
         ¡Flores de plumas
Bajo los pobres versos, estas flores,
Flores de funeral!
         ¿Dónde lo blanco
Podrá, rizada el ala, abrir el vuelo?
¿Dónde no será crimen la hermosura?

Óleo sacerdotal unge las sienes
Cuando el silencio de la noche empieza:
Y como reina que se sienta, brilla
La majestad del hombre acorralada.
Vibra el amor, gozan las flores, se abre
Al beso de un creador que cruza
La sazonada mente: el frío invita
A la divinidad; y envuelve al mundo
La casta soledad, madre del verso.

DOS PATRIAS

Dos patrias tengo yo: Cuba y la noche,
¿O son una las dos? No bien retira
Su majestad el sol, con largos velos
Y un clavel en la mano, silenciosa
Cuba cual viuda triste me aparece.
¡Yo sé cuál es ese clavel sangriento
Que en la mano le tiembla! Está vacío
Mi pecho, destrozado está y vacío
En donde estaba el corazón. Ya es hora

De empezar a morir. La noche es buena
Para decir adiós. La luz estorba
Y la palabra humana. El universo
Habla mejor que el hombre.
                                        Cual bandera
Que invita a batallar, la llama roja
De la vela flamea. Las ventanas
Abro, ya estrecho en mí. Muda, rompiendo
Las hojas del clavel, como una nube
Que enturbia el cielo, Cuba viuda pasa.

DOMINGO TRISTE

Las campanas, el Sol, el cielo claro
Me llenan de tristeza, y en los ojos
Llevo un dolor que todo el mundo mira,
Un dolor que el verso rompe
Y es ¡oh mar! la gaviota pasajera
Que rumbo a Cuba va sobre tus olas!
Vino a verme un amigo, y a mí mismo
Me preguntó por mí; ya en mí no queda
Más que un reflejo mío, como guarda
La sal del mar la concha de la orilla.
Cáscara soy de mí, que en tierra ajena
Gira, perdida al viento huraño,
Vana, sin fruta, desgarrada, rota.
Miro a los hombres como montes; miro
Como paisajes de otro mundo, el bravo
Codear, el mugir, el teatro ardiente
De la vida en mi torno: Ni un gusano
Es ya más infeliz: el lodo es suyo!

Y el lodo en que muere es suyo.
Siento la coz de los caballos, siento
Las ruedas de los carros; mis pedazos
Palpo: ya no soy vivo: ni lo era
Cuando el barco fatal levó las anclas
Que me arrancaron de la tierra mía!

AL EXTRANJERO

I

Hoja tras hoja de papel consumo:
Rasgos, consejos, iras, letras fieras
Que parecen espadas: lo que escribo,
Por compasión lo borro, porque el crimen
El crimen es al fin de mis hermanos.
Huyo de mí, tiemblo del Sol; quisiera
Saber dónde hace el topo su guarida,
Dónde oculta su escama la serpiente,
Dónde sueltan la carga los traidores,
Y dónde no hay honor, sino ceniza:
¡Allí, mas solo allí, decir pudiera
Lo que dicen ¡y viven! que mi patria
Piensa en unirse al bárbaro extranjero!

II

Yo callaré: yo callaré: que nadie
Sepa que vivo: que mi patria nunca
Sepa que en soledad muero por ella:
Si me llaman, iré: yo solo vivo
Porque espero a servirla: así, muriendo,
La sirvo yo mejor que husmeando el modo
De ponerla a los pies del extranjero!

III

los héroes a caballo
del enemigo arzón tomó al cautivo:
las viudas en los templos
los santos magistrados
En una hoja de palma comían raíces:
Ganaban cantando con qué
Sostener a los hijos de los héroes;—

Infame es quien lo olvida, y más infame
Quien da su patria al extranjero.
Peleaban los padres: y las viudas

El pan para sus hijos en los templos:
Mal cubiertos los pies, moría el anciano
Que abrió su piara de tristes [...] y de [...]
        A la libertad.
Y los que los contemplaban en el silencio,
Hoy quieren dar el país, sembrado
Con aquella sangre, al extranjero.

[MI PADRE ERA ESPAÑOL]

Mi padre era español: ¡era su gloria,
      Los domingos,
           vestir sus hijos [...]

Pelear, bueno; no tienes que pelear, mejor:
Aún por el derecho, es un pecado
verter sangre, y se ha de
hallar al fin el modo
de evitarlo. Pero, lo juro:
Santo sencillo de la barba blanca,
Ni a sangre inútil llamará tu hijo,
Ni servirá en su patria al extranjero:
Mi padre fue español: era su gloria, [...]

[QUÉ HE YO DE HACER?]

Qué he yo de hacer?
Une! Prepara! Espera!
Une al negro y al blanco, une al nacido
Más allá de la mar con los de acá:—
Y si es preciso, muere: no, no vendas,

Nadie venda su patria al extranjero.
Barre a los tercos, con tu desdén
Y si el desdén no barre, de todos modos, bárrelos!—
No faltará quien diga
Que estas iras no son mías
Y esto es imitación:
Esa palabra audaz, esta ira es mía—

[HOJA TRAS HOJA DE PAPEL CONSUMO]

Hoja tras hoja de papel consumo:
Rasgos, consejos, iras, letras fieras
Que parecen espadas: lo que escribo,
Por compasión lo borro: porque el crimen,
El crimen es al fin de mis hermanos.
Huyo de mí: tiemblo del Sol: quisiera
Saber dónde hace el topo su guarida,
Dónde oculta su escama la serpiente,
Dónde sueltan la carga los traidores
Y dónde no hay honor, sino ceniza:
¡Allí, mas solo allí, decir pudiera
Lo que dicen, y viven: que mi patria
Piensa en unirse al bárbaro extranjero!—

[ENVILECE, DEVORA]

Envilece, devora, enferma, embriaga
La vida de ciudad: se come el ruido,
Como un corcel la yerba, la poesía.
Estréchase en las casas la apretada
Gente, como un cadáver en su nicho:
Y con penoso paso por las calles
Pardas, se arrastran hombres y mujeres
Tal como sobre el fango los insectos,
Secos, airados, pálidos, canijos.

Cuando los ojos, del astral palacio
De su interior, a la ciudad convierte
El alma heroica, no en batallas grandes
Piensa, ni en templos cóncavos, ni en lides
De la palabra centelleante: piensa
En abrazar, como en un haz, los pobres
Y adonde el aire es puro, y el sol brilla
Y el corazón no es vil, volar con ellos.

Cuánto bien hace, cuánto horror evita
Un poco de aire limpio y de alma buena.

[SOLO EL AFÁN]

Solo el afán de un náufrago podría,
Lejos el cielo y hondo el mar;—
A un alma sin amor, que en el tumulto
De rostro en rostro, por su tarda amante
En vano inquiere, y lívida jadea.
¡Yo sé, madres sin hijos, la tortura
De vuestro corazón! ¡yo sé del triste
Sediento, y del hambriento; y del que lleva
Un muerto en las entrañas! Asgo el aire;
Suplico en alta voz, desesperado
Gimo, a la sorda sombra pido un beso:
De mí no sé. Me olvido. Me recoge
La desesperación: y entre los brazos
Del hambre [...]
[...], con mi llanto
Que abrasa las pupilas, me despierto.
Del hambre, a tanto el plato me despierto!

            Yo sé que de las rosas
Holladas al morir brota un gemido;
Yo he visto el alma pálida que surge,
De la yerba

Cual lágrima con alas: yo padezco
       Yo sé que de las rosas
Holladas al morir brota un gemido:
Yo he visto el alma pálida que surge
De la yerba que
Cual lágrima con alas: yo padezco
De aquel dolor del agua cristalina
Que el sol ardiente desdeñoso seca.
Sé de náuseas mortales y el deseo
De vaciar de una vez el pecho ansioso,
Como en la mesa el bebedor cansado
Vuelca la copa del inútil vino.

MARZO

Vuelvo a ti, pluma fiel. De la desdicha
Más que de la ventura nace el verso.
Marzo fatal sobre la tierra cruza,
Marzo envidioso: corta la erizada
Ala la nube que al encuentro boga
De abril, su rival: y el riego mismo
Que el flotante vapor, del flanco abierto
Echa a raudales, con mayor frescura
Adorna a abril: así con lo que hiere,
Gloria mayor da con su [...] la envidia!

Vibra el aire y retumba. Desaladas
Huyen las nubes. Adereza la honda
El rápido granizo. Sus caballos
Negros desboca el huracán. Sacude
El Invierno la barba... ¡Inflama el fuego
Los cráteres dormidos: en los cauces
Rompiendo su cristal el agua asoma
A ver pasar el sol! renace el mundo!
Se oye a lo lejos galopar la nieve...
Batalla en el espacio; perseguida

Por el viento brutal, a mis ventanas
Temblando llama y trémula la lluvia.

De la fealdad del hombre a la belleza
Del Universo asciendo: bien castiga
El hombre a quien los busca: bien consuela
Del hombre ingrato y de su influjo pasajero
La tristeza sublime. En sus radiosas
Alas levanta el alma la tristeza con celeste
Con majestad de los reyes no salida!
De codos en mi mesa hundirse miro
Bajo el capuz del aire, como artesa
De aguas turbias el mundo: alas y brazos
Flotan acá y allá, revueltas luego
En la creciente oscuridad: resbalan
Sobre las crestas erizadas, como
Chispas de luz, las alas de los niños!

De la fealdad del hombre a la belleza
Del Universo asciendo: en sus radiantes el hombre pasa
Y queda el Universo: no me duele
La mordida del hombre: mas triunfante
Muestra el alma su luz por la hendidura.
Quien el vaso de fuego muerde airado
Nuevas lenguas le da: la llama herida
Revienta en flor de llama: a cada diente,
Un pétalo de luz: esos florones
De fuego inmaculado, que en la armoniosa
Sombra; la marcha mística del cielo
Con sus llamas dolientes iluminan.
Alas levanta el alma con tristeza
Con mística no altiva

En la
El dolor es la fuerza: la hermosura
Perfecta es el dolor: como de un crimen
Se sufre de gozar: como una mancha
Queda en el cuerpo el beso victorioso
De la mujer astuta: triste y vano

Es el aplauso con que el hombre premia
Al que lo halaga o doma: y cuando el mundo,
Cual Mesalina de gozar cansada,
Revela su fealdad, el alma en fuga
Crece y luce al volar, abre el espanto
Claridades magníficas, el gozo
Corrompe el alma,—y el dolor la eleva!
Hoy es marzo, dolor ¡y abril mañana!

[BIEN: YO RESPETO]

Bien: yo respeto
A mi modo brutal, un modo manso
Para los infelices e implacable
Con los que el hambre y el dolor desdeñan,
Y el sublime trabajo, yo respeto
La arruga, el callo, la joroba, la hosca
Y flaca palidez de los que sufren.
Respeto a la infeliz mujer de Italia,
Pura como su cielo, que en la esquina
De la casa sin sol donde devoro
Mis ansias de belleza, vende humilde
Piñas dulces o lánguidas manzanas
Respeto al buen francés, bravo, robusto,
Rojo como su vino, que con luces
De bandera en los ojos, pasa en busca
De pan y gloria al Istmo donde muere.

[DE MIS TRISTES ESTUDIOS]

De mis tristes estudios, de mis sombras
Nauseabundas y bárbaras, resurjo
Lleno el pecho jovial de un amor loco
Por la mujer hermosa y la poesía:
¡Siempre juntas las dos! Dos ojos negros,

A mí, que no ando en cuerpos, o ando apenas,
Como una antorcha en las tinieblas, vuelven
A mi aterrado espíritu la vida:
¡Dos ojos negros, que entreví, pasando,
Ya hacia la noche, ante una puerta estrecha!

[POR DIOS QUE CANSA]

Por Dios que cansa
Tanto poetín que su dolor de hormiga
Al Universo incalculable cuenta.—
¿Qué al mar, qué a los pilares de alabastro
Que sustentan la tierra, qué a las cumbres
Que echan el hombre al cielo, qué a la mole
Azul que enrubia el Sol, qué al orbe puro
Donde se extingue en pensamiento el hombre
Y el mundo acaba, acrisolado, en ala,
Qué al festín de los astros doler puede
Que porque a Francisquín prefiere Antonia
Un recio Capitán, Francisco llore?
Que engaña Antonia? ¡Antonia siempre engaña!
A trabajar! a iluminar! piqueta
Y pilón, astro y llama, y obelisco
De fuego, y guía al Sol, el verso sea!
Ya las mieles de amor llegan al cuello.
Con la mujer del brazo, ámese al hombre.
Quien pida amor ha de inspirar respeto.
Y si una pena bárbara, ceñuda,
Y vasta como el mar, te invade y come,
Muere, muere en silencio, como el monte,
Sorbida por el mar, una montaña muere.

Julio 27 / 85

[LA SELVA ES HONDA]

La selva es honda. Corpulenta flora,
Como densa muralla, el aire fresco
Con sus perfumes penetrantes carga,—
Y el tronco gris y el ramo verde vierten
Guirnaldas de moradas hipomeas.
Lamiendo el tronco,
Luengas raíces, de la azul laguna
Las anchas ondas perezosas besan,
Como mujer que, en ademán de sueño
Los senos recios adelante echando
Los brazos tiende al amador tardío.
Las verdes hojas, prometiendo amores,
Murmuran; y en las ondas se reflejan
Como los vivos que en la tierra corren
La dicha viendo, sin hallarla nunca
Y las raíces, de su tronco esclavas,—
Como el espíritu el carnal arreo,
Con desperado aliento se sacuden,—
Y, como el alma en los espacios mueve
Un ala, en tanto que en el tronco gime
El ala esposa, gemidora esclava,—
Al árbol alto reciamente juntos,
Los blandos hilos en las ondas flotan.

LLUVIA DE JUNIO

Como al frescor de un baño
Mis miembros resucitan. De mis ojos
Como manto imperial caen las miradas.
Sacúdense las ramas, como potros
Al sentir el jinete: otras, negruzcas,
Tienden, cual brazos míseros, las púas
Colgadas de hipomeas.
Sobre el parral, acorralado, el tierno
Follaje vuelve el dorso, como tropa

De mariposas blancas que
[...] se refugia.

         El heno; entre los claros
Del verde fresco parece oro.—
Cruzan a paso. [...]
[...] y por el aire limpio
baja en lanzas la lluvia,
Como penacho solitario ondea
Un gajo erguido: cual guerreros que
Que al volar a la lid,
El mejor modo de morir consultan.
Muévense aquellas ramas: cual vecinas
Cual vecinas alegres [...] cuchichean
Debajo las espigas,
[...]: cual vecinas
Locas, bajo los árboles, sacuden
Las yerbas sus espigas. Por sus cantos
Se sabe de los pájaros, ocultos
Donde se ama sin luz.

[...], techada
De plata por la lluvia.

[...] y, el heno, entre los claros
De las ramas parece oro.
Las nubes majestuosas
Cruzan, a paso lento, el cielo vago.
Huele a vida la tierra, pitorrean
Los pájaros, de arriba
Cae la lluvia a lanzazos, como si viendo
Pasar los ángeles despiertos una fiera
Tan bella como la tierra, disparasen
Sobre ella desde las nubes todos sus
Saetazos.

Bajo el roble magnífico, se anida
Una casita blanca.

Saber no quiero
De la pompa del mundo: el amor cabe
En un grano de anís: la gloria apenas
Es un ojo de hormiga:
[...]
la grandeza
Del corazón, el hombre envenenado
Antes la muerde que la aplaude: el verso
Es el último amigo. Así en mi mesa,
Solos los dos, [...] mientras el hombre aspira
Y engaña la mujer, mientras consume
La virtud su prisión agonizante,
Solos, mi verso y yo, nos contemplamos.—

De este junio lluvioso al dulce frío
Quisiera yo morir: ¡ya junio acaba!
Morir también en mayo amable quise,
Cuando acababa mayo. Saborea
Su dulce el niño, y con igual regalo
En noches solas y en febriles días,
Cual ardilla ladrona a ocultas mimo
El pensamiento de morir. Del libro
Huyen los ojos ya, buscando en lo alto
Otro libro mayor: pero no quiero
Ni en tierra esclava reposar, ni en esta
Tierra en que no nací: la lluvia misma
Azote me parece, y extranjeros
Sus árboles me son: Sí, me conmueve
Mi horror al frío: ¡oh patria amada!
¡Como mi corazón, mi cuerpo es tuyo!
¡Que los gusanos que me coman sean
Los que tu suelo mísero fabrican!
¡Mi cadáver al fin, patria adorada,
Te servirá, ya que no te pude servir!
Así seré sustento de tus hijos
Y tizón de tus tiranos!—
¡No se lo digas, no: negarme asilo
Aún en mi cuerpo mísero podrían!

No como ayer el vendaval me invita
A arrostrar su furor: pláceme ahora;
Vecino de la muerte, entre cristales
Ver su noble hermosura. Es el silencio
Lo que mi alma apetece. El hombre honrado
Huye del mundo. Y esquiva el decoroso
Enfermo el sol y el cuadro de la vida.
Yo, estoy bien: adentro es donde
Come la enfermedad: ¡siempre el gusano
En pleno corazón muerde la fruta!
¿Que preguntáis mi mal? ¿pues no he querido
Ser bueno? Di monedas de oro puro
Y me las dieron falsas.
[...] Callo, y muero:
Por eso
¡Ya el vendaval, cuando sus truenos ciñe,
No como ayer a su furor invita!—
¡Ya el vendaval, cuando a sus crenchas ciñe
La corona de roble, cuando el tronco
De encino nuevo vigoroso empuña,
No, como ayer, a caminar de amigos
Sobre la tierra trémula me invita.

Cae la lluvia a lanzazos, cual si fieros

[COMO EL FRESCOR DE UN BAÑO]

Como el frescor de un baño
Mis miembros resucitan: De mis ojos
Como manto real caen las miradas.
Sacúdense las ramas, como el potro
Al sentir el jinete: otras, negruzcas,
Sacúdense colgadas de hipomeas,
Como con sartas de esmeraldas, pidiendo auxilio
Sobre el parral, acorralado, el tierno
Follaje vuelve el dorso, como tropa

Como brazos, con sartas de esmeralda,
De mariposas blancas que del aire
Que en ellas juega y danza se cobijan

[TODO SOY CANAS YA]

Todo soy canas ya, y aún no he sabido
Colmar mi corazón: como una copa
Sin vino, o cráneo [...], rechazo
La beldad insensata;—y el sentido
Ay no lo es sin la beldad! El sumo
Sentido es la beldad: ¿en qué soñadas
Cárceles, nubes, rosas, joyas vive
La que me rinda el corazón y dome
Con doble encanto mi ansia de hermosura?
Con su bondad me obliga la que en vano
Quiere mi mente acompañar: la astuta
Que con ágil belleza y luces de oro
Llega volando, y en mis labios secos
Bebe la última miel, y en mis entrañas
Con el ala triunfante se abre un nido,—
Antes que el sol que me la trajo abroche
Su cinto rojo al mundo, antes que muera
El insecto que vive solo un día,
Ya me enseñó la máscara, y la horrenda
Desnudez y flacura de los huesos.
Como vapor, como visión, como humo
Ya la beldad de las mujeres miro.
Velos de carne que el tablado esconden
Donde ciega cabezas el verdugo
O al más alto postor, cual bestias en cueros
Vende el rematador la mercancía.
Feria es el mundo: aquella en blando encaje
Como un cesto de perlas recogidas;
Aquella en sus cojines reclinada
Como un zafiro entre ópalos; aquella
Donde el genio sublime resplandece

En el alma inmoral, cual vaga el fuego
Fatuo entre las hediondas sepulturas,
Ni fuego son, ni encaje, ni zafiro
Sino piara de cerdos.
                              ¡Flor oscura,
A ti, para morir, el alma ansiosa
Tras sus jornadas negras se encamina!
Tú no te pintas, flor del campo, el rostro
Ni el corazón: no sepas, ay, no sepas
Que no aplacas mi sed, pero tu seno
Honrado es solo de ampararme digno.
Mancha el vicio al poeta, o la locura
De amar lo vil: con la coraza entera
Ha de morir el hombre ¡me lastima
Ya la coraza!: endulza: novia, endulza
El dolor de dejarte: luego, luego
Será el festín: no ves que donde muere
El hueso nace el ala: tú de estrellas
Sabes y de la muerte: tú en las ruinas
Reinas, flor de bondad, dulce señora
Del páramo candente, o el fragoso
Campo de lava en que el jardín expira!
En las luchas de amor las palmas rindo
A la virtud constante y silenciosa.

[BRUÑEN EL MADRIGAL]

Bruñen el madrigal, repletan la oda
Y los viejos corceles al fin piafan.—

Taller! Pues va el taller: que se oyen ruidos
De clavos de oro y de buril de plata:
En la puerta, cual símbolo, una vieja
Repintada de rojo se fatiga
Por embutir el pie, lindo e inquieto—
En un chapín de seda remendado.

otro hervía
armaduras
y trajes
y leyendas.

otro cogía de una cesta
rubíes, y trabajaba mucho para hallarle
otros iguales: de lejos lucían bien; pero
en cuanto uno se acercaba, veía ya la
pedrería gastada, la diamantería
sin lustre; los corales sucios del
uso; otro tenía colores; —
                              y halló sola
a la Naturaleza de altos senos
Y redondas caderas, a su amante
Tardo y glorioso el lecho preparando.

[ENTRE LOS HOMBRES]

Entre los hombres, viénese manchado
Cual del lagar hediondo en donde estrujan
Los labriegos las uvas generosas.—
Tiemblen los que amen, que a puñadas duras,
Como a la gente limpia los rufianes
La enllagarán el alma enloquecida!—
Y perseguido, como a fiera, solo
En su lecho de luz caerá de bruces!
Echaba al tigre el bárbaro romano
A los fieles: — y a los hombres
Se echan los nuevos mártires ahora!
Pues como si a árbol fuerte la semilla
Crece, y a pompa umbrosa, y fructifica
El alma amante, que vi darse
Ni aire ha de hallar, ni tierra, luz y empleo.
Ni otra vía, a dejar la tierra oscura:—
Para alumbrar la tierra el sol esplende:
Frutece en poma suave la semilla,

Y hoy, o después, o alguna vez, el goce
De amar sin sonrojarse hallará el alma.
¡Ya yo he sentido, ya, cómo se mece
Libre del cuerpo, así como una nube
En el divino espacio el alma humana!

[DE FORMA EN FORMA, Y DE SOL EN SOL CAMINO]

De forma en forma, y de sol en sol camino,
Viejo nací: ¿Quién soy? Lo sé. Soy todos:—
El animal y el hombre, el árbol preso
Y el pájaro volante: evangelista
Y el bestia soy: me place el sacrificio
Más que el gozo común: con esto solo
Sé ya quién soy: ya siento do mi camino
Ceder las puertas fúlgidas del cielo.

[SE LA SIENTE VENIR]

Se la siente venir: como palacio,
En ruina que postrado mayordomo
Con mano vacilante alegra y limpia
A la venida de la reina, el cráneo
En fiesta y confusión aguarda el verso.—

Si me decís oh diarios oh tremendos
Y caros decidores, que a sus plantas
De amarla preso, un amador ferviente
De un golpe de puñal cruzose el pecho,
Que es muy cierto diré —y quien la ha visto
Años y pueblos sin consuelo cruza
De un triste amor el pecho traspasado
Oh mística virtud flor de belleza.—

[APARECE: RELUCE]

Aparece: reluce: y cuando he puesto
La imagen en verso, tomo las hojas
Con temerosa unción, como el creyente
Los paños guarda con que ayuda a misa.
O si escribo de amor, tal me figuro
Que alzo el manto real de una princesa.
Nunca tal gozo como el verso dieron
Eros úbero o Diana vigorosa!
El alma desceñida, a ver el mundo
Se asoma desde el seno de una estrella;
Y se sienta en sus aspas, y las viste
De guirnaldas de violas y heliotropos.

[NO TENGO MIEDO]

No tengo miedo
A la verdad, ni al sentido reales palabras.—
   El alma humana está en jerga,
En sencillo español el alma humana!
     Y este: acá tienes la técnica clásica
     Y ese: acá tienes el dialecto práctico
     Y aquel: acá tienes la lengua meticulosa y frías horas:
       Nadie, desembarazan de tanto ropaje.

———————

Dejar de ser quien soy!: guárdense
Los dómines: y sus entero y libre,
La fecunda verdad sufre y enseña.

[YO NI DE DIOSES]

Yo ni de dioses ni de filtro tengo
Fuerzas maravillosas: he vivido,
Y la divinidad está en la vida!:
¡Mira si no la frente de los viejos!

Estréchame la mano: no, no esperes
A que yo te la tienda: ¡yo sabía
Antes tenderla, de mi hermoso modo
Que envolvía en sombra de amor el Universo!
Hoy, ya no puedo alzarla de la piedra
Donde me asiento: aunque el corazón en plumas
Nuevas se viste y tiende al aire el ala
¡No acaba el alma humana en este mundo!
Ya, cual bucles de piedra, en mi mondado
Cráneo cuelgan mis últimos cabellos;
Pero debajo no! debajo vibra
Todo el fuego magnífico y sonoro
Que mantiene la tierra!
                         Ven y toma
Esta mano que ha visto mucha pena!
Dicen que así verás lo que yo he visto.
¡Aprieta bien, aprieta bien mi mano!
Es bueno ir de la mano de los jóvenes:
¡Así, de sombra a luz, crece la vida!
¡Déjame divagar, la mente vaga
Como las nubes, madres de la tierra!

Mozo, ven pues: ase mi mano y mira:
Aquí están, a tus ojos, en hilera,
Frías y dormidas como estatuas, todas
Las que de amor el pecho te han movido:
¡Las llaves falsas, Jóveno, del cielo!
Una no más sencillamente lo abre
Como nuestro dominio: pero mira
Cómo estas barbas a la tierra llegan
Blancas y ensangrentadas, y aún no topo

Con la que me pudiera abrir el cielo.
En cambio, mira a mi redor: la tierra
Está amasada con las llaves rotas
Con que he probado a abrirlo: —y que este es todo
¡Viene después un cierto olor de rosa,
Un trono en una nube, un vuelo vago,
Y un aire y una sangre hecha de besos!
¡Pompa de claridad la muerte miro!:
¡Palpa cuál, de pensarla, están calientes,
Finos, como si fuesen a una boda,
Ágiles como alas, y sedosos,
Como la mocedad después del baño
Estos bucles de piedra! Gruñes, gruñes
De estas cosas de viejo...
      Ahí están todas
Las mujeres que amaste; llaves falsas
Con que en vano echa el hombre a abrir el cielo.
Por la magia sutil de mi experiencia
Las miro como son: cáscaras todas,
Esta de nácar, cual la Aurora brinda,
Humo como la Aurora; esta de bronce;
Marfil esta; esa ébano; y aquella
De esos diestros barrillos italianos
De diversos colores... ¡cuenta! Es fijo...
¿Cuántos años cumpliste? Treinta? Es fijo
Que has amado, y es poco, a más de ciento:
¡Se hacen muy fácilmente, y duran poco,
Las estatuas de cieno! Gruñes, gruñes
De estas cosas de viejo...
      A ver qué tienen
Las cáscaras por dentro! ¡Abajo, abajo
Esa hermosa de nácar! ¡qué riqueza
Viene al suelo de espalda y hombros finos!
¡Parece una onda de ópalo cuajada!
¡Sube una aroma que perfuma el viento,—
Que me enciende la carne, que me anubla
El juicio, a tanta costa trabajado!:
Pero vuélvela a diestra y a siniestra,
A la luna y el sol: no hay nada adentro!

Y en la de bronce ¿qué hallas? ¡con qué modo
Loco y ardiente buscas!: aún humea
Esa de bronce en restos: ¿qué has hallado
Que con espanto tal la echas en tierra?:
¡Ah, lo que corre el duende negro: un cerdo!

Y esa? ¡una uña! Y ¿esa? ¡ay! Una piedra
Más dura que mis bucles: la más terrible
Es esa de la piedra! Y ¿esta moza
Toda de colorines? saca! saca!
¡Esta por corazón tiene un vasillo
Hueco, forrado en láminas de modas!
Esa? nada Esa? nada! Esa? Una doble
Dentadura, y manchado cada diente
De una sangre distinta: ¡mata, mata!
¡Mata con el talón a esa culebra!
Y esa? Una hamaca! Y ¿esa pues, la última,
La postrer de las cien, qué le has hallado
Que le besas los pies, que la rehaces
De prisa con tus manos, que la cubres
Con sus mismos cabellos, que la amparas
Con tu cuerpo, que te echas de rodillas?
¿Qué tienes? ¿qué levantas en las manos
Lentamente como una ofrenda al cielo?
¿Entrañas de mujer? No en vano el cielo
Con una luz tan suave se ilumina.
¡Eso es arpa: eso es sol:...!
¿De cien mujeres, una con entrañas?
¡Abrázala! arrebátala! con ella
Vive, que serás rey, doquier que vivas:
Cruza los bosques, que los lobos mismos
Su presa te darán, y acatamiento:
Cruza los mares, y las olas lomo
Blando te prestarán; los hombres cruza
Que no te morderán, aunque te juro
Que lo que ven lo muerden, y si es bello
Lo muerden más; y dondequier que muerden

Todo lo despedazan y envenenan.
Ya no eres hombre, Jóveno, si hallaste
Una mujer amante! o no:—ya lo eres!

[¡CABALLO DE BATALLA!]

I

¡Caballo de batalla!
Arnés brillante! Caña fina! Hinchados
Los belfos nuevos, como a olor de gloria!
¡Canta la tropa y los fusiles limpia
Solo de ver pasar al buen caballo!—
Todo al redor de mí relampaguea:
    ¡Vengo de mi amor impuro!

II

¡Acémila encogida!
Que en botijín de cieno mal tostado
Su propia sangre estéril lleva al lomo!—
¡Rueda el fusil de mano de tropa
Mirarlo pasar! gruñe, cojea,:
Todo, por donde cruza, es rota y silbo!
    ¡Vuelvo a mi amor impuro!

[EN MI PASO LIGERO]

En mi paso ligero, en la premura
Con que a mi labio el pensamiento viene,
En esta generosa verba mía
Que hasta en callar estremeció al malvado
Y ora otra vez ardiente y libre corre,
En mi vigor y en mi ventura siento—
Que de tu impuro amor me he redimido—.

El mal amor se sienta sobre el ala
   Y cuando al claro vuelo echa las alas
   Entumidas el alma, como un búho
   El mal amor se sienta sobre el ala.

[CÓMO ME HAS DE QUERER?]

Cómo me has de querer? Como el animal
Que lleva en sí a sus hijos,
Como al santo en el ara envuelve el humo,
Como la luz del sol baña la tierra.
Que no puedes? Ya lo sé. De estrellas blancas
Amasándome está la novia mía;
Yo en mis entrañas tallaré una rosa
Y como quien engarza en plata una—
Mi corazón engarzaré en su seno:
Caeré a sus pies, inerme, como cae
Suelto el león a los pies de la hermosura
Y con mi cuerpo abrigaré sus plantas
Como olmo fecundo que alimenta
La raíz de su mal: mi planta humana,
Mi rosa en plata, mi mujer de estrella
Hacia mí tenderá las ramas pías
Y me alzará, como cadáver indio
Me tendrá expuesto al sol, y de sus brazos
Me iré perdiendo en el azul del cielo
Pues así muero yo de ser amado!

[COMO EL MAR ES EL ALMA]

Como el mar es el alma: Un oleaje
La remonta hasta el cielo: otro la lleva
Hasta el siniestro abismo. El sol colora,
Cuando el mar cielo arriba la ola empuja,

Los claros pliegues y las crestas blancas:
Cuando se hunden en la sirte, rugen;

Revientan y oscurécense las olas!—

[PANDERETA Y ZAMPOÑA]

Pandereta y zampoña y flauta y
Es el verso español. Allá a lo lejos
Ruge el mar, brilla el cielo, habla la selva:
¡Ola el verso ha de ser, y azul sereno,
Y roble en que los vientos enfrenados
Se paren a admirar, y las palomas
A abrir sus alas y a colgar sus nidos:
Roble de tronco firme y copa espesa
Donde de flor en flor con lanza de oro
Libre y desnudo el canto vuele;
Y lo acoja —y cubra con sus alas de luz la melodía!

Mendrugo en joya, y muerto en pompas reales
Es el verso español.

Bajo la falsa púrpura cojea.
Le falta libertad. El modo viejo
[...]: acentos busque.

Púdrase de una vez, púdrase, y surja
El pensamiento redimido.

[...]: un verso forje
Donde quepa la luz,
Digno del hombre
Y de América y el hombre digno sea
De América y del hombre digno.

[SIEMPRE QUE HUNDO LA MENTE EN LIBROS GRAVES]

Siempre que hundo la mente en libros graves
La saco con un haz de luz de aurora:
Yo percibo los hilos, la juntura,
La flor del Universo: yo pronuncio
Pronta a nacer una inmortal poesía.
No de dioses de altar ni libros viejos,
No de flores de Grecia, repintadas
Con menjurjes de moda, no con rastros
De rastros, no con lívidos despojos
Se amasará de las edades muertas:
Sino de las entrañas exploradas
Del Universo, surgirá radiante
Con la luz y las gracias de la vida.
Para vencer, combatirá primero:
E inundará de luz, como la aurora.—

VERSOS SENCILLOS

[MIS AMIGOS SABEN]

Mis amigos saben cómo se me salieron estos versos del corazón. Fue aquel invierno de angustia, en que por ignorancia, o por fe fanática, o por miedo, o por cortesía, se reunieron en Washington, bajo el águila temible, los pueblos hispanoamericanos. ¿Cuál de nosotros ha olvidado aquel escudo, el escudo en que el águila de Monterrey y Chapultepec, el águila de López y de Walker, apretaba en sus garras los pabellones todos de la América? Y la agonía en que viví, hasta que pude confirmar la cautela y el brío de nuestros pueblos; y el horror y vergüenza en que me tuvo el temor legítimo de que pudiéramos los cubanos, con manos parricidas, ayudar el plan insensato de apartar a Cuba, para bien único de un nuevo amo disimulado, de la patria que la reclama y en ella se completa, de la patria hispanoamericana, —me quitaron las fuerzas mermadas por dolores injustos. Me echó el médico al monte: corrían arroyos, y se cerraban las nubes: escribí versos. A veces ruge el mar, y revienta la ola, en la noche negra, contra las rocas del castillo ensangrentado: a veces susurra la abeja, merodeando entre las flores.

¿Por qué se publica esta sencillez, escrita como jugando, y no mis encrespados *Versos libres,* mis endecasílabos hirsutos, nacidos de grandes miedos o de grandes esperanzas, o de indómito amor de libertad, o de amor doloroso a la hermosura, como riachuelo de oro natural, que va entre arena y aguas turbias y raíces, o como hierro caldeado, que sirva y chispea, o como surtidores candentes? ¿Y mis *Versos cubanos,* tan llenos de enojo que están mejor donde no se les ve? ¿Y tanto pecado mío escondido, y tanta prueba ingenua y rebelde de literatura? ¿Ni a qué exhibir ahora, con ocasión de estas flores silvestres, un curso de mi poética, y decir por qué repito un consonante de propósito, o los gradúo o agrupo de modo que vayan por la vista y el oído al sentimiento, o salto por ellos, cuando no pide rimas ni soporta repujos la idea tumultuosa? Se imprimen estos versos porque el afecto con que los acogieron, en una noche de poesía y amistad, algunas almas buenas, los ha hecho ya públicos. Y porque amo la sencillez, y creo en la necesidad de poner el sentimiento en formas llanas y sinceras.

Nueva York, 1891

I

Yo soy un hombre sincero
De donde crece la palma,
Y antes de morirme quiero
Echar mis versos del alma.

Yo vengo de todas partes,
Y hacia todas partes voy:
Arte soy entre las artes,
En los montes, monte soy.

Yo sé los nombres extraños
De las yerbas y las flores,
Y de mortales engaños,
Y de sublimes dolores.

Yo he visto en la noche oscura
Llover sobre mi cabeza
Los rayos de lumbre pura
De la divina belleza.

Alas nacer vi en los hombros
De las mujeres hermosas:
Y salir de los escombros,
Volando las mariposas.

He visto vivir a un hombre
Con el puñal al costado,
Sin decir jamás el nombre
De aquella que lo ha matado.

Rápida, como un reflejo,
Dos veces vi el alma, dos:
Cuando murió el pobre viejo,
Cuando ella me dijo adiós.

Temblé una vez,—en la reja,
A la entrada de la viña,—
Cuando la bárbara abeja
Picó en la frente a mi niña.

Gocé una vez, de tal suerte
Que gocé cual nunca: — cuando
La sentencia de mi muerte
Leyó el alcaide llorando.

Oigo un suspiro, a través
De las tierras y la mar,
Y no es un suspiro,—es
Que mi hijo va a despertar.

Si dicen que del joyero
Tomé la joya mejor,
Tomo a un amigo sincero
Y pongo a un lado el amor.

Yo he visto al águila herida
Volar al azul sereno,
Y morir en su guarida
La víbora del veneno.

477

Yo sé bien que cuando el mundo
Cede, lívido, al descanso,
Sobre el silencio profundo
Murmura el arroyo manso.

Yo he puesto la mano osada,
De horror y júbilo yerta,
Sobre la estrella apagada
Que cayó frente a mi puerta.

Oculto en mi pecho bravo
La pena que me lo hiere:
El hijo de un pueblo esclavo
Vive por él, calla, y muere.

Todo es hermoso y constante,
Todo es música y razón,
Y todo, como el diamante,
Antes que luz es carbón.

Yo sé que el necio se entierra
Con gran lujo y con gran llanto,—
Y que no hay fruta en la tierra
Como la del camposanto.

Callo, y entiendo, y me quito
La pompa del rimador:
Cuelgo de un árbol marchito
Mi muceta de doctor.

II

Yo sé de Egipto y Nigricia,
Y de Persia y Xenophonte;
Y prefiero la caricia
Del aire fresco del monte.

Yo sé de las historias viejas
Del hombre y de sus rencillas;
Y prefiero las abejas
Volando en las campanillas.

Yo sé del canto del viento
En las ramas vocingleras:
Nadie me diga que miento,
Que lo prefiero de veras.

Yo sé de un gamo aterrado
Que vuelve al redil, y expira,—
Y de un corazón cansado
Que muere oscuro y sin ira.

III

Odio la máscara y vicio
Del corredor de mi hotel:
Me vuelvo al manso bullicio
De mi monte de laurel.

Con los pobres de la tierra
Quiero yo mi suerte echar:
El arroyo de la sierra
Me complace más que el mar.

Denle al vano el oro tierno
Que arde y brilla en el crisol:
A mí denme el bosque eterno
Cuando rompe en él el sol.

Yo he visto el oro hecho tierra
Barbullendo en la redoma:
Prefiero estar en la sierra
Cuando vuela una paloma.

Busca el obispo de España
Pilares para su altar;
¡En mi templo, en la montaña,
El álamo es el pilar!

Y la alfombra es puro helecho,
Y los muros abedul,
Y la luz viene del techo,
Del techo de cielo azul.

El obispo, por la noche,
Sale, despacio, a cantar:
Monta, callado, en su coche,
Que es la piña de un pinar.

Las jacas de su carroza
Son dos pájaros azules:
Y canta el aire y retoza,
Y cantan los abedules.

Duermo en mi cama de roca
Mi sueño dulce y profundo:
Roza una abeja mi boca
Y crece en mi cuerpo el mundo.

Brillan las grandes molduras
Al fuego de la mañana,
Que tiñe las colgaduras
De rosa, violeta y grana.

El clarín, solo en el monte,
Canta al primer arrebol:
La gasa del horizonte
Prende, de un aliento, el sol.

¡Díganle al obispo ciego,
Al viejo obispo de España
Que venga, que venga luego,
A mi templo, a la montaña!

IV

Yo visitaré anhelante
Los rincones donde a solas
Estuvimos yo y mi amante
Retozando con las olas.

Solos los dos estuvimos,
Solos, con la compañía
De dos pájaros que vimos
Meterse en la gruta umbría.

Y ella, clavando los ojos,
En la pareja ligera,
Deshizo los lirios rojos
Que le dio la jardinera.

La madreselva olorosa
Cogió con sus manos ella,
Y una madama graciosa,
Y un jazmín como una estrella,

Yo quise, diestro y galán,
Abrirle su quitasol:
Y ella me dijo: «¡Qué afán!
¡Si hoy me gusta ver el sol!»

«Nunca más altos he visto
Estos nobles robledales:
Aquí debe estar el Cristo,
Porque están las catedrales».

«Ya sé dónde ha de venir
Mi niña a la comunión;
De blanco la he de vestir
Con un gran sombrero alón».

Después, del calor al peso,
Entramos por el camino,

Y nos dábamos un beso
En cuanto sonaba un trino.

¡Volveré, cual quien no existe,
Al lago mudo y helado:
Clavaré la quilla triste:
Posaré el remo callado!

V

Si ves un monte de espumas,
Es mi verso lo que ves:
Mi verso es un monte, y es
Un abanico de plumas.

Mi verso es como un puñal
Que por el puño echa flor:
Mi verso es un surtidor
Que da un agua de coral.

Mi verso es de un verde claro
Y de un carmín encendido:
Mi verso es un ciervo herido
Que busca en el monte amparo.

Mi verso al valiente agrada:
Mi verso, breve y sincero,
Es del vigor del acero
Con que se funde la espada.

VI

Si quieren que de este mundo
Lleve una memoria grata,
Llevaré, padre profundo,
Tu cabellera de plata.

Si quieren, por gran favor,
Que lleve más, llevaré
La copia que hizo el pintor
De la hermana que adoré.

Si quieren que a la otra vida
Me lleve todo un tesoro,
¡Llevo la trenza escondida
Que guardo en mi caja de oro!

VII

Para Aragón, en España,
Tengo yo en mi corazón
Un lugar todo Aragón,
Franco, fiero, fiel, sin saña.

Si quiere un tonto saber
Por qué lo tengo, le digo
Que allí tuve un buen amigo,
Que allí quise a una mujer.

Allá, en la vega florida,
La de la heroica defensa,
Por mantener lo que piensa
Juega la gente la vida.

Y si un alcalde lo aprieta
O lo enoja un rey cazurro,
Calza la manta el baturro
Y muere con su escopeta.

Quiero a la tierra amarilla
Que baña el Ebro lodoso:
Quiero el Pilar azuloso
De Lanuza y de Padilla.

Estimo a quien de un revés
Echa por tierra a un tirano:
Lo estimo, si es un cubano;
Lo estimo, si aragonés.

Amo los patios sombríos
Con escaleras bordadas;
Amo las naves calladas
Y los conventos vacíos.

Amo la tierra florida,
Musulmana o española,
Donde rompió su corola
La poca flor de mi vida.

VIII

Yo tengo un amigo muerto
Que suele venirme a ver:
Mi amigo se sienta, y canta,
Canta en voz que ha de doler.

«En un ave de dos alas
Bogo por el cielo azul:
Un ala del ave es negra,
Otra de oro Caribú».

«El corazón es un loco
Que no sabe de un color.
O es su amor de dos colores,
O dice que no es amor».

«Hay una loca más fiera
Que el corazón infeliz:
La que le chupó la sangre
Y se echó luego a reír».

«Corazón que lleva rota
El ancla fiel del hogar,
Va como barca perdida,
Que no sabe a dónde va».

En cuanto llega a esta angustia
Rompe el muerto a maldecir:
Le amanso el cráneo: lo acuesto:
Acuesto el muerto a dormir.

IX

Quiero, a la sombra de un ala,
Contar este cuento en flor:
La niña de Guatemala,
La que se murió de amor.

Eran de lirios los ramos,
Y las orlas de reseda
Y de jazmín: la enterramos
En una caja de seda.

... Ella dio al desmemoriado
Una almohadilla de olor:
Él volvió, volvió casado:
Ella se murió de amor.

Iban cargándola en andas
Obispos y embajadores:
Detrás iba el pueblo en tandas,
Todo cargado de flores.

... Ella, por volverlo a ver,
Salió a verlo al mirador:
Él volvió con su mujer:
Ella se murió de amor.

Como de bronce candente
Al beso de despedida
Era su frente ¡la frente
Que más he amado en mi vida!

... Se entró de tarde en el río,
La sacó muerta el doctor:
Dicen que murió de frío:
Yo sé que murió de amor.

Allí, en la bóveda helada,
La pusieron en dos bancos:
Besé su mano afilada,
Besé sus zapatos blancos.

Callado, al oscurecer,
Me llamó el enterrador,
¡Nunca más he vuelto a ver
A la que murió de amor!

X

El alma trémula y sola
Padece al anochecer:
Hay baile; vamos a ver
La bailarina española.

Han hecho bien en quitar
El banderón de la acera;
Porque si está la bandera,
No sé, yo no puedo entrar.

Ya llega la bailarina:
Soberbia y pálida llega:
¿Cómo dicen que es gallega?
Pues dicen mal: es divina.

Lleva un sombrero torero
Y una capa carmesí:
¡Lo mismo que un alelí
Que se pusiese un sombrero!

Se ve, de paso, la ceja,
Ceja de mora traidora:
Y la mirada, de mora:
Y como nieve la oreja.

Preludian, bajan la luz
Y sale en bata y mantón,
La virgen de la Asunción
Bailando un baile andaluz.

Alza, retando, la frente;
Crúzase al hombro la manta:
En arco el brazo levanta:
Mueve despacio el pie ardiente.

Repica con los tacones
El tablado zalamera,
Como si la tabla fuera
Tablado de corazones.

Y va el convite creciendo
En las llamas de los ojos,
Y el manto de flecos rojos
Se va en el aire meciendo.

Súbito, de un salto arranca:
Húrtase, se quiebra, gira:
Abre en dos la cachemira,
Ofrece la bata blanca.

El cuerpo cede y ondea
La boca abierta provoca;
Es una rosa la boca:
Lentamente taconea.

Recoge, de un débil giro,
El manto de flecos rojos:
Se va, cerrando los ojos,
Se va, como en un suspiro...

Baila muy bien la española;
Es blanco y rojo el mantón:
¡Vuelve, fosca, a su rincón,
El alma trémula y sola!

XI

Yo tengo un paje muy fiel
Que me cuida y que me gruñe,
Y al salir, me limpia y bruñe
Mi corona de laurel.

Yo tengo un paje ejemplar
Que no come, que no duerme,
Y que se acurruca a verme
Trabajar, y sollozar.

Salgo, y el vil se desliza
Y en mi bolsillo aparece;
Vuelvo, y el terco me ofrece
Una taza de ceniza.

Si duermo, al rayar el día
Se sienta junto a mi cama:
Si escribo, sangre derrama
Mi paje en la escribanía.

Mi paje, hombre de respeto,
Al andar castañetea:
Hiela mi paje, y chispea:
Mi paje es un esqueleto.

XII

En el bote iba remando
Por el lago seductor,
Con el sol que era oro puro
Y en el alma más de un sol.

Y a mis pies vi de repente,
Ofendido del hedor,
Un pez muerto, un pez hediondo
En el bote remador.

XIII

Por donde abunda la malva
Y da el camino un rodeo,
Iba un ángel de paseo
Con una cabeza calva.

Del castañar por la zona
La pareja se perdía:
La calva resplandecía
Lo mismo que una corona.

Sonaba el hacha en lo espeso
Y cruzó un ave volando:
Pero no se sabe cuándo
Se dieron el primer beso.

Era rubio el ángel; era
El de la calva radiosa,
Como el tronco a que amorosa
Se prende la enredadera.

XIV

Yo no puedo olvidar nunca
La mañanita de otoño
En que le salió un retoño
A la pobre rama trunca.

La mañanita en que, en vano,
Junto a la estufa apagada,
Una niña enamorada
Le tendió al viejo la mano.

XV

Vino el médico amarillo
A darme su medicina,
Con una mano cetrina
Y la otra mano al bolsillo:
¡Yo tengo allá en un rincón
Un médico que no manca
Con una mano muy blanca
Y otra mano al corazón!

Viene, de blusa y casquete,
El grave del repostero,
A preguntarme si quiero
O málaga o pajarete
¡Díganle a la repostera
Que ha tanto tiempo no he visto,
Que me tenga un beso listo
Al entrar la primavera!

XVI

En el alféizar calado
De la ventana moruna,
Pálido como la luna,
Medita un enamorado.

Pálida, en su canapé
De seda tórtola y roja,
Eva, callada, deshoja
Una violeta en el té.

XVII

Es rubia: el cabello suelto
Da más luz al ojo moro:
Voy, desde entonces, envuelto
En un torbellino de oro.

La abeja estival que zumba
Más ágil por la flor nueva,
No dice, como antes, «tumba»:
«Eva» dice: todo es «Eva».

Bajo, en lo oscuro, al temido
Raudal de la catatara:
¡Y brilla el iris, tendido
Sobre las hojas de plata!

Miro, ceñudo, la agreste
Pompa del monte irritado:
¡Y en el alma azul celeste
Brota un jacinto rosado!

Voy, por el bosque, a paseo
A la laguna vecina:
Y entre las ramas la veo,
Y por el agua camina.

La serpiente del jardín
Silba, escupe, y se resbala
Por su agujero: el clarín
Me tiende, trinando, el ala.

¡Arpa soy, salterio soy
Donde vibra el Universo:
Vengo del sol, y al soy voy:
Soy el amor: soy el verso!

XVIII

El alfiler de Eva loca
Es hecho del oro oscuro
Que le sacó un hombre puro
Del corazón de una roca.

Un pájaro tentador
Le trajo en el pico ayer
Un relumbrante alfiler
De pasta y de similor.

Eva se prendió al oscuro
Talle el diamante embustero:
Y echó en el alfiletero
El alfiler de oro puro.

XIX

Por tus ojos encendidos
Y lo mal puesto de un broche,
Pensé que estuviste anoche
Jugando a juegos prohibidos.

Te odié por vil y alevosa:
Te odié con odio de muerte:
Náusea me daba de verte
Tan villana y tan hermosa.

Y por la esquela que vi
Sin saber cómo ni cuándo.
Sé que estuviste llorando
Toda la noche por mí.

XX

Mi amor del aire se azora;
Eva es rubia, falsa es Eva:
Viene una nube, y se lleva
Mi amor que gime y que llora.

Se lleva mi amor que llora
Esa nube que se va:
Eva me ha sido traidora:
¡Eva me consolará!

XXI

Ayer la vi en el salón
De los pintores, y ayer
Detrás de aquella mujer
Se me saltó el corazón.

Sentada en el suelo rudo
Está en el lienzo: dormido
Al pie, el esposo rendido:
Al seno el niño desnudo.

Sobre unas briznas de paja
Se ven mendrugos mondados:
Le cuelga el manto a los lados,
Lo mismo que una mortaja.

No nace en el torvo suelo
Ni una viola, ni una espiga:
Muy lejos, la casa amiga.
Muy triste y oscuro el cielo!...

¡Esa es la hermosa mujer
Que me robó el corazón
En el soberbio salón
De los pintores de ayer!

XXII

Estoy en el baile extraño
De polaina y casaquín
Que dan, del año hacia el fin,
Los cazadores del año.

Una duquesa violeta
Va con un frac colorado:
Marca un vizconde pintado
El tiempo en la pandereta.

Y pasan las chupas rojas,
Pasan los tules de fuego.
Como delante de un ciego
Pasan volando las hojas.

XXIII

Yo quiero salir del mundo
Por la puerta natural:
En un carro de hojas verdes
A morir me han de llevar.

No me pongan en lo oscuro
A morir como un traidor:
¡Yo soy bueno, y como bueno
Moriré de cara al sol!

XXIV

Sé de un pintor atrevido
Que sale a pintar contento
Sobre la tela del viento
Y la espuma del olvido.

Yo sé de un pintor gigante,
El de divinos colores,
Puesto a pintarle las flores
A una corbeta mercante.

Yo sé de un pobre pintor
Que mira el agua al pintar,—
El agua ronca del mar,—
Con un entrañable amor.

XXV

Yo pienso, cuando me alegro
Como un escolar sencillo,
En el canario amarillo, —
Que tiene el ojo tan negro!

Yo quiero, cuando me muera,
Sin patria, pero sin amo,
Tener en mi losa un ramo
De flores, —y una bandera!

XXVI

Yo que vivo, aunque me he muerto,
Soy un gran descubridor,
Porque anoche he descubierto
La medicina de amor.

Cuando al peso de la cruz
El hombre morir resuelve,
Sale a hacer bien, lo hace, y vuelve
Como de un baño de luz.

XXVII

El enemigo brutal
Nos pone fuego a la casa:
El sable la calle arrasa,
A la luna tropical.

Pocos salieron ilesos
Del sable del español:
La calle, al salir el sol,
Era un reguero de sesos.

Pasa, entre balas, un coche:
Entran, llorando, a una muerta:
Llama una mano a la puerta
En lo negro de la noche.

No hay bala que no taladre
El portón: y la mujer
Que llama, me ha dado el ser:
Me viene a buscar mi madre.

A la boca de la muerte,
Los valientes habaneros
Se quitaron los sombreros
Ante la matrona fuerte.

Y después que nos besamos
Como dos locos, me dijo:
«Vamos pronto, vamos, hijo:
La niña está sola: vamos!».

XXVIII

Por la tumba del cortijo
Donde está el padre enterrado,
Pasa el hijo, de soldado
Del invasor: pasa el hijo.

El padre, un bravo en la guerra,
Envuelto en su pabellón
Álzase: y de un bofetón
Lo tiende, muerto, por tierra.

El rayo reluce: zumba
El viento por el cortijo:
El padre recoge al hijo,
Y se lo lleva a la tumba.

XXIX

La imagen del rey, por ley,
Lleva el papel del Estado:
El niño fue fusilado
Por los fusiles del rey.

Festejar el santo es ley
Del rey: y en la fiesta santa
¡La hermana del niño canta
Ante la imagen del rey!

XXX

El rayo surca, sangriento,
El lóbrego nubarrón:
Echa el barco, ciento a ciento,
Los negros por el portón.

El viento, fiero, quebraba
Los almácigos copudos;
Andaba la hilera, andaba,
De los esclavos desnudos.

El temporal sacudía
Los barracones henchidos:
Una madre con su cría
Pasaba, dando alaridos.

Rojo, como en el desierto,
Salió el sol al horizonte:
Y alumbró a un esclavo muerto,
Colgado a un seibo del monte.

Un niño lo vio: tembló
De pasión por los que gimen:
Y, al pie del muerto, juró
Lavar con su vida el crimen!

XXXI

Para modelo de un dios
El pintor lo envió a pedir: —
¡Para eso no! ¡Para ir,
Patria, a servirte los dos!

Bien estará en la pintura
El hijo que amo y bendigo: —
¡Mejor en la ceja oscura,
Cara a cara al enemigo!

Es rubio, es fuerte, es garzón
De nobleza natural:
¡Hijo, por la luz natal!
¡Hijo, por el pabellón!

Vamos, pues, hijo viril:
Vamos los dos: si yo muero,
Me besas: si tú... ¡prefiero
Verte muerto a verte vil!

XXXII

En el negro callejón
Donde en tinieblas paseo,
Alzo los ojos, y veo
La iglesia, erguida, a un rincón.

¿Será misterio? ¿Será
Revelación y poder?
¿Será, rodilla, el deber
De postrarse? ¿Qué será?

Tiembla la noche: en la parra
Muerde el gusano el retoño;
Grazna, llamando al otoño,
La hueca y hosca cigarra.

Graznan dos: atento al dúo
Alzo los ojos, y veo
Que la iglesia del paseo
Tiene la forma de un búho.

XXXIII

De mi desdicha espantosa
Siento, oh, estrellas, que muero:
Yo quiero vivir, yo quiero
Ver a una mujer hermosa.

El cabello, como un casco,
Le corona el rostro bello:
Brilla su negro cabello
Como un sable de Damasco.

¿Aquella?... Pues pon la hiel
Del mundo entero en un haz,
Y tállala en cuerpo, y haz
Un alma entera de hiel!

¿Esta?... Pues esta infeliz
Lleva escarpines rosados,
Y los labios colorados,
Y la cara de barniz.

El alma lúgubre grita:
«¡Mujer, maldita mujer!».
¡No sé yo quién pueda ser
Entre las dos la maldita!

XXXIV

¡Penas! ¿quién osa decir
Que tengo yo penas? Luego,
Después del rayo, y del fuego,
Tendré tiempo de sufrir.

Yo sé de un pesar profundo
Entre las penas sin nombres:
¡La esclavitud de los hombres
Es la gran pena del mundo!

Hay montes, y hay que subir
Los montes altos; ¡después
Veremos, alma, quién es
Quien te me ha puesto al morir!

XXXV

¿Qué importa que tu puñal
Se me clave en el riñón?
¡Tengo mis versos, que son
Más fuertes que tu puñal!

¿Qué importa que este dolor
Seque el mar, y nuble el cielo?
El verso, dulce consuelo,
Nace alado del dolor.

XXXVI

Ya sé: de carne se puede
Hacer una flor: se puede,
Con el poder del cariño,
Hacer un cielo,— y un niño!

De carne se hace también
El alacrán; y también
El gusano de la rosa,
Y la lechuza espantosa.

XXXVII

Aquí está el pecho, mujer,
Que ya sé que lo herirás:
¡Mas grande debiera ser,
Para que lo hirieses más!

Porque noto, alma torcida,
Que en mi pecho milagroso,
Mientras más honda la herida,
Es mi canto más hermoso.

XXXVIII

¿Del tirano? Del tirano
Di todo, ¡di más!: y clava
Con furia de mano esclava
Sobre su oprobio al tirano.

¿Del error? Pues del error
Di el antro, di las veredas
Oscuras: di cuanto puedas
Del tirano y del error.

¿De mujer? Pues puede ser
Que mueras de su mordida;
Pero no empañes tu vida
Diciendo mal de mujer!

XXXIX

Cultivo una rosa blanca,
En julio como en enero,
Para el amigo sincero
Que me da su mano franca.
Y para el cruel que me arranca
El corazón con que vivo,
Cardo ni oruga cultivo:
Cultivo la rosa blanca.

XL

Pinta mi amigo el pintor
Sus angelones dorados,
En nubes arrodillados,
Con soles alrededor.

Pínteme con sus pinceles
Los angelitos medrosos
Que me trajeron, piadosos,
Sus dos ramos de claveles.

XLI

Cuando me vino el honor
De la tierra generosa,
No pensé en Blanca ni en Rosa
Ni en lo grande del favor.

Pensé en el pobre artillero
Que está en la tumba, callado:

Pensé en mi padre, el soldado:
Pensé en mi padre, el obrero.

Cuando llegó la pomposa
Carta, en su noble cubierta,
Pensé en la tumba desierta,
No pensé en Blanca ni en Rosa.

XLII

En el extraño bazar
Del amor, junto a la mar,
La perla triste y sin par
Le tocó por suerte a Agar.

Agar, de tanto tenerla
Al pecho, de tanto verla
Agar, llegó a aborrecerla:
Majó, tiró al mar la perla.

Y cuando Agar, venenosa
De inútil furia, y llorosa,
Pidió al mar la perla hermosa,
Dijo la mar borrascosa:

«¿Qué hiciste, torpe, qué hiciste
De la perla que tuviste?
La majaste, me la diste:
Yo guardo la perla triste».

XLIII

Mucho, señora, daría
Por tender sobre tu espalda
Tu cabellera bravía,
Tu cabellera de gualda:
    Despacio la tendería,
    Callado la besaría.

Por sobre la oreja fina
Baja lujoso el cabello,
Lo mismo que una cortina
Que se levanta hacia el cuello.
 La oreja es obra divina
 De porcelana de China.

Mucho, señora, te diera
Por desenredar el nudo
De tu roja cabellera
Sobre tu cuello desnudo:
 Muy despacio la esparciera,
 Hilo por hilo la abriera.

XLIV

Tiene el leopardo un abrigo
En su monte seco y pardo:
Yo tengo más que el leopardo,
Porque tengo un buen amigo.

Duerme, como en un juguete,
La mushma en su cojinete
De arce del Japón: yo digo:
«No hay cojín como un amigo».

Tiene el conde su abolengo:
Tiene la aurora el mendigo:
Tiene ala el ave: ¡yo tengo
Allá en México un amigo!

Tiene el señor presidente
Un jardín con una fuente,
Y un tesoro en oro y trigo:
Tengo más, tengo un amigo.

XLV

Sueño con claustros de mármol
Donde en silencio divino
Los héroes, de pie, reposan:
¡De noche, a la luz del alma,
Hablo con ellos: de noche!
Están en fila: paseo
Entre las filas: las manos
De piedra les beso: abren
Los ojos de piedra: mueven
Los labios de piedra: tiemblan
Las barbas de piedra: empuñan
La espada de piedra: lloran:
¡Vibra la espada en la vaina!:
Mudo, les beso la mano.

Hablo con ellos, de noche!
Están en fila: paseo
Entre las filas: lloroso
Me abrazo a un mármol: «Oh mármol,
Dicen que beben tus hijos
Su propia sangre en las copas
Venenosas de sus dueños!
Que hablan la lengua podrida
De sus rufianes! que comen
Juntos el pan del oprobio,
En la mesa ensangrentada!
¡Que pierden en lengua inútil
El último fuego!: ¡dicen,
Oh mármol, mármol dormido,
Que ya se ha muerto tu raza!».

Échame en tierra de un bote
El héroe que abrazo: me ase
Del cuello: barre la tierra
Con mi cabeza: levanta
El brazo, ¡el brazo le luce
Lo mismo que un sol!: resuena

La piedra: buscan el cinto
Las manos blancas: del soclo
Saltan los hombres de mármol!

XLVI

Vierte, corazón, tu pena
Donde no se llegue a ver,
Por soberbia, y por no ser
Motivo de pena ajena.

Yo te quiero, verso amigo,
Porque cuando siento el pecho
Ya muy cargado y deshecho,
Parto la carga contigo.

Tú me sufres, tú aposentas
En tu regazo amoroso,
Todo mi amor doloroso,
Todas mis ansias y afrentas.

Tú, porque yo pueda en calma
Amar y hacer bien, consientes
En enturbiar tus corrientes
Con cuanto me agobia el alma.

Tú, porque yo cruce fiero
La tierra, y sin odio, y puro,
Te arrastras, pálido y duro,
Mi amoroso compañero.

Mi vida así se encamina
Al cielo limpia y serena,
Y tú me cargas mi pena
Con tu paciencia divina.

Y porque mi cruel costumbre
De echarme en ti te desvía

De tu dichosa armonía
Y natural mansedumbre;

Porque mis penas arrojo
Sobre tu seno, y lo azotan,
Y tu corriente alborotan,
Y acá lívido, allá rojo,

Blanco allá como la muerte,
Ora arremetes y ruges,
Ora con el peso crujes
De un dolor más que tú fuerte,

¿Habré, como me aconseja
Un corazón mal nacido,
De dejar en el olvido
A aquel que nunca me deja?

¡Verso, nos hablan de un Dios
Adonde van los difuntos:
Verso, o nos condenan juntos,
O nos salvamos los dos!

LA EDAD DE ORO

TRES HÉROES

Cuentan que un viajero llegó un día a Caracas al anochecer, y sin sacudirse el polvo del camino, no preguntó dónde se comía ni se dormía, sino cómo se iba adonde estaba la estatua de Bolívar. Y cuentan que el viajero, solo con los árboles altos y olorosos de la plaza, lloraba frente a la estatua, que parecía que se movía, como un padre cuando se le acerca un hijo. El viajero hizo bien, porque todos los americanos deben querer a Bolívar como a un padre. A Bolívar, y a todos los que pelearon como él porque la América fuese del hombre americano. A todos: al héroe famoso, y al último soldado, que es un héroe desconocido. Hasta hermosos de cuerpo se vuelven los hombres que pelean por ver libre a su patria.

Libertad es el derecho que todo hombre tiene a ser honrado, y a pensar y a hablar sin hipocresía. En América no se podía ser honrado, ni pensar, ni hablar. Un hombre que oculta lo que piensa, o no se atreve a decir lo que piensa, no es un hombre honrado. Un hombre que obedece a un mal gobierno, sin trabajar para que el gobierno sea bueno, no es un hombre honrado. Un hombre que se conforma con obedecer a leyes injustas, y permite que pisen el país en que nació los hombres que se lo maltratan, no es un hombre honrado. El niño, desde que puede pensar, debe pensar en todo lo que ve, debe padecer por todos los que no pueden vivir con honradez, debe trabajar porque puedan ser honrados todos los hombres, y debe ser un hombre honrado. El niño que no piensa en lo que sucede a su alrededor, y se contenta con vivir, sin saber si vive honradamente, es como un hombre que vive del trabajo de un bribón, y está en camino de ser bribón. Hay hombres que son peores que las bestias, porque las bestias necesitan ser libres para vivir dichosas: el elefante no quiere tener hijos cuando vive preso: la llama del Perú se echa en la tierra y se muere, cuando el indio le habla con rudeza, o le pone más carga de la que puede soportar. El hombre debe ser, por lo menos, tan decoroso como el elefante y como la llama. En América se vivía antes de la libertad como la llama que tiene mucha carga encima. Era necesario quitarse la carga, o morir.

Hay hombres que viven contentos aunque vivan sin decoro. Hay otros que padecen como en agonía cuando ven que los hombres viven sin decoro a su alrededor. En el mundo ha de haber cierta cantidad de decoro, como ha de haber cierta cantidad de luz. Cuando hay muchos hombres sin decoro, hay siempre otros que tienen en sí el decoro de muchos hombres. Esos son los que se rebelan con fuerza terrible contra los que les roban a los pueblos su libertad, que es robarles a los hombres su decoro. En esos hombres van miles de hombres, va un pueblo entero, va la dignidad humana. Esos hombres son sagrados. Estos tres hombres son sagrados: Bolívar, de Venezuela; San Martín, del Río de la Plata; Hidalgo, de México. Se les deben perdonar sus errores, porque el bien que hicieron fue más que sus faltas. Los hombres no pueden ser más perfectos que el sol. El sol quema con la misma luz con que calienta. El sol tiene manchas. Los desagradecidos no hablan más que de las manchas. Los agradecidos hablan de la luz.

Bolívar era pequeño de cuerpo. Los ojos le relampagueaban, y las palabras se le salían de los labios. Parecía como si estuviera esperando siempre la hora de montar a caballo. Era su país, su país oprimido, que le pesaba en el corazón, y no le dejaba vivir en paz. La América entera estaba como despertando. Un hombre solo no vale nunca más que un pueblo entero; pero hay hombres que no se cansan, cuando su pueblo se cansa, y que se deciden a la guerra antes que los pueblos, porque no tienen que consultar a nadie más que a sí mismos, y los pueblos tienen muchos hombres, y no pueden consultarse tan pronto. Ese fue el mérito de Bolívar, que no se cansó de pelear por la libertad de Venezuela, cuando parecía que Venezuela se cansaba. Lo habían derrotado los españoles: lo habían echado del país. Él se fue a una isla, a ver su tierra de cerca, a pensar en su tierra.

Un negro generoso lo ayudó cuando ya no lo quería ayudar nadie. Volvió un día a pelear, con trescientos héroes, con los trescientos libertadores. Libertó a Venezuela. Libertó a la Nueva Granada. Libertó al Ecuador. Libertó al Perú. Fundó una nación nueva, la nación de Bolivia. Ganó batallas sublimes con soldados descalzos y medio desnudos. Todo se estremecía y se llenaba de luz a su alrededor. Los generales peleaban a su lado con valor sobrenatural. Era un ejército de jóvenes. Jamás se peleó tanto, ni se peleó mejor, en el mundo por la libertad. Bolívar no defendió con tanto fuego el derecho de los hombres a gobernarse por sí mismos como el derecho de América a ser libre. Los envidiosos exageraron sus defectos. Bolívar murió de pesar del corazón, más que de mal del cuerpo, en la casa de un español en Santa Marta. Murió pobre, y dejó una familia de pueblos.

México tenía mujeres y hombres valerosos que no eran muchos, pero valían por muchos: media docena de hombres y una mujer preparaban el modo de hacer libre a su país. Eran unos cuantos jóvenes valientes, el esposo de una mujer liberal, y un cura de pueblo que quería mucho a los indios, un cura de sesenta años. Desde niño fue el cura Hidalgo de la raza buena, de los que quieren saber. Los que no quieren saber son de la raza mala. Hidalgo sabía francés, que entonces era cosa de mérito, porque lo sabían pocos. Leyó los libros de los filósofos del siglo dieciocho, que explicaron el derecho del hombre a ser honrado, y a pensar y a hablar sin hipocresía. Vio a los negros esclavos, y se llenó de horror. Vio maltratar a los indios, que son tan mansos y generosos, y se sentó entre ellos como un hermano viejo, a enseñarles las artes finas que el indio aprende bien: la música, que consuela; la cría del gusano, que da la seda; la cría de la abeja, que da miel. Tenía fuego en sí, y le gustaba fabricar: creó hornos para cocer los ladrillos. Le veían lucir mucho de cuando en cuando los ojos verdes. Todos decían que hablaba muy bien, que sabía mucho nuevo, que daba muchas limosnas el señor cura del pueblo de Dolores. Decían que iba a la ciudad de Querétaro una que otra vez, a hablar con unos cuantos valientes y con el marido de una buena señora. Un traidor le dijo a un comandante español que los amigos de Querétaro trataban de hacer a México libre. El cura montó a caballo, con todo su pueblo, que lo quería como a su corazón; se le fueron juntando los caporales y los sirvientes de las haciendas, que eran la caballería; los indios iban a pie, con palos y flechas, o con hondas y lanzas. Se le unió un regimiento y tomó un convoy de pólvora que iba para los españoles. Entró triunfante en Celaya, con músicas y vivas. Al otro día juntó el Ayuntamiento, lo hicieron general, y empezó un pueblo a nacer. Él fabricó lanzas y granadas de mano. Él dijo discursos que dan calor y echan chispas, como decía un caporal de las haciendas. Él declaró libres a los negros. Él les devolvió sus tierras a los indios. Él publicó un periódico que llamó *El Despertador Americano.* Ganó y perdió batallas. Un día se le juntaban siete mil indios con flechas, y al otro día lo dejaban solo. La mala gente quería ir con él para robar en los pueblos y para vengarse de los españoles. Él les avisaba a los jefes españoles que si los vencía en la batalla que iba a darles los recibiría en su casa como amigos. ¡Eso es ser grande! Se atrevió a ser magnánimo, sin miedo a que lo abandonase la soldadesca, que quería que fuese cruel. Su compañero Allende tuvo celos de él, y él le cedió el mando a Allende. Iban juntos buscando amparo en su derrota cuando los españoles les cayeron encima. A Hidalgo le quitaron uno a uno, como para ofenderlo, los vestidos de sacerdote. Lo sacaron detrás de una tapia, y le dispararon los tiros de muerte a la cabeza. Cayó vivo, revuelto en la sangre, y en el suelo lo acabaron de matar. Le cortaron la cabeza y la colgaron en una jaula, en la Alhóndiga misma de Granaditas, donde tuvo su gobierno. Enterraron los cadáveres descabezados. Pero México es libre.

San Martín fue el libertador del Sur, el padre de la República Argentina, el padre de Chile. Sus padres eran españoles, y a él lo mandaron a España para que fuese militar del rey. Cuando Napoleón entró en España con su ejército, para quitarles a los españoles la libertad, los españoles todos pelearon contra Napoleón: pelearon los viejos, las mujeres, los niños; un niño valiente, un catalancito, hizo huir una noche a una compañía, disparándole tiros y más tiros desde un rincón del monte: al niño lo encontraron muerto, muerto de hambre y de frío; pero tenía en la cara como una luz, y sonreía, como si estuviese contento. San Martín peleó muy bien en la batalla de Bailén, y lo hicieron teniente coronel. Hablaba poco: parecía de acero: miraba como un águila: nadie lo desobedecía: su caballo iba y venía por el campo de pelea, como el rayo por el aire. En cuanto supo que América peleaba para hacerse libre, vino a América: ¿qué le importaba perder su carrera, si iba a cumplir con su deber?: llegó a Buenos Aires: no dijo discursos: levantó un escuadrón de caballería: en San Lorenzo fue su primera batalla: sable en mano se fue San Martín detrás de los españoles, que venían muy seguros, tocando el tambor, y se quedaron sin tambor, sin cañones y sin bandera. En los otros pueblos de América los españoles iban venciendo: a Bolívar lo había echado Morillo el cruel de Venezuela: Hidalgo estaba muerto: O'Higgins salió huyendo de Chile: pero donde estaba San Martín siguió siendo libre la América. Hay hombres así, que no pueden ver esclavitud. San Martín no podía; y se fue a libertar a Chile y al Perú. En dieciocho días cruzó con su ejército los Andes altísimos y fríos: iban los hombres como por el cielo, hambrientos, sedientos; abajo, muy abajo, los árboles parecían yerba, los torrentes rugían como leones. San Martín se encuentra al ejército español y lo deshace en la batalla de Maipú, lo derrota para siempre en la batalla de Chacabuco. Liberta a Chile. Se embarca con su tropa, y va a libertar al Perú. Pero en el Perú estaba Bolívar, y San Martín le cede la gloria. Se fue a Europa triste, y murió en brazos de su hija Mercedes. Escribió su testamento en una cuartilla de papel, como si fuera el parte de una batalla. Le habían regalado el estandarte que el conquistador Pizarro trajo hace cuatro siglos, y él le regaló el estandarte en el testamento al Perú. Un escultor es admirable, porque saca una figura de la piedra bruta: pero esos hombres que hacen pueblos son como más que hombres. Quisieron algunas veces lo que no debían querer; pero ¿qué no le perdonará un hijo a su padre? El corazón se llena de ternura al pensar en esos gigantescos fundadores. Esos son héroes; los que pelean para hacer a los pueblos libres, o los que padecen en pobreza y desgracia por defender una gran verdad. Los que pelean por la ambición, por hacer esclavos a otros pueblos, por tener más mando, por quitarle a otro pueblo sus tierras, no son héroes, sino criminales.

Nueva York, julio de 1889

LOS DOS PRÍNCIPES

Idea de la poetisa norteamericana Helen Hunt Jackson

El palacio está de luto
Y en el trono llora el rey,
Y la reina está llorando
Donde no la pueden ver:
En pañuelos de holán fino
Lloran la reina y el rey:
Los señores del palacio
Están llorando también.
Los caballos llevan negro
El penacho y el arnés:
Los caballos no han comido,
Porque no quieren comer:
El laurel del patio grande
Quedó sin hoja esta vez:
Todo el mundo fue al entierro
Con coronas de laurel:
—¡El hijo del rey se ha muerto!
¡Se le ha muerto el hijo al rey!

En los álamos del monte
Tiene su casa el pastor:
La pastora está diciendo
«¿Por qué tiene luz el sol?».
Las ovejas, cabizbajas,
Vienen todas al portón:
¡Una caja larga y honda

Está forrando el pastor!
Entra y sale un perro triste:
Canta allá adentro una voz —
«¡Pajarito, yo estoy loca,
Llévame donde él voló!»:
El pastor coge llorando
La pala y el azadón:
Abre en la tierra una fosa:
Echa en la fosa una flor:
—¡Se quedó el pastor sin hijo!
¡Murió el hijo del pastor!

Nueva York, agosto de 1889

LAS RUINAS INDIAS

No habría poema más triste y hermoso que el que se puede sacar de la historia americana. No se puede leer sin ternura, y sin ver como flores y plumas por el aire, uno de esos buenos libros viejos forrados de pergamino, que hablan de la América de los indios, de sus ciudades y de sus fiestas, del mérito de sus artes y de la gracia de sus costumbres. Unos vivían aislados y sencillos, sin vestidos y sin necesidades, como pueblos acabados de nacer; y empezaban a pintar sus figuras extrañas en las rocas de la orilla de los ríos, donde es más solo el bosque, y el hombre piensa más en las maravillas del mundo. Otros eran pueblos de más edad, y vivían en tribus, en aldeas de cañas o de adobes, comiendo lo que cazaban y pescaban, y peleando con sus vecinos. Otros eran ya pueblos hechos, con ciudades de ciento cuarenta mil casas, y palacios adornados de pinturas de oro, y gran comercio en las calles y en las plazas, y templos de mármol con estatuas gigantescas de sus dioses. Sus obras no se parecen a las de los demás pueblos, sino como se parece un hombre a otro. Ellos fueron inocentes, supersticiosos y terribles. Ellos imaginaron su gobierno, su religión, su arte, su guerra, su arquitectura, su industria, su poesía. Todo lo suyo es interesante, atrevido, nuevo. Fue una raza artística, inteligente y limpia. Se leen como una novela las historias de los nahuatles y mayas de México, de los chibchas de Colombia, de los cumanagotos de Venezuela, de los quechuas del Perú, de los aimaraes de Bolivia, de los charrúas del Uruguay, de los araucanos de Chile.

El quetzal es el pájaro hermoso de Guatemala, el pájaro de verde brillante con la larga pluma, que se muere de dolor cuando cae cautivo, o cuando se le rompe o lastima la pluma de la cola. Es un pájaro que brilla a la luz, como las cabezas de los colibríes, que parecen piedras preciosas, o joyas de tornasol, que de un lado fueran topacio, y de otro ópalo, y de otro amatista. Y cuando se lee en los viajes de Le Plongeon los cuentos de los amores de la princesa maya Ara, que no quiso querer al príncipe Aak porque por el amor de Ara mató a su hermano Chaak; cuando en la historia del indio Ixtlilxochitl se ve vivir, elegantes y ricas, a las ciudades reales de México, a Tenochtitlán y a Texcoco; cuando en la *Recordación Florida* del capitán Fuentes, o en las Crónicas de Juarros, o en la *Historia...* del conquistador Bernal Díaz del Castillo, o en los *Viajes del inglés Tomás Gage*, andan como si los tuviésemos delante, en sus vestidos blancos y con sus hijos de la mano, recitando versos y levantando edificios, aquellos gentíos de las ciudades de entonces, aquellos sabios de Chichén, aquellos potentados de Uxmal, aquellos comerciantes de Tulán, aquellos artífices de Tenochtitlán, aquellos sacerdotes de Cholula, aquellos maestros amorosos y niños mansos de Utatlán, aquella raza fina que vivía al sol y no cerraba sus casas de piedra, no parece que se lee un libro de hojas amarillas, donde las eses son como efes y se usan con mucha ceremonia las palabras, sino que se ve morir a un quetzal, que lanza el último grito al ver su cola rota. Con la imaginación se ven cosas que no se pueden ver con los ojos.

Se hace uno de amigos leyendo aquellos libros viejos. Allí hay héroes, y santos, y enamorados, y poetas, y apóstoles. Allí se describen pirámides más grandes que las de Egipto; y hazañas de aquellos gigantes que vencieron a las fieras; y batallas de gigantes y hombres; y dioses que pasan por el viento echando semillas de pueblos sobre el mundo; y robos de princesas que pusieron a los pueblos a pelear hasta morir; y peleas de pecho a pecho, con bravura que no parece de hombres; y la defensa de las ciudades viciosas contra los hombres fuertes que venían de las tierras del Norte; y la vida variada, simpática y trabajadora de sus circos y templos, de sus canales y talleres, de sus tribunales y mercados. Hay reyes como el chichimeca Netzahualpilli, que matan a sus hijos porque faltaron a la ley, lo mismo que dejó matar al suyo el romano Bruto; hay oradores que se levantan llorando, como el tlascalteca

Xicotencatl, a rogar a su pueblo que no dejen entrar al español, como se levantó Demóstenes a rogar a los griegos que no dejasen entrar a Filipo; hay monarcas justos como Netzahualcoyotl, el gran poeta rey de los chichimecas, que sabe, como el hebreo Salomón, levantar templos magníficos al Creador del mundo, y hacer con alma de padre justicia entre los hombres. Hay sacrificios de jóvenes hermosas a los dioses invisibles del cielo, lo mismo que los hubo en Grecia, donde eran tantos a veces los sacrificios que no fue necesario hacer altar para la nueva ceremonia, porque el montón de cenizas de la última quema era tan alto que podían tender allí a las víctimas los sacrificadores; hubo sacrificios de hombres, como el del hebreo Abraham, que ató sobre los leños a Isaac su hijo, para matarlo con sus mismas manos, porque creyó oír voces del cielo que le mandaban clavar el cuchillo al hijo, cosa de tener satisfecho con esta sangre a su Dios; hubo sacrificios en masa, como los había en la Plaza Mayor, delante de los obispos y del rey, cuando la Inquisición de España quemaba a los hombres vivos, con mucho lujo de leña y de procesión, y veían la quema las señoras madrileñas desde los balcones. La superstición y la ignorancia hacen bárbaros a los hombres en todos los pueblos. Y de los indios han dicho más de lo justo en estas cosas los españoles vencedores, que exageraban o inventaban los defectos de la raza vencida, para que la crueldad con que la trataron pareciese justa y conveniente al mundo. Hay que leer a la vez lo que dice de los sacrificios de los indios el soldado español Bernal Díaz, y lo que dice el sacerdote Bartolomé de las Casas. Ese es un nombre que se ha de llevar en el corazón, como el de un hermano. Bartolomé de las Casas era feo y flaco, de hablar confuso y precipitado, y de mucha nariz; pero se le veía en el fuego limpio de los ojos el alma sublime.

De México trataremos hoy, porque las láminas son de México. A México lo poblaron primero los toltecas bravos, que seguían, con los escudos de cañas en alto, al capitán que llevaba el escudo con rondelas de oro. Luego los toltecas se dieron al lujo; y vinieron del Norte con fuerza terrible, vestidos de pieles, los chichimecas bárbaros, que se quedaron en el país, y tuvieron reyes de gran sabiduría. Los pueblos libres de los alrededores se juntaron después, con los aztecas astutos a la cabeza, y les ganaron el gobierno a los chichimecas, que vivían ya descuidados y viciosos. Los aztecas gobernaron como comerciantes, juntando riquezas y oprimiendo al país; y cuando llegó Cortés con sus españoles, venció a los aztecas con la ayuda de los cien mil guerreros indios que se le fueron uniendo a su paso por entre los pueblos oprimidos.

Las armas de fuego y las armaduras de hierro de los españoles no amedrentaron a los héroes indios; pero ya no quería obedecer a sus héroes el pueblo fanático, que creyó que aquellos eran los soldados del dios Quetzalcoatl que los sacerdotes les anunciaban que volvería del cielo a libertarlos de la tiranía. Cortés conoció las rivalidades de los indios, puso en mal a los que se tenían celos, fue separando de sus pueblos acobardados a los jefes, se ganó con regalos o aterró con amenazas a los débiles, encarceló o asesinó a los juiciosos y a los bravos; y los sacerdotes que vinieron de España después de los soldados echaron abajo el templo del dios indio, y pusieron encima el templo de su dios.

Y ¡qué hermosa era Tenochtitlán, la ciudad capital de los aztecas, cuando llegó a México Cortés! Era como una mañana todo el día, y la ciudad parecía siempre como en feria. Las calles eran de agua unas, y de tierra otras; y las plazas espaciosas y muchas; y los alrededores sembrados de una gran arboleda. Por los canales andaban las canoas, tan veloces y diestras como si tuviesen entendimiento; y había tantas a veces que se podía andar sobre ellas como sobre la tierra firme. En unas venían frutas, y en otras flores, y en otras jarros y tazas, y demás cosas de la alfarería. En los mercados hervía la gente, saludándose con amor, yendo de puesto en puesto, celebrando al rey o diciendo mal de él, curioseando y vendiendo. Las casas eran de adobe, que es el ladrillo sin cocer, o de calicanto, si el dueño era rico. Y en su pirámide de cinco terrazas se levantaba por sobre toda la ciudad, con sus cuarenta templos menores a los pies, el templo magno de Huitzilopochtli, de ébano y jaspes, con mármol como nubes y con cedros de olor, sin apagar jamás, allá en el tope, las llamas sagradas de sus seiscientos braseros. En las calles, abajo, la gente iba y venía, en sus túnicas cortas y sin mangas, blancas o de colores, o blancas y bordadas, y unos zapatos flojos, que eran como sandalias de botín. Por una esquina salía un grupo de niños disparando con la cerbatana semillas de fruta, o tocando a compás en sus pitos de barro, de camino para la escuela, donde aprendían oficios de mano, baile y canto, con sus lecciones de lanza y flecha, y sus horas para la siembra y el cultivo: porque todo hombre ha de aprender a trabajar en el campo, a hacer las cosas con sus propias manos, y a defenderse. Pasaba un señorón con un manto largo adornado de plumas, y su secretario al lado, que le iba desdoblando el libro acabado de pintar, con todas las figuras y signos del lado de adentro, para que al cerrarse no quedara lo escrito de la parte de los dobleces. Detrás del señorón venían tres guerreros con cascos de madera, uno con forma de cabeza de serpiente, y otro de lobo, y otro de tigre, y por afuera la piel, pero con el casco de modo que se les viese encima de la oreja las tres rayas que eran entonces la señal del valor. Un criado llevaba en un jaulón de carrizos un pájaro de amarillo de oro, para la pajarera del rey, que tenía muchas aves, y muchos peces de plata y carmín en peceras de mármol, escondidos en los laberintos de sus jardines. Otro venía calle arriba dando voces, para que abrieran paso a los embajadores que salían con el escudo atado al brazo izquierdo, y la flecha de punta a la tierra a pedir cautivos a los pueblos tributarios. En el quicio de su casa cantaba un carpintero, remendando con mucha habilidad una silla en figura de águila, que tenía caída la guarnición de oro y seda de la piel de venado del asiento. Iban otros cargados de pieles pintadas, parándose a cada puerta, por si les querían comprar la colorada o la azul, que ponían entonces como los cuadros de ahora, de adorno en las salas. Venía la viuda de vuelta del mercado con el sirviente detrás, sin manos para sujetar toda la compra de jarros de Cholula y de Guatemala; de un cuchillo de obsidiana verde, fino como una hoja de papel; de un espejo de piedra bruñida, donde se veía la cara con más suavidad que en el cristal; de una tela de grano muy junto, que no perdía nunca el color; de un pez de escamas de plata y de oro que estaban como sueltas; de una cotorra de cobre esmaltado, a la que se le iban moviendo el pico y las alas. O se paraban en la calle las gentes, a ver pasar a los dos recién casados, con la túnica del novio cosida a la de la novia, como para pregonar que estaban juntos en el mundo hasta la muerte; y detrás les corría un chiquitín, arrastrando su carro de juguete. Otros hacían grupos para oír al viajero que contaba lo que venía de ver en la tierra brava de los zapotecas, donde había otro rey que mandaba en los templos y en el mismo palacio real, y no salía nunca a pie, sino en hombros de los sacerdotes, oyendo las súplicas del pueblo, que pedía por su medio los favores al que manda al mundo desde el cielo, y a los reyes en el palacio, y a los otros reyes que andan en hombros de los sacerdotes. Otros, en el grupo de al lado, decían que era bueno el discurso en que contó el sacerdote la historia del guerrero que se enterró ayer, y que fue rico el funeral, con la bandera que decía las batallas que ganó, y los criados que llevaban en bandejas de ocho metales diferentes las cosas de comer que eran del gusto del guerrero muerto. Se oía entre las conversaciones de la calle el rumor de los árboles de los patios y el ruido de las limas y el martillo. ¡De toda aquella grandeza apenas quedan en el museo unos cuantos vasos de oro, unas piedras como yugo, de obsidiana pulida, y uno que otro anillo labrado! Tenochtitlán no existe. No existe Tulán, la ciudad de la gran feria. No existe Texcoco, el pueblo de los palacios. Los indios de ahora, al pasar por delante de las ruinas, bajan la cabeza, mueven los labios como si dijesen algo, y mientras las ruinas no les quedan atrás, no se ponen el sombrero. De ese lado de México, donde vivieron todos esos pueblos de una misma lengua y familia que se fueron ganando el poder por todo el centro de la costa del Pacífico en que estaban los nahuatles, no quedó después de la conquista una ciudad entera, ni un templo entero.

De Cholula, de aquella Cholula de los templos, que dejó asombrado a Cortés, no quedan más que los restos de la pirámide de cuatro terrazas, dos veces más grande que la famosa pirámide de Cheops. En Xochicalco solo está en pie, en la cumbre de su eminencia llena de túneles y arcos, el templo de granito cincelado, con las piezas enormes tan juntas que no se ve la unión, y la piedra tan dura que no se sabe ni con qué instrumento la pudieron cortar, ni con qué máquina la subieron tan arriba. En Centla, revueltas por la tierra, se ven las antiguas fortificaciones. El francés Charnay acaba de desenterrar en Tula una casa de veinticuatro cuartos, con quince escaleras tan bellas y caprichosas, que dice que son «obra de arrebatador interés». En la Quemada cubren el Cerro de los Edificios las ruinas de los bastimentos y cortinas de la fortaleza, los pedazos de las colosales columnas de pórfido. Mitla era la ciudad de los zapotecas: en Mitla están aún en toda su beldad las paredes del palacio donde el príncipe que iba siempre en hombros venía a decir al rey lo que mandaba hacer desde el cielo el dios que se creó a sí mismo, el Pitao-Cozaana. Sostenían el techo las columnas de vigas talladas, sin base ni capitel, que no se han caído todavía, y que parecen en aquella soledad más imponentes que las montañas que rodean el valle frondoso en que se levanta Mitla. De entre la maleza alta como los árboles, salen aquellas paredes tan hermosas, todas cubiertas de las más finas grecas y dibujos, sin curva ninguna, sino con rectas y ángulo compuestos con mucha gracia y majestad.

Pero las ruinas más bellas de México no están por allí, sino por donde vivieron los mayas, que eran gente guerrera y de mucho poder, y recibían de los pueblos del mar visitas y embajadores. De los mayas de Oaxaca es la ciudad célebre de Palenque, con su palacio de muros fuertes cubiertos de piedras talladas, que figuran hombres de cabeza de pico con la boca muy hacia afuera, vestidos de trajes de gran ornamento, y la cabeza con penachos de plumas. Es grandiosa la entrada del palacio, con las catorce puertas, y aquellos gigantes de piedra que hay entre una puerta y otra. Por dentro y fuera está el estuco que cubre la pared lleno de pinturas rojas, azules, negras y blancas. En el interior está el patio, rodeado de columnas. Y hay un templo de la Cruz, que se llama así porque en una de las piedras están dos que parecen sacerdotes a los lados de una como cruz, tan alta como ellos; solo que no es una cruz cristiana, sino como la de los que creen en la religión de Buda, que también tiene su cruz. Pero ni el Palenque se puede comparar a las ruinas de los mayas yucatecos, que son más extrañas y hermosas.

Por Yucatán estuvo el imperio de aquellos príncipes mayas, que eran de pómulos anchos, y frente como la del hombre blanco de ahora. En Yucatán están las ruinas de Sayil, con su Casa Grande, de tres pisos, y con su escalera de diez varas de ancho. Está Labná, con aquel edificio curioso que tiene por cerca del techo una hilera de cráneos de piedra, y aquella otra ruina donde cargan dos hombres una gran esfera, de pie uno, y el otro arrodillado. En Yucatán está Izamal, donde se encontró aquella Cara Gigantesca, una cara de piedra de dos varas y más. Y Kabah está allí también, la Kabah que conserva un arco, roto por arriba, que no se puede ver sin sentirse como lleno de gracia y nobleza. Pero las ciudades que celebran los libros del americano Stephens, de Brasseur de Bourbourg y de Charnay, de Le Plongeon y su atrevida mujer, del francés Nadaillac, son Uxmal y Chichén-Itzá, las ciudades de los palacios pintados, de las casas trabajadas lo mismo que el encaje, de los pozos profundos y los magníficos conventos. Uxmal está como a dos leguas de Mérida, que es la ciudad de ahora, celebrada por su lindo campo de henequén, y porque su gente es tan buena que recibe a los extranjeros como hermanos. En Uxmal son muchas las ruinas notables, y todas, como por todo México, están en las cumbres de las pirámides, como si fueran los edificios de más valor, que quedaron en pie cuando cayeron por tierra las habitaciones de fábrica más ligera. La casa más notable es la que llaman en los libros «del Gobernador», que es toda de piedra ruda, con más de cien varas de frente y trece de ancho, y con las puertas ceñidas de un marco de madera trabajada con muy rica labor. A otra casa le dicen de las Tortugas, y es muy curiosa por cierto, porque la piedra imita una como empalizada, con una tortuga en relieve de trecho en trecho. La Casa de las Monjas sí es bella de veras: no es una casa sola, sino cuatro, que están en lo alto de la pirámide. A una de las casas le dicen de la Culebra, porque por fuera tiene cortada en la piedra viva una serpiente enorme, que le da vuelta sobre vuelta a la casa entera: otra tiene cerca del tope de la pared una corona hecha de cabezas de ídolos, pero todas diferentes y de mucha expresión, y arregladas en grupos que son de arte verdadero, por lo mismo que parecen como puestas allí por la casualidad; y otro de los edificios tiene todavía cuatro de las diecisiete torres que en otro tiempo tuvo, y de las que se ven los arranques junto al techo, como la cáscara de una muela cariada. Y todavía tiene Uxmal la Casa del Adivino, pintada de colores diferentes, y la Casa del Enano, tan pequeña y bien tallada que es como una caja de China, de esas que tienen labradas en la madera centenares de figuras, y tan graciosa que un viajero la llama «obra maestra de arte y elegancia», y otro dice que «la Casa del Enano es bonita como una joya».

La ciudad de Chichén-Itzá es toda como la Casa del Enano. Es como un libro de piedra. Un libro roto, con las hojas por el suelo, hundidas en la maraña del monte, manchadas de fango, despedazadas. Están por tierra las quinientas columnas; las estatuas sin cabeza, al pie de las paredes a medio caer; las calles, de la yerba que ha ido creciendo en tantos siglos, están tapiadas. Pero de lo que queda en pie, de cuanto se ve o se toca, nada hay que no tenga una pintura finísima de curvas bellas, o una escultura noble, de nariz recta y barba larga. En las pinturas de los muros está el cuento famoso de la guerra de los dos hermanos locos, que se pelearon por ver quién se quedaba con la princesa Ara: hay procesiones de sacerdotes, de guerreros, de animales que parece que miran y conocen, de barcos con dos proas, de hombres de barba negra, de negros de pelo rizado; y todo con el perfil firme, y el color tan fresco y brillante como si aún corriera sangre por las venas de los artistas que dejaron escritas en jeroglíficos y en pinturas la historia del pueblo que echó sus barcos por las costas y ríos de todo Centroamérica, y supo de Asia por el Pacífico y de África por el Atlántico. Hay piedra en que un hombre en pie envía un rayo desde sus labios entreabiertos a otro hombre sentado. Hay grupos y símbolos que parecen contar, en una lengua que no se puede leer con el alfabeto indio incompleto del obispo Landa, los secretos del pueblo que construyó el Circo, el Castillo, el Palacio de las Monjas, el Caracol, el pozo de los sacrificios, lleno en lo hondo de una como piedra blanca, que acaso es la ceniza endurecida de los cuerpos de las vírgenes hermosas, que morían en ofrenda a su dios, sonriendo y cantando, como morían por el dios hebreo en el circo de Roma las vírgenes cristianas, como moría por el dios egipcio, coronada de flores y seguida del pueblo, la virgen más bella, sacrificada al agua del Nilo. ¿Quién trabajó como el encaje las estatuas de Chichén-Itzá? ¿Adónde ha ido, adónde, el pueblo fuerte y gracioso que ideó la casa redonda del Caracol; la casita tallada del Enano, la culebra grandiosa de la Casa de las Monjas en Uxmal? ¡Qué novela tan linda la historia de América!

Nueva York, agosto de 1889

EL PADRE LAS CASAS

Cuatro siglos es mucho, son cuatrocientos años. Cuatrocientos años hace que vivió el Padre Las Casas, y parece que está vivo todavía, porque fue bueno. No se puede ver un lirio sin pensar en el Padre Las Casas, porque con la bondad se le fue poniendo de lirio el color, y dicen que era hermoso verlo escribir, con su túnica blanca, sentado en su sillón de tachuelas, peleando con la pluma de ave porque no escribía de prisa. Y otras veces se levantaba del sillón, como si le quemase; se apretaba las sienes con las dos manos, andaba a pasos grandes por la celda, y parecía como si tuviera un gran dolor. Era que estaba escribiendo, en su libro famoso de la *Destrucción de las Indias,* los horrores que vio en las Américas cuando vino de España la gente a la conquista. Se le encendían los ojos, y se volvía a sentar, de codos en la mesa, con la cara llena de lágrimas. Así pasó la vida, defendiendo a los indios.

Aprendió en España a licenciado, que era algo en aquellos tiempos, y vino con Colón a la isla Española en un barco de aquellos de velas infladas y como cáscara de nuez. Hablaba mucho a bordo, y con muchos latines. Decían los marineros que era grande su saber para un mozo de veinticuatro años. El sol, lo veía él siempre salir sobre cubierta. Iba alegre en el barco, como aquel que va a ver maravillas. Pero desde que llegó, empezó a hablar poco. La tierra, sí, era muy hermosa, y se vivía como en una flor: ¡pero aquellos conquistadores asesinos debían de venir del infierno, no de España! Español era él también, y su padre, y su madre;

pero él no salía por las islas Lucayas a robarse a los indios libres: ¡porque en diez años ya no quedaba indio vivo de los tres millones, o más, que hubo en la Española!: él no los iba cazando con perros hambrientos, para matarlos a trabajo en las minas: él no les quemaba las manos y los pies cuando se sentaban porque no podían andar, o se les caía el pico porque ya no tenían fuerzas: él no los azotaba, hasta verlos desmayar, porque no sabían decirle a su amo donde había más oro: él no se gozaba con sus amigos, a la hora de comer, porque el indio de la mesa no pudo con la carga que traía de la mina, y le mandó cortar en castigo las orejas: él no se ponía el jubón de lujo, y aquella capa que llamaban ferreruelo, para ir muy galán a la plaza a las doce, a ver la quema que mandaba hacer la justicia del gobernador, la quema de los cinco indios. Él los vio quemar, los vio mirar con desprecio desde la hoguera a sus verdugos; y ya nunca se puso más que el jubón negro, ni cargó caña de oro, como los otros licenciados ricos y regordetes, sino que se fue a consolar a los indios por el monte, sin más ayuda que su bastón de rama de árbol.

Al monte se habían ido, a defenderse, cuantos indios de honor quedaban en la Española. Como amigos habían recibido ellos a los hombres blancos de las barbas: ellos les habían regalado con su miel y su maíz, y el mismo rey Behechío le dio de mujer a un español hermoso su hija Higuemota, que era como la torcaza y como la palma real: ellos les habían enseñado sus montañas de oro, y sus ríos de agua de oro, y sus adornos, todos de oro fino, y les habían puesto sobre la coraza y guanteletes de la armadura pulseras de las suyas, y collares de oro: ¡y aquellos hombres crueles los cargaban de cadenas; les quitaban sus indias, y sus hijos; los metían en lo hondo de la mina, a halar la carga de piedra con la frente; se los repartían, y los marcaban con el hierro, como esclavos!: en la carne viva los marcaban con el hierro. En aquel país de pájaros y de frutas los hombres eran bellos y amables; pero no eran fuertes. Tenían el pensamiento azul como el cielo, y claro como el arroyo; pero no sabían matar, forrados de hierro, con el arcabuz cargado de pólvora. Con huesos de frutas y con gajos de mamey no se puede atravesar una coraza. Caían, como las plumas y las hojas. Morían de pena, de furia, de fatiga, de hambre, de mordidas de perros. ¡Lo mejor era irse al monte, con el valiente Guaroa, y con el niño Guarocuya, a defenderse con las piedras, a defenderse con el agua, a salvar al reyecito bravo, a Guarocuya! Él saltaba el arroyo, de orilla a orilla; él clavaba la lanza lejos, como un guerrero; a la hora de andar, a la cabeza iba él; se le oía la risa de noche, como un canto; lo que él no quería era que lo llevase nadie en hombros. Así iban por el monte, cuando se les apareció entre los españoles armados el Padre Las Casas, con sus ojos tristísimos, en su jubón y su ferreruelo. Él no les disparaba el arcabuz: él les abría los brazos. Y le dio un beso a Guarocuya.

Ya en la isla lo conocían todos, y en España hablaban de él. Era flaco, y de nariz muy larga, y la ropa se le caía del cuerpo, y no tenía más poder que el de su corazón, pero de casa en casa andaba echando en cara a los encomenderos la muerte de los indios de las encomiendas; iba a palacio, a pedir al gobernador que mandase cumplir las ordenanzas reales, esperaba en el portal de la audiencia a los oidores, caminando de prisa, con las manos a la espalda, para decirles que venía lleno de espanto, que había visto morir a seis mil niños indios en tres meses. Y los oidores le decían: «Cálmese, licenciado, que ya se hará justicia»: se echaban el ferreruelo al hombro, y se iban a merendar con los encomenderos, que eran los ricos del país, y tenían buen vino y buena miel de Alcarria. Ni merienda ni sueño había para Las Casas: sentía en sus carnes mismas los dientes de los molosos que los encomenderos tenían sin comer, para que con el apetito les buscasen mejor a los indios cimarrones: le parecía que era su mano la que chorreaba sangre, cuando sabía que, porque no pudo con la pala, le habían cortado a un indio la mano: creía que él era el culpable de toda la crueldad, porque no la remediaba; sintió como que se iluminaba y crecía, y como que eran sus hijos todos los indios americanos. De abogado no tenía autoridad, y lo dejaban solo: de sacerdote tendría la fuerza de la Iglesia, y volvería a España, y daría los recados del cielo, y si la corte no acababa con el asesinato, con el tormento, con la esclavitud, con las minas, haría temblar a la corte. Y el día en que entró de sacerdote, toda la isla fue a verlo, con el asombro de que tomara aquella carrera un licenciado de fortuna: y las indias le echaron al pasar a sus hijitos, a que le besasen los hábitos.

Entonces empezó su medio siglo de pelea, para que los indios no fuesen esclavos; de pelea en las Américas; de pelea en Madrid;

de pelea con el rey mismo: contra España toda, él solo, de pelea. Colón fue el primero que mandó a España a los indios en esclavitud, para pagar con ellos las ropas y comidas que traían a América los barcos españoles. Y en América había habido repartimiento de indios, y cada cual de los que vino de conquista, tomó en servidumbre su parte de la indiada, y la puso a trabajar para él, a morir para él, a sacar el oro de que estaban llenos los montes y los ríos. La reina, allá en España, dicen que era buena, y mandó a un gobernador que sacase a los indios de la esclavitud; pero los encomenderos le dieron al gobernador buen vino, y muchos regalos, y su porción en las ganancias, y fueron más que nunca los muertos, las manos cortadas, los siervos de las encomiendas, los que se echaban de cabeza al fondo de las minas. «Yo he visto traer a centenares maniatadas a estas amables criaturas, y darles muerte a todas juntas, como a las ovejas». Fue a Cuba de cura con Diego Velázquez, y volvió de puro horror, porque antes que para hacer casas, derribaban los árboles para ponerlos de leñas a las quemazones de los taínos. En una isla donde había quinientos mil, «vio con sus ojos» los indios que quedaban: once. Eran aquellos conquistadores soldados bárbaros, que no sabían los mandamientos de la ley, ¡y tomaban a los indios de esclavos, para enseñarles la doctrina cristiana a latigazos y a mordidas! De noche, desvelado de la angustia, hablaba con su amigo Rentería, otro español de oro. ¡Al rey había que ir a pedir justicia, al rey Fernando de Aragón! Se embarcó en la galera de tres palos, y se fue a ver al rey.

Seis veces fue a España, con la fuerza de su virtud, aquel padre que «no probaba carne». Ni al rey le tenía él miedo, ni a la tempestad. Se iba a cubierta cuando el tiempo era malo; y en la bonanza se estaba el día en el puente, apuntando sus razones en papel de hilo, y dando a que le llenaran de tinta el tintero de cuerno, «porque la maldad no se cura sino con decirla, y hay mucha maldad que decir, y la estoy poniendo donde no me la pueda negar nadie, en latín y en castellano». Si en Madrid estaba el rey, antes que a la posada a descansar del viaje, iba al palacio. Si estaba en Viena, cuando el rey Carlos de los españoles era emperador de Alemania, se ponía un hábito nuevo, y se iba a Viena. Si era su enemigo Fonseca el que mandaba en la junta de abogados y clérigos que tenía el rey para las cosas de América, a su enemigo se iba a ver, y a ponerle pleito al Consejo de Indias. Si el cronista Oviedo, el de la *Natural Historia de las Indias,* había escrito de los americanos las falsedades que los que tenían las encomiendas le mandaban poner, le decía a Oviedo mentiroso, aunque le estuviera el rey pagando por escribir las mentiras. Si Sepúlveda, que era el maestro del rey Felipe, defendía en sus *Conclusiones* el derecho de la corona a repartir como siervos y a dar muerte a los indios, porque no eran cristianos, a Sepúlveda le decía que no tenían culpa de estar sin la cristiandad los que no sabían que hubiera Cristo, ni conocían las lenguas en que de Cristo se hablaba, ni tenían más noticia de Cristo que la que les habían llevado los arcabuces. Y si el rey en persona le arrugaba las cejas, como para cortarle el discurso, crecía unas cuantas pulgadas a la vista del rey, se le ponía ronca y fuerte la voz, le temblaba en el puño el sombrero, y al rey le decía, cara a cara, que el que manda a los hombres ha de cuidar de ellos, y si no los sabe cuidar, no los puede mandar, y que lo había de oír en paz, porque él no venía con manchas de oro en el vestido blanco, ni traía más defensa que la cruz.

O hablaba, o escribía, sin descanso. Los frailes dominicanos lo ayudaban, y en el convento de los frailes se estuvo ocho años, escribiendo. Sabía religión y leyes, y autores latinos, que era cuanto en su tiempo se aprendía; pero todo lo usaba hábilmente para defender el derecho del hombre a la libertad, y el deber de los gobernantes de respetárselo. Eso era mucho decir, porque por eso quemaban entonces a los hombres. Llorente, que ha escrito la *Vida de Las Casas*, escribió también la *Historia de la Inquisición*, que era quien quemaba: el rey iba de gala a ver la quemazón, con la reina y los caballeros de la corte: delante de los condenados venían cantando los obispos, con un estandarte verde: de la hoguera salía un humo negro. Y Fonseca y Sepúlveda querían que «el clérigo» Las Casas dijese en sus disputas algún pecado contra la autoridad de la Iglesia, para que los inquisidores lo condenaran por hereje. Pero «el clérigo» le decía a Fonseca: «¡Lo que yo digo es lo que dijo en su testamento la buena reina Isabel; y tú me quieres mal y me calumnias, porque te quito el pan de sangre que comes, y acuso la encomienda de indios que tienes en América!». Y a Sepúlveda, que ya era confesor de Felipe II, le decía: «Tú eres disputador famoso, y te llaman el Livio de España por tus historias;

pero yo no tengo miedo al elocuente que habla contra su corazón, y que defiende la maldad, y te desafío a que me pruebes en plática abierta que los indios son malhechores y demonios, cuando son claros y buenos como la luz del día, e inofensivos y sencillos como las mariposas». Y duró cinco días la plática con Sepúlveda. Sepúlveda empezó con desdén, y acabó turbado. El clérigo lo oía con la cabeza baja y los labios temblorosos, y se le veía hincharse la frente. En cuanto Sepúlveda se sentaba satisfecho, como el que hincó el alfiler donde quiso, se ponía el clérigo en pie, magnífico, regañón, confuso, apresurado. «¡No es verdad que los indios de México mataran cincuenta mil en sacrificios al año, sino veinte apenas, que es menos de lo que mata España en la horca!». «¡No es verdad que sean gente bárbara y de pecados horribles, porque no hay pecado suyo que no lo tengamos más los europeos; ni somos nosotros quién, con todos nuestros cañones y nuestra avaricia, para compararnos con ellos en tiernos y amigables; ni es para tratado como a fiera un pueblo que tiene virtudes, y poetas, y oficios, y gobierno, y artes!». «¡No es verdad, sino iniquidad, que el modo mejor que tenga el rey para hacerse de súbditos sea exterminarlos, ni el modo mejor de enseñar la religión a un indio sea echarlo en nombre de la religión a los trabajos de las bestias; y quitarle los hijos y lo que tiene de comer; y ponerlo a halar de la carga con la frente como los bueyes!». Y citaba versículos de la Biblia, artículos de la ley, ejemplos de la historia, párrafos de los autores latinos, todo revuelto y de gran hermosura, como caen las aguas de un torrente, arrastrando en la espuma las piedras y las alimañas del monte.

Solo estuvo en la pelea; solo cuando Fernando, que a nada se supo atrever, ni quería descontentar a los de la conquista, que le mandaban a la corte tan buen oro; solo cuando Carlos V, que de niño lo oyó con veneración, pero lo engañaba después, cuando entró en ambiciones que requerían mucho gastar, y no estaba para ponerse por las «cosas del clérigo» en contra de los de América, que le enviaban de tributo los galeones de oro y joyas; solo cuando Felipe II, que se gastó un reino en procurarse otro, y lo dejó todo a su muerte envenenado y frío, como el agujero en que ha dormido la víbora. Si iba a ver al rey, se encontraba la antesala llena de amigos de los encomenderos, todos de seda y sombreros de plumas, con collares de oro de los indios americanos: al ministro no le podía hablar, porque tenía encomiendas él, y tenía minas, o gozaba los frutos de las que poseía en cabeza de otros. De miedo de perder el favor de la corte, no le ayudaban los mismos que no tenían en América interés. Los que más lo respetaban, por bravo, por justo, por astuto, por elocuente, no lo querían decir, o lo decían donde no los oyeran: porque los hombres suelen admirar al virtuoso mientras no los avergüenza con su virtud o les estorba las ganancias; pero en cuanto se les pone en su camino, bajan los ojos al verlo pasar, o dicen maldades de él, o dejan que otros las digan, o lo saludan a medio sombrero, y le van clavando la puñalada en la sombra. El hombre virtuoso debe ser fuerte de ánimo, y no tenerle miedo a la soledad, ni esperar a que los demás le ayuden, porque estará siempre solo: ¡pero con la alegría de obrar bien, que se parece al cielo de la mañana en la claridad!

Y como él era tan sagaz que no decía cosa que pudiera ofender al rey ni a la Inquisición, sino que pedía la bondad con los indios para bien del rey, y para que se hiciesen más de veras cristianos, no tenían los de la corte modo de negársele a las claras, sino que fingían estimarle mucho el celo, y una vez le daban el título de «Protector Universal de los Indios», con la firma de Fernando, pero sin modo de que le acatasen la autoridad de proteger; y otra, al cabo de cuarenta años de razonar, le dijeron que pusiera en papel las razones por que opinaba que no debían ser esclavos los indios; y otra le dieron poder para que llevase trabajadores de España a una colonia de Cumaná donde se había de ver a los indios con amor, y no halló en toda España sino cincuenta que quisieran ir a trabajar, los cuales fueron, con un vestido que tenía una cruz al pecho, pero no pudieron poner la colonia, porque el «adelantado» había ido antes que ellos con las armas, y los indios enfurecidos disparaban sus flechas de punta envenenada contra todo el que llevaba cruz. Y por fin le encargaron, como por entretenerlo, que pidiese las leyes que le parecían a él bien para los indios, «¡cuantas leyes quisiera, pues que por ley más o menos no hemos de pelear!», y él las escribía, y las mandaba el rey cumplir, pero en el barco iba la ley y el modo de desobedecerla. El rey le daba audiencia, y hacía como que le tomaba consejo; pero luego entraba Sepúlveda, con sus pies blandos y sus ojos de zorra, a traer los recados de los que mandaban los galeones, y lo que se hacía de verdad era lo que decía Sepúlveda. Las Casas lo sabía, lo sabía bien; pero ni bajó el tono, ni se cansó de acusar, ni de llamar crimen a lo que era, ni de contar en su *Descripción*... las «crueldades», para que el rey mandara al menos que no fuesen tantas, por la vergüenza de que las supiera el mundo. El nombre de los malos no lo decía, porque era noble y les tuvo compasión. Y escribía como hablaba, con la letra fuerte y desigual, llena de chispazos de tinta, como caballo que lleva de jinete a quien quiere llegar pronto, y va levantando el polvo y sacando luces de la piedra.

Fue obispo por fin, pero no de Cusco, que era obispado rico, sino de Chiapas, donde por lo lejos que estaba el virrey, vivían los indios en mayor esclavitud. Fue a Chiapas, a llorar con los indios; pero no solo a llorar, porque con lágrimas y quejas no se vence a los pícaros, sino a acusarlos sin miedo, a negarles la iglesia a los españoles que no cumplían con la ley nueva que mandaba poner libres a los indios, a hablar en los consejos del ayuntamiento, con discursos que eran a la vez tiernos y terribles, y dejaban a los encomenderos atrevidos como los árboles cuando ha pasado el vendabal. Pero los encomenderos podían más que él, porque tenían el gobierno de su lado; y le componían cantares en que le decían traidor y español malo; y le daban de noche músicas de cencerro, y le disparaban arcabuces a la puerta para ponerlo en temor, y le rodeaban el convento armados, —todos armados, contra un viejo flaco y solo. Y hasta le salieron al camino de Ciudad Real para que no volviera a entrar en la población. Él venía a pie, con su bastón, y con dos españoles buenos, y un negro que lo quería como a padre suyo: porque es verdad que Las Casas por el amor de los indios, aconsejó al principio de la conquista que se siguiese trayendo esclavos negros, que resistían mejor el calor; pero luego que los vio padecer, se golpeaba el pecho, y decía: «¡con mi sangre quisiera pagar el pecado de aquel consejo que di por mi amor a los indios!». Con su negro cariñoso venía, y los dos españoles buenos. Venía tal vez de ver cómo salvaba a la pobre india que se le abrazó a las rodillas a la puerta de su templo mexicano, loca de dolor porque los españoles le habían matado al marido de su corazón, que fue de noche a rezarles a los dioses: ¡y vio de pronto las Casas que eran indios los centinelas que los españoles le habían echado para que no entrase! ¡Él les daba a los indios su vida, y los indios venían a atacar a su salvador, porque se lo mandaban los que los azotaban! Y no se quejó, sino que dijo así: «Pues por eso, hijos míos, os tengo de defender más, porque os tienen tan martirizados que no tenéis ya valor ni para agradecer». Y los indios, llorando, se echaron a sus pies, y le pidieron perdón. Y entró en Ciudad Real, donde los encomenderos lo esperaban, armados de arcabuz y cañón, como para ir a la guerra. Casi a escondidas tuvo que embarcarlo para España el virrey, porque los encomenderos lo querían matar. Él se fue a su convento, a pelear, a defender, a llorar, a escribir. Y murió, sin cansarse, a los noventa y dos años.

Nueva York, septiembre de 1889

LOS ZAPATICOS DE ROSA

A mademoiselle Marie: José Martí

Hay sol bueno y mar de espuma
Y arena fina, y Pilar
Quiere salir a estrenar
Su sombrerito de pluma.

—«¡Vaya la niña divina!»
Dice el padre, y le da un beso:
«Vaya mi pájaro preso
A buscarme arena fina».

—«Yo voy con mi niña hermosa»,
Le dijo la madre buena:
«¡No te manches en la arena
Los zapaticos de rosa!».

Fueron las dos al jardín
Por la calle del laurel:
La madre cogió un clavel
Y Pilar cogió un jazmín.

Ella va de todo juego,
Con aro, y balde, y paleta:
El balde es color violeta:
El aro es color de fuego.

Vienen a verlas pasar:
Nadie quiere verlas ir:
La madre se echa a reír,
Y un viejo se echa a llorar.

El aire fresco despeina
A Pilar, que viene y va
Muy oronda: —«¡Di, mamá!
¿Tú sabes qué cosa es reina?».

Y por si vuelven de noche
De la orilla de la mar,
Para la madre y Pilar
Manda luego el padre el coche.

Está la playa muy linda:
Todo el mundo está en la playa:
Lleva espejuelos el aya
De la francesa Florinda.

Está Alberto, el militar
Que salió en la procesión
Con tricornio y con bastón,
Echando un bote a la mar.

¡Y qué mala, Magdalena
Con tantas cintas y lazos,
A la muñeca sin brazos
Enterrándola en la arena!

Conversan allá en las sillas,
Sentadas con los señores,
Las señoras, como flores,
Debajo de las sombrillas.

Pero está con estos modos
Tan serios, muy triste el mar:
¡Lo alegre es allá, al doblar,
En la barranca de todos!

Dicen que suenan las olas
Mejor allá en la barranca,
Y que la arena es muy blanca
Donde están las niñas solas.

Pilar corre a su mamá:
—«¡Mamá, yo voy a ser buena:
Déjame ir sola a la arena:
Allá, tú me ves, allá!».

—«¡Esta niña caprichosa!
No hay tarde que no me enojes:
Anda, pero no te mojes
Los zapaticos de rosa».

Le llega a los pies la espuma:
Gritan alegres las dos:
Y se va, diciendo adiós,
La del sombrero de pluma.

¡Se va allá, donde ¡muy lejos!
Las aguas son más salobres,
Donde se sientan los pobres,
Donde se sientan los viejos!

Se fue la niña a jugar,
La espuma blanca bajó,
Y pasó el tiempo, y pasó
Un águila por el mar.

Y cuando el sol se ponía
Detrás de un monte dorado,
Un sombrerito callado
Por las arenas venía.

Trabaja mucho, trabaja
Para andar: ¿qué es lo que tiene
Pilar que anda así, que viene
Con la cabecita baja?

Bien sabe la madre hermosa
Por qué le cuesta el andar:
—«¿Y los zapatos, Pilar,
Los zapaticos de rosa?

«¡Ah, loca! ¿en dónde estarán?
¡Di dónde, Pilar!» —«Señora»,
Dice una mujer que llora:
«¡Están conmigo: aquí están!».

«Yo tengo una niña enferma
Que llora en el cuarto oscuro
Y la traigo al aire puro
A ver el sol, y a que duerma»,

«Anoche soñó, soñó
Con el cielo, y oyó un canto:
Me dio miedo, me dio espanto,
Y la traje, y se durmió».

«Con sus dos brazos menudos
Estaba como abrazando;
Y yo mirando, mirando
Sus piececitos desnudos».

«Me llegó al cuerpo la espuma,
Alcé los ojos, y vi
Esta niña frente a mí
Con su sombrero de pluma».

—«¡Se parece a los retratos
Tu niña!» dijo: «¿Es de cera?
¿Quiere jugar? ¡si quisiera!...
¿Y por qué está sin zapatos?».

«Mira: ¡la mano le abrasa,
Y tiene los pies tan fríos!
¡Oh, toma, toma los míos:
Yo tengo más en mi casa!».

«No sé bien, señora hermosa,
Lo que sucedió después:
¡Le vi a mi hijita en los pies
Los zapaticos de rosa!».

Se vio sacar los pañuelos
A una rusa y a una inglesa;
El aya de la francesa
Se quitó los espejuelos.

Abrió la madre los brazos:
Se echó Pilar en su pecho,
Y sacó el traje deshecho,
Sin adornos y sin lazos.

Todo lo quiere saber
De la enferma la señora:
¡No quiere saber que llora
De pobreza una mujer!

—«¡Sí, Pilar, dáselo! ¡y eso
También! ¡tu manta! ¡tu anillo!»
Y ella le dio su bolsillo,
Le dio el clavel, le dio un beso.

Vuelven calladas de noche
A su casa del jardín:
Y Pilar va en el cojín
De la derecha del coche.

Y dice una mariposa
Que vio desde su rosal
Guardados en un cristal
Los zapaticos de rosa.

Nueva York, septiembre 1889

UN PASEO POR LA TIERRA
DE LOS ANAMITAS

Cuentan un cuento de cuatro hindús ciegos, de allá del Indostán de Asia, que eran ciegos desde el nacer, y querían saber cómo era un elefante. «Vamos, dijo uno, adonde el elefante manso de la casa del rajá, que es príncipe generoso, y nos dejará saber cómo es». Y a casa del príncipe se fueron, con su turbante blanco y su manto blanco; y oyeron en el camino rugir a la pantera y graznar al faisán de color de oro, que es como un pavo con dos plumas muy largas en la cola; y durmieron de noche en las ruinas de piedra de la famosa Jehanabad, donde hubo antes mucho comercio y poder; y pasaron por sobre un torrente colgándose mano a mano de una cuerda, que estaba a los dos lados levantada sobre una horquilla, como la cuerda floja en que bailan los gimnastas en los circos; y un carretero de buen corazón les dijo que se subieran en su carreta, porque su buey giboso de astas cortas era un buey bonazo, que debió ser algo así como abuelo en otra vida, y no se enojaba porque se le subieran los hombres encima, sino que miraba a los caminantes como convidándoles a entrar en el carro. Y así llegaron los cuatro ciegos al palacio del rajá, que era por fuera como un castillo, y por dentro como una caja de piedras preciosas, lleno todo de cojines y de colgaduras, y el techo bordado, y las paredes con florones de esmeraldas y zafiros, y las sillas de marfil, y el trono del rajá de marfil y de oro. «Venimos, señor rajá, a que nos deje ver con nuestras manos, que son los ojos de los pobres ciegos, cómo es de figura un elefante manso». «Los ciegos son santos», dijo el rajá, «los hombres que desean saber son santos: los hombres deben aprenderlo todo por sí mismos, y no creer sin preguntar, ni hablar sin entender, ni pensar como esclavos lo que les mandan pensar otros: vayan los cuatro ciegos a ver con sus manos el elefante manso». Echaron a correr los cuatro, como si les hubiera vuelto de repente la vista: uno cayó de nariz sobre las gradas del trono del rajá: otro dio tan recio contra la pared que se cayó sentado, viendo si se le había ido en el coscorrón algún retazo de cabeza: los otros dos, con los brazos abiertos, se quedaron de repente abrazados. El secretario del rajá los llevó adonde el elefante manso estaba, comiéndose su ración de treinta y nueve tortas de arroz y quince de maíz, en una fuente de plata con el pie de ébano; y cada ciego se echó, cuando el secretario dijo «¡ahora!», encima del elefante, que era de los pequeños y regordetes: uno se le abrazó por una pata: el otro se le prendió a la trompa, y subía en el aire y bajaba, sin quererla soltar: el otro le sujetaba la cola: otro tenía agarrada un asa de la fuente del arroz y el maíz. «Ya sé», decía el de la pata: «el elefante es alto y redondo, como una torre que se mueve». «¡No es verdad!», decía el de la trompa: «el elefante es largo, y acaba en pico, como un embudo de carne». «¡Falso, y muy falso», decía el de la cola: «el elefante es como un badajo de campana!». «Todos se equivocan, todos; el elefante es de figura de anillo, y no se mueve», decía el del asa de la fuente. Y así son los hombres, que cada uno cree que solo lo que él piensa y ve es la verdad, y dice en verso y en prosa que no se debe creer sino lo que él cree, lo mismo que los cuatro ciegos del elefante, cuando lo que se ha de hacer es estudiar con cariño lo que los hombres han pensado y hecho, y eso da un gusto grande, que es ver que todos los hombres tienen las mismas penas, y la historia igual, y el mismo amor, y que el mundo es un templo hermoso, donde caben en paz los hombres todos de la tierra, porque todos han querido conocer la verdad, y han escrito en sus libros que es útil ser bueno, y han padecido y peleado por ser libres, libres en su tierra, libres en el pensamiento.

También, y tanto como los más bravos, pelearon, y volverán a pelear, los pobres anamitas, los que viven de pescado y arroz y se visten de seda, allá lejos, en Asia, por la orilla del mar, debajo de China. No nos parecen de cuerpo hermoso, ni nosotros les parecemos hermosos a ellos: ellos dicen que es un pecado cortarse el pelo, porque la naturaleza nos dio pelo largo, y es un presumido el que se crea más sabio que la naturaleza, así que llevan el pelo en moño, lo mismo que las mujeres: ellos dicen que el sombrero es para que dé sombra, a no ser que se le lleve como señal de mando en la casa del gobernador, que entonces puede ser casquete sin alas: de modo que el sombrero anamita es como un cucurucho, con el pico arriba, y la boca muy ancha: ellos dicen que en su tierra caliente se ha de vestir suelto y ligero, de modo que llegue al cuerpo el aire, y no tener al cuerpo preso entre lanas y casimires, que se beben los rayos del sol, y sofocan y arden: ellos dicen que el hombre no necesita ser de espaldas fuertes, porque los cambodios son más altos y robustos que los anamitas, pero en la guerra los anamitas han vencido siempre a sus vecinos los cambodios; y que la mirada no debe ser azul, porque el azul engaña y abandona, como la nube del cielo y el agua del mar; y que el color no debe ser blanco, porque la tierra, que da todas las hermosuras, no es blanca, sino de los colores de bronce de los anamitas; y que los hombres no deben llevar barba, que es cosa de fieras; aunque los franceses, que son ahora los amos de Anam, responden que esto de la barba no es más que envidia, porque bien que se deja el anamita el poco bigote que tiene: ¿y en sus teatros, quién hace de rey, sino el que tiene la barba más larga? ¿y el mandarín, no sale a las tablas con bigotes de tigre? ¿y los generales, no llevan barba colorada? «¿Y para qué necesitamos tener los ojos más grandes», dicen los anamitas, «ni más juntos a la nariz?: con estos ojos de almendra que tenemos, hemos fabricado el Gran Buda de Hanoi, el dios de bronce, con cara que parece viva, y alto como una torre; hemos levantado la pagoda de Angkor, en un bosque de palmas, con corredores de a dos leguas, y lagos en los patios, y una casa en la pagoda para cada dios, y mil quinientas columnas, y calles de estatuas; hemos hecho en el camino de Saigón a Cholen, la pagoda donde duermen, bajo una corona de torres caladas, los poetas que cantaron el patriotismo y el amor, los santos que vivieron entre los hombres con bondad y pureza, los héroes que pelearon por libertarnos de los cambodios, de los siameses y de los chinos: y nada se parece tanto a la luz como los colores de nuestras túnicas de seda. Usamos moño, y sombrero de pico, y calzones anchos, y blusón de color, y somos amarillos, chatos, canijos y feos; pero trabajamos a la vez el bronce y la seda: y cuando los franceses nos han venido a quitar nuestro Hanoi, nuestro Hue, nuestras ciudades de palacios de madera, nuestros puertos llenos de casas de bambú y de barcos de junco, nuestros almacenes de pescado y arroz, todavía, con estos ojos de almendra, hemos sabido morir, miles sobre miles, para cerrarles el camino. Ahora son nuestros amos; pero mañana ¡quién sabe!».

Y se pasean callados, a paso igual y triste, sin sorprenderse de nada, aprendiendo lo que no saben, con las manos en los bolsillos de la blusa: de la blusa azul, sujeta al cuello con un botón de cristal amarillo: y por zapato llevan una suela de cordón, atada al tobillo con cintas. Ese es el traje del pescador; del que fabrica las casas de caña, con el techo de paja de arroz; del marino ligero, en su barca de dos puntas; del ebanista, que maneja la herramienta con los pies y las manos, y embute los adornos de nácar en las camas y sillas de madera preciosa; del tejedor, que con los hilos de plata y de oro borda pájaros de tres cabezas, y leones con picos y alas, y cigüeñas con ojos de hombre, y dioses de mil brazos: ese es el traje del pobre cargador, que se muere joven del cansancio de halar la *djirincka,* que es el coche de dos ruedas, de que va halando el anamita pobre: trota, trota como un caballo: más que el caballo anda, y más aprisa: ¡y dentro, sin pena y sin vergüenza, va un hombre sentado!: como los caballos se mueren después, del mal de correr, los pobres cargadores. Y de beber clarete y borgoña, y del mucho comer, se mueren, colorados y gordos, los que se dejan halar en la *djirincka,* echándose aire con el abanico: los militares ingleses, los empleados franceses, los comerciantes chinos.

¿Y ese pueblo de hombres trotones es el que levantó las pagodas de tres pisos, con lagos en los patios, y casas para cada dios, y calles de estatuas; el que fabricó leones de porcelana y gigantes de bronce; el que tejió la seda con tanto color que centellea al sol, como una capa de brillantes? A eso llegan los pueblos que se cansan de defenderse: a halar como las bestias del carro de sus amos: y el amo va en el carro, colorado y gordo. Los anamitas están ahora cansados. A los pueblos pequeños les cuesta mucho trabajo vivir. El pueblo anamita se ha estado siempre defendiendo. Los vecinos fuertes, el chino y el siamés, lo han querido conquistar. Para defenderse del siamés, entró en amistades con el chino, que le dijo muchos amores, y lo recibió con procesiones y fuegos y fiestas en los ríos, y le llamó «querido hermano». Pero luego que entró en la tierra de Anam, lo quiso mandar como dueño, hace como dos mil años: ¡y dos mil años hace que los anamitas se están defendiendo de los chinos! Y con los franceses les sucedió así también, porque con esos modos de mando que tienen los reyes no llegan nunca los pueblos a crecer, y más allá, que es como en China, donde dicen que el rey es hijo del cielo, y creen pecado mirarlo cara a cara, aunque los reyes saben que son hombres como los demás, y pelean unos contra otros para tener más pueblos y riquezas: y los hombres mueren sin saber por qué, defendiendo a un rey o a otro. En una de esas peleas de reyes andaba por Anam un obispo francés, que hizo creer al rey vencido que Luis XVI de Francia le daría con qué pelear contra el que le quitó el mando al de Anam: y el obispo se fue a Francia con el hijo del rey, y luego vino solo, porque con la revolución que había en París no lo podía Luis XVI ayudar; juntó a los franceses que había por la India de Asia: entró en Anam; quitó el poder al rey nuevo; puso al rey de antes a mandar. Pero quien mandaba de veras eran los franceses, que querían para ellos todo lo del país, y quitaban lo de Anam para poner lo suyo, hasta que Anam vio que aquel amigo de afuera era peligroso, y valía más estar sin el amigo, y lo echó de una pelea de la tierra, que todavía sabía pelear: solo que los franceses vinieron luego con mucha fuerza, y con cañones en sus barcos de combate, y el anamita no se pudo defender en el mar con sus barcos de junco, que no tenían cañones; ni pudo mantener sus ciudades, porque con lanzas no se puede pelear contra balas; y por Saigón, que fue por donde entró el francés, hay poca piedra con que fabricar murallas; ni estaba el anamita acostumbrado a ese otro modo de pelear, sino a sus guerras de hombre a hombre, con espada y lanza, pecho a pecho los hombres y los caballos. Pueblo a pueblo se ha estado defendiendo un siglo entero del francés, huyéndole unas veces, otras cayéndole encima, con todo el empuje de los caballos, y despedazándole el ejército: China le mandó sus jinetes de pelea, porque tampoco quieren los chinos al extranjero en su tierra, y echarlo de Anam era como echarlo de China: pero el francés es de otro mundo, que sabe más de guerras y de modos de matar; y pueblo a pueblo, con la sangre a la cintura, les ha ido quitando el país a los anamitas.

Los anamitas se pasean, callados, a paso igual y triste, con las manos en los bolsillos de la blusa azul. Trabajan. Parecen plateros finos en todo lo que hacen, en la madera, en el nácar, en la armería, en los tejidos, en las pinturas, en los bordados, en los arados. No aran con caballo ni con buey, sino con búfalo. La tela de los vestidos la pintan a mano. Con los cuchillos de tallar labran en la madera dura pueblos enteros, con la casa al fondo, y los barcos navegando en el río, y la gente a miles en los barcos, y árboles, y faroles, y puentes, y botes de pescadores, todo tan menudo como si lo hubieran hecho con la uña. La casa es como para enanos, y tan bien hecha que parece casa de juguete, toda hecha de piezas. Las paredes, las pintan: los techos, que son de madera, los tallan con mucha labor, como las paredes de afuera: por todos los rincones hay vasos de porcelana, y los grifos de bronce con las alas abiertas, y pantallas de seda bordada, con marcos de bambú. No hay casa sin su ataúd, que es allá un mueble de lujo, con los adornos de nácar: los hijos buenos le dan al padre como regalo un ataúd lujoso, y la muerte es allá como una fiesta, con su música de ruido y sus cantares de pagoda: no les parece que la vida es propiedad del hombre, sino préstamo que le hizo la naturaleza, y morir no es más que volver a la naturaleza de donde se vino, y en la que todo es como hermano del hombre; por lo que suele el que muere decir en su testamento que pongan un brazo o una pierna suya adonde lo puedan picar los pájaros, y devorarlo las fieras, y deshacerlo los animales invisibles que vuelan en el viento. Desde que viven en la esclavitud, van mucho los anamitas a sus pagodas, porque allí les hablan los sacerdotes de los santos del país, que no son los santos de los franceses: van mucho a los teatros, donde no les cuentan cosas de reír, sino la historia de sus generales y de sus reyes: ellos oyen encuclillados, callados, la historia de las batallas.

Por dentro es la pagoda como una cinceladura, con encajes de madera pintada de colores alrededor de los altares; y en las columnas sus mandamientos y sus bendiciones en letras plateadas y doradas; y los santos de oro, familias enteras de santos, en el altar tallado. Delante van y vienen los sacerdotes, con sus manteos de tisú precioso, o de seda verde y azul, y el bonete de tejido de oro, uno con la flor del loto, que es la flor de su dios, por lo hermosa y lo pura, y otro cargándole el manteo al de la flor, y otros cantando: detrás van los encapuchados, que son sacerdotes menores, con músicas y banderines, coreando la oración: en el altar, con sus mitras brillantes, ven la fiesta los dioses sentados. Buda es su gran dios, que no fue dios cuando vivió de veras, sino un príncipe bueno, tan fuerte de cuerpo que mano a mano echaba por tierra a leones jóvenes, y tan hermoso que lo quería como a su corazón el que lo veía una vez, y de tanto pensamiento que no podían los doctores discutir con él, porque de niño sabía más que los doctores más sabios y viejos. Y luego se casó, y quería mucho a su mujer y a su hijo; pero una tarde que salió en su carro de perlas y plata a pasear, vio a un viejo pobre, vestido de harapos, y volvió del paseo triste: y otra tarde vio a un moribundo, y no quiso pasear más: y otra tarde vio a un muerto, y su tristeza fue ya mucha: y otra vio a un monje que pedía limosnas, y el corazón le dijo que no debía andar en carro de plata y de perlas, sino pensar en la vida, que tenía tantas penas, y vivir solo, donde se pudiera pensar, y pedir limosna para los infelices, como el monje. Tres veces le dio en su palacio la vuelta a la cama de su mujer y de su hijo, como si fuera un altar, y sollozó: y sintió como que el corazón se le moría en el pecho. Pero se fue, en lo oscuro de la noche, al monte, a pensar en la vida, que tenía tanta pena, a vivir sin deseos y sin mancha, a decir sus pensamientos a los que se los querían oír, a pedir limosna para los pobres, como el monje. Y no comía, más que lo que un pájaro: y no bebía, más que para no morirse de sed: y no dormía, sino sobre la tierra de su cabaña: y no andaba, sino con los pies descalzos. Y cuando el demonio Mara le venía a hablar de la hermosura de su mujer, y de las gracias de su niño, y de la riqueza de su palacio, y de la arrogancia de mandar en su pueblo como rey, él llamaba a sus discípulos, para consagrarse otra vez ante ellos a la virtud: y el demonio Mara huía espantado. Esas son cosas que los hombres sueñan, y llaman demonios a los consejos malos que vienen del lado feo del corazón; solo que como el hombre se ve con cuerpo y nombre, pone nombre y cuerpo, como si fuesen personas, a todos los poderes y fuerzas que imagina: ¡y ese es poder de veras, el que viene de lo feo del corazón, y dice al hombre que viva para sus gustos más que para sus deberes, cuando la verdad es que no hay gusto mayor, no hay delicia más grande, que la vida de un hombre que cumple con su deber, que está lleno alrededor de espinas!: ¿pero qué es más bello, ni da más aromas que una rosa? Del monte volvió Buda, porque pensó, después de mucho pensar, que con vivir sin comer y beber no se hacía bien a los hombres, ni con dormir en el suelo, ni con andar descalzo, sino que estaba la salva-

ción en conocer las cuatro verdades, que dicen que la vida es toda
de dolor, y que el dolor viene de desear, y que para vivir sin dolor
es necesario vivir sin deseo, y que el dulce nirvana, que es la her-
mosura como de luz que le da al alma el desinterés, no se logra
viviendo, como loco o glotón, para los gustos de lo material, y para
amontonar a fuerza de odio y humillaciones el mando y la fortuna,
sino entendiendo que no se ha de vivir para la vanidad, ni se ha de
querer lo de otros y guardar rencor, ni se ha de dudar de la armo-
nía del mundo o ignorar nada de él o mortificarse con la ofensa y
la envidia, ni se ha de reposar hasta que el alma sea como una luz
de aurora, que llena de claridad y hermosura al mundo, y llore
y padezca por todo lo triste que hay en él, y se vea como médico y
padre de todos los que tienen razón de dolor: es como vivir en un
azul que no se acaba, con un gusto tan puro que debe ser lo que se
llama gloria, y con los brazos siempre abiertos. Así vivió Buda,
con su mujer y con su hijo, luego que volvió del monte. Después
sus discípulos, que eran muchos, empezaron a vivir de lo que la
gente les daba, porque les hablasen de las verdades de Buda, y de
sus hazañas cuando era príncipe, y de cómo vivió en el monte; y el
rey vio que en el nombre de Buda había poder, porque la gente
miraba todo lo de Buda como cosa del cielo, tan hermoso que no
podía ser hombre el que vivió y habló así. Mandó el rey juntar a
los discípulos, para que pusiesen en libros la historia y los sermo-
nes y los consejos de Buda; y puso a los discípulos a sueldo, para
que el pueblo viese juntos el poder del rey y el del cielo, de donde
creía el pueblo que había venido al mundo Buda. Hubo unos dis-
cípulos que hicieron lo que el rey quería, y salieron con el ejército
del rey a quitarles a los países de los alrededores la libertad, con el
pretexto de que les iban a enseñar las verdades de Buda, que habían
venido del cielo: y hubo otros que dijeron que eso era engaño de
los discípulos y robo del rey, y que la libertad de un pueblo peque-
ño es más necesaria al mundo que el poder de un rey ambicioso y
la mentira de los sacerdotes que sirven al rey por su dinero, y que
si Buda hubiera vivido, habría dicho la verdad, que él no vino del
cielo sino como vienen los hombres todos, que traen el cielo en sí
mismos, y lo ven, como se ve el sol, cuando, por el cariño a los
hombres y la honradez, llegan a ser como si no fuesen de carne y
de hueso, sino de claridad, y al malo le tienen compasión, como a
un enfermo a quien se ha de curar, y al bueno le dan fuerzas, para

que no se canse de animar y de servir al mundo: ¡ese sí que es el cielo, y gusto divino! Pero los discípulos que estaban con el rey no pudieron más; y el rey les mandó hacer pagodas de muchas torres, donde ponían a Buda de dios en el altar, y los discípulos se mandaron hacer túnicas de seda y mantos con mucho oro y bonetes de picos, y a los discípulos más famosos los fueron enterrando en las pagodas, con sus estatuas sobre la sepultura, y les encendían luces de día y de noche, y la gente iba a arrodillarse delante de ellos, para que les consolaran las penas que da el mundo, y les dieran lo que deseaban tener en la tierra, y los recomendaran a Buda en la hora de morir. Miles de años han pasado, y hay miles de pagodas. Allí van los anamitas tristes, que ya no encuentran en la tierra ayuda, y la van a pedir a lo desconocido del cielo.

Y al teatro van para que no se les acabe la fuerza del corazón. ¡En el teatro no hay franceses! En el teatro les cuentan los cómicos las historias de cuando Anam era país grande, y de tanta riqueza que los vecinos lo querían conquistar; pero había muchos reyes, y cada rey quería las tierras de los otros, así que en las peleas se gastó el país, y los de afuera, los chinos, los de Siam, los franceses, se juntaban con el caído para quitar el mando al vencedor, y luego se quedaban de amos, y tenían en odio a los partidos de la pelea, para que no se juntasen contra el de afuera, como se debían juntar, y lo echaran por entrometido y alevoso, que viene como amigo, vestido de paloma, y en cuanto se ve en el país se quita las plumas, y se le ve como es, tigre ladrón. En Anam el teatro no es de lo que sucede ahora, sino la historia del país; y la guerra que el bravo An-Yang le ganó al chino Chau-Tu; y los combates de las dos mujeres, Cheng Tseh y Cheng Urh, que se vistieron de guerreras, y montaron a caballo, y fueron de generales de la gente de Anam, y echaron de sus trincheras a los chinos; y las guerras de los reyes, cuando el hermano del rey muerto quería mandar en Anam, en lugar de su sobrino, o venía el rey de lejos a quitarle la tierra al rey Hue. Los anamitas, encuclillados, oyen la historia, que no cuentan los cómicos hablando o cantando, como en los dramas o en las óperas, sino con una música de mucho ruido que no deja oír lo que dicen los cómicos, que vienen vestidos con túnicas muy ricas, bordadas de flores y pájaros que nunca se han visto, con cascos de oro muy labrados en la cabeza, y alas en la cintura, cuando son generales, y dos plumas muy largas en el casco, si son príncipes: y si son gente así, de mucho poder, no se sientan en las sillas de siempre, sino en sillas muy altas. Y cuentan, y pelean, y saludan, y conversan, y hacen que toman té, y entran por la puerta de la derecha, y salen por la puerta de la izquierda: y la música toca sin parar, con sus platillos y su timbalón y su clarín y su violinete; y es un tocar extraño, que parece de aullidos y de gritos sin arreglo y sin orden, pero se ve que tiene un tono triste cuando se habla de muerte, y otro como de ataque cuando viene un rey de ganar una batalla, y otro como de procesión de mucha alegría cuando se casa la princesa, y otro como de truenos y de ruido cuando entra, con su barba blanca, el gran sacerdote, y cada tono lo adornan los músicos como les parece bien, inventando el acompañamiento según lo van tocando, de modo que parece que es música sin regla, aunque si se pone bien el oído se ve que la regla de ellos es dejarle la idea libre al que toca, para que se entusiasme de veras con los pensamientos del drama, y ponga en la música la alegría, o la pena, o la poesía, o la furia que sienta en el corazón, sin olvidarse del tono de la música vieja, que todos los de la orquesta tienen que saber, para que haya una guía en medio del desorden de su invención, que es mucho de veras, porque el que no conoce sus tonos no oye más que los tamborazos y la algarabía; y así sucede en los teatros de Anam que a un europeo le da dolor de cabeza, y le parece odiosa, la música que al anamita que está junto a él le hace reír de gusto, o llorar de la pena, según estén los músicos contando la historia del letrado pobre que a fuerza de ingenio se fue burlando de los consejeros del rey, hasta que el consejero llegó a ser el pobre,—o la otra historia triste del príncipe que se arrepintió de haber llamado al extranjero a mandar en su país, y se dejó morir de hambre a los pies de Buda, cuando no había remedio ya, y habían entrado a miles en la tierra cobarde los extranjeros ambiciosos, y mandaban en el oro y las fábricas de seda, y en el reparto de las tierras, y en el tribunal de la justicia los extranjeros, y los hijos mismos de la tierra ayudaban al extranjero a maltratar al que defendía con el corazón la libertad de la tierra: la música entonces toca bajo y despacio, y como si llorase, y como si se escondiese debajo de la tierra: y los actores, como si pasase un entierro, se cubren con las mangas del traje las caras. Y así es la música de sus dramas de historia, y de los de pelea, y de los de casamiento, mientras los actores gritan y andan delante de los músicos en el escenario, y los generales se echan por la tierra, para figurar que están muertos, o pasan la pierna derecha por sobre la espalda de una silla, para decir que van a montar a caballo, o entran por entre unas cortinas el novio y la princesa, para que se sepa que se acaban de casar. Porque el teatro es un salón abierto, sin las bambalinas ni bastidores, y sin aparatos ni pintura: sino que cuando la escena va a cambiar, sale un regidor de blusa y turbante, y se lo dice al público, o pone una mesa, que quiere decir banquete, o cuelga una lanza al fondo, que quiere decir batalla, o sopla el alcohol que trae en la boca sobre una antorcha encendida, lo que quiere decir que hay incendio. Y este de la blusa, que anda poniendo y quitando, sale y entra entre los que hacen de príncipes de seda y generales de oro, de mil años atrás, cuando los parientes del príncipe Ly-Tieng-Vuong querían darle a beber una taza de té envenenado. Allá adentro, en lo que no se ve del teatro, hay como un mostrador, con cajas de pintarse y espejos en la pared, y un rosario de barbas, de donde el que hace de loco toma la amarilla, y la colorada el que hace de fiero, y la negra el que hace de rey hermoso, y el que hace de viejo toma la barba blanca. Y se pinta la cara el que hace de gobernador, de colorado y de negro. Por encima de todo, en lo más alto de la pared, hay una estatua de Buda. Al salir del teatro, los anamitas van hablando mucho, como enojados, como si quisieran echar a correr, y parece que quieren convencer a sus amigos cobardes, y que los amenazan. De la pagoda salen callados, con la cabeza baja, con las manos en los bolsillos de la blusa azul. Y si un francés les pregunta algo en el camino, le dicen en su lengua: «No sé». Y si un anamita les habla de algo en secreto, le dicen: «¡Quién sabe!».

Nueva York, octubre de 1889

LA MUÑECA NEGRA

De puntillas, de puntillas, para no despertar a Piedad, entran en el cuarto de dormir el padre y la madre. Vienen riéndose, como dos muchachones. Vienen de la mano, como dos muchachos. El padre viene detrás, como si fuera a tropezar con todo. La madre no tropieza; porque conoce el camino. ¡Trabaja mucho el padre, para comprar todo lo de la casa, y no puede ver a su hija cuando quiere! A veces, allá en el trabajo, se ríe solo, o se pone de repente como triste, o se le ve en la cara como una luz: y es que está pensando en su hija: se le cae la pluma de la mano cuando piensa así, pero enseguida empieza a escribir, y escribe tan de prisa, tan de prisa, que es como si la pluma fuera volando. Y le hace muchos rasgos a la letra, y las oes le salen grandes como un sol, y las ges largas como un sable, y las eles están debajo de la línea, como si se fueran a clavar en el papel, y las eses caen al fin de la palabra, como una hoja de palma; ¡tiene que ver lo que escribe el padre cuando ha pensado mucho en la niña! Él dice que siempre que le llega por la ventana el olor de las flores del jardín, piensa en ella. O a veces, cuando está trabajando cosas de números, o poniendo un libro sueco en español, la ve venir, venir despacio, como en una nube, y se le sienta al lado, le quita la pluma, para que repose un poco, le da un beso en la frente, le tira de la barba rubia, le esconde el tintero: es sueño no más, no más que sueño, como esos que se tienen sin dormir, en que ve uno vestidos muy bonitos, o un caballo vivo de cola muy larga, o un cochecito con cuatro chivos blancos, o una sortija con la piedra azul: sueño es no más, pero dice el padre que es como si lo hubiera visto, y que después tiene más fuerza y escribe mejor. Y la niña se va, se va despacio por el aire, que parece de luz todo: se va como una nube.

Hoy el padre no trabajó mucho, porque tuvo que ir a una tienda: ¿a qué iría el padre a una tienda?: y dicen que por la puerta de atrás entró una caja grande: ¿qué vendrá en la caja?: ¡a saber lo que vendrá!: mañana hace ocho años que nació Piedad. La criada fue al jardín, y se pinchó el dedo por cierto, por querer coger, para un ramo que hizo, una flor muy hermosa. La madre a todo dice que sí, y se puso el vestido nuevo, y le abrió la jaula al canario. El cocinero está haciendo un pastel, y recortando en figura de flores los nabos y las zanahorias, y le devolvió a la lavandera el gorro, porque tenía una mancha que no se veía apenas, pero, «¡hoy, hoy, señora lavandera, el gorro ha de estar sin mancha!». Piedad no sabía, no sabía. Ella sí vio que la casa estaba como el primer día de sol, cuando se va ya la nieve, y les salen las hojas a los árboles. Todos sus juguetes se los dieron aquella noche, todos. Y el padre llegó muy temprano del trabajo, a tiempo de ver a su hija dormida. La madre lo abrazó cuando lo vio entrar: ¡y lo abrazó de veras! Mañana cumple Piedad ocho años.

El cuarto está a media luz, una luz como la de las estrellas, que viene de la lámpara de velar, con su bombillo de color de ópalo. Pero se ve, hundida en la almohada, la cabecita rubia. Por la ventana entra la brisa, y parece que juegan, las mariposas que no se ven, con el cabello dorado. Le da en el cabello la luz. Y la madre y el padre vienen andando, de puntillas. ¡Al suelo, el tocador de jugar! ¡Este padre ciego, que tropieza con todo! Pero la niña no se ha despertado. La luz le da en la mano ahora; parece una rosa la mano. A la cama no se puede llegar; porque están alrededor todos los juguetes, en mesas y sillas. En una silla está el baúl que le mandó en pascuas la abuela, lleno de almendras y de mazapanes: boca abajo está el baúl, como si lo hubieran sacudido, a ver si caía alguna almendra de un rincón, o si andaban escondidas por la cerradura algunas migajas de mazapán; ¡eso es, de seguro, que las muñecas tenían hambre! En otra silla está la loza, mucha loza y muy fina, y en cada plato una fruta pintada: un plato tiene una cereza, y otro un higo, y otro una uva: da en el plato ahora la luz, en el plato del higo, y se ven como chispas de estrella: ¿cómo habrá venido esta estrella a los platos?: «¡Es azúcar!» dice el pícaro padre: «¡Eso es, de seguro!»: dice la madre, «eso es que estuvieron las muñecas golosas comiéndose el azúcar». El costurero está en otra silla, muy abierto, como de quien ha trabajado de verdad; el dedal está machucado ¡de tanto coser!: cortó la modista mucho, porque del calicó que le dio la madre no queda más que un redondel con el borde de picos, y el suelo está por allí lleno de recortes, que le salieron mal a la modista, y allí está la chambra empezada a coser, con la aguja clavada, junto a una gota de sangre. Pero la sala, y el gran juego, está en el velador, al lado de la cama. El rincón, allá contra la pared, es el cuarto de dormir de las muñequitas de loza, con su cama de la madre, de colcha de flores, y al lado una muñeca de traje rosado, en una silla roja: el tocador está entre la cama y la cuna, con su muñequita de trapo, tapada hasta la nariz, y el mosquitero encima: la mesa del tocador es una cajita de cartón castaño, y el espejo es de los buenos, de los que vende la señora pobre de la dulcería, a dos por un centavo. La sala está en lo de delante del velador, y tiene en medio una mesa, con el pie hecho de un carretel de hilo, y lo de arriba de una concha de nácar, con una jarra mexicana en medio, de las que traen los muñecos aguadores de México: y alrededor unos papelitos doblados, que son los libros. El piano es de madera, con las teclas pintadas; y no tiene banqueta de tornillo, que eso es poco lujo, sino una de espaldar, hecha de la caja de una sortija, con lo de abajo forrado de azul; y la tapa cosida por un lado, para la espalda, y forrada de rosa; y encima un encaje. Hay visitas, por supuesto, y son de pelo de veras, con ropones de seda lila de cuartos blancos, y zapatos dorados; y se sientan sin doblarse, con los pies en el asiento: y la señora mayor, la que trae gorra color de oro, y está en el sofá, tiene su levantapiés, porque del sofá se resbala; y el levantapiés es una cajita de paja japonesa, puesta boca abajo: en un sillón blanco están sentadas juntas, con los brazos muy tiesos, dos hermanas de loza. Hay un cuadro en la sala, que tiene detrás, para que no se caiga, un pomo de olor: y es una niña de sombrero colorado, que trae en los brazos un cordero. En el pilar de la cama, del lado del velador, está una medalla de bronce, de una fiesta que hubo, con las cintas francesas: en su gran moña de los tres colores está adornando la sala el medallón, con el retrato de un francés muy hermoso, que vino de Francia a pelear porque los hombres fueran libres, y otro retrato del que inventó el pararrayos, con la cara de abuelo que tenía cuando pasó el mar para pedir a los reyes de Europa que lo ayudaran a hacer libre su tierra: esa es la sala, y el gran juego de Piedad. Y en la almohada, durmiendo en su brazo, y con la boca desteñida de los besos, está su muñeca negra.

Los pájaros del jardín la despertaron por la mañanita. Parece que se saludan los pájaros, y la convidan a volar. Un pájaro llama, y otro pájaro responde. En la casa hay algo, porque los pájaros se ponen así cuando el cocinero anda por la cocina saliendo y entrando, con el delantal volándole por las piernas, y la olla de plata en las dos manos, oliendo a leche quemada y a vino dulce. En la casa hay algo: porque si no, ¿para qué está ahí, al pie de la cama, su vestidito nuevo, el vestidito color de perla, y la cinta lila que compraron ayer, y las medias de encaje? «Yo te digo, Leonor, que aquí pasa algo. Dímelo tú, Leonor, tú que estuviste ayer en el cuarto de mamá, cuando yo fui a paseo. ¡Mamá mala, que no te dejó ir conmigo, porque dice que te he puesto muy fea con tantos besos, y que no tienes pelo, porque te he peinado mucho! La verdad, Leonor: tú no tienes mucho pelo; pero yo te quiero así, sin pelo, Leonor: tus ojos son los que quiero yo, porque con los ojos me dices que me quieres: te quiero mucho, porque no te quieren: ¡a ver! ¡sentada aquí en mis rodillas, que te quiero peinar!: las niñas buenas se peinan en cuanto se levantan: ¡a ver, los zapatos, que ese lazo no está bien hecho!: y los dientes: déjame ver los dientes: las uñas: ¡Leonor, esas uñas no están limpias! Vamos, Leonor, dime la verdad: oye, oye a los pájaros que parece que tienen baile: dime, Leonor, ¿qué pasa en esta casa?». Y a Piedad se le cayó el peine de la mano, cuando le tenía ya una trenza hecha a Leonor; y la otra estaba toda alborotada. Lo que pasaba, allí lo veía ella. Por la puerta venía la procesión. La primera era la criada, con el delantal de rizos de los días de fiesta, y la cofia de servir la mesa en los días de visita: traía el chocolate, el chocolate con crema, lo mismo que el día de Año Nuevo, y los panes dulces en una cesta de plata: luego venía la madre, con un ramo de flores blancas y azules: ¡ni una flor colorada en el ramo, ni una flor amarilla!: y luego venía la lavandera, con el gorro blanco que el cocinero no se quiso poner, y un estandarte que el cocinero le hizo, con un diario y un bastón: y decía en el estandarte, debajo de una corona de pensamientos: «¡Hoy cumple Piedad ocho años!». Y la besaron, y la vistieron con el traje color de perla, y la llevaron, con el estandarte detrás, a la sala de los libros de su padre, que tenía muy peinada su barba rubia, como si se la hubieran peinado muy despacio, y redondeándole las puntas, y poniendo cada hebra en su lugar. A cada momento se asomaba a la puerta, a ver si Piedad venía: escribía, y se ponía a silbar: abría un libro, y se quedaba mirando a un retrato, a un retrato que tenía siempre en su mesa, y era como Piedad, una Piedad de vestido largo. Y cuando oyó ruido de pasos, y un vocerrón que venía tocando música en un cucurucho de papel, ¿quién sabe lo que sacó de una caja grande?: y se fue a la puerta con una mano en la espalda: y con el otro brazo cargó a su hija. Luego dijo que sintió como que en el pecho se le abría una flor, y como que se le encendía en la cabeza un palacio, con colgaduras azules de flecos de oro, y mucha gente con alas: luego dijo todo eso, pero entonces, nada se le oyó decir. Hasta que Piedad dio un salto en sus brazos, y se le quiso subir por el hombro, porque en un espejo había visto lo que llevaba en la otra mano el padre. «¡Es como el sol el pelo, mamá, lo mismo que el sol! ¡ya la vi, ya la vi, tiene el vestido rosado! ¡dile que me la dé, mamá: si es de peto verde, de peto de terciopelo! ¡como las mías son las medias, de encaje como las mías!». Y el padre se sentó con ella en el sillón, y le puso en los brazos la muñeca de seda y porcelana. Echó a correr Piedad, como si buscase a alguien. «¿Y yo me quedo hoy en casa por mi niña», le dijo su padre, «y mi niña me deja solo?». Ella escondió la cabecita en el pecho de su padre bueno. Y en mucho, mucho tiempo, no la levantó, aunque ¡de veras! le picaba la barba.

Hubo paseo por el jardín, y almuerzo con un vino de espuma debajo de la parra, y el padre estaba muy conversador, cogiéndole a cada momento la mano a su mamá, y la madre estaba como más alta, y hablaba poco, y era como música todo lo que hablaba. Piedad le llevó al cocinero una dalia roja, y se la prendió en el pecho del delantal: y a la lavandera le hizo una corona de claveles: y a la criada le llenó los bolsillos de flores de naranjo, y le puso en el pelo una flor, con sus dos hojas verdes. Y luego, con mucho cuidado, hizo un ramo de nomeolvides. «¿Para quién es ese ramo, Piedad?». «No sé, no sé para quién es: ¡quién sabe si es para alguien!». Y lo puso a la orilla de la acequia, donde corría como un cristal el agua. Un secreto le dijo a su madre, y luego le dijo: «¡Déjame ir!». Pero le dijo «caprichosa» su madre: «¿y tu muñeca de seda, no te gusta? mírale la cara, que es muy linda: y no le has visto los ojos azules». Piedad sí se los había visto; y la tuvo sentada en la mesa después de comer, mirándola sin reírse; y la estuvo enseñando a andar en el jardín. Los ojos era lo que le miraba ella: y le tocaba en el lado del corazón: «¡Pero muñeca, háblame, háblame!». Y la muñeca de seda no le hablaba. «¿Conque no te ha gustado la muñeca que te compré, con sus medias de encaje y su cara de porcelana y su pelo fino?». «Sí, mi papá, sí me ha gustado mucho. Vamos, señora muñeca, vamos a pasear. Usted querrá coches, y lacayos, y querrá dulce de castañas, señora muñeca. Vamos, vamos a pasear». Pero en cuanto estuvo Piedad donde no la veían, dejó a la muñeca en un tronco, de cara contra el árbol. Y se sentó sola, a pensar, sin levantar la cabeza, con la cara entre las dos manecitas. De pronto echó a correr, de miedo de que se hubiese llevado el agua el ramo de nomeolvides.

—«¡Pero criada, llévame pronto!» —«¿Piedad, qué es eso de criada? ¡Tú nunca le dices criada así, como para ofenderla!» —«No, mamá, no: es que tengo mucho sueño: estoy muerta de sueño. Mira: me parece que es un monte la barba de papá: y el pastel de la mesa me da vueltas, vueltas alrededor, y se están riendo de mí las banderitas: y me parece que están bailando en el aire las flores de zanahoria: estoy muerta de sueño: ¡adiós, mi madre!: mañana me levanto muy tempranito: tú, papá, me despiertas antes de salir: yo te quiero ver siempre antes de que te vayas a trabajar: ¡oh, las zanahorias! ¡estoy muerta de sueño! ¡Ay, mamá, no me mates el ramo! ¡mira, ya me mataste mi flor!» —«¿Conque se enoja mi hija porque le doy un abrazo?». —«¡Pégame, mi mamá! ¡papá, pégame tú! es que tengo mucho sueño». Y Piedad salió de la sala de los libros, con la criada que le llevaba la muñeca de seda. «¡Qué de prisa va la niña, que se va a caer! ¿Quién espera a la niña?» —«¡Quién sabe quién me espera!». Y no habló con la criada: no le dijo que le contase el cuento de la niña jorobadita que se volvió una flor: un juguete no más le pidió, y lo puso a los pies de la cama y le acarició a la criada la mano, y se quedó dormida. Encendió la criada la lámpara de velar, con su bombillo de ópalo: salió de puntillas: cerró la puerta con mucho cuidado. Y en cuanto estuvo cerrada la puerta, relucieron dos ojitos en el borde de la sábana: se alzó de repente la cubierta rubia: de rodillas en la cama, le dio toda la luz a la lámpara de velar: y se echó sobre el juguete que puso a los pies, sobre la muñeca negra. La besó, la abrazó, se la apretó contra el corazón: «Ven, pobrecita: ven, que esos malos te dejaron aquí sola: tú no estás fea, no, aunque no tengas más que una trenza: la fea es esa, la que han traído hoy, la de los ojos que no hablan: dime, Leonor, dime, ¿tú pensaste en mí?: mira el ramo que te traje, un ramo de nomeolvides, de los más lindos del jardín: ¡así, en el pecho! ¡esta es mi muñeca linda! ¿y no has llorado? ¡te dejaron tan sola! ¡no me mires así, porque voy a llorar yo! ¡no, tú no tienes frío! ¡aquí conmigo, en mi almohada, verás como te calientas! ¡y me quitaron, para que no me hiciera daño, el dulce que te traía! ¡así, así, bien arropadita! ¡a ver, mi beso, antes de dormirte! ¡ahora, la lámpara baja! ¡y a dormir, abrazadas las dos! ¡te quiero, porque no te quieren!».

Nueva York, octubre de 1889

LETRAS,
EDUCACIÓN, PINTURA

[NI SERÁ ESCRITOR INMORTAL
EN AMÉRICA]

Ni será escritor inmortal en América, y como el Dante, el Lutero, el Shakespeare o el Cervantes de los americanos, sino aquel que refleje en sí las condiciones múltiples y confusas de esta época, condensadas, desprosadas, ameduladas, informadas por sumo genio artístico. Lenguaje que del propio materno reciba el molde, y de las lenguas que hoy influyen en la América soporte el necesario influjo, con antejuicio suficiente para grabar lo que ha de quedar fijo de esta época de génesis, y desdeñar lo que en ella se anda usando lo que no tiene condiciones de fijeza, ni se acomoda a la índole esencial de nuestra lengua madre, harto bella y por tanto poderosa, sobre serlo por su sólida estructura, para ejercer a la postre, luego del acrisolamiento, dominio sumo —tal ha de ser el lenguaje que nuestro Dante hable.

Y en él, —asunto continental, que sea fuente histórica, y monumento visible a distancia— con lo que por espíritu, y por forma, quedará su obra como representación doble de la patria cuya literatura entra a fundar. Porque tenemos alardes y vagidos de literatura propia, y materia prima de ella, y notas sueltas vibrantes y poderosísimas —mas no literatura propia. No hay letras, que son expresión, hasta que no hay esencia que expresar en ellas. Ni habrá literatura hispanoamericana, hasta que no haya —Hispanoamérica. Estamos en tiempos de ebullición, no de condensación; de mezcla de elementos, no de obra enérgica de elementos unidos. Están luchando las especies por el dominio en la unidad del género. —El apego hidalgo a lo pasado cierra el paso al anhelo apostólico de lo porvenir. Los patricios, y los neopatricios se oponen a que gocen de su derecho de unidad los libertos y los plebeyos. Temen que les arrebaten su preponderancia natural, o no les reconozcan en el Gobierno su parte legítima —se apegan los indios con exceso y ardor a su Gobierno. La práctica sesuda se impone a la teoría ligera. Las instituciones que nacen de los propios elementos del país, únicas durables, van asentándose, trabajosa pero seguramente, sobre las instituciones importadas, caíbles al menor soplo del viento. Siglos tarda en crearse lo que ha de durar siglos. Las obras magnas de las letras han sido siempre expresión de épocas magnas. A pueblo indeterminado, ¡literatura indeterminada! Mas apenas se acercan los elementos del pueblo a la unión, acércanse y condénsanse en una gran obra profética los elementos de su literatura. Lamentémonos ahora, de que la gran obra nos falte, no porque nos falte ella, sino porque esa es señal de que nos falta aún el pueblo magno de que ha de ser reflejo, —que ha de reflejar— (de que ha de ser reflejo) ¿Se unirán, en consorcio urgente, esencial y bendito, los pueblos conexos y antiguos de América? ¿Se dividirán, por ambiciones de vientre y celos de villorrio, en nacioncillas desmeduladas, extraviadas, laterales, dialécticas...?

Cuaderno de apuntes, 1881

EL CARÁCTER
DE LA *REVISTA VENEZOLANA*

He aquí el segundo número de la *Revista Venezolana*. Fervorosas palabras de simpatía por una parte y naturales muestra de extrañeza por la otra, saludaron la aparición del número primero: todo nuevo viajero halla pródigo sol que lo caliente, y ramas que le azoten el rostro en el camino. —Débense al público, no aquellas explicaciones que tengan por objeto cortejar gustos vulgares, ni ceder a los apetitos de lo frívolo; sino aquellas que tiendan a asegurar el éxito de una obra sana y vigorosa, encaminada, por vías de amor y de labor, a sacar a luz con vehemencia filial cuanto interese a la fama y ventura de estos pueblos.

No citaremos, sino agradeceremos en silencio, las demostraciones de ardoroso afecto que la *Revista Venezolana* ha recibido: mas, ni debe intentarse lo mezquino, aunque de ello venga provecho mayor que de intentar lo grande, ni debe dejarse sin respuesta, por lo que al logro de lo grande importa, cuanto a desfigurarlo o a estorbarlo se dirige. Seguro de sí mismo, por enamorado, por trabajador, y por sincero, ni con las alabanzas se ofusca, ni ante interesados juicios ceja, el director de la *Revista Venezolana*. La obra de amor ha hallado siempre muchos enemigos.

Unos hallan la *Revista Venezolana* muy puesta en lugar, y muy precisa, como que encamina sus esfuerzos a elaborar, con los restos del derrumbe, la grande América nueva, sólida, batallante, trabajadora y asombrosa; y se regocijan del establecimiento de una

empresa que no tiene por objeto entretener ocios; sino aprovechar-
se de ellos para mantener en alto los espíritus, en el culto de lo
extraordinario y de lo propio; y nos aseguran que la tarea de hablar
a los venezolanos calurosamente de su grandeza y beneficio, y los
de la América, será estimada y favorecida en esta tierra buena, en
su provecho interesada, y encendida en el fogoso amor de sus
proezas: ¡quién se fatiga de tener padres gloriosos! ¡ni de oír hablar
del modo de hacer casa a sus hijos! —Pero hallan otros que la
Revista Venezolana no es bastante variada, ni amena, y no conciben
empresa de este género, sin su fardo obligado de cuentecillos de
Andersen, y de imitaciones de Uhland, y de novelas traducidas,
y de trabajos hojosos, y de devaneos y fragilidades de la imagina-
ción, y de toda esa literatura blanda y murmurante que no obliga
a provechoso esfuerzo a los que la producen ni a saludable medi-
tación a los que leen, ni trae aparejadas utilidad y trascendencia.
—Pues la *Revista Venezolana* hace honor de esta censura, y la le-
vanta y pasea al viento a guisa de bandera.

¿Cómo? Cuando se tallan sobre las ásperas y calientes ruinas
de la época pasada, los tiempos admirables y gloriosos que los
enérgicos ingenios y elementos robustos de este pueblo anuncian;
cuando es fuerza ir haciendo con mano segura atrás todo lo que
estorba, y adelante a todo lo brioso y nuevo que urge; cuando
vivimos en una época de incubación y de rebrote, en que, perdi-
dos los antiguos quicios, andamos como a tientas en busca de los
nuevos; cuando es preciso derribar, abrirse paso entre el derrumbe,
clavar el asta verde, arrancada al bosque virgen y fundar; cuando,
poseedores de la excesiva instrucción literaria que heredamos de
la colonia perezosa, se vive en gran manera como extraño enfren-
te de esos mares que nos hablan de poder y de fama venideros, de
esas selvas, guardadoras clementes de nuestra fortuna abandona-
da, y de esos montes de oro, que descuajados en fuego se estre-
mecen coléricos bajo nuestras plantas, como con cansancio de su
obligada pereza, y con enojo del desamor con que los vemos;
cuando los árboles están de pie en los bosques, como guerreros
dispuestos a la lidia, en espera de estos gallardos desdeñosos de
los pueblos, que no acuden a desatarlos y a recoger el fruto de ese
magnífico combate de los humanos y la naturaleza; cuando pue-
blan florestas suntuosas, naciones ignoradas, y se hablan raras
lenguas por sendas escondidas, a cuyos bordes son abono de la

tierra los frutos que podrían ir mar adelante en nave nuestra a ser gala y señuelo en los mercados; cuando vagan por entre nosotros, a modo de visiones protectoras, grandes muertos erguidos que demandan a cada hijo que vive su golpe de martillo en la faena de la patria nueva; cuando hay tres siglos que hacer rodar por tierra, que entorpecen aún nuestro andar con sus raíces, y una nación pujante y envidiable que alzar, a ser sustento y pasmo de hombres: ¿será alimento bastante a un pueblo fuerte, digno de su alta cuna y magníficos destinos, la admiración servil a extraños rimadores, la aplicación cómoda y perniciosa de indagaciones de otros mundos, el canto lánguido de los comunes dolorcillos, el cuento hueco en que se fingen pasiones perturbadoras y malsanas, la contemplación peligrosa y exclusiva de las nimias torturas personales, la obra brillante y pasajera de la imaginación estéril y engañosa? —No: no es esta la obra. Es la imaginación ala de fuego, mas no tórax robusto de la inteligencia humana. Es la facilidad sirena de los débiles; pero motivo de desdén para los fuertes, y para los pueblos causa de aflojamiento y grandes daños. De honra raíz ha de venir, y a grande espacio ha de tender toda obra de la mente. Deben sofocarse las lágrimas propias en provecho de las grandezas nacionales. Es fuerza andar a pasos firmes, —apoyada la mano en el arado que quiebra, descuaja, desortiga y avienta la tierra,— camino de lo que viene, con la frente en lo alto. Es fuerza meditar para crecer: y conocer la tierra en que hemos de sembrar. Es fuerza convidar a las letras a que vengan a andar la vía patriótica, de brazo de la historia, con lo que las dos son mejor vistas, por lo bien que hermanan, y del brazo del estudio, que es padre prolífico, y esposo sincero, y amante dadivoso. Es fuerza, en suma, ante la obra gigantesca, ahogar el personal hervor, y hacer la obra.

Cierto que, pasajeros de la nave humana, somos a par del resto de los hombres, revueltos y empujados por las grandes olas; cierto que, venidos a la vida en época que escruta, vocea y disloca, ni los clamores, ni los provechos, ni las faenas del universo batallador nos son extrañas; cierto también que por nacer humanos, singulares dolores nos aquejan, como de águila forzada a vivir presa en un menguado huevecillo de paloma. Mas ni el fecundo estudio del maravilloso movimiento universal nos da provecho, —antes nos es causa de amargos celos y dolores,— si no nos enciende en ansias de combatir por ponernos con nuestras singulares aptitudes a la par de los que adelanta y batallan; ni hemos de mirar con ojos de hijo lo ajeno, y con ojos de apóstata lo propio; ni hemos de ceder a esta voz de fatiga y agonía que viene de nuestro espíritu espantado del ruido de los hombres. De llorar, tiempo se tiene en la callada alcoba, frente a sí mismo, en la solemne noche: durante el día, la universal faena, el bienestar de nuestros hijos y la elaboración de nuestra patria nos reclaman.

Animada de estos pensamientos, y anhelosa de hacer la obra más útil, la *Revista Venezolana* viene a luz, no para dar salida a producciones meramente literarias, de las que vive sin embargo tan pagado y a las que con doloroso amor secreto se abandona el que esto escribe y comienza por alejar con mano resuelta de estas páginas, sus propias hijas nacidas en pañales de Europa, o en pañal de lágrimas; no para alimentar sus ediciones de trabajos varios, sin orden ni concierto, ni gran traba entre sí, ni fin común, ni más analogía que la que viene de la imaginación que las engendra; no a ser casa de composiciones aisladas, sin plan fijo, sin objeto determinado, sin engranaje íntimo, sin marcado fin patrio: —viene a dar aposento a toda obra de letras que haga relación visible, directa y saludable con la historia, poesía, arte, costumbre, familias, lenguas, tradiciones, cultivos, tráficos e industrias venezolanas. Quien dice Venezuela, dice América: que los mismos males sufren, y de los mismos frutos se abastecen, y los mismos propósitos alientan el que en las márgenes del Bravo codea en tierra de México al Apache indómito, y el que en tierras del Plata vivifica sus fecundas simientes con el agua agitada del Arauco. Como balcón por donde asome a nuestro mundo feraz el mundo antiguo, y porque es elemento útil de nuestra vida, estará el movimiento universal representado por el extracto sucinto y provechoso de los grandes libros que en toda parte del mundo se publiquen. Y como dan medida justa de este sano pueblo el sentimiento ingenuo, el dolor casto y la pasión caballeresca de sus poetas, con rimas suyas irán siempre esmaltadas estas páginas humildes, soberbias solo en el vigor con que han de defender la obra que intentan. Más vale estar en ocio que emplearse en lo mezquino. Y callar, que no hablar verdad. Pero enfrente a la faena, es deber el trabajo, prueba la injusticia y el silencio culpa. —Determinado así nuestro propósito, excusado es decir lo que está fuera de él, o cabe en él.

De esmerado y de pulcro han motejado algunos el estilo de alguna de las sencillas producciones que vieron la luz en nuestro número anterior. No es defensa, sino aclaración, la que aquí hacemos. Uno es el lenguaje del gabinete: otro el del agitado parlamento. Una lengua habla la áspera polémica: otra la reposada biografía. Distintos goces nos produce, y diferentes estilos ocasiona, el deleite de crepúsculo que viene de contemplar cuidadosamente lo pasado, y el deleite de alba que origina el penetrar anhelante y trémulo en lo por venir. Aquel es ocasionado a regocijos de frase, donaire y discreteo; este a carrera fulgurosa y vívida, donde la frase suene como escudo, taje como espada y arremeta como lanza. De lo uno son condiciones esenciales el reposo, la paciencia: de lo otro, el ansia y el empuje. De aquí que un mismo hombre hable distinta lengua cuando vuelve los ojos ahondadores a las épocas muertas, y cuando, con las angustias y las iras del soldado en batalla, esgrime el arma nueva en la colérica lid de la presente. Está además cada época en el lenguaje en que ella hablaba como en los hechos que en ella acontecieron, y ni debe poner mano en una época quien no la conozca como a cosa propia, ni conociéndola de esta manera es dable esquivar el encanto y unidad artística que lleva a decir las cosas en el que fue su natural lenguaje. Este es el color, y el ambiente, y la gracia, y la riqueza del estilo. No se ha de pintar cielo de Egipto con brumas de Londres; ni el verdor juvenil de nuestros valles con aquel verde pálido de Arcadia, o verde lúgubre de Erin. La frase tiene sus lujos, como el vestido, y cuál viste de lana, y cuál de seda, y cuál se enoja porque siendo de lana su vestido no gusta de que sea de seda el de otro. Pues ¿cuándo empezó a ser condición mala el esmero? Solo que aumentan las verdades con los días, y es fuerza que se abra paso esta verdad acerca del estilo: el escritor ha de pintar, como el pintor. No hay razón para que el uno use de diversos colores, y no el otro. Con las zonas se cambia de atmósfera, y con los asuntos de lenguaje. Que la sencillez sea condición recomendable no quiere decir que se excluya del traje un elegante adorno. De arcaico se tachará unas veces, de las raras en que escriba, al director de la *Revista Venezolana;* y se le tachará en otras de neólogo; usará de lo antiguo cuando sea bueno, y creará lo nuevo cuando sea necesario: no hay por qué invalidar vocablos útiles, ni por qué cejar en la faena de dar palabras nuevas a ideas nuevas.

Queda con esto, agradecido tiernamente el amoroso concepto que a muchos merecemos, respondida sin vacilación la extrañeza que a otros hemos causado, y determinado con fijeza el carácter de la *Revista Venezolana*. La sinceridad: he aquí su fuerza. El estudio: he aquí su medio. Y un derecho solo recaba para sí: su derecho a lo grande.

Revista Venezolana. Caracas, 15 de julio de 1881

OSCAR WILDE

Vivimos, los que hablamos lengua castellana, llenos todos de Horacio y de Virgilio, y parece que las fronteras de nuestro espíritu son las de nuestro lenguaje. ¿Por qué nos han de ser fruta casi vedada las literaturas extranjeras tan sobradas hoy de ese ambiente natural, fuerza sincera y espíritu actual que falta en la moderna literatura española? Ni la huella que en Núñez de Arce ha dejado Byron, ni la que los poetas alemanes imprimieron en Campoamor y Bécquer, ni una que otra traducción pálida de alguna obra alemana o inglesa, bastan a darnos idea de la literatura de los eslavos, germanos y sajones, cuyos poemas tienen a la vez del cisne níveo, de los castillos derruidos, de las robustas mozas que se asoman a su balcón lleno de flores, y de la luz plácida y mística de las auroras boreales. Conocer diversas literaturas es el medio mejor de libertarse de la tiranía de algunas de ellas; así como no hay manera de salvarse del riesgo de obedecer ciegamente a un sistema filosófico, sino nutrirse de todos, y ver como en todos palpita un mismo espíritu, sujeto a semejantes accidentes, cualesquiera que sean las formas de que la imaginación humana, vehemente o menguada, según los climas, haya revestido esa fe en lo inmenso y esa ansia de salir de sí, y esa noble inconformidad con ser lo que es, que generan todas las escuelas filosóficas.

He ahí a Oscar Wilde: es un joven sajón que hace excelentes versos. Es un cismático en el arte, que acusa al arte inglés de haber sido cismático en la iglesia del arte hermoso universal. Es un elegante apóstol, lleno de fe en su propaganda y de desdén por los que se la censuran, que recorre en estos instantes los Estados Unidos, diciendo en blandas y discretas voces cómo le parecen abominables los pueblos que, por el culto de su bienestar material, olvidan el bienestar del alma, que aligera tanto los hombros humanos de la pesadumbre de la vida, y predispone gratamente al esfuerzo y al trabajo. Embellecer la vida es darle objeto. Salir de sí es indomable anhelo humano, y hace bien a los hombres quien procura hermosear su existencia, de modo que vengan a vivir contentos con estar en sí. Es como mellar el pico del buitre que devora a Prometeo. Tales cosas dice, aunque no acierte tal vez a darles esa precisión ni a ver todo ese alcance, el rebelde hombre que quiere sacudirse de sus vestidos de hombre culto, la huella oleosa y el polvillo de carbón que ennegrece el cielo de las ciudades inglesas, sobre las que el sol brilla entre tupidas brumas como opaco globo carmesí, que lucha en vano por enviar su color vivificante a los miembros toscos y al cerebro aterido de los ásperos norteños. De modo que el poeta que en aquellas tierras nace, aumenta su fe exquisita en las cosas del espíritu tan desconocido y desamado. No hay para odiar la tiranía como vivir bajo ella. Ni para exacerbar el fuego poético, como morar entre los que carecen de él. Solo que, falto de alma en quienes verter la suya desbordante, muere ahogado el poeta.

¡Ved a Oscar Wilde! Es en Chickering Hall, casa de anchos salones, donde en Nueva York acude el público a oír lecturas. Es la casa de los lectores aristocráticos que ya gozan de fama y de fortuna para llamar desahogadamente a ella. En esas salas se combate y se defiende el dogma cristiano, se está a lo viejo y se predica lo nuevo. Explican los viajeros sus viajes, acompañados de vistas panorámicas y dibujos en una gran pizarra. Estudia un crítico a un poeta. Diserta una dama sobre la conveniencia o inconveniencia de estos o aquellos trajes. Desenvuelve un filólogo las leyes de la filología. En una de esas salas va a leer Wilde su discurso sobre el gran renacimiento del arte en Inglaterra, del que le llaman maestro y guía, cuando no es más que bravo adepto y discípulo activo y ferviente. Él propaga su fe. Otros hubo que murieron de ella. Ya llegaremos a esto. La sala está llena de suntuosas damas y de selectos caballeros. Los poetas magnos faltan, como temerosos de ser tenidos por cómplices del innovador. Los hombres aman en secreto las verdades peligrosas, y solo iguala su miedo a defenderlas, antes de verlas aceptadas, la tenacidad y brío con que las apoyan luego que ya no se corre riesgo en su defensa. Oscar Wilde pertenece a excelente familia irlandesa, y ha comprado con su independencia pecuniaria el derecho a la independencia de su pensamiento. Este es uno de los males de que mueren los hombres de genio: acontece a menudo que su pobreza no les permite defender la verdad que los devora e ilumina, demasiado nueva y rebelde para que puedan vivir de ella. Y no viven sino en cuanto consienten en ahogar la verdad reveladora de que son mensajeros, de cuya pena mueren. Los carruajes se agolpan a las puertas anchas de la solemne casa de las lecturas. Tal dama lleva un lirio, que es símbolo de los reformistas. Todas han hecho gala de elegancia y riqueza en el vestir. Como los estetas, que son en Inglaterra los renovadores del arte, quieren que sean siempre armónicos los colores que se junten en la ornamentación o en los vestidos, el escenario es simple y nítido.

Una silla vacía, de alto espaldar y gruesos brazos, como nuestras sillas de coro, espera al poeta. De madera oscura es la silla, y de marroquí oscuro su respaldo y su asiento. De castaño más suave es el lienzo que ocupa la pared del fondo. Junto a la silla, una mesa elegante sostiene una artística jarra, en que brilla, como luz presa, el agua pura. ¡Ved a Oscar Wilde! No viste como todos vestimos, sino de singular manera. Ya enuncia su traje el defecto de su propaganda, que no es tanto crear lo nuevo, de lo que no se siente capaz, como resucitar lo antiguo. El cabello le cuelga cual el de los caballeros de Elizabeth de Inglaterra, sobre el cuello y los hombros; el abundoso cabello, partido por esmerada raya hacia la mitad de la frente. Lleva frac negro, chaleco de seda blanco, calzón corto y holgado, medias largas de seda negra, y zapatos de hebilla. El cuello de su camisa es bajo, como el de Byron, sujeto por caudalosa corbata de seda blanca, anudada con abandono. En la resplandeciente pechera luce un botón de brillantes, y del chaleco le cuelga una artística leopoldina. Que es preciso vestir bellamente, y él se da como ejemplo. Solo que el arte exige en todas sus obras unidad de tiempo, y hiere los ojos ver a un galán gastar chupilla de esta época, y pantalones de la pasada, y cabello a lo Cromwell, y leontinas a lo petimetre de comienzos de este siglo. Brilla en el rostro del poeta joven honrada nobleza. Es mesurado en el alarde de su extravagancia. Tiene respeto a la alteza de sus miras, e impone con ellas el respeto de sí. Sonríe como quien está seguro de sí mismo. El auditorio, que es granado, cuchichea. ¿Qué dice el poeta?

Dice que nadie ha de intentar definir la belleza, luego de que Goethe la ha definido; que el gran renacimiento inglés en este siglo une al amor de la hermosura griega, la pasión por el renacimiento italiano, y el anhelo de aprovechar toda la belleza que ponga en sus obras ese espíritu moderno; dice que la escuela nueva ha brotado, como la armoniosa eufonía del amor de Fausto y Helena de Troya, del maridaje del espíritu de Grecia, donde todo fue bello, y el individualismo ardiente, inquisidor y rebelde de los modernos románticos. Homero precedió a Fidias; Dante precedió a la renovación maravillosa de las artes de Italia; los poetas siempre preceden. Los prerrafaelitas, que fueron pintores que amaron la belleza real, natural y desnuda, precedieron a los estetas que aman la belleza de todos los tiempos, artística y culta. Y Keats, el poeta exuberante y plástico, precedió a los prerrafaelitas. Querían estos sectarios de los modos de pintar usados por los predecesores del melodioso Rafael, que hiciesen a un lado los pintores cuanto sabían del arte y venían enseñando los maestros y con la paleta llena de colores, se diesen a copiar los objetos directamente de la Naturaleza. Fueron sinceros hasta ser brutales. Del odio a la convención de los demás, cayeron en la convención propia. De su desdén de las reglas excesivas, cayeron en el desdén de toda regla. Mejorar no puede ser volver hacia atrás; pero los prerrafaelitas, ya que fueron incapaces de fundar, volcaron al menos ídolos empolvados. Tras de ellos, y en gran parte merced a ellos, empezaron a tenerse por buenas en Inglaterra la libertad y la verdad del arte. «No preguntéis a los ingleses—decía Oscar Wilde—quiénes fueron aquellos beneméritos prerrafaelitas; no saber nada de sus grandes hombres es uno de los requisitos de la educación inglesa. Allá en 1847, se reunían los admiradores de nuestro Keats para verle sacudir de su lecho de piedra la poesía y la pintura. Pero hacer esto es perder en Inglaterra todos sus derechos de ciudadano. Tenían lo que los ingleses no perdonan jamás que se tenga: juventud, poder y entusiasmo. Los satirizaron, porque la sátira es el homenaje que la medianía celosa paga siempre al genio, lo que debía tener muy contento de sí a los reformadores, porque estar en desacuerdo con las tres cuartas partes de los ingleses en todos los puntos es una de las más legítimas causas de propia satisfacción, y debe ser una ancha fuente de consuelos en los momentos de desfallecimiento espiritual».

Oíd ahora a Wilde hablar de otro armoniosísimo poeta, William Morris, que escribió *El paraíso terrenal,* y hacía gala de su belleza suma y condición sonora de sus versos, vibrantes y transparentes como porcelana japonesa. Oíd a Wilde decir que Morris creyó que copiar de muy cerca a la Naturaleza es privarla de lo que tiene de más bello, que es el vapor, que a modo de halo luminoso, se desprende de sus obras. Oídle decir que a Morris deben las letras de Inglaterra aquel modo preciso de dibujar las imágenes de la fantasía en la mente y en el verso, a tal punto, que no conoce poeta alguno inglés que haya excedido, en la frase nítida y en la imagen pura, a Morris. Oídle recomendar la práctica de Teófilo Gautier, que creía que no había libro más digno de ser leído por un poeta que el diccionario. «Aquellos reformadores—decía Wilde—venían cantando cuanto hallaban de hermoso, ya en su tiempo, ya en cualquiera de los tiempos de la tierra». Querían decirlo todo, pero decirlo bellamente. La hermosura era el único freno de la libertad. Les guiaba el profundo amor de lo perfecto.

No ahogaban la inspiración, sino le ponían ropaje bello. No querían que fuese desordenada por las calles, ni vestida de mal gusto, sino bien vestida. Y decía Wilde: «No queremos cortar las alas a los poetas, sino que nos hemos habituado a contar sus innumerables pulsaciones, a calcular su fuerza ilimitada, a gobernar su libertad ingobernable. Cántelo todo el bardo, si cuanto canta es digno de sus versos. Todo está presente ante el bardo. Vive de espíritus, que no perecen. No hay para él forma perdida, sí asunto caducado. Pero el poeta debe, con la calma de quien se siente en posesión del secreto de la belleza, aceptar lo que en los tiempos halle de irreprochablemente hermoso, y rechazar lo que no ajuste a su cabal idea de la hermosura. Swinburne, que es también gran poeta inglés, cuya imaginación inunda de riquezas sin cuento sus rimas musicales, dice que el arte es la vida misma, y que el arte no sabe nada de la muerte. No desdeñemos lo antiguo, porque acontece que lo antiguo refleja de modo perfecto lo presente, puesto que la vida, varia en formas, es perpetua en su esencia, y en lo pasado se la ve sin esa "bruma de familiaridad" o de preocupación que la anubla para los que vamos existiendo en ella. Mas no basta la elección de un adecuado asunto para conmemorar las almas: no es el asunto pintado en un lienzo lo que encadena a él las miradas, sino el vapor del alma que surge del hábil empleo de los colores.

Así el poeta, para ser su obra noble y durable, ha de adquirir ese arte de la mano, meramente técnico, que da a sus cantos ese perfume espiritual que embriaga a los hombres. ¡Qué importa que murmuren los críticos! El que puede ser artista no se limita a ser crítico, y los artistas, que el tiempo confirma, solo son comprendidos en todo su valer por los artistas. Nuestro Keats decía que solo veneraba a Dios, a la memoria de los grandes hombres y a la belleza. A eso venimos los estetas: a mostrar a los hombres la utilidad de amar la belleza, a excitar al estudio de los que la han cultivado, a avivar el gusto por lo perfecto, y el aborrecimiento de toda fealdad; a poner de nuevo en boga la admiración, el conocimiento y la práctica de todo lo que los hombres han admirado como hermoso. Mas, ¿de qué vale que ansiemos coronar la forma dramática que intentó nuestro poeta Shelley, enfermo de amar al cielo en una tierra donde no se le ama? ¿De qué vale que persigamos con ahínco la mejora de nuestra poesía convencional y de nuestras artes pálidas, el embellecimiento de nuestras casas, la gracia y propiedad de los vestidos? No puede haber gran arte sin una hermosa vida nacional, y el espíritu comercial de Inglaterra la ha matado. No puede haber gran drama sin una noble vida nacional, y esa también ha sido muerta por el espíritu comercial de los ingleses». Aplausos calurosos animaron en este enérgico pasaje al generoso lector, objeto visible de la curiosidad afectuosa de su auditorio.

Y decía luego Oscar Wilde a los norteamericanos: «Vosotros, tal vez, hijos de pueblo nuevo, podréis lograr aquí lo que a nosotros nos cuesta tanta labor lograr allá en Bretaña. Vuestra carencia de viejas instituciones sea bendita, porque es una carencia de trabas; no tenéis tradiciones que os aten ni convenciones seculares e hipócritas con que os den los críticos en rostro. No os han pisoteado generaciones hambrientas. No estáis obligados a imitar perpetuamente un tipo de belleza cuyos elementos ya han muerto. De vosotros puede surgir el esplendor de una nueva imaginación y la maravilla de alguna nueva libertad. Os falta en vuestras ciudades, como en vuestra literatura, esa flexibilidad y gracia que da la sensibilidad a la belleza. Amad todo lo bello por el placer de amarlo. Todo reposo y toda ventura vienen de eso. La devoción a la belleza y a la creación de cosas bellas es la mejor de todas las civilizaciones: ella hace de la vida de cada hombre un sacramento, no un número en los libros de comercio. La belleza es la única cosa que el tiempo no acaba. Mueren las filosofías, extínguense los credos religiosos; pero lo que es bello vive siempre, y es joya de todos los tiempos, alimentos de todos y gala eterna. Las guerras vendrán a ser menores cuando los hombres amen con igual intensidad las mismas cosas, cuando los una común atmósfera intelectual. Soberana poderosa es aún, por la fuerza de las guerras, Inglaterra; y nuestro renacimiento quiere crearle tal soberanía, que dure, aun cuando ya sus leopardos amarillos estén cansados del fragor de los combates, y no tiña la rosa de su escudo la sangre derramada en las batallas. Y vosotros también, americanos, poniendo en el corazón de este gran pueblo este espíritu artístico que mejora y endulza, crearéis, para vosotros mismos tales riquezas, que os harán olvidar, por pequeñas, estas que gozáis ahora, por haber hecho de vuestra tierra una red de ferrocarriles, y de vuestras bahías el refugio de todas las embarcaciones que surcan los mares conocidos a los hombres».

Esas nobles y juiciosas cosas dijo en Chickering Hall el joven bardo inglés, de luenga cabellera y calzón corto. Mas, ¿qué evangelio es ese, que ha alzado en torno de los evangelistas tanta grita? Esos son nuestros pensamientos comunes: con esa piedad vemos nosotros las maravillas de las artes; no la sobra, sino la penuria, del espíritu comercial hay en nosotros. ¿Qué peculiar grandeza hay en esas verdades, bellas, pero vulgares y notorias que, vestido con ese extraño traje, pasea Oscar Wilde por Inglaterra y los Estados Unidos? ¿Será maravilla para los demás lo que ya para nosotros es código olvidado? ¿Será respetable ese atrevido mancebo, o será ridículo? ¡Es respetable! Es cierto que, por temor de parecer presuntuoso, o por pagarse más del placer de la contemplación de las cosas bellas, que del poder moral y fin trascendental de la belleza, no tuvo esa lectura que extractamos aquella profunda mira y dilatado alcance que placerían a un pensador. Es cierto que tiene algo de infantil predicar reforma tan vasta, aderezado con un traje extravagante que no añade nobleza ni esbeltez a la forma humana, ni es más que una tímida muestra de odio a los vulgares hábitos corrientes.

Es cierto que yerran los estetas en buscar, con peculiar amor, en la adoración de lo pasado y de lo extraordinario de otros tiempos, el secreto del bienestar espiritual en lo porvenir. Es cierto que deben los reformadores vigorosos perseguir el daño en la causa que lo engendra, que es el excesivo amor al bienestar físico, y no en el desamor del arte, que es su resultado. Es cierto que en nuestras tierras luminosas y fragantes tenemos como verdades trascendentales esas que ahora se predican a los sajones como reformas sorprendentes y atrevidas. Mas, ¡con qué amargura no se ve ese hombre joven; cómo parece aletargado en los hijos de su pueblo ese culto ferviente de lo hermoso, que consuela de las más grandes angustias y es causa de placeres inefables! ¡Con qué dolor no ha de ver perdida para la vida permanente la tierra en que nació, que paga culto a ídolos perecederos! ¡Qué energía no ha menester para sofocar la censura de dibujantes y satíricos que viven de halagar los gustos de un público que desama a quien le echa en cara sus defectos! ¡Qué vigor y qué pujanza no son precisos para arrostrar la cólera temible y el desdén rencoroso de un pueblo frío, hipócrita y calculador! ¡Qué alabanza no merece, a pesar de su cabello luengo y sus calzones cortos, ese gallardo joven que intenta trocar en sol de rayos vívidos, que hiendan y doren la atmósfera, aquel opaco globo carmesí que alumbra a los melancólicos ingleses! El amor al arte aquilata el alma y la enaltece: un bello cuadro, una límpida estatua, un juguete artístico, una modesta flor en lindo vaso, pone sonrisas en los labios donde morían tal vez, pocos momentos ha, las lágrimas. Sobre el placer de conocer lo hermoso, que mejora y fortifica, está el placer de poseer lo hermoso, que nos deja contentos de nosotros mismos. Alhajar la casa, colgar de cuadros las paredes, gustar de ellos, estimar sus méritos, platicar de sus bellezas son goces nobles que dan valía a la vida, distracción a la mente y alto empleo al espíritu. Se siente correr por las venas una savia nueva cuando se contempla una nueva obra de arte. Es como tener de presente lo venidero. Es como beber en copa de Cellini la vida ideal.

Y ¡qué pueblo tan rudo aquel que mató a Byron! ¡Qué pueblo tan necio, como hecho de piedra, aquel que segó los versos en los labios juveniles del abundoso Keats! El desdén inglés hiela, como hiela los ríos y los lagos ingleses el aire frío de las montañas. El desdén cae como saeta despedida de labios fríos y lívidos. Ama el ingenio, que complace; no el genio, que devora. La luz excesiva le daña, y ama la luz tibia. Gusta de los poetas elegantes, que le hacen sonreír; no de los poetas geniosos, que le hacen meditar y padecer. Opone siempre las costumbres, como escudo ferrado, a toda voz briosa que venga a turbar el sueño de su espíritu. A ese escudo lanzan sus clavas los jóvenes estetas; con ese escudo intentan los críticos ahogar en estos labios ardientes las voces generosas. Selló ese escudo, antes que la muerte, los labios de Keats. De Keats viene ese vigoroso aliento poético, que pide para el verso música y espíritu, y para el ennoblecimiento de la vida el culto al arte. De Keats vino a los bardos de Inglaterra aquel sutil y celoso amor de la forma, que ha dado a los sencillos pensamientos griegos. En Keats nace esa lucha dolorosa de los poetas ingleses, que lidian, como contra ejército invencible, por despertar el amor de la belleza impalpable y de las dulces vaguedades espirituales en un pueblo que rechaza todo lo que hiera, y no adule o adormezca sus sentidos. ¿Adónde ha de ir en aquella tierra un poeta sino al fondo de sí mismo? ¿Qué ha de hacer, sino plegarse en su alma, como violeta herida de casco de caballo? En Keats, las ideas, como agua de mar virgen, se desbordaban de las estrofas aladas y sonantes. Sus imágenes se atropellaban, como en Shakespeare; solo que Shakespeare las domaba y jugueteaba con ellas; y Keats era a veces arrebatado por sus imágenes. Aquel sol interior calcinó el cuerpo. Keats, que adoraba la belleza, fue a morir a su templo: a Roma. ¡Puede su fervoroso discípulo, que con desafiar a sus censores da pruebas de majestuosa entereza, y con sus nobles versos invita a su alma a abandonar el mercado de las virtudes, y cultivarse en triste silencio, avivar en su nación preocupada y desdeñosa el amor al arte, fuente de encantos reales y de consuelos con que reparar al espíritu acongojado de las amarguras que acarrea la vida!

El Almendares. La Habana, enero de 1882
La Nación. Buenos Aires, 10 de diciembre de 1882

EMERSON

Muerte de Emerson.— El gran filósofo americano ha muerto.— Emerson filósofo y poeta.— Su vida pura.— Su aspecto.— Su mente, su ternura y su cólera.— Su casa en Concord.— Éxtasis.— Suma de méritos.— Su método.— Su filosofía.—Su libro extraordinario: «Naturaleza».— ¿Qué es la vida?— ¿Qué son las ciencias?— ¿Qué enseña la naturaleza?— Filosofía de lo sobrehumano y de lo humano.— La virtud, objeto final del Universo.— Su modo de escribir.— Sus maravillosos versos

Tiembla a veces la pluma, como sacerdote capaz de pecado que se cree indigno de cumplir su ministerio. El espíritu agitado vuela a lo alto. Alas quiere que lo encumbren, no pluma que lo taje y moldee como cincel. Escribir es un dolor, es un rebajamiento: es como uncir cóndor a un carro. Y es que cuando un hombre grandioso desaparece de la tierra, deja tras de sí claridad pura, y apetito de paz, y odio de ruidos. Templo semeja el Universo. Profanación el comercio de la ciudad, el tumulto de la vida, el bullicio de los hombres. Se siente como perder de pies y nacer de alas. Se vive como a la luz de una estrella, y como sentado en llano de flores blancas. Una lumbre pálida y fresca llena la silenciosa inmensa atmósfera. Todo es cúspide, y nosotros sobre ella. Está la tierra a nuestros pies, como mundo lejano y ya vivido, envuelto en sombras. Y esos carros que ruedan, y esos mercaderes que vocean, y esas altas chimeneas que echan al aire silbos poderosos, y ese cruzar, caracolear, disputar, vivir de hombres, nos parecen en nuestro casto refugio regalado, los ruidos de un ejército bárbaro que invade nuestras cumbres, y pone el pie en sus faldas, y rasga airado la gran sombra, tras la que surge, como un campo de batalla colosal, donde guerreros de piedra llevan coraza y casco de oro y lanzas rojas, la ciudad tumultuosa, magna y resplandeciente. Emerson ha muerto: y se llenan de dulces lágrimas los ojos. No da dolor sino celos. No llena el pecho de angustia, sino de ternura. La muerte es una victoria, y cuando se ha vivido bien, el féretro es un carro de triunfo. El llanto es de placer, y no de duelo, porque ya cubren hojas de rosas las heridas que en las manos y en los pies hizo la vida al muerto. La muerte de un justo es una fiesta, en que la tierra toda se sienta a ver como se abre el cielo. Y brillan de esperanza los rostros de los hombres, y cargan en sus brazos haces de palmas, con que alfombran la tierra, y con las espadas de combate hacen en lo alto bóveda para que pase bajo ellas, cubierto de ramas de roble y viejo heno, el cuerpo del guerrero victorioso. Va a reposar el que lo dio todo de sí, e hizo bien a los otros. Va a trabajar de nuevo el que hizo mal su trabajo en esta vida. ¡Y los guerreros jóvenes, luego de ver pasar con ojos celosos, al vencedor magno, cuyo cadáver tibio brilla con toda la grandeza del reposo, vuelven a la faena de los vivos, a merecer que para ellos tiendan palmas y hagan bóvedas!

¿Que quién fue ese que ha muerto? Pues lo sabe toda la tierra. Fue un hombre que se halló vivo, se sacudió de los hombros todos esos mantos y de los ojos todas esas vendas, que los tiempos pasados echan sobre los hombres, y vivió faz a faz con la naturaleza, como si toda la tierra fuese su hogar; y el sol su propio sol, y él patriarca. Fue uno de aquellos a quienes la naturaleza se revela, y se abre, y extiende los múltiples brazos, como para cubrir con ellos el cuerpo todo de su hijo. Fue de aquellos a quienes es dada la ciencia suma, la calma suma, el goce sumo. Toda la naturaleza palpitaba ante él, como una desposada. Vivió feliz porque puso sus amores fuera de la tierra. Fue su vida entera el amanecer de una noche de bodas. ¡Qué deliquios, los de su alma! ¡Qué visiones, las de sus ojos! ¡Qué tablas de leyes, sus libros! Sus versos, ¡qué vuelos de ángeles! Era de niño, tímido y delgado, y parecía a los que le miraban, águila joven, pino joven. Y luego fue sereno, amable y radiante, y los niños y los hombres se detenían a verle pasar. Era su paso firme, de aquel que sabe adonde ha de ir; su cuerpo alto y endeble, como esos árboles cuya copa mecen aires puros. El rostro era enjuto, cual de hombre hecho a abstraerse, y a ansiar salir de sí. Ladera de montaña parecía su frente. Su nariz era como la de las aves que vuelan por cumbres. Y sus ojos, cautivadores, como de aquel que está lleno de amor, y tranquilos, como de aquel que ha visto lo que no se ve. No era posible verle sin desear besar su frente. Para Carlyle, el gran filósofo inglés, que se revolvió contra la tierra con brillo y fuerza de Satán, fue la visita de Emerson, «una visión celeste». Para Whitman, que ha hallado en la naturaleza una nueva poesía, mirarle era «pasar hora bendita». Para Estedman, crítico bueno, «había en el pueblo del sabio una luz blanca». A Alcott, noble anciano juvenil, que piensa y canta, parece «un infortunio no haberle conocido». Se venía de verle como de ver un monumento vivo, o un ser sumo. Hay de esos hombres montañosos, que dejan ante sí y detrás de sí, llana la tierra. Él no era familiar, pero era tierno, porque era la suya imperial familia cuyos miembros habían de ser todos emperadores. Amaba a sus amigos como a amadas: para él la amistad tenía algo de la solemnidad del crepúsculo en el bosque. El amor es superior a la amistad en que crea hijos. La amistad es superior al amor en que no crea deseos, ni la fatiga de haberlos satisfecho, ni el dolor de abandonar el templo de los deseos saciados por el de los deseos nuevos. Cerca de él, había encanto. Se oía su voz, como la de un mensajero de lo futuro, que hablase de entre nube luminosa. Parecía que un impalpable lazo, hecho de luz de luna, ataba a los hombres que acudían en junto a oírle. Iban a verle los sabios, y salían de verle como regocijados, y como reconvenidos. Los jóvenes andaban luengas leguas a pie por verle, y él recibía sonriendo a los trémulos peregrinos, y les hacía sentar en torno a su recia mesa de caoba, llena de grandes libros, y les servía, de pie como un siervo, buen jerez viejo. ¡Y le acusan, de entre los que lo leen y no lo entienden, de poco tierno, porque hecho al permanente comercio con lo grandioso, veía pequeño lo suyo personal, y cosa de accidente, y ni de esencia, que no merece ser narrada! ¡Frinés de la pena son esos poetillos jeremíacos! ¡Al hombre ha de decirse lo que es digno del hombre, y capaz de exaltarlo! ¡Es tarea de hormigas andar contando en rimas desmayadas dolorcillos propios! El dolor ha de ser pudoroso.

Su mente era sacerdotal; su ternura, angélica; su cólera, sagrada. Cuando vio hombres esclavos, y pensó en ellos, habló de modo que pareció que sobre las faldas de un nuevo monte bíblico se rompían de nuevo en pedazos las Tablas de la Ley. Era moisíaco su enojo. Y se sacudía así las pequeñeces de la mente vulgar como se sacude un león tábanos. Discutir para él era robar tiempo al descubrimiento de la verdad. Como decía lo que veía, le irritaba que pusiesen en duda lo que decía. No era cólera de vanidad, sino de sinceridad. ¿Cómo había de ser culpa suya que los demás no poseyesen aquella luz esclarecedora de sus ojos? ¿No ha de negar la oruga que el águila vuela? Desdeñaba la argucia, y como para él lo extraordinario era lo común, se asombraba de la necesidad de demostrar a los hombres lo extraordinario. Si no le entendían, se encogía de hombros: la naturaleza se lo había dicho: él era un sacerdote de la naturaleza. Él no fingía revelaciones; él no construía mundos mentales; él no ponía voluntad ni esfuerzo de su mente en lo que en prosa o en verso escribía. Toda su prosa es verso. Y su verso es prosa, son como ecos. Él veía detrás de sí al Espíritu creador que a través de él hablaba a la naturaleza. Él se veía como pupila transparente que lo veía todo, lo reflejaba todo, y solo era pupila. Parece lo que escribe trozos de luz quebrada que daban en él, y bañaban su alma, y la embriagaban de la embriaguez que da la luz, y salían de él. ¿Qué habían de parecerle esas mentecillas vanidosas que andan montadas sobre convenciones como sobre zancos? ¿Ni esos hombres indignos, que tienen ojos y no quieren ver? ¿Ni esos perezosos u hombres de rebaño, que no usan de sus ojos, y ven por los de otro? ¿Ni esos seres de barro, que andan por la tierra amoldados por sastres, y zapateros, y sombrereros, y esmaltados por joyeros, y dotados de sentidos y de habla, y de no más que esto? ¿Ni esos pomposos fraseadores, que no saben que cada pensamiento es un dolor de la mente, y lumbre que se enciende con olio de la propia vida, y cúspide de monte?

Jamás se vio hombre alguno más libre de la presión de los hombres, y de la de su época. Ni el porvenir le hizo temblar, ni le cegó al pasarlo. La luz que trajo en sí le sacó en salvo de este viaje por las ruinas que es la vida. Él no conoció límites ni trabas. Ni fue hombre de su pueblo, porque lo fue del pueblo humano. Vio la tierra, la halló inconforme a sí, sintió el dolor de responder las preguntas que los hombres no hacen, y se plegó en sí. Fue tierno para los hombres, y fiel a sí propio. Le educaron para que enseñara un credo, y entregó a los crédulos su levita de pastor, porque sintió que llevaba sobre los hombros el manto augusto de la naturaleza. No obedeció a ningún sistema, lo que le parecía acto de ciego y de siervo; ni creó ninguno, lo que le parecía acto de mente flaca, baja y envidiosa. Se sumergió en la naturaleza, y surgió de ella radiante. Se sintió hombre, y Dios, por serlo. Dijo lo que vio; y donde no pudo ver, no dijo. Reveló lo que percibió, y veneró lo que no podía percibir. Miró con ojos propios en el Universo, y habló un lenguaje propio. Fue creador, por no querer serlo. Sintió gozos divinos, y vivió en comercios deleitosos, y celestiales. Conoció la dulzura inefable del éxtasis. Ni alquiló su mente, ni su lengua, ni su conciencia. De él, como de un astro, surgía luz. En él fue enteramente digno el ser humano.

Así vivió: viendo lo invisible y revelándolo. Vivía en ciudad sagrada, porque allí, cansados los hombres de ser esclavos, se decidieron a ser libres, y puesta la rodilla en tierra de Concord, que fue el pueblo del sabio, dispararon la bala primera, de cuyo hierro se ha hecho este pueblo, a los ingleses de casaca roja. En Concord vivía, que es como Túsculo, donde viven pensadores, eremitas y poetas. Era su casa, como él, amplia y solemne, cercada de altos pinos como en símbolo del dueño, y de umbrosos castaños. En el cuarto del sabio, los libros no parecían libros, sino huéspedes: todos llevaban ropas de familia, hojas descoloridas, lomos usados. Él lo leía todo, como águila que salta. Era el techo de la casa alto en el centro, cual morada de aquel que vivía en permanente vuelo a lo alto. Y salían de la empinada techumbre penachos de humo, como ese vapor de ideas que se ve a veces surgir de una gran frente pensativa. Allí leía a Montaigne, que vio por sí, y dijo cosas ciertas; a Swedenborg el místico, que tuvo mente oceánica; a Plotino, que buscó a Dios y estuvo cerca de hallarlo; a los hindús, que asisten trémulos y sumisos a la evaporación de su propia alma, y a Platón, que vio sin miedo, y con fruto no igualado, en la mente divina. O cerraba sus libros, y los ojos del cuerpo, para darse el supremo regalo de ver con el alma. O se paseaba agitado e inquieto, y como quien va movido de voluntad que no es la suya, y llameante, cuando, ganosa de expresión precisa, azotaba sus labios, como presa entre breñas que pugna por abrirse paso al aire, una idea. O se sentaba fatigado, y sonreía dulcemente, como quien ve cosa solemne, y acaricia agradecido su propio espíritu que la halla. ¡Oh, qué fruición, pensar bien! ¡Y qué gozo, entender los objetos de la vida! —¡gozo de monarca!— Se sonríe a la aparición de una verdad, como a la de una hermosísima doncella. Y se tiembla, como en un misterioso desposorio. La vida que suele ser terrible, suele ser inefable. Los goces comunes son dotes de bellacos. La vida tiene goces suavísimos, que vienen de amar y de pensar. Pues ¿qué nubes hay más bellas en el cielo que las que se agrupan, ondean y ascienden en el alma de un padre que mira a su hijo? Pues ¿qué ha de envidiar un hombre a la santa mujer, no porque sufre, ni porque alumbre, puesto que un pensamiento, por lo que tortura antes de nacer, y regocija después de haber nacido, es un hijo? La hora del conocimiento de la verdad es embriagadora y augusta. No se siente que se sube, sino que se reposa. Se siente ternura filial y confusión en el padre. Pone el gozo en los ojos brillo extremo; en el alma, calma; en la mente, alas blandas que acarician. ¡Es como sentirse el cráneo poblado de estrellas: bóveda interior, silenciosa y vasta, que ilumina en noche solemne la mente tranquila! Magnífico mundo. Y luego que se viene de él, se aparta con la mano blandamente, como con piedad de lo pequeño, y ruego de que no perturbe el recogimiento sacro, todo lo que ha sido obra de hombre. Uvas secas parecen los libros que poco ha parecían montes. Y los hombres, enfermos a quienes se trae cura. Y parecen los árboles, y las montañas, y el cielo inmenso, y el mar pujante, como nuestros hermanos, o nuestros amigos. Y se siente el hombre un tanto creador de la naturaleza. La lectura estimula, enciende, aviva, y es como soplo de aire fresco sobre la hoguera resguardada, que se lleva las cenizas, y deja al aire el fuego. Se lee lo grande, y si se es capaz de lo grandioso, se queda en mayor capacidad de ser grande. Se despierta el león noble, y de su melena, robustamente sacudida, caen pensamientos como copos de oro.

Era veedor sutil, que veía cómo el aire delicado se transformaba en palabras melodiosas y sabias en la garganta de los hombres, y escribía como veedor, y no como meditador. Cuanto escribe es máxima. Su pluma no es pincel que diluye, sino cincel que esculpe y taja. Deja la frase pura, como deja el buen escultor la línea pura. Una palabra innecesaria le parece una arruga en el contorno. Y al golpe de su cincel, salta la arruga en pedazos, y queda nítida la frase. Aborrecía lo innecesario. Dice, y agota lo que dice. A veces, parece que salta de una cosa a otra, y no se halla a primera vista la relación entre dos ideas inmediatas. Y es que para él es paso natural lo que para otros es salto. Va de cumbre en cumbre, como gigante, y no por las veredas y caminillos por donde andan, cargados de alforjas, los peatones comunes, que como miran desde tan abajo, ven pequeño al gigante alto. No escribe en períodos, sino en elencos. Sus libros son sumas, no demostraciones. Sus pensamientos parecen aislados, y es que ve mucho de una vez, y quiere de una vez decirlo todo, y lo dice como lo ve, a modo de lo que se lee a la luz de un rayo, o apareciese a una lumbre tan bella, que se sabe que ha de desaparecer. Y deja a los demás que desenvuelvan: él no puede perder tiempo; él anuncia. Su estilo no es lujoso, sino límpido. Lo depuraba, lo acrisolaba, lo aquilataba, lo ponía a hervir. Tomaba de él la médula. No es su estilo montículo verde, lleno de plantas florecidas y fragantes: es monte de basalto. Se hacía servir de la lengua, y no era siervo de ella. El lenguaje es obra del hombre, y el hombre no ha de ser esclavo del lenguaje. Algunos no le entienden bien; y es que no se puede medir un monte a pulgadas. Y le acusan de oscuro; mas ¿cuándo no fueron acusados de tales los grandes de la mente? Menos mortificante es culpar de inentendible lo que se lee, que confesar nuestra incapacidad para entenderlo. Emerson no discute: establece. Lo que le enseña la naturaleza le parece preferible a lo que le enseña el hombre. Para él un árbol sabe más que un libro; y una estrella enseña más que una universidad; y una hacienda es un evangelio; y un niño de la hacienda está más cerca de la verdad universal que un anticuario. Para él no hay cirios como los astros, ni altares como los montes, ni predicadores como las noches palpitantes y profundas. Emociones angélicas le llenan si ve desnudarse de entre sus velos, rubia y alegre, la mañana. Se siente más poderoso que monarca asirio o rey de Persia, cuando asiste a una puesta de sol, o a un alba riente. Para ser bueno no necesita más que ver lo bello. A esas llamas, escribe. Caen sus ideas en la mente como piedrecillas blancas en mar luminoso: ¡qué chispazos! ¡qué relampagueos! ¡qué venas de fuego! Y se siente vértigo, como si se viajara en el lomo de un león volador. Él mismo lo sintió, y salió fuerte de él. Y se aprieta el libro contra el seno, como a un amigo bueno y generoso; o se le acaricia tiernamente, como a la frente limpia de una mujer leal.

Pensó en todo lo hondo. Quiso penetrar el misterio de la vida: quiso descubrir las leyes de la existencia del Universo. Criatura, se sintió fuerte, y él salió en busca del Creador. Y volvió del viaje contento, y diciendo que lo había hallado. Pasó el resto de su vida en la beatitud que sigue a este coloquio. Tembló como hoja de árbol en esas expansiones de su espíritu, y vertimientos en el espíritu universal; y volvía a sí, fragante y fresco como hoja de árbol. Los hombres le pusieron delante al nacer todas esas trabas que han acumulado los siglos, habitados por hombres presuntuosos, ante la cuna de los hombres nuevos. Los libros están llenos de venenos sutiles, que inflaman la imaginación y enferman el juicio. Él apuró todas esas copas y anduvo por sí mismo, tocado apenas del veneno. Es el tormento humano que para ver bien se necesita ser sabio, y olvidar que se lo es. La posesión de la verdad no es más que la lucha entre las revelaciones impuestas de los hombres. Unos sucumben y son meras voces de otro espíritu. Otros triunfan, y añaden nueva voz a la de la naturaleza. Triunfó Emerson: he ahí su filosofía. «Naturaleza» se llama su mejor libro: en él se abandona a esos deleites exquisitos, narra esos paseos maravillosos, se revuelve con magnífico brío contra los que piden ojos para ver, y olvidan sus ojos; y ve al hombre señor, y al Universo blando y sumiso, y a todo lo vivo surgiendo de un seno y yendo al seno, y sobre todo lo que vive, al Espíritu que vivirá, y al hombre en sus brazos. Da cuenta de sí, y de lo que ha visto. De lo que no sintió, no da cuenta. Prefiere que le tengan por inconsistente que por imaginador. Donde ya no ven sus ojos, anuncia que no ve. No niega que otros vean; pero mantiene que ha visto. Si en lo que vio hay cosas opuestas, otro comente, y halle la distinción: él narra. Él no ve más que analogías: él no halla contradicciones en la naturaleza: él ve que todo en ella es símbolo del hombre, y todo lo que hay en el hombre lo hay en ella. Él ve que la naturaleza influye en el hombre, y que este hace a la naturaleza alegre, o triste, o elocuente, o muda, o ausente, o presente, a su capricho. Ve la idea humana señora de la materia universal. Ve que la hermosura física vigoriza y dispone el espíritu del hombre a la hermosura moral. Ve que el espíritu desolado juzga el Universo desolado. Ve que el espectáculo de la naturaleza inspira fe, amor y respeto. Siente que el Universo que se niega a responder al hombre en fórmulas, le responde inspirándole sentimientos que calman sus ansias, y le permite vivir fuerte, orgulloso y alegre. Y mantiene que todo se parece a todo, que todo tiene el mismo objeto, que todo da en el hombre, que lo embellece con su mente todo, que a través de cada criatura pasan todas las corrientes de la naturaleza, que cada hombre tiene en sí al Creador, y cada cosa creada tiene algo del Creador en sí, y todo irá a dar al cabo en el seno del Espíritu creador, que hay una unidad central en los hechos, —en los pensamientos, y en las acciones; que el alma humana, al viajar por toda la naturaleza, se halla a sí misma en toda ella; que la hermosura del Universo fue creada para inspirarse el deseo, y consolarse los dolores de la virtud, y estimular al hombre a buscarse y hallarse; que «dentro del hombre está el alma del conjunto, la del sabio silencio, la hermosura universal a la que toda parte y partícula está igualmente relacionada: el Uno Eterno». La vida no le inquieta: está contento, puesto que obra bien: lo que importa es ser virtuoso: «la virtud es la llave de oro que abre las puertas de la Eternidad»: la vida no es solo el comercio ni el gobierno, sino es más, el comercio con las fuerzas de la naturaleza y el gobierno de sí: de aquellas viene este: el orden universal inspira el orden individual: la alegría es cierta, y es la impresión suma; luego, sea cualquiera la verdad sobre todas las cosas misteriosas, es racional que ha de hacerse lo que produce alegría real, superior a toda otra clase de alegría, que es la virtud: la vida no es más que «una estación en la naturaleza». Y así corren los ojos del que lee por entre esas páginas radiantes y serenas, que parecen escritas, por sobre humano favor, en cima de montaña, a luz no humana: así se fijan los ojos, encendidos en deseos de ver esas seductoras maravillas, y pasear por el palacio de todas esas verdades, por entre esas páginas que encadenan y relucen, y que parecen espejos de acero que reflejan, a ojos airados de tanta luz, imágenes gloriosas. ¡Ah, leer cuando se está sintiendo el golpeo de la llama en el cerebro, —es como clavar un águila viva! ¡Si la mano fuera rayo, y pudiera aniquilar el cráneo sin cometer crimen!

¿Y la muerte? No aflige la muerte a Emerson: la muerte no aflige ni asusta a quien ha vivido noblemente: solo la teme el que tiene motivos de temor: será inmortal el que merezca serlo: morir es volver lo finito a lo infinito: rebelarse no le parece bien: la vida es un hecho, que tiene razón de ser, puesto que es: solo es un juguete para los imbéciles, pero es un templo para los verdaderos hombres: mejor que rebelarse es vivir adelantando por el ejercicio honesto del espíritu sentidor y pensador.

¿Y las ciencias? Las ciencias confirman lo que el espíritu posee: la analogía de todas las fuerzas de la naturaleza; la semejanza de todos los seres vivos; la igualdad de la composición de todos los elementos del Universo; la soberanía del hombre, de quien se

conocen inferiores, mas a quien no se conocen superiores. El espí-
ritu presiente; las creencias ratifican. El espíritu, sumergido en lo
abstracto, ve el conjunto; la ciencia, insecteando por lo concreto,
no ve más que el detalle. Que el Universo haya sido formado por
procedimientos lentos, metódicos y análogos, ni anuncia el fin de
la naturaleza, ni contradice la existencia de los hechos espirituales.
Cuando el ciclo de las ciencias esté completo, y sepan cuanto hay
que saber, no sabrán más que lo que sabe hoy el espíritu, y sabrán
lo que él sabe. Es verdad que la mano del saurio se parece a la mano
del hombre, pero también es verdad que el espíritu del hombre
llega joven a la tumba a que el cuerpo llega viejo, y que siente en
su inmersión en el espíritu universal tan penetrantes y arrebata-
dores placeres, y tras ellos una energía tan fresca y potente, y una
serenidad tan majestuosa, y una necesidad tan viva de amar y
perdonar, que esto, que es verdad para quien lo es, aunque no lo
sea para quien no llega a esto, es ley de vida tan cierta como la
semejanza entre la mano del saurio y la del hombre.

   ¿Y el objeto de la vida? El objeto de la vida es la satisfacción
del anhelo de perfecta hermosura; porque como la virtud hace
hermosos los lugares en que obra, así los lugares hermosos obran
sobre la virtud. Hay carácter moral en todos los elementos de la
naturaleza: puesto que todos avivan este carácter en el hombre,
puesto que todos lo producen, todos lo tienen. Así, son una la
verdad, que es la hermosura en el juicio; la bondad, que es la her-
mosura en los afectos; y la mera belleza, que es la hermosura en el
arte. El arte no es más que la naturaleza creada por el hombre. De
esta intermezcla no se sale jamás. La naturaleza se postra ante el
hombre y le da sus diferencias, para que perfeccione su juicio; sus
maravillas, para que avive su voluntad a imitarlas; sus exigencias,
para que eduque su espíritu en el trabajo, en las contrariedades, y
en la virtud que las vence. La naturaleza da al hombre sus objetos,
que se reflejan en su mente, la cual gobierna su habla, en la que
cada objeto va a transformarse en un sonido. Los astros son men-
sajeros de hermosuras, y lo sublime perpetuo. El bosque vuelve al
hombre a la razón y a la fe, y es la juventud perpetua. El bosque
alegra, como una buena acción. La naturaleza inspira, cura, con-
suela, fortalece y prepara para la virtud al hombre. Y el hombre
no se halla completo, ni se revela a sí mismo, ni ve lo invisible,
sino en su íntima relación con la naturaleza. El Universo va en

múltiples formas a dar en el hombre, como los radios al centro del círculo, y el hombre va con los múltiples actos de su voluntad a obrar sobre el Universo, como radios que parten del centro. El Universo, con ser múltiple, es uno: la música puede imitar el movimiento y los colores de la serpiente. La locomotora es el elefante de la creación del hombre, potente y colosal como los elefantes. Solo el grado de calor hace diversas el agua que corre por el cauce del río y las piedras que el río baña. Y en todo ese Universo múltiple, todo acontece, a modo de símbolo del ser humano, como acontece en el hombre. Va el humo al aire como a la Infinidad el pensamiento. Se mueven y encrespan las aguas de los mares como los afectos en el alma. La sensitiva es débil, como la mujer sensible. Cada cualidad del hombre está representada en un animal de la naturaleza. Los árboles nos hablan una lengua que entendemos. Algo deja la noche en el oído, puesto que el corazón que fue a ella atormentado por la duda, amanece henchido de paz. La aparición de la verdad ilumina súbitamente el alma, como el sol ilumina la naturaleza. La mañana hace piar a las aves y hablar a los hombres. El crepúsculo nocturno recoge las alas de las aves y las palabras de los hombres. La virtud, a la que todo conspira en la naturaleza, deja al hombre en paz, como si hubiese acabado su tarea, o como curva que reentra en sí, y ya no tiene más que andar y remata el círculo. El Universo es siervo y rey el ser humano. El Universo ha sido creado para la enseñanza, alimento, placer y educación del hombre. El Hombre, frente a la naturaleza que cambia y pasa, siente en sí algo estable. Se siente a la par eternamente joven e inmemorablemente viejo. Conoce que sabe lo que sabe bien que no aprendió aquí: lo cual le revela vida anterior, en que adquirió esa ciencia que a esta trajo. Y vuelve los ojos a un Padre que no ve, pero de cuya presencia está seguro, y cuyo beso, que llena los ámbitos, y le viene en los aires nocturnos cargados de aromas, deja en su frente lumbre tal que ve a su blanda palidez confusamente revelados el universo interior, donde está en breve —todo el exterior,— y el exterior, donde está el interior magnificado, y el temido y hermoso universo de la muerte. ¿Pero está Dios fuera de la tierra? ¿Es Dios la misma tierra? ¿Está sobre la Naturaleza? ¿La naturaleza es creadora, y el inmenso ser espiritual a cuyo seno el alma humana aspira, no existe? ¿Nació de sí mismo el mundo en que vivimos? ¿Y se moverá como se mueve hoy perpetuamente, o se evaporará, y mecidos por sus vapores, iremos a confundirnos, en compenetración augusta y deleitosa, con un ser de quien la naturaleza es mera aparición? Y así revuelve este hombre gigantesco la poderosa mente, y busca con los ojos abiertos en la sombra el cerebro divino, y lo halla próvido, invisible, uniforme y palpitante en la luz, en la tierra, en las aguas y en sí mismo, y siente que sabe lo que no puede decir, y que el hombre pasará eternamente la vida tocando con sus manos, sin llegar a palparlos jamás, los bordes de las alas del águila de oro, en que al fin ha de sentarse. Este hombre se ha erguido frente al Universo, y no se ha desvanecido. Ha osado analizar la síntesis, y no se ha extraviado.

Ha tendido los brazos, y ha abarcado con ellos el secreto de la vida. De su cuerpo, cestilla ligera de su alado espíritu, ascendió entre labores dolorosas y mortales ansias, a esas cúspides puras, desde donde se dibujan, como en premio al afán del viajador, las túnicas bordadas de luz estelar de los seres infinitos. Ha sentido ese desborde misterioso del alma en el cuerpo, que es ventura solemne, y llena los labios de besos, y las manos de caricias, y los ojos de llanto, y se parece al súbito hinchamiento y rebose de la naturaleza en primavera. Y sintió luego esa calma que viene de la plática con lo divino. Y esa magnífica arrogancia de monarca que la conciencia de su poder da al hombre. Pues ¿qué hombre dueño de sí no ríe de un rey?

A veces deslumbrado por esos libros resplandecientes de los hindús, para los que la criatura humana, luego de purificada por la virtud, vuela, como mariposa de fuego, de su escoria terrenal al seno de Brahma, siéntase a hacer lo que censura, y a ver la naturaleza a través de ojos ajenos, porque ha hallado esos ojos conformes a los propios, y ve oscuramente y desluce sus propias visiones. Y es que aquella filosofía india embriaga, como un bosque de azahares, y acontece con ella como con ver volar aves, que enciende ansias de volar. Se siente el hombre, cuando penetra en ella, dulcemente aniquilado, y como mecido, camino de lo alto, en llamas azules. Y se pregunta entonces si no es fantasmagoría la naturaleza, y el hombre fantaseador, y todo el Universo una idea, y Dios la idea pura, y el ser humano la idea aspiradora, que irá a parar al cabo, como perla en su concha, y flecha en tronco de árbol, en el seno de Dios. Y empieza a andamiar, y a edificar el Universo. Pero al punto echa abajo los andamios, avergonzado de la ruindad de su edificio, y de la pobreza de la mente, que parece, cuando se da a construir mundos, hormiga que arrastra a su espalda una cadena de montañas.

Y vuelve a sentir correr por sus venas aquellos efluvios místicos y vagos; a ver cómo se apaciguan las tormentas de su alma en el silencio amigo, poblado de promesas, de los bosques; a observar que donde la mente encalla, como buque que da en roca seca, el presentimiento surge, como ave presa, segura del cielo, que se escapa de la mente rota; a traducir en el lenguaje encrespado y brutal y rebelde como piedra, los lúcidos transportes, los púdicos deliquios, los deleites balsámicos, los goces enajenadores del espíritu trémulo a quien la cautiva naturaleza, sorprendida ante el amante osado, admite a su consorcio. Y anuncia a cada hombre que, puesto que el Universo se le revela entero y directamente, con él le es revelado el derecho de ver en él por sí, y saciar con los propios labios la ardiente sed que inspira. Y como en esos coloquios aprendió que el puro pensamiento y el puro afecto producen goces tan vivos que el alma siente en ellos una dulce muerte, seguida de una radiosa resurrección, anuncia a los hombres que solo se es venturoso siendo puro.

Luego que supo esto, y estuvo cierto de que los astros son la corona del hombre, y que cuando su cráneo se enfriase, su espíritu sereno hendiría el aire, envuelto en luz, puso su mano amorosa sobre los hombres atormentados, y sus ojos vivaces y penetrantes en los combates rudos de la tierra. Sus miradas limpiaban de escombros. Toma puesto familiarmente a la mesa de los héroes. Narra con lengua homérica los lances de los pueblos. Tiene la ingenuidad de los gigantes. Se deja guiar de su intuición, que le abre el seno de las tumbas, como el de las nubes. Como se sentó, y volvió fuerte, en el senado de los astros, se sienta, como en casa de hermanos, en el senado de los pueblos. Cuenta de historia vieja y de historia nueva. Analiza naciones, como un geólogo fósiles. Y parecen sus frases vértebras de mastodonte, estatuas doradas, pórticos griegos. De otros hombres puede decirse: «Es un hermano»; de este ha de decirse: «Es un padre». Escribió un libro maravilloso, suma humana, en que consagra, y estudia en sus tipos, a los hombres magnos. Vio a la vieja Inglaterra de donde le vinieron sus padres puritanos, y de su visita hizo otro libro, fortísimo libro, que llamó *Rasgos ingleses*. Agrupó en haces los hechos de la vida, y los estudió en mágicos *Ensayos*, y les dio leyes. Como en un eje, giran en esta verdad todas sus leyes para la vida: «toda la naturaleza tiembla ante la conciencia de un niño». El culto, el destino, el poder, la riqueza, las ilusiones, la grandeza, fueron por él, como por mano de químico, descompuestos y analizados. Deja en pie lo bello. Echa a tierra lo falso. No respeta prácticas. Lo vil, aunque esté consagrado, es vil. El hombre debe empezar a ser angélico. Ley es la ternura; ley, la resignación; ley, la prudencia. Esos ensayos son códigos. Abruman de exceso de savia. Tienen la grandiosa monotonía de una cordillera de montañas. Los realza una fantasía infatigable y un buen sentido singular. Para él no hay contradicción entre lo grande y lo pequeño, ni entre lo ideal y lo práctico, y las leyes que darán el triunfo definitivo, y el derecho de coronarse de astros, dan la felicidad en la tierra. Las contradicciones no están en la naturaleza, sino en que los hombres no saben descubrir sus analogías. No desdeña la ciencia por falsa, sino por lenta. Ábrense sus libros, y rebosan verdades científicas. Tyndall dice que debe a él toda su ciencia. Toda la doctrina transformista está comprendida en un haz de frases de Emerson. Pero no cree que el entendimiento baste a penetrar el misterio de la vida, y dar paz al hombre y ponerle en posesión de sus medios de crecimiento. Cree que la intuición termina lo que el entendimiento empieza. Cree que el espíritu eterno adivina lo que la ciencia humana rastrea. Esta, husmea como un can; aquel, salva el abismo, en que el naturalista anda entretenido, como enérgico cóndor. Emerson observaba siempre, acotaba cuanto veía, agrupaba en sus libros de notas los hechos semejantes, y hablaba, cuando tenía que revelar. Tiene de Calderón, de Platón y de Píndaro. Tiene de Franklin. No fue cual bambú hojoso, cuyo ramaje corpulento, mal sustentado por el tallo hueco, viene a tierra; sino como baobab, o sabino, o samán grande, cuya copa robusta se yergue en tronco fuerte. Como desdeñoso de andar por la tierra, y malquerido por los hombres juiciosos, andaba por la tierra el idealismo. Emerson lo ha hecho humano: no aguarda a la ciencia, porque el ave no necesita de zancos para subir a las alturas, ni el águila de rieles. La deja atrás, como caudillo impaciente, que monta caballo volante, a soldado despacioso, cargado de pesada herrajería. El idealismo no es, en él, deseo vago de muerte, sino convicción de vida posterior que ha de merecerse con la práctica serena de la virtud en esta vida. Y la vida es tan hermosa y tan ideal como la muerte. ¿Se quiere verle concebir? Así concibe: quiere decir que el hombre no consagra todas sus potencias, sino la de entender, que no es la más rica de ellas, al estudio de la naturaleza, por lo cual no penetra bien en ella, y dice: «es que el eje de la visión del hombre no coincide con el eje de la naturaleza». Y quiere explicar cómo todas las verdades morales y físicas se contienen unas y otras, y están en cada una todas las demás, y dice: «son como los círculos de una circunferencia, que se comprenden todos los unos a los otros, y entran y salen libremente sin que ninguno esté por encima de otro». ¿Se quiere oír cómo habla? Así habla: «Para un hombre que sufre, el calor de su propia chimenea tiene tristeza». «No estamos hechos como buques, para ser sacudidos, sino como edificios, para estar en firme». «Cortad estas palabras, y sangrarán». «Ser grande es no ser entendido». «Leónidas consumió un día en morir». «Estériles, como un solo sexo, son los hechos de la historia natural, tomados por sí mismos». «Ese hombre anda pisoteando en el fango de la dialéctica».

Y su poesía está hecha como aquellos palacios de Florencia, de colosales pedruscos irregulares. Bate y olea, como agua de mares. Y otras veces parece en mano de un niño desnudo, cestillo de flores. Es poesía de patriarcas, de hombres primitivos, de cíclopes. Robledales en flor semejan algunos poemas suyos. Suyos son los únicos versos poémicos que consagran la lucha magna de esta tierra. Y otros poemas son como arroyuelos de piedras preciosas, o jirones de nube, o trozo de rayo. ¿No se sabe aún qué son sus versos? Son unas veces como anciano barbado, de barba serpentina, caballera tortuosa y mirada llameante, que canta, apoyado en un vástago de encina, desde una cueva de piedra blanca, y otras veces, como ángel gigantesco de alas de oro, que se despeña desde alto monte verde en el abismo. ¡Anciano maravilloso, a tus pies dejo todo mi haz de palmas frescas, y mi espada de plata!

La Opinión Nacional. Caracas, 19 de mayo de 1882

PRÓLOGO A *EL POEMA DEL NIÁGARA*

¡Pasajero, detente! ¡Este que traigo de la mano no es zurcidor de rimas, ni repetidor de viejos maestros, —que lo son porque a nadie repitieron,— ni decidor de amores, como aquellos que trocaron en mágicas cítaras el seno tenebroso de las traidoras góndolas de Italia, ni gemidor de oficio, como tantos que fuerzan a los hombres honrados a esconder sus pesares como culpas, y sus sagrados lamentos como pueriles futilezas! Este que viene conmigo es grande, aunque no lo sea de España, y viene cubierto: es Juan Antonio Pérez Bonalde, que ha escrito *El Poema del Niágara*. Y si me preguntas más de él, curioso pasajero, te diré que se midió con un gigante y no salió herido, sino con la lira bien puesta sobre el hombro, —porque este es de los lidiadores buenos, que lidian con la lira,—y con algo como aureola de triunfador sobre la frente. Y no preguntes más, que ya es prueba sobrada de grandeza atreverse a medirse con gigantes; pues el mérito no está en el éxito del acometimiento, aunque este volvió bien de la lid, sino en el valor de acometer.

¡Ruines tiempos, en que no priva más arte que el de llenar bien los graneros de la casa, y sentarse en silla de oro, y vivir todo dorado; sin ver que la naturaleza humana no ha de cambiar de como es, y con sacar el oro afuera, no se hace sino quedarse sin oro alguno adentro! ¡Ruines tiempos, en que son mérito eximio y desusado el amor y el ejercicio de la grandeza! ¡Son los hombres ahora como ciertas damiselas, que se prendan de las virtudes cuando las ven encomiadas por los demás, o sublimadas en sonante prosa o en alados versos, mas luego que se han abrazado a la virtud, que tiene forma de cruz, la echan de sí con espanto, como si fuera mortaja roedora que les comiera las rosas de las mejillas, y el gozo de los besos, y ese collar de mariposas de colores que gustan de ceñirse al cuello las mujeres! ¡Ruines tiempos, en que los sacerdotes no merecen ya la alabanza ni la veneración de los poetas, ni los poetas han comenzado todavía a ser sacerdotes!

¡Ruines tiempos! —¡no para el hombre en junto, que saca, como los insectos, de sí propio la magnífica tela en que ha de pasear luego el espacio; sino para estos jóvenes eternos; para estos sentidores exaltables reveladores y veedores, hijos de la paz y padres de ella, para estos creyentes fogosos, hambrientos de ternura, devoradores de amor, mal hechos a los pies y a los terruños, henchidos de recuerdos de nubes y de alas, buscadores de sus alas rotas, pobres poetas! Es su natural oficio sacarse del pecho las águilas que en él les nacen sin cesar,—como brota perfumes una rosa, y da conchas la mar y luz el sol, —y sentarse, a par que con sonidos misteriosos acompañan en su lira a las viajeras, a ver volar las águilas:—pero ahora el poeta ha mudado de labor, y anda ahogando águilas. ¿Ni en qué vuelta irán, si con el polvo del combate que hace un siglo empezó y aún no termina, están oscurecidas hoy las vueltas? ¿Ni quién las seguirá en su vuelo, si apenas tienen hoy los hombres tiempo para beber el oro de los vasos, y cubrir de él a las mujeres, y sacarlo de las minas?

Como para mayor ejercicio de la razón, aparece en la naturaleza contradictorio todo lo que es lógico; por lo que viene a suceder que esta época de elaboración y transformación espléndidas, en que los hombres se preparan, por entre los obstáculos que preceden a toda grandeza, a entrar en el goce de sí mismos, y a ser reyes de reyes, es para los poetas, —hombres magnos,— por la confusión que el cambio de estados, fe y gobiernos acarrea, época de tumulto y de dolores, en que los ruidos de la batalla apagan las melodiosas profecías de la buena ventura de tiempos venideros, y el trasegar de los combatientes deja sin rosas los rosales, y los vapores de la lucha opacan el brillo suave de las estrellas en el cielo. Pero en la fábrica universal no hay cosa pequeña que no tenga en sí todos los gérmenes de las cosas grandes, y el cielo gira y anda con sus tormentas, días y noches, y el hombre se revuelve y marcha con sus pasiones, fe y amarguras; y cuando ya no ven sus ojos las estrellas del cielo, los vuelve a las de su alma. De aquí esos poetas pálidos y gemebundos; de aquí esa nueva poesía atormentada y dolorosa; de aquí esa poesía íntima, confidencial y personal, necesaria consecuencia de los tiempos, ingenua y útil, como canto de hermanos, cuando brota de una naturaleza sana y vigorosa, desmayada y ridícula cuando la ensaya en sus cuerdas un sentidor flojo, dotado, como el pavón del plumaje brillante, del don del canto.

Hembras, hembras débiles parecerían ahora los hombres, si se dieran a apurar, coronados de guirnaldas de rosas, en brazos de Alejandro y de Cebetes, el falerno meloso que sazonó los festines de Horacio. Por sensual queda en desuso la lírica pagana; y la cristiana, que fue hermosa, por haber cambiado los humanos el ideal de Cristo, mirado ayer como el más pequeño de los dioses, y amado hoy como el más grande, acaso, de los hombres. Ni líricos ni épicos pueden ser hoy con naturalidad y sosiego los poetas; ni cabe más lírica que la que saca cada uno de sí propio, como si fuera su propio ser el asunto único de cuya existencia no tuviera dudas, o como si el problema de la vida humana hubiera sido con tal valentía acometido y con tal ansia investigado, —que no cabe motivo mejor, ni más estimulante, ni más ocasionado a profundidad y grandeza que el estudio de sí mismo. Nadie tiene hoy su fe segura. Los mismos que lo creen, se engañan. Los mismos que escriben fe se muerden, acosados de hermosas fieras interiores, los puños con que escriben. No hay pintor que acierte a colorear con la novedad y transparencia de otros tiempos la aureola luminosa de las vírgenes, ni cantor religioso o predicador que ponga unción y voz segura en sus estrofas y anatemas. Todos son soldados del ejército en marcha. A todos besó la misma maga. En todos está hirviendo la sangre nueva. Aunque se despedacen las entrañas, en su rincón más callado están, airadas y hambrientas, la Intranquilidad, la Inseguridad, la Vaga Esperanza, la Visión Secreta. ¡Un inmenso hombre pálido, de rostro enjuto, ojos llorosos y boca seca, vestido de negro, anda con pasos graves, sin reposar ni dormir, por toda la tierra, —y se ha sentado en todos los hogares, y ha puesto su mano trémula en todas las cabeceras! ¡Qué golpeo en el cerebro! ¡qué susto en el pecho! ¡qué demandar lo que no viene! ¡qué no saber lo que se desea! ¡qué sentir a la par deleite y náusea en el espíritu, náusea del día que muere, deleite del alba!

No hay obra permanente, porque las obras de los tiempos de reenquiciamiento y remolde son por esencia mudables e inquietas; no hay caminos constantes, vislúmbranse apenas los altares nuevos, grandes y abiertos como bosques. De todas partes solicitan la mente ideas diversas —y las ideas son como los pólipos, y como la luz de las estrellas, y como las olas de la mar. Se anhela incesantemente saber algo que confirme, o se teme saber algo que cambie las creencias actuales. La elaboración del nuevo estado social hace insegura la batalla por la existencia personal y más recios de cumplir los deberes diarios que, no hallando vías anchas, cambian a cada instante de forma y vía, agitados del susto que produce la probabilidad o vecindad de la miseria. Partido así el espíritu en amores contradictorios e intranquilos; alarmado a cada instante el concepto literario por un evangelio nuevo; desprestigiadas y desnudas todas las imágenes que antes se reverenciaban; desconocidas aún las imágenes futuras, no parece posible, en este desconcierto de la mente, en esta revuelta vida sin vía fija, carácter definido, ni término seguro, en este miedo acerbo de las pobrezas de la casa, y en la labor varia y medrosa que ponemos en evitarlas, producir aquellas luengas y pacientes obras, aquellas dilatadas historias en verso, aquellas celosas imitaciones de gentes latinas que se escribían pausadamente, año sobre año, en el reposo de la celda, en los ocios amenos del pretendiente en corte, o en el ancho sillón de cordobán de labor rica y tachuelas de fino oro, en la beatífica calma que ponía en el espíritu la certidumbre de que el buen indio amasaba el pan, y el buen rey daba la ley, y la madre Iglesia abrigo y sepultura. Solo en época de elementos constantes, de tipo literario general y determinado, de posible tranquilidad individual, de cauces fijos y notorios, es fácil la producción de esas macizas y corpulentas obras de ingenio que requieren sin remedio tal suma de favorables condiciones. El odio acaso, que acumula y concentra, puede aún producir naturalmente tal género de obras, pero el amor rebosa y se esparce; y este es tiempo de amor, aun para los que odian. El amor entona cantos fugitivos, mas no produce, —por sentimiento culminante y vehemente, cuya tensión fatiga y abruma,— obras de reposado aliento y laboreo penoso.

Y hay ahora como un desmembramiento de la mente humana. Otros fueron los tiempos de las vallas alzadas; este es el tiempo de las vallas rotas. Ahora los hombres empiezan a andar sin tropiezos por toda la tierra; antes, apenas echaban a andar, daban en muro de solar de señor o en bastión de convento. Se ama a un Dios que lo penetra y lo prevale todo. Parece profanación dar al Creador de todos los seres y de todo lo que ha de ser, la forma de uno solo de los seres. Como en lo humano todo el progreso consiste acaso en volver al punto de que se partió, se está volviendo al Cristo, al Cristo crucificado, perdonador, cautivador, al de los pies desnudos y los brazos abiertos, no un Cristo nefando y satánico, malevolente, odiador, enconado, fustigante, ajusticiador, impío. Y estos nuevos amores no se incuban, como antes, lentamente en celdas silenciosas en que la soledad adorable y sublime empollaba ideas gigantescas y radiosas; ni se llevan ahora las ideas luengos días y años luengos en la mente, fructificando y nutriéndose, acrecentándose con las impresiones y juicios análogos, que volaban a agruparse a la idea madre, como los abanderados en tiempo de guerra al montecillo en que se alza la bandera; ni de esta prolongada preñez mental nacen ahora aquellos hijos ciclópeos y desmesurados, dejo natural de una época de callamiento y de repliegue, en que las ideas habían de convertirse en sonajas de bufón de rey, o en badajo de campana de iglesia, o en manjar de patíbulo; y en que era forma única de la expresión del juicio humano el chismeo donairoso en una mala plaza de las comedias en amor trabadas entre las cazoletas de la espada y vuelos del guardainfante de los cortejadores y hermosas de la villa. Ahora los árboles de la selva no tienen más hojas que lenguas las ciudades; las ideas se maduran en la plaza en que se enseñan, y andando de mano en mano, y de pie en pie. El hablar no es pecado, sino gala; el oír no es herejía, sino gusto y hábito, y moda. Se tiene el oído puesto a todo; los pensamientos, no bien germinan, ya están cargados de flores y de frutos, y saltando en el papel, y entrándose, como polvillo sutil, por todas las mentes: los ferrocarriles echan abajo la selva; los diarios la selva humana. Penetra el sol por las hendiduras de los árboles viejos. Todo es expansión, comunicación, florescencia, contagio, esparcimiento. El periódico desflora las ideas grandiosas. Las ideas no hacen familia en la mente, como antes, ni casa, ni larga vida. Nacen a caballo, montadas en relámpago, con alas. No crecen en una mente sola, sino por el comercio de todas. No tardan en beneficiar, después de salida trabajosa, a número escaso de lectores; sino que, apenas nacidas, benefician. Las estrujan, las ponen en alto, se las ciñen como corona, las clavan en picota, las erigen en ídolo, las vuelcan, las mantean. Las ideas de baja ley, aunque hayan comenzado por brillar como de ley buena, no soportan el tráfico, el vapuleo, la marejada, el duro tratamiento. Las ideas de ley buena surgen a la postre, magulladas, pero con virtud de cura espontánea, y compactas y enteras. Con un problema nos levantamos; nos acostamos ya con otro problema. Las imágenes se devoran en la mente. No alcanza el tiempo para dar forma a lo que se piensa. Se pierden unas en otras las ideas en el mar mental, como cuando una piedra hiere el agua azul, se pierden unos en otros los círculos del agua. Antes las ideas se erguían en silencio en la mente como recias torres, por lo que, cuando surgían, se las veía de lejos: hoy se salen en tropel de los labios, como semillas de oro, que caen en suelo hirviente; se quiebran, se radifican, se evaporan, se malogran —¡oh hermoso sacrificio!— para el que las crea; se deshacen en chispas encendidas; se desmigajan. De aquí pequeñas obras fúlgidas, de aquí la ausencia de aquellas grandes obras culminantes, sostenidas, majestuosas, concentradas.

Y acontece también que, con la gran labor común de los humanos, y el hábito saludable de examinarse, y pedirse mutuas cuentas de sus vidas, y la necesidad gloriosa de amasar por sí el pan que se ha de servir en los manteles, no estimula la época, ni permite acaso la aparición aislada de entidades suprahumanas recogidas en una única labor de índole tenida por maravillosa y suprema. Una gran montaña parece menor cuando está rodeada de colinas. Y esta es la época en que las colinas se están encimando a las montañas; en que las cumbres se van deshaciendo en llanuras; época ya cercana de la otra en que todas las llanuras serán cumbres. Con el descenso de las eminencias suben de nivel los llanos, lo que hará más fácil el tránsito por la tierra. Los genios individuales se señalan menos, porque les va faltando la pequeñez de los contornos que realzaban antes tanto su estatura. Y como todos van aprendiendo a cosechar los frutos de la naturaleza y a estimar sus flores, tocan los antiguos maestros a menos flor y fruto, y a más las gentes nuevas que eran antes cohorte mera de veneradores de los buenos cosecheros. Asístese como a una descentralización de la inteligencia. Ha entrado a ser lo bello dominio de todos. Suspende el número de buenos poetas secundarios y la escasez de poetas eminentes solitarios. El genio va pasando de individual a colectivo. El hombre pierde en beneficio de los hombres. Se diluyen, se expanden las cualidades de los privilegiados a la masa; lo que no placerá a los privilegiados de alma baja, pero sí a los de corazón gallardo y generoso, que saben que no es en la tierra, por grande criatura que sea, más que arena de oro, que volverá a la fuente hermosa de oro, y reflejo de la mirada del Creador.

Y como el auvernés muere en París alegre, más que de deslumbramiento, del mal del país, y todo hombre que se detiene a verse anda enfermo del dulce mal del cielo, tienen los poetas hoy, —auverneses sencillos en Lutecia alborotada y suntuosa,— la nostalgia de la hazaña. La guerra, antes fuente de gloria, cae en desuso, y lo que pareció grandeza, comienza a ser crimen. La corte, antes albergue de bardos de alquiler, mira con ojos asustados a los bardos modernos, que aunque a veces arriendan la lira, no la alquilan ya por siempre, y aun suelen no alquilarla. Dios anda confuso; la mujer como sacada de quicio y aturdida; pero la naturaleza enciende siempre el sol solemne en medio del espacio; los dioses de los bosques hablan todavía la lengua que no hablan ya las divinidades de los altares; el hombre echa por los mares sus serpientes de cabeza parlante, que de un lado se prenden a las breñas agrestes de Inglaterra, y de otro a la riente costa americana; y encierra la luz de los astros en un juguete de cristal; y lanza por sobre las aguas y por sobre las cordilleras sus humeantes y negros tritones; —y en el alma humana, cuando se apagan los soles que alumbraron la tierra decenas de siglos, no se ha apagado el sol. No hay occidente para el espíritu del hombre; no hay más que norte, coronado de luz. La montaña acaba en pico; en cresta la ola empinada que la tempestad arremolina y echa al cielo; en copa el árbol; y en cima ha de acabar la vida humana. En este cambio de quicio a que asistimos, y en esta refacción del mundo de los hombres, en que la vida nueva va, como los corceles briosos por los caminos, perseguida de canes ladradores; en este cegamiento de las fuentes y en este anublamiento de los dioses, —la naturaleza, el trabajo humano, y el espíritu del hombre se abren como inexhaustos manantiales puros a los labios sedientos de los poetas: —¡vacíen de sus copas de preciosas piedras el agrio vino viejo, y pónganlas a que se llenen de rayos de sol, de ecos de faena, de perlas buenas y sencillas, sacadas de lo hondo del alma, —y muevan con sus manos febriles, a los ojos de los hombres asustados, la copa sonora!

De esta manera, lastimados los pies y los ojos de ver y andar por ruinas que aún humean, reentra en sí el poeta lírico, que siempre fue, en más o en menos, poeta personal, —y pone los ojos en las batallas y solemnidades de la naturaleza, aquel que hubiera sido en épocas cortesanas, conventuales o sangrientas, poeta de epopeya. La batalla está en los talleres; la gloria, en la paz; el templo, en toda la tierra; el poema, en la naturaleza. Cuando la vida se asiente, surgirá el Dante venidero, no por mayor fuerza suya sobre los hombres dantescos de ahora, sino por mayor fuerza del tiempo. —¿Qué es el hombre arrogante, sino vocero de lo desconocido, eco de lo sobrenatural, espejo de las luces eternas, copia más o menos acabada del mundo en que vive? Hoy Dante vive en sí, y de sí. Ugolino roía a su hijo; mas él a sí propio; no hay ahora mendrugo más denteado que un alma de poeta: si se ven con los ojos del alma, sus puños mondados y los huecos de sus alas arrancadas manan sangre.

Suspensa, pues, de súbito, la vida histórica; harto nuevas aún y harto confusas las instituciones nacientes para que hayan podido dar de sí, —porque a los pueblos viene el perfume como al vino, con los años,— elementos poéticos; sacadas al viento, al empuje crítico, las raíces desmigajadas de la poesía añeja; la vida personal dudadora, alarmada, preguntadora, inquieta, luzbélica; la vida íntima febril, no bien enquiciada, pujante, clamorosa, ha venido a ser el asunto principal y, con la naturaleza, el único asunto legítimo de la poesía moderna.

¡Mas, cuánto trabajo cuesta hallarse a sí mismo! El hombre, apenas entra en el goce de la razón que desde su cuna le oscurecen, tiene que deshacerse para entrar verdaderamente en sí. Es un braceo hercúleo contra los obstáculos que le alza al paso su propia naturaleza y los que amontonan las ideas convencionales de que es, en hora menguada, y por impío consejo, y arrogancia culpable, —alimentada. No hay más difícil faena que esta de distinguir en nuestra existencia la vida pegadiza y postadquirida, de la espontánea y prenatural; lo que viene con el hombre, de lo que le añaden con sus lecciones, legados y ordenanzas, los que antes de él han venido. So pretexto de completar el ser humano, lo interrumpen. No bien nace, ya están en pie, junto a su cuna con grandes y fuertes vendas preparadas en las manos, las filosofías, las religiones, las pasiones de los padres, los sistemas políticos. Y lo atan; y lo enfajan; y el hombre es ya, por toda su vida en la tierra, un caballo embridado. Así es la tierra ahora una vasta morada de enmascarados. Se viene a la vida como cera, y el azar nos vacía en moldes prehechos. Las convenciones creadas deforman la existencia verdadera, y la verdadera vida viene a ser como corriente silenciosa que se desliza invisible bajo la vida aparente, no sentida a las veces por el mismo en quien hace su obra cauta, a la manera con que el Guadiana misterioso corre luengo camino calladamente por bajo de las tierras andaluzas. Asegurar el albedrío humano; dejar a los espíritus su seductora forma propia; no deslucir con la imposición de ajenos prejuicios las naturalezas vírgenes; ponerlas en aptitud de tomar, por sí lo útil, sin ofuscarlas, ni impelerlas por una vía marcada. ¡He ahí el único modo de poblar la tierra de la generación vigorosa y creadora que le falta! Las redenciones han venido siendo teóricas y formales: es necesario que sean efectivas y esenciales. Ni la originalidad literaria cabe, ni la libertad política subsiste mientras no se asegure la libertad espiritual. El primer trabajo del hombre es reconquistarse. Urge devolver los hombres a sí mismos; urge sacarlos del mal gobierno de la convención que sofoca o envenena sus sentimientos, acelera el despertar de sus sentidos, y recarga su inteligencia con un caudal pernicioso, ajeno, frío y falso. Solo lo genuino es fructífero. Solo lo directo es poderoso. Lo que otro nos lega es como manjar recalentado. Toca a cada hombre reconstruir la vida: a poco que mire en sí, la reconstruye. Asesino alevoso, ingrato a Dios y enemigo de los hombres, es el que, so pretexto de dirigir a las generaciones nuevas, les enseña un cúmulo aislado y absoluto de doctrinas, y les predica al oído, antes que la dulce plática de amor, el evangelio bárbaro del odio. ¡Reo es de traición a la naturaleza el que impide, en una vía u otra, y en cualquier vía, el libre uso, la aplicación directa y el espontáneo empleo de las facultades magníficas del hombre! ¡Entre ahora el bravo, el buen lancero, el ponderoso justador, el caballero de la libertad humana, —que es orden magna de caballería,— el que se viene derechamente, sin pujos de Valbuena ni rezagos de Ojeda, por la poesía épica de nuestros tiempos; el que movió al cielo las manos generosas en tono de plegaria y las sacó de la oración a modo de ánfora sonora, henchida de estrofas opulentas y vibrantes, acariciada de olímpicos reflejos! El poema está en el hombre, decidido a gustar todas las manzanas, a enjugar toda la savia del árbol del Paraíso y a trocar en hoguera confortante el fuego de que forjó Dios, en otro tiempo, la espada exterminadora! ¡El poema está en la naturaleza, madre de senos próvidos, esposa que jamás desama, oráculo que siempre responde, poeta de mil lenguas, maga que hace entender lo que no dice, consoladora que fortifica y embalsama! ¡Entre ahora el buen bardo del Niágara, que ha escrito un canto extraordinario y resplandeciente del poema inacabable de la naturaleza!

¡El poema del Niágara! Lo que el Niágara cuenta; las voces del torrente; los gemidos del alma humana; la majestad del alma universal; el diálogo titánico entre el hombre impaciente y la naturaleza desdeñosa; el clamor desesperado de hijo de gran padre desconocido, que pide a su madre muda el secreto de su nacimiento; el grito de todos en un solo pecho; el tumulto del pecho que responde al bravío de las ondas; el calor divino que enardece y encala la frente del hombre a la faz de lo grandioso; la compenetración profética y suavísima del hombre rebelde e ignorador y la naturaleza fatal y reveladora, el tierno desposorio con lo eterno y el vertimiento deleitoso en la creación del que vuelve a sí el hombre ebrio de fuerza y júbilo, fuerte como un monarca amado, ungido rey de la naturaleza.

¡El poema del Niágara! El halo de espíritu que sobrerrodea el halo de agua de colores, la batalla de su seno, menos fragosa que la humana; el oleaje simultáneo de todo lo vivo, que va a parar, empujado por lo que no se ve, encabritándose y revolviéndose, allá en lo que no se sabe; la ley de la existencia, lógica en fuerza de ser incomprensible, que devasta sin acuerdo aparente mártires y villanos, y sorbe de un hálito, como ogro famélico, un haz de evangelistas, en tanto que deja vivos en la tierra, como alimañas de boca roja que le divierten, haces de criminales; la vía aparejada en que estallan, chocan, se rebelan, saltan al cielo y dan en hondo hombres y cataratas estruendosas; el vocerío y combate angélico del hombre arrebatado por la ley arrolladora, que al par que cede y muere, blasfema, agítase como titán que se sacude mundos y ruge; la voz ronca de la cascada que ley igual empuja, y al dar en mano o en antro, se encrespa y gime; y luego de todo, las lágrimas que lo envuelven ahora todo, y el quejido desgarrador del alma sola: he ahí el poema imponente que ese hombre de su tiempo vio en el Niágara.

Toda esa historia que va escrita es la de este poema. Como este poema es obra representativa, hablar de él es hablar de la época que representa. Los buenos eslabones dan chispas altas. Menguada cosa es lo relativo que no despierta el pensamiento de lo absoluto. Todo ha de hacerse de manera que lleve la mente a lo general y a lo grande. La filosofía no es más que el secreto de la relación de las varias formas de existencia. Mueven el alma de este poeta los afanes, las soledades, las amarguras, la aspiración del genio cantor. Se presenta armado de todas armas en un circo en donde no ve combatientes, ni estrados animados de público tremendo, ni ve premio. Corre, cargado de todas las armas que le pesan, en busca de batalladores. ¡Halla un monte de agua que le sale al paso; y, como lleva el pecho lleno de combate, reta al monte de agua!

Pérez Bonalde, apenas puso los ojos sobre sí, y en su torno, viviendo en tiempo revuelto y en tierra muy fría, se vio solo; catecúmeno enérgico de una religión no establecida, con el corazón necesitado de adorar, con la razón negada a la reverencia; creyente por instinto, incrédulo por reflexión. En vano buscó polvo digno de una frente varonil para postrarse a rendir tributo de acatamiento; en vano trató de hallar su puesto, en esta época en que no hay tierra que no los haya trastocado todos, en la confusa y acelerada batalla de los vivos; en vano, creado por mal suyo para empresas hazañosas, y armado por el estudio del análisis que las reprime cuando no las prohíbe o ridiculiza, persiguió con empeño las grandes acciones de los hombres, que tienen ahora a gala y prueba de ánimo fuerte, no emprender cosa mayor, sino muy suave, productiva y hacedera. En los labios le rebosaban los versos robustos; en la mano le vibraba acaso la espada de la libertad, —que no debiera, por cierto, llevar jamás espada;— en el espíritu la punzante angustia de vivir sobrado de fuerzas sin empleo, que es como poner la savia de un árbol en el corpecillo de una hormiga. Los vientos corrientes le batían las sienes; la sed de nuestros tiempos le apretaba las fauces; lo pasado, ¡todo es castillo solitario y armadura vacía!; lo presente, ¡todo es pregunta, negación, cólera, blasfemia de derrota, alarido de triunfo!; lo venidero, ¡todo está oscurecido por el polvo y vapor de la batalla! Y fatigado de buscar en vano hazañas en los hombres, fue el poeta a saludar la hazaña de la naturaleza.

Y se entendieron. El torrente prestó su voz al poeta; el poeta su gemido de dolor a la maravilla rugidora. Del encuentro súbito de un espíritu ingenuo y de un espectáculo sorprendente, surgió este poema palpitante, desbordado, exuberante, lujoso. Acá desmaya, porque los labios sajan las ideas, en vez de darles forma. Allá se encumbra, porque hay ideas tales, que pasan por sobre los labios como por sobre valla de carrizos. El poema tiene el alarde pindárico, el vuelo herediano, rebeldes curvas, arrogantes reboses, lujosos alzamientos, cóleras heroicas. El poeta ama, no se asombra. No se espanta, llama. Riega todas las lágrimas del pecho. Increpa, golpea, implora. Yergue todas las soberbias de la mente. Empuñaría sin miedo el cetro de la sombra. Ase la niebla, rásgala, penétrala. ¡Evoca al Dios del antro; húndese en la cueva limosa: enfríase en torno suyo el aire; resurge coronado de luz; canta el *hossana*! La Luz es el gozo supremo de los hombres. Ya pinta el río sonoro, turbulento, despeñado, roto en polvo de plata, evaporado en humo de colores. Las estrofas son cuadros: ora ráfagas de ventisquero, ora columnas de fuego, ora relámpagos. Ya Luzbel, ya Prometeo, ya Ícaro. Es nuestro tiempo, enfrente de nuestra naturaleza. Ser eso es dado a pocos. Contó a la Naturaleza los dolores del hombre moderno. Y fue pujante, porque fue sincero. Montó en carroza de oro.

Este poema fue impresión, choque, golpe de ala, obra genuina, rapto súbito. Vese aún a trechos al estudiador que lee, el cual es personaje importuno en estos choques del hombre y la Naturaleza; pero por sobre él salta, por buena fortuna, gallardo y atrevido, el hombre. El gemidor asoma, pero el sentidor vehemente vence. Nada le dice el torrente, que lo dice todo; pero a poco pone, bien el oído, y a despecho de los libros de duda, que le alzan muralla, lo oye todo. Las ideas potentes se enciman, se precipitan, se cobijan, se empujan, se entrelazan. Acá el consonante las magulla; el consonante magulla siempre; allá las prolonga, con lo cual las daña; por lo común, la idea abundosa y encendida encaja noblemente en el verso centellante. Todo el poeta se salió a estos versos; la majestad evoca y pone en pie todo lo majestuoso. Su estrofa fue esta vez como la ola que nace del mar agitado, y crece al paso con el encuentro de otras olas, y se empina, y se enrosca, y se despliega ruidosamente, y va a morir en espuma sonante y círculos irregulares y rebeldes no sujetos a forma ni extensión; acá enseñoreándose de la arena y tendiéndose sobre ella como triunfador que echa su manto sobre la prisionera que hace su cautiva; allá besando mansamente los bordes cincelados de la piedra marina caprichosa;

quebrándose acullá en haces de polvo contra la arista enhiesta de las rocas. Su irregularidad le viene de su fuerza. La perfección de la forma se consigue casi siempre a costa de la perfección de la idea. Pues el rayo ¿obedece a marcha precisa en su camino? ¿Cuándo fue jaca de tiro más hermosa que potro en la dehesa? Una tempestad es más bella que una locomotora. Señálanse por sus desbordes y turbulencias las obras que arrancan derechamente de lo profundo de las almas magnas.

Y Pérez Bonalde ama su lengua, la acaricia, y la castiga; que no hay placer como este de saber de dónde viene cada palabra que se usa, y a cuánto alcanza; ni hay nada mejor para agrandar y robustecer la mente que el estudio esmerado y la aplicación oportuna del lenguaje. Siente uno, luego de escribir, orgullo de escultor y de pintor. Es la dicción de este poema redonda y hermosa; la factura amplia; el lienzo extenso; los colores a prueba de sol. La frase llega a alto, como que viene de hondo, y cae rota en colores, o plegada con majestad, o fragorosa como las aguas que retrata. A veces, con la prisa de alcanzar la imagen fugitiva, el verso queda sin concluir, o concluido con premura. Pero la alteza es constante. Hay ola, y ala. Mima Pérez Bonalde lo que escribe; pero no es, ni quiere serlo, poeta cincelador. Gusta, por de contado, de que el verso brote de su pluma sonoro, bien acuñado, acicalado, mas no se pondrá como otro, frente al verso, con martillo de oro y buril de plata, y enseres de cortar y de sajar, a mellar aquí un extremo, a fortificar allí una juntura, a abrillantar y redondear la joya, sin ver que si el diamante sufre talla, moriría la perla de ella. El verso es perla. No han de ser los versos como la rosa centifolia, toda llena de hojas, sino como el jazmín del Malabar, muy cargado de esencias. La hoja debe ser nítida, perfumada, sólida, tersa. Cada vasillo suyo ha de ser un vaso de aromas. El verso, por dondequiera que se quiebre, ha de dar luz y perfume. Han de podarse de la lengua poética, como del árbol, todos los retoños entecos, o amarillentos, o mal nacidos, y no dejar más que los sanos y robustos, con lo que, con menos hojas, se alza con más gallardía la rama, y pasea en ella con más libertad la brisa y nace mejor el fruto. Pulir es bueno, mas dentro de la mente y antes de sacar el verso al labio. El verso hierve en la mente, como en la cuba el mosto. Mas ni el vino mejora, luego de hecho, por añadirle alcoholes y taninos, ni se aquilata el verso, luego de nacido, por engalanarlo con aditamentos y aderezos. Ha de ser hecho de una pieza y de una sola inspiración, porque no es obra de artesano que trabaja a cordel, sino de hombre en cuyo seno anidan cóndores, que ha de aprovechar el aleteo del cóndor. Y así brotó de Bonalde este poema, y es una de sus fuerzas: fue hecho de una pieza.

¡Oh! ¡Esa tarea de recorte, esa mutilación de nuestros hijos, ese trueque de plectro del poeta por el bisturí del disector! Así quedan los versos pulidos: deformes y muertos. Como cada palabra ha de ir cargada de su propio espíritu y llevar caudal suyo al verso, mermar palabras es mermar espíritu, y cambiarlas es rehervir el mosto, que, como el café, no ha de ser rehervido. Se queja el alma del verso, como maltratada, de estos golpes de cincel. Y no parece cuadro de Vinci, sino mosaico de Pompeya. Caballo de paseo no gana batallas. No está en el divorcio el remedio de los males del matrimonio, sino en escoger bien la dama y en no cegar a destiempo en cuanto a las causas reales de la unión. Ni en el pulimento está la bondad del verso, sino en que nazca ya alado y sonante. No se dé por hecho el verso en espera de acabarle luego, cuando aún no esté acabado; que luego se le rematará en apariencia, mas no verdaderamente ni con ese encanto de cosa virgen que tiene el verso que no ha sido sajado ni trastojado. Porque el trigo es más fuerte que el verso, y se quiebra y amala cuando lo cambian muchas veces de troje. Cuando el verso quede por hecho ha de estar armado de todas armas, con coraza dura y sonante, y de penacho blanco rematado el buen casco de acero reluciente.

Que aun con todo esto, como pajas perdidas que con el gusto del perfume no se cuidó de recoger cuando se abrió la caja de perfumería, quedaron sueltos algunos cabos, que bien pudieran rematarse; que acá sobra un epíteto; que aquí asoma un asonante inoportuno; que acullá ostenta su voluta caprichosa un esdrújulo osado; que a cual verso le salió corta el ala, lo que en verdad no es cosa de gran monta en esta junta de versos sobrados de alas grandes; que, como dejo natural del tiempo, aparecen en aquella y esta estrofa, como fuegos de San Telmo en cielo sembrado de astros, gemidos de contagio y desesperanzas aprendidas; ¡ea! que bien puede ser, pero esa menudencia es faena de pedantes. Quien va en busca de montes, no se detiene a recoger las piedras del camino. Saluda el sol, y acata al monte. Estas son confidencias de sobremesa. Esas cosas se dicen al oído. Pues, ¿quién no sabe que la lengua es jinete del pensamiento, y no su caballo? La imperfección de la lengua humana para expresar cabalmente los juicios, afectos y designios del hombre es una prueba perfecta y absoluta de la necesidad de una existencia venidera.

Y aquí viene bien que yo conforte el alma, algún momento abatida y azorada de este gallardísimo poeta; que yo le asegure lo que él anhela saber; que vacíe en él la ciencia que en mí han puesto la mirada primera de los niños, colérica como quien entra en casa mezquina viniendo de palacio, y la última mirada de los moribundos, que es una cita, y no una despedida. Bonalde mismo no niega, sino que inquiere. No tiene fe absoluta en la vida próxima; pero no tiene duda absoluta. Cuando se pregunta desesperado qué ha de ser de él, queda tranquilo, como si hubiera oído lo que no dice. Saca fe en lo eterno de los coloquios en que bravamente lo interroga. En vano teme él morir cuando ponga al fin la cabeza en la almohada de tierra. En vano el eco que juega con las palabras, —porque la naturaleza parece, como el Creador mismo, celosa de sus mejores criaturas, y gusta de ofuscarles el juicio que les dio,— le responde que nada sobrevive a la hora que nos parece la postrera. El eco en el alma dice cosa más honda que el eco del torrente. Ni hay torrente como nuestra alma. ¡No! ¡la vida humana no es toda la vida! La tumba es vía y no término. La mente no podría concebir lo que no fuera capaz de realizar; la existencia no puede ser juguete abominable de un loco maligno. Sale el hombre de la vida, como tela plegada, ganosa de lucir sus colores, en busca de marco; como nave gallarda, ansiosa de andar mundos, que al fin se da a los mares. La muerte es júbilo, reanudamiento, tarea nueva. La vida humana sería una invención repugnante y bárbara, si estuviera limitada a la vida en la tierra. Pues ¿qué es nuestro cerebro, sementera de proezas, sino anuncio del país cierto en que han de rematarse? Nace el árbol en la tierra, y halla atmósfera en que extender sus ramas; y el agua en la honda madre, y tiene cauce en donde echar sus fuentes; y nacerán las ideas de justicia en la mente, las jubilosas ansias de no cumplidos sacrificios, el acabado programa de hazañas espirituales, los deleites que acompañan a la imaginación de una vida pura y honesta, imposible de logro en la tierra —¿y no tendrá espacio en que tender al aire su ramaje esta arboleda de oro? ¿Qué es más el hombre al morir, por mucho que haya trabajado en vida, que gigante que ha vivido condenado a tejer cestos de monje y fabricar nidillos de jilguero? ¿Qué ha de ser del espíritu tierno y rebosante que, falto de empleo fructífero, se refugia en sí mismo, y sale íntegro y no empleado de la tierra? Este poeta venturoso no ha entrado aún en los senos amargos de la vida. No ha sufrido bastante. Del sufrimiento, como el halo de la luz, brota la fe en la existencia venidera. Ha vivido con la mente, que ofusca; y con el amor, que a veces desengaña; fáltale aún vivir con el dolor que conforta, acrisola y esclarece. Pues ¿qué es el poeta, sino alimento vivo de la llama con que alumbra? ¡Echa su cuerpo a la hoguera, y el humo llega al cielo, y la claridad del incendio maravilloso se esparce, como un suave calor, por toda la tierra!

Bien hayas, poeta sincero y honrado, que te alimentas de ti mismo. ¡He aquí una lira que vibra! ¡He aquí un poeta que se palpa el corazón, que lucha con la mano vuelta al cielo, y pone a los aires vivos la arrogante frente! ¡He aquí un hombre, maravilla de arte sumo, y fruto raro en esta tierra de hombres! ¡He aquí un vigoroso braceador que pone el pie seguro, la mente avarienta, y los ojos ansiosos y serenos en ese haz de despojos de templos, y muros apuntalados, y cadáveres dorados, y alas hechas de cadenas, de que, con afán siniestro, se aprovechan hoy tantos arteros batalladores para rehacer prisiones al hombre moderno! Él no persigue a la poesía, breve espuma de mar hondo, que solo sale a flote cuando hay ya mar hondo, y voluble coqueta que no cuida de sus cortejadores, ni dispensa a los importunos sus caprichos. Él aguardó la hora alta, en que el cuerpo se agiganta y los ojos se inundan de llanto, y de embriaguez el pecho, y se hincha la vela de la vida, como lona de barco, a vientos desconocidos, y se anda naturalmente a paso de monte. El aire de la tempestad es suyo, y ve en él luces, y abismos bordados de fuego que se entreabren, y místicas promesas. En este poema, abrió su seno atormentado al aire puro, los brazos trémulos al oráculo piadoso, la frente enardecida a las caricias aquietadoras de la sagrada naturaleza. Fue libre, ingenuo, humilde, preguntador, señor de sí, caballero del espíritu. ¿Quiénes son los soberbios que se arrogan el derecho de enfrenar cosa que nace libre, de sofocar la llama que enciende la naturaleza, de privar del ejercicio natural de sus facultades a criatura tan augusta como el ser humano? ¿Quiénes son esos búhos que vigilan la cuna de los recién nacidos y beben en su lámpara de oro el aceite de la vida? ¿Quiénes son esos alcaides de la mente, que tienen en prisión de dobles rejas al alma, esta gallarda castellana? ¿Habrá blasfemo mayor que el que, so pretexto de entender a Dios, se arroja a corregir la obra divina? ¡Oh Libertad! ¡no manches nunca tu túnica blanca, para que no tenga miedo de ti el recién nacido! ¡Bien hayas tú, Poeta del Torrente, que osas ser libre en una época de esclavos pretenciosos, porque de tal modo están acostumbrados los hombres a la servidumbre, que cuando han dejado de ser esclavos de la reyecía, comienzan ahora, con más indecoroso humillamiento, a ser esclavos de la Libertad! ¡Bien hayas, cantor ilustre, y ve que sé qué vale esta palabra que te digo! ¡Bien hayas tú, señor de espada de fuego, jinete de caballo de alas, rapsoda de lira de roble, hombre que abres tu seno a la naturaleza! Cultiva lo magno, puesto que trajiste a la tierra todos los aprestos del cultivo. Deja a los pequeños otras pequeñeces. Muévante siempre estos solemnes vientos. Pon de lado las huecas rimas de uso, ensartadas de perlas y matizadas con flores de artificio, que suelen ser más juego de la mano y divertimiento del ocioso ingenio que llamarada del alma y hazaña digna de los magnates de la mente. Junta en haz alto, y echa al fuego, pesares de contagio, tibiedades latinas, rimas reflejas, dudas ajenas, males de libros, fe prescrita, y caliéntate a la llama saludable del frío de estos tiempos dolorosos en que, despierta ya en la mente la criatura adormecida, están todos los hombres de pie sobre la tierra, apretados los labios, desnudo el pecho bravo y vuelto el puño al cielo, demandando a la vida su secreto.

Nueva York, 1882

EL POETA WALT WHITMAN

Fiesta literaria en Nueva York.— Vejez patriarcal de Whitman.— Su elogio a Lincoln y el canto a su muerte.— Carácter extraordinario de la poesía y lenguaje de Whitman.— Novedad absoluta de su obra poética.— Su filosofía, su adoración del cuerpo humano, su felicidad, su método poético.— La poesía en los pueblos libres.— Sentido religioso de la libertad.— Desnudeces y profundidad del libro prohibido de Whitman

Nueva York, 19 de abril de 1887

Señor Director de *El Partido Liberal:*

«Parecía un dios anoche, sentado en su sillón de terciopelo rojo, todo el cabello blanco, la barba sobre el pecho, las cejas como un bosque, la mano en un cayado». Esto dice un diario de hoy del poeta Walt Whitman, anciano de setenta años a quien los críticos profundos, que siempre son los menos, asignan puesto extraordinario en la literatura de su país y de su época. Solo los libros sagrados de la Antigüedad ofrecen una doctrina comparable, por su profético lenguaje y robusta poesía, a la que en grandiosos y sacerdotales apotegmas emite, a manera de bocanadas de luz, este poeta viejo, cuyo libro pasmoso está prohibido.

¿Cómo no, si es un libro natural? Las universidades y latines han puesto a los hombres de manera que ya no se conocen; en vez de echarse unos en brazos de los otros, atraídos por lo esencial y eterno, se apartan, piropeándose como placeras, por diferencias de mero accidente; como el budín sobre la budinera, el hombre queda amoldado sobre el libro o maestro enérgico con que le puso en contacto el azar o la moda de su tiempo; las escuelas filosóficas, religiosas o literarias, encogullan a los hombres, como al lacayo la librea; los hombres se dejan marcar, como los caballos y los toros, y van por el mundo ostentando su hierro; de modo que, cuando se ven delante del hombre desnudo, virginal, amoroso, sincero, potente —del hombre que camina, que ama, que pelea, que rema,— del hombre que, sin dejarse cegar por la desdicha, lee la promesa de final ventura en el equilibrio y la gracia del mundo; cuando se ven frente al hombre padre, nervudo y angélico de Walt Whitman, huyen como de su propia conciencia y se resisten a reconocer en esa humanidad fragante y superior el tipo verdadero de su especie, descolorida, encasacada, amuñecada.

Dice el diario que ayer, cuando ese otro viejo adorable, Gladstone, acababa de aleccionar a sus adversarios en el Parlamento sobre la justicia de conceder un gobierno propio a Irlanda, parecía él como mastín pujante, erguido sin rival entre la turba, y ellos a sus pies como un tropel de dogos. Así parece Whitman, con su «persona natural», con su «naturaleza sin freno en original energía», con sus «miríadas de mancebos hermosos y gigantes», con su creencia en que «el más breve retoño demuestra que en realidad no hay muerte», con el recuento formidable de pueblos y razas en su «Saludo al mundo», con su determinación de «callar mientras los demás discuten, e ir a bañarse y a admirarse a sí mismo, conociendo la perfecta propiedad y armonía de las cosas»; así parece Whitman, «el que no dice estas poesías por un peso»; el que «está satisfecho, y ve, baila, canta y ríe»; el que «no tiene cátedra, ni púlpito, ni escuela», cuando se le compara a esos poetas y filósofos canijos, filósofos de un detalle o de un solo aspecto; poetas de aguamiel, de patrón, de libro; figurines filosóficos o literarios.

Hay que estudiarlo, porque si no es el poeta de mejor gusto, es el más intrépido, abarcador y desembarazado de su tiempo. En su casita de madera, que casi está al borde de la miseria, luce en una ventana, orlado de luto, el retrato de Victor Hugo; Emerson, cuya lectura purifica y exalta, le echaba el brazo por el hombro y le llamó su amigo; Tennyson, que es de los que ven las raíces de las cosas, envía desde su silla de roble en Inglaterra, ternísimos mensajes al «gran viejo»; Robert Buchanan, el inglés de palabra briosa, «¿que habéis de saber de letras —grita a los norteamericanos,— si estáis dejando correr, sin los honores eminentes que le corresponde, la vejez de vuestro colosal Walt Whitman?».

«La verdad es que su poesía, aunque al principio causa asombro, deja en el alma, atormentada por el empequeñecimiento universal, una sensación deleitosa de convalecencia. Él se crea su gramática y su lógica. Él lee en el ojo del buey y en la savia de la hoja». «¡Ese que limpia suciedades de vuestra casa, ese es mi hermano!». Su irregularidad aparente, que en el primer momento desconcierta, resulta luego ser, salvo breves instantes de portentoso extravío, aquel orden y composición sublimes con que se dibujan las cumbres sobre el horizonte.

Él no vive en Nueva York, su «Manhattan querida», su «Manhattan de rostro soberbio y un millón de pies», a donde se asoma cuando quiere entonar «el canto de lo que ve a la Libertad»; vive, cuidado por «amantes amigos», pues sus libros y conferencias apenas le producen para comprar pan, en una casita arrinconada en un ameno recodo del campo, de donde en su carruaje de anciano le llevan los caballos que ama a ver a los «jóvenes forzudos» en sus diversiones viriles, a los «camaradas» que no temen codearse con este iconoclasta que quiere establecer «la institución de la camaradería», a ver los campos que crían, los amigos que pasan cantando del brazo, las parejas de novios, alegres y vivaces como las codornices. Él lo dice en su *Calamus,* el libro enormemente extraño en que canta el amor de los amigos: «Ni orgías, ni ostentosas paradas, ni la continua procesión de las calles, ni las ventanas atestadas de comercios, ni la conversación con los eruditos me satisface, sino que al pasar por mi Manhattan los ojos que encuentro me ofrezcan amor; amantes, continuos amantes es lo único que me satisface». Él es como los ancianos que anuncia al fin de su libro prohibido, sus *Hojas de Yerba*: «Anuncio miríadas de mancebos gigantescos, hermosos y de fina sangre; anuncio una raza de ancianos salvajes y espléndidos».

Vive en el campo, donde el hombre natural labra al Sol que lo curte, junto a sus caballos plácidos, la tierra libre; mas no lejos de la ciudad amable y férvida, con sus ruidos de vida, su trabajo graneado, su múltiple epopeya, el polvo de los carros, el humo de las fábricas jadeantes, el Sol que lo ve todo, «los gañanes que charlan a la merienda sobre las pilas de ladrillos, la ambulancia que corre desalada con el héroe que acaba de caerse de un andamio, la mujer sorprendida en medio de la turba por la fatiga augusta de la maternidad». Pero ayer vino Whitman del campo para recitar, ante un concurso de leales amigos, su oración sobre aquel otro hombre natural, aquella alma grande y dulce, «aquella poderosa estrella muerta del Oeste», aquel Abraham Lincoln. Todo lo culto de Nueva York asistió en silencio religioso a aquella plática resplandeciente, que por sus súbitos quiebros, tonos vibrantes, hímnica fuga, olímpica familiaridad, parecía a veces como un cuchicheo de astros. Los criados a leche latina, académica o francesa no podrían, acaso, entender aquella gracia heroica. La vida libre y decorosa del hombre en un continente nuevo ha creado una filosofía sana y robusta que está saliendo al mundo en epodos atléticos. A la mayor suma de hombres libres y trabajadores que vio jamás la Tierra, corresponde una poesía de conjunto y de fe, tranquilizadora y solemne, que se levanta, como el Sol del mar, incendiando las nubes; bordeando de fuego las crestas de las olas; despertando en las selvas fecundas de la orilla las flores fatigadas y los nidos. Vuela el polen; los picos cambian besos; se aparejan las ramas; buscan el Sol las hojas, exhala todo música; con ese lenguaje de luz ruda habló Whitman de Lincoln.

Acaso una de las producciones más bellas de la poesía contemporánea es la mística trenodia que Whitman compuso a la muerte de Lincoln. La Naturaleza entera acompaña en su viaje a la sepultura el féretro llorado. Los astros lo predijeron. Las nubes venían ennegreciéndose un mes antes. Un pájaro gris cantaba en el pantano un canto de desolación. Entre el pensamiento y la seguridad de la muerte viaja el poeta por los campos conmovidos, como entre dos compañeros. Con arte de músico agrupa, esconde y reproduce estos elementos tristes en una armonía total de crepúsculo. Parece, al acabar la poesía, como si la Tierra toda estuviese vestida de negro, y el muerto la cubriera desde un mar al otro. Se ven las nubes, la Luna cargada que anuncia la catástrofe, las alas largas del pájaro gris. Es mucho más hermoso, extraño y profundo que *El Cuervo* de Poe. El poeta trae al féretro un gajo de lilas.

Su obra entera es eso.

Ya sobre las tumbas no gimen los sauces; la muerte es «la cosecha, la que abre la puerta, la gran reveladora»; lo que está siendo, fue y volverá a ser; en una grave y celeste primavera se confunden las oposiciones y penas aparentes; un hueso es una flor. Se oye de cerca el ruido de los soles que buscan con majestuoso movimiento su puesto definitivo en el espacio; la vida es un himno; la muerte es una forma oculta de la vida; santo es el sudor y el entozoario es santo; los hombres, al pasar, deben besarse en la mejilla; abrácense los vivos en amor inefable; amen la yerba, el animal, el aire, el mar, el dolor, la muerte; el sufrimiento es menos para las almas que el amor posee; la vida no tiene dolores para el que entiende a tiempo su sentido; del mismo germen son la miel, la luz y el beso; ¡en la sombra que esplende en paz como una bóveda maciza de estrellas, levántase con música suavísima, por sobre los mundos dormidos como canes a sus pies, un apacible y enorme árbol de lilas!

Cada estado social trae su expresión a la literatura, de tal modo que por las diversas fases de ella pudiera contarse la historia de los pueblos, con más verdad que por sus cronicones y sus décadas. No puede haber contradicciones en la Naturaleza; la misma aspiración humana a hallar en el amor, durante la existencia, y en lo ignorado después de la muerte, un tipo perfecto de gracia y hermosura, demuestra que en la vida total han de ajustarse con gozo los elementos que en la porción actual de vida que atravesamos parecen desunidos y hostiles. La literatura que anuncie y propague el concierto final y dichoso de las contradicciones aparentes; la literatura que, como espontáneo consejo y enseñanza de la Naturaleza, promulgue la identidad en una paz superior de los dogmas y pasiones rivales que en el estado elemental de los pueblos los dividen y ensangrientan; la literatura que inculque en el espíritu espantadizo de los hombres una convicción tan arraigada de la justicia y belleza definitivas que las penurias y fealdades de la existencia no las descorazonen ni acibaren, no solo revelará un estado social más cercano a la perfección que todos los conocidos, sino que, hermanando felizmente la razón y la gracia, proveerá a la Humanidad, ansiosa de maravilla y de poesía, con la religión que confusamente aguarda desde que conoció la oquedad e insuficiencia de sus antiguos credos.

¿Quién es el ignorante que mantiene que la poesía no es indispensable a los pueblos? Hay gentes de tan corta vista mental, que creen que toda la fruta se acaba en la cáscara. La poesía, que congrega o disgrega, que fortifica o angustia, que apuntala o derriba las almas, que da o quita a los hombres la fe y el aliento, es más necesaria a los pueblos que la industria misma, pues esta les proporciona el modo de subsistir, mientras que aquella les da el deseo y la fuerza de la vida. ¿A dónde irá un pueblo de hombres que hayan perdido el hábito de pensar con fe en la significación y alcance de sus actos? Los mejores, los que unge la Naturaleza con el sacro deseo de lo futuro, perderán, en un aniquilamiento doloroso y sordo, todo estímulo para sobrellevar las fealdades humanas; y la masa, lo vulgar, la gente de apetitos, los comunes, procrearán sin santidad hijos vacíos, elevarán a facultades esenciales las que deben servirles de meros instrumentos y aturdirán con el bullicio de una prosperidad siempre incompleta la aflicción irremediable del alma, que solo se complace en lo bello y grandioso.

La libertad debe ser, fuera de otras razones, bendecida, porque su goce inspira al hombre moderno —privado a su aparición de la calma, estímulo y poesía de la existencia,— aquella paz suprema y bienestar religioso que produce el orden del mundo en los que viven en él con la arrogancia y serenidad de su albedrío. Ved sobre los montes, poetas que regáis con lágrimas pueriles los altares desiertos.

Creíais la religión perdida, porque estaba mudando de forma sobre vuestras cabezas. Levantaos, porque vosotros sois los sacerdotes. La libertad es la religión definitiva. Y la poesía de la libertad el culto nuevo. Ella aquieta y hermosea lo presente, deduce e ilumina lo futuro, y explica el propósito inefable y seductora bondad del Universo.

Oíd lo que canta este pueblo trabajador y satisfecho; oíd a Walt Whitman. El ejercicio de sí lo encumbra a la majestad, la tolerancia a la justicia, y el orden a la dicha. El que vive en un credo autocrático es lo mismo que una ostra en su concha, que solo ve la prisión que la encierra y cree, en la oscuridad, que aquello es el mundo; la libertad pone alas a la ostra. Y lo que, oído en lo interior de la concha, parecía portentosa contienda, resulta a la luz del aire ser el natural movimiento de la savia en el pulso enérgico del mundo.

El mundo, para Walt Whitman, fue siempre como es hoy. Basta con que una cosa sea para que haya debido ser, y cuando ya no deba ser, no será. Lo que ya no es, lo que no se ve, se prueba por lo que es y se está viendo; porque todo está en todo, y lo uno explica lo otro; y cuando lo que es ahora no sea, se probará a su vez por lo que esté siendo entonces. Lo infinitésimo colabora para lo infinito, y todo está en su puesto, la tortuga, el buey, los pájaros, «propósitos alados». Tanta fortuna es morir como nacer, porque los muertos están vivos; «¡nadie puede decir lo tranquilo que está él sobre Dios y la muerte!». Se ríe de lo que llaman desilusión, y conoce la amplitud del tiempo; él acepta absolutamente el tiempo. En su persona se contiene todo: todo él está en todo; donde uno se degrada, él se degrada; él es la marea, el flujo y reflujo; ¿cómo no ha de tener orgullo en sí, si se siente parte viva e inteligente de la Naturaleza? ¿Qué le importa a él volver al seno de donde partió, y convertirse, al amor de la tierra húmeda, en vegetal útil, en flor bella? Nutrirá a los hombres, después de haberlos amado. Su deber es crear; el átomo que crea es de esencia divina; el acto en que se crea es exquisito y sagrado. Convencido de la identidad del Universo, entona el *Canto de mí mismo*. De todo teje el canto de sí: de los credos que contienden y pasan, del hombre que procrea y labora, de los animales que le ayudan, ¡ah! de los animales, entre quienes «ninguno se arrodilla ante otro, ni es superior al otro, ni se queja». Él se ve como heredero del mundo.

Nada le es extraño, y lo toma en cuenta todo, el caracol que se arrastra, el buey que con sus ojos misteriosos lo mira, el sacerdote que defiende una parte de la verdad como si fuese la verdad entera. El hombre debe abrir los brazos, y apretarlo todo contra su corazón, la virtud lo mismo que el delito, la suciedad lo mismo que la limpieza, la ignorancia lo mismo que la sabiduría; todo debe fundirlo en su corazón como en un horno; sobre todo, debe dejar caer la barba blanca. Pero, eso sí, «ya se ha denunciado y tonteado bastante»; regaña a los incrédulos, a los sofistas, a los habladores; ¡procreen en vez de querellarse y añadan al mundo! ¡Créese con aquel respeto con que una devota besa la escalera del altar!

Él es de todas las castas, credos y profesiones, y en todas encuentra justicia y poesía. Mide las religiones sin ira; pero cree que la religión perfecta está en la Naturaleza. La religión y la vida están en la Naturaleza. Si hay un enfermo, «idos», dice al médico y al cura, «yo me apegaré a él, abriré las ventanas, le amaré, le hablaré al oído; ya veréis como sana; vosotros sois palabra y yerba, pero yo puedo más que vosotros, porque soy amor». El Creador es «el verdadero amante, el camarada perfecto»; los hombres son «camaradas», y valen más mientras más aman y creen, aunque todo lo que ocupe su lugar y su tiempo vale tanto como cualquiera; mas vean todos el mundo por sí, porque él, Walt Whitman, que siente en sí el mundo desde que este fue creado, sabe, por lo que el Sol y el aire libre le enseñan, que una salida de Sol le revela más que el mejor libro. Piensa en los orbes, apetece a las mujeres, se siente poseído de amor universal y frenético; oye levantarse de las escenas de la creación y de los oficios del hombre un concierto que le inunda de ventura, y cuando se asoma al río, a la hora en que se cierran los talleres y el Sol de puesta enciende el agua, siente que tiene cita con el Creador, reconoce que el hombre es definitivamente bueno y ve que de su cabeza, reflejada en la corriente, surgen aspas de luz.

Pero ¿qué dará idea de su vasto y ardentísimo amor? Con el fuego de Safo ama este hombre al mundo. A él le parece el mundo un lecho gigantesco. El lecho es para él un altar. «Yo haré ilustres, dice, las palabras y las ideas que los hombres han prostituido con su sigilo y su falsa vergüenza; yo canto y consagro lo que consagraba el Egipto». Una de las fuentes de su originalidad es la fuerza hercúlea con que postra a las ideas como si fuera a violarlas, cuando solo va a darles un beso, con la pasión de un santo. Otra fuente es la forma material, brutal, corpórea, con que expresa sus más delicadas idealidades. Ese lenguaje ha parecido lascivo a los que son incapaces de entender su grandeza; imbéciles ha habido que cuando celebra en *Calamus,* con las imágenes más ardientes de la lengua humana, el amor de los amigos, creyeron ver, con remilgos de colegial impúdico, el retorno a aquellas viles ansias de Virgilio por Cebetes y de Horacio por Giges y Licisco. Y cuando canta en *Los Hijos de Adán* el pecado divino, en cuadros ante los cuales palidecen los más calurosos del *Cantar de los Cantares,* tiembla, se encoge, se vierte y dilata, enloquece de orgullo y virilidad satisfecha, recuerda al dios del Amazonas, que cruzaba sobre los bosques y los ríos esparciendo por la tierra las semillas de la vida: «¡mi deber es crear!». «Yo canto al cuerpo eléctrico», dice en *Los Hijos de Adán;* y es preciso haber leído en hebreo las genealogías patriarcales del Génesis; es preciso haber seguido por las selvas no holladas las comitivas desnudas y carnívoras de los primeros hombres, para hallar semejanza apropiada a la enumeración de satánica fuerza en que describe, como un héroe hambriento que se relame los labios sanguinosos, las pertenencias del cuerpo femenino. ¿Y decís que este hombre es brutal? Oíd esta composición que, como muchas suyas, no tiene más que dos versos: «Mujeres hermosas». «Las mujeres se sientan o se mueven de un lado para otro, jóvenes algunas, algunas viejas; las jóvenes son hermosas, pero las viejas son más hermosas que las jóvenes». Y esta otra: «Madre y niño». Ve el niño que duerme anidado en el regazo de su madre. La madre que duerme, y el niño: ¡silencio! Los estudió largamente, largamente. Él prevé que, así como ya se juntan en grado extremo la virilidad y la ternura en los hombres de genio superior, en la paz deleitosa en que descansará la vida han de juntarse, con solemnidad y júbilo dignos del Universo, las dos energías que han necesitado dividirse para continuar la faena de la creación.

Si entra en la yerba, dice que la yerba le acaricia, que «ya siente mover sus coyunturas»; y el más inquieto novicio no tendría palabras tan fogosas para describir la alegría de su cuerpo, que él mira como parte de su alma, al sentirse abrasado por el mar. Todo lo que vive le ama: la tierra, la noche, el mar le aman; «¡penétrame, oh mar, de humedad amorosa!». Paladea el aire. Se ofrece a la atmósfera como un novio trémulo. Quiere puertas sin cerradura y cuerpos en su belleza natural; cree que santifica cuanto toca o le toca, y halla virtud a todo lo corpóreo; él es «Walt Whitman, un cosmos, el hijo de Manhattan, turbulento, sensual, carnoso, que come, bebe y engendra, ni más ni menos que todos los demás». Pinta a la verdad como una amante frenética, que invade su cuerpo y, ansiosa de poseerle, lo liberta de sus ropas. Pero cuando en la clara medianoche, libre el alma de ocupaciones y de libros, emerge entera, silenciosa y contemplativa del día noblemente empleado, medita en los temas que más la complacen: en la noche, el sueño y la muerte; en el canto de lo universal, para beneficio del hombre común; en que «es muy dulce morir avanzando» y caer al pie del árbol primitivo, mordido por la última serpiente del bosque, con el hacha en las manos.

Imagínese qué nuevo y extraño efecto producirá ese lenguaje henchido de animalidad soberbia cuando celebra la pasión que ha de unir a los hombres. Recuerda en una composición del *Calamus* los goces más vivos que debe a la Naturaleza y a la patria; pero solo a las olas del océano halla dignas de corear, a la luz de la luna, su dicha al ver dormido junto a sí al amigo que ama. El ama a los humildes, a los caídos, a los heridos, hasta a los malvados. No desdeña a los grandes, porque para él solo son grandes los útiles. Echa el brazo por el hombro a los carreros, a los marineros, a los labradores. Caza y pesca con ellos, y en la siega sube con ellos al tope del carro cargado. Más bello que un emperador triunfante le parece el negro vigoroso que, apoyado en la lanza detrás de sus percherones, guía su carro sereno por el revuelto Broadway. El entiende todas las virtudes, recibe todos los premios, trabaja en todos los oficios, sufre con todos los dolores. Siente un placer heroico cuando se detiene en el umbral de una herrería y ve que los mancebos, con el torso desnudo, revuelan por sobre sus cabezas los martillos, y dan cada uno a su turno. Él es el esclavo, el preso, el que pelea, el que cae, el mendigo. Cuando el esclavo llega a sus puertas perseguido y sudoroso, le llena la bañadera, lo sienta a su mesa; en el rincón tiene cargada la escopeta para defenderlo; si se lo vienen a atacar, matará a su perseguidor y volverá a sentarse a la mesa, ¡como si hubiera matado una víbora!

Walt Whitman, pues, está satisfecho; ¿qué orgullo le ha de punzar, si sabe que se para en yerba o en flor? ¿qué orgullo tiene un clavel, una hoja de salvia, una madreselva? ¿cómo no ha de mirar él con tranquilidad los dolores humanos, si sabe que por sobre ellos está un ser inacabable a quien aguarda la inmersión venturosa en la Naturaleza? ¿Qué prisa le ha de azuzar, si cree que todo está donde debe, y que la voluntad de un hombre no ha de desviar el camino del mundo? Padece, sí, padece; pero mira como un ser menor y acabadizo al que en él sufre, y siente por sobre las fatigas y miserias a otro ser que no puede sufrir, porque conoce la universal grandeza. Ser como es le es bastante y asiste impasible y alegre al curso, silencioso o loado, de su vida. De un solo bote echa a un lado, como excrecencia inútil, la lamentación romántica: «¡no he de pedirle al Cielo que baje a la Tierra para hacer mi voluntad!». Y qué majestad no hay en aquella frase en que dice que ama a los animales «porque no se quejan». La verdad es que ya sobran los acobardadores; urge ver cómo es el mundo para no convertir en montes las hormigas; dese fuerzas a los hombres, en vez de quitarles con lamentos las pocas que el dolor les deja; pues los llagados ¿van por las calles enseñando sus llagas? Ni las dudas ni la ciencia le mortifican. «Vosotros sois los primeros, dice a los científicos; pero la ciencia no es más que un departamento de mi morada, no es toda mi morada; ¡qué pobres parecen las argucias ante un hecho heroico! A la ciencia, salve, y salve al alma, que está por sobre toda la ciencia». Pero donde su filosofía ha domado enteramente el odio, como mandan los magos, es en la frase, no exenta de la melancolía de los vencidos, con que arranca de raíz toda razón de envidia; ¿por qué tendría yo celos, dice, de aquel de mis hermanos que haga lo que yo no puedo hacer? «Aquel que cerca de mí muestra un pecho más ancho que el mío, demuestra la anchura del mío». «¡Penetre el Sol la Tierra, hasta que toda ella sea luz clara y dulce, como mi sangre. Sea universal el goce. Yo canto la eternidad de la existencia, la dicha de nuestra vida y la hermosura implacable del Universo. Yo uso zapato de becerro, un cuello espacioso y un bastón hecho de una rama de árbol!».

Y todo eso lo dice en frase apocalíptica. ¿Rimas o acentos? ¡Oh, no! su ritmo está en las estrofas, ligadas, en medio de aquel caos aparente de frases superpuestas o convulsas, por una sabia composición que distribuye en grandes grupos musicales las ideas, como la natural forma poética de un pueblo que no fabrica piedra a piedra, sino a enormes bloqueadas.

El lenguaje de Walt Whitman, enteramente diverso del usado hasta hoy por los poetas, corresponde, por la extrañeza y pujanza, a su cíclica poesía y a la humanidad nueva, congregada sobre un *continente* fecundo con portentos tales, que en verdad no caben en liras ni serventesios remilgados. Ya no se trata de amores escondidos, ni de damas que mudan de galanes, ni de la queja estéril de los que no tienen la energía necesaria para domar la vida, ni la discreción que conviene a los cobardes. No de rimillas se trata, y dolores de alcoba, sino del nacimiento de una era, del alba de la religión definitiva, y de la renovación del hombre; trátase de una fe que ha de sustituir a la que ha muerto y surge con un claror radioso de la arrogante paz del hombre redimido; trátase de escribir los libros sagrados de un pueblo que reúne, al caer del mundo antiguo, todas las fuerzas vírgenes de la libertad a las ubres y pompas ciclópeas de la salvaje Naturaleza; trátase de reflejar en palabras el ruido de las muchedumbres que se asientan, de las ciudades que trabajan y de los mares domados y los ríos esclavos. ¿Apareará consonantes Walt Whitman y pondrá en mansos dísticos estas montañas de mercaderías, bosques de espinas, pueblos de barcos, combates donde se acuestan a abonar el derecho millones de hombres y Sol que en todo impera, y se derrama con límpido fuego por el vasto paisaje?

¡Oh! no; Walt Whitman habla en versículos, sin música aparente, aunque a poco de oírla se percibe que aquello suena como el casco de la tierra cuando vienen por él, descalzos y gloriosos, los ejércitos triunfantes. En ocasiones parece el lenguaje de Whitman el frente colgado de reses de una carnicería; otras parece un canto de patriarcas, sentados en coro, con la suave tristeza del mundo a la hora en que el humo se pierde en las nubes; suena otras veces como un beso brusco, como un forzamiento, como el chasquido del cuero reseco que revienta al Sol; pero jamás pierde la frase su movimiento rítmico de ola. Él mismo dice cómo habla: «en alaridos proféticos»; «estas son, dice, unas pocas palabras indicadoras de lo futuro». Eso es su poesía, índice; el sentido de lo universal pervade el libro y le da, en la confusión superficial, una regularidad grandiosa; pero sus frases desligadas, flagelantes, incompletas, sueltas, más que expresan, emiten; «lanzo mis imaginaciones sobre las canosas montañas»; «di, Tierra, viejo nudo montuoso, ¿qué quieres de mí?» «hago resonar mi bárbara fanfarria sobre los techos del mundo».

No es él, no, de los que echan a andar un pensamiento pordiosero, que va tropezando y arrastrando bajo la opulencia visible de sus vestiduras regias. Él no infla tomeguines para que parezcan águilas; él riega águilas, cada vez que abre el puño, como un sembrador riega granos. Un verso tiene cinco sílabas; el que le sigue cuarenta, y diez el que le sigue. Él no esfuerza la comparación, y en verdad no compara, sino que dice lo que ve o recuerda con un complemento gráfico e incisivo, y dueño seguro de la impresión de conjunto que se dispone a crear, emplea su arte, que oculta por entero, en reproducir los elementos de su cuadro con el mismo desorden con que los observó en la Naturaleza. Si desvaría, no disuena, porque así vaga la mente sin orden ni esclavitud de un asunto a sus análogos; mas luego, como si solo hubiese aflojado las riendas sin soltarlas, recógelas de súbito y guía de cerca, con puño de domador, la cuadriga encabritada, sus versos van galopando, y como engullendo la tierra a cada movimiento; unas veces relinchan ganosos, como cargados de sementales; otras, espumantes y blancos, ponen el casco sobre las nubes; otras se hunden, osados y negros, en lo interior de la tierra, y se oye por largo tiempo el ruido. Esboza; pero dijérase que con fuego. En cinco líneas agrupa, como un haz de huesos recién roídos, todos los horrores de la guerra. Un adverbio le basta para dilatar o recoger la frase, y un adjetivo para sublimarla. Su método ha de ser grande, puesto que su efecto lo es; pero pudiera creerse que procede sin método alguno; sobre todo en el uso de las palabras, que mezcla con nunca visto atrevimiento, poniendo las augustas y casi divinas al lado de las que pasan por menos apropiadas y decentes. Ciertos cuadros no los pinta con epítetos, que en él son siempre vivaces y profundos, sino por sonidos, que compone y desvanece con destreza cabal, sosteniendo así con el turno de los procedimientos el interés que la monotonía de un modo exclusivo pondría en riesgo. Por repeticiones atrae la melancolía, como los salvajes. Su censura, inesperada y cabalgante, cambia sin cesar, y sin conformidad a regla alguna, aunque se percibe un orden sabio en sus evoluciones, paradas y quiebros. Acumular le parece el mejor modo de describir, y su raciocinio no toma jamás las formas pedestres del argumento ni las altisonantes de la oratoria, sino el misterio de la insinuación, el fervor de la certidumbre y el giro ígneo de la profecía. A cada paso se hallan en su libro estas palabras nuestras: *viva, camarada, libertad, americanos.* Pero ¿qué pinta mejor su carácter que las voces francesas que, con arrobo perceptible y como para dilatar su significación, incrusta en sus versos?: *ami, exalté, accoucheur, nonchalant, ensemble; ensemble,* sobre todo, le seduce, porque él ve el cielo de la vida de los pueblos, y de los mundos. Al italiano ha tomado una palabra: *¡bravura!*

Así, celebrando el músculo y el arrojo; invitando a los transeúntes a que pongan en él, sin miedo, su mano al pasar; oyendo, con las palmas abiertas al aire, el canto de las cosas; sorprendiendo y proclamando con deleite fecundidades gigantescas; recogiendo en versículos édicos las semillas, las batallas y los orbes; señalando a los tiempos pasmados las colmenas radiantes de hombres que por los valles y cumbres americanos se extienden y rozan con sus alas de abeja la fimbria de la vigilante libertad; pastoreando los siglos amigos hacia el remanso de la calma eterna, aguarda Walt Whitman, mientras sus amigos le sirven en manteles campestres la primera pesca de la Primavera rociada con champaña, la hora feliz en que lo material se aparte de él, después de haber revelado al mundo un hombre veraz, sonoro y amoroso, y en que, abandonado a los aires purificadores, germine y arome en sus ondas, «¡desembarazado, triunfante, muerto!».

El Partido Liberal. México, 1887

HEREDIA*

Señoras y señores:

Con orgullo y reverencia empiezo a hablar, desde este puesto que de buen grado hubiera cedido, por su dificultad excesiva, a quien, con más ambición que la mía y menos temor de su persona, hubiera querido tomarlo de mí, si no fuera por el mandato de la patria, que en este puesto nos manda estar hoy, y por el miedo de que el que acaso despertó en mi alma, como en la de los cubanos todos, la pasión inextinguible por la libertad, se levante en su silla de gloria, junto al sol que él cantó frente a frente, —y me tache de ingrato. Muchas pompas y honores tiene el mundo, solicitados con feo afán y humillaciones increíbles por los hombres: yo no quiero para mí más honra, porque no la hay mayor, que la de haber sido juzgado digno de recoger en mis palabras mortales el himno de ternura y gratitud de estos corazones de mujer y pechos de hombre al divino cubano, y enviar con él el pensamiento, velado aún por la vergüenza pública, a la cumbre donde espera, en vano quizás, su genio inmarcesible, con el trueno en la diestra, el torrente a los pies, sacudida la capa de tempestad por los vientos primitivos de la creación, bañado aún de lágrimas de Cuba el rostro.

Nadie esperará de mí, si me tiene por discreto, que por ganar fama de crítico sagaz y puntilloso, rebaje esta ocasión, que es de

* Discurso pronunciado en Hardman Hall, Nueva York, el 30 de noviembre de 1889.

agradecimiento y tributo, al examen, —impropio de la fiesta y del estado de nuestro ánimo,— de los orígenes y factores de mera literatura, que de una ojeada ve por sí quien conozca los lances varios de la existencia de Heredia, y los tiempos revueltos y enciclopédicos, de jubileo y renovación del mundo, en que le tocó vivir. Ni he de usurpar yo, por lucir las pedagogías, el tiempo en que sus propias estrofas, como lanzas orladas de flores, han de venir aquí a inclinarse, corteses y apasionadas, ante la mujer cubana, fiel siempre al genio y a la desdicha, y echando de súbito iracundas las rosas por el suelo, a repetir ante los hombres, turbados en estos tiempos de virtud escasa e interés tentador, los versos, magníficos como bofetones, donde profetiza:

> Que si un pueblo su dura cadena
> no se atreve a romper con sus manos,
> puede el pueblo mudar de tiranos
> pero nunca ser libre podrá.

Yo no vengo aquí como juez, a ver cómo se juntaron en él la educación clásica y francesa, el fuego de su alma, y la época, accidentes y lugares de su vida; ni en qué le aceleraron el genio la enseñanza de su padre y la odisea de su niñez; ni qué es lo suyo, o lo de reflejo, en sus versos famosos; ni apuntar con dedo inclemente la hora en que, privada su alma de los empleos sumos, repitió en cantos menos felices sus ideas primeras, por hábito de producir, o necesidad de expresarse, o gratitud al pueblo que lo hospedaba, o por obligación política. Yo vengo aquí como hijo desesperado y amoroso, a recordar brevemente, sin más notas que las que le manda poner la gloria, la vida del que cantó, con majestad desconocida, a la mujer, al peligro y a las palmas.

Donde son más altas las palmas en Cuba nació Heredia: en la infatigable Santiago. Y dicen que desde la niñez, como si el espíritu de la raza extinta le susurrase sus quejas y le prestara su furor, como si el último oro del país saqueado le ardiese en las venas, como si a la luz del sol del trópico se le revelasen por merced sobrenatural las entrañas de la vida, brotaban de los labios del «niño estupendo» el anatema viril, la palabra sentenciosa, la oda resonante. El padre, con su mucho saber, y con la inspiración del cariño, ponía ante sus ojos ordenados y comentados los elementos del orbe, los móviles de la humanidad, y los sucesos de los pueblos. Con la toga de juez abrigaba de la fiebre del genio, a aquel hijo precoz. A Cicerón le enseñaba a amar, y amaba él más, por su naturaleza artística y armoniosa, que a Marat y a Fouquier Tinville. El peso de las cosas enseñaba el padre, y la necesidad de impelerlas con el desinterés, y fundarlas con la moderación. El latín que estudiaba con el maestro Correa no era el de Séneca difuso, ni el de Lucano verboso, ni el de Quintiliano, lleno de alamares y de lentejuelas, sino el de Horacio, de clara hermosura, más bello que los griegos, porque tiene su elegancia sin su crudeza, y es vino fresco tomado de la uva, con el perfume de las pocas rosas que crecen en la vida. De Lucrecio era por la mañana la lección de don José Francisco, y por la noche de Humboldt. El padre, y sus amigos de sobremesa, dejaban, estupefactos, caer el libro. ¿Quién era aquel, que lo traía todo en sí? Niño, ¿has sido rey, has sido Ossian, has sido Bruto? Era como si viese el niño batallas de estrellas, porque le lucían en el rostro los resplandores. Había centelleo de tormenta y capacidad de cráter en aquel genio voraz. La palabra, esencial y rotunda, fluía, adivinando las leyes de la luz o comentando las peleas de Troya, de aquellos labios de nueve años. Preveía, con sus ojos de fuego, el martirio a que los hombres, denunciados por el esplendor de la virtud, someten al genio, que osa ver claro de noche. Sus versos eran la religión y el orgullo de la casa. La madre, para que no se los interrumpieran, acallaba los ruidos. El padre le apuntalaba las rimas pobres. Le abrían todas las puertas. Le ponían, para que viese bien al escribir, las mejores luces del salón. ¡Otros han tenido que componer sus primeros versos entre azotes y burlas, a la luz del cocuyo inquieto y de la luna cómplice!...: los de Heredia acababan en los labios de su madre, y en los brazos de su padre y de sus amigos. La inmortalidad comenzó para él en aquella fuerza y seguridad de sí que, como lección constante de los padres duros, daba a Heredia el cariño de la casa.

Era su padre oidor, y persona de consejo y benevolencia, por lo que lo escogieron, a más de la razón de su nacimiento americano, para ir a poner paz en Venezuela, donde Monteverde, con el favor casual de la naturaleza, triunfaba de Miranda, harto sabio para la guerra en que el acometimiento hace más falta, y gana más batallas, que la sabiduría; en Venezuela, donde acababa de enseñarse al mundo, desmelenado y en pie sobre las ruinas del templo de San Jacinto, el creador, Bolívar. Reventaba la cólera de América, y daba a luz, entre escombros encendidos, al que había de vengarla. De allá del sur venía, de cumbre en cumbre, el eco de los cascos del caballo libertador de San Martín. Los héroes se subían a los montes para divisar el porvenir, y escribir la profecía de los siglos al resplandor de la nieve inmaculada. La niñez, más que el amor filial, refrenaba al héroe infeliz, que lloraba a sus solas, en su desdicha de once años, porque no le llegaban los pies traidores al estribo del caballo de pelear. Y allí oyó contar de los muertos por la espalda, de los encarcelados que salían de la prisión recogiéndose los huesos, de los embajadores de barba blanca que había clavado el asturiano horrible a lanzazos contra la pared. Oyó decir de Bolívar, que se echó a llorar cuando entraba triunfante en Caracas, y vio que salían a recibirlo las caraqueñas vestidas de blanco, con coronas de flores. De un Páez oyó contar, que se quitaba los grillos de los pies, y con los grillos vapuleaba a sus centinelas. Oyó decir que habían traído a la ciudad en una urna, con las banderas desplegadas como en día de fiesta, el corazón del bravo Girardot. Oyó que Ricaurte, para que Boves no le tomara el parque, sobre el parque se sentó, y voló con él. Venezuela, revuelta en su sangre, se retorcía bajo la lanza de Boves... Vivió luego en México, y oyó contar de una cabeza de cura, que daba luz de noche, en la picota donde el español la había clavado. ¡Sol salió de aquella alma, sol devastador y magnífico, de aquel troquel de diamante!

Y volvió a Cuba. El pan le supo a villanía, la comodidad a robo, el lujo a sangre. Su padre llevaba bastón de carey, y él también, comprado con el producto de sus labores de juez, y de abogado nuevo en una sociedad vil. El que vive de la infamia, o la codea en paz, es un infame. Abstenerse de ella no basta: se ha de pelear contra ella. Ver en calma un crimen es cometerlo. La juventud convida a Heredia a los amores: la condición favorecida de su padre, y su fama de joven extraordinario, traen clientes a su bufete: en las casas ricas le oyen con asombro improvisar sobre cuarenta pies diversos, cuarenta estrofas: «¡Ese es Heredia!» dicen por las calles, y en las ventanas de las casas, cuando pasa él, las cabezas hermosas se juntan, y dicen bajo, como el más dulce de los premios: «¡Ese es Heredia!». Pero la gloria aumenta el infortunio de vivir, cuando se la ha de comprar al precio de la complicidad con la vileza: no hay más que una gloria cierta, y es la del alma que está contenta de sí. Grato es pasear bajo los mangos, a la hora deliciosa del amanecer, cuando el mundo parece como que se crea, y que sale de la nada el sol, con su ejército de pájaros vocingleros, como en el primer día de la vida: ¿pero qué «mano de hierro» le oprime en los campos cubanos el pecho? ¿Y en el cielo, qué mano de sangre? En las ventanas dan besos, y aplausos en las casas ricas, y la abogacía mana oro; pero al salir del banquete triunfal, de los estrados elocuentes, de la cita feliz, ¿no chasquea el látigo, y pide clemencia a un cielo que no escucha la madre a quien quieren ahogarle con azotes los gritos con que llama al hijo de su amor? El vil no es el esclavo, ni el que lo ha sido, sino el que vio este crimen, y no jura, ante el tribunal certero que preside en las sombras, hasta sacar del mundo la esclavitud y sus huellas. ¿Y la América libre, y toda Europa coronándose con la libertad, y Grecia misma resucitando, y Cuba, tan bella como Grecia, tendida así entre hierros, mancha del mundo, presidio rodeado de agua, rémora de América? Si entre los cubanos vivos no hay tropa bastante para el honor ¿qué hacen en la playa los caracoles, que no llaman a guerra a los indios muertos? ¿Qué hacen las palmas, que gimen estériles, en vez de mandar? ¿Qué hacen los montes, que no se juntan falda contra falda, y cierran el paso a los que persiguen a los héroes? En tierra peleará, mientras haya un palmo de tierra, y cuando no lo haya, todavía peleará, de pie en la mar. Leónidas desde las Termópilas, desde Roma Catón, señalan el camino a los cubanos. «¡Vamos, Hernández!». De cadalso en cadalso, de Estrampes en Agüero, de Plácido en Benavides, erró la voz de Heredia, hasta que un día, de la tiniebla de la noche, entre cien brazos levantados al cielo, tronó en Yara. Ha desmayado luego, y aun hay quien cuente, donde no se anda al sol, que va a desaparecer. ¿Será tanta entre los cubanos la perversión y la desdicha, que ahoguen, con el peso de su pueblo muerto por sus propias manos, la voz de su Heredia?

Entonces fue cuando vino a New York, a recibir la puñalada del frío, que no sintió cuando se le entró por el costado, porque de la pereza moral de su patria hallaba consuelo, aunque jamás olvido, en aquellas ciudades ya pujantes, donde, si no la república universal que apetecía su alma generosa, imperaba la libertad en una comarca digna de ella. En la historia profunda sumergió el pensamiento: estudió maravillado los esqueletos colosales; aterido junto a su chimenea, meditaba en los tiempos, que brillan y se apagan; agigantó en la soledad su mente sublime; y cuando, como quien se halla a sí propio, vio despeñarse a sus pies, rotas en luz, las edades de agua, el Niágara portentoso le reveló, sumiso, su misterio, y el poeta adolescente de un pueblo desdeñado halló, de un vuelo, el sentido de la naturaleza que en siglos de contemplación no habían sabido entender con tanta majestad sus propios habitantes.

México es tierra de refugio, donde todo peregrino ha hallado hermano; de México era el prudente Osés, a quien escribía Heredia, con peso de senador, sus cartas épicas de joven; en casa mexicana se leyó, en una mesa que tenía por adorno un vaso azul lleno de jazmines, el poema galante sobre el «Mérito de las mujeres»; de México lo llama, a compartir el triunfo de la carta liberal, más laborioso que completo, el presidente Victoria, que no quería ver malograda aquella flor de volcán en la sepultura de las nieves. ¿Qué detendrá a Heredia junto al Niágara, donde su poesía, profética y sincera, no halló acentos con que evocar la libertad? México empieza la ascensión más cruenta y valerosa que, por entre ruinas de iglesia y con una raza inerte a la espalda, ha rematado pueblo alguno: sin guía y sin enseñanza, ni más tutor que el genio del país, iba México camino a las alturas, marcando con una batalla cada jalón ¡y cada jalón, más alto!: si de la sombra de la iglesia languidece el árbol todavía tierno de la libertad, una generación viene cantando, y a los pies del árbol sediento se vacía los pechos; a México va Heredia, adonde pone a la lira castellana flores de roble el gran Quintana Roo. Y al ver de nuevo aquellas playas hospitalarias y belicosas, aquellos valles que parecen la mansión desierta de un Olimpo que aguarda su rescate, aquellos montes que están, en la ausencia de sus dioses, como urnas volcadas, aquellas cúspides que el sol tiñe en su curso de plata casta, y violeta amorosa, y oro vivo, como si quisiera la creación mostrar sus favores y especial ternura por su predilecta naturaleza, creyó que era allí donde podía, no en el Norte egoísta, hallar en la libertad el mismo orden solemne de las llanuras, guardadas por la centinela de los volcanes; sube con pie de enamorado a la soledad donde pidieron en vano al cielo su favor contra Cortés los reyes muertos, a la hora en que se abren en la bóveda tenebrosa las «fuentes de luz»; y acata, antes que a los grandes de la tierra, a los montes que se levantan, como espectros que no logran infundirle pavor, en la claridad elocuente de la luna.

México lo agasaja como él sabe, le da el oro de sus corazones y de su café, sienta a juzgar en la silla togada al forastero que sabe de historia como de leyes y pone alma de Volney al épodo de Píndaro. Los magistrados lo son de veras, allí donde en el aire mismo andan juntos la claridad y el reposo; y a él lo proclaman magistrado natural, sin ponerle reparos por la juventud, y lo sientan a la mesa como hermano. La tribuna tiene allí próceres: y le ceden la voz los oradores del país, y lo acompañan con palmas. La poesía tiene allí pontífices: y andan todos buscándole el brazo. Las hermosuras, también allí, exhalan al paso del poeta, trémulas, su aroma. Batalla con los «yorkinos» liberales, para que no echen atrás los «escoceses» parricidas la república: escribe, canta, discute, publica, derrama su corazón en pago de la hospitalidad, pero no siente bajo sus pies aquella firmeza del suelo nativo, que es la única propiedad plena del hombre, y tesoro común que a todos los iguala y enriquece, por lo que, para la dicha de la persona y la calma pública, no se ha de ceder, ni fiar a otro, ni hipotecar jamás. Ni la fuerza de su suelo tiene, ni el orgullo de que en su patria impere la virtud, ni el honor puede ya esperar de que lloren sobre su sepultura de héroe, en el primer día de redención, las vírgenes y los fuertes, y sobre la tierra que lo cubra pongan una hoja de palma de su patria. ¿Qué tiene su poesía, que solo cuando piensa en Cuba da sus sones reales; y cuando ensaya otro tema que el de su dolor, o el del mar que lo lleva a sus orillas, o el del huracán con cuyo ímpetu quiere arremeter contra los tiranos, le sale como poesía de juez, difícil y perezosa, con florones caídos y doseles a medio color, y no, como cuando piensa en Cuba, coronada de rayos?

No lo sostiene la vanidad de su persona; porque con valer mucho, y por lo mismo que lo valía, no era de esos de mirra y opopánax, que se ponen el mérito propio de botón de pechera, donde se lo vea todo el mundo, y alquilan el aire a que los publique y la mar a que les cante la gloria, y creen que debe ser su almuerzo el cielo y su vino la eternidad; sino que fue genio de noble república, a quien solo se le veía lo de rey cuando lo agitaba la indignación, o fulminaba el anatema contra los serviles del mundo, y los de su patria. Dos clases de hombres hay: los que andan de pie, cara al cielo, pidiendo que el consuelo de la modestia descienda sobre los que viven sacándose la carne, por pan más o pan menos, a dentelladas, y levantándose, por ir de sortija de brillante, sobre la sepultura de su honra: y otra clase de hombres, que van de hinojos, besando a los grandes de la tierra el manto. En su patria piensa cuando dedica su tragedia *Tiberio* a Fernando VII, con frases que escaldan: en su patria, cuando con sencillez imponente dibuja en escenas ejemplares la muerte de *Los Últimos Romanos*. ¡No era, no, en los romanos en quienes pensaba el poeta, vuelto ya de sus más caras esperanzas! Por su patria había querido él, y por la patria mayor de nuestra América, que las repúblicas libres echaran los brazos al único pueblo de la familia emancipada que besaba aún los pies del dueño enfurecido: «¡Vaya, decía, la América libre a rescatar la isla que la naturaleza le puso de pórtico y guarda!». Piafaban aún, cubierto de espuma, el continente, flamígero el ojo y palpitantes los ijares, de la carrera en que habían paseado el estandarte del sol San Martín y Bolívar: ¡entre en la mar el caballo libertador y eche de Cuba, de una pechada, al déspota mal seguro! Y ya ponía Bolívar el pie en el estribo, cuando un hombre que hablaba inglés, y que venía del Norte con papeles de gobierno, le asió el caballo de la brida, y le habló así: «¡Yo soy libre, tú eres libre; pero ese pueblo que ha de ser mío porque lo quiero para mí, no puede ser libre!». Y al ver Heredia criminal a la libertad, y ambiciosa como la tiranía, se cubrió el rostro con la capa de tempestad, y comenzó a morir.

Ya estaba, de sí mismo, preparado a morir; porque cuando la grandeza no se puede emplear en los oficios de caridad y creación que la nutren, devora a quien la posee. En las ocupaciones usuales de la vida, acibaradas por el destierro, no hallaba su labor anhelada aquella alma frenética y caballeresca, que cuando vio falsa a su primer amiga, servil al hombre, acorralado el genio, impotente la virtud, y sin heroísmo el mundo, preguntó a sus sienes para qué latían, y aun quiso, en el extravío de la pureza, librarlas de su cárcel de huesos. De la caída de la humanidad ideal que pasea resplandeciente, con la copa de la muerte en los labios, por las estrofas de su juventud, se levantó pálido y enfermo, sin fuerzas ya más que para el poema reflexivo o el drama artificioso, que solo centellea cuando el recuerdo de la patria lo conmueve, o el horror al desorden de la tiranía, o el odio a las «intrigas infames». Al sol vivía él, y abominaba a los que andan, con el lomo de alquiler, afilando la lengua en la sombra, para asestarla contra los pechos puros. Si para vivir era preciso aceptar, con la sonrisa mansa, la complicidad con los lisonjeros, con los hipócritas, con los malignos, con los vanos, él no quería sonreír, ni vivir. ¿A qué vivir, si no se puede pasar por la tierra como el cometa por el cielo? Como la playa desnuda se siente él, como la playa de la mar. Su corazón tempestuoso, y tierno como el de una mujer, padece bajo el fanfarrón y el insolente como la flor bajo el casco del caballo. Él tenía piedad de su caballo, a punto de llorar con él y pedirle perdón, porque en el arrebato de su carrera le ensangrentó los ijares; ¿y no tenían los hombres piedad de él? ¿Ni de qué sirve la virtud, si mientras más la ven, la mortifican más, y hay como una conjuración entre los hombres para quitarle el pan de la boca, y el suelo de debajo de los pies? Basta una vista aleve, de esas que vienen como las flechas de colores, con la punta untada de curare: basta una mirada torva, una carta seca, un saludo tibio, para oscurecerle el día. Nada menos necesita él que «la ternura universal». La casa, necesitada y monótona, irrita su pena, en vez de calmársela. En el dolor tiene él su gozo. ¡En su patria, ni pensar puede, porque su patria está allá, con el déspota en pie, restallando el látigo, y todos los cubanos arrodillados! De este pesar de la grandeza inútil, de la pasión desocupada y de la vida vil, moría, hilando trabajosamente sus últimos versos, el poeta que ya no hallaba en la tierra más consuelo que la lealtad de un amigo constante. ¡Pesan mucho sobre el corazón del genio honrado las rodillas de todos los hombres que las doblan!

Hasta en las más acicaladas de sus poesías, que algo habían de tener de tocador en aquellos tiempos de Millevoye y de Delille, se nota esa fogosidad y sencillez que contrastan tan bellamente con la pompa natural del verso, que es tanta que cuando cae la idea, por el asunto pobre o el tema falso, va engañado buen rato el lector, tronando e imperando, sin ver que ya está la estrofa hueca. El temple heroico de su alma daba al verso constante elevación, y la viveza de su sensibilidad le llevaba, con cortes e interrupciones felicísimas, de una impresión a otra. Desde los primeros años habló él aquel lenguaje a la vez exaltado y natural, que es su mayor novedad poética. A Byron le imita el amor al caballo; pero ¿a quién le imita la oda al Niágara, y al Huracán, y al Teocali, y la carta a Emilia, y los versos a Elpino, y los del Convite? Con Safo solo se le puede comparar, porque solo ella tuvo su desorden y ardor. Deja de un giro incompletos, con dignidad y efecto grandes, los versos de esos dolores que no se deben profanar hablando de ellos. De una nota sentida saca más efecto que de la retórica ostentosa. No busca comparaciones en lo que no se ve, sino en los objetos de la naturaleza, que todos pueden sentir y ver como él; ni es su imaginación de aquella de abalorio, enojosa e inútil, que crea entes vanos e insignificantes, sino de esa otra durable y servicial, que consiste en poner de realce lo que pinta, con la comparación o alusión propias, y en exhibir, cautivas y vibrantes, las armonías de la naturaleza. En su prosa misma, resonante y libre, es continuo ese vuelo de alas anchas, y movimiento a la par rítmico y desenfrenado. Su prosa tiene galicismos frecuentes, como su época; y en su Hesíodo hay sus tantos del Alfredo, y muchos versos pudieran ser mejores de lo que son: lo mismo que en el águila, que vuela junto al sol, y tiene una que otra pluma fea. Para poner lunares están las peluquerías; pero ¿quién, cuando no esté de cátedra forzosa, empleará el tiempo en ir de garfio y pinza por la obra admirable, vibrante de angustia, cuando falta de veras el tiempo para la piedad y la admiración?

Nadie pinta mejor que él su tormento, en los versos graves e ingenuos que escribió «en su cumpleaños» cuando describe el

cruel estado
de un corazón ardiente sin amores

Por aquel modo suyo de amar a la mujer se ve que a la naturaleza le faltó sangre que poner en las venas de aquel cubano, y puso lava. A la libertad y a la patria, las amó como amó a Lesbia y a Lola, a la «belleza del dolor» y a la andaluza María Pautret. Es un amor fino y honroso, que ofrece a sus novias en versos olímpicos la rosa tímida, la caña fresca, y se las lleva a pasear, vigilado por el respeto, por donde arrullan las tórtolas. Algo hay de nuestro campesino floreador en aquel amante desaforado que dobla la rodilla y pone a los pies de su amada la canción de puño de oro. No ama para revolotear, sino para fijar su corazón, y consagrar su juventud ardiente. Se estremece a los dieciséis años, como todo un galán, cuando en el paseo con Lesbia le rozan la frente, movidos de aquel lado por un céfiro amigo, los rizos rubios. Se queja a la luna, que sabe mucho de estas cosas, porque no halla una mujer sensible. Ama furioso. Expirará de amor. No puede con el tumulto de su corazón enamorado. Nadie lo vence en amar, nadie. Ennoblece con su magna poesía lo más pueril del amor, y lo más dulce: el darse y quitarse y volverse a dar las manos, el no tener qué decirse, el decírselo todo de repente. Sale del baile, como monarca coronado de estrellas, porque ha visto reinar a la que ama. El que baila con la que ama es indigno, insensible e indigno. A la que él ama, Cuba la aplaude, Catulo le manda el ceñidor de Venus, los dioses del Olimpo se la envidian. Tiembla al lado de Emilia, en los días románticos de su persecución en Cuba; pero puede más la hidalguía del mancebo que la soledad tentadora. Pasa, huyendo de sí junto a la pobre «rosa de nuestros campos», que se inclina deslumbrada ante el poeta, como la flor ante el sol. Sufre hasta marchitarse, y tiene a orgullo que le vean en la frente la palidez de los amores. El universo ¿quién no lo sabe? está entero en la que ama. No quiere ya a las hermosas, porque por la traición de una supo que el mundo es vil; pero no puede vivir sin las hermosas. ¿Cómo no habían de amar las mujeres con ternura a aquel que era cuanto al alma superior de la mujer aprisiona y seduce: delicado, intrépido, caballeroso, vehemente, fiel, y por todo eso, más que por la belleza, bello? ¿al que se ponía a sus pies de alfombra, sumiso e infeliz, y se erguía de pronto ante ellas como un soberano irritado? ¿Ni cuál es la fuerza de la vida, y su única raíz, sino el amor de la mujer?

De la fatiga de estas ternuras levantaba, con el poder que ellas dan, el pensamiento renovado a la naturaleza eminente, y el que envolvía en hojas de rosa la canción a Lola, ensilla una hora después su caballo volador, mira —descubierta la cabeza— al cielo turbulento, y a la luz de los rayos se arroja a escape en la sombra de la noche. O cuando el gaviero, cegado por los relámpagos, renuncia en los mástiles rotos a desafiar la tempestad. Heredia, de pie en la proa, impaciente en los talones la espuela invisible, dichosa y centelleante la mirada, ve tenderse la niebla por el cielo, y prepararse las olas al combate. O cuando la tarde convida al hombre a la meditación, trepa, a pie firme, el monte que va arropando la noche con su lobreguez, y en la cumbre, mientras se encienden las estrellas, piensa en la marcha de los pueblos, y se consagra a la melancolía. Y cuando no había monte que subir, desde sí propio veía, como si lo tuviera a sus pies, nacer y acabarse el mundo, y sobre él tender su inmensidad el Océano enérgico y triunfante.

Un día, un amigo piadoso, un solo amigo, entró, con los brazos tendidos, en el cuarto de un alguacil habanero, y allí estaba, sentado en un banco, esperando su turno, transparente ya la mano noble y pequeña, con la última luz en los ojos, el poeta que había tenido valor para todo, menos para morir sin volver a ver a su madre y a sus palmas. Temblando salió de allí, del brazo de su amigo; al recobrar la libertad en el mar, reanimado con el beso de su madre, volvió a hallar, para despedirse del universo, los acentos con que lo había asombrado en su primera juventud; y se extinguió en silencio nocturno, como lámpara macilenta, en el valle donde vigilan perennemente, doradas por el sol, las cumbres del Popocatepetl y el Iztaccihuatl. Allí murió, y allí debía morir el que para ser en todo símbolo de su patria, nos ligó en su carrera de la cuna al sepulcro, con los pueblos que la creación nos ha puesto de compañeros y de hermanos: por su padre con Santo Domingo, semillero de héroes, donde aún, en la caoba sangrienta, y en el cañaveral quejoso, y en las selvas invictas, está como vivo, manando enseñanzas y decretos, el corazón de Guarocuya; por su niñez con Venezuela, donde los montes plegados parecen, más que dobleces de la tierra, los mantos abandonados por los héroes al ir a dar cuenta al cielo de sus batallas por la libertad; y por su muerte, con México, templo inmenso edificado por la naturaleza para que en lo alto de sus peldaños de montañas se consumase, como antes en sus teocalis los sacrificios, la justicia final y terrible de la independencia de América.

Y si hasta en la desaparición de sus restos, que no se pueden hallar, simbolizase la desaparición posible y futura de su patria, entonces ¡oh Niágara inmortal! falta una estrofa, todavía útil, a tus soberbios versos. ¡Pídele ¡oh Niágara! al que da y quita, que sean libres y justos todos los pueblos de la tierra; que no emplee pueblo alguno el poder obtenido por la libertad, en arrebatarla a los que se han mostrado dignos de ella; que si un pueblo osa poner la mano sobre otro, no lo ayuden al robo, sin que te salgas, oh Niágara, de los bordes, los hermanos del pueblo desamparado!

Las voces del torrente, los prismas de la catarata, los penachos de espuma de colores que brotan de su seno, y el arco que le ciñe las sienes, son el cortejo propio, no mis palabras, del gran poeta en su tumba. Allí, frente a la maravilla vencida, es donde se ha de ir a saludar al genio vencedor. Allí, convidados a admirar la majestad del portento, y a meditar en su fragor, llegaron, no hace un mes, los enviados que mandan los pueblos de América a juntarse, en el invierno, para tratar del mundo americano; y al oír retumbar la catarata formidable, «¡Heredia!» dijo, poniéndose en pie, el hijo de Montevideo; «¡Heredia!» dijo, descubriéndose la cabeza, el de Nicaragua; «¡Heredia!», dijo, recordando su infancia gloriosa, el de Venezuela; «¡Heredia!»... decían, como indignos de sí y de él, los cubanos de aquella compañía; «¡Heredia!», dijo la América entera; y lo saludaron con sus cascos de piedra las estatuas de los emperadores mexicanos, con sus volcanes Centro América, con sus palmeros el Brasil, con el mar de sus pampas la Argentina, el araucano distante con sus lanzas. ¿Y nosotros, culpables, cómo lo saludaremos? ¡Danos, oh padre, virtud suficiente para que nos lloren las mujeres de nuestro tiempo, como te lloraron a ti las mujeres del tuyo; o haznos perecer en uno de los cataclismos que tú amabas, si no hemos de saber ser dignos de ti!

FRANCISCO SELLÉN

Un poeta.—— «Poesías» de Francisco Sellén

Poesía no es, de seguro, lo que ocurre con el nombre, sino lo heroico y virgíneo de los sentimientos, puesto de modo que vaya sonando y lleve como alas, o lo florido y sutil del alma humana, y la de la tierra, y sus armonías y coloquios, o el concierto de mundos en que el hombre sublimado se anega y resplandece. No es poeta el que echa una hormiga a andar, con una pompa de jabón al lomo; ni el que sale de hongo y chaqué, a cantarle al balcón de la Edad Media, con el ramillete de flores de pergamino; ni el desesperado de papel, que porque se ve sin propósito, se lo niega a la naturaleza; ni el que pone en verso la política y la sociología; sino el que de su corazón, listado de sangre como jacinto, da luces y aromas; o batiendo en él, sin miedo al golpe, como en parche de pelear, llama a triunfo y a fe al mundo, y mueve a los hombres cielo arriba, por donde va de eco en eco, volando al redoble. Poesía es poesía, y no olla podrida, ni ensayo de flautas, ni rosario de cuentas azules, ni manta de loca, hecha de retazos de todas las sedas, cosidos con hilo pesimista, para que vea el mundo que se es persona de moda, que acaba de recibir la novedad de Alemania o de Francia.

De Francisco Sellén toda la América ha leído versos, porque él es artista infatigable, que no deja pasar «día sin línea», ni cree que haya gusto mayor que el de cumplir en silencio con el deber, fuera del cual no hay poesía cierta, y propagar el culto de la idea hermosa. Hijo de aquella tierra desangrada que purga en la desesperación una riqueza inicua; hijo de Cuba, a cuyos héroes novicios dio tiempo para errar la indiferencia de un continente sordo, ni pudo Sellén volver adonde es una reconvención cada hoja de árbol, y el amo de cinto y espuelas, con Frinea en las rodillas, escancia en las copas criollas el veneno; ni pudo de su vida rota, de la vida que ofrendó a la patria en la hora triste, sacar la energía poética de quien mora en su suelo natural sin la pesadumbre del aire prestado, y la soledad que espanta a los corazones amorosos. Y como el único modo de ser poeta de la patria oprimida es ser soldado, no afeó el destierro con quejumbres pueriles, ni puso tienda de rimar, donde se rima a todo lo que viene, y hoy sale una oda a la caridad y mañana un estornelo al sinsonte, sino que, cegadas o interrumpidas las fuentes de la poesía propia, entretuvo el genio suspenso con la ajena.

Un día era Ibsen, y Blumenthal otro. Los griegos eran un mes, y otro los rusos. Estudiaba a Khaiyam y a Horacio luego. Leía el original, perdido en lo alto del Himalaya o en las riberas del Anio, y lo seguía por las literaturas, de copia en copia. No era lector de los de a granel, que toma de la mesa lo que le trae el correo del día, y anda de petimetre poético, paseando de diario en diario los últimos patrones, ora lloroso, de dálmata y calzas, con la peluca rubia coronada de margaritas y nomeolvides, ora fatídico, de labios de cinabrio y ojos de kokol, negro el traje y enjuto, con un hueso al ojal, y el ajenjo en la mano tembladora; sino que leía en grupos, ya viendo cada literatura de por sí, en lo que tiene de primaria, o tomó de las otras, ya estudiando la misma pasión en todas ellas, para notar los modos de decirla, y sus razones, ya comparando a los poetas de un temple, o de una época, a ver cómo caía la luz igual, en diferentes vasos; hasta que halló que con el pensamiento del hombre pasa como con los árboles, donde son pocas las raíces y muchas las hojas, y que el hombre es sencillo y uno, como se saca de sus literaturas, en que se ve a la vez lo romántico y lo real, sin más diferencia que las que pone en la imaginación, por los sujetos peculiares, el país y época de cada poesía. Vio caída la pompa y la sencillez perenne.

De lo vago y esencial, oyó mejor música que de lo diluido y académico. El apólogo y el apóstrofe le parecieron más propios, en el arte de la imaginación, que la polémica y el discurso. En sí mismo llevaba como cierto crepúsculo, que es el de los que ya saben del mundo todo lo que tienen que saber, y andan con la luz venidera sobre el rostro. ¿A qué el sol, si no lo había en su patria?: ni era verdad el sol, cuando no lo había en su vida. Ya desde que escribió en la juventud su *Libro íntimo,* sabía que por la tierra hay que pasar volando, porque de cada grano de polvo se levanta el enemigo, a echar abajo, a garfio y a saeta, cuanto nace con ala. En los astros silenciosos empezó a poner su amor, y estudió con afán las lenguas de aquellos pueblos de nieve perpetua, cuya poesía, blanca y azul, sube por el cielo en la noche elocuente con el manojo de flores ventaneras, y por la espalda los cabellos de oro. Ni de sus penas había de cantar, porque es como quitarse el sexo, esta queja continua; ni había de servirle a su patria bombones, y cestos de fresas, cuando su patria, enhiesta entre los cadáveres, señala al mundo impasible, con la mano comida, el festín de los cuervos; ni la vida rutinaria, apuntalada, odiosa, en la ribera del Hudson hostil, le había, ni daría acaso, aquella flor de luz, breve e inmortal, en donde el poeta sazonado por el dolor, cuaja el alma propia. Ni el castellano de erisipela que se usa en los versos, inflado y de colorines, es la lengua precisa y radiante que debe hablar la poesía.

Así, en la busca de lo ideal y sincero, se dio tanto Sellén a lo alemán, donde está vertida la obra toda del hombre, que vivió años enteros, en las cosas de su arte, como olvidado de sí, y como si no fuese poeta él, sin más afán que el de poner ante los demás lo que le parecía hermoso, y tallar y esmerilar el verso, y probarlo a la luz del sol, hasta que le quedaba en los colores naturales; —lo que era faena recia, porque el alemán es rosado y azul, y el castellano amarillo y punzó, y los rayos de la luna se le iban y venían por entre los dedos, sin que hubiera siempre modo de aprisionarlos en el encaje. De Heine, el que vivió con el corazón atravesado, se prendó antes que de los demás, —porque todo el mundo sufre de la puñalada. Por lo tierno e intenso le cautivó Geibel, y lo tradujo con esmero de hermano. El invicto Goethe le movió menos que Uhland aéreo, y el leal Hartman, y Kerner desamparado y doloroso. En lo sutil de Von Arnim trabajaba un día, y otro con el ardiente Freitigrath, o con Bodestedt, hecho al cuarto firme de los persas, o con Simniock, cuyas palabras eran cuños, o con Ruckert, que escribía con las raíces. Su gusto no era que lo viesen a él, sino a ellos. Consolar quería él, y esparcir por el mundo castellano la belleza pura. Y tradujo tan de continuo que pudo parecer, a los que juzgan sin ahondar, traductor nato, que cargaba una urna vacía, e iba echando en ella cuanto hallaba al andar; sin verle el ejercicio de domar la lengua, ni la pasión por la poesía esencial y perdurable, ni la honradez de callar hasta que tuviera algo que decir. ¿Por qué no ha de celebrarse, sin miedo a parecer crítico contentadizo, al poeta fuerte que sale salvo de todas las literaturas, y canta con fe de novio el espíritu eterno de la naturaleza, en la estrofa labrada sobre su corazón?

Poesías se llama el libro; y tiene pocas, por ser como el diamante la poesía genuina, en que a veces la vida entera da un solo cristal. Lo primero que cautiva es la modestia con que el poeta presenta sus frutos, como si fueran ensayos de estudiante y no obra de maestro, en que cada composición vive por sí, y todas juntas cantan, como coro de diversas voces, la paz final y corona angélica del mundo. En dos partes divide su libro el poeta, «Antes de la guerra», y «Después de la guerra», como un tronco que el rayo ha partido en dos, ni hay cubano que no vaya por el mundo así, —partido por el rayo. Desde la juventud se ve a Sellén dueño de sí, con su pecho por fuente, la tierra por agonía, y por pasión el descanso. Del primer vuelo lo echa atrás el pavor. Nunca esperó, y deseó apenas. Sus «Deseos» son imitados: lo suyo el no desear, que es en lo que se conoce la grandeza. «Humo y ceniza» la ilusión: tiembla de «lo que le falta por andar»: quiere «olvidar cuanto existe»: supone al cielo más quieto de lo que está, y lo envidia porque está tranquilo «mientras la tempestad ruge en su pecho»: pero «el que sufre, calle»: el que desfallezca, mire al hogar, al hijo en que continúa la vida, a la tarde solemne, ¡y vuelva la mano al arado! Lo amará todo el que lea su canto a *Las Mariposas,* que es como juego de iris, de una pena bella, que se queda en el alma. Todo tiene para él espíritu y pena, y por todo sufre, para todo se «abre su amor en el infinito». El ver las flores le da deseos de subir hecho centella al cielo, para beber del agua encendida y bajar sobre el mundo con las alas abiertas, «derramando a raudales, dicha, luz y libertad». Jamás, jamás hablará de su dolor, para no prostituirlo, y porque de su dolor solo ha de decir el hombre lo que aproveche y consuele al género humano; pero la muerte es lo que apetece él, «la eterna aurora», «el lecho voluptuoso». De gigantescos lirios, a la bajada de la noche, parece ascender, como bandada de vírgenes, la primera estrofa del «Himno a la muerte». Sobre aromas, como una reina aérea, pasea la muerte por el mundo. Novia amable es la muerte, y no bruja famélica. Ya se va a abrir el mundo, «como una inmensa flor». La Virgen de la Piedad, con el Cristo en los brazos, es para él la muerte, que recibe en sus brazos al hombre. Y el ave de las Tempestades, en símbolo casi sublime, negro el plumaje y fatídico el canto, tajando el nubarrón y arrebujándose en la bruma, entona serena, al fulgor del rayo, el himno fúnebre de los que «murieron en el mar».

Acá, enamorado de una imagen, peca por repetir en ella lo que dijo con la anterior, o desluce un cuadro natural con una palabra metafórica, o remata la estrofa, con una rima de estampilla, o rebaja el verso con un epíteto fácil, o da al diptongo, con la autoridad engañosa de la prosodia, más valor del que en música y lógica debe. Pero el estilo aunque inseguro a veces en esta primera parte, va ya en ondas y masas de uno u otro color, que se mecen si canta «Ondas del río», o zumban, giran, y se paran jadeantes, como las parejas frenéticas y revueltas de «Un baile en Cuba».

¿Y la segunda parte escrita al poniente de la vida? Del remolino de los hombres; más libre en el aire azul por lo estrecho y prolongado de la prisión, surge «El cóndor cautivo» de monte en monte, rasgando a pico las nieblas, aleteando entre lavas y humos, poniéndose los rayos de corona, metiéndose entre los soles, a ver cuál es más si él o los del cielo. Suena un himno de victoria; pebeteros son las montañas; peldaños los astros; las estrofas, con la verdad al hombro, suben de nube en nube, como doncellas con sus ánforas; el poeta, magnífico, proclama en las alturas la fraternidad universal; la fe nueva desciende, en la aurora épica, sobre el espíritu del mundo. Todo palpita y canta: de inefable ternura se llena el pecho humano, que es uno con el astro y con la flor: la beldad del dolor hermosea el rostro, y purga la tempestad o la naturaleza, como la llama del tronco que se consume, de la muerte, que depura y transforma, exhálase la vida, alegre y nueva: todo palpita y canta. Y el poeta esencial y absoluto, en la visión de la espiritualidad superior, padece suavemente, como la mirra del incensario, y se da al aire repleto de vida, a que lo lleve, en sus giros y vuelos, con las aromas que suben y las almas desembarazadas, adonde en el pináculo de la luz, como joyas que vuelven a la corona descompuesta, encajan en sus cuencas, centelleando los orbes.

El dolor delicado y continuo, por donde el hombre se conoce y ennoblece, acendra y eleva el espíritu que se abraza a él como a la verdadera salvación y la cruz que ensangrentó los hombros viene a ser el áncora con que el alma despercudida se clava al puerto eterno. Y como el fuego con el cuarzo, que por las grietas humeantes suda el oro hermoso, así el dolor, con su llama perenne, descubre, entre la escoria que cae, lo verdadero de la vida. Él dobla la fagina de castigo, al soldado rebelde que quiere subir a las alturas sin haber cortado con sus manos el árbol del monte, y labrado en angustia los peldaños; él echa a tierra a latigazos, y lo vuelve a echar cada vez que se levanta, al perezoso que quiere entrar de copa y coche sin pagar portazgo, por la puerta que lleva de la desdicha del mundo a la perpetua dicha: él consuela a los que padecen sin miedo, y gozan en padecer, insinuando en el alma depurada la certidumbre de la serena eternidad, y el parentesco de todo lo creado. De un solemne sentido, grato como la música, empieza a henchirse el mundo, y de un puro perdón, que se derrama por el alma y la deleita. Cada pena trae su haz, con que se nutre la hoguera de la fe en lo espiritual y venturoso de la vida culminante del Universo, adonde todo asciende por la prueba, y de que es esta vida de ahora mero retazo y áspero preparativo. Un sentimiento como de familia, vago y feliz, y una claridad excelsa y tenue, suceden a la duda rudimentaria, el pueril descontento, o la satánica turbulencia: se va por entre voces, luces e himnos: como los lirios del campo se abre, a un sol invisible, el espíritu enajenado; y a los acordes, espontáneos y continuos, de la lira universal, ora graves y lentos, ora estridentes y retemblando de pavor, pasan, exhalando alma, los órdenes de mundos. Y en su marcha gloriosa, y en la función y armonías de sus elementos, el poeta sazonado por el dolor, vislumbra, para cuando se perfeccione la sabiduría, el canto triunfal de la última epopeya.

Cree Sellén en «Preexistencia», poesía famosa ya en castellano y en inglés, que en otra vida, que no sabe cuál fuese, ensayó esto:

«la palabra es inútil para explicar lo que solo se percibe con el alma»: en «Panteísmo» saluda en el Universo al «glorioso ágape que no se ha interrumpido jamás, al vaso misterioso y eterno donde beben todos los seres de hoy, y los que han sido»: en «Transformación», con alegría primaveral, entona «el himno poderoso que resuena desde el origen obscuro de los tiempos»: en «Meditación», ido el espíritu, ve, al resplandor de los cometas fúnebres, rodar, gélida, «la tierra vacía»: en «Aspiración», no osa afirmar, con el rigor del juicio, lo que le canta con sus voces firmes la naturaleza, pero pide a los astros, «atormentado por un anhelo inmortal, que lo lleven en su ronda bullente al palacio de lo infinito, al piélago que vierte la inmensa catarata de diamantes». Pero no es ya su afán aquella ansia, excusable en la juventud, de salvarse del padecimiento por la muerte, y de huir adonde no se sufra. El dolor inevitable florece en su vida, y llega a llamarlo «lo único eterno y verdadero», más luego ama su pena, porque se ve por ella hermano de todo lo vivo, y descubre la hermosa verdad, que es la de consolar a los demás, por ser más propio del hombre, aunque no lo parezca, el derramar consuelos que el recibirlos, como se ve cuando se recibe un bien, que no es tanto el goce como cuando se hace. Sellén padece, hasta caer sin sentirlo en penas de imitación, y despedirse del «sol de las ilusiones» en una «Tarde de otoño», o entristecerse porque no ve el mayo en sí, cuando en todo lo publica su «Mañana de primavera»; pero su pena no es de adorno, como la de los dudadores de oficio, que no ven que en la creación todo afirma y persiste, y se van en cuanto la doncella sirve los vinos y pasteles; ni le copia a los franceses el pesimismo traducido del alemán; sino que en la dicha que le crece de su mismo dolor, como la aurora que sigue a la noche, y en la limpieza celeste que de la obediencia al deber y el conocimiento de lo natural le queda en el alma, tal como el aire puro que corre en las alturas, aprende sin violencia, con el testimonio unánime de cuanto existe, que lo eterno es apetecible y hermoso, y que a la pena se la ha de cortejar, en vez de huir, porque el que renuncia a sí, y se doma, entra desde esta vida en un goce de majestad y divino albedrío, por donde el espíritu, enlazado con el universo, pierde la noción y el apetito de la muerte.

No es la suya la eternidad sombría de Leconte de Lisle, ni los vivientes son para él, como para Leopardi, «imbéciles irreparables», ni proclama la muerte final y la inutilidad de vivir, como Luisa Ackermann; sino que de un impulso salta de sus penas a las cumbres universales, con la llama en el casco, como los guerreros de las fantasías. Plumas de ave del paraíso tienen sus estrofas, cuando canta el universo permanente y radioso. «En todo existe un alma». «La nota de una canción olvidada revela al alma su existencia anterior». «El mundo es una armonía, una llama que no se extingue». «La vida va del sol al átomo, y del hombre a la estrella». Es vida todo, y luz, y movimiento.

En sus poesías más personales, que son las menos, persiste ese concepto majestuoso de la creación, «cuyos árboles son como su alma»; clavada por la raíz y con el ramaje al cielo; y «la corriente del golfo», como los recuerdos de su niñez, que canta en versos caudalosos y graves, de modo que la imagen osada se justifica por el volumen y nobleza de las voces; si va a la «Orilla del mar», que es para él «el principio de la vida», no será como rapsoda desmelenado, a enderezarle odas de tambor, ni a lo pontífice académico, con el concurso delante, como en un teatro, para que se miren unos a otros, y digan que está bien, y que ha resucitado Píndaro, sino a anegarse en su silencio augusto, y a convidarles a que se despeñe sobre «las gehenas espantosas y las ergástulas infames».

Ama al buey lo mismo que Carducci, y lo celebra en un soneto que parece ventana del Japón, fino como la mejor ebanistería, por donde se ve, recortado en lo azul, el lomerío florido, con sus valles verdes, y allá, en un boscaje ameno, la casa del labrador, como un grano de oro. Helios es para él «divino», y aspira en sus versos a la belleza griega, que seduce por la razón del conjunto y aborrece la línea extravagante; pero no es su helenismo de ese segundón que traspone a las lenguas de ahora los idilios de flauta y pezuña, y echa a andar a los sátiros de chistera y casaca, sino aquel sabio acuerdo de la idea y el lenguaje, por donde la idea no queda vestida de sobresaya de tres vuelos, con pasamanes y rebordes, sino imponente y lisa, como una buena estatua, —y aquel arte de expurgar del asunto todo lo que no lo ayude y realce, sin poner en cada detalle tanto color que se desfigure el dibujo por él, ni tampoco que salga el dibujo torcido o escaso. Porque lo eterno de los griegos no es lo que nos cuentan de Atis y Cibeles, sino la ponderación y armonía por donde alcanzaban la plenitud de la hermosura. Ni entiende Sellén por helenismo lo que otros, que cincelan el mármol, y se olvidan de ponerle sangre, sino que en sus versos, bellos como el potro espumante y enarcado que cabecea de la mano del domador, corre fogoso e imprevisto el romance que constituye y anima la poesía.

No es poeta de una nota, que unas veces la da en la guerra, y en la gaita otras veces y otras en el caramillo; sino que expresa la pasión, que es lo esencial de la poesía, como lo quiere el estado de su alma, ya manso y contemplativo, como el fuego ahogado en el rescoldo, ya ondeante como la lengua de la hoguera, o despeñado como ola de lava. Su amor no es cifra escrita sobre la arena, sino jeroglífico tallado en la pirámide: «la que lo ama es como un templo nuevo que recibe a su Dios»; cuando se besan, brota la centella, y el mundo se pone a loar. Si canta al amor pagano, es pagano él; y es india joven, cuando canta el areíto de la india. Entre lo muy bueno del verso castellano, merece figurar la balada dramática de «Los fugitivos», por la estrofa que se columpia en la mar, como la nave donde huyen, o tiembla, como la barba del padre que los persigue. Y en la del duelo de los hermanos la estrofa espantada galopa y ojea; y con el caballo del jinete muerto se hunde tras el matador en la tumba. Si describe «La noche tropical», no se pone en ella a desarreglar el cuadro con su persona intrusa, como los poetas personales, sino que la persona se ve donde debe, que es en el arte de pintar la escena de modo que dé ruido, misterio y pavor, ya con los grupos de acentos, dispuestos vagamente o apiñados de súbito, ya con la semejanza de la frase y el lance u objeto que describe. Y si la que ama lo hace padecer, se vengará en «Injusticia», besándole la mano, o escribirá, con amor grandioso «Las dos olas»: ¡a la par por el mundo, el hombre y la mujer! ¡de mano por el mundo, los dos que han sufrido! No es hombre para quejarse del peso, como amante de tocador, y andar sobre los demás, chupando almas y dejándolas en gollejo al borde del camino, sino para acompañarlas mano a mano, cantando en la pena la canción del valor: y si se le cansan de andar, echárselas al hombro. A su patria la adora, y ama al pobre delicadamente, por lo que no se pone a decirlo, de corbata blanca y plastrón, con un vaso de agua y azúcar sobre la mesa, como tantos que salen a dar limosna en verso, y a compadecer de oficio, como si el dar limosna en público no fuera siempre feo, en verso como de cualquier otro modo.

Al pobre, del «cielo mismo bajará a derramar sobre él ventura». A la patria, en la hora de pelear, le ofreció la vida. Y si canta a la patria, humearán como pira sus octavas *A la memoria de los héroes;* llorarán, como madres dolientes, sus décimas *A Cuba;* esconderá, como en el *Canto de espera,* la espada entre flores; vibrará, como el caracol, de colina en colina, el *Canto de guerra.* Sus versos patrióticos relucen, bruñidos como fusiles. Pero no rebajará con la pompa verbosa la dignidad del más delicado de los sentimientos.

Así se enseña, con más que uno u otro reflejo de sus lecturas, este poeta salvado de la erudición, que brilla por sus poesías originales en época de tantas mezclas como la de ahora, donde los pueblos copian desmedidamente lo de otros, sin ceñirse a sacar del estudio del ajeno, aquel conocimiento de la identidad del hombre, por el que las naciones, aún rudimentarias, han de perfeccionarse y confundirse, sino bebiéndose por novelería, o pobreza de invención, o dependencia intelectual, cuanta teoría, autóctona o traducida, sale al mercado ahíto.

En América se padece de esto más que en pueblo alguno, porque los pueblos de habla española nada, que no sea manjar rehervido, reciben de España; ni tienen aún, por la población revuelta e ignorante que heredaron, un carácter nacional que pueda más por su novedad poética, que las literaturas donde el genio impaciente de sus hijos se nutre y complace. Ya lo de Bécquer pasó como se deja de lado un retrato cuando se conoce al original precioso; y lo de Núñez de Arce va a pasar, porque la fe nueva alborea, y no ha de regir la duda trasnochada, porque traiga, por único mérito, el manto con menos relumbrones que el del romanticismo. Ahora, con el apetito de lo contemporáneo, lo accesible del idioma y el ansia loable de la perfección, lo que empieza a privar es lo de los franceses, que no tienen en esta época de tránsito mucho que decir, por lo que mientras se condensa el pensamiento nuevo, pulen y rematan la forma, y tallan en piedra preciosa a veces, cazos de finas y menudas facetas, donde vacían cuanto hallan en lo antiguo de gracia y color, o riman, por gala y entretenimiento, el pesimismo de puño de encaje que anda en moda, y es propio de los literatos sin empleo en la ciudad sobrada de literatura; lo cual no ven de lejos los poetas de imaginación, o toman como real, por el desconsuelo de su vida, los que viven con un alma estética, en pueblos podridos o aún no bien formados.

Para Sellén fue mayor el peligro, por haber andado desde joven de Petoefi en Gogol, y de Tirdusi en Hugo, y por tener su morada constante en los Estados Unidos, donde se dio en poesía el misterio de Poe, y la oda profética de Emerson, y el ritmo revolucionario de Walt Whitman. Por sobre todo, con su pena oculta, pasa inmaculado el poeta, y atento a la canción universal, proclama, con fe vaga y ardiente, imperio de la dicha, la fuerza de la virtud y la espiritualidad del mundo.

Y no es que otros no hayan hallado de Lucrecio acá, «el alma de las cosas», o que lo que vuelve a decir Sellén no se ha dicho antes. Todo está dicho ya; pero las cosas, cada vez que son sinceras, son nuevas. Confirmar es crear. Lo que hace crecer el mundo no es el descubrir cómo está hecho, sino el esfuerzo de cada uno para descubrirlo. ¡Pues no veamos un árbol porque es plagio, puesto que los hombres están viendo árboles desde que nacieron! Y cada hombre que nace ¿no es un plagio? El que saca de sí lo que otro sacó de sí antes que él es tan original como el otro. Dígase la verdad que se siente, con el mayor arte con que se pueda decirla. La emoción en poesía es lo primero, como señal de la pasión que la mueve, y no ha de ser caldeada o de recuerdo, sino sacudimiento del instante, y brisa o terremoto de las entrañas. Lo que se deja para después es perdido en poesía, puesto que en lo poético no es el entendimiento lo principal, ni la memoria, sino cierto estado de espíritu confuso y tempestuoso, en que la mente funciona de mero auxiliar, poniendo y quitando, hasta que quepa en música, lo que viene de fuera de ella. Por ahí peca alguna vez Sellén, que no peca mucho; como cuando dice «Adiós a la juventud», en unos alejandrinos compuestos de penas viejas, o cuando de las memorias de lo pasado escribe «Calma», que no le salió tan feliz como otros versos suyos, porque en poesía, como en pintura, se ha de trabajar con el modelo; o cuando en el mismo «Mar», se nota, por el desmayo de ciertas líneas, que no fueron escritas sobre la roca, como debieron ser, con la mano húmeda de los chispazos. Pero por lo común Sellén, que es poeta honrado, espera la hora de rimar, sin violencia ni afán de que lo vean, y cesa en cuanto cesa la emoción. La poesía ha de tener la raíz en la tierra, y base de hecho real.

Se desvanecen los castillos de nubes. Sin emoción se puede ser escultor en verso, o pintor en verso; pero no poeta.

Mas lo que da a Sellén carácter propio y derecho a sentarse como los mejores, es la novedad de trabajar el verso como arte que es, y bregar con la emoción, sosteniéndola o podándola hasta que entra en la turquesa que le conviene. No está el arte en meterse por los escondrijos del idioma, y desparramar por entre los versos palabras arcaicas o violentas; ni en deslucirle la beldad natural a la idea poética poniéndole de tocado como a la novia rusa, una mitra de piedras ostentosas; sino en escoger las palabras de manera que con su ligereza o señorío aviven el verso o le den paso imperial, y silben o zumben, o se arremolinen y se arrastren, y se muevan con la idea, tundiendo y combatiendo o se aflojen y arrullen, o acaben, como la luz del sol, en el aire incendiado. Lo que se dice no lo ha de decir el pensamiento solo, sino el verso con él; y donde la palabra no sugiera, por su acento y extensión la idea que va en ella, ahí peca el verso. Cada emoción tiene sus pies, y cada hora del día, y un estado de amor quiere dáctilos, y anapestos la ceremonia de las bodas, y los celos quieren yambos. Un juncal se pintará con versos leves, y como espigados, y el tronco de un roble con palabras rugosas, retorcidas y profundas. En el lenguaje de la emoción, como en la oda griega, ha de oírse la ola en que estalla, y la que le responde y luego el eco. En el aparado no está el arte, ni en la hinchazón, sino en la conformidad del lenguaje y la ocasión descrita, y en que el verso salga entero del horno, como lo dio la emoción real, y no agujereado o sin los perfiles, para atiborrarlo después, en la tortura del gabinete, con adjetivos huecos, o remendarle las esquinas con estuco. Por no alterar la impresión primitiva, ha dejado Sellén, por acá o por allá, una línea prosaica, que pudo con su habilidad, colocar según él sabe, y dotar de alas, como ha de ser toda línea en poesía, que es arte aéreo, donde no tiene puesto el mero raciocinio, ni sus giros trabados, ni sus voces. Aún prefiere la elegancia latina a la raíz criolla. Aún es «umbría» la selva, y tiene «sed de lo ignoto», y «esperanza» rima con «lontananza»; pero apenas en esta segunda parte hay versos catalécticos, ni hipermétricos. La línea va dócil por donde el poeta la lleva. El lenguaje, vivo y feliz, parece brisa y orea, si pinta, «El amanecer», o es lento y vago, en la «Tarde de otoño», o en el «Mediodía de Cuba», caliginoso y resplandeciente. «Los soles de zafiro brotaron como escuadrones de los abismos mudos»; «el gran dosel de pedrería sublime»; «quiere fundirse en la esfera brillante y adiamantada»; «a la rueda del tiempo le atará lazos de seda y de flores». Parece que se ve subir por el aire, como el aroma de un rosal sacudido suavemente cada vez que se leen las estrofas «A L...» donde enseña con el ejemplo cuanto va de la idea en el arreglo de las palabras, que en el arte de escribir es decisivo y solo los ignorantes descuidan o motejan. Retozan los versos como el nenúfar, cuando travesea con ellos el aire del lago. Pasa el verso, hostigado y huyendo, cuando pasa el perro jíbaro. Cada cuadro lleva las voces del color que le está bien; porque hay voces tenues, que son como el rosado y el gris, y voces esplendorosas, y voces húmedas. Lo azul quiere unos acentos rápidos y vibrantes, y lo negro otros dilatados y oscuros. Con unas vocales se obtiene un tono, que quedaría con otras falso y sin vigor la idea; porque este arte de los tonos en poesía no es nada menos que el de decir lo que se quiere, de modo que alcance y perdure, o no decirlo. Así Sellén, maestro en su lengua, pondera los acentos, y los reduce o acumula, de modo que cada composición halague a la vez los ojos y el oído, y llegue a la imaginación por ambas vías. Desbocará el verso, o lo tremolará o lo plegará al asta. Y cuando quiera pintar en «Panteísmo» los aspectos múltiples de la naturaleza, en cada línea pondrá el nombre substancioso que conviene y el epíteto justo; y cada estrofa será un aspecto nuevo, apacible o terrible, y el encrespado después del llano; y todo lo calculará con sutileza de orquesta, a fin de que por lo variado corra lo uno, y los tonos distintos, ligados a una voz, rompan con fuerza de coro, en el cántico final, e impere en el poema, como en toda su poesía, la música simple y colosal del Universo.

Y si algo faltase, fuera del decoro, y viveza de su inspiración, para explicar la enérgica sencillez e íntimo encanto de esta poesía artística, sería la noble paz a que, por la escalera estrecha de la virtud, ha llegado, siempre venciendo, el poeta. Dicen los que lo conocen que no tiene en su mesa de emigrado vientres de trucha que ofrecer a la gacetilla complaciente, ni túnica nueva en su guardarropía para los críticos de mala ropa. Dicen que por entre sus libros, puestos en hilera con esmero de novio, pasa todas las tardes, de vuelta de la labor, al cuarto donde padece, clavada a su enfermedad, la esposa que se mira en él, y no cree que su espíritu sea de hombre como es, sino el de las flores que él mismo le riega, antes de salir al trabajo, en su ventana. Dicen que de su corazón limpio y severo, manan hilos de sangre silenciosos, y que su vida ejemplar se ha consagrado a la benignidad y al sacrificio.

El Partido Liberal, México, 28 de septiembre de 1890

JULIÁN DEL CASAL

Aquel nombre tan bello que al pie de los versos tristes y joyantes parecía invención romántica más que realidad, no es ya el nombre de un vivo. Aquel fino espíritu, aquel cariño medroso y tierno, aquella ideal peregrinación, aquel melancólico amor a la hermosura ausente de su tierra nativa, porque las letras solo pueden ser enlutadas o hetairas en un país sin libertad, ya no son hoy más que un puñado de versos, impresos en papel infeliz, como dicen que fue la vida del poeta.

De la beldad vivía prendida su alma; del cristal tallado y de la levedad japonesa; del color del ajenjo y de las rosas del jardín; de mujeres de perla, con ornamentos de plata labrada; y él, como Cellini, ponía en un salero a Júpiter. Aborrecía lo falso y pomposo. Murió, de su cuerpo endeble, o del pesar de vivir, con la fantasía elegante y enamorada, en un pueblo servil y deforme. De él se puede decir que, pagado del arte, por gustar del de Francia tan de cerca, le tomó la poesía nula, y de desgano falso e innecesario, con que los orífices del verso parisiense entretuvieron estos años últimos el vacío ideal de su época transitoria. En el mundo, si se le lleva con dignidad, hay aún poesía para mucho; todo es el valor moral con que se encare y dome la injusticia aparente de la vida; mientras haya un bien que hacer, un derecho que defender, un libro sano y fuerte que leer, un rincón de monte, una mujer buena, un verdadero amigo, tendrá vigor el corazón sensible para amar y loar lo bello y ordenado de la vida, odiosa a veces por la brutal maldad con que suelen afearla la venganza y la codicia. El sello de la grandeza es ese triunfo. De Antonio Pérez es esta verdad: «Solo los grandes estómagos digieren veneno».

Por toda nuestra América era Julián del Casal muy conocido y amado, y ya se oirán los elogios y las tristezas. Y es que en América está ya en flor la gente nueva, que pide peso a la prosa y condición al verso, y quiere trabajo y realidad en la política y en la literatura. Lo hinchado cansó, y la política hueca y rudimentaria, y aquella falsa lozanía de las letras que recuerda los perros aventados del loco de Cervantes. Es como una familia en América esta generación literaria, que principió por el rebusco imitado, y está ya en la elegancia suelta y concisa, y en la expresión artística y sincera, breve y tallada, del sentimiento personal y del juicio criollo y directo. El verso, para estos trabajadores, ha de ir sonando y volando. El verso, hijo de la emoción, ha de ser fino y profundo, como una nota de arpa. No se ha de decir lo raro, sino el instante raro de la emoción noble o graciosa. —Y ese verso, con aplauso y cariño de los americanos, era el que trabajaba Julián del Casal. Y luego, había otra razón para que lo amasen; y fue que la poesía doliente y caprichosa que le vino de Francia con la rima excelsa, paró por ser en él la expresión natural del poco apego que artista tan delicado había de sentir por aquel país de sus entrañas, donde la conciencia oculta o confesa de la general humillación trae a todo el mundo como acorralado, o como con antifaz, sin gusto ni poder para la franqueza y las gracias del alma. La poesía vive de honra.

Murió el pobre poeta, y no lo llegamos a conocer. ¡Así vamos todos, en esa pobre tierra nuestra, partidos en dos, con nuestras energías regadas por el mundo, viviendo sin persona en los pueblos ajenos, y con la persona extraña sentada en los sillones de nuestro pueblo propio! Nos agriamos en vez de amarnos. Nos encelamos en vez de abrir vía juntos. Nos queremos como por entre las rejas de una prisión. ¡En verdad que es tiempo de acabar! Ya Julián del Casal acabó, joven y triste. Quedan sus versos. La América lo quiere, por fino y por sincero. Las mujeres lo lloran.

Patria, 31 de octubre de 1893

TRABAJO MANUAL EN LAS ESCUELAS

Acaban de presentar informe de sus trabajos en el año anterior los colegios de agricultura de los Estados Unidos, y se ve de todos ellos que no son tanto las leyes teóricas del cultivo la que en estas escuelas se enseñan, como el conocimiento y manejo directo de la tierra, que da de primera mano y claramente, y con amenidad inimitable, las lecciones que siempre salen confusas de libros y maestros.

Ventajas físicas, mentales y morales vienen del trabajo manual. —Y ese hábito del método, contrapeso saludable en nuestras tierras sobre todo, de la vehemencia, inquietud y extravío en que nos tiene, con sus acicates de oro, la imaginación. El hombre crece con el trabajo que sale de sus manos. Es fácil ver cómo se depaupera, y envilece a las pocas generaciones la gente ociosa, hasta que son meras vejiguillas de barro, con extremidades finas, que cubren de perfumes suaves y de botines de charol; mientras que el que debe su bienestar a su trabajo, o ha ocupado su vida en crear y transformar fuerzas, y en emplear las propias, tiene el ojo alegre, la palabra pintoresca y profunda, las espaldas anchas, y la mano segura. Se ve que son esos los que hacen el mundo: y engrandecidos, sin saberlo acaso, por el ejercicio de su poder de creación, tienen cierto aire de gigantes dichosos, e inspiran ternura y respeto. Más, más cien veces que entrar en un templo, mueve el alma el entrar, en una madrugadita de este frío de febrero, en uno de los carros que llevan, de los barrios pobres a las fábricas, artesanos de vestidos tiznados, rostro sano y curtido y manos montuosas,

—donde, ya a aquella hora brilla un periódico. —He ahí un gran sacerdote, un sacerdote vivo: el trabajador.

El Director de la Escuela de Agricultura de Michigan defiende calurosamente las ventajas del trabajo manual en las Escuelas. Para el Director Abbott, no hay virtud agrícola a que no ayude el trabajo manual en la Escuela. El cultivador necesita conocer la naturaleza, las enfermedades, los caprichos, las travesuras mismas de las plantas para dirigir el cultivo de modo de aprovechar las fuerzas vegetales, y evitar sus extravíos. Necesita enamorarse de su labor, y encontrarla, como es, más noble que otra alguna, aunque no sea más que porque permite el ejercicio más directo de la mente, y proporciona con sus resultados pingües y constantes una renta fija y libre que permite al hombre vivir con decoro e independencia. ¡Oh! a oír nuestro voto, junto a cada cuna de hispanoamericano se pondría un cantero de tierra y una azada. —Necesita el agricultor además conocer de una manera íntima, en sus efectos y modo de obrar, las ciencias que hoy ayudan y aceleran los cultivos. Y como la naturaleza es ruda, como todo lo verdaderamente amante, el cultivador ha menester de salud recia que el sol no acalore y no refleje la lluvia, lo cual solo con habituarse a esta y a aquel puede conseguirse.

Con el trabajo manual en la Escuela, el agricultor va aprendiendo a hacer lo que ha de hacer más tarde en campo propio; se encariña con sus descubrimientos de las terquedades o curiosidades de la tierra como un padre con sus hijos; se aficiona a sus terruños que cuida, conoce, deja en reposo, alimenta y cura, tal y de muy semejante manera, como a su enfermo se aficiona un médico. Y como ve que para trabajar inteligentemente el campo, se necesita ciencia varia y no sencilla, y a veces profunda, pierde todo desdén por una labor que le permite ser al mismo tiempo que creador, lo cual alegra el alma y la levanta, un hombre culto, diestro en libros y digno de su tiempo. Está el secreto del bienestar en evitar todo conflicto entre las aspiraciones y las ocupaciones.

Páginas se llenarían con la enumeración de las ventajas de este trabajo manual en las Escuelas de Agricultura, que demuestra el informe.

Y para que el trabajo de los estudiantes de agricultura sea doblemente útil, no lo aplican solo en las Escuelas al laboreo de la tierra por los métodos ya conocidos, sino a la prueba de todas las reformas que la experiencia o la invención van sugiriendo; con lo que las Escuelas de Agricultura vienen a ser grandes benefactores de las gentes de campo, a quien dan la reforma ya probada, y evitan arriesgar las sumas y perder el tiempo que el experimentarla por cuenta propia les hubiera costado. Y con esto, además, la mente del alumno se mantiene viva y contrae el hábito saludable de desear, examinar y poner en práctica lo nuevo. Hoy, con la colosal afluencia de hombres inteligentes y ansiosos en todos los caminos de la vida, quien quiera vivir no puede sentarse a descansar y dejar en reposo una hora sola el bordón del viaje; que cuando lo quiere levantar y tomar la ruta de nuevo, ya el bordón es roca. Nunca, nunca fue más grande ni más pintoresco el universo. Solo que cuesta trabajo entenderlo y ponerse a su nivel: por lo que muchos prefieren decir de él mal, y desvanecerse en quejas. Trabajar es mejor, y procurar comprender la maravilla, —y ayudar a acabarla.

En una Escuela, la de North Carolina, han analizado los abonos, los minerales, las aguas minerales, las aguas potables, el poder germinador de las semillas, la acción de diferentes sustancias químicas en ellas, y la de los insectos sobre las plantas.

En general, los trabajos prácticos de las Escuelas se dirigen al estudio y mejora de los granos y tubérculos alimenticios; a la aplicación de los varios y mejores métodos de preparar el terreno, sembrar y cosechar; a la comparación de los abonos diversos y creación de otros, al modo de alimentar bien los animales, y las plantas, y de regar y de preservar los bosques.

Tienen además cursos en que los alumnos aprenden las artes mecánicas, no del modo imperfecto y aislado, en que de soslayo y por casualidad llega a saber un poco de ellos el agricultor atento y habilidoso, sino con plan y sistema, de modo que unos conocimientos vayan completando a otros, y como saliendo estos de aquellos. La mente es como las ruedas de los carros, y como la palabra: se enciende con el ejercicio, y corre más ligera. Cuando se estudia por un buen plan, da gozo ver cómo los datos más diversos se asemejan y agrupan, y de los más varios asuntos surgen, tendiendo a una idea común alta y central, las mismas ideas. —Si tuviera tiempo el hombre para estudiar cuanto ven sus ojos y él anhela, llegaría al conocimiento de una idea sola y suma, sonreiría, y reposaría.

Esta educación directa y sana; esta aplicación de la inteligencia que inquiere a la naturaleza que responde; este empleo despreocupado y sereno de la mente en la investigación de todo lo que salta a ella, la estimula y le da modos de vida; este pleno y equilibrado ejercicio del hombre, de manera que sea como de sí mismo puede ser, y no como los demás ya fueron; esta educación natural, quisiéramos para todos los países nuevos de la América.

Y detrás de cada escuela un taller agrícola, a la lluvia y al sol, donde cada estudiante sembrase su árbol.

De textos secos, y meramente lineales, no nacen, no, las frutas de la vida.

La América. Nueva York, febrero de 1884

MAESTROS AMBULANTES

«¿Pero cómo establecería usted ese sistema de maestros ambulantes de que en libro alguno de educación hemos visto menciones, y usted aconseja en uno de los números de *La América,* del año pasado que tengo a la vista?». —Esto se sirve preguntarnos un entusiasta caballero de Santo Domingo.

Le diremos en breve que la cosa importa, y no la forma en que se haga.

Hay un cúmulo de verdades esenciales que caben en el ala de un colibrí, y son, sin embargo, la clave de la paz pública, la elevación espiritual y la grandeza patria.

Es necesario mantener a los hombres en el conocimiento de la tierra y en el de la perdurabilidad y trascendencia de la vida.

Los hombres han de vivir en el goce pacífico, natural e inevitable de la Libertad, como viven en el goce del aire y de la luz.

Está condenado a morir un pueblo en que no se desenvuelven por igual la afición a la riqueza y el conocimiento de la dulcedumbre, necesidad y placeres de la vida.

Los hombres necesitan conocer la composición, fecundación, transformaciones y aplicaciones de los elementos materiales de cuyo laboreo les viene la saludable arrogancia del que trabaja directamente en la naturaleza, el vigor del cuerpo que resulta del contacto con las fuerzas de la tierra, y la fortuna honesta y segura que produce su cultivo.

Los hombres necesitan quien les mueva a menudo la compasión en el pecho, y las lágrimas en los ojos, y les haga el supremo bien de sentirse generosos: que por maravillosa compensación de la naturaleza aquel que se da, crece; y el que se repliega en sí, y vive de pequeños goces, y teme partirlos con los demás, y solo piensa avariciosamente en beneficiar sus apetitos, se va trocando de hombre en soledad, y lleva en el pecho todas las canas del invierno, y llega a ser por dentro, y a parecer por fuera, —insecto.

Los hombres crecen, crecen físicamente, de una manera visible crecen, cuando aprenden algo, cuando entran a poseer algo, y cuando han hecho algún bien.

Solo los necios hablan de desdichas, o los egoístas. La felicidad existe sobre la tierra; y se la conquista con el ejercicio prudente de la razón, el conocimiento de la armonía del universo, y la práctica constante de la generosidad. El que la busque en otra parte, no la hallará: que después de haber gustado todas las copas de la vida, solo en esas se encuentra sabor. —Es leyenda de tierras de Hispanoamérica que en el fondo de las tazas antiguas estaba pintado un Cristo, por lo que cuando apuran una, dicen: «¡Hasta verte, Cristo mío!». ¡Pues en el fondo de aquellas copas se abre un cielo sereno, fragante, interminable, rebosante de ternura!

Ser bueno es el único modo de ser dichoso.

Ser culto es el único modo de ser libre.

Pero, en lo común de la naturaleza humana, se necesita ser próspero para ser bueno.

Y el único camino abierto a la prosperidad constante y fácil es el de conocer, cultivar y aprovechar los elementos inagotables e infatigables de la naturaleza. La naturaleza no tiene celos, como los hombres. No tiene odios, ni miedo como los hombres. No cierra el paso a nadie, porque no teme de nadie. Los hombres siempre necesitarán de los productos de la naturaleza. Y como en cada región solo se dan determinados productos, siempre se mantendrá su cambio activo, que asegura a todos los pueblos la comodidad y la riqueza.

No hay, pues, que emprender ahora cruzada para reconquistar el Santo Sepulcro. Jesús no murió en Palestina, sino que está vivo en cada hombre. La mayor parte de los hombres ha pasado dormida sobre la tierra. Comieron y bebieron; pero no supieron de sí. La cruzada se ha de emprender ahora para revelar a los hombres su propia naturaleza, y para darles, con el conocimiento de la ciencia llana y práctica, la independencia personal que fortalece la bondad y fomenta el decoro y el orgullo de ser criatura amable y cosa viviente en el magno universo.

He ahí, pues, lo que han de llevar los maestros por los campos. No solo explicaciones agrícolas e instrumentos mecánicos; sino la ternura, que hace tanta falta y tanto bien a los hombres.

El campesino no puede dejar su trabajo para ir a sendas millas a ver figuras geométricas incomprensibles, y aprender los cabos y los ríos de las penínsulas del África, y proveerse de vacíos términos didácticos. Los hijos de los campesinos no pueden apartarse leguas enteras días tras días de la estancia paterna para ir a aprender declinaciones latinas y divisiones abreviadas. Y los campesinos, sin embargo, son la mejor masa nacional, y la más sana y jugosa, porque recibe de cerca y de lleno los efluvios y la amable correspondencia de la tierra, en cuyo trato viven. Las ciudades son la mente de las naciones; pero su corazón, donde se agolpa, y de donde se reparte la sangre, está en los campos. Los hombres son todavía máquinas de comer, y relicarios de preocupaciones. Es necesario hacer de cada hombre una antorcha.

¡Pues nada menos proponemos que la religión nueva y los sacerdotes nuevos! ¡Nada menos vamos pintando que las misiones con que comenzará a esparcir pronto su religión la época nueva! El mundo está de cambio; y las púrpuras y las casullas, necesarias en los tiempos místicos del hombre, están tendidas en el lecho de la agonía. La religión no ha desaparecido, sino que se ha transformado. Por encima del desconsuelo en que sume a los observadores el estudio de los detalles y envolvimiento despacioso de la historia humana, se ve que los hombres crecen, y que ya tienen andada la mitad de la escala de Jacob: ¡qué hermosas poesías tiene la Biblia! Si acurrucado en una cumbre se echan los ojos de repente por sobre la marcha humana, se verá que jamás se amaron tanto los pueblos como se aman ahora, y que a pesar del doloroso desbarajuste y abominable egoísmo en que la ausencia momentánea de creencias finales y fe en la verdad de lo Eterno trae a los habitantes de esta época transitoria, jamás preocupó como hoy a los seres humanos la benevolencia y el ímpetu de expansión que ahora abrasa a todos los hombres. Se han puesto en pie, como amigos que sabían uno de otro, y deseaban conocerse; y marchan todos mutuamente a un dichoso encuentro.

Andamos sobre las olas, y rebotamos y rodamos con ellas; por lo que no vemos, ni aturdidos del golpe nos detenemos a examinar, las fuerzas que las mueven. Pero cuando se serene este mar, puede asegurarse que las estrellas quedarán más cerca de la tierra. ¡El hombre envainará al fin en el sol su espada de batalla!

Eso que va dicho es lo que pondríamos como alma de los maestros ambulantes. ¡Qué júbilo el de los campesinos, cuando viesen llegar, de tiempo en tiempo, al hombre bueno que les enseña lo que no saben, y con las efusiones de un trato expansivo les deja en el espíritu la quietud y elevación que quedan siempre de ver a un hombre amante y sano! En vez de crías y cosechas se hablaría de vez en cuando, hasta que al fin se estuviese hablando siempre, de lo que el maestro enseñó, de la máquina curiosa que trajo, del modo sencillo de cultivar la planta que ellos con tanto trabajo venían explotando, de lo grande y bueno que es el maestro, y de cuándo vendrá, que ya les corre prisa, para preguntarle lo que con ese agrandamiento incesante de la mente puesta a pensar, ¡les ha ido ocurriendo desde que empezaron a saber algo! ¡Con qué alegría no irían todos a guarecerse dejando palas y azadones, a la tienda de campaña, llena de curiosidades, del maestro!

Cursos dilatados, claro es que no se podrían hacer; pero sí, bien estudiadas por los propagadores, podrían esparcirse e impregnarse las ideas gérmenes. Podría abrirse el apetito del saber. Se daría el ímpetu.

Y esta sería una invasión dulce, hecha de acuerdo con lo que tiene de bajo e interesado el alma humana; porque como el maestro les enseñaría con modo suave cosas prácticas y provechosas, se les iría por gusto propio sin esfuerzo infiltrando una ciencia que comienza por halagar y servir su interés; —que quien intente mejorar al hombre no ha de prescindir de sus malas pasiones, sino contarlas como factor importantísimo, y ver de no obrar contra ellas, sino con ellas.

No enviaríamos pedagogos por los campos, sino conversadores. Dómines no enviaríamos, sino gente instruida que fuera respondiendo a las dudas que los ignorantes les presentasen o las preguntas que tuviesen preparadas para cuando vinieran, y observando dónde se cometían errores de cultivo o se desconocían riquezas explotables, para que revelasen estas y demostraran aquellos, con el remedio al pie de la demostración.

En suma, se necesita abrir una campaña de ternura y de ciencia, y crear para ella un cuerpo, que no existe, de maestros misioneros.

La escuela ambulante es la única que puede remediar la ignorancia campesina.

Y en campos como en ciudades, urge sustituir al conocimiento indirecto y estéril de los libros, el conocimiento directo y fecundo de la naturaleza.

¡Urge abrir escuelas normales de maestros prácticos, para regarlos luego por valles, montes y rincones, como cuentan los indios del Amazonas que para crear a los hombres y a las mujeres, regó por toda la tierra las semillas de la palma moriche el Padre Amalivaca!

Se pierde el tiempo en la enseñanza elemental literaria, y se crean pueblos de aspiradores perniciosos y vacíos. El sol no es más necesario que el establecimiento de la enseñanza elemental científica.

La América. Nueva York, mayo de 1884

EDUCACIÓN POPULAR

I.— Instrucción no es lo mismo que educación: aquella se refiere al pensamiento, y esta principalmente a los sentimientos. Sin embargo, no hay buena educación sin instrucción. Las cualidades morales suben de precio cuando están realzadas por las cualidades inteligentes.

II.— Educación popular no quiere decir exclusivamente educación de la clase pobre; sino que todas las clases de la nación, que es lo mismo que el pueblo, sean bien educadas. Así como no hay ninguna razón para que el rico se eduque, y el pobre no, ¿qué razón hay para que se eduque el pobre, y no el rico? Todos son iguales.

III.— El que sabe más, vale más. Saber es tener. La moneda se funde, y el saber no. Los bonos, o papel moneda, valen más, o menos, o nada: el saber siempre vale lo mismo, y siempre mucho. Un rico necesita de sus monedas para vivir, y pueden perdérsele, y ya no tiene modos de vida. Un hombre instruido vive de su ciencia, y como la lleva en sí, no se le pierde, y su existencia es fácil y segura.

IV.— El pueblo más feliz es el que tenga mejor educados a sus hijos, en la instrucción del pensamiento, y en la dirección de los sentimientos. Un pueblo instruido ama el trabajo y sabe sacar provecho de él. Un pueblo virtuoso vivirá más feliz y más rico que otro lleno de vicios, y se defenderá mejor de todo ataque.

V.— Al venir a la tierra, todo hombre tiene derecho a que se le eduque, y después, en pago, el deber de contribuir a la educación de los demás.

VI.— A un pueblo ignorante puede engañársele con la superstición, y hacérsele servil. Un pueblo instruido será siempre fuerte y libre. Un hombre ignorante está en camino de ser bestia, y un hombre instruido en la ciencia y en la conciencia, ya está en camino de ser Dios. No hay que dudar entre un pueblo de Dioses y un pueblo de bestias. El mejor modo de defender nuestros derechos es conocerlos bien; así se tiene fe y fuerza: toda nación será infeliz en tanto que no eduque a todos sus hijos. Un pueblo de hombres educados será siempre un pueblo de hombres libres.— La educación es el único medio de salvarse de la esclavitud. Tan repugnante es un pueblo que es esclavo de hombres de otro pueblo, como esclavo de hombres de sí mismo.

Cuaderno de apuntes

GOYA

Nunca negros ojos de mujer, ni encendida mejilla, ni morisca ceja, ni breve, afilada y roja boca, —ni lánguida pereza, ni cuanto de bello y deleitoso el pecaminoso pensamiento del amor andaluz, sin nada que pretenda revelarlo exteriormente, ni lo afee,— halló expresión más rica que en *La maja*. No piensa en un hombre; sueña. ¿Quiso acaso Goya, vencedor de toda dificultad, —vestir a Venus, darle matiz andaluz, realce humano, existencia femenil, palpable, cierta? Helo ahí.

¡Luego, qué desafío el de esas piernas, osadamente tendidas, paralelas, la una junto a la otra, separadas y unidas a la vez por un pliegue oportuno de la dócil gasa! Solo que esas piernas, en Goya delicadamente consumidas, y convenientemente adelgazadas, porque así son más bellas, y más naturales en la edad juvenil y apasionada de esta Venus —recuerdan por su colocación las piernas de la más hermosa de las Venus reclinadas de Ticiano.

No se le niega a esa *Maja* —brusco y feliz rompimiento con todo lo convencional,— existencia humana. Si se levanta de sus almohadones, viene a nosotros y nos besa, pareciera naturalísimo suceso, y buena ventura nuestra, no germánico sueño, ni vaporización fantástica. ¡Pero no mira a nadie!

Piélago son de distraído amor sus ojos. No se cansa uno de buscarse en ellos. En esto estuvo la delicadeza del pintor; voluptuosidad sin erotismo.

Había hecho Goya gran estudio al pie de los cadalsos, por entre los sayones de Corpus Christi y de Semana Santa. Gusta de pintar agujeros por ojos, puntos gruesos rojizos por bocas, divertimientos feroces por rostros. Donde no hay apenas colores, vese un sorprendente efecto de coloración, por el feliz concierto de los que usa. Como para amontonar dificultades, suele usar los vivos. Ama y prefiere los oscuros; gris, pardo, castaño, negro, humo, interrumpidos por manchas verdes, amarillas, rojas, osadas, inesperadas y brillantes. Nadie pide a Goya líneas, que ya en *La maja* demostró que sabe encuadrar en ellas gentilísima figura. Tal como en noche de agitado sueño danzan por el cerebro infames fantasmas, así los vierte al lienzo, ora en *El entierro de la sardina*, —donde lo feo llega a lo hermoso, y parecen, gran lección y gran intuición, no nobles seres vivos, sino cadáveres desenterrados y pintados los que bailan,— ora en *La Casa de Locos* donde casi con una sola tinta, que amenaza absorber con la negruzca de las paredes la pardo-amarillosa —con tintes rosados— de los hombres. En ese extraño lienzo de desnudos, uno ora; otro gruñe; este ¡feliz figura! se coge un pie, sostiene en otra mano la flauta, y se corona de barajas; el otro se finge obispo, lleva una mitra de latón, y echa bendiciones; este, con una mano se mesa el cabello, y con la otra empuña un asta; aquel, señalando con airado además la puerta, luce un sombrero de tres puntas, y alas vueltas; tal se ha pintado el rostro de bermellón, y va como un iroqués, coronado de enhiestas plumas; bésale la mano una cana mujer de faz grosera, enhiesta la cabeza con un manto; a aquel le ha dado por franciscano; a estos por inflar un infeliz soplándole en el vientre. Estos cuerpos desnudos ¿no son tal vez las miserias sacadas a la plaza? ¿Las preocupaciones, las vanidades, los vicios humanos? ¿Qué otra forma hubiera podido serle permitida? Reúnelos a todos en un tremendo y definitivo juicio. Religión, monarquía, ejército, cultos del cuerpo, todo parece aquí expuesto, sin ropas, de lo que son buen símbolo esos cuerpos sin ellas, a la meditación y a la vergüenza. Ese lienzo es una página histórica y una gran página poética. Aquí más que la forma sorprende el atrevimiento de haberla desdeñado. El genio embellece las incorrecciones en que incurre, sobre todo cuando voluntariamente, y para mayor grandeza del propósito, incurre en ellas. ¡El genio embellece los monstruos que crea!

Esta *Corrida de toros en un pueblo*, —en esa plaza que se ve tan llena de espacio y tan redonda,— no conserva de lo fantástico más que el color elemental. A vosotros, los relamidos, —he aquí el triunfo de la expresión, potente y útil sobre el triunfo vago del color. Parece un cuadro manchado, y es un cuadro acabado. Un torillo, de cuernos puntiagudos, y hocico por cierto demasiado afilado, viene sobre el picador, que a él se vuelve, y que, dándonos la espalda, y la pica al toro, es la mejor figura de esta tabla. Allá sobre la valla, gran cantidad de gentes. Tras el toro, un chulillo que corre bien. Junto al picador, el de los quites. Tras ellos, dos de la cuadrilla. Por allá, otro picador. En este tendido puntos blancos que son, a no dudar, mozas gallardas con blanca mantilla: y con mantilla de encaje. «Fuérzate a adivinarnos, dice Goya, lo que yo he intentado hacer». Prendado de la importancia de la idea, pasa airado por encima de lo que tal vez juzga, y para él lo son, devaneos innecesarios del color. Aquí parece que quiso dejar ver cómo pintaba, no cubriendo con la pintura los contornos que —de prisa, y con mano osada y firme— trazó para el dibujo. Dos gruesas líneas negras, y entre ellas, un listón amarillo: he aquí una pierna. Y cuando quiere, ¡qué oportuna mezcla de colores, o de grados de un mismo color, que hacen en este cuadro, a primera vista desmayado, un mágico efecto de luces! Así es la chaqueta del picador.

Aquí está también de tamaño natural, la celebrada *Tirana* María Fernández: la famosa actriz María del Rosario. Goya, huyendo toda convención ajena, como para hacer contrapeso al mal, cayó en la convención propia. Al amor de la forma, opuso el desprecio de la forma. Y sucedió en pintura como en política. La exageración en un extremo trajo la exageración en otro. La falta casi absoluta de expresión originó en Goya el cuidado casi único del espíritu, de la madre idea en el cuadro. El culto del color, con marcada irreverencia del asunto, le hizo desdeñar el color tal como lo usaban sus amaneradores, y ocuparse del asunto especialmente. Pero su secreto está, por dote rara de su indiscutible genio, en el profundo amor a la forma, que conservaba aun en medio de su voluntario olvido, de sus deformidades voluntarias. Díganlo si no, los elegantísimos chapines de blanca seda, prolijo bordado, recortado tacón, y afiladísima y retorcida punta que calzan los inimitables pies de la «Tirana». Porque con pasmoso, aunque rápido y tal vez no intencional estudio de la naturaleza, aquel ojo privilegiado penetrábalo todo. Hubiera podido ser un gran pintor miniaturista, él, que fue un gran pintor revolucionario. La «Tirana», descansando el cuerpo robusto sobre el pie derecho, ladea un tanto al apoyarlo, el izquierdo. Véase este culto invencible a la elegancia en toda la figura: la vaporosa tela de la blondada saya —aquella faja de pálido carmín, de visible raso, cuyos flecos de oro, venciendo todas las dificultades del sobrecolor, besan los nunca bien celebrados chapines. No es esta la cara de árabe perezosa de *La maja*. También esta quema, pero así también amenaza cuando mira. Con todo el cuerpo reta. Se dará al amor, pero nada más que al amor. Y despedirá, sin apelación cuando se canse. Gran energía acusa la ceja poblada, cargada al entrecejo, y hacia el otro extremo en prolongado arco levantada. De esos ojos —impresión real— tan pronto brotan efluvios amorosos, enloquecedoras miradas, dulcísimas promesas, raudales de calientes besos, como robando suavidad a la fisonomía, con esa extraña rudeza que da a las mujeres la cólera, chispean y relampaguean, a modo de quien se irrita de que la miren y la copien. Estas mujeres de Goya tienen todas las bellezas del desnudo, sin ninguna de sus monotonías. Vaporoso claror rodea a *La maja*. Atrevidamente se destaca la «Tirana» de un fondo azul cenizo, sin que más que un ligerísimo ambiente azul desleído envuelva en el fondo general a la espléndida figura. Y sin embargo, como que se adelanta a gran distancia de aquella barandilla y aquella fuente, tras de las cuales aún se adivinan árboles, jardines, aguas, césped, aquella falda de blanca gasa, bordada de oro, por un lado, siguiendo la inclinación del cuerpo como que se alza y huelga un tanto hacia la cintura; por otro, en magistrales pliegues, cae. Interrumpe la línea difícil del cuello el codo, puesto que el brazo derecho está apoyado con el dorso de la mano, en la cadera, esa brevísima manga que apenas cubre el oro, de oro también recamada, como el traje, y de la que arranca el, si no casto, no ofensivo descote, aquí menos desnudo, porque si bien al ceñirlo revela el rico seno, hace banda alrededor del talle y se cruza sobre el hombro izquierdo, interrumpiendo la monotonía del traje blanco de una dama en pie —blanco y recto como eran por entonces, y de saya lisa— la ancha faja acarminada. Como que me premia la prolijidad con que la estudio y me mira con amor. Y como que creo que es viva, y me ama. ¡Qué abandono, y qué atrevimiento en la pasión! La mano izquierda, saliendo de entre la manga que cubre casi todo el brazo, cuelga; pudo ser más elegante, y menos oscura. La carne tiene su resplandor, que brilla aun entre los colores oscuros. La garganta, suavemente torneada, es humana, y como de la «Tirana», bella. El cuello, puro; el cabello, rizoso, echado sobre la frente, alzando sobre la cabeza peinado a modo de revuelta montera, que hacia el lado izquierdo se eleva y recoge con breve peineta. No sé decirle adiós.

Y *La maja,* al verme pasar, como que sonríe, si un tanto celosa, bien segura de que la «Tirana» no la ha vencido. ¡Qué seno el de *La maja,* más desnudo porque está vestido a medias, con la chaquetilla de neutros alamares, abierta y a los lados recogida, con esa limpia tela que recoge las más airosas copas del amor! *Ma guarda-e passa.* Que este cuadro es de la Academia de San Fernando.

El retrato de Goya, en tabla suya, parece de Van Dyck. Pero con más humanismo, aun en la carne, con todos los juegos de la sombra, y con todo el corvo vuelo del párpado, con todas esas sinuosidades del rostro humano, plegada boca, hondos hoyuelos, ojos cuya bóveda resalta, y cuya mirada se sorprende. Acá en la abierta frente, golpe enérgico, y a la par suave, de luz, —por entre ella flotan esos menudos cabellos que nacen a la raíz. En el resto del rostro, vigoroso tono rosado, diestramente no interrumpido, sino mezclado en la sombra. Y a este otro lado, aquí en el cuello, seno oscuro, sombras. Como que de allí se tomó la luz y de aquí la tiniebla, y a semejanza del humano espíritu, hizo el rostro. De otro pintor parecía este cuadro. Quiso por la pulcritud exquisita y finísimo color de esta tabla, mostrar una vez que era, no por impericia, sino por convicción y sistema, desdeñoso.

Cuadros de Inquisición. Córreles la sangre que va del rojo del vivo al morado del muerto. Allí una virgen, ciega y sin rostro, ¡oh, pintor admirable!, ¡oh, osadía soberbia!, ¡oh, defecto sublime!, asiste a la flagelación llevada en andas. Los cuerpos desnudos, con el ademán, con el encorvarse, con los brazos, huyen el azote: blanco lienzo, para hurtar el cuerpo a la vergüenza, cuélgales de la cintura, y manchado de sangre. Aquel lleva por detrás los brazos atados a un madero. Estos llevan velado el rostro, y el resto, como los demás, desnudo. Envuelta la cabeza. Por debajo del lienzo, adivínase por aquellos huecos los ojos aterrados, la boca que clama. Procesión, gentes que miran, noche que hace marco y da al cuadro digna atmosfera, estandartes, trompetas, cruz, faroles. ¿Forma? Los desnudos son admirables. Robustos músculos de las piernas. Variadas posturas, todas de hombre doliente que esquiva la fusta, siéntese el peso y el dolor del último latigazo en todos esos cuerpos que para huir los nuevos se inclinan. Nueva y feliz coloración de carne; no por eso más cuidado que el resto del cuadro descuidado a voluntad, porque así se pierden las formas confusas en la negra noche. Grandes dorsos, fuertes brazos.

¡Qué grande es este otro cuadro! Encima del tablado, ensangrentado el pecho, sobre él caída la cabeza, un condenado, con el cucurucho coronado, muere. Detrás, en afrentoso tribunal, frailes de redondos carrillos, carrillos cretinos, —este, de manchas negras por ojos, que le suponen mirada siniestra; —aquellos, revelan brutal indiferencia, —estos, viejos dominicos, calaveras recompuestas y colgadas de blanco, —mal disimulado júbilo. Enfrente del tablado, dos juzgadores, —el uno, con todos los terrores del infierno en la ancha frente, —el otro, de cana cabellera, de saliente pómulo, de huesosa boca, de poblada ceja, de frente con siniestra luz iluminada, como que le convence de que se ha obrado bien: y extiende la mano, por un capricho trascendental y admirable, hecha con rojo. Cada aparente error de dibujo y color de Goya, cada monstruosidad, cada deforme cuerpo, cada extravagante tinta, cada línea desviada es una áspera tremenda crítica. He ahí un gran filósofo, ese pintor, un gran vindicador, un gran demoledor de todo lo infame y lo terrible. Yo no conozco obra más completa en la sátira humana.

Famosos son los dos retratos que Goya hizo de la duquesa de Alba. En uno, descansando sobre un *lit de repos,* lleva la de Alba vestido español, y medio acostada, descansa sobre un codo. Posee este cuadro el venerado crítico de arte Paul de St. Victor.

Desnuda en el otro, los senos levantados, se separan hacia afuera en las extremidades. Baudelaire dijo del cuadro: «les seins sont frappés de strabisme surgent et divergent». ¡Ah, Baudelaire! Escribía versos como quien con mano segura cincela en mármol blanco.

Cuaderno de apuntes, 1879

NUEVA EXHIBICIÓN
DE LOS PINTORES IMPRESIONISTAS

Los vencidos de la luz.— *Influjo de la exhibición impresionista.*— *Estética y tendencias de los impresionistas.*— *Verdad y luz.*— *Desórdenes de color.*— *El remador de Renoir*

Nueva York, julio 2 de 1886

Señor Director de *La Nación:*

Iremos adonde va todo Nueva York, a la exhibición de los pintores impresionistas, que se abrió de nuevo por demanda del público, atraído por la curiosidad que acá inspira lo osado y extravagante, o subyugado tal vez por el atrevimiento y el brillo de los nuevos pintores. Cuesta trabajo abrirse paso por las salas llenas: acá están todos, naturalistas e impresionistas, padres e hijos, Manet con sus crudezas, Renoir con sus japonismos, Pissarro con sus brumas, Monet con sus desbordamientos, Degas con sus tristezas y sus sombras.

Ninguno de ellos ha vencido todavía. La luz los vence, que es gran vencedora. Ellos la asen por las alas impalpables, la arrinconan brutalmente, la aprietan entre sus brazos, le piden sus favores; pero la enorme coqueta se escapa de sus asaltos y sus ruegos, y solo quedan de la magnífica batalla sobre los lienzos de los impresionistas esos regueros de color ardiente que parecen la sangre viva que echa por sus heridas la luz rota: ¡ya es digno del cielo el que intenta escalarlo!

Esos son los pintores fuertes, los pintores varones, los que cansados del ideal de la Academia, frío como una copia, quieren clavar sobre el lienzo, palpitante como una esclava desnuda, a la naturaleza. ¡Solo los que han bregado cuerpo a cuerpo con la verdad, para reducirla a la frase o al verso, saben cuánto honor hay en ser vencido por ella!

La elegancia no basta a los espíritus viriles. Cada hombre trae en sí el deber de añadir, de domar, de revelar. Son culpables las vidas empleadas en la repetición cómoda de las verdades descubiertas. Los artistas jóvenes hallan en el mundo una pintura de seda, y con su soberbia grandiosa de estudiantes, quieren un artesano de tierra y de sol. Luzbel se ha sentado ante el caballete, y en su magnífica quimera de venganza, quiere tender sobre el lienzo, sujeto como un reo en el potro, el cielo azul de donde fue lanzado.

Al olor de la riqueza se está vaciando sobre Nueva York el arte del mundo. Los ricos para alardear de lujo; los municipios para fomentar la cultura; las casas de bebida para atraer a los curiosos, compran en grandes sumas lo que los artistas europeos producen de más fino y atrevido. Quien no conoce los cuadros de Nueva York no conoce el arte moderno. Aquí está de cada gran pintor la maravilla. De Meissonier están aquí los dos Napoleones, el mancebo olímpico de Friburgo, el hombre pétreo de la retirada de Rusia. De Fortuny está aquí *La playa de Pórtici,* el cuadro no acabado donde parece que la luz misma, alada y pizpireta, sirvió al pintor de modelo complaciente: ¡parece una cesta de rayos de sol este cuadro dichoso! ¿No fue aquí la colosal venta de Morgan?

Pero toda aquella colección de obras maestras, con ser tan opulenta y varia, no dejaba en el espíritu, como deja la de los impresionistas, esa creadora inquietud y obsesión sabrosa que produce el aparecimiento súbito de lo verdadero y lo fuerte. Ríos de verde, llanos de rojo, cerros de amarillo: eso parecen, vistos en montón, los lienzos locos de estos pintores nuevos.

Parecen nubes vestidas de domingo: unas, todas azules; otras, todas violetas; hay mares cremas; hay hombres morados; hay una familia verde. Algunos lienzos subyugan al instante. Otros, a la primera ojeada, dan deseos de hundirlos de un buen puñetazo; a la segunda, de saludar con respeto al pintor que osó tanto; a la tercera, de acariciar con ternura al que luchó en vano por vaciar en el lienzo las hondas distancias y tenuidades impalpables con que suaviza el vapor de la luz la intensidad de los colores.

Los pintores impresionistas vienen ¿quién no lo sabe? de los pintores naturalistas, —de Courbet, bravío espíritu que ni en arte ni en política entendió de más autoridad que la directa de la Naturaleza; de Manet, que no quiso saber de mujeres de porcelana ni de hombres barnizados; de Corot, que puso en pintura, con vibraciones y misterios de lira, las voces veladas que pueblan el arte.

De Velázquez y Goya vienen todos, —esos dos españoles gigantescos: Velázquez creó de nuevo los hombres olvidados; Goya, que dibujaba cuando niño con toda la dulcedumbre de Rafael, bajó envuelto en una capa oscura a las entrañas del ser humano y con los colores de ellas contó el viaje a su vuelta.— Velázquez fue el naturalista: Goya el impresionista: Goya ha hecho con unas manchas rojas y parduzcas una *Casa de Locos* y un *Juicio de la Inquisición* que dan fríos mortales: allí están, como sangriento y eterno retrato del hombre, el esqueleto de la vanidad y la maldad profundas. Por los ojos redondos de aquellos encapuchados se ven las escaleras que bajan al infierno. Vio la corte, el amor y la guerra y pintó naturalmente la muerte.

Los impresionistas, venidos al arte en una época sin altares, ni tienen fe en lo que no ven, ni padecen el dolor de haberla perdido. Llegan a la vida en los países adelantados donde el hombre es libre. Al amor devoto de los pintores místicos, que aun entre las rosas de las orgías se les salía del pecho como una columna de humo aromado, sucede un amor fecundo y viril de hombre, por la naturaleza de quien se va sintiendo igual. Ya se sabe que están hechos de una misma masa el polvo de la tierra, los huesos de los hombres y la luz de los astros. Lo que los pintores anhelan, faltos de creencias perdurables por que batallar, es poner en el lienzo las cosas con el mismo esplendor y realce con que aparecen en la vida. Quieren pintar en el lienzo plano con el mismo relieve con que la Naturaleza crea en el espacio profundo. Quieren obtener con artificios de pincel lo que la Naturaleza obtiene con la realidad de la distancia. Quieren reproducir los objetos con el ropaje flotante y tornasolado con que la luz fugaz los enciende y reviste. Quieren copiar las cosas, no como son en sí por su constitución y se las ve en la mente, sino como en una hora transitoria las pone con efectos caprichosos la caricia de la luz. Quieren, por la implacable sed del alma, lo nuevo y lo imposible. Quieren pintar como el sol pinta, y caen.

Pero el espíritu humano no es nunca fútil, aun en lo que no tiene voluntad o intención de ser trascendental. Es, por esencia, trascendental el espíritu humano. Toda rebelión de forma arrastra una rebelión de esencia. Y esa misma angélica fuerza con que los hijos leales de la vida, que traen en sí el duende de la luz, procuran dejar creada por la mano del hombre una naturaleza tan espléndida y viva como la que elaboran incesantemente los elementos puestos a hervir por el Creador, les lleva por irresistible simpatía con lo verdadero, por natural unión de los ángeles caídos del arte con los ángeles caídos de la existencia, a pintar con ternura fraternal, y con brutal y soberano enojo, la miseria en que viven los humildes. ¡Esas son las bailarinas hambrientas! ¡Esos son los glotones sensuales! ¡Esos son los obreros alcoholizados! ¡Esas son las madres secas de los campesinos! ¡Esos son los hijos pervertidos de los infelices! ¡Esas son las mujeres del gozo! ¡Así son: descaradas, hinchadas, odiosas y brutales!

Y no surge de esas páginas de colores, incompletas y sinceras, el perfume sutil y venenoso que trasciende de tanto libro fino y cuadro elegante, donde la villanía sensual y los crímenes de alma se recomiendan con las tentaciones del ingenio; sino que de esas mozuelas abrutadas, de esas madres rudas de pescadores, de esas coristas huesudas, de esos labriegos gibosos, de esas viejecitas santas, se levanta un espíritu de humanidad ardiente y compasivo, que con saludable energía de gañán echa a un lado los falsos placeres y procura un puesto en la [...]

¿Cómo saldremos de estas salas, afeadas por mucha figura sin dibujo, por mucho paisaje violento, por mucha perspectiva japonesa, sin saludar una vez más a tanto cuadro de Manet, que abrió el camino con su cruda pintura a esos desbordes de aire libre, sin detenernos ante el *Órgano* de Lerolle, con su sobrehumano organista, ante los cuadros resplandecientes de Renoir, ante los de Degas, profundos y lúgubres, ante aquel *Estudio* asombroso de Roll, recuerdo de la leyenda de Pasifae, de donde emerge una poesía fragante, plena y madura como las frutas en sazón?

Los Renoir lucen como una copa de borgoña al sol; son cuadros claros, relampagueantes, llenos de pensamiento y desafío. Hay un

Seurat que subleva: la orilla verde corta sin sombra, bajo el sol del cenit, el río algodonoso: una mancha violeta es un bañista: otra amarilla es un perro: azules, rojos y amarillos se mezclan sin arte ni grados. Los Monet son orgías. Los Pissarro son vapores. Los Montemard ciegan de tanta luz. Los Huguet, que copian el mar árabe, inspiran amistad hacia el artista. Los Caillebote son de portentoso atrevimiento: unas niñas vestidas de blanco en un jardín, con todo el fuego del sol; una nevada deslumbrante e implacable; tres hombres arrodillados, desnudos de cintura, que cepillan un piso: al lado de uno, el vaso y la botella.

¿Cómo contar, si hay más de doscientos cuadros? Estos exasperan; aquellos pasman; otros, como *La joven del palco*, de Renoir, enamoran como una mujer viva. Este monte parece que se cae, ese río parece que nos va a venir encima. ¿No ha pintado Manet un estudio de reflejo de invernadero, tres figuras de cuerpo entero en un balcón, todo verde?

Pero de esos extravíos y fugas de color, de ese uso convencional de los efectos transitorios de la naturaleza como si fueran permanentes, de esa ausencia de sombras graduadas que hace caer la perspectiva, de esos árboles azules, campos encarnados, ríos verdes, montes lilas, surge de los ojos, que salen de allí tristes como de una enfermedad, la figura potente del remador de Renoir, en su cuadro atrevido *Remadores del Sena.*— Las mozas, abestiadas, contratan favores a un extremo de la mesa improvisada bajo el toldo, o desgranan las uvas moradas sobre el mantel en que se apilan, con luces de piedras preciosas, los restos del almuerzo.

El vigoroso remador, de pie tras ellas, oscurecido el rostro viril por un ancho sombrero de paja con una cinta azul, levanta sobre el conjunto su atlético torso, alto el pelo, desnudos los brazos, realzado el cuerpo por una camisilla de franela, a un sol abrasante.

La Nación. Buenos Aires, 17 de agosto de 1886

LA EXHIBICIÓN DE PINTURAS
DEL RUSO VERESCHAGIN

Alma, arte y tiranía.— La protesta en los colores.— El color natural: cuadros al sol.— La procesión de los elefantes.— Cuadros sagrados, militares, de arquitectura, de costumbres, de naturaleza.— El cielo azul

Nueva York, enero 13 de 1889

Señor Director de *La Nación*:

De afuera se oía, como invitando a comparecer, la música suave. A la puerta llegaba, del cuchicheo de adentro, como un ruido de iglesia. Artistas, ricos, novios, cuáqueros, desocupados, artesanos, todos han ido, han ido dos veces, a la exhibición de los cuadros del ruso Vereschagin. Por su color lo saludó París; por su María, madre de Jesús, lo maltrataron los austríacos. Por su intensidad, por su abundancia, por su candor épico, se reconoce en él su patria.

El ruso renovará. Es niño patriarcal, piedra con sangre, ingenuo, sublime. Trae alas de sangre y garras de piedra. Sabe amar y matar. Es un castillo, con barbas en las almenas y sierpes en los tajos, que tiene adentro una paloma. Debajo del frac, lleva la armadura. Si come, es banquete: si bebe, cuba; si baila, torbellino; si monta, avalancha; si goza, frenesí; si manda, sátrapa; si sirve, perro; si ama, puñal y alfombra. La creación animal se refleja en el ojo ruso con limpidez matutina, como si acabase de tallar la naturaleza al hombre en el lobo y en el león, y a la mujer en la zorra y la gacela. Da luces al ojo ruso, un ojo que tiene algo de llama y de oriente, tierno como la codorniz, cambiante como el gato, turbio como la hiena. Es el hombre con pasión y color, con gruñidos y arrullos, con sinceridad y fuerza. Se mueve con pesadez, bajo su capa francesa, como Hércules barbudo con ropas de niño. Se sienta de guante blanco a la mesa donde humea un oso.

Artistas, ricos, novios, cuáqueros, desocupados, artesanos, clérigos, todos han ido a ver dos veces la exhibición de Vereschagin. Y dicen que esos cuadros sombríos, fúlgidos, crudos, lívidos, amarillos, pintados con leche, pintados con sangre, se destacan, radiantes y enormes, de entre tapices blandos y discretos, por entre cuyos profundos pliegues, como pájaros que buscan asilo, se extinguen, trinando querellosas, las notas de la música. ¡Como un telón que se descorre, un telón del color silencioso del anochecer, que revela con sus grietas de nieve deslumbradora, los antros del Cáucaso! «La exhibición, dice uno, de un caballo cosaco con freno de seda».

Cede el gentío a la puerta. Un grupo de ancianas ricas se echa sobre un tapiz, y lo palpa, y lo huele, y dice que es mejor que el suyo, que era el mejor hasta que vio este. Otros compran el retrato del pintor, frente honda y bruñida, ojo aguileño, nariz de presa, fuertes las quijadas, la barba de hilos negros, un pueblo de barba. Otros entran primero a ver las curiosidades: el cuarto donde dos *mujiks,* de bota y blusa, sirven té, pasado por el samovar de bronce, con azúcar y un gajo de limón; la copa labrada en un cráneo; la plata como encaje, de allá de Cachemira; la lana del Tíbet, donde los sacerdotes, con gorros de payasos, hieden, y los santos llevan máscaras, y hacen flauta de los huesos de las piernas, como el indio enamorado del Perú, y las ovejas son sedosas; la raíz, abierta como en flor de un cedro de Jerusalén; un rincón de la celosía de mármol del mausoleo de Tamerlán terrible; el sombrero picudo del derviche; la fuente donde los héroes de Bókhara presentaron las cabezas de los rusos vencidos al emir de Samarcanda. Y marfiles y encajes, y cruces y tisús, y casullas y paramentos.

Se alza el tapiz de entrada, de ramas de azul y humo, y allí está la ciudad de Jeypore, Jeypore suntuoso, en todo el fuego del mediodía. Las flores a los pies, arriba el cielo ardiente, el gentío en las ventanas, los palacios, de color de rosa, la comitiva de elefantes que en el *howdah* de oro y marfil cargan al príncipe de la tierra y a sus conquistadores. ¡Esa es la pintura deseada, la pintura al sol, sin ardides de sombra y de barniz! ¡Esos son los tonos francos y firmes de la naturaleza, sostenida con aliento épico, con mano de domador, en una tela que va de pared a pared, y nos hace saludar y pestañear! ¡Es el color fresco, el color sin brillo de la verdad, el color seco de los objetos al aire libre, y no eso de academias, retórico y meloso! Tal sorpresa causa aquel poder de expresión, aquellos claros superpuestos sin dañarse ni unirse, aquellos oscuros suavizados, y como aclarados, por el conjunto esplendente, aquel como rescaldo de la mucha luz, y el vaho del sol por sobre la masa de cabezas, que se tarda en hallar el defecto del lienzo, y acaso de todo el arte de Vereschagin, procesional y frío. El alma ha de quemar, para que la mano pinte bien. Del corazón no ha de sacarse el fuego, y poner donde él un libro. El pensamiento dirige, escoge y aconseja; pero el arte viene, soberbio y asolador, de las regiones indómitas donde se siente. Grande es asir la luz, pero de modo que encienda la del alma.

Allá, en el *howdah* de oro y marfil, van en paz ¡parece increíble que vayan en paz! el rajá de Jeypore, con barbas inútiles, y el príncipe de Gales, de casco y cota roja; pero van sobre el *howdah,* confusos y menudos, sin que se adivine que aquel triunfo es la procesión funeral de la India.

Y así fue la procesión, por de contado; pero el arte no ha de dar la apariencia de las cosas, sino su sentido. Cuando da la apariencia, como aquí, aunque como aquí la pinte con sol, falla. Allá va el séquito pomposo con los infantes por héroes, y los recamos de los paños de oro y las mazas de plata cincelada. Primero van abanderados y clarines, con las banderas de cuatro colores, y el clarín de caño largo. El elefante todo es joyería: la gualdrapa, al peso de las piedras, le cuelga de los lados; la testera es de realce, con rosas de amatistas y zafiros, y laberintos de perlas, y sartas de perla mayor por las orejas; bajo la testera está el frontil, con sus dibujos de terciopelo rojo y verde: y los colmillos con argollas de oro, y la trompa pintada hasta la mitad de colorado. Cinco elefantes se ven, y el de delante se va a salir del lienzo. Al pie de cada uno marcha el macero rojo, y los de blanco, que llevan abanicos de plumas, y el caballo a todo jaez, de frenos de colores y copete de plumas; enjoyado el petral verde y plata la manta, al pecho y los costados plumajes azules, con su caballero de coselete y manopla, rodela al ijar y lanza en la cuja, al cinto el montante y el casco de florón, la pierna de tibial y de quijote, y el estribo de mano de joyero, de esmeraldas y fina argentería. Marchan al sol. Esplende el polvo.

Y ese cuadro iba a ser el último de una tragedia en colores. Porque Vereschagin, como toda mente de verdadero poder, tiende ya en la madurez y lo vasto y simbólico. Le riza, le para, le desata la sangre en las venas una ejecución; y pintará, como los ve o como serían si los hubiese visto, los varios modos de matar, la crucifixión romana, el cañoneo del Indostán, la horca de Rusia. Asiste a la campaña de Plevna, —y la pintará en páginas copiosas, desde la primera trinchera de nieve hasta el hospital verdinegro donde muere cara a tierra el turco.

Va a Palestina en busca de color, —y pintará en cuadros que parecen joyeros desde las tumbas de Hebrón, cuyo populacho le tira piedras, para que no profane el reposo de Abraham, hasta los ermitaños trogloditas que entre sapos y áspides viven tallando cruces como harapos y liendres de la religión vencida en las cuevas del Jordán avieso. Copia un edificio de fama; y arrostrará peligros, obstáculos, largas travesías para copiar los mausoleos, los palacios, las mezquitas rivales.

Como con alambre más que con pincel, retrata un fondo carnoso a plena luz, un rabino de espejuelos y casquete, un rabino típico; y se va por breñas y profundidades, buscando los tipos que interesan y rodean al ruso, —el magiar mostachudo, el sirio narigón, el armenio togado, el circasiano de fez en pico, el de Mingrelia, con su aire principal, el kurdo de perfil de oveja, el turco enjuto, el búlgaro, bello y triste, el valaco abotinado, el moldavo ostentoso. Es un arte en capítulos, ¡ay! pero no en cantos.

Porque salta a la vista en este pintor, como en todos los de su raza, aquel pecado universal del arte contemporáneo, que en Rusia aparece más de bulto por el contraste de su niñez enérgica con su cultura traída de pueblos viejos, y es el exceso, constante en el hombre, de la facultad de expresar sobre la de crear, del poder de esparcir colores sobre el de concebir asuntos dignos de ello, de la habilidad del artesano sobre el arrebato y condensación del artista, de la pintura de lo exterior, que solo exige ojo para observar, juicio para elegir, gracia para agrupar color, para reproducir, sobre aquella otra pintura en que lo exterior se usa verazmente en estado y formas que produzcan aquella caricia íntima, mezcla de sumisión y orgullo, con que el hombre en presencia de la beldad, animada o inerte, se reconoce y estima como porción viva y hermana de las demás del universo.

Y en Rusia se agrava esta desazón del hombre moderno, porque de los tipos bárbaros y conquistadores que se han fundido en el eslavo herculeo, origínanse a la vez esta fuerza de mano, pujo de carácter, necesidad de extensión que heredan de sus padres feudales y batalladores, fieros como las cumbres, melancólicos como la llanura, y este asombro terrible con que se ven, podridos por una civilización extraña, antes de condensarse en otra propia. El príncipe como el *mujik*, el *kaíaz* como el *isvotchik,* el palacio que bebe champaña como la isba que bebe vodka, sienten que la barba les cae sobre un pecho desesperado porque en él vive el corazón sin libertad.

No creen en nada, porque no creen en sí, pero el *knout* está perennemente suspendido, con sus garras picudas, sobre la espalda del labriego, roca que anda, y del *barina* que la posee y desdeña: padecen del peso de la vida sin el decoro del albedrío, mayor que el peso del amor ultrajado, mayor que el de la soledad del alma del poeta; padecen, roscados del regocijo de la emancipación universal, del dolor del hombre esclavo, comparable solo al dolor de los eunucos; y con el frenesí de la mutilación irremediable, y el ímpetu de su raza de jinetes, vierten sobre los que les parecen más infelices, con rabia y encarnizamiento, la compasión que sienten por sí propios.

¿Y qué arte hay sin sinceridad ni qué hombre sincero empleará su fuerza, sea de fantasía o de razón, sea de hermosura o de combate, en meros escarceos, adornos e imaginaciones, cuando está enfrente, sobre templos que parecen montes, sobre las cárceles de donde no se vuelve, sobre palacios que son pueblos de palacios, sobre la pared que se levanta en hombros de cien razas unidas, la hecatombe de donde saldrá, cuando la podredumbre llegue a luz, el esplendor que pasme al mundo, cuando está enfrente «la pirámide del mal» de Herzen?

¡La justicia primero, y el arte después! ¡Hembra es el que en tiempos sin decoro se entretiene en las finezas de la imaginación, y en las elegancias de la mente! Cuando no se disfruta de la libertad, y la única excusa del arte y su único derecho para existir es ponerse al servicio de ella. ¡Todo al fuego, hasta el arte, para alimentar la hoguera!

¿Ni de qué vive el artista sino de los sentimientos de la patria? ¡Empléese, por lo mismo que invade y conmueve, en la conquista del derecho! Y como la defensa directa de la justicia, el comentario dramático, la composición elocuente, están vedadas al ruso, por su propio terror, tanto como por la ley, ¡el medio único, la osadía única, la protesta única, la defensa única e indirecta, la plegaria, sin alas y sin voz, del ruso desolado, es la pintura, fea si puede, fétida si puede, de las miserias que contempla, de la verdad desgarradora! «¡Yo espero, —dice Vereschagin con los versos de Pushkin,— yo espero que los hombres me amen, porque mi arte sirve a la verdad, y ruega por los vencidos!». Después, para reposar, para recobrar bríos, pintará, libre y grande, por primera vez, la majestad de la naturaleza.

En Rusia ¡ay del que ruega por el vencido en alta voz! Y el cuadro, no va de casa en casa como los manuscritos veraces de Tolstoi, que necesita del modelo vivo, el cuadro ruso, a lo que más se atreve, con la sanción acaso del monarca, afligido, es a implorar la gracia de los hombres, por el horror de la pintura, para los centinelas muertos de frío, para los *mujiks* cercenados en masa de un vuelo del alfanje, para los miles de muertos de Plevna, desangrándose en las charcas de lluvia.

¿Cómo, con ese carácter nacional contemplativo, del objeto, con ese hábito de la observación y de la copia, refleja este pintor, con el drama elevado a sacerdocio por la santidad de los franceses y el ímpetu de los españoles, el movimiento del combate, la rabia de la caballería, el encuentro de la trinchera, barba a barba? Si pinta una batalla, la velará en humo espeso ¡acaso para decir que es toda humo! como cuando su zar, desde la colina en que lo rodean, sentado en la silla de campaña, sus generales de banda lila al cinto, ve a lo lejos, por la humareda que les va detrás, que huye Rusia del turco, que Alá les va cortando las colas a los potros cosacos. O pintará la batalla antes, con los soldados tendidos en el trigal, mano al gatillo, a las espaldas la manta amarillosa, como el cielo, y a un lado los jefes, en pie, de galón rojo en la gorra. O luego que de los turcos enemigos ya no queda en Shipka más que los montones de cadáveres, apilados en la nieve por el villorrio mudo, pasea a Skobelev, seguido del pabellón, a escape en caballos blancos frente a las tropas que al pie del monte que brilla como seda, echan al aire frenéticos los gorros. O después del combate, pintará, con sangre acabada de derramar, los heridos de bruces, encuclillados, enroscados, moribundos. El centinela, de capote gris, tiene la cara deshecha. Un general, con la cabeza baja, como quien va a recibir la hostia de la muerte, está, casaca al hombro, a los pies del que acaba de expirar, con el rostro como barro. Otro muerto también, encogidas las piernas, y los brazos abiertos, se ríe, con la cara verde. Este alza con cuidado, como a un amigo, la pierna en tablillas. Ese se sujeta el brazo que le pende. Aquel aprieta los labios, al tratar en vano de levantarse entre mochilas, cantinas y fusiles rotos. Entre los muertos y heridos otros fuman.

Un oficial, como para animar el cuadro frío, habla al paso con una cantinera. En la tienda repleta, un herido pide en vano entrada. Uno vuelve hacia atrás la cara sin ojos. La serranía, amarilla; el cielo, lanudo. Y el corazón no se conmueve ante aquella pintura de pensamiento compuesta como para aleccionar, porque la calma visible del artista, la madera de aquellos cuerpos, la mudez de aquel cuadro, donde falta la agitación de la agonía y la dignidad de la muerte, contrastan con un tema que pide miradas que desgarran, cuerpos que se hundan al abandonar el espíritu, líneas rotas y crespas, escorzos fugaces y violentos, y un aparente desorden de método que realce y contribuya al del asunto.

Mas donde impera la muerte solitaria, y el hombre ha cesado de padecer, halla Vereschagin la sublimidad que falta siempre, acaso porque desprecia a los hombres que conoce, en los lienzos, donde se quiere algo más de grupo y color de las figuras: tal el camino solemne del Danubio, sembrado acá y allá, como único color en la nevada maravillosa, de los cadáveres de turcos que el ejército triunfante fue abandonando por la ruta, sin más vigías que los postes de telégrafo, elocuentes en tanta soledad, ni más amigos que los pájaros que picotean sus mantas, o se posan en sus botas: tal aquel otro tiempo, lleno de majestad y de ternura, en que, de pie en el yerbal cubierto de muertos blanquecinos, bajo el cielo que sube por el Este sombrío y lluvioso, los dos amigos postreros, el jefe en traje de batalla, y el sacerdote con su casulla sepulcral, entierran, con un dolor que entra en los huesos, murmurando la oración al compás del incensario, al escuadrón que de una arremetida segó el turco. La música, allá de entre los tapices, llega tenue, como con manos, doliente, desesperada. El gentío quiere luz y contento. El gentío va a ver los cuadros sagrados.

Son rayos de color, patios musgosos, muros sin cáscara, pozos y puertas negras, y mares fosforescentes, a cuyas orillas, con su túnica blanca y su cabellera rubia, vaga Jesús, o conversa con Juan, o maldice a las ciudades impuras, o llora desconsolado. ¿Qué es la religión, más que historia? ¡a nuestro lado anda Jesús, y se muere de angustia porque no le ayudan a hacer bien! ¡a nuestro lado predica Juan, con el sayo de piel de camello y la palabra terrible, y los buenos lo saludan de lejos, y los mercaderes se ríen de él, entre sus hogazas, y sus ánforas! Como hombres los entiende Vereschagin y como hombres los pinta, o como figuras de paisajes, donde más tiene de divino el azul del agua que la congoja del «cordero de Dios», o a la fiereza del apóstol, o a la mansedumbre de aquellos almuerzos del Jordán, a la sombra de los tamarindos, con langostas y mieles.

Y acaso sería, a no haberse quedado como en boceto, uno de los cuadros más notables de nuestra época, por lo franco de la concepción, y la habilidad con que por el contraste natural con lo que le rodea resalta en Jesús el alma sublime, aquel de Vereschagin en que pinta la familia de José, en un patio pobre, con el padre y su aprendiz ensamblando por un lado, y María saciando a sus pechos el hambre de su recién nacido, con otro hijo al pie, y uno que viene deshecho en lágrimas, el brazo a los ojos, en tanto que de codos en tierra, dos más, ya en sus diez años, hablan de cosas no más graves que trompos y boliches; sobre la cabeza de María se seca, al aire, el lavado de la casa; con el gallo a la cola comen al pie de la escalera de piedra las gallinas, y en los peldaños de abajo, de modo que parece más alto que todos los demás, Jesús lee.

Tienen matices de amatista, y flores como sangre, y sombras como de violetas, y paredones como la carne desollada, y verdes como de orín, los lienzos, menudos todos, donde, como quien toma el pulso en la vena abierta, copió a pleno color aquel mar muerto, con sus árboles que dan fruta de ceniza; aquel monte, ya a media flor, donde murió Moisés frente a la tierra prometida; aquel valle de Jericó, que era ayer de jardines, y hoy es marañas de escorpiones y culebras; aquella tumba de Samuel, donde citaba a guerra contra los filisteos; aquel pozo donde probó Gedeón a sus soldados, y dejó por flojos a los que metieron la boca en el agua para beber. Allí está en lienzos que pueden llevarse de medallón en las sortijas, el pozo de Jacob, donde Jesús habló con la samaritana de los tiempos olvidados; Beisán la fuerte, que jamás se abrió a Israel; Cafarnaum famosa, toda hoy maleza y ruinas, donde vivió Jesús en casa suya, y curó a tantos; Bethsaida ingrata, donde multiplicó el pan y los peces, y dio la vista al ciego; los campos de betún inflamable donde perecieron, a la furia de las llamas, Sodoma y Gomorra; y una llanura desde donde se ve el Tabor, con el castillo que lo coronaba cuando cuentan que desapareció por él Jesús; y el monte de la Tentación, en cuya gruta, antes rica y cubierta de frescos, viven hoy, haciendo caridad de su pobreza a los pájaros y a los beduinos, los buenos monjes que no tienen para comer más que judías y aceitunas, con su cebolla y su ajo, y un poco de pan negro.

Y en un lienzo como sin fondo, donde las figuras del calvario, raquíticas y a estilo de panorama, dan cara a un muro de cantos rojos y musgosos, está la gente de Galilea, como quien va de fiesta, mirando a las cruces. Un caballo da el anca. Un árabe, con el bordón atravesado, mira desde su burro. Por el fondo vienen, en cabalgaduras de mucho paramento, unos moros ricos. Falta como lazo a aquella sencillez fingida. A un lado del cuadro, no por tierra deshecha, como madre que ve a su hijo en la cruz, sino de pie, cubriéndose el rostro con las palmas, está María. Una moza robusta, de manto blanco como ella, la implora, con bello dolor. A otra mujer, por el entrecejo que se distingue, se le ve clara la pena. A un judío que parece inglés le está hurtando la bolsa un ratero de barbaza rubia, con blusa de listas.

Y allí los curiosos se detienen, no para ver una pintura de admirable trabajo, un portón de piedra bermeja, con césped y florecillas a la entrada, donde al pie de dos bellos brutos, blanco uno y negro otro, esperan, de jaique y brial, los árabes palafreneros; no para celebrar como lo merecen, los retratos del butanés greñudo y rosicobrizo, con ojos como de hiel y esmeraldas en los lóbulos, y su butanesa belfuda, con el hijo a la espalda.

Lo que los curiosos ven, tomando por arte el mero tamaño, es una lámina de diario coloreada con vigor, que representa, sin más cosa de poder que el cuerpo vivo de un soldado, el suplicio del cañoneo en el Indostán, donde el hindú culpable, atado a un poste a la boca del cañón, muere en pedazos. Ni es de arte, ni mueve al horror solicitado, por faltarle, en fuerza de realidad, el grado intenso que constituye, en lo bello como en lo feo, lo artístico, otro lienzo donde la muchedumbre, como en ruedo blanco con costra de colores, se agolpa en plena nevada que salpica de copos caftanes y pellizas, a ver, colgando de la horca, dos sentenciados, como dos gusanos.

Pero ¡qué modo el de Vereschagin en esos lienzos infeliz, de sacar, con masas de color, blanco sobre blanco; de pintar, de manera que se ve de veras el mármol transparente, la famosa ventana que levantó Akbar, el gran Mogol, en honra de su santo consejero Selim-Shirti!; y acurrucados en el poyo, al fuego del cenit, conversan, en togas y turbantes albos como la celosía, los guardianes del templete, de rostros cobrizos.

Luego es el Taj, puro como la leche, que refleja sus cúpulas ligeras, labradas como con aguja, en el lago cercado de cipreses y ramas otoñales, a cuyo arrullo, en su soberbia tumba blanca, duerme bajo follaje de mármol aéreo, aquella favorita que amó el sha Jehan. Y ya es la mezquita de la Perla, que invita a entrar por sus nobles arquerías, —más que de perla de marfil tallado, con sus hileras de musulmanes reverentes que evocan al creador invisible, de pie, hombro a hombro, con las cabezas bajas. Ya es, con su aljibe de doble boca y las babuchas a la puerta, el vestíbulo, fresco como las mañanas, de la mezquita donde el otomano en traje verde o amarillo, pide el amparo de Alá contra el judío, que llora y comercia. Ya es, con sus domos dorados y verdes; con su palacio de *orujinaia,* lleno de tesoros; con la soberana torre de Iván que preside la vasta maravilla; con la puerta del Salvador, por donde nadie pasa cubierto; con el panteón de los zares, erizado de espiras; con su masa de pisos superpuestos, como el palacio babilónico; con sus bastiones por valladar y su Moskova al pie, —el Kremlin colosal, el Kremlin rosado.

¿Y qué importan ahora, ya al salir con el gentío, ni el tigre que al pie de una palma ve venir sobre el cadáver en que se apresta a regalarse el buitre que se lo disputa; ni un lienzo como velo, que es un amanecer en Cachemira; ni aquella palma sola, centinela negro de las ruinas de Delhi, que se mira en el lago Amarillo, a la puesta del sol?

Bien hace ahora la música, de allá de entre los tapices, en enviar, como gargantillas de diamantes, notas sueltas de himno. Jamás en tan vasto lienzo creó el hombre con más verdad y poder el cielo luminoso. ¿A qué pintarlo? ¿Quién no ha visto el cielo? Abajo, donde el buitre negro, habitante único de aquella pureza, se cierne, anchas las alas, en busca del soldado insepulto, las peñas terrosas, como gigantescos búcaros, levantan en las cumbres sus flores de nieve. Las nubes dormidas despiertan al sol; y vagan ligeras, cual si las moviesen, con dulce pereza, como cendales de la mañana, doncellas invisibles. Con tajos de sombra se empinan por lo alto los picos nevados. La nube aérea flota, afloja sus vapores, se mece y deshace, el cielo arriba triunfa, sereno y azul.

Así corona la luz a los artistas fieles, adoloridos por la carencia de ideal amable en estos tiempos de muda, que, a despecho de escuelas y gramáticas, ponen su caballete al sol, y hallan en la naturaleza, consoladora como los claros del amanecer, la paz y la epopeya que parecen perdidas para el alma. Como con puñales pinta Vereschagin sus retratos: como con zafiro desleído hasta dar deseos de morir en él, pinta el mar samaritano; reproduce lo que ve como si le hubiera levantado la corteza, para poseerlo mejor; sus mármoles relucen, y su aire indio irradia; hijo fuerte de un pueblo espantado y deforme, no sabe usar del hombre en sus lienzos, sino cuando, lejos de su país sombrío, lo halla ágil y gracioso; cuando pinta al hombre, es para servirle; ni compone ni condensa, ni crea: su espíritu no parece haberse abierto al arte sumo, que es el que sabe sacar el alma de las cosas, producir con el detalle la emoción de la armonía, inundar las entrañas de deleite, sino en aquellos lienzos vastos y solitarios, con montes, Rusia, como tu dolor, con valles, Rusia, helados como tus esperanzas.

La Nación. Buenos Aires, 3 de marzo de 1889

EL CENTENARIO DE CALDERÓN

ÚLTIMAS NUEVAS

En Madrid no ha cesado la gorja. Cestas de rubios vinos han cambiado de aposento en las fiestas alegres del Hipódromo, y de motivo de deseo en sus mohosos envases han venido a ser regocijo de la sangre en las calientes venas. Sobre certámenes, carreras de caballos. Y a par de estas, las de toros; no ya con duques y marqueses como arrogantes rejoneros y diestros lidiadores, con sus cohortes de pajes vestidos a la turca, con sus penachos de cristal en hilos, y en sus turbantes encajada la media luna de plata reluciente, y sobre sus hábitos rojos, matizados de viva argentería, golpeando el corvo alfanje; no ya con aquel robusto señor de Medina Sidonia, que en las bodas del rey de los hechizos con la francesa Luisa, de dos embestidas de su rejón dio en tierra con dos toros; ni con aquel don Córdoba, que de la manera de caer hacía triunfo y fue aplaudido,—al alzarse del polvo entre sus cien verdes moriscos, enlindados con cintas muy rojas,—por palmas de duquesas; ni son aquellos atrevidos marqués de Camarasa y conde de Rivadavia, que se entraron en liza, con séquito de negros muy galanamente puestos de tela pajiza, y esterilla de plata, apretados de argollas los tobillos y de esposas las manos, en signo del poderío y riqueza de sus dueños; sino con estos matadores de oficio, reyes de plebe, favoritos de damas locas, amigos predilectos de nobletes menguados, que tienen el ojo hecho a la sangre, el oído a la injuria popular, y la mano a la muerte por la paga. Mas no han sido estas competencias de caballos, ocasionadas a que suenen los nombres de sus dueños vanidosos, como Aladro, y Villamejor, y Vega de Armijo, notable por sus artes en política y la entereza de su esposa, que fue de las que puso a aquella reina pálida, Victoria prudentísima, porque se colgaba los hijos de su pecho, y las llaves de palacio de su cintura, aquel apodo de *ventera,* que a otras mejor que a la apodada venía muy propiamente: no han sido estos regocijos importados, ni los toros mismos muertos de la espada del frenético Frascuelo o el torvo Lagartijo, cuyos retratos, entre insignias de toreo, lucen en los aparadores de las tiendas a par de los del joven rey Alfonso, cercado de insignias reales: ¡más vacila el trono del rey que el del torero!:—ni han sido siquiera los esfuerzos loables de la Institución Libre de Enseñanza, donde se explican, sin traba de escuela antigua, letras y ciencias; ni la fiesta de música en la casa que la enseña, donde los que en las mañanitas de frío van allí, galancetes y damiselas, desafiando cierzos y pobrezas, que son como otros cierzos, a dar empleo y vía a su anhelo de fama, levantaron, en número de cuatrocientos, sus voces juveniles en loor del poeta de los autos:—ni el congreso de Arquitectura, que con ocasión del Centenario se inauguró; ni las sesiones de academias; ni el haber buscado cuna en el primer poeta dramático vasto y humano de los españoles esta cruzada que debiera tener una lanza en cada hombre, la cruzada de Madrid contra la ignorancia; ni tanto galán de lira e hidalgo de péñola que fueron,—en el suntuoso y ahora churrigueresco, Teatro de Oriente, en que la sociedad de escritores de una parte y el Ateneo de otra, tuvieron fiestas graves,—como mariposas de antenas y alas negras en torno a aquellas damas, de alto donaire y bajo seno, mariposillas de alas de colores; ni exhibición de glorias de nobleza, ni recompensas a la virtud, ni declamaciones generosas de la sociedad antiesclavista, ni batalladoras asambleas de jóvenes católicos, que suelen echar a golpes de cirio de las iglesias a los que ven en calma y respeto sus vehementes ceremonias, las que lograron en esos días de holganza justa y patriótico bullicio, encender en pasión a las gentes, como aquella lucida cabalgata, colmo y corona del anheloso esfuerzo madrileño, que arrancó de la calle espaciosa de Serrano, en el barrio de Salamanca, que ha su nombre del rico venturoso que compró timbres de nobleza, justamente de aquella facilísima manera que Calderón censura en el alcalde bravío de Zalamea.

Descuajáronse las casas, y quedáronse desiertas, y echaron sus deslumbrados habitantes a las aceras y balcones que daban a las calles de la fiesta. Por la abigarrada procesión del 27, que fue, como redoma de alquimista en busca de oro, hervidero de intentos incompletos en solicitud de fama durable no lograda,— salieron de sus cuevas del cerrillo de San Blas los míseros *goripas*, que hay chicuelos vendedores de arena por Madrid que viven con sus madres y hermanillos, desnudos en invierno, en agujeros rotos en el cerro; y las bailarinas dejaron sus balcones de la montuosa calle de la Primavera; y las modistillas hambrientas y elegantes lucieron su vestido meritorio, que ya cuenta tres luengos veranos, y para revolotear en el Centenario fue repintado, a cambio de un peso fuerte, en Barcelona. Y los tristes cesantes, que aún llevan capa limpia, por ser cosa reciente la cesantía, olvidan la marcial gloria de Cánovas, y la de Sagasta, colérica y mefistofélica; y los empleados novísimos ostentan, bajo el rizado bigote que huele a dinero nuevo, perfumado cigarro; y la familia madrileña, con su tipo confuso y andar suelto, y traje de Francia y habla de Castilla, y aire de Andalucía, acá corre, y allí empuja, y por aquí abre brecha, y compra flores a la chiquilla de ojos rasgados que se las ofrece; o los programas de la fiesta, que hubiesen salido mejor de las prensas de Rasco o la de Arámburu, al chistoso granuja, de remendada chaqueta y vieja gorra, que suele tomar visiblemente la *mota* que el programa vale, y, cuando no le vean, las demás que huelguen descuidadas en el bolsillo de su dueño. ¡Qué pregonar de folletos! ¡Qué vocear de discursos! ¡Qué revolver de los granujas vendedores, que, cruzando en velocísima carrera de un lado a otro de la vedada calle, fatigan a los guardias enojados, y semejan, envueltos en el periódico que venden, colosales insectos, que llevan alas que suenan, y nido de carcajadas en el vientre! ¡Qué esperar con impaciencia, qué comentar con gracia, qué hacer muro de cuerpos, y apretar contra la pared de argamasa y repello, viva pared humana!—Ya viene la cabalgata numerosa; ya se alivia Madrid de su gran peso, porque, en raza latina, no hay pesadumbre mayor que un deseo pueril no satisfecho; la onda viva, cual mar en que entrase de súbito agua nueva, hínchase, precipítase, oscila, apriétase. Ya aparecen, caballeros en negros caballos, cincuenta guardias apuestos, a la usanza de hoy, cruzado el pecho de bandas amarillas, apretado a la pierna el calzón blanco, luciendo en los pies la negra bota, el triangular sombrero en la rapada testa, el ancho sable en la enguantada mano. —Los heraldos les siguen, ocho heraldos, en recios corceles, vestidos de azul paño, como en el siglo XVII; colgante a espalda y pecho la amarilla dalmática, realzada en ambos lados con las armas austriacas; tocados de lujosísimo chambergo; afirmando en los fuertes estribos el banderín tirante, ricamente bordado, con su nema y sus flecos, o el flexible oriflama, de asta de oro.—Vienen luego aquellas armazones colosales, con que los burgaleses de otro tiempo, y los zaragozanos, y los del viejo Valladolid, y Santander inquieto, celebraban, vistiéndolas de gigantes chinos, o quijotes escuálidos, o togados enanos, las alegrías de la ciudad.—Cien pajecillos, que la muchedumbre aclama, luciendo al sol sereno de Madrid trajes crujientes, varios y vistosos; bellos como ninfas, flotando como alas de colores a sus espaldas las vueltas de los mantos, pasan como visión dichosa, portando en sus cien altos estandartes tantos nombres de dramas del poeta.—No ven con ojos buenos los curiosos a esos caballeros que ahora vienen, y que con sus casacas de diputado, o de comisionado de ayuntamiento de provincia, que disuenan con los maceros, de rojos y amarillos aderezos, y los afelipados alguaciles que les preceden,—como que les hacen caer inopinadamente de sus sueños de gloria fulgorosos a las realidades domésticas presentes. Aquí llegan ahora, con trabajados estandartes, los que venden vino, y trabajan en tabla, y trafican en telas, y otros tráficos.—¡Ah! qué pesada, la carroza que han construido los buenos vecinos del barrio apartado de Chamberí! Ocho caballos tiran de ella, que es la apoteosis de Calderón, ahogado entre tributos: y lo cerca corona ondeante de motes y banderas.—No va mala la carroza del Círculo de la Unión Mercantil, ese que ofrece frecuentemente con tan buen acuerdo prácticas y elocuentes conferencias de asiduos oradores: bien que no tengan mucho que hacer tan juntos, ni color lógico, ni de época, ese templo del arte de la Grecia, simbolizado en columnas graves dóricas, sobre esos barrilillos, y pacas, y anclas, que lucen bajo el templo.—Gusta, y lo merece,—por los autos sacramentales que, al par que anda, imprime en prensa de madera, como entonces se usaba, y con gran lidia y bullicio de la gente de las aceras echa al aire, como don gracioso,—esa otra armazón de ruedas que ha construido el Fomento de las Artes. Esa que ahora viene, muy lujosa y muy grave, sentadas en la delantera las armas de España, con su diadema real y sus leones; y simulando en esta punta la coronación del poeta famoso, y en aquella la imprenta glorificadora, con una estatua de Gutenberg, es el carruaje rico de la prensa: y van en estandartes los nombres de los periódicos que lo hicieron, y números de ellos sin tasa se reparten. ¡Hermoso es el estandarte de Manila!—Murmullos, y ondeos de la muchedumbre, y voces de alabanza, que al fin rompen en vítores, arranca ese movible barco, esa popa arrogante de galera, como las que en Lepanto dieron gloria a Juan de Austria y a España, con sus remos robustos a los lados, y su baranda al frente, presidida por silenciosa y grande lira; que es el regalo que la Marina suntuosa ofrece al séquito. Estrújanse las gentes agitadas: ¡qué marinos, aquellos de D. Juan! ¡Y estos van como aquellos! Las aceras, mal contenidas, se desbordan: las músicas de marina, en toda España excelentes, celebran esta, que a las pasadas deben, bulliciosa victoria.—Y ecos de estos aplausos férvidos resuenan cuando pasa, no ya triste y avergonzada como debiera, por los actuales vivos dolores coloniales, sino regocijada y olorosa, y monumental y artística, sonando a palmas y excitándolas, la carroza de las provincias ultramarinas,—con sus indias, de manto rico y plumaje animado, en son de América, bajo dosel que lleva el nombre de acongojadísima isla, coronada de escudos que le pesan, todo al fondo, y en el frente arrogante, en que ramos de laurel hacen corona a la efigie del poeta famoso, las columnas del estrecho le dan lados, y entre ellas, señalándolas altivo, está el feliz geógrafo, que en procesiones se celebra, pero que llevó en vida vestido de cadenas. —Bien viene ¡ay! por lo que la sujeta, y la escolta, y la cerca, detrás de ese carruaje de las colonias, la alta torre, fabricada de cañones, que una estatua de Marte remata fieramente, como que envía este edificio bélico el cuerpo de ingenieros. —Atronador ruido sucede: ¡la artillería que pasa! ¡allá obuses, cureñas, ruedas, mulas!—Y luego sigue, con clásico atavío, la Sociedad de Escritores y de Artistas, que bien pudo, para ocasión tan grande, hallar cosa más propia que esa que, en vasta plaza, con sus columnas rematadas de retazos dóricos sobre trozos sin gracia y pulimento, en sustento de ardientes pebeteros, que echan al viento durador perfume, representa el teatro de oro, alzándose sobre aquel que se alimentaba de paráfrasis míseras de Séneca, y glorias de Alejandro, y burdas gracejadas de plebeyo.—La muchedumbre, atenta, mira: mas, como llevada del femenil espíritu que se halla en lo que viene, y quiere verse, agítase y se empuja para ver pasar esa ingeniosa fábrica ligera, si sostenida por hombres invisibles, al parecer tirada por palomas, que sustenta al genio: esta la hicieron los maestros de obras.—Mas esta sí que es oportuna y grave, y acusa que un poeta anda entre los cerrajeros de Madrid, o un cerrajero entre los poetas. Vibra el martillo; resplandece la fragua; saltan chispas del yunque; percíbense, entre el hervor del entusiasmo, el buen clamor y buen olor del hierro: esta fue la carroza de las cerrajerías.—Ese macizo carruaje que lleva una alegoría de la gloria del poeta sacerdote, es del Ayuntamiento. Esta, tirada de doce frisones, que ahora sigue, es de la Diputación de Madrid: Y ¡qué suntuosa! ¡Vedle, sus maceros, tocados de sombrero de riquísimas plumas, con sus muy grandes mazas; y ese estandarte de terciopelo, y oro en realce, con todas las cabezas de partido; y esa guardia amarilla, tan famosa en tiempo de Olivares y de Valenzuela! —De Valencia, cuyas húmedas vegas rinden juntos el higo fresco, la naranja dorada y las crecidas rosas, han venido las flores que de ese carro que pasa ahora vierten sobre las gentes apretadas. Súbito murmullo, como predecesor de maravilla que se acerca, extingue el de la vocinglera competencia que por hacerse de azucenas y lirios se había alzado: y es que a las ancas de doce gruesos bridones, orgullosos de la carga real que portan, semejando, con sus blancos penachos, ambulantes palmeros, y paseando al sol escamas de oro en los vívidos arneses y echado al ancho lomo mantos muy ricos de tejidos blancos,—viene, como nación que pasa, y como grupo de andaluzas nubes sorprendido y atado, y como monte en que el pincel y los colores hubiesen hecho poderosa fábrica, el suntuosísimo edificio andante con que España celebra a su poeta, y en cuya voluminosa maquinaria, realzada de amarillo terciopelo y grana alegre, aparece aquella nación de los Felipes, ciñendo de magnífica corona las sienes de su muerto muy amado. ¡Oh, sí! la muchedumbre, como que sentía temblar sus manos, y encogérsele el corazón, y secársele las fauces, de amor y ardor de gloria. Y pasó la carroza, y mucho tiempo hacía que era pasada, y el aire estaba aún lleno de vítores. Y cerraba al fin la marcha, como cortejo de respeto:—porque es ley que honren y acaten a los poetas que no pasan, reyes que pasan,—aquel carruaje de ébano, gala preciada de las caballerizas de Palacio, y ya chillante y mate, como si la madera monárquica careciese de buena savia viva, y las ruedas reales estuvieran cansadas de rodar,—en que, mortificando a su hermoso y áspero Felipe con tristísimos celos, paseó tantas veces a su lado la mísera Juana la Loca enamorada. Y palafreneros de aquel tiempo, en que eran para la librea de los custodios de los reales palafrenes, el raso de Florencia, de color de llama, y el oro de Milán para avivarlo, y la escarlata para la cómoda capilla. Y autoridades, y comisiones, e innumerables grupos, pasaron tras de ellos. Y Barcelona, que ha enviado un macero de los suyos, armado y fornido, y bello y grave, a levantar en medio de la fiesta, en lujosa montura, el escudo pujante de las barras. Y los maceros del Ayuntamiento y unos tristes munícipes, de frac y guante blanco. Y unos cuantos caballos, y en ellos seis soldados caballeros. Y la ola de colores pasa y rueda, del Madrid nuevo que tributa la honra, al Madrid viejo de quien la honra viene, por la calle Mayor, de que el poeta, que hoy pasea muerto en ella, huyó espantado cuando vivo, por no oír los clamores de las víctimas que, por dar placer y avivar el celo religioso al menguado D. Carlos, iban maniatadas y argolladas, ardiendo ya, antes de arder en llamas de leña, en las de espanto, a morir en la plaza de los Autos, guiados del estandarte carmesí de los soldados de la Fe, y de la cruz verde, la espada tajante y la rama de olivo de los inquisidores. Y por la Armería sigue el cortejo, donde reposan hoy las armas que entonces batallaban. Y por la Plaza de Oriente, antes lugar de pláticas de nobles, y hoy de desocupados, rapaces y criadillas. Y por el esplendidísimo palacio, por donde corre hoy viento de muerte. Y por la calle ancha de Bailén, morada de cansados y de pobres, y por calles tortuosas, de nombres ignorados, y va a dar, rendido a la par de trabajo y fatiga el séquito y de alumbrarlo el Sol, en la histórica casa de soldados que llaman Princesa.

Allá en la noche, en que los teatros hierven, y aquí es un auto, allá una comedia de reír, allá de celos, y una tragedia en este, y en aquel un poema hablado, día parece la nocturna sombra. De Calderón es cuanto se representa; de sus dramas, con sobra de crítica alemana y escasez visible de profundidad, habla, en edición doblada, un periódico de jóvenes: *El Demócrata*. De las cosas del tiempo, y de cómo casó Carlos, y qué sucedió cuando Felipe, y cómo se quemaban herejes, y se humillaban toros, habla por boca de un bachiller Alonso de Riaña, que pone en plática corriente las del tiempo, el lujoso *Estandarte*.—Y *El Espejo,* enamorado de Cánovas, luce, en número excesivo, efigies de magna gente, de Montalbán benévolo; de Teresa, de amores consumida; de Cano, vencedor del mármol con su San Francisco, y del lienzo con su Jesús crucificado, mas no de su desgracia; de Alarcón, que no alcanzó un buen puesto en Indias, y sí máxima gloria; de Quevedo, que ahondó tanto en lo que venía, que los que hoy vivimos, con su lengua hablamos; de Zurbarán famoso, que ató a la humanidad visible, y robó al cielo falso, la pintura; de Murillo, que fijó el cielo; de Cervantes, que pasmó la tierra; del padre Gabriel Téllez, dueño de la lengua y de la escena, mas no de las iras a que le mueven las traviesas damas; de fray Lope, en cuya frente cabían todos sus dramas; del blando Garcilaso; de Alemán el profundo; del sencillo Iriarte; de aquel Solís, que embelleció y mintió la historia; del generoso Ercilla, que nos tiene obligados y atónitos con la grandeza de su Caupolicán y de su Glaura.—Mas ni en la abigarrada procesión del 27, que bien pudo ser copia excelentísima de aquellos reales tiempos de Mentidero y Buen Retiro; y galanes de veste noguerada, gregüesco de rizo y recogido fieltro; y damas de guardainfante, porque de ellos le guardaba, y lechuguillo, que daba amparo al blanco seno: ni en los retazos breves de época, que alabanza tan grande recabaron, con lo que se mide cuanto no hubiese la época completa conseguido; ni en las letras mismas impresas, salvo—en lo que ha venido—las de *El Día*, que es maravilla de arte y gracia,—halla la mente inquieta, enamorada por humana de aquel poeta potente que dio tipo al ansia de libertad, con Segismundo, y a la de dignidad con *El Alcalde,* cosa tal que responda a lo que de sus hijos bien merece aquel que lo fue glorioso de la humanidad, de España, del teatro y del claustro, y que, si fue torturado de hondos celos, por cuanto no hay dolor más vivo para el ánima alta que el de desestimar a la mujer que ha amado, los dió a sus émulos vencidos con la grandeza de su mente altiva, tantas veces celebrada por el blando ruido de tiernos guantes de ámbar,—y por la que, caminito del teatro, arena entonces encendida de burlones chorizos y alborotadores polacos, acariciaron las calles tortuosas tantos breves chapines, y se revolvieron al viento madrileño tantos suaves y diestros mantos de humo.

La Opinión Nacional. Caracas, 28 de junio de 1881

CARTAS

A FAUSTO TEODORO DE ALDREY

Caracas, 27 de julio de 1881

Sr. Fausto Teodoro de Aldrey

Amigo mío:

Mañana dejo a Venezuela y me vuelvo camino de Nueva York. Con tal premura he resuelto este viaje, que ni el tiempo me alcanza a estrechar, antes de irme, las manos nobles que en esta ciudad se me han tendido, ni me es dable responder con la largueza y reconocimiento que quisiera las generosas cartas, honrosas dedicatorias y tiernas muestras de afecto que he recibido estos días últimos. Muy hidalgos corazones he sentido latir en esta tierra; vehementemente pago sus cariños; sus goces, me serán recreo; sus esperanzas, plácemes; sus penas, angustia; cuando se tienen los ojos fijos en lo alto, ni zarzas ni guijarros distraen al viajador en su camino: los ideales enérgicos y las consagraciones fervientes no se merman en un ánimo sincero por las contrariedades de la vida. De América soy hijo: a ella me debo. Y de la América, a cuya revelación, sacudimiento y fundación urgente me consagro, esta es la cuna; ni hay para labios dulces copa amarga; ni el áspid muerde en pechos varoniles; ni de su cuna reniegan hijos fieles. Deme Venezuela en qué servirla: ella tiene en mí un hijo.

Por de contado cesa de publicarse la *Revista Venezolana;* vean en estas frases su respuesta las cartas y atenciones que, a propósito de ella, he recibido, y queden excedidas por mi gratitud las alabanzas que, más que por esas paginillas de mi obra, por su tendencia, he merecido de la prensa del país y de gran suma de sus hombres notables. Queda también, por tanto, suspendido el cobro de la primera mensualidad: nada cobro, ni podrá cobrar nadie en mi nombre, por ella; la suma recaudada ha sido hoy o será mañana, devuelta a las personas que la satisficieron; obra a este objeto en manos respetables. Cedo alegre, como quien cede hijos honrados, esos inquietos pensamientos míos a los que han sido capaces de estimármelos. Como que aflige cobrar por lo que se piensa; y más si, cuando se piensa, se ama. A este noble país, urna de glorias; a sus hijos, que me han agasajado como a hermano; a Vd., lujoso de bondades para conmigo, envía, con agradecimiento y con tristeza, su humilde adiós.

JOSÉ MARTÍ

A SU HERMANA AMELIA

[Nueva York, 1880]

Tengo delante de mí, mi hermosa Amelia, como una joya rara y de luz blanda y pura, tu cariñosa carta. Ahí está tu alma serena, sin mancha, sin locas impaciencias. Ahí está tu espíritu tierno, que rebosa de ti como la esencia de las primeras flores de mayo. Por eso quiero yo que te guardes de vientos violentos y traidores, y te escondas en ti a verlos pasar: que como las aves de rapiña por los aires, andan los vientos por la tierra en busca de la esencia de las flores. Toda la felicidad de la vida, Amelia, está en no confundir el ansia de amor que se siente a tus años con ese amor soberano, hondo y dominador que no florece en el alma sino después del largo examen, detenidísimo conocimiento, y fiel y prolongada compañía de la criatura en quien el amor ha de ponerse. Hay en nuestra tierra una desastrosa costumbre de confundir la simpatía amorosa con el cariño decisivo e incambiable que lleva a un matrimonio que no se rompe, ni en las tierras donde esto se puede, sino rompiendo el corazón de los amantes desunidos. Y en vez de ponerse el hombre y la mujer que se sienten acercados por una simpatía agradable, nacida a veces de la prisa que tiene el alma en flor por darse al viento, y no de que otro nos inspire amor, sino del deseo que tenemos nosotros de sentirlo; —en vez de ponerse doncel y doncella como a prueba, confesándose su mutua simpatía y distinguiéndola del amor que ha de ser cosa distinta, y viene luego, y a veces no nace, ni tiene ocasión de nacer, sino después del matrimonio, se obligan las dos criaturas desconocidas a un afecto que no puede haber brotado sino de conocerse íntimamente. —Empiezan las relaciones de amor en nuestra tierra por donde debieran terminar. —Una mujer de alma severa e inteligencia justa debe distinguir entre el placer íntimo y vivo, que semeja el amor sin serlo, sentido al ver a un hombre que es en apariencia digno de ser estimado, —y ese otro amor definitivo y grandioso, que, como es el apegamiento inefable de un espíritu a otro, no puede nacer sino de la seguridad de que el espíritu al que el nuestro se une tiene derecho, por su fidelidad, por su hermosura, por su delicadeza, a esta consagración tierna y valerosa que ha de durar toda la vida. —Ve que yo soy un excelente médico de almas, y te juro, por la cabecita de mi hijo, que eso que te digo es un código de ventura, y que quien olvide mi código no será venturoso. He visto mucho en lo hondo de los demás, y mucho en lo hondo de mí mismo. Aprovecha mis lecciones. No creas, mi hermosa Amelia, en que los cariños que se pintan en las novelas vulgares, y apenas hay novela que no lo sea, por escritores que escriben novelas porque no son capaces de escribir cosas más altas —copian realmente la vida, ni son ley de ella. Una mujer joven que ve escrito que el amor de todas las heroínas de sus libros, o el de sus amigas que los han leído como ella, empieza a modo de relámpago, con un poder devastador y eléctrico —supone, cuando siente la primera dulce simpatía amorosa, que le tocó su vez en el juego humano, y que su afecto ha de tener las mismas formas, rapidez e intensidad de esos afectillos de librejos, escritos —créemelo Amelia— por gentes incapaces de poner remedio a las tremendas amarguras que origina su modo convencional e irreflexivo de describir pasiones que no existen, o existen de una manera diferente de aquella con que las describen. ¿Tú ves un árbol? ¿Tú ves cuánto tarda en colgar la naranja dorada, o la granada roja, de la rama gruesa? Pues, ahondando en la vida, se ve que todo sigue el mismo proceso. El amor, como el árbol, ha de pasar de semilla a arbolillo, a flor, y a fruto. —Cuéntame Amelia mía, cuanto pase en tu alma. Y dime de todos los lobos que pasen a tu puerta; y de todos los vientos que anden en busca de perfume. Y ayúdate de mí para ser venturosa, que yo no puedo ser feliz, pero sé la manera de hacer feliz a los otros.

No creas que aquí acabo mi carta. Es que hacía tiempo que quería decirte eso, y he empezado por decírtelo. —De mí, te hablaré otro jueves. —En este solo he de decirte que ando como piloto de mí mismo, haciendo frente a todos los vientos de la vida, y sacando a flote un noble y hermoso barco, tan trabajado ya de viajar, que va haciendo agua. —A papá que te explique esto que él es un valeroso marino. —Tú no sabes, Amelia mía, toda la veneración y respeto ternísimo que merece nuestro padre. Allí donde lo ves, lleno de vejeces y caprichos, es un hombre de una virtud extraordinaria. Ahora que vivo, ahora sé todo el valor de su energía y todos los raros y excelsos méritos de su naturaleza pura y franca. Piensa en lo que te digo. No se paren en detalles, hechos para ojos pequeños. Ese anciano es una magnífica figura. Endúlcenle la vida. Sonrían de sus vejeces. Él nunca ha sido viejo para amar.

Ahora, adiós de veras.

Escríbeme sin tasa y sin estudio, que yo no soy tu censor, ni tu examinador, sino tu hermano. Un pliego de letra desordenada y renglones mal hechos, donde yo sienta palpitar tu corazón y te oiga hablar sin reparos ni miedos —me parecerá más bella que una carta esmerada, escrita con el temor de parecerme mal. —Ve: el cariño es la más correcta y elocuente de todas las gramáticas. Di ¡ternura! y ya eres una mujer elocuentísima.

Nadie te ha dado nunca mejor abrazo que este que te mando. ¡Que no tarde el tuyo!

Tu hermano

J. MARTÍ

CARTA A MANUEL MERCADO

N. Y. 11 de agosto. [1882]

Mi hermano queridísimo.—

Va para años que no ve U. letra mía: y, sin embargo, no tiene mi alma compañero más activo, ni confidente más amado que U. —Todo se lo consulto, y no hago cosa ni escribo palabra sin pensar en si le sería agradable si la viese. Y cuente de veras con que si algo mío creyera yo que habría de desagradar a U., no lo haría de fijo. Pero no se me ocurre nada, ni pongo en planta nada, que no vaya seguro, si obra de actividad, de su aplauso; si pecado, porque soy pecador, por humano, de su indulgencia. Este comercio me es dulce. Este agradecimiento de mi alma a U. que me la quiere, me es sabroso. Su casa es un hogar para mi espíritu. Todos los días me siento a su mesa, sin ocurrírseme que U. puede estar, por mi silencio aparente, enojado conmigo; ni que me recibiría U. fríamente. Y me parece que tengo derecho a U., —por el que doy a U. constante y crecientemente sobre mí. —No es que me acuerde de U. en marcada hora del día. Es que sé que U. consolaría mis tristezas, si las viera de cerca, y aún siento que las consuela con su afecto lejano; y es debilidad humana, o acaso fortaleza, pensar en lo que redime del dolor al punto en que el dolor se sufre. Por eso estoy pensando constantemente en Ud., —como viajero fatigado en puerto, y desterrado en patria, y amante de dama que le engaña en aquella que no le engañó cuando él la amaba. Alguna vez he de decir en verso todas estas cosas, porque en verso están bien, y son verso ellas mismas. Ahora no, —porque estoy lleno de penas, y todo iría empapado de lágrimas. —Y yo tengo odio a las obras que entristecen y acobardan. Fortalecer y agrandar vías es la faena del que escribe, Jeremías se quejó tan bien, que no valen quejas después de las suyas. —Por eso no escribo, —ni a mi madre, ni a Ud., ni para mí mismo, —porque pensar en las penas quita fuerza para sufrirlas, y ni podría escribirle sin contárselas, porque me parecería deslealtad, ni escribirle para contárselas, por aborrecimiento a querellas femeniles, o por miedo de que mis pesares creciesen, con hablarle de ellos. —Y a más, porque desde hace dos años tengo un favor que pedirle, que no le voy a pedir ahora porque si fuese a pedírselo no le escribiría —y como el caso me era útil y aun urgente, y como sin querer, le hablaba de él en las cartas que le escribía, me ha parecido mal reempezar a escribirle con ocasión de necesidad mía, y he dejado sin enviar, y están ahora ante mí, cuantas cartas le he escrito. En una le hacía cuenta de mi vida de estos años, y le explicaba por qué razón de prudencia social no había ido a refugiarme en México, mi tierra carísima: en otra le pedía consejo sobre una clase de versos rebeldes y extraños que suelo hacer ahora, no por propósito de mente, sino porque así, sueltos y encabritados —y ¡quiera Dios que tan airosos!— como los caballos del desierto, me salen del alma; —y en todas vaciaba en Ud. el alma entera. Su espíritu sereno por todas partes me fortifica y acompaña.—

Otra le escribí, que tampoco fue, cuando me sacaron el *Ismaelillo* de las manos, y lo pusieron en prensa. En mi estante tengo amontonada hace meses toda la edición, —porque como la vida no me ha dado hasta ahora ocasión suficiente para mostrar que soy poeta en actos, tengo miedo de que por ir mis versos a ser conocidos antes que mis acciones, vayan las gentes a creer que solo soy, como tantos otros, poeta en versos. —Y porque estoy todo avergonzado de mi libro, y aunque vi todo eso que él cuenta en el aire, me parece ahora cantos mancos de aprendiz de musa, y en cada letra veo una culpa. Con lo que verá Ud. que no escondo el libro por modestia, sino por soberbia.—

Y en todas esas cartas iban filiales iras mías por la avaricia sórdida, artera, temible y visible con que este pueblo mira a México: ¡cuántas veces, por no parecer intruso o que quería ganar fama fácil, he dejado la pluma ardiente que me vibraba como lanza de pelea en la mano!

Pero ahora supe, por carta del fidelísimo Heberto, que Ocaranza ha muerto. Salió a los labios, en versos que le envío, todo el amor dormido en mi alma. Mi hermana, y U., y su casa, y su tierra llenan esos versos en que no se habla de ellos.—Y ¡es tan raro ya que yo los haga! Estos no los hice yo, sino que vinieron hechos. Que padecí —no he de decírselo; me pareció que me robaban algo mío, y me revolví contra el ladrón. Ya no vive tan buena criatura, que amó lo que yo amo: me queda al menos el consuelo de honrarlo. —Yo no me doy cuenta de si valen algo, o nada valen, y son desborde monstruoso de la fantasía, y no construcción sana, los versos que le mando. Como los escribí, interrumpiendo un trabajo premioso que me llevaba ya ocupado, y con el cerebro inflamado, días y noches,—en el punto mismo en que recibí la carta de Heberto —se los envío. Si le parecen bien, publíquelos. Si no —agradézcame el amor con que los hice, y regáñeme por mi obra ruin. —¡Cuánta bondad y grandeza se llevó el que ha muerto! ¡Qué recado tan bello acerca de U. me mandó con mi amigo Bonalde! ¡Con qué triste ternura miro ahora aquel bosquejo suyo del bosque de Chapultepec, que ha ido paseando por unas y otras tierras mi fidelidad, y el mérito del más original, atrevido y elegante de los pintores mexicanos! —¿Qué habrá sido, Mercado, de aquel bosquejo de cuerpo entero de mi hermosa Ana que una vez vi en su cuarto? ¿A qué manos irá a dar si no es a las de U., en que sea tan bien estimado como en las mías? Dígame qué es del cuadro, y si podría yo tenerlo. ¡Qué regalo para mis ojos si pudiera yo ver constantemente ante ellos aquella esbelta y amante figura! Me parecería que entraba en posesión de gran riqueza.

Ya va apresuradamente dicho en mi mesa de empleado de comercio —que es profesión nueva en que entro, por no dar en la vil de desterrado sin ocupación, y ayudar a la amarga de cultivador de letras españolas,— lo que de más importancia tenía hoy que decirle. —A Lola —que aún me acaricia el perfume de aquellas florecitas de San Juan que me enviaba su mano piadosa a mi cuarto de enfermo. —A Manuel, que es de seguro un niño hidalgo, un abrazo apretado. Y a la gentil Luisa y a sus hermanitas, un beso en la mano. —A Ud. toda el alma de su hermano

J. MARTÍ

¡A qué decirle que hable de mí a Peón y a Sánchez Solís y a cuantos no me hayan olvidado?
Mi dirección:

J. M.
324 Classon Av.—
Brooklyn
L. i.

AL GENERAL MÁXIMO GÓMEZ

Santiago de los Caballeros, Santo Domingo
13 de septiembre de 1892

Sr. Mayor General del Ejército
Libertador de Cuba
Máximo Gómez

Señor Mayor General:

El Partido Revolucionario Cubano, que continúa, con su mismo espíritu de redención y equidad, la República donde acreditó Vd. su pericia y su valor, y es la opinión unánime de cuanto hay de visible del pueblo libre cubano, viene hoy a rogar a Vd., previa meditación y consejos suficientes, que renovando el sacrificio con que ilustró su nombre ayude a la revolución como encargado supremo del ramo de la guerra, a organizar dentro y fuera de la Isla el ejército libertador que ha de poner a Cuba, y a Puerto Rico, con ella, en condición de realizar, con métodos ejecutivos y espíritu republicano, su deseo manifiesto y legítimo de su independencia.

Si el Partido Revolucionario Cubano fuese una mera intentona, o serie de ellas, que desatase sobre el sagrado suelo de la patria una guerra tenebrosa, sin composición bastante ni fines de desinterés, o una campaña rudimentaria que pretendiese resolver con las ideas vagas y el valor ensoberbecido los problemas complicados de ciencia política de un pueblo donde se reúnen, entre vecinos codiciados o peligrosos, todas las crudezas de la civilización y todas sus capacidades y perfecciones; —si fuese una revolución incompleta, de más palabras que alma, que en el roce natural y sano con los elementos burdos que ha de redimir, vacilara o se echase atrás, por miedo a las consecuencias naturales y necesarias de la redención, o por el puntillo desdeñoso de una inhumana y punible superioridad; —si fuese una revolución falseada, que por el deseo de predominio o el temor a la novedad o trabajo directo de una república naciente, se disimulase bajo el lema santo de la independencia, a fin de torcer, con el influjo ganado por él, las fuerzas reales de la revolución, y contrariar, con una política sinuosa y parcial, sin libertad y sin fe, la voluntad democrática y composición equitativa de los elementos confusos e impetuosos del país; —si fuese un ensayo imperfecto, o una recaída histórica, o el empeño novel del apetito de renombre, o la empresa inoportuna del heroísmo fanático, —no tendría derecho el Partido Revolucionario Cubano a solicitar el concurso de un hombre cuya gloria merecida, en la prueba larga y real de las virtudes más difíciles, no puede contribuir a llevar al país afligido más conflictos que remedios, ni a arrojarlo en una guerra de mero sentimiento o destrucción, ni a estorbar y corromper, como en otras y muy tristes ocasiones históricas, la revolución piadosa y radical que animó a los héroes de la guerra de Yara, y le anima a Vd., hoy como ayer, la idea y el brazo.

Pero como el Partido Revolucionario Cubano, arrancando del conocimiento sereno de los elementos varios y alterados de la situación de Cuba, y del deseo de equilibrarlos en la cordialidad y la justicia, es aquella misma revolución decisiva, que al deseo de constituir un pueblo próspero con el carácter libre, une ya, por las pruebas de la experiencia, la pericia requerida para su ordenación y gobernación; —como el Partido Revolucionario Cubano, en vez de fomentar la idea culpable de caer con una porción de cubanos contra la voluntad declarada de los demás, y la odiosa ingratitud de desconocer la abnegación conmovedora, y el derecho de padres de los fundadores de la primera república, es la unión, sentida e invencible, de los hijos de la guerra con sus héroes, de los cubanos de la Isla con los que viven fuera de ella, de todos los necesitados de justicia en la Isla, hayan nacido en ella o no, de todos los elementos revolucionarios del pueblo cubano, sin distingos peligrosos ni reparos mediocres, sin alardes de amo ni prisas de liberto, sin castas ni comarcas, —puede el Partido Revolucionario Cubano confiar en la aceptación de Vd., porque es digno de sus consejos y de su consejo y renombre.

La situación confusa del país, y su respuesta bastante a nuestras preguntas, allí donde no ha surgido la solicitud vehemente de nuestro auxilio; nos dan derecho, como cubanos que vivimos en libertad, a reunir enseguida, y mantener dispuestos, en acuerdo con los de la Isla, los elementos con que podamos favorecer y mantener la decisión del país. Entiende el Partido que está ya en guerra, así como que estamos ya en república, y procura sin ostentación ni intransigencia innecesaria, ser fiel a la una y a la otra. Entiende que debe reunir, y reúne, los medios necesarios para la campaña inevitable, y para sostenerla con empuje; y que, —luego que tenemos la honrada convicción de que el país nos desea y nos necesita, y de que la opinión pública aprueba los propósitos a que no podríamos faltar sin delito, y que no debemos propagar si no los hemos de cumplir, —es el deber del Partido tener en pie de combate su organización, reducir a un plan seguro y único todos sus factores, levantar sin demora todos los recursos necesarios para su acometimiento, y reforzarlos sin cesar, y por todas partes, después de la acometida. —Y al solicitar su concurso, señor Mayor General, esta es la obra viril que el Partido le ofrece.

Yo invito a Vd., sin temor de negativa, a este nuevo trabajo, hoy que no tengo más remuneración para ofrecerle que el placer del sacrificio y la ingratitud probable de los hombres. El tesón con que un militar de su pericia, —una vez que a las causas pasadas de la tregua sustituyen las causas constantes de la revolución, y el conocimiento de sus yerros remediables, —mantiene la posibilidad de triunfar allí donde se fue ayer vencido; y la fe inquebrantable de Vd. en la capacidad del cubano para la conquista de su libertad y la práctica de las virtudes con que se le ha de mantener en la victoria, son pruebas suficientes de que no nos faltan los medios de combate, ni la grandeza de corazón, sin la cual cae, derribada o desacreditada, la guerra más justa. Vd. conoció, hombre a hombre a aquellos héroes inmortales. Vd. vio nublarse la libertad, sin perder por eso la fe en la luz del sol. Vd. conoció y practicó aquellas virtudes que afectan ignorar, los que así creen que alejan el peligro de verse obligados, a continuarlas, o imitarlas, y que solo niegan los que en la estrechez de su corazón no pueden concebir mayor anchura, o los soberbios que desconocen en los demás el mérito de que ellos mismos no se sienten capaces. Vd., que vive y cría a los suyos en la pasión de la libertad cubana, ni puede, por un amor insensato de la destrucción y de la muerte, abandonar el retiro respetado y el amor de su ejemplar familia, ni puede negar la luz de su consejo, y su enérgico trabajo, a los cubanos que, con su misma alma de raíz, quieren asegurar la independencia amenazada de las Antillas y el equilibrio y porvenir de la familia de nuestros pueblos en América.

Los tiempos grandes requieren grandes sacrificios; y yo vengo confiado a rogar a Vd. que deje en manos de sus hijos nacientes y de su compañera abandonada la fortuna que les está levantando con rudo trabajo, para ayudar a Cuba a conquistar su libertad, con riesgo de la muerte: vengo a pedirle que cambie el orgullo de su bienestar y la paz gloriosa de su descanso por los azares de la revolución, y la amargura de la vida consagrada al servicio de los hombres. Y yo no dudo, señor Mayor General, que el Partido Revolucionario Cubano, que es hoy cuanto hay de visible de la revolución en que Vd. sangró y triunfó, obtendrá sus servicios en el ramo que le ofrece, a fin de ordenar, con el ejemplo de su abnegación y su pericia reconocida, la guerra republicana que el Partido está en la obligación de preparar, de acuerdo con la Isla, para la libertad y el bienestar de todos sus habitantes, y la independencia definitiva de las Antillas.

Y en cuanto a mí, Señor Mayor General, por el término en que esté sobre mí la obligación que me ha impuesto el sufragio cubano, no tendré orgullo mayor que la compañía y el consejo de un hombre que no se ha cansado de la noble desdicha, y se vio día a día durante diez años en frente de la muerte, por defender la redención del hombre en la libertad de la patria.

Patria y Libertad.

El Delegado
José Martí

A FERMÍN VALDÉS DOMÍNGUEZ

[Nueva York, mayo, 1894]

Sr. Fermín Valdés Domínguez

Fermín queridísimo:

De la maluquera, y el quehacer de que voy halando como un mulo, me he dado un salto a Nueva York, a mis cosas. Estoy al salir, para la gran fagina: y empiezo por casa. ¿Aunque por qué llamo a esta tierra dura «casa»? Ya tú conoces esta vida. Nuestra gente cada día padece más aquí. El país los echa: por fortuna vivimos unos cuantos, que moriremos por abrirles tierra. Y viven almas como esa brava tuya, que está ahora de renuevo, y tan metida en virtud, que cuando vaya allá te he de encontrar todavía mejor mozo. Leña al horno, Fermín, que va a necesitarse pronto el fuego. Recibí todas tus cartas, y a todas te contestaré con más detalles que si te los escribiera. Muy juiciosas las observaciones sobre las necesidades perentorias: a eso estamos. Creo que ya vamos hasta por la cintura en la maravilla. Sudo muerte; pero vamos llegando. Y tengo una fe absoluta en mi pueblo, y mejor mientras más pobre: a ver si me falla. Esa sí que sería puñalada mortal. Ya yo te veo hecho un jardín, como se me pone a mí el alma cuando ando por esas tierras, de la bondad que pisa y bebe uno, y que tú celebras con elocuencia verdadera en tu hermosa carta a «Cuba». ¿Qué delicadeza mayor quieres, ni qué más viril poesía, que la que mueve la creación de ese club nuevo, que no valdrá porque lleve nuestros nombres, sino por las virtudes que en nosotros creen ver sus fundadores, que con serlo, se revelan capaces de ellas? Por ahí es por donde nuestra tierra está pecando: por lo feos y escasos que andan, por ahí, el amor y la amistad. —Ahí tienes una nimiedad que ni a ti ni a mí nos puede dejar los ojos secos. —Es preciso merecer ese cariño.

Una cosa te tengo que celebrar mucho, y es el cariño con que tratas, y tu respeto de hombre, a los cubanos que por ahí buscan sinceramente, con este nombre o aquel, un poco más de orden cordial, y de equilibrio indispensable, en la administración de las cosas de este mundo. Por lo noble se ha de juzgar una aspiración: y no por esta o aquella verruga que le ponga la pasión humana. Dos peligros tiene la idea socialista, como tantas otras: —el de las lecturas extranjerizas, confusas e incompletas, —y el de la soberbia y rabia disimulada de los ambiciosos, que para ir levantándose en el mundo empiezan por fingirse, para tener hombros en que alzarse, frenéticos defensores de los desamparados. Unos van, de pedigüeños de la reina, —como fue Marat,— cuando el libro que le dedicó con pasta verde —a lisonja sangrienta, con su huevo de justicia, de Marat. Otros pasan de energúmenos a chambelanes, como aquellos de que cuenta Chateaubriand en sus *Memorias*. Pero en nuestro pueblo no es tanto el riesgo, como en sociedades más iracundas, y de menos claridad natural: explicar será nuestro trabajo, y liso y hondo, como tú lo sabrás hacer: el caso es no comprometer la excelsa justicia por los modos equivocados o excesivos de pedirla. Y siempre con la justicia, tú y yo, porque los errores de su forma no autorizan a las almas de buena cuna a desertar de su defensa. Muy bueno, pues, lo del 1.º de mayo. Ya aguardo tu relato, ansioso.

Yo que te charlo, estoy lleno de gente, y sin un minuto. ¿Conque ya suena la alcancía y me vas a recibir con el aire de prisa de un médico atareado? No me hables de Palma. Tú curarás, porque te quieren, y porque sabes. Aquí te necesitaría, porque me cuesta mucho escribir, y estar levantado. Allá voy a llegar muy mohíno, y acaso inservible. —Mejor, me verán arrastrándome, por servirle a mi tierra, —por servirlos. No hay sermón como la propia vida. ¿Y quieres creer que, mozo como soy, no pienso en tanta gente noble sino con cariño de padre a hijo?

—De prisa te diré cómo gozo con qué por corazones tan buenos se vaya extendiendo tu cura, que es a la vez de cuerpo y de alma. Ya sé —¿quién lo supo nunca mejor?— lo que han de pensar de ti.

Y vuelo. Yo me voy a halar del mundo con el hijo de Gómez. —A todos, que no escribo. Hago bien. ¡Ya me perdonarán...! tu

JOSÉ MARTÍ

A LA MADRE

Madre mía:

Hoy, 25 de marzo, en vísperas de un largo viaje, estoy pensando en Vd. Yo sin cesar pienso en Vd. Vd. se duele, en la cólera de su amor, del sacrificio de mi vida; y ¿por qué nací de Vd. con una vida que ama el sacrificio? Palabras, no puedo. El deber de un hombre está allí donde es más útil. Pero conmigo va siempre, en mi creciente y necesaria agonía, el recuerdo de mi madre.

Abrace a mis hermanas, y a sus compañeros. ¡Ojalá pueda algún día verlos a todos a mi alrededor, contentos de mí! Y entonces sí que cuidaré yo de Vd. con mimo y con orgullo. Ahora, bendígame, y crea que jamás saldrá de mi corazón obra sin piedad y sin limpieza. La bendición.

Su

J. MARTÍ

Tengo razón para ir más contento y seguro de lo que Vd. pudiera imaginarse. No son inútiles la verdad y la ternura. No padezca.

A FEDERICO HENRÍQUEZ Y CARVAJAL

Montecristi, 25 de marzo, 1895

Sr. Federico Henríquez y Carvajal

Amigo y hermano:

Tales responsabilidades suelen caer sobre los hombres que no niegan su poca fuerza al mundo, y viven para aumentarle el albedrío y decoro, que la expresión queda como velada e infantil, y apenas se puede poner en una enjuta frase lo que se diría al tierno amigo en un abrazo. Así yo ahora, al contestar, en el pórtico de un gran deber, su generosa carta. Con ella me hizo el bien supremo, y me dio la única fuerza que las grandes cosas necesitan, y es saber que nos las ve con fuego un hombre cordial y honrado. Escasos, como los montes, son los hombres que saben mirar desde ellos, y sienten con entraña de nación, o de humanidad. Y queda, después de cambiar manos con uno de ellos, la interior limpieza que debe quedar después de ganar, en causa justa, una buena batalla. De la preocupación real de mi espíritu, porque Vd. me la adivina entera, no le hablo de propósito: escribo, conmovido, en el silencio de un hogar que por el bien de mi patria va a quedar, hoy mismo acaso, abandonado. Lo menos que, en agradecimiento de esa virtud puedo yo hacer, puesto que así más ligo que quebranto deberes, es encarar la muerte, si nos espera en la tierra o en la mar, en compañía del que, por la obra de mis manos, y el respeto de la propia suya, y la pasión del alma común de nuestras tierras, sale de su casa enamorada y feliz a pisar, con una mano de valientes, la patria cuajada de enemigos. De vergüenza me iba muriendo —aparte de la convicción mía de que mi presencia hoy en Cuba es tan útil por lo menos como afuera,— cuando creí que en tamaño riesgo pudiera llegar a convencerme de que era mi obligación dejarlo ir solo, y de que un pueblo se deja servir, sin cierto desdén y despego, de quien predicó la necesidad de morir y no empezó por poner en riesgo su vida. Donde esté mi deber mayor, adentro o afuera, allí estaré yo. Acaso me sea dable u obligatorio, según hasta hoy parece, cumplir ambos. Acaso pueda contribuir a la necesidad primaria de dar a nuestra guerra renaciente forma tal, que lleve en germen visible, sin minuciosidades inútiles, todos los principios indispensables al crédito de la revolución y a la seguridad de la república. La dificultad de nuestras guerras de independencia y la razón de lo lento e imperfecto de su eficacia, ha estado, más que en la falta de estimación mutua de sus fundadores y en la emulación inherente a la naturaleza humana, en la falta de forma que a la vez contuviese el espíritu de redención y decoro que, con suma activa de ímpetus de pureza menor, promueven y mantienen la guerra, —y las prácticas y personas de la guerra. La otra dificultad, de que nuestros pueblos amos y literarios no han salido aún, es la de combinar, después de la emancipación, tales maneras de gobierno que sin descontentar a la inteligencia primada del país, contengan —y permitan el desarrollo natural y ascendente— a los elementos más numerosos e incultos, a quienes un gobierno artificial, aun cuando fuera bello y generoso, llevara a la anarquía o a la tiranía. Yo evoqué la guerra: mi responsabilidad comienza con ella, en vez de acabar. Para mí la patria, no será nunca triunfo, sino agonía y deber. Ya arde la sangre. Ahora hay que dar respeto y sentido humano y amable, al sacrificio; hay que hacer viable, e inexpugnable, la guerra; si ella me manda, conforme a mi deseo único, quedarme, me quedo en ella; si me manda, clavándome el alma, irme lejos de los que mueren como yo sabría morir, también tendré ese valor. Quien piensa en sí, no ama a la patria; y está el mal de los pueblos, por más que a veces se lo disimulen sutilmente, en los estorbos o prisas que el interés de sus representantes ponen al curso natural de los sucesos. De mí espere la deposición absoluta y continua. Yo alzaré el mundo. Pero mi único deseo sería pegarme allí, al último tronco, al último peleador: morir callado. Para mí, ya es hora. Pero aún puedo servir a este único corazón de nuestras repúblicas. Las Antillas libres salvarán la independencia de nuestra América, y el honor ya dudoso y lastimado de la América inglesa, y acaso acelerarán y fijarán el equilibrio del mundo. Vea lo que hacemos, Vd. con sus canas juveniles, —y yo, a rastras, con mi corazón roto.

De Santo Domingo ¿por qué le he de hablar? ¿Es eso cosa distinta de Cuba? ¿Vd. no es cubano, y hay quien lo sea mejor que Vd.? ¿Y Gómez, no es cubano? ¿Y yo, qué soy, y quién me fija suelo? ¿No fue mía, y orgullo mío, el alma que me envolvió, y alrededor mío palpitó, a la voz de Vd., en la noche inolvidable y viril de la Sociedad de Amigos? Esto es aquello, y va con aquello. Yo obedezco, y aun diré que acato como superior dispensación, y como ley americana, la necesidad feliz de partir, al amparo de Santo Domingo, para la guerra de libertad de Cuba. Hagamos por sobre la mar, a sangre y a cariño, lo que por el fondo de la mar hace la cordillera de fuego andino.

Me arranco de Vd., y le dejo, con mi abrazo entrañable, el ruego de que en mi nombre, que solo vale por ser hoy el de mi patria, agradezca, por hoy y para mañana, cuanta justicia y caridad reciba Cuba. A quien me la ama, le digo en un gran grito: hermano. Y no tengo más hermanos que los que me la aman.

Adiós, y a mis nobles e indulgentes amigos. Debo a Vd. un goce de altura y de limpieza, en lo áspero y feo de este universo humano. Levante bien la voz: que si caigo, será también por la independencia de su patria.

Su

JOSÉ MARTÍ

A MARÍA MANTILLA

A mi María:

Y mi hijita ¿qué hace, allá en el Norte, tan lejos? ¿Piensa en la verdad del mundo, en saber, en querer, —en saber, para poder querer, —querer con la voluntad, y querer con el cariño? ¿Se sienta, amorosa, junto a su madre triste? ¿Se prepara a la vida, al trabajo virtuoso e independiente de la vida, para ser igual o superior a los que vengan luego, cuando sea mujer, a hablarle de amores, —a llevársela a lo desconocido, o a la desgracia, con el engaño de unas cuantas palabras simpáticas, o de una figura simpática? ¿Piensa en el trabajo, libre y virtuoso, para que la deseen los hombres buenos, para que la respeten los malos, y para no tener que vendar la libertad de su corazón y su hermosura por la mesa y por el vestido? Eso es lo que las mujeres esclavas, —esclavas por su ignorancia y su incapacidad de valerse, —llaman en el mundo «amor». Es grande, amor; pero no es eso. Yo *amo* a mi hijita. Quien no la ame así no la ama. Amor es delicadeza, esperanza fina, merecimiento, y respeto. ¿En qué piensa mi hijita? ¿Piensa en mí?

Aquí estoy, en Cabo Haitiano; cuando no debía estar aquí. Creí no tener modo de escribirte, en mucho tiempo, y te estoy escribiendo. Hoy vuelvo a viajar, y te estoy otra vez diciendo adiós. Cuando alguien me es bueno, y bueno a Cuba, le enseño tu retrato. Mi anhelo es que vivan muy juntas, tu madre y ustedes, y que pases por la vida pura y buena. Espérame, mientras sepas que yo viva. Conocerás el mundo, antes de darte a él. Elévate, pensando y trabajando. ¿Quieres ver cómo pienso en ti, —en ti y en Carmita? Todo me es razón de hablar de ti, el piano que oigo, el libro que veo, el periódico que llega. Aquí te mando, en una hoja verde, el anuncio del periódico francés a que te suscribió Dellundé. El *Harper's Young People* no lo leíste, pero no era culpa tuya, sino del periódico, que traía cosas muy inventadas, que no se sienten, ni se ven, y más palabras de las precisas. Este *Petit Francais* es claro y útil. Léelo, y luego enseñarás. Enseñar es crecer. —Y por el correo te mando dos libros, y con ellos una tarea, que harás, si me quieres; y no harás si no me quieres. —Así, cuando esté en pena, sentiré como una mano en el hombro, o como mi cariño en la frente, o como las sonrisas con que me entendías y consolabas; —y será que estás trabajando en la tarea, y pensando en mí.

Un libro es *L'Histoire Générale,* un libro muy corto, donde está muy bien contada, y en lenguaje fácil y limpio, toda la historia del mundo, desde los tiempos más viejos, hasta lo que piensan e inventan hoy los hombres. Son 180 sus páginas: yo quiero que tú traduzcas en invierno o en verano, una página por día; pero traducida de modo que la entiendas, y de que la puedan entender los demás, porque mi deseo es que este libro de historia quede puesto por ti en buen español, de manera que se pueda imprimir, como libro de vender, a la vez que te sirva, a Carmita y a ti, para entender, entero y corto, el movimiento del mundo, y poderlo enseñar. Tendrás, pues, que traducir el texto todo, con el resumen que va al fin de cada capítulo, y las preguntas que están al pie de cada página; pero como estas son para ayudar al que lee a recordar lo que ha leído, y ayudar al maestro a preguntar, tú las traducirás de modo que al pie de cada página escrita solo vayan las preguntas que corresponden a esa página. El resumen lo traduces al acabar cada capítulo. —La traducción ha de ser natural, para que parezca como si el libro hubiese sido escrito en la lengua a que lo traduces, que en eso se conocen las buenas traducciones. En francés hay muchas palabras que no son necesarias en español. Se dice, —tú sabes— *il est,* cuando no hay *él* ninguno, sino para acompañar a *est,* porque en francés el verbo no va solo: y en español, la repetición de esas palabras de persona, —del *yo* y *él* y *nosotros* y *ellos,*— delante del verbo, ni es necesaria ni es graciosa. Es bueno que al mismo tiempo que traduzcas, —aunque no por supuesto a la misma hora,— leas un libro escrito en castellano útil y sencillo, para que tengas en el oído y en el pensamiento la lengua en que escribes. Yo no recuerdo, entre los que tú puedes tener a mano, ningún libro escrito en este español simple y puro. Yo quise escribir así en *La Edad de Oro;* para que los niños me entendiesen, y el lenguaje tuviera sentido y música. Tal vez debas leer, mientras estés traduciendo, *La Edad de Oro.* —El francés de *L'Histoire Générale* es conciso y *directo,* como yo quiero que sea el castellano de tu traducción; de modo que debes imitarlo al traducir, y procurar usar sus mismas palabras, excepto cuando el *modo de decir francés,* cuando la *frase francesa,* sea diferente en castellano. —Tengo, por ejemplo, en la página 19, en el párrafo n.º 6, esta frase delante de mí: «Les Grecs ont les premiers cherché à se rendre compte des choses du monde». — Por supuesto que no puedo traducir la frase así, palabra por palabra. —«Los Griegos han los primeros buscado a darse cuenta de las cosas del mundo», — porque eso no tiene sentido en español. Yo traduciría: «Los griegos fueron los primeros que trataron de entender las cosas del mundo». Si digo: «Los griegos han tratado los primeros», diré mal, porque no es español eso. Si sigo diciendo «de darse cuenta», digo mal también, porque eso tampoco es español. Ve, pues, el cuidado con que hay que traducir, para que la traducción pueda entenderse y resulte elegante, —y para que el libro no quede, como tantos libros traducidos, en la misma lengua extraña en que estaba. —Y el libro te entretendrá, sobre todo cuando llegues a los tiempos en que vivieron los personajes de que hablan los versos y las óperas. Es imposible entender una ópera bien, —o la romanza de Hildegonda, por ejemplo,— si no se conocen los sucesos de la historia que la ópera cuenta, y si no se sabe quién es Hildegonda, y dónde y cuándo vivió, y qué hizo. —Tu música no es así, mi María, sino la música que entiende y siente. —Estudia, mi María,— trabaja y espérame.

Y cuando tengas bien traducida *L'Histoire Générale* en letra clara, a renglones iguales y páginas de buen margen, nobles y limpias ¿cómo no habrá quien imprima, —y venda para ti, venda para tu casa,— este texto claro y completo de la historia del hombre, mejor, y más atractivo y ameno, que todos los libros de enseñar historia que hay en castellano? La página al día, pues: mi hijita querida. Aprende de mí. Tengo la vida a un lado de la mesa, y la muerte a otro, y mi pueblo a las espaldas: —y ve cuántas páginas te escribo.

El otro libro es para leer y enseñar: es un libro de 300 páginas, ayudado de dibujos, en que está, María mía, lo mejor —y todo lo cierto— de lo que se sabe de la naturaleza ahora. Ya tú leíste, o Carmita leyó antes que tú, las *Cartillas* de Appleton. Pues este libro es mucho mejor, —más corto, más alegre, más lleno, de lenguaje más claro, escrito todo como que se lo ve. Lee el último capítulo, *La Physiologie Végétale,* —la vida de las plantas, y verás qué historia tan poética y tan interesante. Yo la leo, y la vuelvo a leer, y siempre me parece nueva. Leo pocos versos, porque casi todos son artificiales o exagerados, y dicen en lengua forzada falsos sentimientos, o sentimientos sin fuerza ni honradez, mal copiados de los que los sintieron de verdad. Donde yo encuentro poesía mayor es en los libros de ciencia, en la vida del mundo, en el orden del mundo, en el fondo del mar, en la verdad y música del árbol, y su fuerza y amores, en lo alto del cielo, con sus familias de estrellas, —y en la unidad del universo, que encierra tantas cosas diferentes, y es todo uno, y reposa en la luz de la noche del trabajo productivo del día. Es hermoso, asomarse a un colgadizo, y ver vivir al mundo: verlo nacer, crecer, cambiar, mejorar, y aprender en esa majestad continua el gusto de la verdad, y el desdén de la riqueza y la soberbia a que se sacrifica; y lo sacrifica todo, la gente inferior e inútil. Es como la elegancia, mi María, que está en el buen gusto, y no el costo. La elegancia del vestido, —la grande y verdadera,— está en la altivez y fortaleza del alma. Un alma honrada, inteligente y libre, da al cuerpo más elegancia, y más poderío a la mujer, que las modas más ricas de las tiendas. Mucha tienda, poca alma. Quien tiene mucho adentro, necesita poco afuera. Quien lleva mucho afuera, tiene poco adentro, y quiere disimular lo poco. Quien siente su belleza, la belleza interior, no busca afuera belleza prestada: se sabe hermosa, y la belleza echa luz. Procurará mostrarse alegre, y agradable a los ojos, porque es deber humano causar placer en vez de pena, y quien conoce la belleza la respeta y cuida en los demás y en sí. Pero no pondrá en un jarrón de China un jazmín: pondrá el jazmín, solo y ligero, en un cristal de agua clara. Esa es la elegancia verdadera: que el vaso no sea más que la flor. Y esa naturalidad, y verdadero modo de vivir, con piedad para los vanos y pomposos, se aprende con encanto en la historia de las criaturas de la tierra. Lean tú y Carmita el libro de Paul Bert —a los dos o tres meses, vuelvan a leerlo; léanlo otra vez, y ténganlo cerca siempre, para una página u otra, en las horas perdidas. Así sí serán maestras, contando esos cuentos verdaderos a sus discípulas, en vez de tanto quebrado y tanto decimal y tanto nombre inútil de cabo y de río, que se ha de enseñar sobre el mapa como de casualidad, para ir a buscar el país de que se cuenta el cuento, o donde vivió el hombre de que habla la historia. Y cuentas, pocas, sobre la pizarra, y no todos los días. Que las discípulas amen la escuela, y aprendan en ella cosas agradables y útiles.

Porque ya yo las veo este invierno, a ti y a Carmita, sentadas en su escuela, de 9 a 1 del día, trabajando las dos a la vez, si las niñas son de edades desiguales, y hay que hacer dos grupos, o trabajando una después de otra, con una clase igual para todas. Tú podías enseñar piano y lectura, y español tal vez, después de leerlo un poco más; —y Carmita una clase nueva de deletreo y composición a la vez, que sería la clase de gramática, enseñada toda en las pizarras, al dictado, y luego escribiendo lo dictado en el pizarrón, vigilando porque las niñas corrijan sus errores, —y una clase de geografía, que fuese más geografía física que de nombres, enseñando como está hecha la tierra, y lo que alrededor la ayuda a ser, y de la otra geografía, las grandes divisiones, y esas bien, sin mucha menudencia, ni demasiados detalles yanquis, —y una clase de ciencias, que sería una conversación de Carmita, como un cuento de veras, en el orden en que está el libro de Paul Bert, si puede entenderlo bien ya, y si no, en el que mejor pueda idear, con lo que sabe de las cartillas, y la ayuda de lo que en Paul Bert entienda, y astronomía. Para esa clase le ayudarían mucho un libro de Arabella Buckley, que se llama *The Fairy-Land of Science,* y los libros de John Lubbock, y sobre todo dos, *Fruits, Flowers and Leaves* y *Ants, Bees, and Wasps.* Imagínate a Carmita contando a las niñas las amistades de las abejas y las flores, y las coqueterías de la flor con la abeja, y la inteligencia de las hojas, que duermen y quieren y se defienden, y las visitas y los viajes de las estrellas, y las casas de las hormigas. Libros pocos, y continuo hablar. —Para historia, tal vez sean aún muy nuevas las niñas. Y el viernes, una clase de muñecas, —de cortar y coser trajes para muñecas, y repaso de música, y clase larga de escritura, y una clase de dibujo. —Principien con dos, con tres, con cuatro niñas. Las demás vendrán. En cuanto sepan de esa escuela alegre y útil, y en inglés, los que tengan en otra escuela hijos, se los mandan allí: y si son de nuestra gente, les enseñan para más halago, en una clase de lectura explicada —explicando el sentido de las palabras— el español: no más gramática que esa: la gramática la va descubriendo el niño en lo que lee y oye, y esa es la única que le sirve. —¿Y si tú te esforzaras, y pudieras enseñar francés como te lo enseñé yo a ti, traduciendo de libros naturales y agradables? Si yo estuviera donde tú no me pudieras ver, o donde ya fuera imposible la vuelta, sería orgullo grande el mío, y alegría grande, si te viera desde allí, sentada, con tu cabecita de luz, entre las niñas que irían así saliendo de tu alma, —sentada, libre del mundo, en el trabajo independiente. —Ensáyense en verano: empiecen en invierno. Pasa, callada, por entre la gente vanidosa. Tu alma es tu seda. Envuelve a tu madre, y mímala, porque es grande honor haber venido de esa mujer al mundo. Que cuando mires dentro de ti, y de lo que haces, te encuentres como la tierra por la mañana, bañada de luz. Siéntete limpia y ligera, como la luz. Deja a otras el mundo frívolo: tú vales más. Sonríe, y pasa. Y si no me vuelves a ver, haz como el chiquitín cuando el entierro de Frank Sorzano: pon un libro, el libro que te pido, —sobre la sepultura. O sobre tu pecho, porque ahí estaré enterrado yo si muero donde no lo sepan los hombres. —Trabaja. Un beso. Y espérame.

Tu

MARTÍ
Cabo Haitiano, 9 de abril, 1895

A CARMEN MIYARES Y SUS HIJOS

Jurisdicción de Baracoa, 16 de abril de 1895

Carmita querida y mis niñas, y Manuel, y Ernesto:

En Cuba les escribo, a la sombra de un rancho de yaguas. Ya se me secan las ampollas del remo con que halé a tierra el bote que nos trajo. Éramos seis, llegamos a una playa de piedras y espinas, y estamos salvos, en un campamento, entre palmas y plátanos, con las gentes por tierra; y el rifle a su lado. Yo, por el camino, recogí para la madre la primera flor, helechos para María y Carmita, para Ernesto una piedra de colores. Se las recogí, como si los fuese a ver, como si no me esperase la cueva o la loma, sino la casa, la casa abrigada y compasiva, que veo siempre delante de mis ojos.

Es muy grande, Carmita, mi felicidad, sin ilusión alguna de mis sentidos, ni pensamiento excesivo en mí propio, ni alegría egoísta y pueril, puedo decirte que llegué al fin a mi plena naturaleza, y que el honor que en mis paisanos veo, en la naturaleza que nuestro valor nos da derecho, me embriaga de dicha, con dulce embriaguez. Solo la luz es comparable a mi felicidad. Pero en todo instante le estoy viendo su rostro, piadoso y sereno, y acerco a mis labios la frente de las niñas, cuando amanece, cuando anochece, cuando me sale al paso una flor nueva, cuando veo alguna hermosura de estos ríos y montes, cuando bebo, hincado en la tierra, el agua clara del arroyo, cuando cierro los ojos, contento del día libre. Ustedes me acompañan y rodean, las siento, calladas y vigilantes, a mi alrededor. A mí, solo ellas me faltan. A ellas, ¿qué les faltará? De sus angustias nuevas, ¿podrán irse salvando? Mi poca ayuda, ¿cómo la habrán repuesto? Cuba ya tiene escritos sus nombres con mis ojos en muchas nubes del cielo y en muchas hojas de árboles.

Mi dicha de hombre útil hace mayor el pesar de que no me lo vean. ¿Recordarán así a su amigo, con tanta lealtad, con tanta vehemencia?

¡Ah, María, si me vieras por esos caminos, contento y pensando en ti, con un cariño más suave que nunca, queriendo coger para ti, sin correo con que mandártelas, estas flores de estrella, moradas y blancas, que crecen aquí en el monte!

Voy bien cargado, mi María, con mi rifle al hombro, mi machete y revólver a la cintura, a un hombro una cartera de cien cápsulas, al otro en un gran tubo, los mapas de Cuba, y a la espalda mi mochila, con sus dos arrobas de medicina y ropa y hamaca y frazada y libros, y al pecho tu retrato.

El papel se me acaba, y al correo no puede ir mucho bulto. Escribo con todo el sol sobre el papel. Véanme vivo y fuerte y amando más que nunca a las compañeras de mi soledad, a la medicina de mis amarguras. De acá no teman. La dificultad es grande, y los que han de vencerlas, también. Carmita pedirá a Gonzalo que le deje leer lo que hay de personal en la carta que le envío. Manuel bueno, trabaja. Carmita, escríbele a mamá. Carmita hija y María se educan para la escuela. Una palma y una estrella vi, alto sobre el monte, al llegar aquí antier, ¿cómo no había de pensar en Carmita y en María? ¿Y en la amistad de su madre, al ver el cielo limpio de la noche cubana? Quieran a su

MARTÍ

A CARMEN MIYARES Y SUS HIJOS

Cerca de Guantánamo, 26 de abril de 1895

En el rancho de un campesino escribí mi primera carta, hace unos doce días, en que contaba nuestra llegada feliz, el desembarco de los seis en un bote, y yo, de remero en la lluvia oscura, y la hermandad y la alegría de los cubanos alzados que salieron a recibirnos.

Ahora escribo en la zona misma de Guantánamo, en la seguridad y alegría del campamento de los trescientos hombres de Maceo y Garzón, que salieron a recibirnos aquí. Y ¿quién creen que vino al escape de su caballo a abrazarme de los primeros, todavía oliendo al fuego de la pelea? Rafael Portuondo, que desde ayer no se aparta de mí. Por bravo y juicioso lo quieren y respetan, y yo por abnegado y previsor; díganlo a Ritica. Su amigo íntimo es el hijo de Urbano Sánchez. Por el momento veníamos muy seguidos ya por tropa española y contentos y a pie, con la custodia de cuatro tiradores y un negro magnífico, padre de su pueblo y hombre rico y puro, Luis González, que se nos unió con diecisiete parientes, y trae a su hijo; veníamos y estalló a pocos pasos el gran tiroteo de las dos horas: allí cruzaron por nuestras cabezas las primeras balas; momentos después rechazado el enemigo, caíamos en brazos de nuestra gente: allí caballos, júbilo, y seguimos la marcha admirable, a la luz de hachas del monte y árboles encendidos; la marcha de ocho horas a pie, después de dos de combate y de cuatro de camino, de la noche entera, sin descanso para comer de día ni de noche. Yo me acosté a las tres de la mañana, curando los heridos.

A las cinco en pie, todos alegres; luego duermen, hablan en grupos, pasan cargados de viandas y reses, me traen mi caballo y mi montura nueva; ¿pelearemos hoy? Organizamos y seguimos rumbo; el alma es una: algunas armas cogidas al enemigo.

Yo escribo en mi hamaca, a la luz de una vela de cera, sujeta junto a mis rodillas por una púa clavada en tierra. Mucho tengo que escribir... Sentía anoche piedad en mis manos, cuando ayudaba a curar a los heridos... Y no les he dicho que esta jornada valiente de ayer cerró una marcha a pie de trece días continuos, por las montañas agrias o ricas de Baracoa, la marcha de los seis hombres que se echaron sin guía, por la tierra ignorada y la noche, a encararse triunfantes contra España.

Éramos treinta cuando abrazamos a José Maceo. Dejamos atrás orden y cariño. No sentíamos ni en el humor ni en el cuerpo la angustiosa fatiga, los pedregales a la cintura, los ríos a los muslos, el día sin comer, la noche en el capote por el hielo de la lluvia, los pies rotos. Nos sonreíamos y crecía la hermandad. Gómez me ha ido cuidando en los detalles más humildes con perenne delicadeza. He observado muy de cerca en él las dotes de prudencia, sufrimiento y magnanimidad. Nuestros Remingtons van sin un solo tropiezo, rápidamente a su camino. Llama a silencio la corneta: mi trabajo no me permite silencio; en voz baja cuenta cerca de mí Rafael las fuerzas, grandes de veras, de la revolución en Oriente. Los hombres de la guerra vieja se asombran del atrevimiento franco de la gente y su ayuda en esta... envío del cielo libre, un saludo de orgullo por nuestra patria, tan bella en sus hombres como en su naturaleza... No soy inútil ni me he hallado desconocido en nuestros montes; pero poco hace en el mundo quien no se siente amado.

MARTÍ

A CARMEN MIYARES Y SUS HIJOS

Cerca de Guantánamo, 28 de abril de 1895

Son las nueve de la noche, toca a silencio la corneta del campamento, y yo reposo del alegre y recio trabajo del día escribiendo, mientras en las hamacas del portal, Maceo, Gómez, Bonne y Borrego se cuentan batallas. Rafael Portuondo, que acaso siga viaje conmigo, me ha estado ayudando hoy, con el valiente y juicioso hijo de Urbano Sánchez Echevarría. ¡Cuán bello es ver a estos jóvenes de casa privilegiada, servir de capitanes al Jefe negro, caballero y moderado, que los abraza y mima como hijos. A mi lado, en un rincón de yaguas sufre un tísico, que sirvió con el arma en la guerra entera, y esta vez también sigue pálido y seco a su columna, sentado a la mujeriega en su arrenquín; está serena afuera la noche de este día en que no vi el sol sino cuando las fuerzas formadas quisieron oír hablar al que, con un cariño que en esto rechazo, llaman «el Presidente». Mi alma es sencilla. En vez de aceptar, siquiera en lo íntimo de la conciencia soberbia, este título con que desde mi aparición en estos campos me saludaron, lo pongo aparte, y ya en público lo rechacé, y lo rechazaré oficialmente, porque ni en mí, ni en persona alguna, se ajustaría a las conveniencias y condiciones recién nacidas de la Revolución. Ella crece natural y sana, exquisita como una niña en sus afectos, pura como solo lo es en el mundo el aire de la libertad. Es innegable el afán revolucionario en campos y poblaciones: no llega noticia hostil, y cuantas vienen son de adhesión y de servicio: corre aire heroico:

ya es una carta de mujer, amiga admirable, que guía y salva desde su vejez enferma a las tropas hermanas: ya son dos jinetes frenéticos que se lanzan, dando vivas, a nuestro cuello: ya es un pueblo todo, que se quiere salir y pide ayuda; ya la comisión que va, montada en los caballos que tomó a la guardia civil, a recoger las armas que le tiene guardadas en vecino. Y a mí también me han regalado un caballo blanco. De aquí a dos días, volveremos al camino; a seguir ordenando, como aquí, y poniendo en vía igual estas sanas voluntades; a recorrer el Oriente entero, cubierto de nuestra gente, y deponer ante sus representantes nuestra autoridad, y que ellos den gobierno propio a la República. —Me siento puro y leve, y siento en mí algo como la paz de un niño.

¿Por qué me vuelvo a acordar ahora de la larga marcha, —para mí la primera marcha de batalla— que siguió al combate victorioso con que nos recibió el valiente y sencillo José Maceo?

Porque fue muy bella, y quisiera que Vds. la hubieran visto conmigo. ¿O tenía el cielo balcones, y los seres que me son queridos estaban asomados a uno de ellos? A la mañana veníamos aún los pocos de la expedición de Baracoa, los seis, y los que se nos fueron uniendo revueltos por el monte de espinas y con la mano al arma, esperando por cada vereda al enemigo. Retumba de repente el tiroteo como a pocos pasos de nosotros, y el fuego es de dos horas. Los nuestros han vencido. Cien cubanos bisoños han apagado treinta hombres de la columna entera de Guantánamo: trescientos teníamos, pero solo pelearon cien.

Ellos se van pueblo adentro, deshechos, ensangrentados, con los muertos en brazos, regando las armas. En el camino mismo del combate nos esperaban los cubanos triunfadores: se echan de los caballos abajo: se abrazan y nos vitorean: nos suben a caballo; y nos calzan las espuelas. ¿Cómo no me inspira horror la mancha de sangre que hay en el camino, ni la sangre a medio secar de una cabeza que ya está enterrada, en la cartera que le puso de almohada un jinete nuestro? Y al sol de la tarde emprendemos la marcha de victoria, de vuelta al campamento: a las doce de la noche habían salido por ríos y cañaverales y espinares, a salvarnos: acababan de llegar, ya cerca, cuando les cae encima el español, sin almuerzo pelearon las dos horas; y con galletas engañaron el hambre del triunfo: y emprendían el viaje de ocho leguas, con tarde primero, alegre y clara, y luego, por bóvedas de púas, en la noche oscura.

En fila de a uno iba la columna larga. Los ayudantes pasan corriendo y voceando. Nos revolvíamos caballos y de a pie; en los altos ligeros. Entra el cañaveral, y cada soldado sale con una caña de él. «Párese la columna, que hay un herido atrás». Uno hala su pierna atravesada y Gómez lo monta a su grupa. Otro herido no quiere: «No, amigo, yo no estoy muerto», y con la bala en el hombro sigue andando. ¡Los pobres pies, tan cansados! Se sientan, rifle al lado, al borde del camino: y nos sonreían gloriosos. Se oye algún ¡ay!, y más risas y el habla contenta. «¡Abran camino!». Y llega montado el recio Cartagena, Teniente Coronel que lo ganó en la guerra grande, con un hachón prendido de cardona, clavado como una lanza al estribo de cuero. Y otros hachones de tramo en tramo. O encienden los árboles que escaldan y chisporrotean, y echan al cielo su fuste de llama y una pluma de humo.

El río nos corta. Aguardamos a los cansados. Ya está a nuestro alrededor, los yareyes en la sombra. Ya es la última agua, y del otro lado el sueño. Hamacas, candelas, calderas. Ya duerme el campamento: al pie de un árbol grande iré luego a dormir, junto al machete y el revólver, y de almohada mi capa de hule: ahora hurgo el jolongo y saco de él la medicina para los heridos. ¡Qué cariñosas las estrellas... a las tres de la madrugada! A las cinco, abiertos los ojos, y a caballo.

Y han de saber que me han salido habilidades nuevas, y que a cada momento alzo la pluma, o dejo el taburete, y el corte de palma en que escribo, para adivinarle a un doliente la maluquera, porque de piedad o casualidad se me han juntado en el bagaje más remedios que ropa, y no para mí, que no estuve más sano nunca. Y ello es que tengo acierto, y ya me he ganado mi poco de reputación, sin más que saber cómo está hecho el cuerpo humano, y haber traído conmigo el milagro del yodo. Y el cariño que es otro milagro: en el que ando con tacto, y con rienda severa, no vaya la humanidad a parecer vergonzosa adulación, aunque es rara la claridad del alma, y como finura en el sentir, que embellece, por entre palabras pícaras y disputas y fritos y guisos, esta vida de campamento.

¡Si nos vieran a la hora de comer! Volcamos el taburete, para que en uno nos sentemos dos: de la carne hervida con plátanos, y a poca sal, nos servimos en jícara de coco y en platos escasos: a veces es festín, y hay plátano frito, y tasajo con huevos, y gallina entomatada; lo usual es carnaza, y de postre un plátano verdín, o una uña de miel de abeja. Otros más diestros, cuecen fino; pero este cuartel general, con su asistente español, anda muy ocupado. ¿Y mi traje? Pues pantalón y chamarreta azul, sombrero negro y alpargatas.

Se va el correo...

A Estrada, el alma henchida. Cuanto escribo es para él.

Escríbanme por Gonzalo.

MARTÍ

A CARMEN MIYARES Y SUS HIJOS

Altagracia, Holguín, 9 de mayo de 1895

A reserva de más larga carta, que pronto podré escribirles desde Manzanillo, ansioso ya, con más premura que las de las leguas continuas y los sucesos, de poder guiarlos conforme a un plan rápido y general, les pongo estas líneas ya en tierras de Holguín, tan nuestras como cuanto he visto, y con sus 500 hombres armados, oyendo hablar al fervoroso Miró y al abnegado Rafael Manduley, brillante e impetuoso en Holguín.

Vamos a Masó, venimos de Maceo. ¡Qué entusiasta revista la de los 3 000 hombres de a pie y a caballo que tenía a las puertas de Santiago de Cuba! ¡Qué erguido en su hermoso caballo el valiente Rabí! ¡Qué lleno de triunfos y de esperanza Antonio Maceo! Y nosotros hasta hoy paseamos salvos la comarca. Hoy salimos con escasa escolta del campamento de Quintín Banderas. Y de Masó al Camagüey. Se entrará pronto en todas partes, a la vez, en las operaciones más activas que permite ya contra el enemigo aturdido y receloso, la ordenación, entusiasmo y agresión continuas de nuestras fuerzas.

100 hombres apiñados respiran en el casuco donde escribo, con la vela de un jarro. He de acabar. Gran cariño he encontrado en Holguín de gente toda blanca, que lee y escribe, y marcial.

Les hubiera enternecido el arrebato del Campamento de Maceo y el rostro resplandeciente con que me seguían de cuerpo en cuerpo los hijos de Santiago de Cuba.

Gómez, organizador enérgico. Mi fatiga será grande y haré cuanto en este campo glorioso puedan Cuba y Vds. esperar de mí...

Adiós les digo, con el júbilo de ver aquí a los cubanos *negados a España,* y enamorados de la revolución. Auxilio rápido, un gran revuelo, y gloria —y martirio.

Todos duermen a mi alrededor; velo. El más tierno cariño de su

JOSÉ MARTÍ

A MANUEL MERCADO

(inconclusa por la muerte de Martí en combate)

Campamento de Dos Ríos, 18 de mayo de 1895

Sr. Manuel Mercado

Mi hermano queridísimo: Ya puedo escribir, ya puedo decirle con qué ternura y agradecimiento y respeto lo quiero, y a esa casa que es mía y mi orgullo y obligación; ya estoy todos los días en peligro de dar mi vida por mi país y por mi deber —puesto que lo entiendo y tengo ánimos con que realizarlo— de impedir a tiempo con la independencia de Cuba que se extiendan por las Antillas los Estados Unidos y caigan, con esa fuerza más, sobre nuestras tierras de América. Cuanto hice hasta hoy, y haré, es para eso. En silencio ha tenido que ser y como indirectamente, porque hay cosas que para lograrlas han de andar ocultas, y de proclamarse en lo que son, levantarían dificultades demasiado recias para alcanzar sobre ellas el fin.

Las mismas obligaciones menores y públicas de los pueblos —como ese de Vd. y mío, —más vitalmente interesados en impedir que en Cuba se abra, por la anexión de los Imperialistas de allá y los españoles, el camino que se ha de cegar, y con nuestra sangre estamos cegando, de la anexión de los pueblos de nuestra América, al Norte revuelto y brutal que los desprecia, —les habrían impedido la adhesión ostensible y ayuda patente a este sacrificio, que se hace en bien inmediato y de ellos.

Viví en el monstruo, y le conozco las entrañas: —y mi honda es la de David. Ahora mismo, pues días hace, al pie de la victoria

735

con que los cubanos saludaron nuestra salida libre de las sierras en que anduvimos los seis hombres de la expedición catorce días, el corresponsal del *Herald,* que me sacó de la hamaca en mi rancho, me habla de la actividad anexionista, menos temible por la poca realidad de los aspirantes, de la especie curial, sin cintura ni creación, que por disfraz cómodo de su complacencia o sumisión a España, le pide sin fe la autonomía de Cuba, contenta solo de que haya un amo, yanqui o español, que les mantenga, o les cree, en premio de oficios de celestinos, la posición de prohombres, desdeñosos de la masa pujante, —la masa mestiza, hábil y conmovedora, del país, —la masa inteligente y creadora de blancos y de negros.

Y de más me habla el corresponsal del *Herald,* Eugenio Bryson: —de un sindicato yanqui —que no será— con garantía de las aduanas, harto empeñadas con los rapaces bancos españoles, para que quede asidero a los del Norte; —incapacitado afortunadamente, por su entrabada y compleja constitución política, para emprender o apoyar la idea como obra de gobierno. Y de más me habló Bryson, —aunque la certeza de la conversación que me refería, solo la puede comprender quien conozca de cerca el brío con que hemos levantado la Revolución,— el desorden, desgano y mala paga del ejército novicio español, —y la incapacidad de España para allegar en Cuba o afuera los recursos contra la guerra, que en la vez anterior solo sacó de Cuba. —Bryson me contó su conversación con Martínez Campos, al fin de la cual le dio a entender este que sin duda, llegada la hora, España preferiría entenderse con los Estados Unidos a rendir la Isla a los cubanos. —Y aun me habló Bryson más: de un conocido nuestro y de lo que en el Norte se le cuida, como candidato de los Estados Unidos, para cuando el actual Presidente desaparezca, a la Presidencia de México.

Por acá yo hago mi deber. La guerra de Cuba, realidad superior a los vagos y dispersos deseos de los cubanos y españoles anexionistas, a que solo daría relativo poder su alianza con el gobierno de España, ha venido a su hora en América, para evitar, aun contra el empleo franco de todas esas fuerzas, la anexión de Cuba a los Estados Unidos, que jamás la aceptarán de un país en guerra, ni pueden contraer, puesto que la guerra no aceptará la anexión, el compromiso odioso y absurdo de abatir por su cuenta y con sus armas una guerra de independencia americana.

Y México, ¿no hallará modo sagaz, efectivo o inmediato, de auxiliar, a tiempo, a quien lo defiende? Sí lo hallará, —o yo se lo hallaré. —Esto es muerte o vida, y no cabe errar. El modo discreto es lo único que se ha de ver. Ya yo lo habría hallado y propuesto. Pero he de tener más autoridad en mí, o de saber quién la tiene, antes de obrar o aconsejar. Acabo de llegar. Puede aún tardar dos meses, si ha de ser real y estable, la constitución de nuestro gobierno, útil y sencillo. Nuestra alma es una, y la sé, y la voluntad del país; pero estas cosas son siempre obra de relación, momento y acomodos. Con la representación que tengo, no quiero hacer nada que parezca extensión caprichosa de ella. Llegué, con el General Máximo Gómez y cuatro más, en un bote en que llevé el remo de proa bajo el temporal, a una pedrera desconocida de nuestras playas; cargué, catorce días, a pie por espinas y alturas, mi morral y mi rifle; —alzamos gente a nuestro paso; —siento en la benevolencia de las almas la raíz de este cariño mío a la pena del hombre y a la justicia de remediarla; los campos son nuestros sin disputa, a tal punto, que en un mes solo he podido oír un fuego; y a las puertas de las ciudades, o ganamos una victoria, o pasamos revista, ante entusiasmo parecido al fuego religioso, a tres mil armas; seguimos camino, al centro de la Isla, a deponer yo, ante la revolución que he hecho alzar, la autoridad que la emigración me dio, y se acató adentro, y debe renovar conforme a su estado nuevo, una asamblea de delegados del pueblo cubano visible, de los revolucionarios en armas. La revolución desea plena libertad en el ejército, sin las trabas que antes le opuso una Cámara sin sanción real, o la suspicacia de una juventud celosa de su republicanismo, o los celos, y temores de excesiva prominencia futura, de un caudillo puntilloso o previsor; pero quiere la revolución a la vez sucinta y respetable representación republicana, —la misma alma de humanidad y decoro, llena del anhelo de la dignidad individual, en la representación de la república, que la que empuja y mantiene en la guerra a los revolucionarios. Por mí, entiendo que no se puede guiar a un pueblo contra el alma que lo mueve, o sin ella, y sé cómo se encienden los corazones, y cómo se aprovecha para el revuelo incesante y la acometida el estado fogoso y satisfecho de los corazones. Pero en cuanto a formas, caben muchas ideas, y las cosas de hombres, hombres son quienes las hacen. Me conoce. En mí, solo defenderé lo que tengo yo por garantía o servicio de la Revolución. Sé desaparecer. Pero no desaparecería mi pensamiento, ni me agriaría mi oscuridad. Y en cuanto tengamos forma, obraremos, cúmplame esto a mí, o a otros.

Y ahora, puesto delante lo de interés público, le hablaré de mí, ya que solo la emoción de este deber pudo alzar de la muerte apetecida al hombre que, ahora que Nájera no vive donde se le vea, mejor lo conoce y acaricia como un tesoro en su corazón la amistad con que Vd. lo enorgullece.

Ya sé sus regaños, callados, después de mi viaje. ¡Y tanto que le dimos, de toda nuestra alma, y callado él! ¡Qué engaño es este y qué alma tan encallecida la suya, que el tributo y la honra de nuestro afecto no ha podido hacerle escribir una carta más sobre el papel de carta y de periódico que llena al día!

Hay afectos de tan delicada honestidad...

DIARIOS

DE MONTECRISTI A CABO HAITIANO

Mis niñas—:

Por las fechas arreglen esos apuntes, que escribí para ustedes, con los que les mandé antes. —No fueron escritos sino para probarles que día por día, a caballo y en la mar, y en las más grandes angustias que pueda pasar hombre, iba pensando en ustedes.—

14 de febrero

Las seis y media de la mañana serían cuando salimos de Montecristi el General, Collazo y yo, a caballo para Santiago: Santiago de los Caballeros, la ciudad vieja de 1507. Del viaje, ahora que escribo, mientras mis compañeros sestean, en la casa pura de Nicolás Ramírez, solo resaltan en mi memoria unos cuantos árboles, —unos cuantos caracteres, de hombre o de mujer, —unas cuantas frases. La frase aquí es añeja, pintoresca, concisa, sentenciosa: y como filosofía natural. El lenguaje común tiene de base el estudio del mundo, legado de padres a hijos, en máximas finas, y la impresión pueril primera. Una frase explica la arrogancia innecesaria y cruda del país: —«Si me traen (regalos, regalos de amigos y parientes a la casa de los novios) me deprimen, porque yo soy el obsequiado». Dar es de hombre; y recibir, no. Se niegan, por fiereza, al placer de agradecer. Pero en el resto de la frase está la sabiduría del campesino: —«Y si no me traen, tengo que matar las gallinitas que le empiezo a criar a mi mujer». El que habla es bello mozo, de pierna larga y suelta, y pies descalzos, con el machete siempre en puño, y al cinto el buen cuchillo, y en el rostro terroso y febril los ojos sanos y angustiados. Es Arturo, que se acaba de casar, y la mujer salió a tener el hijo donde su gente de Santiago. De Arturo es esta pregunta: «¿Por qué si mi mujer tiene un muchacho dicen que mi mujer parió, —y si la mujer de Jiménez tiene el suyo dicen que ha dado a luz?». —Y así, por el camino, se van recogiendo frases. A la moza que pasa, desgoznada la cintura, poco al seno el talle, atado en nudo flojo el pañuelo amarillo, y con la flor de campeche al pelo negro: —«¡Qué buena está esa pailita de freír para mis chicharrones!». A una señorona de campo, de sortija en el guante, y pendientes y sombrilla, en gran caballo moro, que en malhora casó a la hija con un *musié* de letras inútiles, un orador castelaruno y poeta zorrillesco, una «luz increada», y una «sed de ideal inextinguible», —el marido, de sombrero de manaca y zapatos de cuero, le dice, teniéndole el estribo: «Lo que te dije, y tú no me quisiste oír: Cada peje en su agua».

A los caballos les picamos el paso, para que con la corrida se refresquen, mientras bebemos agua del río Yaque [del Norte] en casa de Eusebio; y el General dice esta frase, que es toda una teoría del esfuerzo humano, y de la salud y necesidad de él: —«El caballo se baña en su propio sudor». —Eusebio vive de puro hombre: lleva amparada de un pañuelo de cuadros azules la cabeza vieja, pero no por lo recio del sol, sino porque de atrás, de un culatazo de fusil, tiene un agujero en que le cabe medio huevo de gallina, y sobre la oreja y a media frente, le cabe el filo de la mano en dos tajos de sable: lo dejaron por muerto. «¿Y don Jacinto, está ahí?». Y nuestros tres caballos descansan de quijadas en la cerca. Se abre penosamente una puerta y allí está don Jacinto; aplanado en un sillón de paja, con un brazo flaco sobre el almohadón atado a un espaldar, y el otro en alto, sujeto por los dos lazos de una cuerda nueva que cuelga del techo; contra el ventanillo reposa una armazón de catre, con dos clavijas por tuercas: el suelo, de fango seco, se abre a grietas: de la mesa a la puerta están en hilera, apoyadas de canto en el suelo, dos canecas de ginebra, un pomo vacío, con tapa de tusa: la mesa, coja y polvosa, está llena de frascos, de un inhalador, de un pulverizador, de polvos de asma. A don Jacinto, de perfil rapaz, le echa adelante las orejas duras el gorro de terciopelo verde: a las sienes lleva parches: el bigote, corvo y pesado, se le cierra en la mosquilla: los ojos ahogados se le salen del rostro, doloroso y fiero: las medias son de estambre de color de carne, y las pantuflas desteñidas, de estambre roto. —Fue prohombre, y general de fuego: dejó en una huida confiada a un compadre la mujer, y la mujer se dio al compadre: volvió él, supo, y de un tiro de carabina, a la puerta de su propia casa, le cerró los ojos al amigo infiel. «¡Y a ti, adiós!: no te mato, porque eres mujer». Anduvo por Haití, entró por tierra nueva, se le juntó la hija lozana de una comadre del rincón, y entra a besarnos, tímida, una hija linda de ocho años, sin medias, y en chancletas. —De la tienda, que da al cuarto, nos traen una botella, y vasos para el romo.

Don Jacinto está en pleitos: tiene tierras, —y un compadre, —el compadre que lo asiló cuando iba huyendo del carabinazo,— le quiere pasear los animales por la tierra de él. «Y el mundo ha de saber que si me matan, el que me mató fue José Ramón Pérez. —Y que a mí no se me puede decir que él no paga matadores: porque a mí vino una vez a que le buscara por una onza un buen peón que le balease a Fulano: y otra vez tuvo que matar a otro, y me dijo que había pagado otra onza». —«¿Y el que viene aquí, don Jacinto, todavía se come un alacrán?». Esto es: se halla con un bravo: se topa con un tiro de respuesta. —Y a don Jacinto se le hinchan los ojos, y le sube el rosado enfermizo de las mejillas: «Sí», dice suave, y sonriendo. Y hunde en el pecho la cabeza. Por la sabana de aromas y tunas—, cómoda y seca, llegamos, ya a la puesta, al alto de Villalobos, a casa de Nené, la madraza del poblado, la madre de veinte o más crianzas, que vienen todas a la novedad, y le besan la mano. «Utedes me dipensen», dice al sentarse junto a la mesa a que comemos, con rom y café, el arroz blanco y los huevos fritos: —«pero toito ei día e stao en ei conuco jalando ei machete». El túnico es negro, y lleva pañuelo a la cabeza. El poblado todo de Peña la respeta. Con el primer sol salimos del alto, y por entre cercados de plátano o maíz, y de tabaco o yerba, llegamos, echando por un trillo, a Laguna Salada, la hacienda del General: a un codo del patio, un platanal espeso: a otro, el boniatal: detrás de la casa, con cuatro cuartos de frente, y de palma y penca, está el jardín, de naranjos y adornapatios, y, rodeada de lirios, la cruz, desnuda y grande, de una sepultura. Mercedes, mulata dominicana, de vejez limpia y fina, nos hace, con la leña que quiebra en la rodilla su haitiano Albonó, el almuerzo de arroz blanco, pollo con llerén, y boniato y aullama: al pan, prefiero el casabe, y el café pilado tiene, por dulce, miel de abeja. En el peso del día conversamos, de la guerra y de los hombres, y a la tarde nos vamos a casa de Jesús Domínguez, padre de muchas hijas, una de ojos verdes, con cejas de arco fino, y cabeza de mando, abandonado el traje de percal carmesí, los zapatos empolvados y vueltos, y el paraguas de seda, y al pelo una flor: —y otra hija, rechoncha y picante, viene fumando, con un pie en media y otro en chancleta, y los diez y seis años del busto saliéndosele del talle rojo: a la frente, en el cabello rizo, una rosa.

«Don Jesús» viene del conuco, de quemarle los gusanos al tabaco, «que da mucha briega», y recostado a la puerta de su buena casa, habla de sus cultivos, y de los hijos que vienen con él de trabajar, porque él quiere «que los hijos sean como él», que ha sido rico y luego no lo ha sido, y cuando se le acaba la fortuna sigue con la cabeza alta, sin que le conozca nadie la ruina, y a la tierra le vuelve a pedir el oro perdido, y la tierra se lo da: porque el minero tiene que moler la piedra para sacar el oro de ella, —pero a él la tierra le da «el oro jecho, y el peso jecho». Y para todo hay remedio en el mundo, hasta para la mula que se resiste a andar, porque la resistencia no es sino con quien sale a viaje sin el remedio, que es un limón o dos, que se le exprime y frota bien en las uñas a la mula, —«y sigue andando». En la mesa hay pollo y frijoles, y arroz y viandas, y queso del Norte, y chocolate. —Al otro día por la mañana, antes de montar para Santiago, don Jesús nos enseña un pico roído, que dice que es del tiempo de Colón, y que lo sacaron de la Esperanza, «de las excavaciones de los indios», cuando la mina de Bulla: ya le decían «Bulla» en tiempo de Colón, porque a la madrugada se oía de lejos el rumor de los muchos indios, al levantarse para el trabajo. Y luego don Jesús trae una buena espada de taza, espada vieja castellana, con la que el General, puesto de filo, se guarda el cuerpo entero de peligro de bala, salvo el codo, que es lo único que deja afuera la guardia que enseñó al General su maestro de esgrima. —La hija más moza me ofrece tener sembradas para mi vuelta seis matas de flores. —Ni ella siembra flores, ni sus hermanos, magníficos chicuelos, de ojos melosos y pecho membrudo, saben leer. Es la Esperanza, el paso famoso de Colón, un caserío de palma y yaguas en la explanada salubre, cercado de montes. «La Providencia» era el nombre de la primer tienda, allá en Guayubín, la del marido puertorriqueño, con sus libros amarillos de medicina vejancona, y su india fresca, de perfil de marfil, inquieta sonrisa, y ojos llameantes: la que se nos acercó al estribo, y nos dio un tabaco. «La Fe» se llama la otra tienda, la de don Jacinto. Otra, cerca de ella, decía en letras de tinta, en una yagua: «La Fantasía de París». Y en Esperanza nos desmontamos frente a «La Delicia». —De ella sale, melenudo y zancón, a abrirnos su talanquera, «a abrirnos la pueita» del patio para las monturas, el general Candelario Lozano. No lleva medias, y los zapatos son de vaqueta. Él cuelga la hamaca; habla del padre, que está en el pueblo ahora, «a llevase los cuaitos de las confirmaciones»; nos enseña su despacho, pegado en cartón, de general de brigada, del tiempo de Báez; oye, con las piernas colgantes en su taburete reclinado, a su Ana Vitalina, la niña letrada, que lee de corrido, y con desembarazo, la carta en que el ministro exhorta al general Candelario Lozano a que continúe «velando por la paz», y le ofrece llevarle «más tarde» la silla que le pide. Él vende cerveza, y tiene de ella tres medías (sic), «poique no se vende má que cuando viene ei padre». Él nos va a comprar romo. —Allá, un poco lejos, a la caída del pueblo, están las ruinas del fuerte de la Esperanza, de cuando Colón, —y las de la primera ermita. De la Esperanza, a marcha y galope, con pocos descansos, llegamos a Santiago en cinco horas. El camino es ya sombra. Los árboles son altos. —A la izquierda, por el palmar frondoso, se le sigue el cauce al Yaque. Hacen arcos, de un borde a otro, las seibas potentes. Una, de la raíz al ramaje, está punteada de balas. A vislumbres se ve la vega, como chispazo o tentación de serena hermosura, y a lo lejos el azul de los montes. De lo alto de un repecho, ya al llegar la ciudad, se vuelven los ojos, y se ve el valle espeso, y el camino que a lo hondo se escurre, a dar ancho a la vega, y el montío leve al fondo, y el copioso verdor: que en luengo hilo marca el curso del Yaque.

15 de febrero

Es Santiago de los Caballeros, y la casa de yagua y palma de Nicolás Ramírez, que de guajiro insurrecto se ha hecho médico y buen boticario: y enfrente hay una casa como pompeyana, mas sin el color, de un piso corrido, bien levantado sobre el suelo, con las cinco puertas, de ancho marco tallado, al espacioso colgadizo, y la entrada a un recodo, por la verja rica, que de un lado lleva por la escalinata a todo el frente, y del fondo, por una puerta de agraciado medio punto, lleva al jardín, de rosas y cayucos: el cayuco es el cactus: —las columnas, blancas y finas, del portal, sustentan el friso, combo y airoso. Los soldados, de dril azul y quepis, pasan relucientes, para la misa del templo nuevo, con la bandera de seda del Batallón del Yaque. Son negros los soldados, y los oficiales: mestizos o negros. —El arquitecto del templo es santiaguero, es Onofre de Lora—: la puerta principal es de la mano cubana de Manuel Boitel.

Manuel Boitel vive a la otra margen del río. Paquito Borrero, con su cabeza santa y fina, como la del San Francisco de Elcano, busca el vado del río en su caballo blanco, con Collazo atrás, en el melado de Gómez. Gómez y yo aguardamos la balsa, que ya viene, y se llama —La Progresista—. Remontamos la cuesta, y entramos por el batey limpio de Manuel Boitel. De allí se ve a la otra ribera, que en lo que sube del río es de veredas y chozas, y al tope el verde oscuro, por donde asoman las dos torres y el cimborrio del templo blanco y rosado, y a lo lejos, por entre techos y lomas, el muro aspillado y la torre de bonete del «reducto patriótico», de la fortaleza de San Luis. En la casita, enseña todo la mano laboriosa: esta es una carreta de juguete, que a poco subirá del río cargada de vigas, aquel es un faetón, amarillo y negro, hecho todo, a tuerca y torno, por el hábil Boitel, allí el perro sedoso, sujeto a la cadena, guarda echado la puerta de la casa pulcra. En la mesa de la sala, entre los libros viejos, hay una biblia protestante, y un tratado de Apicultura. De las sillas y sillones, trabajados por Boitel, vemos, afuera, el sereno paisaje, mientras Collazo lo dibuja. La madre nos trae merengue criollo. El padre está en el aserradero. El hijo mayor pasa, arreando el buey, que hala de las vigas. El jardín es de albahaca y guacamaya, y de algodón y varita de San José. Cogemos flores, para Rafaela, la mujer de Ramírez; con sus manos callosas del trabajo, y en el rostro luminoso el alma augusta: —No menos que augusta: —Es leal, modesta y tierna. —El sol enciende el cielo, por sobre el monte oscuro. Corre ancho y claro el Yaque.

Me llevan, aún en traje de camino, al «Centro de Recreo», a la sociedad de los jóvenes. Rogué que desistiesen de la fiesta pública y ceremoniosa con que me querían recibir; y la casa está como de gala, pero íntima y sencilla. La buena juventud aguarda, repartida por las mesas. El gentío se agolpa a las puertas. El estante está lleno de libros nuevos. Me recibe la charanga, con un vals del país, fácil y como velado, a piano y flauta, con güiro y pandereta. Los «mamarrachos» entran, y su música con ellos: las máscaras, que salen aquí de noche, cuando ya anda cerca el carnaval: —sale la tarasca, tragándose muchachos, con los gigantones. El gigante iba de guantes, y Máximo, el niño de Ramírez, de dos años y medio, dice que —el gigante trae la corbata en las manos. —En el centro fue mucha y amable la conversación: de los libros nuevos, del país, —del cuarto libre de leer, que quisiera yo que abriese la sociedad, para los muchachos pobres, —de los maestros ambulantes, los maestros de la gente del campo, que en un artículo ideé, hace muchos años, y puse por ley, con aplauso y arraigo, el gobierno dominicano, cuando José Joaquín Pérez, en la presidencia de Billini. Hablamos de la poquedad, y renovación regional, del pensamiento español: de la belleza y fuerza de las obras locales: del libro en que se pudieran pintar las costumbres y juntar las leyendas, de Santiago, trabajadora y épica. Hablamos de las casas nuevas de la ciudad, y de su construcción apropiada, de aire y luz.

Oigo este cantar:

> El soldado que no bebe
> Y no sabe enamorar,
> ¿Qué se puede esperar de él
> Si lo mandan avanzar?

14 de febrero

—Nos rompió el día, de Santiago de los Caballeros a la Vega, y era un bien de alma, suave y profundo, aquella claridad. A la vaga luz, de un lado y otro del ancho camino, era toda la naturaleza americana: más gallardos pisaban los caballos en aquella campiña floreciente, corsada de montes a lo lejos, donde el mango frondoso tiene al pie la espesa caña: el mango estaba en flor, y el naranjo maduro, y una palma caída, con la mucha raíz de hilo que la prende aún a la tierra, y el coco, corvo del peso, de penacho áspero, y el seibo, que en el alto cielo abre los fuertes brazos, y la palma real. El tabaco se sale por una cerca, y a un arroyo se asoman caimitos y guanábanos. De autoridad y fe se va llenando el pecho. La conversación es templada y cariñosa. —En un ventorro nos apeamos, a tomar el *cafecito*, y un *amargo*: Rodeado de oyentes está, en un tronco, un haitiano viejo y harapiento, de ojos grises fogosos, un lío mísero a los pies, y las sandalias desflecadas. Le converso, a chorro, en un francés que lo aturde, y él me mira, entre fosco y burlón. Calló, el peregrino, que con su canturria dislocada tenía absorto al gentío. Se le ríe la gente ¿conque otro habla, y más aprisa que el Santo, la lengua del Santo. —«¡Mírenlo, y él que estaba aquí como Dios en un platanar!». —«Como la yuca éramos nosotros, y él era como el guayo». Carga el lío el viejo, y echa a andar, comiéndose los labios: a andar, al Santo Cerro. —De las paredes de la casa está muy oronda la ventorrillera, por los muñecos deformes que el hijo les ha puesto, con pintura colorada. Yo, en un rincón, le dibujo, al respaldo de una carta inútil, dos cabezas, que mira él codicioso. Está preso el marido de la casa: es *un político*.

15 de febrero

Soñé que, de dos lanzas que había, sobre la lanza oxidada no daba luz el sol, y era un florón de luz, y estrellas de llamas, la lanza bruñida. Del alma perezosa, no se saca fuego. —Y admiré, en el batey, con amor de hijo, la calma elocuente de la noche encendida, y un grupo de palmeras, como acostada una en la otra, y las estrellas, que brillaban sobre sus penachos. Era como un aseo perfecto y súbito, y la revelación de la naturaleza universal del hombre. —Luego, ya al mediodía, estaba yo sentado, junto a Manuelico, a una sombra del batey. Pilaban arroz, a la puerta de la casa, la mujer y una ayuda: y un gallo pica los granos que saltan. —«Ese gallo, cuidao, que no lo dejen comer arroz, que lo afloja mucho». Es gallero Manuelico y tiene muchos, amarrados a estacas, a la sombra o al sol. Los «solean» para que «sepan de calor», para que «no se ahoguen en la pelea», para que «se maduren»: «ya sabiendo de calor, aunque corra no le hace». «Yo no afamo ningún gallo, por bueno que sea: el día que está de buenas, cualquier gallo es bueno. El que no es bueno, ni con carne de vaca. Mucha fuerza que da al gallo, la carne de vaca. El agua que se les da es leche: y el maíz, bien majado. El mejor cuido del gallo, es ponerlo a *juchar*, y que esté donde escarbe; y así no hay gallo que se tulla». Va Manuelico a mudar de estaca a un giro, y el gallo se le encara, erizado el cuello, y le pide pelea. —De la casa traen café, con anís y nuez moscada.

19 *de febrero*

De Ceferina Chaves (sic) habla todo el mundo en la comarca: suya es la casa graciosa, de batey ancho y jardín, y caserón a la trasera, donde en fina sillería recibe a los viajeros de alcurnia, y les da a beber, por mano de su hija, el vino dulce: ella compra a buen precio lo que la comarca da, y vende con ventaja, y tiene a las hijas en colegios finos, a que vengan luego a vivir, como ella, en la salud del campo, en la casa que señorea, con sus lujos y hospitalidad, la pálida región: de Ceferina, por todo el contorno, es la fama y el poder. Nos paramos a una cerca, y viene de lo lejos de su conuco, por entre sus hombres que le cogen el tabaco. A la cerca se acoda, con unas hojas en la mano seca y elegante, y habla con idea y soltura, y como si el campo libre fuera salón, y ella la dueña natural de él. El marido se enseña poco, o anda en quehaceres suyos: Ceferina, que monta con guantes y prendas cuando va de pueblo, es quien de ama propia, y a brío de voluntad, ha puesto a criar la tierra ociosa, a tenderse al buniatal, a cuajarse el tabaco, a engordar el cerdo: Casará la hija con letrado: pero no abandonará el trabajo productivo, ni el orgullo de él. El sillón, junto al pilón.

En la sala porcelanas, y al conuco por las mañanas. «Al pobre, algo se ha de dejar, y el divi-divi de mis tierras, que los pobres se lo lleven». Su conversación, de natural autoridad, fluye y chispea. La hija suave, con el dedal calzado, viene a darnos vino fresco: sonríe ingenua, y habla altiva, de injusticias o esperanzas: me da a hurtadillas el retrato de su madre que le pido: la madre está diciendo, en una mecida del sillón: «Es preciso ver si sembramos hombres buenos».

18 de febrero

Y vamos conversando, de la miel de limón, que es el zumo, muy hervido, que cura las úlceras tenaces; del modo moro, que en Cuba no se conoció, de estancarse la herida con puñados de tierra; de la guacaica, que es pájaro gustoso, que vive de gusanos, y de un caldo que mueve al apetito; de la miel de abeja, «mejor que el azúcar, que fue hecha para el café». «El que quiera alimento para un día, exprima un panal que ya tenga pichones, de modo que salga toda la leche del panal, con los pichones revueltos en la miel. Es vida para un día, y cura de excesos». —«A Carlos Manuel le vi yo hacer una vez, a Carlos Manuel [de] Céspedes, una cosa que fue de mucho hombre: coger un panal vivo es cosa fácil, porque las avispas son de olfato fino, y con pasarse la mano por la cuenca del brazo sudorosa, ya la avispa se aquieta, del despego al olor acre, y deja que la muden, sin salir a picar. Me las quise dar de brujo, en el cuarto de Carlos Manuel, ofreciéndome a manejar el panal; y él me salió al paso. «Vea, amigo: si esto se hace así». Pero parece que la medicina no pareció bastante poderosa a las avispas, y vi que dos se le clavaron en la mano, y él, con las dos prendidas, sacó el panal hasta la puerta, sin hablar de dolor, y sin que nadie más que yo le conociera las punzadas de la mano.

18 de febrero

A casa de don Jesús vamos a la cena, la casa donde vi la espada de taza del tiempo de Colón, y la azada vieja, que hallaron en las minas, la casa de las mocetonas que regañé porque no sembraban flores, cuando tenían tierra de luz y manos de mujer, y largas horas de ocio. De burdas las acusó aquel día un viajero, y de que no tenían alma de flor. —Y ahora ¿qué vemos? Sabían de nuestra vuelta, y Joaquina, que rebosa de sus dieciocho años, sale al umbral, con su *túbano* encendido entre dos dedos, y la cabeza cubierta de flores: por la frente le cae un clavel, y una rosa le asoma por la oreja: sobre el cerquillo tiene un moño de jazmines: de geranios tiene un mazo a la nuca, y de la flor morada del guayacán. La hermana está a su lado, con un penacho de rosas amarillas, en la cabellera cogida como tiesto, y bajo la fina ceja los dos ojos verdes. Nos apeamos, y se ve la mesa, en un codo de la sala, ahogada de flores: en vasos y tazas, en botellas y fuentes; y a lo alto, como orlando un santo, en dos pomos de aceitunas, dos lenguas de vaca, de un verde espeso y largo, con cortes acá y allá, y en cada uno un geranio.

2 *de marzo*

Salimos de Dajabón, del triste Dajabón, último pueblo dominicano, que guarda por el Norte la frontera. Allí tengo a Montesinos, el canario volcánico, guanche aún por la armazón y rebeldía, que desde que lo pusieron en presidio, cuando estaba yo, ni favor ni calor acepta de mano española. Allí vive «Toño» Calderón, de gran fama de guapo, que cuando pasé la primer vez, en su tiempo de Comandante de Armas, me hizo apear, a las pocas palabras, del arrenquín en que ya me iba a Montecristi, y me dio su caballo melado, el caballo que a nadie había dado a montar, «el caballo que ese hombre quiere más que a su mujer»: «Toño» de ojos grises, amenazantes y misteriosos, de sonrisa insegura y ansiosa, de paso velado y cabellos lacios revueltos. Allí trabaja, como a nado y sin rumbo, el cubano Salcedo, médico sin diploma, —«mediquín», como decimos en Cuba,— azorado en su soledad moral; azotado, en su tenacidad inútil; vencido, con su alma suave, en estos rincones, de charlatán y puño: la vida, como los niños, maltrata a quien la teme, —y respeta y obedece a quien se le encara: Salcedo, sin queja ni lisonja, —porque me oye decir que vengo con los pantalones deshechos,— me trae los mejores suyos, de dril fino azul, con un remiendo honroso: me deslíe con su mano, largamente, una dosis de antipirina: y al abrazarme, se pega a mi corazón. Allí, entre Pancho y Adolfo, —Adolfo, el hijo leal de Montesinos, que acompaña a su padre en el trabajo humilde,— me envuelven capa y calzones en un maletín improvisado, me ponen para el camino el ron que se beberá la compañía, y pan puro, y un buen vino, áspero y sano, del Piamonte: y dos cocos. A caballo, en la silla de Montesinos, sobre el potro que él alquiló a un «compadre» del general Corona: «Ya el general está aquí, que es ya amigo», «por la mira que nos hemos echado»: panamá ancho, flus de dril, quitasol con puño de hueso: buen trigueño, de bigote y patillas guajiras. A caballo, al primer pueblo haitiano, que se ve de Daja-bón, a Ouanaminthe.

Se pasa el río Massacre, y la tierra florece. Allá las casas caídas, y un patio u otro, y el suelo seco, o un golpe de árboles, que rodea al fuerte de Bel Air, de donde partió, cuando la independencia, el disparo que fue a tapar la boca del cañón de Haití: y acá, en la orilla negra, todo es mango en seguida, y guanábana y anón, y palma, y plátano, y gente que va y viene: en un sombrío, con su montón de bestias, hablan, al pie mismo del vado, haitianos y dominicanos: llegan bajando, en buenas monturas, los de Ouana-minthe, y otros de más lejos, y un chalán del Cabo: sube, envuel-ta en un lienzo que le ciñe el tronco redondo, una moza quinceña: el lienzo le coge el seno, por debajo de los brazos y no baja del muslo: de la cabeza, menuda y crespuda, le salen; por la nuca, dos moños, [...]: va cantando. *«Bon jour, conmère», «Bon jour, compère»:* es una vieja descalza, de túnico negro, muy cogido a la cintura, que va detrás del burro, con su sombrero quitasol, [...]: es una mocetona, de andar cazador, con la bata morada de cola, los pechos breves y altos, la manta negra por los hombros, y a la cabeza el pañolón blanco de puntas—. Ya las casas no son de palma y yagua, leprosas y polvosas; sino que es limpio el batey, lleno de árboles frutales, y con cerca buena, y las casas son de embarrado sin color, de su pardo natural, grato a los ojos, con el techo de paja, ya ne-gruzca de seca, y las puertas y ventanas de tabla cepillada, con fallebas sólidas, —o pintadas de amarillo, con borde ancho de blanco a las ventanas y puertas. Los soldados pasan, en el ejercicio de la tarde, bajos y largirutos, enteros y rotos, azules o desteñidos, con sandalias o con botines, el quepis a la nariz, y la bayoneta calada: marchan y ríen: un cenagal los desbanda, y rehacen la hilera alborotosos. Los altos uniformes ven desde el balcón. —El cónsul dominicano pone el visto bueno al pasaporte, «para continuar, debiendo presentarse a la autoridad local», —y me da una copa de vino de Garnacha. —Corona llega caracoleando: quitaipón de fieltro, y de la cachucha consular: salimos con el oro de la tarde.

2 de marzo

Ouanaminthe, el animado pueblo fronterizo, está alegre, porque es sábado, y de tarde. Otra vez lo vi, cuando mi primera entrada en Santo Domingo: me traía deprisa, en lo negro de la tormenta, el mozo haitiano que me fue hablando de su casita nueva, y el matrimonio que iba a hacer con su enamorada, y de que iba a poner cortinas blancas en las dos ventanas de la sala: y yo le ofrecí las cintas. Sin ver, de la mucha agua, y de la oscuridad del anochecer, entramos aquella vez en Ouanaminthe con los caballos escurridos, yo a la lluvia, y mi mozo bajo el quitasol de Dellundé. A la guardia fuimos, buscando al Comandante de Armas, para que refrendase los pasaportes. Y eso fue cuanto entonces vi de Ouanaminthe: el cuarto de guardia, ahumado y fangoso, con teas por luz, metidas en las grietas de la pared, un fusil viejo cruzado a la puerta, hombres mugrientos y descalzos que entraban y salían, dando fumadas en el tabaco único del centinela, y la silla rota que por especial favor me dieron, cercada de oyentes. Hablaban el criollo del campo, que no es el de la ciudad, más fácil y francés, sino crudo, y con los nombres indios o africanos. Les dije de guerra, y de nuestra guerra, e iba cayendo la desconfianza, y encendiéndose el cariño. Y al fin exclamó uno esta frase tristísima: «¡Ah! gardez-çá: blanc, soldat aussi». —El cuarto de guardia vi, y al comandante luego, en una casa de amigas, con pobre lámpara en la mesa de pino, ellas sentadas, de pañuelo a la cabeza, en sillones mancos, y él, flaco y cortés. Así pasé entonces. Esta vez, la plaza está de ejercicios, y los edecanes corretean por frente a las filas, en sus caballos blancos o amarillos, con la levita de charretera, y el tricornio, que en el jefe lleva pluma. Pasan, caracoleando, los caballos que vienen a la venta. En casas grandes se ve sillería de

Viena. La iglesia es casi pomposa, en tal villorrio, con su recia mampostería, y sus torres cuadradas. Hay sus casas de alto, con su balcón de colgadizo, menudo y alegre. Es el primer caserío haitiano, y ya hay vida y fe. Se sale del poblado saludando al cónsul dominicano en Fort Liberté, un brioso mulato, de traje azul y sombrero de Panamá, que guía bien el caballo blanco, sentado en su montura de charol. Y pasan recuas, y contrabandistas. Cuando los aranceles son injustos, o rencorosa la ley fronteriza, el contrabando es el derecho de insurrección. En el contrabandista se ve al valiente, que se arriesga; al astuto, que engaña al poderoso; al rebelde, en quien los demás se ven y admiran. El contrabando viene a ser amado y defendido, como la verdadera justicia. Pasa un haitiano, que va a Dajabón a vender su café: un dominicano se le cruza, que viene a Haití a vender su tabaco de mascar, su afamado andullo: —«Saludo». —«Saludo».

2 *de marzo*

Corona, «el general Corona», va hablándome al lado. «Es cosa muy grande, según Corona, la amistad de los hombres». Y con su «dimpués» y su «inorancia» va pintando en párrafos frondosos y floridos el consuelo y fuerza que para el corazón «sofocado de tanta malinidad y alevosía como hai en este mundo» es el saber que «en un conuco de por áhi está un eimano poi quien uno puede dai la vida». «Puede Uté decir que, a la edad que tengo, yo he peleado más de ochenta peleas». Él quiere «decencia en el hombre», y que el que piense de un modo no se dé por dinero, ni se rinda por miedo, «a quien le quiere prohibir ei pensar». «Yo ni comandante de aimas quiero ser, ni inteiventor, ni ná de lo que quieren que yo sea, poique eso me lo ofrece ei gobierno poique me ve probe, pa precuraime mi deshonor, o pá que me entre temó de su venganza, de que no le aceité ei empleo». «Pero yo voy viviendo, con mi honradé y con mi caña». Y me cuenta los partidos del país; y cómo salió a cobrar, con dos amigos, la muerte de su padre al partido que se lo mató; y como con unos pocos, porque falló el resto, defendió la fortaleza de Santiago, «el reducto de San Luis», cuando se alzó con él, contra Lilí, Tilo Patiño «que aorita etá de empleado dei gobierno». «Poi ete hombre o poi ei otro no me

levanto yo, sino de la ira muy grande y de la desazón que me da
e vei que los hombres de baiba tamaña obedecen o siven a la tira-
nía». «Cuando yo veo injuticia, las dos manos me bailan, y me le
voi andando ai rifle, y ya no quiero ma cuchillo ni tenedor».
«Poique yo de aita política no sé mucho, pero a mí acá en mi
sentimiento me parece sabé que política a como un debé de dini-
dá». «Poique yo, o todo, o nada». «Trece hijos tengo, amigo, pero
no de la misma mujer: poique eso sí tengo yo, que cuando miro
asina, y veo que voi a tener que etai en un lugai ma de un me o
do, enseguía me buco mi mejó comodidá»: y luego, a la despedi-
da, «ella ve que no tiene remedio, y la dejo con su casita y con
aigunos cuaitos: poique a mi mujei legítima poi nada de ete mun-
do le deberé faitai». A ella vuelve siempre, ella le guardó la ha-
cienda cuando su destierro, le pagó las deudas, le ayuda en todos
sus trabajos, y «que ella tiene mi mesma dinidá, y si yo tengo que
echáme a la mala vida a pasai trabajo, yo sé que mis hijito quedan
detrá mui bien guardaos, y que esa mujé no me tiene a mal que
yo me condúca como un hombre». —De pronto, ya caída la noche,
pasa huida, arrastrando el aparejo, que queda roto entre dos tron-
cos, una mula de la recua de Corona. Él se va con sus dos hombres
a buscar la mula por el monte, en lo que pasará la noche entera.
Yo me buscaré un guía haitiano en aquella casita del alto donde
se ve luz. Yo tengo que llegar esta noche a Fort Liberté. Corona
vuelve, penoso por mí. —«Vd. no va a jallá ei hombre que buca».
Les habla él, y no van. Lo hallé.

2 de marzo

Mi pobre negro haitiano va delante de mí. Es un cincuentón zan-
cudo, de bigote y pera, y el sombrero deshecho, y el retazo de
camisa colgándole del codo, y por la espalda un fusil de chispa, y
la larga bayoneta. Se echa a trancos por el camino, y yo, a criollo
y francés, le pago sus dos *gourdes,* que son el peso de Haití, y le
ofrezco que no le haré pasar de la entrada del pueblo, que es lo
que teme él, porque la ordenanza de la patrulla es poner preso
al que entre al poblado después del oscurecer: *«Mosié blanc prin-*
garde: li metté mosié prison». De cada rama me va avisando. A cada
charco o tropiezo vuelve la cara atrás. Me sujeta una rama, para

que no dé contra ella. La noche está velada, con luz de luna a trechos, y mi potro es saltón y espantadizo. En un claro, al salir, le enseño al hombre mi revólver Colt, que reluce a la luna: y él, muy de pronto, y como chupándose la voz, dice: «¡*Bon, papá!*».

2 *de marzo*

Ya después de las diez entro en Fort Liberté, solo. De lejos venía oyendo la retreta, los ladridos, el rumor confuso. De la casa cerrada de una feliciana, que me habla por la pared y no tiene alojamiento, voy buscando la casa de Nephtalí, que lo puede tener. Ante el listón de luz que sale de la puerta medio cerrar recula y se me sienta mi caballo. —«¿Es acá Nephtalí?». — Oigo ruido, y una moza se acerca a la puerta. Hablamos, y entra... «*Bien sellé, bien bridé: pas commin...*». Eso dicen, adentro, de mí. Sí puedo entrar; y la moza, con su medio español, va a abrirme la puerta del patio. En la oscuridad desensillo mi caballo, y lo amarro a una higuereta. La gallera está llena de hamacas, donde duerme gente que vino de sábado a gallear. Y adentro «de caridad» ¿habrá donde duerma, y qué coma, un pasajero respetuoso? Me viene a hablar, en camiseta y calzones negros, un mocete blancucho, de barbija, bigotín y bubones, que habla un francés castizo y pretencioso. En la mesa empolvada revuelvo libros viejos: textos descuadernados, catálogos, una biblia, periódicos masones. Del cuarto de al lado salen risas, —y la moza luego, la hija de la casa, a arreglar hacia el medio las sillas de Viena, —y luego sale el colchón: que echo yo por tierra, y las sillas a un lado. ¿De allá adentro, quién me ha dado su colchón? Por la puerta asoma una cabeza negra, un muchachón que ríe en camisola de dormir. De cena, dulce de maní, y casabe: y el vino piamontés que me puso Montesinos en la cañonera, y parto con la hija, segura y sonriente. El castizo se fue en buen hora: «¡*Le chemin est voiturable*»: el camino a Fort Liberté: «¡*Oh, monsieur: l'aristocratie est toujours bien reçue!*»: y que no hay que esperar nada de Haití, y que hay mucha superstición, y que «todavía» no ha estado en Europa, y que si «las señoras de al lado quieren que las vaya a ayudar». Le acaricio la mano fina a la buena muchacha, y duermo tendido, bajo el techo amable. —A las seis, está en pie Nephtalí a mi cabecera: bienvenido sea el huésped:

el huésped no ha molestado: perdónelo el huésped porque no estaba anoche a su llegada. Todo él sonríe, con su dril limpio, y sus patillas de chuleta: van saliendo en la plática nombres conocidos: Montesinos, Montecristi, Jiménez. No me pregunta quién me envía. Para mí es el almuerzo oloroso, que el mocetín, muy encorbatado, se sienta a gustar conmigo: y Nephtalí y la hija me sirven: el almuerzo es buen queso, y pan suave, del horno de la casa, y empanadillas de honor, de la harina más leve, con gran huevo: el café es oro, y la mejor leche. «Madame Nephtalí» se deja ver, alta y galana, con su libro de misa, de mantón y sombrero; y me la presenta con ceremonia Nephtalí. En el patio, baña el sol los rosales, y entran y salen a la panadería, con tableros de masa, y la gallera está como una joya, de limpia y barrida, y Nephtalí dice al castizo que «superstición en Haití, hay y no hay: y que el que la quiere ver la ve, y el que no, no da nunca con ella, y él; que es haitiano, ha visto en Haití poca superstición». Y ¿en qué se ocupa monsieur Lespinasse, el castizo, amigo de un músico de bailes que lo viene a ver? Ah! Escribe uno u otro artículo en *L'Investigateur: «on est journaliste»: «L'aristocratie n'a pas d'avenir dans ce pays-ci».* Para el camino me pone Nephtalí del queso bueno, y empanadilla y panetela. Y cuando me llevo al buen hombre a un rincón, y le pregunto temeroso lo que le debo, me ase por los dos brazos, y me mira con reproche: —*«¿Comment, frère? On ne parle pas d'argent, avec un frère».* Y me tuvo el estribo, y con sus amigos me siguió a pie, a ponerme en la calzada.

3 de marzo

Como un cesto de sol era Petit Trou aquel domingo. A vagos grupos, planchados y lucientes, veía el gentío de la plaza los ejercicios de la tropa.

La fiesta está en el sol, que luce como más claro y tranquilo, dorándolo todo de un oro como de naranja, con los trajes planchados y vistosos, y el gentío sentado a las puertas, o bebiendo refrescos, o ajenjo anisado, en las mesas limpias, al sombrío de los árboles, o apiñado bajo un guanábano, donde oye el coro de carcajadas a un vejancón que tienta de amores a una vieja, y los mozos, de dril blanco, echan el brazo por la cintura a las mozas de bata morada.

Una madre me trae, al pie del caballo, su mulatico risueño, con camisolín de lino y cintas, el gorro rosado, y los zapatos de estambre blanco y amarillo. Y los ojos me comen, y luego se echa a reír, mientras se lo acaricio y se lo beso. Vuelvo riendas, sobre la tienda azul, a que el potro repose unos minutos, y a tender sobre una mesa mi queso y mi empanada, con la cerveza que no bebo. Con el bastón en alto parecía un ochentón, de listado fino y botines de botonadura. La esposa, bella y triste, me mira, como súplica y cuento, medio escondida al marco de una puerta; y juega con su hija, distraída. El amo, de espaldas, me cubre con los ojos redondos desde su sillón, de botín y saco negro, y reloj bueno de plata, y la conversación pesada y espantadiza. Con los libros de la iglesia, y los cabos del pañuelo a la nuca, entra la amiga, hablando buen francés. De un ojeo copio la sala, embarrada de verde, con la cenefa de blando amarillo, y una lista rosada por el borde. El aire mueve en las ventanas, las cortinas. Adiós. Sonríe el amo, solícito a mi estribo.

2 de marzo

Vadeé un riachuelo, que al otro lado tiene un jabillal, de fronda alta y clara, por donde cae, arrasando hojas y quebrando ramos, la jabilla madura que revienta. Me detengo a remendar las amarras de mi capote, que son de cordel rabón, a poco de andar, a la salida del río, junto a un campesino dominguero, que va muy abotinado en su burro ágil, con la pipa a los labios barbudos, y el cabo del machete saliéndole por la rotura del saco de dril blanco. De un salto se apea, a servirme. —«¡Ah, compère! Ne vous dérangez pas». —«Pas çá, pas çá l'amí. En chemin, garçon aide garçon. Tous sommes haïtiens ici». Y muerde, y desdobla, y sujeta los cordeles; y seguimos hablando de su casa y de su mujer y de los tres hijos con que «Dieu m'a favorisé»; y del bien que el hombre siente cuando da con almas amigas, que el extraño de pronto le parece cosa suya, y se le queda en el alma recio y hondo, como una raíz. —«¡Ah, oui!», con el oui haitiano, halado y profundo: «Quand vous parlez de chez un ami, vous parlez de chez Dieu».

3 de marzo

Por los fangales, que eran muchos, creí haber perdido el camino. El sol tuesta, y el potro se hala por el lodo espeso. De la selva, a un lado y otro, cae la alta sombra. Por entre un claro veo una casa, y la llamo. Despacio asoma una abuela, y la moza luego con el niño en brazos, y luego un muchachón, con calzones apenas, un harapo por sombrero, y al aire la camisa azul. Es el camino. Dieciséis años tiene la madre traviesa. Por dejarles una pequeñez en pago de su bondad les pido un poco de agua, que el muchachón me trae. Y al ir a darles unas monedas, «Non: argent no: petit livre, oui». Por el bolsillo de mi saco asomaba un libro, el segundo prontuario científico de Paul Bert.— De barro y paja, en un montón de maíz, es la «habitation de Mamenette», chemin du Cap. Alrededor, fango, y selva sola. Sobre la cerca pobre empinaba los ojos luminosos Auguste Etienne.—

2 de marzo

En un crucero con el río a la bajada, está de un lado, donde se abre la vía, un cristo de madera, bajo dosel de zinc, un cristo francés, fino y rosado, en su cruz verde, y la cerca de alambre. Enfrente, entre las ruinas desdentadas de una ancha casa de ladrillo, hay un rancho embarrado, y un centinela a la puerta, de sombrero azul, que me presenta el arma. Y el oficial saluda. —Me entro por una enramada, a rociar el agua con ron de anís del ventorrillo, y nadie tiene cambio para un peso. —Pues ¿dejaré el peso, porque he hecho gasto aquí? —Pas çá, pas çá mosié. No me quieren el peso. Reparto saludos. —«Bon blanc!». «Bon blanc!— A las ocho me llamó hermano Nephtalí, en Fort Liberté: a las cinco, costeando la concha de la bahía, entro, por la arena salina, en Cabo Haitiano. Echo pie a tierra delante de la puerta generosa de Ulpiano Dellundé.

2 de marzo

Duerme mal, el espíritu despierto. El sueño es culpa, mientras falta algo por hacer. Es una deserción. Hojeo libros viejos: Origins des Découverts atribuées aux Modernes, de Dutens, en Londres, en 1776, cuando a los franceses picaba la fama de Franklin, y Dutens dice que «una persona fidedigna le ha asegurado que se halló recientemente una medalla latina, con la inscripción "Jupiter Elicius", o Eléctrico, representando a Júpiter en lo alto, rayo en mano, y abajo un hombre que empina una cometa, por cuya manera se puede electrizar una nube, y sacar fuego de ella», —a lo que pudiese yo juntar lo que me dijo en *Belize* la mujer de Le Plongeon, del que se quiso llevar de Yucatán las ruinas de los Mayas, donde se ve, en una de las piedras pintadas de un friso, a un hombre sentado, de cuya boca india sale un rayo, y otro hombre frente a él, a quien da el rayo en la boca. —Otro libro es un Goëthe en francés. En Goëthe, y mucho más lejos, en la *Antología Griega*, —y en la poesía oceánica, como los pantunes, se encuentran los ritornelos, refranes y estrambotes que tiene la gente novelera, y de cultura de alfiler, como cosa muy contemporánea: la profecía y censura de las minimeces de hoy, y huecas elegancias, se encuentran, enteras, en los versos sobre *Un chino en Roma*.

3 *de marzo*

Hallo, en un montón de libros olvidados bajo una consola, uno que yo no conocía: *Les Mères Chrétiennes des Contemporains Illustres*. Lo hojeo, y le descubro el espíritu: con la maña de la biografía, es un libro escrito por el autor de *L'Académie Francaise au XIXme Siècle,* para fomentar, dándola como virtud suprema y creatriz, la devoción práctica en las casas: la confesión, el «buen cura», el «Santo abad», el rezo. Y el libro es rico, de página mayor, con los cantos dorados, y la cubierta roja y oro. El índice, más que del libro, lo es de la sociedad, ya hueca, que se acaba: —«Las altas esferas de la sociedad». —«El mundo de las letras». —«El clero». —«Las carreras liberales». —Carrera: el cauce abierto y fácil, la gran tentación, la satisfacción de las necesidades sin el esfuerzo original que desata y desenvuelve al hombre, y lo cría, por el respeto a los que padecen y producen como él, en la igualdad única duradera, porque es una forma de la arrogancia y el egoísmo, que asegura a los pueblos la paz solo asequible cuando la suma de desigualdades llegue al límite mínimo en que las impone y retiene necesariamente la misma naturaleza humana.

Es inútil, y generalmente dañino, el hombre que goza del bienestar de que no ha sido creador: es sostén de la injusticia, o tímido amigo de la razón, el hombre que en el uso inmerecido de una suma de comodidad y placer que no está en relación con su esfuerzo y servicio individuales, pierde el hábito de crear, y el respeto a los que crean. Las carreras, como aún se las entiende, son odioso, y pernicioso, residuo de la trama de complicidades con que, desviada por los intereses propios de su primitiva y justa potencia unificadora, se mantuvo, y mantiene aún, la sociedad autoritaria: —sociedad autoritaria es, por supuesto, aquella basada en el concepto, sincero o fingido, de la desigualdad humana, en la que se exige el cumplimiento de los deberes sociales a aquellos a quienes se niegan los derechos, en beneficio principal del poder y placer de los que se los niegan: mero resto del estado bárbaro. —Lo del índice de «Las Madres Cristianas»: «Las altas esferas de la Sociedad».— «El mundo de las letras».— «El clero».— «Las carreras liberales».— Por donde dice «Madame Moore» abro el libro. Madame Moore, la madre de Tomás Moore, a cuya «Betsy» admiro, leal y leve; y siempre fiel, y madre verdadera, a su esposo danzarín y vano. Como muy santa madre da el libro a la de Moore, y lo de ella lo prueba por la vida del hijo. Pero no dice lo que es: que por donde el hijo cristiano comenzó, fue por la traducción picante y feliz de las odas de Anacreonte.— De Margarita Bosco habla mucho, que es madre de cardenal, que recuerda mucho la del cura mimado de *La Regenta* de Alas, —aquel cura sanguíneo a quien la madre astuta le ponía la cama y la mesa. Conocí yo a un hijo del príncipe Bosco: el padre había sido amante de la reina de Nápoles, de la última reina: el hijo había sido en Texas capitán de la milicia montada, y en Brooklyn era domador de caballos. —Una madre es «Madame Río», de A. del Río, «el ilustre autor de *L'Art Chrétien*. Otra «Madame Pie», la del obispo de Poitiers. «Madame Osmond» es otra, la del conde que escribió *Reliques et Impressions*. Otra es la madre de Ozanam, el católico elocuente y activo. Y otra la de Gerando, aquel cuyas metafísicas leía atento Michelet, cuando vestía frac y zapatos de hebilla, y daba clase de historia a las princesas.

3 *de marzo*

Me voy a pelar, a la mísera barbería de Martínez, en la calle de la Playa: él reluce de limpio, chiquitín y picante, en la barbería empapelada a retazos, con otros de mugre, y cromos viejos: y en el techo muy alto, de listones de lienzo, seis rosas de papel. —«¿Y usted, Martínez, será hombre casado?». —«Hombre como yo, ambulante, no puede casar». —«¿Y dónde aprendió su español?». —«En San Tomas: yo era de San Tomas, santomeño». —«¿Y ya no lo es usted?». —«No, ahora soy haitiano. Soy hijo de danés, no vale de nada: soy hijo de inglés, no vale de nada: soy hijo de español, peor: España es la más mala nación que hay en el mundo. Para hombre de color, nada vale de nada». —¿Conque no quiere ser español?». —«Ni cubano quiero yo ser, ni puertorriqueño, ni español. Si era blanco español inteligente, sí, porque le doy la gobernación de Puerto Rico con $500 mensuales: si era hijo de Puerto Rico, no. Lo peor del mundo, español». —A la pordiosera que llega a la puerta: «Todavía no he ganado el primer cobre».

4 *de marzo*

Y abrí los ojos en la lancha, al canto del mar. El mar cantaba. Del Cabo salimos, con nubarrón y viento fuerte, a las diez de la noche; y ahora, a la madrugada, el mar está cantando. El patrón se endereza, y oye erguido, con una mano a la tabla y otra al corazón: el timonel, deja el timón a medio ir: «Bonito eso»: «Eso es lo más bonito que yo haya oído en este mundo»: «Dos veces —no más en toda mi vida he oído yo esto bonito». Y luego se echa a reír: que los *voudous,* los hechiceros haitianos, sabrán lo que eso es: que hoy es día de baile *voudou,* en el fondo de la mar, y ya lo sabrán ahora los hombres de la tierra: que allá abajo están haciendo los hechiceros sus encantos. La larga música, extensa y afinada, es como el son unido de una tumultuosa orquesta de campanas de platino. Vibra igual y seguro el eco resonante. Como en ropa de música se siente envuelto el cuerpo. Cantó el mar una hora, más de una hora: —La lancha piafa y se hunde, rumbo a Monte Cristi.

6 *de marzo*

¡Ah, el eterno barbero, con el sombrero de paja echado a la nuca, los rizos perfumados a la frente, y las pantuflas con estrellas y rosas! En la barbería no hay más que dos espejos, de marco de madera, con la repisa de pomos vacíos, un cepillo mugriento, y pomadas viejas. A la pared está un mostruario de panamás de cinta fina, libros descuadernados y papelería revuelta. En medio del salón, de grandes manchas de agua, está la silla donde el pinche empolva al que se alza de afeitarse. —«Mira, muchacho de los billetes: ven acá». —«Cómprale un billete: sale un peso».

6 *de marzo*

Oigo un ruido, en la calle llena del sol del domingo, un ruido de ola, y me parece saber lo que es. Es. Es el fustán almidonado de una negra que pasa triunfante, quemando con los ojos, con su bata limpia de calicó morado oscuro, y la manta por los hombros. —La haitiana tiene piernas de ciervo. El talle natural y flexible de la dominicana da ritmo y poder a la fealdad más infeliz. La forma de la mujer es conyugal y cadenciosa.

29 *de marzo*

De sobremesa se habló de animales: de los caos negros; y capaces de hablar, que se beben la leche, —de cómo se salva el ratón de las pulgas, y se relame el rabo que hundió en la manteca, —del sapo, que se come las avispas, —del murciélago, que se come al cocuyo, y no la luz. Un cao bribón veía que la conuquera ordeñaba las vacas por las mañanas, y ponía la leche en botellas: y él, con su pico duro, se sorbía la primer leche, y cuando había secado el cuello, echaba en la botella piedrecitas, para que la leche subiera. El ratón entra al agua con una mota de algodón entre los dientes, adonde las pulgas por no ahogarse vuelan; y cuando ya ve la mota bien negra de pulgas, la suelta el ratón. El sapo hunde la mano en la miel del panal, y luego, muy sentado, pone la mano dulce al aire, a que la avispa golosa venga a ella: y el sapo se la traga. El murciélago trinca al cocuyo en el aire, y le deja caer al suelo la cabeza luminosa.

29 de marzo

Venimos de la playa, de ver haces de campeche y mangle espeso: venimos por entre la tuna y el aroma. Y un descalzo viene cantando desde lejos, con voz rajada y larga, una trova que no se oye, y luego esta:

> Te quisiera retratar
> En una concha de nacre,
> Para cuando no te vea
> Alzar la concha, y mirarte.

30 de marzo

César Salas, que dejó ir su gente rica a Cuba, para no volver más que «como debe volver un buen cubano», es hombre de crear, sembrador e industrioso, con mano para el machete y el pincel, e igual capacidad para el sacrificio, el trabajo y el arte. De las cuevas de San Lorenzo, allá en Samaná, viene ahora; y cuenta las cuevas. La mayor es como la muestra de las muchas que por allí hay, con el techo y las paredes de pedrería destilada, que a veces cuelga por tierra como encaje fino, y otras exprime, gota a gota, «un agua que se va cuajando en piedra». Es grande el frescor, y el piso de huano blanco y fino, que en la boca no desagrada, y se disuelve. La galería, de trecho en trecho, al codear, cría bóveda, y allí, a un mismo rumbo, hay dos caras de figuras pintadas en la pared, a poco más de altura de hombre, que son como redondeles imperfectos, donde está de centro un rostro grande humano sobre el vértice de un triángulo, crestado a todo el borde, con dos rostros menores a los lados, y a todo el rededor dibujos jeroglíficos de homúnculos con la azada en una mano, o sin ella; de caballo o mula, de gallina: —la conquista acaso, y las minas bárbaras, ofrecidas a la religión del país, en los altares de las cuevas de asilo. —Allí ha hallado César Salas caracoles innúmeros, de que debió vivir la indiada; y hachas grandes de sílex, de garganta o de asta. Los caracoles hacen monte, a las aberturas. Por cuatro bocas se entra la cueva. Por una, espumante y resonante, entra el mar. De una boca, por entre bejucos, se sube al claro verde.

1.º de abril

A paso de ansia, clavándonos de espinas, cruzábamos, a la media noche oscura, la marisma y la arena. A codazos rompemos la malla del cambrón. El arenal, calvo a trechos, se cubre de manchones del árbol punzante. Da luz como de sudario, al cielo sin estrellas, la arena desnuda: y es negror lo verde. Del mar se oye la ola, que se exhala en la playa; y se huele la sal. —De pronto, de los últimos cambroneros, se sale a la orilla, espumante y velada —y como revuelta y cogida— con ráfagas húmedas. De pie, a las rodillas el calzón, por los muslos la camisola abierta al pecho, los brazos en cruz alta, la cabeza aguileña de pera y bigote, tocada del yarey, aparece impasible, con la mar a las plantas y el cielo por fondo, un negro haitiano. —El hombre asciende a su plena beldad en el silencio de la naturaleza.

3 de abril

La ingratitud es un pozo sin fondo, —y como la poca agua, que aviva los incendios, es la generosidad con que se intenta corregirla. No hay para un hombre peor injuria que la virtud que él no posee. El ignorante pretencioso es como el cobarde, que para disimular su miedo da voces en la sombra. La indulgencia es la señal más segura de la superioridad. La autoridad ejercitada sin causa ni objeto denuncia en quien la prodiga falta de autoridad verdadera.

3 de abril

Pasan volando por lo alto del cielo, como grandes cruces, los flamencos de alas negras y pechos rosados. Van en filas, a espacios iguales uno de otro, y las filas apartadas hacia atrás. De timón va una hilera corta. La escuadra avanza ondeando.

3 *de abril*

En medio de la mar, recuerdo estos versos:

> Un rosal cría una rosa
> Y una maceta un clavel.
> Y un padre cría una hija
> Sin saber para quién es.

4 *de abril*

En la goleta *Brothers,* tendido en cubierta, veo, al abrirse la luz, el rincón de Inagua, de árbol erizado, saliendo, verdoso, de entre sus ruinas y salinas. Rosadas como flamencos, y de carmín negruzco, son las nubes que se alzan, por el cielo perlado, de las pocas casas. Me echo a la playa, a sujetar bribones, a domarlos, a traerles a la mano el sombrero triunfador. Lo logro. En las idas y las venidas, ojeo el pueblo: mansiones desiertas y descabezadas, muros roídos del abandono y del fuego, casas blancas de ventanas verdes, arbolejos de púas, y florales venenosos. No tiene compradores: la mucha sal de la isla; yace el ferrocarril; quien tuvo barcos los vende; crece penosa la industria del henequén; el salón de leer tiene quince socios, a real mensual; el comerciante de más brillo es tierno amigo de un patrón contrabandista; el capitán del puerto, —ventrudo mozo— es noble de alma, y por tanto cortés, y viste de dril blanco: el sol salino ciega. Contra una pared rota duerme una pila de guayacancillo, el «leño de la vida», que «arde como una antorcha», con su corazón duro: dos burros peludos halan de un carro, mal lleno de palos de rosa, rajados y torcidos: junto a un pilar hay un saco de papas del país: de una tienda, mísera, sale deshecha una vieja, blanca, de espejuelos, pamela y delantal, a ofrecernos pan, anzuelos, huevos, gallina, hilo: la negraza, de vientre a la nariz, y los pendientes de coral al hombro, dice, echada en el mostrador de su tienda vacía, que «su casa de recibir no es allí», donde tres hombres escaldados reposan un instante, secándose el sudor sangriento, en los cajones que hacen de sillas: y por poder sentarse, compran a la tendera, de dientes y ojos de marfil, todo el pan y los dulces de la casa: tres chelines: ella cubre de sus anchas sonrisas el suelo. Pasa Hopkins, cuarentón de tronco inglés y tez de cobre, vendiendo «su gran corazón», su pecho valiente, que sirve por dos pechos, los botines rastreros, que se saca de los pies, un gabán roto: Él irá «a todas partes, si le pagan», porque «él es un padre de familias, que tiene dos mujeres»: él es «un alma leal»: —él se cose a los marineros, y les va envenenando la voluntad, para que no acepten el oficio que no se quiso poner en él: revende un pollo, que le trae de las patas un policía de casco de corcho, patillas de chuleta y casimir azul de bocas rojas. —Pasa el guadalupeño, de torso color de chocolate, y la cana rizosa de sus setenta y cuatro años: lleva al aire los pechos y los pies, y el sombrero, de penca: ni bebió ni fumó, ni amó más que en casa, ni necesita espejuelos para leer de noche: es albañil, y contratista, y pescador. —Pasa, con su caña macaca de puño neoyorquino, el patrón contrabandista, de sortija recia al anular, y en la cabeza de respeto el panamá caro. Pasa el patrón blandílocuo, de lengua patriarcal y hechos de zorro, el que a la muerte del hijo «no lloró el dolor, sino que lo sudó»; y rinde, balbuceando, el dinero que robaba. Pero él es «un caballero, y conoce a los caballeros»: y me regala, sombrero en mano, una caneca de ginebra.

5 de abril

El vapor carguero, más allá de la mar cerúlea de la playa, vacía su madera de Mobila en la balsa que le flota al costado, de popa a proa, en el oleaje turquí. Descuelgan la madera, y los trabajadores la halan y la cantan. Puja el vapor al sesgo por arrimar la balsa a la orilla: y los botes remolcadores se la llevan, con los negros arriba en hilera, halando y cantando.

5 de abril

David, de las islas Turcas, se nos apegó desde la arrancada de Montecristi. A medias palabras nos dijo que nos entendía, y sin espera de paga mayor, ni tratos de ella, ni mimos nuestros, él iba creciéndosenos con la fuga de los demás; y era la goleta él solo, con sus calzones en tiras, los pies roídos, el levitón que le colgaba

767

por sobre las carnes, el yarey con las alas al cielo: Cocinaba él el «locrio», de tocino y arroz; o el «sancocho», de pollo y pocas viandas; o el pescado blanco, el buen *«mutton-fish»*, con salsa de mantequilla y naranja agria: él traía y llevaba, a «gudilla» pura, —a remo por timón, —el único bote: él nos tendía de almohada, en la miseria de la cubierta, su levitón, su chaquetón, el saco que le era almohada y colcha a él: él, ágil y enjuto, ya estaba al alba bruñendo los calderos. Jamás pidió, y se daba todo. El cuello fino, y airoso, le sujetaba la cabeza seca: le reían los ojos, sinceros y grandes: se le abrían los pómulos, decidores y fuertes: por los cabos de la boca, desdentada y leve, le crecían dos rizos de bigote: en la nariz, franca y chata, le jugaba la luz. Al decirnos adiós se le hundió el rostro, y el pecho, y se echó de bruces, llorando, contra la vela atada a la botavara. —David, de las islas Turcas.

6 de abril

Es de pilares, de buena caoba, la litera del capitán del vapor, —el vapor carguero alemán, que nos lleva al Cabo Haitiano. La litera cubre las gavetas, llenas de mapas. En la repisa del escritorio, entre gaceteros y navegadores, está Goëthe todo, y una novela de Gaudy. Preside la litera el retrato de la mujer, cándida y huesuda. A un rincón, la panoplia es de una escopeta de caza, dos puñales, un pistolín perrero, y dos pares de esposas, —«que uso para los marineros algunas veces». Y junto hay un cuadro, bordado de estambre, «del estambre de mi mujer», que dice, en letras góticas:

> In allen Stürmen,
> In allen Noth,
> Mög er dich berschirmen
> Der treue Gott.

7 de abril

Por las persianas de mi cuarto escondido me llega el domingo del Cabo. El café fue «caliente, fuerte y claro». El sol es leve y fresco. Chacharea y pelea el mercado vecino. De mi silla de escribir, de espaldas al cancel, oigo el fustán que pasa, la chancleta que arrastra, el nombre del poeta Tertulien Guilbaud, el poeta grande y pulido de *Patrie,* —y el grito de una frutera que vende «*¡caïmite!*». Suenan, lejanos, tambores y trompetas. En las piedras de la calle, que la lluvia desencajó ayer, tropiezan los caballos menudos. Oigo: «*le bon Dieu*», —y un bastón que se va apoyando en la acera. Un viejo elocuente predica religión, en el crucero de las calles, a las esquinas vacías. Le oigo: «Es preciso desterrar este fuerte país negro a esos mercaderes de la divinidad salvaje que exigen a los pobres campesinos, como el ángel a Abraham, el sacrificio de sus hijos a cambio del favor de Dios: el gobierno de este país negro, de mujeres trabajadoras y de hombres vírgenes, no debe matar a la infeliz mujer que mató ayer a su hija, como Abraham iba a matar a Isaac, sin acabar, "con el rayo de la luz", al *papá-boco,* al sacerdote falso que se les entra en el corazón con el prestigio de la medicina y el poder sagrado de la lengua de los padres. Hasta que la civilización no aprenda criollo, y hable en criollo, no civilizará». Y el viejo sigue hablando, en soberbio francés, y puntúa el discurso con los bastonazos que da sobre las piedras. Ya lo escuchan: un tambor, dos muchachos que ríen, un mocete de corbata rosada, pantalón de perla, bastón de puño de marfil. Por las persianas le veo al viejo el traje pardo, aflautado y untoso. A los pies le corre, callada, el agua turbia. La vadea de un salto, con finos botines, una mulata cincuentona y seca, de manteleta, y sombrero, y libro de horas y sombrilla: escarban, sus ojos verdes. Del libro a que vuelvo, en mi mesa de escribir, caen al suelo dos tarjetas, cogidas por un lazo blanco: la mínima, de ella, dice «*M'elle, Elise Etienne*», Cap Haïtien—: la de él, la grande, dice: «*Mr. Edmond Férère:* —Francés». —Es Domingo de Ramos.

8 de abril

Por el poder de la *resistencia* del indio se calcula cuál puede ser su poder de *originalidad,* y por tanto de *iniciación,* en cuanto lo encariñen, lo muevan a fe justa, y emancipen y deshielen su naturaleza. —Leo sobre indios.

8 *de abril*

Del flaco Moctezuma acababa de leer, y de la inutilidad de la timidez y de la intriga. Con mucho amor leí de Cacama, y de Cuitlahuac, que a cadáveres heroicos le tupían los cañones a Cortés. Leí con ira de la infame o infortunada Tecuichpo, que con Cuauhtémoc en la piragua real, defendió el águila, y a pecho de pluma se echó sobre el arcabuz, y luego, —la que había dormido bajo los besos indios del mártir,— se acostó a dormir, de mujer de español, en la cama de Alonso de Grado, y de Pedro Callejo y de Juan Cano. El verso caliente me salta de la pluma. Lo que refreno, desborda. Habla todo en mí, lo que no quiero hablar, —ni de patria, ni de mujer. A la patria ¡más que palabras! De mujer, o alabanza o silencio. La vileza de nuestra mujer nos duele más, y humilla más, y punza más, que la de nuestro hombre. —Entra Tom a mi cuarto escondido, —Tom, el negro leal de San Thomas, que con el siglo a espaldas sirve y ama a la casa de Dellundé. Con un doblez de papel en que pido libros, para escoger a la librería de la esquina, la librería haitiana, le doy un billete de dos pesos, a que lo guarde en rehenes, mientras escojo. —Y el librero, el caballero negro de Haití, me manda los libros, —y los dos pesos.

DE CABO HAITIANO A DOS RÍOS

9 *abril.*— Lola, jolongo, llorando en el balcón. Nos embarcamos.

10.— Salimos del Cabo —Amanecemos en *Inagua.* —*Izan el bote.*
Salimos a las 11. Pasamos (4) rozando a Maisí y vemos la farola. Yo
en el puente. A las 7½, oscuridad. Movimiento a bordo. Capitán
conmovido. Bajan el bote. Llueve grueso al arrancar. Rumbamos
mal. Ideas diversas y revueltas en el bote. Más chubasco. El timón
se pierde. Fijamos rumbo. Llevo el remo proa. Salas rema segun-
do. Paquito Borrero y el General ayudan de popa. Nos ceñimos
los revólvers (*sic*). Rumbo al abra. La luna asoma, roja, bajo una
nube. Arribamos a una playa de piedras, (*La Playita,* al pie de
Cajobabo.) Me quedo en el bote el último, vaciándolo. Salto. Dicha
grande. Viramos el bote, y el garrafón de agua. Bebemos Málaga.
Arriba por piedras, espinas y cenegal. Oímos ruido, y preparamos,
cerca de una talanquera. Ladeando un sitio, llegamos a una casa.
Dormimos cerca, por el suelo.

12.— A las 3 nos decidimos a llamar Blas, Gonzalo, y la *Niña.*
—José Gabriel, vivo, va a llamar a Silvestre. —Silvestre dispues-
to. —Por repechos, muy cargados, subimos, a buscar a Mesón, al
Tacre, —(Záguere). En el monte claro, esperamos, desde las 9,
hasta las 2. —Convenzo a Silvestre A que nos lleve a Imía[s]. —
Seguimos por el cauce del Tacre. —Decide el General escribir a

Fernando Leyva, y va Silvestre. Nos metemos en la cueva, campamento antiguo, bajo un farallón a la derecha del río. Dormimos: hojas secas: Marcos derriba: Silvestre me trae hojas.—

13.— Viene Abraham Leyva, con Silvestre cargado de carne de puerco, de cañas, de buniatos, del pollo que manda la Niña. Fernando ha ido a buscar el práctico. —Abraham, rosario al cuello. Alarma; y preparamos, al venir Abraham, a trancos. Seguía Silvestre con la carga; a las 11. De mañana nos habíamos mudado a la vera del río, crecido en la noche, con estruendos de piedras que parecía de tiros. —Vendrá práctico. Almorzamos. Se va Silvestre. Viene José a la una con su yegua. Seguiremos con él. —Silbidos y relinchos: saltamos: apuntamos: sin Abraham. —Y Blas. —Por una conversación de Blas supo Ruen que habíamos llegado, y manda a ver, a unírsenos. Decidimos ir a encontrar a Ruen al Sao del Nejesial. —Saldremos por la mañana. Cojo hojas secas para mi cama. —Asamos buniatos.

14.— Día mambí. Salimos a las 5. A la cintura cruzamos el río, y recruzamos por él: bagás altos a la orilla. Luego, a zapato nuevo, bien cargado, la altísima loma, de yaya de hoja fina, majagua de Cuba, y cupey, de piña estrellada. Vemos, acurrucada en un lechero, la primera jutía. Se descalza Marcos, y sube. Del primer machetazo la degüella. *«Está aturdida», «Está degollada».* Comemos naranja agria, que José coge, retorciéndolas con una vara: «¡qué dulce!». Loma arriba. Subir lomas hermana hombres. Por las 3 lomas llegamos al Sao del Nejesial: lindo rincón, claro en el monte, de palmas viejas, mangos y naranjas. Se va José. —Marcos viene con el pañuelo lleno de cocos. Me da la manzana. Guerra y Paquito de guardia. Descanso en el campamento. César me cose el tahalí. Lo primero fue coger yaguas, tenderlas por el suelo. Gómez con el machete, corta y trae hojas, para él y para mí. Guerra hace su rancho; cuatro horquetas: ramas en colgadizo: yaguas encima: Todos ellos, unos raspan coco, Marcos, ayudado del General, desuella la jutía. La bañan con naranja agria, y la salan. El puerco se lleva la naranja, y la piel de la jutía. Y ya está la jutía en la parrilla improvisada, sobre el fuego de leña. De pronto hombres: «¡Ah, hermanos!». Salto a la guardia. La guerrilla de Ruen, Félix Ruen, Galano, Rubio, los 10. —Ojos resplandecientes. Abrazos. Todos traen rifle, machete, revólver. Vinieron a gran loma. Los enfermos resucitaron. Cargamos. Envuelven la jutía en yagua. Nos disputan la carga. Sigo con mi rifle y mis 100 cápsulas, loma abajo, tibisial abajo. Una guardia. Otra. Ya estamos en el rancho de Tavera, donde acampa la guerrilla. En filas nos aguardan. Vestidos desiguales, de camiseta algunos, camisa y pantalón otros, otros chamarreta y calzón crudo: yareyes de pico: negros, pardos, dos españoles, —Galano, blanco. Ruen nos presenta. Habla erguido el General. Hablo. Desfile, alegría, cocina, grupos. —En la nueva avanzada: volvemos a hablar. Cae la noche, velas de cera, Lima cuece la jutía y asa plátanos, disputa sobre guardias, me cuelga el General mi hamaca bajo la entrada del rancho de yaguas de Tavera. Dormimos, envueltos en las capas de goma. ¡Ah! antes de dormir, viene, con una vela en la mano, José, cargado de dos cataures, uno de carne fresca, otro de miel. Y nos pusimos a la miel ansiosos. Rica miel, en panal. —Y en todo el día, ¡qué luz, qué aire, qué lleno el pecho, qué ligero el cuerpo angustiado! Miro del rancho afuera, y veo, en lo alto de la cresta atrás, una palma y una estrella. El lugar se llama Vega de la [Batea].

15.— Amanecemos entre órdenes. Una comisión se mandará a las Veguitas, a comprar en la tienda española. Otra al parque dejado en el camino. Otra a buscar práctico. Vuelve la comisión con sal, alpargatas, un cucurucho de dulce, tres botellas de licor; chocolate, rom, y miel. José viene con puercos. La comida. —puerco guisado, con plátano y malanga.—De mañana, frangollo, el dulce de plátano y queso, y agua de canela y anís, caliente. —Viene, a Veguitas Chinito Columbié; montero, ojos malos: va halando de su perro amarillo: Al caer la tarde, en fila la gente, sale a la cañada el General, con Paquito, Guerra y Ruenes. «¿Nos permite a los 3 solos?». Me resigno mohíno: ¿Será algún peligro? Sube Ángel Guerra, llamándome, y al Capitán Cardoso. Gómez, al pie del monte, en la vereda sombreada de plátanos, con la cañada abajo, me dice, bello y enternecido, que, aparte de reconocer en mí al Delegado, el Ejército Libertador, por él su jefe electo en consejo de jefes, me nombra Mayor General. Lo abrazo. Me abrazan todos. —A la noche, carne de puerco con aceite de coco, y es buena.

16.— Cada cual con su ofrenda, —buniato, salchichón, licor de rosa, caldo de plátano. —Al mediodía, marcha loma arriba, río al muslo, bello y ligero bosque de pomarrosas; naranjas y caimitos. Por abras, tupidas y mangales sin fruta llegamos a un rincón de palmas, en lo hondo de un cesto de montes risueños, 16) Allí acamparemos —La mujer, india cobriza de ojos ardientes, rodeada de 7 hijos, en traje negro roto, con el pañuelo de toca atado a lo alto por las trenzas, pila café. La gente cuelga hamacas, se echa a la caña, junta candela, traen caña al trapiche, para el guarapo del café. Ella mete la caña, descalza: —Antes, en el primer paradero, en la casa de la madre e hijona espantada, el General me dio a beber miel, para que probara que luego de tomarla se calma la sed.—Se hace ron de pomarrosa. —Queda escrita la correspondencia de Nueva York, y toda la de Baracoa.

17.— La mañana en el campamento. —Mataron res ayer y al sentir el sol, ya están los grupos a los calderos. Domitila, ágil y buena, con su pañuelo egipcio, salta al monte, y trae el pañuelo lleno de tomates, culantro y orégano. Uno me da un chopo de malanga. Otro, en taza caliente, guarapo y hojas. Muelen un mazo de cañas. Al fondo de la casa, la vertiente cara al río, cargada de casas y plátanos, de algodón y tabaco silvestre: al fondo, por el río, el cuajo de palmas; por los claros, naranjos: alrededor los montes, redondos y verdes: y el cielo azul arriba, con sus nubes blancas, y una palma, mitad en la nube, —mitad en lo azul.—Me entristece la impaciencia. —Saldremos mañana. Me meto la *Vida de Cicerón* en el bolsillo en que llevo 50 cápsulas. Escribo cartas. —Prepara el General dulce de raspa de coco con miel. Se arregla la salida para mañana. Compramos miel al ranchero de los ojos azorados y la barbija: primero, 4 reales por el galón; luego, después del sermón, regala dos galones. Viene *Jaragüita*, —Juan Telesforo Rodríguez— que ya no quiere llamarse Rodríguez, porque ese nombre llevaba de práctico de los españoles, —y se va con nosotros.

Ya tiene mujer. Al irse, se escurre. —El Pájaro, bizambo y deso-
rejado, juega al machete; pie formidable; le luce el ojo como mar-
fil donde da el sol en la mancha de ébano. —Mañana salimos de
la casa de José Pineda: —Goya, la mujer —(Jojó Arriba).

18.— A las 9½ salimos. Despedida en fila. —Gómez lee las pro-
mociones. —El Sargento *Puerto Rico* dice: «Yo muero donde mue-
ra el General Martí». Buen adiós a todos, a Ruenes y a Galano, al
Capitán Cardoso, a Rubio, a Dannery, a José Martínez, a Ricardo
Rodríguez. Por altas lomas pasamos 6 veces el río Jobo. — Subimos
la recia loma de Pavano, con el Pomalito en lo alto, y en la cumbre la
vista de naranja de China. Por la cresta subimos, y a un lado y otro
flotaba el aire leve veteado de manaca. A lo alto, de mata a mata
colgaba, como cortinaje, tupido, una enredadera fina; de hoja me-
nuda y lanceolada. Por las lomas, el café cimarrón. La pomarrosa
bosque. En torno, la hoya, y más allá los montes azulados, y el
penacho de nubes. En el camino a los Calderos, —de Ángel Cas-
tro— decidimos dormir en la pendiente. A machete abrimos cla-
ro. De tronco a tronco tendemos las hamacas. —Guerra y Paquito
por tierra. La noche bella no deja dormir. Silba el grillo; la lagar-
tija quinquinea, y su coro le responde; aun se ve, entre la som-
bra, que el monte es de cupey y de *paguá,* la palma corta y espi-
nuda; vuelan despacio en torno las *animitas;* entre los ruidos
estridentes, oigo la música de la selva, compuesta y suave, como de
finísimos violines; la música ondea, se enlaza y desata, abre el ala y
se posa, titila y se eleva, siempre sutil y mínima: es la minada del
son fluido: ¿qué alas rozan las hojas? ¿qué violín diminuto, y olea-
da de violines, sacan son, y alma, a las hojas? ¿qué danza de almas
de hojas? Se nos olvidó la comida: comimos salchichón, y chocola-
te, y una lonja de *chopo* asado. —La ropa se secó a la fogata.—

19.— Las 2 de la madrugada. Viene Ramón Rodríguez, el prác-
tico, con Ángel, —traen hachos, y café —Salimos a las 5, por loma
áspera. A los Calderos en alto. El rancho es nuevo, y de adentro
se oye la voz de la mambisa: «Pasen sin pena, aquí no tienen que
tener pena». El café en seguida, con su miel por dulce: ella seria,
en sus chancletas, cuenta, una mano a la cintura y por el aire la

otra, su historia de la guerra grande: murió el marido, que de noche pelaba sus puercos para los insurrectos, cuando se lo venían a prender: y ella rodaba por el monte, con sus tres hijos a rastro, «hasta que este buen cristiano me recogió, que aunque le sirva de rodillas nunca le podré pagar». Va y viene ligera; le chispea la cara: de cada vuelta trae algo, más café, culantro de Castilla, para que «cuando tengan dolor al estómago por esos caminos, masquen un grano y tomen agua encima»: trae limón. Ella es Caridad Pérez y Piñó. —Su hija Modesta, de 16 años, se puso zapatos y túnico nuevo para recibirnos, y se sienta con nosotros, conversando sin zozobra, en los bancos de palma de la salita. De las flores de muerto, junto al cercado, le trae Ramón una, que se pone ella al pelo. Nos cose. El General cuenta «el machetazo de Caridad Estrada en el Camagüey». El marido mató al chino denunciante de su rancho, y a otro: a Caridad la hirieron por la espalda; el marido se rodó muerto: la guerrilla huyó: Caridad recoge a un hijo al brazo, y chorreando sangre, se les va detrás: «¡si hubiera tenido un rifle!». Vuelve, llama a su gente, entierran al marido, manda por Boza: «¡vean lo que me han hecho!». Salta la tropa: «¡queremos ir a encontrar a ese capitán!». No podía estar sentado el campamento. Caridad enseñaba su herida. Y siguió viviendo, predicando, entusiasmando en el campamento. —Entra el vecino dudoso Pedro Gámez y trae de ofrenda café y 1 gallina —Vamos haciendo almas. —Valentín, el español que se le ha puesto a Gómez de asistente, se afana en la cocina. —Los 6 hombres de Ruenes hacen su *sancocho* al aire libre. —Viene Isidro, muchachón de ojos garzos, muy vestido, con sus zapatos orejones de vaqueta: ese fue el que se nos apareció donde Pineda, con un dedo recién cortado: no puede ir a la guerra: «tiene que mantener a 3 primos hermanos». A las 2½ después del chubasco, por lomas y el río Guayabo, al mangal, a 1 legua de Imía[s]. Allí Felipe Dom. el alcalde de Imías —Juan Rodríguez nos lleva, en marcha ruda de noche, costeando vecinos, a cerca del alto de la Yaya. La marcha con velas, a las 3 de la mañana.

20.— De allí Teodoro Delgado, al Palenque: monte pedregoso, palos amargos y naranja agria: alrededor, casi es grandioso el paisaje: vamos cercados de montes, serrudos, tetudos, picudos: monte plegado a todo el rededor: el mar al Sur. A lo alto, paramos bajo unas palmas. Viene llena de cañas la gente. Los vecinos: Estévez, Frómita, Antonio Pérez, de noble porte, sale a San Antonio. De una casa nos mandan café, y luego gallina con arroz. Se huye Jaragüita. ¿Lo azoraron? ¿Va a buscar a las tropas? Un montero trae de Imía[s] la noticia de que han salido a perseguirnos por el Jobo. Aquí esperaremos, como lo teníamos pensado, el práctico para mañana. —Jaragua, cabeza cónica: un momento antes me decía que quería seguir ya con nosotros hasta el fin. Se fue a la centinela, y se escurrió. Descalzo, ladrón de monte, práctico español: la cara angustiada, el hablar ceceado y chillón, bigote ralo, labios secos, la piel en pliegues, los ojos vidriosos, la cabeza cónica. Caza sinsontes, pichones, con la liria del lechugo. Ahora tiene animales, y mujer. Se descolgó por el monte. No lo encuentran. Los vecinos le temen. —En un grupo hablan de los remedios de la nube en los ojos: agua de sal, —leche del ítamo, «que le volvió la vista a un gallo», —la hoja espinuda de la rosetilla bien majada, —«una gota de sangre del primero que vio la nube». Luego hablan de los remedios para las úlceras: —la piedra amarilla del río Jojó, molida a polvo fino, el excremento blanco y peludo del perro, la miel de limón: —el excremento, cernido, y malva. Dormimos por el monte, en yaguas. —Jaragua, palo fuerte.

21.— A las 6 salimos con Antonio, camino de S. Antonio. —En el camino nos detenemos a ver derribar una palma, a machetazos al pie, para coger una colmena, que traen seca, y las celdas llenas de hijos blancos. Gómez hace traer miel, exprime en ella los pichones, y es leche muy rica. A poco, sale por la vereda el anciano negro y hermoso, Luis González, con sus hermanos, y su hijo Magdaleno, y el sobrino Eufemio. Ya él había enviado aviso a Perico Pérez, y con él, cerca de San Antonio, esperaremos la fuerza. Luis me levanta del abrazo. Pero ¡qué triste noticia! ¿Será verdad que ha muerto Flor? ¿el gallardo Flor?: que Maceo fue herido en traición de los indios de Garrido: que José Maceo rebanó a Garrido de un machetazo. Almorzábamos buniato y puerco asado cuando llegó Luis: ponen por tierra, en un mantel blanco, el casabe de su casa. Vamos lomeando a los charrascales otra vez y de lo alto divisamos al ancho río de Sabanalamar, por sus piedras lo vadeamos, nos metemos por sus cañas, acampamos a la otra orilla. —Bello, el abrazo de Luis, con sus ojos sonrientes, como su dentadura, su barba cana al rape, y su rostro, espacioso y sereno, de limpio color negro. Él es padre de todo el contorno; viste buena rusia, su casa libre es la más cercana al monte. De la paz del alma viene la total hermosura a su cuerpo ágil y majestuoso. —De su tasajo de vaca y sus plátanos comimos mientras él fue al pueblo, y a la noche volvió por el monte sin luz, cargado de vianda nueva, con la hamaca al costado, y de la mano el cataure de miel lleno de hijos. —Vi hoy la yaguama, la hoja fénica, que estanca la sangre, y con su mera sombra beneficia al herido: «machuque bien las bojas, y métalas en la herida, que la sangre se seca». Las aves buscan su sombra. —Me dijo Luis el modo de que las velas de cera no se apagasen en el camino, y es empapar bien un lienzo, y envolverlo apretado alrededor, y con eso la vela va encendida y se consume menos cera. —El médico preso, en la traición a Maceo ¿no será el pobre Frank? ¡Ah, —Flor!

22.— Día de espera impaciente. Baño en el río, de cascadas y hoyas, y grandes piedras, y golpes de cañas a la orilla. Me lavan mi ropa azul, mi chamarreta. A mediodía vienen los hermanos de Luis, orgullosos de la comida casera que nos traen: huevos fritos, puerco frito y una gran torta de pan de maíz. Comemos bajo el chubasco, y luego de un macheteo, izan una tienda, techada con las capas de goma. Toda la tarde es de noticias inquietas: viene desertado de las escuadras de Guantánamo un sobrino de Luis, que fue a hacerse de arma, y dice que bajan fuerzas: otro dice que de Ba[i]tiquirí, —donde está de teniente el cojo Luis Bertot, traidor en Bayamo,— han llegado a San Antonio dos exploradores, a registrar el monte. Las escuadras, de criollos pagados, con un ladrón feroz a la casa, hacen la pelea de España, la única pelea temible en estos contornos. A Luis, que vino al anochecer, le llegó carta de su mujer: que los exploradores, —y su propio hermano es uno de ellos,— van citados por Garrido, el teniente ladrón, a juntársele a La Caridad, y ojeará todo Cajuerí (sic) que en Vega Grande y los Quemados y en muchos otros pasos nos tienen puestas emboscadas. —Dormimos donde estábamos, divisando el camino: —Hablamos hoy de Céspedes y cuenta Gómez la casa de portal en que lo halló, en las Tunas, cuando fue, en mala ropa, con quince rifleros a decirle cómo subía, peligrosa, la guerra desde Oriente. Ayudantes pulcros, con polainas. Céspedes: kepis; y tenacillas de cigarro. La guerra abandonada a los jefes, que pedían en vano dirección, contrastaba con la festividad del cortejo tunero. A poco, el gobierno tuvo que acogerse a Oriente. —«No había nada, Martí»: —ni plan de campaña, ni rumbo tenaz y fijo. —Que la sabina, olorosa como el cedro, da sabor, y eficacia medicinal, al aguardiente. —Que el té de yagruma, —de las hojas grandes de la yagruma —es bueno para el asma. —Juan llegó, el de las escuadras, —él vio muerto a Flor, muerto, con su bella cabeza fría, y su labio roto, y dos balazos en el pecho: el 10 lo mataron. Patricio Corona, errante once días de hambre, se presentó a los Voluntarios. — Maceo y 2 más se juntaron con Moncada. — Se vuelven a las casas los hijos y los sobrinos de Luis, —Ramón, el hijo de Eufemio, con su suave tez achocolatada, como bronce carmíneo, y su fina y perfecta cabeza, y su ágil cuerpo púber, — Magdaleno, de magnífico molde, pie firme, caña enjuta, pantorrilla volada, muslo largo, tórax pleno, brazos graciosos, en el cuello delgado la cabeza pura, de bozo y barba crespa: el machete al cinto, y el yarey alón y picudo. —Luis duerme con nosotros.

23.— A la madrugada, listos; pero no llega Eufemio, que debía ver salir a los exploradores, ni llega respuesta de la fuerza. Luis va a ver; y vuelve con Eufemio. Se han ido los exploradores. Emprendemos marcha tras ellos. De nuestro campamento de 2 días, en el Monte de la Vieja salimos, monte abajo, luego. De una loma al claro donde se divisa, por el Sur, el palmar de San Antonio, rodeado de jatiales y charrascos, en la hoya fértil de los cañadones, y a un lado y otro montes, y entre ellos el mar. Ese monte, a la derecha, con un tajo como de sangre, por cerca de la copa, es Doña Mariana; ese, al Sur; alto entre tantos, es el Pan de Azúcar. De 8 a 2 caminamos, por el jatial espinudo, con el pasto bueno, y la flor roja y baja del *guisaso de tres puyas:* tunas, bestias sueltas. Hablamos de las escuadras de Guantánamo, cuando la otra guerra. —Gómez elogia el valor de Miguel Pérez: «dio un traspiés, lo perdonaron, y él fue leal siempre al gobierno»: «en una yagua recogieron su cadáver lo hicieron casi picadillo»: «eso hizo español a Santos

Pérez». Y al otro Pérez, dice Luis, Policarpo le puso las partes de antiparras. «Te voy a cortar las partes», le gritó en pelea a Policarpo —«Y yo a ti las tuyas, y te las voy a poner de antiparras: y se las puso». —«Pero ¿por qué pelean contra los cubanos esos cubanos? Ya veo que no es por opinión, ni por cariño imposible a España». «Pelean esos puercos, pelean así por el peso que les pagan, un peso al día menos el rancho que les quitan. Son los vecinos malos de los caseríos, o los que tienen un delito que pagar a la justicia, o los vagabundos que no quieren trabajar, y unos cuantos indios de Ba[i]tiquirí y de Cajuerí (sic)». Del café hablamos, y de los granos que lo sustituyen: el platanillo y la boruca. De pronto bajamos a un bosque alto y alegre, los árboles caídos sirven de puente a la primera poza, por sobre hojas mullidas y frescas pedreras, vamos, a grata sombra, al lugar de descanso: el agua corre, las hojas de la yagruma blanquean el suelo, traen de la cañada a rastras, para el chubasco, pencas enormes, me acerco al rumor y veo entre piedras y helechos, por remansos de piedras finas y alegres cascadas, correr el agua limpia. Llegan de noche los 17 hombres de Luis, y él solo, con sus 63 años, una hora adelante: todos a la guerra: y con Luis va su hijo.

24.— Por el cañadón, por el monte de Acosta, por el mucaral de piedra roída, con sus pozos de agua limpia en que bebe el sinsonte, y su cama de hojas secas, halamos, de sol a sol, el camino fatigoso. Se siente el peligro. Desde el Palenque nos van siguiendo de cerca las huellas. Por aquí pueden caer los indios de Garrido. Nos asilamos en el portal de Valentín, mayoral del ingenio Santa Cecilia. —Al Juan fuerte, de buena dentadura, que sale a darnos la mano tibia; cuando su tío Luis lo llama al cercado: —«Y tú ¿por qué no vienes?». —«¿Pero no ve como me come el bicho?». —El bicho,— la familia. —¡Ah, hombres alquilados, —salario corruptor! Distinto, el hombre propio, el hombre de sí mismo. —¿Y esta gente? ¿qué tiene que abandonar? ¿la casa de yaguas, que les da el campo, y hacen con sus manos? ¿los puercos, que pueden criar en el monte? Comer, lo da la tierra: calzado, la yagua y la majagua: medicina, las yerbas y cortezas; dulce, la miel de abeja. —Más adelante, abriendo hoyos para la cerca, el viejo barbón y barrigudo, sucia la camiseta y el pantalón a los tobillos, —y el color terroso, y los ojos

viboreznos y encogidos: —«¿Y Uds., qué hacen?». —«Pues aquí
estamos haciendo estas cercas». —Luis maldice, y levanta el brazo
grande por el aire. Se va a anchos pasos, temblándole la barba.

25.— Jornada de guerra. —A monte puro vamos acercándonos,
ya en las garras de Guantánamo, hostil en la primera guerra, hacia
Arroyo Hondo. Perdíamos el rumbo. Las espinas nos tajaban. Los
bejucos nos ahorcaban y azotaban. Pasamos por un bosque de ji-
güeras, verdes, pegadas al tronco desnudo, o al ramo ralo. La
gente va vaciando jigüeras, y emparejándoles la boca. A las once,
redondo tiroteo. Tiro graneado, que retumba; contra tiros velados
y secos. Como a nuestros pies es el combate: entran, pesadas, tres
balas, que dan en los troncos. «¡Qué bonito es un tiroteo de lejos!»
dice el muchachón agraciado de San Antonio, —un niño. «Más
bonito es de cerca», dice el viejo. Siguiendo nuestro camino su-
bimos a la margen del arroyo. El tiroteo se espesa; Magdaleno,
sentado contra un tronco, recorta adornos en su jigüera nueva:
Almorzamos huevos crudos, un sorbo de miel, y chocolate de «La
Imperial» de Santiago de Cuba. —A poco, las noticias: dos vienen
del pueblo. Y ya han visto entrar un muerto, y 25 heridos: Maceo
vino a buscarnos, y espera en los alrededores: a Maceo, alegremen-
te. Dije en carta a Carmita: —«En el camino mismo del combate
nos esperaban los cubanos triunfadores: se echan de los caballos
abajo, los caballos que han tomado a la guardia civil: se abrazan
y nos vitorean: nos suben a caballo y nos calzan la espuela; ¿cómo
no me inspira horror, la mancha de sangre que vi en el camino?
¿ni la sangre a medio-secar, de una cabeza que ya está enterrada,
con la cartera que le puso de descanso un jinete nuestro? Y al sol
de la tarde emprendimos la marcha de victoria, de vuelta al cam-
pamento. A las 12 de la noche habían salido, por ríos y cañavera-
les y espinares, a salvarnos: acababan de llegar; ya cerca, cuando les
cae encima el español: sin almuerzo pelearon las 2 horas, y con
galletas engañaron el hambre del triunfo: y emprendían el viaje
de 8 leguas, con tarde primero alegre y clara, y luego, por bóvedas
de púas, en la noche oscura. En fila de a uno iba la columna larga.
Los ayudantes pasan, corriendo y voceando. Nos revolvemos, ca-
ballos y de a pie en los altos ligeros. Entra al cañaveral, y cada
soldado sale con una caña de él». (Cruzamos el ancho ferrocarril:

oímos los pitazos del oscurecer en los ingenios: vemos, al fin del
llano, los faros eléctricos); «Párese la columna, que hay un herido
atrás». Uno hala su pierna atravesada, y Gómez lo monta a su
grupa. Otro herido no quiere: «No, amigo: yo no estoy muerto»:
y con la bala en el hombro sigue andando. ¡Los pobres pies, tan
cansados! Se sientan, rifle al lado, al borde del camino: y nos son-
ríen gloriosos. Se oye algún ay, y más risas, y el habla contenta.
«Abran camino», y llega montado el recio Cartagena, Teniente
Coronel que lo ganó en la guerra grande, con un hachón prendido
de cardona, clavado como una lanza, al estribo de cuero. Y otros
hachones, de tramos en tramos. O encienden los árboles secos, que
escaldan y chisporrotean, y echan al cielo su fuste de llama y una
pluma de humo. El río nos corta. Aguardamos a los cansados. Ya
están a nuestro alrededor, los yareyes en la sombra. Ya es la última
agua, y del otro lado el sueño. Hamacas, candelas, calderadas, el
campamento ya duerme: al pie de un árbol grande iré luego a
dormir junto al machete y el revólver y de almohada mi capa de
hule; ahora hurgo el jolongo, y saco de él la medicina para los
heridos. Cariñosas las estrellas, a las 3 de la madrugada. A las 5,
abiertos los ojos, Colt al costado, machete al cinto, espuela a la
alpargata, y a caballo. —Murió *Alcil* Duvergié, el valiente: de cada
fogonazo, su hombre: le entró la muerte por la frente: a otro, tira-
dor, le vaciaron una descarga encima: otro cayó, cruzando temera-
rio el puente. —¿Y a dónde, al acampar, estaban los heridos? Con
trabajo los agrupo, al pie del más grave, que creen pasmado, y
viene a andas en una hamaca, colgando de un palo. Del jugo del
tabaco, apretado a un cabo de la boca, se le han desclavado los
dientes. Bebe descontento un sorbo de Marrasquino. ¿Y el agua,
que no viene, el agua de las heridas, que al fin traen en un cubo
turbio—? La trae fresca el servicial Evaristo Zayas, de Ti Arriba.
—¿Y el practicante, dónde está el practicante, que no viene a sus
heridos—? Los otros tres se quejan, en sus capotes de goma. Al
fin llega, arrebujado en una colcha, alegando calentura. Y entre
todos, con Paquito Borrero de tierna ayuda, curamos la herida de
la hamaca, una herida narigona, que entró y salió por la espalda:
en una boca cabe un dedal, y una avellana en la otra: lavamos,
iodoformo, algodón fenicado. Al otro, en la cabeza del muslo:
entró y salió. Al otro, que se vuelve de bruces, no le salió la bala
de la espalda: allí está, al salir, en el manchón rojo e hinchado: de

la sífilis tiene el hombre comida la nariz y la boca: al último, boca y orificio, también en la espalda: tiraban, rodilla en tierra, y el balazo bajo les atravesó las espaldas membrudas. A Antonio Suárez, de Colombia, primo de Lucila Cortés, la mujer de Merchan, la misma herida. Y se perdió a pie, y nos halló luego.—.

26.— A formar, con el sol: A caballo, soñolientos. Cojea la gente, aún no repuesta. Apenas comieron anoche. Descansamos, a eso de las 10, a un lado y otro del camino. De la casita pobre envían de regalo una gallina al «General Matías», —y miel. De tarde y noche escribo, a New York, a Antonio Maceo, que está cerca, e ignora nuestra llegada; y la carta de Manuel Fuentes al *World,* que acabé con lápiz sobre la mano, al alba. A ratos ojeé ayer el campamento tranquilo y dichoso: llama la corneta: traen cargas de plátanos al hombro: mugen las reses cogidas, y las degüellan: Victoriano Garzón, el negro juicioso de bigote y perilla, y ojos fogosos, me cuenta, humilde y ferviente, desde su hamaca, su asalto triunfante a Ramón de las Yaguas: su palabra es revuelta e intensa, su alma bondadosa, y su autoridad natural: mima, con verdad, a sus ayudantes blancos, a Mariano Sánchez y a Rafael Portuondo; y si yerran en un punto de disciplina, les levanta el yerro. De carnes seco, dulce de sonrisa: la camisa azul, y negro el pantalón: cuida, uno a uno, de sus soldados. —José Maceo, formidable, pasea el alto cuerpo: aún tiene las manos arpadas, de la maraña del pinar y del monte, cuando se abrió en alas la expedición perseguida de Costa Rica, y a Flor lo mataron, y Antonio llevó a dos consigo y José quedó al fin solo, hundido bajo la carga, moribundo de frío en los pinos húmedos, los pies gordos y rotos: y llegó, y ya vence.

27.— El campamento al fin, en la estancia de Filipinas. Atiendo en seguida al trabajo de la jurisdicción: Gómez, escribe junto a mí, en su hamaca. A la tarde, Pedro Pérez, el primer sublevado de Guantánamo: de 18 meses de escondite, salió al fin, con 37, seguido de muerte, y hoy tiene 200. En el monte, con los 17 de la casa, está su mujer, que nos manda la primer bandera. ¡Y él, sirvió a España en las escuadras, en la guerra grande! Lealtad de familia a Miguel Pérez. —Apoyado en su bastón, bajo de cuerpo, con su leontina de plata, caídas las patillas pocas por los lados del rostro enjuto y benévolo, fue con su gente brava, a buscar a Maceo en vano por todo Baracoa, en los dientes de los indios: su jipijapa está tinto de púrpura, y bordada de mujer es la trenza de color de su sombrero, con los cabos por la espalda. —Él no quiere gente a caballo, ni monta él, ni tiene a bien los capotes de goma, sino la lluvia pura, sufrida en silencio.

28.— Amanezco al trabajo. A las 9 forman, y Gómez, sincero y conciso, arenga: Yo hablo, al sol. Y al trabajo. A que quede ligada esta fuerza en el espíritu unido: a fijar, y dejar ordenada, la guerra enérgica y magnánima: a abrir vías con el Norte, y servicio de parque: a reprimir cualquier intentona de perturbar la guerra con promesas. Escribo la circular a los jefes, a que castiguen con la pena de traición la intentona, —la circular a los hacendados, — la nota de Gómez a las fincas, —cartas a amigos probables, —cartas para abrir el servicio de correo y parque,— cartas para la cita a Brooks, —nota al gobierno inglés, por el cónsul de Guantánamo, incluyendo la declaración de José Maceo sobre la muerte casual, de un tiro escapado a Corona, de un marino de la goleta *Honor,* en que vino la expedición de Fortune Island, —instrucciones a José Maceo, a quien Gómez nombra Mayor General, —nota a Ruenes, invitándole a enviar el representante de Baracoa a la Asamblea de Delegados del pueblo cubano revolucionario para elegir el gobierno que debe darse la revolución, —carta a Masó. —Vino Luis Bonne, a quien Gómez buscaba, por sagaz y benévolo, para crearme una escolta. Y de Ayudante trae a Ramón Garriga y Cuevas, a quien de niño solía yo agasajar cuando lo veía travieso o desamado en Nueva York, y es manso, afectuoso, lúcido, y valiente.

29.— Trabajo. Ramón queda a mi lado. En el ataque de Arroyo Hondo un flanco nuestro, donde estaba el hermano de un teniente criollo, mató al teniente, en la otra fuerza. —Se me fue, con su hijada, Luis González. «Ese rostro quedará estampado aquí». Y me lo decía con rostro celeste.

30.— Trabajo. Antonio Suárez, el colombiano, habla quejoso y díscolo: que desatendido, que coronel. —Maceo, alegando operación urgente, no nos esperará. Salimos mañana.

1.º de mayo.— Salimos del campamento, de Vuelta Corta. Allí fue donde Policarpo Pineda, el Rustán, el Polilla, hizo abrir en pedazos a Francisco Pérez, el de las escuadras. Polilla, un día, fusiló a Jesús: llevaba al pecho un gran crucifijo, una bala le metió todo un brazo—de la cruz en la carne: y a la cruz, luego, le descargó los cuatro tiros. De eso íbamos hablando por la mañana, cuando salió el camino, ya en la región florida de los cafetales, con plátano y cacao, a una mágica hoya, que llaman la Tontina, y en lo hondo del vasto verdor enseña apenas el techo de guano, y al lado, con su flor morada, el árbol del caracolillo. A poco más el *Kentucky,* el cafetal de Pezuela, con los secaderos grandes de mampostería frente a la casa, y la casa, alegre y espaciosa, de blanco y balcones; y el gran bajo con las máquinas, y a la puerta Nazario Soncourt; mulato fino, con el ron y el jarro de agua en un taburete, y vasos. Salen a vernos los Thoreau, de su vistoso cafetal, con las casitas de mampostería y teja: el menor, colorado, de afán y los ojos ansiosos y turbios, tartamudea: —«¿pero podemos trabajar aquí, verdad? podemos seguir trabajando». —Y eso no más dice, como un loco. —Llegamos al monte. Estanislao Cruzat, buen montuno, caballerizo de Gómez, taja dos árboles por cerca del pie, clava al frente de cada uno dos horquetas, y otras de apoyo al tronco, y cruces, y varas a lo largo, y ya está el banco. Del descanso corto, a la vereda espesa, en la fértil tierra de Ti-Arriba. El sol brilla sobre la lluvia fresca; las naranjas cuelgan de sus árboles ligeros: yerba alta cubre el suelo húmedo: delgados troncos blancos cortan, salteados, de la raíz al cielo azul, la selva verde: se trenza a los arbustos delicados el bejuco, a espiral de aros iguales, como de mano de hombre, caen a tierra de lo alto, meciéndose al aire, los cupeyes: de un curujey, prendido a un jobo, bebo el agua clara: chirrían en pleno sol los grillos. — A dormir, a la casa del «español malo»: huyó a Cuba: la casa, techo de zinc y suelo puerco: la gente se echa sobre los racimos de plátanos montados en vergas por el techo, sobre dos cerdos, sobre palomas y patos, sobre un rincón de yucas. Es la Demajagua.

2.— Adelante, hacia Jaragüeta (sic). En los ingenios. Por la caña vasta y abandonada de Sabanilla: va Rafael Portuondo a la casa, a traer las 5 reses: vienen en mancuerna ¡pobre gente, a la lluvia! Llegamos a *Leonor,* y ya, desechando la tardía comida, con queso y pan nos habíamos ido a la hamaca, cuando llega, con caballería de Zefí, el corresponsal del *Herald,* George Eugene Bryson. Con él trabajo hasta las 3 de la mañana.

3.— A las 5, con el Coronel Perié, que vino anoche, a su cafetal de Jaragüeta (sic), en una altura, y un salón como escenario, y al pie en vasto cuadro, el molino, ocioso, del cacao y café. De lo alto, a un lado y otro, cae, bajando, el vasto paisaje, y dos aguas cercanas, de lechos de piedras en lo hondo, y palmas sueltas, y fondo de monte, muy lejano. Trabajo el día entero, en el manifiesto al *Herald,* y más para Bryson. A la 1, al buscar mi hamaca, veo a muchos por el suelo, y creo que se han olvidado de colgarla. Del sombrero hago almohada: me tiendo en un banco: el frío me echa a la cocina encendida: me dan la hamaca vacía: un soldado me echa encima un mantón viejo: a las 4, diana.—

4.— Se va Bryson. Poco después, el consejo de guerra de Masabó. Violó y robó. Rafael preside, y Mariano acusa. Masabó, sombrío, niega: rostro brutal. Su defensor invoca nuestra llegada, y pide merced. A muerte. Cuando leían la sentencia, al fondo, del gentío, un hombre pela una caña. Gómez arenga: «Este hombre no es nuestro compañero: es un vil gusano», Masabó, que no se ha temblado, alza con odio los ojos hacia él. Las fuerzas, en gran silencio, oyen y aplauden: «¡Que viva!». Y mientras ordenan la marcha, en pie queda Masabó; sin que se le caigan los ojos ni en la caja del cuerpo se vea miedo: los pantalones, anchos y ligeros, le vuelan sin cesar, como a un viento rápido. Al fin van, la caballería, el reo, la fuerza entera, a un bajo cercano; al sol. Grave momento, el de la fuerza callada, apiñada. Suenan los tiros, y otro más, y otro de remate. Masabó ha muerto valiente. «¿Cómo me pongo, Coronel? ¿De frente o de espalda?». «De frente». En la pelea era bravo.

5.— Maceo nos había citado para Bocuey, a donde no podremos llegar a las 12, a la hora a que nos cita. Fue anoche el propio, a que espere en su campamento. Vamos, —con la fuerza toda. De pronto, unos jinetes. Maceo, en un caballo dorado, en traje de holanda gris: ya tiene plata la silla, airosa y con estrellas. —Salió a buscarnos, porque tiene a su gente de marcha: al ingenio cercano, a Mejorana, va Maspón a que adelanten almuerzo para cien. El ingenio nos ve como de fiesta: a criados y trabajadores se les ve el gozo y la admiración: el amo, anciano colorado y de patillas, de jipijapa y pie pequeño, trae vermouth, tabacos, ron, malvasía. «Maten tres, cinco, diez, catorce gallinas». De seno abierto y chancleta viene una mujer a ofrecernos aguardiente verde, de yerbas: otra trae ron puro. Va y viene el gentío. De ayudante de Maceo lleva y trae, ágil y verboso, Castro Palomino. Maceo y Gómez hablan bajo, cerca de mí: me llaman a poco, allí en el portal: que Maceo tiene otro pensamiento de gobierno: una junta de generales con mando, por sus representantes, —y una Secretaría General: —la patria, pues, y todos los oficios de ella, que crea y anima al ejército, como secretaría de ejército. Nos vamos a un cuarto a hablar. No puedo desenredarle a Maceo la conversación: «¿pero U. se queda conmigo o se va con Gómez?». Y me habla, cortándome las palabras, como si fuese yo la continuación del gobierno leguleyo, y su representante. Lo veo herido —«lo quiero —me dice— menos de lo que lo quería» — por su reducción a Flor en el encargo de la expedición, y gasto de sus dineros. Insisto en deponerme ante los representantes que se reúnan a elegir gobierno. No quiere que cada jefe de Operaciones mande el suyo, nacido de su fuerza: él mandará los cuatro de Oriente: «dentro de quince días estarán con Uds. —y serán gentes que no me las pueda enredar allá el Doctor Martí». —En la mesa, opulenta y premiosa, de gallina y lechón, vuélvese al asunto: me hiere, y me repugna: comprendo que he de sacudir el cargo, con que se me intenta marcar de defensor ciudadanesco de las trabas hostiles al movimiento militar. Mantengo, rudo: el Ejército, libre —y el país, como país y con toda su dignidad representado. Muestro mi descontento de semejante indiscreta y forzada conversación, a mesa abierta, en la prisa de Maceo por partir. Que va a caer la noche sobre Cuba, y ha de andar seis horas. Allí, cerca, están sus fuerzas: pero no nos lleva a verlas: las fuerzas reunidas de Oriente —Rabí, de Jiguaní, Busto, de Cuba, las de José, que trajimos. A caballo, adiós rápido. «Por ahí se van Uds.». —y seguimos, con la escolta mohína; ya entrada la tarde, sin los asistentes, que quedaron con José, sin rumbo cierto, a un galpón del camino, donde no desensillamos. Van por los asistentes: seguimos, a otro rancho fangoso, fuera de los campamentos, abierto a ataque. Por carne manda Gómez al campo de José: la traen los asistentes. Y así, como echados, y con ideas tristes, dormimos.—

7.— De Jagua salimos, y de sus mambises viejos y leales, por el Mijial. En el Mijial los caballos comen la piña forastera, y de ella, y de cedros hacen tapas para galones. A César le dan agua de hojas de guanábana, que es pectoral bueno y cocimiento grato. En el camino nos salió Prudencio Bravo, el guardián de los heridos, a decirnos adiós. Vimos a la hija de Nicolás Cedeño, que habla contenta, y se va con 5 hijos a su monte de Holguín. Por el camino de Barajagua —«aquí se peleó mucho» «todo esto llegó a ser nuestro» —vamos hablando de la guerra vieja, Allí, del monte tupido de los lados, o de los altos y curvos enlomados del camino, se picaba a las columnas, que al fin, cesaron: por el camino se va a Palma y a Holguín. Zefí dice que por ahí trajo él a Martínez Campos, cuando vino a su primer conferencia con Maceo. «El hombre salió colorado como un tomate, y tan furioso que tiró el sombrero al suelo, y me fue a esperar a media legua». Andamos cerca de Baraguá. Del camino salimos a la sabana de Pinalito, que cae, corta, al arroyo de las Piedras, y tras él, a la loma de La Risueña, de suelo rojo y pedregal, combada como un huevo, y al fondo graciosas cabezas de monte, de extraños contornos: un bosquecillo, una altura que es como una silla de montar, una escalera de lomas. Damos de lleno en la sabana de Vio, concha verde, con el monte en torno, y palmeras en él, y en lo abierto un cayo u otro, como florones, o un espino solo, que da buena leña: las sendas negras van por la yerba verde, matizada de flor morada y blanca: A la derecha, por lo alto de la sierra espesa, la cresta de pinos. Lluvia recia. Adelante va la vanguardia, uno con la yagua a la cabeza, otro con una caña por arzón, o la yagua en descanso, o la escopeta. El alambre del telégrafo se revuelca en la tierra. Pedro pasa, con el portabandera desnudo, —una vara de [...]: A Zefi, con la cuchara de plomo en la cruz de la bandolera, le cose la escarapela el ala de atrás. A Chacón, descalzo, le relumbra, de la cintura a la rodilla, el pavón del rifle. A Zambrano, que se hala, le cuelga por la cadera el cacharro de hervir. Otro, por sobre el saco, lleva una levita negra. Miro atrás, por donde vienen, de cola de la marcha, los mulos y los bueyes, y las tercerolas de retaguardia, y sobre el cielo gris veo, a paso pesado, tres [...] y uno, como poncho, lleva por la cabeza una yagua. Por la sabana que sigue, por Hato del Medio, famosa en la guerra, seguimos, con la yerba ahogada del aluvión, al campamento, allá detrás de aquellas pocas reses. «Aquí, me dijo Gómez, nació el cólera, cuando yo vine con doscientas armas y 4000 libertos, para que no se los llevasen los españoles y estaba esto cerrado de reses, y mataron tantas que del hedor se empezó a morir la gente, y fui regando la marcha con cadáveres: 500 cadáveres dejé en el camino a Tacajó». Y entonces me cuenta de lo de Tacajó, el acuerdo entre Céspedes y Donato Mármol. Céspedes, después de la toma de Bayamo, desapareció. Eduardo Mármol, culto y funesto, aconsejó a Donato la Dictadura. Félix Figueredo pidió a Gómez que apoyase a Donato, y entrase en lo de la Dictadura, a lo que Gómez le dijo que ya lo había pensado hacer y lo haría, no por el consejo de él, sino para estar dentro, y de adentro impedirlo mejor: «Sí, decía Félix, porque a la revolución le ha nacido una víbora». «Y lo mismo era él», me dijo Gómez. De Tacajó envió Céspedes a citar a Donato a conferencia cuando ya Gómez estaba con él, y quiso Gómez ir primero, y enviar luego recado. Al llegar donde Céspedes, como Gómez se venía con la guardia que halló como a un cuarto de legua, creyó notar confusión y zozobra en el campamento, hasta que Marcano salió a Gómez que le dijo: «Ven acá, dame un abrazo». —Y cuando los Mármoles llegaron, a la mesa de cincuenta cubiertos, y se habló allí de la diferencia, desde las primeras consultas se vio que, como Gómez los demás opinaban por el acatamiento a la autoridad de Céspedes. «Eduardo se puso negro». «Nunca olvidaré el discurso de Eduardo Arteaga: El sol, dijo, con todo su esplendor suele ver oscurecida su luz por repentino eclipse; pero luego brilla con nuevo fulgor más hirviente por su pasajero oscurecimiento: así ha sucedido al sol Céspedes. Habló José Joaquín Palma. ¿Eduardo? Dormía la siesta un día, y los negros hacían bulla en el batey. Mandó callar y aún hablaban». ¿Ah, no quieren entender?». Tomó el revólver —él era muy buen tirador—: y hombre al suelo, de una bala en el pecho. Siguió durmiendo». —Ya llegamos, a son de corneta, a los ranchos, y la tropa formada bajo la lluvia, de Quintín Bandera. Nos abraza, muy negro, de bigote y barbija, en botas, capa y jipijapa, Narciso Moncada, el hermano de Guillermo: «¡ah, solo que falta un número!». Quintín, sesentón, con la cabeza metida en los hombros, troncudo el cuerpo, la mirada baja y la palabra poca, nos recibe a la puerta del rancho: arde de la calentura: se envuelve en su hamaca: el ojo, pequeño y amarillo, parece como que le viene de hondo, y hay que asomarse a él: a la cabeza de su hamaca hay un tamboril. Deodato Carvajal es su teniente, de cuerpo fino, y mente de ascenso, capaz y ordenada: la palabra, por afinarse, se revuelve, pero hay en él método, y mando, y brío para su derecho y el ajeno: me dice que por él recibía mis cartas Moncada. Narciso Moncada, verboso y fornido, es de bondad y pompa: «en verbo de licor; no gasto nada»: su hermano está enterrado —«más abajo de la altura de un hombre, con planos de ingeniero—, donde solo lo sabemos unos pocos, y si yo me muero, otro sabe, y si ese se muere, otro, y la sepultura siempre se salvará». «Y a nuestra madre, que nos la han tratado como si fuera la madre de la patria?». Dominga Moncada ha estado en el Morro tres veces: todo porque aquel General que se murió la llamó para decirle que tenía que ir a proponerle a sus hijos, y ella le dijo: «Mire, General, si yo veo venir a mis hijos por una vereda, y lo veo venir a U. del otro lado, les grito: "huyan, mis hijos, que este es el general español"». —A caballo entramos al rancho, por el mucho fango de afuera, para podernos desmontar y del lodo y el aire viene hedor, de la mucha res que ha muerto cerca: el rancho, gacho, está tupido de hamacas. —A un rincón, en un cocinazo, hierven calderos. Nos traen café, ajengibre, cocimiento de hoja de guanábana. Moncada, yendo y viniendo, alude al abandono en que dejó Quintín a Guillermo —Quintín me habla así: «y luego tuvo el negocio que se presentó con Moncada, o lo tuvo él conmigo, cuando me quiso mandar con Masó, y pedí mi baja». Carvajal había hablado de «las decepciones» sufridas por Bandera: Ricardo Sartorius, desde su hamaca, me habla de Purnio, cuando les llegó el telegrama falso de Cienfuegos para alzarse: me habla de la alevosía con su hermano Manuel, a quien Miró hurtó sus fuerzas, y «forzó a presentarse»: «le iba esto», —la garganta. —Vino *Calunga*, de Masó, con cartas para Maceo: no acudirá a la cita de Maceo muy pronto, porque está amparando una expedición del Sur que acaba de llegar. Se pelea mucho en Bayamo. Está en armas Camagüey. Se alzó el Marqués, y el hijo de Agramonte. —Hiede.

8.— A trabajar a una altura vecina, donde levantan el nuevo campamento: ranchos de troncos, atados con bejuco, techados con palma. Nos limpian un árbol y escribimos al pie —Cartas a Miró —de Gómez, como a Coronel, seguro de que ayudará «al Brigadier Ángel Guerra, nombrado Jefe de Operaciones», —mía, con el fin de que, sin desnudarle el pensamiento, vea la conveniencia y justicia de aceptar y ayudar a Guerra. —Miró hace de árbitro de la comarca, como Coronel. Guerra sirvió los 10 años, y no le obedecería. —Cartas a prominentes de Holguín, y circulares: —a Guadalupe Pérez, acaudalado, —a Rafael Manduley, procurador, —a Francisco Frexes, abogado. —En la mesa, sin rumbo, funge el consejo de guerra de Isidro Tejera, y Onofre y José de la O. Rodríguez: los pacíficos dieron parte del terror en que pusieron al vecindario: el Capitán Juan Peña y Jiménez. —Juan el Cojo, que sirvió «en las tres guerras», de una pierna solo tiene el muñón, y monta a caballo de un salto, —oyó el susto a los vecinos, y vio las casas abandonadas, y depone que los tres le negaron las armas, y profirieron amenazas de muerte. —El consejo, enderezado de la confusión, los sentencia a muerte. Vamos al rancho nuevo, de alas bajas, sin paredes. —José Gutiérrez, el corneta afable que se lleva Paquito, toca a formación. Al silencio de las filas traen los reos: y lee Ramón Garriga la sentencia, y el perdón. Habla Gómez de la necesidad de la honra en las banderas: «ese criminal ha manchado nuestra bandera». Isidro, que venía llorando, pide licencia de hablar: habla gimiendo, y sin idea, que muere sin culpa, que no lo dejarán morir, que es imposible que tantos hermanos no le pidan el perdón. Tocan marcha, Nadie habla. Él gime, se retuerce en la cuerda, no quiere andar. Tocan marcha otra vez, y las filas siguen, de dos en fondo. Con el reo, que implora, Chacón y cuatro rifles, empujándolos. Detrás, solo, sin sus polainas, saco azul y sombrero pequeño, Gómez. —Otros acá, pocos, y Moncada, —que no va al reo, ya en el lugar de muerte, llamando desolado, sacándose el reloj, que Chacón le arrebata, y tira en la[s] yerbas. [...] manda Gómez, con el rostro demudado y empuña su revólver, a pocos pasos del reo. Lo arrodillan, al hombre espantado, que aún, en aquella rapidez, tiene tiempo, sombrero en mano, para volver la cara dos o tres veces. A dos varas de él los rifles bajos. «¡Apunten!» dice Gómez: ¡Fuego! Y cae sobre la yerba, muerto. —De los dos perdonados, —cuyo perdón aconsejé y obtuve, —uno, ligeramente cambiado el color pardo, no muestra espanto, sino sudor frío: otro, con sus cuerdas por los codos; está como si aún se hiciese atrás, como si huyese el cuerpo, ido de un lado lo mismo que el rostro, que se le chupó y desencajó. —Él, cuando les leyeron la sentencia, en el viento y las nubes de la tarde, sentados los tres por tierra, con el pie en el cepo de varas, se apretaba con la mano las sienes. El otro, Onofre, oía como sin entender, y volvía la cabeza a los ruidos. «El Brujito», el muerto, mientras esperaba el fallo, escarbaba, doblado, la tierra, —o alzaba de repente el rostro negro, de ojos pequeños, y nariz hundida de puente ancho. —El cepo fue hecho al vuelo: una vara recia en tierra, otra mas fina al lado, atada por arriba, y clavada debajo de modo que deje paso estrecho al pie preso. —«El Brujito», decían luego, era bandido de antes: «puede Ud. Jurar, decía Moncada, que deja su entierro de catorce mil pesos». —Sentado en un baúl, en el rancho, alrededor de la vela de cera, Moncada cuenta la última marcha de Guillermo moribundo; cuando iba a la cita con Masó. A la prisión entró Guillermo sano, y salió de ella delgado, caído, echando sangre en cuajos a cada tos. Un día, en la marcha, se sentó en el camino, con la mano a la frente: «me duele el cerebro»: y echó a chorros la sangre, en cuajos rojos —«estos son de la pulmonía»— decía luego Guillermo revolviéndolos —«y estos, los negros, son de la espalda». Zefi cuenta, y Gómez de la fortaleza de Moncada. «Un día dice, lo hirieron en la rodilla, y se le montó un hueso sobre el otro, así», y se puso al pecho un brazo sobre otro: «no se podía poner los huesos en lugar y entonces, por debajo de los brazos lo colgamos, en aquel rancho más alto que este, y yo me abracé a su pierna, y con todas mis fuerzas me dejé descolgar, y el hueso volvió a puesto, y el hombre no dijo palabra». Zefi es altazo, de músculo seco: «y me quedo de bandido en el monte si quieren otra vez acabar esto con infamias». «Una cosa tan bien

plantificada como esta, dice Moncada, y andar con ella trafagando»:
—Se queja él con amargura del abandono y engaño en que tenía
a Guillermo Urbano Sánchez,— Guillermo ansioso siempre de la
compañía blanca: «le digo que en Cuba hay una división horro-
rosa». Y se le ve el recuerdo rencoroso en la censura violenta a
Mariano Sánchez, cuando en el *Ramón de las Yaguas* abogó porque
se cumpliese al Teniente rendido la palabra de respetarle las armas,
y Mariano que se veía con escopeta, y a otro más, quería echarse
sobre los 60 rifles. —«¿Y Ud. quién es, dice Narciso que le dijo
Mariano para dar voto en esto?». —Y Gómez expresa la idea de
que Mariano «no tiene cara de cubano, por más que U. me diga,
—y dispénseme». —Y de que el padre anda afuera, y mandó al
hijo adentro, para estar a la vez en los dos campos. —Mucho vamos
hablando de la necesidad de picar al enemigo aturdido, y sacarlo
sin descanso a la pelea, —de cuajar con la pelea el ejército re-
volucionario desocupado, —de mudar campos como este, de
400 hombres, que cada día aumentan, y comen en paz y guardan
300 caballos, en fuerza más ordenada y activa, que «yo, con mis
escopetas y mis dos armas de precisión, sé cómo armarme», dice
Bandera: Bandera: que pasó allá abajo el día, en su hamaca soli-
taria, en el rancho fétido.

9.— Adiós, a Bandera, —a Moncada, —al fino Carvajal, que
quisiera irse con nosotros, a los ranchos donde asoma la gente,
saludando con los yareyes: «¡Dios los lleve con bien, mis herma-
nos—!». Pasamos, sin que uno solo vuelva a ella los ojos, junto a
la sepultura. Y a poco andar por el hato lodoso, se sale a la sabana,
y a unos mangos al fondo: es Baraguá: son los mangos, aquellos
dos troncos con una sola copa, donde Martínez Campos conferen-
ció con Maceo. Va de práctico un mayaricero que estuvo allí en-
tonces: «Martínez Campos lo fue a abrazar y Maceo le puso
el brazo por delante, así: ahí fue que tiró el sombrero al suelo.
Y cuando le dijo que ya García había entrado, viera el hombre
cuando Antonio le dijo: ¿quiere Vd. que le presente a García?».
«García estaba allí, en ese monte: todo ese monte era de cubanos
no más. Y de ese lado había otra fuerza, por si venían con traición».
De los llanos de la protesta, salimos al borde alto, del rancho
abandonado, de donde se ve el brazo del río, aún seco ahora, con

todo el cauce de yerbal, y los troncos caídos cubiertos de bejuco, con flores azules y amarillas, y luego de un recodo, la súbita bajada: —«¡Ah, Cauto —dice Gómez— ¡cuánto tiempo hacía que no te veía!». Las barrancas feraces y elevadas penden, desgarradas a trechos, hacia el cauce, estrecho aún, por donde corren, turbias y revueltas, las primeras lluvias. De suave reverencia se hincha el pecho, y cariño poderoso, ante el vasto paisaje del río amado. Lo cruzamos, por cerca de una seiba, y, luego del saludo a una familia mambí, muy gozosa de vernos, entramos al bosque claro, de sol dulce, de arbolado ligero, de hoja acuosa. Como por sobre alfombra van los caballos, de lo mucho del césped. Arriba el curujeyal da al cielo azul, o la palma nueva, o el dagame, que da la flor más fina, amada de la abeja, o la guásima, o la jatía. Todo es festón y hojeo, y por entre los claros, a la derecha, se ve el verde del limpio, a la otra margen, abrigado y espeso. Veo allí el ateje, de copa alta y menuda, de parásitas y curujeyes: el cajueirán, «el palo más fuerte de Cuba», el grueso júcaro, el almácigo, de piel de seda, la jagua de hoja ancha, la preñada güira, el jigüe duro, de negro corazón para bastones, y cáscara para curtir, el jubabán, de fronda leve, cuyas hojas, capa a capa, «vuelven raso al tabaco», la caoba, de corteza brusca, la quiebrahacha de tronco estriado, y abierto en ramos recios, cerca de las raíces (el caimitillo y el cupey y la picapica) y la yamagua, que estanca la sangre: —A Cosme Pereira nos hallamos en el camino, y con él a un hijo de Eusebio Venero, que se vuelve a anunciarnos a Altagracia. Aún está en Altagracia Manuel Venero, tronco de patriotas, cuya hermosa hija Panchita murió, de no querer ceder al machete del asturiano Federicón. Con los Venero era muy íntimo Gómez, que de Manuel osado hizo un temido jefe de guerrilla, y por Panchita sentía viva amistad, que la opinión llamaba amores. El asturiano se llevó la casa un día, y en la marcha iba dejando a Panchita atrás, y solicitándola, y resistiendo ella. —«¿Tú no quieres porque eres querida de Gómez?». Se irguió ella, y él la acabó, con su propia mano. —Su casa hoy nos recibe con alegría, en la lluvia oscura, y con buen café. —Con sus holguineros se alberga allí Miró, que vino a alcanzarnos al camino: de aviso envió a Pancho Díaz mozo que por una muerte que hizo se fue a asilar a Monte Cristi, y es práctico de ríos, que los cruza en la cresta, y enlazador y hoceador de puercos, que mata a machetazos. Miró llega, cortés en su buen caballo: le veo el cariño cuando me saluda: él tiene fuerte habla catalana; tipo fino; barba en punta y calva; ojos vivaces. Dio a Guerra su gente, y con su escolta de mocetones subió a encontrarnos. —«Venga, Rafael». —Y se acerca, en su saco de nipe (sic) amarillo, chaleco blanco, y jipijapa de ala corta a la oreja Rafael Manduley, el procurador de Holguín, que acaba de salir al campo. La gente, bien montada, es de muy buena cepa: Jaime Muñoz, peinado al medio, que administra bien, José González, Bartolo Rocaval, Pablo García, el práctico sagaz, Rafael Ramírez, Sargento primero de la guerra, enjuto, de bigotillo negro, Juan Oro, Augusto Feria, alto y bueno, del pueblo, cajista y de letra, Teodorico Torres, Nolasco Peña, Rafael Peña, Luis Jerez, Francisco Díaz, Inocencio Sosa, Rafael Rodríguez, —y Plutarco Artigas, amo de campo, rubio y tuerto, puro y servicial: dejó su casa grande, su bienestar y «nueve hijos de los diez que tengo, porque el mayor me lo traje conmigo». Su hamaca es grande, con la almohadilla hecha de manos tiernas; su caballo es recio, y de lo mejor de la comarca; él se va lejos, a otra jurisdicción, para que de cerca «no lo tenga amarrado su familia»: y «mis hijitos se me hacían una piña alrededor y se dormían conmigo». Aun vienen Miró y Manduley henchidos de su política local: a Manduley «no le habían dicho nada de la guerra», —a él que tiene fama de erguido, y de autoridad moral: trae espejeras: iba a ver a Masó: «y yo, que alimentaba a mis hijos científicamente; quién sabe lo que comerán ahora». Miró, a gesto animado y verba bullente; alude a su campaña de 7 años en *La Doctrina* de Holguín, y luego en *El Liberal* de Manzanillo, que le pagaban Calvar y Beattie, y donde les sacó las raíces a los «cuadrilongos», a los «astures», a «la malla integrista». Dejó hija y mujer y ha paseado, sin mucha pelea, su caballería de buena gente por la comarca: Me habla de los esfuerzos de Gálvez, en La Habana, para rebajar la revolución: del grande odio con que Gálvez habla de mí, y de Juan Gualberto: «a Ud., a Ud. es a quien ellos le temen», «a voz en cuello decían que no vendría Ud., y eso es lo que los va ahora a confundir». —Me sorprende, aquí como en todas partes, el cariño que se me muestra, y la unidad de alma, *a que no se permitirá condensación, y a la que se desconocerá, y de la que se prescindirá, con daño, o por lo menos el daño de demora, de la revolución, en su primer año de ímpetu*. El espíritu que sembré es el que ha cundido, y el de la Isla, y con él, y guía conforme a él, triunfaríamos brevemente, y con mejor victoria, y para paz mejor. Preveo que, por cierto tiempo al menos, se divorciará a la fuerza a la revolución de este espíritu, —se le privará del encanto y gusto, y poder de vencer de este consorcio natural, —se le robará el beneficio de esta conjunción entre la actividad de estas fuerzas revolucionarias y el espíritu que las anima. —Un detalle: *Presidente* me han llamado, desde mi entrada al campo, las fuerzas todas, a pesar de mi pública repulsa, y a cada campo que llego, el respeto renace, y cierto suave entusiasmo del general cariño, y muestras del goce de la gente en mi presencia y sencillez. —Y al acercarse hoy uno: *Presidente*, y sonreír yo: «No me le digan a Martí Presidente: díganle General: él viene aquí como General: no me le digan Presidente». —«¿Y quién contiene el impulso de la gente, General?»; le dice Miró: «eso les nace del corazón a todos». —«Bueno: pero él no es Presidente todavía: es el Delegado». —Callaba yo, y noté el embarazo y desagrado en todos, y en algunos como el agravio. —Miró vuelve a Holguín, de Coronel: no se opondrá a Guerra: lo acatará: hablamos de la necesidad de una persecución activa, de sacar al enemigo de las ciudades, de picarlo por el campo, de cortarle todas las proveedurías, de seguirle los convoyes. Manduley vuelve también, no muy a gusto, a influir en la comarca que lo conoce, a ponérsele a Guerra de buen consejero, a amalgamar las fuerzas de Holguín e impedir sus choques, a mantener el acuerdo de Guerra, Miró y Feria. —Dormimos, apiñados, entre cortinas de lluvia—los perros, ahítos de la matazón, vomitan la res. —Así dormimos en Altagracia. —En el camino, el único caserío fue Arroyo-Blanco: la tienda vacía: el grupo de ranchos: el ranchero barrigudo, blanco, egoísta, con el pico de la nariz caído entre las alas del poco bigote negro: la mujer negra: la vieja ciega se asomó a la puerta, apoyada a un lado, y en el báculo amarillo el brazo tendido: limpia, con un pañuelo a la cabeza: —«¿Y los pati-peludos matan gente ahora?». Los cubanos no me hicieron nadita a mí nunca, —no señor.

10.— De Altagracia vamos a La Travesía. —Allí volví a ver de pronto, a la llegada, el Cauto, que ya venía crecido, con su curso ancho en lo hondo, y a los lados, en vasto declive, los barrancos. Y pensé de pronto, ante aquella hermosura, en las pasiones bajas y feroces, del hombre. Al ir llegando, corrió Pablo una novilla, negra, de astas nacientes, y la echan contra un árbol, donde, a vueltas, le van acortando la soga. Los caballos, erguidos, resoplan: les brillan los ojos. Gómez toma del cinto de un escolta el machete, y abre un tajo, rojo, en el muslo de la novilla. —«¡Desjarreten esa novilla!». Uno, de golpe, la desjarreta, y se arrodilla el animal mugiendo: Pancho, al oír la orden de matar le mete, mal, el machete por el pecho una vez y otra: uno, más certero, le entra hasta el corazón; y vacila y cae la res, y de las bocas sale en chorro la sangre. Se la llevan arrastrando. —Viene Francisco Pérez, de buen continente, enérgico y carirredondo, capitán natural de sus pocos caballos buenos, hombre sano y seguro. Viene el capitán Pacheco, de cuerpo pequeño, de palabra tenaz y envuelta, con el decoro y la aptitud abajo: tomó un arria, sus mismos cubanos le maltrataron la casa y le rompieron el burén, «yo no he venido a aspirar sino a servir a la patria», pero habla sin cesar y como a medias, de los que hacen, y de los que no hacen, y de que los que hacen menos suelen alcanzar más que el que hace «pero él solo ha venido a servir a la patria». «Mis polainas son estas», —las pantorrillas desnudas: el pantalón, a la rodilla, los borceguíes de baqueta: el yarey, amarillo y púrpura. Viene Bellito, el coronel Bellito de Jiguaní, que por enfermo había quedado acá. Lo adivino leal, de ojo claro de asalto, valiente en hacer y en decir. Gusta de hablar su lengua confusa, en que, en las palabras inventadas, se le ha de sorprender el pensamiento. «La revolución murió por aquella infamia de deponer a su caudillo». «Eso llenó de tristeza el corazón de la gente». «Desde entonces empezó la revolución a volver atrás». «Ellos fueron los que nos dieron el ejemplo», —ellos, «los de la Cámara»,— cuando Gómez censura agrio las rebeliones de García, y su cohorte de consejeros: Belisario Peralta, el venezolano Barreto, Bravo y Sentíes, Fonseca, Limbano Sánchez, y luego Collado. Bello habla dándose paseos, como quien espía al enemigo, o lo divisa, o cae sobre él, o salta de él. «Eso es lo que la gente quiere: el buen carácter en el mando». «No, señor, a nosotros no se nos debe hablar así, porque no se lo aguanto a hombre nacido». «Yo he sufrido por mi patria cuanto *haiga* sufrido el mejor General». Se encara a Gómez, que lo increpa porque los oficiales dejan pasar a Jiguaní las reses que llevan pase en nombre de Rabí. —«Los que sean, y además esa, la orden del jefe, y nosotros tenemos que obedecer a nuestro jefe». «Ya sé que eso está mal, y no debe entrar res; pero el menor tiene que obedecer al mayor». Y cuando Gómez dice: «Pues lo tienen a U. bueno con lo de Presidente. Martí no será Presidente mientras yo esté vivo»: —y en seguida, «porque yo no sé qué le (sic) pasa a los presidentes, que en cuanto llegan ya se echan a perder, excepto Juárez, y eso un poco, y Washington», —Bello, airado, se levanta, y da dos o tres trancos, y el machete le baila a la cintura: «Eso será a voluntad del pueblo»: y murmura. «Porque nosotros, —me dijo otra vez, acodado a mi mesa con Pacheco,— hemos venido a la revolución para ser hombres, y no para que nadie nos ofenda en la dignidad de hombre».—En lluvias, jarros de café, y plática de Holguín, y Jiguaní llega la noche—por noticias de Masó esperamos. ¿Habrá ido a la concentración con Maceo? Miró, a oscuras, roe en la púa una paloma rabiche. —Mañana mudaremos de casa.

11.— A más allá, en la misma Travesía, a casa menos fangosa. Se va Miró con su gente. Llegamos pronto. —A Rosalío Pacheco, que sirvió en toda la guerra, y fue deportado a España en la chiquita; y allá casó con una andaluza, lo increpa reciamente Gómez. —Pacheco sufre, sentado en la camilla de varas al pie de mi hamaca. —Notas, conversación continua sobre la necesidad de activar la guerra, y el asedio de las ciudades.—

12.— De la Travesía a la Jatía, por los potreros, aún ricos en reses, de la Travesía, Guayacanes y la Vuelta. La yerba ya se espesa, con la lluvia continua. Gran pasto, y campo, para caballería. Hay que echar abajo las cercas de alambre, y abrir el ganado al monte, o el español se lo lleva, cuando ponga en *La Vuelta* el campamento, al cruce de todos estos caminos. Con barrancas como la del Cauto asoma el Contramaestre, más delgado y claro; y luego lo cruzamos y bebemos. Hablamos de hijos: Con los tres suyos está Teodosio Rodríguez, de Holguín: Artigas trae el suyo: con los dos suyos de 21 y 18 años, viene Bellito. Una vaca pasa rápida, mugiendo dolorosa, y salta el cercado: despacio viene a ella, como viendo poco, el ternero perdido, y de pronto, como si la reconociera, se enarca y arrima a ella, con la cola al aire, y se pone a la ubre: aún muge la madre. —La Jatía es casa buena, de cedro, y de corredor de zinc, ya abandonada de Agustín Maysana, español rico: de cartas y papeles están los suelos llenos. Escribo al aire, al Camagüey, todas las cartas que va a llevar Calunga, diciendo lo visto, anunciando el viaje, al Marqués, a Mola a Montejo. —Escribo la circular prohibiendo el pase de reses, y la carta a Rabí. Masó anda por la sabana con Maceo, y le escribimos: una semana hemos de quedarnos por aquí, esperándolo. —Vienen tres veteranos de las Villas, uno con tres balazos en el ataque imprudente a Arimao, bajo Mariano Torres, —y el hermano, por salvarlo, con uno: van de compra y noticias a Jiguaní: Jiguaní tiene un fuerte, bueno, fuera de la población, y en la plaza dos tambores de mampostería, y los otros dos sin acabar, porque los carpinteros que atendían a la madera desaparecieron: —y así dicen: «vean como están estos paisanos, que ni pagados quieren estarse con nosotros». Al acostarnos, desde las hamacas, luego de plátano y queso, acabado lo de escribir hablamos de la casa de Rosalío, donde estuvimos por la mañana, al café a que nos esperaba él, de brazos en la cerca. El hombre es fornido, y viril de trabajo rudo, y bello mozo, con el rostro blanco ya rugoso, y barba negra corrida. —«Aquí tienen a mi señora», dice el marido fiel, y con orgullo: y allí está, en su túnico morado, el pie sin medias en la pantufla de flores, la linda andaluza, subida a un poyo, pilando el café. En casco tiene alzado el cabello por detrás, y de allí le cuelga en cauda: se le ve sonrisa y pena. Ella no quiere ir a Guantánamo, con las hermanas de Rosalío: ella quiere estar «donde esté Rosalío». —La hija mayor, blanca, de puro óvalo, con el rico cabello corto abierto en dos y enmarañado, aquieta a un criaturín huesoso, con la nuca de hilo, y la cabeza colgante, en un gorrito de encaje: es el último parto. Rosalío levantó la finca; tiene vacas, prensa quesos: a lonjas de a libra nos comemos su queso, remojado en café: con la tetera, en su taburete, da leche Rosalío a un angelón de hijo, desnudo, que muerde a los hermanos que se quieren acercar al padre: Emilia, de puntillas, saca una taza de la alacena que ha hecho de cajones, contra la pared del rancho. O nos oye sentada; con su sonrisa dolorosa, y alrededor se le cuelgan los hijos.—

13.— Esperaremos a Masó en un lugar menos abierto, cerca de Rosalío, en casa de su hermano. Voy aquietando: a Bellito, a Pacheco, y a la vez impidiendo que me muestren demasiado cariño. Recorremos de vuela los potreros de ayer, seguimos Cauto arriba, y Bellito pica espuelas para enseñarme el bello estribo, de copudo verdor, donde, con un ancho recodo al frente se encuentran los dos ríos: el Contramaestre entra allí al Cauto. Allí, en aquel estribo, que da por su fondo a los potreros de la Travesía, ha tenido Bellito campamento: buen campamento: allí arboleda oscura, y una gran ceiba. Cruzamos el Contramaestre, y, a poco, nos apeamos en los ranchos abandonados de Pacheco. Aquí fue, cuando esto era monte, el campamento de Los Ríos, donde O'Kelly se dio primero con los insurrectos, antes de ir a Céspedes. —Y hablamos de las tres Altagracias, —Altagracia la Cubana, donde estuvimos, —Altagracia de Manduley —Altagracia la Bayamesa. —De sombreros: «¡tanta tejedora que hay en Holguín!». —De Holguín, que es tierra seca, que se bebe la lluvia, con sus casas a cordel, y sus patios grandes, «hay mil vacas paridas en Holguín». —Me buscan hojas de zarza, o de tomate, para untarlas de sebo, sobre los nacidos. Artigas le saca flecos a la jáquima que me trae Bellito. —Ya está el rancho barrido: hamacas, escribir; leer; lluvia; sueño inquieto.

14.— Sale una guerrilla para *La Venta*, el caserío con la tienda de Rebentoso, y el fuerte de 25 hombres. Mandan, horas después, al Alcalde, el gallego José González, casado en el país, que dice que es Alcalde a la fuerza, y espera en el rancho de Miguel Pérez, el pardo que está aquí de cuidador, barbero. Escribo, poco y mal, porque estoy pensando con zozobra y amargura. ¿Hasta qué punto será útil a mi país mi desistimiento? Y debo desistir, en cuanto llegase la hora propia, para tener libertad de aconsejar, y poder moral para resistir el peligro que de años atrás preveo, y en la soledad en que voy, impere acaso, por la desorganización e incomunicación que en mi aislamiento no puedo vencer, aunque, a campo libre, la revolución entraría naturalmente, por su unidad de alma, en las formas que asegurarían y acelerarían su triunfo. —Rosalío va y viene, trayendo recados, leche, cubiertos, platos: ya es prefecto de Dos Ríos. Su andaluza prepara para un enfermo una purga de higuereta, de un catre le hace hamaca, le acomoda un traje: el enfermo es José Gómez, granadino, risueño, de franca dentadura: —«Y Ud. Gómez, ¿cómo se nos vino por acá? Cuénteme, desde que vino a Cuba». «Pues yo vine hace dos años, y me rebajaron, y me quedé trabajando en el Camagüey. Nos rebajaron así a todos, para cobrarse nuestro sueldo, y nosotros de lo que trabajábamos vivíamos. Yo no veía más que criollos, que me trataban muy bien: yo siempre vestí bien, y gané dinero, y tuve amigos: de mi paga, en dos años, solo alcancé doce pesos. —Y ahora me llamaron al cuartel, y no sufrí tanto como otros, porque me hicieron cabo; pero aquello era maltratar a los hombres, que yo no lo podía sufrir y cuando un Oficial me pegó dos cocotazos, me callé, y me dije que no me pegarían más, y me tomé el fusil y las cápsulas, y aquí estoy». Y a caballo, en su jipijapa y saco pardo, con el rifle por el arzón de su potranca, y siempre sonriendo. —Se agolpan al rancho, venideros de la Sabana, de Hato del Medio, los balseros que fueron a preguntar si podían arrear la madera: vuelven a Cauto del Embarcadero, pero no a arrearla: prohibidos, los trabajos que den provecho, directo o indirecto, al enemigo. Ellos no murmuran: querían saber: están preparados a salir, con el Comandante Coutiño. —Veo venir, a caballo, a paso sereno bajo la lluvia, a un magnífico hombre, negro de color con gran sombrero de ala vuelta, que se queda oyendo, atrás del grupo, y con la cabeza por sobre él. —Es Casiano Leyva, vecino de Rosalío, práctico por Guamo, entre los tumbadores el primero, con su hacha potente: y al descubrirse, le veo el noble rostro, frente alta y fugitiva, combada al medio, ojos mansos y firmes, de gran cuenca; entre pómulos anchos; nariz pura; y hacia la barba aguda la pera canosa: es heroica la caja del cuerpo, subida en las piernas delgadas: una bala, en la pierna: él lleva permiso de dar carne al vecindario—, para que no maten demasiada res. Habla suavemente, y en cuanto hace tiene inteligencia y majestad. Él luego irá por Guamo. —Escribo instrucciones generales a los Jefes y Oficiales.

15.— La lluvia de la noche, el fango, el baño en el Contramaestre: la caricia del agua que corre: la seda del agua. A la tarde; viene la guerrilla: que Masó anda por la Sabana, y nos lo buscan: traen un convoy, cogido en La Ratonera. Lo vacían a la puerta: lo reparte

Bellito: vienen telas, que Bellito mide al brazo: tanto a la escolta, —tanto a Pacheco, el Capitán del convoy, y la gente de Bellito, —tanto al Estado Mayor: velas, una pieza para la mujer de Rosalío, cebollas y ajos y papas y aceitunas para Valentín. Cuando llegó el convoy, allí el primero Valentín, al pie, como oliendo, ansioso. Luego la gente alrededor. A ellos, un galón de «vino de composición para tabaco», —mal vino dulce—. Que el convoy de Bayamo sigue sin molestar a Baire, repartiendo raciones. Lleva once prácticos y Francisco Diéguez ente ellos: «Pero él vendrá: él me ha escrito: lo que pasa es que en la fuerza teníamos a los bandidos que persiguió él, y no quiere venir, los bandidos de El Brujito, el muerto de Hato del Medio». —Y no hay fuerzas alrededor con que salirle al convoy, que va con 500 hombres. Rabí, —dicen— atacó el tren de Cuba en San Luis, y quedó allá. —De Limbano hablamos, de sobremesa: y se recuerda su muerte, como la contó el práctico de Mayarí, que había acudido a salvarlo, y llegó tarde. Limbano iba con Mongo, ya deshecho, y llegó a casa de Gabriel Reyes, de mala mujer, a quien le había hecho mucho favor: le dio las monedas que llevaba; la mitad para su hijo de Limbano, y para Gabriel la otra mitad, a que fuera a Cuba, a las diligencias de su salida: y el hombre volvió con la promesa de $2000, que ganó envenenando a Limbano. Gabriel fue al puesto de la guardia civil, que vino, y disparó sobre el cadáver para que apareciese muerto de ella. Gabriel vive en Cuba, execrado de todos los suyos: su ahijado le dijo: «Padrino, me voy del lado de U., porque U. es muy infame». —Artigas, al acostarnos pone grasa de puerco sin sal sobre una hoja de tomate; y me cubre la boca del nacido.—

16.— Sale Gómez a visitar los alrededores. —Antes, registro de los sacos, del Teniente Chacón, Oficial Díaz, Sargento P. Rico, que murmuran, para hallar un robo de ½ botella de grasa. —Conversación de Pacheco, el Capitán: que el cubano quiere cariño, y no despotismo: que por el despotismo se fueron muchos cubanos al gobierno, y se volverían a ir: que lo que está en el campo es un pueblo, que ha salido a buscar quien lo trate mejor que el español, y halla justo que le reconozcan su sacrificio. Calmo, —y desvío sus demostraciones de afecto a mí, y las de todos. Marcos, el dominicano: «¡Hasta sus huellas!». De casa de Rosalío vuelve Gómez.

—Se va libre el alcalde de la Venta: que los soldados de la Venta, andaluces, se nos quieren pasar. —Lluvia, escribir, leer.

17.— Gómez sale, con los 40 caballos, a molestar el convoy de Bayamo. Me quedo, escribiendo, con Garriga y Feria, que copian las Instrucciones Generales a los Jefes y Oficiales: —conmigo doce hombres, bajo el Teniente Chacón, con tres guardias, a los tres caminos; y junto a mí, Graciano Pérez. Rosalío, en su arrenquín, con el fango a la rodilla, me trae, en su jaba de casa, el almuerzo cariñoso: «por Ud. doy mi vida». Vienen, recién salidos de Santiago, dos hermanos Chacón, dueño el uno del arria cogida anteayer, y su hermano rubio, bachiller y cómico, —y José Cabrera, zapatero de Jiguaní, trabado y franco, —y Duane, negro joven, y como labrado, en camisa, pantalón y gran cinto, y [...] Ávalos, tímido, y Rafael Vásquez, y Desiderio Soler, de 16 años, a quien Chacón trae como hijo. —Otro hijo hay aquí, Ezequiel Morales, con 18 años, de padre muerto en la guerra. Y estos que vienen, me cuentan de Rosa Moreno, campesina viuda, que le mandó a Rabí su hijo único Melesio, de 16 años: «allá murió tu padre: ya yo no puedo ir: tú ve». Asan plátanos, y majan tasajo de vaca, con una piedra en el pilón, para los recién venidos. Está muy turbia el agua crecida del Contramaestre, —y me trae Valentín un jarro hervido en dulce, con hojas de higo.

MARTÍ DESDE DENTRO

Roberto Fernández Retamar

QUÉ LITERATURA FUNDA MARTÍ

Para responder esta pregunta, que se ramifica en otras, partiré de algunas premisas, de algunas verdades que han ido abriéndose paso; y a la vez, del hecho de que otros criterios no encontraron aceptación suficiente en la comunidad de estudiosos de estas materias, y sobre todo no parecen acertados. Como premisa básica, querría considerar la certidumbre de que Martí no fue «precursor» de una literatura que, supuestamente, después de él llevarían a su culminación otros escritores hispanoamericanos. En vez de ello, en vez de esa condición de mero anunciador de lo que maduraría más tarde, creo que hoy se le reconoce a Martí su carácter de iniciador, de fundador, no solo en lo político sino también en lo literario.

Lo cual lleva a «la cuestión toral», como hubiera dicho el propio Martí: si se le reconoce condición de iniciador, de fundador, ¿cuál es la literatura que él inicia, que él funda? El primer gran reconocimiento que recibe la obra literaria martiana no proviene de los jóvenes, sino de un viejo, de quien lo separaban ideas fundamentales, pero que, sin embargo, supo ver, por la raigal autenticidad de su propio idioma y por su bronco talante (como luego haría Unamuno por razones en cierta forma similares), aspectos esenciales en la obra literaria martiana. Mé refiero al argentino Domingo Faustino Sarmiento, quien en carta abierta a Paul Groussac, publicada en el periódico bonaerense *La Nación* el 4 de enero de 1887, escribió: «En español, nada hay que se parezca a la salida de bramidos de Martí, y después de Victor Hugo, nada presenta la Francia de esta resonancia de metal». Pero muy pronto los jóvenes escritores hispanoamericanos comienzan a reconocer y proclamar el magisterio literario de Martí. En 1888 (es decir, el año de la aparición de su *Azul...*) afirmará el nicaragüense Rubén Darío que aquel «es famoso, triunfa, esplende, porque escribe, a nuestro modo de juzgar, más brillantemente que ninguno de España o de América [...] porque fotografía y esculpe en la lengua, pinta o cuaja la idea, cristaliza el verbo en la letra, y su pensamiento es un relámpago y su palabra un tímpano o una lámina de plata o un estampido».

A Darío, la única vez que lo encontró (en Nueva York, en 1893), Martí lo abrazó llamándolo «¡hijo!» y procedió a elogiarlo en público, como contó con orgullo el gran poeta en sus apuntes autobiográficos. Al cubano Julián del Casal Martí dedicó, con motivo de su muerte aquel mismo año 1893, un breve pero agudísimo artículo sobre el que volveré. En sus cuadernos de apuntes (no se sabe exactamente en qué fecha), Martí dejó constancia de que proyectaba escribir un estudio sobre los poetas jóvenes de América, entre los que estaban los mexicanos Salvador Díaz Mirón y Manuel Gutiérrez Nájera y el nicaragüense Darío. Estos poetas, junto a otros, serían conocidos como modernistas. (Aprovecho para señalar que aquí y en lo delante que los énfasis son míos. R. F. R.)

Así, como el soñador de La Mancha con la Iglesia, hemos topado, y no podía menos de ser, con el controvertido tema de Martí y el modernismo. Esa literatura que Martí no se limitó a preludiar, sino que inició, ¿fue pues el modernismo, como han sostenido tantos? ¿O la arriscada condición del revolucionario político y la figura moral del héroe, todo aquello que lo distingue de los estetas que se suele llamar modernistas lo separa de ellos, según han mantenido otros estudiosos de la obra martiana? Yo mismo he echado mi cuarto a espadas sobre la cuestión, abogando por una amplitud del concepto de modernismo, que lo viera como manifestación de la toma de conciencia del carácter «subdesarrollado» de nuestra sociedad, e hiciera así posible no solo que Martí figurase entre esos hombres, sino que los encabezara. Para ello, fue menester salir de la literatura, no limitarse a enumerar sus rasgos formales (aun siendo esenciales), sino preguntar a la historia por las razones de la aparición de aquellos escritores, de aquella escritura. Consideraba (y sigo considerando) válidas observaciones como la que Arnold

Hauser hiciera en una conversación con Lukács: «La historia de la cultura es, ante todo, y sobre todo, historia».

La persistencia en interrogar a la historia me ha llevado a algunos complementos. Sin olvidar el hecho palmario de que si las semejanzas que los llamados por antonomasia modernistas tienen con Martí son evidentes, no menos evidentes son las diferencias, lo que ha contribuido a que sobrevivan en muchos las reservas para ver como una unidad, por compleja que fuese, tareas literarias tan diversas. La verdad es que al preguntarnos hoy si Martí inició el modernismo, lo más acertado parece responder tanto afirmativa como negativamente. Y, según trataré de explicar, no por el mero gusto de la paradoja.

Se ha dicho ya que el modernismo no es una escuela, ni un movimiento (como lo llamó Darío), sino una época. Pero no siempre se ha dicho con igual sentido. Para Martí mismo, por ejemplo, es evidente que una época no es en primer lugar una entidad limitada a lo literario, sino referida a todo el ámbito histórico. Así ha de entenderse que en 1882, en su «Prólogo al *Poema del Niágara*», de Juan Antonio Pérez Bonalde, escriba sobre su época:

Nadie tiene hoy su fe segura. Los mismos que lo creen, se engañan. Los mismos que escriben fe se muerden, acosados de hermosas fieras interiores, los puños con que escriben. No hay pintor que acierte a colorear con la novedad y transparencia de otros tiempos la aureola luminosa de las vírgenes, ni cantor religioso o predicador que ponga unción y voz segura en sus estrofas y anatemas. Todos son soldados del ejército en marcha. A todos besó la misma maga. En todos está hirviendo la sangre nueva. Aunque se despedacen las entrañas, en su rincón más callado, están, airadas y hambrientas, la Intranquilidad, la Inseguridad, la Vaga Esperanza, la Visión Secreta. ¡Un inmenso hombre pálido, de rostro enjuto, ojos llorosos y boca seca, vestido de negro, anda con pasos graves, sin reposar ni dormir, por toda la tierra, —y se ha sentado en todos los hogares, y ha puesto su mano trémula en todas las cabeceras! ¡Qué golpeo en el cerebro! ¡Qué susto en el pecho! ¡Qué demandar lo que no viene! ¡Qué no saber lo que se desea! ¡Qué sentir a la par deleite y náusea en el espíritu, náusea del día que muere, deleite del alba!

Y también: «Esta es la época en que las colinas se van desasiendo en llanuras, época ya cercana en la otra en que todas las llanuras serán cumbres». A esa época, como a todas, le corresponde una literatura concreta, pues, según dirá en 1887 en su memorable texto sobre Walt Whitman, «cada estado social trae su expresión a la literatura, de tal modo que por las diversas fases de ella pudiera contarse la historia de los pueblos, con más verdad que por sus cronicones y sus décadas».

Desde muy pronto Martí sabe que las realidades literarias deben verse en estrecha relación con determinadas realidades históricas. Si proclamó la existencia de valores específicamente estéticos en las obras literarias («a la poesía, que es arte», dijo en 1888 al hablar de José María Heredia, «no vale disculparla con que es patriótica o filosófica, sino que ha de resistir como el bronce y vibrar como la porcelana»), también proclamó constantemente que aquellos valores remiten a determinados hechos históricos. Este criterio, como tantos otros, lo adquirió o fortaleció en México, durante los fecundos años 1875 y 1876 durante los cuales vivió allá, donde, participando a la vez en la lucha política y en la vida cultural, como era corriente en él, desarrolló tanto concepciones históricas como artísticas.

El voraz asimilador que fue Martí hizo suyos muchos de los postulados que los radicales de la Reforma mexicana habían venido defendiendo desde los grandes combates juaristas. Tales postulados implicaban, también, la defensa de los valores culturales propios, defensa característica de una burguesía nacional en ascenso revolucionario. No es otro el punto de vista de Martí cuando en 1875 escribe: «La imitación servil extravía, en economía como en literatura y en política»; e invita a los pintores mexicanos a copiar «la luz en el Xinantécatl y el dolor en el rostro de Cuauhtemotzín», añadiendo: «Hay grandeza y originalidad en nuestra historia: haya vida original y potente en nuestra escuela de pintura».

Sin embargo, aunque Martí se identificó plenamente con aquel país (llegando a hablar, como un mexicano más, de «nuestra historia», de «nuestra escuela de pintura»), siguió siendo un irreductible patriota cubano. El crítico mexicano Andrés Iduarte ha señalado con razón que si Martí se consideró mexicano en México, por otra parte, «precisamente por no mexicano, por hijo de una patria aún no nacida, por andariego a la fuerza, va a darle [al ideario que adquirió o fortaleció en México} una aplicación continental que no le dará ningún mexicano». Ello es lo que empezará a ocurrir cuando, tras abandonar México al principio de 1877, a raíz del golpe de Estado de Porfirio Díaz, Martí pase a Guatemala. Allí dará una «aplicación continental» a lo que en México había aprendido. A partir de su estancia guatemalteca (entre 1877 y 1878), se hacen frecuentes en él las expresiones (ya bocetadas en México) «madre América» y «nuestra América», distinta de la América que no es nuestra y en 1884 llamará «la América europea». Sus preocupaciones de genuinidad, de originalidad, van ahora a toda la América suya, «desde donde corre el Bravo fiero hasta donde acaba el digno Chile». Bien puede decirse que en Guatemala Martí hace un primer balance de su experiencia histórica en relación con lo que llama nuestra América.

Su conocimiento directo de esa América nuestra habrá de enriquecerse aún más durante el medio año que pasa en Venezuela en 1881. Y si es dable hablar de un primer balance histórico suyo en Guatemala, ahora, en Venezuela, será menester hablar de un balance literario. En la patria de Bolívar Martí alcanza su primera madurez literaria. Así lo testimonian materiales de entonces como por ejemplo sus apuntes, los trabajos que da a conocer en el periódico caraqueño *La Opinión Nacional* y en los dos únicos números que logra publicar de la *Revista Venezolana,* los versos de su libro *Ismaelillo,* que verá la luz al año siguiente, en Nueva York.

Una observación hecha por Martí en un cuaderno de apuntes escritos en Caracas durante 1881 se ha convertido en cita obligada a propósito de la forma inequívoca como Martí remitía la literatura a la historia: «No hay letras, que son expresión», dijo allí, «hasta que no hay esencia que expresar en ellas. Ni habrá literatura hispanoamericana hasta que no haya Hispanoamérica. [...] Lamentémonos ahora de que la gran obra nos falte, no porque nos falte ella, sino porque esa es señal de que nos falta aún el pueblo magno de que ha de ser reflejo».

No puede decirse de manera más clara que para él las letras eran «expresión» de una esencia, «reflejo» de un pueblo (lo que de ninguna manera implica degradarlas a la mansa tarea especular de un objeto preexistente, tarea que repudió siempre); ni tampoco que la carencia de una literatura hispanoamericana fuerte y coherente era a sus ojos consecuencia de una endeblez política, de la no realización de los proyectos de los libertadores de principios de su siglo. Si Martí lamenta la pobreza de nuestra literatura, sabe que tal pobreza se debe en gran medida a razones que van más allá de la literatura, y pregunta: «¿Se unirán, en consorcio urgente, esencial y bendito, los pueblos conexos y antiguos de América? ¿Se dividirán, por ambiciones de vientre y celos de villorrio, en nacioncillas desmeduladas, extraviadas, dialécticas?».

Es el Martí cargado de estas preocupaciones quien publica dos números de la *Revista Venezolana*. En el segundo y último de ellos explicita las razones que lo llevarían a publicarla, en un editorial titulado «El carácter de la *Revista Venezolana*». Sin duda, como se ha afirmado, el texto tiene aliento de manifiesto literario (que varios estudiosos atribuyen al naciente modernismo). Pero es imprescindible contemplar sus dos vertientes: la que mira a la genuinidad de la literatura hispanoamericana (donde reitera sus criterios sobre este aspecto, ampliados a toda nuestra América), y la que se ocupa del «estilo» de algunos textos de la revista. En la primera de esas vertientes, la más amplia, Martí explica que la revista «encamina sus esfuerzos a elaborar, con los restos del derrumbe, la gran América nueva, sólida, batallante, trabajadora y asombrosa», y pregunta: «¿Será alimento bastante a un pueblo fuerte, digno de su alta cuna y magníficos destinos, la admiración servil a extraños rimadores, la aplicación cómoda y perniciosa de otros mundos [...]?», para responder de inmediato: «No: no es esa la obra». Y más adelante: «Es fuerza convidar a las letras a que vengan a andar la vía patriótica de brazo de la historia [...]».

En la segunda vertiente, Martí expone sus criterios estilísticos, que le han valido el reproche «de esmerado y de pulcro». «No es defensa, sino aclaración lo que aquí hacemos», afirma. Pero la aclaración resulta ser una vehemente y lúcida defensa de los aspectos formales de lo que sin duda es el alba de una nueva literatura hispanoamericana:

> La frase [dice] tiene sus lujos, como el vestido, y cuál viste de lana y cuál de seda, y cuál se enoja porque siendo de lana su vestido no gusta de que sea de seda el de otro. Pues ¿cuándo empezó a ser condición mala el esmero? Solo que aumentan las verdades con los días, y es fuerza que se abra paso esta verdad acerca del estilo: el escritor ha de pintar, como el pin-

tor. No hay razón para que el uno use de diversos colores, y no el otro. Con las zonas se cambia de atmósfera, y con los asuntos de lenguaje. Que la sencillez sea condición recomendable no quiere decir que se excluya del traje un elegante adorno. De arcaico se tachará unas veces, de las raras en que escriba, al director de la *Revista Venezolana;* y se le tachará en otras de neólogo; usará de lo antiguo cuando sea necesario: no hay por qué invalidar vocablos útiles, ni por qué cejar en la faena de dar palabras nuevas a ideas nuevas.

Aunque Martí ya había realizado para entonces una tarea literaria relevante (como lo prueba el intenso texto de sus dieciocho años que es *El presidio político en Cuba*), a partir de ese momento aparece cuajada ya en él una literatura distinta, nueva, aún innominada. Cuando catorce años después, en vísperas de morir en combate, escriba la carta a su secretario Gonzalo de Quesada y Aróstegui que se ha considerado su testamento literario, dirá allí: «Versos míos, no publique ninguno antes de *Ismaelillo;* ninguno vale un ápice. Los de después, al fin, ya son unos y sinceros». Y aunque no haga con referencia a su prosa una declaración similar, lo cierto es que alrededor de la fecha en que escribe *Ismaelillo,* 1881, también su prosa adquiere calidad mayor, acento nuevo en la lengua, resplandores «unos y sinceros». Así lo prueban textos como su crónica «El centenario de Calderón», y como «Miguel Peña» y «Cecilio Acosta», ejemplos de las soberanas etopeyas que prodigará en los años venideros.

Junto a sus esenciales experiencias políticas (prisión, destierros, defensa del gobierno lerdista en México, conspiración en Cuba, presidencia del Comité Revolucionario Cubano en Nueva York); y junto al conocimiento directo que para entonces tiene de cuatro países hispanoamericanos, de España, Francia y los Estados Unidos, Martí se ha nutrido ya de muchas literaturas. Sobre su hondo conocimiento de los clásicos me siguen gustando las pintorescas observaciones de la chilena Gabriela Mistral, quien dijo de él:

Mascó y comió del tuétano de buey de los clásicos; nadie puede decirle lo que a otros modernos que se quedase sin ese alimento formador de la entraña: conoció griegos y romanos. Cumplió también su obligación con los clásicos próximos, es decir, con los españoles, y fue el buen lector que pasa por los setenta rodillos de la colección Rivadeneira sin saltarse ninguno, solo que pasa entero, sin ser molido y vuelto papilla por ellos [...] Tanto estimó a los padres de la lengua que a veces toma en cuenta a los segundones o tercerones de ella, me valga el vocablo.

Además Martí conocía ya lo más vivo de muchas literaturas modernas, e incluso escribía tanto en español como en francés e inglés. Instando a los nuevos escritores hispanoamericanos a nutrirse de otras literaturas, dirá en 1882, en trabajo sobre Oscar Wilde:

¿Por qué nos han de ser fruta casi vedada las literaturas extranjeras, tan sobradas hoy de ese ambiente natural, fuerza sincera y espíritu actual que falta en la moderna literatura española? Ni la huella que en Núñez de Arce ha dejado Byron, ni la que los poetas alemanes imprimieron en Campoamor y Bécquer, ni una que otra traducción pálida de alguna obra alemana o inglesa, bastan a darnos idea de la literatura de los eslavos, germanos y sajones, cuyos poemas tienen a la vez del cisne níveo, de los castillos derruidos, de las robustas mozas que se asoman a su balcón lleno de flores y de la luz plácida y mística de las auroras boreales. Conocer diversas literaturas es el medio mejor de libertarse de la tiranía de algunas de ellas.

Pero junto a esa invitación también hay en Martí este juicio en ese trabajo sobre Wilde:

Es cierto que yerran los estetas en buscar, con peculiar amor, en la adoración de lo pasado y de lo extraordinario de otros tiempos, el secreto del bienestar espiritual en lo porvenir. Es cierto que deben los reformadores vigorosos perseguir el daño en la causa que lo engendra, que es el excesivo amor al bienestar físico, y no en el desamor del arte, que es su resultado.

Martí ha escrito esas palabras entre 1881 y 1882. A partir de estas fechas comenzarán a desarrollar su obra ya personal los escritores que iban a ser llamados modernistas, como Gutiérrez Nájera y Darío (en el caso de Gutiérrez Nájera, desde un poco antes). No debe olvidarse que Martí era seis años mayor que el primero, catorce mayor que el segundo. Tales escritores (al menos en su juventud, que varios de ellos no sobrepasaron) serían particularmente sensibles a algunos de los aspectos de la prédica martiana, con prescindencia de otros esenciales: lamentarán la pobreza de la literatura hispanoamericana, pero sin llegar a vincular acertadamente esa pobreza con una específica endeblez histórica; les fascinará el estilo «esmerado y [...] pulcro» de Martí, pero desconociendo su convite «a las letras a que vengan a andar la vía patriótica de brazo de la historia»; querrán nutrirse de otras literaturas, volver los ojos a otras tierras (sobre todo a París), olvidando que para Martí no era «alimento bastante a un pueblo fuerte [...] la admiración servil a extraños rimadores, la aplicación cómoda y perniciosa de otros mundos», y sin percatarse de que era menester «perseguir el daño en la causa que lo engendra, que es el excesivo amor al bienestar físico, y no en el desamor del arte, que es su resultado».

Si esos escritores van a tener en común con Martí un estilo esmerado y pulcro; si buscan ansiosos otras literaturas, otros aires, ahogados por su desajuste social; si, sobre todo, vuelven los ojos a París, esa «capital del siglo XIX» que dirá Walter Benjamin, Martí, a la vez que seguirá enriqueciendo su palabra siempre creadora, ahondará cada vez más su visión histórica, y radicado, para mejor cumplir su tarea revolucionaria, en esa naciente capital del próximo siglo, Nueva York, verá formarse, ante su mirada escrutadora y sus inocultables alarma y denuncia (que ya eran patentes, según los directores de periódicos que lo censuraron, en 1882), el sistema de los que precozmente, en su última carta a Manuel Mercado, escrita el 18 de mayo de 1895, la víspera de morir combatiendo, llamará por su nombre: «imperialistas». Para entonces han quedado atrás sus ilusiones liberales que fortaleció en México, y es un demócrata revolucionario extremadamente radical, dirigente de las masas de su país, que en versos de honda raíz popular ha confesado querer echar su suerte «con los pobres de la tierra».

Quizá cuando más claramente haya expresado tanto su interés como su preocupación por los escritores modernistas sea en las líneas de gran hondura y justicia que publicara en el periódico *Patria,* órgano oficioso del partido de Martí, el Partido Revolucionario Cubano, a raíz de la muerte de Julián del Casal en 1893 (el mismo año del encuentro en Nueva York entre Martí y Darío): «De él se puede decir», apunta allí, «que, pagado del arte, por gustar del de Francia tan de cerca, le tomó la poesía nula, y de desgano falso e innecesario, con que los orífices del verso parisiense entretuvieron estos años últimos el vacío ideal de su época transitoria». Y refiriéndose a la generación modernista en conjunto:

en América está ya en flor la gente nueva, que pide peso a la prosa y condición al verso, y quiere trabajo y realidad en la política y en la literatura. Lo hinchado cansó, y la política hueca y rudimentaria, y aquella falsa lozanía de las letras que recuerda los perros aventados del loco de Cervantes. Es como una familia en América esta generación literaria, que principió por el rebusco imitado, y está ya en la elegancia suelta y concisa, y en la expresión artística y sincera, breve y tallada, del sentimiento personal y del juicio criollo y directo. El verso, para estos trabajadores, ha de ir sonando y volando. El verso, hijo de la emoción, ha de ser fino y profundo, como una nota de arpa. No se ha de decir lo raro, sino el instante raro de la emoción noble o graciosa.

Hoy sabemos que ese «rebusco imitado» todavía haría estragos un tiempo más, y que «la expresión artística y sincera del juicio criollo y directo» (donde el adjetivo criollo tiene el sentido de propio de nuestras tierras) apenas ofrecía entonces ejemplos fuera de su propia obra. Pero también sabemos que entonces, en efecto, nacía la nueva literatura hispanoamericana.

Ejemplo cimero de ello es su texto programático «Nuestra América», de 1891. Con plena conciencia de la ubicación histórica de nuestros países, de su necesaria unión y de los nuevos peligros que los acechan, exclamó allí:

A los sietemesinos solo les faltará el valor. Los que no tienen fe en su tierra son hombres de siete meses. Porque les falta el valor a ellos, se lo niegan a los demás. No les alcanza al árbol difícil el brazo canijo, el brazo de uñas pintadas y pulseras, el brazo de Madrid o de París, y dicen que no se puede alcanzar el árbol. Hay que cargar los barcos de esos insectos dañinos, que le roen el hueso a la patria que los nutre. Si son parisienses o madrileños, vayan al Prado, de faroles, o vayan a Tortoni, de sorbetes [...] ¡Estos hijos de nuestra América, que ha de salvarse con sus indios, y va de menos a más; estos desertores que piden fusil en los ejércitos de la América del Norte, que ahoga en sangre a sus indios, y va de más a menos!

Y más adelante: «Injértese en nuestras repúblicas el mundo: pero el tronco ha de ser el de nuestras repúblicas. Y calle el pedante vencido; que no hay patria en que pueda tener el hombre más orgullo que en nuestras dolorosas repúblicas americanas».

Martí hizo posible, como ningún hispanoamericano de su tiempo, injertar en nuestras repúblicas el mundo; pero, a fin de que ello tuviera verdadero sentido, se dio, también como nadie, a fortalecer el tronco de nuestras repúblicas, haciendo, según sus propias palabras, «con los oprimidos [...] causa común, para afianzar el sistema opuesto a los intereses y hábitos de mando de los opresores».

No se hallan expresiones así en otros escritores hispanoamericanos de aquellos años. Acaso el delicado y bondadoso Gutiérrez Nájera pensara en expresiones similares al escribir en 1889, a propósito de la revista martiana para niños *La Edad de Oro:* «Martí, cuyas ideas no podemos seguir a veces, porque sus ideas tienen las alas recias, fuerte el pulmón y suben mucho». Piénsese en las «Palabras liminares» de *Prosas profanas* para comprobar qué lejos estaba de esas ideas, en 1896, el mayor de aquellos poetas entonces jóvenes, Rubén Darío. Pero recordemos también, porque es necesario hacerlo, que allí no está todo Darío, y que después de 1898, con la intervención imperialista en la guerra de independencia cubana que Martí encendiera (intervención prevista por él), se producirá un importante vuelco en la obra de Darío, visible en su mejor libro: *Cantos de vida y esperanza* (1905). (Allí aparece su oda «A Roosevelt»; allí, los versos «¿Seremos entregados a los bárbaros fieros? / ¿Tantos millones de hombres hablaremos inglés?»). El hecho, que conmoviera a muchos intelectuales hispanoamericanos, ya había provocado en 1900 una obra clásica de nuestra literatura: *Ariel,* del uruguayo José Enrique Rodó. A obras de esa naturaleza se dirigía la esperanza de Martí en su texto sobre Casal.

Con suma razón observó el español Federico de Onís en 1934 que la modernidad de Martí «apuntaba más lejos que la de los modernistas, y es hoy más válida y patente que entonces»; lo que complementó el cubano Juan Marinello al escribir en 1968: «es

justicia proclamar que es Martí la figura primordial en una trans-
formación de las letras latinoamericanas que llega hasta nosotros».

Y es que, en verdad, lo que Martí inicia no es una escuela, ni
un movimiento, ni siquiera (exclusivamente) un período de la
literatura hispanoamericana. Lo que inicia es la toma de concien-
cia de una época: una época histórica, con su correspondiente li-
teratura. ¿Y cómo llamar a esa época?

En el libro del mexicano Pablo González Casanova *Imperialis-
mo y liberación en América Latina. Una introducción a la historia
contemporánea* (México, 1978), se lee:

> La historia contemporánea de América Latina abarca aproxi-
> madamente de 1880 a nuestros días. Corresponde a un proce-
> so de ascenso y crisis del imperialismo y del sistema capitalista
> mundial. En las antiguas potencias coloniales, y en Estados
> Unidos, se desarrolla un nuevo tipo de empresas, conocidas
> como el capital monopólico, que ejercen gran influencia en los
> aspectos del Estado y combinan las antiguas formas de expan-
> sión colonial con otras nuevas. Las conquistas de los pueblos
> más débiles y menos desarrollados se realizan con modernas
> técnicas militares; la imposición de gobernadores, nombrados
> directamente por las metrópolis, se complementa con la suje-
> ción de los pueblos a través de sus propias clases gobernantes
> [...]. // A esa historia se enfrenta otra de luchas de resistencias
> y liberación, en que las masas pugnan por no ser sometidas ni
> explotadas, o por romper los lazos que las atan. [...] El actor
> principal de la integración de América Latina al imperialismo
> fue Estados Unidos, en particular sus hombres de negocios,
> sus gobernantes, sus aventureros y piratas. El actor principal
> de la liberación fueron las masas de América Latina...

No cabe duda de que a José Martí correspondió encabezar esta
época que aún vivimos, la historia contemporánea de nuestra Amé-
rica, en sus combates, en sus ideas, en sus letras. Se trata de una
época que se abrió alrededor de 1880 y en la que se halla hoy el
conjunto de la América Latina y el Caribe: la época del imperia-
lismo y de la liberación. Dentro de esa época, como en todos los
casos similares, es necesario señalar períodos. Pablo González Ca-
sanova lo ha hecho en lo que toca a la historia. ¿Van a aceptarse

tales períodos, sin modificaciones, para nuestra historia literaria? No creo que deba procederse mecánicamente así. En otra ocasión traté el complejo problema de la periodización de nuestra historia literaria. No es este el momento de afrontar de nuevo tal problema. Pero una cuestión, al menos, parece evidente: en lo que toca a Hispanoamérica, el modernismo es el primer período literario de la época histórica del imperialismo y de la liberación. Y al encabezar Martí la época, tanto histórica como literaria, encabeza también, necesariamente, su primer período: pero, al mismo tiempo, lo sobrepasa, sigue conservando vigencia en la medida en que su época permanece viva, abierta. Incluso algunos modernistas indudables van más allá de su momento y alimentan otros períodos. El ejemplo más señalado es el de Rubén Darío, quien es reconocido como una suerte de nuevo Garcilaso por las sucesivas generaciones de poetas de lengua española tanto de Hispanoamérica como de España.

En el caso de Martí, es obvio que no es en calidad de modernista, sino de iniciador de una época (en la cual el modernismo, con sus virtudes y sus limitaciones, queda inmerso), que puede decirse de él, como hace Federico de Onís en 1953, que

se nos impone al principio de ella [de su época] en América como el máximo creador y sembrador de ideas, formas, tendencias y actividades que han tenido la virtud de perdurar como dominantes y que están cada vez más llenas de posibilidades para el futuro. Toda su obra, en prosa y en verso, [...] sus discursos, sus ensayos, sus poemas, sus artículos, sus diarios y sus cartas, [...] todo lo que escribió, está llena de gérmenes nuevos que anuncian las corrientes y direcciones que va a seguir en su desarrollo posterior la literatura en América.

De Onís acierta también cuando afirma:

Martí tuvo conciencia clara del sentido de su época en el mundo y en América, y este fue su mayor hallazgo, el que informa toda su obra prestándole universalidad. Vio desde muy temprano cómo el mundo estructurado del siglo XIX entraba desde 1880 en una época de transición en la que se estaba incubando un mundo en el que tendría cabida la originalidad americana.

Pero se equivoca De Onís cuando añade, contradiciendo su juicio de 1934: «Esa época de transición es la que iba a ser el modernismo». No: esa época era (es) la del imperialismo y la liberación. Como también yerra al asegurar que «el valor de Martí sea esencialmente estético». Ya Gabriela Mistral había corregido este error al decir en 1931: «Se hablará siempre de él [de Martí] como de un caso moral, y su caso literario lo pondremos como una consecuencia». No puede haber sido «esencialmente estético» el valor del hombre que escribió: «La justicia primero y el arte después. [...] Todo al fuego, hasta el arte, para alimentar la hoguera». Pero lo realmente extraordinario es que Martí fundió en sí lo político, lo moral y lo estético, mereciendo plenamente que Marinello dijera de él que fue «el héroe que dio a la libertad la categoría de la belleza».

No interesa aquí, sin embargo, polemizar con De Onís. Por el contrario, al margen de esos desacuerdos, hay que reconocer cuánto vio el maestro español en lo tocante a la futuridad literaria de Martí. Por ello me permitiré citarlo de nuevo *in extenso,* ya por última vez, sobre este punto:

> En los diarios es donde se demora en la pintura más íntima de su pueblo, del alma de sus hombres, de la naturaleza tropical, de la jugosa habla popular, viniendo a ser el antecedente más genuino de la nueva visión de la tierra y el pueblo de América que producirá la novela y el cuento del siglo XX. En sus poesías, por ser la flor más íntima de su obra, se ve aún más marcada la diferencia entre los estilos, el ensayo perpetuo de renovación, el caminar de lo libre a lo sencillo, de lo culto a lo popular. Lo uno y lo otro, separado o junto, anuncian tendencias que van a dominar en la poesía más moderna de España y de América. // Habría que considerar otros aspectos de la obra martiana que inician corrientes nuevas [...] Entre ellos [...] el indigenismo [...] y lo mismo el negrismo y toda forma de popularismo de cualquier tierra americana, que iban luego a florecer en toda América, no como pintoresquismo romántico o regionalismo costumbrista, sino como sustancia y expresión del propio ser.

Tales cosas se escribían a mediados del siglo XX. Hoy, a más de ratificar esas palabras, ¿no se ha impuesto la vigencia de los discursos martianos en discursos de dirigentes revolucionarios de nuestra América? ¿No resuena su *Diario de campaña* en el *Diario* en Bolivia del Che Guevara? ¿No está presente Martí en el testimonio, en el ensayo, en el verso, en la literatura para niños de la Hispanoamérica actual? ¿Y no sería fructuoso, a pesar del despego que Martí mostró ante el género hegemonizado en su momento por cierta novelística, de sesgo naturalista («profundo como un bisturí y útil como un médico», según escribió al frente de su novela *Lucía Jerez*), ver en qué medida el misterioso y deslumbrante realismo de las crónicas martianas se derrama en buena parte de la nueva novela hispanoamericana? «¡Qué novela tan linda la historia de América!», exclamó Martí en *La Edad de Oro* (1889). A lo que añadirá sesenta años después el cubano Alejo Carpentier, al frente de su novela *El reino de este mundo* (1949): «¿Pero qué es la historia de América toda sino una crónica de lo real maravilloso?».

Iniciador de nuestra época tanto en lo político como en lo literario, José Martí es nuestro apasionante contemporáneo, y nos reserva aún muchas sorpresas en los años por venir.

ROBERTO MÉNDEZ MARTÍNEZ

EL CIERVO HERIDO
(APUNTES SOBRE LA HUELLA CRISTIANA EN LA ESPIRITUALIDAD DE JOSÉ MARTÍ)

José Martí, con apenas dieciocho años, da a conocer en 1871 su folleto *El presidio político en Cuba*. La denuncia de los crímenes cometidos en la cárcel habanera por la administración española contiene fuertes apelaciones a Dios. El joven, antes de viajar a la Metrópoli, ha podido frecuentar la lectura de la Biblia en la casa del catalán Sardá, en la isla de Pinos. Es el clamor de denuncia de los profetas el que alimenta su estilo, pero la deidad que invoca no es el Yahvé veterotestamentario sino la fuente de un principio ético universal:

> Dios existe, sin embargo, en la idea del bien, que vela el nacimiento de cada ser, y deja en el alma que encarna en él una lágrima pura. El bien es Dios. La lágrima es la fuente de sentimiento eterno.

Criado en el seno una sencilla familia española en los principios básicos del catolicismo, la educación que recibe en el colegio de Mendive le trasmite algunos conceptos liberales en materia religiosa. En primer término, aprende a rechazar el culto oficial dominado por una jerarquía sujeta a la Corona por el Patronato Regio que le hace cómplice de sus intereses políticos. A la vez, su maestro, Rafael María Mendive, que ha sido discípulo del seminario de San Carlos y San Ambrosio en su etapa más luminosa y ha bebido las enseñanzas de José de la Luz y Caballero, retiene de la doctrina cristiana la aceptación de la experiencia de Dios, especialmente manifestado en la naturaleza y en el alma humana, así como la ética personal y social que puede derivarse de los Evangelios. El valor del sacrificio personal, la sacralidad del sufrimiento humano, el amor como fuerza unificadora se desligan de los dogmas y prácticas religiosas, para ir forjando una espiritualidad particular.

En el texto ya citado se presenta a un Dios que recuerda al «siervo doliente» del profeta Isaías (Is. 53, 1-5). La experiencia humana de su dolor conduce al bien, no al resentimiento:

El martirio por la patria es Dios mismo, como el bien, como las ideas de espontánea generosidad universales. Apaleadle, heridle, magulladle. Sois demasiado viles para que os devuelva golpe por golpe y herida por herida. Yo siento en mí a este Dios, yo tengo en mí a este Dios; este Dios en mí os tiene lástima, más lástima que horror y que desprecio.

Resulta significativo que la experiencia temprana de la injusticia en una colonia española, donde la Iglesia, con escasas excepciones, apoya las opciones integristas, no convirtiera a Martí en un agnóstico de orientación positivista, como sucedió con tantos liberales de su tiempo. El intelectual toma contacto en España y en su peregrinar por América con los principios del liberalismo. Apoya en México y Guatemala los gobiernos laicos que separaron Iglesia de Estado y rechaza las estructuras religiosas aliadas con las oligarquías tradicionales. Defiende la libertad de expresión, la de enseñanza y la de culto, pero su aceptación de la modernidad no lo encamina a un cientificismo negador del espíritu. En el Liceo Hidalgo de México, en 1875, participa en la polémica entre partidarios del materialismo y el espiritualismo y toma partido por este último. De ese mismo año es su poema «Muerto», donde la imagen del Cristo crucificado se erige en eje entre cielo, tierra y abismo, los que, en medio de un cataclismo cósmico, ganan un nuevo sentido con el sacrificio redentor.

Un leño se cruzó con otro leño;
Un cadáver —Jesús— hundió la arcilla,
Y al resplandor espléndido de un sueño,
Cayó en tierra del mundo la rodilla.

¡Un siglo acaba, nace otra centuria,
Y el hombre de la cruz canta abrazado,
Y sobre el vil cadáver de la Injuria,
El Universo adora arrodillado!

En los versos hay una huella evidente del cántico que incluye san Pablo en la Epístola a los filipenses (Flp. 2, 5-11), sobre la que debió meditar por aquellos tiempos.

También en ese año publica un artículo significativo en la *Revista Universal* a propósito del fallecimiento del clérigo liberal y político peruano Francisco de Paula González Vigil, cuyas polémicas con el episcopado de su país por su pensamiento ilustrado lo llevaron a la excomunión más de una vez. El texto denuncia en la Iglesia católica de su tiempo:

El hábito del dominio, mantenido por errores, ambiciones y soberbias. Esto es lo católico de Roma y Vigil era lo justo y lo cristiano. El cristianismo ha muerto a manos del catolicismo. Para amar a Cristo, es necesario arrancarlo de las manos torpes de sus hijos. Se le rehace como fue; se le extrae de la forma grosera en que la ambición de los pósteros convirtió las apologías y vaguedades que necesitaron para hablar a una época mitológica Jesús y los que propagaron su doctrina.

No es extraño que al final del texto se haga un paralelo entre el reformador de Tacna y el maestro habanero Luz y Caballero. Ambos encarnan para el joven periodista el mejor modo de dar vida a lo más valioso de la religión en el pueblo. Es muy probable que el articulista conociera por Mendive algunos de los pensamientos de Luz sobre la religión y específicamente el cristianismo, recibidos por trasmisión oral o manuscritos, porque la primera edición de los apuntes y aforismos del gran pedagogo solo tuvo lugar en 1890, preparada por Alfredo Zayas Alfonso. Seguramente calaron en él frases como «La cruz, escala entre el cielo y la tierra», «El ejercicio del pensamiento, el culto más aceptable a la Divinidad», pero sobre todo esta: «Para mí el estoicismo, para el prójimo el cristianismo: bien que todo lo bueno del estoicismo se transfundió en el cristianismo». Es posible que esta última, de modo consciente o involuntario fuera la base de este apunte que dejó en uno de sus cuadernos hacia 1887:

A mis horas soy místico, y a mis horas estoico. La razón misma me dice que no hay límite para ella; por lo que allí donde ya no tiene fundamento visible de hecho, sigo, en virtud de la armonía que su existencia y aplicaciones me demuestran, razonando lo que no veo en conformidad con lo que he visto, lo cual no es deserción de la razón, sino consecuencia de ella, y mayor respeto a ella, que el de los que la reducen a esclava del hecho conocido, y convierten a la que debe abrir el camino en mero lleva cuentas.

El pedagogo del colegio El Salvador, admirador de san Pablo y san Agustín, había escrito unas notas privadas en las que hacía constar su admiración por la Reforma protestante que seguramente fueron manejadas con sigilo por sus allegados, porque su indiscreta difusión en una colonia de un país oficialmente católico podía acarrearle serios problemas. Mas algo de ello debe haberse filtrado al colegio San Pablo, para que Martí pudiera acercar más tarde las figuras de Vigil y Luz. Este último había escrito:

> El protestantismo ha sido la salvación del catolicismo, y aún le sigue suministrando un principio de vida.
> Tengo a la Reforma por un verdadero *retrempement* para el catolicismo, que estaba bien enfermo.

Martí no es un hombre religioso en el sentido de adherirse a un cuerpo dogmático y a un culto específico. Desconfía del sacerdocio establecido y su papel mediador entre el hombre y la divinidad. De ahí que acoja una idea procedente de la modernidad, la de la búsqueda de unidad religiosa. Así, en su prólogo a los *Cuentos de hoy y mañana* de Rafael de Castro Palomino se refiere a la existencia de una «Iglesia nueva» a la que define a través de una imagen de la naturaleza: «Todos los árboles de la tierra se concentrarán al cabo en uno, que dará en lo eterno suavísimo aroma: el árbol del amor: —¡de tan robustas y copiosas ramas, que a su sombra se cobijarán sonrientes y en paz todos los hombres!».

En la espiritualidad martiana convergen muy diversos elementos: la tradición ética cubana que procede de los grandes educadores no solo los ya citados, sino su ejemplar antecesor, el presbítero Félix Varela, la prédica de reformadores liberales católicos como Vigil y más tarde el padre McGlynn, por quien tomó partido frente a la curia norteamericana; la lectura directa de los Evangelios, en parte alumbrada por *Los orígenes del cristianismo* de Joseph Renan, sobre todo en lo concerniente al rescate del Jesús histórico y a la conciliación de su doctrina con el estoicismo de Marco Aurelio y Epicteto; la admiración por la filosofía de Emerson, sobre todo en lo concerniente a la naturaleza como manifestación de Dios y a la búsqueda de la unión de las individualidades en una especie de «superalma» universal, a través de una escala mística. De esto y del aliento que en la poesía del romanticismo y el modernismo tomó la espiritualidad de imágenes cristianas y trasuntos neoplatónicos se forjó una manera de vivir y expresarse que autores muy diversos han concebido como semejante a la de un místico.

Fue, quizá, Rubén Darío en su ensayo «José Martí», escrito apenas supo de la caída del héroe, el primero en relacionarlo con la mística. Allí asocia la ascética de este con lo que llama la «escala del dolor» que lo relaciona con el maestro espiritual belga del siglo XIV Jan van Ruysbroeck. Indica que del autor de *Espejo de la belleza eterna* parece haber tomado la noción de los cuatro ríos del alma: «el río que asciende, que conduce a la divina altura, el que lleva a la compasión por las almas cautivas, los otros dos que envuelven todas las miserias y pesadumbres del herido y perdido rebaño humano».

Más cerca de nuestros días, Gabriela Mistral señaló la cercanía de la escritura martiana, especialmente de los *Versos sencillos,* con la de santa Teresa, aunque afirma que el poeta se libró de las «sequías interiores» de ella y pudo vivir «en los cogollos del ser, ciego de luz como la alondra por el espejo, pero sin caer quemado por el reverbero tremendo».

Esto podría completarse con el criterio del poeta Eugenio Florit:

De haber vivido Martí en la España del siglo XVI, con otro místico más podríamos contar, que nos hubiera referido con los detalles más nimios las reacciones del alma al entrar en contacto con la Divinidad. Martí tenía una idea visual y tanto se la sabía y conocía que bien hubiese podido escribir un tratado de teología mística. Hombre de una época muy diferente, sabe superar el positivismo del XIX y mantener y afirmar en toda su obra una posición decididamente espiritualista.

Aunque esta disposición espiritual trasunta en toda su obra, es en los *Versos sencillos,* como enfatizaba Gabriela, donde se hace más evidente. Las circunstancias favorecieron tal cosa. El escritor, angustiado por circunstancias políticas e íntimas, se aleja de la ciudad para sanar cuerpo y alma. En un refugio cercano a las montañas Catskills vive unos «ejercicios espirituales» en los que, retirado de sus circunstancias cotidianas, examina su interioridad y en contrapunto con la vivencia de la naturaleza y la amplitud referencial de su cultura humanista, lega un puñado de versos como resultado de su meditación purificadora. Ahora está en el centro mismo de esa hoguera a la que se refirió en aquella crónica titulada «Quincena de poetas», fechada el 15 de abril de 1882: «El poeta es devorado por el fuego que irradia. No hay verso que no sea una mordida de la llama, El resplandor más vivo viene del dolor más bárbaro».

En ese apretado cuaderno, de nombre engañoso, porque su aparente sencillez está llena de hondos enigmas, como sucede con los Evangelios, transita el autor a través de sus cuarenta y seis partes, que no son poemas, aunque a veces los aislemos para disfrutarlos mejor, sino ciclos, unidades de pensamiento. Transita del «Yo soy», «Yo he visto», al «Yo sé», a la recapitulación de los tesoros de la memoria, desde la cabellera de plata del padre, a la memoria de la niña de Guatemala o la bailarina española. Amor carnal y espiritual, goce de la vista y el oído complementados por el paladar, la permanente memoria de la patria y con ella el ansia de justicia, todo se mueve en un mundo densamente simbólico que confluye al final en ese Dios «adonde van los difuntos» y en cuyo juicio no pueden separarse el ser y la escritura, la vida y la obra.

A lo largo del cuaderno, aparecen de forma explícita elementos tomados de la espiritualidad cristiana. El primero de ellos está asociado con el origen divino de la belleza, concepto platónico, retomado por san Agustín y presente en los escritos de muy diversos autores místicos:

> Yo he visto en la noche oscura
> Llover sobre mi cabeza
> Los rayos de lumbre pura
> De la divina belleza.

Se trata de la «vía iluminativa», es decir, de la apertura del espíritu a la luz, tras la purificación ascética. ¿De dónde deriva el autor tan poderosa imagen? Tal vez recordó el relato apostólico de Pentecostés, o su ilustración en una de las célebres pinturas del Greco, o lo tomó de la lectura de algunos de los autores espirituales neoplatónicos, quizá Plotino o el pseudo Dionisio Areopagita. Tal vez le resultó mucho más cercano uno de los autores místicos fundamentales de los Siglos de Oro en España, san Juan de la Cruz, quien en sus poemas y tratados explicó el camino del alma hacia Dios a través de las noches oscuras. Este nexo entre el fraile del Carmelo y el escritor cubano se prolonga, como veremos en otros pasajes del libro.

Otro aspecto notable es el papel concedido a la naturaleza, como creación divina y como espacio privilegiado para rendir culto a la trascendencia. En el tercero de los poemas no solo se contraponen la «máscara y vicio» del hotel que es un reflejo reducido de la ciudad, con la sencillez y pureza del paisaje intocado, sino que la montaña se convierte en templo, en espacio litúrgico. Resulta indiscutible la influencia de las enseñanzas de Emerson en esto, pero tampoco puede desecharse la reminiscencia de uno de los poemas más notables del maestro Mendive, «La oración de la tarde»: «Alcemos nuestro templo en la montaña / Teniendo por techumbre al mismo cielo, / Por luz la estrella, por alfombra el suelo / Y un árbol por altar».

Martí parece tener muy cerca esos versos, solo que el sosiego y la melancolía de su antecesor en él son sustituidos por la confrontación y la vivacidad polémica. Opone el templo edificado por los hombres al espacio solitario y natural, propicio para la contemplación y la meditación. El árbol sustituye a la columna, el cielo sirve de bóveda y el altar es sustituido por el lecho de roca, donde el hombre duerme el sueño que lo comunica con lo alto y lo hace crecer. Precisamente, la estrofa final, con su súbito tono de irritación opone la religión y sus liturgias, sometidas a las tradiciones y las convenciones humanas, el desposorio sacramental del hombre con la naturaleza primigenia:

¡Díganle al obispo ciego,
Al viejo obispo de España
Que venga, que venga luego,
A mi templo, a la montaña!

Sin embargo, en el poema V viene a inquietarnos una imagen que nos remite a otro texto. Tras definir su verso como un monte de espumas, un puñal, un surtidor, viene la estrofa densa de simbolismo:

> Mi verso es de un verde claro
> Y de un carmín encendido:
> Mi verso es un ciervo herido
> Que busca en el monte amparo.

Y el ciervo herido nos devuelve a san Juan de la Cruz, quien en una de las misteriosas estrofas de su «Cántico espiritual», la decimotercera, nos dice:

> Vuélvete, paloma,
> que el ciervo vulnerado
> por el otero asoma
> al aire de tu vuelo, y fresco toma.

Pero, si no bastara el denso simbolismo de estos versos, en el tratado que dedica el religioso a esclarecer el sentido espiritual del poema hallamos este pasaje que hubiera podido suscribir el poeta cubano:

Compárase el Esposo al ciervo, porque aquí por el ciervo entiende a sí mismo. Y es de saber que la propiedad del ciervo es subirse a los lugares altos, y cuando está herido vase con gran prisa a buscar refrigerio a las aguas frías; y si oye quejar a la consorte y siente que está herida, luego se va con ella y la regala y acaricia. Y así hace ahora el Esposo, porque viendo la Esposa herida de su amor, él también al gemido de ella viene herido del amor de ella; porque en los enamorados la herida de uno es de entrambos, y un mismo sentimiento tienen los dos. Y así es como si dijera: Vuélvete, Esposa mía, a mí, que si llagada vas de amor de mí, como el ciervo, vengo, en esta tu *llaga llagado*, a ti, que soy como el ciervo. Y también en asomar por lo alto, que por eso dice:

> por el otero asoma.

Aventura secreta, ansiedad de imposible, rebeldía ante el orden humano torcido y, sin embargo, fidelidad llena de mansedumbre a una realidad superior hay en ambos ciervos. Entonces nos viene a la memoria la carta del cubano a Manuel Mercado, del 22 de mayo de 1886: «Ya estoy, mire que así me siento, como una cierva acorralada por los cazadores en el último hueco de la caverna».

Debe recordarse que el símbolo del ciervo, o la cierva, recorre las páginas de la Biblia, desde aquella sedienta de las aguas divinas en el Salmo 41, hasta el que encarna al Esposo en el *Cantar de los cantares* y que sirvió de fuente directa a san Juan de la Cruz. Los cristianos primitivos lo consideraban a las vez imagen de la caridad que los fieles deben prestarse mutuamente y símbolo del bautismo que otorgaba la gracia al ser humano y la fuerza para padecer el martirio, por lo que en las catacumbas y en los retablos de antiguas iglesias latinas aparecen ciervos pintados o esculpidos escoltando a las figuras de mártires y confesores.

Junto a esto, no habría que desechar los argumentos de Leonardo Acosta, quien en su artículo «Martí descolonizador: Apuntes sobre el simbolismo natural en la poesía de Martí» se refiere a la presencia del ciervo o el venado en las mitologías mesoamericanas; entre los huicholes es el animal que ayuda a la creación del sol, que lo eleva hasta el cielo entre sus cuernos y a la inauguración del mundo con su autosacrificio, pues su sangre alimenta la tierra y hace brotar el maíz. Sería explicable que esos mitos se conjugaran en Martí con los de la tradición clásica y judeocristiana, en otra de sus admirables síntesis culturales.

El tránsito de la ascesis a la iluminación retorna en el poema XXVI, solo que ahora estas se ligan por el símbolo central del cristianismo, la cruz redentora:

> Cuando al peso de la cruz
> El hombre morir resuelve,
> Sale a hacer bien, lo hace, y vuelve
> Como de un baño de luz.

Este es el texto de «la medicina de amor», la única que puede sanar esa herida o enfermedad que han lamentado en sus versos tanto los poetas eróticos como los místicos. Es el mismo amor, traducido como bondad, caridad que enriquece a la vez al que lo da y al que lo recibe, el único que puede otorgar la verdadera salud espiritual, porque lleva en sí la aceptación del sacrificio con todas sus amarguras y olvidos.

No olvidemos que en su carta testamento dirigida a Gonzalo de Quesada desde Montecristi, el 1 de abril de 1895 afirmará: «En la cruz murió el hombre un día, pero se ha de aprender a morir todos los días». Y que en sus *Versos libres* aparece de manera recurrente la imagen del Crucificado, habitualmente para referirse a sí mismo. En «Isla famosa» se contempla como un «Cristo sin cruz»; en «¡*No, música tenaz...!*» se levanta sobre sus propios restos como recogería un escultor «un Cristo roto» y en «Yo sacaré lo que en el pecho tengo» sentencia: «... En maderos / Clavaron a Jesús: sobre sí mismos / Los hombres de estos tiempos van clavados». La diferencia está en que en los *Versos sencillos* la madurez, el perfecto dominio de sí, echan a un lado la amargura, la agonía visible y solo quedan la noción de lo necesario y hasta la alegría por ese tránsito en que se pasa de la muerte cotidiana a la vida nueva y permanente. El sufrimiento personal gana una dimensión social y la purificación del espíritu hace acceder a una auténtica resurrección.

Cintio Vitier ha escrito que este es «una especie de Libro de la Sabiduría, con sus rotundas iluminaciones y sus momentos enigmáticos». La perfección formal de sus estrofas y esa especie de aparente autonomía de cada una ha hecho que la mayoría de los lectores se concentre en el paladeo aislado de algunas, o que aísle unidades específicas como la IX y la X, correspondientes a «La niña de Guatemala» y «La bailarina española», leídas, memorizadas y hasta cantadas como textos autosuficientes. Sin embargo, es preciso detenerse en la arquitectura del volumen, en el tránsito de un tema a otro, de una unidad estrófica a otra, para sorprender tanto las iluminaciones como los enigmas.

En primer término, el cuaderno es una de las más densas zonas metapoéticas dentro de la creación en verso martiana. Y no solo por la justamente célebre parte quinta: «Si ves un monte de espumas», sino por la reflexión continua entre la poesía y su objeto, su relación con la naturaleza y la existencia humana, así como sus obligaciones éticas.

Todo esto se sustenta en una espiritualidad muy particular. En primer término, se trata de una espiritualidad encarnada, no hay en él negación de lo material, ni aislamiento del mundo. En la parte XXXVI hay un reconocimiento explícito de la importancia de la materia, esa con la que puede hacerse un cielo, un niño, pero también el alacrán y el gusano de la rosa.

La experiencia del amor carnal, asociada a veces con los peligros de la traición, la crisis ética o el tedio, tienen una parte apreciable en el libro, especialmente los textos entre el XVI y el XXI, aunque marcan también otras partes del conjunto. Sin embargo, el poeta, al que no cabe la estrecha definición de erótico, más allá de la amargura experimentada en clave personal, es capaz de trasponer la vivencia en un plano más universal y alto:

> *¡Arpa soy, salterio soy*
> Donde vibra el Universo:
> Vengo del sol, y al sol voy:
> Soy el amor: soy el verso!

Abundan en el libro las fuertes contraposiciones, tan románticas, entre lo bello y lo feo, lo alto y lo bajo, recuérdese en XII el ambiente radiante de la mañana soleada en la que el poeta rema en el lago, estorbado súbitamente por el hedor de un pez muerto en el bote; o el grotesco de algunas escenas como la de XIII en la que «Iba un ángel de paseo / con una cabeza calva» que nos remite a ciertas estrofas provocadoras de Heine.

La pluma del escritor se vuelve pincel goyesco cuando se acerca a la cuestión social de manera explícita. No escatima violencia y hasta cierto tremendismo en sus imágenes. Recuérdese en XXVII la exposición de sus memorias juveniles de la noche de los sucesos del Teatro Villanueva con la brutal represión callejera a cargo de los voluntarios españoles, o en XXX la visión del esclavo ahorcado a un seibo del monte, sin olvidar esos pequeños dramas, un poco esperpénticos, que se insertan entre ellos: el padre que se lleva a la tumba al hijo alistado en las filas del enemigo y la niña que canta en el cumpleaños del rey aunque su hermano haya sido fusilado por este. Ningún asunto humano es ajeno al poeta. Por eso en XLV puede forjar ese extraño poema visionario donde pasea por la galería de estatuas de próceres y puede dialogar con ellas y hasta devolverlas a la vida con una invitación a remover el mal y renovar la raza humana.

Mas el cuaderno no cierra con los tonos heroicos de esas estrofas, que por un momento parecen perder la fácil melodía de otras secciones para ganar el tono elevado y solemne de los *Versos libres*. Su última parte, la XLVI recupera el sentido metapoético, es en conversación con su verso como el poeta quiere despedirse del lector. Verso confidente, catártico, purificador, compañía imprescindible para la vida, ambos confluyen en esa estrofa final y tremenda, en la que ambos se presentan ante la divinidad:

> *¡Verso, nos hablan de un Dios*
> Adonde van los difuntos:
> Verso, o nos condenan juntos,
> O nos salvamos los dos!

El pasaje alude a un motivo evangélico. La noción cristiana de la vida después de la muerte, precedida por un juicio en que el alma es justificada por sus actos o condenada por ellos, tal y como se expone en el Evangelio de Mateo (Mt 25, 31-46). Colocado hipotéticamente ante esa prueba al cierre de la existencia, Martí elige la unidad de destino de vida y obra, la imposibilidad de deslindarlas. Asume gloria o infierno para sí y para su verso porque ellos conforman una totalidad, esa que abarca materia y espíritu y se resiste a dejar fuera cosa alguna que forme parte de la compleja existencia humana. Es la conclusión de una espiritualidad sabiamente encarnada y abarcadora.

En lo personal, a diferencia de algunos autores citados, no creo que Martí sea exactamente un místico en sentido recto, pero es posible reconocer en él la existencia de una espiritualidad integradora, no ligada estrictamente a una religión, pero que tiene un fuerte componente cristiano en la ética personal y social que asume con apreciable rigor. Su aprecio por la enseñanza evangélica, su honda vivencia de la presencia divina en la naturaleza, su capacidad para asumir una ascética cotidiana asociada al signo de la cruz, lo muestran como alguien capaz de unir vida activa y contemplativa y experimentar esos nexos secretos de materia y espíritu que escapan habitualmente a las mentes estrechas. Debe mucho a la frecuentación de la Biblia, a las lecturas de los místicos y a las otras fuentes ya citadas, pero también a una andadura vital, a una sensibilidad educada, a una capacidad para recibir y dar, o mejor, darse entero, que lo convierten en una figura completamente distinta a otros poetas y políticos de América.

Hace unas décadas, un artista cubano, joven y de existencia brevísima, Juan Francisco Elso, forjó una singular representación del Apóstol. Era un Martí de talla breve, hecho con materiales modestos, caminante descalzo y llagado entre las hierbas del monte, su imagen se asimilaba inmediatamente, hasta para los más sencillos, con el san Lázaro enfermo, mendicante, rodeado por los perros que enfatizan su soledad y desamparo. Nada había en él del prócer marmóreo, del político elocuente, del escritor sofisticado. Era Martí «solo en alma», aquel que había cerrado los *Versos sencillos* y caminaba por su tierra en los días finales, el de los *Diarios*. El que María Zambrano vio retratado a plenitud en aquellas páginas postreras:

> Iba hacia su muerte, la suya; pues solo alcanza una muerte propia, aquel que ha cumplido hasta el fin. Quien ha realizado su hazaña pasando por todos los momentos esenciales que hacen humana la vida del hombre: angustia, amargura vencida a fuerza de generosidad; soledad, esa soledad en que el ser se siente a sí mismo temblando y como perdido en la inmensidad del universo y también la compañía de todas las cosas, las más altas y lejanas y las más humildes y próximas. Quien ha realizado el doble viaje: el descenso a los infiernos de la angustia y el vuelo de la certidumbre. Martí había recorrido la órbita de un hombre que asume total, íntegramente su vida: por eso teme su muerte propia, íntima, que le esperaba como el signo supremo de su ser.

Volvía a ser el ciervo herido y el monte lo acogía como suyo, en él iba disolviéndose, haciéndose tierra, tierra cubana.

SERGIO O. VALDÉS BERNAL

EL LINGÜISTA JOSÉ MARTÍ PÉREZ

El sabio cubano Fernando Ortiz, en su artículo «"Cañales", dijo Martí», señaló lo siguiente:

> Un lingüista tan consumado como José Martí debió de apreciar la impropiedad de la voz cañaveral sin referirse a cañaveras y, aunque siguió el uso corriente, no vaciló en usar con igual objeto el vocablo *cañal,* que más satisfacía el exquisito gusto de quienes como él era un enamorado de las palabras bellas de sonoridad y plenas en sentido y las saboreaba con deleite sensual.

En efecto, Martí fue un lingüista, un estudioso de nuestro idioma, pues en sus escritos abundan los ejemplos de cómo se preocupaba por los más diversos aspectos de la lengua española.

En su largo peregrinar por tierras hispanoamericanas, pues «Lejos nos lleva el suelo de la patria...» (*O. C.,* V: 93), Martí utilizó en su prosa numerosos americanismos, ya que es imposible describir nuestra realidad sin recurrir a ellos, e incluso confeccionó un interesante listado contentivo de 160 americanismos de la más diversa procedencia, entre los que predominan los venezolanismos, según Ángel Rosenblat.

Como gran defensor de la lengua española en América y como uno de sus mejores representantes, Martí jamás recargó su lenguaje con americanismos, pues utilizó el vocablo matizador en el momento preciso, como toque magistral de ambientación, y no como recurso manido o superficial de dar viso americano a su forma de expresión. De ahí que señalara:

> El escritor ha de pintar, como el pintor. No hay razón para que el uno use de diversos colores, y no el otro. Con las zonas se cambia la atmósfera, y con los asuntos del lenguaje (*O. C.,* VII: 212).

En su prosa descriptiva figuran numerosísimos indoamericanismos, como numerosos fueron los países hispanoamericanos que visitó. Así, hallaremos en los escritos martianos infinidad de aruaquismos, mayismos, nahuatlismos, mapuchismos, caribismos y otras voces indígenas americanas de diversa procedencia: *hicaco, guanábana, batey, cacique, totopoxte, chucho, todolote, milpa, ixtle, tzité, icbuk, vincha, pape, pampa, tápara,* etc. Incluso descubriremos el uso metafórico de algunos de estos vocablos en su *Diario de Montecristi a Cabo Haitiano:* «Como la yuca éramos nosotros, y él era como el guayo», o la personificación: «Y a un arroyo se asoman caimitos y guanábanos» (*O. C.,* XIX: 192).

Para Martí, los nombres de lugar de procedencia indígena tenían un atractivo especial, acaso por ser más propios de un determinado país que el léxico vinculado a la cultura material o espiritual, más común a todos. Así, en su *Diario de Cabo Haitiano a Dos Ríos,* observamos cuánto disfrutaba pronunciando y recogiendo los más disímiles topónimos indocubanos, como *Tacajó, Boccuy, Caujerí, Jojo, Juragua,* etc. Incluso nos sorprende simpáticamente, cuando escribió expresiones como la siguiente: «Cuando aparece en Cojímar un problema, no van a buscar la solución en Dantzig» (*O. C.,* VI: 20).

La toponimia indígena americana atrajo la atención de Martí, quien se entretenía en desentrañar su significado, como en el caso de *Jocotenango:* «*Jocote* quiere decir *ciruela,* y esta terminación *-ango* quiere decir *lugar.* La *n,* como en griego, es eufónica» (*O. C.,* XIX: 81). También nos aclara el significado de *Cozumel:* «... se deriva de *cuzumel,* que significa tierra de murciélagos, porque *cuzán* es murciélago», así como de *Coxotox:* «*Kox-otox,* ven a mi casa» (*O. C.,* XIX: 32).

Martí siempre estuvo informado sobre todo estudio que se hiciese sobre las lenguas amerindias. Por eso escribió un elogioso artículo en la *Revista Venezolana* sobre el diccionario de vocablos indígenas que había confeccionado Arístides Rojas, de quien dijo:

«... sabe de lo suyo y de lo ajeno: explica y desmenuza el vocablo de los chaimas como el de los aztecas, y el de los tupíes como el de los muiscas, y el de los guaraníes como el de los cumanagotos, y de palabras y costumbres quechuas, tanto sabe como un quipucamáyae» (*O. C.,* VII: 200). Y para mayor elogio de Rojas, Martí lo comparó con nuestro Esteban Pichardo y Tapia: «Y si de cosas de Cuba escribe Rojas, en nada le aventaja don Esteban Pichardo, el etnólogo insigne que midió a palmos la tierra del siboney, y supo profundamente de bajareques y bohíos».

Asimismo, tuvo palabras de reconocimiento para el cubano Antonio Bachiller y Morales:

> Americano apasionado, cronista ejemplar, filólogo experto, arqueólogo famoso, filósofo asiduo, abogado justo, maestro amable, literato diligente, era orgullo de Cuba Bachiller y Morales, ornato de su raza...

Pero el español de América no se caracteriza únicamente por la abundancia de indoamericanismos, sino también por la presencia de subsaharanismos. Así, pues, hallaremos vocablos de esa procedencia en la obra martiana, en los escritos sobre Cuba y otros países caribeños en los que el negro dejó su huella en la variante local de la lengua española. Por eso voces como *malanga, ñame, jolongo, quimbombó* y otras aparecen en su prosa descriptiva.

Martí fue un incansable lector, ávido por saber y conocer el nombre y propiedades de cada objeto que mencionaba. Por eso sus escritos son un delicioso disfrute del que conoce a plenitud la exuberante naturaleza americana:

> Veo allí el ateje, de copa alta y menuda, de parásitos y curujeyes, el caguairán, «el palo más fuerte de Cuba», el grueso júcaro, el almácigo, de piel de seda, la jagua, de hoja ancha, la preñada güira, el jigüe duro, de negro corazón para bastones y cáscara de curtir, el jubabán, de fronda leve, cuyas hijas, capa a capa, «vuelven raso el tabaco», la caoba, de corteza brusca, la quiebrahacha, de tronco estimado, y cubierto de tramos recios, cerca de las raíces (el caimitillo, el cupey y el picapica) y la yamagua, que estanca la sangre (*O. C.,* XIX: 235).

Pero sus conocimientos no se limitaron a la flora cubana, como lo demuestra el siguiente pasaje, en que describe la flora de la Isla Mujeres: «... el rastrero hicaco, el útil chite, una uva gomosa, fruta veraniega, semejante a la caleta cubana; y verdeando alegre y menudamente por el suelo, el quebrado Kutz-fosh, que la gente pobre y enviciada usa a manera de tabaco» (*O. C.*, XIX: 20).

El placer que nos brinda leer a Martí es una prueba de que detrás de lo que redactaba se hallaban muchas horas, días, años de ejercitación con el lenguaje, lo que solamente logra un consagrado maestro de la pluma, para quien: «... no hay placer como esto de saber de dónde viene cada palabra que se usa, y a cuánto alcanza; ni hay nada mejor para agrandar y robustecer la mente que el estudio esmerado y la aplicación oportuna del lenguaje. Siente uno, luego de escribir, orgullo de escritor y pintor» (*O. C.,* VIII: 214).

Pero Martí también se deleitaba al recoger la forma de hablar de las personas rústicas, por un no sé qué sentido de plasmar el habla popular de los diferentes países hispanoamericanos. Así, en el *Diario de Montecristi a Cabo Haitiano* representó la forma de hablar de un dominicano:

Corona, «el general Corona», va hablándome al lado. «Es cosa muy grande, según Corona, la amistad de los hombres». Y con su «dimpués» y su «inorancia» va pintando en párrafos frondosos y floridos el consuelo y fuerza que para el corazón «sofocado de tanta maldad y alevosía como hai en este mundo». [...] «Yo ni comandante de aimas quiero ser, ni interventor, ni ná de lo que quieren que yo sea, poique eso me lo ofrece el gobieino poique me ve probe, pa precuraime mi deshonor, o pa que me entre temó de su venganza de que no le aceite el empleo» (*O. C.,* XIX: 200).

También señaló las características del habla de un campesino guatemalteco: «... y díjome como cansado de la plática, que le *cuadraba mi modo,* que ya la bestia estaba *impuesta a mi* costumbre, y que en dejando a la mujer [...] quiere seguir conmigo a Guatemala» (*O. C.,* XIX: 51). Asimismo, llamó la atención sobre las diversas acepciones que puede tener un mismo vocablo en diferentes regiones: «... díceme Aniceto que *rancho* no significa aquí [Guatemala] *hacienda* como en México, sino casa de campo»;

«... el mata *coches*, que así llaman por acá [Guatemala] a los puercos...».
(*O. C.*, XIX: 47). O subrayó cuando un mismo objeto o concepto difiere en sus denominaciones en español, según las regiones:
«... Y las señoritas [...] tocadas con una chistera blanca, que en Venezuela llaman *pumpá*, y en Colombia *cubilete*, en Cuba *bomba*, y *sorbetera* en México, y *galera* en otras partes» (*O. C.*, X: 251).

A veces para Martí era difícil entender lo que le decían, como se deduce al comentar: «—¿Qué me manda?— me dice de una manera tan abreviada y rápida que mi oído, no habituado, no lo entendería» (*O. C.*, XIX: 54). Martí disfrutaba al oír diversas formas de expresión popular, puesto que para él «Un lenguaje singular revela un espíritu recto» (*O. C.*, XIX: 53), por lo que nos sorprende al comentar:

> Yo he oído de un lacayo negro hablar, pintando el modo de morir de un hombre, con tal fuego y maestría, que le hubieran tenido por señor los maestros de la palabra. Yo he oído con asombro y con deleite, la verba exuberante y armoniosa de los pastores hondureños que hablan el castellano de otros siglos, con donaire y fluencia tales que impondrían respeto a oradores empinados (*O. C.*, IX: 249).

Martí fue sumamente meticuloso a la hora de escoger el léxico a utilizar, pues, «... cada palabra ha de ir cargada de su propio espíritu y llevar caudal suyo al verso, mermar palabras es mermar espíritu, y cambiarlas es rehervir el mosto, que, como el café, no ha de ser rehervido» (*O. C.*, VI; 462). Martí fue un escritor americano, pero no se limitó simplemente a aprovechar el desarrollo que había alcanzado la lengua española como medio de comunicación cultivado en siglos anteriores, sino que devino su esmerado propulsor, modernizador. Por eso manifestó que: «... usaré de lo antiguo cuando sea bueno, y crearé lo nuevo cuando sea necesario: no hay por qué invalidar vocablos útiles, ni por qué cejar en la faena de dar palabras nuevas a ideas nuevas» (*O. C.*, VII: 212).

Renovó el uso de palabras consideradas arcaísmos en el español americano, en relación con el peninsular, y modernizó la lengua española con los por él llamados «vocablos científicos», para que esta no quedara a la zaga ante el inglés, el francés y otras lenguas europeas. De ahí que ponderara la publicación del *Diccionario tec-*

nológico inglés-español, español-inglés (1833) del cubano Néstor Ponce de León en un artículo publicado en la revista neoyorquina *La América* en 1884, artículo en el que su autor, entusiasmado, comentó además que «Ya se anuncia el *Diccionario de regímenes,* de un hablista ilustre, que es el colombiano don Rufino José Cuervo, notabilísimo filólogo, y como un verdadero filósofo del idioma». Más adelante destacó: «Y en cuanto a las leyes de la lengua, no hay duda de que Baralt, Bello y Cuervo son sus avisados legisladores...». Por otra parte, el 9 de junio de 1887, publicó en el periódico *La Estrella de Panamá* un artículo valorativo de los trabajos del también cubano Rafael M. Merchán: «Saben a academia nueva las *Estalagmitas del lenguaje,* donde acopia donosamente sanas doctrinas filológicas, con ocasión de haber leído el precioso libro de Rufino José Cuervo, *Apuntaciones críticas sobre el lenguaje bogotano*». Tiempo después, el 8 de septiembre de 1894, dio a conocer en el neoyorquino periódico *Patria,* la publicación de un libro del filólogo cubano José Miguel Macías. En fin, podemos apreciar cómo Martí se mantuvo al tanto de todo lo que se publicaba en cuanto a estudios sobre el español, en especial del americano, y aceptaba con respeto el criterio de los especialistas.

Martí era muy cuidadoso en el uso del lenguaje, ya que «El que ajusta su pensamiento a su forma, como una hoja de espada a la vaina, ese tiene estilo» (*O. C.,* V: 128). Por eso creó un estilo muy propio, que sobresalió en su prosa, pues «...el verso se improvisa, pero la prosa no; la prosa viene con los años». Martí fue gran innovador de la lengua española de su tiempo. El verbo y el adjetivo tuvieron gran importancia en el gráfico y armonioso lenguaje martiano: el uso del adjetivo logró el máximo de condensación, acaso el aspecto más original de su estilo. De ahí que elogiara a Mark Twain, pues «Entiende el poder de los adjetivos, los adjetivos que ahorran frases» (*O. C.,* X: 136). ¡Y qué decir de la sintaxis martiana! Carlos Ripoll (1979: 203), con toda razón, destacó que Martí se adelantó a los modernistas en el manejo del idioma, además de que fue por otro camino y tuvo otras intenciones, mientras que Roberto Fernández Retamar destacó que «en verdad, lo que Martí inicia no es una escuela, ni un movimiento (como Darío llamaría al modernismo), ni siquiera (exclusivamente) un período de la literatura hispanoamericana, lo que inicia es una época, una época *histórica,* con su correspondiente literatura» (1982: 95).

Frente al «Norte revuelto y brutal que nos desprecia» (*O. C.,* IV: 65), Martí opuso el concepto de *América Nuestra*, cuyo sello inconfundible lo constituye la lengua española, a pesar de que «... nos dejó la dueña España, extraños, rivales, divididos, cuando las perlas del río Guayate son iguales a las perlas del sur de Cuba» (*O. C.,* VII: 117). Por eso, en diversos artículos publicados nos habla sobre «... la América que habla castellano» (*O. C.,* V: 97), de «... los pueblos castellanos de América que habla español» (*O. C.,* VII: 349). En fin, la lengua española fue, continúa y seguirá siendo lo más representativo de ese mosaico de naciones que es Hispanoamérica, y Martí tenía plena conciencia de ello. La lengua española fue su mejor medio de manifestación, el mejor instrumento de lucha y de trabajo, el mejor recurso de convicción de que dispuso en su ardua lucha por la independencia de su patria chica y por el cultivo y desarrollo de la inmensa *América Nuestra*.

Defender la lengua española, cultivarla y desarrollarla para hacerla lo suficientemente competitiva no significó para Martí desdeñar el conocimiento de otros idiomas, pues sabía que toda lengua se enriquece en contacto con otras que aportaron a la española «... las cualidades que le faltan como lengua moderna», o sea, «... del italiano la sutileza, del inglés lo industrial y científico, del alemán lo compuesto y razonado, del francés la concisión y la elegancia (*O. C.,* VII: 358). Tampoco desdeñó poseer conocimientos de las lenguas clásicas, pues «... es bueno por cuanto quien ahonda en el lenguaje, ahonda en la vida poseer luces de griego y latín, en lo que tienen de lenguas raizales y primitivas, y sirven para mostrar de dónde arrancan las palabras que hablamos: ver entrañas ilustra» (*O. C.,* IX: 446). Incluso en su *Cuaderno de notas n.º 2* (*O. C.,* XXI) recogió toda una serie de apuntes que él mismo hizo sobre la lengua griega en cuanto a los futuros y aoristos, los verbos contraíbles, mudos, sobre las consonantes dentales y líquidas, etc.

Destacó que «Es bueno aprender una lengua, y mejor aprender dos» (*O. C.,* V: 425) y enfatizó: «Conocer diversas literaturas es el medio mejor de libertarse de la tiranía de algunas de ellas, así como no hay manera de salvarse del riesgo de obedecer ciegamente a un sistema filosófico, sino instruirse de todos, y ver como en todos palpita un mismo espíritu, sujeto a semejantes accidentes» (*O. C.,* XV: 361).

Su estadía de varios años en los Estados Unidos de Norteamérica y el constante contacto con el inglés le reafirmó esta convicción: «Hombre que no conoce la lengua del país en que vive es hombre desarmado» (*O. C.*, V: 425). Martí reconocía la importancia de la lengua inglesa, vehículo de comunicación ya internacional, y comprendía la necesidad de familiarizarse con la sociedad estadounidense debido al gran desarrollo que esta había alcanzado y debido a su proximidad geográfica y la función que desempeñaría ese país en la historia ulterior de la llamada *América Nuestra*.

Los años vividos en los Estados Unidos, ejerciendo periodismo en un medio anglófono, propiciaron cierto influjo en su forma de expresarse. Si bien en un principio rechazó sustituir vocablos hispanos por ingleses, «Yo nunca digo *meeting,* que es lo mismo que *junta* o *reunión* en castellano» (*O. C.*, II: 269), a la larga se vio obligado a utilizar anglicismos en sus escritos periodísticos sobre la sociedad estadounidense: *mayor, dandy, whisky, pony, lunch, sándwich, boss, maple, hall,* además de que en sus cartas a amigos utilizó alguna que otra palabra hispanizada, como *lunchar.* Como buen conocedor y usuario de esta lengua, incluso lograba disfrutar los rejuegos del léxico que se podían hacer con las palabras de ese origen: «Y dijo Blaine [en relación con la bala del atentado al presidente, que debían extraerle con urgencia]: "No es *bulletin* lo que necesitamos, sino *bullet-out*"» (*O. C.*, IX: 41).

Martí valoraba altamente la función del traductor, labor que él mismo realizó varias veces. Comprendió a cabalidad que el trabajo del traductor es, realmente, una investigación que permite, mediante la traducción, dotar, enriquecer o actualizar una lengua dada con nuevos medios de expresión. En una carta enviada a María Mantilla, fechada en Cabo Haitiano el 9 de abril de 1895, Martí realizó un impresionante y extenso comentario sobre el cuidado que hay que observar en la labor de traducción, pues esta «... ha de ser natural, para que parezca como si el libro hubiese sido escrito en la lengua a que la traducen, que en eso se conocen las buenas traducciones».

Martí fue nuestro escritor más universal, fue nuestro escritor más americano, como lo calificara Juan Marinello (1964: 144). La lengua española, moldeada por el muy propio estilo martiano, se nos manifiesta como supradialectal, o sea, no matizada por una modalidad regional, hispanoamericana. Eso sí, su prosa no es castellana peninsular, pues en sus escritos no primó el modelo madrileño. La lengua española tuvo en Martí, hijo del lado azul del Atlántico, como él mismo se definiera, a uno de sus más altos exponentes. En cierta oportunidad manifestó que: «De América soy hijo, y a ella me debo», y se sintió orgulloso de ser «... a mucha honra, españoles de maíz» (*O. C.*, XX: 382). En su *Cuaderno de apuntes n.° 5* llegó a escribir:

> Ni será escritor inmortal de América, y como el Dante, el Lutero, el Shakespeare o el Cervantes de los Americanos, sino aquel que refleje en sí las condiciones múltiples y confusas de esta época, condensadas, desprosadas, ameduladas, uniformadas por sumo genio artístico. Lenguaje que del propio materno recibe el molde, y de las lenguas que hoy influyen en la América soporte el necesario influjo, con antequicio suficiente para grabar lo que ha de quedar fijo de esta época de génesis, y desdeñar lo que en ella se anda usando lo que no tiene condiciones de fijeza, ni se acomoda a la índole esencial de nuestra lengua madre, harto bella y por tanto poderosa, sobre serlo por su sólida estructura, para ejercer a la postre, luego del acrisolamiento, domino sumo, tal ha de ser el lenguaje de nuestro Dante (Domínguez, 1990: 54).

Querido y admirado, ya Martí es escritor inmortal de *América Nuestra,* y uno de los innegables Dantes de nuestra lengua común, panhispánica.

Marlen A. Domínguez Hernández

TESTIMONIO Y ESTILO EN LA LENGUA DE MARTÍ: APUNTES PARA UNA INVESTIGACIÓN

Hace varias décadas Martha Hildebrandt escribió un libro imprescindible: *La lengua de Bolívar* (1961), que pretendía estudiar sistemáticamente el habla del Libertador, como expresión de su momento histórico y su entorno geográfico. La investigación equivalente en José Martí está por hacer, y es esencial como evidencia de una región y una época; es decir, de una cultura y una identidad en su momento germinal.

Estudiar la lengua de Martí puede tener diferentes objetivos: deconstruir e interpretar sus textos de manera más adecuada; advertir la correspondencia entre sus criterios lingüísticos teóricos y su práctica de escritura, lo que puede dar una medida de su maduración como pensador y como escritor, y comprobar su valor como testimoniante lingüístico de su época: en qué medida representó a sus congéneres y en cuál fue un adelantado o un revolucionario, para lo cual se hace imprescindible la confrontación con otras figuras y obras.

El habla martiana, en principio, podría considerarse representativa de una variedad cubana, occidental, culta, correspondiente a la etapa que L. R. Choy (1999: 43 y ss.) ha llamado de *estandarización* del español en nuestro país, como resultado del peso canonizador de las instituciones que se fundan, en especial la escuela, y del papel de la inmigración en cuanto catalizador de modelos. Esencialmente habría que atender a la segunda subetapa de este período, la llamada *de españolización,* que se extendería de 1868 a 1898, y estaría matizada por las guerras independentistas, la inmigración española sucesiva y de diferentes procedencias, y el crecimiento de la población criolla, y en la cual se hace evidente la tensión entre el modelo castellano conservador y la koiné que emerge, entre la élite culta y el resto de la sociedad.

En el caso de Martí, sin embargo, ese encasillamiento, y la dialéctica entre aporte estilístico y testimonio de su época y región se hace más difícil de delimitar, pues su larga estancia de casi quince años en un país no hispanohablante (EE. UU.), así como su exilio español, lo ponen en contacto con variedades diferentes y aun ajenas a su lengua materna. Su convivencia mexicana, guatemalteca o venezolana, no menos que la proveniente de su vida política entre emigrados puertorriqueños y de otras procedencias de Hispanoamérica en los Estados Unidos han de haber matizado necesariamente su habla.

Sin embargo, luego de estudiar muchos años la lengua de Martí hemos llegado a la convicción de que, sin perder su núcleo cubano o antillano, su variedad muestra una intención, de signo político, de elegancia y pulcritud, y está nivelada hacia lo esencial de la personalidad americana en su conjunto, al tiempo que salpicada de los nacionalismos de diferentes países como notas distintivas, o en sus correspondencias en relación con referentes comunes.

Algunos de los rasgos que se descubren al análisis pueden considerarse legítimamente como estilísticos, pero vemos repetirse en Martí recursos hallados en otros hombres del XIX. Es el caso, por ejemplo, de la interrogativa retórica reiterada, con verbo en futuro, que se emplea en cartas para dejar ver la buena voluntad del destinador, atenuar los enunciados y desterrar cualquier duda del destinatario sobre aquello de lo que se lo quiere persuadir (¿No querrá Vd. con sus declaraciones (...) *contribuir* (...) *a organizar por fin de un modo glorioso y grato a Cuba la guerra nueva...?*), o el empleo de sustantivos yuxtapuestos que componen unidades denominativas (*hombre-ala*, *hombre-boca*). Asimismo, voces que hemos creído neológicas de Martí se han descubierto también en otros autores, o en general en una corriente, o en la época, como es el caso de *hombre raíz* (presente en Larra), *horrísono* (cara a los románticos) o *preopinante* (documentada en general para el siglo XIX).

Para la consecución del objetivo de describir la lengua de Martí, por otra parte, hay mucho camino andado, porque intelectuales de todas las épocas, incluso desde el propio siglo XIX, le han prestado especial atención. Entre ellos podrían contarse, por solo mencionar los trabajos más orgánicos, a Rubén Darío, quien se detuvo en su sintaxis y en la recurrencia de ciertos vocablos; a Miguel de Unamuno, sobresaltado por la elipsis y por la imposibilidad de aplicarle los criterios de «corrección» normales; a Andrés Iduarte, que lo creyó portador del «sobre-español» que preconizaba; a Gabriela Mistral, que comprendió mejor que nadie las claves de su originalidad; a Juan Marinello, que fue el primero en señalar los caminos para la investigación lingüística de su obra; a Herminio Almendros, que resumió un grupo de características de imprescindible atención; a Guillermo Díaz-Plaja, que por tantos puntos se anticipó a los análisis léxicos posteriores; a Medardo Vitier, a José Antonio Portuondo, a Fina García Marruz y Cintio Vitier, que develan aspectos sutiles de la singularidad lingüística del Maestro, y a tantos otros que han ido componiendo, con ciencia, esmero y poesía, este inmenso rompecabezas.

Acercamientos más recientes incluirían probablemente las reflexiones de Susana Rotker o Sonia Contardi, y echarían de menos obras aún no publicadas como la aproximación a la sintaxis del joven Martí que constituyó la tesis doctoral de Maritza Carrillo. Nos atreveríamos a decir, sin embargo, que la perspectiva lingüística no ha sido objeto de cultivo sistemático, probablemente porque, para ser rigurosa, exige un análisis complejo, y solo da frutos suficientes cuando se acumulan grandes corpus textuales. Es en este sentido que creemos que, atenidos a la consideración de la importancia del «contenido», la lengua, supuesta «forma», ha sido parienta pobre en el convite de la investigación martiana.

El trabajo hoy se favorece, en primer lugar, por la posibilidad que ha ofrecido el Centro de Estudios Martianos de tener acceso digital al corpus completo de las obras y realizar búsquedas específicas, que pueden correlacionarse con diferentes variables. El contar con descripciones cada vez más detalladas del español en América y sus características facilita, por otra parte, la localización de los rasgos que se toman como prototípicamente americanos, y que funcionan como norma de referencia en la investigación.

Otro aspecto que contribuye a dinamizar el proceso investigativo es la transformación, en los últimos años, de las bases teóricas para los estudios de lingüística histórica del español. La puesta en primer plano de la función comunicativa de la lengua ha obligado, igualmente, a volver la mirada hacia las intenciones de los hablantes y los recursos con que se expresan, lo que ha implicado enfoques pragmalingüísticos.

Sobre estas bases se ha ido arribando a conclusiones sobre fenómenos puntuales: fónicos, como el seseo (documentado a través del estudio de la rima); morfosintácticos, como el empleo de *vos* o de *vosotros,* o la presencia de leísmo, laísmo o loísmo en la obra martiana, o el predominio de usos etimológicos en estos clíticos pronominales; pragmalingüísticos, como los recursos de impersonalización y despersonalización, de un lado, y la autorreferencia o los enunciados directivos, de otro; léxico-semánticos, como el tratamiento de los préstamos o la neología formal o semántica.

Para investigar estos aspectos valen todos los tipos textuales variadísimos y géneros en los que Martí incursionó: la poesía, tan singular en sus estadios de mayor desarrollo; la prosa doctrinaria y política; la prosa periodística, que no ha tenido aún desde el punto de vista lingüístico acercamientos suficientes; el discurso oratorio o el ensayístico en general. Pero el estudio sistemático del epistolario martiano como testimonio de su siglo XIX y del carácter revolucionario de la figura se incrementa en un momento en que existe consenso en cuanto a que las cartas privadas muestran mejor que otros tipos textuales las hablas reales. Por eso se han revisado en ellas la estructura oracional, las formas de tratamiento, la correlación entre la concisión o extensión de la frase y los propósitos y circunstancias de la situación comunicativa; los recursos de énfasis o atenuación, o la autorreferencia.

En estos análisis específicos, que tomamos a modo de ilustración, se van precisando cuáles rasgos resultan relevantes para caracterizar la lengua de Martí: desde la selección de las piezas léxicas (qué tacha, qué sustituye), los semas que se actualizan en ellas, los grupos en los que entran (de palabras que aparentemente no tienen ninguna relación; por ejemplo, los que se integran a partir de cierta orientación espacial, justificada por la perspectiva visual que Martí propone), los cuantificadores que se aplican *(vagonadas, barcadas, montes),* los campos valorativos que pueden descubrirse al hacer el estudio (tipos humanos apasionados-tibios-fríos), pasando por el empleo de derivativos frecuentes y característicos *(adementado, ajardinado, alunarado; invernoso, marginoso, perfumoso),* para llegar a las clases de oraciones, la representatividad de cada una, su longitud, y un largo etcétera.

Conformémonos, por ahora, con comentar sus modos de ver la lengua, y algunos ejemplos de cómo concretó sus teorías en la práctica escritural.

Como nos recuerda L. Álvarez (2017: 9-15) el interés martiano por el lenguaje parece responder a tres móviles: «su condición de escritor literario y periodista; su extraordinario pensamiento político sobre Cuba y Latinoamérica; su casi omnisciente percepción de la modernidad finisecular que él vivió e impulsó de una manera tan deslumbrante», y en consecuencia tiene que ver tanto con un afán que caracterizó a la modernidad euroccidental toda, como con necesidades creativas propias, y de identidad y políticas nacionales y regionales.

Por eso quizás sus reflexiones y notas más interesantes sean las que apuntan a la conveniencia de una política lingüística americana, a los pormenores de la enseñanza de la lengua más apropiada para la formación de la personalidad del ser humano, a las fuentes dinámicas de la lengua, y en general a consideraciones sociolingüísticas de la mayor novedad para su momento.

En este último orden, al percatarse de la variedad de registros y estratos lingüísticos, prefiere lo popular, sin que ello signifique rebajamientos ni populismos: «beber la lengua en sus fuentes, y no en preceptistas autócratas ni en diccionarios presuntuosos».

Y toma como norma de referencia la lengua literaria, que quiere fresca, auténtica, original; despojada de adjetivos que no añaden; con las proporciones exactas de arcaísmos, neologismos y localismos: «Hay quien confunde el lenguaje claro con el lenguaje vulgar: ¿es lenguaje claro el que entienda todo el mundo? No: el que entiende la gente sanamente educada en buena literatura».

Martí fue profesor de lengua española entre 1890 y 1892 en una escuela nocturna, por lo que tuvo que plantearse principios y procedimientos a seguir en relación con la enseñanza-aprendizaje del instrumento expresivo. A este respecto comenta que daba clases como H. Longfellow: «A la gramática por la lengua y no a la lengua por la gramática. Modelos, y no reglas...».

Los criterios de base, sin embargo, aparecen en la obra de Martí de forma programática desde época tan temprana como 1881 en «El carácter de la *Revista Venezolana*», un artículo medular en la concepción martiana del lenguaje porque establece, de un lado, la singularidad de la lengua como fenómeno social y sus características, y, de otro, define su propio modo de hacer como escritor.

Allí vemos destacada la relación entre pensamiento y lenguaje; entre lengua y época; la importancia de la selección del léxico y la existencia de variedades regionales, sociales y funcionales. Así pues, en esta explicación martiana está, en su sentido más moderno, tanto la diferenciación dialectal como la de registro; la cuestión de que la lengua individual de cada ser humano no es homogénea, sino que se compone de variedades que aplica según determinadas restricciones del contexto o la intención. De estos constreñimientos, en la jerarquía martiana el más importante viene determinado por la necesidad de correspondencia entre forma y contenido, entre la situación y su reflejo.

De otro lado, aparecen en «El carácter...» principios que apuntan al modo flexible en que comprende la funcionalidad de los recursos: en momentos de tan acendrado purismo como lo fue buena parte del siglo XIX americano, la afirmación sobre la validez del arcaísmo y del neologismo es francamente revolucionaria; pero como si lo dicho fuera poco, es también en «El carácter...» donde Martí expone, como una novedad de su tiempo, la búsqueda de belleza formal y de perspectiva visual en la creación.

Estas líneas de pensamiento se van a mantener, y se observan en comentarios al paso, en apuntes como «La lengua castellana en América», donde se reflexiona sobre la variedad que está llamada a representar un nuevo mundo, y que en consecuencia debe ser «Reflejo de nuestro carácter autóctono, de nuestro clima y abundancia, de nuestra educación mezclada, de nuestro cosmopolitismo literario [...] de nuestro amor natural, como reflejo de nuestra naturaleza, a la abundancia, lujo y hermosura».

Artículos publicados posteriores como «El castellano en América», que vio la luz en Montevideo en 1889, reafirman esas ideas, en particular en relación con el papel de los medios de prensa en la difusión y conocimiento de la lengua y sus modelos, en tanto portadores de una cultura y un modo de ser. Analiza, en consecuencia, en «El castellano...» los errores de la prensa, los préstamos disparatados a los que da cobijo, cuando su tarea es la del cultivo de la lengua, e indica aquí, no solo la restricción de la variedad madrileña estándar como modelo, sino también la idea de que la corrección y la belleza no están reñidas.

Amén de las diferencias por nivel de lengua o registro de habla, el comportamiento lingüístico tiene constantes que Martí define, relativas a la función estética de la lengua literaria, y a la necesaria selección y propiedad del léxico, con base en la etimología.

Otros trabajos posteriores, de diferente índole, permiten advertir la coherencia sostenida del pensamiento martiano en estos temas. Tal es el caso del artículo «Julián del Casal», donde define la estética de la literatura de su momento, en lo que se incluye una lengua que corresponda con sus objetivos.

Las ideas nodales se mantendrán hasta su muerte en 1895, según vemos, por ejemplo, en «Libro nuevo de José Miguel Macías», donde se preocupa por la falta de elaboración de nuestra lengua para ciertas funciones: «Tal como anda, el castellano es lengua fofa y túmida; y cuando se le quiere hacer pensar, sale áspero y confuso, y como odre resquebrajada por la fuerza del vino».

Pero también continuará rechazando el exceso de preceptismo, que a fuerza de reparar en detalles menores no logra advertir la altura de una creación, como pasa con «el picafaltas de Valbuena, que es de los que le tiene mal a un monte que críe en una hendija un verso cojo; y tachará a la nube azul porque lleva, en una gota de agua, una diéresis en vez de una coma».

Otro asunto de interés para una política lingüística, reiteradamente abordado por Martí, se refiere a los valores de cada lengua y la regulación de sus contactos. La materna, que se atrevió a mejorar, fue siempre para él un patrimonio; es decir, una riqueza cultural acumulada por generaciones, heredada, que teníamos la obligación de conservar y acrecentar para legarla a otros. Por eso, en un pasaje, delimita el valor que para cada ser humano reviste su lengua materna como instrumento cognoscitivo, de desarrollo del pensamiento: «si se dice lo que se piensa con verdad, y sin churrigueras ni florianes, sin cascabeles ni pasamanerías, ¿qué lengua enseña ni disciplina mejor que la propia?». Para esa función, a su juicio, más que las antiguas o clásicas, resultan útiles las lenguas modernas, por ser sistemas estructurados más complejos, en la medida en que lo son las sociedades que reflejan.

La necesidad de conservar ese patrimonio y desarrollar esa función nos permite entender, entonces, su rechazo de los préstamos indiscriminados, debidos a errores frecuentes en la prensa y a malas traducciones, que hacen descender la variedad a la categoría de *dialecto,* término para él peyorativo con que alude a los *pidgin* y los *creole,* que no podrían alcanzar el rango de lengua por su carácter mezclado y subordinado. Ello no significa el rechazo del contacto o la interinfluencia, pues preconiza que «los idiomas han de crecer, como los países, mejorando y ensanchando con elementos afines sus propios elementos», y que de ese concierto podían venir a nuestra lengua modelos de adecuación de los estilos funcionales.

Pero para que el contacto entre lenguas resultara fructífero consideraba necesario el cumplimiento de dos condiciones: que las formas hubieran demostrado su consistencia en la expansión («grabar lo que ha de quedar fijo en esta época de génesis, y desdeñar [de] lo que en ella se anda usando lo que no tiene condiciones de fijeza»), y, que se acomodaran «a la índole esencial de nuestra lengua madre».

Su conciencia lingüística, por otra parte, se expresa en abundantes comentarios metalingüísticos: «Vamos a pegarnos un palo: Vamos a tomar una copa. Para eludir las leyes que impiden el uso del licor los ebrios incorregibles llevan el aguardiente en un bastón hueco. Entran en los zaguanes de las casas y ahí beben». La nota al paso, simpática, costumbrista o aclaratoria, nos da evidencia de un ejercicio lingüístico sostenido y consciente, que se advierte de mejor modo en una especie de práctica lexicográfica realizada por Martí, que nos pone en contacto con su visión sobre las variedades americanas del español.

Hechas quizás para recopilar datos para otros artículos o narraciones, como se comprueba con «Gamonal. Colombia. Cacique, agente principal de elecciones en los pueblos», las anotaciones cuyo conjunto se ha dado en llamar «Voces» constituyen un «diccionario» ingenuo, que recoge una definición martiana de americanismo:

voces nacidas en América para denotar cosas propias de sus tierras, y señalar las acepciones nuevas en que se usen palabras que tienen otra consagrada y conocida.

Estas primeras palabras establecen concisamente los límites (tendencia hacia las formas normalizadas, cultas o de mayor consenso) y los objetivos (repertorio regional) de la recopilación que se realiza, así como el tipo de palabra o expresión que se ha tenido en cuenta, al desautorizar otras búsquedas dialectales de variedades no estándares o de ciertos sociolectos.

Se observan algunos indoamericanismos de origen, como seguramente *baqueano* o *charqui;* algún híbrido, como *guanaquismo,* y un grupo de vocablos resemantizados. Muy interesante es el caso del náhuatl *chocolate,* indoamericanismo que ha pasado a la lengua normalizada de todo el mundo hispanohablante como 'pasta de cacao y azúcar...', pero que aquí se toma en una acepción coloquial, propia de la Cuba del XIX, como 'enjuague, cohecho, caso oculto y culpable'.

Aunque toda la estructura del repertorio es irregular (lematización, marca de origen y etimología, atribución, enunciado definicional, presencia de ejemplos, carácter lingüístico o enciclopédico del artículo) es constante la marca geográfica, de lo que se colige el interés por encontrar la unidad en la variación.

Hay contornos y comentarios de uso que muestran la sensibilidad de la percepción martiana en los contornos: «Cachifo. Colombia. Aplicado a personas mayores, es palabra depresiva. Significa muchacho de escuela...».

Aunque sin marca de registro de habla, la mayoría de las unidades recogidas son coloquiales (*bagre* 'mujer fea'), y los sinónimos definidores aparecen en el mismo registro: «Montera. Chispa, turca, embriaguez», con lo que se garantiza la equivalencia no solo semántica sino también funcional. Al copiar y emplear en su obra estas piezas léxicas, Martí las legitima.

Al investigador actual el intento martiano le resulta útil para contrastar algunas voces: *curucutear,* por ejemplo, definida como 'mudar trastos de sitio' tiene su primera documentación en el *NTLLE* en 1917 (Alemany y Bolufer), con marca de América y en particular de Venezuela. Es decir, que el registro de Martí permite retrodatar la palabra, y precisar la definición, en tanto la martiana ('hurgar, registrar, buscar desordenando y con prisa') se relaciona más estrechamente que otras con la que ofrece actualmente el *DLE*.

Todos estos datos nos dejan ver, de un lado, la utilidad que tiene aún hoy para la lingüística histórica y la historia lexicográfica este repertorio imperfecto, pero sobre todo nos da evidencia de la importancia que dio Martí a la singularidad lingüística en la cultura americana, y la búsqueda, a través de ella, de puentes de comprensión, de conocimiento y autorreconocimiento, al presentar a la gente del pueblo de nuestra América: los pobres, los indios, los negros, los campesinos, que están allí pintados en su dura vida, en su geografía de crucigrama, en su gracia y locuacidad, en su comunidad con la naturaleza y los animales, y hasta en sus pequeñas vanidades y sus peleas domésticas.

Estos actores sociales desplazados se muestran también cuando se realiza un análisis de artículos de prensa: Martí, pobre, parte de una minoría emigrante en EE. UU., marginal él mismo ante quienes dominan la prensa, les da voz a sus iguales cuando tiene ocasión, en discursos que explotan la selección léxica interesada y la polarización constante —a través de los deícticos en todas sus clases (temporales, espaciales, pronominales), de otros mecanismos léxicos como la antonimia en todas sus formas (complementaria, gradual o inversa), de todas las formas de la estructura paralela (anafórica, antitética, en quiasmo). Los mecanismos disfemísticos en relación con la caracterización del no igual se contraponen al uso de los vocablos de parentesco para reforzar la identidad entre semejantes. Se explotan todos los recursos a la autoridad (tácita o explícita, autorreferencial o polifónica, propia o ajena): figuras, citas, datos, ejemplos, y abundan las construcciones hiperbólicas para legitimar el discurso propio. Sin embargo, la información se somete al juicio del interlocutor, de ahí que sean recurrentes enunciados interrogativos, especialmente los que indagan por el argumento agentivo, y los negativos contraargumentos, antepuestos a los aseverativos argumentativos.

Si tratamos de caracterizar, entonces, el tipo de hablante que fue Martí, en cuanto a nivel de lengua de que disponía, algunos ejemplos de gerundios no normativos, y de *cuyo* despronominalizado lo muestran como un hombre del pueblo, portador de usos no estándares. Si revisamos la rima en su obra poética consolidada, nos lo caracteriza como un poeta culto, atento a los modelos canónicos, en la medida en que no muestra seseo o yeísmo. El uso etimológico mayoritario de los clíticos pronominales de tercera persona nos lo presenta como un exponente de la norma de su región.

Como creador, Martí tiene la capacidad de actuar como sus contemporáneos, y también la de recrear recursos de otros momentos y circunstancias: se le ve la mímesis en relación con santa Teresa («y buscando sin fe, de fe me muero»), con Gracián, con Quevedo; y se le consustancian los modos lingüísticos del barroco (juego léxico y sintáctico del retruécano, el hipérbaton, la explotación del espectro sémico del vocablo): «Aquel ocioso espíritu en profundo / trabajo andaba lleno de vacío».

Se trata pues, de un sujeto histórico, con una identidad en proceso de cambio, de construcción, que en el desarrollo específico de su habla refleja el devenir social, tanto intencional como involuntariamente, y que se atreve sin miedo tanto al arcaísmo, como a la innovación o a la explotación estilística de rasgos del más acendrado sabor popular e incluso vulgar, como la adición de velar ante inicial vocálica: «chupando almas y dejándolas en gollejo».

Por eso, frente a todo este sabor arcaico que a fuerza de recurrente no puede ser inmotivado ni casual, encontramos en la producción martiana otros rasgos lingüísticos de diferente signo: la oración breve sin subordinadas, sin formas hiperbáticas, en presente general, que recoge axiomas y constituye una definición poética: «La poesía es un dolor»; la asociación simbólica sistemática de algunos vocablos: «Empieza el hombre en *fuego* y para en *ala*», la acumulación de adjetivos pertenecientes a esferas semánticas diferentes: «versos tristes y joyantes», «juicio criollo y directo» o la explotación de la polisemia, en estructuras engañosamente pleonásticas: «Tú naciste en Bayamo y eres poeta bayamés». Y entre los más importantes, como han observado muchos de sus críticos, está la creación neológica, que trata de suplir las deficiencias expresivas del léxico estándar, al tiempo que lograr la mayor concisión, y tiene en su base un profundo conocimiento etimológico: formalmente puede tratarse de derivados o compuestos, y en cuanto a su categoría léxico-gramatical predominan adjetivos y sustantivos, aunque hay un número significativo de verbos.

La novedad del neologismo martiano radica a veces en la mera conjunción entre la base y los afijos *(gente mandariega, quiquiquear, chischear, tenorizante, mejorante),* o entre los elementos de composición *(apagaluces, traepesos, cuelliparados),* que convierte la palabra creada en expresiva, al tiempo que transparente. Pero otras son cultas *(pansofos, auriteniente)* o metafóricas *(ultraguilismo* 'ambición, rapiña, afán de poder') y reclaman un mayor esfuerzo para su interpretación.

Novedoso y atrevido es también su uso de los signos, pues el elenco existente se le queda pequeño. En multitud de ejemplos podría apreciarse su concepto funcional y estético de la puntuación, como en «Ah, leer cuando se está sintiendo el golpeo de la llama en el cerebro,—es como clavar un águila viva», donde el guion empleado introduce un cambio de tono o subraya el miembro que aísla.

CODA

El sustrato de la consideración martiana de la lengua en su política está, en resumen, en ver aquella como factor de conformación y fortalecimiento de la identidad nacional, latinoamericana e, incluso, panhispánica, para cuyo proceso de formación precisa un «Dante americano» con un español de base patrimonial, recreado y fortalecido.

Martí promulga así independencia en lengua, entendida como la voluntad de expresar la realidad concreta con la palabra justa, lo ideal a través de lo real y de oponer la creación a la imitación.

La novedad en materia de lengua no era, pues, una renuncia, sino reenquiciamiento de una herencia, compromiso y cambio: un proceso de americanización de la cultura; de subversión en la originalidad del espíritu que se trueca en lengua, en el trabajo hondo de la expresión.

En el empeño de responder con su práctica al propio ideal de escritura, el carácter muchas veces declarada o encubiertamente autorreferente le sirvió a Martí para presentarse como prototipo de actores sociales situados en condición de inferioridad o conminados por la realidad a alguna acción, y a modo de ilustración vívida de las ideas generales que exponía.

Es por ello que, aunque su compromiso epistémico es permanente, su discurso exhibe polifonía enunciativa e intención dialógica —que presenta, valora y tipifica a los diferentes interlocutores—.

Desmesurado y apasionado, como muchos genios, persiguió, a veces en vano, la economía del lenguaje y el equilibrio del juicio: la lengua sirvió con sus abstractos, sus imperativas atenuadas, sus estructuras impersonales, de *se* genérico, de pasiva, a la ruptura de los estereotipos. Pero la intensificación y su contrapartida son claves de la expresividad, en que se conjugan armónicamente el presupuesto ético y el estético. En este sentido tendría bien ganado el título de maestro que se le da: de aquellos que nos hacen participar, pensar, y nos dan herramientas, argumentos, claves y cauces, a través un modo de decir fresco, propio y original.

Es así que al evaluarlo como testimoniante de su época y región cabría decir, entonces, en una proposición conciliadora, que Martí fue un escritor culto de su época y de su continente, conocedor y capaz para evaluar el prestigio de la normativa estándar, por un lado, y de seguir la americana en expansión, tildada de arcaizante o incorrecta por los academicistas, pero avalada por los estratos cultos de nuestra región. Para llegar a esa conclusión disponemos de las pistas derivadas de su voluntad confesional, que nos pone en contacto con los sentimientos motrices y claves de su creación; y de la habilidad que tuvo para evaluar las novedades de su momento en su proyección futura previsible, y para recoger los elementos de otras culturas, procesarlos y entregarlos de vuelta al interlocutor de nuestra América, como sustento a su proyecto independentista y humanitario.

Con los ejemplos expuestos creemos haber demostrado las enormes posibilidades, abiertas a todos los gustos y disposiciones, que tiene el análisis lingüístico de Martí, haber enseñado un poco de cómo puede llevarse adelante, y haber transmitido la convicción de que este afán investigativo no se agota en sí mismo, sino que tiene fuertes, troncales y trascendentes proyecciones hacia ejercicios de interpretación martiana de mayor aliento, a partir de un modelo ideal de lengua nueva «que junta la claridad de la idea a la vehemencia de la virtud».

BIBLIOGRAFÍA

Abreu Veranes, Luis E. «Polisemia y construcción simbólica en torno a José Martí (1853-1895)», en *Honda,* n.º 40, Sociedad Cultural José Martí, La Habana, 2014, pp. 57-64.

Academia Cubana de la Lengua. *Boletín de la Academia Cubana de la Lengua. Tomo I,* n.º 4, octubre-diciembre, 1952.

Acereda, Alberto. «*Ut pictura poesis*: luminismo y modernismo como paradigmas trasatlánticos de la modernidad», en *Cuadernos Americanos,* n.º 93, México, 2002, pp. 175-193.

Acosta, Leonardo. «Martí descolonizador: apuntes sobre el simbolismo náhuatl en la poesía de Martí», en *Casa de las Américas,* n.º 73, julio-agosto, 1972, pp. 29-43.

Alemany Bay, Carmen. «Intuiciones sobre el proceso de creación de los *Versos libres* de José Martí», en Carmen Alemany, Ramiro Muñoz y José Carlos Rovira (eds.): *José Martí: historia y literatura ante el fin del siglo XIX,* Universidad de Alicante-Casa de las Américas, Alicante-La Habana, 1997, pp. 127-134.

Almendros, Herminio. «Notas sobre Martí innovador en el idioma», en *Casa de las Américas,* n.º 41, marzo-abril, 1967, pp. 31-44.

Alvarado Tenorio, Harold. «La exactitud literaria de Martí», en *Cultural,* n.º 11, Caracas, 2003, pp. 53-54.

Álvarez, Luis. *Estrofa, Imagen, Fundación. La Oratoria de José Martí,* Casa de las Américas, Colombia, 1995.

— «Prólogo» a *Hacia una historia de la lengua española,* Editorial Universitaria Félix Varela, La Habana, 2017, pp. 9-15.

Álvarez, Luis, Matilde Varela y Carlos Palacio. *Martí biógrafo,* Oriente, Santiago de Cuba, 2007.

— y Olga García Yero. *Visión martiana de la cultura,* Ácana, Camagüey, 2009.

Arias García, Salvador. «Las *Escenas norteamericanas* y *La Edad de Oro*», en *Anuario del Centro de Estudios Martianos,* n.º 19, 1996, pp. 29-51.

— *Un proyecto martiano esencial: La Edad de Oro,* La Habana, Centro de Estudios Martianos, 2001.

— «El catastrofismo en las *Escenas norteamericanas*», en *Anuario del Centro de Estudios Martianos,* n.º 26, La Habana, 2003.

Atencio, Caridad. «Las *Escenas norteamericanas* de José Martí: ¿una ruptura en el canon? Un género de asimilaciones y elisiones», en *Anuario del Centro de Estudios Martianos,* n.º 26, La Habana, 2003, pp. 54-70.

— «Los símiles en los *Versos libres*», en *Anuario del Centro de Estudios Martianos,* n.º 28, La Habana, 2005, pp. 169-176.

— *Circulaciones al libro póstumo,* Oriente, Santiago de Cuba, 2007.

— «Martí en Lezama: Gravitación de la idea de la unidad del mundo y de los *Versos sencillos*», en *La Letra del Escriba*, n.º 126, La Habana, junio, 2014, pp. 2-3.

Augier, Ángel. «Martí poeta y su influencia innovadora en la poesía de América» [1942], en *Acción y poesía en José Martí,* Letras Cubanas-Centro de Estudios Martianos, La Habana, 1982, pp. 167-259.

Bazil, Osvaldo. «La huella de Martí en Rubén Darío», en Emilio Rodríguez Demorizi, *Rubén Darío y sus amigos dominicanos,* Espiral, Bogotá, 1948, pp. 204-215.

Bejel, Emilio. «*Amistad funesta* de Martí: la "mujer hombruna" como amenaza al proyecto nacional», en *Confluencias,* n.º 2, University of Northem Colorado, Estados Unidos, 2006.

Bellido Aguilar, Víctor R. *Martí. La juntura maravillosa (de la modernidad a la posmodernidad),* abril, La Habana, 2000.

Bermúdez, Jorge. *Antología visual José Martí en la plástica y la gráfica cubanas,* Letras Cubanas, La Habana, 2004.

Bernardes Martínez, Yisel. «La imagen de Edison desde la crónica martiana», en *Honda,* n.º 42, 2015, pp. 17-25.

Cairo, Ana. «Las Casas y los apóstoles de la justicia», en José Martí. *El padre Las Casas. Edición Crítica.* Centro de Estudios Martianos, La Habana, 2001.

Cairo, Ana. *José Martí y la novela de la cultura cubana,* Universidad de Santiago de Compostela, Santiago de Compostela, 2003.

Calvo Pérez, Beatriz. «Símbolos y silencios en *Lucía Jerez.* El sentido del homoerotismo martiano», en *Ay, qué rico!: el sexo en la cultura y la literatura cubana,* Aduana Vieja, Valencia, 2005, pp. 37-56.

Cañas, Dionisio. *El poeta y la ciudad: Nueva York y los escritores hispanos,* Cátedra, Madrid, 1994.

Choy, Luis Roberto. *Periodización y orígenes en la historia del español de Cuba,* Universitat de Valencia, Valencia, 1999.

Contardi, Sonia. *José Martí: la lengua del destierro,* Universidad Nacional de Rosario, Rosario, 1995.

Cosío Orosa, Hortensia y María E. Águila Vega. «La huella de Andrés Bello en José Martí», en *Nueva Revista Venezolana,* n.° 4-5, Caracas, 2010-2011, pp. 45-56.

Darío, Rubén. «José Martí», en *José Martí. Valoración múltiple. Tomo II.* Edición al cuidado de Ana Cairo Ballester, Centro de Investigaciones Literarias-Casa de Las Américas, La Habana, 2007, pp. 37-44.

Díaz-Plaja, Guillermo. *La ventana de papel: ensayos sobre el fenómeno literario,* Apolo, Barcelona, 1939.

— *Modernismo frente a Noventa y ocho,* Espasa Calpe, Madrid, 1951.

— *Martí desde España,* Selecta, La Habana, 1956.

Domínguez Ávila, José. «Intertextualidad genérica discursiva en el presidio político en Cuba de José Martí y en el Presidio Modelo de Pablo de Torriente Brau», en *Islas,* Universidad Martha Abreu de Villa Clara, mayo-agosto, 2011, pp. 106-120.

Domínguez Hernández, Marlen A. *Lengua y crítica en José Martí,* Pablo de la Torriente Brau, La Habana, 1989.

— *La voz de los otros,* Centro de Estudios Martianos, La Habana, 2010.

Elizaincín, Adolfo y M. Groppi. «La correspondencia familiar como documento para la lingüística histórica», en *ScriptaPhilologica I. In honorem Juan M. Lope Blanch,* Universidad Nacional de México, México D. F., 1992, pp. 271-284.

Esteban, Ángel. «La búsqueda del yo-poético como intento de autodefinición en los primeros poetas modernos: Bécquer y Martí», en *CIEFL Bulletin,* vol. 7, n.° 1-2, Hyderabad, 1995, pp. 48-58.

Ette, Ottmar. *José Martí. Apóstol, poeta revolucionario: una historia de su recepción,* UNAM, México, 1995.

Fernández Retamar, Roberto. «Modernismo, 98, subdesarrollo» [1968], en *Para una teoría de la literatura hispanoamericana* [primera edición completa], Instituto Caro y Cuervo, XCII, Bogotá, 1995, pp. 143-153.

— *Introducción a José Martí,* Letras Cubanas, La Habana, 2001.

Florit, Eugenio. «Versos», en Manuel Pedro González, *Antología crítica de José Martí,* Editorial Cultural, México D. F., 1960, pp. 339-341.

García Cortiñas, Ofelia. «Estructuras nominales en *Versos sencillos* de José Martí», en *Universidad de La Habana,* n.º 245, enero-diciembre, 1995, pp. 147-165.

García Marruz, Fina. *Darío, Martí y lo germinal americano,* Unión, La Habana, 2001.

González, Manuel Pedro. *Antología crítica de José Martí,* Editorial Cultura S. A., México D. F., 1960.

— *José Martí en el octogésimo aniversario de la iniciación modernista 1882-1962,* Ministerio de Educación, Caracas, 1962.

González Casanova, Pablo. *Imperialismo y liberación en América Latina. Una introducción a la historia contemporánea,* Siglo XXI Editores, México D. F., 1978.

González del Valle, Luis (ed.). *José Martí. Estudios en conmemoración del sesquicentenario de su natalicio (1853-2003),* Society of Spanish and Spanish-American Studies, Colorado, 2003.

Gordon, Alan M. *The neologism of José Martí,* Canadian Association of Latin American Studies, Toronto, 1978.

Guirin, Yuri. *Poesía de José Martí,* Centro de Estudios Martianos, La Habana, 2010.

Gullón, Ricardo. *Direcciones del modernismo,* Gredos, Madrid, 1963.

Henríquez Ureña, Max. *Breve historia del modernismo,* Fondo de Cultura Económica, México D. F., 1954.

Henríquez Ureña, Pedro. «Martí escritor», en *José Martí. Valoración múltiple. Tomo II,* edición al cuidado de Ana Cairo Ballester, Centro de Investigaciones Literarias-Casa de Las Américas, 2007, pp. 51-55.

Hildebrandt, Martha. *La lengua de Bolívar,* Universidad Central de Venezuela, Caracas, 1961.

Iduarte, Andrés. *Martí escritor,* Cuadernos Americanos, México D. F., 1945.

Jiménez, José O. *La raíz y el ala: aproximaciones críticas a la obra literaria de José Martí,* Pre-Textos, Valencia, 1993.

Juan de la Cruz, san. *La música callada. Páginas escogidas,* selección, prólogo y notas de Roberto Méndez, Arte y Literatura, La Habana, 2009.

Leyva, David. «La sinuosa imagen grotesca en la escritura martiana», en *Videncia,* n.º 30, Ciego de Ávila, enero-abril, 2013, pp. 46-50.

Limia, David. «Individuo y sociedad en José Martí», en *Análisis del pensamiento político martiano,* Academia, La Habana, 1998.

López Mesa, Enrique. *La comunidad cubana de New York: siglo XIX,* Centro de Estudios Martianos, La Habana, 2002.

Luz y Caballero, José de la. *Obras completas,* prólogo y notas de Alfredo Zayas Alfonso, vol. I, La Propaganda Literaria, La Habana, 1890.

Marinello Vidaurreta, Juan. *José Martí, escritor americano. Martí y el Modernismo,* Grijalbo, México D. F., 1958.

— *Once ensayos martianos,* Comisión Nacional Cubana de la UNESCO, La Habana, 1964.

— «Caminos en la lengua de Martí», en *Dieciocho ensayos martianos,* Editora Política-Centro de Estudios Martianos, La Habana, 1980, pp. 119-140.

— *Dieciocho ensayos martianos,* selección y prólogo de Roberto Fernández Retamar, Editora Política-Centro de Estudios Martianos, La Habana, 1980.

— «Españolidad literaria de José Martí», en *Dieciocho ensayos martianos,* selección y prólogo de Roberto Fernández Retamar, Editora Política-Centro de Estudios Martianos, La Habana, 1980, pp. 41-69.

Martí, José. *Obras completas* [segunda edición], Editorial de Ciencias Sociales, La Habana, 1975.

— *Nuestra América,* investigación, presentación y notas de Cintio Vitier, Centro de Estudios Martianos-Casa de las Américas, La Habana, 1991.

— *Obras escogidas,* Centro de Estudios Martianos-Editorial de Ciencias Sociales, La Habana, 1992.

Martí, José. *Diarios de campaña,* edición crítica a cargo de Mayra Beatriz Martínez, Centro de Estudios Martianos, La Habana, 2007.

— *Obras completas,* edición crítica, Centro de Estudios Martianos, La Habana, 2010.

Martínez, Mayra Beatriz. «Literatura de viaje martiana: "El universo unificador"», en *Honda,* n.º 6, 2002.

— «Sección constante: vértigo y servicio», en *El periodismo como misión,* compilación y prólogo de Pedro Pablo Rodríguez, Centro de Estudios Martianos-Editorial Pablo de la Torriente, La Habana, 2002, pp. 108-134.

Mateo Palmer, Margarita. «De una novela sin arte: Lucía Jerez y la narrativa moderna en Hispanoamérica», en *Anuario del Centro de Estudios Martianos,* n.º 38, La Habana, 2015, pp. 153-159.

Méndez, Manuel Isidro. *José Martí. Estudio biográfico,* Agence Mondiale de Librairie, París-Madrid-Lisboa, 1925.

— *Martí,* P. Fernández y Cía., La Habana, 1941.

Mendive, Rafael María de. «La oración de la tarde», en *Golpes de agua. Antología de poesía cubana de tema religioso,* selección y prólogo de Leonardo Sarría, Letras Cubanas, La Habana, 2008, tomo 1, pp. 98-100.

Mistral, Gabriela. *La lengua de Martí,* Secretaría de Educación, La Habana, 1934.

— «Los *Versos sencillos* de José Martí», en *José Martí. Valoración múltiple. Tomo II,* edición al cuidado de Ana Cairo Ballester, Centro de Investigaciones Literarias-Casa de Las Américas, 2007, pp. 67-77.

Montero, Lourdes y Marcia Morón. «Derivación y neologismos en Martí», en *Anuario L/L,* n.º 26, Academia, La Habana, 1996, pp. 77-92.

Morales, Carlos J. *La poética de José Martí y su contexto,* Verbum, Madrid, 1994.

Núñez Rodríguez, Mauricio. «El caso Cutting: narración y periodismo de investigación en José Martí», en *Anuario del Centro de Estudios Martianos,* n.º 26, La Habana, 2003, pp. 71-85

— «La narración como denuncia: *Castillo* y *El presidio político en Cuba*», en *Anuario del Centro de Estudios Martianos,* n.º 30, La Habana, 2007, pp. 247-269.

Ocampo Andina, Lourdes. *José Martí: fabulación y construcción de la identidad continental,* Centro de Estudios Martianos, La Habana, 2017.

Ocampo Andina, Lourdes. *Escritura y transmisión: reflexiones en torno al trabajo de la edición crítica de las obras de José Martí,* Editorial Académica Española, Madrid, 2018.

Onís, Federico de. «Martí y el modernismo», en *Memoria del Congreso de Escritores Martianos*, Comisión Nacional de los Actos y Ediciones del Centenario de José Martí [...], La Habana, 1953, pp. 431-446.

— «José Martí», *Antología de la poesía española e hispanoamericana* (1882-1932), Madrid, 1934: reimpresión, Nueva York, Las Américas, 1961.

Ortiz, Fernando. «"Cañales", dijo Martí», en *Revista Bimestre Cubana,* vol. 44, La Habana, 1939, pp. 291-295.

Pavón Torres, Rufino M. «El pensamiento ético-estético de José Martí en la preparación de la guerra», en *Nueva Revista Venezolana*, n.º 4-5, Caracas, 2010-2011, pp. 117-138.

Pellicer Domingo, Rosa. «José Martí y la novela contemporánea», en *Congreso Internacional José Martí en nuestro tiempo* (coord. José A. Armillas Vicente), Institución Fernando el Católico, Zaragoza, 2007.

Ripoll, Carlos. «Martí y el romanticismo: lenguaje y literatura», en *Revista de Estudios Hispánicos*, año 6, Río Piedras, 1979, pp. 183-204.

Rodríguez Carucci, Alberto. «El sujeto indígena de Hispanoamérica en la escritura de José Martí», en *Nueva Revista Venezolana,* Caracas, n.º 4-5, 2010-2011, pp. 13-28.

Rotker, Susana. *Fundación de una escritura: las crónicas de José Martí,* Casa de las Américas, La Habana, 1992.

Salvador Jofre, Álvaro. *El impuro amor de las ciudades (Notas acerca de la literatura modernista y el espacio urbano),* Casa de las Américas, La Habana, 2002.

Sánchez Aguilera, Osmar. «La recepción de Martí: otra historia de Cuba», en *Las martianas escrituras,* Centro de Estudios Martianos-Oficina del Historiador de la Ciudad de La Habana, 2011.

Schulman, Iván A. *Génesis del modernismo,* Colegio de México, México D. F., 1966.

— *Símbolo y color en la obra de José Martí,* Gredos, Madrid, 1970.

— «"La vida es la ancha arena": de la plástica a la poesía», en *Valoración Múltiple. José Martí,* edición al cuidado de Ana Cairo

Ballester, Casa de las Américas, La Habana, 2007, tomo 2, pp. 449-457.

Schulman, Iván A. y Manuel Pedro González, *Martí, Darío y el modernismo,* prólogo de Cintio Vitier, Gredos, Madrid, 1969.

Suárez León, Carmen. *Martí y Víctor Hugo en el fiel de las modernidades,* Centro de Investigación y Desarrollo de la Cultura Cubana Juan Marinello-Editorial José Martí, 1997.

Valdés Bernal, Sergio. «José Martí y la lengua española», en *Anuario L\L,* n.º 26, La Habana, 1995, pp. 4-37.

Vitier, Cintio. «El arribo a la plenitud del espíritu…», en *Lo cubano en la poesía,* Letras Cubanas, La Habana, 1998, pp. 168-207.

— y Fina García Marruz. *Temas martianos,* Biblioteca Nacional José Martí, La Habana, 1969.

Zambrano, María. «Martí, camino de su muerte», en *Bohemia*, La Habana, 1 de febrero de 1953. Consultado en http://www.jose-marti.info/articulos/marti_zambrano.html el 4 de agosto de 2018.

GLOSARIO

Este glosario está concebido como una herramienta de consulta que sirva al lector para tener una idea clara del significado de las voces comunes que se emplean a lo largo de este libro. También se han incluido las voces del español general de difícil comprensión. Las palabras procedentes de otras lenguas se han introducido marcándolas con cursiva. En la gran mayoría de las acepciones, ofrecemos al lector definiciones glosadas, aunque también podrá encontrar palabras definidas por su correspondiente sinónimo en el español general. Las entradas comienzan por el lema o expresión compleja en negritas, seguido después por la acepción correspondiente, detrás de la cual se indica la(s) página(s) donde se documenta en la antología. En el caso de entradas de lema simple, si este tiene más de un significado, las acepciones se presentan en el orden de aparición en la obra. Si la entrada contiene, además, expresiones complejas, estas se organizan en orden alfabético. Cuando es necesario, se emplea la abreviatura *V.* para remitir a la entrada donde se presenta la definición de la palabra asociada, en cuyo caso la remisión se indica en versalitas.

abotinado, da 'que presume de elegancia, especialmente por su calzado' 675, 754

abra 'abertura ancha entre dos montañas' 165, 444, 767, *etc.*

acabadizo, za 'que es transitorio o mortal' 615

acobardador, ra 'que provoca miedo' 616

adementado, da 'que ha perdido la razón' 313, 342

adornapatios 'planta de jardín, de tallo ramificado, hojas abigarradas y flores blancas' 739

afelipado, da 'que tiene rasgos del estilo de Felipe, rey de España' 686

aguamiel: de aguamiel 'que es afectado y poco profundo' 607

ahuehuete 'árbol de gran tamaño, de corteza rugosa, que crece en lugares húmedos y pantanosos' 147

alquilón, na 'que gusta de trabajar para otro de modo servil' 60, 103, 340

alzacola 'persona servil o adulona' 46, 47

amedulado, da 'que contiene lo nuclear y esencial de algo' 557

andamiar 'poner las estructuras fundamentales para construir' 585

anecdotar 'contar anécdotas de modo habitual, con habilidad y gracia' 191

animita 'insecto poco volador, de menos de 1 cm, parecido a la luciérnaga, con dos luces traseras más débiles que las del cocuyo' 771

antejuicio 'idea previa que condiciona una decisión o una actuación' 557

antro 'cueva' 157, 192, 356, *etc.*

anublamiento 'condición de lo que se hace difuso, disminuido en su esplendor o estimación' 595

apagaluces 'persona que se dedicaba a realizar ciertas funciones en la iglesia, como la de apagar las velas' 301

apoyadizo, za 'que acostumbra a depender de otros para formular opiniones o actuar' 78

arbolar 'conjunto de árboles' 382, 386, 389

arreaje 'conjunto de lo externo que caracteriza a una persona' 372

arrenquín 'animal de carga que se usa para los trabajos en una finca, especialmente el que guía un arria' 725, 747, 799

arria 'conjunto de animales de carga' 156, 793, 799; ir de arria 'someterse a los dictados de otro' 136

arzón 'parte de la silla de montar' 77, 340, 448, *etc.*

aullama 'auyama, planta de tallos largos que se arrastran por el suelo, hojas anchas y flores amarillas, cuyo fruto es comestible' 740

barina 'hidalgo o señor' 676

barretero 'persona que se dedica a mover o levantar cosas de mucho peso con una palanca de hierro' 157

bataneado, da 'que se ha sacudido o golpeado' 58, 156

batanear 'baquetar, golpear reiteradamente' 155

bátavo, va 'natural de Batavia, país de la Europa antigua' 116

batey 'terreno, generalmente cercado, que se deja alrededor de las casas de campo para realizar trabajos' 79, 742, 744, *etc.*

befa 'burla grosera e insultante' 306

befar 'hacer objeto de burla a alguien o algo' 48

belfo 'labio' 166, 468

belfoso, sa 'que tiene los labios muy abultados', 68

belfudo, da 'que tiene los labios muy abultados' 285, 399, 680

blandílocuo, a 'que busca halagar o adular con su discurso' 763

boniatal. V. BUNIATAL.

boniato 'raíz comestible, gruesa y dulce, de una planta del mismo nombre, que tiene tallo ramoso y se arrastra por el suelo' 740

boruca 'planta de flores amarillas y pequeñas, tallo recto, leñoso y ramificado, cuya raíz tiene usos medicinales y las semillas tostadas del fruto se emplean como sustituto del café' 776

bujía 'vela de cera blanca que se coloca en un candelero del mismo nombre' 117, 326, 331

buniatal 'campo sembrado de boniatos' 745

buniato. V. BONIATO.

burén 'plancha de barro cocido que se utiliza para cocinar' 793

buscavotos 'persona a la que interesan más los votos que las ideas que defiende' 335

caimito 'árbol silvestre de hasta 30 m de altura, que crece en todo tipo de suelo de América, de corteza rojiza y fruto grande y comestible' 744, 770

cajueirán 'caguairán, nombre genérico de varias especies botánicas de árboles americanos de madera muy dura' 790

calderada 'conjunto de calderos puestos a la candela' 778

calicanto 'obra de piedra sin labrar colocada y ajustada a mano' 66, 71, 517

calicó 'tela delgada de algodón' 335, 342, 550, *etc.*

capitaneo 'autoridad y poder sobre otros' 54

caramañola 'recipiente en que llevan agua los soldados' 156

casilla 'construcción pequeña que se instala en la calle para vender algo' 171

castelaruno, na 'que tiene rasgos del estilo de Emilio Castelar, orador español' 738

catibía 'alimento que se obtiene luego de rallar, prensar y exprimir la yuca' 70

cayuco 'cactus de grandes flores blancas' 742

cazanubes 'que aspira a cosas inalcanzables' 47

cazoleta 'pieza de las armas de chispa donde se echaba la pólvora' 25

ceiba 'árbol americano de gran altura, tronco grueso y ramas frondosas' 796

ceibo. V. CEIBA.

cenegal 'terreno cubierto de agua y lodo, con vegetación' 767

chacarero, ra 'persona que trabaja en una chacra' 156

chacra 'terreno de poca extensión dedicado a la agricultura, especialmente al cultivo del maíz' 156

chamarreta 'prenda holgada, larga y abierta por delante, que sirve de abrigo' 67, 68, 728, *etc.*

charqui 'carne salada y secada al aire o al sol para que se conserve' 156

charrascal 'campo no cultivado cubierto de maleza' 773

charrasco 'árbol de hasta 25 m de altura, de copa ancha, cuyo fruto es la bellota' 775

chistear 'contar chistes o hacer bromas, especialmente de modo habitual, con habilidad' 191

cholo 'persona que nace de padre y madre de origen diferente, especialmente de europeos e indígenas' 119, 164

chopo 'parte de la malanga en la que nacen los tubérculos y por la que, generalmente, se reproduce la planta' 770, 771

cocó 'tierra blanquecina que se usa en obras de construcción' 14

contentadizo, za 'que fácilmente se aviene a admitir lo que se le da, dice o propone' 636

creatriz 'que tiene la capacidad de crear' 756

cuajo 'conjunto tupido de algo, especialmente lo que tiene raíces firmes' 770

cuartón 'medida de tierra de labor' 78

cubalibre 'bebida elaborada con miel de abejas disuelta en agua caliente' 29

cuelliparado, da 'que sobresale, con excelencia en su comportamiento' 60

cuja 'objeto de cuero o hierro puesto en la silla o estribo del caballo para colocar la lanza y mantenerla firme' 150, 675

cupey 'árbol silvestre de hasta 20 m de altura, que crece en bosques, colinas y márgenes de los ríos y que

se destaca por la utilidad de su resina' 768, 771, 781, *etc.*

cureña 'armazón sobre la cual se monta una pieza de artillería' 149, 156, 268, *etc.*

curujey 'nombre de numerosas plantas bromeliáceas, yerbas parásitas en su mayoría, de bellas florecitas' 781, 790

curujeyal 'conjunto de curujeyes, planta epífita, de hojas cortantes o punzantes, que almacena agua' 790

dago 'forma de tratamiento que se aplicaba a hablantes de lenguas procedentes del latín, especialmente italianos' 347, 349, 350, *etc.*

dahomeyano 'lengua de una antigua monarquía de África occidental' 92

depletarse 'disminuir o mermar algo que estaba lleno' 251

derriscadero 'lugar alto y escarpado' 250

derriscarse 'despeñarse' 157

desatentado, da 'que no tiene contención ni moderación' 192, 204

desmedulado, da 'que pierde lo que es nuclear y esencial' 558

desprosado, da 'que tiende a lo elevado y espiritual' 557

desventrar 'descomponer lo que articula algo' 324

digredir 'interrumpir el asunto de que se trata con ideas no afines a él' 191

dije 'adorno que cuelga de una cadena' 32, 336

díveo, a 'que se asemeja a lo divino' 384, 387, 429

djirincka 'vehículo pequeño para el transporte de personas, de dos ruedas, tirado por un hombre' 540

dolmán 'tipo de chaqueta de uniforme, con adornos y piel' 166

dril: de dril blanco 'de nobles y ricos' 78

encogullar 'imponer a alguien determinados comportamientos, creencias u opiniones' 298, 607

enlindado, da 'aderezado, adornado' 683

entomatado, da 'que se cocina en salsa de tomate y especias' 728

espoleador 'que pincha con la espuela al caballo para que camine' 411

estatuador 'persona que hace, recompone o adorna con estatuas' 435

extranjerizo, za 'que imita modelos extranjeros' 709

fagina 'trabajo que exige fuerza y resistencia' 638, 708

falucho 'sombrero de dos picos que usaban los jefes militares y los diplomáticos en actividades oficiales' 156

farallón 'relieve escarpado o crestones de las rocas' 768

flameador, a 'que ondea al viento' 411

flor: flor de San Juan 'flor olorosa, de color rosado, que brota en una de las especies del curujey' 702

flus 'traje compuesto de saco, chaleco y pantalón, hecho de la misma tela, que usaban los hombres' 748

frangollo 'dulce seco que se elabora con plátanos verdes fritos y molidos' 769

frinés 'persona que se dedica a llorar por oficio' 576

fuscina 'planta de la cual se extrae un colorante rojo' 176

gallear 'echar a pelear los gallos' 752

galpón 'sitio cubierto ligera o rústicamente para resguardar de la intemperie personas o animales' 784

gamonal 'persona que en un pueblo ejerce excesiva influencia en asuntos políticos, especialmente en las elecciones' 125

gollejo: en gollejo 'que está devastado, exhausto, aniquilado' 641

gonfalón 'bandera o estandarte' 161

goripa 'guripa, persona de poca edad que para sobrevivir comete pequeños delitos' 685

guano 'hoja seca o penca de las palmas, que se usan como cubierta, especialmente de los bohíos' 27, 100, 781

guarapo 'jugo de la caña de azúcar molida' 770

guerra: guerra chiquita 'la que se desarrolló en Cuba entre 1879 y 1880' 794; **guerra grande** 'la que se desarrolló en Cuba entre 1868 y 1878' 727, 772, 778, *etc.*

halar 'tirar de algo hacia sí' 199, 271, 358, *etc.*

harpagón 'persona mezquina y tacaña' 168

hessiano, na 'natural de Hesse, al oeste de Alemania central' 35

hipomea V. IPOMEA.

hoceador, a 'persona que se dedica a gritar y mover a los animales para reunirlos' 790

homagno 'hombre que por sus cualidades espirituales supera lo común' 400, 401 414, *etc.*

horcón 'poste grueso, de madera dura, que sostiene la techumbre de una casa' 71, 425

howdah 'asiento para una o más personas, generalmente con una baranda baja y un techo que se coloca sobre el lomo de un elefante o un camello' 673, 674

hozada 'acto de mover y levantar la tierra con el hocico' 179

hugólatra 'que siente admiración desmedida por la obra de Victor Hugo, poeta francés' 93

infinitésimo 'cantidad extremadamente pequeña' 612

insectear 'atender a lo pequeño o a las partes de los procesos, sin tomar en cuenta el todo' 583

intento: de intento 'de manera intencionada, a propósito' 92

intimar 'exigir el cumplimiento de algo, especialmente con autoridad' 291, 308, 322

invitante 'que convoca o recibe a otros' 133, 138

ipomea 'enredadera cultivada como planta ornamental' 303, 346, 456, *etc.*

iroqueño 'lengua de los iroqueses, pueblo indígena de América del Norte' 92

isvotchik 'cochero de carruajes de alquiler' 676

ítamo 'planta ornamental, de tallo y ramas quebradizas de color verde oscuro, que tiene propiedades medicinales y se usa para cercas' 773

jaba 'cesta o bolsa con asas, hecha generalmente de yagua o tela resistente' 799

jabilla 'planta trepadora con ramas alargadas, flores pequeñas y fruto redondo que se abre cuando madura' 754

jabillal 'terreno sembrado de jabillas' 754

jáquima 'parte del cordel que se ata a la cabeza de las bestias para llevarlas' 341, 796

jaragua 'árbol de madera muy dura y sólida' 773

jatía 'árbol silvestre de hasta 10 m de altura, cuya madera se usa en carpintería fina' 790

jatial 'terreno poblado de jatías' 775

jibe 'instrumento que sirve para separar las semillas de las cáscaras o de las impurezas' 351

jigüe 'sabicú, árbol grande, de la familia de las papilionáceas, con flores blancas o amarillas, pequeñas y olorosas, legumbre aplanada, oblonga y lampiña, y madera dura, pesada y compacta, de color amarillo pardo o rojo vinoso' 790

jigüera 'árbol de hasta 5 m de altura, cuya madera se emplea en la construcción de yugos y arados' 777; 'vasija que se elabora con la cáscara del fruto de este árbol' 777

joroba: en joroba 'con hipérbaton' 93

joyador 'persona que hace joyas' 426

joyante 'que es fino y bruñido' 432, 647

jubabán 'árbol silvestre de hasta 10 m de altura, tronco recto, madera muy dura y hojas que tienen propiedades medicinales y se usan en rituales religiosos' 790

juchar 'estimular a un animal para que se active o pelee' 745

jutía 'animal parecido a la rata, con el hocico largo y los ojos pequeños, cuya carne es comestible' 45, 768, 769

kaíaz 'persona relacionada con los puertos o los muelles' 676

knout '*knut*, látigo de cuero que se usaba en la Rusia imperial para azotar a delincuentes' 676

kokol 'águila' 634

largiruto, ta 'delgado y muy alto' 748

lechugo, ga 'joven e irreflexivo' 773

lechuguillo 'lechuguilla, cuello grande y almidonado en forma de hojas de lechuga, usado en la segunda mitad del s. XVI y principios del XVII' 690

lépero, ra 'persona muy pobre y sin recursos' 146

lindoro 'persona de buen aspecto, que cuida mucho su apariencia' 46, 47

llerén 'tubérculo redondo de cáscara delgada y rugosa' 740

llevadizo, za 'que se deja influir fácilmente' 38, 56

locrio 'arroz cocinado con carne o pescado' 764

lomear 'recorrer elevaciones montañosas' 773

lomerío 'conjunto de lomas' 640

lópeo, a 'que tiene rasgos de los personajes del teatro de Félix Lope de Vega, escritor español' 361

lumíneo, a 'que tiene luz y esplendor' 194

lurdo, da 'que pesa mucho o es difícil de soportar' 380

macear 'golpear con el mazo o la maza' 191, 219

macheteo 'conjunto de golpes que se dan con el machete' 774

majada 'grupo o tribu' 164

majagua 'árbol de hasta 15 m de altura, con flores grandes que primero son amarillas y después rojas, de cuya corteza se extrae una fibra que se utiliza para hacer sogas y cordeles' 768, 776

maltrojado, da 'que ha sido manipulado reiteradamente' 400

maluquera 'indisposición o trastorno leve de la salud' 708, 727

mamarracho 'persona que se disfraza en un carnaval u otra fiesta popular' 743

mambí, sa 'persona que luchó contra España por la independencia de Cuba' 771, 784, 790

mamelón 'colina baja en forma de pezón' 158

manaca 'palma de hasta 15 m de altura, que crece próxima a ríos y arroyos, cuyas pencas se utilizan para techar bohíos y su fruto sirve de alimento al ganado porcino' 738, 771

mandoblar, *neol.* 'dar golpes o herir con las dos manos' 374

maturrango, ga 'jinete de pocas habilidades' 153, 160

mediquín 'persona que ejerce la medicina sin haber estudiado' 747

mencey 'rey' 120

meple 'árbol de hasta 20 m de altura, de tronco retorcido, flores en racimo y madera muy dura, que se emplea en la ebanistería' 299

miel: miel de limón 'sustancia con propiedades curativa que se obtiene al hervir el jugo de limón' 746, 773

minimez 'cosa pequeña o de poco valor' 756

miríada 'cantidad muy grande' 32, 607, 608

momia: ir como momia de cuello parado 'comportarse de modo arrogante o conservador' 92

montío 'conjunto de árboles, matas y yerbas' 741

mucaral 'terreno cubierto de múcaras, rocas calizas con muchas puntas agudas' 776

muceta 'especie de capa que usan licenciados, doctores o eclesiásticos como señal de su dignidad' 55, 474

mujik 'campesino ruso' 673, 676, 677

muleta 'voz o frase vacía que se repite' 91

munido, da 'abastecido y apertrechado' 92

mushma 'muñeca' 500

musié 'señor' 738

paguá 'palma que crece en los bosques y terrenos húmedos, de tallo delgado, tronco y hojas espinosas, frutos pequeños de color anaranjado, que se usa para hacer bastones' 771

palacio: palacio de *orujinaia* 'edificio o habitación donde se guardan las armas' 681

paloma: paloma rabiche 'paloma silvestre de hasta 30 cm de longitud, de plumaje gris pardo y cola alargada con plumas blancas' 794

pampero, ra 'de la región argentina de La Pampa' 152

paso: a paso de hacienda 'despaciosamente' 67

pati-peludo 'persona que luchaba contra España por la independencia de Cuba' 792

pehuenche 'persona de una población aborigen americana que habitó en la región de Neuquén, provincia de Argentina' 119

pelásgico, ca 'relativo a los pelasgos, pueblo antiguo de Grecia e Italia' 179

penca 'hoja de las palmas' 739, 763, 776

percha 'pieza larga para sostener alguna cosa' 157

pervadir 'penetrar, permear, difundirse' 296, 617

piafar 'mover el caballo alternativamente cada pata delantera con fuerza, sobre el suelo, en el mismo lugar' 25, 57, 149, *etc.*

pilar 'quitar la cáscara a los granos dándoles golpes en el pilón' 740, 745, 770, *etc.*

pinche 'persona que hace tareas auxiliares' 759

placero, ra 'persona que vende en una plaza' 155, 606

plátano: plátano verdín 'variedad de plátano cuya cáscara se mantiene verde cuando se madura' 728

pleguez, *neol.* 'actitud de la persona que somete su decisión o juicio a los de otra' 223

podre 'putrefacción, pus' 40, 329

poémico, ca 'que posee estilo o forma de poema' 588

poliandria 'prostitución' 337

polipiedad 'abundancia de compasión, buena voluntad o simpatía hacia las personas o sus obras' 304

pomarrosa 'árbol de hasta 10 m de altura, que crece en lugares húmedos' 770, 771

pomo 'frasco pequeño para bebida o perfume' 550, 738, 747, *etc.*

teculi 'tecutli, persona que ejercía un cargo de autoridad entre los aztecas' 144

tedero 'pieza sobre la cual se ponen las teas para alumbrar' 184

teocali 'templo que construían los antiguos nahuas de México' 146, 631

tetudo, da 'que tiene en el terreno la forma de varias mamas' 772

tibisial 'terreno poblado de tibisíes, planta silvestre que crece en lugares húmedos' 769

trapiche 'molino para extraer el jugo de la caña de azúcar' 770

treno 'canto fúnebre' 118

trenodia 'composición poética luctuosa' 609

troncudo, da 'que tiene gran fortaleza física' 786

turiferario 'persona que lleva el incensario' 64, 103

urundey 'árbol de hasta 20 m de altura, de hojas pequeñas de color amarillo verdoso y fruto negruzco, cuya madera se emplea en la construcción de casas y buques' 151

varita: varita de San José 'nardo' 743

venduta 'local pequeño de comercio' 171

ventanero, ra 'que se coloca en la ventana' 635

ventorrillero, ra 'persona que es dueña de un ventorrillo o que trabaja en él' 744

ventorro 'pequeño establecimiento donde se sirven comidas y bebidas situado en las afueras de una ciudad o en una carretera' 744, 755

vigorante 'que da fuerza o energía' 398

vincha 'cinta o pañuelo que se ajusta a la cabeza para sujetar el cabello' 128

yagruma 'yagruma hembra, árbol de la familia de las moráceas' 775, 776

yagua 'tejido fibroso y resistente, que rodea la parte superior de la palma real y al que se adhieren las pencas' 721, 725, 741, *etc.*

yaguama. V. YAMAGUA.

yamagua 'árbol silvestre de hasta 20 m de altura, cuyas hojas tienen propiedades medicinales y sirven de alimento al ganado vacuno y caballar' 790

yaraví 'melodía de origen incaico que se canta o interpreta con quena' 159

yarey 'palma silvestre, de tronco bajo y grueso, que se estrecha en la parte superior, con hojas grandes y plegadas, cuyas fibras se usan en la fabricación de sombreros, cestas, sogas' 68, 727, 761, *etc.*

zarape 'sarape, especie de frazada de lana o colcha de algodón' 146

zorrillesco, ca 'que tiene rasgos del estilo de José Zorrilla, escritor español' 129, 738

ÍNDICE ONOMÁSTICO

Aak. Príncipe maya de Chichén Itzá. Mató a su hermano Chaak porque ambos estaban enamorados de la princesa Ara.

Abbott, Theophilus Capen (1826-1892). Líder en la educación pública estadounidense.

Abraham. Patriarca bíblico de Israel. Uno de los episodios de su larga existencia fue su disposición a sacrificar a su hijo Isaac como prueba de fidelidad a Dios.

Ábrego de Reyes, Mercedes (1771-1813). Mártir de la independencia de Colombia. Fue ejecutada por haber tejido el uniforme de brigadier a Simón Bolívar.

Ackermann, Louise-Victorine (1813-1890). Poetisa francesa. Se hizo famosa en 1874 por la publicación de un volumen de poemas en el que se rebela contra el sufrimiento humano.

Adams, John Quincy (1735-1826). Político estadounidense. Vicepresidente de Estados Unidos en los dos mandatos de George Washington (1789-1797). Presidente de Estados Unidos de 1797 a 1801.

Adán. Según la *Biblia,* primer hombre y padre común del género humano.

Agar. Personaje bíblico. Esclava egipcia, concubina de Abraham, madre de Ismael.

Adler, Felix (1851-1933). Líder religioso judío nacido en Alemania. En 1876 fundó en Nueva York la Sociedad para la Cultura Ética.

Agramonte y Loynaz, Ignacio (1841-1873). Patriota cubano. Mayor general del Ejército Libertador, jefe de la división de Camagüey.

Agramonte y Piña, Eduardo (1849-1872). Patriota cubano, autor de los toques de corneta del Ejército Libertador.

Agüero y Agüero, Joaquín de (1816-1851). Patriota cubano. Se le atribuye la primera declaración de independencia en campos de Cuba libre.

Aguilar y Correa, Antonio de (marqués de la Vega de Armijo) (1824-1908). Político español, diputado por Córdoba a la Asamblea Constituyente de 1869.

Aguilera y Tamayo, Francisco Vicente (1821-1877). Patriota cubano. Mayor general del Ejército Libertador. Presidente del comité revolucionario de Bayamo.

Akbar (1542-1605). Tercer emperador de la dinastía mogol.

Alá. Nombre con el que se designa al dios único en el islam.

Alas y Ureña, Leopoldo (Clarín) (1852-1901). Escritor español. Conjugó el idealismo con la filosofía positivista y la búsqueda del sentido metafísico o religioso de la vida.

Alcalá Galiano, Antonio (1789-1865). Político y escritor español. Participó en la conspiración que terminó con el triunfo del liberal Rafael del Riego en 1820 y la proclamación de la Constitución de Cádiz.

Alcott, Amos Bronson (1799-1888). Escritor y pedagogo estadounidense. Se destacó por sus ideas filosóficas y fue un innovador de los procedimientos de la enseñanza.

Aldrey, Fausto Teodoro de (1825-1886). Empresario y periodista de origen español radicado en Venezuela. Tuvo un importante papel en la vida cultural caraqueña.

Alejandro Magno (356-323 a. C.). Alejandro III, el Magno. Rey de Macedonia. Creó un vasto imperio que se extendió desde el Asia Menor hasta la India.

Alemán, Mateo (1547-1614). Novelista español. Su novela *Vida del pícaro Guzmán de Alfarache* fue una de las más importantes de la picaresca española del Siglo de Oro. Entre sus obras figura una *Ortografía castellana* (1609).

Alfonso XII (1857-1885). Rey de España (1874-1885). El inicio de su reinado puso término a la Primera República y dio paso al periodo de Restauración. Luchó contra los carlistas y aprobó la Constitución de 1876.

Allende y Unzaga, José de (1769-1811). Uno de los líderes iniciadores del movimiento de independencia de México.

Alvarado, Pedro de (¿1486?-1541). Conquistador español, capitán general de Guatemala y Soconusco, región mexicana.

Amalivaca. En la mitología aborigen americana es el dios creador del mundo y de los seres humanos.

Anacreonte (559-478). Poeta griego cuyas odas dedicadas a cantar los placeres del amor y del vino le ganaron la admiración de muchos.

Andersen, Hans Christian (1805-1875). Escritor y poeta danés. Escribió libros de poesía, viajes y obras teatrales, pero es famoso por las narraciones infantiles publicadas a partir de 1835.

Andrómaca. Según la mitología griega, esposa de Héctor e hija del rey de Tebas. Fue inmortalizada por Homero en la *Ilíada*.

Antequera y Castro, José de (1689-1731). Panameño que ocupó varios cargos en la administración colonial. Su nombramiento como gobernador de Paraguay dio inicio a la Revolución Comunera en 1721.

Appleton, Daniel (1785-1849). Fundador de una compañía editorial en Nueva York, conocida por sus importantes publicaciones literarias y científicas.

Ara. Princesa maya de Chichén Itzá.

Arango Agüero, Napoleón. Patriota cubano. Fue designado jefe de las fuerzas de Camagüey el 4 de noviembre de 1868. Traicionó al movimiento revolucionario en 1870 y lanzó una proclama llamando a los cubanos a deponer las armas.

Arismendi, Juan Bautista (1771-1841). Político y oficial del ejército venezolano en la guerra de independencia.

Arminio (18 a. C.-19 d. C.). Líder de la tribu de los queruscos, pueblo germánico.

Astiánax. Hijo de Héctor y Andrómaca. Descubierto después de la rendición de Troya, fue arrojado desde lo alto de las murallas.

Atlante. En la mitología griega, hijo del titán Jápeto y de la ninfa Clímene. Luchó con los titanes en la rebelión contra las deidades olímpicas.

Austin, James Trecothic (1784-1870). Abogado estadounidense antifederalista y oponente del movimiento abolicionista.

Ayestarán Moliner, Luis. Patriota cubano. Coronel del Ejército Libertador. Se reconoce como el primer habanero que acudió a sumarse a las fuerzas libertadoras.

Balmes y Urpiá, Jaime (1810-1848). Filósofo y sacerdote español. Pío XII lo calificó como *príncipe de la apologética moderna*.

Baltasar. Según el Antiguo Testamento, último rey caldeo de Babilonia, que vivió hacia el siglo VII a. C.

Baralt, Luis Andrés (1788-1849). Empresario y político venezolano. Luchó contra los franceses en España.

Barrios, Justo Rufino (1835-1885). Militar y político guatemalteco. Presidente de Guatemala (1873-1885). Promulgó la Constitución de Guatemala en 1879.

Bartholdi, Frédéric-Auguste (1834-1904). Escultor francés. Autor de la estatua *La Libertad iluminando al mundo*, levantada en la bahía de Nueva York en 1886.

Baudelaire, Charles (1821-1867). Escritor francés considerado una de las voces más importantes del simbolismo y la poesía moderna. Su obra más reconocida fue *Las flores del mal* (1857).

Bécquer, Gustavo Adolfo (1836-1870). Poeta y escritor. Figura mayor del Romanticismo en España.

Beecher, Henry Ward (1813-1887). Teólogo estadounidense. Fue un orador destacado y estuvo a favor de la abolición de la esclavitud.

Beecher, Lyman (1775-1863). Ministro presbiteriano estadounidense. Participó activamente en la vida pública estadounidense.

Beecher Stowe, Harriet Elizabeth (1811-1896). Escritora estadounidense de marcada tendencia abolicionista.

Belmont, Perry (1851-1947). Político y diplomático estadounidense. Mediador en conflictos comerciales entre Estados Unidos y Perú.

Beltrán, Luis (1784-1827). Militar y fraile franciscano argentino, fabricante de la artillería del ejército de los Andes.

Benavides y Pardo, Miguel (¿?-1851). Patriota cubano. Uno de los dirigentes del levantamiento de Camagüey en 1851.

Berbeo, Juan Francisco (1739-1795). Comandante general de la insurrección de los comuneros (1781).

Bernhardt, Sarah (1844-1923). Destacada actriz francesa. Dirigió el Teatro de la Renaissance a partir de 1893.

Bert, Paul (1833-1886). Fisiólogo y político francés, premiado por la Academia de Ciencias francesa en 1875 por sus investigaciones.

Betancourt y Salgado, Luis Victoriano (1843-1885). Abogado cubano. Durante la Guerra de los Diez Años ocupó los cargos de diputado, secretario y presidente de la Cámara de Representantes de la República en Armas.

Bigot, Charles (1840-1893). Periodista francés. Fue delegado de la prensa francesa a la ceremonia de entrega de la Estatua de la Libertad al pueblo estadounidense, el 28 de octubre de 1886.

Blaine, James Gillespie (1830-1893). Político estadounidense. Entre 1889 y 1890, por iniciativa suya como secretario de Estado del presidente Harrison, se celebró en Washington la Primera Conferencia Panamericana.

Bodestedt, Friedrich Martin (1819-1892). Poeta y periodista alemán.

Bohechío o Behechío. Jefe taíno más anciano de los cinco caciques que gobernaban La Española a la llegada de los colonizadores.

Boitel, Manuel Gregorio (¿?-1918). Cubano radicado en República Dominicana y vinculado a las tareas preparatorias de la guerra por la independencia de Cuba.

Bolívar Palacios, Simón (El Libertador) (1783-1830). General venezolano. Figura más importante de la emancipación hispanoamericana frente al imperio español. Presidente de la Gran Colombia (1819-1830), de la República de Bolivia (1825), de la República del Perú (1824-1827), y de Venezuela en dos periodos: 1813-1814 y 1817-1819.

Bonaparte, Charles Louis Napoleón (1808-1873). Militar francés. Primer cónsul y emperador de los franceses. Desarrolló una política exterior expansiva hacia el sur de Rusia e Italia.

Borrero Lavadí, Félix Francisco (Paquito) (1846-1895). Patriota cubano. Mayor general del Ejército Libertador.

Brahma. El primero y más importante de los tres miembros de la tríada hindú. Es el espíritu universal supremo para el hinduismo.

Brasseur de Bourbourg, Charles-Étienne (1814-1874). Misionero y etnógrafo francés especializado en culturas prehistóricas americanas.

Bravo Sentíes, Miguel A. (1833-1881). Patriota cubano. General de brigada del Ejército Libertador. Participó en la redacción del manifiesto proclamado en Lagunas de Varona, que instaba a la sedición.

Bright, John (1811-1889). Político y orador inglés que se involucró en las polémicas sobre el precio de los cereales.

Brooks, Preston (1819-1857). Senador estadounidense.

Brown, John (1800-1859). Luchador abolicionista estadounidense que trató de poner fin a la esclavitud por medios violentos.

Bruto, Lucio Junio (¿?-510 a. C.). Cónsul romano. Logró sublevar al pueblo de Roma y decretó la abolición de la monarquía y la institución de la república (509 a. C.).

Bryson, George Eugene. Periodista estadounidense. Como corresponsal de *The New York Herald*, entrevistó a Martí el 2 de mayo de 1895.

Buchanan, James (1791-1868). Senador (1834-1845) y secretario de Estado (1845-1849). Presidente de Estados Unidos de 1857 a 1861.

Buckner, Simón Bolívar (1823-1914). Político y militar estadounidense que participó en la guerra de México (1846-1848).

Buda (566-478 a. C.). Nacido en la frontera entre lo que hoy es Nepal y la India, se convirtió en figura sagrada del budismo y el hinduismo.

Burns, Robert (1759-1796). Poeta escocés, autor de canciones populares tradicionales.

Burton Buckley, Arabella (1840-1929). Escritora y educadora del Reino Unido.

Bustamante Dueñas, Juan (1808-1869). Líder peruano que asumió la defensa de las comunidades de in-

dios y se convirtió en su vocero ante el Congreso Constituyente de 1867.

Byron, George Nöell Gordon (1788-1824). Poeta británico cuya obra se inscribe en el Romanticismo, considerado uno de los mayores poetas en lengua inglesa.

Cabrales Fernández, María Magdalena. Patriota cubana. Esposa del lugarteniente general Antonio Maceo Grajales.

Caifás (18-37). Sumo sacerdote judío.

Caillebotte, Gustave (1849-1894). Pintor impresionista francés que recreó en sus obras variadas escenas de la vida urbana de la pequeña burguesía francesa contemporánea.

Caín. Personaje bíblico. Hijo mayor de Adán y Eva.

Calderón, Antonio (¿?-1912). General dominicano. Fue comandante de armas de Santiago de los Caballeros.

Calderón de la Barca, Pedro (1600-1681). Poeta dramático español, autor de *La vida es sueño*.

Caley, David. Cocinero turco de la goleta Brothers, comprada por los independentistas cubanos para viajar de Montecristi a Cuba.

Calhoun, John Caldwell (1782-1850). Político estadounidense. Fue secretario de Guerra en el Gobierno de Monroe y vicepresidente en los Gobiernos de John Quincy Adams y de Andrew Jackson.

Campoamor y Camposorio, Ramón de (1817-1901). Poeta español. Fue miembro de la Real Academia Española.

Cano, Alonso (1601-1667). Pintor, escultor y arquitecto español, considerado uno de los artistas más destacados del Barroco.

Cano de Saavedra, Juan. Conquistador español que participó en la conquista de Tenochtitlán, alcalde ordinario de la Ciudad de México (1554).

Cánovas del Castillo, Antonio (1828-1897). Político español. Jefe del movimiento que provocó la restauración borbónica en la persona de Alfonso XII en 1874.

Carbonell Figueroa, Néstor Leonelo (1846-1923). Capitán del Ejército Libertador y destacado periodista cubano. El 10 de mayo de 1891 fundó el club Ignacio Agramonte en Tampa.

Carducci, Giosue (1835-1907). Poeta italiano. Se opuso al romanticismo dominante en la literatura de su tiempo y abogó por la recuperación del espíritu y las formas clásicas.

Carlyle, Thomas (1795-1881). Intelectual escocés que se desempeñó como filósofo, historiador, traductor, profesor, historiador y crítico social.

Caro, Tito Lucrecio (98-55 a. C.). Poeta y filósofo romano que escribió el poema didáctico *De rerum natura*.

Carvajal, Deodato. Teniente de la tropa de Quintín Bandera, general de división del Ejército Libertador.

Casal, Julián del (1863-1893). Poeta cubano. Es considerado un precursor de la estética modernista.

Casas de Souza, Bartolomé de las (el padre De las Casas) (1474 o 1484-1566). Fraile dominico español. Se desempeñó como capellán de las tropas de Pánfilo de

Narváez durante la conquista de Cuba. Obtuvo el título de Protector de los Indios.

Castillo, Nicolás del. Patriota cubano. Fue condenado a sufrir prisión política y trabajos forzados por sus acciones a favor de la independencia de Cuba.

Castillo Cansio, Honorato Castillo del (1838-1869). Patriota y maestro cubano, delegado a la Asamblea de Guáimaro por la delegación de Sancti Spíritus.

Catulo, Cayo Valerio (87 a. C.-57 a. C.). Poeta latino, iniciador de la elegía romana con sus rasgos específicos de subjetividad, autobiografismo e intimidad, menos presentes en sus correlatos griegos.

Caubert, Frédérick. Miembro de la delegación francesa a la entrega de la Estatua de la Libertad al pueblo estadounidense en Nueva York, el 28 de octubre de 1886.

Caupolicán. Líder del pueblo mapuche. Protagonista del poema épico *La araucana* de Alonso de Ercilla.

Cebeteo Cebes. Filósofo griego, discípulo de Sócrates. Es uno de los oradores en el *Fedón* de Platón.

Cedeño, Manuel (?-1821). Militar venezolano. Participó en casi todas las batallas que se libraron en Venezuela entre 1813 y 1817.

Cellini, Benvenuto (1500-1571). Escultor, orfebre y grabador italiano que trabajó en la corte de Francisco I de Francia y en Florencia.

Cervantes Saavedra, Miguel de (1547-1616). Novelista, poeta, dramaturgo y soldado español que escribió *El ingenioso hidalgo don*

Quijote de la Mancha. Figura cumbre de las letras hispanas.

César, Cayo Julio (100-44 a. C.). General y político romano. Fue pretor en España, cónsul y conquistador de las Galias. En el año 45 obtuvo el poder absoluto de la República romana y murió asesinado en el Senado.

Céspedes y Barrero, Ramón de (1809-¿?). Patriota cubano. Intervino en la Guerra de los Diez Años. Asumió la Secretaría de Relaciones Exteriores de la República en Armas.

Céspedes y del Castillo, Carlos Manuel de (1819-1874). Abogado y patriota cubano conocido como el *Padre de la Patria* por haber sido el iniciador de la primera contienda independentista el 10 de octubre de 1868. Fue electo presidente de la República en Armas en la Asamblea de Guáimaro.

Channing, William Ellery (1780-1842). Teólogo y filántropo estadounidense. Fue enemigo de la esclavitud.

Charnay, Claude Joseph Desiré (1828-1915). Viajero y arqueólogo francés que realizó expediciones al norte y al sur de América, Australia y otros países.

Chassebouf, Constantine François de (conde de Volney) (1757-1820). Escritor y filósofo francés, autor de *Ruines ou Méditations sur les révolutions des empires* (1791).

Chaumette, Pierre Gaspard. Revolucionario francés que fue presidente de la Comuna de París. Sus parciales reciben el nombre de *Chaumettes*.

Cherubini, Luigi (1760-1842). Compositor italiano. En 1825 compuso una misa para la coronación de Carlos X.

Christian Kerner, Justinus Andreas (1786-1862). Médico y poeta alemán. Dio la primera descripción detallada del botulismo y fue precursor de las aplicaciones terapéuticas de la toxina que lo causa.

Cibeles. Diosa frígia de la naturaleza y la fertilidad, venerada en Roma.

Cicerón, Marco Tulio (106-43 a. C.). Político, pensador, escritor, y célebre orador romano.

Cisneros Betancourt, Salvador (1828-1914). Patriota cubano. Marqués de Santa Lucía. Presidente de la República en Armas en 1873 y en el periodo 1895-1897.

Clay, Henry (1777-1851). Político estadounidense, llamado el *Gran Pacificador* por su actitud ante la campaña antiesclavista. Apoyó el reconocimiento de las repúblicas hispanoamericanas.

Cleveland, Stephen Grover (1837-1908). Abogado y político estadounidense. Presidente de Estados Unidos por el Partido Demócrata de 1885 a 1889 y de 1893 a 1897.

Cochrane, Thomas Alexander (1775-1860). Almirante británico que combatió en las guerras napoleónicas y fue comandante de la base inglesa en América desde 1848 hasta 1851.

Colón, Cristóbal (¿1451?-1506). Navegante genovés conocido como el descubridor de América.

Cornwallis, Charles (1738-1805). General y político inglés que fue nombrado representante plenipotenciario en Francia para negociar la Paz de Amiens, con lo que puso fin a las guerras napoleónicas.

Corona Leroux, Patricio. Patriota cubano. Participó en la Protesta de Baraguá. En la Guerra Chiquita obtuvo el grado de teniente coronel.

Corot, Jean-Baptiste-Camille (1796-1875). Pintor francés que se destacó por representar paisajes rústicos y urbanos de Italia y Francia.

Correas Íñigo, Gonzalo (1571-1631). Humanista, helenista, gramático, lexicógrafo español. Impulsor de una reforma de la ortografía.

Corrigan, Michael Agustine (1839-1902). Prelado católico estadounidense, nombrado arzobispo de Nueva York en 1886.

Cortés, Hernán (1485-1547). Conquistador español nombrado por Carlos I gobernador y capitán general de la Nueva España.

Courbet, Gustave (1819-1877). Pintor francés, jefe de la escuela realista.

Crandall, Jesse Amour (1840-1870). Se dedicó al negocio de juguetes de madera. Inventó los bloques anidados, el caballo de suspensión y el de balancín.

Cromwell, Oliver (1599-1658). Político y militar inglés que formó parte del tribunal que condenó a muerte al rey Carlos I en 1649.

Cuauhtémoc (1496-1525). Último emperador azteca. Se rebeló contra Moctezuma para combatir a los españoles y defender heroicamente la ciudad de Tenochtitlán.

Cutting, Augustus K. (1841-¿?). Periodista y editor estadounidense que propició el pretexto para la guerra y la anexión de territorio mexicano a los Estados Unidos.

Daisey, Nanitta (1855-1903). Fue maestra y periodista. Ganó fama a finales del siglo XIX en Oklahoma, por su participación en la ocupación de nuevos territorios.

Dalila. Personaje bíblico. Cortesana filistea que fue utilizada por sus coterráneos para saber el origen de la fuerza de Sansón.

Dana, Charles Anderson (1819-1897). Periodista y editor estadounidense que llegó a ser secretario adjunto de guerra (1863-1865).

Dánae. Según la mitología griega, fue la madre de Perseo y tuvo a su hijo cuando Zeus se introdujo en forma de lluvia de oro en la torre de bronce donde la tenía guardada su padre.

Dante Alighieri (1265-1321). Poeta italiano, autor de *La divina comedia.*

Danton, Georges Jacques (1759-1794). Abogado y político francés. Una de las figuras más sobresalientes de la Revolución francesa.

Darwin, Charles Robert (1809-1882). Naturalista inglés, descubridor del principio de la selección natural.

Davis, Jefferson (1808-1889). Militar y político estadounidense. Presidente de los Estados Confederados de América desde 1861 a 1865.

Degan, Mathias J. (1852-1886). Oficial de policía estadounidense.

Degas, Edgar (1834-1917). Pintor y escultor francés. Uno de los maestros del arte moderno de finales del XIX.

miento que se conoce con el nombre de Conspiración de Gual y España.

Estrada Palma, Tomás (1835-1908). Presidente de la República en Armas (1877). En 1898 disolvió el Partido Revolucionario Cubano y propuso la disolución del Ejército Libertador.

Estrampes y Gómez, Francisco José (1827-1855). Maestro y periodista cubano. Primer mártir separatista matancero.

Evarts, William Maxwell (1818-1901). Abogado y político estadounidense, senador y secretario de Estado durante la administración del presidente Rutherford B. Hayes.

Farrington. Mecánico participante en la construcción del puente de Brooklyn.

Fausto. Protagonista del drama homónimo de Johann Wolfgang von Goethe.

Felipe II (1527-1598). Rey de España en la época de mayor extensión y poderío del imperio español (1556-1598). En 1558 envió contra Inglaterra la llamada Armada Invencible.

Felipe IV (1605-1665). Rey de España (1621-1665). Entregó el gobierno al conde-duque de Olivares (1621-1643) y a Luis Menéndez de Haro, marqués de Carpio (1643-1661).

Fernández, María del Rosario (La Tirana) (1775-1803). Actriz española. Trabajó desde 1773 en el Teatro de los Sitios Reales, de Madrid.

Fernández de Oviedo, Gonzalo (1478-1557). Colonizador español nombrado por el emperador Carlos V primer cronista de Indias.

Fernando II de Aragón (1452-1516). Fernando el Católico. Rey de Aragón, de Castilla, de Sicilia, de Nápoles, de Cerdeña y de Navarra, regente de la Corona castellana entre 1507 y 1516.

Fernando VII (1784-1833). Rey de España que instauró el absolutismo al derogar la Constitución de Cádiz.

Fidias (siglo V a. C.). Escultor griego, considerado la máxima figura del período clásico.

Fielden, Samuel (1824-1922). Socialista, anarquista y sindicalista inglés. Uno de los ocho condenados por los sucesos de la revuelta de Haymarket.

Figueredo, Fernando (1846-1929). Ingeniero, militar e historiador cubano que alcanzó el grado de general de brigada del Ejército Libertador.

Figueredo, Pedro (1818-1870). Patriota y poeta cubano. Autor de la letra y la música del himno nacional de Cuba, que se dio a conocer públicamente el 20 de octubre de 1868.

Figueredo Díaz, Pedro Félix (1829-1892). Médico bayamés, patriota de las guerras por la independencia de Cuba que alcanzó el grado de coronel.

Figueroa y Torres, Gonzalo de (marqués de Villamejor) (1861-1921). Político español. Diputado a Cortes por Baeza (1891-1893).

Alcalde de Madrid entre 1904 y 1905.

Filipo II (382-336 a. C.). Rey de Macedonia. Padre de Alejandro Magno. Organizó una fuerza militar que conquistó las ciudades-estado griegas y las unificó bajo su égida.

Fischer, Adolph (1858-1887). Anarquista y sindicalista de origen alemán, que fue condenado y ejecutado por el proceso desencadenado por la revuelta de Haymark, en Chicago, el 4 de mayo de 1886.

Fish, James D. (1819-1912). Banquero y financista estadounidense que fundó en 1880, conjuntamente con Ulysses S. Grant y Ferdinand Ward, la firma financiera Grant & Ward.

Fortuny, Mariano (1838-1874). Pintor acuarelista y grabador español, uno de los pintores más importantes del siglo XIX.

Fouquier-Tinville, Antoine Quentin (1746-1795). Magistrado y político francés, acusador público durante la Revolución francesa.

Franklin, Benjamín (1706-1790). Científico y político estadounidense, uno de los firmantes de la declaración de independencia de los Estados Unidos en 1776.

Freiligrath, Ferdinand (1810-1876). Escritor alemán. En uno de sus poemas asoció los colores de la bandera de su país con la pólvora, la sangre y el fuego.

Frelinghuysen, Frederick Theodore (1817-1885). Estadista y abogado estadounidense, fundador del Partido Republicano de Nue-

va Jersey y fiscal general del Estado de 1861 a 1866.

Frexes Mercade, Francisco (1863-1896). Patriota cubano, jefe de despacho del mayor general Antonio Maceo. Alcanzó el grado de coronel.

Fuentes, Manuel. Corresponsal de *The New York World.*

Fuentes y Guzmán, Antonio de (1643-1700). Historiador y poeta descendiente de españoles de la Capitanía General de Guatemala. En 1661 desempeñó el cargo de Regidor Perpetuo de Guatemala.

Galán, José Antonio (1741-1782). Prócer colombiano que participó en la insurrección de los comuneros.

Galano Coutín, Adriano (1866-1911). Ingeniero agrónomo baracoense que alcanzó su grado de coronel durante la guerra de independencia.

Gallego de Andrada, Pedro (1500-1531). Uno de los conquistadores españoles bajo el mando de Hernán Cortés.

Gálvez, José María (1834-1906). Patriota cubano, miembro de la Junta Revolucionaria de La Habana.

Gambetta, Léon (1838-1882). Abogado y político francés que se opuso al bonapartismo. Organizó la resistencia de Francia contra la invasión alemana en 1870.

García González, Vicente (el León de las Tunas o el León de Santa Rita) (1833-1886). Patriota cubano. Mayor general del Ejército Libertador nacido en Las Tunas. Presidente de la República en Armas (1877-1878).

García Granados y Savorio, María (1860-1878). Hija del general y presidente de Guatemala Miguel García Granados. Se considera que es la inspiradora del poema IX de los *Versos sencillos*, conocido como «La niña de Guatemala».

García Gutiérrez, Antonio (1813-1884). Poeta y dramaturgo español.

García Milanés, Ángel (¿?-1898). Patriota cubano. Fundador del Club Los Independientes en 1888.

García Parra, Dolores (Lola) (¿?-1924). Esposa de Manuel A. Mercado de la Paz.

García Salinas, Francisco (1786-1841). Político mexicano. En 1828 fue electo gobernador de Zacatecas.

Garrido Romero, Pedro. Español a quien Martí llamaba «teniente ladrón» y «jefe de indios».

Garriga de las Cuevas, Ramón (1874-¿?). Coronel santiaguero. Custodió –a partir de la llegada a Cuba– el cuaderno manuscrito donde Martí hacía sus anotaciones de viaje, publicado como *Diarios de campaña*.

Garrison, William Lloyd (1805-1879). Periodista, abolicionista y reformador social estadounidense.

Garzón, Victoriano (1847-1895). Coronel santiaguero, combatiente de las tres guerras independentistas.

Gaspar Rodríguez de Francia, José (1766-1840). Dirigente político paraguayo. A su llegada al poder estableció una dictadura.

Gautier, Théophile (1811-1872). Poeta, prosista y crítico francés. Es considerado uno de los principales exponentes del Romanticismo y del tránsito al parnasianismo.

Gayoso de los Cobos y Téllez-Girón, Jacobo (Camarasa) (1816-1871). Fue el XIV marqués de Camarasa en el periodo comprendido entre 1860 y 1871.

Gedeón. Quinto juez o caudillo en el Periodo de Jueces, que gobernó sobre las tribus de Israel. Por sus cualidades de liderazgo y humildad mereció mención entre los héroes de la fe.

Geibel, Franz Enmanuel August (1815-1884). Escritor y poeta alemán de estilo romántico.

George, Henry (1839-1897). Economista, periodista y político estadounidense que desempeñó un activo papel en el movimiento reformista de la década de 1880.

Gérando, Joseph Marie (barón de Gérando) (1772-1842). Filósofo y literato francés.

Gherardesca, Ugolino della (1.ᵉʳ tercio s. XIII-1289). Noble y poderoso ciudadano de Pisa.

Giges. Conjunto de personajes literarios masculinos que aparecen en la obra poética de Horacio.

Giner de los Ríos, Francisco (1839-1915). Educador español que ejerció la docencia en la Universidad Central de Madrid y fundó la Institución Libre de Enseñanza.

Giroud. Político francés que asistió como delegado del ministro de Comercio de Francia a las ceremonias de la entrega de la Estatua de la Libertad al pueblo estadounidense, el 28 de octubre de 1886.

Gladstone, William Ewart (1809-1898). Estadista inglés que encabezó en cuatro oportunidades el Gobierno de su país y ejerció gran influencia en el desarrollo de su Constitución.

Glaura. Personaje del poema épico *La araucana,* de Alonso de Ercilla.

Goethe, Johann Wolfgang von (1749-1832). Poeta, prosista y dramaturgo alemán cuyo libro más relevante es el poema filosófico *Fausto.*

Gogol, Nikolai Vasilievich (1809-1852). Novelista ruso que escribió la primera novela cómica considerada clásica en la literatura rusa.

Gómez Báez, Máximo (1836-1905). Generalísimo del Ejército Libertador de Cuba. El 25 de octubre de 1868 llevó a cabo la primera carga al machete de las guerras cubanas de independencia. El 25 de marzo de 1895 firmó el *Manifiesto de Montecristi.*

Gómez Ferrer, Juan Gualberto (1854-1933). Patriota cubano. Fundó el periódico *La Igualdad* y fue vocero del Directorio Central de las Sociedades de la Raza de Color. Perteneció a la Academia de la Historia de Cuba.

Gómez Toro, Clemencia. Hija del general Máximo Gómez Báez y de Bernarda Toro.

Gómez Toro, Francisco (1876-1896). Patriota cubano. Hijo de Bernarda Toro y Pelegrín y Máximo Gómez Báez. Murió en el heroico empeño de salvar el cadáver de Antonio Maceo.

González Calunga, José (1833-¿?). Patriota cubano que obtuvo el grado de coronel durante las gue-

rras por la independencia de Cuba en el siglo XIX.

González Pineda, Luis. Patriota cubano. Martí lo llamó «dueño y alma del pueblo de San Antonio».

Goya y Lucientes, Francisco de (1746-1828). Pintor español, uno de los grandes artistas de todos los tiempos. En su obra se destacan, entre otros muchos, los cuadros relacionados con la guerra (2 y 3 de mayo), *La maja desnuda, La maja vestida* y *Los caprichos.*

Grant, Ulysses Simpson (1822-1885). Militar y político estadounidense, presidente de Estados Unidos por el Partido Republicano en 1868 y reelegido en 1872.

Grasse, François Joseph Paul de (1722-1788). Marqués de Grasse Tilly. Almirante francés, héroe de la independencia americana.

Guarocuya (1497-1535). Cacique taíno que se rebeló contra los españoles.

Guerra y Porro, Ángel (1842-1896). Patriota cubano que se destacó en la batalla de Mal Tiempo.

Guilbaud, Tertulien. Una de las más importantes voces de la poesía haitiana de expresión francesa del XIX.

Gutenberg, Johann (¿1400?-1468). Impresor alemán, inventor de la imprenta.

Gutiérrez Hurtado de Mendoza, Miguel Jerónimo (1822-1871). Periodista y patriota cubano. Alcanzó el grado de Mayor General del Ejército Libertador y fue electo vicepresidente de la Cámara de Representantes en la Asamblea de Guáimaro.

Gutiérrez Nájera, Manuel (1859-1895). Poeta, narrador y crítico mexicano. Fue la primera figura del modernismo mexicano.

Guzmán, Gaspar de (conde-duque de Olivares) (1587-1645). Político español. Fue ministro de Felipe IV durante veintidós años.

Hamilton, Alexander (1757-1804). Político y militar estadounidense, figura principal de los federalistas y fundador del Banco Nacional.

Hancock, Winfield Scott (1824-1886). General y político estadounidense que se destacó en las batallas de la Guerra de Secesión. En 1866 fue nombrado mayor general del ejército regular de Estados Unidos.

Hanriots, Françoise (1761-1794). Revolucionario francés, uno de los líderes de los jacobinos.

Hawthorne, Nathaniel (1804-1864). Novelista estadounidense. En 1852 publicó la biografía del presidente Pierce.

Hayes, Rutherford Birchard (1823-1893). Militar y político estadounidense, candidato a la presidencia por el Partido Republicano en 1876.

Heine, Heinrich (1792-1856). Poeta alemán, considerado figura destacada del movimiento romántico en Europa.

Heinrich Wilhelm, Franz Bernhard (barón de Gaudy) (1800-1840). Poeta y narrador alemán.

Helena. Princesa de Troya, célebre por su belleza. Era la esposa de Menelao que, raptada por Paris, provocó la guerra de Troya.

Helios. Personificación del sol, según la mitología griega.

Henríquez Carvajal, Federico (1848-1951). Literato, poeta, educador, periodista y orador, propagandista de la emancipación cubana.

Hércules (Heracles). El más famoso de los héroes griegos y latinos, hijo de Júpiter y de Alcmena.

Heredia y Heredia, José María (Poeta del Torrente) (1803-1839). Poeta cubano. Destaca por su «Oda al Niágara», «En el teocalli de Cholula» y «El himno del desterrado». Alcanzó fama continental como poeta de la libertad.

Hesíodo (mediados del siglo VIII a. C.). Poeta de la antigua Grecia, considerado el primer filósofo griego.

Heureaux, Lilí. Militar y político dominicano.

Hidalgo y Costilla, Miguel (1753-1811). Sacerdote mexicano que lanzó el llamado Grito de Dolores (16 de septiembre de 1810) para iniciar el movimiento de la independencia mexicana. Fue reconocido como padre de la patria.

Hielard. Empresario francés, delegado por la Cámara de Comercio de París a las ceremonias de la entrega de la Estatua de la Libertad al pueblo estadounidense, en Nueva York, el 28 de octubre de 1886.

Higuemota. Hija de Anacaona y Caonabo, caciques taínos.

Homero. Poeta épico griego al que se le atribuye la autoría de la *Ilíada* y la *Odisea,* consideradas entre las más altas expresiones literarias universales.

Horacio Flaco, Quinto (65-8 a. C.). Principal poeta lírico y satírico en lengua latina.

Howells, Williamdean (1837-1920). Escritor, crítico y periodista estadounidense que asumió la defensa de los anarquistas de Chicago en el periódico *The New York Tribune*.

Hugo, Victor (1802-1885). Poeta, dramaturgo y novelista romántico francés. Es el autor más importante de las letra francesas del siglo XIX. Autor de *Los miserables* y *Los trabajadores del mar*.

Huguet, Victor (1835-1902). Pintor francés de tendencia romántica.

Humboldt, Alexander von (1769-1859). Naturalista, geógrafo y diplomático alemán al que se le atribuye el descubrimiento de la llamada corriente de Humboldt en la costa occidental de Sudamérica.

Hunt Jackson, Helen (1830-1885). Escritora estadounidense defensora de los indígenas. Escribió la novela romántica *Ramona*.

Ibsen, Henrik Johan (1828-1906). Dramaturgo y poeta noruego, uno de los renovadores del teatro universal, conocido por su obra *Casa de muñecas*.

Ícaro. Según la mitología griega, hijo de Dédalo, constructor del laberinto del Minotauro.

Ingalls, John James (1833-1900). Jurista estadounidense que ocupó importantes cargos públicos en la Administración.

Isaac. Personaje bíblico. Hijo de Abraham y de Sara, fue salvado por un ángel en el momento en que su padre lo iba a sacrificar a Dios.

Isabel I (Elizabeth de Inglaterra) (1533-1603). Monarca de Inglaterra de 1558 a 1603.

Iván III, el Grande (1440-1505). Soberano de Rusia que gobernó desde 1642 hasta 1505 y liberó gran parte del territorio del dominio de los tártaros.

Ixtlilxochitl, Fernando de Alva (1575-1648). Historiador mexicano, autor de una *Historia general de la Nueva España,* conocida por *Historia chichimeca,* que abarca desde la creación del mundo hasta el primer ataque de Hernán Cortés a la ciudad de México.

Izaguirre Izaguirre, José María (1830-1905). Pedagogo y patriota cubano. Al producirse el levantamiento revolucionario del 10 de octubre de 1868 se incorporó a las filas insurrectas y fue representante de Jiguaní ante la asamblea de Guáimaro. Llegó a ser miembro del gobierno de la República en Armas.

Jackson, Andrew (1767-1845). Político y militar estadounidense que fomentó la plantación algodonera. Fue presidente en 1828 y reelecto en 1832.

Jacob. Uno de los patriarcas hebreos mencionados en el Antiguo Testamento, hijo de Isaac y de Rebeca, y nieto de Abraham.

Jahan I, Shah (1592-1666). Quinto emperador de la dinastía mogol de India, que gobernó entre el año 1627 y 1658.

Jaurès, Constante Levis Jean Benjamin. Oficial naval francés que durante la guerra franco-prusiana (1870-1871) se distinguió en las batallas defensivas contra Prusia y sus aliados alemanes.

Jesús (Creador del mundo, Cristo, Nazareno). El hijo de Dios y el Mesías anunciado por los profetas, según los Evangelios.

Jiménez, Juan Isidro (1846-1919). Hijo de Manuel Jiménez (1808-1854), militar y político dominicano nacido en Cuba, que intervino en las luchas de la independencia dominicana y fue presidente de ese país entre 1848 y 1849.

Jiménez de Quesada, Gonzalo (1496-1579). Explorador y conquistador español. Fundó la ciudad de Santa Fe de Bogotá.

Johnson, Andrew (1808-1875). Político estadounidense, gobernador militar de Tennessee en 1862, presidente de los Estados Unidos tras el asesinato de Abraham Lincoln.

Jorge III (1738-1820). Rey de Gran Bretaña e Irlanda (1760-1820) y rey de Hannover (1815-1820).

Juan de Austria (1545-1578). Militar español, hijo ilegítimo de Carlos I que sirvió como militar a su hermanastro Felipe II. Se le atribuye la victoria de Lepanto (1571).

Juan de Castellanos (1522-1607). Sacerdote neogranadino de la época colonial, conocido como el cronista de Indias.

Juan de Mena (1411-1456). Poeta español del prerrenacimiento castellano, de tendencia latinizante.

Juana I de Castilla (Juana la Loca) (1479-1555). Reina de Castilla y León (1504-1555) y reina de Aragón (1516-1555). Tercera hija de los Reyes Católicos.

Juárez García, Benito (1806-1872). Patriota mexicano. Fue presidente de México. Se le conoce como Benemérito de las Américas. Se le recuerda por su frase: «El respeto al derecho ajeno es la paz».

Juggernaut. En la India antigua era un dios de fuerzas destructivas, representado por un elefante hecho de paja y madera, en cuyo vientre viajaban sacerdotes durante las procesiones anuales. En tiempos de Martí fue común comparar al capitalismo con Juggernaut.

Julieta. Personaje de *Romeo y Julieta*, tragedia de William Shakespeare.

Junco, Lola. Mujer a la que José María Heredia le dedica su poema «A Lola en sus días».

Júpiter. Divinidad suprema del panteón latino, correspondiente al Zeus griego. Guardián de la ley y el protector de la justicia y la verdad.

Keats, John (1795-1821). Poeta inglés. Integró junto a Lord Byron y Shelley la gran trilogía romántica de su país.

Kelly, John (1821-1886). Político estadounidense. Desde 1855 hasta 1859 fue representante demócrata por Nueva York.

La Rúa, Francisco (1844-1877). Patriota cubano que, al estallar la Guerra de los Diez Años, vino a Cuba en la primera expedición del Galvanic.

Lafayette, Marie Joseph (marqués de Lafayette) (1757-1834). Militar y político francés. Se unió a la Revolución francesa y fue vicepresidente de la Asamblea Nacional, comandante de París y organizador de la Guardia Nacional.

Lalla Rookh. Protagonista del poema homónimo del escritor irlandés Thomas Moore, cuya trama se desarrolla en la India Occidental.

Landa, Diego de (1524 o 1525-1579). Misionero español de la orden franciscana. Tercer obispo de Yucatán desde abril de 1572.

Landreau, J. C. Su dudoso reclamo sobre supuestos depósitos de guano y nitrato en Perú contó con la aprobación de James G. Blaine, secretario de Estado, e interfirió en las negociaciones de paz entre Chile y Perú durante la Guerra del Pacífico.

Langtry, Lillieo Lily (Emilie Charlotte Le Breton) (1853-1929). Actriz inglesa que se hizo muy popular por sus relaciones amorosas con personalidades importantes de la época.

Laussedat, Aimé (1819-1907). Coronel de ingeniería francés especializado en el trazado de mapas militares. Estuvo presente como miembro de la delegación francesa a las ceremonias por la entrega de la Estatua de la Libertad al pueblo estadounidense, el 28 de octubre de 1886.

Lautaro (1534-1557). Hijo del cacique araucano Curiñanca. Su valor e inteligencia fueron alabados por Alonso de Ercilla en *La araucana*. Se reconoce como líder hispanoamericano de la resistencia indígena contra la conquista española.

Lázaro. Personaje bíblico. Fue resucitado por Jesús al cuarto día de su muerte.

Le Plongeon, Augustus (1827-1908). Arqueólogo y escritor británico. Adquirió gran reputación al descubrir Chichen Itzá en 1875.

Leconte de Lisle, Charles Marie René (Leconte de Lisle) (1818-1894). Uno de los poetas franceses más importantes del siglo XIX. Sus *Poèmes antiques* (1852) iniciaron el movimiento literario denominado parnasianismo.

Lee, Henry (1756-1818). Político y militar estadounidense. Miembro del Congreso (1786 y 1799), gobernador de Virginia (1792-1795). Tuvo a su cargo el elogio a la muerte de Washington.

León XIII (1810-1903). Papa número 256 de la Iglesia católica. Propició el acercamiento a la comunión anglicana y a los ortodoxos griegos, e impulsó la acción misionera, especialmente en África.

Leónidas (¿?-480 a. C.). Rey de Esparta que gobernó de 490 a 480 a. C. Se destacó por su defensa del desfiladero de las Termópilas contra las tropas persas de Jerjes I en 480 a. C.

Leopardi, Giacomo (1798-1837). Poeta italiano que es considerado la máxima expresión del Romanticismo en su país.

Lerolle, Henri (1848-1929). Pintor francés que sobresalió como paisajista y decorador.

Lesbia. Sobrenombre dado a su enamorada Isabel Rueda y Ponce de León por el poeta cubano José María Heredia en sus poemas «La Inconstancia», «La cifra», «La prenda de fidelidad» y «La partida».

Lespinasse, Jeanne Julie Éléonore de (1732-1776). Famosa organizadora de un salón de reuniones sociales influyente en París.

Lesseps, Ferdinand Marie (1805-1894). Diplomático e ingeniero francés. Dirigió el proyecto de la construcción del un canal a través del istmo de Suez y fue presidente de la compañía francesa que inició la construcción del canal de Panamá (1881-1888).

Licisco. Personaje literario masculino que aparece en la obra poética de Horacio.

Lima. Al parecer, era el cocinero de la tropa del Félix Ruenes, coronel del Ejército Libertador.

Lincoln, Abraham (1809-1865). Presidente de Estados Unidos (1861-1865). Logró la victoria de la Unión en la Guerra Civil y abolió la esclavitud. Se opuso a la guerra contra México.

Lingg, Louis (1864-1887). Carpintero alemán. Fue uno de los anarquistas condenados a muerte por los sucesos de la revuelta de Haymarket, en Chicago. Se suicidó en su propia celda para no ser ejecutado.

Llorente, Juan Antonio (1756-1823). Político y eclesiástico español. Fue nombrado consejero de Estado para Asuntos Eclesiásticos, y caballero comendador de la Orden Real de España en 1809.

Longinos. Soldado que, según la tradición bíblica, traspasó con una lanza el costado de Jesús.

López de Santa-Anna, Antonio (1794-1876). General y político mexicano. Participó en la proclamación de independencia y fue presidente del país. Con su política irregular favoreció la anexión de gran parte de territorio de México a los Estados Unidos.

López de Urriola, Narciso (1797-1851). Nacido en Venezuela, se vinculó en Cuba al movimiento contra España vinculado con los autonomistas y los anexionistas. Fue el creador de la bandera y el escudo cubanos.

Loret de Molay Boza, Elpidio (1853-1924). Patriota camagüeyano de la Guerra de los Diez Años.

Lovejoy, Elijah Parish (1802-1837). Abolicionista estadounidense. Combatió la esclavitud desde su periódico *The Observer.*

Loyola, san Ignacio de (1491-1556). Militar y religioso español. Fundador de la Compañía de Jesús, de la que fue el primer general. La Iglesia católica lo canonizó en 1622.

Lubbock, Jhon (1834-1913). Financiero, político, biólogo y arqueólogo británico, miembro de la Real Academia de Ciencias de Suecia.

Lucano, Marco Anneo (39-65 d. C.). Poeta latino que vivió en la época del emperador romano Nerón. Su obra principal es el poema épico *Bellum Civile,* conocido como *Farsalia,* en el que relata la batalla librada por Julio César en el año 48 a. C. contra Pompeyo.

Lucía. Protagonista de la ópera *Lucia di Lammermoor,* de Gaetano Donizetti.

Luis XVI (1754-1793). Rey de Francia. Dada la deplorable situación económica que vivía el país, convocó los Estados Generales en 1789.

Lutero, Martín (1483-1546). Teólogo y reformador protestante alemán. En 1520 fue excomulgado por el papa León X. Tradujo la *Biblia* al alemán.

Luzbel. Personaje bíblico infernal, príncipe de los ángeles rebeldes.

Luz y Caballero, José de la (1800-1862). Educador cubano. En 1848 fundó el Colegio del Salvador, que llegó a ser el centro educativo más importante de la niñez y juventud cubanas en el siglo XIX.

Maceo Grajales, Antonio (1845-1896). Patriota cubano sobresaliente por su valor. Obtuvo el grado de mayor general en mayo de 1877. En la Protesta de Baraguá se opuso al Pacto del Zanjón que decretaba el fin de la guerra sin independencia y sin abolición.

Maceo Grajales, José Marcelino (1849-1896). Patriota cubano conocido como el *León de Oriente* o el *Héroe de Majaguabo*. Hermano del mayor general Antonio Maceo.

Machado Gómez, Eduardo (1838-1877). Patriota cubano. Publicó en Leipzig su obra *Cuba y la emancipación de sus esclavos* (1864). En 1866 fundó el periódico *La Época*.

Magdalena, santa María. Personaje bíblico. Mujer de Magdala redimida de sus pecados. También suele identificársele con la María hermana de Marta y Lázaro y con una pecadora arrepentida.

Magdaleno. Hijo de Luis González Pineda, patriota cubano que alcanzó el grado de teniente y fue traidor en Bayamo.

Malinche. Nombre que dieron los españoles a la india Malinali, Malintzin o Malinche, entregada como esclava a Hernán Cortés.

Malley, James. Rico heredero acusado junto con su hermano Walter del asesinato de una mujer.

Manduley del Río, Rafael (1856-1924). Coronel holguinero. Fue elegido vicepresidente en la Asamblea Constituyente de Jimaguayú y nombrado gobernador de la provincia de Oriente.

Manet, Édouard (1832-1883). Pintor francés. Su cuadro *La merienda campestre* (1863) se convirtió en figura central de la disputa entre el arte académico y el arte rebelde de su tiempo.

Mantilla Miyares, Manuel (1870-1896). Hijo mayor de Carmen Miyares y Manuel Mantilla Sorzano. Colaboró con Martí en acciones en apoyo a la lucha por la independencia de Cuba.

Mantilla Miyares, María (mademoiselle Marie) (1880-1962). Hija de Manuel Mantilla y Carmen Miyares. Nació en Brooklyn. Su padrino fue José Martí, quien la educó y guio durante su infancia, al quedar la niña huérfana de padre en 1885.

Mara. En la mitología budista es el regente del cielo del deseo. Es un ser simbólico que representa la ignorancia espiritual, el apego, el odio y cuanto se opone al logro de la iluminación y la liberación.

Maragall Gorina, Joan (1860-1911). Poeta español, considerado uno de los padres de la poesía modernista catalana.

Marat, Jean-Paul (1743-1793). Revolucionario francés. Al estallar la Revolución francesa en 1789, comenzó a publicar el periódico *L'Ami du Peuple.*

Marcano Álvarez, Luis Jerónimo (1831-1870). Mayor general de origen dominicano. Dirigió, junto a Céspedes, la toma de Bayamo del 18 al 20 de octubre de 1868.

María. Madre de Jesucristo, venerada en el cristianismo desde los tiempos de los primeros apóstoles. El islam también la venera como Marian, la virgen sin pecado.

Mármol Ballagas, Eduardo (1823-1871). General de brigada santiaguero. Propuso el primer plan de invasión a Occidente.

Mármol Tamayo, Donato (1843-1870). Mayor general santiaguero. Después de la Asamblea de Guáimaro se le dio la jefatura de la primera brigada de la segunda división de Oriente y más adelante la del distrito (Santiago de) Cuba.

Martí Pérez, Mariana Matilde (1856-1875). Hermana de José Martí.

Martí Pérez, Rita Amelia (1862-1944). Hermana de José Martí. Se casó en 1883 con José García Hernández.

Martin, Henri (1810-1883). Historiador, escritor y político francés, miembro de la Academia de Ciencias Morales y Políticas (1871) y de la Academia Francesa (1878).

Martínez Campos, Arsenio (1893-1950). General español. Peleó en la Guerra de los Diez Años contra los cubanos. Logró detener la guerra de Cuba mediante el Pacto del Zanjón.

Masó Márquez, Bartolomé (1830-1907). Combatiente cubano. Resultó electo jefe del regimiento Yara y segundo jefe del distrito de Manzanillo.

McClellan, George Brinton (1826-1885). Militar estadounidense. Se distinguió como oficial de zapadores en la guerra contra México en 1848.

McGlynn, Edward (Sogarth Aroon) (1837-1900). Sacerdote católico de origen irlandés excomulgado por el papa León XIII el 4 de julio de 1887. Defendió el desarrollo de la enseñanza pública, el matrimonio de los sacerdotes, la abolición de la propiedad privada de la tierra y el combate de la miseria con los recursos del Estado.

McMaster, James A. (1820-1886). Periodista estadounidense que se opuso a las reivindicaciones del pueblo irlandés.

Mendoza Durán, Cristóbal (¿?-1870). Venezolano que residió en Cuba desde muy joven y colaboró en *Cuba Literaria, Revista de La Habana y El Siglo.* Se incorporó a la lucha por la independencia de Cuba.

Menocal, Aniceto (1836-1908). Ingeniero cubano. Trabajó con éxito en la construcción del canal de Panamá. Bajo su dirección se terminó el monumento a Washington.

Mercado de la Paz, Manuel Antonio (1838-1909). Abogado y político mexicano. Amigo muy cercano de Martí. En la nutrida correspondencia entre ambos se recogen muchos de los pensamientos fundamentales de Martí.

Mercado García, Manuel (¿?-1919). Hijo mayor de Manuel A. Mercado.

Mercado García, María Luisa. Hija de Manuel A. Mercado.

Merchán, Rafael María de (1844-1905). Publicista cubano. Publicó, entre otros, el periódico *El Cubano Libre* para propagandizar las ideas independentistas. Obligado a emigrar a Colombia, desempeñó allí una importante labor cultural y lingüística.

Meunier, Léon. Político francés. Fue delegado de la unión francoamericana en las ceremonias por la entrega de la Estatua de la Libertad al pueblo estadounidense, el 28 de octubre de 1886.

Michelet, Jules (1798-1874). Historiador francés. Tuvo ideas liberales y se negó a jurar fidelidad al gobierno de Luis Napoleón.

Millán de Bobes, José Tomás (1782-1814). Militar español, conocido como el *León de los Llanos.* Luchó junto a los independentistas durante la guerra de independencia (1813-1814).

Millevoye, Charles Hubert (1872-1816). Poeta francés muy conocido en su época porque su poesía era una mezcla de reminiscencias clásicas y estilo sentimental.

Milton, John (1608-1674). Poeta y ensayista inglés. Se convirtió en un paladín del puritanismo y combatió a la Iglesia anglicana y a la monarquía en obras como *La razón del gobierno de la Iglesia* (1641-1642) y *Areopagítica* (1644).

Minerva. En la mitología romana era la diosa de la sabiduría, equivalente a la diosa griega Atenea. Era una de las tres deidades principales del panteón romano junto con Júpiter y Juno.

Mirabeau, conde de (Honoré Gabriel Riqueti) (1749-1791). Político y publicista francés que ocupó la presidencia de los jacobinos durante la Revolución francesa.

Miranda, Francisco de (1750-1816). Político y militar venezolano considerado el precursor de la independencia. Fue el creador de la bandera venezolana.

Miró Argenter, José (1851-1925). General español que participó en la guerra por la independencia de Cuba iniciada el 24 de febrero de 1895.

Moctezuma (¿?-1520). Emperador que llevó el dominio azteca a su mayor auge. Las divisiones internas, las insatisfacciones indígenas por el peso de los tributos y por cuestiones religiosas, y la traición de los españoles con Hernán Cortés a la cabeza terminaron con su poder y con su vida.

Moisés. Figura importante para las religiones abrahámicas, en las que es venerado como profeta, legislador y líder espiritual.

Molina Sánchez Rafael (Lagartijo) (1841-1900). Uno de los cinco toreros que marcaron la evolución de la tauromaquia y el toreo en el siglo XIX en España.

Momo. Personaje central que preside varios carnavales en América

Latina, principalmente en Brasil y Colombia.

Moncada, José Guillermo (Guillermón) (1841-1895). Patriota cubano. Mayor general y jefe de las fuerzas del centro y sur de la provincia de Oriente.

Moncada, Narciso (¿?-1895). Hermano de Guillermón Moncada. Luchó en las tres guerras libertadoras y obtuvo el grado de comandante.

Monet, Claude Oscar (1840-1926). Pintor francés, iniciador e inspirador del impresionismo en la pintura.

Monroe, James (1758-1831). Político estadounidense. Participó en la guerra de independencia de Estados Unidos y alcanzó el grado de coronel. Fue presidente entre 1817 y 1825. Formuló la denominada Doctrina Monroe que reivindicaba el derecho de los Estados Unidos sobre cualquier país de América Latina supuestamente en defensa contra cualquier interferencia europea.

Montaigne, Michel Eyquem de (1533-1592). Célebre moralista francés. Consejero del Parlamento de Burdeos y gentilhombre de cámara del rey Carlos IX.

Monteagudo, Bernardo de (1789-1825). Abogado, político, periodista y militar argentino. Participó en los procesos independentistas en el Río de la Plata, Chile y Perú. Autor del primer proyecto de constitución del Cono Sur americano (1811).

Montejo Júztiz, Mauricio. Patriota cubano. Comandante de uno de los grupos que se alzaron en Camagüey después del levantamiento oficial del 24 de febrero de 1895.

Montenard, Frédéric (1849-1926). Pintor francés que expuso paisajes, temas rústicos y marinas.

Montesinos y Trujillo, Joaquín (¿1837?-1911). Canario. Fue compañero de presidio del joven Martí en las canteras de San Lázaro.

Monteverde y Ribas, Domingo de (1773-1832). Militar español. Impuso la capitulación a Francisco de Miranda.

Moore, Alfred (1755-1810). Militar y jurista estadounidense. Durante la guerra de independencia de las trece colonias fue capitán de un regimiento de tropas de Carolina del Norte.

Moore, Thomas (1779-1852). Poeta romántico irlandés. Es autor de *Lalla Rookh,* poema narrativo en cuatro partes, en cuya traducción trabajó Martí.

Moreno, Rosa. Campesina cubana, viuda de Jesús Sablón Moreno. Mandó a la guerra a su único hijo, Melesio, de dieciséis años.

Morgan, Frederick (1847-1927). Pintor británico de retratos, animales y escenas domésticas y campestres.

Morris, William (1834-1896). Diseñador, poeta y reformador socialista inglés. En sus escritos políticos trató de corregir los efectos deshumanizadores producidos por la Revolución Industrial.

Most, Johann Joseph (1846-1906). Líder anarquista alemán. En 1885 publicó el libro *The Science of Revolutionary Warfares.*

Murillo, Bartolomé Esteban (1617-1682). Pintor español, autor de numerosos cuadros con imágenes de niños y temática religiosa.

Napoleón, Joseph Paul (1849-1900). Militar francés que se distinguió en los combates durante el sitio de París. Integró la delegación francesa que participó en la ceremonia por la entrega de la Estatua de la Libertad al pueblo estadounidense en Nueva York el 28 de octubre de 1886.

Nariño y Álvarez del Casal, José de (1765-1823). Político y militar colombiano. Uno de los precursores de la emancipación de las provincias americanas del imperio español.

Neebe, Oscar (1850-1916). Anarquista, activista sindical, condenado a quince años de prisión por su participación en los sucesos de la revuelta de Haymarket, en Chicago.

Netzahualcóyotl (1402-1472). Emperador y poeta mexicano. Comenzó a gobernar a Texcoco en 1431. Como personaje legendario es uno de los más famosos del México antiguo.

Netzahualpilli (1464-1515). Hijo de Netzahualcóyotl. Luchó por mantener la independencia política de Texcoco durante la centralización del poder de Tenochtitlán. Derogó la pena de muerte de los esclavos y los soldados adúlteros.

Niña. Se refiere a Adela Leyva Rodríguez, en cuya casa José Martí estableció campamento.

Núñez de Arce, Gaspar (1834-1903). Poeta español. Fue cronista de la guerra de África (1859-1860) y redactó el *Manifiesto a la nación,* por el cual los ministros del Gobierno reconocieron la legitimidad de Alfonso XII.

Ocaranza Hinojosa, Manuel (1841-1882). Pintor mexicano que fue novio de Mariana Matilde, hermana de José Martí.

Occhiena, Margarita (1788-1856). Madre de san Juan Bosco.

Ofelia. Personaje de la tragedia *Hamlet, príncipe de Dinamarca,* de William Shakespeare.

O'Higgins Riquelme, Bernardo (1778-1842). Prócer de la independencia chilena. Como parte de su gestión gubernamental como director supremo de Chile, eliminó los títulos nobiliarios y los mayorazgos, modernizó la educación y promulgó una nueva Constitución.

Ojeda, Diego de (1570-1615). Religioso y escritor español que llegó a ser prior del convento de Lima.

Olcott Sued, Lilian. Actriz que interpretó la obra teatral *Teodora,* de Victorien Sardou, en la Gran Ópera House.

Olmedilla, Francisco de (¿?-1816). Oficial del ejército de Venezuela que formó parte del ejército libertador de Simón Bolívar.

Onofre de Lora (¿?-1899). Considerado el primer arquitecto dominicano. Dirigió construcciones importantes como el puente viejo de Nibaje, la Iglesia Mayor de Santiago de los Caballeros y la ermita del Santo Cerro.

Orleans, María Luisa de (1662-1689). Hija del duque de Orleans, hermano del rey de Francia Luis XIV. Contrajo matrimonio con Carlos II, el Hechizado, por motivaciones políticas.

Osmond, madame. Esposa del militar francés Rainulphe Eustache d'Osmond, comúnmente llamado conde de Osmond.

Ovando, Nicolás (1460-1518). Conquistador español nombrado en 1502 gobernador de La Española, donde impuso la esclavitud a los aborígenes y se destacó por su crueldad.

Ozanam, Frédéric Antoine (1813-1853). Escritor, historiador y político francés. Destacada figura del laicado católico de su país, que trascendió por su preocupación por los problemas sociales de su tiempo.

Páez, José Antonio (1790-1873). Militar y político venezolano que logró su mayor gloria en 1821, durante la campaña y segunda batalla de Carabobo.

Paine, Thomas (1737-1809). Filósofo y político estadounidense. Publicó trabajos en contra de la esclavitud y en defensa de los derechos de la mujer. El Congreso lo nombró secretario del comité de asuntos exteriores en 1778.

Palma Lasso, José Joaquín (1844-1911). Poeta y patriota cubano, compositor de la letra del himno nacional de Guatemala.

Palmer, Courtlandt (1843-1888). Abogado estadounidense. En 1880 fundó el Club del Siglo XIX de Nueva York, donde se discutía libremente sobre arte, literatura y ciencias sociales.

Parsons, Albert R. (1848-1887). Anarquista y activista sindical condenado a muerte por los sucesos de la revuelta de Haymarket, Chicago, el 4 de mayo de 1886. En solidaridad con sus compañeros, se presentó ante las autoridades y fue condenado a muerte y ejecutado. Después se probó su inocencia.

Parsons, Lucy (1853-1942). Esposa de Albert Parsons. Desarrolló una activa campaña en los Estados Unidos en defensa de su esposo.

Pasifae. Según la mitología griega, reina de Creta por matrimonio con Minos. Poseidón la hizo enamorarse del toro blanco, de cuya unión nació el Minotauro.

Patiño, Arístide (Tilo). Fue gobernador de la provincia de Santo Domingo.

Pautret, María. Bailarina que, con gran éxito, actuó durante los años 20 del siglo XIX en México.

Pavón, Rafaela. Esposa de José Nicolás Ramírez y Peláez (1851-1899), colaborador independentista que emigró a República Dominicana después del Pacto del Zanjón.

Pelissier, Philippe Javier (1812-¿?). Militar francés. Siendo general de la reserva y senador, participó como delegado del Senado en las ceremonias de la entrega de la Estatua de la Libertad al pueblo estadounidense, el 28 de octubre de 1886.

Peón Contreras, José (1843-1907). Dramaturgo mexicano que desarrolló los temas históricos españoles en el contexto mexicano de la conquista y la colonia.

Pereda, José María de (1833-1906). Escritor español que se destacó como defensor del tradicionalismo a través de sus publicaciones en *La abeja montañesa* y *El tío Cayetano.* Ingresó en la Real Academia Española en 1896.

Pérez, Miguel. Patriota cubano. Coronel de las escuadras de Guantánamo.

Pérez Bonalde, Juan Antonio (1846-1892). Poeta, periodista y traductor venezolano. La segunda edición de su obra *El poema del Niágara* fue prologada por José Martí.

Pérez de Montalbán, Juan (1602-1638). Dramaturgo y poeta español. Entre sus más conocidas comedias figuran algunas imitaciones de Tirso de Molina —*Los amantes de Teruel* y *La toquera vizcaína*— y obras que recrean la vida de Felipe II —*La monja alférez, El gran Séneca de España* —.

Pérez de Zambrana, Luisa (1837-1922). Una de las más distinguidas representaciones del Romanticismo en la literatura cubana.

Pérez Pérez, Pedro Agustín (Perico Pérez) (1844-1914). Mayor general guantanamero. Comenzó luchando en el ejército español y después se pasó a las fuerzas de los independentistas cubanos.

Pérez Trujillo, Ramón (1840-1900). Al iniciarse la Guerra de los Diez Años se marchó de Cuba y regresó en la primera expedición del Galvanic. Propuso la destitución de Céspedes en la histórica sesión de Bijagual el 27 de octubre de 1873.

Petoefi, Sandor (1823-1849). Poeta húngaro que se inscribe en el Romanticismo. Falleció en una de las batallas de la guerra por la independencia de Hungría.

Phillips, Wendell (1811-1884). Orador, abogado, político y periodista estadounidense. Se negó a jurar la Constitución de su país por considerarla tolerante con la segregación racial.

Piar, Manuel (1774-1817). Prócer de la independencia de Venezuela. Es conocido como *Libertador de Guayana* y *Generalísimo invicto* por haber sido triunfador en 24 batallas.

Picón, José (1829-1873). Autor dramático español. Su obra más notable es *La corte de los milagros* (1862).

Pie, Louis-Édouard-Désiré (obispo de Poitiers) (1815-1880). Obispo y cardenal francés.

Píndaro (¿518?-446 a. C.). Poeta griego. Se le considera el más importante de los líricos griegos, y su poesía ha sido modelo de la oda patriótica en las literaturas occidentales.

Pineda Rustán, José Policarpo (Polilla, Rustán) (1839-1872). Patriota cubano que alcanzó al grado de coronel y luchó en la división Cuba bajo las órdenes del mayor general Donato Mármol.

Pío VII (1742-1823). Papa de la Iglesia católica. Después de su elección al papado, negoció el Concordato de 1801 con Napoleón. En 1809 Napoleón lo encarceló hasta 1814, cuando lo puso en libertad y le permitió regresar a Roma.

Pissarro, Camille (1830-1903). Pintor francés. Se identificó con los impresionistas, y entre 1874 y 1886 participó en sus ocho exposiciones.

Pitao Cozaana. Dios zapoteca de los antepasados.

Pizarro, Francisco (¿1475?-1541). Conquistador español que capturó y ejecutó al inca Atahualpa. Además impuso la coronación de Manco Capac II y fundó la Ciudad de los Reyes (Lima) en 1535.

Plácido Valdés, Gabriel de la Concepción (1809-1844). Poeta cubano. En 1834 ganó el premio Aureola Poética con su poema «La siempreviva». Fue detenido en 1844 y acusado de ser jefe de la conspiración de La Escalera.

Platón (428-148 o 147 a. C.). Filósofo griego, discípulos de Sócrates y maestro de Aristóteles.

Plotino (205-270). Filósofo romano, fundador del neoplatonismo. Sus obras comprenden 54 tratados en griego, llamados las *Enneadas*.

Poe, Edgar Allan (1809-1849). Escritor, poeta y crítico estadounidense. Sus poemas más conocidos, «El cuervo» y «Annabel Lee», fueron traducidos por Martí.

Polk, James Knox (1795-1849). Político estadounidense. Ocupó la presidencia de Estados Unidos de 1845 a 1849.

Pomona. En la mitología latina, diosa de los frutos y de los jardines.

Portuondo Tamayo, Rafael (1867-1908). Patriota cubano. Alcanzó el grado de general de división.

Prim Prats, Juan (1814-1870). Militar y político español. Fue capitán general de Puerto Rico (1847-1848), combatió en la guerra de Marruecos (1859) y dirigió las fuerzas españolas durante la intervención europea en México.

Prometeo. Personaje de la mitología griega, encadenado a una roca y condenado a que un águila le devorara las entrañas por robar el fuego y entregárselo a los hombres.

Pueyrredón, Juan Martín de (1777-1850). Militar y político argentino que se desempeñó como director supremo de las Provincias Unidas del Río de la Plata.

Pushkin, Aleksandr Serguéyevich (1799-1837). Poeta y novelista ruso. Es considerado el padre de la literatura rusa por la interpretación que sobre el folclore de su país hizo en sus obras y por la comprensión dramática acerca de las figuras de la historia.

Quesada y Bardalonga, Manuel (1796-1876). Marino y político español. Vicealmirante y comandante general del apostadero de Filipinas (1848-1852).

Quesada y Loynaz, Manuel de (1833-1844). Patriota cubano. General en jefe del Ejército Libertador durante la Guerra de los Diez Años. Se mantuvo como militar activo del ejército de Benito Juárez hasta la caída del Gobierno de Maximiliano.

Quetzalcóatl. Principal divinidad del panteón mexica y uno de los más importantes dioses de los pueblos prehispánicos de Mesoamérica. Dios de la vida, la fertilidad y el conocimiento. Es representado como una serpiente emplumada.

Quevedo y Villegas, Francisco de (1580-1645). Célebre escritor del Barroco español. Fue famoso por sus letrillas y sonetos, y por el corte satírico de su novela picaresca *Historia de la vida del Buscón llamado don Pablos*.

Quintiliano, Marco Fabio (35-95). Retórico romano. Su obra fundamental es la *Institutio Oratoria*, recogida en doce volúmenes.

Quiroga, Juan Facundo (1793-1835). Militar y político argentino, nombrado el *Tigre de los Llanos*. Su vida sirvió de fundamento al personaje homónimo de la célebre obra de Domingo Faustino Sarmiento, *Facundo o civilización y barbarie* (1845), un clásico de la literatura argentina.

Ramírez y Peláez, José Nicolás (1851-1899). Coronel y médico camagüeyano. Desde su casa en tierras dominicanas, Martí le escribió a Máximo Gómez la carta donde le propuso el mando supremo del Ejército Libertador en la guerra de 1895.

Rawlins, John Aaron (1831-1869). Abogado y militar estadounidense que fue secretario de Guerra de Ulysses S. Grant durante su primer mandato. Se declaró partidario de la independencia de Cuba.

Renoir, Pierre-Auguste (1841-1919). Pintor impresionista francés que representó temas de flores, escenas dulces de niños y mujeres, y sobre todo el desnudo femenino, que recuerda a Rubens por las formas gruesas.

Rentería (1516-¿?). Militar y político español que participó en la conquista de territorios de América.

Reyes, Nephtalí. Haitiano. Se dice que era masón. Martí se presentó ante él por recomendación de Joaquín Montesinos y recibió un apoyo incondicional.

Ricaurte, Antonio (1786-1814). Oficial colombiano que luchó por la libertad de Venezuela y participó en la Campaña Admirable (1813).

Rio, Alexis-François (1797-1874). Escritor francés que se especializó en la crítica de arte. Su obra más conocida fue *De l'art chrétien*.

Rivadavia, Bernardino (1780-1845). Político argentino. Durante su gestión como presidente de las Provincias Unidas del Río de la Plata logró garantizar la libertad de prensa, ampliar el derecho al voto a todos los hombres mayores de veinte años, y organizar el Parlamento y los tribunales.

Rivero, Nicolás María (1814-1878). Político y orador español. Al triunfar la revolución de 1868, ocupó, sucesivamente, los puestos de alcalde y presidente de las Cortes constituyentes, y ministro de Gobernación.

Robespierre, Maximilien François (1758-1794). Abogado y político francés. Destacado orador, fue una de las figuras principales de la Revolución francesa, aunque luego desató un médico de terror.

Rochambeau, Jean Baptiste Donatien de Vimeur (1725-1807). General francés que comandó las fuerzas que lucharon junto a los revolucionarios norteamericanos contra Inglaterra durante la guerra de independencia.

Rodas, Apolonio de (Apolo de Rodas) (295-215 a. C.). Poeta griego. Autor del poema *Argonáuticas* y de varios libros sobre gramática.

Rodríguez, Heberto. Amigo mexicano de José Martí, secretario de la Sociedad Literaria José Peón Contreras.

Rodríguez, Juan Telesforo (Jaragüita). Patriota cubano. Resultó juzgado finalmente como traidor.

Rodríguez, Ricardo. Patriota cubano de las tropas de Félix Ruenes, coronel del Ejército Libertador.

Rodríguez de Fonseca, Juan (1451-1524). Eclesiástico y político español, primer organizador de la política colonial en las Indias.

Roll, Alfred Philippe (1846-1919). Pintor francés que recibe influencia de diversos estilos y se convierte en pintor oficial del Gobierno francés.

Roloff Mialowsky, Carlos (1842-1907). Mayor general polaco del Ejército Libertador de Cuba que participó en importantes acciones de las guerras por la independencia de Cuba.

Romeo. Personaje de la tragedia *Romeo y Julieta,* de William Shakespeare.

Romero, Matías (1837-1899). Político y diplomático mexicano que participó en la Conferencia Internacional Americana de Washington (1888-1889) y en la Conferencia Monetaria de las Repúblicas de América (1891).

Roosevelt, Theodore (1858-1919). Político estadounidense. Vicepresi-

dente durante el mandato de William McKinley y vigésimo sexto presidente de Estados Unidos.

Rosario Mendoza, Marcos del (1864-1947). Teniente coronel de origen dominicano que participó en importantes acciones durante la guerra por la independencia de Cuba iniciada el 24 de febrero de 1895.

Rosas, Juan Manuel de (1793-1877). Militar y político argentino de gran influencia en su país. Fue gobernador de Buenos Aires en dos ocasiones y lo ejerció de modo dictatorial por las facultades que le concedieron en el segundo mandato.

Rosecrans, William Starke (1819-1898). Militar y político estadounidense que participó en acciones combativas durante la Guerra de Secesión.

Rousseau, Jean-Jacques (1712-1778). Escritor y filósofo francés, considerado un precursor importante del Romanticismo.

Rückert, Friedrich (1789-1866). Poeta y filólogo alemán. Entre sus obras destacan *Primavera de amor, Canto fúnebre de niños, Rosas orientales* y *Leyendas orientales.*

Ruenes Aguirre, Félix (1844-1899). Coronel baracoense. Integró el consejo de jefes que otorgó el grado de mayor general a Martí en Arroyo Carlos, el 15 de octubre de 1895.

Ruiz de Alarcón y Mendoza, Juan (¿1581?-1639). Dramaturgo y poeta mexicano. Se le considera creador de la comedia de costumbres, así como promotor de la idea de que el teatro debe convertirse en espejo de nobles sentimientos.

Sablón Moreno, Jesús (Rabí) (1845-1915). Patriota cubano. Fue combatiente de las tres guerras independentistas y alcanzó el grado de mayor general.

Safo (620 o 628-563 o 568 a. C.). Poetisa griega que escribió *Oda a Afrodita* y *Canto al amado*.

Salim Chishti (Selim-Shirti) (1478-172). Santo de una orden sufí durante el imperio mogol en la India. La mezquita de Jama Masjid se construyó en reconocimiento suyo.

Salomón (1033-1975). Tercer rey de los judíos, hijo de David y Betsabé. Se casó con una princesa egipcia, construyó el famoso templo que había proyectado su padre, levantó palacios suntuosos y rodeó de fuertes murallas a Jerusalén.

San Martín, Mercedes. Hija de José de San Martín.

San Martín, José de (Protector del Perú) (1778-1850). Prócer de la independencia latinoamericana. Libertador de Argentina, Chile y Perú. Le fue otorgado el poder ejecutivo con el título de Protector de la Libertad del Perú.

Sánchez, Salvador (Frascuelo) (1842-1898). Matador de toros. Junto con Rafael Molina (Lagartijo) formaron la pareja rival más apasionante del siglo XIX.

Sánchez Betancourt, Francisco (1827-1894). Político y patriota cubano que fue delegado a la Asamblea de Guáimaro por Camagüey.

Sánchez-Pereira y Betancourt, Francisco (1827-1894). Patriota cubano, miembro de la Asamblea de Guáimaro y representante a la Cámara de la República en Armas.

Sánchez Rodríguez, Limbano (1845-1885). Destacado patriota cubano. Participó en contiendas independentistas en Cuba y República Dominicana.

Sánchez Solís, Felipe (1816-1882). Abogado mexicano. Fue el primer director del Instituto Científico y Literario de Toluca (1846). La República Oriental de Uruguay (7 de junio de 1881) y la de Bolivia (25 de agosto de 1881) lo nombraron cónsul general de México.

Sánchez Vaillant, Mariano Gumersindo (1862-1897). General de brigada santiaguero. Participó en el proceso conspirativo conocido como *la Paz del Manganeso*. Fue electo representante a la Asamblea Constituyente de Jimaguayú.

Sanguily y Garritte, Julio (1846-1906). Patriota cubano. Era jefe de la caballería de Camagüey cuando fue hecho prisionero por los españoles el 8 de octubre de 1871, lo cual motivó uno de los más célebres episodios de la historia de Cuba: el rescate realizado por Ignacio Agramonte con solo treinta y cinco hombres.

Sanzio, Rafael (1483-1520). Pintor y arquitecto italiano que personifica, junto a Miguel Ángel y a Leonardo da Vinci, la máxima expresión del arte renacentista.

Sardou, Victorien (1831-1908). Dramaturgo francés que combinaba la comedia de carácter, la de costumbres y la de intriga con el drama burgués. Fue elegido como miembro de la Academia Francesa en 1877.

Satán o Satanás. Según la *Biblia,* jefe de los ángeles rebeldes cuyo dominio se halla en el infierno.

Schwab, Michael (1853-1898). Dirigente anarquista de origen alemán acusado de participar en los sucesos de la revuelta de Haymarket, y encarcelado hasta ser puesto en libertad en 1893.

Segismundo. Protagonista del drama *La vida es sueño,* de Pedro Calderón de la Barca.

Sellén Bracho, Francisco (1836-1907). Escritor, poeta y traductor cubano. Fundador de *El Heraldo Cubano*, periódico bilingüe español-inglés.

Séneca, Lucio Anneo. Filósofo, dramaturgo y político hispanolatino. De él se conservan tratados de filosofía moral inspirados en la doctrina estoica y las tragedias *Medea, Las troyanas* y *Agamenón*.

Sepúlveda, Juan Ginés de (1490-1573). Sacerdote católico español. Se opuso a Bartolomé de Las Casas porque consideraba que la colonización era un acto de caridad hacia los indios.

Seurat, Georges Pierre (1859-1891). Pintor francés que desarrolló la teoría y la práctica del neoimpresionismo.

Severino García, Arcadio (¿?-1871). Patriota cubano, delegado a la Asamblea de Guáimaro por Las Villas.

Sewall, Samuel (1652-1730). Juez de Massachusetts. El 14 de enero de 1697 fue leída en la iglesia su disculpa pública por la participación en la Corte durante los juicios por brujería de 1692.

Shakespeare, William (1564-1616). Poeta y dramaturgo inglés, considerado figura cimera de la literatura universal.

Shelley, Percy Bysshe (1792-1822). Poeta inglés. En 1821, publicó el tratado *La defensa de la poesía.*

Sheridan, Philip Henry (1831-1888). General norteamericano. Combatió con las fuerzas federales durante la Guerra de Secesión. En 1883 fue nombrado jefe máximo del ejército de su país.

Sherman, William Tecumseh (1820-1891). General norteamericano. Combatió con éxito bajo las órdenes de Grant durante la Guerra de Secesión. En 1869 le fue confiado el mando supremo del ejército norteamericano.

Sickles, Daniel Edgar (1825- ¿?). Abogado, militar, político y diplomático estadounidense que ocupó importantes cargos públicos en la administración de su país y realizó misiones gubernamentales en algunos países de América del Sur.

Sieyès, Emmanuel Joseph (1748-1836). Político, eclesiástico, ensayista y académico francés. Miembro de la Academia de Ciencias Morales y Políticas y de la Academia Francesa. Fue uno de los teóricos de las constituciones de la Revolución francesa y de la era napoleónica.

Silva y Álvarez de Toledo, María del Pilar Teresa Cayetana (1762-1802). Décimo tercera duquesa de Alba.

Simoni, Amalia (1842-1918). Luchadora independentista cubana. Esposa de Ignacio Agramonte.

Simrock, Karl Joseph (Simniock) (1802-1876). Poeta y escritor alemán, conocido por su traducción de *Das Nibelungenlied* al alemán moderno.

Soto, Marco Aurelio (1846-1908). Político y abogado guatemalteco. Firmó con el presidente guatemalteco el Decreto del 6 de abril de 1875, donde se reconocía la independencia de Cuba. A partir de 1876 fue presidente de Honduras.

Spencer, Herbert (1820-1903). Filósofo y sociólogo británico, considerado uno de los más relevantes exponentes del positivismo inglés.

Spies, August (1855-1887). Líder anarquista alemán. Dirigió el periódico *Arbeiter Zeitung,* que difundió los principios del anarquismo en la ciudad de Chicago. Fue condenado a la horca por la falsa acusación de haber participado en los sucesos de la revuelta de Haymarket, en Chicago.

Spuller Jacques-Eugène (1835-1896). Político y escritor francés. Integró la delegación que entregó la Estatua de la Libertad al pueblo estadounidense.

Stedman, Edmund Clarence (1833-1908). Poeta y crítico estadounidense.

Stephens, John Lloyd (1805-1852). Viajero estadounidense.

Entre 1834 y 1836 recorrió Europa, Egipto y Siria. En 1839, en unión de Frederick Catherwood, hizo una exploración en América Central, Chiapas y Yucatán.

Steuben, Friedrich Wilhelm August Henrich (1730-1794). Teniente general del ejército prusiano en la Guerra de los Siete Años. Se trasladó a América para participar en la guerra de independencia norteamericana.

Storrs, Richard Salter (1821-1900). Religioso congregacionista, orador sagrado y escritor estadounidense. Fue el prelado que leyó la oración por la inauguración de la Estatua de la Libertad.

Sucre Alcalá, Antonio José de (1795-1830). Independentista venezolano. Dirigió el enfrentamiento final contra los realistas en las pampas de Ayacucho el 9 de diciembre de 1824, acción por la cual fue nombrado gran mariscal de Ayacucho.

Sumner, Charles (1811-1874). Político y abogado estadounidense. Durante la Guerra Civil fue el más vigoroso abogado de la emancipación y de la inclusión de los negros en el ejército de la Unión.

Swedenborg, Enmanuel (1688-1772). Teósofo sueco cuya doctrina religiosa inspiró a la Iglesia Nueva Jerusalén, creada poco después de su muerte.

Swinburne, Algernon Charles (1837-1909). Poeta, dramaturgo y crítico inglés que se destacó por sus innovaciones y experimentos en el metro y la rima.

Taylor, Zachary (1784-1850). Político y militar estadounidense que ocupó la presidencia de Estados Unidos desde 1849 hasta 1850.

Tecuichpotzin o Ichcaxóchitl (1509-1550). Hija de Moctezuma II. Se casó en primeras nupcias con su primo Quauhtemotzin, último tlatoani azteca y sobrino de su padre. Se dice que fue amante de Cortés, con el cual tuvo una hija llamada Leonor.

Tejera, Isidro (Brujito). Insurrecto cubano que se convirtió en bandido.

Téllez, Gabriel (Tirso de Molina) (¿1584?-1648). Dramaturgo español, autor de *El burlador de Sevilla y convidado de piedra* (1627), que dio fama al personaje de don Juan.

Tennyson, Alfred (1809-1892). Poeta inglés de la época victoriana.

Thomas, George Henry (Roca de Chickamauga) (1816-1870). Militar estadounidense, designado para comandar la División Militar del Pacífico, que tenía su sede en San Francisco.

Thoreau (Los Thoreau). Se refiere a la familia francesa Thaureaux-Cazad, del cafetal La Lucerna.

Thoreau, Henry David (1817-1862). Escritor, filósofo y naturalista estadounidense. Su ensayo *Desobediencia civil* sentó las bases para la resistencia pasiva como método de protesta.

Tilden, Samuel Jones (1814-1886). Político y abogado estadounidense. Fue propuesto a la presidencia en 1876 por el Partido Demócrata, pero resultó derrotado en un controvertido proceso decidido por una comisión electoral que revocó la victoria demócrata en tres estados.

Tilton, Theodore. Orador, periodista y editor estadounidense. Es recordado por haber llevado ante los tribunales a su protector Henry Ward Beecher, acusándolo de adulterio con su esposa.

Tinville, Antoine Fouquier de (1746-1795). Político francés que sirvió como fiscal en el tribunal revolucionario y fue el acusador público en el proceso de Charlotte Corday a la reina María Antonieta.

Tolstoi, Dimitri Andreievich (1823-1889). Escritor y estadista ruso. Ganó fama por su narrativa social e histórica y su renuncia al título de conde.

Toro, Bernarda (Manana) (1852-1911). Patriota cubana. Esposa del general Máximo Gómez.

Torres Mora, Mariano (1827-1930). Patriota cubano que combatió en las tres guerras independentistas.

Train, George Francis (1829-1904). Financiero y escritor estadounidense. En 1872 fue candidato independiente a la presidencia de Estados Unidos.

Trumbull, John (1750-1831). Poeta y magistrado estadounidense. Publicó sus primeras poesías en 1769 y comenzó a ejercer la profesión de abogado en 1773.

Tupac Amaru (1740 o 1741-1781). Héroe nacional peruano, precursor de la independencia de su país.

Tyndall, John (1820-1893). Físico inglés. Sus descubrimientos en torno al magnetismo lo llevaron a ser electo miembro de la Royal Society en 1852.

Uhland, Johann Ludwig (1787-1862). Poeta alemán. Muchos de sus poemas se convirtieron en canciones folclóricas.

Valbuena o Balbuena, Bernardo de (1568-1627). Poeta español. Autor de numerosas obras, de las cuales se conocen algunas como *Grandeza mexicana* (1604) y *El Siglo de Oro en las selvas de Erífile* (1607).

Valdés Domínguez y Quintanó, Fermín (1853-1910). Médico y patriota cubano que alcanzó el grado de coronel. En 1869 publicó el único número del periódico *El Diablo Cojuelo*. Reivindicó la inocencia de los estudiantes de Medicina fusilados por el Gobierno español en 1871.

Valenzuela y Enciso, Fernando de (1636-1692). Político español. Se introdujo en la corte y logró convertirse en el principal confidente y favorito de la reina Mariana de Austria.

Van Buren, Martin (1782-1862). Octavo presidente de Estados Unidos (1837-1841).

Van Dyck, Antoine (1599-1641). Pintor flamenco que sobresalió en la pintura histórica y de retratos. Renovó el estilo flamenco y fundó la escuela inglesa de pintura.

Vanderbilt II, Cornelius (1843-1899). Empresario estadounidense cuya fortuna se basaba en el negocio ferroviario.

Vega, Garcilaso de la (1501-1536). Poeta español que fue considera-

do, aún en vida, un clásico de la lengua española.

Velázquez, Diego Rodríguez de Silva (1599-1660). Pintor barroco español considerado uno de los máximos exponentes de la pintura española y maestro de la pintura universal. Entre sus obras más reconocidas se encuentran *Las meninas*.

Venero, Francisca (Panchita). Fue muerta a machetazos durante la Guerra de los Diez Años por no haber accedido a los requerimientos amorosos de Federico Echevarría (Federicón), asturiano jefe de una guerrilla en la jurisdicción de (Santiago de) Cuba.

Venus. Diosa de la belleza en la mitología romana, identificada con la Afrodita de los griegos.

Villegente, M. Oficial de la marina de guerra francesa. Fue miembro de la delegación francesa a las ceremonias por la entrega de la Estatua de la Libertad al pueblo estadounidense, en Nueva York, el 28 de octubre de 1886.

Vinci, Leonardo da (1452-1519). Pintor italiano, una de las personalidades emblemáticas del Renacimiento. Autor de la *Mona Lisa*.

Virgilio (Publio Virgilio Marón) (70-19 a. C.). Poeta latino. Autor de las *Bucólicas*, las *Geórgicas* y de la epopeya la *Eneida*.

Walker, William (1824-1860). Político norteamericano, conocido por sus acciones intervencionistas en América Latina en coordinación con los intereses de los plantadores esclavistas sureños.

Ward, Ferdinand (1812-1891). Empresario estadounidense asociado al expresidente Ulysses S. Grant en la compañía de corredores de bolsa que llevaba los apellidos de ambos: Grant and Ward.

Washington, George (1732-1799). Primer presidente de los Estados Unidos (1789-1797). Comandante en jefe del Ejército Continental revolucionario en la guerra de la independencia de los Estados Unidos (1775-1783). Es considerado uno de los padres fundadores de los Estados Unidos.

Webster, Daniel (1782-1852). Político y jurista estadounidense. Desempeñó el cargo de secretario de Estado de 1841 a 1843. En 1842 negoció con Inglaterra el Tratado Webster-Ashburton, que resolvió la disputa de límites entre Estados Unidos y Canadá.

Weed, Thurlow (1797-1882). Periodista y político estadounidense. Combatió en la guerra de 1812 contra Inglaterra.

Whitman, Walter (Walt) (1819-1892). Poeta, periodista y narrador estadounidense. Su libro *Leaves of Grass,* que recoge la totalidad de su obra poética, es una de las obras líricas más importantes de la literatura de Estados Unidos en el siglo XIX.

Wilde, Oscar (1854-1900). Novelista, poeta, crítico literario y autor teatral irlandés. A pesar de que fue satirizado debido a sus actitudes y modales, es considerado uno de los principales exponentes del esteticismo.

Xicotencatl el Viejo. Rey de uno de los cuatro señoríos de Tlaxcala, que se opuso a recibir a los españoles a la llegada de Hernán Cortés.

Zambrana Vázquez, Antonio (1846-1922). Escritor y patriota cubano. Participó en la promulgación y redacción de la Constitución de Guáimaro (1869). Fundó el periódico *El Cubano* y fue colaborador de *El Fígaro, La Discusión, La Lucha, El Siglo* y *El País.*

Zambrano. Uno de los hombres de la tropa mambisa de la jurisdicción de (Santiago de) Cuba.

Zayas-Bazán e Hidalgo, Carmen (1853-1928). Esposa de José Martí. Contrajeron matrimonio el 20 de diciembre de 1877 en la parroquia del Sagrario Metropolitano de México. El 22 de julio de 1878 nació su hijo José Francisco.

Zurbarán, Francisco (1598-¿1664?). En 1629 fue nombrado pintor del rey. Se le considera uno de los máximos intérpretes de la corriente ascética española en la pintura.

TABLA

MARTÍ DESDE DENTRO

ESTE LIBRO SE ACABÓ DE IMPRIMIR
EN BARCELONA EN EL LXX
ANIVERSARIO DE LA ASOCIACIÓN
DE ACADEMIAS
DE LA LENGUA ESPAÑOLA
(1951-2021)

Penguin
Random House
Grupo Editorial

© Real Academia Española, 2021
© Asociación de Academias de la Lengua Española, 2021
© De «La lengua de Martí»: Gabriela Mistral, 1934
© De «José Martí»: Herederos de Juan Ramón Jiménez, 2021
© De «Martí»: Guillermo Díaz-Plaja y Herederos de Guillermo Díaz-Plaja, 1956, 2021
© De «Martí desde dentro»: Roberto Fernández Retamar, Roberto Méndez Martínez,
Sergio O. Valdés Bernal, Marlen A. Domínguez Hernández, 2021
© De esta edición en castellano para todo el mundo:
Penguin Random House Grupo Editorial, S. L. U., 2021
Travessera de Gràcia, 47-49 – 08021 Barcelona

© Diseño de cubierta: Lacasta Design

© Foto de autor e imagen del poema autógrafo de Martí cedidas
por la Real Academia Española

ISBN: 978-84-204-3970-9
Depósito legal: B-15127-2021

Impreso en España – Printed in Spain

Impreso en el mes de octubre de 2021
en los talleres gráficos de Liberdúplex, Sant Llorenç d'Hortons (Barcelona)

AL 39709